组织理论与设计

第 *13* 版

[美] 理查德·L. 达夫特（Richard L. Daft） 著

Organization Theory and Design

Thirteenth Edition

王凤彬 石云鸣 张秀萍 朱超威 等 译

清华大学出版社

北京

北京市版权局著作权合同登记号 图字 01-2020-4253 号

Organization Theory & Design, 13e

Richard L. Daft

图书在版编目(CIP)数据

组织理论与设计:第13版/(美)理查德·L.达夫特(Richard L. Daft)著;王凤彬等译. —北京:清华大学出版社,2022.5(2024.11重印)
(工商管理优秀教材译丛. 管理学系列)
书名原文:Organization Theory and Design,13e
ISBN 978-7-302-60180-7

Ⅰ.①组… Ⅱ.①理… ②王… Ⅲ.①企业管理-组织管理学-高等学校-教材 Ⅳ.①F272.9

中国版本图书馆 CIP 数据核字(2022)第 044483 号

责任编辑:梁云慈
封面设计:何凤霞
责任校对:宋玉莲
责任印制:杨 艳

出版发行:清华大学出版社
网   址:https://www.tup.com.cn, https://www.wqxuetang.com
地   址:北京清华大学学研大厦 A 座   邮   编:100084
社 总 机:010-83470000   邮   购:010-62786544
投稿与读者服务:010-62776969,c-service@tup.tsinghua.edu.cn
质量反馈:010-62772015,zhiliang@tup.tsinghua.edu.cn
印 装 者:三河市君旺印务有限公司
经   销:全国新华书店
开   本:185mm×260mm   印 张:42.5   插 页:2   字 数:940 千字
版   次:2022 年 5 月第 1 版   印 次:2024 年 11 月第 2 次印刷
定   价:99.00 元

产品编号:087267-01

Organization Theory and Design

序　言

　　我编写《组织理论与设计》第13版的初衷,是以一种能激发学生兴趣和爱好的方式,将组织设计中出现的最新问题与重要思想及理论结合起来。组织领域发生的最大变化包括大规模的数字化、平台型组织的建立以及企业对社会福利和可持续问题的关注日益增加。本版新增一章内容,让学生有机会学习如何设计兼具商业利润和社会福利双重目标的组织,促进组织向社会提供源源不断的公共利益。另外,本版对关于信息技术的章节做了大幅修改,更加关注数字化平台型组织的最新发展,包括优步(Uber)、爱彼迎(Airbnb)、脸谱网(Facebook)和优图比(YouTube)等公司,以及在传统组织中不断涌现的数字化变革。本版一个重要变化是在每一节结尾处增加了"本节要点"(Remember This),用以回顾本部分的关键思想和概念。本版其他重要元素包括"问题引入"和"你适合哪种组织设计",同时更新了每一章的观点、案例、书评和综合案例。① 组织研究领域取得的成果和相关理论已非常丰富,且富有洞察力,这些能帮助学生和管理者更好地理解他们所在的组织世界,帮助他们解决实际问题。我的使命就是从组织理论角度,将这些概念和模型与现实世界中变化的现象结合起来,提炼出最新的组织设计观点,以供指导实际工作。

 ## 第13版的新特点

　　总体而言,在学习组织理论课程的学生当中,许多人都没有丰富的工作

---

① 书尾附有12个案例,本译本中略去。——译者注

经历,特别是缺少从事中高层管理工作的经历,而组织理论恰恰对中高层管理工作最为适用。还有些学生不愿花时间去读每章的开篇案例或章节末的案例,而将注意力集中在章节内容上。为了让学生置身于当今的组织世界,第13版在每一章开头编排了"问题引入"栏目,以引导学生思考并表达他们关于组织设计概念的想法和观点。"你适合哪种组织设计"栏目,安排在每章中间,以激发学生思考他们的个人风格和行为方式如何与组织设计相适应。其他的经验性内容,如新书评介、新的应用案例、新的教学案例、新的综合案例等,用来引导学生运用每章的新概念。这些设计扩展和更新了本书的内容,提高了它的可读性和易接受性。使用这些教学工具可以提高学生们对课本内容的参与程度。

新的章节

在第13版中有两章内容几乎都是全新的。第7章为学生们介绍一种新型的组织形式,本书称之为双重目标组织或混合型组织(dual-purpose or hybrid organization)。这种组织兼顾追求商业利润和社会福利的双重目标,能够为社会提供具有自我维持性的利益福祉。第7章还探讨了企业日益关注的社会责任和可持续发展问题,以及与之相关的组织设计问题。此外,第9章(上一版的第8章)进行了较大篇幅的修改,阐释了新兴的平台型组织形式,包括脸谱网、优图比、优步、爱彼迎等公司,以及通用电气(GE)、西门子(Siemens)等传统行业企业日益增加的数字化发展情况。

你适合哪种组织设计

"你适合哪种组织设计"以简短的问卷形式安排在每章中间,问卷内容主要涉及学生自己的行为方式和偏好,通过问卷我们可以很快知道学生是如何适应特定组织或情境的。例如,问卷主题包括:"你的文化智商如何?""你的战略表现力","你有可持续发展的思维吗?""你是否已经准备好承担国际化角色?""你适合被授权和自主管理吗?""企业文化偏好""制定目标是你的强项吗?""你如何制定重要决策?""个人网络",等等。这些即时反馈的调查问卷可以将学生的个人偏好和章节内容联系起来,从而增强本书的趣味性,并阐明概念之间的关联。

问题引入

本书将三个简短的观点性论题安排在每章开头,鼓励学生对即将学习的材料和概念表达自己的观点。开篇设计这些问题是基于这样的考虑:当学生们首次表达自己的观点时,他们的思想更自由,而且会对与开篇问题相关的内容产生兴趣。例如,要求学生们做出同意或不同意回答的问题有:

一定数量的冲突对组织来说是有益的。

企业绩效的最佳衡量指标是财务指标。

与组织中的人做决策相比，人工智能决策更为客观且中立。

平台型组织是一种新的组织形式，但其基本假设与传统工业组织相同。

CEO 最重要的责任是确保组织设计正确。

管理者在制定决策时应尽可能采用最为客观、理性的决策过程。

与"问题引入"的三个开篇问题相对应，每章中间穿插了"问题引入部分的参考答案"，让学生们将他们最初的观点与基于章节概念的正确或最合适的答案进行比较。通过比较，学生们可以知道他们关于组织的心智模式和想法是否同组织世界相一致。

开篇案例

在"问题引入"之后，每一章都以一个简短而有趣的例子开始，案例通常涉及某一个问题或某一种棘手的情况，让学生思考如何将本章节所讲述的主题应用到现实的组织世界中。第一章的开篇引入案例是一个较长的案例，讲述了通用电气的成功之路和面临的困境，阐述了每一章内容与通用电气问题的相关性。全书 14 章中有 9 章的开篇案例都是全新的，包括研发自动驾驶汽车的 Waymo 公司，美国海军陆战队的步枪小队（the U.S. Marine Corps Rifle Squads），巴塔哥尼亚公司（Patagonia）和可口可乐公司等。

新书评介

"新书评介"是一些简短的书评。该栏目的书评内容反映了在现实组织中工作的管理者们所关注的一些当前研究的热点问题。书评中介绍了企业面对当今多变环境的挑战所采用的应对方式，这也是本书的一大特色。第13 版新的书评包括《消失中的美国股份公司——传统企业组织形式的颠覆与创新》（*The Vanishing American Corporation：Navigating the Hazards of a New Economy*）、《崩溃：关于即将来临的失控时代的生存法则》（*Meltdown：Why Our Systems Fail and What We Can Do About It*）、《对话型公司：社交媒体时代对行政式机构的再思考》（*The Conversational Firm：Rethinking Bureaucracy in the Age of Social Media*）、《太空人棒球队：全新制胜之道》（*Astroball：The New Way to Win It All*）、《蓝海战略 2：蓝海转型》（*Blue Ocean Shift：Beyond Competing*）、《规则的形成与破坏：文化或紧或松的连接力如何形塑我们的世界》（*Rule Makers，Rule Breakers：How Tight and Loose Cultures Wire Our World*）。

 **应用案例**

　　新版中编入了大量的新案例，用以说明理论概念。其中有许多跨国企业的案例，而且所有的案例都取材于真实的组织。本书各章节中新增加的应用案例包括：格莱明威立雅水务（Grameen Veolia Water）、华纳传媒（Warner Media）、酩悦轩尼诗-路易威登集团（LVMH Moët Hennessy Louis Vuitton）、洛杉矶公羊队（Los Angeles Rams）、谷歌（Google）和Alphabet、网飞公司（Netflix）、潘娜拉面包公司（Panera Bread Company）、印地纺集团的扎拉公司（Inditex S.A's Zara）、英国宇航系统公司（BAE Systems）、推特（Twitter）、大众汽车（Volkswagen）、西门子歌美飒（Siemens Gamesa）、富国银行（Wells Fargo）、摩根士丹利（Morgan Stanley）和美国步枪协会（National Rifle Association）。上一版中的部分应用案例被保留下来，并进行了大幅更新，包括亚马逊与沃尔玛（Amazon Versus Walmart）、嘉年华邮轮公司（Carnival Cruise Lines）、阳狮集团（Omnicom）和宏盟集团（Publicis）、塔可钟（Taco Bell）、忠实航空公司（Allegiant Air），以及苹果公司（Apple）和三星集团（Samsung）。

 图表

　　图表可以帮助学生将组织关系视觉化，并能够更清晰地传递章节中的理论概念。

本节要点

　　在一章的每一节后面都附有"本节要点"，总结该部分的主要观点和概念。设计这部分内容的主要目的是为学生提供简易的方法来复习每部分的要点。

案例分析

　　这些案例和每章的理论概念相配套，为学生分析和讨论提供工具。新增的分析案例包括："SOLO眼镜""克拉夫特创意公司""赫米塔奇自动扶梯公司""菲德勒、飞利浦与威尔逊设计公司""制造业的数字化：转型中的技能"。

新概念

　　第 13 版增加了很多新内容。本版新增一章关于双重目标组织的内容，所谓双重目标组织是指兼顾经济利益和社会福利的组织。本章探讨了企业如何进行组织设计以管理组织的使命偏移（mission drift）和内在目标冲突。本章还对企业关于可持续发展和企业社会责任的组织设计进行了重要思考，涉及的主要概念包括企业社会责任（CSR）、环境社会与治理（ESG）、三重底线（the triple bottom line）、自觉资本主义（conscious capitalism）和金字塔底端（the bottom of the pyramid concept）。关于信息技术的章节已经被完全修改，新内容包括平台型数字化组织的设计，人工智能对组织设计和管理系统的影响，以及组织走向数字化的趋势。

　　第 13 版中其他新增概念主要包括：物联网及其对大数据分析的影响，一种控制员工的新形式——算法控制（algorithmic control），通过助推管理（nudge management）影响员工，无领导组织设计（bossless organization designs）的趋势以及一种新的组织设计——全体共治型团队结构（holacracy team structure）。新增内容主要包括：极度复杂的技术（overly complex technologies）和高可靠性组织（high reliability organizations），文化智商（cultural intelligence），逆向创新（reverse innovation）、全球本土化（glocalization）的趋势，决策谬误（decision fallacies）和认知偏差（cognitive biases），高绩效组织文化设计，SWOT 分析，情景规划（scenario planning），硬权力与软权力（hard versus soft power）。

 章节结构

　　每一章都有高度的针对性并有严密的逻辑结构。现有许多关于组织的教材都将资料按观点依次排列，如"观点 A""观点 B""观点 C"等。《组织理论与设计》一书则是着重展现理论在组织中的应用。而且，每一章都紧扣关键的知识点展开叙述，不向学生介绍过多的学术资料，或组织研究者们所采用的不同研究方法及其易导致学生理解上混乱的各种观点差异。书中所介绍的绝大部分内容都围绕着本书将要阐明的组织发展的主要趋势这一条主线。有几章还建立了将主要的观点纳入一个总体架构中的知识框架。

　　本书在反复使用中经受了学生们的广泛检验。来自学生和各院校同人的反馈意见已经被吸收到修订版中。本书的设计是通过将组织理论的有关概念与新书评介、实践探索、自我洞察力问卷、案例展示、体验性的练习，以及其他新的教学手段等融于一本教材中，从而更好地满足学生的学习要求。

学生们对此给予了积极的反馈。

补充内容

同步网站

同步网站包含了与课程相关的重要的教学资料。使用者可以在网站上下载电子版教学资源,主要包括教师手册、试题库和课件,我们对这些资料进行了加密处理。

要获得这些材料和同步资料,请登录网站 www.cengagebrain.com。

教师手册

教师手册包括章节回顾、章节概要、讲座提升、问题讨论、练习册活动讨论、案例讨论以及综合案例的注释说明。试题库包括选择题、正误判断和论文写作。

多媒体课件

多媒体课件和报告为教师采用多种上课方式提供了方便。将本教材和教师资源指南相结合,共有 150 张幻灯片可供使用。这些课件包括教材中的数据和表格,还有教材以外的补充内容。这些材料是按教材章节顺序组织起来的,可以在个人使用过程中被修改或扩展。

致谢

教材的编写是一项由团队共同完成的事业。第 13 版凝聚了许多我要致以由衷感谢的人们的聪慧思想和艰辛劳动。上一版的评审者和为此特设的小组的成员,对新版本的修订作出了特别重要的贡献。他们在对本教材的许多特点表示认可和赞赏的同时,也对那些不足之处提出了一些批评和建议。我要感谢对本教材作出重要贡献的以下各位:

阿拉斯加东南大学的大卫·阿克曼(David Ackerman)

密苏里州立大学的帕特里夏·费尔特斯(Patricia Feltes)

纽约州立大学新帕尔茨分校的克莉丝汀·巴克豪斯(Kristin Backhaus)

索诺马州立大学的罗伯特·格林(Robert Girling)

休斯敦浸会大学的迈克尔·伯恩(Michael Bourke)

威斯康星大学白水分校的叶芝·高笛瓦勒(Yezdi H. Godiwalla)

卡梅隆大学的苏赞尼·克林顿(Suzanne Clinton)

马里兰大学的约翰·A.古尔德(John A. Gould)

得克萨斯女子大学的帕特·德里斯科尔(Pat Driscoll)

斯普林爱伯大学的乔治·格里芬(George Griffin)

萨姆休斯敦州立大学的乔·安尼·达菲(Jo Anne Duffy)

印第安纳大学南本德分校的勒达·麦金泰尔·豪尔(Leda McIntyre Hall)

墨瑟大学的切尔·杜沃(Cheryl Duvall)

宾夕法尼亚州立大学的拉尔夫·汉克(Ralph Hanke)

东肯塔基大学的艾伦·恩格尔(Allen D. Engle,Sr.)

帕波戴大学的布雷斯·J.汉森(Bruce J. Hanson)

罗斯福大学的托马斯·黑德(Thomas Head)

密歇根大学的理查德·萨沃德(Richard Saaverda)

斯蒂文斯理工学院的帕特丽夏·霍拉汉(Patricia Holahan)

威斯康星大学的W.罗伯特·桑普森(W. Robert Sampson)

明尼苏达州立大学曼卡托校区的乔恩·卡林沃思琪(Jon Kalinowaski)

南密西西比大学的埃米·希弗(Amy Sevier)

杜兰大学的吉斯皮·拉比楠卡(Guiseppe Labianca)

帕波戴大学的W.斯科特·舍曼(W. Scott Sherman)

得克萨斯泛美大学的简·勒马斯特(Jane Lemaster)

帕萨迪纳城市学院的马乔里·史密斯(Marjorie Smith)

莱特州立大学的金姆·卡斯沙斯基(Kim Lukaszewski)

弗吉尼亚联邦大学的R.斯蒂芬·史密斯(R. Stephen Smith)

圣托马斯大学的史蒂文·马瑞威勒(Steven Maranville)

陶森大学的菲利兹·塔巴克(Filiz Tabak)

贝乐大学的瑞克·马丁内斯(Rick Martinez)

科宾州立学院的托马斯·特瑞尔(Thomas Terrell)

山州立大学的安·玛丽·奈叶(Ann Marie Nagye)

东南路易斯安那大学的杰克·图斯(Jack Tucci)

印第安纳大学的詹尼特·涅尔(Janet Near)

威尔明顿大学的蕾妮·泰尔(Renee Tyre)

得克萨斯女子大学的朱利·纽克默(Julie Newcomer)

北卡罗来纳州农工大学的艾赛亚·阿波诺(Isaiah Ugboro)

利伯缇大学的弗兰克·诺兰(Frank Nolan)

北得克萨斯州大学的沃伦·沃森(Warren Watson)

乔治·福克斯大学的阿斯比乔·奥斯兰(Asbjorn Osland)

德拉瓦大学的理查德·维斯（Richard Weiss）

尼科尔斯州立大学的莱恩·皮扎诺特（Laynie Pizzolatto）

圣克拉拉大学的朱迪斯·怀特（Judith White）

纽约州立大学德里学院的保拉·里尔登（Paula Reardon）

北达克达大学的简·扎哈里（Jan Zahrly）

艾比伦基督大学的萨曼莎·赖斯（Samantha Rice）

我要感谢范德比尔特大学欧文学院的朋友和同事们给予我的鼓励和支持，他们是布鲁斯·巴里（Bruce Barry）、兰格·拉马纽杰姆（Ranga Ramanujam）、巴特·维克托（Bart Victor）和蒂姆·沃卡斯（Tim Vogus）。我还要特别感谢埃里克·约翰逊（Eric Johnson）主任和理查德·威里斯（Richard Willis）副主任，他们为我提供了时间和资源，使我可以阅读最新的组织设计文献并进行新版的写作。

我要向辅助我修订本教材的助手帕特·莱恩（Pat Lane）致以特别的谢意。在本书再版的整个过程中，帕特提供了重要的帮助。她娴熟地整理了各种专题和实例材料，收集了许多相关资料，在按版式要求编辑书稿、页码对照，以及辅助资料准备方面作出了重要贡献。帕特的热情与细心使本书第 13 版达到了更高的水平。我还要感谢蒂姬·莱斯特（DeeGee Lester），她更新了每一章章末的教学案例和综合案例。蒂姬独创性的写作技巧为本书带来了更多活力，大大提升了学生参与讨论和解决组织问题的激励力与趣味性。

圣智公司（Cengage）的团队也特别值得一提。高级产品经理麦克·吉分（Mike Giffen）为本书的出版发行提供了行政支持，深入参与了新版本的改进和更新。高级内容开发经理茱莉亚·蔡斯（Julia Chase）推动了新书的成型，在新版本的内容更新过程中提出了非常多富有洞见的改进建议。课程设计师考特尼·沃斯顿克罗夫特（Courtney Wolstoncroft）和学科专家卡罗尔·摩尔（Carol Moore）为增加学生学习机会提供了专家建议。高级项目经理约瑟夫·马尔科姆（Joseph Malcolm）出色地完成了项目协调，并运用他的创造力和管理技能推动该书按时完成。营销经理奥黛丽·埃里克（Audrey Wyrick）和营销协调员亚历克西斯·科特斯（Alexis Cortez）为我们提供了很多支持、创造性的想法和有价值的知识。

最后，我还想感谢我的女儿们，丹妮尔（Danielle）、艾米（Amy）、萝克珊（Roxanne）、索兰格（Solange）和伊丽莎白（Elizabeth）对我的支持和爱，还有我的外孙和外孙女们，纳尔逊（Nelson）和萨曼莎（Samantha），里德（Reed）和布瑞尔（Brielle），菲尼克斯（Phoenix ）和罗曼（Roman），和他们在一起的珍贵时光让我的生命充满特殊的意义。

理查德·L.达夫特

田纳西州纳什维尔市

2019 年 7 月

Organization Theory and Design

目　　录

第 I 篇　组织导论

第 II 篇　组织目标与结构设计

第Ⅲ篇 开放系统设计要素

第Ⅳ篇　内部设计要素

第 V 篇　动态过程管理

第Ⅰ篇

组织导论

ORGANIZATION THEORY AND DESIGN

◆ 第1章　组织与组织设计

第1章

组织与组织设计

问题引入

在阅读本章内容之前,请先看下面的问题并选择答案。

1. 通过了解创建组织的人就可以了解这个组织。

同意_____ 不同意_____

2. 商业组织的管理者最主要的职责是获得最高效率。

同意_____ 不同意_____

3. CEO 最重要的责任是确保组织设计正确。

同意_____ 不同意_____

1.1 引例:通用电气公司

通用电气公司(GE)历史悠久。1878 年,托马斯·爱迪生(Thomas Edison)创办了通用电气,早期业务为发电和配电,后成长为多元化工业领域的全球领导者。数十年来,通用电气一直因卓越的管理实践和创新的管理方式而享有盛誉,并被其他企业竞相效仿。作为一家典范型工业企业,通用电气的股票自 1907 年以来就已成为道琼斯工业平均指数的一部分。

自 19 世纪末以来,通用电气进入和退出了多个业务领域,这是其战略的一部分,也是其成功的关键。直到 2019 年,通用电气仍是一家多元化的全球企业集团,在工业领域的业务包括电力(燃气和蒸汽动力系统)、可再生能源(风力涡轮机)、石油和天然气(钻井系统)、航空(喷气发动机)、医疗保健(核磁共振成像机)、运输(机车)和金融资本(购置设备的贷款)。

然而,就在 2019 年,通用电气从早期的繁荣中急剧下滑,其价值跌至之前的 10% 左右。这家曾被誉为全球管理最好的公司，为何会陷入如此困难的境地？其兴衰转变的部分原因在于领导者对组织设计的运用。

雷金纳德·琼斯（Reginald Jones）在 1972 年至 1981 年担任通用电气的首席执行官，帮助公司建立了复杂的战略规划系统。通用电气集团由 43 个独立业务单元组成，其中有 10 个集团、46 个分公司和 190 个部门参与战略规划。为了更好地管理 43 项战略计划所需的大量文书工作和信息，通用电气在组织架构中增加了一个管理层，负责监督各业务部门或集团，减轻最高管理层的工作负担。通用电气是一家受人尊敬的成功企业，而文书工作和官僚主义似乎随着组织规模的扩大和复杂性的增加而更加盛行了。

1.1.1　杰克·韦尔奇时代（1981—2001 年）

20 世纪 60 年代初，杰克·韦尔奇（Jack Welch）被通用电气聘任为工程师时，他非常讨厌公司的官僚作风，以至于在工作仅六个月后就提交了辞呈。韦尔奇的领导说服他留下来并做出一些改变。升任首席执行官后，韦尔奇迅速开始整治通用电气日益盛行的官僚作风。2001 年，在韦尔奇 20 年的首席执行官生涯即将结束时，《财富》杂志将他评为"世纪经理人"，以表彰他在通用电气的卓越业绩，并将通用电气评为"全美最受推崇的公司"。韦尔奇和通用电气的管理者们做了哪些改变才获得了这些荣誉呢？

战略的变化

通用电气在 20 世纪 70 年代末开始使用"通用电气带来美好生活"的广告语，并在韦尔奇时代延续了下来，韦尔奇也保持着多元化企业集团的战略。但韦尔奇提出了一个新的关键目标：每项业务都必须成为其行业中的第一或第二大竞争者，否则就会被放弃。通用电气的新战略就是成为每个所在行业的领导者。

结构的变化

韦尔奇首先废止了雷金纳德·琼斯创立的部门管理等级制度，从而冲击了通用电气内部的官僚层级。他一直与存在管理过度问题的层级制度做斗争，直到层级数量从 9 个减少到 4 个。很多情况下，部门经理、分部门经理、业务单元经理，有时还有行政主管和行业经理都一起被淘汰了。现在，首席执行官和高管层可以直接处理每一项业务，无需经过多个管理层级。此外，韦尔奇将高层管理者的管理幅度扩大到 15 个人或更多，以促使高管层下放更多自主权。

精简机构

韦尔奇消解官僚主义的方式还包括精简机构。通用电气通过简化管理结构和裁员，甚至是通过资产剥离，削减了数万名管理人员和员工。其员工人数从 1982 年的约 40.4 万人下降到 1989 年的 29.2 万人。韦尔奇的绰号是"中子杰克"——因为中子弹可以在不损坏建筑物的情况下摧毁里面的人。这位首席执行官更换了 14 位业务主管中的 12 位,这让他的绰号更加名副其实。在此期间,韦尔奇被称为"美国最强硬的老板"。

新的文化

韦尔奇希望建立一种企业文化,这种文化建立在管理者和直接下属之间开诚布公、面对面直接对话的基础上,而不是通过正式会议和官僚文书。一种称为"群策群力"(Work-Out)的做法就是建立这种文化的途径之一。来自某个业务部门的 100 多名员工以城镇会议的形式聚集在一起。业务部门的领导提出一个具有挑战性的问题,然后离开房间。员工们分成不同的团队,提出全新的、通常是变革性的方案来解决部门遇到的问题以及官僚主义导致的低效率。第三天,领导们回来听取各个团队的陈述。领导们有大约一分钟的时间来决定接受还是拒绝某个提议。一家飞机发动机厂的领导接受了 108 项提议中的 100 项,从而实现了工厂运营的转型。如果领导不能接受下属提出的变革性建议,他们很有可能会就此失业。在过去的 10 年里,大约有 20 万名通用电气员工参与了"群策群力"活动。

走向全球

韦尔奇将通用电气的重点放在全球扩张上,美国市场还不够大。韦尔奇通过提高业务部门的绩效标准来激励国际扩张,即从成为所在行业内的"第一或第二"提升到成为世界范围内的"第一或第二"! 为了支持每家公司在全球化方面的努力,韦尔奇聘请了一名国际运营高级经理来推动每个业务单元的海外扩张。通用电气的管理者们必须学会全球化思考和行动。

绩效管理、目标延伸与控制

韦尔奇及其直管的高级执行官对通用电气 3 000 名高管的成长和进步负责。他们走访每一家公司,评估实现既定目标的进展情况,通常还包括"延伸"目标,这是韦尔奇引入的另一个概念。目标延伸以管理者的"梦想"为指向,这些目标可能无法实现,但可以激发管理者获得出人意料的非凡成就。在另一项举措中,韦尔奇在"活力曲线"上设置了一个管理者评估系统,这项年度评估过程被称为"末位淘汰制",前 20% 表现最好的人会得到丰厚的奖励,中间 70% 的人不赏不罚,后 10% 的人则会被劝离公司。

电子商务

退休前的最后两年,韦尔奇看到了互联网的潜力,认为互联网是"我所见过的最大变革。"他认为像通用电气这样的大型传统公司可能会害怕新技术,所以他要求每个业务部门建立一个全职团队,负责有关互联网的战略机遇。将公司数字化是韦尔奇最后一个重要举措。

总而言之,通用电气的杰克·韦尔奇时代是公司历史上最非凡的时代。韦尔奇和通用电气赢得了诸多声望颇佳的奖项,如英国《金融时报》将通用电气评为"世界上最受尊敬的公司",杰克·韦尔奇成为杰出管理的偶像,他的名字在流行文化中广为人知。在韦尔奇的带领下,通用电气的市值惊人地增长了 27 倍,从 180 亿美元增加到 5 000 亿美元。在 2000 年,通用电气成为世界上最有价值的公司。

 ## 1.1.2　杰夫·伊梅尔特时代（2001—2017 年）

韦尔奇亲自推选杰夫·伊梅尔特担任通用电气的首席执行官。伊梅尔特在通用电气有着丰富的经验，从业经历横跨通用家电、通用塑料和通用医疗，最终负责医疗保健业务单元的工作。

外部环境

伊梅尔特和通用电气几乎从第一天起就面临着重大的环境挑战——从震惊世界的 2001 年 9 月 11 日恐怖袭击开始。通用电气还经历了 2002 年股市崩盘、油价暴跌、2008 年华尔街崩盘以及随后的全球经济长期衰退。

战略变化

伊梅尔特将通用电气的重心转向其拥有雄厚根基的工业领域，同时学习如何在互联网时代蓬勃发展。他提高了通用电气的软件能力，并预言通用电气将成为一家大型软件公司。伊梅尔特还特别重视全球化以及通过加大研发投资来实现更多创新。

创新

在伊梅尔特的领导下，通用电气提出了一个名为"逆向创新"的新概念。几十年来，通用电气的创新战略一直是在美国开发高端产品，然后在国际市场上销售，并根据当地情况进行适当调整。逆向创新意味着在贫穷国家开发低端产品，然后在富裕、发达的国家销售这些产品。一个例子是在中国开发了一种廉价的便携式超声波机器，而这种机器也在美国和欧洲成功销售。

可持续性

在通用电气，可持续性意味着调整企业战略以满足社会需求，同时最小化对环境的影响，并促进社会发展。伊梅尔特推动通用电气将可持续性嵌入各个层面，从广为关注的"绿色创想"（Ecomagination）（制造能够生产更清洁的能源、减少温室气体排放和减少洁净水使用的机器），到对员工的日常安全管理。可持续性还意味着促进多样性，投资平价医疗保健、清洁能源，实现减少排放的宏伟环境目标。

重大决策

伊梅尔特做出的最大决策是出售通用电气金融服务公司（GE Capital）的大部分股权，并收购法国能源企业阿尔斯通（Alstom）。通用电气金融服务公司提供了多种金融服务——信用卡、汽车贷款、房地产贷款、次级抵押贷款和设备租赁，是一项高利润的业务。然而，在 2008 年金融危机之后，通用电气金融服务公司被认为是"大而不能倒"。投资者担心会出现巨额亏损，因此该公司的大部分资产被剥离。这是一个艰难的决定，因为在过去一些业绩较好的年份,通用电气几乎有一半的收入和利润来自其金融服务公司。

事实证明,收购阿尔斯通的决定是一场灾难。这是通用电气最大的工业并购项目,交易额达 130 亿美元。管理者们很快意识到,不仅阿尔斯通的运营效率低下,而且市场对其燃气发电设备的需求也在下降。伊梅尔特命令阿尔斯通裁员 1.2 万人。通用电气在为收购阿尔斯通支付了 130 亿美元之后,又减记了近 200 亿美元。

进一步全球化

伊梅尔特推动通用电气国际业务的发展超越了韦尔奇早期的目标。他将通用电气全球收入占总收入的比例提高到 55%,相比之下,他接手时这一比例为 30%。他解释说,通用电气制造的 90% 的飞机发动机、100% 的燃气轮机和 50% 的机车都销往美国以外的地区。"那里是顾客所在的地方",他说。伊梅尔特支持成立了通用电气全球增长组织(GGO),该组织旨在通过跨业务部门合作提高美国以外市场的销售额。

大数据分析的数字化

伊梅尔特赞助了一项名为 Predix 的复杂数据分析平台的研究。这种云操作系统为通用电气在其工业设备(如喷气发动机、机车)上安装传感器提供了支持,从而为分析机器性能和预测维护需求提供大量数据。这些数据将使通用电气能够向客户提供新的营利性服务。

总结伊梅尔特在通用电气的时代,大多数分析师认为通用电气后退而不是前进了。在担任首席执行官期间,伊梅尔特尽其所能提高通用电气的股票价值,但在这 17 年里,股价却下跌了近 30%,与此同时,标普 500 指数(S&P 500)上涨了 124%。通用电气的市值缩水了 1 500 多亿美元,而在杰克·韦尔奇在位期间,通用电气的市值增长了 4 800 亿美元。一些分析人士认为,通用电气应该分拆或者出售部分业务、取消研发和创新方面的所有投资,以实现大幅精简。他们批评伊梅尔特对自己的决定过于乐观,并且没有直面通用电气的真实问题。

1.1.3　2017 年以来的事件

2017 年,通用电气宣布,通用医疗(GE Healthcare)首席执行官约翰·弗兰纳里(John Flannery)将接替伊梅尔特担任首席执行官。通用电气的股价很快下跌了 45%,并在 2018 年年末至 2019 年年初跌至谷底,当时的市值约为杰克·韦尔奇领导下峰值的十分之一。通用电气的老人们数十年来赖以生存的股票股息大幅缩水。随着通用电气丧失其在道琼斯工业平均指数中令人垂涎的地位,其发展跌入了谷底。

通用电气董事会很快意识到弗兰纳里缺乏处理危机的经验,他还是一位处在学习阶段的管理者。新任首席执行官是 55 岁的拉里·卡尔普(Larry Culp),他是通用电气董事会的首席董事,在丹纳赫公司(Danaher)

担任了 14 年首席执行官。人们希望卡尔普能让通用电气恢复曾经被其他公司争相效仿的企业文化。卡尔普认为,通用电气已经变得过于庞大和复杂,难以有效管理,他决定对公司进行精简,包括以 210 亿美元的价格出售通用电气的生物技术业务。在卡尔普 2019 年担任首席执行官的前几个月里,通用电气的股票开始朝着积极的方向发展。伴随着希望和努力,管理者、员工和分析人士认为通用电气将逐渐恢复其昔日形象。[1]

1.2　应用中的组织设计

欢迎来到组织设计理论所要探讨的现实世界。通用电气的命运奇迹般地扭转说明了组织设计的实际运用的重要性。通用电气的管理者们在他们工作的每一天都深深涉身于组织设计中,只不过他们还没有认识到而已。这些管理者没有能够完全了解他们的组织如何与环境发生着千丝万缕的联系,也不清楚他们的组织内部应该如何运作。组织设计为我们提供了评价和理解组织的工具,让我们明白为何有些组织获得了成长和成功,而其他组织没有。它帮助我们理解组织过去发生的事情,以及未来将要发生的事情,借此我们可以更有效地管理组织。熟悉组织设计就能帮助拉里·卡尔普和通用电气其他管理者分析和诊断所发生的事情,帮助通用电气在快速变化的世界中保持竞争地位。组织设计给人们提供了一个解释通用电气衰落的工具,并且能够帮助我们理解管理者为了保持公司竞争力可能采取的措施。

大多数组织都面临着与通用电气相似的问题和挑战。例如,丰田汽车公司(Toyota Motor Corporation)拥有世界上最好的制造系统,数十年来一直是公认的汽车质量领军企业。但是,当公司高管层开始为实现大规模的全球增长而实施高压目标时,其著名的质量体系也走到了崩溃边缘。到 2009 年,丰田发现自己陷入了危机,这场危机最后以召回 900 多万辆可能存在质量问题的汽车而告终。[2] 棒约翰披萨连锁店(Papa John's pizza)的创始人约翰·施耐德(John Schnatter)因种族歧视事件被高度曝光,导致该公司贬低女性和少数族裔的企业文化也被公之于众,该连锁店的销售额下滑,施耐德随之辞职。董事会委托一家外部公司监督针对公司文化的审计工作,并开始举办关于多样性和包容性的研讨会,试图修复功能失调的企业文化。[3] 或者想想柯达,这家曾经统治过胶卷行业的公司。柯达发明了第一台数码相机,而且耗资数亿美元开发数字技术,但是管理者们担心数字技术会和他们原有的利润丰厚的胶片业务自相残杀,没有勇气将其投入市场。柯达于 2012 年申请破产,现在只是一家在数码相机革命中被淘汰的空壳公司。[4]

1.2.1　本书的主题

本书所涵盖的每一个主题都已经在通用电气的案例中得到了佐证。事

实上,担任像通用电气、丰田、柯达和棒约翰披萨这样的组织的管理者,经常会面对一系列的挑战。比如:

- 组织如何适应和控制诸如竞争者、顾客、政府以及债权人这样的快速变化的外部环境?
- 为了帮助组织维持有效性,战略和结构应做何变革?
- 组织如何避免可能威胁到企业诚信的管理道德缺失?
- 为满足组织对可持续性问题日益增长的关注,需要做出哪些改变?
- 管理者如何处理组织规模过大和官僚主义的问题?
- 如何在管理人员中间巧妙地运用权力和权术?
- 如何管理内部冲突以及工作单元间的协作?
- 组织需要什么样的文化,管理者如何塑造这种文化?
- 组织需要什么样的创新和变革,以及需要多少这样的创新和变革?

这些都是组织理论和组织设计所关注的问题。组织设计理论适用于所有行业中所有类型的组织。例如,韩国现代(Hyundai)的管理者致力于质量、成本控制和顾客满意,将曾经被认为是有着较差声誉、只会生产低价汽车的韩国汽车企业转变成为世界第三大汽车生产者。在谷歌(Google)撤出中国后,管理者找到了一种方法,就是与当地合作伙伴如出门问问(Mobvoi)、腾讯等建立合作关系,在这个利润丰厚的市场中站稳脚跟。瑞典家具巨头宜家家居(IKEA)的管理者们正在进行公司历史上最大的重组,以应对人们购物习惯的快速变化。[5] 所有这些企业都使用了基于组织设计的概念。组织设计理论同样适用于非营利性组织,比如联合之路(United Way),动物之友协会(Best Friends Animal Society),地方艺术组织、学院和大学,还有帮助晚期重症孩子实现愿望的组织——许愿基金会(Make-A-Wish Foundation)。

组织理论可以帮助我们从诸如通用电气、谷歌和联合之路这样的例子中总结经验和教训,让学生和管理者受益。就像我们的开篇案例通用电气公司所展示的,不管组织多大多成功,它们都是脆弱的,经验不是自然而然获得的,和它们的决策制定者一样,组织的承受力是有限的。研究表明,许多新创企业的存活时间超不过五年,然而,也有一些组织能保持 50 年甚至 100 年的茁壮成长。组织绝不是静态的,它们需要不断地调整以适应外部环境的变化。今天,由于环境中出现的新挑战,许多公司正面临着将自己转变为与以往极为不同的组织的需要。

 ### 1.2.2　本章目的

本章的目的是探讨组织的性质和当今的组织设计理论。组织设计理论是经过学者们对组织的系统性研究而发展起来的。组织设计理论中的原理、概念均来自于活生生的正在运行中的组织。组织设计理论具有实用性,这正如通用电气案例所说明的。它有助于管理者们理解和诊断组织的需要与问题并对此做出反应。

我们首先要深入了解当今管理者和组织面临的挑战。之后从组织作为一个开放系统的正式定义开始展开叙述，探讨供描述和分析组织用的一些基本的概念，包括不同的结构变量和权变因素。我们介绍了效率和效果的概念，并介绍了衡量组织绩效的最常见方法。接下来的部分考察组织理论和设计方面的历史演变，提出了一个理解组织构型的框架，解释了有机式组织设计和机械式组织设计之间的差异，以及组织理论如何帮助人们对当今处于迅速变化时代的组织进行有效的管理。本章结尾部分将对覆盖本书的主要论题作简要的概括。

 ### 1.2.3 　当前的挑战

通过对成百上千个组织进行研究而形成的组织理论，提供了使通用电气和其他组织能够更有效运行的知识基础。组织在今天所面临的挑战与过去的情况就相当不同，组织的概念和组织理论就在这一进程中不断演进。本章的"新书评介"部分介绍了两种正在改变组织格局的组织设计形式。现在，世界的变化比以前更快了，管理者们必须对组织进行定位，以适应新的需要。管理者和组织所面临的一些具体的挑战包括全球化、日益激烈的竞争、对于可持续性和商业伦理实践的严格要求、对环境和顾客需求的变化做出快速反应，以及融入数字化商业活动和利用大数据分析。

杰拉尔德·戴维斯（By Gerald F. Davis）
《消失中的美国股份公司——传统企业组织形式的颠覆与创新》
(*The Vanishing American Corporation：Navigating the Hazards of a New Economy*)

美国大公司死了吗？没有，但是杰拉尔德·戴维斯在他的《消失中的美国股份公司——传统企业组织形式的颠覆与创新》一书中提醒我们，自从通用汽车、施乐和美国电话电报（AT&T）等公司统治世界以来，组织格局发生了极大的变化。戴维斯展示了一个令人震惊的事实，即美国上市公司的数量在不到20年的时间里减少了一半，从1996年的7 322家降至2015年的3 659家。为什么大公司会萎缩、衰落，甚至完全消失？

新世纪的新形势

一个重要的因素是，新的组织形式已经出现，似乎更适合今天的商业环境。戴维斯说，大型公司"很符合20世纪经营的要求，但对21世纪的经营越来越不适应"。他描述了由技术和全球化的双重压力所促成的两种最新的组织设计方式，并以一些公司为例进行了说明。

- 耐克化(Nikefication)：虚拟网络组织。耐克以虚拟网络的形式将高附加值的工作留在公司内部完成(就耐克而言，是运动鞋设计和营销)，并将其他部分(如运动鞋的制造)外包给外部承包公司，这些外包公司通常位于低薪国家。网络组织形式使规模较小、复杂程度较低的公司以更低的成本和更快的速度提供商品和服务。例如，一年之内，拥有 200 名员工的瑞轩(Vizio)在美国的电视机销量与拥有 15 万名员工的索尼持平。戴维斯指出，有些公司完全以网络组织的形式运作，但随着互联网的普及和承包商的增多，"耐克化现在已成为美国企业界的标准做法"。

- 优步化(Uberization)：平台型组织。提供打车服务的优步(Uber)是一种新型组织，它通过对信息和通信技术的结合来连接不同的人群，使他们能够进行互利的交流。戴维斯写道："这样的组织为市场提供了数字平台，让那些有工作或任务要做的人与愿意去做这些工作的人相匹配。"以优步为例，它提供了一个平台，将需要打车的客户与优步的司机匹配，司机"不是员工(绝对不是!)，而是独立的微型企业家"。这种组织形式降低了劳动力成本，使公司变得非常灵活，并最大限度地提高了服务客户的速度。

这一切意味着什么？

戴维斯指出了这些趋势对个人和社会的积极和消极影响。随着大公司的衰落和新组织形式的出现，一辈子只在一家公司工作的时代已经成为过去。层级制度被扁平化了，所以人们不再有清晰的职业发展道路。他们不是雇员，也没有与他人接触的实际工作场所。然而，这些新组织形式也提供了新机遇。企业家和管理者可以塑造更加本地化和以社区为基础的企业，让人们有更多参与的机会，并更加关注可持续的商业实践。虚拟网络和数字平台的组织设计理论将在第 3 章和第 9 章进行讨论。

The Vanishing American Corporation，by Gerald F. Davis，is published by Berrett-Koehler Publishers.

全球化

对于今天的组织来说，世界变得越来越小的描述已在很大程度上成了现实。市场、技术、组织之间的相互联系愈加紧密。[6] 能够培养企业全球化视角的管理者是目前最需要的人才。例如拉蒙·拉瓜塔(Ramon Laguarta)，他于 2018 年接任百事公司首席执行官，是西班牙巴塞罗那人；桑达尔·皮查伊(Sundar Pichai)是谷歌的 CEO，他是印第安人；再比如美敦力公司(Medtronic)首席执行官奥马尔·伊什拉克(Omar Ishrak)，他是孟加拉国人，在英国接受过教育，又在美国工作了近二十年。

当今的成功组织都营造了一种在世界任何地方皆如"在国内"的感觉。公司可以将组织中的各部分布局在最有利于开展业务的不同地方，如总部设在某个国家，而技术智囊中心和生产设施却设在其他地方。一个相关的趋势就是全球外包，把一些功能外包给其他国家的组织(耐克)，或与外国组织建立战略伙伴关系以获得全球优势（谷歌）。跨国并购以及在其他国家建立有效的业务关系对于企业的成功至关重要。然而全球化运营并非易事。2018年年中，在欧盟一项新的隐私法生效后，法国数据保护机构对谷歌处以5 000万欧元（约合5 700万美元）的罚款，原因是谷歌没有向用户适当披露它是如何收集数据以提供个性化广告的。[7] 优步由于违反了不同国家的政府规定而遇到麻烦，目前已经退出了包括中国、俄罗斯和东南亚在内的几个海外市场。[8] 另一个问题涉及外包和承包商关系。2012年，几家建在孟加拉国的成衣生产厂发生了火灾，2013年，另一家服装生产厂发生倒塌事故，1 100多名工人在这些事故中丧生。孟加拉国恶劣的工作条件受到了关注。许多组织，诸如沃尔玛（Walmart）、海恩斯莫里斯（H&M）、塔吉特（Target）、苹果（Apple）、亚马逊（Amazon）以及其他大型企业，将生产放在巴基斯坦、柬埔寨、印度尼西亚和越南等其他低薪国家时，也存在工作条件太差的问题，而这些国家承担着全球大部分的服装和其他产品的生产工作。[9]

激烈的竞争

全球越来越紧密的联系为企业提供了优势，但同时也意味着企业的经营环境充满了更多的竞争。顾客需要低廉的产品价格以及产品和服务的质量保证，能够同时满足这两点的企业才能成功。在低薪国家的外包商支付的工资经常比美国公司低50%～60%，所以提供相同服务的美国公司不得不寻找新的竞争途径或者进入新的业务领域。[10] 一位企业家将生产工厂设在了中国深圳，生产一种新型的笔记本电脑电池。她本想在美国设立生产基地生产产品，但是她在美国的合约制造商要求她预先支付上百万美元的费用，这种要求在中国是不会发生的。[11]

所有行业中的企业都感受到了降低成本、维持低价格和满足不断变化的需求的压力。零售企业就是一个鲜明的例子。英国最大的连锁超市乐购（Tesco）由于面临来自折扣连锁店阿尔迪（Aldi）、利德尔（Lidl）以及在线购物网站日益激烈的竞争，而实施了一项降价活动，并削减了数千个职位以降低成本。梅西百货（Macy's）、杰西潘尼（J.C.Penney）、家庭美元（Family Dollar）和盖普（Gap）等公司未能适应竞争和购物习惯的变化，这些公司的高管层纷纷宣布2019年年初将关闭更多门店。而包括沃尔玛（Walmart）、塔吉特（Target）和百思买（Best Buy）在内的其他传统零售商的销售额都有所增长，因为其管理者们找到了与亚马逊在线竞争的方法，同时也找到了合理的产品和服务组合，能够将顾客吸引到实体店。[12]

可持续性、绿色运动和伦理

当今的管理者面临着巨大的压力，要"放下他们一心追求经济利益的想法，更加关注（组织）对员工、客户、社区和环境的影响"。[13] 人们要求组织在平衡利润和公共利益方面做出更坚定的承诺。许多企业开始推崇可持续（sustainability）的发展理念，可持续是指经济发展不但能够创造财富，满足现代人的需求，同时也要能够保护环境，满足后代人的需求。[14] 可持续发展已经成为组织增长和发展的一个关键目标。[15] 正如在开篇案例中提到的那样，杰夫·伊梅尔特推动通用电气将可持续发展融入公司的各个层面。

社会公众态度转变,新的政府治理政策出台,气候变化,企业对环境的不良影响在信息技术传播下被迅速披露,在这一系列因素的驱动下,走向绿色(going green)已经成为一种新的商业趋势。总部位于亚特兰大的地毯制造商英特飞(Interface)的创始人、前任董事长雷·安德森(Ray C. Anderson)实施了"归零使命"(Mission Zero),承诺减少天然原材料的使用和生产,消除公司对环境的影响。现任首席执行官杰伊·古尔德(Jay Gould)正在跟随安德森的脚步,2018 年,英特飞成为第一个宣布碳中和目标的地板制造商。"我们真正考虑到了四类主要利益相关者",古尔德谈到公司对可持续商业实践的承诺时说,包括"我们的客户,我们的员工,我们的股东,还有环境"。[16]

管理者们也感受到了来自政府和公众要求其组织和员工遵守高伦理规范和职业标准的压力。随着伦理缺失和企业财务丑闻的不断爆出,企业经受了前所未有的审查力度。例如,近年来,脸谱网(Facebook)和其他科技公司经常被监管机构要求加强监督。2019 年初,英国议会的一个委员会发布了一份言辞激烈的报告,认为脸谱网的内部电子邮件证明该公司大量牺牲用户隐私,用以创造更多的广告和增加收入。该报告称:"社交媒体公司不能以自己仅仅是一个'平台'的说法为幌子,坚持认为自己不负有监管网站内容的责任。"报告呼吁制定新的法律规范该行业。[17]非科技公司也不能幸免于审查。咨询企业麦肯锡公司(McKinsey & Company)最近同意与美国司法部(U.S. Justice Department)达成 1500 万美元的和解协议,以解决一项针对该公司在处理破产案件时未能正确披露与其他各方财务关系的调查。[18]

速度与响应

组织面临的第四个挑战是对环境变化、组织的危机和不断变化的顾客期望做出快速和果断的反应。在 20 世纪的大多数时间里,组织都是处在一个相对稳定的环境中的,所以,经理们能够聚焦于设计使得组织运行得顺利和高效的结构与系统。几乎没有必要去寻求新的方法以应对日渐激烈的竞争、快速变化的环境和消费者需求的改变。当今时代,新产品,新企业,甚至是全新的产业,兴起又衰落,其速度比以往任何时候都快。

如前所述,零售业正在经历快速而剧烈的变革。在这场被称为"零售业末日"的浪潮中,包括派勒斯(Payless)、Aeropostale、Mattress Firm、西尔斯(Sears)、Radio Shack、邦顿(Bon Ton)和玩具反斗城(Toys"R"Us)在内的数十家零售商近年来纷纷申请破产。一些企业已经完全停业,而另一些则关闭了门店,在挣扎中生存。[19]在线零售业巨头亚马逊一直在努力改变这一局面。亚马逊不断尝试新设想,同时及时舍弃那些行不通的想法。2019 年初,亚马逊宣布将关闭在美国的全部 87 家快闪店(pop-up stores),以及在购物中心、科尔百货(Kohl's)和全食超市(Whole Foods Market)等地点经营的小型自助商店。与此同时,亚马逊继续探索实体战略,开设更多书店和四星级商店(所销售的商品被亚马逊用户评为四星级或更高级的商店),并计划开设新的食品杂货店系列。亚马逊创始人兼首席执行官杰夫·贝索斯(Jeff Bezos)认为,大多数商业决策都须在"掌握约 70% 所需信息的前提下才能迅速做出"。[20]

其他行业的管理者也必须做到快速思考和行动。大型消费品企业宝洁公司(Procter & Gamble)将其部门从 10 个削减到 6 个,并给予这些部门的管理者更多控制权和决策权。宝洁首席执行官戴维·泰勒(David Taylor)表示:"我们需要更大的灵活性。""坦率地说,我们所看到的世界许多方面发生的变动……大大加快了变革的速度。"[21]面对这个世界固有的动荡和不稳定,管理者和企业需要有一种不断创新的心态才能取得成功,这通常意味着要给予一线员工试验和决策的权利。[22]

数字组织和大数据分析

当今社会中,互联网、社交网络、博客、在线合作、网页端沟通、播客、移动技术设备、推特(Twitter)、脸谱网(Facebook)、优图比、Skype 等众多技术和沟通工具的出现使得管理者曾经熟悉和适应的环境变得不同。[23]数字革命改变了一切——不但包括我们如何与别人沟通,搜索信息,分享想法,而且包括如何设计与管理组织,商业流程如何运转,员工如何工作。

数字革命的一个重要的领域是大数据分析的出现。**大数据分析**(big data analytics)是指使用一定的技术、技能和流程对大规模的、复杂的数据集进行搜索和研究,以揭示数据间隐藏的潜在模式和相关性。[24]通用电气将数据传感器连接到其大型机器的内部活动部件上,以分析数十亿个数据位来评估磨损程度和预测维护需求。脸谱网将用户上传到个人网页上的资料收集起来,同时追踪并观察用户在网上的行为,然后通过数据搜索识别出用户可能的"朋友",再推荐给用户。脸谱网和谷歌的这种数据收集行为也解释了为什么当你使用互联网浏览器时,广告会出现在你的电脑屏幕上。网飞公司(Netflix)通过分析与用户兴趣相关的大量数据决定提供哪些新节目和电影,以及如何推广它们。[25]当然,大数据不仅仅只对互联网公司有用。沃尔玛每小时从客户交易信息中获取 2.5PB 的数据(1PB 约等于 100 万 G,或者相当于 2 000 万个装满数据文件的档案柜),然后利用这些数据做出更好的决策。[26]

下面这个案例展示了富乐客公司(Foot Locker)是如何利用数据分析获得收益的,以及会带来哪些挑战。

应用案例 1-1

富乐客公司

2018 年秋季,富乐客推出了一款增强现实寻宝软件,这让门店顾客和潜在顾客惊喜不已,因为这恰逢耐克在洛杉矶发布了一款"LeBron16湖人紫金配色"运动鞋。人们通过智能手机或移动设备上的寻宝软件可以解锁基于地理定位的 AR 技术线索,根据这些线索可以在城市中找到限量版的球鞋。

富乐客的管理者们知道,年轻且精通技术的"球鞋迷们"今天就想得到明天的鞋子。满足这一愿望意味着要在整个组织中使用新技术。过去三年,富乐客的技术人员增加了 30%,研发团队致力于数据应用程序、应用程序与操作系统之间的接口、人工智能、增强现实(AR)和机器学习方面的技术开发。为了与快速变化的环境保持联系,富乐客每周会发布四到五个科技产品,比如新的移动应用程序或面向客户的网络公司(dot-coms)。首席信息官帕万·维纳(Pawan Verna)表示,有时"一天会发布四到五个"。富乐客还应用数字技术迅速将数字化设想转化为现实的产品和服务。

维纳表示,富乐客应用人工智能和新兴数字技术面临的关键挑战是安全性。"例如,当我们推出一款产品时⋯⋯数十亿模仿客户的网络机器人将试图通过对我们的内部设备和云基础设施发动分布式拒绝服务型攻击,使我们的网站和移动应用无法提供服务。"另一个挑战是确保客户、供应商和其他人清楚了解公司所收集的数据以及如何使用这些信息。[27]

本节要点

- 组织设计理论是理解、设计以及更有效地管理组织的工具,涉及的问题诸如:如何适应动荡的环境;如何应对不断扩大的组织规模和不断增加的复杂性;如何管理内部冲突,如何协调;如何塑造正确的组织文化以达成目标。
- 管理者面临着新的挑战,包括全球化,加剧的竞争,对可持续性、环境和道德实践的严格审查,对需求的快速响应,以及整合大数据分析和数字化业务。
- 被称为 Nikefication(耐克化,虚拟网络组织)和 Uberization(优步化,平台型组织)的新组织形式正在影响所有行业中的组织。

 1.3　什么是组织

组织是无形的。我们可以看见的组织是诸如一幢高层建筑、一个计算机工作站,或一个友善的员工等这些外在的东西,但是整个组织却是模糊和抽象的,并且可能分布在若干个地方。虽然,我们知道组织肯定存在,因为我们每天都接触它们;但是,确实由于组织是如此常见,我们常将组织作为想当然的事实,而没有去刻意关注它。我们很少注意到,我们出生在某家医院,在政府某个部门进行出生登记,接受中小学和大学提供的教育,吃着农场和食品加工厂生产的食品长大,用手机叫车、买衣服或者叫外卖,购买由建筑公司建造、房地产经销商销售的房子,不时地从银行借款,出现麻烦时求助于警察或消防部门,请搬家公司替我们搬家,从政府机构获得一系列的福利。[28]多数人除睡觉以外的大部分时间都在某种类型的组织中度过。

1.3.1　组织的定义

像银行、消费品公司、叫车服务公司、企业农场、社交网站和政府机关这些各式各样的组织都有着共同的特征。本书使用以下的定义来描述组织：所谓**组织**（organizations），是指这样一个社会实体，它具有明确的目标导向和精心设计的结构与有意识协调的活动系统，同时又同外部环境保持密切的联系。

组织是达成最后目标的途径。我们可以认为，组织是用来把事情做好并达成特定目标的工具。目标可以不同，但是组织的核心要素是成员之间的合作以及资源的目标导向配置。[29]一个组织并不是一幢建筑或者一套政策和程序。组织是由人及其相互之间的关系构成的。当人们之间相互作用以完成实现目标的基本活动时，组织就存在了。组织的所有者和管理者精心地组合和协调组织的资源以实现组织的目标。然而，即便工作可以被组织到各独立的部门或者一系列的活动中，大多数组织今天仍在努力实现工作活动的横向协调。它们通常利用团队组织形式，使不同职能领域的员工在一起工作，完成特定项目。当企业需要对外部环境的迅速变化做出反应时，部门之间的界限以及组织之间的界限就变得更富有灵活性和渗透性。不与客户、供应商、竞争者及其他外部环境因素相互作用的组织，是很难生存下去的。一些公司甚至与它们的竞争对手合作，就是为了相互的利益而共享信息和技术。图 1-1 表明了组织作为一个**开放系统**（open system），从外部环境获得输入，通过中间加工转换过程产生价值增值，然后以产品和服务的形式回到环境中。

　　　　　　输入　　　　　　　　　　　　　　　　输出

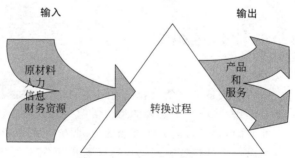

原材料
人力
信息
财务资源

转换过程

产品
和
服务

图 1-1　作为开放系统的组织

1.3.2　从跨国公司到非营利性机构

一些组织是大型的跨国公司，例如通用电气、谷歌、美国运通（American Express），一些是小型的家族企业，还有一些是非营利性组织或政府机构。一些组织制造诸如喷气式发动机、平板电视机和智能手机这样的产品，还有一些组织提供法律、互联网和电信服务，或者提供心理健康资源和汽车维修服务。本书后面的第 8 章将探讨制造和服务技术的差异。第 10 章会讨论规模和生命周期问题，并描述大型组织和小型组织的不同之处。

另一个重要的差异是营利性组织和非营利性组织。本书中涉及的主题均适用于非营利性组织，比如联合之路（United Way）、大自然保护协会（the Nature Conservancy）、仁人家园（Habitat for Humanity）和圣裘德儿童研究医院（St.Jude Children's Research Hospital），如同通用电气、优步、网飞和塔可钟（Taco Bell）等企业一样开展活动。但是，二者间也有一些重要的不同点需要注意。最主要的不同是商业经理人的行为目的是为公司赚钱，而非营利性组织的管理者所做的一切是为了产生某种社会影响。这种不同所体现出的非营利性组织的独有的特性和需求给组织领导者带来了独特的挑战。[30]

非营利性组织的财政资源一般来自政府拨款、赠予和捐赠，而不是来自产品和服务的销售。在商业领域，经理人关注于如何提高产品和服务来增加销售收入。然而在非营利性组织，服务被免费提供给客户，许多组织的主要问题在于如何保证稳定的现金流来维持运营。非营利性组织的经理人承担着以有限的资金服务于客户的义务，所以他们必须关注于如何将组织运营成本降至最低并且如何最有效地利用资源。而且，营利性企业往往自己筹集善款，和非营利性机构争夺有限的捐赠。[31]

新型的社会福利组织被称为混合型组织或双重目标组织，能够赚取利润，做到自给自足，而不是筹集资金。在第 7 章中，我们将讨论如何平衡企业的营利和社会福利。此外，医院、私立大学等许多非营利性组织还面临着一个问题，由于购买新设备、升级技术等需要，非营利性组织为了填补这些支出就必须获得足够的收入，而这就存在一个收支"底线"，为此管理者们经常要努力寻求到底什么才是组织效率的构成。以金钱为衡量尺度是很容易的，但是对双重目标和非营利性组织成功与否的衡量标准却模糊了很多。管理者们不得不去衡量一些不可量化的目标，比如"增进全民健康"，"在被剥夺权利的生活中创造不同"，或者"提高艺术欣赏水平"。

非营利性组织的经理人也会和许多不同的股东打交道，还必须推广他们的服务。他们不仅要吸引客户，还要吸引志愿者和捐赠者。这有时也会带来组织之间的冲突和权力斗争，许愿基金会（Make-A-Wish Foundation）的故事正说明了这点。随着该基金会向全美的城市扩张，规模更小的、本地的帮助实现愿望类的基金会受到了冲击。一般来说，一个团体能够帮助的孩子越多，它就越容易得到钱。地方团体不允许许愿基金会进入它们的区域，在慈善捐助总体上发生萎缩的时候，这种情况更严重。"我们不应该在孩子的数量和钱的数量方面相竞争，"印第安纳儿童愿望基金会（Indiana Children's Wish Fund）的管理者这样说。"他们（许愿基金会）正在动用所有的力量和金钱来得到他们想要得到的东西。"[32]

贯穿全书所讨论的组织设计的概念，比如应对权力和冲突、确定目标和衡量绩效、应对环境的不确定性、高效控制机制、满足多重利益相关者，这些都适用于许愿基金会这样的非营利性组织和通用电气这样的营利性组织。这些概念和理论能够按照不同大小的、营利性或非营利性组织的特定需要和问题的不同而做出适应性的调整和变化。

1.3.3 组织的重要性

或许，在今天已经难以令人相信，但像"组织"还是人类历史上近期才出现的。即使在 19 世纪末，也很少有较大规模和重要性的组织——没有工会，没有贸易协会，也很少有大的企业、非营利性组织或政府部门。但是，从那时开始，就发生了巨大的变化！大型组织的发展改变了整个社会，实际上，现代公司也许是过去 150 年中最重大的创新。[33]

组织包围着我们，并以多种方式改变着我们的生活。然而，组织到底发挥着什么作用？它为什么这么重要？图 1-2 指出了 7 个方面的原因，说明了组织对个人和社会的重要性。首先，组织是达成最后目标的途径。组织将资源集合在一起，实现特定的目标。让我们以诺斯罗普·格鲁曼公司（Northrup Grumman）为例。这家公司生产尼米兹（Nimitz）级别的核动力航空母舰。这一个异常复杂的工作，动用了 47 000 吨精确焊接的钢铁，超过 100 万的不同配件，900 英里的金属丝和缆线，17 800 名雇员艰苦努力了 7 年多的时间。[34]如果没有一个组织来整合和协调这些不同的资源，这项工作怎么能完成呢？

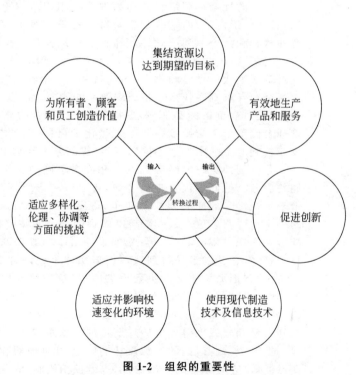

图 1-2 组织的重要性

组织还以具有竞争力的价格生产顾客想要的商品和服务。企业不断寻找新的方式，以便更有效地生产和分销其产品及服务。例如，许多制造企业已经重新设计了生产流程,应用人工智能、3D 打印、先进的机器人技术和其他新兴技术,以更高的效率、更低的成本提供产品。[35]重新设计组织结构和创新管理实践也可以提高效率。组织要为创新提供动力,而不能仅仅依靠标准化的产品和产出模式。

组织适应并影响着迅速变化的环境。摩托车制造商哈雷·戴维森(Harley-Davidson)已经经营了一个多世纪,多年来一直在努力适应不断变化的环境。摩托车的整体销量在下降,哈雷的客户群主要是年龄较大的婴儿潮一代。

尽管哈雷已经提高了许多工厂的效率,并推出了新车型来吸引年轻车手,但该公司仍然面临压力。2019 年初,哈雷宣布其 2018 年第四季度的利润实际上为零。[36]快时尚公司扎拉(Zara)的例子可以说明组织如何适应不断变化的环境。

应用案例 1-2

扎拉的销售服务

1975 年,扎拉在西班牙开设了第一家服装零售店。在 20 世纪 80 年代,扎拉通过新的设计、制造和分销流程,极大地缩短了新产品的交货周期,开创了"快时尚"。新的流程更多地利用了信息技术,设计师们以团队而非个人的方式开展工作。

扎拉获得快速成长。20 世纪 80 年代扎拉开始在欧洲扩张,1989 年业务发展到美国。2014 年,扎拉采用了一种芯片技术,可以让公司通过无线电信号快速盘点库存。当商品售出时,仓库会收到通知,商品项目会被立即更换。扎拉的快速反应操作近乎完美。设计一款新产品并将成品送到商店只需要 4 周时间,而其他服装零售商则需要 6 个月。扎拉每年推出约 1.2 万款新设计。缩短产品周期意味着更好地满足不断变化的顾客喜好。

扎拉还能迅速对顾客和环境中其他人的担忧做出反应。公司曾因销售一款儿童 T 恤而遭受指责,原因是一位顾客说这件 T 恤很像集中营囚犯穿的制服。扎拉立即下架了该衬衫并道歉。绿色和平组织(Greenpeace)因服装生产中含有有毒化学物质与扎拉进行了对话。扎拉承诺从其供应链中彻底消除有害化学物质,成为提高"绿色和平去毒行动"(Greenpeace Detox Campaign)意识和转向无毒生产的最大零售商。[37]

扎拉和很多其他公司都设有专门的部门负责监视外部环境并找出适应或影响环境的方法。

通过所有这些活动,组织为所有者、顾客和员工创造着价值。管理者需要清楚哪些经营活动会创造价值而哪些活动并不创造价值。一家公司只有当其创造的价值超过所耗资源的成本时才是盈利的。

最后,组织还必须应对和适应今天劳动力多样化以及不断增强的对社会责任和伦理的关注等挑战,并要找出有效的办法来激励员工,使他们一起工作,实现组织的目标。

本节要点

● 组织是开放的系统,从外部环境中获得输入,经过转化实现价值增加,然后变成产品和服务回到环境中。

● 组织有多种类型。一个重要的分类是营利性组织和非营利性组织。营利性组织管理者们的行为目的是为公司赚钱,而后者的管理者所做的一切是为了产生某种社会影响。一种新型的组织形式叫作混合型组织,兼顾了这两方面的目标。

● 组织非常重要,管理者有责任取得好的组织绩效并满足社会需求。

1.4 组织设计的变量*

组织塑造了我们的生活,而见多识广的管理者也可以塑造组织。了解组织的第一步工作就是要考察描述组织设计具体特征的变量。通过这些变量对组织进行描述与通过个性和体形特点对人进行描述非常类似。

组织变量可分为结构变量和权变因素两类,如图 1-3 所示。**结构变量**(structural dimensions)提供了描述组织内部特征的标尺,从而为测量和比较组织奠定了基础。**权变因素**(contingency factors)涵盖了影响组织结构变量的更多因素,包括组织规模、技术、环境和目标等。权变因素描述了那些影响和形成结构变量的组织环境。权变因素由于同时反映组织和环境两个方面,因而易于与结构变量混淆。可以将情境变量理解为隐藏在组织结构和工作过程之下的一系列互相重叠的因素,如图 1-3 所示。为了更好地理解和评价组织,我们必须同时考虑结构变量和权变因素。[38] 这些组织设计的变量之间彼此相互作用、相互调节,有助于达到前面图 1-2 指出的目标。

1.4.1 结构变量

关键的组织结构变量包括正规化、专业化、职权层级、复杂性和集权化。[39]

(1)正规化

正规化(formalization)是指组织中书面文件的数量。这些文件包括工作程序、职务说明、规章条例和政策手册等。这些书面文件规定组织中的行为和活动。正规化通常可通过对组织内的文件页码数目的简单清点来衡量。例如,一所很大的州立大学,就倾向于具有较高的正规化程度,因为它会有许多成卷的有关学生注册、课程增减、学生联合会、学生公寓管理及财务支出等的书面规定。相比之下,一个小型的家族企业就几乎没有书面规定,因而也就可视之为非正规化的。

---

* 组织设计的变量原文为 dimensions 一词,译为"变量",亦可译为"维度"。——译者注

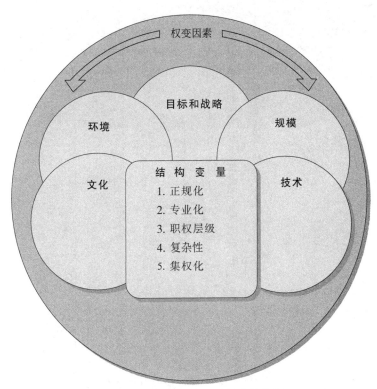

图 1-3　与权变因素交互的结构变量

（2）专业化

专业化（specialization）是指将组织的任务分解为各项独立工作的程度。如果专业化程度高，每个员工就只执行范围狭小的工作。如果专业化程度低，员工职责内的工作范围也就比较宽。专业化有时也称作劳动分工。

（3）职权层级

职权层级（hierarchy of authority）描述了组织中的报告关系和每个管理者的管理幅度。这种层级通过组织图上的垂直线段来表示，如图 1-4 所示。层级是与管理幅度（即向某位主管报告工作的直接下属人数）相关联的。管理幅度较窄时，层级就倾向于增多。如果管理幅度较宽，职权的层级链就缩短。

（4）复杂性

复杂性（complexity）是指组织内的部门数量或者活动频度。例如，通用电气公司就非常复杂。复杂性可以从三个维度进行测量：纵向复杂性、横向复杂性和空间复杂性。纵向复杂性是指组织层级水平的数量。组织内不同的层级掌握着不同的知识和技能。[40]横向复杂性是指组织内每一层级中的部门数量或者专业职位的数量。空间复杂性是指组织的部门和人员在地理上的分散程度。图 1-4 所示的组织，其组织层级分为 5 个层次，这是其纵向复杂性程度。在其第三层级中有 7 个部门，这是其横向复杂性程度。组织内所有部门均在同一地点办公，其空间复杂性程度为 1。

21

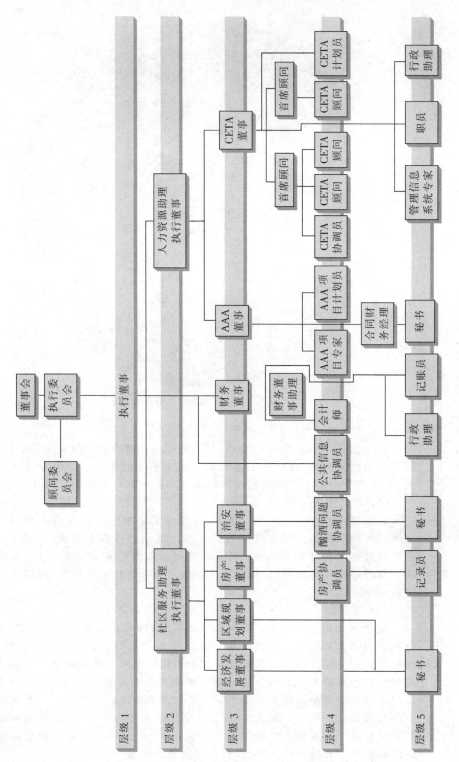

图 1-4　某社区工作培训项目实施中的职权层级组织图

（5）集权化

集权化（centralization）是指有权做出决策的层级高低。如果决策保持在高层，那么组织就是集权化的。当决策授予较低的组织层级时，就是分权化的。组织中运用集权或者分权制定的决策包括购买设备、确立目标、选择供应商、设定价格、雇用员工以及决定营销区域等。杰克·韦尔奇就致力于在通用电气推行分权。

为了更好地理解结构变量在组织设计中的重要性，我们来看下面的例子。

应用案例 1-3

志津川小学疏散中心和英国石油公司深水地平线钻井平台事件

一名报社记者将日本描述为"一个规则成风的国度，官僚主义盛行，即使是最普通的工作或任务，也要冠之以某项头衔，或者为其成立一个委员会"。当日本的南三陆町（Minamisanriku）毁于海啸之时，这些规则却发挥了至关重要的作用。以志津川小学疏散中心（Shizugawa Elementary School Evacuation Center）为例，先前所制定的各种规章制度、程序步骤以及权力机构在灾难发生时均发挥了显著的作用，给人们带来了极强的安全感，使大家能以一颗平常心面对灾难。在这场灾难中，疏散人员总共被分为 6 组，分别负责烹饪、清洁、存货管理和医疗护理等。其中，每个组都有详细的规章制度和操作流程。然而，正是这一系列详尽细致的流程使得整个疏散中心井井有条，帮助人们应对这场巨大的灾难。

然而，石油巨头英国石油公司的状况却与日本的情况刚好相反。英国石油公司"深水地平线"石油钻井平台（BP Transocean Deepwater Horizon Oil Rig）在墨西哥湾发生爆炸，导致 11 名工作人员死亡，并引发了严重的环境污染问题。抛开导致爆炸发生的现场原因不说，英国石油公司的组织结构不但没有阻止爆炸的继续，反而加剧了事态的严重性。钻井活动的组织较为松散，因此当事故发生的时候，不知道谁是应该处理事故的负责人，也不知道他们的权限和责任如何。23 岁的安德莉亚·弗蕾塔丝（Andrea Fleytas）意识到身边的人都没有求救，便通过广播设备发出了求救信号，但是随后她被告知她的这一行动越级了。钻井平台的一名管理人员表示，他之所以没有寻求任何帮助是因为不清楚自己是否有权这样做。还有人表示，自己当时虽然寻求了帮助，但是被告知求救信号应该由其他负责人发出。钻井平台上的员工非常清楚事态的紧急性，但是他们不知道到底谁有权利最后做决定。一位名叫卡洛斯·拉莫斯（Carlos Ramos）的工作人员说："当时的场面非常混乱，根本没有人来负责指挥工作，没有人为当时的情况负责。"[41]

1.4.2　权变因素

仅仅了解结构变量还不足以帮助我们理解并合理地设计组织。我们还有必要了解一下权变因素，包括组织规模、技术、外部环境、目标与战略以及组织文化。

（1）组织规模

组织规模（size）是指以组织中的员工人数来反映组织的大小。规模可以针对整个组织，也可以针对其中的特定部分，如针对一个工厂或一个事业部来进行衡量。因为组织是一个社会系统，规模通常就以人数来衡量。其他的尺度如销售总额或资产总额也反映组织大小，但它们不反映社会系统中人员方面的规模。通用电气的规模非常大，有几十万名员工。

（2）技术

技术（organizational technology）是指组织将投入转换为产出所使用的工具、工艺方法和机械装置。这里关注的是组织如何生产出提供给顾客的产品和服务，包括诸如计算机辅助制造技术、数字化信息技术和互联网的使用等。一条装配生产线、社交媒体平台、一间大学里的教室、一个打车应用和一个通宵运作的包装与分销系统尽管彼此各不相同，但都使用了技术。

（3）环境

环境（environment）包括组织边界之外的所有因素。主要包括产业、政府、顾客、供应商和金融机构等。一个组织外部的其他组织往往是其环境中对该组织有最大影响力的因素。

（4）目标与战略

目标与战略（goals and strategy）决定了一个组织区别于其他组织的目的和竞争性技巧。目标常以书面方式陈述出来，作为公司目的的一种持久不变的说明。战略是行动计划，是组织应该对环境和达成组织目标而需要的资源分配和活动方案的描述。目标和战略决定组织经营的范围以及员工、客户和竞争者之间的关系。

（5）组织文化

组织文化（culture）是指隐藏在组织中的由员工们共享的一套核心价值观、信念、认知和规范等。基本的价值观会影响组织的伦理行为、对员工的承诺、效率水平及对顾客的服务，并使组织的成员紧密地联结在一起。[42] 例如，在通用电气，杰克·韦尔奇采取了"群策群力"的形式，以在员工和管理者之间创造一种开放的、直接对话的文化。

以上所讨论的 5 个结构变量和 5 个权变因素之间是相互依存的。一些权变因素会影响组织的正规化和专业化的程度，进而影响到整个组织。例如，规模大、常规技术和稳定环境情境中的组织，都倾向于创设一种具有较高的正规化、专业化和集权化的结构。组织变量间的更具体的关联关系，将在本书以后的章节中讨论。

问题引入部分的参考答案

1. 通过了解创建组织的人就可以了解这个组织。

答案：不同意。一个组织有它自己的特点，这些特点独立于其创始人的个人特点。随着时间的推移，所有的人员都会被替代，但是一个组织的结构变量相似性会在相当程度上保持下来。

总之,如图 1-3 所示的这些变量为衡量和分析组织的特征奠定了基础。组织特征并不是通过偶然的观察就能发现。组织变量揭示了有关组织的重要信息。下面的"应用案例"栏目将维尔福软件公司(Valve Software)与沃尔玛公司(Walmart)的组织特征做了一个对比。

应用案例 1-4

维尔福软件公司

维尔福软件公司是经典游戏的制造商,拥有反恐精英(Counter-Strike)、战栗时空(Half -Life)、求生之路(Left 4 Dead)和数字发行平台 Steam。其公司官网上称"自 1996 年以来,公司就没有老板"。几年前,维尔福的员工手册被人发布到了网上,之后,维尔福独特的组织结构受到了媒体小规模的热捧。自创建以来,在没有老板的情况下,维尔福一直平稳运转。加布·纽维尔(Gabe Newell)和前微软员工麦克·哈灵顿(Mike Harrington)作为公司的联合创始人,计划共创一个扁平、快速的组织,以给予员工最大限度的灵活性。这对员工来说听起来像一个梦,但是许多人不能适应"没有结构的结构",然后选择了更传统的工作。维尔福的每个人在重大决策过程中都能发声,每个员工都能参与到以团队为单位的聘用决策中。这里没有晋升,只有新的项目,有些人在项目中承担着实际上的领导者角色。很少有员工被解雇,但是如果某个人不适合继续工作,会由小组集体做出解雇决定。团队会议是非正式的,员工可以分享自己的感觉和业务创意。

现在将维尔福软件公司的做法和沃尔玛的做法进行比较,沃尔玛是一家以低成本取得竞争优势的企业。沃尔玛按照标准的形式建设每家商店,各店都有统一的陈列,并销售相同的商品。沃尔玛的管理费用是所有连锁企业当中最低的。配送系统是沃尔玛的一个效率源泉,只要接到补货命令,货物就可在不到两天的时间内送抵任何一家连锁店。连锁店由公司总部控制,但商店经理们也被授予一些自主权以适应当地的情况。公司的绩效很好,员工也很满足,多数员工认为公司对他们很公平。[43]

图 1-5 展示了维尔福软件、沃尔玛的主要结构变量和权变因素。维尔福软件是一个小型组织,正规化和集权化程度较低,具有中等程度的专业化,强调通过横向合作而非垂直的层级结构更好地将创新性的产品服务于顾客。沃尔玛具有较高程度的正规化、专门化和集权化。对沃尔玛来说,效率比新产品更重要,所以多数活动都受标准化规定的指导。规则由高层制定,然后沿着强大的垂直指挥链从上而下进行沟通。

可见,结构变量和权变因素能告诉我们有关组织的许多特征及组织之间的差异。本书以后的章节将更加详细地考察这些组织设计变量,确定每个变量必须保持在什么样的水平上,以便能使组织在不同的权变因素影响下高效地运营。

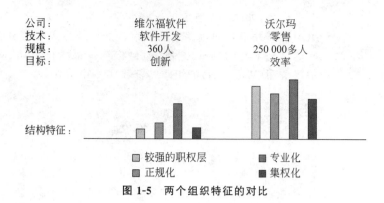

图 1-5　两个组织特征的对比

 ### 1.4.3　绩效和效果

理解不同结构与情境变量的目的就是让组织能够达到高的绩效和有效性。经理人员们调整结构和情境变量,以获得输入端到输出端最有效率和效果的转化,从而提供价值。**效率**(efficiency)指的是用来达到组织目标的**资源量**,是基于为获得一定水平的产出而投入的必要的原材料、金钱和雇员的数量。**效果**(effectiveness)是一个更广的术语,指的是组织达到其目标的程度。

定义目标并衡量组织实现目标的进展是管理者进行效果评估的最常见方法。正如在开篇案例通用电气中所描述的那样,杰夫·伊梅尔特为可持续发展设定了新的目标,同时在创新和全球化发展等其他领域也设定了新的目标。一家小五金店可能会设定每周销售目标。在制造企业中,管理者可能会在质量、灵活性(包括产品组合和数量)、交付速度和及时性等方面设定具体目标。[44]为达到好的效果,组织需要清晰的聚焦的目标,以及实现这些目标的合适战略。关于效果的概念,包括战略、目标和衡量效果的方法将在第 2 章详细讨论。

衡量效果的另一种方法是**利益相关者方法**(stakeholder approach),即通过关注不同的组织利益相关者和他们希望从组织中获得什么以及每一群体的满意度,来评估不同的组织活动。**利益相关者**(stakeholder)就是与组织的绩效有利害关系的组织内部和外部的任何群体。举例来说,利益相关者包括:

- 消费者,他们希望以合理的价格获得高质量的产品和服务。
- 员工,他们希望获得丰厚的薪酬和福利、良好的工作条件和适当监督。
- 股东,他们希望在投资中获得良好的财务回报。

管理者则小心地平衡着不同利益群体在确立目标和争取达到效果中的需要和利益。任何一个群体的满意度水平都可以作为组织的绩效和效果的指标来加以评估。[45]利益相关者方法将在第 7 章中详细讨论。

问题引入部分的参考答案

2. 商业组织的管理者最主要的职责是获得最高效率。

答案：不同意。效率很重要，但是组织必须对不同的利益相关者做出回应，这些利益相关者可能会对组织有不同的要求。管理者为了满足利益相关者的需要和兴趣，努力追求效率和效果。效果比效率更重要。

本节要点

- 结构变量权变因素为度量和分析组织提供了标尺。组织间可能因这些特征的不同而存在较大差异。
- 组织结构变量包括正规化、专业化、职权层级、复杂性和集权化。
- 组织权变因素包括组织规模、技术、环境、目标与战略以及组织文化。
- 管理者力求通过组织设计来实现组织的效率和效果。
- 定义目标并衡量组织实现目标的进展是管理者进行效果评估的最常见方法。

1.5　组织设计的演进

　　组织设计并不是事实的汇集，而是关于组织如何配置人力和资源以达成特定目标的一种思考和思维方式。[46]组织设计提供了一种比其他方式能更准确并且深入地考察和分析组织的方法。这种对组织的观察和思考方法建立在对组织设计和行为的类型及规律的认识的基础上。研究组织理论的学者探寻这些规律，并加以定义和衡量，使之能为我们所用。对组织运行一般形态的归纳和洞察，就比这种单纯研究对应的事实本身更具有意义。组织设计研究可以帮助管理者提高效率和效果，而且能够提高组织生活的质量。[47]组织设计与管理的实践是随着整个社会在历史进程中的变化而相应地发展演变的。

1.5.1　历史视角

　　请回顾一下管理学课程的介绍，你会想起管理理论的新纪元始于 19 世纪末 20 世纪初的古典管理思想。工业革命时期工厂制度的产生，提出了当时组织所难以解决的课题。由于工作是以更大的规模来进行的，因此需要有更多的人手，这样，人们就开始思考如何设计和管理工作，以便提高生产效率，使组织得到最大的效益。古典管理思想着眼于使组织像机器般高效、顺畅地运行，因而带来了层级制组织或行政式组织的设立。这种思想最终构成了许多现代管理理论和实践的基础。在这一部分中,我们将介绍一些古典管理思想,并将重点放在效率和组织上面,也将介绍一些面向新问题的新思想,比如员工需求和环境的角色。每一种思想的元素都还在组织设计中应用,尽管它们已经根据新的需要被调整和修改了。这些不同的思想都关注管理者思考和看待组织的不同方式——管理者参考系。回答下面"你适合哪种组织设计"中的问题,理解你的参考系。

<hr>

你适合哪种组织设计

风格的演变

这个问卷要求你描述一下自己。下面每一道题目都有四个选项,请在你认为最能描述你的选择前面写上4,在次选项前面写上3,依此顺序写上2和1,1表示最不能描述你。

1. 我最擅长的技能是:

_____ a. 分析技能

_____ b. 人际技能

_____ c. 政治技能

_____ d. 戏剧天赋

2. 哪些词汇能最好地描述我:

_____ a. 技术专家

_____ b. 优秀的倾听者

_____ c. 优秀的谈判家

_____ d. 精神领袖

3. 能帮助我取得最大成功的能力是:

_____ a. 制定好的决策

_____ b. 培训和发展人员

_____ c. 创建稳固的联盟和权力基础

_____ d. 鼓励和激发别人

4. 最能够引起别人关注的是我的:

_____ a. 对细节的关注

_____ b. 对他人的关心

_____ c. 面对冲突和反对时能够获得成功的能力

_____ d. 魅力

5. 我最重要的领导者特质是:

_____ a. 清晰、有逻辑的思考

_____ b. 关注和支持别人

_____ c. 韧性和进取精神

_____ d. 想象力和创造性

6. 能够最好地描述我的是:

_____ a. 一个分析家

_____ b. 一个人本主义者

_____ c. 一个政治家

　　_____ d. 一个有远见的人

计分：按照下面的规则给你的选择计分。较高的分数代表了你看待组织的方式，也会影响你的管理风格。

结构＝1a＋2a＋3a＋4a＋5a＋6a＝

人力资源＝1b＋2b＋3b＋4b＋5b＋6b＝

权术＝1c＋2c＋3c＋4c＋5c＋6c＝

象征＝1d＋2d＋3d＋4d＋5d＋6d＝

解析：通过一种或多种心理参考系，可以将管理者看世界的方式分为四种：（1）结构参考系将组织看作一台机器，其垂直层级可以保证组织的经济有效性，管理者通过正式权威从事例行工作，并完成目标；（2）人力资源参考系将组织看作是由人员组织成的，管理者给组织人员以支持、权力和归属感，在霍桑试验之后，这种管理者思维方式得到了重视；（3）权术参考系将组织看作为完成目标而对稀有资源进行的竞争，管理者强调在不同小组之间达成一致，这种参考系反映了组织对信息共享的需求，组织必须有一个合作战略，并能使所有部门共同工作；（4）符号参考系（symbolic frame）将组织看作一个戏院，管理者强调符号、愿景、文化和激励，这种管理者参考系对于在一个学习型组织中管理适应性文化很重要。

　　哪一种参考系反映了你看世界的方式？前两种参考系——结构和人力资源——对于一个组织中低层新管理者来说很重要，管理者要首先掌握这两种参考系。如果管理者想获得管理经验，想在组织中获得晋升，他们需要获取权术和协作技能（第 14 章），同时也需要学会利用符号来塑造文化价值（第 11 章）。管理者要确保不会在一种看待组织的途径上被卡住，这一点很重要，因为他们的进步会受到很多限制。

　　资料来源：Roy G.Williams and Terrence E.Deal,*When Opposites Dance*：*Balancing the Manage and Leader Within*（Palo Alto,CA：Davies Black,2003），pp.24-28.Reprinted with permission.

效率就是一切

　　弗雷德里克·温斯洛·泰勒（Frederick Winslow Taylor）首创了**科学管理**（scientific management），该理论强调科学地设计工作和实施管理是提高效率和劳动力产量的途径。泰勒认为工人们"能够像机器一样被重新装备，他们都能够重新调整生理和心理以获得更高的产量"。[48]泰勒还认为管理本身应该改变，并强调有关组织和工作设计的决策必须基于对各种情况所做的精确、科学的研究。[49]依据这一思想，管理者要为每一项工作开发出精确、标准的程序，挑选具有合适能力的工人，提供工资激励以促使他们提高产量。

　　泰勒的思想在伯利恒钢铁厂（Bethlehem Steel）1898 年进行的搬运试验中得到了最好的例证。这项搬运工作是将铁矿石从机动有轨车上卸下来，再将成品钢材装上车。泰勒计算出，如果采用正确的搬动姿势、工具和节奏，每个人每天能够搬运 47.5 吨，而不是通常的 12.5 吨。他还设计出奖酬制度，给达到新标准的工人支付每天 1.85 美元的工资，这一数字比以前 1.15 美元的工资水平有很大的提高。伯利恒钢铁厂的生产率顿时获得大幅度提高。这些洞察促使泰勒提出了这样一种组织设想，即管理者的任务是维持组织的稳定和效率,管理人员应该做思考的工作,而工人们则做管理人员告诉他们要做的事情。

组织应该创建一个高效率的系统,并以最大产出为目标组织工作,这种观念已经深入我们的组织活动之中。《哈佛商业评论》中一篇讨论现代管理理论创新的文章将科学管理理论推至十二个有影响力的创新理论的首位。[50]

如何组织

古典管理理论的另一个分支对组织进行了更广泛的审视。与科学管理主要侧重于研究技术核心层即车间中进行的工作不同,**行政管理原则**(administrative principles)考察的是作为整体的组织的设计和运行。具体地说,亨利·法约尔(Henly Fayol)提出了 14 项管理原则,如"每个下级只从一个上级那里接受命令"(统一指挥),"一个组织中相似的活动应该组合在一起,并置于一个管理者的领导之下"(统一领导)。这些原则为现代管理和组织设计实践提供了基础。

科学管理思想和行政管理原则发挥了非常强有力的影响,给当时的组织提供了提高生产率、促进发展的根本性的新思路。尤其是行政管理原则**为行政式组织**(bureaucratic organizations)*的创设做出了贡献。行政式组织思想强调组织设计和管理要以非人格的、理性的方式进行,通过诸如明确界定职责权限、一切活动予以规范的书面记载,以及统一执行标准的规章制度等措施实现这种理性。尽管"行政化"一词在当今组织中常带有贬义,但行政化特征在满足工业化时代的要求方面发挥了极好的作用。继古典管理理论之后,产生了其他一些学术思想,它们侧重于解决社会环境变化和员工需要方面的问题。

关于人

由于科学管理思想在当时的绝对主导地位,早期在工业心理学和人际关系方面取得的成果很少得到人们的关注。然而,在芝加哥一家电气公司中进行的一系列试验为组织理论带来了重大的转变。这就是后来人们所称的**霍桑试验**(Hawthorne Studies)。这些试验的结论表明,善待员工会提高他们的工作动机,由此带来生产率的提高。研究成果的发表导致了员工管理的一场革命,并为其后考察如何看待员工及开展领导、激励和人力资源管理工作提供了基础。这些人际关系和行为思想为管理和组织研究增添了新篇章并做出了重要的贡献。

然而,直至 20 世纪 80 年代,工业革命时期诞生的层级制和行政式组织思想仍然在组织设计和运行中占据着主导地位。一般来说,在过去几十年中,这种方法对大多数组织来说曾发挥过很好的作用,但是到了 20 世纪80 年代,这种方法开始产生问题。日益加剧的竞争,特别是全球范围的竞争,改变了整个商界。[51]北美的公司不得不寻找更好的办法。

使科层制具有灵活性

20 世纪 80 年代,一种新的公司文化产生,人员精干、灵活性、对顾客的

---

* 也可译为官僚式组织,但这里的"官僚"绝无任何贬义。——译者注

快速反应、员工激励、关注顾客和高质量的产品受到了重视。组织从团队、扁平化层级（flattened hierarchies）和参与管理（participative management approaches）等方面展开试验。例如，1983 年，杜邦公司（DuPont）在弗吉尼亚州（Virginia）马丁斯维尔市（Martinsville）的一个工厂组建了一个由生产员工组成的团队，来解决问题和管理日常工作，通过这种方法，管理层从八层削减到了四层。新的设计带来了质量的上升、成本的下降以及创新的加强，从而促使工厂在变化的环境中更具竞争力。[52]管理者们开始着眼于整个组织系统，包括外部环境，而不是依赖于严格的规制和层级。

自 20 世纪 80 年代起，组织的背景已经经历了意义更加深刻和影响更加深远的变化。更加灵活的组织设计开始普及。互联网和信息技术以及大数据分析的发展，全球化和组织间日益密切的相互关系，雇员教育水平的提升以及他们对生活质量期望的提升，基于知识和信息的工作越来越成为组织的主要活动，这些都召唤着新的管理思想和更加灵活的组织设计方法。[53]

1.5.2　视情形而定：关键权变因素

将所有的组织视为同一类，会产生许多问题。可是，科学管理和行政管理原则却都试图将所有的组织设计为同一类型的。在一个混合型公司中，对零售事业部有效的结构和系统，却对制造事业部效果不大。非常适合像 Instagram 这样的新创型网络企业的组织图和财务程序，对像奥斯卡·梅尔（Oscar Mayer）这样的大型食品加工企业或者联合之路（United Way）这样的大型非营利组织来说却不会有效。

本部分内容的一个基本前提是：有效的组织设计意味着组织能够理解不同的权变因素以及应该如何设计组织结构以适应这些权变因素。权变因素包括组织规模、技术、环境、目标和战略以及组织文化，如前文的图 1-3 所示。**权变**（contingency）意味着某一事物对其他事物的依赖，意味着有效的组织必须在其结构和各种权变因素之间找到一种"最佳状态"。[54]在一种情境下有效的方式，换了另一种情境，就不一定有效。不存在某种最佳的方式。权变理论的主张就是"视情况而定"。举例来说，政府机构可能处于确定的环境中，采用常规的技术，并希望取得高的效率。在这种情境下，采取行政式控制程序、职能型结构和正规的沟通管理方式就是合适的。相反，对处于不确定的环境和采用非常规的技术这样的情境来说，机动灵活的管理过程就更为有效。正确的管理方式取决于组织所面临的情境条件。在接下来的内容中，我们将分析两种组织设计的基本方法，每种方法都与一些典型的权变因素密切相关。

问题引入部分的参考答案

3. CEO 最重要的责任是确保组织设计是正确的。

答案：同意。高层管理者担负很多责任，但其中最重要的是正确地设计组织。组织设计要重视人们的工作，培养员工对顾客和其他利益相关者的反应能力。管理者既要考虑结构变量，又要考虑情境变量，还要确保组织的不同部分在一起工作，以完成组织的重要目标。

本节要点

- 组织设计的视角会随着时间的推移而变化，管理者可以通过历史视角来更好地理解组织。
- 将所有组织视为同一类型会产生许多问题，有时历史设计视角就会出现这种情况。有效的组织设计还需要了解各种权变因素。
- 权变意味着某一事物对其他事物的依赖，意味着有效的组织必须在其结构和各种权变因素之间找到一种"最佳状态"，例如规模、技术、环境、目标和战略以及文化。

1.6 有机式设计与机械式设计的对比

组织可以看作是从机械式设计到有机式设计的连续统。通过对英国工业企业的调查，汤姆·伯恩斯（Tom Burns）和 G.M.斯托克（G.M.Stalker）首次使用了有机式和机械式的概念表述组织设计的两个极限。[55] 一般而言，**机械式**（mechanistic）设计意味着组织像一部标准化的机器，组织有标准化的规则、程序和清晰的职权层级。在机械式组织中，组织结构高度正规化、集权化，大部分决策都集中在高层。机械式设计主要关注效率。**有机式**（organic）设计意味着组织比较松散，自由流动性强，适应性较强。规则和规章通常没有被书面化，如果被书面化也是被灵活地应用。人们必须通过自己的方式明白自己该做什么。职权层级很松散，而且不清晰。组织采用分权式的决策制定模式。有机式设计主要关注的是学习和适应性。管理者给出明确的方向和目标，然后授权给各级员工去完成。知识和信息被广泛分享，并鼓励员工去挑战现状。[56] 不同的权变因素会影响组织在哪种组织设计中更有效，是在机械式组织中更有效还是在有机式组织中更有效。图 1-6 归纳了机械式组织和有机式组织的主要不同之处。我们从结构、职务、正规化、沟通和层级五个方面分析了这两种设计方式的不同之处。图中也列出了每一种组织设计的关键权变因素。

集权结构与分权结构

集权和分权是指组织决策主要是在哪些层级制定的。在机械式组织中，组织结构是集权的，在有机式组织中，决策制定是分权的。**集权**（centralization）意味着决策权主要集中在组织的高层。知识以及活动控制权也被集中在组织高层，员工只需要按照指示完成他们的工作和任务即可。**分权**（decentralization）意味着决策制定权被下放到组织的较低层级。在高度有机式组织当中，知识和活动控制掌握在员工手中，而不是主管或者高层管

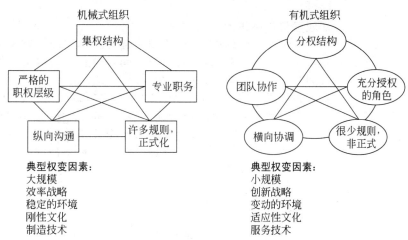

图 1-6　有机式设计和机械式设计

理者手中。组织鼓励员工通过和其他员工或者顾客合作，共同解决问题，在这一过程中员工可以使用他们的自主决策权。

专业化的职务与充分授权的角色

所谓**职务**（task），就是分配给一个人的范围狭小的工作。在机械式组织中，组织就像一部机器一样，职务被分解为专业化的、相对独立的部分，每一个员工根据特定的工作描述开展自己的工作。与之形成对照，**角色**（role）则是动态的社会系统的基本构成部分。角色具有自我处置问题的权力和责任，允许员工运用其自主权和能力取得某种结果或实现某一目标。在有机式组织中，员工在团队或者部门中扮演一定的角色，而且这些角色会被持续地重新定义或者调整。

正式系统与非正式系统

在机械式组织中，有非常多的规则、规章和标准程序。正式系统用来管理信息，指导沟通，检测那些偏离既定标准和目标的活动。与此相反，在有机式组织中，规则和正式的控制系统很少，沟通和信息共享是非正式的。

纵向沟通与横向沟通

机械式组织强调按照组织层级垂直地进行沟通。高层管理者将组织的目标与战略、工作说明、程序等信息下达给雇员，并要求下属员工将工作中出现的问题、绩效报告、财务信息、建议等信息进行上报。有机式组织更加重视横向沟通，信息在部门间以及不同层级间等各个方向流通。大范围的信息共享使得员工能够了解企业的整体信息，这有助于员工对内外部变化做出快速反应。同时，有机式组织保持着与顾客、供应商之间的信息沟通，甚至还保持着和竞争者之间的信息沟通，以增强组织的学习能力。

职权层级与协作团队

在机械式组织中,正式的控制链与纵向层级紧密相关。工作活动通过行政命令被组织起来,职能部门之间很少合作。整个组织通过纵向层级被控制起来。与机械式组织不同,有机式组织强调团队协作,而非层级控制。组织根据纵向流程和工作程序的分布进行组织结构设计,而不是按照部门职能。只要能够解决问题,人们可以跨部门工作,甚至可以跨越组织边界工作。因此,有机式组织设计鼓励内部企业家精神,组织中的人聚集在一起,提出新创意,以便更好地响应客户需求。[57]自主型团队是组织中应用比较广泛的基本工作单位。

本节要点

- 组织是从机械式设计到有机式设计的连续统。不同的权变因素将影响组织设计的有效性,即以机械式设计为主更有效还是以有机式设计为主更有效。
- 机械式组织设计的特征包括集权结构、专业职务、正式系统、纵向沟通和严格的职权层级,并与诸如大规模、有效率的战略、稳定的环境、制造技术和僵化的文化等权变因素相关联。
- 有机式设计的特征包括分权结构、授权的角色、非正式系统、横向沟通和协作团队,并与小规模、学习和创新战略、不断变化的环境、服务技术和适应性文化相关联。
- 尽管机械式组织设计在许多情况下还依然有用,但是当今的竞争环境促使越来越多的企业从机械式组织设计转向有机式组织设计。

 # 1.7 新兴的"去领导化"组织设计趋势

当今的组织结构在一定程度上还留有19世纪弗雷德里克·泰勒(Frederick Taylor)时代出现的层级制、官僚制和正规化的印迹。然而,今天动态环境带来的挑战要求组织必须具备较强的灵活性。[58]推动分权加大的一个因素是知识型任务的增加,在知识型工作中,创意和专业知识是价值创造的主要来源。在知识型组织中,管理者很少掌握解决问题所需要的全部专业知识,不具备创造组织成功所需的全部产品和服务。各个层级的人都必须不断贡献创意。随着环境或顾客需求的变化做出快速响应,利用信息技术在整个公司内共享信息,也是导致分权加大的原因。如果每个人都可以获得他们所需的信息,接受所需的培训,以便制定更好的决策,此时增加管理层次只会增加成本,降低组织的反应速度。

有少数组织已经转变成一种高度有机式的组织设计,也就是"去领导化"组织设计。[59]在一个去领导化的企业里,通常没有职称,没有资历,也没有经理或高管。如图 1-7 所示,在去领导化的组织里,人们在一起平等地工作,之前提到的维尔福软件公司也是很好的例子。这种去领导化的工作环境在戈尔公司(W.L.Gore & Associates)和法国 FAVI 公司等企业中已存在了数十年,在近几年,这种组织结构愈发成为一种趋势。许多去领导化的企业,比如维尔福软件公司、网飞公司(Netflix,一家视频观看与租赁公司)以及 Peakon 公司(一家分析人力资源和员工敬业度的软件公司),都属于与技术相关的行业。但是,像通用航空公司(GE Aviation,航空制造业)、戈尔公司(一家以戈尔特斯面料而闻名的公司)、全食超市(Whole Foods,超市)、三星电机(Semco,多元化制造企业)等各行业的企业已经成功地转变成了去领导化的组织结构。晨星公司在去领导化工作环境方面是一个很好的例子。

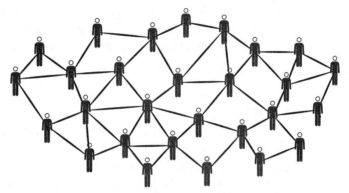

图 1-7　去领导化组织中每个人都近乎平等

应用案例 1-5

晨 星 公 司

　　许多人惊讶地发现,世界上最大的番茄加工企业是一家没有头衔、没有晋升、没有等级、没有管理人员的公司。晨星公司拥有 400 多名员工(称为同事),依赖于称为同事理解书(CLOUs)的合同式协议,公司每年创造 7 000 多万美元的收入。如果一个同事需要一件昂贵的设备来完成她的 CLOU,她可以不经许可就购买。同样,如果有人需要一个额外的工人,她可以雇用一个。

　　晨星公司的创始人克里斯·鲁费尔(Chris Rufer)采用的自我管理的原则包括:

- 没有上司。
- 员工之间通过协商划分职责。
- 每个人都可以花公司的钱。
- 没有头衔和晋升。
- 员工报酬由同级同事决定。

　　这种制度是如何运作的呢? 随着公司的成长,员工从 24 名增加到 400 名,但是难题也出现了。一些员工在没有领导和层级的工作环境中遇到了麻烦,为此,鲁费尔创办了晨星公司自我管理学院(Morning Star Self

Management Institute),为员工提供自我管理原则和制度方面的培训。每一位员工都参与培训,10~15人一组共同学习。培训的内容包括:怎样作为团队的一分子有效地工作;怎样担负起曾经由管理者负责的"计划、组织、领导和控制";怎样理解并和其他人有效沟通;怎样处理冲突。"在这里",一位同事说,"没有人是你的领导,而每个人又都是你的领导"。[60]

在像晨星公司这样的去领导化的工作环境中,没有人发号施令,也不必有人去执行什么命令。责任是面向客户和团队的,而不是面向管理者。去领导化工作环境具有很多优势,包括:工作更加灵活;员工积极性和参与度更高;决策制定得更快、更好。[61]然而,去领导化的工作环境也面临着一些新的挑战。由于减少了很多支出,成本随之降低,但是用于持续性的员工培训和开发的资金不能减少,这样才能保证员工能在去领导化的工作环境中高效地工作,有效地管理自己。企业的文化也必须是鼓励员工参与的,能够支持这种去层级的工作环境。

本节要点

- 大多数组织当前面临的挑战要求它们具有更大的灵活性和更高程度的分权。
- 一些组织已经转向了极致的有机式设计——"去领导化"。
- 去领导化的工作环境也面临一些挑战,例如需要持续的培训和开发,需要一种鼓励员工参与的文化。

1.8 本书的框架

究竟哪些领域的主题与组织理论与设计相关?管理学或组织行为学课程同组织理论课程有什么区别?要回答这些问题,需要考察各理论相应的分析层次。

1.8.1 分析层次

每个系统都由子系统构成,而子系统之中又有次一级的子系统。因此,需要选择某个**分析层次**(level of analysis)作为研究的重点。典型的组织通常具有四个分析层次,如图1-8所示。个体是组织的基本构成单位。个体之于组织,就像细胞之于生物体一样。比个体高一个层次的是群体或部门,它们是为完成群体任务而在一起工作的个体的集合。再高一个的分析层次就是组织本身。组织是群体或部门集合而成的,这些群体或部门组成了整个的组织。

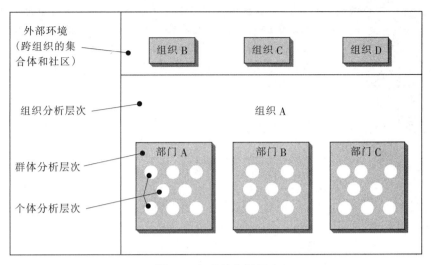

图 1-8 组织的分析层次

资料来源：Based on Andrew H.Van De Ven and Diane L.Ferry, *Measuring and Assessing Organization* (New York：Wiley,1980),8;and Richard L.Daft and Richard M.Steers,*Organizations：A Micro/Macro Approach* (Glenview,IL.：Scott,Foresman, 1986), 8.

　　组织本身可以集合成下一更高的分析层次，这就是跨组织的集合体和社区，前者是指由若干单个组织互动形成的组织群体，后者即社区之中的其他组织，也构成组织环境的重要部分。

　　组织设计理论将侧重点放在组织这一分析层次，但也关注群体和环境。为了解释组织，你不仅应该考察组织本身的特征，也应该考察其环境的特征以及构成组织的部门和群体。本书着重通过考察组织的具体特点、性质和构成组织的部门及群体间的关系，以及构成环境的组织集合体等来帮助你认识组织。

　　组织设计理论研究个人吗？组织设计无疑也涉及人的行为，但这是以总体的方式来研究的。人的因素很重要，但不是我们分析的重点。组织设计与组织行为学有明显的区别。

　　组织行为学（organizational behavior）是对组织的微观研究，它将其主要的分析单元放在组织中的个人。组织行为探讨的概念是诸如激励、领导风格和个性等，它关注组织中的个人认知和情感差异。

　　组织理论与设计（organization theory and design）则是对组织的一种宏观角度的研究，因为它将整个组织作为分析单元。组织设计理论考察人们是如何集合部门及组织的，如何关注组织这一分析层次上的结构和行为的差别。组织设计理论是关于组织的社会学，而组织行为学则是组织的心理学。

　　组织设计理论直接与高层和中层管理者所关心的问题相关，但只是部分地与低层管理者有关。高层管理者要对整个组织负责，并制定目标和战略、解释外部环境因而必须设定目标、制定战略、对外部的环境做出解释，并决定组织的结构和设计。中层管理者关注的是与主要部门如营销或研究等相联系的问题，为此需要决定其所领导的部门如何与组织的其他部门相联系。中层管理者必须使其部门设计能够适合本工作单位的技术，必须处理权力与权术、群体间的冲突以及信息和控制系统等问题,这其中每一项都属于组织设计的研究内容。若说组织设计只是部分地与低层管理者有关,这是因为,该层次管理者负责的是监督具体操作机器、打印书信文件、授课或者销售物品等的人员,而组织设计主要是研究组织整体及其主要部门这些宏观的问题。

1.8.2　全书的内容安排

组织理论领域中的各研究主题是密切相关的。按章节来叙述的目的,是为了使组织设计理论的主要思想能以一种合乎逻辑的顺序得以展开。本书的框架如图 1-9 所示。第 I 篇介绍组织作为社会系统的基本概念和组织

第 I 篇　组织导论
第 1 章　组织与组织设计

第 II 篇　组织目标与结构设计
第 2 章　战略、组织设计和效果
第 3 章　组织结构的基本原理

第 III 篇　开放系统设计要素	第 IV 篇　内部设计要素
第 4 章　外部环境	第 8 章　制造与服务技术的组织设计
第 5 章　组织间关系	第 9 章　数字化组织的设计与大数据分析
第 6 章　面向国际环境的组织设计	第 10 章　组织规模、生命周期及组织衰退
第 7 章　关注社会影响的组织设计:双重目标组织、企业可持续性与伦理	

第 V 篇　动态过程管理
第 11 章　组织文化与控制
第 12 章　创新与变革
第 13 章　决策过程
第 14 章　冲突、权力和权术

图 1-9　本书的框架

设计理论的关键概念。这一篇的介绍为第Ⅱ篇的讨论提供了基础。第Ⅱ篇主要探讨战略管理、目标和效果以及组织结构的一些基本知识。我们在这一篇中考察管理者如何通过设计合适的结构促进组织实现其目标,包括职能型、事业部型、矩阵和横向结构的设计。第Ⅲ篇则考察影响组织结构及设计的各种开放系统要素,包括外部的环境、组织间的关系、全球环境以及社会影响。

第Ⅳ篇和第Ⅴ篇考察组织内部的过程。第Ⅳ篇描述了组织设计与诸如制造和服务技术、组织规模和生命周期等权变因素有什么样的联系。第Ⅴ篇转而考察存在于组织主要部门内部和部门之间的动态过程,其中的话题包括创新与变革、文化和控制、决策过程、组织间冲突管理、权力和权术等。

1.8.3　各章内容的安排

本书各章均以一组问题开头,引导学生学习章节具体内容。各章的主体部分则介绍和解释相关的理论概念,中间会穿插若干个实例来具体说明这些概念,并说明这些概念如何应用于实际组织中。每章有一个"你适合哪种组织设计"的问卷,帮助学生们更深入地理解具体的主题,引导他们根据自己的经历和想法思考组织设计问题。每章中还辟有"新书评介"栏目,展现管理者当前面临的组织新课题。通过新书评介中对最新组织概念及应用的介绍,加深并拓宽读者对组织问题的理解。例子和书评说明了当今管理思想和实践正在发生的剧烈变化。各章节的结尾是"本节要点"部分,回顾和解释这一节的重要理论及概念。

本节要点

- 组织理论与设计是对组织的宏观审视,因为它把整个组织作为一个单元来分析。
- 本书的大多数概念是与组织的高层和中层管理相关的。本书侧重于讨论这些层级的管理议题,而不是作业管理层中有关员工监督和激励的问题,这些是组织行为学中所探讨的问题。

关键概念

行政管理原则(administrative principles)
大数据分析(big data analytics)
行政式组织(bureaucratic organizations)
集权化(centralization)
权变因素(contingency factors)

权变（contingency）

分权化（decentralization）

效果（effectiveness）

效率（efficiency）

霍桑试验（Hawthorne studies）

分析层次（level of analysis）

机械式（mechanistic）

开放系统（open system）

有机式（organic）

组织理论与设计（organization theory and design）

组织行为学（organizational behavior）

组织（organizations）

角色（role）

科学管理（scientific management）

利益相关者（stakeholder）

利益相关者方法（stakeholder approach）

结构变量（structural dimensions）

职务（task）

 # 讨论题

1. 杰弗里·伊梅尔特担任首席执行官时，可能有助于解释通用电气业绩不佳的一个权变因素是什么？试着解释一下。

2. 描述一些商业数字化影响你所熟悉的组织的方式，比如你的学校、当地的零售店或者饭店、志愿者组织或者你参加的俱乐部，甚至是你的家庭。你能否从正反两个方面说说这些影响？

3.《财富》500强中的许多企业都有一百多年的历史，你认为这些企业的哪些组织特征可以解释它们的百年经久不衰？

4. 组织是否可能会有效率而没效果？没有效率的组织是否仍然可以取得成效？解释你的答案。

5. 正规化与专业化之间有何区别？你是否认为一个组织如果在某一特征变量上的取值高，那么它在其他特征变量上的取值也会高？请讨论。

6. 权变的含义是什么？权变理论对管理者的意义是什么？

7. 机械式组织设计与有机式组织设计有哪些主要差异？按照你的观点，哪一类组织更易于管理？请讨论。

8. 如何理解组织是一个开放的系统？如何将利益相关者方法和开放系统的概念联系起来？

9. 人们在衡量非营利性组织和营利性组织的预期效果时有哪些不同？与营利性组织相比，非营利性组织的管理者是否需要更加关注利益相关者？

请讨论。

10. 早期的管理理论家主张组织应该尽可能是理性化、合理化的,做到位得其人、人有其位。试讨论这种方式对当今的组织有何适合及不适合之处。

 专题讨论 ■■■■■■■■■■■■■■■■■■■■■■■■■■■■■■■■■■■

衡量组织的各维变量

一个人或者两个人一组,采访两个来自不同组织的人,或者他们在同一组织,但是在不同的部门,并且做不同的工作。请每一个受访者回答下列这些问题。每道题从完全错误、基本错误、基本正确到完全正确,一共分为四个分数档。你需要邀请两个受访者分别作答,计算分数,并进行分析。

正规化程度	完全错误	基本错误	基本正确	完全正确
1. 有书面的工作说明书。	_____	_____	_____	_____
2. 有标明人员层级的结构图。	_____	_____	_____	_____
3. 有书面的绩效考核办法。	_____	_____	_____	_____
4. 有书面的危机管理文件。	_____	_____	_____	_____
5. 针对大多情况都有书面的工作流程。	_____	_____	_____	_____

正规化程度分数_____(计算方法:对于第 1 题至第 5 题,选择完全正确计 4 分,选择基本正确计 3 分,选择基本错误计 2 分,选择完全错误计 1 分。)

集权化程度	完全错误	基本错误	基本正确	完全正确
6. 工作执行者无法完全自己做决定。	_____	_____	_____	_____
7. 我的任何决定都要得到领导的同意。	_____	_____	_____	_____
8. 即使小事也得找上级领导做决定。	_____	_____	_____	_____
9. 我参与同级员工的雇用决策。	_____	_____	_____	_____
10. 工作执行者决定事情该怎么做。	_____	_____	_____	_____

集权化程度分数_____(计算方法:对于第 6 题至第 8 题,选择完全正确计 4 分,选择基本正确计 3 分,选择基本错误计 2 分,选择完全错误计 1 分;对于第 9 题和第 10 题反向计分,选择完全正确计 1 分,选择基本正确计 2 分,选择基本错误计 3 分,选择完全错误计 4 分。)

技术(工作多样性)	完全错误	基本错误	基本正确	完全正确
11. 我的工作每天都有新内容。	_____	_____	_____	_____
12. 这里的工作非常多样化。	_____	_____	_____	_____
13. 每天都要做不同的事情。	_____	_____	_____	_____
14. 这里的工作很常规。	_____	_____	_____	_____
15. 像我这样的员工大部分时间都用相同的方式做相同的工作。	_____	_____	_____	_____

技术分数_____（计算方法：对于第11题至第13题，选择完全正确计4分，选择基本正确计3分，选择基本错误计2分，选择完全错误计1分；对于第14题和第15题反向计分，选择完全正确计1分，选择基本正确计2分，选择基本错误计3分，选择完全错误计4分。）

问题

1. 你采访的两个人在三组分数之间有何差异？

2. 你是否发现了三组分数之间的某种关联，比如某一组的分数较高，对应另一组的分数也较高或者反而较低？

3. 哪一个受访者看起来对他的工作更加满意？你觉得他们的满意度是否和正规化程度、集权化程度以及技术之间有所关联？请解释一下。

教学案例

克拉夫特创意公司

克拉夫特创意公司（Craft Originalities, Inc.）是由一位名叫毕比·伯内特（Bibby Burnett）的企业家在阿拉巴马州乡村创办的。在多次自主创业的尝试以失败告终后，毕比在1981年开始制造木制玩具并取得了一定的成功。在接下来的几年里，他努力制作了15种玩具，并通过直接邮寄和电视广告的方式出售。他没有销售代表。有一天，一位来访的销售人员提出要接手毕比的玩具产品线，这是他通过外部销售代表来售卖他的产品线的开始。他从未雇用内部销售人员，而是依靠那些专门面向零售网点进行销售的外部公司。

毕比第一次尝试贸易展览就成功了。他在最后一刻参加了一个地区礼品展，这为他带来了3万美元的销售额。但不幸的是，他没有钱生产玩具，直到一个朋友借钱给他。他在附近的农场买了两栋旧房子，开了一家小工厂。他和妻子开始参加所有能找到的展会，以此来开拓业务。他的销售额在1984年达到15万美元，1985年达到30万美元，1987年达到50万美元，1988年超过100万美元，几乎每年都翻倍。1990年，毕比将克拉夫特创意公司搬进了一个60 000平方英尺的新工厂中。20世纪90年代中期，销售额持续增长，总销售额超过1 500万美元。到2004年，销售额激增至近7 000万美元，随后开始趋于平稳。

到2007年，虽然销量较为稳定，但公司的财务状况却很紧张。公司现在拥有两栋6万平方英尺的工厂，有近800名员工。第二次转变正在进行中，但是毕比发现了生产效率普遍低下的问题。在2007—2008年金融危机爆发后，产品销量急剧下降。虽然到2010年销量已经不再呈现急剧下滑的状态，但依然较为糟糕，仓库已经被成品压得够呛。库存占用了许多资本，所以从2009年开始，克拉夫特创意公司又增加了裁员人数。

这时毕比意识到他需要帮助。他曾经管理过公司的快速增长期，但现在他已经老了，如何应对公司的衰落似乎超出了他的经验范围。他决定让他的儿子鲍勃·伯内特（Bob Burnett）来经营这家公司。鲍勃在大学毕业时不想进入这个行业，所以他入职一家汽车零部件制造商，并靠自己的努力往上爬。最终，鲍勃决定接替毕比担任克拉夫特创意公司的首席执行官。

公司处于危急状态。销售额下降了，连续三年亏损或无利润。员工人数从 800 人降至 550 人左右。鲍勃·伯内特意识到情况有多糟糕："我接手的时候，销售额下降了 30％，我们无法从供应商那里获得信贷。我们只依靠现金。库存仍然很高，应收账款需要 4 个月甚至更长的时间才能收回，而且生产部门没有一位主管来监督运营。"形势看起来很严峻。鲍勃还对公司领班和经理的低素质感到不满。许多职位都由他父母的亲戚朋友担任，没有职业经理人。甚至办公区域和会计部门都显得不正式和随意，不像是企业正常经营的样子。不拘小节、没有正式规范的做事方式反映了他父亲的个性和领导风格。没有相关政策，也很少有涉及安全或休班等方面的成文规章制度。当需要做出重大决定时，人们会去找毕比。关键的决定反映了毕比自由的个性。这种方法多年来一直有效，但现在行不通了。克拉夫特创意公司的组织结构如图 1-10 所示。

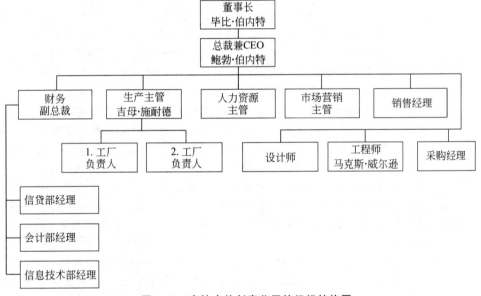

图 1-10　克拉夫特创意公司的组织结构图

营销

克拉夫特创意公司是占美国东南部木制装饰产品销售额 60％ 的四家公司之一。销售额存在季节性的变动，在圣诞节达到顶峰，在复活节和感恩节表现良好，而在其他时间，销售稳定在较低的水平。产品线现在由 800 多种产品组成，几乎包括顾客想要的任何东西。最大的物件是一个茶点车，最小的是一个晒衣夹式书桌回形针。新产品开发的速度是每年约 50 种，这些新产品都是基于毕比在贸易展上看到并复制的产品。几乎没有产品项目被放弃，因为没有关于单个产品销售或利润的精确数据。鲍勃估计，排名前 250 位的产品一年能卖出 1 000 多件。鲍勃想把大部分时间花在市场营销上。他参加了所有的贸易展览,并直接了解了竞争对手在做什么以及客户在买什么。他觉得外部销售代表没有及时告知克拉夫特创意公司市场上的变化。销售经理负责与外部销售代表所在的公司协调新产品,处理客户投诉或与客户交流。

鲍勃决定雇用当地一位有优秀设计天赋的妇女成立一个设计部。她很快就想出了一个新的主题系列,在贸易展上非常受欢迎,并成为业界的热门话题。他要求市场部经理请一家纽约的广告代理公司进行专业的广告和宣传计划。鲍勃也立即提高了价格,以努力在年底获得利润。

生产

方圆 10 英里内有两家生产厂。窑干木材,主要是高质量的美国黄松,被存放在卡车拖车和每个工厂后面的棚子里。木材的大小取决于树木,似乎完全是随机的。长度从 8 英尺到 16 英尺,厚度从 3/8 英寸到 6/8 英寸。

粗加工厂(将原木加工成所需的碎片)的工头审查了他每周收到的批量生产订单,并决定了工厂需要的"面板"。面板是一片被研磨成所需厚度的木板,具有特定产品所需的长度和宽度。所需的面板将在粗轧机中由木材制成,或者从供应商处购买胶合面板。克拉夫特创意公司在购买面板上的花费和购买原木的花费差不多,购买一平方英尺面板的花费是购买一平方英尺木材的两倍。铺面部门的员工将木材加工到最终产品所需的厚度,即成品尺寸加上一些多余的打磨量。粗齿锯将木材切割成所需的宽度,切割锯负责长度。

工厂负责人和机房领班一起决定订单的处理顺序。每个部门的预定交货期都由生产控制主管写在订单上。在机房里的工人会把面板加工成最终的形状,只有当机房出现危机时,生产控制主管才会跟踪订单的实际流动情况。机器房里的工具包括成形器、铸模机、刨刨机和钻孔器,这些都需要掌握一些技能。工作中使用模式和夹具降低了技能要求,但也仍然比工厂中大多数工作需要更高的技能。工厂的这部分噪音最大,灰尘最多。

在第三个部门,打磨部,木片是由主要在各个工位工作的妇女打磨的。磨砂后的部件被移动到附近的一个临时存储区域,该区域起初是用于机械加工的。平均每件物品有 6 到 8 个木制部件。此外,还有购买的物品,如玻璃或金属部件。

装配工头检查订单中所有零件是否到货。当所有的零件都准备好了,组装就开始了。工人们用胶水、螺丝钉、钉枪或锤子和钉子来组装这些物品。在可能的情况下会使用夹具来协助工作,通常一个订单只需要一个人就可以完成,灰尘和噪音问题在这里也不严重。

组装好的物品移到单独的加工区域。在这里,工人用手把它们浸在着色剂中,再喷上几层透明涂层。烘干后,开始进行包装。大多数物品都被单独包装在公司独立小工厂制造的纸箱里。加工和包装雇用了约 50 人,新的成品仓库在两英里之外。

这里的大多数工作都不需要高技能水平。工人所在的粗加工厂和机房的工作所需要的技能在不超过五周的时间内就可以掌握,因为工人通常在以前的岗位上就已经学习过一些技能。而在工厂的其他地方,一般培训一周的时间就足够了。除了主管和工人,每个人都认为工作节奏相当慢。

生产问题

鲍勃认为生产效率是一个主要问题。通过与机器销售人员和工厂参观者的交谈，他认为这些机器总体上是满足需要的。根据他对竞争对手运营的了解，他觉得他的人工成本必须降低。他最初试图与厂长和主管们一起有系统地加快生产，但没有成功。主管们认为没有必要对工厂进行改进或开发进一步提高效率的技术。为了推动主管们开始改进运营状况，鲍勃从 2010 年 6 月开始每周安排生产会议。在会议上，主管们要考察每个工厂在过去一周的总产出和总成本，将其与鲍勃设定的 32% 的工作目标进行比较，并考虑如何才能改善运营。不幸的是，部门业绩并不好。厂长和主管们并没有主动提出是什么限制了上周的产量。鲍勃还是坚持了下来，大约三个月后，他们开始了一些问题的讨论。鲍勃认为这种思考和计划在他父亲的管理下是不需要的。主管们总是觉得工厂没有任何问题，除了继续他们一直做的事情之外，似乎不知道该做些什么。他们也没有在其他工厂工作的经验。

2011 年 3 月，经过深思熟虑，鲍勃聘请了两名受过大学教育的员工来辅助改进生产系统。第一个是 38 岁的吉姆·施耐德（Jim Schneider），他被任命为两个工厂的生产总监，取代了现任总监，后者回到了他以前的领班岗位。另一位是 27 岁的马克斯·威尔逊（Max Wilson），是制造工程师。在鲍勃看来，工厂只是需要更好的管理，而不是通过外部购买的方式进行大的变革。这两名新员工都接受过商业和工程方面的大学培训，并在木材行业有工作经验。

鲍勃预料到被替换的生产总监和大多数主管会对新员工有所抵制，并告诉了新员工这个问题。不出所料，变革进展并不顺利。抱怨和流言四起，鲍勃尽可能地不予理睬。然而，在新员工上任三个月后，抱怨仍然存在，也许更重要的是，新生产总监似乎管控不了工厂的员工。他没有对需要改变的地方做出评估，也没有制订全面的改进计划。鲍勃也看到了吉姆在管理人员方面存在很大的困难。有一位主管似乎并没有参与造谣或传谣活动，他对公司十分关心，举例说明了新生产总监所犯的错误。鲍勃觉得雇用吉姆可能是个错误。马克斯的职责已经缩小到主要从事技术工作，负责监督五个人的维修团队，设计一些新产品，检查新产品样品的生产程序，并检查粗磨区需要重新设计的重要部分。

主要竞争对手

克拉夫特创意公司的主要地区竞争对手是圣·克拉夫特斯公司（Saint Crafters, Inc.）。一位熟悉克拉夫特创意公司和圣·克拉夫特斯的外部销售代表向鲍勃提供了两家公司的对比。圣·克拉夫特斯的产品需求超过了他们的生产能力，在他看来，这些过剩的需求是克拉夫特创意公司生存的主要原因。圣·克拉夫特斯没有债务，它的设备也是新的。该公司坐落在一个小社区，那里的工人对这种业务非常熟练。这位销售代表认为克拉夫特创意公司的员工平均能力大约是圣·克拉夫特斯公司员工的三分之二。圣·克拉夫特斯的产品制造质量被认为比克拉夫特创意公司更好。此外，圣·克拉夫特斯的制造总监安排了长期的生产计划，目标是有三个月的最优项目的库存。这听起来更像是大规模生产过程，而不是像克拉夫特创意公司那样，为每个新订单单独生产小批量的产品。

这个销售代表还指出，在任何时间，克拉夫特创意公司都有三分之二的设备处于闲置状态，而且从未对产能和最佳生产组合进行过分析。他声称，他见过的最大的一件产品是由大约 250 个零部件构成的。每一个新装置的成本都是引人注目的。他认为克拉夫特创意公司的生产操作是他所见过的最不正式、最不结构化或系统化的，这种工作方式的节奏是最慢的。他认为员工们只掌握了一些工作中最简单的技能。例如，公司里只有一个人能够计算木板的英尺数。而这是最小的橱柜商店都会拥有的技能，对于任何控制活动都是必不可少的。

劳动力

鲍勃对管理的新概念很感兴趣。他经常阅读最新出版的书，或者给他的经理们分享文章。行为方面的文章对他来说很有意义，他对企业文化的概念也很感兴趣。参与式管理系统和团队协作环境是鲍勃想要尝试的东西。然而，他意识到他的经理和员工还没有准备好采用这种方法。他的经理们对员工的操纵多于合作，工人们大多没有高技能也没有受过高等教育。当他与主管们讨论工人们的愿望时，得知他们只是想要一个退休方案和更高的工资，没有其他的要求。鲍勃不知道这是不是主管们自己想要的。

为了获得改变公司管理风格和文化的依据，鲍勃联系了他母校的一位教授，聘请他对员工的态度进行调查。所有员工以小组为单位完成书面问卷。调查中包含了专门为评估克拉夫特创意公司的文化和员工态度而设计的问题。尽管问题表述都很简单，但在回答开放式问题时，一些员工不理解诸如"激励"或"雄心勃勃"之类的词汇，有时不得不把整个问卷解释给他们听。

该研究显示，公司员工中少数群体占 80%，其中白人女性占比最大，为 40%。员工中 58% 为女性，57% 为白人，39% 年龄在 45 岁以上。在公司工作不到两年的人数和在公司工作超过 10 年的人数大致相当。虽然工资只比法定最低工资高了一点点，但许多工人觉得自己有工作还是很幸运的。这里似乎没有出现士气危机。许多问题涉及工作文化，但这部分是可以改进的。下面是一些封闭式问题的陈述和回答分数。每个问题的回答分为 1＝非常不同意到 5＝非常同意：

对于这种工作，我的薪水很合理。	2.26
我的同事们很好共事。	4.14
我喜欢我的工作。	4.13
这里的士气很好。	3.55
我喜欢上司对我的态度。	4.02
管理层听取了我的意见。	3.22
主管们的工作做得很差。	2.35
我很幸运有这份工作。	3.95
沟通交流很差。	2.91
我喜欢我的工作。	4.13
我会寻找改进工作的方法。	4.21
公司经营良好。	3.29

调查没有发现严重的问题。然而，这些工人相对来说阅历较浅，鲍勃担心他们可能没有在调查中准确地表达自己的想法，尤其是当其他人在场时，以及

他们的主管可能已经提前就问卷中的问题与工人沟通过了。

鲍勃思考着调查结果意味着什么。他想知道是否有必要推进更具参与性的文化。他仍然认为有必要提高生产效率。

问题

1. 假设调查分数是准确的，关于克拉夫特创意公司企业文化你能得出什么结论？你的依据是什么？

2. 如果克拉夫特创意公司采用了与其竞争对手圣·克拉夫特斯相似的大规模生产制造流程，你认为这会如何影响工人的态度分数？

3. 你认为克拉夫特创意公司正规化的缺乏和工作环境的随意性是如何受到乡村环境影响的？

 尾注

1 This case is based on Christopher Bartlett and Maggie Wozny, "GE's Two-Decade Transformation: Jack Welch's Leadership," Harvard Business School, case 9-399-150, revised May 3, 2005. (Copyright 1999 President and Fellows of Harvard College); Kathryn Harrigan, "The Turnaround of General Electric," Columbia Business School, case CU205, ID #180409, April 26, 2018. (Copyright 2018 by The Trustees of Columbia University in the City of New York); Frank T. Rothaermel and Christopher K. Zahrt, "General Electric after GE Capital," McGraw Hill Education, case MH0033, revised May 19, 2015. (Copyright by F. T. Rothaermel and C. K. Zahrt, 2015); Thomas Gryta and Ted Mann, "GE Powered the American Century – Then It Burned Out," *The Wall Street Journal*, December 14, 2018, https://www.wsj.com/articles/ge-powered-the-american-centurythen-it-burned-out-11544796010 (accessed April 4, 2019); Joseph L. Bower and Jay Dial, "Jack Welch: General Electric's Revolutionary," Harvard Business School, case 9-394-065, revised April 12, 1994. (Copyright 1993 by the President and Fellows of Harvard College); Laura Winig, "GE's Big Bet on Data and Analytics," *MIT Sloan Management Review*, February 16, 2016, 3–16; "Class Forward: General Electric Company," Harvard Business School, case 6062, revised March 22, 2018. (Copyright 2018 President and Fellows of Harvard College); GE Sustainability Highlights, httpdsg.files.app.content.prod.s3.amazonaws.comgesustainabilitywp-contentuploads20140501172809GE_Sustainability_Highlights_PDF_v5.pdf (accessed April 4, 2019); Thomas Gryta, "GE to Sell Its Biotech Business to Danaher for $21 Billion," *The Wall Street Journal*, February 26, 2019, https://www.wsj.com/articles/ge-to-sell-biopharma-business-to-danaher-for-21-4-billion-11551096661 (accessed April 8, 2019); and Michael Sheetz, "Jeff Immelt's Refusal to Give or Take Bad News Defined His Leadership at GE," *CNBC*, February 21, 2018, https://www.cnbc.com/2018/02/21/jeff-immelts-refusal-to-give-or-take-bad-news-defined-his-leadership-at-ge.html (accessed April 8, 2019).

2 Arnaldo Camuffo and Miriam Wilhelm, "Complementarities and Organizational (Mis)fit: A Retrospective Analysis of the Toyota Recall Crisis," *Journal of Organizational Design* 5, no. 4 (December 2016).

3 Mengqi Sun, "Papa John's Looks to Improve Corporate Culture After Founder Flap," *The Wall Street Journal*, March 1, 2019, https://www.wsj.com/articles/papa-johns-looks-to-improve-corporate-culture-after-founder-flap-11551477189 (accessed March 18, 2019); and Noah Kirsch, "The Inside Story of Papa John's Toxic Culture," *Forbes*, July 29, 2018, https://www.forbes.com/sites/forbesdigitalcovers/2018/07/19/the-inside-story-of-papa-johns-toxic-culture/#1fb9ef4f3019 (accessed March 18, 2019).

4 Dana Mattioli, Joann S. Lublin, and Ellen Byron, "Kodak Struggles to Find Its Moment," *The Wall Street Journal*, August 11, 2011, http://online.wsj.com/news/articles/SB10001424053111903454504576488033424421882 (accessed September 24, 2014); and Will Cleveland, "Jim Continenza Takes Helm at Kodak"; Jeff Clarke Out as CEO, *Rochester Democrat and Chronicle*, February 20, 2019.

5 Mike Ramsey and Evan Ramstad, "Once a Global Also-Ran, Hyundai Zooms Forward," *The Wall Street Journal*, July 30, 2011, A1; Douglas MacMillan, Shan Li, and Liza Linin Shanghai, "Google Woos Partners for Potential China Expansion," *The Wall Street Journal*, August 12, 2018; Saabira Chaudhuri, "IKEA to Slash Thousands of Jobs in Restructuring," *The Wall Street Journal*, November 21, 2018.

6 Harry G. Barkema, Joel A. C. Baum, and Elizabeth A. Mannix, "Management Challenges in a New Time," *Academy of Management Journal* 45, no. 5 (2002), 916–930.

7 Adam Satariano, "Google Is Fined $57 Million Under Europe's Data Privacy Law," *The New York Times*, January 21, 2019, https://www.nytimes.com/2019/01/21/technology/google-europe-gdpr-fine.html (accessed March 18, 2019).

8 Mike Isaac, "Inside Uber's Aggressive, Unrestrained Workplace Culture," *The New York Times*, February 22, 2017; and Vindu Goel and Weiyi Lim, "Uber's Exit from

Southeast Asia Upsets Regulators and Drivers," *The New York Times*, May 28, 2018.

9 Steven Greenhouse and Stephanie Clifford, "U.S. Retailers Offer Safety Plan for Bangladeshi Factories," *The New York Times*, July 10, 2013, http://www.nytimes.com/2013/07/11/business/global/us-retailers-offer-safety-plan-for-bangladeshi-factories.html?pagewanted=all&_r=0 (accessed August 21, 2013); Kate O'Keeffe and Sun Narin, "H&M Clothes Made in Collapsed Cambodian Factory," *The Wall Street Journal*, May 21, 2013, http://online.wsj.com/article/SB10001424127887324787004578497091806922254.html (accessed August 21, 2013); Vanessa Fuhrmans, "Amazon Acts on German Controversy; Online Retailer Cuts Ties with Security Firm after a Television Documentary on Working Conditions," *The Wall Street Journal*, February 19, 2013, B3; and Eva Dou and Paul Mozur, "IPhone-Factory Deaths Dog Apple and Supplier," *The Wall Street Journal Online*, December 11, 2013, http://online.wsj.com/news/articles/SB10001424052702304202204579251913898555706 (accessed February 10, 2014).

10 Keith H. Hammonds, "The New Face of Global Competition," *Fast Company*, February 2003, 90–97; and Pete Engardio, Aaron Bernstein, and Manjeet Kripalani, "Is Your Job Next?" *Business Week*, February 3, 2003, 50–60.

11 Pete Engardio, "Can the U.S. Bring Jobs Back from China?" *Business Week*, June 30, 2008, 38ff.

12 Amie Tsang, "Tesco Supermarket in Britain Will Cut Thousands of Jobs," *The New York Times*, January 28, 2019, https://www.nytimes.com/2019/01/28/business/tesco-supermarket-job-cuts.html (March 18, 2019); and Stephen Grocer, "A Stark Divide in America's Retail Industry Is Coming Into Focus," *The New York Times*, March 6, 2019, https://www.nytimes.com/2019/03/06/business/dealbook/us-retail-store-industry.html (accessed March 18, 2019).

13 This quote is from Julie Battilana, Anne-Claire Pache, Metin Sengul, and Marissa Kimsey, "The Dual-Purpose Playbook," *Harvard Business Review* 97, no. 2 (March–April, 2019): 124–133.

14 This definition is based on Marc J. Epstein and Marie-Josée Roy, "Improving Sustainability Performance: Specifying, Implementing and Measuring Key Principles," *Journal of General Management* 29, no. 1, (Autumn 2003), 15–31; World Commission on Economic Development, *Our Common Future* (Oxford: Oxford University Press, 1987); and Marc Gunther, "Tree Huggers, Soy Lovers, and Profits," *Fortune*, June 23, 2003, 98–104.

15 Jay Steinmetz, Chuck Bennett, and Dorthe Døjbak Håkonsson, "A Practitioner's View of the Future of Organization Design; Future Trends and Implications for Royal Dutch Shell," *Journal of Organization Design* 1, no. 1 (2012), 7–11.

16 Aileen Kwun, "How a Carpet Maker Became an Unlikely Hero of the Environmental Movement," *Fast Company*, January 2, 2019, https://www.fastcompany.com/90235407/how-a-carpet-maker-became-an-unlikely-hero-of-the-environmental-movement (accessed March 18, 2019).

17 Adam Satariano, "Facebook Targeted in Scathing Report by British Parliament," *The New York Times*, February 18, 2019.

18 Mary Williams Walsh, "McKinsey Will Return $15 Million in Fees Over Disclosure Failures," *The New York Times*, February 19, 2019.

19 Samuel Stebbins and Michael B. Sauter, "Subway, Rite Aid, Toys 'R' Us, Teavana: Retailers Closing the Most Stores in 2018, So Far," *USA Today*, April 2018, https://www.usatoday.com/story/money/retail/2018/04/27/retailers-closing-most-stores-2018-so-far/557275002/ (accessed March 19, 2019); and "Here's a List of 68 Bankruptcies in the Retail Apocalypse and Why They Failed," Research Briefs, *CB Insights*, March 12, 2019, https://www.cbinsights.com/research/retail-apocalypse-timeline-infographic/ (accessed March 19, 2019).

20 Esther Fung, "Amazon to Shut All U.S. Pop-Up Stores as It Rethinks Physical Retail Strategy," *The Wall Street Journal*, March 6, 2019, https://www.wsj.com/articles/amazon-to-shut-all-u-s-pop-up-stores-as-it-rethinks-physical-retail-strategy-11551902178 (accessed March 19, 2019).

21 Aisha Al-Muslim, "P&G Moves to Streamline Its Structure," *The Wall Street Journal*, November 8, 2018, https://www.wsj.com/articles/p-g-moves-to-streamline-its-structure-1541713822 (accessed March 19, 2019).

22 Aaron De Smet and Chris Gagnon, "Organizing for the Age of Urgency," *McKinsey Quarterly*, January 2018, https://www.mckinsey.com/business-functions/organization/our-insights/organizing-for-the-age-of-urgency (accessed March 19, 2019); and Robert Safian, "Secrets of the Flux Leader," *Fast Company*, November 2012, 96–136.

23 This section is based partly on Fahri Karakas, "Welcome to World 2.0: The New Digital Ecosystem," *Journal of Business Strategy* 30, no. 4, (2009), 23–30.

24 Darrell K. Rigby, *Management Tools 2013: An Executive's Guide* (Bain & Company 2013), http://www.bain.com/Images/MANAGEMENT_TOOLS_2013_An_Executives_guide.pdf (accessed August 27, 2013); Margaret Rouse, "Big Data Analytics," TechTarget.com, January 10, 2012, http://searchbusinessanalytics.techtarget.com/definition/big-data-analytics (accessed August 27, 2013); and David Kiron, Renee Boucher Ferguson, and Pamela Kirk Prentice, "From Value to Vision: Reimagining the Possible with Data Analytics," *MIT Sloan Management Review Special Report*, March 5, 2013, http://sloanreview.mit.edu/reports/analytics-innovation/ (accessed August 27, 2013).

25 Steve Lohr, "Sure, Big Data Is Great. But So Is Intuition," *The New York Times*, December 29, 2012; and Shalini Ramachandran and Joe Flint, "At Netflix, Who Wins When It's Hollywood vs. the Algorithm?" *The Wall Street Journal*, November 10, 2018.

26 Andrew McAfee and Erik Brynjolfsson, "Big Data: The Management Revolution," *Harvard Business Review*, October 2012, 61–68.

27 Angus Loten, "Foot Locker's Game Plan to Win Over Sneakerheads," *The Wall Street Journal*, February 24, 2019, https://www.wsj.com/articles/foot-lockers-game-plan-to-win-over-sneakerheads-11551063660 (accessed March 22, 2019).

28 Based in part on Howard Aldrich, *Organizations and Environments* (Englewood Cliffs, N.J.: Prentice Hall, 1979), 3.

29 Royston Greenwood and Danny Miller, "Tackling Design Anew: Getting Back to the Heart of Organizational Theory," *Academy of Management Perspectives*, November 2010, 78–88.

30 This section is based on Peter F. Drucker, *Managing the Non-Profit Organization: Principles and Practices* (New York: HarperBusiness, 1992); Thomas Wolf, *Managing a Nonprofit Organization* (New York: Fireside/Simon & Schuster, 1990); and Jean Crawford, "Profiling the Non-Profit Leader of Tomorrow," *Ivey Business Journal*, May–June 2010.

31 Christine W. Letts, William P. Ryan, and Allen Grossman, *High Performance Nonprofit Organizations* (New York: John Wiley & Sons, Inc., 1999), 30–35; and Crawford, "Profiling

the Non-Profit Leader of Tomorrow."

32 Lisa Bannon, "Dream Works: As Make-a-Wish Expands Its Turf, Local Groups Fume," *The Wall Street Journal*, July 8, 2002, A1, A8.

33 Robert N. Stern and Stephen R. Barley, "Organizations and Social Systems: Organization Theory's Neglected Mandate," *Administrative Science Quarterly* 41, (1996), 146–162.

34 Philip Siekman, "Build to Order: One Aircraft Carrier," *Fortune*, July 22, 2002, 180[B]–180[J].

35 Louis Columbus, "The Future of Manufacturing Technologies, 2018," *Forbes*, April 15, 2018, https://www.forbes.com/sites/louiscolumbus/2018/04/15/the-future-of-manufacturing-technologies-2018/#1bc3f7f72995 (accessed March 22, 2019).

36 Matthew DeBord, "Harley-Davidson Is In an Impossible Position in the Motorcycle Business," *Business Insider*, January 31, 2019, https://www.businessinsider.com/harley-davidson-difficult-situation-2019-1 (accessed March 22, 2019).

37 Susan Berfield and Manuel Baigorri, "Zara's Fast-Fashion Edge," Bloomberg.com, November 14, 2013, https://www.bloomberg.com/news/articles/2013-11-14/2014-outlook-zaras-fashion-supply-chain-edge (accessed April 8, 2019); Greg Petro, "The Future of Fashion Retailing: The Zara Approach," *Forbes*, October 25, 2012, https://www.forbes.com/sites/gregpetro/2012/10/25/the-future-of-fashion-retailing-the-zara-approach-part-2-of-3/#197d6ebe7aa4 (accessed April 8, 2019); "People! Zara Commits to Go Toxic-Free," Greenpeace International, November 29, 2012, https://www.greenpeace.org/international/story/7554/people-zara-commits-to-go-toxic-free/ (accessed April 8, 2019); and Alexander Kaufman, "Zara Apologizes for Pajamas That Look Just Like a Concentration Camp Uniform," *The Huffington Post*, August 27, 2014, https://www.huffpost.com/entry/zara-anti-semitism_n_5722162 (accessed April 8, 2019).

38 The discussion of structural dimensions and contingency factors was heavily influenced by Richard H. Hall, *Organizations: Structures, Processes, and Outcomes* (Englewood Cliffs, N.J.: Prentice Hall, 1991); D. S. Pugh, "The Measurement of Organization Structures: Does Context Determine Form?" *Organizational Dynamics* 1 (Spring 1973), 19–34; and D. S. Pugh, D. J. Hickson, C. R. Hinings, and C. Turner, "Dimensions of Organization Structure," *Administrative Science Quarterly* 13, (1968), 65–91.

39 For a recent discussion of the dimensions of formalization, complexity, and centralization, see Xenophon Koufteros, Xiasong (David) Peng, Guanyi Lu, and Richard Peters, "The Impact of Organizational Structure on Internal and External Integration," *Journal of Organization Design* 3, no. 2 (2014), 1–17.

40 This discussion is based in part on Virpi Turkulainen and Mikko Kitokivi, "The Contingent Value of Organizational Integration," *Journal of Organization Design* 2, no. 2, (2013), 31–43.

41 Daisuke Wakabayashi and Toko Sekiguchi, "Disaster in Japan: Evacuees Set Rules to Create Sense of Normalcy," *The Wall Street Journal*, March 26, 2011, A8; Ian Urbina, "In Gulf, It Was Unclear Who Was in Charge of Oil Rig," *The New York Times*, June 6, 2010, A1; Douglas A. Blackmon, Vanessa O'Connell, Alexandra Berzon, and Ana Campoy, "There Was 'Nobody in Charge,'" *The Wall Street Journal*, May 27, 2010, http://online.wsj.com/articles/SB10001424052748704113504575264721101985024 (accessed September

29, 2014); and Campbell Robertson, "Efforts to Repel Gulf Oil Spill Are Described as Chaotic," *The New York Times*, June 14, 2010, http://www.nytimes.com/2010/06/15/science/earth/15cleanup.html?pagewanted=all (accessed September 29, 2014).

42 D. D. Warrick, "What Leaders Need to Know About Organizational Culture," *Business Horizons* 60 (2017), 395–404.

43 M. Vasudha, "Valve Corporation: Agility Pays," Case 416-0083-1, *Amity Research Centers*, Bangalore (2016), distributed by The Case Centre; Rachel Feintzeig, "Companies Manage With No CEO," *The Wall Street Journal*, December 13, 2016; Jacob Morgan, "The 5 Types of Organizational Structures: Part 3, Flat Organizations," *Forbes*, July 13, 2015, https://www.forbes.com/sites/jacobmorgan/2015/07/13/the-5-types-of-organizational-structures-part-3-flat-organizations/#34f9a5c76caa (accessed March 23, 2019); "Our People," Valve Website, https://www.valvesoftware.com/pl/people (accessed March 22, 2019); Phanish Puranam and Døjbak Håkonsson, "Valve's Way," *Journal of Organization Design* 4, no. 2 (2015), 2–4; Alex Hern, "Valve Software: Free Marketer's Dream, or Nightmare?" *New Statesman*, August 3, 2012, www.newstatesman.com/blogs/economics/2012/08/valve-software-free-marketeers-dream-or-nightmare (accessed August 10, 2012); and John Huey, "Wal-Mart: Will It Take Over the World?" *Fortune*, January 30, 1989, 52–61.

44 Turkulainen and Kitokivi, "The Contingent Value of Organizational Integration."

45 T. Donaldson and L. E. Preston, "The Stakeholder Theory of the Corporation: Concepts, Evidence, and Implications," *Academy of Management Review* 20, (1995), 65–91; and Terry Connolly, Edward J. Conlon, and Stuart Jay Deutsch, "Organizational Effectiveness: A Multiple-Constituency Approach," *Academy of Management Review* 5, (1980), 211–217.

46 Greenwood and Miller, "Tackling Design Anew."

47 Greenwood and Miller, "Tackling Design Anew"; and Roger L. M. Dunbar and William H. Starbuck, "Learning to Design Organizations and Learning from Designing Them," *Organization Science* 17, no. 2, (March–April 2006), 171–178.

48 Quoted in Cynthia Crossen, "Early Industry Expert Soon Realized a Staff Has Its Own Efficiency," *The Wall Street Journal*, November 6, 2006, B1.

49 Robert Kanigel, *The One Best Way: Frederick Winslow Taylor and the Enigma of Efficiency* (New York: Viking, 1997); Alan Farnham, "The Man Who Changed Work Forever," *Fortune*, July 21, 1997, 114; and Charles D. Wrege and Ann Marie Stoka, "Cooke Creates a Classic: The Story Behind F. W. Taylor's Principles of Scientific Management," *Academy of Management Review*, October 1978, 736–749. For a discussion of the impact of scientific management on American industry, government, and nonprofit organizations, also see Mauro F. Guillén, "Scientific Management's Lost Aesthetic: Architecture, Organization, and the Taylorized Beauty of the Mechanical," *Administrative Science Quarterly* 42 (1997), 682–715.

50 Gary Hamel, "The Why, What, and How of Management Innovation," *Harvard Business Review*, February 2006, 72–84.

51 Amanda Bennett, *The Death of the Organization Man* (New York: William Morrow, 1990).

52 Ralph Sink, "My Unfashionable Legacy," *Strategy + Business* (Autumn 2007), http://www.strategy-business.com/press/enewsarticle/enews122007?pg=0 (accessed August 7, 2008).

53 Dunbar and Starbuck, "Learning to Design Organizations."

54 Johannes M. Pennings, "Structural Contingency Theory: A Reappraisal," *Research in Organizational Behavior* 14, (1992), 267–309; Turkulainen and Kitokivi, "The Contingent Value of Organizational Integration"; and Lex Donaldson and Greg Joffe, "Fit—The Key to Organizational Design," *Journal of Organization Design* 3, no. 2 (2014), 38–45.

55 Tom Burns and G. M. Stalker, *The Management of Innovation* (London: Tavistock, 1961).

56 Ho Wook Shin, Joseph C. Picken, and Gregory G. Dess, "Revisiting the Learning Organization: How to Create It," *Organizational Dynamics* 46 (2017), 46–56.

57 Li-Yun Sun and Wen Pan, "Market Orientation, Intrapreneurship Behavior, and Organizational Performance: Test of a Structural Contingency Model," *Journal of Leadership and Organizational Studies* 18, no. 2 (2011),

274–285.

58 This discussion is based in part on Michael Y. Lee and Amy C. Edmondson, "Self-Managing Organizations: Exploring the Limits of Less-Hierarchical Organizing," *Research in Organizational Behavior* 37 (2017), 35–58; and Tom Ashbrook, "The Bossless Office," *On Point with Tom Ashbrook* (June 20, 2013, at 11:00 A.M.), http://onpoint.wbur.org.

59 Morgan, "The 5 Types of Organizational Structures: Part 3, Flat Organizations."

60 Seth Stevenson, "Who's the Boss? No One," *Slate*, January 16, 2018, https://slate.com/human-interest/2018/01/the-bossless-office-how-well-do-workplaces-without-managers-function.html (accessed January 8, 2019); Doug Kirkpatrick, "Self-Management's Success at Morning Star," *T+D* (October 2012), 25–27; and Gary Hamel, "First, Let's Fire All the Managers," *Harvard Business Review*, (December 2011), 48–60.

61 Hamel, "First, Let's Fire All the Managers."

第 II 篇

组织目标与结构设计

ORGANIZATION THEORY AND DESIGN

战略、组织设计和效果

问题引入

在阅读本章内容之前，请先看下面的问题并选择答案。

1. 一个公司的战略意图和方向反映了管理者对组织和战略环境的系统分析。

同意_____   不同意_____

2. 最好的商业战略是提供尽可能差异化的产品和服务，以在市场中获得利润。

同意_____   不同意_____

3. 财务指标是对企业绩效的最好评价。

同意_____   不同意_____

金·卡戴珊（Kim Kardashian）、唐纳德·特朗普（Donald Trump）、泰勒·斯威夫特（Taylor Swift）、米歇尔·奥巴马（Michelle Obama）、大卫·贝克汉姆（David Beckham）和英国女王伊丽莎白二世（Queen Elizabeth Ⅱ）都在使用 Instagram。2019 年 3 月，当女王在 Instagram 上首次亮相，发布参观伦敦科学博物馆的照片，并在几小时内获得 5.7 万个赞时，她决定是时候登录使用 Instagram 了。Instagram 是一个照片和视频分享社交平台，全球活跃用户已超过 10 亿。这样的快速增长远远超过了竞争对手 Snapchat，以及 Instagram 的母公司脸谱网（Facebook）。Instagram 在 2012 年被脸谱网收购后不久，提出了一句简短又响亮的使命宣言："捕捉和分享世界的精彩时刻。"但是没过几年，时任首席执行官凯文·斯特罗姆（Kevin Systrom）和联合创始人迈克·克里格（Mike Krieger）就意识到，公司要想继续成长并获得盈利需要他人相助。2016 年，马恩·莱文（Marne Levine）受邀加入 Instagram，担任首席运营官。莱文极为擅长通过设定明确的目标实现从混乱中恢复秩序。例如，她发现 Instagram 没有编制正式预算，所以她的首要任务之一就是建立预算，为人们在实现目标的过程中追踪支出状况提供指导方针和方法。莱文还与管理层合作，为招聘员工和开发新产品设定了明确的目标，这帮助 Instagram 从混乱的运营走向成熟，带来了数十亿美元的收入。[1]

管理者的一项主要职责是通过设定目标和制定具有竞争力的战略来对他们的组织进行成功的定位。确立使命、目标和战略是任何企业实现其目标的第一步。管理者们必须先要知道组织想要去哪里，然后再付出努力去那里。如果管理者没有设定明确的目标，或者设定的目标之间是相互冲突的，组织将会陷入困境，寸步难行。以雅虎（Yahoo）的情况为例，早期在互联网领域取得了很大成功（在 2000 年初，雅虎是流量最大的网站），但在过去 20 年里，由于连续几任首席执行官都未能为公司确定一个明确的方向和目标，雅虎已经逐渐落后。雅虎前任高管布拉德·加林豪斯（Brad Garling-house）说，"如果你想成为一切，那你终将一事无成。"他暗指雅虎一直在缓慢衰落，因为"它从未解决最核心的身份定义危机"。[2]

本章目的

一般来讲，高层管理者指明组织发展的方向。他们设定组织的目标，并制定组织实现这些目标的战略。本章的目的就是帮助读者了解组织所追求的目标类型，以及管理者为使组织达到这些目标所采取的一些竞争性战略。我们将考察战略行动制定的两个重要框架，并探讨战略如何影响组织设计。本章还将讨论衡量组织活动效果的最常用的方法。为了有效地管理组织，管理者需要对如何衡量组织达成目标的效果有明确的认识。

2.1　战略指向在组织设计中的作用

组织目标和战略选择影响组织设计。**组织目标**（organizational goal）是组织努力达到的一种理想状态。[3] 一个目标代表了组织努力指向的结果或者终点。

高层管理者决定组织为之奋斗的最终目的，并指出组织为完成这一目的的行动方向。组织的设计和管理就是由这一目的和方向派生而来。事实上，高层管理者的主要职责就是决定组织的目标、战略和设计，由此使组织能适应变化的环境。[4] 中层管理者在高层管理者的指导下也为本部门做类似的工作。高层管理者由提供指向到组织设计的逻辑关系如图 2-1 所示。

组织发展方向制定的过程一般始于外部环境的机会与威胁的分析，这包括了环境变化程度和不确定性以及资源可获取性的评价等，这些内容我们将在第 4 章中进行详细讨论。高层管理者还要评估内部的优势与劣势，确定本企业相对于行业中其他企业的独特的能力。内部环境和外部环境的

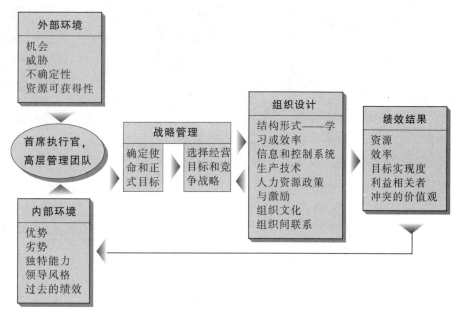

图 2-1　高层管理者在确定组织方向、组织设计和效果评价中的作用

资料来源：Adapted from Arie Y.Lewin and Carroll U.Stephens，"Individual Properties of the CEO as Determinants of Organization Design," unpublished manuscript，Duke University，1990；and Arie Y.Lewin and Carroll U.Stephens，"CEO Attributes as Determinants of Organization Design：An Integrated Model," *Organization Studies* 15，no.2(1994)，183-212.

竞争分析是战略管理的核心概念。**SWOT 分析**（SWOT analysis，"SWOT"四个字母分别代表"优势、劣势、机会和威胁"）是一种评估组织绩效影响因素的方法，需要对内部环境（优势和劣势）和外部环境（机会和威胁）进行竞争性分析，是战略管理的核心概念之一。领导者通过各种渠道获得关于外部机会和威胁的信息，包括客户、政府报告、专业期刊、供应商、银行家、其他组织中的朋友、顾问和协会会议。关于内部优势和劣势的信息来自公司预算、财务比率、损益表、员工态度和满意度调查以及其他报告。和其他杂货零售商一样，克罗格公司（The Kroger Company）的高管们近年来一直在应对该行业强烈而迅速的变化。一个简短的 SWOT 分析可以指导领导者如何定位公司以适应这些变化。

应用案例 2-1

克罗格公司

克罗格（Kroger）公司是美国最大的连锁超市，在 35 个州和哥伦比亚特区拥有约 2800 家门店。高管们一直在调整战略，整顿业务，以适应竞争加剧和消费者偏好转移所带来的各种变化。

克罗格公司的主要优势之一是销售的产品和服务线广泛，包括食品杂货、珠宝、燃料、药品服务和家居产品，为客户提供一站式购物。克罗格还拥有一系列的零售自有品牌,在几乎所有品类中,该公司自有品牌的销售增长速度都快于全国性品牌。与许多竞争对手相比,克罗格的弱点之一是资产负债表上所显示的负债率很高。此外,鸡蛋、牛奶和肉类等主要产品价格的下跌也影响了克罗格和其他零售商。公司领导层发现了一个机会,即扩大杂货店提供的有机食品系列,解决消费者对食物浪费日益增长的担忧。他们发现,消费者对天然和有机产品反应良好,而克罗格能够以比全食(Whole Foods)等竞争对手更低的成本提供这类产品。一个重大威胁是沃尔玛(Walmart)、塔吉特(Target)和亚马逊(Amazon)等非传统竞争对手大举进军食品杂货业务。

克罗格公司的领导们将为消费者提供"任何时间、任何地点的任何物品"作为公司定位。公司投资了新技术以推出一个直接面向消费者的送货平台,并正在发展送货上门服务。与家庭厨师(Home Chef)的合并加强了克罗格提供便捷、简单和新鲜食品的能力,还增加了自然和有机产品的供应。克罗格扩张了自有品牌,推出了 Pickuliar Picks 品牌,销售"丑陋"的水果和蔬菜,包括畸形或外观不正常的西红柿、青椒和其他产品,如不销售出去这些产品就会被扔掉。这为顾客降低了成本,并帮助克罗格实现了食物零浪费的宏伟目标。[5]

问题引入部分的参考答案

1. 一个公司的战略意图和方向反映了管理者对组织和战略环境的系统分析。

答案:同意。最好的战略来自于对组织优势和劣势以及对环境中机会和威胁的系统分析。严谨的分析加上经验可以帮助高层管理者对特定目标和战略做出决策。

领导者在设定方向时使用的第二种方法是一种被称为情景规划的预测技术。[6] **情景规划**(Scenario planning)包括观察当前的趋势和间断点,并设想未来的可能性。管理者们不能只看历史,思考过去发生了什么,还应该思考未来可能发生什么。对公司造成最大损害的事件是那些根本没有人想到的事件。管理者无法预测未来,但他们可以通过构建一个可以管理未来事件的框架来强化自己应对不确定性的能力。[7] 组织可以被许多事件打乱。英国特许管理学会(Chartered Management Institute)和国际业务持续协会(Business Continuity Institute)的一项调查发现,管理者在面临许多重大事件时都可能需要制定情景规划,包括极端天气、IT 系统的损失、失去关键员工、无法进入办公室或工厂、通信系统瘫痪和供应链中断。[8] 情景就像故事,提供了另一种生动的画面,展示了未来会是什么样子,以及管理者将如何应对。通常,每组因素从最乐观到最悲观都有两到五种情境。长期以来,荷兰皇家壳牌(Royal Dutch Shell)一直在使用情景规划,并为油价持续下跌的

世界做准备。情景规划有助于壳牌转向生产电力燃料的战略，如天然气和可再生能源，并专注于保持低成本。[9]

如图 2-1 所示，下一个步骤就是定义和阐明组织的战略意图，从外部机会与内部优势的匹配中确定企业的总体使命和正式目标，然后领导人形成具体的操作性目标和战略，以确定组织如何达到其总目标。在图 2-1 中，组织设计反映了目标和战略实现的途径，这样做能使组织的精力和资源集中到实现这些使命和目标上来。

组织设计是对战略计划的管理和实施。管理者对组织结构设计的类型做出决策，包括第 1 章讨论的组织设计应该以学习和创新为导向（有机式）还是以效率为导向（机械式）。其他的决策包括信息和控制系统、生产技术类型、人力资源政策、文化以及与其他组织的联系等的选择。有关结构、技术、人力资源政策、文化和组织间关系的变化，我们将在以后的章节中进行讨论。请注意，图 2-1 中有一条从组织设计框图返回至战略意图框图的箭线，这表明战略经常是在组织的现有结构中制定的，所以，当前的组织设计会约束或限制所制定的目标和战略。然而，现实中更经常出现的情况是，新的目标和战略只是根据环境的需要来设定，然后，高层管理者再设法改变组织设计，以便实现预定的目标。

最后，图 2-1 中还列示了管理者如何评价组织努力的效果，也即组织实现其目标的程度。该图反映了绩效衡量的几种最为通用的方法，本章的后面部分将对此进行详细讨论。这里，重要的一点是，绩效衡量结果要反馈到内部环境框架中，这样，高层管理者就能对制定未来新目标和战略所必须考虑的组织过去的绩效做出评估。

宝洁公司为如何将这些方法转变为组织实践提供了一个案例。前任首席执行官雷富礼（A. G. Lafley）希望能够设计一个框架，用以讨论组织的目标和战略指向，为此他使用了 OGSM 工具（目的、目标、战略和评价），如表 2-1 所示。较为宽泛的目标可以转换成一些更为具体的目标，例如"成为北美市场上纸巾/毛巾消费品领域在提升股东总回报方面的领导者，成为宝洁公司的价值创造者"可以被转换成更为具体的目标和策略，比如"提高邦蒂纸巾（Bounty）和魅力牌（Charmin）卫生纸的利润"。[10]此外，表中还列示了相应目标的评价方法，管理者用以评价他们的努力是否成功，以及成功的程度。这就是战略管理的本质：设定目标，制定达成目标的战略，并对战略实施效果进行评价。

高层管理者的作用是非常重要的，因为不同的管理者可能对环境做出不同的解释，从而会制定出不同的目标和战略。几年前，沃尔玛在美国的经营绩效不佳，高管们不得不尝试新的策略。沃尔玛不再坚持严格的经营效率目标和天天低价策略，而是通过改造店面、整理内部摆放、提供有机食品和时尚商品等吸引高端顾客；同时，不再以天天低价为卖点，反而提高大量商品的价格，然后再对部分商品进行降价促销。沃尔玛成功地实现了其吸引高端顾客的目标，但是它的核心顾客却流失了很多，他们转而走向了其他折扣商店和美元连锁店。沃尔玛的销售量急剧下降。沃尔玛美国首席执行官威廉·西蒙（William Simon）说，"我们的品牌延伸有点太过了"。[11]

表 2-1　宝洁公司的战略框架		
目　的	战　略	评　价
通过提供厨房和浴室专用纸产品，提升人们的生活水平。 成为北美市场上纸巾/毛巾消费品领域在提升股东总回报方面的领导者，成为宝洁公司的价值创造者。 **目标** 年营业性股东总回报增长率＞×××％ ×％的增长率和市场份额 ×％的营业总额增长率&营业利润增长率 ×％的厂房设备与库存的投资回报率	**目标领域** ● 在北美市场取得成功 ● 提高邦蒂纸巾和魅力牌卫生纸的利润 ● 在超市和大规模折扣渠道取得成功 ● 提升消费者感知，实现消费者细分市场的价值目标。 **如何成功：** 1. 精益求精 ● 工厂/设备的资本投入占销售收入的×××％ ● 将库存率降低×××％ 2. 赢得顾客青睐 ● 优质的产品，合适的价格 ● 改善产品形式和设计 ● 增加产品类型 3. 赢得零售商青睐 ● 提升货架使用率，提升服务 ● 开发差异化购物解决方案 ● 与零售商共赢市场	● 营业性股东总回报增长率 ● 市场份额和销售增长率 ● 利润增长率 **效率评价：** ● 资本效率 ● 库存周转率 **消费者偏好评价：** ● 购买意向加权值 ● 试用、购买和忠诚 **零售商反馈评价：** ● 关键业务驱动因素（分销、货架陈列长度、推销配额，等等） ● 受零售商偏爱程度

高层管理者对目标、战略及组织设计的选择对组织的绩效影响甚巨。需要记住，目标和战略既不是固定不变的，也不是可以想当然制定的。组织的高层和中层管理者必须为他们的单位选择合适的目标和战略。他们做这些决策的能力在很大程度上决定了公司的成败。另外，组织设计作为实现组织目标和战略的手段，也决定着组织的成败。

本节要点

● 高层管理者对目标、战略及组织设计的选择对组织绩效的影响甚巨。

● 为组织设定方向始于高层领导对外部环境和组织内部情况的观察。领导者在制定方向的过程中可能使用的两种方法是 SWOT 分析和情景规划。

● 然后，领导者定义并阐明组织的战略意图，包括定义总体使命以及实现这些使命的操作性目标和战略。

● 目标和战略会影响组织设计的形式。

2.2　组织目标

所有的组织，包括 Instagram、沃尔玛、宝洁公司、优步、斯坦福大学（Stanford University）、谷歌、哈佛大学、天主教会（the Catholic Church）、美国农业部、地方干洗店以及邻近的熟食店等都是为一定的目的而存在的。这个目的可以表述为使命或总目标。组织的各个部门也设立各自的目标或指标，以使组织的总目标、使命或目的得到落实和实现。

2.2.1　战略意图

组织中存在多种类型的目标，每种目标又有不同的作用。为了取得成功，组织目标和战略常常聚焦在战略意图上。**战略意图**（strategic intent）意味着组织将所有的精力和资源都用在重要的、统一的和备受关注的总体目标上。[12]微软公司（Microsoft）早期的"让每一个家庭的桌子上都有一台电脑"，小松公司（Komatsu）的"包围卡特彼勒（Capterpillar）"，可口可乐公司的"让全世界的人都喝可口可乐"，这些都是组织战略意图的典型例子。[13]战略意图为管理行为提供了焦点，与战略意图相关的三个方面包括：使命、核心竞争力和竞争优势。

使命

组织的总目标通常称为**使命**（mission），它说明组织存在的理由。使命陈述了组织的愿景、共享的价值观和信念，以及组织存在的原因。例如，贝雷特-科勒出版社（Berrett-Koehler Publishers）的长期使命是"把人和思想连接起来，创造一个造福所有人的世界"。组织的使命有时又称为**正式目标**（official goals），因为它是官方对组织力图实现的经营范围和结果的正式说明。正式目标通常限定企业的业务经营活动，它可能侧重强调组织的价值观及其特定的市场和客户等。不论是称为使命还是正式目标，组织有关其经营活动的目的和哲学的一般说明通常都会载入组织的政策手册和年度报告中。图 2-2 所示的是 CVS 健康集团（CVS Health）的使命。CVS 健康集团将它的使命（或者如图 2-2 中表述的目标）归结为"帮助人们提升健康水平"，这一使命描述能够反映该企业的核心价值观。

使命的一项重要作用，是作为沟通的工具。[14]使命向组织目前的以及未来的员工、顾客、投资者、供应商与竞争对手传达这一组织代表什么，又希望实现什么。使命向组织内部与外部的利益相关者传达组织的合法性，而这些人则可能因为认同组织所表述出的目标而加入并忠于这一组织。大多数高层领导都希望员工、顾客、竞争对手、供应商、投资者和地方社区以赞许的眼光看待自己，而合法性这一概念在其中起着关键性的作用。CVS 医药公

我们是
一家医药创新公司
我们的战略
颠覆式创新医药产业
我们的目标
帮助人们提升健康水平
我们的价值观
创新
协作
关爱
诚信
责任

CVS健康集团

图 2-2　CVS 健康集团的使命描述

司（CVS Caremark）将名字改成了 CVS 健康集团（CVS Health），其经营目标将扩大到更广泛的医疗服务领域，公司的使命确立为"为人类未来健康做出必需的创新"。[15]公司宣布将在 2014 年 10 月停止销售香烟和其他烟草类产品，集中精力提供诊所、药店和医药零售等方面的产品和服务。其他提供健康医疗服务的医药类企业也停止销售烟草产品，因为它们也有必要增强企业的合法性。

很多企业的管理者认真履行着企业的使命，比如美力敦公司（Medtronic）践行"重获健康，延长生命"的企业使命，利宝保险公司（Liberty Mutual）践行"让人民的生活更安全、更稳定"的企业使命。一般而言，这些专注于履行使命的企业能够雇用到更好的员工，能够与外部各方保持更好的关系，在市场中的长期表现也比较好。[16]

竞争优势

战略意图的总体目标是帮助组织获得持续竞争优势。**竞争优势**（competitive advantage）是指能将组织区别于其他竞争者，以及能为组织在市场中满足顾客或客户需求提供差异性支持的一种优势。为了适应环境变化，战略必须要随时间改变，优秀的管理者会密切关注那些要求组织在运营中进行变革的趋势。管理者通过分析竞争者和内外部环境来发现潜在的竞争机会（competitive openings），并从中学习到组织为了在行业中超越竞争对手必须获取哪些新的能力。[17]竞争机会可被认为是一种市场空间，企业可以在这个市场空间中找到可满足的领域。本章的新书评介阐述了组织如何从在"红海"（企业费尽心思在拥挤的市场中相互蚕食，市场份额只会越来越小）中竞争，转向"广阔的蓝海"（更多的机遇和更少的竞争）。

核心竞争力

一个公司的**核心竞争力**（core competence）是与它的竞争对手相比做得好的地方。公司的核心竞争力可能是高端研发、专业技术知识、程序效率，或者是卓越的顾客服务。[18]例如，以在线打印和复印为主业的油印品公司（Mimeo）将战略定位于高端客户服务，应用先进技术保证内部工作流程的高效率。油印品公司能够处理同类大企业无法处理的棘手工作。苹果公司（Apple）将战略定位于高端设计和市场营销技术。[19]在每一个案例中，公司的领导人都认识到他们做得好的地方，并围绕着这些优势制定战略。

W.钱·金（W. Chan Kim）、勒妮·莫博涅（Renée Mauborgne）

《蓝海战略 2：蓝海转型》①（*Blue Ocean Shift：Beyond Competing；Proven Steps to Inspire Confidence and Seize New Growth*）

大部分关于战略的书或文章都关注如何超过竞争对手，打败竞争者，在同等成本下赢得竞争。很多企业及其管理者都选择在残酷和血腥的"红海"里与其他众多竞争对手刀光相见。在他们的前一本书《蓝海战略》和新书《蓝海战略 2：蓝海转型》中，W.钱·金和勒妮·莫博涅提出了一种全新的视角来看待竞争：开拓一片竞争稀少的新市场。这是蓝海战略的本质。金和莫博涅的新作《蓝海战略 2：蓝海转型》为管理者们提供了实现这一目标的路线图。

金和莫博涅花费数十年之久研究蓝海战略，对 30 个行业 100 多年发展历史中成功或失败的战略行为进行了分析，本书就是在此基础上撰写而成的。他们指出了成功施行蓝海战略的三个要素。

- 从正确的视角开始。视角的转变意味着认识到管理者可以塑造行业环境，创造或拓展新市场。他们列举了现实生活中一些有代表性的例子，比如 Square 公司专注为小企业和个人独资企业打开信用卡市场，法国家用电器制造商 SEB 集团致力于生产一种不需要油炸的炸薯条机。
- 使用正确的工具集。金和莫博涅提供了一套创造市场的工具，如"三层非顾客群"（Three-Tiers of Non-Customers），帮助管理者识别出尚未光顾企业所在行业的不同层次的人。
- 通过人性化流程创建参与式员工团队。第三个关键因素是确保蓝海转型的过程中要认识到并利用人们的人性，"承认他们的恐惧、他们的不安全感、他们需要得到有尊严的对待、他们渴望有所作为。"

---

①　本书已出版中文译著，本文沿用其对书名的译法。——译者注

使过程人性化

如果没有员工的贡献和支持,新战略将会失败。一个成功的蓝海转型过程需要认识到"双手与心和脑相伴",所以它涉及人,在整个过程中融合了三个人文元素:

- 参与。管理者要积极引导人们参与变革过程。如果人们不参与那些会对自己产生影响的战略决策,那么从红海到蓝海战略的转变可能会因缺乏参与而失败。
- 解释。管理者要让整个组织的人"清楚地了解这个过程背后的想法"。
- 安慰。提供安慰也意味着让人们知道他们应该期待什么,并明确他们在新的蓝海战略中的角色和责任。

Blue Ocean Shift, by W. Chan Kim and Renée Mauborgne, is published by Hachette.

2.2.2 操作性目标

组织的使命和整体目标为组织发展更具体的操作性目标提供了基础。**操作性目标**(operative goals)指明了组织实际经营过程所要达到的结果,它说明组织实际上正在力图实现什么。[20]操作性目标描述的是具体的、可衡量的结果,而且通常是关注较短时期内的结果。操作性目标一般是涉及组织所要完成的主要任务。[21]例如,技术公司的关键任务之一是修复漏洞,但这项工作很乏味,大多数程序员更喜欢设计新功能,而不是修复现有的漏洞。为了激励员工,开发火狐浏览器的 Mozilla 公司高管层给火狐员工设定了两个目标:在 2017 年 2 月到同年 9 月,即下一个火狐浏览器测试版发布期间,解决浏览器上的 40 个高优先级漏洞,同时使 Mozilla 在浏览器基准测试服务中的评分与 Chrome 的差距控制在 20% 以内。目标成功了! 到 8 月底,Mozilla 的程序员已经解决了近 400 个漏洞,距离缩小与竞争对手 Chrome 性能差距的目标又近了一步。[22]

给各项主要活动设定具体的目标,将为各部门的日常决策和行动提供方向指导。如图 2-3 所示,一般的操作性目标包括绩效目标、资源目标、市场目标、员工发展目标、生产目标和创新及变革目标。

总绩效

盈利能力是反映营利性组织的总绩效的一个典型目标,可用净收益、每股股票的收益或者投资回报率等来表示。其他总体目标还包括组织的成长和产出量。成长指的是一段时间内销售额或利润的增长幅度,产出量则是指销售总额或者售出的产品和服务的总量。

政府和非营利性的组织,如劳动工会,当然就没有盈利目标。但是,它们也制定一些规定在何种预算费用水平下为其顾客或成员提供什么样服务

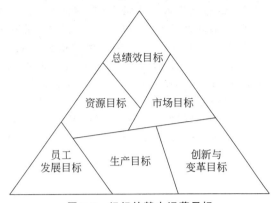

图 2-3　组织的基本运营目标

的具体目标。美国国内税务局（Internal Revenue Service）的一个目标，是要对纳税人提出的关于新税法的问题中的 85% 给出精确答复。成长目标和数量目标也常常作为非营利性组织总体绩效的衡量指标。例如，许多社会服务机构的主要目标就是寻找更多的客户服务群体。

资源

资源目标指的就是从环境中取得所需要的人力、物力和财力资源。这可能涉及为新建的工厂筹措资金，寻找廉价的原材料供应渠道，以及招聘高素质的大学毕业生等。最近，星巴克（Starbucks）与印度的塔塔集团（Tata Group）结成了联盟以获得印度优质的阿拉伯咖啡豆。联盟还帮助星巴克在印度寻找到了更合适的产品销售方式，这对星巴克来说也是一种有价值的资源。[23]沃尔玛在资源方面的一个新目标是：为每一个需要工作的退伍老兵提供工作。前一年退伍的老兵，并且没有被开除军籍的，下一年可在沃尔玛获得一份工作。[24]对非营利性组织而言，资源目标可能会包括雇用专用志愿者，并增加组织的基础资金量。

市场

市场目标是指组织所希望达到的市场份额和市场地位。市场目标是营销、销售和广告等部门的职责。在全球最大的化妆品公司法国欧莱雅（L'Oreal SA），高管们设定了到 2020 年增加 10 亿顾客的目标。女性是化妆品市场的最大消费群体，但是欧莱雅却在开拓巴西女性市场时遇到了问题。因此，欧莱雅达成其市场目标的第一步就是变革营销策略和销售模式，在巴西争取到更多顾客。[25]市场目标同样也适用于非营利性组织。辛辛那提儿童医院医学中心（Cincinnati Childrens Hospital Medical Center）不满足于仅仅扮演一个地方医疗保健中心的角色，通过开发罕见和复杂病症等方面的专业知识以及持续关注质量，它增加了在全国的市场份额。[26]

员工发展

员工发展目标涉及员工的培训、升迁、安全及成长等。这里既包括管理人员，也包括工人。常常名列《财富》杂志"100 家最佳雇主"名单中的公司，都拥有很远大的员工发展目标。此外，研究发现员工发展目标与部门绩效之间存在着相关关系。[27]华尔街的银行一直以鼓励职员长时间工作而著称，但是现在一些银行开始重新审视这种强硬的文化。例如，美银美林集团（Bank of America Merrill Lynch，已更名为美银证券，BofA Securities）在一份内部备忘录中说，年轻的雇员每个月应该有两个周末的休息时间。为了扩大员工开发计划，银行还提出要"确保年轻雇员有机会尝试各种不同的任务类型……员工核心技能开发是工作任务分配过程中需考虑的一个重要因素"。[28]

生产率

生产率目标指的是利用所投入资源而生产出的产品的数量。生产率通常可以表述为取得预期产出而投入的资源量，因此经常用"单位产品成本""员工劳动生产率"或"每个员工平均的资源耗费"等指标来表示。启明娱乐公司（Illumination Entertainment）是热播电影《拯救小兔》（Hop）的生产制作公司，该公司的生产目标是以大公司一半的费用制作动画片。公司 CEO 克里斯托弗·麦雷丹德瑞（Christopher Meledandri）相信，严格的成本控制和成功的动画片并非相互矛盾，但是这个目标也意味着启明娱乐 30 多名员工的工作要高度有效。[29]

创新与变革

创新目标是指组织内部对环境的快速变化做出反应的准备程度及灵活性。创新目标通常从开发某些特定的新服务、新产品及生产过程的角度来确定。卡夫亨氏（Kraft Heinz）一直落后于竞争对手，因为领导层削减了研发资金，降低了对研发的关注度。在巴西私募股权公司 3G 资本（3G Capital）收购亨氏（H.J. Heinz）和卡夫食品（Kraft Foods）之后，高管们把重点放在了削减成本上。目前已经出现了一些积极的结果，但对创新和变革目标的关注不足，限制了公司从加工食品向更新鲜、更简单、更天然产品转变的适应能力。[30]

成功的组织都制定了一套经过认真权衡的具有可操作性的目标。举例来说，当今不少优秀公司认识到，单独强调财务报表底线的利润额可能并不是公司实现高绩效的最好办法。在迅速变化的环境中，创新和变革目标的重要性在不断增强，虽然这些做法可能在早期带来利润的下降。员工发展的目标也是很重要的，它使组织能在面临劳动力市场供应紧张时维持一支具有强烈动机和献身精神的员工队伍。

2.2.3 目标冲突

组织同时执行多项活动，追求多个目标，以共同完成组织整体的使命。但是由谁来决定组织要履行什么使命，追求哪些目标呢？要追求一些目标，就意味着要放弃另一些目标或者把它们放在不重要的位置，这就要求管理者要经常对目标的重要性和优先序进行否定和再决策。[31]员工发展目标经常会和生产目标相冲突，创新目标可能会阻碍利润目标。脸谱网就是活生生的例子，最近对脸谱网公司的运营分析显示，长期以来保护用户隐私和个人数据的目标与增加广告收入的目标一直相冲突。虽然脸谱网公布了一个理想主义的使命——"让世界更开放更互联，将人们紧密连接。"但内部邮件和其他报告揭示了其实际的长期模式，即利用和欺骗用户，挖竞争对手墙脚，胁迫发展伙伴，以及其他残酷或不道德的商业行为，旨在增加公司的利润。脸谱网最大的收购项目 WhatsApp 的创始人离开了公司，因为他们与脸谱网高管在数据隐私和提高广告收入的途径等问题上存在冲突。[32]

脸谱网的例子表明，许多公司将代表不同社会方面的价值体系和行为混合在一起，这些不同的价值体系要求的目标及其优先序也不一样，相互之间存在竞争和冲突。[33]例如社区慈善之类的社会使命往往与赚钱的商业目标相冲突。目标取向上的差异会引发一方对另一方的操纵、回避或蔑视，除非管理者能够平衡相互冲突的需求。当双方的目标和价值观相互排斥时，管理者必须就公司的发展方向进行协商并达成一致。第 7 章将详细讨论针对社会影响的组织设计。

2.2.4　目标的重要性

正式目标和操作性目标对组织来说都很重要，但是它们服务于不同的目的。正式目标和使命描述了组织的价值体系，操作性目标则反映了组织的主要任务。正式目标使组织的存在具有合法性，而操作性目标则为员工提供行动的方向、决策的指导和绩效评价的标准等。

图 2-4　目标类型与作用

操作性目标有以下几项作用，图 2-4 概括了这一内容。首先，目标为员工提供了一种方向感，告诉员工他们正在为什么而工作。这有助于激励员工完成目标。大量研究表明,明确的高目标可以显著提升员工绩效。[34]最近的一项实证研究发现,当员工致力于实现组织目标时,部门绩效显著提高。[35]人们希望自己的行动和努力能够得到关注。詹尼弗·杜尔斯基(Jennifer Dulski)目前是脸谱网的团队和社区负责人,她谈到了在前一家公司工作时是如何激励员工的。她说,"每一季度我们要完成三大目标,我告诉他们,'如果我们三大目标全都完成了,那我们就是三连胜(trifecta*),到时候我们所有人都去看赛马。'我会给每个人发50美元参加赛马投注。我把自己当成一个老师,每一个员工心里面都住着一个小孩子。员工们非常喜欢这种有趣的事情。他们可能不会直白地承认自己非常喜欢这些事情,但他们确实喜欢。"[36]富国银行(Wells Fargo)最近的丑闻提供了一个反面例子,说明目标作为激励工具的作用是多么强大。

应用案例 2-2

富 国 银 行

　　富国银行(Wells Fargo)自从被发现员工开设虚假银行账户,并强迫客户购买非必需的产品以来,就陷入了一系列的丑闻中。甚至在管理人员开始解雇已知的违规者后,丑闻依然在继续。那些员工为什么要这么做?曾经任职的雇员们表示,答案很简单:人们违反规则,从事不道德的行为,是为了达到高层管理者所设定的高销售目标。富国银行曾经的个人业务销售员哈立德·塔哈(Khalid Taha)表示:"高管们(在伦理道德研讨会上)警告过我们,他们说'你们有这种行为时必须进行汇报',但现实是我们必须完成个人的业务目标。"

　　另一名曾经的富国银行雇员谢里夫·凯洛格(Sharif Kellogg)说,他的分行经理每天都问员工卖出了多少理财产品(比如支票和储蓄账户、信用卡、房屋净值贷款、个人贷款等等),"他们希望一天的业绩能达到三到四个。在我看来,这太疯狂了——人们的金融生活不是这样运作的。"区域经理们聚集在一起,每天四次收集和讨论每个分公司和每个销售人员的日常销售情况。这些激进的目标迫使一些员工违反规定,他们请朋友或当地企业家开立更多的账户,并承诺之后再将账户注销。还有一些人则开立了虚假账户。美国消费者金融保护局(U.S. Consumer Financial Protection Bureau)披露,共有5 000多名基层雇员参与了非法活动。当时高管们表示,虚假账户是那些不道德的员工错误决策的结果,但凯洛格代表其他员工说:"(高管们)有意地忽视了这样一个事实,要达到这些销售目标,不通过非法途径又有什么方式呢?"[37]

　　正如这个案例所示,目标的另一个重要作用是作为员工行为和决策的指南。合适的目标是对个体行为的一种约束,保证员工在组织和社会容许的范围内活动。[38]

---

　　* 赛马场的一种说法,赌马时押中某一场前三名的赛马,并且排名序完全一致,称之为三连胜。——译者注

如图 2-4 所示,目标也有助于判断关于组织结构、创新、员工福利或成功方面的决策是否合适。最后,目标还提供了绩效评价的标准。组织的绩效水平,不论是以利润、产量、员工满意度、创新水平还是顾客投诉的数量来衡量,都需要一个评价的基准。操作性目标就提供了这样的衡量标准。

本节要点

- 组织都是为一定的目的而存在的。高层管理者确定组织要达成的特定的使命或任务。使命说明或正式目标使组织的目的和方向明朗化。
- 与战略意图相关的另外两个因素是竞争优势和核心竞争力。
- 竞争优势是指能将组织区别于其他竞争者,以及能为组织提供独特利益的一种优势。
- 核心竞争力是指组织能够比竞争对手做得好的能力。
- 操作性目标指的是在组织实际运营中的特定目标。操作性目标包括绩效目标、资源目标、市场目标、员工发展目标、生产力目标以及创新和变革目标。
- 目标冲突在组织中是不可避免的,管理者们有时不得不通过谈判来达成重要目标的一致性。
- 正式目标和操作性目标是组织中的关键要素,因为这些能满足建立组织面对外部群体的合法性以及为内部员工设定绩效标准等的需要。

2.3 两个选择战略与设计的框架

为支持和完成组织使命和操作性目标的指向,管理者选择特定的组织战略与设计,帮助组织在竞争环境中实现其目标。这一部分就将介绍几种选择战略与设计的方法。这一章的问卷调查"你适合哪种组织设计"能够帮助你认识自己的战略管理能力。

这里的**战略**(strategy)是指组织在与竞争性环境相互作用中实现预定目标的计划。一些管理者认为,目标和战略是可以相互转化的,但是在我们看来,目标是确定组织所要到达的目的地,而战略则确定组织如何到达那里。例如,一个公司可能制定年销售增长率达到 15% 的目标,而达到该目标的战略可能包括加强广告宣传以吸引新的顾客,激励销售人员使顾客提高其平均购买量,以及收购生产类似产品的其他企业,等等。战略可以包括有助于达到目标的任何手段。制定战略的实质是组织能够在开展与竞争对手不同的活动和开展与竞争对手相同的活动但比竞争对手做得更有效二者之间做出选择。[39]

你的战略和表现力

作为一名未来的管理者,在战略制定和实施方面你有何强项? 想一想你如何应对挑战以及如何解决在你学习或工作中遇到的问题,然后根据你的行为表现在下面的问题中选择 a 或 b,这些问题的答案没有正确或错误之分。请选择最能描述你如何应对工作情境的选项。

1. 在我做记录的时候

a. 非常小心地处理文件。

b. 处理文件时比较杂乱。

2. 如果我主持了一个小组或项目

a. 提出总体想法,让其他人决定如何做具体工作。

b. 制定出每一项具体目标、时间限制和预期结果。

3. 我的思维方式可以被描述为

a. 线性思考者,从 A 到 B 到 C。

b. 像蚂蚱一样地思考,从一个想法跳跃到另一个想法。

4. 我办公室或者我家里的东西

a. 这里那里遍地都是。

b. 整齐地摆放起来,至少是有条有理的。

5. 我在_____ 时感到自豪。

a. 找到了一个跨越障碍的解决方法

b. 找到了引发问题原因的新设想

6. 在确保_____ 时,我能最好地促进战略的实施。

a. 有很多设想

b. 能够彻底地实施新想法

7. 我的一个强项是_____ 。

a. 能够把事情做好

b. 喜欢计划未来

8. 当我强调_____ 时,我是最有效率的。

a. 提出原始的解决方法

b. 做出切实的改进

计分:为了测算战略制定能力,偶数题号的题目,选择 a 得 1 分,奇数题号的题目,选择 b 得 1 分。为了测算战略实施能力,偶数题号的题目,选择 b 得 1 分,奇数题号的题目,选择 a 得 1 分。你的两组分数哪个更高,分别是多少? 较高分数的一组代表你的战略能力。

解析:战略制定和实施是管理者为战略管理和效果创造价值的两种重要途径。有较强战略实施能力的管理者适合制定操作性的目标,做事更有效率,也更可信。有较强战略制定能力的管理者适合做黑箱之外的战略,思考组织的使命、愿景和重要突破。两种风格的能力对战略管理和组织效果都非常重要。战略制定者经常利用他们的技能设计全新的战略和方法,战略实施者需要进行战略提升、执行和测评。

如果你的两组分数之差是 2 分或更少,说明你有比较平衡的战略制定和实施能力,在这两个方面你都可以有很好的表现。如果分数差为 4 分或 5 分,说明你的能力出现了中度的偏向,你可以在你擅长的方面做到最好。如果分数差为 7 分或 8 分,说明你有显著的某一方面的能力,你应选择在你擅长的领域工作,而不是相反的领域。

资料来源:Adapted from Dorothy Marcic and Joe Seltzer,*Organizational Behavior*:*Experiences and Cases*(South-Western,1998),284-287,and William Miller,*Innovation Styles*(Global Creativity Corporation,1997).

制定战略的两个模型,一个是波特的竞争战略模型,另一个是迈尔斯和斯诺的战略分类模型。他们为确定竞争行动提供了分析框架。在介绍了这两个模型以后,我们将讨论战略的选择如何影响组织设计。

2.3.1　波特的竞争战略

迈克尔·波特(Michael E. Porter)研究了大量商业组织,他认为管理者可以通过采取差异化战略或者成本领先战略帮助组织获得更多利润,增强竞争力。[40] 采用成本领先战略意味着管理者选择通过比较低的成本参与竞争,而差异化战略意味着组织通过向顾客提供优质的、差异化的产品或服务参与竞争,通常这些差异化的产品或者服务都有一个比较高的价格。图 2-5 比较了这两种战略。另外,每一种战略都可以在一个从宽到窄的范围内变动。

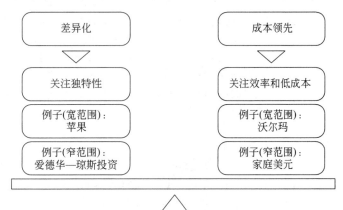

图 2-5　波特的竞争战略

资料来源:Based on Michael E. Porter,*Competitive Advantage*:*Creating and Sustaining Superior Performance*(New York:The Free Press,1988).

差异化战略

在**差异化战略**(differentiation strategy)中,组织试图使其产品或服务与同行业中其他组织的产品或服务相区别。组织可能利用广告宣传、产品的特色、附加的服务或者新的技术等，使它的产品在顾客看来具有独特性。这种战略一般是面向那些不十分关心价格的顾客，因此可以获得相当高的利润。

差异化战略由于使顾客忠诚于公司的品牌，从而能降低行业内对手的竞争，并抵御替代品的威胁。然而，公司也需要记住，成功的差异化战略要求开展一些花费高昂的活动，如产品研究和设计、高强度的广告宣传等。追求差异化战略的公司需要有较强的营销能力，还要求有创造力的员工花费时间和资源去寻求创新。可以用来说明差异化战略能够获利的一个例子是苹果公司。苹果公司从不在价格上与对手竞争，它被看作是一个精英品牌。比如，因其与众不同的特点，苹果的个人电脑可以定一个比其他电脑高很多的价格。通过提供创新的个性化产品和树立自己的高端形象，苹果公司已经培养了一大批忠诚顾客。

服务型公司也可以采取差异化战略。乔氏超市（Trader Joe's）成立于1967年，是一家非常典型的便利店，在创始人乔·库尔姆（Joe Coulombe）的不断改进下得以迅速成长，为顾客提供独特的食品和饮料，并且很快在美国加利福尼亚州南部开设了17家分店。如今，乔氏超市在美国拥有480多家分店，店面遍及全国各地，人们迫切地希望乔氏超市能够继续开设更多分店。但是，乔氏超市的管理者却对扩张异常谨慎。乔氏超市内不出售任何品牌产品，旨在以合理的价格提供新颖且有益健康的高质量饮食产品。超市内80%的商品贴的都是乔氏的自有商标，顾客们不知道是谁为他们生产商品。传统的大型超市内商品种类繁多，售卖的商品可达40 000多种，与此相比，乔氏超市虽然仅仅出售大约2 500种商品，但是商品的种类却总是在不停地变化。而恰恰是其不断变化的商品种类以及类似于拐角处的小型超市所特有的热情周到的服务，带给顾客一种新奇、冒险的感觉——你永远不知道你会在乔氏超市找到什么，这一点使得顾客们非常乐意频频光顾超市。经理们在做决策时，十分关注乔氏超市能否给顾客带来社区食品杂货店的感觉。[41]

成本领先战略

成本领先战略（low-cost leadership strategy），亦称低成本战略，就是试图通过依靠比竞争对手更低的成本来增加市场份额。采取成本领先战略的组织，竭力通过高效的设施、低廉的成本以及严密控制的方法，使产品的生产效率高于竞争对手。低成本并不意味着低价格，但是在很多情况下，低成本领导者会以较低的价格向消费者提供产品和服务。例如，爱尔兰的瑞安航空公司（Ryanair）CEO迈克尔·奥利里（Michael O'Leary）在谈及其公司战略时这样说："这是最古老也最简单的规则：大量供应，廉价出售……没人能在价格上击败我们，永远不能。"瑞安航空公司的票价之所以如此之低，是因为公司将成本压在最低线上，低于欧洲的所有竞争对手。公司的宗旨是：提供低廉的票价，而非卓越的服务。[42]

成本领先战略主要关注的是稳定性，而不是冒险或寻求创新和成长的新机会。成本低的优势使公司能够以低于竞争对手的价格提供具有相当质量的产品,从中获得可观的利润。像瑞安和沃尔玛这样的成本领先公司可以削弱竞争对手的价格优势,同时还能获得可观的利润。另外,如果有替代品或潜在的新竞争者加入竞争行列中,低成本的生产商也有较强的实力去抵御市场份额的丢失。

波特发现,与主动采取了某种战略(低成本战略或者差异化战略)的企业相比,那些没有自觉采取某种战略的公司,其利润往往低于平均水平。许多网络公司由于没能发展出使自己在市场上与众不同的竞争战略而失败。[43] 相反,谷歌公司采取区别于其他搜索引擎的差异化战略并取得了成功。

问题引入部分的参考答案

2. 最好的商业战略是提供尽可能差异化的产品和服务,以在市场中获得利润。

答案:不同意。差异化是一种有效的战略途径,可以使企业的产品或服务不同于市场中的其他竞争对手。低成本领先战略可能会和差异化有同样的效果,甚至更好,这取决于企业的实力,以及行业竞争的特性。

竞争范围可宽可窄

不管采取何种战略,组织的竞争行为都可以设定在一个或宽或窄的竞争范围内。也就是说,组织可以选择在多个市场和细分顾客群体中参与竞争,也可以只关注某一个竞争市场或购买群体。比如,沃尔玛(Walmart)采用的是成本领先战略,涉及的竞争范围比较宽,细分市场比较多。窄范围成本领先战略的一个例子是忠实航空公司(Allegiant Air)。

应用案例 2-3

忠实航空公司

忠实航空公司前任董事长安德鲁·利维(Andrew Levy)曾经说:"我们为全国小城镇居民提供航空服务,希望成为乘客家乡的航空公司。"忠实航空仅有 85 架飞机,提供从缺少航空服务的小城市如北达科他州的米诺特(Minot,North Dakota)和纽约州的普拉茨堡(Plattsburg,New York),到气候温和的旅游胜地如奥兰多(Orlando)、拉斯维加斯(Las Vegas)和火奴鲁鲁(Honolulu)之间的航空运输服务。尽管忠实航空公司的飞行范围已经扩展到大城市和其他目的地,甚至宣布从 2019 年 5 月开始有飞往阿拉斯加安克雷奇(Anchorage,Alaska)的航班,但服务小型的区域性的机场仍是其业务重点。

忠实航空专注于低成本领先战略,使其成为业内最赚钱的航空公司之一。管理者们相信"抓住了利基市场,就抓住了盈利机会"。举例来说,当其他航空公司纷纷离开铁锈地带(指曾经工业繁盛而今却已衰落的一些地区)的时候,忠实航空反而进入。忠实航空还说服加拿大的国际航班从美国小的机场起降飞机。现在,忠实航空又将视线瞄准了墨西哥市场,意图为萨卡特卡斯(Zacatecas)或者库利亚坎(Culiacan)等地的墨西哥中产阶级提供到美国拉斯维加斯等旅游胜地的航空运输服务。

忠实航空极端追求低成本目标。公司营销主要依靠口碑宣传，而不是付钱给旅行社让他们代为宣传。忠实航空不提供不必要的服务，但是其他所有服务几乎都收费，从行李托运到一瓶水。管理者也自称"有钱赚的时候我们才飞"。"星期二的时候，我们看上去像一个即将破产的公司"，公司前任首席执行官说，"但是谁会在星期二开始他们的旅行呢？"[44]

窄范围差异化战略的一个案例是位于圣路易斯的一个经纪商社——爱德华·琼斯公司（Edward Jones），它在美国农村和小城镇开拓业务，为投资者提供稳健的长期投资服务，并取得了成功。管理学者、咨询顾问彼得·德鲁克（Peter Drucker）评价道，爱德华·琼斯以"安全第一"为战略导向，为客户提供了"华尔街都无法提供的客户感知：气定神安"。[45]

2.3.2　迈尔斯和斯诺的战略分类

雷蒙德·迈尔斯（Raymond Miles）和查尔斯·斯诺（Charles Snow）在企业战略研究中对战略做了另一角度的分类。[46]他们的分类模型是建立在这样的认识基础上，即管理者都试图制定出与外部环境相匹配的企业战略。组织要设法保持内部组织特征、战略与外部环境的适应。组织可采用的四种战略是：探索型战略、防御型战略、分析型战略和反应型战略。

探索型战略

探索型（prospector）战略着眼于创新、冒险、寻求新的机会以及成长。该战略适合于动态、成长中的环境，在这种环境中，使组织区别于竞争对手的创造力比效率更加重要。产品和内部流程都实现了创新的耐克公司是实施探索型战略的例子。例如，耐克（Nike）引进了一款新的运动鞋生产线，这款运动鞋由可循环材料和有限的有毒化学品胶水制作而成。[47]优步和脸谱网也采用了探索型战略。

另一家采用探索型战略的公司是通用汽车（General Motors）旗下的凯迪拉克（Cadillac）。凯迪拉克自一个多世纪前成立以来，一直是技术和设计突破领域的领导者。在20世纪初，凯迪拉克给H型车安装了一个固定的车顶，成为第一家制造全封闭式汽车的公司。公司还发明了电动起动机，引进了行业内第一个恒温调节供暖、通风和空调系统，发明了磁浮控制，并率先集成了全球卫星定位系统（GPS）。虽然凯迪拉克不再是曾经的强势领导者，但管理者们继续鼓励人们追求任何可以提高品牌地位的技术或改进。"创新不只是我们所做的一项事业，创新是我们的基因，"凯迪拉克网站上写道。[48]

防御型战略

防御型（defender）战略几乎与探索型战略相反。防御型战略的采用者更关注稳定甚至收缩，而不是冒风险和寻求新的机会。它力求保持现有的顾客，而不寻求创新或成长。防御者主要关心内部的效率和控制，以便为稳定的顾客群提供可靠的、高质量的产品。处于衰退的行业或稳定的环境中的组织，采用防御型战略能取得成功。派拉蒙电影公司（Paramount Pictures）就曾经采用过几年的防御型战略。[49] 当时，派拉蒙公司并没有遭受到致命打击，但却有许多问题不断涌现。公司管理者开始尽量避免风险，有时甚至拒绝一些可能走红的电影以保证成本。这些举措使派拉蒙公司得以保持很高的利润率，而其他电影公司的回报率则很低（实际上甚至是赔本的）。

分析型战略

　　分析型（analyzer）战略的采用者试图维持一个稳定的企业，同时在周边领域创新。这种战略介于探索型战略与防御型战略之间。企业中有些产品面向的是一种稳定的环境，因而对之采取追求效率的战略，以便保持住现有的顾客。其他产品则处于新的、更为动态，但具有成长性的环境中。因此，分析型战略采用者就试图在现有产品线的高效率生产和新产品线的创造性开发之间取得平衡。亚马逊公司（Amazon.com）是一个采取分析型战略的例子。亚马逊现行战略是保护其核心业务——通过互联网销售图书和其他物品，同时在其他领域开展业务，包括数字图书服务、新书出版、音乐和视频流媒体、游戏和电子消费产品。亚马逊与实体店合作以开拓其有限的实体业务，这也是其分析型战略的一部分。[50]

反应型战略

　　反应型（reactor）战略实际上并不能称作战略，因为反应者只是以一种随机的方式对环境的威胁和机会做出被动的反应。采取这一战略时，高层管理者既没有制订长期的计划，也不明确指出组织的使命和目标，因而组织所采取的行动都似乎是为了满足眼前的需要。虽然采取反应型战略的企业有时也能成功，但更经常的情况是，它导致了企业的失败。许多曾经辉煌的大公司如百视达（Blockbuster），几乎都消失了，就是因为管理者没有采取与市场消费变化趋势相一致的战略，从而挣扎于困境中。2019 年 3 月，这家曾经遍布各地的 DVD 与游戏租赁连锁公司只剩下一家 DVD 租赁店。百视达的组织残留部分现在归美国卫星电视运营商迪什网络公司（Dish Network）所有。

　　迈尔斯和斯诺的战略分类应用很广，研究者们也已经在许多不同类型的组织（如医院、大学、银行、制造企业和保险公司）中检验了它的效度。他们发现，对现实中的组织管理者而言，迈尔斯和斯诺的战略分类非常有效。[51]

　　管理者设计并保持一种清晰竞争战略的能力是企业获得成功的重要因素。但是，现代很多管理者无法担负起正确制定战略的责任。本章的新书评介介绍了管理者如何区分好战略与坏战略，从而为自己的企业制定有价值的战略。

 ### 2.3.3　战略如何影响组织设计

　　战略的选择会影响组织的内部特征。组织设计必须支持企业的竞争战略。比如,力求成长和开发新产品的公司,看起来或者"感觉"起来就与旨在维持早就投放市场的产品在一个稳定行业中的市场份额的这类企业不同。表 2-2 概括了与波特及迈尔斯和斯诺的战略相适应的组织设计特征。

表 2-2 与战略相适应的组织设计	
波特的竞争战略	**迈尔斯和斯诺的战略分类**
差异化战略 ● 学习导向;灵活、宽松的行为、强有力的横向协调 ● 强大的研究开发能力 ● 密切联系顾客的价值观和行动机制 ● 鼓励员工发挥创造性、冒险和创新 **成本领先战略** ● 效率导向;较强的集权、严格的成本控制、频繁详细的控制报告 ● 标准化操作程序 ● 高效率的采购和分销系统 ● 严密的监督;常规任务、很少向员工授权	**探索型战略** ● 学习导向;灵活、机动、分权的结构 ● 强大的研究开发能力 **防御型战略** ● 效率导向;集权和严格的成本控制 ● 强调生产效率和降低管理费用 ● 严密的监督;很少向员工授权 **分析型战略** ● 效率和学习相平衡;在进行严格的成本控制的同时保持灵活性和适应性 ● 产品的高效率生产;同时强调创造性研究及冒风险的创新行为 **反应型战略** ● 没有明确的组织形式;根据现实情况的变化,组织设计特征会发生急剧的改变

资料来源:Based on Michael E. Porter, *Competitive Strategy : Techniques for Analyzing Industries and Competitors* (New York:The Free Press,1980); Michael Treacy and Fred Wiersema, "How Market Leaders Keep Their Edge," *Fortune* (February 6,1995),88-98; Michael Hitt, R. Duane Ireland, and Robert E. Hoskisson, *Strategic Management* (St. Paul, Minn.:West,1995), 100-113; and Raymond E. Miles, Charies C. Snow, Alan D. Meyer, and Henry J. Coleman, Jr., "Organizational Strategy, Structure, and Process," *Academy of Management Review* 3(1978), 546-562.

采用成本领先战略的管理者是从提高效率的角度设计组织,而差异化战略则要求考虑学习能力。回顾第 1 章,从效率角度进行的机械式组织设计,与从学习角度进行的有机式组织设计有截然不同的特征。成本领先战略是与高强度的集权、严密的控制、标准化的操作程序以及高效率的采购和分销系统相联系的。员工通常是在紧密的监督和控制下执行常规的任务,不能自主做决策或采取行动。与之相反,差异化战略要求员工不断尝试和学习,因而采取一种灵活而有弹性的结构,强化横向之间的协调。员工得到充分的授权,直接与顾客一道工作,并会因其创造力和敢于冒风险而受到奖励。这类组织对研究、创造性和创新性的重视超过了对效率和标准程序的关注。

探索型战略对组织特征的要求类似差异化战略。防御型战略则与成本领先战略类似,都采取以效率为中心的组织设计。分析型战略的采用者,一方面要在稳定的产品线经营中求得效率,另一方面又要在新产品领域保持灵活性和学习能力,为取得这种平衡,就往往表现为一种混合式组织特征,如表 2-2 所示。而在反应型战略之下，管理者既没有给组织指明方向，也没有一种明确的组织设计思路。

2.3.4　影响组织设计的其他因素

战略是影响组织设计的一个重要因素。然而，最终的组织设计是多个权变因素共同作用的结果。这些权变因素将在本书中逐一讨论。组织是重视效率和控制（机械式）还是重视学习和灵活性（有机式），决定于战略、环境、规模与生命周期、技术以及组织文化等多方面的因素。组织设计必须适应这些权变因素，如图 2-6 所示。

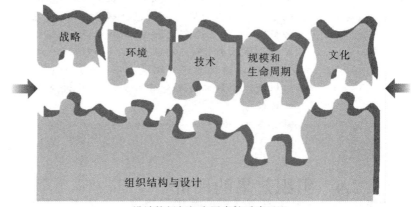

设计特征与权变因素的适当匹配

图 2-6　影响组织设计的权变因素

具体来说，处于稳定环境中的组织可以采用传统的结构形式，即注重纵向控制、效率、专业化、标准程序和集中决策。但处于迅速变化环境中的组织可能更需要一种弹性的结构，通过团队及其他机制取得强有力的横向协调。有关环境的讨论详见本书第 4 章和第 5 章。就规模和生命周期而言，年轻、小规模的组织通常是非正规的，很少有劳动分工和规章条例，预算和绩效评价系统也常是随机性的。对比之下，像可口可乐（Coca-Cola）、三星（Samsung）和通用电气（General Electric）这样的大型组织，就具有高强度的劳动分工和很多的规章条例，设立了预算、控制、奖惩和创新方面的标准程序和系统。规模和生命周期阶段将在第 9 章中讨论。

组织设计还必须与组织工作流程技术保持一致。如果组织采用的是大批量生产技术，如传统的汽车装配生产线，那么，正规化、专业化、决策权高度集中并实行严密控制的以效率为中心的组织，就会取得良好的效果。而像电子商务这样的企业，则需要具有非正规化和富有弹性的特征。技术对组织设计的影响将在第 8 章和第 9 章中详细讨论。另一个影响组织设计的权变因素是公司文化。例如，在注重团队工作、合作、创造性以及所有员工和管理者之间的开放式沟通的组织文化氛围下，那种采取刻板、纵向的结构和严厉的规章条例的组织，肯定难以取得好的效果。文化对组织设计的影响将在第 11 章详细讨论。

管理者的一大责任,就是要使组织设计同战略、环境、规模与生命周期、技术以及文化等权变因素相匹配。保持这些因素之间的恰当的匹配,会使组织取得良好的效果,否则会导致组织衰退甚至灭亡。

本节要点

- 战略可以包括有助于达到目标的任何手段。制定战略的两个模型,一个是波特的竞争战略模型,另一个是迈尔斯和斯诺的战略分类模型。
- 采用成本领先战略意味着管理者选择通过比较低的成本参与竞争,而差异化战略意味着组织通过向顾客提供优质的、差异化的产品或服务参与竞争,通常这些差异化的产品或者服务都有一个比较高的价格。
- 迈尔斯和斯诺的战略分类包括探索型战略,它与创新和成长有关;防御型战略,注重稳定性;分析型战略,注重维持业务的稳定性,同时在周边领域创新;反应型战略,即管理人员没有制订长期计划的情况下,组织以随机方式对环境变化作出反应。
- 组织设计应该与公司竞争方式和各种权变因素相匹配,以提高组织的效果。

2.4　组织效果的评价

了解组织的目标和战略以及掌握组织设计与各权变因素相匹配的原理,这些只是理解组织效果的第一步。组织目标反映组织存在的原因,以及组织力求达到的结果。本章以下几部分将探讨有关组织效果的内容以及如何衡量组织效果。

2.4.1　组织效果的定义

根据第 1 章的内容,组织的效果就是指组织实现其目标的程度。效果(effectiveness)是一个广义的概念,它实际上将组织层次和部门层次的一系列因素都考虑在内。效果可用来评价组织多方面目标实现的程度,无论是正式目标还是操作性目标。效率(efficiency)是一个较狭义的概念,仅与组织内部的工作有关。组织的效率是指生产单位产出所耗用的资源量。[52] 它可以用投入产出率来衡量。如果一个组织能用比其他组织更少的资源生产出同样的产品,那么,这个组织就更有效率。[53]

有些情况下,效率会带来好的效果。然而,在许多情况下,效率和效果并不是相关的。一个组织可能具有很高的效率,但却不能够实现目标,因为它所生产的产品可能根本就没有销路。同样,一个组织可能实现了其利润目标,但效率却可能是低下的。一些提高效率的努力可能反而会使组织变得更加无效,特别是通过削减成本等途径。回想一下之前提到的卡夫亨氏(Kraft Heinz)的例子,公司重新关注削减成本和提高效率的目标,损害了其创新和适应能力。另一个例子是,一个地区性的快餐连锁店想通过接到点餐菜单再做菜的方式减少食物浪费,以此降低成本,但这种方式同时也导致了服务的滞后、顾客的不满和营业额的降低。[54]

组织的总体效果很难全面衡量。组织通常是巨大、多样而分散的,它们同时从事多种活动,追求多重目标,并产生多个结果,其中有些结果是计划设想到的,另一些则是未曾预设的。[55]管理者要决定以什么指标来作为衡量组织效果的标尺。

2.4.2　谁来决定

对组织负责的关键性人物,比如高层管理者或者董事会成员,需要对组织效果达成一致共识。这些人决定组织的目标是什么,这些人也决定着组织能否成功。组织效果是一种**社会建构**(social construct),它被个人或群体所创造和定义,无法独立地存在于外部世界中。[56]

员工认为组织效果在于能够按时发放薪酬,兑现奖励承诺。顾客认为组织效果在于能够提供优质低价的商品。CEO认为组织效果在于能够盈利。组织效果往往是多维的,因此对效果的评价也是多维的。商业组织的管理者一般都会将利润和股票绩效作为评价组织效果的指标,但是他们通常也会考虑到其他因素,比如员工满意度、顾客忠诚度、企业公民、创新性或者行业声誉。[57]

如图 2-7 所示,作为开放系统,组织是从环境中取得资源投入,然后将这些资源转换为产出,再输出到环境中去。前面第 1 章中提到,组织在内部和外部有很多利益相关者。这四种评价组织效果的方法关注组织不同的部分,评价指标涉及了产出、投入、内部活动,以及关键利益相关者,也就是战略性利益主体。[58]这四种可行的评价组织效果的方法是:

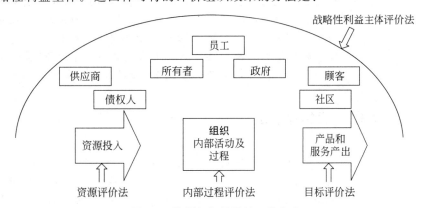

图 2-7　衡量组织效果的四种方法

- 目标评价法
- 资源评价法
- 内部过程评价法
- 战略性利益主体评价法

管理者经常采用四种方法(目标评价法、资源评价法、内部过程评价法、战略性利益主体评价法)中的多个指标对组织效果进行评价。表 2-3 列举了大型跨国企业的管理者经常用来评价组织效果的 15 个指标。本章后面部分要讲到评价组织效果的四种方法,请大家看看这 15 个指标分别对应于哪一种评价方法。[59]

表 2-3 跨国企业评价组织效果的常用指标
1. 如期完成;按时交货
2. 及时获得资源和设备
3. 产品或服务的质量
4. 顾客满意/抱怨
5. 相对于竞争对手的市场份额
6. 员工培训和发展(小时数)
7. 开支控制在预算之内
8. 股东满意
9. 成本节约
10. 供应链延迟或改善
11. 生产率;每单位产出的成本
12. 员工敬业度
13. 完成销售目标
14. 产品开发周期(缩短周期时间)
15. 完成工作的时间(小时数或天数)

从表 2-3 中可知,效果指标既有定量的也有定性的,既有清晰的也有模糊的。例如,达成一定的销售目标或者市场份额是很容易量化的,但是像员工敬业度、质量、顾客满意度这样的指标就不够清晰,需要定性评价。[60]但是,仅仅依靠量化指标无法全面测量组织效果,甚至会扭曲组织效果。据说在爱因斯坦的办公室有这样一条标语:不是每一件重要的事情都算得清楚,也不是每一件算得清楚的事情都是重要的。[61]

2.4.3　目标评价法

效果的**目标评价法**(goal approach)包括识别组织的产出目标以及测评组织在何种程度上实现了这些目标。[62]这是一种符合逻辑的评价方法,因为组织总是努力达到一定的产量、利润和顾客满意水平。例如,优步的一个重要目标是重新获得在伦敦的运营许可,伦敦是优步在美国以外最具盈利性的市场之一。在新任首席执行官达拉·科斯罗萨希(Dara Khosrowshahi)

的领导下,优步正在弱化其"以增长换成本"的文化,现在的目标之一是向政府证明自己能够遵守当地的法规。优步的管理者们同意接受更严格的政府监管,包括向监管部门报告新系统中存在的问题,之后延长伦敦经营许可的请求获得了批准。[63] 目标评价法就是衡量这些目标的实现情况。

指标

操作性目标是这种效果评价法所考虑的主要衡量指标,因为正式目标(使命)比较抽象,难以测量。操作性目标能够真实反映组织的绩效活动。[64]

目标评价法的指标主要包括:

- 盈利能力——公司在花费了一定成本之后希望从商业运营中得到的正面收益。
- 市场份额——相对于竞争对手来说公司能够占有的市场比率。
- 成长能力——组织随时间而扩大规模、增加利润和扩大顾客群的能力。
- 社会责任——组织服务于社会利益以及它本身的程度。
- 产品质量——组织提高产品或服务质量的能力。

应用

目标评价法能够被组织所采用主要是因为产出目标是可以被准确测量的。然而,一些致力于解决社会问题的非营利机构也可以采用目标评价法。例如,妇幼援助协会(Every Child Succeeds)是一家主要通过联合之路(United Way)筹集资金的公私部门联合运作的组织,该组织的目标是降低俄亥俄州(Ohio)辛辛那提市(Cincinnati)及周边地区的婴儿死亡率,改善该区域产妇的保健条件。在辛辛那提市周围的七个县中(包括俄亥俄州的县和肯塔基的县),每 1 000 个新生儿中就有 8.3 人在长到一周岁前死亡,其死亡率与立陶宛(Lithuania)和文莱(Brunei)等国家一样高。然而,在那些加入妇幼援助协会的母亲中,这项统计数据仅为 2.8‰,这比几乎所有的工业化国家都要低。社会工作者和护士上门拜访高危产妇,帮助她们戒烟、控制糖尿病或高血压以及采取其他提升健康的方法。与许多社会改进方案不一样,妇幼援助协会在七个定点地区设定了一些狭窄且具体的目标。[65]

与妇幼援助协会等非营利机构一样,商业组织确定操作性目标并对组织效果进行评价也不是容易的事情。在此过程中,组织要解决好两个问题:一个是多目标的问题;另一个是子目标的指标问题。因为有时候组织的一些目标之间是相互冲突的,所以效果评价不能采用单一目标。一个目标的高水平实现可能意味着另一个目标的低水平实现。除此之外,还存在着部门目标和整体目标。因此,对组织效果的全面评价需要同时考虑不同的目标。

另外一个需要解决的问题是,如何确定操作性目标以及如何测量目标的实现程度。对于商业组织来说,有些目标的衡量会有一些常用的客观指标,比如利润或增长率。妇幼援助协会也用了一些客观指标,比如有多少婴儿接受了免疫疫苗,有多少孕妇在怀孕期间停止了吸烟。然而,其他目标可能需要主观评价,比如员工福利、社会责任、客户满意度等。高层管理者和管理团队中的其他关键人物必须清楚地确定哪些目标是组织需要评估的。当定量指标不可用的时候,组织需要采用主观指标对目标实现情况进行评价。要准确评价这些目标的实现程度,管理者需要从顾客、竞争对手、供应商、员工以及组织自身等各个方面搜集信息。

2.4.4 资源评价法

资源评价法(resource-based approach)关注如图 2-7 所示的转换过程的投入端。它假定组织必须成功地获得并管理有价值的资源,这样组织才是有效的。[66]在资源评价法下,组织的效果定义是组织获得稀缺而又宝贵的资源并成功地加以整合和管理的绝对或相对的能力。[67]

指标

能够成功获得并管理资源是评价组织效果的重要标准。广义地讲,资源评价法所用的效果衡量指标包括以下几方面:[68]

- 讨价还价能力,指组织从环境中获取稀缺而又宝贵的资源的能力。这些资源包括金融资源、物质资源、人力资源、知识和技术等。
- 组织决策者认知并准确理解外部环境真实特征的能力。
- 管理者确保组织在日常活动中利用有形和无形的资源(前者如供应品、人员;后者如知识、公司文化)取得杰出成绩的能力。
- 组织对环境变化做出反应的能力。

应用

在其他绩效评价指标难以获取时,组织可以采用资源评价法。比如,在一些非营利性机构和公益性组织中,评估组织的产出目标或者内部效率比较困难,这种情况下就可以采用资源评价法。圣地兄弟会儿童医院(Shriners Hospital for Children,SHC)的例子可以说明这一点。22 家圣地兄弟会儿童医院为孩子们提供外科矫形、烧伤、脊椎损伤、裂唇等疾病的免费治疗。起初,医院取得了极大的成功,得到了其赖以运营的社会捐款。但是,后来联邦政府推出了一个无成本健康医疗项目,为低收入家庭的孩子提供医疗服务,圣地兄弟会儿童医院的病人就此流向了传统的医疗服务提供者。随着病人数量的减少,圣地兄弟会儿童医院逐渐衰落,医院的管理者们必须寻找应对竞争和获取资源的新途径。[69]资源在竞争中发挥着关键作用,因此很多营利性机构也会采用资源评价法评价组织效果。例如,英国零售企业玛莎百货(Marks & Spencer)在评价组织效果时就考虑了自己获取、管理以及维护有价值的资源的能力,这些资源包括繁华地段的店面、有实力的品牌、高素质的员工以及良好有效的供应商关系。[70]

虽然在其他评价方法不可用的时候资源评价法很有价值,但是它也存在很多不足。最重要的一点是,这种方法只是含糊地考虑了组织与顾客需求之间的关联。资源和能力并不都是有价值的,只有在它们帮助组织满足某种需要的时候才有价值。批判资源评价法的观点认为,这种方法假定市场环境稳定,没有考虑到资源的价值会随着竞争环境和顾客需求的变动而改变。[71]

2.4.5 内部过程评价法

在**内部过程评价法**(internal process approach)中,效果是以组织内部的健康状态和效率来衡量的。一个有效的组织具有顺畅、平滑的内部过程:员工心情愉快,具有满足感;各部门的活动相互配合、彼此协同,能保持高的生产率。当然,这种方法并不考虑组织的外部环境。其效果的重要影响因素是组织利用既有的资源所开展的活动。效果主要反映在内部的健康状态和效率方面。

指标

内部过程评价法最常用的一个指标是经济效益。过程模型的倡导者中最有名的是组织理论的人际关系学派。阿吉里斯(Chris Argyris)、本尼斯(Warren G.Bennis)、利克特(Rensis Likert)和贝克哈特(Richard Beckhard)等学者都曾对组织的人力资源进行过广泛研究,他们非常强调人力资源和组织效果之间的关系。[72]最近一项对近 200 所中学的研究结果表明,人力资源和员工导向的过程在解释和提高这些学校组织的效果方面有重要意义。[73]

内部过程评价指标包括:[74]

- 一个浓厚的和自适应的公司文化和积极的工作氛围
- 员工与管理层之间的信心与信任
- 运营效率,比如使用最少的资源完成目标
- 不间断的横向和纵向沟通
- 员工成长和发展
- 组织各部分之间的协调,在冲突的解决中以高一级组织的利益为重

应用

内部过程法是一种非常重要的组织效果评价方法。有效的资源利用以及和谐的内部运作是评价组织效果的重要依据。在金宝汤北卡罗来纳州的麦克斯通(Maxton)工厂,大量的小的发明创造和改进都是由工人提出来的,这些发明创造和改进将工厂的运营效率提升了 85%,这个水平是管理者能够想象到的最高限度。联邦快递在运货卡车安装了能够预知前方道路左拐数的设备,司机可以通过这个系统找到最少左拐的路线。这个系统将会帮助联邦快递每年减少 140 万加仑的燃料耗费。[75]

当今大多数管理者都认识到了员工的积极主动参与以及正能量的企业文化是评价组织内部效果的重要方面。内部过程法也有缺陷。这种方法没有考虑总产出以及组织与外部环境的关系。另一个问题是,评价往往是主观的,因为输入以及内部过程的许多方面无法量化。管理者们应该认识到,这种方法仅代表衡量组织效果的一种视角。伯灵顿北方铁路公司(Burlington Northern Railroad)和艾奇逊-托皮卡-圣菲铁路公司(Atchison,Topeka,and

Santa Fe Railway）合并后组成了伯灵顿北方圣太菲铁路运输公司（BNSF Railway），公司管理者们致力于创建一种能够确保整体组织效果的环境，他们还使用内部过程评价法并结合其他方法对组织效果进行评价。

应用案例 2-4

伯灵顿北方圣太菲铁路运输公司

伯灵顿北方圣太菲铁路运输公司目前面临的情况是：将两种运营系统、管理系统和企业文化整合到同一个组织中。管理者们意识到，他们可以让组织文化顺其自然地发展，也可以积极地创造出想要的文化。最后，他们选择谨慎地建设一种积极的内部环境。

公司评价内部有效性的指标是：员工以从事铁路运输工作为傲，并且有获得个人成长和发展的机会。企业的共享价值观包括：倾听顾客的声音，并采取行动满足他们的期望。除此之外，管理者们关注员工的持续进步，并为他们提供安全的工作环境。

管理者们将内部过程评价法和组织目标实现方法结合起来共同评价组织效果。组织的目标包括：百分之百准时；不损害顾客服务质量；为顾客提供精确、及时的运输信息；为顾客所花的每一分钱创造最大的价值。其他目标是关于股东回报的，包括：超过其他铁路公司、投资回报要高于资本成本。

伯灵顿北方圣太菲铁路运输公司的管理者们也考虑到了其他的利益相关者。他们注重对所服务的社区履行道德和法律承诺，也充分考虑了在提升企业整体效益的过程中对自然环境的影响。[76]

2.4.6　战略性利益主体评价法

战略性利益主体评价法与第 1 章讲到的利益相关者法有联系。回想一下，组织中不同的利益相关者对组织有不同的要求，这些要求可能是互斥或者相互竞争的。本章的图 2-7 中也标明了组织中的一些重要利益相关者。

在现实中，组织不可能同时均等地满足所有利益相关者的需求。用**战略性利益主体评价法**（strategic constituents approach）评价组织效果，就是只关注组织中的关键利益相关者，这些利益相关者对组织的生存和繁荣有着至关重要的作用。组织对这部分利益相关者需求的满足是衡量组织绩效的重要指标。[77]

指标

在战略性利益主体的基础上评价组织效果，首先要做的工作是划分不同的利益主体，如下所示的 97 家小型企业将其战略性利益主体划分成七个不同部分，每一部分都有一组代表成员。每个小组的成员对每一组标准给出自己的观点。[78]不同的战略性利益主体使用不同的衡量标准：

战略性利益主体	有效果的衡量标准
所有者	财务回报
员工	工资、良好的监督、员工满意
客户	商品和服务的质量
债权人	信誉
社区	对社区事务的贡献
供应商	满意的交易
政府	遵守法律法规

如果一个组织没能满足其中一些利益相关者的需求，它就可能没能完成特定的效果目标。虽然几乎每个组织都必须在一定程度上满足这七组利益相关者的需求，但是不同的组织有不同的侧重，也就是说不同的组织有不同的战略性利益主体。例如，诸如脸谱网之类的公司的关键利益相关者不是客户、供应商或者所有者，而是能独立工作的软件开发人员。

应用

研究表明，战略性利益主体评价法能准确评价组织的有效性，尤其能评价组织的适应能力。[79] 此外，营利性组织和非营利性组织都关心组织的声誉，并且试图通过高绩效塑造组织形象。[80] 战略性利益主体评价法为评价组织效果提供了一个更广阔的视角，它既关注组织外部环境，又关注组织本身。战略性利益主体评价法同时关注几个标准：输入、内部流程和输出。

战略性利益主体评价法在组织应用中较为流行。这种方法认为组织效果是一个复杂、多维的概念，不存在单一的评价方法。[81] 在下一部分内容中，我们介绍另一种较为流行的方法——一种综合衡量组织效果的多维方法。

本节要点

- 对组织效果的测评反映了组织的复杂性，而组织复杂性是研究的一个主题。
- 组织效果是一种社会建构，它被个人或群体所创造和定义，无法独立地存在于外部世界中。
- 不同的人对于什么因素能够促使组织"有效"有着不同的观点。管理者们必须确定他们对于组织效果的定义和衡量标准。
- 没有一种既容易、简单而又可靠的测评方法能提供对组织绩效的清晰的测评。组织要想成功就必须有效地执行各种各样的活动，包括取得资源的投入，直到输出产出物。
- 四种测量组织效果的方法包括目标评价法、资源评价法、内部过程评价法、战略性利益主体评价法。组织效果是多维度的，所以管理者们从各种方法中选择不同的衡量指标，通常既包括定性指标也包括定量指标。
- 没有哪一种方法可以适用于所有组织，但是每一种方法都会提供其他方法所不具备的优势。

2.5　一个整合的效果评价模型

冲突价值观模型（competing values model）平衡地关注组织的各个部分，而不是某一个部分。这种方法认为，组织会做很多事情，因而会有很多结果。[82] 冲突价值观模型将衡量组织效果的几个指标整合到了同一个框架中。

冲突价值观模型假设：关于构成组织效果的要素存在着不同意见和竞争性的观点。管理者们对于什么是组织最重要的目标有着不同的意见。冲突性观点和竞争性利益可能会为组织带来悲剧，一个典型的案例来自于美国国家航空航天局（NASA）。2003 年 2 月，七名宇航员死于哥伦比亚号航天飞机爆炸。此后一个调查委员会介入调查，发现美国宇航局存在着深层次的组织缺陷，包括没有有效的机制调解调度经理和安全经理之间的不同意见。保证哥伦比亚号准时发射这一外部压力超越了安全问题。[83] 同样，国会对 2010 年"深水地平线"钻井平台爆炸和墨西哥湾石油泄漏事件的调查发现，英国石油公司的工程师和管理者们做决策时主要考虑的是承包商的建议，他们把成本控制和准时完成任务放在了安全问题的前面。[84] 英国石油公司和美国国家航空航天局的例子可以说明，不但在组织内部存在着不同的观点，外部也会有来自承包商、政府监管机构、国会和公众等方面的不同观点，这让组织变得非常复杂。

冲突价值观模型考虑到了这些复杂性。该模型最初是由罗伯特·奎因（Robert Quinn）和约翰·罗夫保（John Rohrbaugh）提出的，他们将不同的绩效指标整合在了同一个框架中。[85] 该模型给出了一个综合性的指标列表，在实际应用中，专家小组需要给这些相似的组织效果评价指标进行排序。奎因和罗夫保发现了一些评价组织效果的潜在维度，这些维度中的效果指标能够代表组织的管理价值观。

指标

第一个价值维度是组织**关注点**（focus），也就是组织主要关注内部问题还是外部问题。内部问题主要是员工关心的福利和效率问题，外部问题主要是组织如何在环境中生存。第二个价值维度是组织**结构**（structure）及其稳定性与灵活性倾向。倾向于稳定性结构的组织关注管理效率以及自上而下的控制，而倾向于灵活性结构的组织关注学习和变革。

价值维度的结构及其关注点见图 2-8。这些维度组合起来形成了衡量组织效果的四种方法。虽然这些方法看似不同，但它们之间密切相关。在现实中，这些竞争性的价值观可以同时存在于同一组织中。不同的效果评价法对组织结构和关注点有不同的侧重。[86]

将外部关注和灵活结构组合在一起,称之为**开放系统观**(open systems emphasis)。在这种价值观下,管理的主要目标是经济增长和资源获取,组织通常将这些目标分解成灵活性、敏捷性和正面外部评价三个子目标。组织的核心价值观是与外部环境建立良好关系,以获取资源,促进组织成长。这种观点在某些方面类似于前面描述的资源评价法。

理性目标观(rational goal emphasis)强调结构控制和外部关注。这种观点强调组织的主要目标是生产力、效率和利润。组织利用各种控制手段达到产出目标。子目标主要包括内部规划和目标设定,这些都是理性的管理工具。理性目标观类似于前面描述的目标评价法。

图 2-8 的左下部是**内部过程观**(internal process emphasis)。这种观点强调内部关注和结构控制。组织追求的主要目标是保持稳定,维护自身的有序运行。在环境中保持当前地位是这一目标的主要体现。子目标包括有效的沟通机制、信息管理机制和决策机制。虽然这种观念在某些方面类似于前面讲到的内部过程评价法,但是它不像内部评价法那样强调人力资源和关注效率。

人际关系观(human realtions emphasis)综合了内部关注和灵活性组织结构。在这种价值观下,管理者关注的是人力资源的发展。员工有自主权和发展的机会。管理的子目标定位于凝聚力、士气和培训机会。组织更加关注员工,而非环境。

图 2-8 中的四个单元代表了不同的组织价值观。管理者决定哪种价值观在组织中占优先地位。例如,在生产与关节置换配套的外科设备和埋植剂以及其他医疗设备的斯瑞克公司(Stryker Corporation),管理者强调开放性和灵活性的价值,以保证公司员工每天保持创新状态。当然,公司也强调控制和效率的价值。与其他设备制造商相比,斯瑞克的研发成本相对较低。[87]图 2-9 将两个组织映射到了四种方法之上。[88]

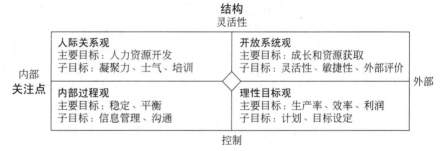

图 2-8　四种组织效果价值观

资料来源:Adapted from Robert E. Quinn and John Rohrbaugh,"A Spatial Model of Effectivenss Criteria:Toward a Competing Values Approach to Organizational Analysis,"*Management Science* 29(1983),363-337;and Robert E. Quinn and Kim Cameron,"Organizational Life Cycle and Shifting Criteria of Effectiveness:Some Preliminary Evidence,"*Management Science* 29(1983),33-51.

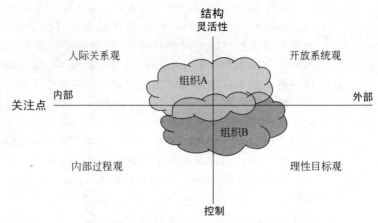

图 2-9　两个组织的效果价值观

组织 A 是一个比较年轻的组织,它主要关注如何寻找利基市场以及如何在外部环境中站稳脚跟。组织比较重视灵活性和创新,从外部环境中获取资源,以及对外部利益相关者需求的满足。这种组织对人际关系有着中等水平的重视,对生产率和利益的重视较少。满足和适应外部环境是最重要的。对开放系统的关注意味着组织对内部过程的重视基本上不存在。组织对稳定性和均衡的关注也非常之少。

与组织 A 相反,组织 B 是一家过了创建期的企业,更加重视生产率和利润,重视计划和目标设定。组织 B 是一家大型企业,已经在环境中树立了自己的地位,因此更加重视有效的生产和较高的利润。灵活性和人力资源不是组织主要的关注点。这种组织喜欢稳定和平衡。组织希望最大化现有客户的价值,因此更加重视学习和创新。

问题引入部分的参考答案

3.财务指标是对企业绩效的最好评价。

答案:不同意。如果只能用一种标准衡量企业绩效,那只能是财务。但是,对此也可以有不同的看法,比如使用平衡计分卡,已被证明比仅仅使用财务指标更有效,因为管理者可以更好地理解和控制那些促进业务有效性的活动。仅仅使用财务数字只能提供狭隘、有限的信息。

应用

冲突价值观模型有两大贡献。一是,该模型将不同的效果概念整合在同一个视角之中。冲突价值观模型整合了产出目标、资源获取、人力资源开发等不同的组织发展目标。二是,该模型从管理价值观角度解释效果标准是如何被社会建构的,解释了组织中不同的价值观如何同时存在。管理者们必须决定哪种价值观最为重要,而哪些价值观不那么重要。四种竞争性的价值观可以同时存在,但不可能给予相同的重视程度。例如,新建的小企业更加关注如何在竞争环境中生存,因而对外部环境的重视多于对员工发展的重视。

组织中的主导价值观会随时间而变化。组织会面临新的环境需求,高层领导也会更替,或者还有一些其他变化,这些都会引起组织主导价值观的改变。例如,当三星集团的管理者们从重视销售数量转变为重视产品质量时,其主导价值观也需要发生相应的转变。

应用案例 2-5

三 星 集 团

三星集团曾经是一家专门生产低端产品的公司,以销量为第一要务,公司管理者十分注重稳定性、生产力和效率。然而这一切,在三星集团董事长李健熙(Kun-hee Lee)于 20 世纪 90 年代初访问了洛杉矶(Los Angeles)的一家零售商后,便发生了彻底的改变。李健熙发现,三星的产品后壳很容易沾染灰尘,而与此同时消费者越来越青睐其他制造商生产的高端产品。

回到韩国后,李健熙下令将价值 5 000 万美元的存货全部销毁,同时他宣布将“质量”和“创新”作为公司新的指导原则。在新原则的指导下,公司开始注重对员工的授权和培训,而且十分重视培养员工的创造力、灵活性、革新能力以及适应外部环境变化的能力。最终,三星集团取得了巨大的成功。如今,三星集团被列为全球最具价值的电子品牌之一。其智能手机在风格和创新性方面已经能与苹果手机相媲美了。

三星集团在将其注意力由“数量”转向“质量”的同时,也加强了对“人”的重视。“以人为本”、“公司最重要的资产是人才”是指导公司发展的座右铭。三星集团非常注重人才管理,以便为培养下一代优秀的接班人做好准备。各种新型数字化学习设备以及网络空间都非常有利于培养人才的创造力和革新能力。[89]

三星集团过去使用的组织效果评价方式主要是内部过程评价法和目标评价法。管理者重视稳定性、生产率、效率以及平稳的利润。然而,集团主席李健熙认识到必须改变以往的方式,否则很难持久盈利。为此,他将公司的效果价值观转变为以人力资源观和开放系统观为主。但是要记住,所有的组织都是由竞争性目标和价值取向组成的复杂体。组织目标和价值取向会随着时间推进而改变。

本节要点

- 冲突价值观模型平衡了对组织各方面的关注,而不是仅关注组织的某一方面。
- 这种方法认识到组织有不同的关注点(内部,外部)和组织结构(灵活性,稳定性),管理者可以从中做出选择。

 **关键概念**

分析型（analyzer）

冲突价值观模型（competing values model）

竞争优势（competitive advantage）

核心竞争力（core competence）

防御型（defender）

差异化战略（differentiation strategy）

关注点（focus）

目标评价法（goal approach）

人际关系观（human relations emphasis）

内部过程评价法（internal process approach）

内部过程观（internal process emphasis）

低成本或成本领先战略（low-cost leadership strategy）

使命（mission）

正式目标（official goals）

开放系统观（open systems emphasis）

操作性目标（operative goals）

组织目标（organizational goal）

探索型（prospector）

理性目标观（rational goal emphasis）

反应型（reactor）

资源评价法（resource based approach）

情景规划（scenario planning）

社会建构（social construct）

战略性利益主体评价法（strategic constituents approach）

战略意图（strategy intent）

战略（strategy）

结构（structure）

SWOT 分析（SWOT analysis）

 **讨论题**

1. 组织的高层管理者应如何使用 SWOT 分析或情景规划来设定目标和战略？

2. 企业的员工发展目标是如何可能与其创新和变革的目标相关联的？又是如何与生产率目标相关联的？你能对组织中这两类目标发生冲突的方式做一讨论吗？

3. 对于你参加的学习这门课程的班级来说，它的目标是什么？是谁设立了这一目标？试讨论目标如何影响你的动机和努力方向。

4. 依本教材的定义，目标和战略之间有什么区别？请指出你涉身其中的某一所大学或某一社区组织的目标和战略。

5. 试讨论波特竞争战略理论与迈尔斯和斯诺战略分类理论所描述的战略有何异同。

6. 你是否认为使命说明和正式目标陈述会给组织提供一个在外部环境中存在的真正的合法性？如果由于销售香烟的行为和企业使命相冲突，一家公司决定不再销售香烟，比如说 CVS 公司（本章已讨论过），会对公众舆论造成什么影响？对公司未来业务又会造成什么影响？请加以讨论。

7. 如果请你评价中等规模社区的警察局的效果，你将从何处着手，如何进行评价？你倾向采用何种效果评价方法？

8. 资源评价法和目标评价法在衡量组织效果中各有什么优缺点？

9. 冲突价值观模型与战略性利益主体效果评价方法有什么异同之处？

10. 一位著名的组织理论家曾经说过："组织效果可以是高层管理者规定的任何东西。"试加以讨论。

 专题讨论

识别你的目标偏好

假设你能设计出一个能够体现你的价值观的完美组织。你的组织想要优先实现哪些目标？请将下列 10 个目标从 1 到 10 进行排序，以表明在你的组织中最重视哪些目标以及最不重视哪些目标。

目标	从 1 到 10 进行排序
员工发展	＿＿＿＿＿＿
组织稳定性	＿＿＿＿＿＿
市场份额领导者地位	＿＿＿＿＿＿
创造和创新	＿＿＿＿＿＿
社会贡献	＿＿＿＿＿＿
高涨的士气/高满意度	＿＿＿＿＿＿
高生产率	＿＿＿＿＿＿
快速成长/适应能力	＿＿＿＿＿＿
利润最大化	＿＿＿＿＿＿
不违法/遵守商业伦理	＿＿＿＿＿＿

问题

1. 参考图 2-8 和图 2-9 的整合效果评价模型,以上这些目标你认为应该放到哪个象限里?哪个象限里的目标是你最重视的?哪个象限里的目标是你最不重视的?

2. 将你的排序和其他同学的排序进行对比,看看有哪些相同的排序以及不同的排序?

3. 是否还有一些目标你认为是重要的但不在上述列表之内?你觉得那些被漏掉的目标应该排在第几位?

 教学案例

艾德灵顿艺术博物馆

艾德灵顿艺术博物馆(The Addlington Gallery of Art)被当地人称为"艾德灵博物馆"(Adding Museum),这可能是爱称,也可能是讽刺。艾德灵顿艺术博物馆坐落于雄伟的罗马式风格建筑内,该建筑是工业大亨贺拉斯·艾德灵顿和妻子玛格丽特·艾德灵顿(Horace and Margaret Addlington)的故居。到 2016 年,博物馆已有一百年的历史。博物馆的诞生源于贺拉斯和他的妻子在遗嘱中的慷慨捐赠。1910 年,这对夫妇在一场汽车事故中离开人世,两人膝下无子。名人故居再加上浓厚的艺术气息,艾德灵顿艺术博物馆不仅给当地人带来了公民自豪感,同时也带来了文化自豪感。但是目前,博物馆正面临着体制危机和财务危机的双重困境,而且正在逼近引爆点。

按照遗嘱规定,董事会负责建立并掌管艾德灵顿艺术博物馆各项事务。董事会成员由艾德灵顿的家人和朋友组成,而且董事会成员的位置实行世袭制度。根据贺拉斯和玛格丽特的遗愿,博物馆允许所有人参观,因此艾德灵顿艺术博物馆在过去的几十年中一直免费对外开放。为了感受艾德灵顿艺术博物馆的艺术气息,游客们不惜排长队也要进入这座雄伟的建筑,一睹博物馆真容。然而,虽然人们都慕名而来,但是很少有人深入宅邸内部参观,也很少有人去欣赏博物馆内的艺术作品。当人们的好奇心和新鲜劲消失,艾德灵顿艺术博物馆便成了文化界所谓的"名气虽然很大,实际上却没有什么"的典型。

在过去的几十年中,董事会迫于保存艺术品的成本以及维护宅邸、花园和土地的费用不断升高的压力创立了筹资宴会。该宴会每年举行一次,参与宴会的社会各界人士聚在一起,共同欣赏艺术,同时参会者之间也可以相互交流,彼此欣赏。后来,为了维持博物馆运营,不得不开收门票,博物馆的财务状况略有好转,只是整体情况仍不乐观,而且大多数当地居民从未拜访过艾德灵顿艺术博物馆。一位当地常住居民表示:"我经常觉得,除非我开着梅塞德斯牌汽车前来参观,否则艾德灵顿艺术博物馆的工作人员根本不会关注到我的到来。他们太不热情了,甚至可以用冷漠来形容。"

艾德灵顿艺术博物馆存在的问题变得众所周知。雇用或者解雇哪位员工全凭董事会心血来潮或是一时兴起。曾经有一次，董事会没有发出任何警告，就忽然解雇了全部员工。2010 年本打算举办的百年纪念也因为各种争论和法律诉讼而泡汤。这些争论和法律诉讼主要集中在是否应该卖掉大部分的艺术藏品以维持博物馆的收支平衡。

即将失去大多数连当地居民都从未看过的艺术藏品引发了媒体界和法律界等的强烈呼吁，这些呼吁鼓舞着每个人慷慨解囊，拯救令人钦佩的艾德灵顿。在这场运动中，艾德灵顿艺术博物馆董事会努力寻找潜在的捐赠者，并得到了附近一所私立大学的支持，该大学承诺与博物馆建立合作伙伴关系。

2013 年，经历了一个世纪的变迁之后，博物馆经济状况得以好转，此时董事会成员已经经历五代的变更。董事会在推动脆弱的艾德灵顿继续向前发展的同时，一方面面临着组织文化的冲击，另一方面又面临着来自大胆的新股东的压力。为了找到艾德灵顿艺术博物馆未来的发展方向，也是为了选出新的负责人，董事会聘请了两名商学院学生就博物馆未来前景和目标以及与合作大学的关系等问题对利益相关者进行了面对面的采访。

一些受访者的观点

一位重要的私人捐赠者：艾德灵顿艺术博物馆虽然以收藏上乘艺术品而著称，但是不够有亲和力，这和贺拉斯和玛格丽特的意图截然不同。我和我的妻子之所以捐款是希望艾德灵顿艺术博物馆最终能采纳捐助者的建议，让所有人都能感受到博物馆的艺术气息。为了实现这一目标，必须把教育机构充分考虑进来，鼓励本地学生前来参观，特别是市中心接触不到艺术的孩子以及博物馆方圆一英里以内的孩子。从董事会成员一直蔓延至各层级工作者中的势利、精英主义的氛围必须要有所改变。

一位董事会成员：我已经听说关于艾德灵顿艺术博物馆要向公立学校参观者开放以及开设课余项目的传闻了。我非常明白学校的孩子需要接触艺术，对此我也深表赞同。但是这与博物馆的理念不一致。艾德灵顿艺术博物馆有将近 120 年的历史，内有众多精美的艺术藏品，博物馆设计典雅，结构精良，需要为我们将来的子孙后代细心维护。博物馆的长远维护与当前的游客参观要求密切相关。若是艾德灵顿艺术博物馆每年增加几千名学生来参观艺术品，游客熙熙攘攘，噪声充斥着整个博物馆，这些都会对博物馆造成损害。我认为教育项目应当在学校开展，而不是把学生带到博物馆来，博物馆显然不适合学生的课余活动。我真的是不能理解这种做法。

一名高校管理者：重要的是能给艾德灵顿艺术博物馆增添新生的当代作品，这样博物馆既能吸引大学生，也能吸引成年人，还能为游客认识当代发生的重大事件提供见解。通过偶尔举办一场譬如伊斯兰艺术这样的有争议的展会，或者是吸引拉丁裔美国人和非洲裔美国人的展会，我们能够使博物馆得到更多的关注，并且大家可以相互交流意见与看法。这需要我们在其他重要的博物馆做巡回展览，同时作为交换，我们也需要借出艾德灵顿艺术博物馆的部分藏品。

艺术史学系主任：重要的是，艾德灵顿艺术博物馆并没有能够服务于大众的艺术资源或者经济资源。对于艾德灵顿艺术博物馆来说,与学术相结合是一个绝佳的机会。如果两者相结合,博物馆将会是那些学习艺术教育和艺术史的本科生、研究生的主要艺术或经济资源。如果能够充分利用馆内藏品,并且将原有的房间作为教室,对于工科学生、建筑系学生以及文科学生来说都是适用的。这是我们艺术历史系的责任,也能使我们区别于国内其他院校的艺术历史系。

艺术历史系的一名教师:博物馆与大学建立合作关系的最大好处就是集中精力培养艺术历史系博士生,以支持相关学术研究。我强烈建议艾德灵顿艺术博物馆集中精力进行研究生教育,这样一来,整个国家的高等院校的声望都会得以提高。研究生可以根据自己的学术研究领域参与相关的展品设计。若只是努力在学校和社会上宣传博物馆以增加客流量,反而是对这种有限资源的浪费。艺术历史系会努力培养博士生,这也会增加艾德灵顿艺术博物馆的声望。

大学公共历史系新系主任:在选举新的负责人时,董事会十分有必要放弃一些权力,以更好地搜集现代藏品,并为将来的展品设计做打算。董事会可以将这些权力让予受过训练的博物馆专业人员,但不应该是艺术历史系专家。领导人员和员工的专业知识,加上他们在该领域的实践知识,以及他们对博物馆未来趋势和创新的独特认识,最终将会决定艾德灵顿艺术博物馆的成败。

假如你已受邀参与有关博物馆负责人选举的意见调查,你现在需要想一下如何回答访谈过程中可能出现的问题。同时你也需要思考一下,假如是你自己接受了这份工作,你将如何推动艾德灵顿艺术博物馆不断向前发展。

问题

1. 艾德灵顿艺术博物馆的可能目标是什么?你会为博物馆选择哪个目标?

2. 谁是或者谁应该是博物馆的顾客?

3. 博物馆组织结构设计中选定的目标和顾客有什么含义,馆长应具备怎样的资质,博物馆与大学的关系是怎样的?

米勒机器零部件服务公司[90]

拉里莎·哈里森(Larisa Harrison)表情痛苦地将公司最近的季度报表扔在了桌子上。回想当年在弗吉尼亚州米勒机器零部件服务公司时销售激增近千万马克的那段时间,拉里莎非常肯定公司已经准备就绪,即将迎来稳定增长的美好时光。今天的米勒,主要为本国的瓦楞纸箱和纸板行业提供精密机械零件和相关服务,虽然所占的市场份额仍具有绝对优势,但销售收入和利润都明显显示出了停滞的迹象。

20多年前,拉里莎的祖父借给了她一大笔钱作为她创立公司的启动资金,并且还把家里面的雪兰多山谷农场交给了她,作为她的第一个工厂。她祖父的思想与同时代的很多人相比要进步得多,因为当时很多人都嘲讽让一个女人运营一个机械配件厂这样的想法,但是她的祖父却不这样认为,他觉得没有理由拒绝一个聪明并且有野心的 27 岁的女人做自己想做的事情。当拉里莎成为当地最重要的雇主的时候,她祖父的那些思想守旧的朋友再也不嘲笑她了。今天,米勒在 81 号洲际公路附近拥有一个 50 000 平方英尺的工厂,离那个旧的家庭谷仓也只有几英里。这个工厂也让拉里莎实现了以前那个看似不可能实现的目标:在不需要背井离乡的情况下,也能生活得很好。她对自己拥有将近 150 个雇员并且大多都是自己的邻居感到十分满意。这些人工作都非常努力,对公司也十分忠心。但是,那些第一批进来的雇员大多快到了退休年龄。经验告诉拉里莎要找到合适的人来代替这些有经验的工人是一件十分棘手的事。这个区域中的那些聪慧能干的年轻人更倾向于选择离开这个地方而到外面去寻找工作,而不是像他们的父辈那样安于停留在一个地方。而对于那些留下来的人,拉里莎觉得他们不具有自己所期望的员工应有的职业道德。

其他问题也迫在眉睫。米勒曾经占据市场份额的 70%,但是近年来由于很多直接竞争者的进入以及行业的变化,导致市场份额迅速下滑。盒子和纸板行业尤其经受不住经济衰退的冲击,产品需求也总是随着行业产量的波动而波动。不稳定的经济形势已经影响了整个行业,米勒最大的客户也遭受了一定损失。祸不单行,不但如此,那些替代的运输产品,比如说更具灵活性的塑料薄膜和可重复使用的塑料容器等,变得越来越流行。但是这些可替代的运输产品究竟对纸箱和纸板的市场需求有多大影响,还需要进一步的观察。更令人担心的是,行业中大量并购的发生导致大量的美国小型工厂被挤了出去,而这些却正是米勒以前所服务的对象。而对于幸存下来的那些工厂,不是到国外建厂了就是和国外企业建立了合资公司。乐观的一面是,亚马逊和沃尔玛网络零售的兴起增加了对幸存企业纸箱的需求。这些幸存下来的工厂也大多开始投资于那些高质量的从德国进口的机器,这些机器更少出现故障,因此对于米勒的产品需求也变得更少了。

米勒现在很显然站在一个十字路口,它的管理者们也在争论着公司到底该何去何从。如果米勒想保持持续的增长,单靠日常业务难以实现。对于怎样寻找到一条最优的增长路径公司也始终没有一个统一的方案。市场经理认为公司应该开发新的产品和服务,甚至进入新的市场为其他行业提供服务;财务总监却认为公司需要的是更有效率的运营,甚至解雇一些员工,提供给顾客最低的价格。拉里莎听到要解雇自己的员工这样的提议就开始畏缩了,因为她的关注点在于什么样的方案对于自己的员工是最好的。财务经理强调效率和盈利是衡量米勒绩效的关键指标,但是市场经理对此表示强烈反对,他认为只有在变动的环境中始终聚焦于客户满意度才能使公司有效运行,而这样也就意味着公司必须要承担一定的财务风险。他说:"我们先前所做的也不仅仅只是'瓦楞'业务,我们还提供其他种类的纸箱制造设备。为什么我们不就此转型为一个全能供应商,为任何生产容器和包装材料的生产商提供产品和服务呢?不管他们需要纸质的还是塑料的。"这个想法听上去过于有野心,但是这个市场经理不安于现状,他已经开始行动,着手调查了可能的并购机会和与其他公司建立合作关系的可能性。财务总监听后一脸铁青:"如果有人正在考虑并购的话,这人应该是我,而不是市场经理!"在最近的一次经理会议上,她脱口而出。同时,生产副总裁却认为应该将产品出口到国外,实现全球化,但是他的这一提议马上遭到了财务总监和市场经理的质疑。"为什么我们以前从没有听你提起过这个计划?"市场经理问道:"当然我不是反对您的计划,但是我觉得我们的沟通和交流一直都存在问题。我甚至连上一季度的财务报表的副本都没有。"财务总监迅速回击,并指责市场经理看上去似乎并不关心公司的损益,那这样他为什么还需要报告副本。

拉里莎认为最近的一次会议已经退化到近乎混乱的状态,她开始思考引发这种混乱的缘由。她意识到这些问题的产生有一部分原因是组织设计导致的。在过去的20多年中,米勒依靠着一个松散甚至是随意的组织结构也取得了成功,这是因为组织里面的每一个人都团结一心,都聚焦于如何使公司更好地发展。人们似乎也只是做了应该做的事情。然而,现在仅仅这样已经不够了,因为之前公司没有受到任何威胁。"也许我们公司只是缺少一个好的组织框架来面对如今的挑战。"拉里莎想。当她看见最后一班工人走向他们自己的小车时,拉里莎拿出了一份报告,这份报告是一位顾问朋友在几个月前为她做的。报告里强调:

米勒公司的员工士气排名非常高。

米勒公司的创新和变革排名比较低。

米勒公司的组织文化强调生产效率。

米勒公司的组织文化不是很重视开发新客户。

每个部门的工作都很不错,但是部门间的协作却低于平均水平。

由于顾客群的增长越来越缓慢,导致价格竞争越来越激烈。

行业将经历势不可当的持续变革,纸板制造机将越来越少,高质量的进口机器将越来越多。

拉里莎在笔记本上记下了一些要点:

我们应该怎样来决定我们的战略目标?

我们应该怎样安排公司的权利和责任?

我们怎样能提高我们的沟通技能?

我们应该用什么标准来衡量绩效和确保问责制的有效施行?

拉里莎知道,只要她或者她的团队能够确定一些答案,她也能睡得更好一点。

问题

1. 管理者们似乎对增长的总体目标达成了一致。你会建议米勒采取哪一种策略来实现增长? 解释一下。

2. 基于图2-9中所述的四种提高效率的方法,你认为每个管理者表达的重点是什么?

3. 你认为管理者们应该如何着手解决他们在策略上的分歧?

 尾注

1 Josh Constine, "Instagram Hits 1 Billion Monthly Users, Up from 800M in September," *TechCrunch*, June 20, 2018, https://techcrunch.com/2018/06/20/instagram-1-billion-users/ (accessed March 26, 2019); Chris Morris, "Queen Elizabeth Joins Instagram," *Fortune*, March 7, 2019, http://fortune.com/2019/03/07/queen-elizabeth-joins-instagram/ (accessed March 26, 2019); and Deepa Seetharaman, "Instagram Finds Focus Under 'Efficiency Guru,'" *The Wall Street Journal*, April 13, 2017, https://www.wsj.com/articles/instagram-finds-focus-under-efficiency-guru-1492075801 (accessed March 26, 2019).

2 Jack Nicas, "What Is Yahoo? Riddle Plagued CEOs for Two Decades," *The Wall Street Journal*, July 25, 2016; and Jack Nicas, "At Google, Steady Hands Prevail," *The Wall Street Journal*, July 26, 2016.

3 Amitai Etzioni, *Modern Organizations* (Englewood Cliffs, NJ: Prentice Hall, 1964), 6.

4 John P. Kotter, "What Effective General Managers Really Do," *Harvard Business Review*, November–December 1982, 156–167; Henry Mintzberg, *The Nature of Managerial Work* (New York: Harper & Row, 1973); and Henry Mintzberg, *Managing* (San Francisco: Berrett-Kohler Publishers, 2009).

5 Iason Dalavagas, "SWOT Analysis: The Kroger Company," *Value Line*, January 12, 2017, http://valueline.com/Stocks/Highlights/SWOT_Analysis__The_Kroger_Company.aspx#.XJo8WfZFyUk (accessed March 26, 2019); Keith Nunes, "Kroger in Transition," *Food Business News*, September 14, 2018, https://www.foodbusinessnews.net/articles/12508-kroger-in-transition (accessed April 9, 2019); Clark Howard Staff, "Kroger's 2018 Comeback Strategy," *Clark.com*, https://clark.com/shopping-retail/kroger-5-big-changes-stores/ (accessed April 9, 2019) and Heather Haddon, "Kroger's New Approach to Stocking Shelves Is Boosting Earnings," *The Wall Street Journal*, June 21, 2018.

6 This discussion is based on Rafael Ramirez, Steve Churchhouse, Alejandra Palermo, and Jonas Hoffmann, "Using Scenario Planning to Reshape Strategy," *MIT Sloan Management Review* 58, no. 4 (Summer 2017), 31ff; Steven Schnaars and Paschalina Ziamou, "The Essentials of Scenario Writing," Business Horizons (July–August 2001), 25–31; Peter Cornelius, Alexander Van de Putte, and Mattia Romani, "Three Decades of Scenario Planning in Shell," California Management Review 48, no. 1 (Fall 2005), 92–109; and Stephen M. Millett, "Four Decades of Business Scenarios: What Can Experience Teach?" *Strategy & Leadership* 41, no 1 (2013), 29–33.

7 Ramirez et al., "Using Scenario Planning to Reshape Strategy."

8 Reported in Claire Churchard, "Tales of the Unexpected," *People Management* (February 2012).

9 Sarah Kent, "Shell Prepares for 'Lower Forever' Oil Prices," *The Wall Street Journal*, July 27, 2017.

10 Based on A. G. Lafley and Roger Martin, "Instituting a Company-Wide Strategic Conversation at Procter & Gamble," *Strategy & Leadership* 41, no. 4 (2013), 4–9.

11 Miguel Bustillo, "Corporate News—Boss Talk: Wal-Mart's U.S. Chief Aims for Turnaround," *The Asian Wall Street Journal,* March 22, 2011, 22; and Miguel Bustillo, "Wal-Mart Tries to Recapture Mr. Sam's Winning Formula," *The Wall Street Journal Online*, February 22, 2011, http://online.wsj.com/article/SB1000142405274870380390457615275311178930.html (accessed July 17, 2012).

12 Gary Hamel and C. K. Prahalad, "Strategic Intent," *Harvard Business Review* July–August 2005, 148–161.

13 Ibid.

14 Barbara Bartkus, Myron Glassman, and R. Bruce McAfee, "Mission Statements: Are They Smoke and Mirrors?" *Business Horizons,* November–December 2000, 23–28; and Mark Suchman, "Managing Legitimacy: Strategic and Institutional Approaches," *Academy of Management Review* 20, no. 3 (1995), 571–610.

15 CVS Health, "Our New Name," http://www.cvshealth.com/research-insights/health-topics/our-new-name (accessed December 12, 2014).

16 Bill George, "The Company's Mission Is the Message," *Strategy + Business,* Issue 33 (Winter 2003), 13–14; and Jim Collins and Jerry Porras, *Built to Last: Successful Habits of Visionary Companies* (New York: Harper Business, 1994).

17 Hamel and Prahalad, "Strategic Intent."

18 Arthur A. Thompson, Jr. and A. J. Srickland III, *Strategic Management: Concepts and Cases,* 6th ed. (Homewood, IL: Irwin, 1992); and Briance Mascarenhas, Alok Baveja, and Mamnoon Jamil, "Dynamics of Core Competencies in Leading Multinational Companies," *California Management Review* 40, no. 4 (Summer 1998), 117–132.

19 Issie Lapowsky, "Logistics; No Time to Spare; Tackling Last-Minute Jobs," *Inc.,* July–August 2011, 106, 108.

20 Charles Perrow, "The Analysis of Goals in Complex Organizations," *American Sociological Review* 26 (1961), 854–866.

21 Johannes U. Stoelwinde and Martin P. Charns, "The Task Field Model of Organization Analysis and Design," *Human Relations* 34 (1981), 743–762; and Anthony Raia, *Managing by Objectives* (Glenview, IL: Scott Foresman, 1974).

22 Lauren Weber, "The Management Fix That Made Firefox Faster," *The Wall Street Journal*, August 22, 2017.

23 Paul Beckett, Vibhuti Agarwal, and Julie Jargon, "Starbucks Brews Plan to Enter India," *The Wall Street Journal Online,* January 14, 2011, http://online.wsj.com/article/SB10001424052748703583404576079593558838756.html (accessed July 16, 2011).

24 James Dao, "Wal-Mart Plans to Hire Any Veteran Who Wants a Job," *The New York Times,* January 14, 2013, http://www.nytimes.com/2013/01/15/us/wal-mart-to-announce-extensive-plan-to-hire-veterans.html?_r=0 (accessed February 19, 2014).

25 Christina Passariello, "To L'Oreal, Brazil's Women Need Fresh Style of Shopping," *The Wall Street Journal,* January 21, 2011, B1.

26 Reed Abelson, "Managing Outcomes Helps a Children's Hospital Climb in Renown," *The New York Times,* September 15, 2007, C1.

27 Robert L. Porter and Gary P. Latham, "The Effect of Employee Learning Goals and Goal Commitment on Departmental Performance," *Journal of Leadership & Organizational Studies* 20, no. 1 (2013), 62–68.

28 William Alden and Sydney Ember, "Wall St. Shock: Take a Day Off, Even a Sunday," *The New York Times,* January 11, 2014, A1.

29 Brooks Barnes, "Animation Meets Economic Reality," *The New York Times,* April 4, 2011, B1.

30 Aaron Buck, "How Kraft Heinz Ate Its Seed Corn," *The Wall Street Journal*, March 11, 2019, https://www.wsj.com/articles/how-kraft-heinz-ate-its-seed-corn-11552303800 (accessed March 27, 2019).

31 Medhanie Gaim, Nils Wåhlin, Miguel Pina e Cunha, and Stewart Clegg, "Analyzing Competing Demands in Organizations: A Systematic Comparison," *Journal of Organization Design* 7, no. 6 (2018), https://doi.org/10.1186/s41469-018-0030-9 (accessed March 27, 2019).

32 Kevin Roose, "Facebook Emails Show Its Real Mission: Making Money and Crushing Competition," *The New York Times,* December 5, 2018, https://www.nytimes.com/2018/12/05/technology/facebook-emails-privacy-data.html (accessed March 27, 2019); Will Oremus, "Facebook Never Really Cared About Connecting the World," *Slate,* December 6, 2018, https://slate.com/business/2018/12/facebook-emails-lawsuit-embarrassing-mark-zuckerberg.html (accessed March 27, 2019); Deepa Seetharaman and Kirsten Grind, "Facebook's Lax Data Policies Led to Cambridge Analytica Crisis," *The Wall Street Journal*, March 20, 2018, https://www.wsj.com/articles/facebooks-lax-data-policies-led-to-cambridge-analytica-crisis-1521590720 (accessed March 27, 2019) and Kirsten Grind and Deepa Seetharaman, "Behind the Messy, Expensive Split Between Facebook and Whats App's Founders," *The Wall Street Journal,* June 5, 2018, https://www.wsj.com/articles/behind-the-messy-expensive-split-between-facebook-and-whatsapps-founders-1528208641 (accessed March 27, 2019).

33 Anne-Claire Pache and Filipe Santos, "Inside the Hybrid Organization: Selective Coupling as a Response to Competing Institutional Logics," *Academy of Management Journal* 56, no. 4 (2013), 972–1011.

34 See studies reported in Gary P. Latham and Edwin A. Locke, "Enhancing the Benefits and Overcoming the Pitfalls of Goal Setting," *Organizational Dynamics* 35, no. 4 (2006), 332–340.

35 Porter and Latham, "The Effect of Employee Learning Goals and Goal Commitment on Departmental Performance."

36 Adam Bryant, "Tell Me the Problem and 3 Ways to Solve It" (an interview with Jennifer Dulski, Corner Office column), *The New York Times,* December 1, 2013, BU2.

37 Emily Flitter, "Wells Fargo CEO Is Grilled on Capitol Hill," *The New York Times,* March 12, 2019, https://www.nytimes.com/2019/03/12/business/wells-fargo-ceo-sloan.html (accessed March 27, 2019); Michael Corkery and Stacy Cowley, "Wells Fargo Warned Workers Against Sham Accounts, But 'They Needed a Paycheck,'" *The New York Times,* September 15, 2016, https://www.nytimes.com/2016/09/17/business/dealbook/wells-fargo-warned-workers-against-fake-accounts-but-they-needed-a-paycheck.html (accessed March 27, 2019); and Katherine W. Phillips, "A Primer on Organizational Culture," *Harvard Business Review,* October 10, 2018, available at https://hbr.org/product/a-primer-on-organizational-culture/CU231-PDF-ENG.

38 James D. Thompson, *Organizations in Action* (New York: McGraw Hill, 1967), 83–98.

39 Michael E. Porter, "What Is Strategy?" *Harvard Business Review,* November–December 1996, 61–78.

40 This discussion is based on Michael E. Porter, *Competitive Strategy: Techniques for Analyzing Industries and Competitors* (New York: Free Press, 1980).

41 Trader Joe's Website, https://www.traderjoes.com/our-story (accessed March 27, 2019); Scott Sloan, "Lexington's Trader Joe's Opens Friday," *Kentucky.com,* June 28, 2012, http://www.kentucky.com/2012/06/28/2241801/lexingtons-trader-joes-opens-friday.html (accessed July 17, 2012); Mark Mallinger, "The Trader Joe's Experience: The Impact of Corporate Culture on Business Strategy," *Graziadio Business Review,* Graziadio School of Business and Management, Pepperdine University, 10, no. 2 (2007), http://www.gbr.pepperdine.edu/2010/08/the-trader-joes-experienc/ (accessed July 17, 2012); Shan Li, "Can Trader Joe's Stay 'Homey' as It Grows?"; and Beth Kowitt, "Inside Trader Joe's," *Fortune* (September 6, 2010), 86ff.

42 Alan Ruddock, "Keeping Up with O'Leary," *Management Today,* September 2003, 48–55; and Jane Engle, "Flying High for Pocket Change; Regional Carriers Offer Inexpensive Travel Alternative," *South Florida Sun Sentinel,* February 13, 2005, 5.

43 Michael E. Porter, "Strategy and the Internet," *Harvard Business Review,* March 2001, 63–78; and John Magretta, "Why Business Models Matter," *Harvard Business Review,* May 2002, 86.

44 Ben Mutzabaugh, "Allegiant Announces 19 New Routes; Big Winners are Florida Panhandle and Nashville," *USA TODAY,* February 12, 2019, https://www.usatoday.com/story/travel/flights/todayinthesky/2019/02/12/allegiant-air-19-new-seasonal-routes-focus-florida-and-tennessee/2842600002/ (accessed March 29, 2019); and Jack Nicas, "Allegiant Air: The Tardy, Gas-Guzzling, Most Profitable Airline in America," *The Wall Street Journal,* June 4, 2013, http://online.wsj.com/article/SB10001424127887324423904578525310460541592.html (accessed September 16, 2013).

45 Richard Teitelbaum, "The Wal-Mart of Wall Street," *Fortune,* October 13, 1997, 128–130.

46 Raymond E. Miles and Charles C. Snow, *Organizational Strategy, Structure, and Process* (New York: McGraw-Hill, 1978).

47 Nicholas Casey, "New Nike Sneaker Targets Jocks, Greens, Wall Street," *The Wall Street Journal,* February 15, 2008, B1.

48 Mike Colias, "The 10-Year Plan to Make Cadillac Cool Again," *The Wall Street Journal,* October 25, 2017; Andrew Connor, "A Brief History of Cadillac's Best Automotive Innovations," *Gear Patrol,* August 19, 2015, https://gearpatrol.com/2015/08/19/history-of-cadillac-automotive-innovations/ (accessed March 28, 2019); Don Sherman, "If It Was a First, It Might Very Well Have Come from Cadillac," *Automotive News,* September 14, 2008, https://www.autonews.com/article/20080914/OEM06/309149967/if-it-was-a-first-it-might-very-well-have-come-from-cadillac (accessed March 28, 2019); and "Cadillac Innovation," https://www.cadillac.com/world-of-cadillac/innovation (accessed March 28, 2019).

49 Geraldine Fabrikant, "The Paramount Team Puts Profit Over Splash," *The New York Times,* June 30, 2002, Section 3, 1, 15.

50 Shalini Ramachandran, "Netflix, Amazon Take Divergent Paths to Reach Indian Audience," *The Wall Street Journal*, November 1, 2016; Esther Fung, "Amazon to Shut All U.S.

Pop-Up Stores as It Rethinks Physical Retail Strategy," *The Wall Street Journal*, March 6, 2019; Greg Bensinger, "Amazon Revenue, Spending Grow Apace," *The Wall Street Journal*, April 26, 2013, B4; and Mylene Mangalindan, "Slow Slog for Amazon's Digital Media—Earnings Today May Provide Data on What Works," *The Wall Street Journal*, April 23, 2008, B1.

51 "On the Staying Power of Defenders, Analyzers, and Prospectors: Academic Commentary by Donald C. Hambrick," *Academy of Management Executive* 17, no. 4 (2003), 115–118.

52 Etzioni, *Modern Organizations*, 8; and Gary D. Sandefur, "Efficiency in Social Service Organizations," *Administration and Society* 14 (1983), 449–468.

53 Richard M. Steers, *Organizational Effectiveness: A Behavioral View* (Santa Monica, CA: Goodyear, 1977), 51.

54 Michael Hammer, "The 7 Deadly Sins of Performance Measurement (and How to Avoid Them)," *MIT Sloan Management Review* 48, no. 3 (Spring 2007), 19–28.

55 Karl E. Weick and Richard L. Daft, "The Effectiveness of Interpretation Systems," in Kim S. Cameron and David A. Whetten, eds., *Organizational Effectiveness: A Comparison of Multiple Models* (New York: Academic Press, 1982); and Gaim, et al., "Analyzing Competing Demands in Organizations."

56 This discussion is based on Robert D. Herman and David O. Renz, "Advancing Nonprofit Organizational Effectiveness Research and Theory," *Nonprofit Management and Leadership* 18, no. 4 (Summer 2008), 399–415; Eric J. Walton and Sarah Dawson, "Managers' Perceptions of Criteria of Organizational Effectiveness," *Journal of Management Studies* 38, no. 2 (March 2001), 173–199; and K. S. Cameron and D. A. Whetton, "Organizational Effectiveness: One Model or Several?" in *Organizational Effectiveness: A Comparison of Multiple Models*, K. S. Cameron and D. A. Whetton, eds., (New York: Academic Press, 1983), 1–24.

57 Graham Kenny, "From the Stakeholder Viewpoint: Designing Measurable Objectives," *Journal of Business Strategy* 33, no. 6 (2012), 40–46.

58 Kim S. Cameron, "A Study of Organizational Effectiveness and Its Predictors," *Management Science* 32 (1986), 87–112; and Joseph R. Matthews, "Assessing Organizational Effectiveness: The Role of Performance Measures," *The Library Quarterly* 81, no. 1 (2011), 83–110.

59 Most of these indicators are from Cristina B. Gibson, Mary E. Zellmer-Bruhn, and Donald P. Schwab, "Team Effectiveness in Multinational Organizations: Evaluation Across Contexts," *Group & Organizational Management* 28, no. 4 (December 2003), 444–474.

60 Herman and Renz, "Advancing Nonprofit Organizational Effectiveness Research and Theory"; Y. Baruch and N. Ramalho, "Communalities and Distinctions in the Measurement of Organizational Performance and Effectiveness Across For-Profit and Nonprofit Sectors," *Nonprofit and Voluntary Sector Quarterly* 35, no. 1 (2006), 39–65; A. M. Parhizgari and G. Ronald Gilbert, "Measures of Organizational Effectiveness: Private and Public Sector Performance," *Omega; The International Journal of Management Science* 32 (2004), 221–229; David L. Blenkhorn and Brian Gaber, "The Use of 'Warm Fuzzies' to Assess Organizational Effectiveness," *Journal of General Management*, 21, no. 2 (Winter 1995), 40–51; and Scott Leibs, "Measuring Up," *CFO* (June 2007), 63–66.

61 Reported in David H. Freedman, "What's Next: The Dashboard Dilemma," *Inc.*, November 1, 2006, http://www.inc.com/magazine/20061101/column-freedman.html (accessed July 14, 2011).

62 James L. Price, "The Study of Organizational Effectiveness," *Sociological Quarterly* 13 (1972), 3–15; and Steven Strasser, J. D. Eveland, Gaylord Cummins, O. Lynn Deniston, and John H. Romani, "Conceptualizing the Goal and Systems Models of Organizational Effectiveness—Implications for Comparative Evaluation Research," *Journal of Management Studies* 18 (1981), 321–340.

63 Adam Satariano, "Uber Regains Its License to Operate in London, a Win for Its New CEO," *The New York Times*, June 26, 2018.

64 Richard H. Hall and John P. Clark, "An Ineffective Effectiveness Study and Some Suggestions for Future Research," *Sociological Quarterly* 21 (1980), 119–134; Price, "The Study of Organizational Effectiveness"; and Perrow, "The Analysis of Goals in Complex Organizations."

65 Gautam Naik, "Poverty: The New Search for Solutions; Baby Steps: Cincinnati Applies a Corporate Model to Saving Infants," (Third in a Series), *The Wall Street Journal*, June 20, 2006, A1.

66 Jonathan A. Jensen, Job B. Cobbs, and Brian A. Turner, "Evaluating Sponsorship through the Lens of the Resource-Based View: The Potential for Sustained Competitive Advantage," *Business Horizons* 59 (2018), 163–173; and David J. Collis and Cynthia A. Montgomery, "Competing on Resources," *Harvard Business Review*, July–August 2008, 140–150.

67 The discussion of the resource-based approach is based in part on Michael V. Russo and Paul A. Fouts, "A Resource-Based Perspective on Corporate Environmental Performance and Profitability," *Academy of Management Journal* 40, no. 3 (June 1997), 534–559; and Jay B. Barney, J. L. "Larry" Stempert, Loren T. Gustafson, and Yolanda Sarason, "Organizational Identity within the Strategic Management Conversation: Contributions and Assumptions," in David A. Whetten and Paul C. Godfrey, eds., *Identity in Organizations: Building Theory through Conversations* (Thousand Oaks, CA: Sage Publications, 1998), 83–98.

68 These are based on David J. Collis and Cynthia A. Montgomery, "Competing on Resources," *Harvard Business Review*, July–August 2008, 140–150; J. Barton Cunningham, "A Systems-Resource Approach for Evaluating Organizational Effectiveness," *Human Relations* 31 (1978), 631–656; and Ephraim Yuchtman and Stanley E. Seashore, "A System Resource Approach to Organizational Effectiveness," *Administrative Science Quarterly* 12 (1967), 377–395.

69 Roger Noble, "How Shriners Hospitals for Children Found the Formula for Performance Excellence," *Global Business and Organizational Excellence*, July–August 2009, 7–15.

70 Based on Collis and Montgomery, "Competing on Resources."

71 Richard I. Priem, "Is the Resource-Based 'View' a Useful Perspective for Strategic Management Research?" *Academy of Management Review* 26, no. 1 (2001), 22–40.

72 Chris Argyris, *Integrating the Individual and the Organization* (New York: Wiley, 1964); Warren G. Bennis, *Changing Organizations* (New York: McGraw-Hill, 1966); Rensis Likert, *The Human Organization* (New York: McGraw-Hill, 1967); and Richard Beckhard, *Organization Development Strategies and Models* (Reading, MA: Addison-Wesley, 1969).

73 Cheri Ostroff and Neal Schmitt, "Configurations of

Organizational Effectiveness and Efficiency," *Academy of Management Journal* 36 (1993), 1345–1361.

74 J. Barton Cunningham, "Approaches to the Evaluation of Organizational Effectiveness," *Academy of Management Review* 2 (1977), 463–474; and Beckhard, *Organization Development.*

75 Craig Torres and Anthony Feld, "Campbell's Quest for Productivity," *Businessweek,* November 24, 2010, 15–16.

76 Jeanne Michalski, "BNSF's Leadership Engine," *Organizational Dynamics* 42 (2013), 35–45.

77 Anne S. Tusi, "A Multiple Constituency Model of Effectiveness: An Empirical Examination at the Human Resource Subunit Level," *Administrative Science Quarterly* 35 (1990), 458–483; Charles Fombrun and Mark Shanley, "What's In a Name? Reputation Building and Corporate Strategy," *Academy of Management Journal* 33 (1990), 233–258; and Terry Connolly, Edward J. Conlon, and Stuart Jay Deutsch, "Organizational Effectiveness: A Multiple Constituency Approach," *Academy of Management Review* 5 (1980), 211–217.

78 Frank Friedlander and Hal Pickle, "Components of Effectiveness in Small Organizations," *Administrative Science Quarterly* 13 (1968), 289–304.

79 Tusi, "A Multiple Constituency Model of Effectiveness."

80 Fombrun and Shanley, "What's In a Name?"

81 Kim S. Cameron, "The Effectiveness of Ineffectiveness," in Barry M. Staw and L. L. Cummings, eds., *Research in Organizational Behavior* (Greenwich, CT: JAI Press, 1984), 235–286; and Rosabeth Moss Kanter and Derick Brinkerhoff, "Organizational Performance: Recent Developments in Measurement," *Annual Review of Sociology* 7 (1981), 321–349.

82 Eric J. Walton and Sarah Dawson, "Managers' Perceptions of Criteria of Organizational Effectiveness," *Journal of Management Studies* 38, no. 2 (2001), 173–199.

83 Beth Dickey, "NASA's Next Step," *Government Executive,* April 15, 2004, http://www.govexec.com/features/0404-15/0404-15s1.htm 34 (accessed July 19, 2011).

84 Neil King Jr. and Russell Gold, "BP Crew Focused on Costs: Congress," *The Wall Street Journal Online,* June 15, 2010, http://online.wsj.com/article/SB10001424052748704324304575306800201158346.html (accessed July 19, 2011).

85 Robert E. Quinn and John Rohrbaugh, "A Spatial Model of Effectiveness Criteria: Towards a Competing Values Approach to Organizational Analysis," *Management Science* 29, no. 3 (1983), 363–377; and Walton and Dawson, "Managers' Perceptions of Criteria of Organizational Effectiveness."

86 Regina M. O'Neill and Robert E. Quinn, "Editor's Note: Applications of the Competing Values Framework," *Human Resource Management* 32 (Spring 1993), 1–7.

87 Gary Morton, "Book Highlight—Purpose-Driven Creativity at Stryker," *Global Business and Organizational Excellence* 37, no. 3 (2018), 60–66.

88 Robert E. Quinn and Kim Cameron, "Organizational Life Cycles and Shifting Criteria of Effectiveness: Some Preliminary Evidence," *Management Science* 29 (1983), 33–51.

89 Dongwook Chung, "A Management 180," *T + D,* July 2013, 56–59.

90 Based on Ron Stodghill, "Boxed Out," *FSB,* April 2005, 69–72; "SIC 2653 Corrugated and Solid Fiber Boxes," *Reference for Business, Encyclopedia of Business,* 2nd ed., http://www.referenceforbusiness.com/industries/Paper-Allied/Corrugated-Solid-Fiber-Boxes.html (accessed November 11, 2011); "Paper and Allied Products," *U.S. Trade and Industry Outlook 2000,* 10–12 to 10–15; "Smurfit-Stone Container: Market Summary," *Business Week Online,* May 4, 2006; and Bernard A. Deitzer and Karl A. Shilliff, "Incident 15," *Contemporary Management Incidents* (Columbus, OH: Grid, Inc., 1977), 43–46.

组织结构的基本原理

问题引入

在阅读本章内容之前,请先看下面的问题并选择答案。

1. 一个受欢迎的组织要让员工在他们想工作的部门工作,这样就可以充分激励员工,让员工保持高度的工作热情。

同意_____　　　　　　　　　　　不同意_____

2. 由不同部门成员组成的委员会和任务小组常常不能把事情做好。

同意_____　　　　　　　　　　　不同意_____

3. 高层管理者会对组织关键工作单位的活动加以控制,而不是承包给其他公司,这种做法是很明智的。

同意_____　　　　　　　　　　　不同意_____

前海军上尉内特·菲克(Nate Fick)将美国海军陆战队的 13 人步枪队比作世界级的舞蹈团,他说:"每个人的行动都取决于其他人的行动。"每个小队由一名队长和三个火力队组成,每个火力队由四名步枪手组成。《船长班:创造世界上伟大团队的隐藏力量》(*The Captain Class: The Hidden Force That Creates the World's Greatest Teams*)一书的作者山姆·沃克(Sam Walker)认为,海军陆战队是"半个世纪以来在团队设计方面最辉煌的战术编队"。海军陆战队指挥官罗伯特·奈勒(Robert Neller)非常同意,但他通过增加两个新的职位———一个助理班长和一个专注于技术和智能的系统操作员———并将阵容缩小到 12 个人,打破了小队的长期结构。每个火力队都淘汰了一名步枪手。如今的军事行动依赖于通过无人机等新技术获取的战场情报。因此,在 2018 年 5 月,奈勒"公布了 70 年来对海军步兵战斗组织的最大规模变革",以应对新的战斗情况。[1]

与所有组织的管理者一样,军队的领导者要不断进行结构变革,以满足不断变化的需要。组织结构是帮助组织执行战略和达成目标的重要元素之一。正如第1章所提到的，宝洁公司正在削减部门和减少管理层级，以提升在全球环境中的响应速度和敏捷性。流媒体服务公司声田（Spotify）在其管理结构中增加了一个新的职位——首席内容官，负责推动公司开拓音乐之外的服务内容。拉夫劳伦公司（Ralph Lauren Corporation）的新任首席执行官重组了公司业务，促使设计部门、销售部门、采购部门和市场团队共同努力，以便在产品开发中更快地从设计部门流转到销售层。[2] 当今的许多公司采用诸如跨职能团队和矩阵设计之类的结构创新，以保持组织的协作性和灵活性。例如，联邦调查局（Federal Bureau of Investigation，FBI）就部分地采用了这种战略打击恐怖主义。与其他类型的组织一样，FBI必须使用有限的资源达成目标。FBI的创新之一是飞虎队（flying squads），这是一个由各部门的志愿者和支持人员组成的团队，当FBI在全球各地的办事处需要协助行动时，这些团队成员可以提供帮助，他们做好了随时投入行动的准备。[3] 一些组织，如在线零售商美捷步（Zappos）甚至已经转变为无领导型组织结构，所有的工作，包括那些通常由管理者控制和监督的工作，都由团队处理。

由于组织面临的环境愈加复杂，组织自身也变得比以往更加复杂，越来越没有固定形式。惠氏与埃森哲组建了一个合资机构——临床数据联盟（Alliance for Clinical Data Excellence）。双方的合作旨在实现强强联合，由合资机构来管理惠氏整个临床试验操作——从方案设计到患者治疗再到现场监控。[4] 埃森哲没有一个正式的总部，没有官方分公司，没有固定的办公室。公司的主要技术在德国，人力资源总部在芝加哥，财务总监在硅谷，大部分的咨询专家一直是流动工作的。[5] 惠氏和埃森哲反映了当今组织结构的趋势正向外包、联合和虚拟网络发展。

其他一些仍然采用传统功能结构的公司也获得了成功，功能结构通过垂直层级对组织进行协调和控制。组织采用各种不同的结构以实现其目标。今天，几乎每个企业为应对新的挑战都需要在某一时刻经历一场重组。结构变革是适应新的战略和其他权变因素变化的必然需要。我们已在第1章和第2章中介绍了战略以外的其他权变因素，包括环境、技术、规模与生命周期以及文化等。

 本章目的

本章介绍组织结构的基本概念，说明如何设计组织结构，并在组织图上加以体现。首先，我们要对结构下个定义，并对结构设计问题进行综述。然后，引入信息处理观来解释如何设计组织的横向和纵向联系，以便提供所需的信息流。之后，本章概述了组织设计的基本方案，接着讨论了用于将组织活动组合成职能型、事业部型、矩阵型、虚拟网络型以及全体共治型团队结构的方法。本章最后考察这些结构形式的采用如何取决于组织所处的特定情境条件，并分析结构设计不当的主要症状。

3.1　组织结构

组织结构（organization structure）的定义包含三方面关键要素：

1. 组织结构决定了组织中的正式报告关系，包括职权层级的数目和主管人员的管理幅度。

2. 组织结构确定了将个体组合成部门、部门再组合成整个组织的方式。

3. 组织结构包含了确保跨部门沟通、协作与力量整合的制度设计。[6]

上述三个要素涉及了组织的纵、横方向。具体地说，前两个要素规定了组织的结构框架，也即纵向的层级。[7] 第三个要素则是关于组织成员之间的相互作用关系。一个理想的组织结构应该鼓励成员在必要的时间和地点通过横向联系提供共享的信息和协调。

组织结构反映在组织图上。人们不可能像观察制造设施、办公室或产品那样"看清楚"组织的内部结构。虽然我们能看见在各处上班的员工们在履行他们的职责并完成各项的任务，但要切实地看到所有这些活动后面的结构还只能借助于组织图。组织图是对组织的一整套基本活动和过程的形象化的表现。图 3-1 就是一张示例性的组织图。组织图对我们了解一个组织如何运行有很大的作用。它不仅说明了组织的各构成部分和相互关联的方式，而且也展现了各职位、各部门是如何整合为一个整体的。

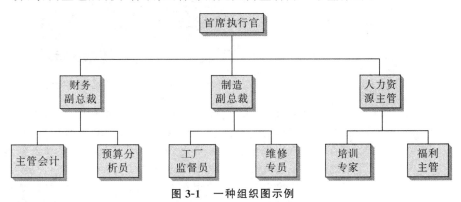

图 3-1　一种组织图示例

用组织图表现组织设立哪些职位，各职位如何组合起来构成部门，以及谁向谁报告工作等，这种思想在几百年前就有了。[8] 例如，人们发现西班牙中世纪教堂就画有展现教会层级轮廓的图案。不过，组织图在企业中的应用还大体上是在工业革命开始以后。就像我们在第 1 章中讨论的，随着工作变得越来越复杂并由越来越多的工人完成，就迫切需要开发出一些方式来管理和控制组织。铁路的发展就是一个例子。在马萨诸塞州 1841 年发生两列客车相撞事件后，公众纷纷要求加强对铁路运营的管理。结果，西部铁路公司（Western Railroad）董事会采取措施确定了"公司各业务部门的明确的职责,画出了铁路行政管理、维护和运营方面的单一的职权和指挥线"。[9]

图 3-2 是一个早期组织系统图的有趣例子,该图是 1855 年丹尼尔·麦卡勒姆(Daniel McCallum)为伊利铁路(Erie Railroad)设计的。面对资金紧张和生产率下滑等问题,麦卡勒姆设计了组织系统图,用来向投资者解释铁路的运营,同时也可以用来为铁路线的负责人指明责任的划分。麦卡勒姆按照地理区域划分管理的范围,每一个管理区域安排一名负责人进行监管和指导。[10]

图 3-2　1855 年伊利铁路组织结构图

19 世纪末 20 世纪初的实践诞生了一种如图 3-1 所示的组织结构,这就是以首席执行官为最高层,将其他人员置于其下各层次之中的层级制结构。思考和决策工作由高层人员负责,体力工作则由被组织到各不同职能部门中的员工来完成。这一结构产生了相当好的效果,因而在差不多整个 20 世纪成了企业界普遍应用的组织模式。然而,这种纵向型结构并不总是有效的,特别是在迅速变化的环境中,它的缺陷更加明显。近年来,有些组织开发出其他结构设计方案,其中有许多是着眼于增进横向的协调和沟通,鼓励对外界的变化做出调整和适应。本章的"新书评介"栏目表明,21 世纪,组织和管理人员的新方法对公司维持可持续竞争优势非常重要。

问题引入部分的参考答案

1. 一个受欢迎的组织要让员工在他们想工作的部门工作,这样就可以充分激励员工,让员工保持高度的工作热情。

答案:不同意。有一小部分公司尝试了这种方法,并取得了成功,但是一个典型的组织应该以一种能够确保工作完成和协调的方式来设计它的工作活动、职位和部门，以便能够实现组织目标。很多管理者会尽量给员工一些选择权利以维持员工的工作热情。

本节要点

- 组织结构包含三方面关键要素。它指定了正式的职位和报告关系，确定了将个体组合成部门的方式，并提供了将组织要素联系和协调成一个连贯整体的机制。
- 组织结构反映在组织图上。
- 组织图的概念几个世纪前就已出现，但对组织图的广泛使用始于工业革命后的商业领域。

3.2　有关结构的信息共享观

组织应设计成能提供实现组织总目标所必需的所有纵向和横向信息流的结构形态。如果结构不能满足组织对信息的需要，组织中的成员不是无法得到足够的信息，就是花费过多时间处理其工作中并不怎么需要的信息，这些都会影响到组织的效果。[11]然而，在依靠纵向联系手段还是横向联系手段这个问题的处理上，组织存在着一个固有的矛盾。如果说纵向联系手段的设计主要是为了实施控制，那么横向联系手段的设计则是为了促进协调和合作，而后者常常意味着减弱控制。

3.2.1　集权与分权

组织中存在的一个问题是哪一个层级有权制定决策，决策层级的不同决定了信息需求的不同。集权和分权是两种类型的决策制定方向，**集权**（centralization）意味着组织的决策制定权集中于组织高层当中，**分权**（decentralization）意味着决策权力被下放到了更低的组织层次上。

组织可以在两类方案中做出选择：一是依照传统的以效率为中心的组织设计，强调纵向的沟通和控制（机械式组织，第 1 章所述）；二是采用更加灵活的学习型组织设计，强调横向的沟通和协调（有机式组织）。图 3-3 比较了效率型和学习型组织的设计。对效率和控制的重视是与任务专业化、职权层级、规章条理、正式报告制度、很少的团队或任务小组、集权的决策等相关的，而对学习能力的重视则与任务共担、层级弱化、较少的规章条例、面对面的沟通、很多的团队或任务小组以及非正规的分权的决策等相关联。

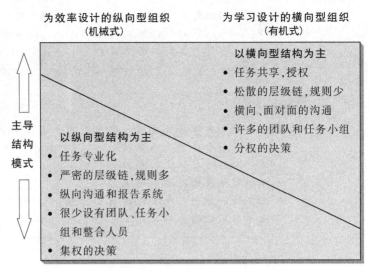

图 3-3 以效率为中心和以学习为中心的组织设计对比

加里·哈默尔(Gary Hamel),比尔·布林(Bill Breen)
《管理大未来》(*The Future of Management*)

　　加里·哈默尔在和比尔·布林合作写成的《管理大未来》一书中说道,比起新产品或服务创新,像科学管理原则、部门化组织结构和通过品牌经理实施横向协调这些管理突破为企业创造了更强大的持续竞争优势。哈默尔说,等等,这些想法不是一直都存在吗?但是会永远如此吗?他指出,事实上今天的管理者正在用一个多世纪以前就出现了的组织理念、实践和结构机制管理 21 世纪的组织。当时,垂直层级、专业化、科层控制和集中化是解决无效率问题的新方法。当变化持续加快的时候,这些方法就显得过于静态和死板了。哈默尔认为,当今的组织必须"既能有效运行,又有适应的战略"。

　　一些结构创新

　　哈默尔指出,管理实践经历的转变与工业革命及科学管理的出现相类似。《管理大未来》里有一些例子,说明了当管理者围绕着社区、创造性和信息共享等而非严格的层级原则去建立组织结构时,会有什么样的可能。

　　● **全食超市(Whole Foods Market)**

　　团队是全食超市最基本的组织单位,并且拥有零售业史无前例的自主性。每个商店由大约 8 个自我指导的团队组成,这些团队负责监督新鲜产品、制成品、乳制品和产品检测等部门的工作。团队负责所有的关键运营决策,包括价格、订单、招聘和店内促销。

● 戈尔公司（W. L. Gore）

戈尔公司的创新表现为，通过对工作加以组织，不管是否有管理者在控制，事情都会运转良好。最有名的是戈尔特克斯网状结构（Gore-Tex fabric），员工自己可以决定做什么，没有管理层，没有头衔，没有组织结构图。就像全食超市一样，戈尔公司的核心运营单位也是小型团队，但是在戈尔内部，人们可以自主选择去哪个团队工作，而且可以对任何人提出的要求说"不"。不过，戈尔公司仍执行严格的问责制——每个人每年都会接受 20 个同事的审查。

● 维萨卡公司（Visa）

几乎每个人都听说过维萨卡，但很少人知道这个品牌背后的组织。维萨卡公司是世界上第一家几乎完全虚拟的组织。在 20 世纪 70 年代早期，几家银行组成了一个财团，今天，这个财团已经成长为拥有 21 000 家金融机构和 13 亿持卡者的全球网络。这个组织几乎是自组织的，会随着情况的变化持续演进。

如何成为一个管理创新者

大多公司都有产品创新系统，但是哈默尔认为很少公司能为管理创新设计良好的程序。《管理大未来》提供了管理者能够增加管理思想突破机会的具体步骤。哈默尔将现代管理和组织设计的出现视为 20 世纪最重要的创新。然而现在是时候等待 21 世纪新思想的诞生了。

The Future of Management，by Gary Hamel with Bill Breen, is published by Harvard Business School Press.

组织可能需要进行试验，才能找出适应其需求的、正确的集权或分权程度。例如，威廉·大内（William Ouchi）的一项研究发现，3 个已经转换为更为灵活的分权结构的大型学区（school district）被授予了更多的自主权、责任和对资源的控制权，它们比那些高度集权的大型学区绩效更好，也更有效率。[12]沃尔玛正在一些商店尝试更大程度的权力下沉，方法是减少管理人员，并给予销售层更多的决策权力。沃尔玛提出了几个版本的"卓越职场"（Great Workplace）的概念，并正在大约 100 个沃尔玛社区商店和小型超市测试这些版本。[13]像丰田之类的日本企业，即使它们一直以强势的集权管理方式而著称，也开始探索利用分权的力量，培养员工的主人翁精神，正如接下来的应用案例中所描述的。

应用案例 3-1

丰 田 公 司

"我们不需要把每件事都拿到日本做决策"，丰田技术中心首席工程师兰迪·史蒂芬（Randy Stephen）说，"我们可能回日本汇报项目进展，但是这款车的归属感在这里"。这家技术中心位于密歇根州安阿伯（Ann Arbor）附近，负责新版阿瓦隆系列（Avalon）轿车的工程设计工作。

新版阿瓦隆的设计和工程工作都在密歇根州进行，制造在肯塔基州。作为公司最为美国化的汽车类型，阿瓦隆系列正备受推崇。这是丰田第一款不在日本研发的车型，同时，研发阿瓦隆的这种组织模式也检验着丰田下放决策权到子公司后的运行效果。在经历了数年的安全问题和召回危机之后，管理者们开始重振曾经强大的丰田，包括更加全球化地分配责任。

公司因为在处理安全问题和召回问题时需要总部协调每个决策而饱受争议。总部已经彻查了质量控制流程，并且将更多的决策权下放到北美、欧洲和亚洲等地区的负责安全管理的区域经理手中。[14]

虽然很多决策权仍掌握在总部高管手中，但是丰田已经意识到有些决策权应该下放到执行层。区域经理们相信，丰田经历的问题能让总部高管层敢于去冒一些曾经不敢尝试的风险。[15]

当然，组织不需要集中做出所有决策。富国银行（Wells Fargo）高管层表示，员工开设虚假银行账户致使公司陷入伦理和法律困境，部分原因是过于分权，而这一点正如前一章所描述的那样。在很多企业内部，高层主管希望将一些权力集中起来以消除重复工作，而业务经理们想要保持其享有的控制权，导致组织内经常存在着"集权和分权之间的拉锯战"。[16]管理者总是要根据组织自身的情况，不断寻找纵向控制与横向合作、集权与分权的最佳组合。[17]

3.2.2　纵向信息共享

组织设计应该能促进组织成员、部门之间的沟通，这对于达成总目标是必不可少的。管理者设置了信息联系（information linkages）以方便组织各个部分之间的沟通和协调。用于协调组织高层和基层间活动的**纵向联系**（vertical linkages）主要是为了组织的控制目的而设计的。低层员工开展的活动应该与高层的目标保持一致，而且高层经理人员应该得到有关低层活动及其完成情况的信息。组织可以运用各种各样的结构性手段来实现这种纵向联系。具体手段包括层级安排、规则与计划以及正式的管理信息系统等。[18]

层级安排

第一种纵向联系的手段是层级链，亦称作指挥链，如前面图 3-1 中的垂直线所示。如果员工面临某一问题又不知如何解决时，他可以将问题提交给上一层级。如果该层级能够解决问题，则答案就顺着层级链往下传递到低层。组织图中的垂直线就发挥沟通渠道的作用。

规则与计划

第二种纵向联系的手段是运用规则和计划。只要问题和决策是经常反复出现的，就可以制定出规则或程序，使员工知道该如何加以应对，而不需要直接请示其主管人员。规则提供了一种标准的信息源，使员工能够在无须事事都进行实际沟通的情况下协调地开展工作。例如，百事公司在墨西哥的吉米萨（Gemesa）饼干业务部的管理者们简化了对生产工人在目标、流程和程序上的要求，这样工人们就能自行完成大部分工作，并能保证生产流程的顺利运行，从而减少了管理人员的数量。[19]计划也可为员工提供相对持久的信息。应用最广泛的计划是预算。有了计划周密的预算方案，低层的员工就可以在分配的资源额度内独立地工作。

纵向信息系统

纵向信息系统（vertical information system）是增强纵向信息沟通能力的另一种手段。它包括分送给管理者的各种定期报告、书面信息和邮件以及其他以计算机为基础的信息沟通等。信息系统使沿着层级链进行上下沟通更有效率。

在今天这个充斥着公司财务丑闻与道德问题的世界上，许多高层管理者都在考虑加强其组织内的联系以获得纵向信息与控制。除此之外，组织工作中的另一主要议题是取得协调和合作所需的横向联系。

3.2.3　横向信息共享与协作

横向沟通能够消除部门之间的障碍，为员工提供协作的可能，以便集中力量实现组织的目标。[20]协作（collaboration）意味着来自两个或两个以上部门的人一起努力，完成共同的目标，或者共享合作成果。通过协作能够达到任何一个单独部门或个人工作时无法达到的效果。[21]为了理解协作的价值，我们来看一下 2011 年美国在巴基斯坦突袭奥萨马·本·拉登（Osama bin Laden）大院的例子。如果没有中央情报局（Central Intelligence Agency，CIA）和美国军方之间的密切合作，这次突袭就不可能取得成功。情报部门和美国军方之间历来没有太多互动，但是这次反恐战争改变了他们的心态。在计划突袭本·拉登期间，在中央情报局一个偏远的安全园区内，军官们每天和中央情报局的团队成员工作在一起，连续数月。一位官员在谈到这次协作任务时说："人们只在电影上看到过这种情况，而在现实中，政府人员在过去一直认为这是不可能的。"[22]

横向联系（horizontal linkage）指的就是组织中跨部门的横向沟通和协调。20 世纪 80 年代，李·亚克卡（Lee Iacocca）在接管克莱斯勒公司（Chrysler）时就发现了横向联系的重要性。下面引用的这段话可能已经有三十年的历史了，但是它简洁地概括了一个发生在全球各地的组织中的问题：

在克莱斯勒，我发现有 35 名副总裁，每人都有各自的地盘……真是让我难以置信。比如，主管工程的副总裁居然与主管制造的副总裁没有接触。但这正是事实所在。每个人都独自工作。看到这种情况，我几乎要辞职了。那一刻我才真正认识到我面临多大的难题。……克莱斯勒公司中好像没有人知道一个企业内不同职能部门间的相互作用是至关重要的。工程部和制造部的人几乎必须同吃同住才行。可是，克莱斯勒的这些家伙们竟然相互间连个招呼也不打！[23]

亚克卡在克莱斯勒公司任职期间，将横向协调推到极高的程度。所有与特定汽车项目相关的人员，包括设计师、工程师、制造人员以及营销、财务、采购的代表，乃至外部的供应商，都在同一楼层一起工作，这样就能够不断地相互沟通。横向联系手段通常不在组织图上表现出来，但它仍然是组织结构的重要组成部分。在小型组织中，互动多为全体员工共同参与，但是在诸如克莱斯勒、谷歌、丰田、印孚瑟斯（Infosys）之类的大型组织中，就需要横向信息共享机制，才能促进有效的合作和知识共享，帮助进行有效的决策制定。[24] 例如，由于合作不力以及信息共享不足，丰田对与粘气花瓣（sticky gas petals）、刹车故障等问题相关的产品质量和安全问题的决策制定和反应时间极为迟钝。[25] 下面介绍的一些手段是能改进组织横向协作和信息流动的结构性方案。[26] 其中每一种手段都能促使人们相互地交流信息。

信息系统

当今组织实现横向联系的一个重要手段是应用跨职能信息系统。计算机化的信息系统可以使遍布组织的管理者和一线工人就各种进展、问题、机会、活动和决策例行地交换和更新信息。例如，退伍军人管理局（Veterans Administration，VA）所属的医疗机构设计了一种叫作维斯塔（Vista）的复杂系统，系统内的医疗工作者可以根据病人的完整信息为病人提供更好的护理。通过密切的协调和合作，技术在医疗机构间得以转移，使得退伍军人管理局的医疗机构从曾经的次等机构转变为美国最优质、最有效率的医疗服务提供者。[27]

有些组织鼓励员工使用公司的信息系统建立遍及组织的关系，以支持并加强跨越项目与地理界限的横向协调。全球最大的私人国际救援组织之一——国际关怀协会（CARE International）加强了其人事数据库，以方便人们找到与自己拥有相同兴趣、关注点和需求的其他人。数据库列出了每个人过去和现在的责任、精力、语言能力、有关外国的知识、急救经验、技能与外在兴趣。这一数据库使跨越组织边界工作的员工们得以轻松地搜索到对方，共享想法与信息，并建立持续性的横向联系。[28]

联络员角色

横向联系的高层次手段是直接接触，这是在受某一问题共同影响的管理者之间或员工之间直接进行的联系。创设某一特定的 **联络员角色**（liaison role），是促进直接接触的一种方式。联络员，有时又称为协调员，隶属于一个部门，但负责与其他部门进行沟通并实现协调。在工程和生产部门之间就经常设置联络员角色，因为工程部门所开发和测试的产品必须与既定的生产设施条件相适应。工程师的办公室可能会被安排在生产地区，这样方便工程师和生产主管对生产过程中的工程问题进行讨论。研发部门的人可能会参加销售会议，与销售人员共同讨论顾客需求以及新产品开发等问题。

任务小组

联络员通常只联系两个部门。当这种联系扩展到多个部门时，就需要更复杂的联系手段，比如任务小组。**任务小组**（task force）是由与某一问题相关的各部门的代表共同组成的一个临时性的委员会。[29] 每位成员都代表一个部门的利益，并将组内会议的信息带回到该部门中。

对于临时性任务来说，任务小组是一种有效的横向联系手段。它是通过直接的横向协调解决问题的，因而可以减少纵向层级链的信息载荷。通常，在既定的任务完成以后，任务小组也就宣告解散了。任务小组被广泛应用于组织中的每一件事上，从安排公司的年度野餐会到解决昂贵而复杂的制造问题。马里兰州（Maryland）北贝塞斯达地区（North Bethesda）的乔治敦城预备中学（Georgetown Preparatory School）就是这样一个例子。学校组建了一个由老师、行政管理人员、教练、后勤人员以及校外顾问组成的任务小组，共同开发了一个预防流感的计划。[30] 在收购时代华纳（Time Warner）之后，美国电话电报公司（AT&T）成立了许多任务小组来处理从编程到数据分析的问题。

应用案例 3-2

美国电话电报公司与华纳媒体

自从美国电话电报公司收购时代华纳并将其更名为华纳媒体（Warner Media）以来，很多事情发生了迅速变化。在收购时，时代华纳有三个主要事业部：家庭影院（HBO）、特纳（Turner）和华纳兄弟（Warner Brothers）。2018 年，收购交易结束后不久，美国电话电报公司高管层成立了几个称为"工作流"（workstream）的委员会，成员来自华纳曾经的这三个主要事业部，分析媒体行业的快速变化，并集思广益，讨论如何解决这些问题。

其中一个工作流聚焦于电视的未来，并提出了一个订阅视频服务的初步计划，以便和网飞公司相竞争。这个计划是将家庭影院的独立流媒体服务 HBO NOW 作为一个独立的产品，在其中增加一项以家庭影院为中心的新服务，并从华纳媒体的电影和电视库中引入更多内容。工作流是打破边界、促进各部门协同工作的开始。时代华纳的一位老员工说："我已经不记得这么多年来三家事业部公司在一起制定过多少次战略了。"华纳媒体首席执行官约翰·斯坦基（John Stankey），和斯坦基担任首席内容官的 NBC 娱乐公司（NBC Entertainment）前任董事长罗伯特·格林布拉特（Robert Greenblatt），都希望华纳能够成为像华特·迪士尼（Walt Disney Company）和康卡斯特 NBC 环球公司（NBC Universal）那样的成功企业，因为这些企业内部的各部门之间合作更多、协作紧密。格林布拉特提醒员工，竞争对手们正在"蚕食我们的蛋糕"。他指出，时代华纳长期以来各部门之间的内讧和地盘之争是造成这一局面的主要原因之一。例如，内部人士说，特纳曾试图与 HBO 合作推出流媒体服务，但遭到了竞争对手的压制。"这家公司过去一直是一个个独立实体的集合"，格林布拉特说，"我们有责任探索一种合理巧妙的方式共同管理它们。"[31]

问题引入部分的参考答案

2. 由不同部门成员组成的委员会和任务小组常常不能把事情做好。

答案：不同意。跨职能委员会和任务小组是为了共享信息，以协调各部门之间的活动。召开会议、谈话和提出不同意见是委员会的主要工作。这些小组的工作重点不是努力"把事情做好"，而应该更重视效率。

专职整合人员

一种更强有力的横向联系手段是，创设仅以促进协调为任务的专门的职位或部门。**专职整合人员**（integrator）通常有一个诸如产品经理、项目经理、规划经理或品牌经理这样的头衔。与上面提到的联络员不同，专职整合人员并不隶属于任何一个要加以协调的职能部门，而是独立于各个部门之外，负责多个部门之间的协调。例如，绅士花生（Planters Peanuts）的品牌经理负责协调产品的销售、分销和广告。

整合人员也可以负责某一创新或变革的项目，如负责一种新产品的设计、筹资和营销活动。图 3-4 列示了新产品开发项目经理在组织图中的位置。项目经理画在图的另一侧，以显示其与职能部门的区别。箭头表明许多成员被分派到新产品开发项目中。如新产品项目 A 中就指派了一位财会师以跟踪成本和预算情况，工程人员则提供设计建议，采购和制造人员也分别负责各自领域的工作。项目经理对整个项目负责。她/他要确保按时开发出新产品来并推向市场，实现项目目标。图 3-4 中的横线表示项目经理在提薪、聘用或解聘人员方面并没有正式的职权。这种职权是由职能部门经理行使的，他们对其下属人员拥有正式职权。

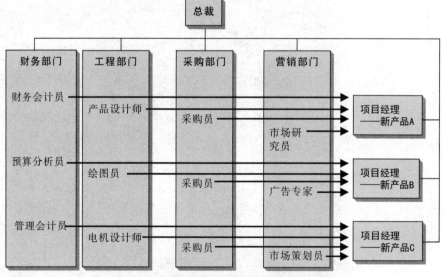

图 3-4　项目经理在组织结构中所处的位置

整合人员需要出色的人际技能。在大多数公司中,整合人员往往职责大而职权小。他们不得不通过专家技能和游说来进行协调。整合人员跨越各部门的界限,必须有能力把人们组织起来,获得他们的信任,解决面临的问题,并从组织整体利益出发处理冲突和分歧。[32]

跨职能团队

项目团队可以说是一种最强有力的横向联系手段。**跨职能团队**(cross-functional teams)是一种长久性的任务小组,其成员来自不同职能领域,而且经常与专职整合人员一同工作。当部门之间的活动需要长期协调和协作时,设立跨职能团队就是常用的解决办法。这些团队通常是由来自研发、工程、营销、供应链和财务等各个部门的人员聚集在一起形成的,这是完成一项创新必备的基础。在那些成功组建了跨职能团队的公司中,包括苹果、宜家和乐高,管理者们清楚地列出了一套具体且有限的创新目标,这样团队就知道必须做什么才能成功。[33]组织在开展大型的项目、重大的创新或开发全新的产品线时,都可以设立特别项目小组(special project teams)。捷蓝航空(JetBlue Airways)组建了一个特殊的项目团队,团队由机舱计划员、系统操作员、调度员、票务代理以及其他雇员组成,负责解决航线因恶劣天气等原因而采取"非常规操作"时遇到的问题。如何有效解决这些非常规问题关乎公司绩效以及顾客满意度,但是团队的工作效果要求成员之间密切合作。团队的主要目标是提升常规准时起航的绩效,同时为重大事件提供解决方案。[34]

当今许多企业采用了跨职能虚拟团队。**虚拟团队**(virtual team)由在组织上或地理上分散的成员构成,主要通过先进的信息技术进行沟通。团队成员使用互联网、合作软件以及其他数字技术一起工作,而不是面对面地在一起工作。[35]大多数公司,特别是那些团队成员分布在不同国家、不同时区、不同文化地域的公司,都设立了虚拟的工作空间,各地成员可以 24 小时进入虚拟空间工作。[36]

图 3-5 描述了团队是如何提供强大的横向协调的。魔术软件公司(Wizard Software Company)针对网站、桌面和移动应用程序开发和销售各种软件,产品涉及游戏、社交媒体和金融服务。公司使用团队方法来协调包括研发、工程开发与营销部门在内的每一条产品线,这在图 3-5 中是以虚线和阴影框来表示的。如有需要,每个团队的成员每天见面的第一件事情,便是解决该产品线的相关问题,具体涉及顾客需求、工作延误、工程变更、进度冲突等方方面面。你是如何理解横向团队工作的? 完成问卷调查"你适合哪种组织设计",看看你觉得应该如何在团队中工作。

图 3-6 概括反映了组织实现横向联系的各种机制。任何组织的管理者都可以从中选择某些手段,用于增进横向的协调。越是高级的手段,就越具有更强的横向信息联系能力,但是,在时间和人力耗费方面给组织造成的成本负担也相应更大。如果横向沟通不足,各部门会发现难以同步工作,这样就无法为组织总目标的实现做出贡献。因此,当组织需要较高的横向协调时,管理者就应该选用高层次的手段。

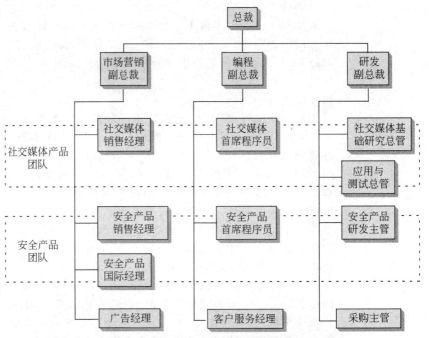

图 3-5　魔术软件公司中的横向协调团队

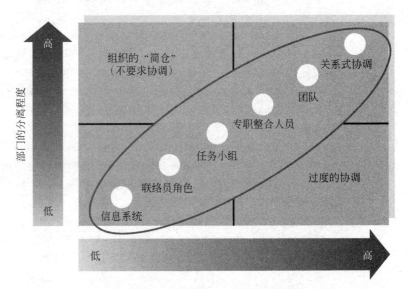

要求的工作流程协调程度

图 3-6　横向联系和协调机制阶梯图

资料来源：Based on Exhibit 1 in Nicolay Worren，"Hitting the Sweet Spot Between Separation and Integration in Organization Design"，*People & Strategy* 34，no. 1（2011），24-30；and Richard L. Daft，*Organization Theory and Design*，11th ed. （Cincinnati，OH：Cengage/Southwestern），106.

你适合哪种组织设计

团队工作的苦与乐

你完成工作或学习任务的方法能够说明你是否能在团队中工作。回答下面关于你工作偏好的问题。请判断下列陈述是否符合你的情况。

	基本符合	不太符合
1. 我喜欢在团队中工作,而不喜欢单独工作。	_____	_____
2. 如果可以选择,我宁愿单独工作,也不愿面对小组工作的麻烦。	_____	_____
3. 和其他人一起工作时,我喜欢和别人互动。	_____	_____
4. 我喜欢自己只做自己的工作,让别人做他们自己的工作。	_____	_____
5. 相比个人成功,我能从小组成功中得到更多满足。	_____	_____
6. 如果人们之间不相互分享,团队工作是毫无价值的。	_____	_____
7. 即使有不同意见,我和其他人一起工作时也感觉很好。	_____	_____
8. 我喜欢依靠自己完成一项工作或任务,而不依靠他人。	_____	_____

计分：奇数题目选择基本符合得 1 分,偶数题目选择不太符合得 1 分,你的分数能够说明你对团队工作或个人工作的喜好程度。如果你只得 2 分或更少,那么你喜欢个人工作,7 分及以上说明你喜欢团队工作,3～6 分之间说明你单独工作或参与团队工作都可以。

解析：团队工作可能打击你,也可能鼓励你,这取决于你的偏好。在团队中工作,你会失去一些自主权,而且还必须依赖于那些可能还没你参与工作多的人。在团队中,你必须通过他人工作,这可能导致你无法控制工作过程和结果。另一方面,团队能够完成个人所不能完成的工作,而且和其他人一起工作可能是工作满意的主要来源。如果你确实喜欢个人工作,那么你适合在有垂直层级结构的职能型组织中工作,或者担当个人贡献者这一角色。如果你喜欢团队工作,那么你适合担当组织中的横向联系角色,比如在任务小组中,或者作为整合人员,你会在横向结构组织或矩阵结构组织中表现良好。

资料来源：Based on Jason D. Shaw, Michelle K. Duffy, and Eric M. Stark. "Interdependence and Preference for Group Work: Main and Congruence Effects on the Satisfaction and Performance of Group Members", *Journal of Management* 26，no.2(2000)，259-279.

3.2.4　关系式协调

如图 3-6 中所示,横向协调的最高水平是关系式协调。**关系式协调**（relational coordination)是指"通过共享目标、共享知识以及相互尊重实现经常且及时的、能够解决问题的沟通"。[37]与图 3-6 中列举的其他方式不同，关系式协调不是一种手段或者机制，而是组织的一部分。在关系式协调水平较高的组织中，人们跨边界、跨部门地共享信息，人们可以通过持续的互动进行知识共享和解决问题。人们通过积极的人际关系进行协调，而不是正式的协调角色或者机制。[38]跨部门的员工之间可以进行直接协调。

要想将关系式协调构建成组织结构的一部分，需要管理者发挥积极作用。管理者们要加大对员工培训的投资，提升员工的沟通技能和跨部门解决冲突的能力。管理者还要积极地关心员工，与员工建立信任感。管理者们要有意识地构建基于整体目标的关系，而不能强调单个部门的目标。人们从严格的工作规则中走出来，获得自由，他们就可以灵活地与人沟通，并在他们被需要的地方做出贡献。奖励要基于整个团队的努力和成绩。一线主管掌握小跨度的控制权，以便与下属建立密切的工作关系，同时能够训练或者指导员工。管理者们还应该创建一些跨职能角色，促进跨边界协调。西南航空公司就是一个很好的例子。

应用案例 3-3
西南航空公司

航空业面临着很多挑战，其中需要每天持续面对的就是飞机安全、准时着陆的问题。飞机起飞是一个相当复杂的过程，在此过程中有许多来自不同部门的员工需要在限定时间内协作完成一系列任务，并且这一过程会伴随着很多不确定的因素。飞机起飞过程中涉及的人员包括票务人员、飞行员、空乘、行李员、检票员、运营人员、机械师、机舱保洁员、机坪操作员、货物装卸管理人员、燃料管理员以及餐饮管理员等，如果这些部门无法紧密协作，飞机就很难按时起飞。

西南航空公司之所以能够让起飞耗时最短，原因之一是其改善了各部门之间的协作，从而达到了准时起飞的目标，并提升了顾客满意度。任何航空公司都不可避免地会出现航班延误时的责任不清问题，因此西南航空公司的管理者们设计了一套"团队延误"(team delay)准则，该准则强调不同部门之间要密切协作，而不是在出现问题时去寻找谁该为此负责。对团队精神的重视能够让每个员工都将注意力集中在准时起飞、安排好行李托运、乘客安全和顾客满意度等共同目标上。由于延误变成了集体的责任，员工们就会积极主动地做好工作的衔接，而不是推脱责任以免受责罚。与此同时，管理者们也和员工紧密协作，但他们很少以"老板"的形象出现，而更多的是在员工的学习和工作中提供帮助。西南航空公司将员工视为内部顾客，采用了小跨度的管理方式，即 1 名主管人员负责 8 至 9 个一线员工，以便于主管人员有时间指导和帮助员工。[39]

在西南航空公司，管理者们通过关系式协调确保多个部门协调一致，共同完成航班起飞的相关工作。当关系式协调的水平较高时，人们之间共享信息，协调活动，无须领导或正式机制告诉他们怎么做。

四星陆军上将大卫·M.罗德里格斯(David M. Rodriguez,现任美国非洲司令部司令)在担任美国驻阿富汗部队副指挥官时,因善于促进美国和阿富汗军事领导人以及低级别指挥官、文职领导人等之间的关系协调而广为人知。他的指挥中心有一种新闻编辑室的感觉,人们热情交谈,相互分享知识。高级军官的指导方针在从上尉传达到中士的过程中得到自下而上的改进。罗德里格斯深知,人们必须"共同努力,找出使团队效率最大化的方式"。[40]

本节要点

- 将组织联结成一个连贯的整体,除了需要组织图外,还需要运用信息系统和各种沟通联系策略。
- 可以根据实现组织总体目标所需的信息处理,合理地设计组织结构,以便提供所需的纵向和横向信息联系。
- 管理人员可以在两种方案中做选择。一种是传统的以效率为中心的组织设计,强调纵向联系,如层次结构、规则和计划以及正式的信息系统(机械式设计)。另一种是更灵活的、以学习和适应为中心的组织设计,强调横向沟通和协调(有机式设计)。
- 各组织通过跨职能信息系统、联络员角色、临时任务小组、专职整合人员、跨职能团队提供横向联系,并创造条件促进关系协调。

3.3　组织设计方案

组织结构的整体设计包括三方面内容:工作活动设计、报告关系、部门组合方式。

3.3.1　工作活动设计

设立部门的目的是完成对组织有战略意义的任务。例如,在典型的制造企业中,工作活动被划分为一系列职能,以帮助组织完成其目标。比如设立人力资源部门进行招聘与培训,设立采购部门以取得供应品与原材料,设立生产部门制造产品,设立销售部门销售产品,等等。当组织越来越大,越来越复杂时,组织需要完成的职能也越来越多。一般而言,组织会设立新的职位、部门或事业部以完成那些有价值的任务。回想一下,声田已经增加了一名首席内容官,以超越流媒体音乐。英国石油公司(BP)在深水地平线漏油事件后新设了一个安全部门。亚马逊创建了一个内部物流部门来承担自己的运输和配送工作。一些观察家认为,亚马逊的送货网络将最终挑战美国联合包裹运送服务公司(UPS)和联邦快递(Fed Ex)为其他公司运送商品和包裹的业务。[41]

3.3.2 报告关系

一旦规定的工作活动与部门确定后,接下来的问题就是：这些活动与部门应如何在组织层级中统一起来？报告关系,通常也称作指挥链（chain of command）,在组织图中是用垂直线来表示的。指挥链应该是一条连续的权力线,它将组织中所有的成员连接起来,并显示谁应该向哪位主管报告工作。在一些大型组织中,比如通用电气、英国石油公司、亚马逊、欧莱雅、微软等公司,需要有百余张组织图来界定数以万计的员工之间的报告关系。部门职责的确定以及报告关系的确立就决定了组织应该如何将员工组合到各部门中。

3.3.3 部门组合方式

部门组合的方式包括职能组合、事业部组合、多重组合、虚拟网络组合以及全体共治型团队组合等,如图 3-7 所示。**部门组合**（departmental grouping）方式影响到员工个人,因为这些员工将拥有共同的主管,使用共同的资源,一起对部门的绩效负责,并趋向于彼此认同和相互合作。[42]

职能组合（functional grouping）是将执行相似的职能或工作过程,或者提供相似的知识和技能的员工组合在一起。比如,将所有的市场营销人员置于同一主管人员的领导下工作,制造工人、人事部门员工、工程人员也这样组合起来。对于一个互联网公司来说,与网络维护相关的所有人员会被组织到一个部门。在一个科研公司内部,所有的化学研究人员组合为一个部门,而生物学研究人员则组成另一部门,因为他们代表着不同的学科领域。

事业部组合（divisional grouping）是按照所生产的产品将人们组合在一起。生产牙膏所需要的所有的人员,包括营销、制造和销售人员,都组合在同一经理人员的领导下。像在美国电话电报公司（AT&T）这样的大公司中,一些产品线或者服务项目可能代表了相互独立的业务,比如 AT&T 通信（移动和其他通信服务）、华纳媒体（电视和电影）和赞德（广告解决方案）。

矩阵组合（matrix grouping）意味着一个组织同时采用两种结构组合方式。组织可能需要同时按职能和产品划分部门,或者需要将几种组织结构类型的特点结合起来。这类模式通常称作矩阵结构。本章后面将对此做更详细的讨论。

在**虚拟网络组合**（virtual network grouping）方式下,组织是一个集群,其组成部分相互独立,松散地联结在一起。从本质上讲,部门就是为了共享信息、完成任务而通过电子化方式联结在一起的独立的组织。部门可以分散在世界的各个角落,而不一定必须集中在同一个地方。

全体共治型团队组合（holacracy team grouping）是最新的部门组合方式。在这种组合中,整个组织由自我管理团队组成,每个自我管理团队由完

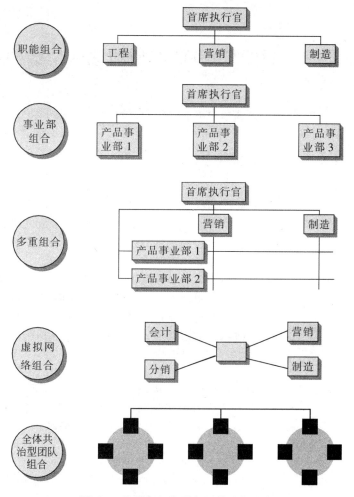

图 3-7   将员工组合为部门的结构方案

资料来源：Adapted from David Nadler and Michael Tushman，*Strategic Organization Design*（Glenview，Ⅲ．：Scott Foresman，1988），68．

成特定任务或活动所需的人员组成。

　　图 3-7 所示的组织形式提供了组织整体设计的各种方案。我们就是在这样的框架之下，绘制组织图并完成具体结构设计的。每种结构设计方案都有其显著的优点和缺点，这正是我们接下来要讨论的。

本节要点

- 组织结构的整体设计包括三方面内容：工作活动设计、报告关系、部门组合方式。
- 将员工和部门组合成一个整体组织的方式包括职能组合、事业部组合、多重组合、虚拟网络组合以及全体共治型团队组合等。

3.4 职能型、事业部型和地区型结构设计

职能组合和事业部组合是两种最常见的结构设计方式。

3.4.1 职能型结构

在**职能型结构**(functional structure)中,组织从下至上按照相同的职能将各种活动组合起来。[43] 所有的工程师安排在工程部门中,主管工程的副总裁负责所有的工程活动。营销、研究开发、制造等的组织也是这样。本章前面图 3-1 所示的就是职能型组织结构的例子。

职能型结构是将所有与特定活动相关的人的知识和技能合并在一起,从而为组织提供纵深的知识。当深度技能对于组织目标的实现至为重要,或者当组织需要通过纵向层级链进行控制和协调,以及当效率是成功的关键因素的时候,职能型结构是最佳的模式。换句话说,在需要较少横向协调的情况下,这种结构可以是相当有效的。表 3-1 概括了职能型结构的优缺点。

职能型结构的一大优点就是:它促进了职能领域内规模经济的实现。规模经济意味着组合在一起的员工可以共享某些设施。例如,在一家工厂生产所有的产品,使这家工厂可以获得最新的机器设备。只建造一套生产设施,而不是为每个产品线都建造独立的生产设施,这减少了重复建设和浪费。职能型结构也促进了员工技能的进一步提升。员工能接触到其所在职能部门开展的一系列职能活动。[44] 职能型结构的主要缺点是:对外界环境变化的反应迟钝,因为这种反应需要跨部门协调;使纵向层级链出现超载;使决策堆积,高层管理者不能做出足够快速的反应。职能型结构的其他缺点包括:协调性较差,导致创新乏力;员工对组织总目标的认识比较有限。

| 表 3-1 职能型结构的优缺点 ||
优　点	缺　点
1. 实现职能部门内部的规模经济	1. 对环境变化反应迟缓
2. 促进知识和技能的纵深发展	2. 可能导致决策堆积于高层,层级链超载
3. 促进组织实现职能目标	3. 导致部门间横向协调差
4. 最适于只有一种或少数几种产品的组织	4. 导致缺乏创新
	5. 对组织目标的认识有限

资料来源:Based on Robert Duncan, "What Is the Right Organization Structure?" *Organizational Dynamics* (Winter 1979),59-80.

3.4.2　设有横向联系手段的职能型结构

　　许多组织在职能型结构下运行良好，根据职能进行组织仍然是比较普遍的组织设计方法。[45]然而，在当今快速发展的世界里，几乎没有公司能够通过严格的职能型结构取得成功。例如，沃特赛德资产管理公司（Watershed Asset Management）以职能为基础将组织划分为法律部、会计部和投资部等，但是为了保证部门间的协调和配合，公司创始人麦瑞迪·A. 穆尔（Meridee A. Moore）安排所有部门的工作人员在同一间开放型的办公室里工作。"这样我们就不会错过或忽略什么，"她说，"在我们处理事情的时候，可以得到前后所有人的协助"。[46]对于小型组织来说，这种非正式的协作机制是可以发挥作用的，但是随着组织的成长壮大，就需要更加强有力的横向协调机制。

　　管理者改善组织的横向协调，可以采用的方式包括信息系统、联络员角色、专职整合人员、项目经理（参见图 3-4）和任务小组或团队（参见图 3-5），以及通过创造条件来鼓励关系式协调。瑞典斯德哥尔摩市的卡罗林斯克医院（Karolinska Hospital）就很有趣地应用了横向联系机制。该医院原来设有 47 个职能部门，后缩减到 11 个。但是，即使高层管理者采取了这一措施，协调还是非常不尽如人意。高管团队着手围绕病人治疗重组了医院的业务流程。不是让病人在部门间转来转去，而是针对疾病的康复过程，将挂号、X 光、外科等部门组成一个流程。重组中最有趣的方面是设立了护士协调员这一新职位。护士协调员就是专职整合人员，负责找出部门内部或部门之间管理协调不当的问题并对其加以解决。横向协调的改进极大地提高了医院的生产率和对病人的治疗效果。[47]卡罗林斯克医院就这样有效地运用横向联系手段克服了职能型结构的一些缺陷。

3.4.3　事业部型结构

　　事业部型结构（divisional structure），也称 M 型结构（多事业部）或分权型结构，按照单项的产品或服务、产品群组、大型的项目或规划、事业、业务或利润中心来组建事业部。[48]这种结构有时也被称为产品结构或者战略业务单元结构。事业部型结构的显著特点是：它是基于组织的产出来组合部门的。例如，乐高集团（LEGO Group）从职能型结构转变为事业部结构后，将公司分为三个产品事业部：针对低龄儿童的得宝（DUPLO）系列大块积木玩具；乐高组装类玩具；以乐高材质为基础的其他类型的游戏材料，比如拼插型珠宝类游戏材料。每个部门都有该玩具生产线所必需的职能部门。[49]美国最大的 50 家工业公司之一联合技术公司（United Technologies Corporation，UTC）有很多部门，包括开利（Carrier，经营空调和暖气事业）、奥的斯

（Otis，经营电梯和自动扶梯事业）、普惠（Pratt & Whitney，经营飞机发动机事业）和柯林斯航空航天（Collins Aerospace，经营航空航天和国防事业）。[50]中国的电子商务企业淘宝（Taobao）将组织分为三个部门提供三种不同类型的服务：帮助个人买家和卖家建立联系；为零售商将产品销售给顾客提供虚拟市场；为人们提供搜索中国各购物网站的服务。[51]

随着组织变得越来越复杂，组织结构也开始从职能型结构转变为事业部型结构。[52]事业部型结构和职能型结构的区别如图 3-8 所示。职能型结构可以重组为产品事业部结构，每个产品部内设立研究开发、制造、会计和营销等部门。跨职能的协调就这样在各产品部内部得到了强化。在事业部型结构中，因为每个单位的规模较小，能更好地适应环境的需要，因而会促进灵活性和变革。此外，事业部型结构将权力下放到较低的层级，实现了决策的分权化。与之不同，职能型结构总是将决策推到最高层后才能使涉及多部门的问题得到解决。

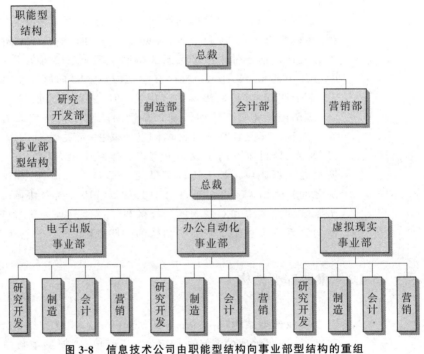

图 3-8　信息技术公司由职能型结构向事业部型结构的重组

表 3-2 概括了事业部型结构的优缺点。这种组织结构形式对于取得跨部门协调有很好的效果。当组织通过传统的纵向层级链不再能得到合适的控制，或者当组织的目标转向以适应和变革为中心时，事业部型结构就非常适用。当谷歌从一个小型搜索引擎公司成长为一家涉猎生物技术和金融等领域的大型公司时，联合创始人兼首席执行官拉里·佩奇为了让公司的所有业务蓬勃发展并保持适应和创新，把公司重组为事业部型结构。

表 3-2　事业部型结构的优缺点	
优　点	缺　点
1. 适应不确定性环境中的快速变化	1. 失去了职能部门内部的规模经济
2. 产品责任和接触点明确会使顾客满意	2. 导致产品线之间协调差
3. 实现跨职能的高度协调	3. 不利于能力的纵深发展和技术的专业化
4. 使各单位能适应不同的产品、地区或顾客	4. 使跨产品线的整合和标准化变得困难
5. 最适于提供多种产品的大型组织	
6. 决策的分权化	

资料来源：Based on Robert Duncan，"What Is the Right Organization Structure?" *Organizational Dynamics*（Winter 1979）.

应用案例 3-4

谷歌与 Alphabet

　　谷歌是一家从事互联网搜索的公司。然而到 2015 年，谷歌涉足了从制药到自动驾驶汽车的所有业务活动。谷歌当时的首席执行官拉里·佩奇和联合创始人谢尔盖·布林（Sergey Brin）决定在一家名为 Alphabet 的新母公司下重组各种业务，以赋予企业管理者更多的自主权，并保持公司的创新和适应性。Alphabet 的最大事业部是谷歌，它包括传统的搜索和广告业务以及其他活动。其他事业部包括：生命科学研究组织 Verily；自动驾驶汽车部门 Waymo；提供后期风险投资资金的 CapitalG；专注于各种实验产品和服务的 X 开发部（X Development）。每个业务单元都有自己的目标和预算，每个事业部都包含执行任务所需的所有职能，并且都有自己的首席执行官和管理团队。管理风格和文化也可能不同。例如，虽然谷歌为员工提供了午睡吊舱，但并非所有的 Alphabet 部门都有此举措。

　　Alphabet 认为，更加小而独立的单位可以更加灵活和更善于创新，并能够服务于快速变化的客户需求。谷歌的老员工、风险投资公司 Felicis Ventures 的合伙人韦斯利·陈（Wesley Chan）说："当公司规模太大时，可能会出现很多跨公司的混乱，而这种事业部形式能够为目标用户构建精准的产品集。"[53]

　　谷歌的两位联合创始人佩奇和布林分别担任 Alphabet 的首席执行官和总裁。佩奇说，这种事业部型的结构将继续发展。许多公司发现，随着企业规模的扩大，它们需要每隔几年进行一次重组。像通用电气公司、强生公司这样的大型、复杂的企业，都将自己划分为若干小规模的、自主经营的业务单元，以实现更好的控制和协调。这些大公司内部设立的经营单元有时叫作事业部、业务单元或者战略经营单元。例如，强生公司将组织分为三个主要事业部：消费品业务，医疗器械和诊断类业务，制药业务。这三个事业部分布在 57 个国家的 250 个独立的业务经营单元中。[54]为了更好地服务公众,某些美国政府部门也采用了事业部型结构。美国联邦税务局(Internal Revenue Service)就是一个例子。为突出顾客导向,联邦税务局将工作重点转向了告知、教育与服务公众;这些工作主要通过 4 个独立的、服务不同纳税人群体(个体纳税人、小型企业、大型企业和免税组织)的事业部来实施。每个事业部均有其各自的负责预算、人事、政策和规划的员工,这些员工会为本事业部所负责的特定纳税人群体设计最优的纳税方案。[55]

事业部型结构有多方面的好处。[56]这种结构能适应不稳定环境中迅速发生的变化,并对各种产品的经营状况有高度的可见性。因为每种产品都是一个独立的分部,顾客能方便地与对口的事业部门取得联系并产生满意感。跨职能的协调效果也非常显著。每个产品或服务的事业部都能根据各自的顾客或所服务地区的需要做出适应性调整。对于经营多种的产品或服务,并拥有足够的人力资源给各事业部职能单位配备人员的组织来说,事业部型结构通常最为合适。决策制定权下放到了各个事业部。每个事业部都保持相当小的规模,以便能敏捷地行动,对市场的变化做出迅捷的反应。威瑞森(Verizon)将公司重组为三个部门,分别是威瑞森消费集团(Verizon Consumer Group)、威瑞森商业集团(Verizon Business Group)和威瑞森媒体集团(Verizon Media Group),从而为不同类型的客户提供不同服务,以及更好地应对不断变化的客户需求。

运用事业部型结构的一个缺点是,组织失去了规模经济。不是像职能型结构那样让 50 名研究工程师共享同一设施,事业部型结构是将这些人分派到 5 个事业部中,比如每个事业部有 10 名研究工程师。这样,开展深层次研究所需要的非常重要的规模就丧失了。物质设施也不得不在每一种产品线中重复配置。另一个问题是,各产品线的生产经营相互分立,使跨产品线的协调难以实现。正如强生公司的一位经理所说的:"我们需要不断地提醒自己:我们是在为同一家公司工作。"[57]

一些公司设置了大量的事业部,它们在横向协调方面也面临着严重问题。索尼在数字媒体产品业务上输给了苹果公司,就可部分归结于公司内部糟糕的协调状况。苹果公司(Apple)的 iPod 已经迅速占领了 60% 的美国市场,而索尼公司的市场份额仅为 10%。数字音乐业务的成功,取决于企业内天衣无缝的协调。目前,索尼的随身听(Walkman)事业部甚至还未意识到部分音乐装置可以运用公司已有的 SonicStage 软件来制作,因此并没有与音乐下载事业部建立紧密的关系。[58]除非有效的横向协调机制已经到位,否则,事业部型结构会产生许多问题。某个事业部生产的产品或程序可能与另一事业部出售的产品互不相容。顾客如果察觉到一家公司某个事业部的销售代表并不了解其他事业部的新品开发情况,他们就会感到迷惘而最终抛弃这家公司。因此,通过任务小组或其他联系手段取得跨事业部的协调是必需的。此外,技术专业化的缺失也是事业部型结构面临的问题之一。员工所认同的是某条特定的产品线,而不是某项职能专长。比如,研发人员会倾向于从事使该产品线得益的应用研究,而不愿意从事使整个组织受益的基础研究。

协调和合作问题对于全球化企业来说可能更为严重。在全球范围内组织活动的企业的各单位之间不仅目标不同,工作活动不同,而且地理位置和时区也不同,文化价值观不同,语言可能也不同。管理者们应该如何同时在国内和全球范围内推动必要的协调与合作呢？协调是信息分享和部门合作的结果。如前所述,管理者们可以对组织系统和结构进行设计,促进横向协调与合作。

3.4.4　地区型结构

结构组合的另一依据是组织的用户或顾客。在这种情况下最常见的结构就是按地区分设经营单元。一国内的不同地区可能会有不同的口味和需要。每个地区单位可以包括该地区产品或服务的生产和销售所需的所有职能。美国女童子军组织(the Girl Scouts of the USA)、仁人家园、许愿基金会(Make-A-Wish Foundation)和美国联合慈善基金会(the United Way of America)等大型非营利性组织经常采用这种地区型结构,在总部之下设立半自主性的地方性机构。在这些组织中,国家级机构负责提供品牌、协调筹款活动并担负某些共同的管理职能,而日常控制与决策活动则授权给地方性或地区性机构来运作。[59]世界银行采用了复杂的地区事业部型结构,按照国家和地区划分组织。为了鼓励区域之间加强合作,2012 年到 2019 年初担任世界银行行长的金墉(Jim Yong Kim)制订了一项全面的组织重构计划,提出 14 项"全球实践",覆盖了组织中的所有部门,全球实践包括农业、能源、教育等,需要跨越银行的不同项目部门、基金部门和地区部门。[60]

同样,跨国公司可以在世界不同国家和地区设立自主经营的业务单元。图 3-9 是一个化妆品公司的地区结构设计,这种结构形式可以将管理者和员工的精力集中在满足特定地区的顾客需要和销售目标上。沃尔玛的商店按照地理区域进行组织,如沃尔玛日本区、沃尔玛印度区、沃尔玛巴西区、沃尔玛中国区、沃尔玛亚洲区,等等。沃尔玛在美国的业务原本按照职能进行组织,最近,管理者们将美国的业务重组划分为三个地理区域：西部、南部、北部,使沃尔玛在美国的运作更像是国际化运作。使用地区型结构能够帮助企业拓展新市场和更有效地利用资源。[61]

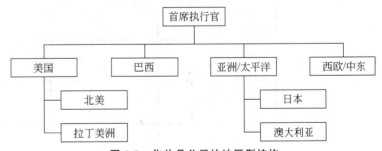

图 3-9　化妆品公司的地区型结构

地区事业部型结构的优缺点与表 3-2 所示的事业部型结构的组织优缺点相似。具体就是,组织能够适应各自所服务地区的特殊的需要。员工会认同地区目标，而不是国内目标。这种结构强调了地区内的横向协调，而不是跨地区的或与国内总部的联系。

本节要点

- 职能组合和事业部组合是组织结构设计的两种最常见方法。
- 每种类型的结构都有优缺点。
- 在职能型结构和事业部型结构中，管理人员通常还利用横向联系机制来补充联结纵向层级链，以便各部门和各层级协调成一个组织整体。

3.5 矩阵型结构

有时，组织结构需要多重的组合，比如同时按照产品和职能或者产品和地区进行部门组合。**矩阵型结构**（matrix structure）就是实现这种多重组合的一种方式。[62]矩阵型结构适用于技术专长及产品创新和变革都对实现组织目标有重要影响的场合。或者当组织发现无论职能型、事业部型、地区型结构还是其配以横向联系手段后的结构都难以奏效时，矩阵型结构常常是解决问题的答案。

矩阵是横向联系的一种有力方式。如图 3-10 所示，矩阵组织的独特之处是同时使用产品事业部（横向的）和职能（纵向的）结构。产品经理和职能经理在组织内拥有同等的权力，员工同时向他们报告工作。矩阵型结构与

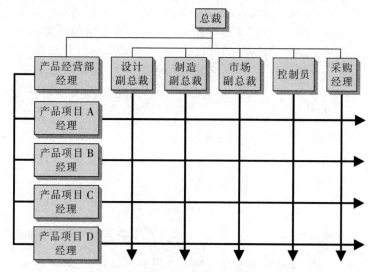

图 3-10　矩阵型结构中的双重职权

本章前面介绍的运用专职整合人员或产品经理（参见图 3-4）的情况相似。不过，矩阵型结构中的产品经理（横向的）得到了与职能经理（纵向的）同等的正式的职权。

3.5.1　矩阵型结构的适用条件

双重职权关系看起来好像是一种非正常的组织设计方式，但在符合下列几个条件时，矩阵型结构就是一种合适的结构设计。[63]

条件 1：存在跨产品线共享稀缺资源的压力。这类组织通常只有中等的规模，拥有中等数量的产品线，这些产品线之间存在人力和设备灵活调用和共享的压力。但是，组织的规模还没有大到这样的程度，使组织能给每一条产品线配备专职的工程师。这样，工程师只能以临时调配的方式被指派到各产品线或项目组中。

条件 2：环境压力使组织需要提供两方面或更多方面的关键产出，如深度发展的专业技术知识（职能型结构）和不断更新的产品（事业部型结构）。这种双方面的压力意味着组织需要在职能和产品双重职权线上保持权力的平衡，而双重职权结构正是维持这种平衡所需的。

条件 3：组织的环境领域不仅复杂，而且充满不确定性。外界的频繁变化和部门之间的高度依存要求组织无论在纵向还是横向上都要具有较高的协调和信息处理能力。

在上述 3 个条件下，必须使纵向和横向的职权线得到同等的承认。于是便创设了具有双重职权关系的矩阵型结构，以使这两条线之间的权力保持一种均等的平衡。

再回到前面的图 3-10。假设一个服装制造公司设立矩阵型结构。产品 A 是鞋类，产品 B 是外套类，产品 C 是睡衣类，如此等等。每一产品线服务于一个不同类别的顾客和市场。作为一个中等规模的组织，该公司必须有效地利用制造、设计、营销方面的力量，使它们为各产品线工作。没有足够的设计师保证每个产品线均有一个独立的设计部门，因而需要跨产品线共享这些设计力量。而且，按制造、设计、营销职能设立部门，也有利于员工开发深度的专业技能，有效地服务于所有的产品线。

矩阵型结构是在传统纵向层级链的基础上正式配备横向的团队，并设法保持两条线上权力的平衡。然而，这种矩阵可能发生某种变形。许多公司发现，由于矩阵结构中某一边的职权可能强于另一边，从而使真正平衡的矩阵难以推行和保持。认识到这一倾向，发展出了两种变形的矩阵型结构——**职能矩阵**（functional matrix）和**产品矩阵**（product matrix）。在职能矩阵中，职能经理拥有更大的职权，而项目或产品经理只是协调各产品线的活动。产品矩阵中的情形则相反，项目或产品经理拥有更大的职权，职能经理只是将有专门技术的人员分派到各项目中，并在需要时提供专业技能的建议。对于许多组织来说，这其中某种变形的结构可能比双重职权线的平衡矩阵更为有效。[64] 各种类型的组织，包括医院、咨询公司、银行、保险公司、政府机构和许多类型的工业企业，都有使用矩阵型结构的经验。[65]

3.5.2 矩阵型结构的优缺点

矩阵型结构最适合于环境变化大且目标反映双重要求(如对产品和职能的双重目标要求)的组织。双重职权结构促进了沟通和协调,它是应对迅速变化的环境所必需的。它还促进了产品和职能经理两方面的权力平衡。矩阵型结构也促使人们能对没有预见到的问题展开充分讨论,并做出适当的反应。在只有一条产品线的场合没有必要使用矩阵型结构,而产品线太多又难以迅速地达成两条权力线间的协调。基于我们所了解的运用矩阵型结构的组织的经验,我们将矩阵型结构的优缺点归纳为如表 3-3 所示的几大方面。[66]

表 3-3 矩阵型结构的优缺点	
优 点	缺 点
1. 获得满足顾客双重需要所必需的协调	1. 导致员工面临双重的职权关系,容易产生无所适从和混乱感
2. 促使人力资源在多种产品线之间得到灵活的共享	2. 意味着员工需要有良好的人际技能并接受高强度的训练
3. 适应不确定性环境中频繁变化和复杂决策的需要	3. 耗费时间,需要频繁开会协调及讨论冲突解决方案
4. 为职能和产品两方面技能的发展提供了机会	4. 除非员工理解这种模式,并采用像大学那样的而不是纵向的关系方式,否则难以奏效
5. 最适于拥有多种产品线的中等规模的组织	5. 需要做出很大努力来维持权力的平衡

资料来源:Based on Robert Duncan, "What Is the Right Organization Structure? Decision Tree Analysis Provides the Answer," *Organizational Dynamics* (Winter 1979),429; and Meenu Bhatnagar, "Managing Multiple Bosses: A New Age or HR Conundrum?" *Amity Research Centers*, 2018, Reference No. 418-0036-1.

矩阵型结构的优点之一是:它使组织能满足环境中顾客所提出的双重要求。资源(人力、设备)可以在不同产品线之间灵活分配,这样组织就能很好适应不断变化的外界要求。[67]这种结构还给员工提供了根据自己的兴趣获取职能技能或者一般管理技能的机会。

矩阵型结构的缺点之一是:有些员工面临双重的职权关系,同时向两个上司负责,有时还会面临着相互矛盾的要求。这容易让人产生无所适从和混乱感,特别是当高层管理者未能清晰定义这些员工的角色与责任时。[68]他们需要高超的人际技能和解决冲突的能力,而这可能需要专门的人际关系训练才能获得。矩阵型结构也迫使管理者将大量时间耗费在开会协调上。[69]许多在矩阵型结构中工作的人说,他们每周花两天的时间来开会,但是会议内容只有 50% 是跟他们或者他们的工作相关的。[70]而且,如果管理者不能适应矩阵型结构对信息和权力共享的要求,这一体制也难以奏效。管理者在制定决策中必须相互精诚合作,而不是依赖纵向的职权。下面这个案例介绍了英国一家钢铁公司是如何成功地推行矩阵型结构的。

应用案例 3-5

英格兰人钢铁公司

在人们的印象中,英国钢铁产业是在稳定的确定性环境中发展的。然而,到了20世纪80年代和90年代,过剩的欧洲钢铁产能、经济衰退、小型钢铁厂的出现,以及来自德国和日本钢铁厂商的竞争等彻底改变了英国钢铁业。

英格兰人钢铁公司(Englander Steel)有 2 900 名雇员,年产钢铁 40 万吨(约为阿塞洛公司年产量的 1%)。该公司已有 180 年的历史了。在其中 160 年的时间里,公司的职能型结构一直运转良好。然而,随着环境变得更为动荡,竞争更为激烈,公司管理者认识到,他们已经跟不上形势的变化了。公司 50% 的订单无法如期交货,劳动力、原材料和能源成本的上升侵蚀着公司的利润,市场份额也在不断下降。

通过咨询外部专家,英格兰人钢铁公司的总裁发现,公司运作已如履薄冰。公司需要在各职能领域内维持规模经济和复杂的专业技能,同时还不得不针对不同市场的需求生产多种高附加值的特制产品。双重的压力使公司最终采用了钢铁企业中少见的解决方案——实行矩阵型结构。

英格兰人钢铁公司有 4 条产品线:开模锻件、环形轧制产品、车轮车轴以及钢板制造。每条产品线的业务经理均被授予一定的权责,这些经理拥有达成目标所需的职权,同时也就要确保其所负责的产品线能够获利。职能副总裁负责该职能相关的技术决策。职能经理则要跟踪了解其专业领域的最新技术动态,对手下人员进行新技术培训并使这些新技术最终应用于各条产品线。英格兰人钢铁公司每月会接到约 2 万种特种钢铁和几百种新品类的订单,因此,职能人员的专业技能必须保持与技术发展同步。因为现场销售和工业关系这两个职能部门是独立运作的,因此并没有被纳入矩阵型结构中。这样,最终的设计就是一个具有产品和职能两类关系的矩阵结构,如图 3-11 所示。[71]

这一实例展示了对矩阵型结构的一种正确的应用。保持规模经济和产销 4 种产品的双重压力,使得该公司需要同等地重视职能和产品两条职权线。通过持续的会议协调,英格兰人钢铁公司取得了规模经济和灵活性双重效果。

本节要点

- 矩阵型结构试图在纵向和横向之间实现组织结构的平衡。
- 当环境变化较大或者组织结构需要同时关注产品和功能或产品和地理位置时,管理者可以采用矩阵型结构。
- 矩阵型结构的一个缺点是双重职权关系,一些雇员要同时向两个上司汇报工作,可能会产生冲突。

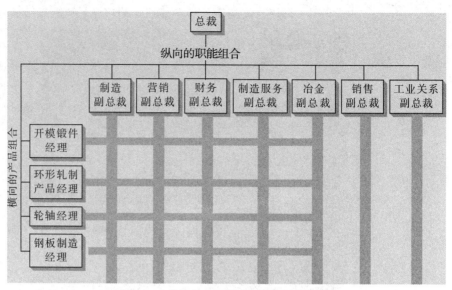

图 3-11　英格兰人钢铁公司的矩阵型结构

3.6　虚拟网络型结构和外包

最新发展起来的组织设计将横向协调和协作的概念扩展到了传统组织的边界之外。近年来,最普遍的组织设计趋势是将组织的各个部分外包给外部合作伙伴。[72] **外包**(outsourcing)是指将某些任务或职能通过合同等方式交给其他公司完成,如制造、人力资源或信贷处理等。

几乎所有的组织都采用了外包这种新的组织设计方法。俄亥俄州立大学(Ohio State University)正在外包其停车系统。加利福尼亚州的梅伍德市(Maywood)决定将从停车执法到街道维护再到公共安全的一切事务外包出去。[73] 美国军事部门越来越多地通过私有军事公司承包商处理除战争和安全防卫之外的几乎所有事情。在商业领域,本田曾经自己设计所有新技术,但由于电动汽车和自动驾驶汽车的高成本和技术的飞速发展,而转向外包。例如,本田与中国初创公司商汤科技(SenseTime)达成协议,商汤科技为本田的自动驾驶汽车设计相机软件;本田使用德国供应商博世(Bosch)提供的半自动驾驶系统,同时将电动汽车的开发外包给本田和日立合资成立的一家汽车零部件企业,而这家合资企业是日立控股。20 世纪 60 年代,本田公司创始人本田思域(Soichiro Honda)说:"我们拒绝依赖任何人。"但这个行业已经发生了变化。本田的首席执行官说:"今天,我们希望与那些拥有最好技术的人合作,不管他们是日本供应商、美国供应商还是欧洲供应商。"[74]

正如一位观察员所说，"过去，一个公司的运营单位要么是存在于组织内部，和组织密切相关，要么是存在于组织外部，和组织毫不相关"。[75] 而现在，这种界限非常模糊，要区分哪些部分属于一个组织，哪些部分不属于这个组织，已经不是那么容易了。IBM 公司为许多大型企业提供后台运作服务，但它同时也将它自己的部分活动外包给其他公司，而这些公司又会将自身的一些职能外包给其他组织。[76]

一些组织将外包发挥到极致，就此创造出了虚拟网络型结构。在**虚拟网络型结构**（virtual network structure），或者说模块化结构（modular structure）中，企业签订合同，将许多甚至大部分主要流程外包给不同的公司，并通过一个很小的总部来协调它们的活动。[77]

3.6.1　虚拟网络型结构的运作方式

虚拟网络型组织可被视作外部专业人士网络所环绕的中心。在网络型结构中，会计、设计、生产、营销和分销等服务不再像原先那样集中在同一个屋顶下或同一个组织中进行，而是被外包给不同的公司，这些公司则运用电子化手段与总公司相联结。分布在全球各地的合作者可以借由联机电脑或网络快速、流畅地交换数据和信息，使得由供应商、制造商、分销商组成的松散网络看起来像是（而且实际上也是）一个无缝对接起来的公司。虚拟网络型结构以自由市场模式代替了传统的纵向层级制。转包商可根据需求的变化流入或流出这一系统。

当组织采用网络型结构时，处于中心位置的企业控制着那些自己在其中具有世界级实力或难以模仿的能力的流程，而将其他活动——包括对它们的控制——移交给其他组织。这些合作组织则以自身的想法、资产和工具来组织并完成移交给自己的工作。[78] 网络型结构的理念，是企业应当把精力集中在自己做得最好的事情上，再把其他所有事情都交给擅长这些事情的公司，从而以最少的代价做最多的事。[79] 耐克是使用虚拟网络型结构的先驱。回想本书第 1 章的新书评介，网络结构的广泛流行趋势被称为耐克化（Nikefication）。耐克的高管们很快意识到，设计和营销是他们公司的竞争优势，因此他们把这些留在了内部，并形成了一个合作伙伴网络来处理其他职能，比如制造。耐克创始人菲尔·奈特（Phil Knight）提出将制造工作外包出去来降低成本的想法。作为虚拟组织设计的早期采用者，耐克成为世界上最大的运动鞋和服装公司之一。[80]

在网络型结构中，"组织在哪里"这一传统条件下的问题变得很难回答。组织的不同部分被聚集在一起，并通过电子手段进行协调，这等于是创建了一种新的组织形式。就像积木一样，为了满足不断变化的需求，网络中的某一部分可以被添加进去，也可以被拿走。[81] 图 3-12 是诸如耐克之类的公司所采用的网络型结构图的简图，其中某些职能已经被外包给了其他公司。

图 3-12 虚拟网络型结构举例

3.6.2 虚拟网络型结构的优缺点

表 3-4 列示了虚拟网络型结构的主要优点与缺点。[82]其优点之一是无论多小的组织都能通过采用网络型结构实现真正的全球化。它们在全球范围内获取资源,实现质量与价格的最优化,再通过下级承包商在全球范围内销售产品与服务。虚拟网络型结构还能帮助新组建的公司或小公司开发新产品和新服务并迅速投入营销,而无须在工厂、设备、仓库或分销设施等方面进行大量投资。虚拟网络型结构非常灵活、反应迅速,能根据需求的变化配置或重新配置资源,并给予顾客最好的服务。全球性的专家网络,使企业可以迅速地开发出新技术。采用虚拟网络型结构的组织能够不断重新定义自己的结构和位置,以迎合产品变化或市场机会。虚拟网络型结构的最后一个优点,是减少了行政管理费用。组织不再需要一大群专业人员和管理人员。所有的管理人才与技术人才都专注于那些能为企业带来竞争优势的关键性活动,其他活动则全部外包。

表 3-4 虚拟网络型结构的优缺点

缺 点	优 点
1. 使小型组织能在全球范围内获取人才与资源	1. 管理人员无法对众多的活动与员工进行直接控制
2. 公司无须在工厂、设备或分销设施上大量投资便可即时扩大经营范围	2. 需要花费大量时间来管理与签约伙伴的关系和冲突
3. 组织高度灵活,迅速应对需求的变化	3. 一旦合作组织经营失败或退出该行业,则组织存在着失败的风险
4. 减少了行政管理费用	4. 由于员工感到自己随时会被外部签约服务所取代,员工忠诚度和公司文化可能会很弱

资料来源:Based on R. E. Miles and C. C. Snow, "The New Network Firm: A Spherical Structure Built on a Human Investment Philosophy," *Organizational Dynamics*(Spring 1995),5-18; Gregory G. Dess, Abdul M. A. Rasheed, Kevin J. McLaughlin, and Richard L. Priem, "The New Corporate Architecture," *Academy of Management Executive* 9, no. 3(1995),7-20; N. Anand and R. L. Daft, "What Is the Right Organization Design?" *Organizational Dynamics* 36, no. 4(2007),329-344; and H. W. Chesbrough and D. J. Teece, "Organizing for Innovation: When Is Virtual Virtuous?" *Harvard Business Review*, August 2002, 127-134.

当然,虚拟网络型结构也有不少缺点。其中,最主要的缺点就是缺乏控制。康耐斯品牌公司(K'Nex Brands)是坐落在费城附近的一家生产玩具的家族企业,该公司已经将大部分原本交由中国等国家分包商生产的塑料拼装玩具业务转移回了国内,以便更好地控制质量和材料。[83] 网络型结构将分权运用到了极致。管理人员无法掌控所有企业运作活动,必须依赖合同、协调与谈判才能将这些活动整合起来。这就意味着,企业花费在关系管理和解决冲突上的时间会大大增加。

问题引入部分的参考答案

3. 高层管理者会对组织关键工作单位的活动加以控制,而不是承包给其他公司,这种做法是很明智的。

答案:不同意。虚拟网络和外包形式的组织已经开始流行,因为它们有更好的灵活性,能够对快速变化的环境做出及时响应。根据情况的变化,组织可以增加或取消外包部门。对管理者来说,在内部控制所有活动会更方便,但是这样会降低灵活性。

虚拟网络组织的另一个主要缺点是,一旦其他合作组织未能成功交货、有工厂遭遇火灾或是退出了原有行业,组织便会立刻面临失败的风险。此时,总部组织的管理者必须迅速行动、找出问题所在并做出新的安排。最后,从人力资源的角度来看,出于对职业安全的关注,网络型组织的员工忠诚度也许会很低。员工们会感到自己随时可能被外部签约服务所取代。此外,企业也很难培育出有凝聚力的企业文化。组织与员工之间的情感承诺较低,离职率也会相应增加。在改变产品、市场和合作伙伴时,为获得恰当的技术与能力组合,组织可能随时需要将现有员工重新洗牌。

本节要点

- 虚拟网络型结构扩展了横向协调和协作的概念,超越了组织边界。
- 在虚拟网络型结构中,帮助企业获得竞争优势的活动由组织内部管理,其他职能和活动外包给合同伙伴。
- 使用虚拟网络型结构能够使企业快速应对不断变化的技术、产品和市场。
- 网络结构的广泛流行趋势被称为耐克化,因为耐克是最早使用这种结构设计的主要企业之一。

 # 3.7 全体共治型团队结构

组织设计的最新发展是转向自我管理。一种极端的自我管理模式被称为全体共治或**全体共治型团队结构**(holacracy team structure)。自我管理的设计趋势反映了看待人类组织和管理方式的思维发生根本转变。自我管理超越了现有的思想，主要观念包括向员工赋权、组织扁平化、分布式决策、消除官僚作风以及将权力下沉到较低层级。完全的自我管理包括所有这些思想，甚至更多。传统的管理职能包括计划、组织、人员配置和控制。在自我管理模式下，这些职能都是由员工来完成，没有管理人员。所有组织成员都是自己规划自己的工作，员工相互之间协调行动，发展个人关系，获得所需的资源，并根据需要对其他成员进行行为纠正。[84]

晨星（Morning Star）、维尔福（Valve）、戈尔（W.L.Gore）和美捷步（Zappos）等公司已经采取了不同形式的极端自我管理。晨星提出了几个关键理念作为其自我管理哲学的基础：[85]

- 当人们能够掌控自己的生活和工作时，通常会更快乐。
- 把决策权交给远离工作一线的人是没有道理的。
- 传统的层级模式是一种让企业逐渐走向衰亡的结构。
- 自由与经济繁荣之间有着不可否认的联系。

最广泛使用的自我管理模式，即全体共治型团队结构，已经在大约300个组织中得到应用。在这种组织设计中，圈子（全体共治型团队的术语）是结构的基本单位，而不是个人、部门或事业部。每个圈子都有共同的目标，拥有对如何开展工作和实现目标的决策权。例如，组织中可能有一个主要负责雇用新员工的圈子，也可能有一个负责激励员工的专业化成长、帮助员工获得成就和认可的圈子。如果一些工作不需要团队的所有成员都投入其中，则会形成一个亚圈子。团队成员可以根据自己的关注点改变圈子。全体共治型团队结构是由流动团队和无领导人员组成的极端有机式设计。在圈子里，可能会根据谁在某个问题上具有专业技能而出现少数非正式领导人。员工可以决定什么时候需要建立一个新的圈子，以及什么时候应该解散一个圈子。[86]

在每个圈子内，每个人都需要和其他成员共同协商，以完成为实现圈子目标所需的任务。员工没有"职务说明"可循，每个人都有权决定如何实现自己的目标，如何使用资源，获取与工作有关的知识，还需要对工作成果负责。在全体共治型团队结构中，每个人都扮演着不同的角色，并且可能同时在三到四个团队中扮演某个角色。同一个人可以在一个团队中担任设计技术人员，在另一个团队中担任财务顾问，并在第三个团队中担任会议主持人。关键是员工与其他圈子成员要讨论自己的角色，确定角色边界，并与其他成员保持协调，使每个圈子内部的目标保持一致。全体共治型团队结构鼓励员工从一开始就加入决策过程。在没有管理人员的情况下，员工可以面对面解决冲突。如果没有形成决议，参与者可以向同行委员会提起上诉。[87]

像全体共治型团队结构这样的自我管理团队设计，通常从书面指南开始。圈子嵌套在一个人们可以定义的较大结构中。在这种结构中，员工可以制定创建、更改或解散圈子的规则。但这些规则并不会告诉人们如何去完成自己的工作，它其实是一个描述圈子如何形成、运作和管理的较为宽泛的指南文件，并描述如何识别和分配角色，角色应该具有的边界，以及圈子之间如何相互作用。[88]在晨星，每个员工都与其他同事协商、讨论，并撰写一份内部称为"同事理解书"的正式协议,即每个员工都与同事进行交谈,来进一步理解需求。这些理解书阐述了共同商定的责任、目标、活动和评估绩效的指标,以表明员工的工作承诺。[89]

这种结构主要用于需要不断学习和创新以满足变化多样的客户需求的中小型组织。使用全体共治型团队结构的最大和最著名的公司之一是在线零售商美捷步(Zappos)。

应用案例 3-6

美　捷　步

当美捷步转变为全体共治型团队结构时,150 个部门消失了,取而代之的是大约 500 个自我管理的圈子和亚圈子,这些圈子是围绕项目和任务设计的,而不是层次结构和职务说明。工作头衔已经是过去式,现在的公司里没有领导。人们在各种不断变化的团队中扮演多种角色。管理者以前承担的"管理人"的职责将被分成三个团队角色:"任务指派人",主要负责指导具体工作;"导师",主要负责员工成长和发展;"薪酬评估师",主要负责员工的工资。这角色由谁承担并不是被谁分配或指派的。相反,人们会相互协商,将职责分配给最适合的人。员工可以扮演或离开某个角色,就像他们将进入和离开不同的圈子来满足客户不断变化的需求。

首席执行官谢家华(Tony Hsieh)原本计划在三年内将公司转向全体共治型团队结构,但在实施过程中,他认为需要采用一种更激进的方法。他给员工发布了一份备忘录,说明转变为全体共治型结构的日期,有些员工对在新的组织结构中工作不感兴趣,谢家华向他们提供了三个月的遣散费。最后约 200 人接受了他的邀请,而这些留下来的人自 2015 年以来一直在这里工作并逐渐调整和适应新的结构。[90]

 3.7.1　特点

图 3-13 向我们展示了全体共治型团队结构,具体特征如下:[91]

- 团队(圈子),而不是个人、任务、部门或其他单元,是组织的基本组成部分,每个人都在团队中工作。
- 根据工作需要,在团队中集体界定和分配个人角色。
- 随着条件的变化,团队处于不断发展、形成和解散之中。当新的机会、需求、问题、目标和任务出现时,组织成员创建新的团队或圈子来解决这些问题。例如,来自圣路易斯的公共电视台 KETC,通过组建临时团队将社区想法纳入其围绕主要地方或国家活动编排的节目中。[92]
- 由团队自身进行设计和管理。全体共治型团队嵌套在由每个人亲手创建的更大圈子结构中,人们制定并认可团队运行的规章制度,例如团队形成的方式、识别和分配角色的方式,以及成员之间以及与其他团队之间的互动方式。

● 领导力是分布式的，与环境相关的。没有人被认定为"管理者"，领导
　的责任随着需求的出现、团队的变化和新角色的定义而不断变化。

图 3-13　全体共治型团队结构

资料来源：Based on Jacob Morgan，"The 5 Types of Organizational Structures：
Part 5"，*Holacratic Organizations*，*Forbes*，July 20，2015，https：//www.forbes.
com/sites/jacobmorgan/2015/07/20/the-5-types-of-organizationalstructures-part-5-ho-
lacratic-organizations/♯70578f1848a2（accessed April 4，2019）.

 3.7.2　优点和缺点

　　和其他所有的组织结构一样，全体共治型团队结构也有优缺点，具体见
表 3-5。

表 3-5　全体共治型团队结构的优缺点	
优　点	缺　点
1. 专注于团队和协作	1. 确定个人和团队的责任比较费时
2. 强调对顾客需求进行快速、创新的反应	2. 管理哲学和文化需要不断变化
3. 每一位员工对组织目标有广泛的认识	3. 当传统管理者不得不放弃权力和权威时,可能会引起他们的愤怒
4. 决策是根据工作制定的	4. 需要对员工的社会技能进行培训
5. 通过共担责任、制定决策、对结果负责来帮助员工成长	5. 在特定的职能中会限制员工技能的深入发展

　　全体共治型团队结构最重要的优点是协调性强,这可以大大提高企业在面对顾客多变需求时的灵活性和创新性。例如,维尔福(Valve)决定将业务从 PC 游戏扩展到硬件版游戏,因为一些员工经常听到客户说想要在客厅玩游戏,需要硬件版游戏。于是公司组建了一个团队调查客户的想法,并成功推出了一款游戏的硬件版。[93]

　　此外,由于职能部门之间没有界限,员工能够更加全面地审视组织整体目标,而不是仅仅关注个别部门的目标。全体共治型团队结构强调团队与合作,使团队成员致力于实现共同的目标。此外,决策是与工作内容息息相关的,这在很大程度上避免了等级头衔和报告关系带来的问题,例如很难找出决定是谁做的、需要书面决议、工作进度缓慢、决策者本身不理解问题等。最后,全体共治型结构让员工有机会分担责任,制定决策,并为组织做出重要贡献,因而能够提高员工的生活质量,促进个人成长,而员工通常也更加热衷于参与更大的项目,而不是视野狭隘的部门内的任务。

　　全体共治型团队结构的一个缺点是,在已有的公司建立起这样的结构可能是复杂和耗时的,因为它需要在文化、工作设计、管理理念以及信息和奖励系统方面进行重大变革。当传统的管理者不得不放弃权力和权威,仅作为不同团队的成员时,他们可能会感到愤怒。员工也必须接受社会技能培训,才能在团队环境中更高效地工作。最后,团队结构可能会限制员工在技术领域的深入学习和技能发展,而这些在职能型结构中往往会让员工获得更多。

本节要点

- 组织设计的最新发展是向自我管理转变。
- 最广泛使用的自我管理模式是全体共治型团队结构,该结构已在大约 300 个组织中采用。每个人都在一个圈子(团队)内工作,没有领导。
- 每个圈子都有共同的目标,内部成员对如何开展工作和实现其目标拥有决策权。
- 圈子内每个人的角色是由集体来定义和分配的,圈子会随着条件的变化而发展、形成和解散。

- 每个人都扮演着一系列的角色,并且可能同时在三四个团队中扮演某种角色。
- 使用全体共治型团队结构的最著名企业之一是美捷步。

3.8　结构设计的应用

每种类型的结构都适用于不同的情境条件,满足不同的需要。在对各种结构的描述中,我们初步了解了环境稳定或变化、组织规模等与结构相关联的情境条件。每种形式的结构——职能型、事业部型、矩阵型、横向型、网络型、全体共治型团队——都是帮助管理者改进组织效果的一种工具,其有效性如何取决于特定情境条件的要求。

3.8.1　混合搭配

实际上,现实世界中的许多组织结构并不以我们在本章中概述的某种形式单独存在。[94]特别是大多数大型组织往往将各种组织形式的特点综合起来,以适应特定的战略需要。将职能型、事业部型、地区型、虚拟网络型和全体共治型团队结构的特点结合起来,可以利用各种结构的优点,同时避免了其某些缺点。混合型结构更可能在迅速变化的环境中得到应用,因为它为组织提供了更大的灵活性。

常用的一种方法是将职能型和事业部型结构的特点结合起来。当一家公司成长为大公司并拥有多个产品或市场时,通常需要重组成为一些独立存在的单位。那些只对某一产品或市场的经营具有重要意义的职能,需要分散到各独立经营单元中。但是,某些相对稳定不变且要求规模经济和纵深专业化的职能则集中在总部。例如,星巴克公司有大量的地区事业部,但是其市场营销、法律、供应链管理等职能是集中到总部的。[95]在通用电器、沃尔玛或福特汽车这样的大型组织中,管理者必须运用多种结构特点来满足整个组织的需要。

3.8.2　结构的连续流

从根本上说,管理者有关结构设计的最重要决策是找到纵向控制与横向协调之间的合适的平衡点,而这取决于组织的需要。纵向控制是与效率和稳定性目标相关的,横向协调则与学习、创新和适应性相关联。图 3-14以一个简化的连续流显示了结构设计与纵向控制和横向协调之间的关系。

当组织需要通过纵向层级来协调，以及当效率对实现组织目标至关重要时，职能型结构是合适的。这种结构借助于任务的专业化和严格的指挥链，使稀缺的资源得到了高效率的利用，但不利于组织获得灵活性和创新性。在这一连续流的另一端，组织为实现创新、促进学习，对跨职能协调有高强度的需要，这时全体共治型团队结构就是适宜的。这种结构促进组织实现自己的与众不同（即差异化），并对变化做出快速的反应，但是它要以资源的有效利用为代价。图 3-14 也反映了本章分析的其他类型的结构，包括配备横向联系手段的职能型以及事业部型、矩阵型结构和虚拟网络结构代表了组织实现效率或者实现创新与学习这条道路上的各种中间性的步骤。这张图虽然没有把所有可能的结构设计都反映出来，但它说明了组织如何试图平衡效率和纵向控制、创新和横向协调这两方面的需要。另外，就像本章所讨论的，有许多组织综合了各种结构类型的特点。

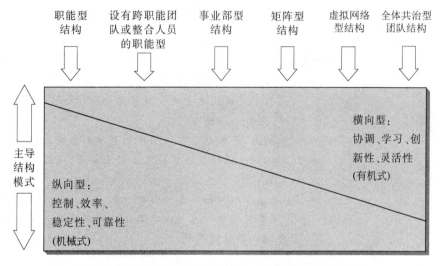

图 3-14　以效率为中心和以学习为中心的组织结构的关系

 ### 3.8.3　结构无效的症状

高层管理者要定期评价组织结构，判别这种结构是否适合组织变化的需要。管理者们找到内部报告关系和外部环境需要之间的更恰当匹配。作为一般规则，当组织结构不适合组织的需要时，会出现以下一个或多个**结构无效的症状**（symptoms of structural deficiency）[96]：

- 各单元之间缺少协调。有效的组织结构应该能够鼓励协作，并能将冲突性的部门目标汇总成一整套组织整体目标，以便达到组织目标。当各部门按不同的目标各行其是，或者处于一种为完成部门目标而牺牲组织整体目标的压力之下时，这样的结构就存在问题。比如，缺乏适当的横向联系机制。

- 决策迟缓或质量不高。决策者可能会负担过重，因为层级制度给他们积压了太多需要解决的问题和需要制定的决策。这可能是向低层级人员的授权不足所致。另一个导致决策质量不高的原因是，信息可能没有传达给合适的人。该组织中无论纵向还是横向的信息联系，可能都不足以保证决策的质量。

- 组织不能创造性地对环境的变化做出反应。部门之间没有横向地协调起来，这是缺乏创新的一个原因。营销部门对顾客需要的识别，必须与研究部门对技术进步的认识协同一致。组织结构中也应该将包括环境监测和创新的职责明确地纳入部门的职责范围。

- 员工绩效下降以及目标无法实现。由于组织的结构无法提供清晰的目标、责任和协调及合作机制，可能导致员工绩效的降低。组织结构应该能够反映复杂的市场环境，并能够让员工有效地在组织内工作。

本节要点

- 在许多企业中，高层管理者往往会将各种组织形式的特点综合起来，以适应特定的战略需要。混合结构特征使组织能够利用各种结构的优势，避免一些缺点。

- 归根到底，管理试图在纵向控制与横向协调之间寻找合适的平衡点。

- 组织结构失效的症状主要包括缺乏合作、决策延迟、缺乏创新和员工绩效差。

- 最后，组织结构图只是一张纸上的很多行和框。组织结构图提供结构，但员工提供行为。组织图是鼓励大家共同努力的指南，但管理必须将组织图付诸行动。

 关键概念

集权（centralization）

协作（collaboration）

跨职能团队（cross-functional teams）

分权（decentralization）

部门组合（departmental grouping）

事业部组合（divisional grouping）

事业部型结构（divisional structure）

职能组合（functional grouping）

职能矩阵（functional matrix）

职能型结构（functional structure）

全体共治型团队组合（holacracy team grouping）

全体共治型团队结构（holacracy team structure）

横向联系（horizontal linkage）

整合人员（integrator）

联络员角色（liaison role）

矩阵型结构（matrix structure）

多重组合（multifocused grouping）

组织结构（organization structure）

外包（outsourcing）

产品矩阵（product matrix）

关系式协调（relational coordination）

结构无效的症状（symptoms of structural deficiency）

任务小组（task force）

纵向信息系统（vertical information system）

纵向联系（vertical linkages）

虚拟网络组合（virtual network grouping）

虚拟网络结构（virtual network structure）

虚拟团队（virtual team）

 讨论题

1. 组织图能在多大程度上表示出真实的组织结构？请解释。

2. 什么时候应优先选用职能型结构而不是事业部型结构？

3. 大公司倾向于对组织的不同部分运用不同的结构，为什么？

4. 传统的以效率为中心的机械式组织设计与更加灵活的以学习为中心的有机式组织设计有哪些主要区别？

5. 任务小组与团队之间有何不同？联络员与整合人员之间呢？这其中哪一种能够提供最强有力的横向协调？

6. 作为一个管理者，你应该如何提高组织的关系式协调水平？

7. 为什么产品线之间资源稀缺的压力会促使管理者们考虑采用矩阵型结构？

8. 一家消费品公司的经理说："我们通过品牌经理职位培养未来的高管人员。"你是否认为品牌经理职位是一种很好的培训方式？试讨论。

9. 为什么采用全体共治型团队结构的企业拥有一种开放式的、强调员工授权与责任的组织文化？依你看来，在这种组织中工作会是什么样的呢？

10. 描述一下虚拟网络结构。与将所有职能活动都置于组织内部相比，运用虚拟网络结构有哪些优缺点？

专题讨论

组织结构与你[97]

为了更好地理解组织结构在你日常生活中的重要意义,请做下面的练习。

与你的搭档或者团队合作,选择下面的一种组织,展开你的组织工作:

1. 一家打印复印店
2. 一家旅行社
3. 一家海边旅游胜地的运动器械(如喷气式水艇或机动雪橇)出租店
4. 一家面包房

背景知识

组织是一种获得内部效率和一定的力量来对抗环境中随机变量的方式。环境为组织提供了所需的各种投入,包括原材料、人力资源、财力资源等。组织则利用技术生产出某种产品或服务。这些产出要输送给顾客,即必须尽力培育的一组特定的人群。环境和技术的复杂性决定了组织的复杂性。

策划你的组织

1. 用几句话写出组织的使命或目的。

2. 为实现这一使命需要做哪些具体的事情?

3. 根据上题的具体列项,画出组织图。图中各职位将完成某一特定的任务,或者对某种结果负责。

4. 你的组织将进入第 3 年的运营,业务非常成功,你打算在几英里之外的地方开设第二个业务点。你在两个商业点同时经营业务会遇到什么问题? 画一个组织结构图,将两个商业点都包括进去。

5. 20 年以后,你的商业点已经在 5 个州发展到了 25 个,有哪些事情和问题需要通过组织结构来处理? 为现在的组织画一张组织结构图,指明谁对顾客满意度负责、你如何获知顾客需求、信息流如何在组织中流动等。

教学案例

霍尔茨克劳超市公司(Holtzclaw Supermarkets, Inc.)[98]

第一家霍尔茨克劳超市是 1977 年由萨姆·霍尔茨克劳(Sam Holtzclaw)和他的兄弟鲍勃(Bob)开办的。他们俩都是退伍军人,都想自己做一些生意。

　　于是,他们用自己的积蓄在北卡罗来纳的夏洛特开设了一家小杂货店。这个杂货店很快获得了成功。该店的地理位置好,而且萨姆·霍尔茨克劳有一种好胜的个性。杂货店的员工都奉行道格的不拘礼节的风格和"服务顾客"的态度。霍尔茨克劳超市不断增大的顾客群能在这里买到丰富多样的新鲜肉和农产品。

　　到 2001 年,霍尔茨克劳超市公司已经开设了超过 200 家的分店。新店一律采用标准化的店面布置。1995 年,公司总部从夏洛特搬到了亚特兰大。霍尔茨克劳超市的组织图如图 3-15 所示。设在亚特兰大的中心办公室处理所有连锁店的人事、推销、财务、采购、不动产和法律事务。就每家分店的管理而言,其组织结构是按地区设立的,南部地区、东南区、东北区的每个事业部都下辖有约 70 家分店。因此,每个地区又进一步分成 5 个片区,每个片区内有 10～15 家分店,片区主管负责该区内这 10～15 家分店的监督和协调活动。

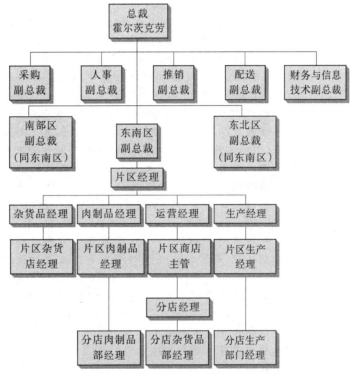

图 3-15 　霍尔茨克劳超市公司的组织结构图

　　每个片区内则按职能专长分设 4 条职权线,其中 3 条直接伸到分店。每家分店的农产品部经理直接对片区事业部的农产品专家负责;肉制品经理也同样如此,即直接向该片区域的肉制品专家报告工作。肉制品和农产品经理都对所有与易腐食品有关的供应和销售活动负责。分店经理的职责包括杂货品的销售、前端部门管理和商店运营。分店经理对员工表现、商店整洁、付款服务和价格准确度等负责。杂货品经理向分店经理报告工作,并维持所售杂货品的库存和上架。片区各类货品推销办公室负责促销活动、广告宣传材料、片区内的广告宣传活动以及吸引顾客进店的其他措施。片区各货品经理被要求使货品推销活动与片区内各店的销售活动协调一致。

近年来,霍尔茨克劳连锁店的业务绩效在所有地区都有所下降,这主要是由于沃尔玛、塔吉特和开市客(Costco)等大型折扣零售商的竞争加剧。当这些大型折扣店进入行业时,霍尔茨克劳兄弟经历了前所未有的竞争强度。霍尔茨克劳曾设法与大型连锁超市对抗,但现在,即使是大型连锁超市也受到沃尔玛的威胁,这家连锁超市在 2001 年的杂货销售排名第一。霍尔茨克劳的管理者们知道参与价格竞争并不可行,但他们正在考虑利用先进的信息技术提高服务和客户满意度,使霍尔茨克劳的商店与大型折扣店区分开来。

但最为迫切的问题还是怎样增进他们现有百货店的业务。他们从一所著名大学请来了一个咨询组调查公司的组织结构和运营。咨询人员拜访了各个地区的许多家连锁店,同大约 50 位经理和员工做了交谈。他们写出了一份报告,指出了商店管理者们必须重视的 4 个问题:

1. 连锁店对变化的反应迟缓。商店布置和结构均与 15 年前的设计没有两样。每个分店都按同样的方式行事,即便有些分店是地处低收入区,另一些分店位于郊区。虽然开发了一个新的用于订购和储存的供应链管理系统,但两年之后还只是在部分分店中实施。公司还提出了信息技术方面的计划,但仍然处于"次要地位",甚至还没有进入开发阶段。

2. 现有片区商店主管和分店经理的角色分工导致了各方面的不满。分店经理希望学些综合管理技能,以便将来提升为片区或地区管理人员。然而,他们的工作仅局限于操作性的活动,对推销及肉制品和农产品的管理了解甚少。而且,片区商店主管利用到商店视察的机会检查各分店的整洁和操作标准的遵守情况,而不是立足于培养分店经理和帮助协调与易腐品运营部门的关系。运营管理的关注点是放在对操作细节的密切监督,而不是开发、培训和协调上。

3. 分店内部的合作很少,而且状态不良。当初萨姆•霍尔茨克劳所营造的非正规、友好的氛围已经消失了。这方面问题的一个例子发生在路易斯安那州的一家分店中。片区杂货店经理和该分店经理决定为促销而将可口可乐和节食型可乐作为亏本销售的主要货品。可是,当上千箱的可乐送来销售时,由于腾不出足够的库存空间,导致无处堆放。分店经理想动用一层的肉制品厅和生产空间来摆放可乐箱,但那些经理们都反对。生产部经理说节食型可乐根本无助于他的销售,如果没有这项促销活动,他的销售也是不错的。

4. 为促进连锁店长期的成长和发展,可能需要对公司的长期战略进行重新评价。由于大型超级商店和便利店的竞争,传统杂货店所占有的市场份额在全国范围内都普遍下降了。霍尔茨克劳公司将来可能需要引入非食品项目以为顾客提供一次购物的方便,在商店内添加些专卖品,并调查新技术如何帮助公司在市场上变得与众不同,例如通过针对性的营销或者在脸谱网、谷歌上进行线上营销,从而为顾客提供最好的产品种类和功能,让顾客享受到最好的服务和最大的便利性。

为解决前 3 个问题,咨询组建议按照图 3-16 所示的片区和商店组织结构

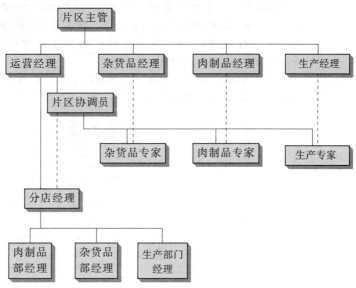

图 3-16　霍尔茨克劳超市公司的结构重组建议

进行重组。在这一重组后的结构中,肉制品、杂货品和生产部门经理均向分店经理报告工作。分店经理将拥有全面控制该分店的权力,并负责协调本店内所有的活动。片区主管的角色将从监督转向培训和开发。他将率领一个团队,团队由他本人及若干肉制品专家、生产专家和推销专家组成,到管辖区域内的各商店拜访,以一个团队的方式提出建议,并为分店经理和其他员工提供帮助。这个团队将在片区专家和各分店之间起一种联络员的作用。

咨询组对他们所提议的组织结构充满信心。取消了片区运营监督这一管理层级,分店经理将拥有更大的自主权和责任。片区联络团队将建立一种新型的集体协作管理方式并在各分店中实施。将分店经营的权责集中于一个经理身上,这将促进商店内部的协调,同时使各店的经营更适合当地的情况,并为整个商店的管理变革提供一个明确的责任人。

咨询组同样相信,如果将来要增扩一些商店,他们所提议的组织结构也可以做些扩展而将那些新增的非杂货业务融入进来。每个分店内可增设一名分部经理,负责管理药品、干货或其他的新增业务。在片区联络团队中,也可以增加新业务专家,由他们作为该片区内各商店的联络员。

问题

1. 总体来看,霍尔茨克劳第一次采用的组织结构是如何导致商店管理者不满、协调不良以及应对变化速度缓慢的?

2. 重组后的组织结构怎么解决问题 1 所述的不良后果?

3. 随着时间的推移,重组结构可能会出现哪些问题?

宝瓶宫广告代理公司(Aquarius Advertising Agency)[99]

宝瓶宫广告代理公司是一家中型企业。它为客户提供两种基本服务:

(1)按客户需要策划广告宣传的内容(如广告语、广告版面设计);(2)制订媒体(如广播、电视、报纸、露天广告牌、杂志等)的全套计划。此外,该公司还有另一些服务项目,包括提供市场营销和产品分销方面的帮助以及进行广告效果检测的市场调研等。

该公司的业务是按传统的方式组织的。其正式组织图如图 3-17 所示。每一个部门中都包括若干类似的职能。

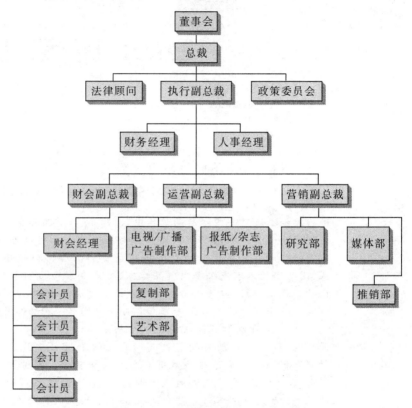

图 3-17　宝瓶宫广告代理公司组织图

每一个客户的服务都由一名客户经理来协调。他在客户和公司内多方面专家,包括广告制作、市场营销部门的职业人员之间起联络官的作用。客户和专家之间、客户和客户经理之间以及专家和客户经理之间的各种直接沟通和接触如表 3-6 所示。公司为咨询顾问在开展正式和非正式沟通方式研究中收集了有关的社会学测量的数据。宝瓶宫职员和客户之间的每个交叉格的数据就反映他们之间直接接触的频度。

尽管客户经理被任命为客户和公司内各专家间的联络官。然而,避开该联络官而发生的客户代表和专家之间的直接沟通实际相当频繁。这类直接接触包括了范围广泛的互动方式,如会议、电话、信件等。大量的直接沟通也发生在宝瓶宫公司专家和其客户单位的专家之间。例如,作为某一特定客户服务项目团队的一个成员而工作的美术专家,会经常直接与客户单位内部的美术专家接触;公司的研究人员也与客户企业的研究人员直接沟通。另外,未经正式安排的某些接触还经常导致召开一些与客户的较为正式的会议。在这样的会议上,宝瓶宫广告代理公司职员会发表一些演讲,向客户解释公司的政策并做些辩护,同时会承诺公司将采取某些行动。

表 3-6　　宝瓶宫职员和客户间接触的社会学量值										
客户/职员	客户	财会经理	会计员	电视/广播专家	报纸/杂志专家	复制专家	艺术专家	推销专家	媒体专家	研究专家
客户	X	F	F	N	N	O	O	O	O	O
财会经理		X	F	N	N	N	N	N	N	N
会计员			X	F	F	F	F	F	F	F
电视/广播专家				X	N	O	O	N	O	O
报纸/杂志专家					X	O	O	N	O	O
复制专家						X	N	O	O	O
艺术专家							X	O	O	O
推销专家								X	F	F
媒体专家									X	F
研究专家										X

说明:F 代表经常——每天;O 代表偶尔——每个项目一两次;N 代表零次。

　　在广告制作和市场营销部门内的各业务部门中,职权层级关系和专业系统关系两条线同时并存。从职权层级链看,每个业务部门中都配有一位主管和一位助理主管,下辖若干层级单位。与此同时,专业系统内的沟通也广为发生,这主要涉及有关知识和技术的共享、工作的专业评价和职业兴趣的开发等。宝瓶宫广告代理公司中对每一个部门的控制主要是通过对下级所做工作的监督和有限制的提升来实施的。然而,许多客户经理觉得他们需要有更强的影响力。其中一个这样说道:创造力和艺术,这是我在这里听到的所有的一切。就像遇到六七个艺高而自负的人,他们声称只做自己的事情,你要有效地管理他们不知有多困难。他们每一个都想将自己的想法推销给客户,而他们这样做的大部分情况我都一无所知,直到一周后我才知道发生了什么事情。如果我是个有足够权力的管理者,我会要求他们所有人都首先同我商量,得到我的批准。这样,这里的事情才能确实有改变。

　　环境的变化使公司的重组需要更加迫切。在一段很短时期内,宝瓶宫广告代理公司的大客户就发生了迅速的流动。伴随着消费行为和生活方式的改变以及频频的产品创新,没有事先征兆就很快地失去或得到客户,这已成为广告代理商通常面临的现实。

　　宝瓶宫广告代理公司的重组是高层管理者提出的一个解决方案,目的是增强公司在这种无法预见环境中经营的灵活性。这项重组活动的目标是缩短公司对环境变化的反应时间,增进各部分专家之间的合作和沟通。公司高层管理者并不明确哪一种重组方案是最适合的。因此，他们希望你能对其公司所处的环境和目前的组织结构做一分析，并欢迎你提出一个新的组织结构建议。

问题

1. 利用第 1 章提到的 5 个情境变量分析宝瓶宫公司，你认为哪个变量对宝瓶宫公司的影响最大？

2. 把图 3-17 的信息流以及最重要的情境变量考虑进去，设计一个新的组织结构。

3. 矩阵型结构对宝瓶宫公司来说是否可行？ 你的证据是什么？

 尾注

1 Sam Walker, "Why the Marine Corps Ditched the Best Offense in History," *The Wall Street Journal*, June 28, 2018, https://www.wsj.com/articles/why-the-marine-corps-ditched-the-best-offense-in-history-1530187200 (accessed April 1, 2019).

2 Ben Sisario, "Spotify Hints at Ambitions Beyond Music as It Hires a TV and Video Executive," *The Wall Street Journal*, June 26, 2018; and Suzanne Kapner, "Struggling Ralph Lauren Tries to Fashion a Comeback," *The Wall Street Journal*, June 7, 2016, https://www.wsj.com/articles/struggling-ralph-lauren-tries-to-fashion-a-comeback-1465272240 (accessed April 1, 2019).

3 Dan Carrison, "Borrowing Expertise from the FBI," *Industrial Management*, May–June 2009, 23–26.

4 Pete Engardio with Michael Arndt and Dean Foust, "The Future of Outsourcing," *BusinessWeek*, January 30, 2006, 50–58; "Working with Wyeth to Establish a High—Performance Drug Discovery Capability," Accenture website, http://www.accenture.com/SiteCollectionDocuments/PDF/wyeth (accessed July 18, 2011); and Ira Spector, "Industry Partnerships: Changing the Way R&D Is Conducted," *Applied Clinical Trials Online*, March 1, 2006, http://appliedclinicaltrialsonline.findpharma.com/appliedclinicaltrials/article/articleDetail.jsp?id=310807 (accessed July 18, 2011).

5 Carol Hymowitz, "Have Advice, Will Travel; Lacking Permanent Offices, Accenture's Executives Run 'Virtual' Company on the Fly," *The Wall Street Journal*, June 5, 2006, B1.

6 John Child, *Organization* (New York: Harper & Row, 1984).

7 Stuart Ranson, Bob Hinings, and Royston Greenwood, "The Structuring of Organizational Structures," *Administrative Science Quarterly* 25 (1980), 1–17; and Hugh Willmott, "The Structuring of Organizational Structures: A Note," *Administrative Science Quarterly* 26 (1981), 470–474.

8 This section is based on Frank Ostroff, *The Horizontal Organization: What the Organization of the Future Looks Like and How It Delivers Value to Customers* (New York: Oxford University Press, 1999).

9 Stephen Salsbury, *The State, the Investor, and the Railroad: The Boston & Albany, 1825–1867* (Cambridge: Harvard University Press, 1967), 186–187.

10 "The Cases of Daniel McCallum and Gustavus Swift," Willamette University, http://www.willamette.edu/~fthompso/MgmtCon/McCallum.htm (accessed July 29, 2011); "The Rise of the Professional Manager in America," *ManagementGuru.com*, http://www.mgmtguru.com/mgt301/301_Lecture1Page7.htm (accessed July 29, 2011); and Alfred D. Chandler, *Strategy and Structure: Chapters in the History of the American Industrial Enterprise* (Cambridge, MA: Massachusetts Institute of Technology Press, 1962).

11 David Nadler and Michael Tushman, *Strategic Organization Design* (Glenview, IL: Scott Foresman, 1988).

12 William C. Ouchi, "Power to the Principals: Decentralization in Three Large School Districts," *Organization Science* 17, no. 2 (March–April 2006), 298–307.

13 Sarah Nassauer, "Walmart to Try Thinning Store Manager Ranks," *The Wall Street Journal*, May 2, 2019, https://www.wsj.com/articles/walmart-to-try-thinning-store-manager-ranks-11556807421 (accessed May 2, 2019).

14 Hiroko Tabuchi and Bill Vlasic, "Battered by Expensive Crises, Toyota Declares a Rebirth," *The New York Times*, January 3, 2013, B1.

15 Ibid.

16 Andrew Campbell, Sven Kunisch, and Günter Müller-Stevens, "To Centralize or Not to Centralize?" *McKinsey Quarterly*, June 2011, www.mckinseyquarterly.com/To_centralize_or_not_to_centralize_2815 (accessed August 14, 2012).

17 Ibid.; and "Country Managers: From Baron to Hotelier," *The Economist*, May 11, 2002, 55–56.

18 Based on Jay R. Galbraith, *Designing Complex Organizations* (Reading, MA: Addison-Wesley, 1973); and *Organization Design* (Reading, MA: Addison-Wesley, 1977), 81–127.

19 George Anders, "Overseeing More Employees—With Fewer Managers," *The Wall Street Journal*, March 24, 2008, B6.

20 Virpi Turkulainen and Mikko Ketokivi, "The Contingent Value of Organizational Integration," *Journal of Organization Design*, 2, no. 2 (2013), 31–43.

21 Thomas Kayser, "Six Ingredients for Collaborative Partnerships," *Leader to Leader*, Summer 2011, 48–54.

22 Siobhan Gorman and Julian E. Barnes, "Spy, Military Ties Aided bin Laden Raid," *The Wall Street Journal*, May 23, 2011, http://online.wsj.com/article/SB1000142405274870408 3904576334160172068344.html (accessed May 23, 2011).

23 Lee Iacocca with William Novak, *Iacocca: An Autobiography* (New York: Phantom Books, 1984), 152–153.

24 Ronald J. Recardo and Kleigh Heather, "Ten Best Practices for Restructuring the Organization," *Global Business and Organizational Excellence*, January–February 2013, 23–37; Kirsten Foss and Waymond Rodgers, "Enhancing Information Usefulness by Line Managers' Involvement in Cross-Unit Activities," *Organization Studies* 32, no. 5 (2011), 683–703; M. Casson, *Information and Organization* (Oxford: Oxford University Press, 1997); Justin J. P. Jansen, Michiel P. Tempelaar, Frans A. J. van den Bosch, and Henk W. Volberda, "Structural Differentiation and Ambidexterity: The Mediating Role of Integration Mechanisms," *Organization Science* 20, no. 4 (July–August 2009), 797–811; and Galbraith, *Designing Complex Organizations*.

25 "Panel Says Toyota Failed to Listen to Outsiders," *USA Today*, May 23, 2011, http://content.usatoday.com/communities/driveon/post/2011/05/toyota-panel-calls-for-single-us-chief-paying-heed-to-criticism/1#.VDU5Q7N0x1s (accessed October 7, 2014).

26 These are based in part on Galbraith, *Designing Complex Organizations;* and Recardo and Heather, "Ten Best Practices for Restructuring the Organization."

27 David Stires, "How the VA Healed Itself," *Fortune*, May 15, 2006, 130–136.

28 Jay Galbraith, Diane Downey, and Amy Kates, "How Networks Undergird the Lateral Capability of an Organization—Where the Work Gets Done," *Journal of Organizational Excellence* (Spring 2002), 67–78.

29 Walter Kiechel III, "The Art of the Corporate Task Force," *Fortune*, January 28, 1991, 104–105; and William J. Altier, "Task Forces: An Effective Management Tool," *Management Review*, February 1987, 52–57.

30 Margaret Frazier, "Flu Prep," *The Wall Street Journal*, March 25–26, 2006, A8.

31 Joe Flint and Benjamin Mullin, "It Was Once 'Game of Thrones' Inside Time Warner. AT&T Said, Enough," *The Wall Street Journal*, March 8, 2019, https://www.wsj.com/articles/it-was-once-game-of-thrones-inside-time-warner-at-t-said-enough-11552069473 (accessed April 2, 2019); Joe Flint, "AT&T Breaks Up Turner, Bulks Up Warner Bros. in Major WarnerMedia Overhaul," *The Wall Street Journal*, March 4, 2019, https://www.wsj.com/articles/at-t-shakes-up-warner-media-unit-11551708372 (accessed April 2, 2019); and Benjamin Mullin, "WarnerMedia Content Chief Says Competitors 'Are Eating Our Lunch,'" *The Wall Street Journal*, March 6, 2019, https://www.wsj.com/articles/warnermedia-content-chief-says-competitors-are-eating-our-lunch-11551907308 (accessed April 2, 2019).

32 Paul R. Lawrence and Jay W. Lorsch, "New Managerial Job: The Integrator," *Harvard Business Review*, November–December 1967, 142–151.

33 Sally Blount and Paul Leinwand, "Reimagining Effective Cross-Functional Teams," *Strategy + Business*, November 20, 2017, https://www.strategy-business.com/blog/Reimagining-Effective-Cross-Functional-Teams?gko=d02f2 (accessed April 1, 2019).

34 Dan Heath and Chip Heath, "Blowing the Baton Pass," *Fast Company*, July–August 2010, 46–48.

35 Anthony M. Townsend, Samuel M. DeMarie, and Anthony R. Hendrickson, "Virtual Teams: Technology and the Workplace of the Future," *Academy of Management Executive* 12, no. 3 (August 1998), 17–29.

36 Erin White, "How a Company Made Everyone a Team Player," *The Wall Street Journal*, August 13, 2007; Pete Engardio, "A Guide for Multinationals: One of the Greatest Challenges for a Multinational Is Learning How to Build a Productive Global Team," *BusinessWeek*, August 20, 2007, 48–51; and Lynda Gratton, "Working Together... When Apart," *The Wall Street Journal*, June 18, 2007.

37 Jody Hoffer Gittell, *The Southwest Airlines Way: Using the Power of Relationships to Achieve High Performance* (New York: McGraw-Hill, 2003).

38 This discussion is based on Jody Hoffer Gittell, "Coordinating Mechanisms in Care Provider Groups: Relational Coordination as a Mediator and Input Uncertainty as a Moderator of Performance Effects," *Management Science* 48, no. 11 (November 2002), 1408–1426; J. H. Gittell, "The Power of Relationships," *Sloan Management Review* (Winter 2004), 16–17; and J. H. Gittell, *The Southwest Airlines Way*.

39 Based on the story in Jody Hoffer Gittell, "Paradox of Coordination and Control," *California Management Review* 42, no. 3 (Spring 2000), 101–117.

40 "Transcript of Stripes Interview with Lt. Gen. David M. Rodriguez," *Stars and Stripes*, December 31, 2009, http://www.stripes.com/news/transcript-of-stripes-interview-with-lt-gen-david-m-rodriguez-1.97669# (accessed July 21, 2011); and Robert D. Kaplan, "Man Versus Afghanistan," *The Atlantic*, April 2010, 60–71.

41 Greg Bensinger, "Amazon Finds Air Freight Partner," *The Wall Street Journal*, March 9, 2016, https://www.wsj.com/articles/amazon-finds-air-freight-partner-1457538676 (accessed April 2, 2019).

42 Henry Mintzberg, *The Structuring of Organizations* (Englewood Cliffs, NJ: Prentice-Hall, 1979).

43 Raymond E. Miles, Charles C. Snow, Øystein D. Fjeldstad, Grant Miles, and Christopher Lettl, "Designing Organizations to Meet 21st-Century Opportunities and Challenges," *Organizational Dynamics* 39, no. 2 (2010), 93–103.

44 Based on Robert Duncan, "What Is the Right Organization Structure?" *Organizational Dynamics*, Winter 1979, 59–80; and W. Alan Randolph and Gregory G. Dess, "The Congruence Perspective of Organization Design: A Conceptual Model and Multivariate Research Approach," *Academy of Management Review* 9 (1984), 114–127.

45 Survey reported in Timothy Galpin, Rod Hilpirt, and Bruce Evans, "The Connected Enterprise: Beyond Division of Labor," *Journal of Business Strategy* 28, no. 2 (2007), 38–47.

46 Adam Bryant, "An Office? She'll Pass on That," (an interview with Meridee A. Moore, Corner Office column), *The Wall Street Journal*, March 7, 2010, BU2.

47 Rahul Jacob, "The Struggle to Create an Organization for the 21st Century," *Fortune*, April 3, 1995, 90–99.

48 R. E. Miles et al., "Designing Organizations to Meet 21st-Century Opportunities and Challenges."

49 David C. Robertson with Bill Breen, *Brick by Brick: How LEGO Rewrote the Rules of Innovation and Conquered*

the Global Toy Industry (New York: Crown Business, 2013), 32.

50 N. Anand and Richard L. Daft, "What Is the Right Organization Design?" Organizational Dynamics 36, no. 4 (2007), 329–344.

51 Loretta Chao, "Alibaba Breaks Up E-Commerce Unit," The Wall Street Journal, June 17, 2011, B2.

52 Yue Maggie Zhou, "Designing for Complexity: Using Divisions and Hierarchy to Manage Complex Tasks," Organization Science 24, no. 2 (March–April 2013), 339–355.

53 Conor Dougherty, "Autonomy Seen as Goal of New Google," The New York Times, August 12, 2015; Conor Dougherty, "Google Mixes a New Name and Big Ideas," The New York Times, August 11, 2015; and Jillian D'Onfro, "Google Has Thrived Under Alphabet for the Last Three Years, But the Other Businesses Have Seen Mixed Results, CNBC, August 10, 2018, https://www.cnbc.com/2018/08/10/google-alphabet-restructuring-third-anniversary.html (accessed April 3, 2019).

54 Geoff Colvin and Jessica Shambora, "J&J: Secrets of Success," Fortune, May 4, 2009, 117–121; and "Johnson & Johnson Company Profile," Vault.com, http://www.vault.com/company-profiles/personal-care/johnson-johnson/company-overview.aspx (accessed April 2, 2019).

55 Eliza Newlin Carney, "Calm in the Storm," Government Executive, October 2003, 57–63; and Brian Friel, "Hierarchies and Networks," Government Executive, April 2002, 31–39.

56 Based on Duncan, "What Is the Right Organization Structure?"

57 Joseph Weber, "A Big Company That Works," Business Week, May 4, 1992, 124.

58 Phred Dvorak and Merissa Marr, "Stung by iPod, Sony Addresses a Digital Lag," The Wall Street Journal, December 30, 2004, B1.

59 Maisie O'Flanagan and Lynn K. Taliento, "Nonprofits: Ensuring That Bigger Is Better," McKinsey Quarterly, no. 2 (2004), 112ff.

60 Lowrey, "World Bank, Rooted in Bureaucracy, Proposes a Sweeping Reorganization."

61 Mae Anderson, "Wal-Mart Reorganizes U.S. Operations to Help Spur Growth," USA Today, January 28, 2010, http://www.usatoday.com/money/industries/retail/2010-01-28-walmart-reorganization_N.htm (accessed July 21, 2011); and "Organizational Chart of Wal-Mart Stores," The Official Board.com, http://www.theofficialboard.com/org-chart/wal-mart-stores (accessed July 21, 2011).

62 Jay R. Galbraith, "The Multi-Dimensional and Reconfigurable Organization," Organizational Dynamics 39, no. 2 (2010), 115–125; Thomas Sy and Laura Sue D'Annunzio, "Challenges and Strategies of Matrix Organizations: Top-Level and Mid-Level Managers' Perspectives," Human Resource Planning 28, no. 1 (2005), 39–48; and Stanley M. Davis and Paul R. Lawrence, Matrix (Reading, MA: Addison-Wesley, 1977), 11–24. For a current perspective on matrix management, see Kevan Hall, Making the Matrix Work: How Matrix Managers Engage People and Cut Through Complexity (London: Nicholas Brealey Publishing, 2013).

63 Davis and Lawrence, Matrix.

64 Steven H. Appelbaum, David Nadeau, and Michael Cyr, "Performance Evaluation in a Matrix Organization: A Case Study (Part One)," Industrial and Commercial Training 40, no. 5 (2008), 236–241; Erik W. Larson and David H.

Gobeli, "Matrix Management: Contradictions and Insight," California Management Review 29 (Summer 1987), 126–138; and Sy and D'Annunzio, "Challenges and Strategies of Matrix Organizations."

65 Davis and Lawrence, Matrix, 155–180.

66 Meenu Bhatnagar, "Managing Multiple Bosses: A New Age or HR Conundrum?" Amity Research Centers, 2018, Reference No. 418-0036-1; Robert C. Ford and W. Alan Randolph, "Cross-Functional Structures: A Review and Integration of Matrix Organizations and Project Management," Journal of Management 18 (June 1992), 267–294; and Duncan, "What Is the Right Organization Structure?"

67 Lawton R. Burns, "Matrix Management in Hospitals: Testing Theories of Matrix Structure and Development," Administrative Science Quarterly 34 (1989), 349–368; and Sy and D'Annunzio, "Challenges and Strategies of Matrix Organizations."

68 Carol Hymowitz, "Managers Suddenly Have to Answer to a Crowd of Bosses" (In the Lead column), The Wall Street Journal, August 12, 2003, B1; and Michael Goold and Andrew Campbell, "Making Matrix Structures Work: Creating Clarity on Unit Roles and Responsibilities," European Management Journal 21, no. 3 (June 2003), 351–363.

69 Christopher A. Bartlett and Sumantra Ghoshal, "Matrix Management: Not a Structure, a Frame of Mind," Harvard Business Review, July–August 1990, 138–145.

70 Kevan Hall, "Revisiting Matrix Management," People & Strategy 36, no. 1 (2013), 4–5; and Richard M. Burton, Børge Obel, and Dorthe Døjbak Håkonsson, "How to Get the Matrix Organization to Work," Journal of Organization Design 4, no. 3 (2015), 37–45.

71 This case was inspired by John E. Fogerty, "Integrative Management at Standard Steel" (unpublished manuscript, Latrobe, Pennsylvania, 1980); Stanley Reed with Adam Aston, "Steel: The Mergers Aren't Over Yet," Business Week, February 21, 2005, 6; Michael Arndt, "Melting Away Steel's Costs," Business Week, November 8, 2004, 48; and "Steeling for a Fight," The Economist, June 4, 1994, 63.

72 See Anand and Daft, "What Is the Right Organization Design?"; Pete Engardio, "The Future of Outsourcing," Business Week, January 30, 2006, 50–58; Jane C. Linder, "Transformational Outsourcing," MIT Sloan Management Review, Winter 2004, 52–58; and Denis Chamberland, "Is It Core or Strategic? Outsourcing as a Strategic Management Tool," Ivey Business Journal, July–August 2003, 1–5.

73 Bob Sechler, "Colleges Shedding Non-Core Operations," The Wall Street Journal, April 2, 2012, A6; and David Streitfeld, "A City Outsources Everything. California's Sky Doesn't Fall," The New York Times, July 20, 2010, A1.

74 Sean McLain, "Honda Took Pride in Doing Everything Itself. The Cost of Technology Made That Impossible.," The Wall Street Journal, August 6, 2018, https://www.wsj.com/articles/honda-took-pride-in-doing-everything-itself-the-cost-of-technology-made-that-impossible-1533484840 (accessed April 3, 2019).

75 David Nadler, quoted in "Partners in Wealth: The Ins and Outs of Collaboration," The Economist, January 21–27, 2006, 16–17.

76 Ranjay Gulati, "Silo Busting: How to Execute on the Promise of Customer Focus," Harvard Business Review, May 2007, 98–108.

77 The discussion of virtual networks is based on Anand and Daft, "What Is the Right Organization Design?"; Melissa

A. Schilling and H. Kevin Steensma, "The Use of Modular Organizational Forms: An Industry-Level Analysis," *Academy of Management Journal* 44, no. 6 (2001), 1149–1168; Raymond E. Miles and Charles C. Snow, "The New Network Firm: A Spherical Structure Built on a Human Investment Philosophy," *Organizational Dynamics*, Spring 1995, 5–18; and R. E. Miles, C. C. Snow, J. A. Matthews, G. Miles, and H. J. Coleman Jr., "Organizing in the Knowledge Age: Anticipating the Cellular Form," *Academy of Management Executive* 11, no. 4 (1997), 7–24.

78 Paul Engle, "You *Can* Outsource Strategic Processes," *Industrial Management*, January–February 2002, 13–18.

79 Don Tapscott, "Rethinking Strategy in a Networked World," *Strategy + Business* 24 (Third Quarter, 2001), 34–41.

80 Hayley Peterson, "One Stunning Stat that Shows How Nike Changed the Shoe Industry Forever, *Business Insider*, April 22, 2014, https://www.businessinsider.com/how-nike-changed-the-shoe-industry-2014-4 (accessed April 9, 2019); and George P. Huber, "Changes in the Structures of U.S. Companies: Action Implications for Executives and Researchers," *Journal of Organization Design* 5, no 8 (December 2016), https://jorgdesign.springeropen.com/articles/10.1186/s41469-016-0010-x (accessed April 4, 2019).

81 Gregory G. Dess, Abdul M. A. Rasheed, Kevin J. McLaughlin, and Richard L. Priem, "The New Corporate Architecture," *Academy of Management Executive* 9, no. 3 (1995), 7–20; and Huber, "Changes in the Structures of U.S. Companies."

82 This discussion of strengths and weaknesses is based on Miles and Snow, "The New Network Firm"; Dess et al., "The New Corporate Architecture"; Anand and Daft, "What Is the Right Organization Design?"; Henry W. Chesbrough and David J. Teece, "Organizing for Innovation: When Is Virtual Virtuous?" *Harvard Business Review*, August 2002, 127–134; Cecily A. Raiborn, Janet B. Butler, and Marc F. Massoud, "Outsourcing Support Functions: Identifying and Managing the Good, the Bad, and the Ugly," *Business Horizons* 52 (2009), 347–356; and M. Lynne Markus, Brook Manville, and Carole E. Agres, "What Makes a Virtual Organization Work?" *Sloan Management Review*, Fall 2000, 13–26; and Huber, "Changes in the Structures of U.S. Companies".

83 James R. Hagerty, "A Toy Maker Comes Home to the U.S.A.," *The Wall Street Journal*, March 11, 2013, B1.

84 "What Is Self-Management?" Morning Star Self-Management Institute, http://www.self-managementinstitute.org/about/what-is-self-management (accessed January 28, 2016); and Chelsea Larsson,

"You Do You" The Triumphs and Traps of the Bossless Company," Posted on *Relate by Zendesk*, https://relate.zendesk.com/articles/triumphs-traps-bossless-company-holacracy/ (accessed April 10, 2019).

85 "What Is Self-Management?"

86 The discussion of holacracy team structure is based largely on Ethan Bernstein, John Bunch, Niko Canner, and Michael Lee, "Beyond the Holacracy Hype," *Harvard Business Review* (July–August 2016), 2–13.

87 Ibid.

88 Ibid.

89 Gary Hamel, "First, Let's Fire All the Managers," *Harvard Business Review* (December 2011), 48–60.

90 Based on Bernstein et al., "Beyond the Holacracy Hype; and Noah Askin, Gianpiero Petriglieri, and Joanna Lockard, "Tony Hsieh at Zappos: Structure, Culture and Change," Insead, case #416-0092-1. Distributed by The Case Centre.

91 Based on Ethan Bernstein, John Bunch, Niko Canner, and Michael Lee, "Beyond the Holacracy Hype," *Harvard Business Review* (July–August 2016), 2–13; Ostroff, *The Horizontal Organization*; and Anand and Daft, "What Is the Right Organization Design?"

92 Bernstein et al., "Beyond the Holacracy Hype."

93 Ibid.

94 Jay R. Galbraith, "The Evolution of Enterprise Organization Design," *Journal of Organization Design* 1, no. 2 (2012), 1–13.

95 "Organization Chart for Starbucks," The Official Board.com, http://www.theofficialboard.com/org-chart/starbucks (accessed July 21, 2011).

96 Based on Child, *Organization*, Ch. 1; and Jonathan D. Day, Emily Lawson, and Keith Leslie, "When Reorganization Works," *The McKinsey Quarterly*, 2003 Special Edition: The Value in Organization, 21–29.

97 Adapted by Dorothy Marcic from "Organizing," in Donald D. White and H. William Vroman, *Action in Organizations*, 2nd ed. (Boston: Allyn & Bacon, 1982), 154; and Cheryl Harvey and Kim Morouney, "Organization Structure and Design: The Club Ed Exercise," *Journal of Management Education* (June 1985), 425–429.

98 Prepared by Richard L. Daft, from Richard L. Daft and Richard Steers, *Organizations: A Micro/Macro Approach* (Glenview, IL: Scott Foresman, 1986). Reprinted with permission.

99 Adapted from John F. Veiga and John N. Yanouzas, "Aquarius Advertising Agency," *The Dynamics of Organization Theory* (St. Paul, MN: West, 1984), 212–217, with permission.

第 Ⅲ 篇

开放系统设计要素

ORGANIZATION THEORY AND DESIGN

外 部 环 境

问题引入

在阅读本章内容之前，请先看下面的问题并选择答案。

1. 组织适应复杂环境的最好方法是设计一个复杂的结构（而不是简单的结构）。

同意＿＿＿＿＿＿＿＿　　　　　　　　　　　不同意＿＿＿＿＿＿＿＿

2. 在一种反复无常、快速变化的环境中，根据严格制订的计划来行动是对时间和资源的浪费。

同意＿＿＿＿＿＿＿＿　　　　　　　　　　　不同意＿＿＿＿＿＿＿＿

3. 商业组织的管理者不应该参与政治活动。

同意＿＿＿＿＿＿＿＿　　　　　　　　　　　不同意＿＿＿＿＿＿＿＿

在亚利桑那州钱德勒市（Chandler，Arizona）的一个十字路口，一名身份不明的男子无缘无故划破了一辆货车的轮胎，货车如此无辜。但是，钱德勒市的一些居民说，也许那辆货车并不是那么无辜。这是一辆由 Alphabet 下属事业部 Waymo 运行的自动驾驶汽车，它不是第一辆也应该不是最后一辆受到袭击的汽车。这起轮胎划伤事件是 Waymo 员工在钱德勒测试车辆时遇到的数十起针对自动驾驶汽车的袭击事件之一。钱德勒市位于凤凰城（Phoenix）附近。人们挥舞枪支，投掷石块，并用管子和其他物体威胁乘坐在货车里的 Waymo 员工，试图把这些自动驾驶车辆赶出公路。Waymo 于 2017 年开始测试无人驾驶汽车，但很快发现公众对这项新技术存有很多疑虑。钱德勒一位居民说："他们说他们需要获取真实世界中的案例，但我不想成为他们真实世界中的异行者。"[1]

Waymo 的经历可能是一个极端的例子，因为这个例子中涉及的是一项最前沿的技术，但由此可见，所有组织在处理外部环境中的事件时都面临着巨大的不确定性。例如，通用磨坊（General Mills）、卡夫海因茨（KraftHeinz）和凯洛格（Kellogg）等大型包装食品公司的市场份额正在下滑，原因是消费者越来越多地转向新鲜食品以及更自然和有机的选择。[2] 从最近发生在唐恩都乐（Dunkin Donut）、安德玛（Under Armour）、拉什大学（Rush University）医疗系统和佐治亚理工学院（Georgia Institute of Technology，简称 Georgia Tech）的数据泄露事件可以看出，网络犯罪正在威胁着环境及其中的每个组织。在某种程度上，大多数组织必须迅速适应新的竞争环境、经济动荡、消费者利益的变化或创新技术的出现。环境的变化既能为组织带来威胁，也能带来机遇。

本章目的

本章的目的在于提出一个评价环境并说明组织如何对环境做出反应的分析框架。首先，我们要确定组织的边界和影响组织的环境领域。然后，我们将探讨作用于组织的两股主要环境力量，即组织对信息的需要和对资源的需要。组织可通过结构设计、计划系统对环境力量做出反应，并尽力适应和影响外部环境中的各种人员、事件和组织。

4.1 组织环境

从广义上说，环境是无限的，它包括了组织外部的每一个方面。不过，本书的分析仅考虑了环境中组织非常敏感的部分，即组织为了生存必须对其做出反应的那些方面。这样，我们对**组织环境**（organizational environment）的定义就是：存在于组织的边界之外，可能对组织的总体或局部产生影响的所有要素。

组织环境可以通过分析组织外部的领域来加以认识。所谓组织的**环境领域**（domain），是指组织所选择的活动的环境区域。它是一个组织就其产品、服务和市场为自己所确立的领域。领域决定了组织的经营方位，以及组织为了实现目标而需要与之相互作用的外部环境要素。

环境是由若干**方面**（sectors）组成的，每个部分又包含着有相似要素的外部环境子系统。对于任何组织，其环境领域都可从 11 个方面加以分析，这就是行业、原材料、人力资源、金融资源、市场、技术、经济形势、政府、自然环境、社会文化以及国际环境。这 11 个方面的环境要素和一个假定的环境领域如图 4-1 所示。对大多数企业来说，图 4-1 所示的环境领域可以进一步细分为任务环境和一般环境两个层次。

国际大背景

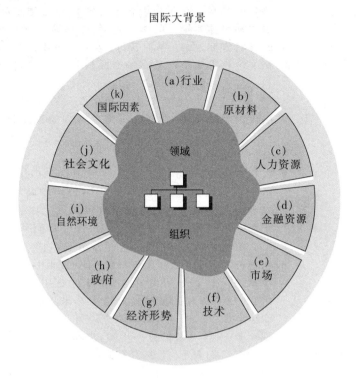

(a) 竞争者，所在行业规模与竞争强度
(b) 供应商、制造商、不动产商、服务商
(c) 劳动力市场、就业机构、大学、培训学校、其他企业的员工、工会
(d) 股票市场、银行、储蓄与信贷机构、私人投资者
(e) 顾客、客户、产品和服务的潜在使用者
(f) 生产技术、科技、计算机、信息技术、电子商务
(g) 经济萧条情况、失业率、通货膨胀率、投资回报率、经济增长率
(h) 市、州、联邦的法律和法规，税收、服务、司法系统，政治活动情况
(i) 绿色运动、可持续性、自然资源管理
(j) 年龄、价值观、信念、教育程度、宗教、职业伦理、消费者运动
(k) 外国企业的竞争及收购，本国企业进入海外市场，外国的习俗、管制、汇率

图 4-1　组织的环境

 ## 4.1.1　任务环境

　　任务环境（task environment）是指组织与之发生直接的相互作用，并且对组织实现目标的能力有直接影响的那些环境要素。任务环境一般包括行业、原材料、市场等方面，还可能包括人力资源和国际环境。
　　下列例子说明了每一方面环境要素是如何影响组织的：
● 行业方面，韩国的零售业一直由大型百货公司主导，但随着过去几年智能手机的使用大幅增加，企业发现了吸引消费者的新方式。韩国劳动力中女性的数量比较少，所以电视购物节目和互联网卖家有足够多的受众。在线购物和家庭购物变得越来越流行，人们扫描一下地铁站墙体海报上的条形码，就能够简单方便地购物。[3]

- 原材料方面，2019 年初，阿迪达斯（Adidas）的销售增长放缓，因为公司决定将更多生产从高端产品转移到中等价位服装，但是亚洲的材料供应商一时间难以跟上这一变化。另一个例子是，泰森食品公司（Tyson Foods）已经花费了数亿美元在中国建立了 90 家养鸡场，以确保肉鸡的质量，泰森公司将这些肉鸡加工处理后卖给快餐食品公司、批发商，以及其他类型的肉类加工企业（比如将鸡肉用于香肠和其他产品中的企业）。[4]

- 市场方面，西班牙语媒体公司 Univision（Univision Communications Inc.）下属旗舰西班牙语电视网络公司的高管们正在努力调整节目，以吸引在美国出生的西班牙裔年轻人。在美国，近 60％ 的拉美裔是千禧一代或更年轻的一代，因此管理者们认为，有必要增加更前卫、节奏更快的节目，以吸引这部分市场。[5]

- 人力资源方面，人力资源对每一种商业形式都非常重要。劳动力资源紧缺的情况正在影响着所有行业中的组织。就连联邦调查局（FBI）也难以找到足够的合格人选来填补每年约 900 个特别探员的职位空缺。2009 年，联邦调查局可以收到 6.85 万份求职申请。但在截至 2018 年 9 月的这一年中，求职申请下降到 1.15 万份。联邦调查局的官员们表示，至少需要大约 1.6 万名申请者才能筛选到足够的候选人来填补特工职位。[6]

- 对于今天的许多公司来说，因为全球化程度的加深和竞争的加剧，国际环境已成为企业任务环境的一部分。例如，印度新的电子商务规定于 2019 年初生效后，数千种产品从亚马逊印度网站上下架。新的规定旨在帮助印度本土零售商更好地与亚马逊等外国巨头竞争。这些规定可能会影响亚马逊在印度的销售额，比重高达 40％。[7]

4.1.2 　一般环境

　　一般环境（general environment）是指那些对企业的日常经营可能没有直接影响但会有间接影响的各种环境要素。一般环境通常包括政府、自然环境、社会文化、经济形势、技术以及财务资源等要素。这些要素最终会影响到所有的组织。请看下面的例子：

- 政府方面，规章制度会影响组织发展的每个阶段。此外，很多公司发现它们经常要在国家级法院或地方法庭应对诉讼战。例如，强生公司（Johnson&Johnson）正面临数千起有关其婴儿奶粉安全的诉讼，陪审团已经对公司做出了数百万美元的判决。[8]

- 自然方面，地球上自然存在的所有元素都在随着消费者、组织以及管理者不断从环境中汲取资源而变得越发重要，企业产品和商业实践也在对环境产生着越来越重要的影响。全球最大的博彩公司之一凯撒娱乐（Caesars Entertainment）设计了一个计分卡，来记录公司的所作所为对环境的影响,包括降低能源消耗,减少浪费,降低水资源消耗,以及满足其他一些"绿色"目标。公司的管理者们发现,顾客们对凯撒可持续实践了解得越多,对公司的感觉就越好,他们在娱乐场的体验就越舒畅,也就越有可能预定下一次的光顾。[9] 保护自然环境也正成为世界各地的一个重要政策焦点。下表展示了环境绩效指数得分最高的五个国家以及其他几个作为对比的国家。[10]

排名	国家	分数	排名	国家	分数
1	瑞士	87.42	27	美国	71.19
2	法国	83.95	32	卡塔尔	67.80
3	丹麦	81.60	52	俄罗斯	63.79
4	马耳他	80.90	72	墨西哥	59.69
5	瑞典	80.51	177	印度	30.57
25	加拿大	72.18			

- 社会文化方面,一个重要因素是来自各种倡导性团体的压力。一个有趣的例子来自纳贝斯克(Nabisco)及其母公司亿滋国际(Mondelez International),公司管理者们在善待动物协会(People for the Ethical Treatment of Animals,PETA)的压力之下,决定让被关了一个多世纪的动物在马戏团主题的巴纳姆动物饼干盒上自由漫步。斑马、大猩猩、大象、狮子和长颈鹿悠闲自在,而不是被关在牢笼里。善待动物协会在其网站上宣布,"小举动可以带来大胜利。""新盒子……完美地反映了我们的社会不再容忍把动物关在笼子里、用链子拴住、供马戏团表演。"[11]

- 一般经济环境的变化也会影响企业运作的方式。回顾 2008 年伊始,全球经济衰退影响到了所有行业。例如,纽约一家小企业布里格斯公司(Briggs Inc.)专门为那些想要吸引顶级客户或者奖励员工和忠诚顾客的企业提供定制化活动服务。当布里格斯的顾客开始流失的时候,管理者们不得不做出一些改变。所以布里格斯开始寻找为客户省钱的方法,比如将活动转移到较小的场所,减少装饰,添加一些不会增加成本的细节。布里格斯的策略增加了自己的财政负担,但也帮助公司留住了长期客户。[12]

- 技术方面,由于人工智能(AI)和数字技术的兴起,各种巨大变化正不断发生。已有研究表明,从美国到加拿大再到日本,大量白领因为新技术的应用而失去了工作。当今时代,应用一些人工智能软件就可以通过医学扫描剔除令人担忧的斑点,在股票交易中可以毫秒为单位计算时点利润,在法律案件中可以通过文件搜索法筛选证据,通过数字电表就可以记录数百万家庭的电量使用情况。[13]同时,技术也可以在一些新的领域创造就业机会。有几家公司正在研究无人驾驶汽车的技术。本章开篇案例中提到的 Waymo 于 2018 年底推出了

Waymo One，成为美国第一家提供自动驾驶汽车商业拼车服务的公司。[14]

- 财务资源是所有企业都不得不关心的资源，在创业者心中，财务资源常常是首先要考虑到的，也是最重要的方面。由于银行严格的贷款标准，小型公司的所有者已经开始借助于在线一对一（P-to-P）贷款网获得小额贷款。例如，杰夫·沃尔什（Jeff Walsh）通过 Prosper.com 为他的投币式洗衣机业务争取了 22 000 美元的贷款。亚历·卡尔马帕（Alex Kalempa）为了扩大他的摩托车赛车转向系统的业务，需要 15 000 美元的资金，但是银行只为他提供 500～1 000 美元的贷款，卡尔马帕在 LendingClub.com 获得了 15 000 美元的资金，其贷款利率比银行还要低几个百分点。[15]

4.1.3 国际环境

国际环境亦能直接影响许多组织。特别是最近几年，它成了极其重要的环境要素。例如，汽车行业经历了深刻的变化，中国成为世界上最大的汽车市场。为了应对这一变化，许多汽车制造商将国际总部转移到了中国，汽车设计也在迎合中国市场，比如空间变得更大，设计更豪华的后排座椅，配备先进的娱乐系统和浅色内饰。[16]共享汽车服务商优步（Uber）也希望打入中国庞大的市场，但最终将其在中国的业务卖给了中国本土企业滴滴出行（Didi Chuxing）。

进入国际市场对每个公司来说都意味着要面临巨大的不确定性。国际事件也会影响所有的国内环境。例如，西非供应了世界约三分之二的可可豆，恶劣的天气和西非工人的罢工大大提高了 ChocoLogo（纽约布法罗的一家小型美食巧克力制造商）的原材料成本。[18]当今世界各国及组织之间的联系前所未有地紧密，一个地区的经济、政治和社会文化变化最终会影响到其他领域。

所有的组织都必须既要面对细微的环境变动又要面对巨大的环境变化。在下面的章节里，我们将更加详细地讨论公司如何应对环境的不确定性和不稳定性。

本节要点

- 组织是开放的社会系统。大多数都与外部环境中的数百个元素有关，而且环境可能非常复杂。
- 组织环境的变化既会带来威胁也能创造机会。组织的环境可以通过分析组织领域来理解，领域定义了与组织存在交互关系的外部部门，组织通过这种交互实现自己的目标。
- 任务环境要素包括工业、原材料、市场、人力资源和国际环境。一般环境要素包括政府、自然环境、社会文化、经济条件、技术和财务资源。

4.2　变动的环境

环境如何影响组织？环境领域所发生的事件和类型可以从三个主要的维度加以分析：动态性（环境是稳定还是不稳定的）、复杂性（环境是简单的还是复杂的）、资源充裕度（组织成长所需财务资源的可获得量）。[19] 图 4-2 显示了这些分析维度。随着环境变得越来越复杂，事物稳定性越来越差，财务资源越来越难获得，环境的不确定性也增加了。这些维度可归结为环境对组织影响的两种基本方式：（1）对有关环境变动信息的需要；（2）从环境中获得资源的需要。复杂、多变的环境条件，产生了组织对信息收集以及基于信息做出反应的更强烈的需要。另外，组织也关心稀缺的物资和财务资源，因此存在保证资源供应的需要，这些内容将在本章后面部分讲到。

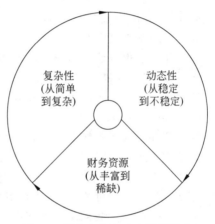

图 4-2　引起组织不确定性的因素

环境不确定性主要涉及图 4-1 中所示的那些方面，组织每天都需要面对和处理那些要素。尽管一般环境因素，比如说经济条件、社会发展趋势或技术进步等，也能给组织的发展带来不确定性，但是组织环境的不确定性通常更多地来自任务环境（task environment）中的因素，比如组织需要定期处理诸多环境要素（例如人员、其他组织、事件），需要关注这些要素的变化速度。要对环境的不确定性进行评估，我们可以沿着"简单与复杂"和"稳定与不稳定"这两个维度来对组织任务环境的每一个因素进行分析。[20] 任务环境因素中不确定因素的总和就是组织最终感受到的环境不确定性。

组织必须设法应对和管理环境的不确定性，以使自己取得满意的效果。**不确定性**（uncertainty）意味着决策者不能得到关于环境各要素足够的信息,因而难以预见外界的变化。不确定性增加了组织反应行动失败的风险,并使决策方案成本和成功概率的估算变得困难。[21] 在本节接下来的部分,我们将从组织对所处环境的感知入手,按照组织所处的环境是简单还是复杂,以及环境各要素的动态性两个维度来考察不确定性。在本章的后面,我们将讨论组织如何控制环境以获得所需要的财务资源。

 ### 4.2.1 复杂性

环境**复杂性**(complexity)是指环境的异质性,或者说是影响组织运营的外部环境要素(比如竞争者、供应商、行业变革、政府法规)的数量和差异化程度。影响组织的外部环境要素越多,以及组织所在领域内的其他企业数量越多,环境的复杂性就越高。复杂的环境,意味着有许多不同的外部要素与组织发生相互作用并影响到组织。而简单的环境,只有若干个相似的外部要素影响组织。

例如,一家位于城郊社区的家庭经营的五金店的外部环境就很简单。这样的五金店不需要应对复杂的技术问题或是大量的政府管制。社会文化和社会变迁对它也没什么影响。此外,人力资源也不是问题,因为五金店主要由家庭成员经营,最多雇些临时工。对这样的小店来说,唯一重要的外部因素就是附近的几个竞争者、供应商和顾客。与此相比,像雅培公司(Abbott Laboratories)、默克公司(Merck)和辉瑞公司(Pfizer)之类的医药企业的经营环境就非常复杂。它们采用的技术繁多而复杂,需要应对不断变化的政府法规,容易受到国际事件的影响,需要争夺稀缺的财务资源和训练有素的工程师,要和大量的供应商、客户、承包商、合作伙伴打交道,需要应对不断变化的社会价值观,需要在多个国家处理复杂的法律和金融系统。在一个医药企业中这些大量的外部要素就能构成一个复杂的环境。雅培公司最近宣布计划将公司分成两个独立的公司,以更好地应对环境的复杂性。其他公司,如默克和先灵葆雅(Schering Plough),则选择合并,以更好地应对不确定性。[22]

 ### 4.2.2 动态性

动态性(dynamism)指的是组织运营面临的环境是稳定的还是不稳定的。如果在几个月或几年时间内环境领域一直保持不变,这就是稳定的环境。不稳定的情况是指环境要素快速变化。例如,组织可能会经历产品需求或供应商报价的重大波动,竞争对手可能推出更好、更快的创新产品,或者行业的监管环境可能正在发生迅速变化。[23] 考虑一下盖普公司(Gap Inc.)等时尚零售商的动态环境是如何导致公司陷入困境的。

应用案例 4-1

盖普公司

一位年轻的洛杉矶的顾客说："盖普的品牌并不是很好,而且价格也太高了。"这对曾经控制美国休闲时尚市场的公司来说是一个巨大的变化。

盖普的管理者们面临的最大挑战之一是消费者偏好正在迅速改变,而竞争对手已经能够更快地满足这些需求。盖普延续了在每季开始时订货并把商品发到店里的传统模式。如果衣服卖不出去,就会在下一批订单之前转移到打折区销售一段时间。所有订单都必须在公司一级获得批准。另一方面,竞争对手扎拉(Zara)采用了"快时尚"模式,不断向门店发送小批量的服装,并观察顾客的反应。如果商品销售良好,公司可以在几天内上架这种产品,补齐数量。扎拉的员工和代理商被授权可以现场增加新库存,不用必须向总部提交订单申请并等待批准。

盖普管理者们为了更快地应对时尚环境的变化做出了一些改变。公司鼓励员工们共享旗下不同品牌之间的信息,如老海军(Old Navy)、香蕉共和国(Banana Republic)、阿仕利塔(Athleta)和 Intermix,这样公司就能更好地了解消费者对什么感兴趣。公司首席执行官也在推进数据分析工作,使公司能够跟上快速变化的趋势。然而,到目前为止,盖普还没有找到正确的途径。一位穿盖普服装长大却已流失的顾客说："公司一次又一次地推出同样的东西,而扎拉有适合任何个性和风格的服装,甚至他们发送的电子邮件也会让我很想去扎拉的实体店逛逛。"2019 年初,盖普宣布,将在两年内关闭 200 多家门店,并将老海军品牌剥离为一家独立的公司。[24]

正如盖普的案例所示,无论是消费者的偏好变化、新技术的出现还是竞争对手的创新,这些环境要素的改变都会导致一个企业的迅速落后。有时,某些不可预测的事件也会成为企业面临的不稳定因素。例如,2019年 4 月,黑客发布了数百名联邦调查局人员和特工人员的个人信息。如今,博客、推特(Twiter)和优图比(YouTube)上自由放任的活跃者都是许多公司面临的巨大不稳定因素。例如,美国联合航空公司(United Airlines)弄坏了一位音乐家 3 500 美元的吉他,但拒绝赔付,于是这位音乐家写了一首歌,并在优图比上发布了一段讲述他和航空公司冗长谈判的音乐视频,颇具讽刺意义。消息迅速传遍了全网,于是航空公司也迅速提出了和解。[25]

对大部分企业来说,环境领域正变得越来越不稳定。[26] 本章的"新书评介"栏目讨论了今天商业世界多变的本质,并为如何在一个快速变化的环境中做好管理给出了一些好的建议。虽然今天的大多数组织都正在面临越来越不稳定的环境。但是,传统的稳定环境在某些地区或者某些行业也还是存在着,公共事业就是一个例子。[27] 在中西部农村,公共事业的供求因素相对稳定;虽然需求可能渐长,但还是容易用时间顺推法来预测的。相比之下,玩具公司则面临不稳定的环境。他们很难预测哪种新玩具会畅销,由于孩子们往往被电视、电脑游戏、电子产品和互联网所吸引,他们很小就会对玩具失去兴趣。随着那些大的玩具零售商在同像沃尔玛这样的折扣商的竞争中失败出局而导致玩具零售市场的萎缩,大的玩具制造商所面临的环境更不稳定了。玩具制造商开始努力吸引来自发展中国家市场的消费者,如中国、波兰、巴西和印度等,以弥补不断下滑的美国市场,但是玩具制造商要进入这些目标国家面临着挑战。一些公司,像美泰旗下的费雪(Fisher-Price)玩具公司,会发现,在品牌认知不敏感的国家,他们的产品一直摆放在货架上无人问津,因为购物者们都去购买更加便宜的商品了。正如一位玩具分析师所说,"没有费雪牌玩具,中国的孩子也照样成长了 5 000 年。"[28]

新书评介

劳伦斯·博西迪和拉姆·查兰(Lawrence A. Bossidy & Ram Charan)《应变——用对策略做对事》(*Confronting Reality*:*Doing What Matters to Get Things Right*)

商业世界已经发生了巨大变化,而且这种变化还将以更快的速度持续下去。这种变化也正是刺激霍尼韦尔国际(Honeywell International)已退休的首席执行官兼董事长拉里·博西迪(Larry Bossidy)以及著名作家、演讲家和商业顾问拉姆·查兰(Ram Charan)合作撰写《应变——用对策略做对事》一书的原因。两位作者相信,有太多的管理者总是试图埋头解决财务问题,而不是去勇敢面对无序和复杂的组织环境。

现实的经验和教训

对很多公司来说,当今商业环境的特点是全球性的超级竞争、不断下降的价格和顾客力量的增长。为帮助企业领导人平安驶过变化莫测的商业海洋,博西迪和查兰总结了一些经验教训。

- 了解现在的环境并估计将来的环境,而不是念念不忘过去的环境。太依赖过去和传统智慧可能带来灾难性的后果。例如,当沃尔玛鲸吞自己的顾客并开创出一种全新的商业模式时,卡玛特(Kmart)仍固执地坚持原有的经营模式。而在 1990 年,没有人能够预见沃尔玛会成为美国最大的杂货销售商。
- 寻找并欢迎不同的声音和标新立异的观点。在和员工、供应商、顾客、同事以及其他接触到的人交谈的时候,管理者们需要积极主动并且思想开明。人们到底在想什么?他们觉察到了什么样的变化,发现了什么样的机会?他们对未来有什么担忧?

● 避免管理者常犯的错误：过滤过的信息（filtered information）、选择性的倾听（selective hearing）、一厢情愿的想法、畏惧、对失败行动的过度感情投资以及不切实际的期望。比如说，当数据存储巨人 EMC 公司的销售额和利润直线下降的时候，早已经习惯于听好消息的公司管理层认为业绩下滑只是企业成长曲线上的暂时现象。但是当乔·托西（Joe Tucci）被任命为公司新的 CEO 时，他下决心要弄清楚公司的业绩忽然下滑到底是不是暂时现象。通过直接同客户公司的高层会谈，托西找到了 EMC 存在的问题，即 EMC 基于高成本的技术之上的现有商业模式已经不适应时代要求了。于是托西推行一种全新的商业模式来帮助 EMC 适应实际的环境。

● 无情地评估你的组织。理解组织的内部环境也同样重要。管理者们需要评估他们的公司是否拥有推动正确变革所必需的人才、决心和态度。在 EMC，托西意识到他的销售人员需要改变观念，不能像过去那样仅仅推销昂贵的硬件，也需要推销软件、服务和商务解决方案。EMC 过去的那一套自大的、强硬的推销策略将不得不被一种更温和、更顾客导向的新方式所取代。

永葆活力

在今天的商务环境中要想永葆活力，管理者们需要保持警惕。他们需要密切注意竞争对手、行业发展总趋势、技术进步、政府政策变动、市场力量的消长和经济的发展。同时，管理者们也需要时刻关注顾客真正的想法和需求。只有这样做，企业的领导者们才能从容应变。

Confronting Reality：Doing What Matters to Get Things Right，by Lawrence A. Bossidy and Ram Charan，is published by Crown Business Publishing.

4.2.3　分析框架

简单-复杂与稳定-不稳定两个维度相结合，可以形成一个评价环境不确定性的分析框架，如图 4-3 所示。简单、稳定环境中的不确定性很低，只有少量外部要素（比如供应商、顾客）需要应对，而且这几个要素都是趋于稳定的。复杂、稳定的环境，有相对更大的不确定性。组织为了取得好绩效，必须调查和分析大量的环境要素（比如供应商、顾客、政府法规、行业变革、工会、经济状况），并做出反应。但这种环境中的外部要素并不发生迅速的或不可预见的变化。

更大的不确定性存在于简单、不稳定的环境中。[29]环境的迅速变化给管理者带来了不确定性。尽管组织只面临为数不多的几个外部要素，但这些因素不仅难以预见（比如变迁中的社会趋势或者不断变化的顾客利益），而且会对组织的创新行为产生意料之外的反作用。对组织而言，最大的不确定性出现在复杂、不稳定的环境中。这是因为不仅有大量的外部要素冲击

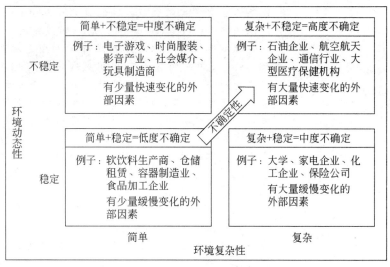

图 4-3　环境不确定性分析

着组织,而且这些要素频繁地变化,并对组织的创新行为产生强烈的反作用。如果许多要素同时变化,环境自然就成为动荡的了。[30]

软饮料经销商是在简单、稳定的环境中经营的。软饮料需求量的变化只是渐进的,经销商有固定的分销渠道,能按时供应。州立大学、小家电制造商、保险公司等则处于稳定、复杂的环境中。大量的外部因素是存在的,尽管它们在变化,但基本是渐进和可预测的。

玩具制造商则处于简单、不稳定的环境中。设计、制造和销售玩具的组织,或者涉足服装或影音业的组织,就面临着变化无常的供求关系。尽管它们可能只有少量的外部要素需要应对(如供应商、客户、竞争者),但这些要素难以预见且会突然发生料想不到的变化。

电信业和航空业面临着复杂和不稳定的环境。许多外部因素可能同时发生变化。以航空公司为例,短短几年内,它们就开始面临许多问题,这些问题包括空管人员不足,飞机老化,员工怠工,油价飙升,低成本竞争者的进入,一系列大的空难事故以及乘客人数的直线下降,等等。在短短几年之内,四家大型航空公司和许多小型航空公司相继破产,航空业裁员多达170 000 人。[31]

本节要点

- 环境的变化包括三个主要维度:动态性(事件是稳定的还是不稳定的)、复杂性(环境是简单的还是复杂的)和丰富性(可用的财务资源数量)。

- 动态性(稳定-不稳定)和复杂性(简单-复杂)的维度可以组合成一个评估环境不确定性的框架。

- 处于简单、稳定环境中的企业,面临的不确定性很低。企业只需应对少量且变化较慢的外部因素(如客户或供应商)。

- 处于复杂、稳定环境中的企业，面临中低程度的不确定性。企业需要应对很多因素（如客户、供应商、政府法规、劳动力市场和原材料），但这些因素不会迅速或出乎意料地变化。
- 处于简单、不稳定环境中的企业，面临中高程度的不确定性。虽然只需要应对较少的外部因素，但这些因素很难预测，而且可能会迅速或出乎意料地发生变化（例如社会趋势的变化）。
- 最大的不确定性发生在复杂、不稳定的环境中。企业必须应对环境中大量的外部因素，这些因素可能经常发生变化，有时甚至出乎意料。

4.3　适应变动的环境

你已经知道了环境是怎样因稳定性和复杂性程度不同而呈现出千姿百态的。接下来的问题是，组织应该如何适应不同不确定性程度的环境？环境的不确定性对组织结构和内部行为提出了重要的权变要求。回顾第 3 章可知，面临不确定环境的组织通常采用更明显的横向型结构，鼓励跨职能沟通和合作，以帮助组织适应环境的不确定性。这一部分我们将更详细地讨论环境如何影响组织。处于确定性环境中的组织，在职位和部门的设立、组织的分化和整合、控制过程以及未来的计划和预测等方面，其管理和控制都有别于不确定环境中的组织。组织应在内部结构和外部环境之间保持恰当的匹配。

4.3.1　增加职位和部门

当外部环境的复杂性增加时，组织中的职位和部门的数目也相应增加，这样就提高了组织内部的复杂性。这种关系是组织作为一个开放系统的重要表现。外部环境的每一个方面都需要有相应的人员或部门来应对。比如，人力资源部门同那些想在公司求职的待业人员打交道；营销部门寻找顾客；采购人员从数以千计的供应商那里买来原材料；财务部门与银行家往来；法律部门与法院和政府机构联系。许多公司已经增加了电子商务部门来处理电子商务方面的事务，增加了信息技术部门来应对日益复杂的信息技术和知识管理系统。

增加新的职位和部门是组织适应环境不确定性日益增强的普遍方式。由于环境中的消费者越来越青睐具有吸引力的设计，强生（Johnson & Johnson）、飞利浦电子（Philips Electronics）和百事可乐（PepsiCo）等企业在高管层增加了首席设计官的职位，来加强产品开发和营销。近年来，许多企业增设了不同的管理职位。比如，在美国电话电报公司（AT&T）收购时代华纳并将其更名为华纳媒体后,员工们在问答环节表示,华纳媒体缺少女性领导和少数族裔领袖,公司为此设置了一个新职位——多元包容性首席监察官(Chief Diversity and Inclusion Officer)。[32]

4.3.2 建立关系

应对不确定性的传统方法是建立缓冲部门。**缓冲角色**(buffering roles)的作用就是消解环境的不确定性。[33]技术核心完成组织的主要生产活动。缓冲部门包围着技术核心,负责在环境与组织之间进行原材料、资源和货币的交换。它们帮助技术核心有效地运作。比如,采购部门通过储存供应品和原材料对技术核心起缓冲作用;人力资源部门则通过处理在寻找、聘用和培训生产工人等环节产生的不确定性来缓冲技术核心。

有些组织最近采用的一种方法是将缓冲部门取消,使技术核心直接暴露于外界不确定的环境中。这些组织不再设立缓冲部门,因为它们相信与顾客和供应商的直接联系比内部的效率更加重要。为了对高度不确定的环境做出快速响应,组织要能够快速地传递信息和知识。如第3章所述,团队经常直接与客户以及组织外部的其他单位一起工作。[34]总律师公司(Total Attorneys)是一家总部位于芝加哥的企业,该公司为小型律师事务所提供软件和服务,公司中的跨职能团队要和客户一起工作,这些客户要对团队开发的产品进行测试并提供反馈。[35]向环境开放的组织更具有灵活性和适应性。

跨边界角色(boundary-spanning roles)的作用是将组织与外部环境中的关键要素联结并协调起来。边界联系主要涉及两个方面的信息交换:侦察并将环境变化的信息传送到组织,以及向环境传递能够展现组织优势面的信息。[36]

组织必须保持对环境中所发生事件的了解,这样才能使管理者对市场的变化及其他进展做出反应。一项对高科技企业的调查发现,有97%的竞争失败是因为对市场的变化关注不够,或者没能根据重要的信息采取行动。[37]要想获得并将重要的环境信息传入组织,就需要边界联系人员对环境进行扫描。例如,通过市场研究部门侦察和监测消费者偏好变化的趋势;通过工程和研究开发部门的边界联系人员探测新的技术进展、创新和新开发的原材料。边界联系人员帮助高层管理者及时地了解环境的变化,从而能防止组织停滞不前。环境越是不确定,边界联系人员就越重要。[38]回想一下玩具制造商是如何在不确定的环境中运行的。20世纪90年代中期,玩具与游戏制造商孩之宝(Hasbro)有效利用跨边界角色判断出技术可能会改变行业的竞争,于是管理者们紧跟技术变化的最新情况。此外,管理者们还发现了其他变化,比如出生率下降、美国人口种族多样性不断增加,以及有两份收入的家庭越来越多,这些都有助于他们在环境变化时采取措施,以保持公司的竞争力并获得成功。[39]

有一种跨边界的新方法是利用**商业智能**(business intelligence),即利用高科技手段对大量的内外部情报加以分析以找出其中可能有意义的模式和关系。威瑞森电信公司（Verizon）利用商业智能来密切关注它和顾客之间的互动，以便一旦发现问题便可及时解决。[40]近些年来，可以自动进行商业情报收集的软件工具成为软件业的热点，各公司都在商业智能软件上进行了大量投资。[41]另一个有趣的例子是，高校可以利用软件来跟踪报考学生的数据。

应用案例 4-2

美国西东大学和狄金森学院

　　如果你已经向西东大学（Seton Hall University）、狄金森学院（Dickinson College）或其他任何一所高校提交了一份申请，招考官就知道你什么时候打开学校发给你的电子邮件，你花了多长时间阅读，以及你是否点击了任何链接。学校利用这些信息以及其他一些信息来辅助确定你"表现出的兴趣"。

　　Technolutions Inc.等企业开发的软件能够跟踪确定哪些申请者对学校真正感兴趣，而哪些申请者只是申请了大量的学校。Technolutions Inc.首席执行官说，利用公司的软件可以生成一个控制面板，汇总每个申请者的数千个数据点，已经有 800 多所学校正在使用他们的产品。

　　对很多高校来说，学生"表现出来的兴趣"越来越重要，因为有太多人提交申请，应该接收哪些学生，学校需要做出明智的决定。在西东大学，学校根据 80 个得分项计算每个学生的分数，依此来确定申请者们是否可能被招收入学。[42]

　　与高校一样，商业组织也在利用社交媒体平台收集和分析数据，以便针对具体问题作出决策。万豪国际（Marriott International）运营着一个社交媒体中心，通过分析推特聊天版、Instagram 照片、脸谱网帖子和其他社交媒体商平台上的信息，紧跟最新潮流和趋势。[43]

　　商业智能还与另一个重要的跨边界领域有关，称为竞争情报（competitive intelligence，CI）。竞争情报为企业高层提供了一个系统化的方法来收集和分析竞争对手的公开信息并利用这些信息来帮助自己更好地决策。[44]收集竞争情报使用的技术五花八门，包括互联网搜索到垃圾堆挖掘等。情报人员收集竞争对手各种资料包括新产品研制、制造成本或是培训手段等并把这些情报报告给公司高层。情报团队是竞争情报活动的最新趋势。**情报团队**（intelligence team）是一个由管理者和员工组成的跨职能小组，小组领导通常由竞争情报专家担任，团队成员一起工作，以便对特定商业事件做出更深刻的理解，团队工作的目的是为高层管理者搜集更多观点、可能性和建议。[45]情报团队可以为管理者做出更明智的决策提供支持，同时也可以针对主要的竞争问题提供应急计划和方案。

　　这些边界联系工作向环境传递信息，并且对外代表组织，影响着外界对组织的认识。在营销部门，广告和销售人员对顾客而言就代表着组织。采购人员可能给供应厂家打电话陈述购买要求。法律部门则向竞选人和当选官员说明组织对政治事务的看法和要求。许多公司都设立了特别的网页和博客，对外展现组织的良好形象。

问题引入部分的参考答案

1. 组织适应复杂环境的最好方法是设计一个复杂的结构（而不是简单的结构）。

答案：同意。随着组织环境变得越来越复杂，组织必须增加新的工作、部门和跨边界角色来处理环境中的所有要素。当环境因素变得复杂时，组织就无法继续保持简单结构，也无法继续有效运行了。

本节要点

- 组织可以通过增设特定部门和职能来适应复杂性和动态性，通过建立缓冲角色和跨边界角色来应对不确定性。
- 随着外部环境不确定性的增加，组织内部复杂性也随之增加。在不确定性极大的情况下，管理者会将更多资源分配给负责规划、处理各种环境要素以及整合内部不同活动的部门。
- 组织可以被看作是一个技术中心，缓冲部门可以消解环境中的不确定性。
- 跨边界角色将有关环境的信息发送到组织，并将有关组织的信息传递给外部环境。
- 商业智能，包括社交媒体分析，是跨边界联系的一种方法。

4.3.3 分化与整合

组织对环境不确定性的另一个响应体现在部门间分化与整合的程度上。**组织分化**（differentiation）是指"不同职能部门的管理者在认知和情感导向上的差异，以及这些部门在正式结构方面的差异"。[46]在外部环境处于复杂而且迅速变化的状态时，为了应对外部环境的不确定性，组织的部门必须高度专业化。因为对每一环境要素的成功反应，都需要专门的技能和行为。比如，与制造和销售部门的员工相比，研究开发部门的员工具有完全不同的态度、价值观、目标及受教育程度。

保罗·劳伦斯（Paul Lawrence）和杰伊·洛尔施（Jay Lorsch）曾对10家公司的制造、研究和销售部门进行了研究。[47]他们发现，为了应对外部环境中的各种特定要素，每个部门都逐渐形成了各具特色的目标和结构。劳伦斯和洛尔施识别了环境中的市场、科技和制造等子系统，如图4-4所示。组织的每个部门都与互不相同的外部要素发生相互作用,表 4-1 显示了组织内各部门逐渐形成的分化。比如,为在科技子环境中有效地工作,研究开发部门制定了高质量工作的目标和长期(5 年以上)的计划,采用非正规的结构,并配备以任务为导向的员工。销售部门则相反,它制定了顾客满意的目标和短期(2 周左右)的计划,采用高度正规化的结构,雇用社会性导向的员工。

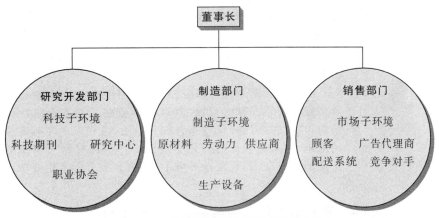

图 4-4 应各子环境要求的组织部门分化

表 4-1 组织各部门目标和导向的差异			
特 征 项	研究开发部门	制造部门	销售部门
目标	新品开发、质量	生产效率	顾客满意度
时间视野长度	长期	短期	短期
人际导向方面	大多为任务	任务	社会
结构正规化程度	低	高	高

资料来源:Based on Paul R. Lawrence and Jay W. Lorsch, *Organization and Environment* (Homewood, Ⅲ, : Irwin, 1969), 23-29.

高度分化的一个结果是,部门之间的协调变得十分困难。在态度、目标和工作导向差异很大的情况下,要实现协调就需要花费更多的时间和资源。**所谓整合**(integration)就是指部门之间相互合作的特性。[48]为协调各部门的工作,组织通常要配备专门的整合人员。在环境处于高度不确定的状态下,频繁的变化使得实现协调所需的信息处理工作量增加,整合人员的设置就会对组织结构形成必不可少的补充。整合人员,有时也叫作联络员、项目经理、品牌经理或协调员。正如表 4-2 所示,处于高度不确定性环境中的、具有高度分化结构的组织,大约配有 22% 的管理人员执行整合任务,这些人可能分布在委员会或任务小组中,或者承担着联络员角色。[49]在环境非常简单、稳定的组织中,几乎不需要配备执行整合任务的管理人员。表 4-2 说明,随着环境不确定性的增加,部门间的分化程度也相应提高,因此组织必须配备更多的管理人员承担协调任务。

表 4-2　环境不确定性与组织整合人员			
	塑料制品行业	食品行业	容器制造业
环境不确定性	高	中等	低
部门分化程度	高	中等	低
执行整合任务的管理人员比例	22%	17%	0%

资料来源：Based on Jay W. Lorsch and Paul R. Lawrence,"Environmental Factors and Organizational Integration",*Organizational Planning：Cases and Concepts*（Homewood，Ⅲ，：Irwin and Dorsey，1972），45.

劳伦斯和洛尔施的研究结论是，当组织分化和整合的程度与环境的不确定性程度相匹配时，组织会运行得更好。在不确定性环境中运行良好的组织，具有较高的分化和整合度。反之，在较低的不确定性环境中运行良好的组织，则具有较低的分化和整合度。一项对 9 个国家的 266 个现代制造企业的研究证实，在复杂环境中，高整合度有助于企业取得更好的绩效。[50]

4.3.4　有机的管理过程与机械的管理过程

回想一下我们在第 1 章中讨论的有机式设计和机械式设计。外部环境的不确定性程度是影响组织选择机械式设计还是有机式设计的主要权变因素。汤姆·伯恩斯（Tom Burns）和 G.M.斯托克（G.M. Stalker）调查了英国 20 家工业企业，发现外部环境与内部管理结构有关。[51]在外部环境稳定的情况下，内部组织表现出具有大量的规则、程序和明确的职权层级的特征，组织是正规化而且集权的。伯恩斯和斯托克把这种组织称为**机械式**（mechanistic）组织体系，正如第 1 章中图 1-6 所示 *。

在迅速变化的环境中，内部组织往往相当松散，可以自由流动，且具有适应性，层级结构松散，同时有着分权化的决策机制。伯恩斯和斯托克用**有机式**（organic）来概括这类管理结构的特征。完成问卷调查"你适合哪种组织设计"，测试一下你适合在机械式组织中工作，还是适合在有机式组织中工作。

〰〰〰〰〰〰〰〰〰〰〰〰〰〰〰〰〰〰〰〰〰〰〰〰〰〰〰

你适合哪种组织设计

心智和环境

你是否知道如何在确定或不确定的环境中最好地适应组织？回想一下你作为学生、雇员、正式或非正式领导的时候，你是如何行动的？请判断下列陈述是否符合你的情况。

---

* 原文中为图 1-7,但对比前后内容,此处应为图 1-6。——译者注

	基本符合	不太符合
1. 我经常对数据的解释或者事件发表评论。	_____	_____
2. 即使在有压力的工作中,我也能欣然接受其他人的不同观点。	_____	_____
3. 我很重视参加工业贸易协会和公司(学校)活动。	_____	_____
4. 我鼓励其他人表达不同的想法和观点。	_____	_____
5. 我会问一些"愚蠢"的问题。	_____	_____
6. 即使面临工作任务期限的时候,我也喜欢听新的意见。	_____	_____
7. 我会向我的老板和同事表达有争议的观点。	_____	_____
8. 我会提一些改进自己和他人做事方法的意见。	_____	_____

计分:选择基本符合得 1 分,如果你的总分少于 5 分,你的专注水平(mindfulness level)适合稳定环境中的组织,而非不稳定环境中的组织。总分在 5 分及以上说明有较高的专注水平,更容易适应不确定环境中的组织。这个练习中较高的分数说明了较高程度的专注水平,以及在不确定环境中对有机式组织的更好的适应。

解析:在高度不确定环境中的组织,每一件事情都在变化,专注是专业人员或管理者最重要的才智,包括有开放的头脑和独立的思考能力。在稳定的环境中,组织将会更"机械",一个没有专注能力的管理者也可以表现很好,因为所有工作都可以按传统方式完成。在不确定的环境中,每一个人必须有新的思考、新的想法和新的工作方式。本练习中,较高的分数说明了较高的专注水平,更适合在不稳定环境中的有机式组织里工作。

资料来源:These questions are based on ideas from R.L.Daft and R.M.Lengel, *Fusion Leadership*, Chapter 4 (San Francisco, Calif:Berrett Koehler, 2000); B. Bass and B Avolio, *Multi factor Leadership Questionaire*, 2nd ed., (Menlo Park, Calif:Mind Garden, Inc.); and Karl E. Weick and Kathleen M. Sutcliffe, *Managing the Unexpected*:*Assuring High Performance in an Age of Complexity* (San francisco, Calif.:Jossey-Bass, 2001).

随着环境不确定性的增加,组织会越来越多地向有机式设计转变,这就意味着组织要将更多职权和责任授予较低层级的人员,同时鼓励员工和其他人一起工作,共同解决问题,鼓励团队合作,更多地通过非正式途径分配工作和责任。这样,组织将会变得更加具有流动性,进而能够持续地适应外部环境的变化。[52]比如说,当菲多利(FritoLay)这样的大食品企业进入到低脂肪点心市场的时候,以生产低脂肪的玉米粉薄圆饼和其他优质点心为主的吉尔特里斯美食(Guiltless Gourmet)公司把自己的组织结构改造成更为灵活的网络型以保持公司的竞争力。吉尔特里斯重新设计了自己的组织结构,成功转型为一家专门的营销公司,而把生产和其他业务外包出去。为此公司关闭了位于奥斯汀的 18 000 英尺的工厂,原来的 125 名员工也减到了 10 个核心人员来专门负责营销和促销。组织结构上的柔性化使得吉尔特里斯公司可以很快地适应不断变化的市场环境。[53]

4.3.5 计划、预测与响应

增加组织的内部整合度,转向更为有机的组织,关键是增强组织迅速响应不确定环境中突然变化的能力。人们也许认为在一个所有事物都不停变化的环境中,计划是没有什么用处的。但是,正是在不确定的环境中,计划和环境预测更加重要。它们能使组织准备好,以便对环境变化做出协同和迅速的响应。在环境稳定的情况下,组织可以集中精力解决当前经营中的问题,提高日常工作的效率。由于未来的环境要求与今天的环境要求没有什么两样,所以不需要长期的计划和预测。

但是,随着环境不确定性加大,计划和预测就变得十分必要了。[54]实际上,对跨国公司的调查发现,由于环境变得越来越不确定,管理者们增加了他们的计划活动,特别是一些鼓励学习、持续适应及创新的计划活动。[55]例如,在2001年9月11日美国发生恐怖袭击事件后,利用预案和应急计划管理不确定性的公司越来越多。

回顾第2章可知,计划的范围可以非常广泛,计划人员需要预测不同的环境变化情境(scenario)并设计出不同的应对方案。情境就像故事一样生动描述未来的样子,以及管理者将会如何应对。壳牌石油公司(Royal Dutch/Shell Oil)一直以来都使用情境预测的方法,当许多组织还没有觉察到环境变化时,壳牌却可以做到快速响应,胜人一筹。[56]

计划能减小外界变化对组织产生的冲击。处于不确定环境中的组织往往建立一个单独的计划部门。在一个不可预测的环境中,计划人员细察环境因素并分析其他组织可能采取的行动或反击。

问题引入部分的参考答案

2. 在一种反复无常、快速变化的环境中,根据严格制订的计划来行动是对时间和资源的浪费。

答案:不同意。科林·鲍威尔(Colin Powell)将军曾经说过,"在与敌人的作战中,没有计划将无法生存",[57]明智的将军不会不制订计划就投入战斗。尽管一个计划不会持续很长时间,但是在多变的环境中,严格的计划变得更加重要。计划和环境预测可以帮助管理者进行事先安排,并对响应变化做出准备。此外,在稳定的、可预测的环境中,缺少计划是相对有意义的。

但是,计划并不能完全替代其他行动,比如有效的边界联系和充分的内部整合与协调。在不确定条件下最成功的组织是那些使每个人都与环境保持接触,在此过程中察觉环境的机会和威胁,并及时地做出反应的组织。

4.4　组织应对环境变动的分析框架

　　图 4-5 总结了环境的不确定性对组织特征的影响。这张图将动态性和复杂性两个维度结合起来，列示了 4 种不同程度的不确定性情形。低不确定性的环境是简单、稳定的，处在这种环境中的组织只设置少量的部门，采用机械式的结构。在中等偏低不确定性的环境中，组织需要设置较多的部门，并配备整合人员来协调这些部门的工作，同时也需要制订一些计划。中等偏高的不确定性环境，是不稳定但简单的。因而，组织结构是有机、分化的，计划受到重视，并且管理人员需要能够在必要时迅速地做出组织内部的变革。高度不确定性的环境则是复杂而不稳定的。从管理的角度看，这是一种最难应对的环境。组织规模很大，设置的部门很多，且采用有机的结构。这种组织配有大量的管理人员负责协调和整合任务。组织还重视跨边界联系、计划和预测工作，以便对环境变化做出快速响应。

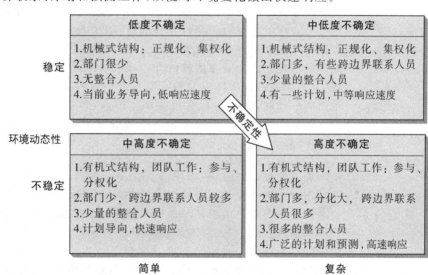

图 4-5　环境不确定性和组织反应对策权变框架

本节要点

- 环境越复杂，组织内部的分化程度越大。分化是指部门变得高度专业化，从而能够应对部门工作中针对环境部分的不确定性。
- 高度分化时，管理人员必须投入更多时间和资源来实现各部门之间的协调。
- 一个在稳定环境中运行的组织，机械式结构可以发挥良好的作用，但一个在快速变化的环境中运行的组织需要一个有机式的结构才能更好地发挥作用。

● 在不确定的环境中，计划变得更加重要。

4.5　财务资源依赖

到目前为止，本章已经描述了组织应对信息缺乏和环境不确定性（这是由环境的动态性和复杂性所引起）的几种方式。现在，我们讨论影响组织与环境关系的第三个要素，就是组织所需财务资源的充裕度或稀缺度。许多组织面对财务资源不断减少的第一反应是裁员和削减投资。近年来，由于原油价格下跌，荷兰皇家壳牌（Royal Dutch Shell）、英国石油（BP）和雪佛龙（Chevron）等大型石油公司大幅削减了寻找和开发石油储备的成本。美国的页岩油钻井企业已经适应了较低的原油价格，通过促使钻机、管道和其他设备和服务供应商降低价格，使得钻井企业的生产成本降低了 40%。[58]

企业还需要努力控制财务资源，以减少对其他组织的依赖。[59] 环境是组织生存所必需的稀缺而有价值的资源的源泉。资源依赖性就是对这一领域问题的研究。所谓**资源依赖性**（resource dependence），是指组织既依赖于环境，又力争通过控制环境中的资源来减少这种依赖。如果重要的资源被其他组织所控制，组织就会变得脆弱。因此，每一个组织都尽可能地保持独立。组织并不希望在其他组织面前显得过于脆弱，因为这对其绩效具有负面的影响。

尽管每个企业都愿意把他们的资源依赖性降到最低，但是当这样做的成本和风险都很高时，一些公司会联合起来共享稀缺的资源以使得自己在全球市场上更有竞争力。与其他组织缔结正式的关系，这对管理者来说是一个两难的问题。组织试图通过与其他组织加强联系来缓解自己在资源方面的脆弱性，但它们还希望能最大限度地保持自己的自主权和独立性。组织间的联系提出了协调的要求，[60] 降低了每个组织独立做出决策的自由度，即组织做决策时必须兼顾其他组织的需要和目标。因此，组织间关系代表着资源与自主权之间的权衡。为保持自主权，已拥有丰富资源的组织就不愿建立新的联系，而需要资源的组织则会愿意放弃独立性以获取这些资源。例如，DHL 是德国邮政股份公司（Deutsche Post AG）的一家快递单位，为了占领美国包裹快递市场，它已经损失了数十亿美元。后来，DHL 与联邦快递（UPS）建立了合作关系，联邦快递负责处理 DHL 在美国的包裹。这两个公司将继续在海外市场竞争。面对 30 亿美元的损失和在美国建立管理团队的重重困难，以及美国包裹处理分支机构的维持问题，德国邮政股份公司 CEO 弗兰克·阿佩儿（Frank Appel）呼吁合作伙伴为美国公司的运作制定一个"务实有用的战略"。[61] 关于资源依赖理论的更详细内容将在第 5 章讨论。

4.6　影响财务资源

根据对资源的需要情况，组织努力在与其他组织的联系和自身的独立性之间保持平衡。组织通过努力改变、操纵或者控制外部环境中的因素（比如其他组织，政府法规）来满足自身需求，从而维持这种平衡。[62]为了生存，组织需要向外伸展，以试图控制和改变环境因素。对外部环境中的资源的管理，通常可采取两种策略：与其他组织建立有利的联系；改变所处的环境领域。[63]实施这些策略的具体方法概括为表 4-3。一般的原则是，当组织意识到有价值的资源比较稀缺时，会运用如表 4-3 所示的策略而不是独自解决问题。请注意：这些策略与图 4-5 所描述的应对环境变化和复杂性的策略不同，这种不同反映了应对信息的需要和应对资源的需要之间存在着区别。

表 4-3　组织控制外部环境的策略	
建立正式关系	**影响关键方面**
1. 获得股权	1. 改变业务领域
2. 建立合资企业和合作关系	2. 利用政治活动、规章
3. 锁定关键人物	3. 加入行业协会
4. 聘任高管人员	4. 远离非法活动
5. 广告宣传与公共关系	

4.6.1　建立正式关系

建立正式关系包括获得股权、建立合资公司和合作关系、发展与重要人物的联系、吸纳关键性的人物、使用广告和公共关系等。

获得股权

公司会利用多种形式获得股权，来降低不确定性。例如，一家公司购买了另一家公司的部分或控股性的股权，这种策略为公司提供了接近它自己目前尚不具备而对方已具备的技术、产品或其他资源的机会。

通过收购或合并可以获得更高程度的所有权和控制权。收购是指一个组织被另一组织所购买，并由购买者所控制，例如塔吉特（Target）收购了杂货配送公司 Shipt，谷歌收购了优图比（YouTube），电子港湾（eBay）收购了贝宝（PayPal），沃尔玛收购了在线服装公司 ModCloth。合并则指两个或两个以上的组织合并为一个新单位。[64]例如，天狼星卫星广播（Sirius Satellite Radio）和 XM 卫星广播（XM Satellite Radio）合并成为天狼星 XM 广播

（Sirius XM Radio），合并使公司组合了资源，分担了风险，在与其他数字音乐提供商和新兴音乐发行商的竞争中更具优势。过去几年间，在电信行业爆发了大规模的收购和合并浪潮，反映出了这个行业中的企业所面临的巨大不确定性。阳狮（Publicis）和宏盟（Omnicom）都收购了规模较小的公司，以帮助他们这种大型公司应对数字广告新世界。

应用案例 4-3

阳狮和宏盟

近年来，随着营销环境越来越个性化，企业需要直接向消费者的社交媒体页面和智能手机发送有针对性的广告。广告业务公司承受着前所未有的压力。几年前，广告行业竞争环境已快速变化，谷歌和微软等大企业都直接与广告公司合作，开展有针对性的广告活动，大型广告公司宏盟集团和阳狮集团为了更好地赢得竞争优势，试图促成"对等合并"。但在不到一年的时间内，这两家广告公司宣布终止已提出的 350 亿美元合并，并各自开始收购一些能够引进数字技术专业人才的小公司。例如，阳狮集团收购了信息技术咨询公司沙宾特（Sapient）和数字营销方面的专业公司狄杰斯（Digitas Inc.）和睿域（Razorfish）。

然而，正如本章前面所阐述的，让数字技术人员融入传统创意类型的工作是一个挑战，需要更大程度的整合。过去创意人员决定一切，但今天的广告和营销活动其实是"大数据"业务。当麦当劳需要一份新的营销计划时，阳狮就明白了这一点，这份计划需要分析大量数据，以快速制作在线广告，并将特定信息有针对性地发送给非常窄的受众。一位参与者说："当阳狮让文案、艺术总监和计算机工程师一起讨论这项活动时，团队成员甚至无法就'数据'和'内容'等基本术语的含义达成一致。"阳狮失去了和宏盟相竞争的优势，因为宏盟已经和脸谱网、谷歌在整合创意人才和数据专业人才方面进行了密切的合作。[65]

建立合资企业和合作关系

当两个公司在经营业务、地理位置或技能方面存在较大的互补性时，通常的惯例是两个企业结成战略联盟，而不是通过收购或合并来获取股权。[66]这种联盟可以通过合同和合资的形式得以实现。

合同和合资是企业与另一家企业通过建立法律和约束关系来减少不确定性的方法。合同的形式有：（1）特许协议（license agreement），即购买在一定时期内某项资产（如一项新技术）的使用权；（2）供应协议（supplier arrangement），即约定一家公司的产品售给另一家公司。合同之所以能提供长期的保证，因为它使供需双方共同遵守约定的供货数量和价格。例如，意大利服装公司范思哲（Versace）同一家眼镜制造商签订协议，把自己的品牌特许给后者使用。[67]

合资（joint venture）的结果是产生了一个正式独立于母公司的新组织，不过母公司对合资企业拥有一定的控制权。[68]总部位于马德里的 FON 和英国电话运营商 BT 组建了一家合资公司，200 多万 BT 用户的调制解调器上都将安装 FON 的无线网络技术（wi-fi technology）。欧迪办公（Office Depot）和瑞兰斯零售公司（Reliance Retail Limited）是印度最大的两家私营企业，他们在印度合资组建了一家为商务客户提供办公用品和服务的公司。粮食和农业公司嘉吉（Cargill）在世界范围内有大量合资企业，如与西班牙的霍希布兰卡（Hojiblance）合作的一家合资企业为全球客户提供自有品牌和散装橄榄油。正如这些例子所证明的，很多企业选择合资是为了在其他国家或世界范围内经营业务时能够有其他企业分担风险。

锁定关键人物

增选董事（cooptation）就是将环境中重要机构的领导者吸收为本组织的董事会成员，以增进合作。例如，具有影响力的顾客或供应商被选入公司董事会，银行的高管出任制造业企业的董事，等等。一旦成为董事会成员，银行就会从内心深处关注该制造业企业的利益。

连锁董事（interlocking directorate）指的是这样一种正式的联系，即一家公司的董事同时担任另一家公司的董事。这位董事就是两公司之间联系的桥梁，他可以影响两家公司的政策和决策。如果一个董事联系两家企业，这常称作**直接连锁**（direct interlock）。而当 A 公司的一名董事和 B 公司的一名董事同时成为 C 公司的董事时，则称 A 公司和 B 公司之间发生了**间接连锁**（indirect interlock）。这两人有彼此接触的机会，但并不对他们供职的公司产生直接的影响。[69]有项研究表明，企业随着财务状况的恶化，与金融机构的直接连锁会不断增加。一个行业在面临财务状况不确定性时，竞争企业之间的间接连锁也相应呈增加之势。[70]

重要的商业或社团领导也可进入公司的董事会或其他各种委员会、任务小组等。通过在委员会或者咨询小组任职，这些有影响力的人了解公司的需要，因而更有可能在决策过程中考虑公司的利益。现在，很多公司面临着来自环境压力集团的不确定性，所以都竭力从这些部门选择领导人，比如杜邦公司（Dupont）任命环境专家作为生态技术咨询部门的成员。[71]

聘任高管人员

高管人员的调动或交换也提供了一种方式，使企业与外部组织之间建立起有利的联系。例如，航天业每年都聘用一些从国防部退休的军官和行政官员。由于这些人在国防部内部有很多私交，航天公司可以依靠他们获得更多的有关新武器系统的技术规格、价格和交货期等方面的信息。这些人了解国防部门的需要，能以更有效的方式促成防卫合同的签约。没有私人关系的公司会发现，要想取得防卫合同几乎不可能。拥有组织之间相互沟通和影响的渠道，能帮助组织降低财务绩效上的依赖性和不确定性。

讲故事 树形象

广告宣传是建立良好关系的传统方式。组织不惜花费大量的资金去影响消费者的偏好。在竞争性强的消费品行业和需求变化大的行业中，广告宣传尤为重要。例如，自从美国食品药品监督管理局（Food and Drug Administration）放松对美国处方药广告的管制以来，大型制药公司的支出急剧增加。最近的一份报告表明，直接面向消费者的处方药广告从 1997 年的 13 亿美元增加到 2016 年的 60 亿美元。[72]

公共关系类似于广告宣传。不同的是，公共关系经常是一种免费的报道，并以公众舆论为目标。公关部门的人员通过演讲以及在网站、报纸和电视上的报道，为组织在客户、供应商、政府官员以及公众面前树立良好形象。谷歌在公共关系方面表现出色，该公司通过捐款和奖学金项目等树立形象，并积极参与各种会议，借此和众多倡导性组织、公共知识分子以及学术机构建立关系网络，这些组织、团体和个人经常会在公共辩论和国家政策问题讨论时站在谷歌这一边。通过鼓励和支持与自己观点相似的团体，谷歌持续而广泛地推进着自己的公共关系活动，一位报道者将谷歌此种做法称为"微妙的说服行为"。[73]博客、微博和社交网络已经成为当今许多公司公关活动的重要部分。

4.6.2 影响关键方面

除了建立有利的联系以获得资源外，组织通常还可以改变外部环境。影响或改变企业的环境，主要有以下 4 种方法。

改变领域

在本章的前面部分讨论了组织领域和组织环境的 11 个方面。组织领域不是固定的。管理者决定要从事哪些业务，进入什么市场，选择哪些供应商、银行、员工和工作地点，但如果有必要，这些都可以改变，以保持组织的竞争力。[74]组织可以寻找新的环境要素并与之建立关系，同时摒弃旧的环境关系。长期以来一直专注于大型仓储式超市的沃尔玛现在拥有强大的电子商务业务，而亚马逊这家电子商务公司正试图在全国各地建立实体店。

> **应用案例 4-4**
> ### 亚马逊和沃尔玛
>
> 沃尔玛正在追赶亚马逊的线上业务。美国最大的实体零售商现在也拥有了蓬勃发展的线上业务。除了常规的业务外，为了吸引更多顾客，沃尔玛开始收购一些独特的小型在线零售商，如 ModCloth、ShoeBuy 和 Moosejaw，并计划让这些公司作为独立的运营主体。
>
> 与此同时，电子商务巨头亚马逊正在全国各地建立便利店、仓库、取货点，甚至杂货店，这些都将侵蚀沃尔玛的地盘。亚马逊想控制所有的购物，而不仅仅是网上购物。沃尔玛为了保持竞争力，必须从头开始学习科技行业的规则，为此收购了一些可以开发数据处理工具、创建移动应用程序、加快网站建设运营的公司。两大巨头的管理者们正在转移他们的领域，沃尔玛变得更加以技术为导向，而亚马逊则在实体领域展开更多的竞争。两家公司都认为未来是线上和线下的结合。[75]

沃尔玛的管理者们认识到,随着消费者购物习惯持续从线下转为线上,他们必须改变竞争领域,以更具竞争力地对抗亚马逊。管理者们有很多理由改变组织的竞争领域,他们会设法寻找竞争不太激烈、政府管制少、资源供应充足、顾客购买力强、竞争者难以进入的领域。收购和撤资是转移领域的两种途径。例如,为了将竞争领域扩大到搜索之外,谷歌收购了优图比,脸谱网以 160 亿美元的价格收购了拥有 4.5 亿用户的即时通信应用开发商 WhatsApp。撤资的一个例子是,谷歌以 29 亿美元的价格将摩托罗拉的智能手机业务出售给了联想集团,退出了手机制造领域。[76]

利用政治

政治活动包括影响政府立法和规章条例的各种方法。政治策略可以被用来给新竞争对手设置法规障碍或废除对自身不利的立法。企业也同样试图对政府机构的人事任免施加影响,以使得自己的支持者能够得到任命。举一个政治活动的例子,美国酒店和住宿协会(American Hotel and Lodging Association)的会员中包括一些最大规模的连锁酒店,该协会一直在暗中游说地方、州和联邦官员,要求加强对爱彼迎的控制。例如,该协会能够促进法案的签署,对违反当地住房规定的爱彼迎房东处以高额罚款。爱彼迎对酒店业构成了重大威胁,同行业的组织对此实施了一项长期的"多管齐下的全国运动"来进行反击。[77]

许多首席执行官认为他们应该直接参与游说。与一般说客相比,首席执行官更容易介入游说,开展政治活动也更加有效。政治活动是如此重要,"非正式说客"几乎是任何 CEO 工作描述中不成文的一部分。[78]

问题引入部分的参考答案

3. 商业组织的管理者不应该参与政治活动。

答案:不同意。聪明的商业管理者会参与到游说和其他政治活动中,以确保新的法律法规对他们自己的公司是最有利的。企业在协会和说客身上花费大量费用,是为了确保政府能做出对他们的组织有利的活动。

联合其他组织

影响外部环境的许多工作通常是在与具有相同利益的其他组织的合作中共同完成的。比如说,大部分的美国制药企业都是美国药物研究与制造商协会(Pharmaceutical Research and Manufacturers of America)的会员。而大多数制造企业参加了全国制造业协会(National Association of Manufacturers),零售企业则加入零售行业领导协会(Retail Industry Leaders Association)。美国石油学会(The American Petroleum Institute)是石油和天然气企业的领导性贸易组织。通过集中资源,这些组织可以雇用人员开展政治活动,如游说议员,影响新规定,开展公共关系活动,安排竞选赞助。总部位于亚特兰大(Atlanta)郊区的普瑞玛瑞卡(Primerica)利用美国寿险公司委员会(American Council of Life Insurers)的资源和影响力推动国家执照考试的改革,该公司认为改革之前的政策让少数族裔处于劣势。与大多数大型保险公司不同,普瑞玛瑞卡专注于销售基本的定期人寿保险,其收入几乎完全依赖于中等收入消费者。公司管理者认为改革之前的执照考试方式限制了他们扩大少数族裔保险业务代理的能力,少数族裔代理队伍的扩大可以更好地为少数族裔社区提供服务。[79]

远离非法活动

非法活动是企业有时用以控制环境领域的最后一种办法,但是这种办法经常事与愿违。诸如利润低下、高管层施压、环境资源短缺这样一些情况,都可能导致管理人员采取一些不顾及法律后果的行为。[80]一项研究发现,处于低需求、资源短缺或罢工频繁的行业中的企业更容易采取非法活动,表明非法活动是企业为了解决资源稀缺问题而采取的手段。一些非营利性组织也被发现使用过不合理的或非法的行动来扩大自己的知名度和声誉,以使自己的组织在同其他组织争夺有限的拨款或捐助时能获得优势。[81]

行贿是最常见的一种非法活动,特别是对于在全球经营业务的公司。例如,能源公司面临非常大的不确定性,需要得到外国政府进行大量投资的批准及风险项目的授权。为了赢得在尼日利亚的合同项目,KBR(后来成为哈里伯顿公司的一部分)前任执行官阿尔伯特·杰克·斯坦利(Albert Jack Stanley)承认他曾经向尼日利亚官员行贿大约1.82亿美元,以得到液化天然气工厂的开发权,斯坦利面临着30个月的牢狱和认罪之后的高额罚款。[82]其他类型的非法活动包括贿赂外国政府,非法政治捐赠,赠送促销礼品,协议售价。近十年来,宝洁公司(Procter & Gamble)、高露洁公司(Colgate-Palmoliv)、联合利华(Unilever)、汉高公司(Henkel AG)等企业高管们经常在巴黎周围的餐厅里秘密会面,商讨如何有理有据地调整法国市场上洗衣粉的售价。管理者们使用虚假的名字,讨论如何制定精细又复杂的定价机制。有时候他们的会面持续长达四小时。这种秘密协议活动持续了好几年,直到有成员对价格上调和促销持有异议,其中一名成员向法国反垄断机构交出了长达282页的报告,事情才被揭露。涉案的企业最终被罚款共计3.61亿欧元(4.84亿美元)。[83]

本节要点

- 组织-环境关系的第三个特性是组织所需财务资源的丰富性或稀缺性。
- 资源依赖意味着组织依赖环境,但为了减少对资源的依赖,组织会尽可能加强对资源的控制。
- 当风险较大或资源稀缺时,组织可以通过收购、组建合资企业和联盟、连锁董事、招聘高管或利用广告和公共关系建立联系,来降低风险并保持稀缺资源的供应。
- 影响环境的其他方式包括改变组织的业务领域,参加政治活动、行业协会,甚至也许还有非法活动。

4.7　组织与环境的整合性框架

　　图 4-6 显示的关系图是对本章讨论的关于组织与环境间关系的两个主要论题的概括。其中一个论题是,组织环境领域中的复杂性和动态性影响着组织对信息的需要,并由此产生了组织所感知的不确定性。信息方面的高度不确定性,可以通过增强组织结构的灵活性(有机式设计)以及配置更多的部门和跨边界联系人员来解决。当不确定性较低时,管理组织结构可以是机械式的,且部门设置和边界联系人员的数量较少。第二个论题是关于物资和金融资源的稀缺性问题。一个组织对其他组织的资源依赖性越大,这个组织与其他组织建立有利的联系或控制该领域的进入障碍的意义也就越大。反之,如果组织对外部资源的依赖性低,该组织就可以保持自主性,而不必同外界建立联系或控制外部领域。

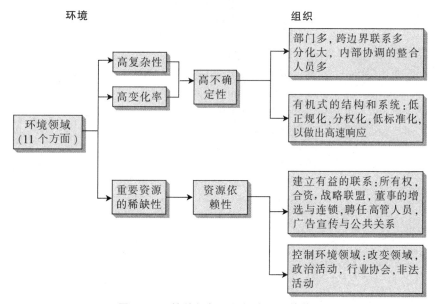

图 4-6　环境特征与组织行为之间的关系

本节要点

- 系统模式存在于组织与其外部环境的关系中。组织能够预测环境动态性、复杂性和资源稀缺性的因素,并做出反应。
- 本章的两个关键主题是,组织可以学习并适应环境,同时组织也可以影响外部,改变和控制环境。这些战略对于有许多资源的大型组织尤其适用,因为他们可以在必要时进行调整,消除或改变环境中的问题。

关键概念

跨边界角色(boundary-spanning roles)

缓冲角色(buffering roles)

商业智能(business intelligence)

复杂性(complexity)

增选董事(cooptation)

分化(differentiation)

直接连锁(direct interlock)

领域(domain)

动态性(dynamism)

一般环境(general environment)

间接连锁(indirect interlock)

整合(integration)

情报团队(intelligence team)

连锁董事(interlocking directorate)

机械式(mechanistic)

有机式(organic)

组织环境(organizational environment)

资源依赖性(resource dependence)

环境方面(sectors)

任务环境(task environment)

不确定性(uncertainty)

讨论题

1. 对于一家新创立的互联网企业来说,它的任务环境与大型政府机构的任务环境有怎样的不同?试讨论。

2. 通常来说,环境的复杂性与环境的动态性哪一个对环境不确定性产生的影响最大?

3. 选择一个组织,比如一家餐厅或体育用品商店,并列举导致其环境复杂性的因素。这种环境复杂性会不会导致组织复杂性?请解释。

4. 与国内环境相比,讨论国际环境对当今组织的重要性。国际环境在哪些方面影响了你所在城市或社区的组织?

5. 请对分化和整合做一个描述。试问在哪一种环境不确定性条件下,组织的分化和整合最大？何时又最小？

6. 你认为，在快速变化、危机已成组织生活常规部分的当今世界，计划是越来越重要了，还是越来越不重要了？为什么？

7. 比较有机式组织和机械式组织。环境如何影响有机式和机械式组织结构？

8. 组织为什么要涉入组织间的关系？这种关系是否影响组织的独立性？请解释。

9. 假定请你计算两个组织的职能人员对生产工人的比率，其中一个组织处于简单、稳定的环境中，另一个组织处于复杂、多变的环境中，你估计计算的结果会有何不同？为什么？

10. 改变组织环境领域是不是应对变化环境的一个可行策略？请用亚马逊或者沃尔玛的例子解释。

 专题讨论

你所依赖的组织[84]

请在下表中列示日常生活中你在某种程度上所依赖的 4 个组织，例如餐馆、服装店、大学、你的家庭、邮局、无线供应商、航空公司、披萨配送店以及你的工作单位。在第 1 栏中，列出这 4 个组织。在第 2 栏中，填上你在这 4 个组织不能供你使用时你会用以替代的备选组织名称。在第 3 栏中，评估你对第 1 栏组织的依赖程度——强、中、弱。最后，在第 4 栏，写出各组织在满足你的需要方面的确定性程度——高（确定性）、中或低。

第 1 栏 组织名称	第 2 栏 备选组织	第 3 栏 依赖程度	第 4 栏 确定性程度
1.			
2.			
3.			
4.			

问题

1. 对那些高度依赖的组织，你是否有可替代的备选组织？你如何开发更多的备选组织？

2. 你标为高依赖性、高确定性的组织，如果突然变为高依赖性、低确定性的，这时你将怎么办？你的行为与资源依赖理论的主张有哪些吻合之处？

3. 你是否采取过类似于表 4-3 的行为去管理你与上表第 1 栏组织的关系？

教学案例

CPI 公司：发生了什么？[85]

有这么一样东西：它是人们最为珍视的财产；它一般被挂在壁炉架或客厅的墙上；在家里遭遇火灾或其他自然灾害后，家庭成员们拼命寻找的第一件物品就是它。它就是全家福照片。

CPI 是人物拍摄行业中的市场领导者，拥有 60 年的辉煌历史，在沃尔玛、希尔斯（Sears）和宝贝反斗城（BabiesRus）等零售业巨头里开有专门的摄影便利店。再看当时的市场，合影之风正浓，拍照需求正盛。按理说这样的企业应该会有一个稳健和光明的未来。这就是以店中店摄影工作室为主要经营模式的 CPI 公司当时所处的环境。CPI 拥有 1 500 多家门店，为顾客提供了便利又便宜的全家福摄影套餐以及可满足其家居需求的一站式购物服务。

然而，在 2013 年 4 月，CPI 公司突然宣布关闭其在美国的所有门店。这份声明及其门店的停止营业让包括其雇员和顾客在内的所有人惊诧不已。一时间许多家庭急忙跑到摄影店取回他们的照片，CPI 的职员则需承受失去薪水及医保等福利带来的打击。

但是在近几年，CPI 公司又重新发声，开始审视自己的运营方向。几年前在圣路易斯（St. Louis）举行的一次董事会会议上，当时的首席执行官保罗·拉斯姆森（Paul Rasmussen）表达了对公司现状的担忧，他意识到顾客在拍照时的等待时间过长——而且之后将照片从集中冲印点送到顾客手中的时间同样漫长（最高长达 6 周），因此他认为顾客的店内消费体验亟须提升。拉斯姆森提议修改工作室的流程，但董事会对此不感兴趣，也没有听取消费者的意见。

对于行业内许多仍在茁壮成长的竞争对手而言，真正让他们惊讶的是，CPI 公司作为行业领导者没能利用前沿科技开辟出新道路就已突然倒闭。

"发明出图片分享软件 Instagram 的应该是 CPI 公司才对"，视图公司（ScanMyPhotos.com）首席执行官米奇·高尔德斯通（Mitch Goldstone）说，"他们本来具备最好的机会。他们在全国范围内拥有庞大的客户基础，只可惜一夜之间这些就化为乌有了。"

由于陶醉于自身的强大，CPI 越来越无法感知到整个行业环境的变化并做出应对。这家公司的潜在问题透过其近期历史可见一斑。拉斯姆森在 2006 年就提出要缩短顾客的店内等待时间，并对背景幕和传统的照相姿势风格进行现代化改造，可是他的建议遭到了董事会成员们的无视，他们将关注点放在了吸引更多顾客来工作室体验上面。数码摄像的普及加之苹果时代（iPhone age）的到来，使得人们能够即时获取和分享自己的照片，消费者的期望也在发生着变化。然而 CPI 却固守着集中冲印的套路,也不愿花费成本对门店进行数码技术升级。与此同时,它的竞争对手们已经找到了将技术融入服务、产品中的新途径。比如完美图像公司(PicturePerfect)能够提供 1 小时数码冲印成像服务。视图公司(ScanMyPhotos.com)开始提供在线照相的便利服务。爱福达(Lifetouch)本是一家在彭尼百货(JCPenny)和塔吉特的商店里开设店中店摄影工作室的公司,也拓展了其业务范围,开始提供校园摄影服务。

技术趋势以及顾客的行为和态度都已发生了变化,CPI 却仍然固守着过往的成功模式继续运营。2013 年 4 月 CPI 关闭在美国的所有门店时,还有 9 850 万美元的债务没有还清。到了 6 月,CPI 与竞争对手爱福达公司达成出售其所有资产的"掩护马"协议(也叫假马竞拍),并开始等待其他竞拍者的出现。

摄影和数码技术仍在以一种难以想象的速度继续发展,人们不再满足于拍摄、分享和冲印照片,他们开始尝试亲自对照片进行设计、处理和动态化制作。

问题

1. 你认为为什么 CPI 的董事会成员坚持公司曾经的成功模式,而没有对照片技术变革和客户需求变化做出反应?

2. CPI 采用的是什么类型的组织结构和管理流程?什么类型的结构能够更加适应组织所面临的环境变化?请解释。

3. 随着行业内的竞争者越来越重视未来发展,他们为了保持竞争力,避免 CPI 公司的命运,应该如何关注并调整自己的商业战略?请讨论。

法林顿医疗器械

本杰明·法林顿(Benjamin Farrington)和威廉·法林顿(William Far-rington)与他们在一所重点大学任生物医学教授的父亲塞缪尔·法林顿(Samuel Farrington)一起创办了一家小型制造企业。公司最初的业务是制造一系列更小、更精确、不可重复使用的心脏导管,用于诊断和治疗心脏病。之后父亲塞缪尔·法林顿设计了一种新型的主动脉内气囊泵,用来帮助治愈的心脏泵血。

创业三年后,就在销售开始快速增长的时候,父亲塞缪尔·法林顿去世了。家人非常伤心,但同时兄弟俩已经获得生物学和工程学的研究生学位,并对他们的事业继续向前推进非常有信心。本杰明负责导管,导管有一条独立的生产线。威廉负责气囊泵管生产线。他们共同负责工程、产品开发、采购、销售和营销。但唯一比较大的问题是兄弟俩的领导风格几乎相反,他们经常在如何对待员工和建立最适合法林顿的文化类型两个方面发生冲突。

弟弟威廉注重以人为本,他喜欢和团队中的人合作,并鼓励大家相互合作。他强调共同决策的必要性。他会组织一些讨论部门目标和任务期限的会议,并经常在会议中或者日常中询问大家对他们工作的意见和想法。如果某个人获得一条对其他人有用的信息,他会召集大家开会,广泛分享这些信息。因此威廉非常鼓励大家互相交流,并在需要时互相帮助。

哥哥本杰明更关注为员工展现清晰的结构,并以实现效率为先,因此无需进行一些不必要的会议,他认为这些会议会浪费人们的时间。当他觉得需要开会时,他会负责召开,并给出指示,所以员工的参与是有限的。他常以分配任务和确定业绩目标以及任务的最后期限而骄傲。员工几乎没有机会提出想法,为了完成指定的绩效目标他们经常感到很大的压力。本杰明更希望员工忙于各自的任务,不需要互相帮助。

在公司,员工经常对这两种背道而驰的管理风格感到迷惑。随着时间的推移,兄弟俩似乎不断地发生冲突,他们对彼此的不满越来越多。双方都认为在管理企业方面自己的方法更好。最后,兄弟两人厌倦了冲突,都不肯屈服于对方的风格,于是勉强决定把公司分成两个独立的部分,并各自取了新的名字。本杰明将更成熟的心脏导管的生产线转移到了一个新的地方,并将他的业务线命名为 Caresource 医疗设备公司(CaresourceCardiac)。而威廉将业务留在了原来的地方,并将他的主动脉内球囊泵业务更名为 Quest 医疗设备公司(Quest Medical Devices)。兄弟俩现在处于竞争状态,并在管理他们的企业时采用了截然不同的方法。

随着大公司不断推出新的产品,并经常试图通过降低价格获得优势,医疗器械业务在行业内竞争非常激烈。因为父亲的产品创新,法林顿兄弟最初有领先竞争优势。但是近几年来,竞争对手迎头赶上,两兄弟的企业都需要不断创新才能保持领先。

本杰明在他自己和一线员工之间创建了有三个层级的管理结构,他很喜欢这种结构,因为管理者可以密切关注能够直接报告的员工,同时他采取了自上而下的方法来改变任务的执行方式、产品创新和流程改进。他非常关注成本和效率,每周举行一次会议,以评估生产和销售效率。公司还详细地绘制了组织结构图以及职务说明和书面程序。本杰明认为每个人都应该有明确的责任和细化的工作来确保高效的业绩和高利润。

然而,威廉希望保持一种小公司的文化,尽量减少高管、经理和员工之间的地位差异。相比生产效率,他更加关注员工的幸福感。人们之间可以直呼其名。一线员工和他自己之间有两个层级的管理。他并不认同组织结构图和职务说明书,相反他希望每个人都能感受到自己是组织的一部分。任何人都可以提出改进流程或产品的想法。威廉还创建了一个由员工组成的绩效卓越委员会,他们每月开会讨论和解决影响运营绩效的问题,处理供应商延迟交货和质量问题或生产延误等问题。生产员工在不同的工作岗位上接受交叉培训,从而能够顺利生产和组装复杂的主动脉气囊泵。

虽然两个兄弟的公司一开始经营着不同的业务,但每个公司都逐渐扩大了产品线,包括制造对方生产的产品。经过 12 年的时间,两家企业开始了正面竞争。而随着两家企业的成功,兄弟俩感情又好了起来,但他们仍然认为彼此经营着相互竞争的业务。

行业内的一个巨型竞争对手约翰斯顿医疗（Johnston Medical Care）不想自己制造一种新型的心室辅助装置，决定把业务外包给一家小公司。于是 Caresource 和 Quest 都想竞争这份盈利可达 1 亿美元的合同。

这是一个比较急的订单，需要生产一个原型，并有三个月的期限。在 Caresource 公司，本杰明告诉工程部、产品开发部、生产和采购部门，从他们自己的角度开始研究心室装置的设计，并向所有部门主管传达了关键的时间限制，他希望所有员工都能像过去一样高效地工作。几天的生产下来，各部门之间几乎没有联系，因为他们都以各自的速度制定需求。结果出现了一系列问题：采购部门发现他们无法按时获得需要的材料，工程部门无法安排出高效的生产顺序，产品开发部门处理着与他们的专业知识不相通的方案说明。本杰明发现工程部和产品开发部都没有赶上计划，他很生气，但决定继续推进，并且先组装出一个缺乏关键零件的原型，这种由稀缺材料构成的零部件最后再安装进去。

而在 Quest 公司，来自约翰斯顿的设计图纸送到，部门主管们聚在一起讨论这个项目。工程、产品开发和制造共同设计产品特性。与 Caresource 一样，也存在需要的材料无法按时交付。这种情况下，装配顺序对工程师来说很难定夺。于是各部门交流想法，核心员工每天召开会议讨论进度，互相帮助。一名员工知道这种未能按时交付的材料在澳大利亚有渠道可以获得，因此这个问题在最后期限前可以得以解决。此外，当员工在制造原型时，工程部的一名绘图员发现了约翰斯顿的原始图纸说明中的一个错误，所有的工程师在一遍遍地检查之后确认了错误的存在。他们花了大半个晚上重新设计原始图纸说明，并在第二天早上完成了更改。威廉联系了约翰斯顿的首席设计师，他也确认了错误，并说将继续跟进设计的更改。同时约翰斯顿也向 Caresource 的本杰明说明了蓝图中的错误。

两家公司都生产了 50 个心室辅助装置的原型单元，供约翰斯顿检查。Caresource 公司比最后期限晚了 9 天，并且其中 10 个单元存在缺陷，而另一边 Quest 公司的原型单元都成功通过了检查。Caresource 对该设备生产的出价比 Quest 的出价低 10%。约翰斯顿医疗公司决定将订单平均分配给两家公司，以便了解哪一家公司能更有效地生产新产品。

问题

1. 如何描述 Caresource 和 Quest 两家公司的管理过程？哪一种更有效？为什么？

2. 你认为哪一种组织设计（Caresource 或 Quest）更加适合竞争激烈以及变化多端的技术环境？为什么？

3. 你认为哪家公司能够赢得这个竞争的合同——Caresource 还是 Quest？你认为哪家公司最终被挑选出来生产心室装置？请解释。

 尾注

1 Simon Romero, "Wielding Rocks and Knives, Arizonans Attack Self-Driving Cars," *The New York Times*, December 31, 2018, https://www.nytimes.com/2018/12/31/us/waymo-self-driving-cars-arizona-attacks.html (accessed April 5, 2019).

2 Annie Gasparro and Saabira Chaudhuri, "So Long, Hamburger Helper: America's Venerable Food Brands Are Struggling," *The Wall Street Journal*, July 7, 2017, https://www.wsj.com/articles/so-long-hamburger-helper-americas-venerable-food-brands-are-struggling-1499363414 (accessed April 5, 2019).

3 Evan Ramstad, "A New Look for South Korean Retail," *The Wall Street Journal*, April 16, 2013, B8.

4 Emma Thompson, "Supply Chain Problems to Slow Adidas' Sales Growth," *Reuters*, March 13, 2019, https://www.reuters.com/article/us-adidas-results/supply-chain-problems-to-slow-adidas-sales-growth-idUSKBN1QU0LH (accessed April 10, 2019); David Kesmodel, "Inside China's Supersanitary Chicken Farms; Looking to Capitalize on Food-Safety Concerns, Tyson Shifts from Using Independent Breeders," *The Wall Street Journal Online*, December 9, 2013, http://online.wsj .com/news/articles/SB100014240527023035595045791976621651 81956 (accessed March 3, 2014).

5 Shalini Ramachandran and Arian Campo-Flores, "Univision, Televisa Wrestle With Changing Tastes Among Hispanic Millennials," *The Wall Street Journal*, September 5, 2016, https://www.wsj.com/articles/univision-televisa-wrestle-with-changing-tastes-among-hispanic-millennials-1473122201 (accessed April 10, 2019).

6 Aruna Viswanatha and Byron Tau, "FBI's Most Wanted: More Applicants for Special Agents," *The Wall Street Journal*, February 24, 2019, https://www.wsj.com/articles/fbis-most-wanted-more-applicants-for-special-agents-11551023975 (accessed April 10, 2019).

7 Corinne Abrams, "Products Yanked from Amazon in India to Comply with New E-Commerce Rules," *The Wall Street Journal*, February 1, 2019, https://www.wsj.com/articles/products-yanked-from-amazon-in-india-to-comply-with-new-e-commerce-rules-11549046283 (accessed April 10, 2019).

8 Jen Christensen, "Johnson & Johnson Hit with $29.4 Million Verdict in Talcum Powder Case," *CNN*, March 14, 2019, https://www.cnn.com/2019/03/14/health/johnson-and-johnson-baby-powder-cancer-verdict/index.html (accessed April 10, 2019); and Charley Grant, "How Many More Tears at Johnson & Johnson?" *The Wall Street Journal*, December 15, 2018, https://www.wsj.com/articles/how-many-more-tears-at-johnson-johnson-11544878295 (accessed April 10, 2019).

9 Bruce Posner and David Kiron, "How Caesars Entertainment Is Betting on Sustainability," *MIT Sloan Management Review*, Summer 2013, 63–73.

10 *2018 Environmental Performance Index*, Yale Center for Environmental Law and Policy, Yale University, and Center for International Earth Science Information Network, Columbia University, https://epi.envirocenter.yale.edu/downloads/epi2018policymakerssummaryv01.pdf (accessed April 10, 2019). NOTE: The scores for each country are based on 24 performance indicators covering both environmental public health and ecosystem vitality.

11 Ron Dicker, "Animal Crackers Uncaged in Box Redesign After PETA Pressure," *The Huffington Post*, August 21, 2108, https://www.huffpost.com/entry/animal-crackers-nabisco-uncaged_n_5b7bf9cae4b05906b41761a8 (accessed April 11, 2019).

12 Simona Covel, "Briggs Retains Clients by Helping Them Cut Costs," *The Wall Street Journal Online*, May 2, 2008, http://online.wsj.com/article/SB120943805522951855.html (accessed May 2, 2008).

13 "AP IMPACT: Middle-Class Jobs Cut In Recession Feared Gone for Good, Lost to Technology," *The Washington Post*, January 23, 2013.

14 Thaddeus Miller and Devon McAslan, "With the Launch of Self-Driving Ride-Share Service 'Waymo One,' What's Next for Cities?" *Green Biz*, February 5, 2019, https://www.greenbiz.com/article/launch-self-driving-ride-share-service-waymo-one-whats-next-cities (accessed April 11, 2019).

15 Jane J. Kim, "Where Either a Borrower or a Lender Can Be," *The Wall Street Journal*, March 12, 2008, D1, D3.

16 Norihiko Shirouzu, "Chinese Inspire Car Makers' Designs," *The Wall Street Journal*, October 28, 2009.

17 Robert Salomon, "Why Uber Couldn't Crack," *Fortune*, August 7, 2016, http://fortune.com/2016/08/07/uber-china-didi-chuxing/ (accessed April 12, 2019); and Karishma Vaswani, "China's Uber has Plans to Take on the Rest of the World," *BBC News*, April 13, 2018, https://www.bbc.com/news/business-43735023 (accessed April 12, 2019).

18 Alex Salkever, "Anatomy of a Business Decision; Case Study: A Chocolate Maker Is Buffeted by Global Forces Beyond His Control," *Inc.*, April 2008, 59–63.

19 For an extended discussion of environmental change and uncertainty, see Randall D. Harris, "Organizational Task Environments: An Evaluation of Convergent and Discriminant Validity," *Journal of Management Studies* 41, no. 5 (July 2004), 857–882; Allen C. Bluedorn, "Pilgrim's Progress: Trends and Convergence in Research on Organizational Size and Environment," *Journal of Management* 19 (1993), 163–191; Howard E. Aldrich, *Organizations and Environments* (Englewood Cliffs, NJ: Prentice Hall, 1979); and Fred E. Emery and Eric L. Trist, "The Casual Texture of Organizational Environments," *Human Relations* 18 (1965), 21–32.

20 Gregory G. Dess and Donald W. Beard, "Dimensions of Organizational Task Environments," *Administrative Science Quarterly* 29 (1984), 52–73; Ray Jurkovich, "A Core Typology of Organizational Environments," *Administrative Science Quarterly* 19 (1974), 380–394; and Robert B. Duncan, "Characteristics of Organizational Environments and Perceived Environmental Uncertainty," *Administrative*

Science Quarterly 17 (1972), 313–327.

21 Christine S. Koberg and Gerardo R. Ungson, "The Effects of Environmental Uncertainty and Dependence on Organizational Structure and Performance: A Comparative Study," *Journal of Management* 13 (1987), 725–737; and Frances J. Milliken, "Three Types of Perceived Uncertainty About the Environment: State, Effect, and Response Uncertainty," *Academy of Management Review* 12 (1987), 133–143.

22 Jonathan D. Rockoff, "Abbott to Split Into Two Companies," *The Wall Street Journal Online*, October 20, 2011, http://online.wsj.com/news/articles/SB10001424052970204485304576640740820288766 (accessed October 20, 2011).

23 "How Turbulent Is Your Environment?" sidebar in "Sometimes, Less Innovation Is Better; Professor Aversa, Defend Your Research," *Harvard Business Review* (May–June 2017): 38–39.

24 Khadeeja Safdar, "As Gap Struggles, Its Analytical CEO Prizes Data Over Design," *The Wall Street Journal*, November 28, 2016, https://www.wsj.com/articles/as-gap-struggles-its-analytical-ceo-prizes-data-over-design-1480282911 (accessed April 12, 2019); Andria Cheng, "Gap Can No Longer Coast on Being an Iconic American Brand," *Forbes*, August 24, 2018, https://www.forbes.com/sites/andriacheng/2018/08/24/gap-can-no-longer-coast-on-being-an-iconic-american-brand/#2cca77cedfd5 (accessed April 12, 2019); and Yi-Jin Yu, "Gap Announces Plan to Close More Than 200 Stores in the Next Two Years," *Today.com*, March 1, 2019, https://www.today.com/style/gap-announces-plan-close-more-200-stores-next-two-years-t149677 (accessed April 12, 2019).

25 Reported in Pekka Aula, "Social Media, Reputation Risk and Ambient Publicity Management," *Strategy & Leadership* 38, no. 6 (2010), 43–49.

26 See Ian P. McCarthy, Thomas B. Lawrence, Brian Wixted, and Brian R. Gordon, "A Multidimensional Conceptualization of Environmental Velocity," *Academy of Management Review* 35, no. 4 (2010), 604–626, for an overview of the numerous factors that are creating environmental instability for organizations.

27 J. A. Litterer, *The Analysis of Organizations*, 2nd ed. (New York: Wiley, 1973), 335.

28 Constance L. Hays, "More Gloom on the Island of Lost Toy Makers," *The New York Times*, February 23, 2005, C1; and Nicholas Casey, "Fisher-Price Game Plan: Pursue Toy Sales in Developing Markets," *The Wall Street Journal*, May 29, 2008, B1, B2.

29 Rosalie L. Tung, "Dimensions of Organizational Environments: An Exploratory Study of Their Impact on Organizational Structure," *Academy of Management Journal* 22 (1979), 672–693.

30 Joseph E. McCann and John Selsky, "Hyper-Turbulence and the Emergence of Type 5 Environments," *Academy of Management Review* 9 (1984), 460–470.

31 Terry Maxon, "Judge OKs American Airlines-US Airways Merger, American's Exit from Bankruptcy," *DallasNews.com*, November 27, 2013, http://aviationblog.dallasnews.com/2013/11/judge-oks-american-airlines-us-airways-merger-americans-exit-from-bankruptcy.html/ (accessed March 4, 2014); and Susan Carey and Melanie Trottman, "Airlines Face New Reckoning as Fuel Costs Take Big Bite," *The Wall Street Journal*, March 20, 2008, A1, A15.

32 Jessica Matthews, "Designers Rise to Top Jobs as Companies Rethink How to Inspire the Consumer," *CNBC*, January 11, 2018, https://www.cnbc.com/2018/01/11/from-ford-to-intuit-design-skills-leading-to-a-new-wave-of-success.html (accessed April 12, 2019); and Benjamin Mullin, "WarnerMedia Creates Role of Chief Diversity and Inclusion Officer," *The Wall Street Journal*, March 22, 2019, https://www.wsj.com/articles/warnermedia-creates-role-of-chief-diversity-and-inclusion-officer-11553186074 (accessed April 12, 2019).

33 James D. Thompson, *Organizations in Action* (New York: McGraw-Hill, 1967), 20–21.

34 Jennifer A. Marrone, "Team Boundary Spanning: A Multilevel Review of Past Research and Proposals for the Future," *Journal of Management* 36, no. 4 (July 2010), 911–940.

35 Darren Dahl, "Strategy: Managing Fast, Flexible, and Full of Team Spirit," *Inc.*, May 2009, 95–97.

36 David B. Jemison, "The Importance of Boundary Spanning Roles in Strategic Decision-Making," *Journal of Management Studies* 21 (1984), 131–152; and Mohamed Ibrahim Ahmad At-Twaijri and John R. Montanari, "The Impact of Context and Choice on the Boundary-Spanning Process: An Empirical Extension," *Human Relations* 40 (1987), 783–798.

37 Reported in Michelle Cook, "The Intelligentsia," *Business 2.0*, July 1999, 135–136.

38 Robert C. Schwab, Gerardo R. Ungson, and Warren B. Brown, "Redefining the Boundary-Spanning Environment Relationship," *Journal of Management* 11 (1985), 75–86.

39 Vijay Govindarajan, "Planned Opportunism," *The Harvard Business Review* (May 2016): 54ff.

40 Patricia Buhler, "Business Intelligence: An Opportunity for a Competitive Advantage," *Supervision*, March 2013, 8–11; and Tom Duffy, "Spying the Holy Grail," *Microsoft Executive Circle*, Winter 2004, 38–39.

41 Reported in Julie Schlosser, "Looking for Intelligence in Ice Cream," *Fortune*, March 17, 2003, 114–120.

42 Douglas Belkin, "The Data Colleges Collect on Applicants," *The Wall Street Journal*, January 26, 2019, https://www.wsj.com/articles/the-data-colleges-collect-on-applicants-11548507602 (accessed April 13, 2019).

43 In Lee, "Social Media Analytics for Enterprises: Typology, Methods, and Processes," *Business Horizons* 61 (2018): 199–210.

44 Ken Western, "Ethical Spying," *Business Ethics*, September/October 1995, 22–23; Stan Crock, Geoffrey Smith, Joseph Weber, Richard A. Melcher, and Linda Himelstein, "They Snoop to Conquer," *BusinessWeek*, October 28, 1996, 172–176; and Kenneth A. Sawka, "Demystifying Business Intelligence," *Management Review* 85, no. 10 (October 1996), 47–51.

45 Liam Fahey and Jan Herring, "Intelligence Teams," *Strategy & Leadership* 35, no. 1 (2007), 13–20.

46 Jay W. Lorsch, "Introduction to the Structural Design of Organizations," in Gene W. Dalton, Paul R. Lawrence, and Jay W. Lorsch, eds., *Organizational Structure and Design* (Homewood, IL: Irwin and Dorsey, 1970), 5.

47 Paul R. Lawrence and Jay W. Lorsch, *Organization and Environment* (Homewood, IL: Irwin, 1969).

48 Lorsch, "Introduction to the Structural Design of Organizations," 7.

49 Jay W. Lorsch and Paul R. Lawrence, "Environmental Factors and Organizational Integration," in J. W. Lorsch and Paul R. Lawrence, eds., *Organizational Planning: Cases and Concepts* (Homewood, IL: Irwin and Dorsey, 1972), 45.

50 Virpi Turkulainen and Mikko Ketokivi, "The Contingent Value of Organizational Integration," *Journal of Organization Design* 2, no. 2 (2013), 31–43.

51 Tom Burns and G. M. Stalker, *The Management of Innovation* (London: Tavistock, 1961).

52 John A. Courtright, Gail T. Fairhurst, and L. Edna Rogers, "Interaction Patterns in Organic and Mechanistic Systems," *Academy of Management Journal* 32 (1989), 773–802.

53 Dennis K. Berman, "Crunch Time," *BusinessWeek Frontier*, April 24, 2000, F28–F38.

54 Thomas C. Powell, "Organizational Alignment as Competitive Advantage," *Strategic Management Journal* 13 (1992), 119–134; Mansour Javidan, "The Impact of Environmental Uncertainty on Long-Range Planning Practices of the U.S. Savings and Loan Industry," *Strategic Management Journal* 5 (1984), 381–392; Tung, "Dimensions of Organizational Environments"; and Thompson, *Organizations in Action*.

55 Peter Brews and Devavrat Purohit, "Strategic Planning in Unstable Environments," *Long Range Planning* 40 (2007), 64–83; and Darrell Rigby and Barbara Bilodeau, "A Growing Focus on Preparedness," *Harvard Business Review*, July–August 2007, 21–22.

56 Ian Wylie, "There Is No Alternative To. . .," *Fast Company*, July 2002, 106–110.

57 General Colin Powell, quoted in Oren Harari, "Good/Bad News About Strategy," *Management Review* 84, no. 7, July 1995, 29–31.

58 Selina Williams, "Shale Drillers Adapting to Low Oil Prices, Report Finds," *The Wall Street Journal*, July 13, 2016, https://www.wsj.com/articles/shale-drillers-adapting-to-low-oil-prices-report-finds-1468396802 (accessed April 15, 2019).

59 Jeffrey Pfeffer and Gerald Salancik, *The External Control of Organizations: A Resource Dependent Perspective* (New York: Harper & Row, 1978); David Ulrich and Jay B. Barney, "Perspectives in Organizations: Resource Dependence, Efficiency, and Population," *Academy of Management Review* 9 (1984), 471–481; and Amy J. Hillman, Michael C. Withers, and Brian J. Collins, "Resource Dependence Theory: A Review," *Journal of Management* 35, no. 6 (2009), 1404–1427.

60 Andrew H. Van de Ven and Gordon Walker, "The Dynamics of Interorganizational Coordination," *Administrative Science Quarterly* (1984), 598–621; and Huseyin Leblebici and Gerald R. Salancik, "Stability in Interorganizational Exchanges: Rulemaking Processes of the Chicago Board of Trade," *Administrative Science Quarterly* 27 (1982), 227–242.

61 Mike Esterl and Corey Dade, "DHL Sends an SOS to UPS in $1 Billion Parcel Deal," *The Wall Street Journal*, May 29, 2008, B1.

62 Judith A. Babcock, *Organizational Responses to Resource Scarcity and Munificence: Adaptation and Modification in Colleges Within a University* (Ph.D. diss., Pennsylvania State University, 1981).

63 Peter Smith Ring and Andrew H. Van de Ven, "Developmental Processes of Corporative Interorganizational Relationships," *Academy of Management Review* 19 (1994), 90–118; Jeffrey Pfeffer, "Beyond Management and the Worker: The Institutional Function of Management," *Academy of Management Review* 1 (April 1976), 36–46; and John P. Kotter, "Managing External Dependence," *Academy of Management Review* 4 (1979), 87–92.

64 Bryan Borys and David B. Jemison, "Hybrid Arrangements as Strategic Alliances: Theoretical Issues in Organizational Combinations," *Academy of Management Review* 14 (1989), 234–249.

65 Tanzina Vega, "Two Ad Giants Chasing Google in Merger Deal," *The New York Times*, July 29, 2013, A1; and Nick Kostov and David Gauthier-Villars, "Advertising's 'Mad Men' Bristle at the Digital Revolution," *The Wall Street Journal*, January 19, 2018, https://www.wsj.com/articles/data-revolution-upends-madison-avenue-1516383643 (accessed April 15, 2019).

66 Julie Cohen Mason, "Strategic Alliances: Partnering for Success," *Management Review* 82, no. 5 (May 1993), 10–15.

67 Teri Agins and Alessandra Galloni, "After Gianni; Facing a Squeeze, Versace Struggles to Trim the Fat," *The Wall Street Journal*, September 30, 2003, A1, A10.

68 Borys and Jemison, "Hybrid Arrangements as Strategic Alliances."

69 Donald Palmer, "Broken Ties: Interlocking Directorates and Intercorporate Coordination," *Administrative Science Quarterly* 28 (1983), 40–55; F. David Shoorman, Max H. Bazerman, and Robert S. Atkin, "Interlocking Directorates: A Strategy for Reducing Environmental Uncertainty," *Academy of Management Review* 6 (1981), 243–251; and Ronald S. Burt, *Toward a Structural Theory of Action* (New York: Academic Press, 1982).

70 James R. Lang and Daniel E. Lockhart, "Increased Environmental Uncertainty and Changes in Board Linkage Patterns," *Academy of Management Journal* 33 (1990), 106–128; and Mark S. Mizruchi and Linda Brewster Stearns, "A Longitudinal Study of the Formation of Interlocking Directorates," *Administrative Science Quarterly* 33 (1988), 194–210.

71 Claudia H. Deutsch, "Companies and Critics Try Collaboration," *The New York Times*, May 17, 2006, G1.

72 Katherine Ellen Foley, "Big Pharma Spent an Additional $9.8 Billion on Marketing in the Past 20 Years. It Worked," *Quartz*, January 9, 2019, https://qz.com/1517909/big-pharma-spent-an-additional-9-8-billion-on-marketing-in-the-past-20-years-it-worked/ (accessed April 15, 2019).

73 Rob Levine, "Google's Spreading Tentacles of Influence," *Bloomberg Businessweek*, October 31–November 6, 2011, 43–44.

74 Kotter, "Managing External Dependence."

75 Claire Cain Miller and Stephanie Clifford, "To Catch Up, Walmart Moves to Amazon Turf," *The New York Times*, October 20, 2013, A1; Sarah Nassauer, "With Niche Sites, Walmart Tries Selling to Hipsters," *The Wall Street Journal*, March 24, 2017; and Esther Fung and Heather Haddon, "Amazon to Launch New Grocery-Store Business," *The Wall Street Journal*, March 1, 2019, https://www.wsj.com/articles/amazon-to-launch-new-grocery-store-business-sources-say-11551461887 (accessed April 15, 2019).

76 Matt Rosoff, "Google's 15 Biggest Acquisitions and What Happened to Them," *Business Insider*, March 14, 2011, http://www.businessinsider.com/googles-15-biggest-acquisitions-and-what-happened-to-them-2011-3 (accessed July 28, 2011); and Kathy Bergen and Ameet Sachdev, "Lenovo Takes On a Fixer-Upper with Motorola Acquisition," *Seattle Times*, February 9, 2014, http://seattletimes.com/html/businesstechnology/2022861882_motorolalenovoxml.html (accessed March 6, 2014).

77 Katie Benner, "Inside the Hotel Industry's Plan to Combat Airbnb," *The New York Times*, April 16, 2017, https://www.nytimes.com/2017/04/16/technology/inside-the-hotel-industrys-plan-to-combat-airbnb.html (accessed April 15,

2019).

78 David B. Yoffie, "How an Industry Builds Political Advantage," *Harvard Business Review* (May–June 1988), 82–89; and Jeffrey H. Birnbaum, "Chief Executives Head to Washington to Ply the Lobbyist's Trade," *The Wall Street Journal*, March 19, 1990, A1, A16.

79 Leslie Scism, "Insurer Pushes to Weaken License Test," *The Wall Street Journal*, April 25, 2011, A1.

80 Anthony J. Daboub, Abdul M. A. Rasheed, Richard L. Priem, and David A. Gray, "Top Management Team Characteristics and Corporate Illegal Activity," *Academy of Management Review* 20, no. 1 (1995), 138–170.

81 Barry M. Staw and Eugene Szwajkowski, "The Scarcity-Munificence Component of Organizational Environments and the Commission of Illegal Acts," *Administrative Science Quarterly* 20 (1975), 345–354; and Kimberly D. Elsbach and Robert I. Sutton, "Acquiring Organizational Legitimacy Through Illegitimate Actions: A Marriage of Institutional and Impression Management Theories," *Academy of Management Journal* 35 (1992), 699–738.

82 "Ex-KBR Chief Gets 30 Months for Nigeria Bribery," *CBS News*, February 24, 2012, https://www.cbsnews.com/news/ex-kbr-chief-gets-30-months-for-nigeria-bribery/ (accessed April 12, 2019).

83 Max Colchester and Christina Passariello, "Dirty Secrets in Soap Prices," *The Wall Street Journal*, December 9, 2011, http://online.wsj.com/news/articles/SB100014240529702034 13304577086251676539124 (accessed December 19, 2011).

84 Adapted by Dorothy Marcic from "Organizational Dependencies," in Ricky W. Griffin and Thomas C. Head, *Practicing Management*, 2nd ed. (Dallas: Houghton Mifflin), 2–3.

85 Based on Tom Gara and Karen Talley, "Portrait of a Studio Missing the Boat," *The Wall Street Journal Online*, April 9, 2013, http://online.wsj.com/news/articles/SB10001424 12788732382030457841110399315091 8 (accessed April 15, 2014); Kavita Kumar, "The Fall of CPI," *St. Louis Post-Dispatch*, April 14, 2013, http://www.stltoday.com/business/local/the-fall-of-cpi/article_28fa0d94-0575-5e06-8ad0-4de245e07eeb.html (accessed April 15, 2014); and Jim Suhr, "CPI Corp., Sears' and Walmart Portrait Photographer, Abruptly Shuts Down," *The Huffington Post*, http://www.huffingtonpost.com/2013/04/07/cpi-corp-shut-down_n_3033911.html (accessed April 15, 2014).

第 **5** 章

Organization Theory and Design

组织间关系

问题引入

在阅读本章内容之前,请先看下面的问题并选择答案。

1. 组织应该尽可能保持独立和自给自足,这样管理者们才不至于"跟着别人的节奏跳舞"。

同意_____   不同意_____

2. 创建组织的成败取决于创业者的智慧和管理才能。

同意_____   不同意_____

3. 管理者应该迅速模仿或借鉴成功企业的做法,使自己的组织更有效,并紧跟时代变化的步伐。

同意_____   不同意_____

好消息!美国制造业近年来一直蓬勃发展,工业企业销售与利润增长强劲,雇工人数随之增加。但是也有坏消息。因为从发动机到电子元件的所有供应商都未能跟上需求增长的步伐,导致一些制造企业不得不关闭生产线,以消解不断上升的材料成本。最近一个季度,豪士科集团(Oshkosh Corporation)数次停止了其移动式起重机的生产,因为公司无法获得所需的零部件。机械制造商卡特彼勒(Caterpillar)为了维持生产,不得不以更高的价格购买零部件,甚至是接受未完成的订单。生产叉车零部件的礼恩派集团(Leggett & Platt)的管理人员说,为了扩大生产,他们提高了员工的加班工资,并考虑采用更长久的方式提高产能。为汽车和机械制造商提供供应链和生产流程方面建议的咨询顾问希夫·希瓦拉曼(Shiv Shivaraman)表示,制造企业多年来一直致力于使自己的供应链尽可能地精简和高效,但现在他们正在付出代价,供应商们"不愿意跟随脚步增加产能,因为他们以前曾遭受过严重损失"。[1]

对于每个组织来说，在有需要的时候就能获得零部件和供应材料是一个重要的问题。企业通常会与关键供应商建立良好关系，以确保能及时获得所需资源。供应链和伙伴关系对企业而言是非常重要的，因为供应链中的组织间以各种方式联系在一起并相互依赖。来看一下医疗保健行业的动荡发展。医疗费用和医疗保险费率持续上升，大型医疗保险公司迟迟未能找到解决系统效率低下的创新解决方案。美国规模最大、最具有影响力的三家企业——亚马逊、伯克希尔·哈撒韦（Berkshire Hathaway）和摩根大通（JPMorgan Chase）——最近联合成立了一家独立的医疗保健公司，为三家企业的 120 万名员工提供服务。这个名为避风港（Haven）的非营利性组织的领导人称，他们的目标是改变员工享受医疗保健服务的方式，使其更简单、更优质、更高效、更低成本。[2]

正如前一章所述，由于环境的复杂性和不确定性，当今组织面临大量复杂的问题。因此，一个广泛的组织趋势是减少企业之间的相互远离，增加企业之间的合作，有时甚至是竞争对手之间的合作。苹果和谷歌在某些领域竞争激烈，但是为了将谷歌云平台作为苹果 iCloud 存储服务基础架构的一部分，它们也会联起手来。[3]

在许多行业，商业环境非常复杂，以至于没有一个公司可以开发自己所需的全部专业知识和资源来保持竞争力。为什么呢？全球化以及技术、通信和运输等方面的快速进步为组织创造了惊人的新机会，但同时也提高了组织的经营成本，使得任何一家企业单凭自身能力都难以抓住这些机会。在这个新经济时代，组织网络出现了。建立合作伙伴关系成为一种新的经商之道。组织将它们自己看作是一个共同创造价值的团体，而不是独立存在并与其他所有公司相竞争。

 ## 本章目的

本章将探讨组织工作的最新动态，这就是组织中日益增强的密集的关系网。企业总是要依赖其他组织获得供应品、原材料和信息。问题是，应该怎样管理组织间的这些关系呢？这一度只是大型、有实力的企业如何控制小型供应商的问题。如今，任何一个企业都可以选择建立积极的互信的关系。第 3 章描述的横向联系的思想和第 4 章中有关环境不确定性的解释，都将组织的演进引向了一个新的阶段，这也就是跨组织的横向关系网络。组织可以选择多种方法建立组织间关系，包括选定供应商、订立协议、业务联营、合资企业乃至购并等。

在组织间关系的研究中提出了资源依赖、合作网络、生态学和制度理论等各种观点。这些观点归结起来就是：管理者再也不能停留在仅仅管理单体组织这一"安全岛"上了。这种认识让人感到气馁，但管理者必须想办法管理好组织间的一整套关系。在很大程度上可以说，组织间关系的管理更加复杂，但也更加具有挑战性。

5.1　组织生态系统

组织间关系（interorganizational relationships）是指发生在两个或两个以上组织间的相对持久的资源交换、流动和联系。[4] 传统的观点一直将组织间的交易和关系看作是为获得组织所需要的一切而必须采取的一种不正当的手段。这一观点的前提假设是，世界是由独立的企业构成的，各企业都为了保持自己的自主性和强权地位而进行竞争。一个企业可能被迫与其他企业结成某种组织间关系，这取决于该企业的需要和环境的不稳定性、复杂性。

詹姆斯·穆尔（James Moore）提出了一种新观点。他认为，现在的组织正在向商界的生态系统演进。所谓**组织生态系统**（organizational ecosystem），是指由组织的共同体与环境相互作用而形成的系统，它跨越了传统的行业界限。[5] 例如，无线服务提供商、手机制造商、计算机芯片和其他硬件制造商、操作系统和软件供应商，以及应用程序开发人员都参与到智能手机的生态系统中。[6] 类似的一个概念是巨型社区（megacommunity approach），企业、政府和非营利性组织等跨越部门和行业联合起来，应对那些关乎大家共同利益的重大问题，比如能源开发、世界饥饿或者网络犯罪。[7]

5.1.1　竞争是否消失了

在不断加剧的国际竞争、技术变革和新的管制环境下，任何企业都难以独立发展。全球的组织都嵌入到复杂的关系网络之中——在一些市场上彼此合作，而在另一些市场上激烈地竞争。美国零售商沃尔玛（Walmart）和日本大型电子商务企业乐天（Rakuten）结成战略联盟，以助力两家企业更好地与亚马逊竞争。在汽车行业，福特和大众联手共同生产皮卡车和箱式送货车，并将以两家企业的名义在南美、非洲和欧洲进行销售，同时，他们还在讨论如何共享电动汽车和自动驾驶汽车的研发创新。[8]

企业必须通过竞争来压制对手从而获得生存的传统竞争理念已不复存在，因为每个组织的成功甚至是生存都会支持其他企业，也需要依赖其他企业。然而，大多数管理者意识到在一个市场份额可能突然下降的市场上，竞争的风险比以往变得更大，没有产业能够抵挡住市场几乎直接崩溃的风险。[9] 在今天的世界，一种新的竞争形式事实上正在加强。[10]

表现之一是，当代的企业需要与其生态系统中的其他企业共同进化，才能使每个企业都变得更加强大。试想一下狼与驯鹿的关系。狼猎食弱小的驯鹿，这迫使鹿群必须强壮起来。鹿强壮了，这意味着狼本身也必须变得更加强壮。通过共同进化，整个生态系统的动物都变得更强壮了。同样，企业通过相互间的交流，拥有共同的愿景，建立联盟以及处理相互之间的复杂关系，这使得各方得到共同发展。

图 5-1 通过展示无数的重叠关系显示了组织生态系统的复杂性,这些是参与自动驾驶和无人驾驶汽车开发的企业之间的生态系统关系。从制作这张伙伴关系图的时候起,一些联系已经发生了变化。生态系统一直在变化和进化,一些关系变强了,而其他一些关系却变弱了或结束了。生态系统中关系的不断变化模式和互动促进了整体系统的健康和有效。[11]

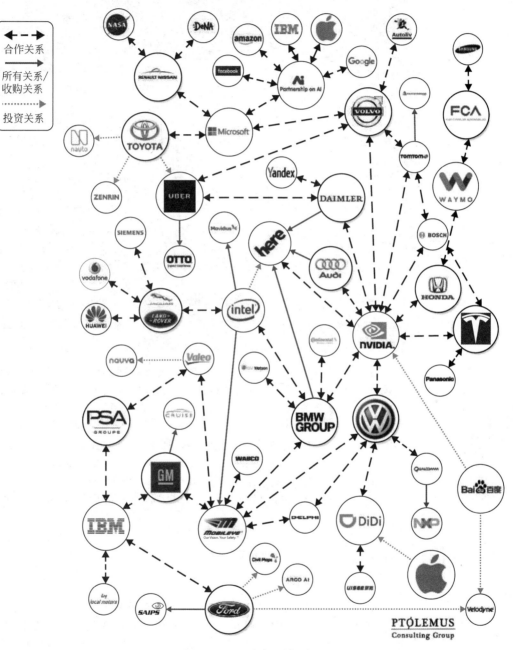

图 5-1 组织生态系统示例

在一个组织生态系统中,冲突和合作往往并存。我们来看一下苹果和三星这两家公司正在发生的事情。

应用案例 5-1

苹果公司和三星公司

三星是苹果在智能手机领域最强劲的竞争对手。两家公司花费了大量时间针对手机外观、手感和功能相互起诉和反诉,这种情况持续了7年,直到2018年年中才达成私下和解。不过,三星也是苹果公司iPhone手机和iPad许多关键部件的最大供应商,这些部件包括OLED显示屏和DRAM芯片。一份报告显示,三星从苹果卖出的每台iPhoneX中获利约110美元。

苹果开始和三星合作的时候,两家公司并不是竞争对手的关系。但是,自从三星开始生产智能手机以后,情况发生了变化。今天,三星的智能手机打破了苹果一统江湖的地位。苹果公司的管理者们已在竭力寻找能够替代三星的零部件供应商,可是并不容易。两家公司合作开发定制芯片已有十年之久,三星是唯一一家按苹果需求量生产芯片和OLED显示屏的公司。苹果的高管们已经意识到,三星有意要和他们竞争,但是又只有三星能够提供他们需要的多种技术。同时,三星也需要向苹果销售产品。苹果仍旧是三星最大的客户。

2019年初,苹果和三星宣布合作,苹果为三星电视机提供iTunes电影、电视节目和其他内容,增强了三星在电视机领域的竞争力,这也使得两家公司的关系更为紧密。哈佛商学院教授戴维·约菲(David Yoffie)说:"这是世界上最大的两家公司,彼此关系密切,却又相互竞争。与你能想到的任何一种关系相比,这种关系都显得格外与众不同。"[12]

一些企业将合作看作是成功的关键。例如,谷歌有一个专门的团队负责将技术让于竞争对手。其他公司,比如苹果,尽管知道合作的益处,却并不倾向于和太多企业建立合作关系。[13]然而,总的来说合作已成为许多行业的规则,尤其是在高科技公司中。商业媒体充满了谈论敌友(frenemies)与合作的文章,企业之间既是朋友又是敌人,既是合作伙伴又是竞争对手,这已经成为一种趋势。许多自诩可以独立生存的公司已经转移到了一个生态系统之中。相互的依赖和合作已经变成了生态系统的一种现实。竞争消失了吗?今天的企业可能会利用自己的力量战胜竞争对手,但最终合作会胜出。

5.1.2　管理者角色的转变

在企业生态系统中,管理者逐渐学会从传统的制定公司战略、设计层级结构和控制系统的职责中解脱出来。管理者必须走出本公司的边界限制,与合作伙伴建立关系网络。例如,特斯拉汽车公司(Tesla Motors)的成功很大程度上要归功于其管理者建立了良好的合作伙伴关系。特斯拉于2008

年开始销售第一款全电动跑车，从开拓市场到建立声誉，一切都是从零开始，而且在生产中还遇到了技术难题和资金短缺的困难。管理者们通过把竞争对手变为合作伙伴的方式很好地解决了这些问题。2009 年，特斯拉管理层与戴姆勒（梅赛德斯的制造商）结成联盟，使这家新兴企业拥有了获得一流工程技术和大量资金的机会，从而免于破产。第二年，特斯拉与丰田结成联盟，买下了加利福尼亚州仅存的一家大型汽车制造厂，也让特斯拉有机会向丰田这家全球最优秀的汽车生产商（之一）学习大规模汽车制造技术。最近，特斯拉又与松下电器（Panasonic Corporation）联手投资了 50 亿美元建设锂离子电池工厂。[14]

如果高层管理者只是设法强化秩序和一致性，企业就会失去发展新的外部关系的机会。[15] 在这个新世界中，管理者需要重点考虑的是横向的过程，而不是纵向的结构。重大的创新并不是自上而下取得的，而是在突破将各组织单位分割开来的边界中实现的。而且，当今的组织横向关系还包括了与供应商和顾客的联系，因为他们也是工作团队的一部分成员。企业领导者必须学会引导经济系统的共同进化。管理者们要学会观察和把握丰富的机会环境，这些机会来自与生态系统中其他贡献者的合作关系。不是试图对供应商施以降价的压力或逼迫顾客接受高价的产品，而是力图加强周边正在形成的更大的系统，设法了解并促进这一生态系统的发展。

此时，领导者的角色任务比以往任何时候都更广泛。负责协调和其他公司关系的管理者需要学习新的执行技术。例如，调查发现，管理者无法跨组织边界进行有效协作和沟通是 2010 年英国石油公司深水地平线石油泄漏事故未能得以及时控制的重要原因。调查人员认为，在钻井平台发生爆炸的当天，英国石油公司的管理者和钻井平台的管理者之间存在争议。英国石油公司的管理者和联邦机构的管理者在合作开展清理工作方面也存在问题。[16]

合益集团（Hay Group）在一项研究中将执行角色分为操作角色（operation roles）和协作角色（collaborative roles）。大多数传统管理者善于扮演操作角色，依靠传统的纵向权威，通过直接控制人员和资源对商业结果负责。另一方面，协作角色没有对同事或伙伴进行直接的纵向或横向的权威控制，但是尽管如此，具体的业务结果也会有人负责。扮演协作角色的管理者必须保持高度的灵活性和积极主动性，他们一般会通过人际沟通以及寻找需要的信息和资源来达成目标。[17]

传统的管理方式主要依赖于操作角色，维护组织的边界，对资源进行直接控制。然而，今天，协作角色对获得成功的重要性越来越大。组织间的联盟没有成功，经常是因为合作双方之间缺少足够的信任和协作关系，而不是因为缺少有效的计划或战略。在成功的联盟中，人们就像同一个公司的员工一样，共同工作。[18] 来看一下美国的反恐战争。为了打击恐怖主义，美国政府不仅与其他国家的政府合作，还和很多私人保安公司合作。在五角大楼的国家军事指挥中心，私营公司的员工与军事人员并肩工作，在全球范围内监控潜在的危机，并为高层领导提供信息。在国家情报总监的办公室，前首席人力资员官罗纳德·桑德斯（Ronald Sanders）说："没有他们，我们无法完成使命，他们是我们的储备，能够提供我们自身不具备的灵活性和专业知识。一旦介入工作,我们就把他们视作我们整体力量的一部分。"[19]

5.1.3 组织间关系的分析框架

分析这种更大的组织生态系统是组织理论中最引人入胜的领域之一。用于理解组织间关系的模型和视角最终会有助于管理者改变其角色任务,也即从自上而下的管理转向跨组织的横向管理。反映有关组织间关系各种观点的分析框架如图 5-2 所示。对于组织间的关系,可从两个特征项来分析:各组织是同类的还是不同类的;其关系是竞争性的还是合作性的。通过这些各种角度的分析,管理者可以对企业的环境做出评价,并采取符合需要的战略。图 5-2 中的第一种观点称作资源依赖理论,我们在第 4 章已做过简要概述。它主张组织是以理性的方式处理与其他组织的关系以减少对环境的依赖性。第二种观点是合作网络理论,它说明组织有意让自己依靠其他组织以提升双方的价值和生产率。第三种观点是组织生态学理论,它考察新型组织是如何在现有组织所留下的生存空间中占有自己的领地,以及多种多样的新型组织会如何有利于社会。第四种观点是制度理论,它阐释了组织为什么以及如何使自己在其大环境中合法化,并参照其他组织的模式来设计自己的结构。这四种研究组织间关系的方法将在本章后面逐一介绍。

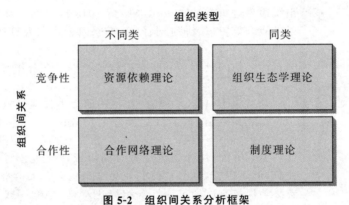

图 5-2 组织间关系分析框架

注:感谢阿南德·纳拉辛汉(Anand Narasimhan)对本框架的建议。

本节要点

- 曾经,组织一直认为自己是独立和自给自足的,并要努力超越其他组织。如今,越来越多的组织将自己视为生态系统的一部分。
- 在一个生态系统中,组织可能会横跨多个行业,并与其他组织建立紧密的关系网络。一个组织与其他组织间可能既存在竞争又相互合作,这取决于组织在关系网络中的位置和所面临的问题。
- 在企业生态系统中,管理者的角色任务正发生着改变,包括需要与其他组织建立横向的关系。对管理者来说,与其他组织进行协作的技能越来越重要。

- 对于组织间的关系，可从两个维度分析：各组织是同类的还是不同类的；其关系是竞争性的还是合作性的。这组成了分析组织间关系的框架。
- 解释组织间关系的四种观点包括：资源依赖理论、协作网络理论、组织生态学和制度理论。

5.2　资源依赖理论

　　资源依赖理论代表了对组织间关系的传统观点。正如我们在第 4 章中所介绍的，**资源依赖理论**（resource-dependence theory）认为组织总是努力减少自己在重要资源供应方面对其他组织的依赖性，并试图影响环境以保障所需的资源。[20]组织是在设法取得依赖性和自主性的平衡中取得成功的。面临过大依赖性威胁的组织，会加强对外部资源的控制以减少这种依赖性。

　　根据资源依赖理论，当组织感到资源供应受到限制的时候，它们会设法通过各种战略来维持自己的自主性，我们在第 4 章介绍过几种战略。其中一种策略就是调整或改变这种依赖关系。这可能意味着购买供应厂家的所有权，或者建立长期的合同关系或建立合资企业以保证必要的资源供应，以及通过其他的方式建立关系。

5.2.1　资源依赖关系的类型

　　根据资源依赖理论，组织会尽其所能避免对其他组织的过度依赖，保持对资源和结果的控制，以减少不确定性。图 5-3 显示了资源依赖关系的层级水平。越往顶部的战略表示组织对合作结果的直接控制越强，组织由此可以保持自主权，相反，越往底部的战略表示组织对合作结果的直接控制越弱。

收购/合并

　　在这种类型的合作关系中，组织能够对合作结果产生最大程度的控制，因为并购企业获得了被并购对象所有的资源、资产和能力。例如，优步和它在打车应用领域的竞争对手来福车（Lyft）都收购了自行车租赁公司，以便在人口密集的城市为顾客提供更便宜、快捷的出行方式。在这些城市，像 Bird Rides 这样的自行车和电动摩托车租赁公司很受欢迎。美泰公司（Mattel）收购了加拿大的美佳玩具公司（Mega Brands）用以扩大其玩具产品线，增强其在塑料积木市场上的竞争力，以对抗乐高公司。通过收购，优步、来福车（Lyft）和美泰将获得被收购公司的所有权，并掌控其所拥有的一切。[21]

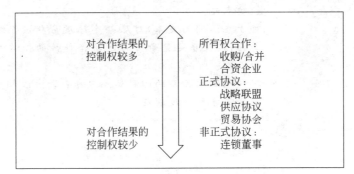

图 5-3　资源依赖关系的类型

合资企业

与完全所有权相比,组织在合资企业中的控制权相对较少。正如彼得·德鲁克(Peter Drucker)所说:"曾经,企业获得成长的路径有两条:要么是内部成长,要么是对外并购……而今天,企业通过联盟的方式成长——各种各样的危险的联盟。很少人能够理解合资企业和合作经营。"[22] **合资企业**(joint venture)是由两个或两个以上的组织为了研发新产品或共享技术而联合建立的全新且独特的组织实体。本章开头所述的医疗保健公司避风港(Haven),是由亚马逊、伯克希尔·哈撒韦公司和摩根大通共同成立的合资公司。惠而浦公司(Whirlpool)和海信科龙电器股份有限公司(Hisense-Kelon Holdings Co.)成立了合资公司,在中国生产冰箱和洗衣机。[23] 成功的视频网站 Hulu 是由新闻集团(拆分后名为 21 世纪福克斯)、迪士尼和康卡斯特(Comcast)共同成立的合资公司。迪士尼于 2019 年收购 21 世纪福克斯后,葫芦网(Hulu LLC)由迪士尼和康卡斯特共同拥有。虽然这两家公司在电视广播上相互竞争,但他们知道联合起来要比单独的视频媒体更具竞争力。[24]

战略联盟

相对于合资企业来说,**战略联盟**(strategic alliance)没有那么正式,关系没有那么紧密。战略联盟是两个或两个以上组织之间的合作协议,参与联盟的各组织为了一个共同的目标而贡献各自的资源,但各组织保持独立。从前面的图 5-1 可以看出,许多企业都参与了与自动驾驶汽车技术相关的战略联盟。到 2018 年末,至少有 46 家不同的企业参与了研发自动驾驶汽车技术的各种联盟、合资企业,建立了各种合作伙伴关系,有时这些关系还存在重叠。[25] 福特已经与多家从事人工智能、地图测绘和其他技术研究的小公司进行了合作,或已将其收购,最近还与达美乐(Domino's)建立了合作伙伴关系,共同研发一批自动驾驶的披萨外卖车。德国豪华汽车生产商宝马公司(BMW)与其竞争对手梅赛德斯-奔驰(Mercedes - Benz)的制造商戴姆勒公司(Daimler)于 2019 年建立合作关系,合作开发自动驾驶技术。宝马还与其供应商英特尔(Intel)和汽车之眼(Mobileye)结成了联盟,而梅赛德斯与博世(Bosch)结成了辅助驾驶技术研发联盟。此外,宝马与打车公司来福车合作，进行了自动驾驶汽车的测试，而戴姆勒也将与来福车的主要竞争对手优步进行同样的测试。[26]

供应链

很多组织通过和关键供应商签订协议的方式获取资源，以保证内部资源和能力的充裕。企业经营不可能只靠一己之力，像苹果、沃尔玛、戴尔、特易购之类的公司和供应商建立了互利共赢的合作关系，以确保获得它们所需的物资和资源。例如，爱生雅集团（Svenska Cellulosa Aktiebolaget，SCA）使用再生纸纤维生产纸巾、卫生纸以及其他类型的用纸，供餐厅、办公室、学校和其他机构使用。由于纸张浪费的减少，加之来自中国造纸企业的竞争，再生纸的供应在近些年来不断下滑。为此，爱生雅集团和众多回收中心建立了合作关系。爱生雅为回收中心提供用于改善设备的资金支持，作为交换，回收中心的再生纸纤维只卖给爱生雅。[27]与供应商建立积极、公平的关系有助于提高客户服务水平，降低成本，增加组织的被信任水平。[28]同时，企业也不想只依靠一家供应商。正如之前在应用案例中所述，苹果试图扩大其供应商体系，以减少对三星的依赖。苹果公司还努力与不同的企业签订合约，以组装 iPhone 和 iPad，此举目的是减少在供应链中对一家供应商的过度依赖以及由此带来的风险。

贸易协会

贸易协会（trade association）是一种由不同企业（通常是同一行业）组成的联合会，协会内的成员之间相互交流，共享信息，相互监督各自的行为。贸易协会还能够利用集体资源游说政府，影响政策，以保护行业利益。[29]

连锁董事

连锁董事是指一个董事服务于多个公司的董事会，并在这些公司之间建立联系。比如，糖果企业好时公司（Hershey）的董事会在数十年的时间里一直与其他企业之间共享至少十二名连锁董事。[30]这种情况在硅谷也很常见，风险投资家马克·安德森（Marc Andreessen）是好几家公司的连锁董事，其中包括电子港湾（eBay）、惠普和脸谱网。[31]

5.2.2　权力策略

资源依赖理论认为，大型、独立的公司对规模较小的供应商或者合作伙伴拥有一定的权力。例如，当像沃尔玛这样的大企业比其一些小型供应商掌握更多权力时，就可以要求这些小公司负责货物运送，或者降低价格，而这些公司只能同意，别无选择。沃尔玛开始对未能达到其严格的按时交货标准的供应商处以罚款。迪士尼要求影院至少四周在最大的观影厅放映《星球大战：最后的绝地武士》(Star Wars：The Last Jedi)，同时还要同意其他的特殊要求，这足以说明了迪士尼的实力。尽管迪士尼已经从电影票房中获得了 65％的收入，但如果影院违反协议中的任何条款，都必须再额外让出 5% 的收入。[32]

　　资源依赖也可以从相反的方面发挥作用。丰田公司和通用汽车公司等汽车制造企业正在努力开发一种新型电机，不需要使用稀有的钕——一种几乎完全需要在中国开采和冶炼的矿物。随着这些汽车公司对混合动力和电动汽车的研发及生产力度的加大，钕矿的价格将会飙升，中国供应商就能在材料供应方面支配这些汽车制造公司。[33]各个行业的权力关系总是处在不断变化之中。从制药业到银行业，各行各业的管理者们都在与日益强大的亚马逊进行着角力。来看一看摩根大通和电子商务巨头之间的关系。

应用案例 5-2
摩根大通与亚马逊

　　20 年前，摩根大通的收入远远超过亚马逊。今天，情况已经转向了另一个方向。亚马逊 2018 年的销售额首次达到 2000 亿美元，而摩根大通 2018 年的收入约为 1310 亿美元。亚马逊的市值是摩根大通的两倍多。

　　亚马逊和摩根大通长期以来关系密切。2002 年，亚马逊与摩根大通达成了一项信用卡交易，当时亚马逊的业务主要是在线销售书籍和 CD。在此之前的几年，亚马逊创始人兼首席执行官杰夫·贝佐斯（Jeff Bezos）曾试图聘请杰米·戴蒙（Jamie Dimon）担任亚马逊总裁。戴蒙拒绝了这个提议，称现在不是做出如此重大改变的合适时机。"我希望我再也不用穿西装了，我就可以以船为家"，戴蒙在接受 CNBC 记者采访时谈到了对这件事情的考虑。戴蒙于 2004 年加入摩根大通，并于次年成为该公司的首席执行官。但是在接下来的几十年里，亚马逊的销售额及其影响力一路飙升。到了重新谈判信用卡协议的时候，亚马逊要求更高比例的信用卡收入和其他优惠。戴蒙可能并不乐意，但他最终还是签订了这项交易，因为亚马逊太大、太强了，他不能让双方的关系面临风险。

　　从那以后，两家公司的命运越来越紧密地交织在一起。正如本章开头所述，两家公司与伯克希尔·哈撒韦合资组建了一家医疗保健企业，他们还以其他方式进行了合作。对于戴蒙和摩根大通来说，影响权力动态变化的一个关键因素是亚马逊是否有可能转向自给自足的金融服务。戴蒙几年前就开始考虑这个问题，为此组建了一个团队，观察和分析亚马逊进军金融服务业的各种方式，并提出摩根大通的应对方式。随着亚马逊规模不断扩大、实力不断增强，戴蒙和摩根大通的其他高管试图寻找方法继续与亚马逊保持合作关系，避免被其击垮。[34]

本节要点

- 资源依赖理论是关于组织间关系的传统观点，该理论认为组织总是设法避免对其他组织的过分依赖。依照这一观点，组织会付出相当的努力，在保持自身独立性的同时，设法控制环境，以确保获取充足的资源。
- 资源依赖关系的类型包括：收购或合并、合资企业、战略联盟、供应协议、行业协会和连锁董事。

● 权力会影响组织在伙伴关系中的影响力。组织之间的权力关系总在变化之中，一些组织的权力增加，就会使得另一些组织的影响力减弱。

5.3　协作网络理论

相对资源依赖理论而言，**协作网络理论**（collaborative-network perspective）是一个新视角。企业联合起来会变得更有竞争力，也有利于共享稀缺的资源。大型航空公司之间常常相互合作，同时他们还会与较小的企业及供应商合作设计新一代喷气机。大型制药公司与小型生物技术公司之间也常常合作，以共享资源和知识，促进创新。咨询公司、投资公司、会计事务所可能结成联盟，共同满足客户对新服务的需求。[35]五个领导性医学组织之间互相分享电子数据，包括病人健康记录，这个分享系统跨越了好几个国家，并且有大量病人加入。这五家医学组织包括：格伊辛格卫生系统（Geisinger Health System）、凯萨医疗机构（Kaiser Permanente）、梅奥诊所（Mayo Clinic）、山间医疗保健公司（Intermountain Healthcare）以及健康合作组织（Group Health Cooperative）。他们认为，共享数字化的病人记录可以帮助卫生保健服务者做出更明智的决定，提供更好的护理，例如，将病人推荐到另一个机构的专家那里看病时，信息共享就能发挥这些作用。[36]企业联盟要求管理者善于跨边界建立人际网络。你在网络中能否发挥有效作用，请完成问卷调查"你适合哪种组织设计"进行测试。

你适合哪种组织设计

个 人 网 络

在你的个人网络中，你和他人接触的时候你是自然的吗？拥有多重信息来源是与其他组织中的人进行合作的基础。了解一下你的个人网络，回答下面的问题。请判断在你的学习或工作中，下列陈述是否和你的情况符合。

	基本符合	不太符合
1. 我很早就知道组织正在发生的变化以及对我或我的工作的影响。	_____	_____
2. 个人网络是用来帮助他人解决问题的，也是来帮助我自己的。	_____	_____
3. 我加入了专业小组和协会，来扩展我的接触面，增加我的知识。	_____	_____
4. 我认识其他组织中的人，并且与他们有交流。	_____	_____

5. 在我的工作组和其他工作组之间，我起到了
   桥梁的作用。　　　　　　　　　　　_____　_____

6. 我经常利用吃午饭的机会来认识和联系新
   的朋友。　　　　　　　　　　　　　_____　_____

7. 我经常参与慈善事业。　　　　　　　_____　_____

8. 对一些朋友和同事我会送圣诞卡片给他们。_____　_____

9. 我和以前的组织及学校小组的人保持着联系。_____　_____

10. 我主动向我的下属、同事和老板传递信息。_____　_____

计分：选择基本符合得 1 分，总分在 7 分及以上说明你有一个非常活跃的个人网络，如果总分在 3 分或以下，对你来说，接触他人不是一件很自然的事情，而是需要很多努力。

解析：在一个组织之间存在对抗性关系的世界里，跨越组织边界的网络是不重要的。但是，在一个组织之间存在合作性关系的世界里，积极活跃的网络会带来许多好处，构建一个组织关系网络会帮助组织或个人把事情做好。如果你要管理与其他组织的关系，构建网络是你工作的关键部分。网络构建了有利于各方的社会、工作和职业关系。有着广泛的、活跃的个人网络的人们更可能从网络中获益，并为网络中的伙伴做出贡献，因而对组织间关系的影响力更大。

5.3.1 合作的起因

为什么这些企业都热衷于组织之间的合作呢？一些企业已经转变了思想，从过去的独自行走转变为和其他组织建立相互依赖的合作关系，以完成一些凭一己之力无法完成的事情。例如，在过去的三十年间，战略联盟已经成为一股巨大的浪潮，不管是已经建立了基业的大公司还是新创的小企业，都在享受着合作带来的益处。[37]企业之间进行合作的主要原因包括：分担进入新市场的风险，共同开发花费巨大的新项目并降低成本，提升组织在其所选定的产业或技术领域中的状况和表现。协作是实现更大的创新以及解决问题、提高绩效的重要前提条件。[38]建立伙伴关系也是企业进入全球市场的主要通道，现在大大小小的企业都在海外和北美市场发展自己的伙伴关系。例如，美国的企业在进行对外投资、进入海外市场的战略中，占比很大的一种途径是与其他国家的企业建立合资公司。[39]

北美的企业传统上喜欢独自运行、相互竞争，而且相信个人主义和自力更生。但是他们已经在国际化进程中认识到缔结组织间关系可能有很大的益处。日本和韩国都有悠久的建立财团或工业集团的历史。在这样的财团或集团中，企业间相互合作、相互支持。北美人则通常认为相互依赖是一件坏事，会削弱竞争。然而，其他国家企业间的合作经验表明，即使他们在一些领域进行合作，但在另一些领域的竞争依然很激烈。这犹如一个家庭中的兄弟姐妹办起了各自的企业，他们都希望超过对方，但他们会在需要的时候相互帮助。

~~~~~~

问题引入部分的参考答案

1. 组织应该尽可能保持独立和自给自足,这样管理者们才不至于"跟着别人的节奏跳舞"。

答案: 不同意。努力和其他企业保持距离并维持独立是一种老套的思路,这种观点认为组织应该最小化它们对其他公司的依赖程度,这样它们就不会变得脆弱。然而,当今组织都将协作看作是一种在权力和把事情做好之间维持平衡的更好方式。

~~~~~~

企业间的联结提供了一个鼓励长期投资和风险分享的安全网。当企业间试图从竞争对手的关系转为合作伙伴的关系时,它们可以获得更高的创新和绩效水平。[40]看看下面的这些例子:

- 为了制作《乐高大电影》(The Lego Movie),乐高丹麦总部(Denmark-based Lego A/S)与数家公司进行了合作谈判,其中包括开发动画和视觉效果的数字工作室动物逻辑(Animal Logic),以及提供融资和发行的华纳兄弟影业公司(Warner Brothers Pictures)。得益于合作伙伴关系,《乐高大电影》的制作预算为 6 000 万美元,发行后第二年的总收入超过 4.5 亿美元。[41]
- 福特汽车公司和丰田汽车公司在销售汽车和卡车方面竞争激烈,但为了抵御 Alphabet 等新竞争对手进入汽车行业,丰田与福特联手,将福特的应用程序平台整合到丰田汽车中。[42]
- 普华永道(PricewaterhouseCoopers)的一项研究发现,27%的受访首席执行官表示,他们正在考虑或已经在以某种形式与竞争对手合作。[43]
- 罗氏公司(Roche Holding AG)和阿斯利康公司(AstraZeneca PLC)建立了合作伙伴关系,以分享药物研发早期阶段的数据,共同研发安全有效的药物,提升研发成功率。这些数据也将与第三家企业——美德医药化工公司(MedChemica Ltd.)分享,该公司是一家专门负责检测化学化合物的公司,这些化学化合物如果未通过检测标准,则可能会引发安全问题,该公司对化学化合物的检测可精确到化学结构。这些相互分享数据的公司希望其他医药公司也加入到数据分享的行列中,以推动更为安全、有效的药物研发。[44]各医药企业一直对自己的研究数据予以保密,直到最近才有了合作的趋势,比如共同成立了加速新药研发联盟(Accelerating Medicines Partnership)。

应用案例 5-3

加速新药研发联盟

为了取得竞争优势,各大医药公司不惜花费数十亿美元为诸如阿尔茨海默病之类的疑难病症研发突破性药物,但最终没有一家公司取得实质性进展。目前,12 家生物制药和生命科学公司已经与美国国家卫生研究院(NIH)、食品药品监督管理局(FDA)以及众多非营利性机构签署了一项合作协议，以寻找新的治疗方法，并减少寻找这些方法的时间和成本。这些公司将共享科学家、组织和血液样本以及研究数据。通过这项合作，科学家们希望能找到阿尔茨海默病，2型糖尿病，红斑狼疮和类风湿性关节炎等自身免疫性疾病，以及帕金森氏症等病症的发病机理，从而研发出能够克服这些疾病的新型药物和新疗法。

加速新药研发联盟是一个由众多医疗机构组成的合作组织，成员包括百时美施贵宝（Bristol-Myers Squibb）、辉瑞公司（Pfizer）、葛兰素史克（GlaxoSmithKline）、礼来制药公司（Eli Lilly）、赛诺菲制药集团（Sanofi）和默克公司（Merck）等，这些公司之间其实存在激烈的竞争。该联盟签订协议，在将数据和研究发现公开之前，任何成员都不能私自利用研究成果进行产品研发。美国国家卫生研究院的戴维·哈利（David Wholley）说："在项目研发成果公开之后，各企业就会重新展开全力竞争，以研制出能够获胜的药物。"

推动合作项目的进展不是一件容易的事情。因为有些时候，一些成员之间都"不怎么交流"。礼来制药公司研究工作实验室的负责人简·伦德伯特（Jan Lundbert）说："懂得如何和竞争对手合作是解决这一问题的关键，也就是说，我们要懂得相互尊重对方，尊重对方的科学家身份。"[45]

5.3.2 从对手到伙伴

在曾经充满激烈竞争的、满目疮痍的战场上，现在正鲜花怒放。北美组织间的合作首先产生于非营利性的社会服务和精神健康组织中，那里是公众利益的关注点。社区内的各组织相互合作，以便使各方都取得更好的效果和更有效地利用稀缺的资源。[46]在国际竞争者和国际范例的促动下，精明而讲究实际的美国管理者们开始转向一种新的伙伴关系范式，并以此为基础构建组织间的关系。

表5-1展示了这种观念上的变化。[47]新模式基于依赖和信任，而不是各自独立。对合作伙伴的绩效评估比较宽松，大家通过讨论和谈话来解决问题。管理和其他企业的战略关系已经变成了一个重要的管理技能，就像在本章的"新书评介"栏目中所讨论的一样。在这种新的伙伴关系导向中，人们努力为双方增加价值，相信彼此间的高度承诺，而不是怀疑和竞争。合作双方都为各公司能获得公平的利润而工作，而不是仅仅为了自身的利益。这种新模式的另一个特点表现为大量的信息共享，包括自动订货的电子信息联系，以及能提供修正性反馈和问题解决方案的面对面的讨论。有时合作企业的人员来到现场，促进更紧密的合作。合作伙伴们提出公平的方案来解决冲突而不是诉诸法律意义上的合同关系和诉讼条款。合同的条款可能比较宽松，但是伙伴企业在合同规定的范围以外相互帮助，这已是司空见惯的事了。

表 5-1　变化中的组织间关系	
传统的导向：对手关系	**新的导向：伙伴关系**
低依赖	高依赖
怀疑，竞争，一次性交易	信任，双方的价值增加，高度的允诺
详细的绩效评估，严密监督	宽松的绩效评估，讨论问题方式
价格，效率，自身的利润	公平，平等交易，各方的利润
有限的信息交流与反馈	通过电子联系手段分享关键的信息，问题反馈和讨论
依靠法律手段解决冲突	采用紧密协调的机制，邀请合作伙伴的人员来到现场
少量的参与和先期投资	参与合作伙伴的产品设计和生产
短期的合同	长期的合同
以合同限定关系	超出合同规定的业务协助

资料来源：Based on Mick Marchington and Steven Vincent．"Analysing the Influence of Institutional，Organizational and Interpersonal Forces in Shaping Inter-Organizational Relation"，*Journal of Management Studies* 41，no.6（September 2004），1029-1056；Jeffrey H.Dyer，"How Chrysler Created an American Keiretsu"，*Harvard Business Review*（July-August 1996）：42-56；Myron Magnet，"The New Golden Rule of Business"，*Fortune*，February 21 1994，60-64；and Peter Grittner，"Four Elements of Successful Sourcing Strategies"，*Management Review*（October 1995）：41-45.

新书评介

莱昂纳多·格林哈尔希（Leonard Greenhalgh）

《战略关系管理：商业成功的关键》（*Managing Strategic Relationships：The Key to Business Success*）

21 世纪什么决定了公司的成功？根据《战略关系管理：商业成功的关键》一书作者莱昂纳多·格林哈尔希的观点，企业管理者如何成功地支持、培育、保护企业内外部的合作关系决定了企业的成败。在本书中，作者提出了管理企业内部个体之间、团队之间关系及企业外部与其他企业之间关系的战略。有效的关系管理产生了一种团结和认同感，这最终决定了公司的成功。

新世纪的关系管理

格林哈尔希认为管理者需要一种新的思维方式来与新世纪的管理实践相匹配。下面是一些指导原则：

● 意识到详细的法律合同条款可能破坏信任和良好意愿。格林哈尔希强调了建立关系应基于诚实、信任、理解和共同目标，而不是仅仅关注于一个公司能给另一个公司规定什么样的合同条款。

● 把合作伙伴当作自己组织的成员。合作伙伴的成员需要通过参加培训、小组会议和其他活动积极参与，学习对方的经验。给合作伙伴的员工一个做出真正贡献的机会，可以促进更深层次的联系，加强团结。

> ● 高层管理者必须拥护联盟。两个组织的管理者必须向组织内和组织外的每个人表现出他们很重视合作关系。运用仪式和符号有助于企业在公司文化中逐渐灌输对合作伙伴的承诺。
>
> **合作模式**
>
> 为了在今天的环境中成功,基于权力、等级和对立关系的旧的管理实践范式必须让位于新世纪强调合作和公共组织形式的联合体实践范式。格林哈尔希认为,能够蓬勃发展的企业"是那些真正能够协调行动的企业——那些能够成功地对战略、流程、业务安排、资源、系统进行整合以及向员工授权的企业"。他认为,企业要想取得成功,就必须有效地创造、塑造和保持战略关系。
>
> *Managing Strategic Relationships: The key to Bussiness Success*, by Leonard Greenhalgh, is published by The Free Press.

从一个新的角度来看合作关系,依赖于其他公司不是增加了风险,而是减少了风险。合作双方都可以获得更大的价值。通过融入组织间关系系统,每一方都可以做得更好,因为系统成员之间可以相互帮助。组织保持独立才能做得最好这种观念已经不适用了。在很多行业中都存在着合作。例如,飞机制造商欧洲宇航防务集团(EADS)、巴西航空工业公司(Embraer)和波音公司(Boeing)联手研发了航空生物燃料。[48]一些顶级医疗中心,比如梅奥诊所(Mayo Clinic)、安德森癌症中心(MD Anderson Cancer Center)、社区卫生系统公司(Community Health Systems)等,已经和众多诊所或者较小的非营利性医院建立了合作伙伴关系,以扩大服务范围,提升品牌影响力。[49]汽车公司为了分担开发无人驾驶汽车的成本,建立了大量的合作关系。

通过打破企业边界,每个成员在能够公平交易并且为双方带来增值的条件下彼此合作,今天的公司正改变着组织的概念。

本节要点

- 合作网络理论是新出现的另一种观点。它认为,组织乐意与其他组织合作和相互依存,这样会提升所有人的价值。
- 许多管理者的思想观念正从强调组织独立转变为强调合作,甚至经常是与原敌对企业的合作。
- 这种新观念突出了信任、公平交易以及为关系中的所有各方创造利润。

5.4　组织生态学

这一部分介绍组织间关系的另一种观点。**组织生态学观点**(population ecology perspective)与其他观点的不同之处是,它侧重于关注组织种群内的组织多样性和适应性。[50] 这里的 **种群**（population）是指进行类似活动的一系列组织，它们利用资源的方式相似，而且取得的结果也类似。这样，同一种群内的组织就会为了争夺类似的资源或相近的顾客而相互竞争，就像西雅图地区的金融机构或者得克萨斯州休斯敦市的经销商那样。

组织生态学研究者所关注的问题是社会上存在的某一种群组织的数量及其形态的变异。为什么新形态的组织不断产生，以致形成千姿百态的组织？他们的答案是：与环境需要的变化相比较，单个组织的适应能力是极其有限的。在特定种群组织中所发生的创新和变革，与其说是归因于现有组织的改革和变化，毋宁说要归因于新形式或新类型的组织的诞生。确实，组织的形态被认为是相对稳定的，但是通过企业家的首创精神，会不断发展出新形态的组织，从而给整个社会带来好处。因为与变化迟缓的既有组织相比，新的组织形态能更好地满足社会新出现的需要。[51]

这一理论对管理实践有什么意义呢？它意味着大型的、成熟的组织经常会变得像恐龙那样庞大，然后走向灭亡。1995 年财富 500 强榜单上的企业到今天只有 71 家企业的上榜时间达到了 50 年。一些企业被其他企业收购或者兼并，其他的一些企业就是简单地排名下降，然后消失。大型的、创建已久的公司在应对快速变化的环境时经常会遇到很多困难。所以，能够适应当前环境的新型组织填补了新的利基市场，并随着时间的推移，逐渐超越已有的成功企业。[52] 根据组织生态学的观点，如果将组织种群（organization population）看作是一个整体，那么变动的环境将决定组织是存活还是失败。这一观点的前提假设是，每个组织都受到结构惯性的压力，因而很难适应环境的变化。所以，当环境发生剧烈变动时，老的组织很有可能衰退或失败，能够适应环境需求的新型组织将会出现。例如，当百视达（Blockbuster）无法适应网飞公司（Netflix）带来的对人们居家观看电影方式的冲击时，公司的 9 000 家视频租赁商店在 2019 年 3 月锐减到仅俄勒冈州本德的一家商店，该家店主表示不打算关闭商店。

应用案例 5-4

百视达（Blockbuster）

除非你住在俄勒冈州本德附近，否则你可能不会记得百视达。网飞公司刚出现时，百视达拥有约 9 000 家门店和 6 万名员工。顾客们走进来，在成百上千部影片中浏览，挑出一部或几部租过来过周末，可能还会在收银台加购些爆米花和糖果，然后把影片带回家看。那些日子一去不复返了。百视达于 2010 年申请破产，门店的数量迅速萎缩。现在，俄勒冈州本德市的分店是唯一的幸存者。

当商店总经理桑迪·哈丁（Sandi Harding）得知她的租赁店将是世界上最后一家百视达商店时，她在脸谱网（Facebook）上发了一条消息说，"天哪，太激动了！"该店举办了一场派对，供应一种由当地一家酒厂酿制的、名为"最后的百视达"（Last Blockbuster）的特殊啤酒。除了出租录像带外，该店还出售百视达品牌商品，如卡车司机帽、咖啡杯和当地的一位教师制作的磁体。本德商店在 2000 年成为百视达特许经营店。它的租约还剩几年。店主每年与 2011 年收购了百视达的迪什网络公司（Dish Net-work）签署协议条款。

这家商店之所以能够存活下来，部分原因是本德所在的地区还有很多小型社区没有接入播放网络视频所需的高速互联网。而当这一情况发生改变后，它还能存活多久尚有待观察。目前，这家店有大约 4 000 个活跃的视频租赁用户，游客们有时会花上几个小时的时间驻足于这家百视达商店。"我们是最后一家店，这让我们重新焕发了活力，"哈丁说道，"顾客们像对待明星一样对待我们。"[53]

5.4.1　是什么阻碍了组织适应性？

为何成熟的老企业难以适应迅速变化的环境呢？组织生态学理论的创始人迈克尔·汉南（Michael Hannan）和约翰·弗里曼（John Freeman）认为，有许多因素限制着组织的变革能力。这些限制来自于对厂房、设备的巨额投资，人员的专业化，有限的信息，决策者的固有视角，组织自身成功的历史对现行程序的固化，以及改变公司文化的困难等。在所有这些阻力面前，组织要实现真正的转型就成为罕见的、近乎不可能的事件。[54]来看看一家瑞士制表商是如何适应这个变化的世界的。

> **应用案例 5-5**
>
> ### 酩悦·轩尼诗-路易·威登集团
>
> 当有人问你现在几点的时候，你是会看手表还是看智能手机？如果你和大多数人的表现一样，那说明你很多年都没有戴过手表了。如今，68 岁的瑞士制表企业高管让-克劳德·比弗（Jean-Claude Biver）正竭尽所能，让年轻人对购买瑞士制造的手表产生兴趣，以免这个有着数百年历史的钟表行业永远消亡。
>
> 酩悦·轩尼诗-路易·威登集团（LVMH）最便宜的泰格豪雅手表（TAG Heuer）售价为 1 000 美元，但许多瑞士豪华手表的价格都比一辆新车还贵。此外，一些新技术公司也在推出能够追踪运动、显示电子邮件和帮助佩戴者安排社交生活的手腕佩戴小工具。比弗（Biver）很快就意识到了苹果首款售价 400 美元的智能手表的威胁，并试图将其转化为机遇。比弗认为，如果泰格豪雅开发自己的智能手表，它也可以吸引年轻客户购买公司的机械手表。他迅速开发出首款泰格豪雅智能手表，在苹果智能手表上市几个月后，这款手表就准备上市了。自 2015 年以来，豪雅这款售价 1 500 美元的"智能手表"已经卖出了 10 万多个，但这并没有达到比弗的主要目标，消费者对于泰格豪雅的机械手表仍然不太感兴趣。
>
> 瑞士钟表制造商们曾为自己的品牌重新定位，以求生存，但能否获得再次繁荣还有待观察。一位 27 岁的年轻人谈到戴手表时说："这是我丢

掉的习惯。"另一位年轻人则表示瑞士手表太贵了，"有了这笔钱，我可以做很多其他的事情，比如旅行"。比弗知道他面对的是新一代人的新思维。"我怎样才能理解千禧一代？"比弗说，"这看起来不可能的，我已经68岁了。我虽然不能理解，但我可以学习。"[55]

　　另一个正在努力适应的行业是传统书店。1997 年，杰夫·贝佐斯（Jeff Bezos）在哈佛商学院发表演讲时，一个学生直言不讳地告诉他："你看起来真的是个好人……但你真的需要把公司卖给巴诺书店（Barnes & Noble），并且立刻离开。"如今，亚马逊蒸蒸日上，而巴诺书店却在苦苦挣扎。杰夫·贝佐斯知道，大型老牌公司想要转向一种新的做事方式是极其困难的。另一个例子来自柯达公司（Kodak），实际上柯达最早发明了一些数字摄影技术，但是他们并不认为客户会放弃传统的胶片。柯达在很长的时间内相当成功，它是如此庞大且有着根深蒂固的经营方式，即使管理者想去改变，它也无法从本质上改变自己。[56]

　　组织生态学是由生物的自然选择理论发展而来的，引用进化、选择等术语来说明内在的变化过程。生物进化理论试图解释：为什么一些生命有机体会出现并存活下来，另一些却消亡了？这种理论的回答是：那些生存下来的，通常是最适合所面临的环境的。20 世纪 40 年代和 50 年代的环境适合于伍沃斯公司（Woolworth）这家多元化的零售商，它是"廉价商店"业务的先驱之一。但在 20 世纪 80 年代和 90 年代早期，像沃尔玛这样的新型组织转而成了零售业的主力。现在，环境再次发生了变化，"大仓储"时代或许即将结束。越来越多的人从网上购物，小型实体零售商店再次获得了发展优势。沃尔玛已经开设了近 700 个小型沃尔玛社区商店。目标也开始设定为在市区开设小型商店。没有公司能够免受社会变化的影响。近年来，技术带来了巨大的环境变化，导致许多跟不上时代步伐的组织逐渐衰退，同时也催生了一些新的公司，如 Snapchat、优步、网飞、脸谱网、爱彼迎以及推特。

5.4.2　组织形态和经营领域

　　组织生态学涉及组织的形态。所谓**组织形态**（organizationc form），是指那些可能为环境所选择或淘汰的组织的技术、结构、产品、目标和人员等的形态。每个新组织都在努力寻找一个足以支持它生存下去的**经营领域**（niche）①，即环境中有独特资源和需求的领域。罗西斯公司（Rothy's）的创始人罗斯·马丁（Roth Martin）和史蒂文·霍桑韦特（Steven Hawthornwaite）找到了一个利基市场，销售舒适、时尚、可洗的鞋子，这些鞋子由使用过的废旧塑料水瓶、可回收泡沫塑料和其他可持续材料制成。[57]对于某一特定形态的组织来说，其发展早期阶段适合的经营领域通常是很小的。如果这

---

　　①　niche 一词在生物学中指"小生境""生存的适当空间"的意思。从管理学的角度看，它是指足以支持某一形态的组织生存下去的特定的经营位置，或合适的经营方位、经营领域。中文有时也将它直译为"利基"。——译者注

一组织获得成功,适合它生存的经营领域就会随着时间的推移而逐渐扩大。但是如果适合的经营领域并不存在,那么该类组织就会衰退,或许消亡。

从单个企业的角度来看,运气、机遇和随机性在其存亡中都扮演着重要的角色。新创的组织和大型组织都会不断地提出新的构想,生产出新的产品。这些新想法乃至新的组织形式能否在环境中得到存留,是一个机遇的问题,也即外部条件是否碰巧有利于它的问题。一位妇女在诸如得克萨斯州的麦金尼或北卡罗来纳州的卡里之类的地方(这两个城市是2019年发展最快的城市)开办小规模的电气产品承包业务,她可能会因为环境的发展和繁荣而获得一个成功的绝好机会。同样是这个人,如果在美国一个衰退的社区中开展这种业务,她成功的机会就可能小多了。可见,一个企业的成败更多地取决于环境的特征,这和该组织管理者所采取的战略和技能同样重要。

问题引入部分的参考答案

2. 创建组织的成败取决于创业者的智慧和管理才能。

答案:不同意。运气和智慧同样重要,因为环境的力量很强大,特别是管理者无法看到的力量会让一些企业成功,而让另一些企业失败。如果在合适的时间和地点创建组织,不论管理者的能力如何,成功的可能性会更高。

5.4.3　生态变化的过程

组织生态模式假定在一定的种群内,新的组织总是在不断地出现。因此,组织的种群一直是处于变化之中的。一个种群中组织数量的变化过程由三条原则决定。这三条原则分别表现在变异(variation)、选择(selection)和保留(retention)三个阶段,如图5-4所示。

变异	选择	保留
• 组织种类中出现了大量的变异	• 一些组织找到了合适的经营领域而生存下来	• 少量组织在环境中成长壮大,制度化程度增强

图 5-4　组织种群生态模式的构成要素

● 变异。**变异**(variation)是指组织的种群中不断有新的组织形态出现。新的组织或者是由创业者运用大公司的风险资本创立,或者是由政府为提供的新服务而设立。有些形态的组织可能是为了适应外部环境中可觉察的需要而建立的。莫特·伊瑟里(Mert Iseri)创办了 SwipeSense 公司,该公司的第一个产品是数字手卫生系统,意在防止美国每年约10万人死于医院感染。[58]近年来,一大批新型的组织开始为智能手机和社交网站开发应用程序,开发计算机软件,为大公司提供咨询和其他服务，为互联网商务开发产品和技术。另外一种新的组织是，生产传统的产品或服务，但使用新技术、新商业模式或新管理技术，使企业更有能力生存下去。例如，人们从优步或来福车那里获得的利益与从传统出租车公司那里获得的利益相同，但这些新公司使用的商业模式和技术比计程车或黄色出租车更高效、更便宜。组织的变异与生物的变种类似，它增大了环境中组织形式的种类和复杂性。

- **选择**。选择（selection）是指一种新型的组织形式能否适应环境并生存下来。只有少数变异组织会被环境"选中"而长时期地生存下去。某些变异可能比另一些变异更能适应外部环境。有些变异出来的组织由于处于有利的环境中，因此能找到合适的经营位置，并从环境中取得生存所需要的资源。另外一些变异后的组织则因为不能满足环境的需要而消亡。如果环境对一个组织的产品或服务的需求不足，或者组织不能充分获得所需资源，这个组织就会被"淘汰"。

- **保留**。保留（retention）是指被选中的组织形式得以留存下来并被制度化。有些技术、产品和服务为环境所高度重视，这种形态的组织因而留存下来，成为环境的主要部分。许多组织形态，比如政府部门、学校、教堂和汽车制造厂等，都属于已被制度化的机构。麦当劳公司在美国快餐市场上占有 45% 的份额，并为很多十多岁的青少年提供了第一份工作，它已经成为美国人生活中的重要组成部分。

像麦当劳公司这样得到制度化的组织，似乎在其所属的组织种群中具有相对稳定的特征，但这绝不是说，这些组织将长期永久地生存下去。环境总是在不断变化的，占环境主要部分的组织形态如果不能适应外界的变化，它们就会逐渐地消失，并最终被其他形态的组织所代替。

根据组织生态学的观点，环境是组织成败的决定性因素。组织必须满足环境的需要，否则就会被淘汰出局。变异、选择和保留的过程，导致了一个组织种群内新的组织形态的不断建立。

5.4.4　生存战略

组织生态学提出的另一原则是**生存竞争**（struggle for existence），也就是优胜劣汰。组织乃至整个组织种群都参与到争夺资源的竞争中，每一种形态的组织都无不在为其生存而斗争。这种斗争在新组织中尤为激烈。新组织的诞生及其生存下去的可能性都与其更大环境中的要素密切相关。例如，从历史上看，城市面积大小、移民比例、政局动荡、经济增长速度和环境变化等因素影响了报纸、电信公司、铁路、政府机构、工会甚至志愿组织的建立和存亡。[59]

按照组织生态学的观点，在生存竞争中使用**综合化经营**（generalist）战略还是**专业化经营**（specialist）战略区分了不同的组织形态。在广阔领域中经营的组织，也就是提供宽广的产品线或者服务于广泛市场的组织，实行的是综合化经营战略。而提供狭窄的产品线或者服务于窄小市场的组织，则实行专业化经营战略。

在自然界中,一些特殊种类的动植物会在像夏威夷这样与世隔绝的地方进化。那里离最近的陆地也有2 000英里的距离,而且动物群、植物群受到严格的保护。相比之下,像哥斯达黎加(Costa Rica)这样的地方经常受到外界的干扰和影响,于是便产生了一种综合的或更全面的动植物群落,它们具有更好的恢复力和灵活性,能够适应更为多样的外部条件。在商界,像Yottoy这样的公司(生产前后移动的拼写玩具)被认为是实施专业化经营战略的企业,公司主要生产角色类玩具,比如玛德琳(Madeline)、帕丁顿熊(Paddington Bear)、女童子军友谊娃娃(Girl Scout Friendship Dolls)、莫·威廉姆斯的大象和小猪(Mo Willems' Elephant and Piggie)等,而美泰(Mattel)则被认为是实施综合化经营战略的企业,他们为各个年龄段的男孩和女孩生产和销售各种各样的玩具。[60]

一般来说,实行专业化经营战略的企业,与实行综合化经营战略的企业相比,在它们相重合的窄小经营领域内,前者的竞争力更强。但是,后者的经营领域广泛,在一定程度上可以避免环境变化的影响。对综合化经营的企业来说,在某些产品或服务的需求减少的同时,常常会有另一些产品或服务的需求处于增长中。由于产品、服务和顾客的多样化,综合化经营的企业能在内部重新分配资源以适应环境的变化,而专业化经营的企业却不能适应。不过,由于实行专业化经营战略的企业通常都是小公司,它们常常能迅速地采取行动,因而能够灵活地适应变化的环境。[61]例如,Yottoy的创始人兼总裁凯特·凯奇·克拉克(Kate Karcher Clark)表示,该公司的成功部分归功于其对市场趋势和其他环境变化做出快速反应的能力。[62]管理对企业成败的影响通常来自于一个让企业进入开放的利基市场的战略。

本节要点

- 组织生态学理论解释了组织的多样性会持续地增加的原因,即不断有新的组织出现,填充了原有组织留下的生存空间。
- 组织生态学理论认为,大企业常常不能适应环境的变化,因而新的企业得以产生,它们以适当的形态和技术满足环境中新的需要。
- 经过变异、选择和保留的过程,一些组织将会生存下来并得到发展,另一些组织将会消亡。
- 企业可以采取综合化经营或者专业化经营的战略,使自己在众多组织的竞争中求得生存。

5.5　制度理论

制度理论提供了分析组织间关系的又一个视角。[63] **制度理论**(institutional perspective)描述了组织如何在与环境的期望保持一致中求得生存和成功。所谓**制度环境**（institutional environment），是由各类利益相关者（顾客、投资者、协会、委员会、政府部门以及与之有合作关系的组织）的规范和价值观构成的。制度理论认为，组织是从取悦于外部者的角度建立了内部的结构和过程的，这样做的结果使组织呈现出规范化的特征。制度环境反映出什么样的组织和行为方式被更大的社会视为是恰当的。[64]

　　合法性（legitimacy）可定义为在环境的规范、价值观和信念系统内对组织行动是否合乎期望及恰当性、合适性的一般认识。[65]制度理论是考察影响组织行为的一系列无形的规范和价值观，而不是技术、结构这些有形的要素。组织和行业必须符合受众的认知和情感期望。例如，除非银行传递出表明存款安全和遵守理智的金融管理规范的信号，否则人们是不会把钱存入这家银行的。再看看你所在地区的政府，如果当地的居民不同意学校所在地区的政策和活动，政府是否能够因为学校资金的增加而提高财产税。

　　大多数组织都关注合法性，像《财富》杂志每年依据公司的声誉进行的公司排名，以及由声誉研究所（Reputation Institute）所评选的每年一度的全球声誉企业 100 强（Global Rep Trak 100）。成功和良好的声誉密切相关。对航空行业的一项调查表明，良好的声誉能为组织带来很多回报。取得良好的声誉与较高水平的公司绩效密切相关，公司绩效通常以资产回报和净利润率等来衡量。[66]

　　许多公司积极塑造并管理它们的声誉以提高竞争优势。例如，在 2007 年开始的次贷危机以及随后导致贝尔斯登（bearstearns）和雷曼兄弟（Lehman Brothers）等大公司破产的金融危机之后，金融业的很多公司开始寻求加强合法性的新方法。花旗、美林（Merrill Lynch）和瓦霍维亚（Wachovia）都罢免了它们那些与"按揭事件"有关的执行官，作为要争取更好表现的承诺信号。

　　合法性思想解答了制度理论中一个重要的问题：在已经建立的组织中，为什么其形态和惯例会如此相似？例如，你去拜访一些银行、中学、医院、政府部门、工商企业，同行业中的组织，不论地处国内什么地方，它们会看起来惊人地相像。当某一领域的业务（如电子商务）刚刚开办时，组织的多样性十分常见。各式的新组织填充了正在形成中的新的经营领域。一旦该行业稳定下来，这时就会有一股无形的力量推动着组织的类同化。**同构性**（isomorphism）就是用以描述这种趋于类同化现象的惯用语。

5.5.1　制度视角与组织设计

　　制度理论也认为组织有两个基本维度——技术维度和制度维度。前者是指组织的日常工作、技术和操作需求，后者则是指组织中最外显于外部公众的那些要素。外部环境给组织施与了以恰当而正确的方式做事的压力，结果导致许多组织的正式结构更多地反映环境的期望和价值观，而不是组织内部开展工作活动的需要。这意味着组织可能会不顾及对效率的影响，采取一些被更大的社会认为很重要的姿态或活动，如设立电子商务事业部、首席合规官、社交媒体总监等，以此增强组织的合法性，确保其生存的前景。

例如,即使有时候维持网站的成本高于从网站中得到的收益,很多小企业还是建立了自己的网站。在当今社会来看,拥有自己的网站是非常重要的。或许从工作流程及产品或服务生产的角度来看,组织的某种正式结构和设计并不是理性的,而只是与外界的期望相符,但这样做却可能确保其在大环境中生存下去。

组织适应环境要通过显示其与外界环境的需要和期望保持一致的信号表现出来。这种外界的需要和期望来自于由职业团体、资助机构、顾客等设定的文化规范和标准。组织为获取外界的准允、合法性和持续支持而设计的结构,会在一定程度上与技术工作相脱节。这样,组织所采用的结构就可能不符合实际生产的需要,进而导致组织不考虑解决内部特定的问题。从这一点看,正式的结构与技术活动存在着某种分离。[67]

 ### 5.5.2　制度类同性

组织结构和行为的许多方面可能倾向考虑环境的可接受性,而不是内部的技术性效率。于是,组织间关系的特征就表现为,存在着一种力量,使同种群中的组织看起来彼此相像。**制度类同性**(institutional similarity),学术著作中常将之称作制度同构性(institutional isomorphism),就是指同一领域中的各组织会形成某种相同的结构和活动方式。同构性的过程导致了面临同类坏境条件的某一组织种群中的各单位彼此类同和相似。[68]

究竟怎样才能使这种类同性不断提高呢? 有哪些制度的力量,它们的作用又是如何实现的? 表 5-2 概括了三种制度调适机制。也即存在着三方面发挥制度调适作用的力量:模仿的力量,它产生于对不确定性的反应;强制的力量,它产生于政治性影响;规范的力量,它产生于共同的培训和职业化。[69]

表 5-2　三种制度调适机制

	模仿的力量	强制的力量	规范的力量
类同化的原因	不确定性	依赖性	责任或义务感
事件	创新的可见性	政治性的法律、条例及附加条款	职业化——证书、资格证明
社会基础	文化上的支持	合法的	道德的
实例	再造、标杆管理	污染控制、学校规章	会计准则、咨询训练

资料来源: Adapted from W. Richard Scott, *Institutions and Organizations* (Thousand Oaks, Calif.: Sage, 1995).

模仿的力量

大多数组织,尤其是企业组织,面临着很大的不确定性。资深的企业管理者也无法准确地知道何种产品、服务或技术会使企业实现预期的目标,有时甚至连目标本身也不清楚。在面临这种不确定性情况下,**模仿的力量**

(mimetic forces)就会产生。这是一种复制和仿效其他组织做法的压力。某一个被认为成功的企业进行了某项创新,这种管理实践很快就被模仿。麦当劳通过增加健康菜单和饮料种类解决了销售停滞的问题,其他快餐连锁店也开始做同样的事。百胜餐饮集团(Yum Brands)CEO 大卫·诺瓦克(David Novak)说,"你需要向你的竞争对手学习"。百盛餐饮集团是肯德基、塔可钟(Taco Bell)和必胜客(Pizza Hut)的母公司。同样,美国最大的三家航空公司——美国航空、达美航空(Delta)和联合航空——也经常互相模仿。当联合航空宣布在越野航线上使用可以变为平躺床的宽大舒适座椅(lie-flat beds)时,美国航空和达美航空公司迅速效仿。达美航空是第一个向其顶级客户在主要枢纽机场的停机坪上提供豪华乘车服务的航空公司,其他两家公司很快也采取了同样的做法。这三家公司现在都使用同样的模式来奖励常旅客,奖励的依据是机票价格而不是飞行距离。[70]许多大公司的管理者看到他们最大的竞争对手进入了某个外国市场时,他们也会进入该国市场,即使这样做的风险非常高。管理者们不想输掉竞争。[71]

许多时候,这种模式并不一定会提高公司的绩效。模仿的过程解释了为什么流行和时尚会发生在商业世界。一旦某人提出了某个新主意,许多组织都争先恐后地采用,结果就只会要么难以应用,要么所产生的问题可能比所要解决的问题还要多。一个例子是企业健康计划的涌现。许多公司纷纷加入,达到全球每年 500 亿美元的规模。然而,最近的调查证据表明,员工的健康状况并没有因此得到改善。每个雇主都想表明自己也很开明,但大多数公司并没有衡量健康计划是否真正发挥了作用。[72]

诸如外包、团队管理、六西格玛质量管理、头脑风暴和平衡计分卡等技术虽然都已经被大多数组织采用,但是并没有证据清楚地表明这些会提高组织的效率和效果。一个很确定的收益是管理者感知的不确定性降低了,公司被认为是采用最先进的管理技术而使得自己的形象提高了。最近对100 个组织的研究证明,那些采用最流行管理技术的公司并不像预期的被别人推崇,在质量管理方面受到的评价也不像预期的那么高。[73]也许最明显的模仿例子要数标杆管理(Benchmarking)了,它是在全面质量运动中产生的。标杆管理的意思是先识别行业中某一方面的最佳实践,然后模仿他们这种做法,以创造卓越的绩效,或者在模仿的过程中改善绩效。然而,很多组织只是简单地模仿竞争对手,而不去思考对方为什么会成功,对方的做法是如何与自己的经营方式相啮合或者相冲突的。[74]

模仿过程产生作用的原因在于,组织持续地面临高度的不确定性,但能注意到环境中正在出现的创新实践,而且这种创新得到了文化上的支持,因而能给采用者以应有的合法性。模仿是一种强有力的机制,它使一批银行、学校、制造业企业开始呈现出相似的形象和相同的行为。

问题引入部分的参考答案

3. 管理者应该迅速模仿或借鉴成功企业的做法,使自己的组织更有效,并紧跟时代变化的步伐。

答案:同意。管理者们经常模仿其他公司使用的技术,成功的组织将之视为一种显示合法性和保持先进性的有效方法。模仿其他公司是组织之间在结构、流程和管理系统等方面的表现和行动都趋于一致的原因之一。

强制的力量

所有的组织都受到正式和非正式压力的影响。这些压力来自于政府部门、立法机构及环境中的其他重要组织,尤其是那些组织依赖的环境要素。所谓**强制的力量**(coercive forces),是指迫使组织采用类同于其他组织的结构、方法或行为的外界压力。例如,公司会向会计师事务所或律师事务所等服务提供商施加压力,以加强这些服务提供商在多样化方面的努力。这些服务提供商的管理者也感觉到了在组织内部增加多样性的压力,他们希望与他们有业务往来的公司能够雇用和提拔更多的女性和少数民族。社交媒体巨头脸谱网(Facebook)要求为其处理法律问题的律师事务所团队,女性和少数族裔的比例必须至少达到 33%。[75]

一些压力可能具有法律的效果,如政府要求企业采用新的污染控制设备或者是新的安全标准。在 2008 年华尔街崩盘之后,政府出台了新的条例,并成立了新的政府监督委员会来监督抵押贷款和金融行业。信用卡问责、责任和信息披露(CARD)法案要求信用卡公司增加关于延期支付的特定警告,如果贷款客户只能支付最低还款额,信用卡公司应该提醒他们应该支付的总款额。

强制的压力还可能出现于存在权力差距的组织之间,这正如本章前面部分的资源依赖理论所阐述的。大型零售商和制造商要求其供应商采用某种政策、程序、方法,此类的压力并不少见。例如,沃尔玛开始要求大约 10 万家供应商计算他们制造产品的"环境总成本"(比如用水量、二氧化碳的排放、废物等),并将这些信息提供给沃尔玛,沃尔玛将这些信息输入一个评级系统,购物者将会在商品价格旁边看到评级信息。微软要求其主要供应商和承包商为从事微软项目的员工提供带薪病假、假期和探亲假。[76]

与其他力量一样,强制压力可能不会使组织变得更有效率,但是能够被环境所接受,而且看起来更有效率,从而获得合法性,这也是在强制压力下这些行为发生的原因。由于强制的力量而导致的组织变革通常发生于以下的情况:一个组织依赖于其他组织的场合,或者存在法律、规章及附加条款等政治性因素,以及组织间关系是由某种合同或者其他合法的形式来确定的时候。在这些约束下运行的组织,将会做出某种变革,并相互参照着采取某种行为方式,以增加同质性、减少多样性。

规范的力量

按照制度理论的观点,引发组织变革的第三个原因是**规范的力量**(normative forces)。规范的力量是指实现专业标准和采用被专业团体认为是最新和有效的技术的压力。变革可能发生在所有的领域,如信息技术、会计规范、市场营销技术或与其他组织的合作关系。

专业人士大都接受了基于大学学位的正规教育,咨询专家和职业领袖们通过专业网络交流思想。高校、咨询公司、行业协会和职业培训机构制定职业经理人规范。人们不仅经历相似的培训,接纳相同的准则,而且还持有其工作的组织内所推行的某种共享价值观。商学院对学习理财、营销、人力资源专业的人传授某些比较优越的管理方法,因此,采用这些方法就成为该领域的规范。一项研究发现,有家广播电台从职能型结构转变为事业部型结构,原因不过是一位咨询人员建议说,这是业务经营的"更高级的标准"。并没有证据证明采用这一结构的绩效会更好,只因为这家广播电台想得到外界的认可,希望被认为是完全职业化的、采用的是最新的管理方法。

企业通过感受或承担义务而接受规范的压力,在企业管理者和专家共同认可的专业规范的基础上实现高标准的绩效。这些规范通过职业教育和认证得到了传播。规范产生了一种近乎是伦理基调的要求,使人们保持该时期职业圈内所认可的最高标准。在一些情况下,虽然规范的力量使得合法性遭到破坏,此时需要强制的力量把组织重新扭转回到可接受的标准。

企业可以运用模仿的力量、强制的力量和规范的力量中的某一种或几种来改变自己,以便在制度环境中获得更大的合法性。特别是当企业处在较高的依赖性和不确定性、模糊的目标以及依靠职业资格证明开展经营的情况之下时,它们更倾向于采用这些制度调适机制。该过程的结果就使组织变得更加相似、同质,而不是像管理者与环境间自然进化过程所料想的那样充满多样性和变异。

本节要点

- 制度理论认为,组织间关系是由企业取得合法性的需要和提供产品或服务的需要共同决定的。
- 对合法性的需要意味着组织将采取一种外部利益相关者认为有效、合适和最新式的结构及活动。这样,现有的组织之间就会相互模仿某些做法,从而变得非常相似。
- 在同一领域中各组织之间出现相同结构和活动方式的现象,就称作制度类同性,或者制度同构性。
- 有三种主要机制可用来解释组织间的类同性不断提高的原因,这就是:模仿的力量,产生于对不确定性的反应;强制的力量,产生于权力差距和政治性的影响;规范的力量,产生于共同的培训和职业化。

本章所描述的各种观点都是有用的。它们反映了看待组织间关系的四种不同的视角。也即:组织经历为保持自主而进行的竞争;它可借助与其他组织的合作关系兴旺发达;其逐渐迟缓的适应能力为新组织提供了生存发展的空间;组织寻求从外部环境中获得利润并取得合法性。管理者的一项重要任务就是要认识组织间的关系,并有意识地对其加以管理。

 关键概念

强制的力量(coercive forces)
协作网络理论(collaborative-network perspective)

综合化经营（generalist）

制度环境（institutional environment）

制度理论（institutional perspective）

制度类同性（institutional similarity）

组织间关系（interorganizational relationships）

合资企业（joint venture）

合法性（legitimacy）

模仿的力量（mimetic forces）

经营领域（niche）

规范的力量（normative forces）

组织生态系统（organizational ecosystem）

组织形态（organizational form）

种群（population）

组织生态视角（population-ecology perspective）

资源依赖理论（resource-dependence theory）

保留（retention）

选择（selection）

专业化经营（specialist）

战略联盟（strategic alliance）

生存竞争（struggle for existence）

贸易协会（trade association）

变异（variation）

讨论题

1. 企业生态系统概念的提出，意味着组织比以往任何时候都更加相互依存。依你的个人经验来看，你是否赞同这一观点？请予解释。

2. 作为企业管理者，不得不处理与其他公司的一系列关系，而不仅仅是管理自己的公司，你对成为这样一位管理者的前景有何看法？试讨论。

3. 假定你是一位小企业的经理，你的企业依赖一家大型制造商购买你们的产品。运用资源依赖理论，将你自己放在这一小企业的位置上，请描述你可以采取哪些措施保障企业的生存和成功？如果将你置于这家大公司的立场上，你又应该采取哪些措施？

4. 当今许多管理者都是在这样一种假设下进行历练的，即企业与其他企业是对手关系。依你看来，以对手方式开展经营，与将其他企业作为伙伴的经营方式相比较，是更容易还是更困难？试讨论。

5. 试讨论对手关系导向与伙伴关系导向各自如何适用于课堂上你和其他同学之间？是否会存在一种对成绩的竞争和合作？如果你的成绩取决于别人的工作，是否有可能发展成一种真正的伙伴关系？请予解释。

6. 组织生态学主张,在环境的变化之中,新的组织不断产生,旧的组织不断消亡,这对社会是有益的。你同意这种观点吗？欧洲国家为什么曾经要通过一些法规,保护传统的组织,禁止新组织的出现？

7. 请说明变异、选择和保留的过程怎样用来帮助解释一个组织内发生的创新。

8. 你是否认为,感知到的合法性能够激励像沃尔玛这样的大型、强大的组织？被别人接受对个人来说也是一种激励吗？请予解释。

9. 对合法性的需要如何导致组织随着时间的推移变得越来越相似？

10. 模仿的力量与规范的力量之间有什么区别？请各举一例说明。

 专题讨论

沙 摩 陀 丝[77]

讨论指导：

1. 三人一组进行分组,一半小组为"1s"方,另一半小组为"2s"方。

2. "1s"方代表药理公司,"2s"方代表放射公司。你只需阅读你所在小组的角色信息,无须阅读另一方的。

3. 不参与协商谈判的同学可以被分派去观察各小组。

4. 每个小组都想从 DBR 手中购买沙摩陀丝。

5. 各小组在进行协商谈判之前有 10 分钟的准备时间。

6. 药理团队与放射团队之间以小组为单位进行一对一的协商谈判。

7. 每组之间的谈判时间为 15 分钟,尽可能与对方达成协议,获得从 DBR 购买沙摩陀丝的机会。

8. 你要做出抉择,你是和对方达成合作协议,共建合资公司,还是要和对方团队成为竞争对手。合作协议的内容包括购价决定,成本分摊,由谁负责运输(哪家公司),以及如何最好地利用这些植物。

9. 每个小组都要向全班同学汇报协商谈判结果。观察员可以对此进行评价,比如信任水平,是否相互坦诚,达成协议的难易状况等。

10. 老师带领大家一起讨论组织间协议、决策和合资公司等问题。

药理公司的团队角色

柏妮丝·霍布斯(Bernice Hobbs)博士是药理公司(Pharmacology, Inc.)的生物学研究员,一直密切关注着有关巴西亚马孙雨林的相关报告。热带雨林的保护问题关系到从世界气候形态变化到医学成分估计的一切事情。但是在过去的十年中,科学家和制药公司,以及环保组织及个人,都已发现热带雨林正在遭受严重的破坏,已经威胁到了整个雨林的植物、动物和昆虫的生存。

在破坏日益严重的情形之下,密切关注热带雨林状况的霍布斯十分关心一些特殊植物的生存状况。这些特殊的植物生长在尼格罗河(Rio

Negro)附近,数量稀少。生在热带雨林的树木,其树根长得都比较浅,因为树木所需的主要营养成分聚集在地表附近。生物学家在尼格罗河附近的树林里发现了一种罕见的微型植物,生长在盘旋交错的地表树根之间。他们把这种植物叫作沙摩陀丝(Shamatosi)。许多年来,研究人员一直在探究这种微型植物的潜在医学用途。

霍布斯博士对这种沙摩陀丝的叶子进行了长时间的大量研究,惊喜地发现这种叶子中含有的成分具有控制癌症病发的潜在作用,可用于乳腺癌手术后的恢复和辅助治疗,有防止复发的效果。多年来,用于抑制乳腺癌复发的主要药物一直是他莫西芬(Tamoxifen)。这是一种合成药,制药商称其具有非常显著的治疗效果,乳腺癌研究小组的一位首席研究员声称,与其他任何肿瘤药物相比,这种药物拯救了更多人的生命。然而,他莫西芬提高了子宫内壁的癌变率,还可能会导致肺部血栓。随着他莫西芬副作用的不断显现,人们对这种药物的关注度也越来越高。霍布斯博士希望能够研发出新的药物避免这些问题,为医生和病人开创一种新的治疗方案。但新药物还有待更多研究。霍布斯需要尽可能多的沙摩陀丝叶子。

DBR 是巴西一家木材公司,已经将几千株沙摩陀丝移植到了便携箱内。你所在的药理公司为你的团队提供了 150 万美元的资金,用于获取这些沙摩陀丝。放射公司也想从 DBR 手中购买这些植物,用于进行相关的研究。你们的团队将会和放射公司的团队进行协商谈判,争取在植物购买与使用方面达成协议。

放射公司的团队角色

阿尔贝托·多明格斯(Alberto Dominguez)博士是放射公司(Radiology,Inc.)的生物化学专家,掌握着防辐射方面的专业知识。他一直密切关注着有关巴西亚马孙雨林的相关报告。热带雨林的保护问题关系到从世界气候形态变化到医学成分估计的一切事情。但是在过去的十年中,科学家和制药公司,以及环保组织及个人,都已发现热带雨林正在遭受严重的破坏,已经威胁到了整个雨林的植物、动物和昆虫的生存。

在破坏日益严重的情形之下,密切关注热带雨林状况的多明格斯十分关心一些特殊植物的生存状况。这些特殊的植物生长在尼格罗河附近,数量稀少。生在热带雨林的树木,其树根长得都比较浅,因为树木所需的主要营养成分聚集在地表附近。生物学家在尼格罗河附近的树林里发现了一种罕见的微型植物,生长在盘旋交错的地表树根之间。他们把这种植物叫作沙摩陀丝。许多年来,研究人员一直在探究这种微型植物的潜在医学用途。

多明格斯博士对沙摩陀丝的根部进行了长时间的大量研究,以寻找应对辐射事故的解决方案。核设施的全球扩张,1986 年切尔诺贝利(Chernobyl)核事故的教训,以及由此导致上千万儿童和青少年患上甲状腺癌,都对人类生存造成了威胁。多明格斯博士及其同事们为此进行了大量密集的研究,以期研制出能够快速应对辐射威胁的强力药物。多年来,疾病控制中心(Centers for Disease Control)等机构为人们提供了碘化钾(KI),以应对辐射事故。然而,研究发现碘化钾无法防止辐射对人体许多部位的伤害,比如肝脏和肠道。多明格斯博士发现沙摩陀丝的根部可以用来研发新型防辐射药物,提升对人体的保护效果,甚至是对于遭受大规模辐射事故或者长期接触辐射的人,也有防护效果。2011 年 3 月,日本东北部发生地震和海啸,导致福岛核电站发生核泄漏,引发核辐射危机。科学家们加速研发用以抵御核辐射的药物。多明格斯博士为此需要尽可能多的沙摩陀丝。

　　DBR 是巴西一家木材公司,已经将几千株沙摩陀丝移植到了便携箱内。你所在的放射公司为你的团队提供了 150 万美元的资金,用于获取这些沙摩陀丝。药理公司也想从 DBR 手中购买这些植物,用于进行相关的研究。你们的团队将会和药理公司的团队进行协商谈判,争取在植物购买与使用方面达成协议。

教学案例

Technologia 公司与 AUD 公司

　　维托·布拉西莫(Vito Brassimo)在 6 年前移民到了美国,在这之前他是一家专门生产家用音响系统的意大利公司的主设计师。凭借远见卓识和 15 年的工作经验,布拉西莫创办了一家公司,取名为 Technologia。公司主要提供声音转换组件,产品包括底座散热器、圆顶高音(高频)、复合纸盆(中端音)、接线柱(声音翻译交付)以及欧姆阻抗(通过扬声器进行声音传导)等产品。因为 Technologia 在产品质量、供应链服务以及交货准时性等方面有良好的声誉,因此与 AUD 公司建立了稳固持续的合作关系,并且对 AUD 有所依赖。AUD 是一家家庭音响系统制造商,其首席执行官是马丁·莱特(Martin Right)。AUD 是 Technologia 公司的第一个合作伙伴,占 Technologia 业务量的 50%。由于与 AUD 的初步协议已发展壮大,加上目前的业务关系,给 Technologia 带来了源源不断的订单。即使面对严峻的经济形势,布拉西莫也能在过去三年中逐年增加工人人数。与 AUD 交易的可靠性很高,布拉西莫很看重这一点,但他有时也在怀疑这种业务关系是否平等。

　　"我认为一开始 AUD 就盘算得很好,他知道我们是一个新起步的公司,急迫需要建立牢固的客户基础。我自己也是迫切地想得到合约因而想尽一切办法去讨好大公司的领导者,我一再对他们提出的要求给予让步,并且也尽量顺着他们的要求和希望行事,"布拉西莫承认道。"就因为我们是一个年轻的公司,并且到目前为止他也是我们最大的客户,我认为他可能习惯了把自己当作焦点,认为在这一段业务关系中,理所应当地应该首先满足他的要求和利益。但是现在,我们作为一个公司,是时候重新审视我们两家之间的关系了。"

　　对于现在与 Technologia 公司的安排,莱特感到很满意,就像他最近和自己的同事交谈中提及的,他不仅把自己看作 Technologia 的客户,同时还认为自己是 Technologia 的良师益友。"布拉西莫来到这个国家建立自己的公司,我也愿意给他这样一个机会。我建立了我们自己的物流帮助 AUD 寻求更多发展机会,我认为这对于 AUD 公司来说是一件好事。但是他现在却说想要改变我们的做事方式,我真怀疑他到底在想些什么。他对我们的需要胜过我们对他的需要。看吧,现在我有一个好的供应商,他从我们这里得到了很多业务;我完全没有看到需要改变的原因。"

尽管高层管理者之间的关系和交涉非常紧张,但是两个公司的中层管理者之间却经常交流,并在积极探索和运用一种新形式的供应商管理库存(VMI)的系统,这种系统有助于建立一种强有力的相互依存和公平的合作关系。VMI可以让AUD与供应商分享自己每天销售的电子信息,Technologia在看见销售清单以后就可以马上自动补足存货而不用AUD再向其发出采购订单。AUD的中层管理者加里·汉德尔(Gary Handell)和Technologia的中层管理者维多利亚·桑托斯(Victoria Santos)会定期地交谈和会面,以发掘一些能使两家公司更加紧密地合作、更好地共享信息以及更快地交流反馈问题的潜在领域。

"我知道莱特有所疑虑,但是现在双方是时候用新的眼光来审视这一段业务关系了,并且思考他们怎样才能寻找到一个能使双方都受益的解决方案。"桑托斯说,"现在游戏规则已经发生了变化,Technologia变得更加强大了。"

"但是这样的关系现在并没有什么实质性的改变,并且我认为在布拉西莫找到一个减少对AUD的依赖的办法之前,这样的关系也不会有任何改变。然而,柔性、信息共享以及重新考虑成本-效率才是现在应该思考的重点。"汉德尔坦言道,"但是我们也开始讨论是否AUD在这两个组织之间抢占了所有的焦点而过于强势。"

"是的,并且讨论还必须包括物流相关问题。"桑托斯说。

"是的,包括交货,还有关于托盘的分歧……"

"莱特强调要把最好的货物交付给AUD,"桑托斯说,"但是布拉西莫坚持认为早上包装送货比下午要好,而对于托盘公司的变化,将布拉德利包装(Bradley Packaging)改为伊斯特蒙特包装(Eastmont Packaging),就可以减少运送的公里数而减少费用。再加上伊斯特蒙特包装公司发明了一种新型的专为客户定制的托盘,能够保证高科技配件所需要的装载稳定性。Technologia因此会节省一笔开销,而我们也乐意与AUD分享这笔节省的收益。"

"但是布拉德利包装公司也与AUD公司建立了持久的合作关系。"汉德尔指出。

"所以,现在我们需要讨论的不仅仅是我们这两家公司,而是整条供应链。柔性的丧失以及信息共享的不充分使两家公司都付出了一定代价。如果AUD公司接收到零售客户的要求而增加产量,这样就会把Technologia公司的生产计划打乱,并且也给两家公司的管理者和工人造成巨大的压力。"

"VIM是一个很有用的工具,它能给两家公司都带来益处。"汉德尔说,"通过这个系统,Technologia公司就能够直接根据我们的订单和需求信息——不管是长期的还是短期的,给我们创建采购订单。"

"那样,我们就能够共同合作开发出一个最具成本-效率的方法来管理我们的货物交付和库存。"桑托斯继续说道,"我们将从整个供应链的角度来审视我们的整个流程,看是否通过一些改变甚至是细微的变动就使我们的整个成本有所下降,并且还能加强我们的合作关系,但是这样做的前提是平等交易。"

"要使这一切有效运转，灵活性对于双方来说都是非常重要的，"汉德尔指出，"这不是一场竞争。没有人必须是正确的。"

"但是怎样让高层管理者达成这样的共识才是我们真正的挑战，"桑托斯说。"我们应该开始展望未来了。VIM 应该是我们通往联合库存管理（Jointly Managed Inventory，JMI）的前奏。JMI 需要双方建立更加深层次的合作关系，增加双方的战术规划协调性，并且真正做到 Technologia 和 AUD 销售系统的一体化。那样就可以为双方提供最优成本共享和实时销售数据，也能允许我们保持领先的生产计划以及实时物流以满足 AUD 的需求。"

"所以我们下一步应该怎么办呢？"汉德尔问道，"我们怎样能把这些设想变成实际行动呢？"

问题

1. 在本案例中，资源依赖和协作网络的作用是什么？解释你的推理过程。

2. 你认为如果没有库存管理系统，Technologia 和 AUD 之间的关系是否会令人满意？讨论使用和不使用 VMI 的预期结果。

3. 为什么布拉西莫和莱特对改变业务关系的需求有不同的看法？

布拉德福德化工公司[78]

布拉德福德化工公司（Bradford Chemicals Company）生产用于各种产品的高质量塑料和树脂，从草坪装饰物和露台家具到汽车，应有尽有。布拉德福德工厂有雇员约 3 000 人，位于东南部人口约 4.5 万的贝蒂镇（Beatty）附近。它在当地经济乃至整个州的经济中都扮演着重要的角色，而这个州几乎没有高薪的工作岗位。

2004 年初，贝蒂工厂经理山姆·亨德森（Sam Henderson）通知州长汤姆·温切尔（Tom Winchell），布拉德福德已准备好宣布该工厂的一项重大扩建计划，即建立一个最先进的颜料实验室和喷漆车间，以便能够更好更快地满足客户对颜色的要求。新工厂将使布拉德福德在快速发展的全球塑料市场中保持竞争力，并使贝蒂工厂完全符合美国环境保护署（EPA）的最新规定。

新厂的计划已基本完成。剩下的最大任务是确定具体厂址。新的颜料实验室和喷漆车间将占地约 25 英亩，需要布拉德福德在其 75 英亩的工厂园区附近购买一些额外的土地。亨德森有些担心高层管理人员首选的地点，因为该地点不在当前的工业区划范围内，而且还需要毁掉几棵四五百岁的山毛榉树。这处地产的所有者（一家非营利性机构）已经准备出售了，然而位于园区另一边的地产却可能很难及时获得。为了完成这个项目，布拉德福德的日程安排很紧。如果新工厂没能及时启动和运行，环保署可能会迫使布拉德福德停止使用旧的工艺——实际上就等于是要关闭工厂。

州长对布拉德福德决定在贝蒂建设新厂感到非常兴奋，他敦促亨德森立即开始与地方和州政府官员展开密切合作，以解决任何潜在的问题。他强调，该项目不能因不同利益集团之间的冲突而陷入困境或受到阻挠，因为它对于该地区的经济发展太重要了。温切尔州长指派州长经济发展办公室主任贝丝·弗里德兰德(Beth Friedlander)与亨德森在该项目上通力合作。但是,温切尔并不愿意全力帮助完成土地的重新规划,因为他一直是环保事业的热心支持者。

在与温切尔州长交谈之后,亨德森坐下来确定了对新的颜料实验室项目感兴趣的各类人士和组织,这些人士和组织需要合作,才能使项目顺利、及时地进行。具体如下:

布拉德福德化工厂

- 马克·托马斯(Mark Thomas),北美业务副总裁。托马斯将从布拉德福德的密歇根总部飞过来,监督土地购买和有关扩建的谈判。
- 山姆·亨德森(Sam Henderson),贝蒂工厂的经理。他的整个职业生涯都是在贝蒂工厂度过的,从高中毕业就到工厂车间工作了。
- 韦恩·塔尔伯特(Wayne Talbert),当地工会主席。工会强烈赞成在贝蒂开设新厂,因为那里有可能提供更多工资更高的工作。

州政府

- 州长汤姆·温切尔可以向当地政府官员施加压力来支持项目。
- 贝丝·弗里德兰德,州长经济发展办公室主任。
- 玛努·戈特利布(Manu Gottlieb),州环境质量部门的主任。

市政府

- 市长巴巴拉·奥托(Barbara Ott),一个新的政府官员,他刚上任不到一年,支持环保事业。
- 华盛顿少校(Major J.Washington),当地经济发展商务部的主席。

公众

- 梅·派恩勒斯(May Pinelas),贝蒂历史文化委员会的主席,他强烈呼吁当地的未来在于对历史和自然旅游风景的保护。
- 汤米·汤普金斯(Tommy Tompkins),拯救未来基金会的主席,既是一个普通公民,也是当地学校的代表,他长期卷入公共环境事业之中,至少成功地阻止了一个类似的土地扩张项目。

亨德森对于如何推进项目感到很发愁。他自言自语道:"我如何在如此多的组织和团体之间建立一个联盟才能推进项目的进展呢?"他知道布拉德福德公司想要尽快实施项目,但是他想要公司与这些反对破坏自然的组织和个人建立一种良好的关系。亨德森总喜欢寻求一种双赢的妥协,但是这个项目有如此多的利益团体以至于他都不知道该从哪儿入手。或许他应该首先与州长办公室的贝丝·弗雷得兰德密切合作,毫无疑问,这个项目对于全州的经济发展意义太重要了。另一方面,正是当地的人民才最受影响,与最终决策最密切相关。布拉德福德公司的副总裁已经建议在这周末举行一个新闻发布会来宣布新的店铺,但是亨德森想取消新闻发布会。或许他现在应该召集各方的利益团体见一个面,让每个人都阐述一下自己的感受和观点。但是他怀疑如果他不这么做,过段时间事情会变得更糟糕。

问题

1. 你认为亨德森有必要在推进颜料实验室和喷漆车间之前,与这样一个多元化的群体会面并争取他们的支持吗? 为什么?

2. 本章的制度理论如何帮助解释这个案例中的事件？试讨论。

3. 你认为利益相关者中哪种规范或者强制力更有可能影响建造颜料实验室和喷漆车间的决定？为什么？

尾注

1 Doug Cameron and Austen Hufford, "Parts Shortages Crimp U.S. Factories," *The Wall Street Journal*, August 10, 2018, https://www.wsj.com/articles/parts-shortages-crimp-u-s-factories-1533893408 (accessed April 16, 2019).

2 Nick Wingfield and Katie Thomas, "Amazon, Berkshire Hathaway and JP Morgan Team Up to Disrupt Health Care," *The New York Times*, January 30, 2018, https://www.nytimes.com/2018/01/30/technology/amazon-berkshire-hathaway-jpmorgan-health-care.html (accessed April 17, 2019); and Angelica LaVito, Christina Farr, and Hugh Son, "Amazon's Joint Health Care Venture Finally Has a Name: Haven," *CNBC*, March 6, 2019, https://www.cnbc.com/2019/03/06/amazon-jp-morgan-berkshire-hathaway-health-care-venture-named-haven.html (accessed April 17, 2019).

3 Rick Whiting, "The Ten Most Important Tech Partnerships in 2018 (So Far)," *CRN*, August 3, 2018, https://www.crn.com/slide-shows/channel-programs/300107531/the-10-most-important-tech-partnerships-in-2018-so-far.htm (accessed April 17, 2019).

4 Christine Oliver, "Determinants of Interorganizational Relationships: Integration and Future Directions," *Academy of Management Review* 15 (1990), 241–265.

5 James Moore, *The Death of Competition: Leadership and Strategy in the Age of Business Ecosystems* (New York: HarperCollins, 1996). For an overview of the evolving research into business ecosystems, see Rahul Kapoor, "Ecosystems: Broadening the Locus of Value Creation," *Journal of Organization Design* 7:12 (October 29, 2018), https://doi.org/10.1186/s41469-018-0035-4 (accessed April 17, 2019).

6 Kapoor, "Ecosystems: Broadening the Locus of Value Creation."

7 Mark Gerencser, Reginald Van Lee, Fernando Napolitano, and Christopher Kelly, *Megacommunities: How Leaders of Government, Business, and Non-Profits Can Tackle Today's Global Challenges Together* (New York: Palgrave Macmillan, 2008).

8 "Walmart and Rakuten Announce New Strategic Alliance," Walmart press release, January 28, 2018, https://news.walmart.com/2018/01/26/walmart-and-rakuten-announce-new-strategic-alliance (accessed April 17, 2019); and Neal E. Boudette, "Ford and VW Team Up, With Talk of Driverless and Electric Cars," *The New York Times*, January 15, 2019, https://www.nytimes.com/2019/01/15/business/ford-volkswagen.html (accessed April 17, 2019).

9 Thomas Petzinger, Jr., *The New Pioneers: The Men and Women Who Are Transforming the Workplace and Marketplace* (New York: Simon & Schuster, 1999), 53–54.

10 James Moore, "The Death of Competition," *Fortune*, April

15, 1996, 142–144.

11 Brian Goodwin, *How the Leopard Changed Its Spots: The Evolution of Complexity* (New York: Touchstone, 1994), 181, quoted in Petzinger, *The New Pioneers*, 53.

12 Mark Rogowski, "Thanks to Apple, Top Rival Samsung Keeps Winning," *Forbes*, Jully 30, 2017, https://www.forbes.com/sites/markrogowsky/2017/06/30/thanks-to-apple-top-rival-samsung-keeps-winning/#3ac0695923ed (accessed April 17, 2019); Jacob Kastrenakes, "Apple and Samsung Settle Seven-Year-Long Patent Fight Over Copying the iPhone," *The Verge*, June 27, 2018, https://www.theverge.com/2018/6/27/17510908/apple-samsung-settle-patent-battle-over-copying-iphone (accessed April 17, 2019); Jessica E. Lessin, Lorraine Luk, and Na Juro Osawa, "Apple Finds It Difficult to Divorce Samsung," *The Wall Street Journal*, June 29, 2013, A1; Timothy W. Martin, and Tripp Mickle, "Why Apple Rival Samsung Also Wins If iPhoneX Is a Hit," *The Wall Street Journal*, October 2, 2017, https://www.wsj.com/articles/why-apple-rival-samsung-also-wins-if-iphone-x-is-a-hit-1506936602 (accessed April 17, 2019); and "Apple and Samsung Announce Unthinkable Partnership," *Irish Times*, January 7, 2019, https://www.irishtimes.com/business/technology/apple-and-samsung-announce-unthinkable-partnership-1.3749923 (accessed April 17, 2019).

13 Greg Ferenstein, "In a Cutthroat World, Some Web Giants Thrive by Cooperating," *The Washington Post*, February 19, 2011, http://www.washingtonpost.com/business/in-a-cutthroat-world-some-web-giants-thrive-by-cooperating/2011/02/19/ABmYSYQ_story.html (accessed February 19, 2011); and Jessica E. Vascellaro and Yukari Iwatani Kane, "Apple, Google Rivalry Heats Up," *The Wall Street Journal*, December 11, 2009, B1.

14 Ha Hoang and Frank T. Rothaermel, "How to Manage Alliances Strategically," *MIT Sloan Management Review*, Fall 2016, 69–74.

15 Sumantra Ghoshal and Christopher A. Bartlett, "Changing the Role of Top Management: Beyond Structure and Process," *Harvard Business Review*, January–February 1995, 86–96.

16 Ian Urbina, "In Gulf, It Was Unclear Who Was in Charge of Oil Rig," *The New York Times*, June 5, 2010, http://www.nytimes.com/2010/06/06/us/06rig.html (accessed August 5, 2011).

17 "Toward a More Perfect Match: Building Successful Leaders by Effectively Aligning People and Roles," Hay Group Working Paper (2004); and "Making Sure the Suit Fits," *Hay Group Research Brief* (2004). Available from Hay Group, The McClelland Center, 116 Huntington Avenue, Boston, MA 02116, or at http://www.haygroup.com.

18 Jonathan Hughes and Jeff Weiss, "Simple Rules for Making Alliances Work," *Harvard Business Review*, November 2007,

122–131.

19 Dana Priest and William M. Arkin, "Top Secret America, A *Washington Post* Investigation; Part II: National Security Inc.," July 20, 2010, http://projects.washingtonpost.com/top-secret-america/articles/national-security-inc/1/ (accessed November 28, 2011).

20 J. Pfeffer and G. R. Salancik, *The External Control of Organizations: A Resource Dependence Perspective* (New York: Harper & Row, 1978); and Amy J. Hillman, Michael C. Withers, and Brian J. Collins, "Resource Dependence Theory: A Review," *Journal of Management* 35, no. 6 (2009), 1404–1427.

21 Greg Bensinger, "Lyft Follows Uber by Acquiring Bike-Sharing Startup Motivate," *The Wall Street Journal*, July 2, 2018, https://www.wsj.com/articles/lyft-follows-uber-by-acquiring-bike-sharing-startup-motivate-1530556271 (accessed April 17, 2019); Paul Ziobro, "Mattel Puts a Target on Lego," *The Wall Street Journal*, February 28, 2014, http://online.wsj.com/news/articles/SB10001424052702303801304579410671597945030 (accessed March 10, 2014).

22 Peter Drucker, quoted in Rajesh Kumar and Anoop Nathwani, "Business Alliances: Why Managerial Thinking and Biases Determine Success," *Journal of Business Strategy* 33, no 5 (2012), 44–50.

23 James R. Hagerty, "Whirlpool Expands in China," *The Wall Street Journal*, March 19, 2012, http://online.wsj.com/news/articles/SB1000142405270230381290457729179398589043 0 (accessed March 12, 2014).

24 Patrick Hull, "Joint Ventures Provide Opportunities for Entrepreneurs," *Forbes*, July 21, 2013, http://www.forbes.com/sites/patrickhull/2013/06/21/joint-ventures-provide-opportunities-for-entrepreneurs/ (accessed March 10, 2014).

25 "46 Corporations Working on Autonomous Vehicles," *CB Insights*, September 4, 2018, https://www.cbinsights.com/research/autonomous-driverless-vehicles-corporations-list/ (accessed April 17, 2019).

26 Ibid.; Phil LeBeau, "Waymo, Fiat Chrysler Expand Autonomous Vehicle Plans," *CNBC*, May 31, 2018, https://www.cnbc.com/2018/05/31/waymo-fiat-chrysler-expand-autonomous-vehicle-plans.html (accessed April 17, 2019); Nathan Bomey, "BMW, Mercedes-Benz Maker Join Forces to Pursue Self-Driving Cars," *USA Today*, February 28, 2019, https://www.usatoday.com/story/money/cars/2019/02/28/bmw-daimler-mercedes-benz-self-driving-cars/3014071002/ (accessed April 17, 2019); and Kate Conger, "In a Shift in Driverless Strategy, Uber Deepens Its Partnership with Toyota," *The New York Times*, August 27, 2018, https://www.nytimes.com/2018/08/27/technology/uber-toyota-partnership.html (accessed April 17, 2019).

27 Ellen Byron, "Theory & Practice: Tight Supplies, Tight Partners," *The Wall Street Journal*, January 10, 2011, B5.

28 See David M. Gligor and Carol L. Esmark, "Supply Chain Friends: The Good, The Bad, and the Ugly," *Business Horizons* 58 (2015): 517–525.

29 National Cannabis Industry Hires Andrew Kline to Lead Public Policy," *Cannabis Business Times*, April 15, 2019, https://www.cannabisbusinesstimes.com/article/national-cannabis-industry-association-hires-andrew-kline/ (accessed April 18, 2019).

30 Brian L. Connelly and Erik J. Van Slyke, "The Power and Peril of Board Interlocks," *Business Horizons* 55 (2012), 403–408.

31 Greg Bensinger and David Benoit, "Ichan Targets Silicon Valley Directors' Club," *The Wall Street Journal Online*, February 24, 2014, http://online.wsj.com/news/articles/SB10001424052702304610404579402831365897274 (accessed March 10, 2014).

32 Jennifer Smith and Sarah Nassauer, "Walmart Toughens Delivery Demands for Suppliers" *The Wall Street Journal*, March 6, 2019, https://www.wsj.com/articles/walmart-toughens-delivery-demands-for-suppliers-11551914501 (accessed April 18, 2019); and Joe Queenan, "If the Disney Empire Really, Really Strikes Back with 'Jedi'," *The Wall Street Journal*, November 9, 2017, https://www.wsj.com/articles/if-the-disney-empire-really-really-strikes-back-with-jedi-1510245137 (accessed April 18, 2019).

33 Mike Ramsey, "Toyota Tries to Break Reliance on China," *The Wall Street Journal*, January 14, 2011, B1; and Pratima Desai, "Tesla's Electric Motor Shift to Spur Demand for Rare Earth Neodymium," *Reuter's*, March 12, 2018, https://www.reuters.com/article/us-metals-autos-neodymium-analysis/teslas-electric-motor-shift-to-spur-demand-for-rare-earth-neodymium-idUSKCN1GO28I (accessed April 18, 2019).

34 Emily Glazer, Laura Stevens, and AnnaMaria Andriotis, "Jeff Bezos and Jamie Dimon: Best of Frenemies," *The Wall Street Journal*, January 5, 2019, https://www.wsj.com/articles/jeff-bezos-and-jamie-dimon-best-of-frenemies-11546664451 (accessed April 19, 2019).

35 Mitchell P. Koza and Arie Y. Lewin, "The Co-Evolution of Network Alliances: A Longitudinal Analysis of an International Professional Service Network," Center for Research on New Organizational Forms, Working Paper 98–09–02; and Kathy Rebello with Richard Brandt, Peter Coy, and Mark Lewyn, "Your Digital Future," *BusinessWeek*, September 7, 1992, 56–64.

36 Steve Lohr, "Big Medical Groups Begin Patient Data-Sharing Project," *The New York Times*, April 6, 2011, http://bits.blogs.nytimes.com/2011/04/06/big-medical-groups-begin-patient-data-sharing-project/ (accessed April 6, 2011).

37 Eugene Geh, "Understanding Strategic Alliances from the Effectual Entrepreneurial Firm's Perspective—An Organization Theory Perspective," *SAM Advanced Management Journal* (Autumn 2011), 27–36.

38 Saul Berman and Peter Korsten, "Embracing Connectedness: Insights from the IBM 2012 CEO Study," *Strategy & Leadership* 41, no. 2 (2013), 46–57; Christine Oliver, "Determinants of Interorganizational Relationships: Integration and Future Directions," *Academy of Management Review*, 15 (1990), 241–265; and Ken G. Smith, Stephen J. Carroll, and Susan Ashford, "Intra- and Interorganizational Cooperation: Toward a Research Agenda," *Academy of Management Journal* 38 (1995), 7–23.

39 Paul W. Beamish and Nathaniel C. Lupton, "Managing Joint Ventures," *Academy of Management Perspectives*, May 2009, 75–94.

40 Timothy M. Stearns, Alan N. Hoffman, and Jan B. Heide, "Performance of Commercial Television Stations as an Outcome of Interorganizational Linkages and Environmental Conditions," *Academy of Management Journal* 30 (1987), 71–90; David A. Whetten and Thomas K. Kueng, "The Instrumental Value of Interorganizational Relations: Antecedents and Consequences of Linkage Formation," *Academy of Management Journal* 22 (1979), 325–344; G. Ahuja, "Collaboration Networks, Structural Holes, and Innovation: A Longitudinal Study," *Administrative Science Quarterly* 45 (2000), 425–455; and Corey C. Phelps, "A Longitudinal Study of the Influence of Alliance Network

Structure and Composition on Firm Exploratory Innovation," *Academy of Management Journal* 53, no. 4 (2010), 890–913.

41 Example discussed in Hoang and Rothaermel, "How to Manage Alliances Strategically."

42 Kate Rockwood, "Collaboration is More Than a Buzzword," *Inc.*, July-August, 2016, 88–89.

43 Ibid.

44 Jeanne Whalen, "Roche, AstraZeneca Agree to Share Drug Research Data," *The Wall Street Journal*, June 26, 2013, B3.

45 "Accelerating Medicines Partnership," National Institutes of Health, https://www.nih.gov/research-training/accelerating-medicines-partnership-amp (accessed April 18, 2019); and Monica Langley and Jonathan D. Rockoff, "Drug Companies Join NIH in Study of Alzheimer's, Diabetes, Rheumatoid Arthritis, Lupus," *The Wall Street Journal*, February 3, 2014, http://online.wsj.com/news/articles/SB100014240527023035 19404579353442155924498 (accessed March 12, 2014).

46 Keith G. Provan and H. Brinton Milward, "A Preliminary Theory of Interorganizational Network Effectiveness: A Comparative Study of Four Community Mental Health Systems," *Administrative Science Quarterly* 40 (1995), 1–33.

47 This discussion is based on Peter Smith Ring and Andrew H. Van de Ven, "Developmental Processes of Corporate Interorganizational Relationships," *Academy of Management Review* 19 (1994), 90–118; Jeffrey H. Dyer, "How Chrysler Created an American *Keiretsu*," *Harvard Business Review*, July–August 1996, 42–56; Peter Grittner, "Four Elements of Successful Sourcing Strategies" *Management Review*, October 1995, 41–45; Myron Magnet, "The New Golden Rule of Business," *Fortune*, February 21, 1994, 60–64; and Mick Marchington and Steven Vincent, "Analysing the Influence of Institutional, Organizational and Interpersonal Forces in Shaping Inter-Organizational Relationships," *Journal of Management Studies* 41, no. 6 (September 2004), 1029–1056.

48 Travis Hessman, "Collaborating with the Competition," *Industry Week*, June 2013, 52, 54.

49 Anna Wilde Mathews, "Cleveland Clinic, Hospital Operator Forge Alliance," *The Wall Street Journal*, March 21, 2013, B8.

50 This section draws from Joel A. C. Baum, "Organizational Ecology," in Stewart R. Clegg, Cynthia Hardy, and Walter R. Nord, eds., *Handbook of Organization Studies* (Thousand Oaks, CA: Sage, 1996); Jitendra V. Singh, *Organizational Evolution: New Directions* (Newbury Park, CA: Sage, 1990); Howard Aldrich, Bill McKelvey, and Dave Ulrich, "Design Strategy from the Population Perspective," *Journal of Management* 10 (1984), 67–86; Howard E. Aldrich, *Organizations and Environments* (Englewood Cliffs, NJ: Prentice Hall, 1979); Michael Hannan and John Freeman, "The Population Ecology of Organizations," *American Journal of Sociology* 82 (1977), 929–964; Dave Ulrich, "The Population Perspective: Review, Critique, and Relevance," *Human Relations* 40 (1987), 137–152; Jitendra V. Singh and Charles J. Lumsden, "Theory and Research in Organizational Ecology," *Annual Review of Sociology* 16 (1990), 161–195; Howard E. Aldrich, "Understanding, Not Integration: Vital Signs from Three Perspectives on Organizations," in Michael Reed and Michael D. Hughes, eds., *Rethinking Organizations: New Directions in Organizational Theory and Analysis* (London: Sage, 1992); Jitendra V. Singh, David J. Tucker, and Robert J. House, "Organizational Legitimacy and the Liability of Newness," *Administrative Science Quarterly* 31 (1986), 171–193; and Douglas R. Wholey and Jack W. Brittain, "Organizational Ecology: Findings and Implications," *Academy of Management Review* 11 (1986),

513–533.

51 Derek S. Pugh and David J. Hickson, *Writers on Organizations* (Thousand Oaks, CA: Sage, 1996); and Lex Donaldson, *American Anti-Management Theories of Organization* (New York: Cambridge University Press, 1995).

52 Jim Collins, "The Secret of Enduring Greatness," *Fortune*, May 5, 2008, 72–76; Julie Schlosser and Ellen Florian, "In the Beginning; Fifty Years of Amazing Facts," *Fortune*, April 5, 2004, 152–159; and "The Fortune 500; 500 Largest U. S. Corporations," *Fortune*, May 23, 2011, F1–F26.

53 Tiffany Hsu, "The World's Last Blockbuster Has No Plans to Close," *The New York Times*, March 6, 2019, https://www.nytimes.com/2019/03/06/business/last-blockbuster-store.html (accessed April 19, 2019).

54 Hannan and Freeman, "The Population Ecology of Organizations."

55 Matthew Dalton, "Is Time Running Out for the Swiss Watch Industry?" *The Wall Street Journal*, March 12, 2018, https://www.wsj.com/articles/is-time-running-out-for-the-swiss-watch-industry-1520867714 (accessed April 19, 2019).

56 Brad Stone, *The Everything Store*, p. 65; Jeffrey A. Trachtenberg and Tess Stynes, "Barnes & Noble Cuts Guidance as Sales Drop," *The Wall Street Journal*, September 8, 2016; https://www.wsj.com/articles/barnes-noble-cuts-guidance-as-sales-drop-1473340848 (accessed April 22, 2019); and Damon Darlin, "Always Pushing Beyond the Envelope," *The New York Times*, August 8, 2010, BU5.

57 "About Us," Rothys.com, https://rothys.com/about (accessed April 19, 2019).

58 John F. Wasik, "Helping Hand for Start-Ups from Those Who've Been There Before," *The Wall Street Journal*, August 18, 2016, B2.

59 David J. Tucker, Jitendra V. Singh, and Agnes G. Meinhard, "Organizational Form, Population Dynamics, and Institutional Change: The Founding Patterns of Voluntary Organizations," *Academy of Management Journal* 33 (1990), 151–178; Glenn R. Carroll and Michael T. Hannan, "Density Delay in the Evolution of Organizational Populations: A Model and Five Empirical Tests," *Administrative Science Quarterly* 34 (1989), 411–430; Jacques Delacroix and Glenn R. Carroll, "Organizational Foundings: An Ecological Study of the Newspaper Industries of Argentina and Ireland," *Administrative Science Quarterly* 28 (1983), 274–291; Johannes M. Pennings, "Organizational Birth Frequencies: An Empirical Investigation," *Administrative Science Quarterly* 27 (1982), 120–144; David Marple, "Technological Innovation and Organizational Survival: A Population Ecology Study of Nineteenth-Century American Railroads," *Sociological Quarterly* 23 (1982), 107–116; and Thomas G. Rundall and John O. McClain, "Environmental Selection and Physician Supply," *American Journal of Sociology* 87 (1982), 1090–1112.

60 Steve Olensky, "How Toymaker Brands Are Adjusting to Life Without Toys R Us," *Forbes*, September 28, 2018, https://www.forbes.com/sites/steveolenski/2018/09/28/how-toymaker-brands-are-adjusting-to-life-without-toys-r-us/#182e1bd13d8c (accessed April 19, 2019).

61 Arthur G. Bedeian and Raymond F. Zammuto, *Organizations: Theory and Design* (Orlando, FL: Dryden Press, 1991); and Richard L. Hall, *Organizations: Structure, Process and Outcomes* (Englewood Cliffs, NJ: Prentice Hall, 1991).

62 Olensky, "How Toymaker Brands Are Adjusting to Life Without Toys R Us."

63 M. Tina Dacin, Jerry Goodstein, and W. Richard Scott,

"Institutional Theory and Institutional Change: Introduction to the Special Research Forum," *Academy of Management Journal* 45, no. 1 (2002), 45–47. Thanks to Tina Dacin for her material and suggestions for this section of the chapter.

64 J. Meyer and B. Rowan, "Institutionalized Organizations: Formal Structure as Myth and Ceremony," *American Journal of Sociology* 83 (1990), 340–363; and Royston Greenwood and Danny Miller, "Tackling Design Anew: Getting Back to the Heart of Organizational Theory," *Academy of Management Perspectives*, November 2010, 78–88.

65 Mark C. Suchman, "Managing Legitimacy: Strategic and Institutional Approaches," *Academy of Management Review* 20 (1995), 571–610.

66 Richard J. Martinez and Patricia M. Norman, "Whither Reputation? The Effects of Different Stakeholders," *Business Horizons* 47, no. 5 (September–October 2004), 25–32.

67 Pamela S. Tolbert and Lynne G. Zucker, "The Institutionalization of Institutional Theory," in Stewart R. Clegg, Cynthia Hardy, and Walter R. Nord, eds., *Handbook of Organization Studies* (Thousand Oaks, CA: Sage, 1996).

68 Pugh and Hickson, *Writers on Organizations*; and Paul J. DiMaggio and Walter W. Powell, "The Iron Cage Revisited: Institutional Isomorphism and Collective Rationality in Organizational Fields," *American Sociological Review* 48 (1983), 147–160.

69 This section is based largely on DiMaggio and Powell, "The Iron Cage Revisited"; Pugh and Hickson, *Writers on Organizations*; and W. Richard Scott, *Institutions and Organizations* (Thousand Oaks, CA: Sage, 1995).

70 Janet Adamy, "Yum Uses McDonald's as Guide in Bid to Heat Up Sales," *The Wall Street Journal*, December 13, 2007, A21; and Scott McCartney, "Why the Big Three Airlines Are So Much the Same," *The Wall Street Journal*, August 10, 2016, https://www.wsj.com/articles/why-the-big-three-airlines-are-so-much-the-same-1470850460 (accessed April 18, 2019).

71 Kai-Yu Hsieh and Freek Vermeulen, "Me Too or Not Me? The Influence of the Structure of Competition on Mimetic Market Entry," *Academy of Management Annual Meeting Proceedings* (2008), 1–6.

72 Julia Hobsbawm, "Why Corporate Wellness Programs Fall Short," *Strategy + Business*, September 28, 2018, https://www.strategy-business.com/blog/Why-Corporate-Wellness-Programs-Fall-Short?gko=6dda6 (accessed April 29, 2019).

73 Barry M. Staw and Lisa D. Epstein, "What Bandwagons Bring: Effects of Popular Management Techniques on Corporate Performance, Reputation, and CEO Pay," *Administrative Science Quarterly* 45, no. 3 (September 2000), 523–560.

74 Jeffrey Pfeffer and Robert I. Sutton, "The Trouble with Benchmarking," *Across the Board* 43, no. 4 (July–August 2006), 7–9.

75 Karen Donovan, "Pushed by Clients, Law Firms Step Up Diversity Efforts," *The New York Times*, July 21, 2006, C6; and Ellen Rosen, "Facebook Pushes Outside Law Firms on Diversity," *The New York Times*, April 3, 2017, B2.

76 Miguel Bustillo, "Wal-Mart to Assign New 'Green' Ratings," *The Wall Street Journal*, July 16, 2009, B1; Andrew Spicer and David Hyatt, "Walmart's Emergent Low-Cost Sustainable Product Strategy," *California Management Review* 59, no. 2 (2017): 116–141; and Lauren Weber, "Microsoft to Require Its Suppliers, Contractors to Give Paid Family Leave," *The Wall Street Journal*, https://www.wsj.com/articles/microsoft-to-require-its-suppliers-contractors-to-give-paid-family-leave-1535635800 (accessed April 18, 2019).

77 Based on Donald D. Bowen, Roy J. Lewicki, Francine S. Hall, and Douglas T. Hall, "The Ugli Orange Case," *Experiences in Management and Organizational Behavior*, 4th ed. (Chicago, IL: Wiley, 1997), 134–136; "Amazon Rainforest," BluePlanetBiomes.org, http://www.blueplanetbiomes.org/amazon.htm (accessed August 24, 2011); and "Rainforest Plants," BluePlanetBiomes.org, http://www.blueplanetbiomes.org/rnfrst_plant_page.htm (accessed August 24, 2011).

78 Based in part on "Mammoth Motors' New Paint Shop," a role play originally prepared by Arnold Howitt, executive director of the A. Alfred Taubman Center for State and Local Government at the Kennedy School of Government, Harvard University, and subsequently edited by Gerald Cormick, a principal in the CSE Group and senior lecturer for the Graduate School of Public Affairs at the University of Washington.

第**6**章 Organization Theory and Design

面向国际环境的组织设计

问题引入

在阅读本章内容之前,请先看下面的问题并选择答案。

1. 组织在不同国家取得成功的唯一方法是定制其产品和服务,以迎合每个国家本土消费者的兴趣、偏好和价值观。

同意＿＿＿＿＿＿＿ 不同意＿＿＿＿＿＿＿

2. 在一个全球化团队中工作,会遇到的困难和挑战是如何将自己的业务活动与全球其他不同的区域单元进行协调,以及如何与这些单位的同事共享思想和观念。

同意＿＿＿＿＿＿＿ 不同意＿＿＿＿＿＿＿

3. 最先进的跨国公司已经建立了一套严密的控制体系,实现了总部对分布在各个国家的子公司的严格控制。

同意＿＿＿＿＿＿＿ 不同意＿＿＿＿＿＿＿

沃尔玛是全球最大的零售商,但公司管理层在试图进行国际扩张的过程中也遭遇了一些挫折。当沃尔玛在美国的销售额开始下降时,就把目光投向了经济蓬勃发展的德国。它收购了当地的两家零售商,并为其提供了95个现成的门店,然后迅速翻新了店面,并开始实施沃尔玛一直以来行之有效的分销、供应链和其他运营方式。而问题就从这里出现了。德国有一项禁止商家以低于成本的价格销售产品的法律,从而消除了沃尔玛的一项关键竞争战略。沃尔玛的销售经验——员工在门口热情地欢迎顾客,并且每隔10英尺就有员工提供帮助——惹恼了德国的顾客。一些顾客也对食品杂货店的装袋感到不快,因为德国人不喜欢陌生人用手触碰他们的食物。沃尔玛的员工也同样不高兴。强制性的早操以及"沃尔玛! 沃尔玛! 沃尔玛!"的口号反响寥寥。沃尔玛坚持让店员保持微笑,但在德国这种行为会被解读为调情。采用这种运营方式努力在德国运营了九年之后,沃尔玛终于将其门店出售给了当地竞争对手麦德龙（Metro），并离开了德国。正如一家加拿大广播电台报道的那样，这个故事展示了"即使世界上最成功的零售商在跨越国界时也会跌倒。"[1]

这就是国际化经营中的现实情况。当一个企业决定走出国门去经营业务时，管理者将会面临一系列挑战和阻碍。他们有时候会发现在国际化经营中，要想将本土经验转移到其他国家需要采取完全不同的方式。当德国连锁百货店利德尔（Lidl）的首席执行官克劳斯·格里克（Klaus Gehrig）被问及该公司进入美国市场的问题时，他将其称为"灾难"。[2] 乐购（Tesco）是一家在英国蓬勃发展的百货零售商，希望在美国也能取得同样的成功，但是在历经 5 年时间和花费 16 亿美元的成本后，管理者关闭或者出售了乐购在美国的所有商店，因为它们从未实现盈利。[3]

其他行业的企业在国际舞台上也遭遇了挫折。尽管亚马逊规模庞大、实力雄厚，但它在中国市场上面临着来自中国的考拉海购和阿里巴巴集团控股的电子商务平台等竞争对手的激烈竞争，而这些中国企业更了解本土市场和监管环境。2019 年初，亚马逊宣布关闭其第三方在线市场，并不再在其中文网站上提供卖方服务。[4] 全球最大的农用设备制造商迪尔公司（Deere & Company）一直在努力打入俄罗斯农用设备市场。由于俄罗斯新颁布的一项法规将在国外制造的农业机械排除在金融支持之外，迪尔公司在莫斯科附近开设了一家工厂，尽管如此，它在俄罗斯仍面临着巨大的风险和不确定性。[5] 像谷歌和脸谱网这样规模庞大、实力雄厚的科技公司，也正在应对来自世界各地的公民、政府和政界人士日益强烈的反对。这些企业的发展速度前所未有，与其他类型的全球跨国公司相比，它们对人们生活的影响更大。在欧盟，为了阻止大型科技公司利用自身力量打压竞争，谷歌被处以 50 亿美元的罚款。欧盟还在调查亚马逊是否通过不公平手段使用了在其平台上销售商品的零售商数据。[6]

在全球范围内取得成功的确并非易事。管理者必须在战略层面做出艰难的抉择：如何在国际市场中拔得头筹，如何设计组织架构来获得国际化扩张中的收益。尽管存在这些挑战，但大多数企业的管理者都会认为国际化经营的潜在收益是大于潜在风险的。美国本土企业通过国际化运营来生产产品和服务以满足其他国家的消费者需求，同时也获得了为美国本土消费者生产产品和服务的低成本和技术诀窍。与之对应，来自日本、德国、中国、英国和其他国家的企业不仅在美国之外的全球市场与美国企业相竞争，也在美国本土市场与美国企业进行着较量。当今时代，理解和应对国际商业的挑战比以往任何时候都更加重要。

 ## 本章目的

本章将探讨管理层如何设计组织结构以适应国际竞争环境。我们首先看看有哪些促使企业拓展国际业务的动力，国际扩张的几个典型阶段，对于文化智商的需要，以及如何运用战略联盟和跨国并购来帮助企业更好地进行国际扩展。然后我们探讨了国际化组织在结构设计方面面临的挑战，讨论了几种战略制定方法,以及为了利用国际市场带来的机遇可以采用哪些不同的组织结构设计,并看看有哪些适用于国际化组织的协调机制。本章的最后我们介绍一种新出现的全球组织结构模式,跨国模式(transnational model)。这种新的组织结构能够帮助企业在复杂多变的国际环境中获得成功运作所需的多种新能力。

6.1　进入全球竞技场

在几十年前,对于很多企业来说,不需要关注国际环境也能生存。但是今天就不一样了。世界正在迅速发展成一个统一的整体,每个企业及其管理者都需要放眼全球。巴西、俄罗斯、印度和中国(通常被称为"金砖四国")以及其他新兴经济体快速成长,为美国、加拿大、欧洲和其他发达国家提供产品和服务。与此同时,这些地区也成为北美企业销售产品和服务的主要市场。[7] 全球市场研究公司 eMarketer 的一份报告显示,中国(一个有史以来中产阶级数量增长最快的国家)将在 2019 年超过美国,成为全球最大的零售市场。中国已经是最大的汽车和智能手机市场,即使在经济放缓的情况下,对于消费品、珠宝和其他奢侈品来说,中国仍然是一个巨大的市场。[8]

在接下来的几十年里,"金砖四国"将会有更加巨大的消费能力,因为约有 10 亿人将成为新的中产阶级的一部分。[9] 对于今天的企业来说,整个世界都成为商业威胁和机会的来源。本章中的"新书评介"将讨论什么因素促进了国际互动的日益增加,以及这些互动如何影响组织。

托马斯·L.弗里德曼(Thomas L. Friedman)

《世界是平的:21 世纪简史》(*The World is Flat:A Brief History of the Twenty-First Century*)

全球竞争场地正在被夷为平地。全球化发展得到底有多迅速?三次获得普利策奖的《纽约时报》专栏作家托马斯·弗里德曼正在忙着出版他的畅销书《世界是平的》的第二版,这本书的第一版即将售完。然而,弗里德曼认为,加速全球化进程的力量在 20 世纪就开始显现了。

什么使世界变平?

弗里德曼列出了十项使世界变平的力量,并将之称为平坦器(Flatteners)。这些力量都直接或间接地与技术进步有关。

● 工作流软件

令人眼花缭乱的软件使人们通过电脑就可以简单快捷地沟通;使得像超创公司(Wild Brain)这样的动画工作室可以和遍布全球的团队合拍电影;使得波音公司可以向世界各地的客户补给零件。这意味着企业可以建立全球虚拟办公室,也可以将自己的业务外包给任何一个可以做到最好的承包商,不论它在世界哪个地方。

● 供应链

工作流软件优化了全球供应链。20世纪90年代,供应商、零售商和顾客之间的横向协调开始增多。反过来,供应链越完善、越发达,地球就变得越来越平了。供应链促进公司之间在共同标准和技术上的调整,这可以促进各个公司之间的无缝连接。

● 类固醇

弗里德曼将很多新技术比喻为类固醇,因为它们可以不断扩散,对其他平坦因子有促进作用。或许,最重要的因素是无线技术的发展,无线技术让一切都得以数字化、虚拟化和个性化,你可以在世界各地享用这些技术。正如空域公司(Airspace)的高级副主席艾伦·科恩(Alan Cohen)所说,"你可以带着你的桌子去任何一个地方,越多的人有能力从别人那里获取信息并传递信息,越多的竞争和沟通障碍就会消失"。

如何从变平的世界中获益

一个变平的、相互联系的世界意味着雇员和组织可以成功地开展更多合作和竞争,不管它的规模有多大,不管它位于哪里。但是从变平的世界里获益并非自然而然的。弗里德曼为企业提出了几种可以利用的全球化战略。他提醒美国企业(雇员),他们应该认识到再也不存在所谓的美国企业或者美国工作了。在一个变平的世界里,最好的公司是最好的合作者。

The World is Flat, by Thomas L. Friedman, is published by Farrar, Straus & Giroux.

6.1.1　国际扩张的动力

经济、技术和竞争等诸多方面因素交织在一起把企业从国内市场推向国际市场。通信、技术以及运输业的进步创生出了一个新的、高度竞争的格局。[10]

全球环境对今天企业的重要性可以从多变的全球经济中反映出来。作为指标之一,《财富》杂志(*Fortune*)的世界500强(Global 500)排名按照收入列出了世界上500家最大的公司,表明经济影响力正在全世界范围内扩散开来。表6-1列出了2017年全球500强中公司数量最多的10个国家,并对比了2006年、2013年和2017年的公司数量。从表中可以看到,美国和西欧的公司数量普遍下降,而中国企业的数量急剧增长。中国的国内生产总值在 2010 年超过日本，成为世界上第二大经济体（仅次于美国）。2017 年，收入排名前五位的公司中有三家是中国公司。[11]1993 年中国只有三家公司位列《财富》全球 500 强名单，而 2017 年增加到 111 家。[12]

表 6-1　　从《财富》世界 500 强企业看世界经济变化			
	世界 500 强名单中的企业数量		
	2006 年	**2013 年**	**2017 年**
美国	170	132	126
中国	20	89	111
日本	70	62	52
德国	35	29	32
法国	38	31	28
英国	38	26	20
韩国	12	2	16
荷兰	14	11	15
瑞士	12	14	14
加拿大	14	9	12

资料来源：Based on data from "Global 500," Fortune magazine's annual ranking of the world's largest corporations for 2006 and 2013, http: //money.cnn.com/magazines/fortune/global500/ （accessed December 7, 2011, and March 14, 2014）; and "Fortune Global 500: The List," *Fortune*, August 1, 2018, F1-F8.

随着全球国家力量格局的不断调整，企业成为参与全球经济竞争的主要成员。的确，在许多产业中，一个公司只有实现在全球范围内的成功才是真正的成功。总的来说，有三个主要因素促使企业在全球扩张：规模经济、范围经济和低成本生产要素。[13]回想第 2 章我们所讲的，企业常常追求更高的效率和效益，全球扩张是达成这些目标的一种途径。

规模经济

全球经营扩大了一个企业的经营范围，这帮助企业实现了**规模经济**（economies of scale）。创建大企业的潮流开始于工业革命（the Industrial Revolution）时期。当时许多行业都希望创办大型企业来获得新技术和新生产方式带来的规模经济。通过大规模的生产，这些大企业能够实现最小的单位产品成本。但是，对今天的许多公司来说，仅仅靠国内市场已经不能提供达到规模经济所需的产品销售量。例如，对于农业设备制造商来说，比如迪尔公司（Deere & Company），其主要收入增长来自那些耕地面积比较多、农民机械化需求比较高的海外市场。根据最近一份关于农机市场的调查报告，北美市场上的大部分农业设备都比较新。报告称，"农机产品在北美市场上的增长可能会有所下滑，与低谷相比，现在更接近峰值。"迪尔公司正在寻找美国市场之外的海外市场，比如金砖四国，以增加其海外销售，确保企业实现规模经济。[14]

随着电影票销量在美国的下降以及在其他国家的上升，好莱坞电影产业最近也扩大了国际视野。2017年，美国影院的票房收入跌至历史新低，但是在其他市场（特别是中国）的增长，使该行业的票房收入达到406亿美元的历史新高。[15]制片公司正在通过吸纳更多的国际明星和重组脚本来迎合国际观众。一个电影产业的老行家说："没有工作室愿意拍摄高成本的电影……除非它具有全球吸引力。仅靠国内收入很难收回电影的制作成本。"[16]对于很多电影公司来说，国际市场的票房收入占比可达80%。[17]

对于美国的许多企业来说，国内市场已经饱和，唯一的增长潜力在海外。星巴克以亚洲为目标，以实现快速的国际化成长，并在中国、日本、韩国和其他国家与地区开设了8 500多家分店。星巴克首席执行官凯文·约翰逊（Kevin Johnson）表示，中国是仅次于美国的第二大市场。为展现对中国市场的信赖，星巴克于2017年在上海开设了其规模最大的星巴克门店，总面积达3.7万平方英尺。[18]规模经济也可以帮助企业从供应商那里获得更多的总额折扣（volume discounts），并降低企业的生产费用。

范围经济

第二个因素是充分利用**范围经济**（economies of scope）来增强企业的竞争力。范围是指一家公司提供的产品或服务的数量和种类，以及该公司提供这些产品和服务的国家、地区和市场的数目和类型。好莱坞的梦工厂（DreamWorks SKG）将50%的股份出售给了印度的信实娱乐（Reliance BIG Entertainment），因为信实娱乐的经营领域涉及了每一种娱乐平台，它可以通过影院、卫星网络、电影租赁、广播电台和移动电话等销售梦工厂的电影。[19]

在许多不同的国家进行经营的公司比起那些只在很少国家进行经营的公司具有更强的营销能力（marketing power）和协同力（synergy）。比如，一家在好几个国家开展业务的广告公司会获得某种竞争优势，能使它更好地为跨国大公司服务。再比如，麦当劳在全世界所有的餐馆中都使用几乎完全相同的芥末酱和调味番茄酱。如果一个供应商能够为麦当劳在全球各地的门店提供产品，就会具有极大的竞争优势。因为它可以在任何国家都为麦当劳提供便宜、稳定和方便的货物，这样麦当劳就不必在每个国家都与不同的当地供应商单独协调。范围经济还可以使公司获得比竞争对手更高的市场支配力。因为在跨范围经营的过程中，公司会积累出关于文化、社会、经济和其他因素的广博知识。这些因素反映出不同地区的顾客的不同需要，公司因而能为这些顾客提供满足其需要的专门的产品和服务。为了能够在中国站稳脚跟并获得蓬勃发展，安利公司不得不做出改变，扩大其产品和服务范围，而这些改变也帮助该公司在其他海外地区获得了成功。

应用案例 6-1

安 利 公 司

安利公司创建于 1959 年,其经营模式是通过由独立销售人组成的直销渠道将产品直接卖给消费者。到了 20 世纪 80 年代末,安利公司一半以上的销售收入来自于美国之外,因此,当它于 1995 年首次进入中国的时候,已经积累了丰富的海外销售经验。几年之内,安利在中国的业务规模达到 2 亿美元,并且增长迅速。之后,由于一些非法销售者从事不道德直销行为,中国取缔了直销。

安利可能会被挤出中国市场。或者,掌管安利中国(Amway China)的郑汝桦(Eva Cheng)可以和中国政府合作,共同找到妥善的解决方案。在接下来的几年,中国的监管改革迫使安利思考了很多问题,并反复调整了其商业模式。实际上,安利为了在中国做生意已经对商业模式进行了五次调整。其中一次是,建立实体商店,针对逛街的潜在顾客销售产品,这是之前从未有过的。安利开始直接在中国生产产品,而不是从美国进口,并对其在中国的整个经销商补偿系统进行了调整。安利也开始做品牌营销,因为他们无法再依赖口碑营销获得直接的销量。安利公司高瞻远瞩,今天,中国已经成为其最大的销售市场。近年来,该公司在中国的年销售额已超过 40 亿美元。

安利在中国推行的模式改革是其海外经营中的一次巨大飞跃,而且已成功地将其中一些做法推广到了其他市场上。除此之外,被迫调整商业模式,让管理者意识到,经常反思商业模式是极为重要的,这样才能在全球不同的市场上取得成功。[20]

低成本的生产要素

与公司全球扩张有关的第三个因素是**生产要素**(factors of production)。美国公司到海外投资的一个最早的,也是最重要的原因是以尽可能低的价格获得原材料和其他资源。很多的公司很早就开拓海外市场以保障获得本国稀缺的或没有的原材料。在 20 世纪早期,轮胎企业纷纷到国外去开办橡胶种植园以为美国茁壮成长的汽车工业生产轮胎。今天,美国造纸企业如惠好公司(Weyerhaeuser)和美国纸业公司(U.S. Paper Co.)迫于国内的环保压力不得不转向海外寻找新的林地。这些公司在新西兰以及其他国家控制着上百万英亩的林场。[21]

有许多公司到海外扩张是为了获得低成本的劳动力。例如,苹果公司的智能手机(iPhone)和平板电脑(iPad)都是由富士康科技与和硕联合科技公司等海外合同制造商生产的。虽然这些制造商的劳动用工饱受争议,但是将这些制造装配中的大部分工作转回美国的可能性都非常小。当苹果首席执行官蒂姆·库克(Tim Cook)决定在美国生产 Mac 电脑时,公司发现这家位于得克萨斯州奥斯汀的制造商无法获得维持生产所需的螺丝钉数量。另一方面,在中国,工厂可以在短时间内生产大量定制螺丝。库克和苹果公司其他领导表示,与低成本相比,工厂的规模、速度和灵活性以及海外工人的技能和勤恳同样重要。[22]

现在美国本土几乎已经没有什么纺织企业了，因为该行业的企业都已经把大部分的生产转移到了劳动力和原材料更便宜的亚洲、墨西哥、拉丁美洲和加勒比地区。一些非软垫家具制造企业也迅速采取了同样的模式，公司将美国的工厂关闭，从中国进口高质量的木质家具，因为在中国雇用 30 个工人的成本和在美国雇用一个橱柜工人的成本相当。[23]然而这种趋势不仅限于制造业。越来越多的服务型公司在印度编写软件，开展咨询工作，并为一些美国的大型企业提供技术支持以及会计和数据处理服务。一则数据显示，印度 900 多家商业服务公司雇用了大约 57.5 万人。[24]

6.1.2　管理国际扩张的阶段

没有公司可以在一夜之间完成全球扩张；公司的管理层会有意识地采取一系列的国际化发展战略。公司可以依据不同的模式以不同的方式进入国外市场。然而，从国内到国际的转变通常要经历不同的扩张阶段，如表 6-2 所示。[25]

表 6-2　国际发展的四个阶段			
四个阶段	**Ⅰ. 国内阶段**	**Ⅱ. 国际化阶段**	**Ⅲ. 多国化阶段**	**Ⅳ. 全球化阶段**②
战略导向	以国内市场为导向	以出口为导向的多国本地战略	多国化	全球化
发展阶段	初步进入外国市场	竞争定位	扩张	全球化
组织结构	在国内结构基础上增设出口部	在国内结构基础上增设国际事业部	全球地区或产品①结构	短阵、跨国结构
市场潜力	中 主要在国内	大 涉及几个国家	相当大 多国化的	整个世界

资料来源：Based on Nancy J. Adler, *International Dimensions of Organizational Behavior*, 4th ed.(Cincinnati, ohio: South-western, 2002), 8-9; and Theodore T. Herbert, "Strategy and Multinational Organization Structure: An Interorganizational Relationships Perspective," *Academy of Management Review* 9 (1984): 259-271.

国内阶段

第一阶段是**国内阶段**（domestic stage）。这一阶段的企业以国内市场为导向，但管理者们看到了全球市场，开始考虑初步进入外国市场以扩大规模。这一阶段企业的市场潜力有限，主要以本国的市场为主。这类企业的结构基本上是国内结构，一般为职能型或事业部型结构，其初步开始做的海

---

①　此表的概括似不够准确。西方更多的学者认为，全球地区结构适合于多国化阶段，而全球产品结构更适合于全球化阶段。——译者注

②　全球化阶段之后是跨国化阶段（transnational stage），适合的组织结构为在全球矩阵结构基础上发展而来的跨国结构模式。——译者注

外销售业务是由出口部门负责的。货物发运、关税问题和外汇兑换等细节性事务都请外部机构代为处理。

国际化阶段

第二阶段是**国际化阶段**（international stage）。这一阶段的企业重视出口业务，并开始考虑多国化本地化经营。**多国本地化**（multidomestic）是指，在一个国家中遇到的竞争问题与在其他国家中遇到的各不相同，因此企业需要分别应对每个国家的市场。这一阶段的关注点是，在特定产业中本企业相对于其他企业的国际竞争定位。此时，国际事业部已经取代了出口部，企业聘用专门人才来处理海外的销售、服务和库存问题。多个国家被定义为企业的潜在市场。比如说，总部设在佐治亚州多拉威勒市的小公司普滤（Purafil）把能清除污染物和净化空气的空气过滤器销售到 60 多个不同的国家。[26] 从 20 世纪 90 年代早期开始出口产品到现在，普滤销售收入的 60% 来自海外市场。服务业的一个例子是警觉驾驶公司（AlertDriving），该公司为其他公司的车队提供在线培训课程。公司必须根据预期、驾驶习惯和地理差异调整它在 20 多个出口国的课程及市场营销策略。[27]

多国化阶段

第三个阶段是**多国化阶段**（multinational stage）。这一阶段的企业在多个国际市场积累丰富的经验，并在多个国家建立了营销、生产或研发基地。组织从本国之外的销售中获得了很大比例的销售收入。随着国际业务的开展，企业出现了大规模的扩张，从而将经营单元设到全世界各个地方，以便与供应商、制造商和分销商进行联系。处于多国化阶段的公司的例子包括德国的西门子（Siemens）、日本的索尼（Sony）和美国的可口可乐（Coca-Cola）。印度的埃迪亚贝拉集团（Aditya Birla Group）是一家跨国公司。公司始建于 1850 年，是贝拉家族的贸易公司。20 世纪 70 年代从东南亚开始，埃迪亚贝拉集团不断扩大在世界各地的生产和销售，在 35 个国家开展业务，经营领域包括纤维、化工、水泥、金属、纱线及纺织品、服装、化肥和炭黑等。2018 年，集团有超过 50% 的收入来自印度以外。[28]

全球化阶段

第四个也是最后一个阶段是**全球化阶段**（global stage）。这一阶段意味着企业已超越任何单一的国家。其业务不仅是国内各产业业务的集合，而且是将分支机构高度联结起来，使企业在一个国家中取得的竞争地位会明显地影响到在其他国家的活动。[29] 真正的**全球性企业**（global companies）不再认为自己属于某个母国，而且事实上，这种企业已被认为是"无国籍"的公司（stateless corporations）。[30] 这代表着一种崭新的、巨大的演进，从而与 20 世纪六七十年代盛行的多国性企业有了显著的区别。在这一阶段，所有权、控制权、高层管理被分散在几个国家。[31] 雀巢就是一个很好的例子。公司大部分的销售都来自母国瑞士之外的国家，公司有 30.8 万名员工分布在世界各地。首席执行官乌尔夫·马克·施耐德（Ulf Mark Schneider）是德国人，主席保罗·布尔克（Paul Bulcke）是比利时人，公司有超过一半的管理人员不是瑞士人。雀巢拥有上百个品牌，几乎在每一个国家都建有生产设施或开展了其他业务。[32]

全球性企业是以真正的全球方式经营的，因而整个世界都是它的市场。巨型的全球性公司如雀巢（Nestlé）、皇家荷兰/壳牌石油公司（Royal Dutch/Shell）、联合利华（Unilever）和松下电器（Matsushita Electric）的业务可能覆盖到一百多个国家和地区。要想把公司分散在世界各地相隔数千英里的各个分支机构整合成一个整体，其组织结构问题的复杂程度可想而知。全球性公司的组织架构设计非常复杂，通常要涉及全球矩阵结构或跨国模式，这些将在本章后面加以介绍。

对文化智商的需要

随着企业在国际扩张阶段的不断推进，对管理者和员工的文化智商的需求日益增长。**文化智商**（cultural intelligence）指的是运用推理和观察技能来领会陌生的形势和情况，并做出适当行为反应的能力。[33]文化智商并非是一份全局性的"注意事项"的清单，而是能够使人发现文化共识的线索，并以一种从文化角度而言比较合适的方式应对新情况。一家玻璃制造企业最近遇到的问题说明了文化智商的必要性。中国福耀玻璃工业集团（Fuyao Glass Industry Group）投资了 5 亿多美元，购买了通用汽车公司位于俄亥俄州代顿市（Dayton）附近的一家废弃工厂，并对其进行改造，以便距离每年购买其数百万块挡风玻璃的美国汽车制造商更近一些。然而，中国和美国的管理者和员工在如何做事上发生了冲突。公司董事长曹德旺表示，生产效率"不如我们在中国那么高"，因为一些美国员工"只是在闲逛"。另一方面，美国人则表示，中国监管人员正在牺牲安全性以实现高产量目标。福耀的美国人力资源主管埃里克·瓦内蒂（Eric Vanetti）意识到这是一个文化问题，"中国人偏爱速度，而美国人将事情流程化，并且从各个角度思考问题。"[34]如果你在一家跨国公司从事管理工作，你与来自不同文化背景的人进行交流的效果如何？完成"你适合哪种组织设计"，来评估你的文化智商水平。

～～～～～～～～～～～～～～～～～～～～～～～～～～～～

你适合哪种组织设计

你的文化智商如何？

下列各项描述在多大程度上与你的行为相符合？请如实地做出选择。

	基本符合	不太符合
1. 在和来自不同文化背景的人见面之前，我会事先考虑一下如何和他们相处。	_____	_____
2. 我了解主要的宗教信仰以及这些信仰对文化的影响。	_____	_____
3. 我了解若干个国家的地理、历史和文化领袖。	_____	_____
4. 我经常和家人及朋友讨论国际大事。	_____	_____
5. 我会寻找机会和来自不同文化背景的人相处。	_____	_____
6. 我能够很轻松地适应在异国他乡的生活。	_____	_____

7. 我很自信能在异域文化中和当地人成为朋友。　＿＿＿＿＿　＿＿＿＿＿

8. 我觉得在多元文化团队中工作非常不错。　＿＿＿＿＿　＿＿＿＿＿

9. 我经常和来自不同文化背景的人来往。　＿＿＿＿＿　＿＿＿＿＿

10. 为了便于和其他文化的人进行交流,我会
    适时变换我的面部表情和手势。　＿＿＿＿＿　＿＿＿＿＿

11. 当我偶然碰到了其他文化背景的人时,我
    会及时改变自己的行为方式。　＿＿＿＿＿　＿＿＿＿＿

12. 和那些英文讲得不是很好的人交谈我感
    觉非常愉快。　＿＿＿＿＿　＿＿＿＿＿

计分和解析:

这些问题的得分能够从某些方面说明一个人的文化智商。文化智商是管理者在多元文化情境中有效管理组织的重要能力。每一个题目选择基本符合可得 1 分,题项含义如下:

认知性文化智商,第 1～4 题,得分＝

情感性文化智商,第 5～8 题,得分＝

行为性文化智商,第 9～12 题,得分＝

认知性文化智商在于脑,情感性文化智商在于心,行为性文化智商在于身。如果你有丰富的国际化经验,而且三组题目的得分都在 3～4 分之间,那么就说明你有较高的文化智商。如果你三组题目的得分都在 1～2 之间,那你就需要学习更多关于其他国家文化的知识。掌握更多观察技巧,学习更多国际化课程,寻找一些出国旅行的机会,学习识别一些线索,以便与来自不同文化背景的人交往时应对各种不同的情况。把你的得分和其他同学的进行对比。如果你不是很喜欢和不同文化背景的人相处,那你如何与那些和你不同的人产生更多的共鸣呢?

资料来源:Based on P. Christopher Earley and Elaine Mosakowski, "Cultural Intelligence," *Harvard Business Review*, October 2004, 139-146; Soon Ang, Lynn Van Dyne, Christine Koh, K. Yee Ng, Klaus J. Templer, Cheryl Tay, and N. Anand Chandrasekar, "Cultural Intelligence: Its Measurement and Effects on Cultural Judgment and Decision Making, Cultural Adaptation, and Task Performance," *Management and Organization Review* 3 (2007), 335-371; and David C. Thomas and Kerr Inkson, *Cultural Intelligence: People Skills for Global Business* (San Francisco: Berrett-Koehler, 2004).

培养高水平的文化智商需要开放的思维,能够接受新思想和新方法。在不同的国家生活或工作,是人们拓展自己的舒适区、获得更广阔的全球化视野的最佳途径之一。一项研究发现,在成长过程中面对与自己不同的人,学会理解、体谅他们并与之共事的人更容易适应全球化管理。例如,在新加坡长大的人习惯听到英语和汉语穿插着说。说英语的加拿大人不仅必须精通美国文化和政治,还必须考虑法裔加拿大人的观点和想法,而法裔加拿大人则必须学习北美人、全球法裔社区人群、加拿大人和魁北克人的思维方式。[35]没有在多样的语言和文化环境下长大的人通常很难适应全球化的工作,但任何国家有意愿的管理者都可以试着开放自己的思想,欣赏其他文化观念。

6.1.3　建立国际战略联盟进行全球扩张

　　战略联盟可以说是国际化经营中最时兴的一种组织方式。由于在了解世界各地的政府法规、把握文化的细微差异以及满足不同国家的顾客需求等方面存在诸多困难，许多高管意识到与已经熟悉并服务于该地区的组织进行合作才是更明智的选择。回想第 4 章提到的，优步在中国单干是不可能完成任务的，只有与当地企业合作，才能帮助公司在充满风险的复杂环境中前行。优步最终将其在中国的业务卖给了本土竞争对手滴滴出行。滴滴创始人程维计划让自己的公司像现在占领中国市场一样占领全球其他地区的拼车市场。程维表示，滴滴的全球化路径是不同的。他说："我们并不是对所有的事情都亲力亲为。"[36]环境多变行业如媒体、娱乐、医药、生物技术和数字信息技术的企业甚至可能建立多达数百种的不同类型的战略联盟关系。[37]

　　典型的联盟形式包括许可证交易、合资企业和并购。[38]回想一下，我们曾经在前面的章节中讨论资源依赖关系的类型时提到过这些模式。同样的，这些模式也可以用于全球扩张。例如，当零售商企业如萨克第五大道（Saks Fifth Avenue）和巴尼斯纽约（Barneys New York）等进入新兴市场，特别是发展中国家时，它们会通过许可证方式将它们的品牌名称出售给国外合作者，这在一定程度上降低了风险。例如，萨克在利雅得、迪拜、沙特阿拉伯和墨西哥等地都有特许商店，巴尼斯在日本也有 12 家特许商店。[39]好时公司拥有多个许可协议，比如在韩国与美尔乳品厂（Maeil dairy）合作生产巧克力牛奶，在日本与乐天合作生产冰淇淋。好时公司全球许可与业务发展部总监欧内斯特·萨沃（Ernest Savo）表示，好时"一直把许可证交易作为进入市场的一种方式，并以此作为建立好时品牌形象和品牌亲和力的一种方式。"[40]

　　正如我们前面章节所讨论的，**合资企业**（joint venture）是由两个或两个以上的现有企业作为发起人创设的独立的组织实体。这是分担开发和生产成本并向新市场渗透的一种常用方法。[41]企业可以与客户单位或者竞争对手联合组建合资企业。好时公司与潘妮朵尼生产商巴多可（Bauducco）合作，成立了一家合资企业，在巴西生产巧克力。为了在新兴市场上生产一款低成本汽车，互为竞争对手的雷诺、日产和三菱几年前结成联盟。尽管合作关系一直举步维艰，但并未被解散，日产首席执行官西川广人（Hiroto Saikawa）表示，领导层最近重新承诺要实现联盟的"三赢"运营。很多汽车制造商都在致力于开发电动汽车和自动驾驶汽车，雷诺董事长让-多米尼克·塞纳德（Jean-Dominique Senard）在 2019 年初的新闻发布会上强调，企业之间"必须合作，否则就会灭亡"。[42]互为竞争对手的斯普林特（Sprint）、德国电信（Deutsche Telecom）和法国电信（Telecom France）展开了合作，并与几家规模较小的公司组建合资企业，为 65 个国家的全球化公司提供电信服务。[43]总部位于伊利诺伊州沃伦维尔市（Warrenville）的纳维斯塔国际公司

(Navistar International Corporation)与其竞争对手，印度一家快速发展的设备制造商马欣德拉公司（Mahindra & Mahindra Ltd.），成立了一家合资企业，生产用于出口的卡车和巴士。[44]

企业常会寻找机会建立合资企业或其他联盟关系，从而通过规模经济降低生产成本，分享互补的技术优势，借助合作伙伴的分销渠道在其他国家分销新产品和服务，或利用合作伙伴增加对当地市场的了解。然而，如果能说服对方企业的高管继续留任，很多企业更喜欢采用并购的方式，因为相对于合资企业来说，并购能获得更多控制权。沃尔玛最近进行了其有史以来规模最大的一次收购，以拓展其全球电子商务业务。

应用案例 6-2

沃尔玛与翻卡

无论是在美国还是在国外，沃尔玛都与亚马逊进行着激烈的竞争。这也是沃尔玛管理层斥资 160 亿美元购买印度最大但却并未盈利的电子商务公司翻卡（Flipkart Group）大部分股权的原因之一。

沃尔玛的利润因收购而受到冲击，但高管们认为，为了在亚马逊和其他大型电子商务公司尚未取得领先地位的市场中获得发展，短期内承受亏损是值得的，因为这个市场是十分庞大且不断增长的。沃尔玛国际（Walmart International）首席执行官朱迪思·麦肯纳（Judith McKenna）在谈到此次收购时说："翻卡有了规模，有了增长，更有了一只优秀的管理团队。"他还表示，"这是进入印度市场的独有时刻。"然而当亚马逊以超过 55 亿美元的资本进入印度时，翻卡受到了冲击。亚马逊作为一家拥有大量资金的大型公司，能够通过提供较低的价格从翻卡那里抢夺顾客，即使这会损害公司的利润。

风险很高，但潜力也很大，因为印度年轻人在线购物的增长速度是美国的四倍。印度的电子商务市场预计到 2026 年将达到 2 000 亿美元。翻卡的优势在于它是一家本土公司。与亚马逊相比，它面临的法律和监管的障碍更少，它的管理人员更加了解当地环境和客户期望。不过，亚马逊一直在迅速采取行动，学习如何成为印度日益壮大的在线购物者的首选。[45]

其他一些企业也通过收购实现国际增长。例如，中国本土品牌在国际市场上举步维艰，但中国企业已经认识到，它们可以通过收购海外强势品牌并保持其健康发展而获得成功。中国企业已经收购了许多外国公司，包括沃尔沃（Volvo）、AMC 影院、意大利豪华游艇制造商法拉帝（Ferretti）和史密斯菲尔德食品公司（Smithfield Foods）等。史密斯菲尔德食品公司长期以来一直向美国食杂店供应史密斯菲尔德火腿、埃克里奇香肠、盔甲肉丸和农田培根。双汇国际控股有限公司（Shuanghui International Holdings Ltd.，简称：双汇国际）以 47 亿美元收购史密斯菲尔德，是迄今为止中国企业规模最大的一笔收购，但中国企业可能不会止步于此。这些收购正在重塑全球商业格局。[46]在很多案例中，中国企业都将本地管理人员留在被收购

企业中继续管理公司。例如，中国房地产企业大连万达集团公司（Dalian Wanda Group Corporation）收购 AMC 娱乐控股公司（AMC Entertainment Holdings Inc.）之后，将一个财务团队派到了美国，但仍由美国管理团队决定如何使用战略预算。[47]

本节要点

- 今天的企业几乎无一例外地受到全球化趋势的冲击，很多企业开始拓展海外业务以利用经济全球化带来的好处。推动企业全球扩张的三大动力是实现规模经济、利用范围经济和获得稀缺的或低成本的生产要素，如劳动力、原材料或土地等。

- 企业的发展通常经历四个阶段，从开始的以国内市场为主的阶段，到转向国际市场的阶段，然后是跨国公司阶段，最后进入全球化阶段，这时的企业把全球市场都看成是自己的潜在市场。与这四个国际扩张阶段相适应，企业在开始时设立出口部，然后随着业务发展设立国际部，最后发展出一个世界范围的地区或产品事业部的结构。

- 随着企业国际化程度的提高，对管理者和员工的文化智商的要求也越来越高。

- 企业走向国际化的一种常用路径是与跨国公司建立战略联盟关系，包括许可证转让、创办合资企业及并购三种方式。

- 在不同的国家生活或工作，是人们拓展自己的舒适区，获得更广阔、更全球化视野的最佳途径之一。

6.2　全球化设计面临的挑战

如何在全球市场扩张中抓住机遇，是全球化企业的管理者们面临的巨大挑战。图 6-1 展示了全球化组织设计面临的三种主要挑战：更高的复杂性和分化程度（complexity and differentiation）、协调的需要（need for coordination）以及转移知识和创新的难度增加。全球性企业必须接受国际环境高度复杂的现实并需要应付不同国家市场之间的巨大差异性。每个国家都有自己的历史、文化、法律和监管系统，人们饮食各异，宗教不同，观念存在差异，并且有着不同的社会习俗。[48]正如我们在第 4 章中讨论到的，环境的复杂性和国家之间的差异性要求组织更加分化。

同时，全球性企业必须找到某种机制，以有效地协调和整合其广布全球的各个分支机构，并促进知识和创新在组织内部的发生和转移。[49]尽管许多小企业也积极开展国际业务，但大部分国际性企业的规模都很巨大，带来了很大的协调问题。表 6-3 比较了一些大型跨国公司的经济增值（value added）与几个国家的国内生产总值（GDP），这样的比较将有助于加深我们对这些跨国巨头的规模和影响力的理解。

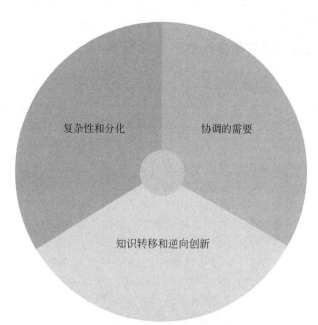

图 6-1　全球化设计面临的挑战

表 6-3　几家全球最大的跨国公司经济增值与一些国家的国内 生产总值的比较(数据取自 2017 年,货币:美元)			
公　　司	收入 * (10 亿美元)	国家	年度 GDP+(10 亿美元)
沃尔玛	458.873	比利时	468.148
大众汽车	276.264	智利	250.008
苹果公司	229.234	葡萄牙	205.269
亚马逊	117.9	科威特	110.873
微软	89.95	斯洛伐克	89.806
强生公司	76.45	埃塞俄比亚	73.151
西班牙电信(Telefónica)	62.341	卢森堡	58.655
雷普索尔公司(Repsol)	49.747	黎巴嫩	49.611
脸谱网	39.3	塞尔维亚	38.3
可口可乐	35.41	玻利维亚	34.053

* 这一规模大小的比较是假定收入能够通过等量的 GDP 来衡量。
＋国内生产总值。

6.2.1　更高的复杂性和分化程度

　　当公司进入国际舞台以后,它们将遭遇到比国内市场复杂得多的内外部环境。公司必须构建起一种有效的组织结构以确保企业能在不同的国家经营业务。这些国家往往处于不同的经济发展阶段,使用不同语言,有着不同的政治制度和政府法规、文化规范和价值观念,在诸如交通和通信之类的基础设施建设上也是千差万别。想想亚马逊在印度面临的挑战。如前所述,亚马逊、印度的翻卡(现在归沃尔玛所有)和其他当地初创企业都在竞相吸引不断增长的印度在线购物消费者。为了服务于农村地区的顾客,亚马逊与当地的小型商店签约,提供空间来引导人们完成在线订购的流程;同时还为无法阅读的顾客增加了产品的视频描述;修改应用程序,使用廉价的智能手机,在时断时续的手机信号下也能使用;改进购买流程,支持人们用现金支付。最大的挑战是配送。超过20 000家当地小微商店报名参加了"我有空间"计划,充当亚马逊分销网络的连接点,接收附近顾客的包裹,并负责派送,他们通常是骑着自行车送货,常常需要走在没有地址路牌的泥泞道路上。[50]

　　与外部环境的复杂性相比,跨国公司内部环境更为复杂。正如第4章所述,内外部环境越复杂和不确定,组织就越需要高度分化出许多专门的职位和部门来应对环境中特定的挑战。在上面所述的例子中,亚马逊不得不通过设置许多新的专职工作任务来适应印度的文化。高管层可能需要设立专门的部门来处理各国不同的治理方式、法律和会计法规。大多数企业都会遵守当地的法律和风土人情,但是他们也希望行使自由裁量权,所以他们会安排律师团队和其他专业团队经常关注来自外界的不满,然后决定如何做出应对。[51]

　　除了需要处理各国的法律法规之外,企业需要更多的跨边界部门来预测和应对外部环境的变化。全球企业可能需要将它们的运营工作,如工程、制造、设计、营销和销售等在全球分散化布局。特别是,许多企业开始建立全球产品开发系统以获取更多国际化知识,设计出更加符合全球市场需求的产品。例如,德勤(Deloitte)的一项研究发现,在被调查的北美和西欧国家的制造商中,48%在其他国家建立了工程运营部门。[52]跨国企业必须在国际水平上实施多种战略,开展更广泛的活动,提供更多数量的产品和服务。

6.2.2　协调的需求增加

　　随着组织变得越来越分化,多样化的产品以及不同的事业部、职能部门、职位散布于不同的国家,全球性企业的高层将面对如何整合公司的巨大挑战。协调指的是组织内部各单元之间协作的质量。问题是如何能使全球性企业达到所需要的协调和协作,以便企业能获得全球扩张所带来的规模经济性、范围经济性和低成本生产等好处。我们在第 4 章中讲到,即使是本土企业,各部门之间的高度分化也要花费更多的时间和资源来进行协调,因为不同员工的态度、目标或工作导向往往差异很大。全球性企业面临的问题则更加复杂,因为它们的各个部门不但在工作目标和态度上有很大差别,而且这些部门还分散在不同的地区、时区,有着不同的文化价值观念,甚至可能使用的语言也不一样。企业必须找到在组织间共享信息、思想、新的产品和新技术的途径。所有企业在推行国际化的时候,必然会遇到将各部分工作如何在正确的时间和正确的地点以适当的方式整合的问题。

 ### 6.2.3　知识转移和逆向创新

全球化带来的第三个挑战是如何在全球性企业内部通过共享知识和创新来学习组织在全球化过程中积累的经验。国际环境的多样性给组织提供了一个绝好的学习和发展多样化能力的机会,还有惊人的产品和服务的创新。例如,世界最大的眼科矫正镜片制造商依视路国际公司(Essilor International SA)在德国设计透镜,在美国制造高透明聚合物镜片毛坯,然后在日本加上微薄涂层。[53]

一些专业人士认为,应对国家间知识和创新转移挑战的一个方法是,提高来自中国和印度等新兴市场企业的突破性创新的比例。[54]传统的创新途径是,产品和服务的创新源自发达国家,并为发达国家服务,然后加以修改,供较不发达地区使用。在一种被称为**逆向创新**(reverse innovation)的新方式下,企业为新兴市场提供创新性的、低成本的产品或服务,然后迅速、低成本地进行改造和重新包装,再销往发达国家。逆向创新的趋势,有时被称为逆流创新(trickle-up innovation),使组织比以往任何时候都更加关注加强国际企业共享机制建设的需要。医疗行业就是一个例子。通用电气医疗集团已经在中国开创了稳定的市场,但其高端超声机器和其他产品没有满足资金贫困地区和技术水平较低的乡村医院或诊所的医疗从业者的工作需要。价格、便携性和易用性是重要标准。通用电气医疗集团(GE Healthcare)在中国组建了一个半自治小组,并命名为"本地成长团队",负责招聘本地人才,并将产品开发、采购、生产和市场营销等职能组合到一个业务单元中,这个团队还开发了一种便携式超声波机器,售价低于公司高端超声机器成本的 15%。通用电气现在在世界各地销售这种产品,在六年之内其全球产品线销售额将增长到 2.78 亿美元。[55]通用电气首席执行官杰弗里·伊梅尔特(Jeffrey Immelt)说:"如果我们不在贫困国家跟进产品创新,将他们纳入国际市场,来自发展中国家的企业也会这么做,比如迈瑞(Mindray)、苏司兰(Suzlon)和金风科技(Goldwind),这会对我们形成新的竞争。"[56]表 6-4 列举了一些逆向创新的例子。

表 6-4　逆向创新的事例	
公　司	**创新和应用**
达能集团（Groupe Danone）	在孟加拉国建设小工厂，产量仅是达能一般工厂的百分之一，发现小工厂运行起来几乎和大工厂一样有效率，激发了达能适应其他市场的新思路。
雀巢	将美极（Maggi）品牌的干面条制作成巴基斯坦和印度乡村地区的低成本主食，并把它重新开发为澳大利亚和新西兰的友好健康食品。
通用电气	印度医疗从业者缺少购买大机器的资金和置放空间，更换昂贵的设备零件存在困难，而且当地尘土较多，针对这些情况，通用电气为印度顾客开发了一种便宜的便携式心电图机。现在这种机器已经销往美国及世界其他国家。
惠普	在印度有一个团队负责把为亚洲和非洲开发的手机网页界面应用程序推广到美国和欧洲等发达市场。
约翰迪尔	为印度农民开发出了高质量低成本的拖拉机。受经济衰退影响，美国农民对这种拖拉机的需求越来越多。同时，这种拖拉机将在约翰迪尔扩张俄罗斯市场的过程中扮演重要角色。

资料来源：These examples are from Michael Fitzgerald, "As the World Turns," *Fast Company*, March 2009, 33-34; Reena Jana, "Inspirations from Emerging Economies," *Business Week*, March 23 & 30, 2009, 38-41; Jeffrey R. Immelt, Vijay Govindarajan, and Chris Trimble, "How GE Is Disrupting Itself," *Harvard Business Review*, October 2009, 3-11; and Navi Radjou, "Polycentric Innovation: A New Mandate for Multinationals," *The Wall Street Journal Online*, November 9, 2009, http://online.wsj.com/article/SB125774328035737917.html (accessed November 13, 2009).

　　全球性企业各地的分支机构在应对当地环境挑战过程中掌握了满足当地特定市场需要的技巧和知识。正如逆向创新趋势所显示的，这些知识大都与产品改进、运营效率、技术进步或企业的其他各种能力提高有关，因而在其他国家也是适用的。所以全球性企业需要建立一种制度来推进组织内部知识和创新的传播。一个很好的例子是宝洁公司，20世纪80年代液体汰渍（Liquid Tide）是宝洁在美国市场最畅销的产品，该产品是宝洁公司各个部门共享创新的成果。液体汰渍使用的可以在水中分离污渍的技术来自美国宝洁总部，洁净剂配方是宝洁的日本技术人员发明出来的。清除硬水中天然盐的特别成分是公司在布鲁塞尔研究所的科学家们研制出来的。[57]

　　将员工的思想和知识进行跨越国界转移更具挑战性。当总部位于卢森堡的钢铁制造商阿塞洛米塔尔（ArcelorMittal）希望其位于印第安纳州伯恩斯港的钢铁厂使用类似于比利时根特市钢铁厂的超现代设备和技术，来提高生产率和盈利能力时，员工们并没有欣喜若狂。他们已经习惯用纸和笔来计算每批钢中铁矿石、焦煤和石灰石的正确混合比例，员工们拒绝学习电脑操作类的课程。对此,公司采取了"结对学习"的管理措施,将两个规模、成立年限以及产品都相似的工厂放在一起,让实力相对较弱的一方向实力相对较强的一方学习。阿塞洛米塔尔钢铁集团将 100 多名工程师和管理人员派往比利时根特市,学习比利时工厂的先进经验。如今,伯恩斯港的工厂已经创下产量记录,生产率已达到与比利时工厂相当的水平。工人们纷纷表示,"结对学习"帮助他们避免了不幸的发生,他们的工作内容跟以前不同了,但是比以前更好了。[58]许多组织只利用了跨国界转移过程中的一小部分知识和创新思想。世界各地的人分散在不同地方,有时很难建立信任关系。其他原因还包括:[59]

- 语言壁垒、文化差异和地理距离会阻碍管理者发现存在于不同国家的组织单元间的知识和机会。
- 有时候管理者并不看重企业整合的价值,而是保护本部门的利益,不与其他部门合作。
- 有时,组织中有的部门把知识和创新看成是一种权利而不愿与别的部门分享,以此来为自己部门在组织中谋求更大的影响力。
- "非此处发明"综合征(not-invented-here syndrome)使得许多部门管理者不愿接受其他部门的专门知识和专门技术。
- 大多数组织的知识都存在于员工的脑海中,很难轻易地记录下来与别的部门分享。

为了应对全球挑战,管理者们鼓励知识开发与共享,建立一些能够让各地部门都能享用知识的系统,并在全球各业务单元之间共享创新。

本节要点

- 要想在全球市场上获得成功并不容易。全球性企业面临的挑战主要有三类:采用复杂和分化的组织结构来应对环境的复杂性,在高度分化的各个业务单元之间实现有效的协调以及建立有效的知识和创新的传播机制。
- 大多数跨国公司都发展得非常庞大。沃尔玛、大众、苹果公司等大型企业的收入甚至超过了世界上许多国家的国内生产总值。
- 逆向创新指的是为新兴市场提供创新性的、低成本的产品或服务,然后迅速、低成本地重新包装,再销往发达国家。逆向创新是大型跨国公司应对知识和创新转移挑战的一种方式。

6.3　适应全球化战略的结构设计

跨国公司的管理者们一直在努力寻找正确的、适用于特定环境的战略和结构。我们在第 3 章曾经讨论过,一个组织在把员工们集中到特定的职能、产品或地区后,必须相应地提供足够的信息处理能力,以保证所需的协调和控制，这样组织结构才能与其情境相适应。国际化经营中组织结构的设计应遵循同样的逻辑，这里我们将讨论的重点放在全球战略机会与地方战略机会的比较上。

6.3.1　全球机会与地方机会模型

当企业进入国际市场时，为了更好地完成目标，管理者们需要努力制定一个能为企业全球经营带来协同效应的连贯的全球战略。企业面临的一个选择的困境是：应该强调**全球标准化**（standardization）还是强调本地响应性，即管理者们必须决定他们是愿意标准化企业遍布全球的分支机构，还是愿意让这些分支机构自主经营。企业的这些决策最终反映在企业采纳全球战略还是多国战略（本土化战略）上。

全球战略（globalization strategy）意味着在全世界范围内采用标准化的产品设计、生产和广告宣传战略，这样比在不同市场上提供不同产品的成本要低。[60]例如，布莱克德克尔公司（Black & Decker）就是在将其各种电动工具产品改为标准化生产之后，才大大提高了国际竞争力。总的来说，服务性企业更不适合采用全球战略，因为不同国家的不同风俗习惯往往要求企业用不同的方式来提供服务。例如，全球酒店排名前 20 的西班牙最大的连锁酒店美利亚国际酒店（Meliá Hotels International）为了获取隐性知识，与全球 43 个不同国家的本地企业建立了合资公司，或者构建了其他类型的合作伙伴关系，这些国家包括中国、保加利亚、美国、印度尼西亚、希腊、克罗地亚、巴西、埃及和英国等。[61]

很多企业也开始改变单一地采用全球战略的做法。经济和社会的发展，包括反对巨型跨国企业的声浪，已经使得许多顾客不再那么迷信世界品牌，转而更喜欢带有地方特色的产品。[62]但是，采用全球战略可以为企业节省资金，因为通过标准化产品设计和制造、选择相同的供应商、在全球范围更迅速地引进新产品、协调全球产品的价格、去除重复设施，有助于企业获得规模经济效率。[63]生产个人仪容用品如男士用"锋速 3"（Mach 3）剃须刀和女士用"维纳斯刀片"（Venus razor）的吉列公司（Gillette）在其全世界的工厂中都采用统一的供货商和技术规格标准化的生产流程。[64]

～～～～～～～～～～～～～～～～～～～～～～～～～～～～～～～～

问题引入部分的参考答案

1. 组织在不同国家取得成功的唯一方法是定制化其产品和服务，以迎合每个国家本土消费者的兴趣、偏好和价值观。

答案：不同意。全球各地的消费者确实希望能够享受量身定做的产品和服务，以满足需求和偏好，一些企业迎合本地市场的需求，提供相应的产品或服务，取得了成功。然而，有一些跨国公司在全球多个国家提供相同设计的产品，采用相同的市场战略，也获得了巨大的竞争优势。

～～～～～～～～～～～～～～～～～～～～～～～～～～～～～～～～

多国本地战略（multidomestic strategy），也称**本地化战略**（localization），意味着企业在每一个国家的经营与竞争都不同于其他国家。这样，多国战略就会促使企业根据每个国家的特定需要来调整产品设计、组装及营销。有些企业已经发现，它们的产品无法在单一的全球市场上热销。例如，不同国家的人对像除臭剂或牙膏这样的个人护理产品的期望截然不同。即使是美国快餐连锁店，一度被认为是世界市场标准化的典范，也发现需要更多地适应本地差异和民族差异。当肯德基在 1973 年第一次进入亚洲的时候，试图推行它的全球化战略，但是却在两年之内相继关闭了 11 家门店。管理者们通过采用本地化战略进行二次尝试，取得了很大的成功，特别是在中国。在中国，肯德基占有快餐连锁市场 40％ 的份额，而麦当劳只占 16％。[65] 再来看一下亚马逊在全球市场上推出视频媒体服务的做法。亚马逊工作室（Amazon Studios）的负责人罗伊·普莱斯（Roy Price）说："你可以提供全球服务，但没有全球客户，只有本土客户。"与网飞公司采用全球化战略，播放具有全球广泛吸引力的电影和电视节目的做法不同，亚马逊为每个国家量身定制自己的产品。例如，在推出视频服务之前，亚马逊在印度花了两年时间建立了本土视频团队，并签订了播放印度电影、体育节目和其他内容的协议。[66]

　　跨国公司的组织结构设计要么满足全球一体化的要求，要么满足国别化响应的要求。最近有项研究考察了一百多家西班牙跨国公司，研究结果支持了跨国公司的组织结构和战略定位之间存在某种联系的观点。[67] 图 6-2 展示了跨国公司的组织设计和国际化战略是如何适应环境需要的。[68]

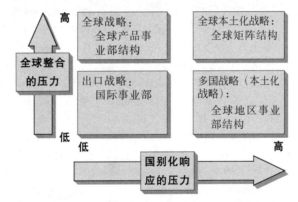

图 6-2　组织结构适应国际优势的模型

资料来源：Based on Christopher A. Bartlett and Sumantra Ghoshal，Text，Cases，and Readings in Cross-Border Management，3rd ed.（New York：Irwin McGraw-Hill，2000），395；Roderick E. White and Thomas A. Poynter，"Organizing for Worldwide Advantage，" *Business Quarterly*，Summer 1989，84-89；Gunnar Hedlund，"The Hypermodern MNC—A Heterarchy？" *Human Resource Management* 25，no. 1（Spring 1986），9-36；and J. M. Stopford and L. T. Wells，Jr.，*Managing the Multinational Enterprise*（New York：Basic Books，1972）.

　　根据所生产的产品或服务是否具有全球化的潜力，也即是否具有在全世界范围内标准化生产的优势，我们可以对企业进行一定的分类。将各产品线中的同一产品或服务销往许多国家的企业，采取的是全球战略。与之对比，一些企业的产品和服务则更适合采取多国战略（本土化战略），也即通过差异化和个性化取得在各国区别经营的优势。

在许多情况下，企业需要同时把握来自全球的和本土的机遇。全球本土化（glocalization）指的是在全球市场上，根据销售所在地的本土性或文化定制产品或服务，更有可能取得成功。**全球本土化战略**（glocalization strategy）力求实现全球一体化和本土响应。[69]然而，真正的全球本土化战略是很难实现的，因为一个目标需要紧密的全球协调，而另一个目标则需要当地的灵活响应。然而，许多行业发现，虽然竞争加剧意味着企业必须实现全球效率，但本国做出响应满足当地需求的压力也日益增大。[70]麦当劳的全球本土化战略取得了成功。连锁店在标准使用和业务培训方面不仅是全球性的，更是地方性的。麦当劳向本地创业者提供特许经营权，从本地采购许多食材，并关注餐厅设计和菜单选项方面的本地偏好。例如，印度尼西亚的顾客可以点一碗带有鸡肉和炸薯条的布莱恩米粥，而中国香港的麦当劳餐厅则向顾客提供高帆汉堡（kao fan burger），它是一种在米饭做成的小圆面包里包裹炸鸡肉馅的食物。[71]可口可乐是另一家能够有效实施全球本土化战略的公司。这家软饮料巨头拥有可口可乐、芬达和雪碧等知名品牌，可以通过在全球范围内生产、宣传和分销来提高效率，但它在全球销售的饮料有 400 多种不同类型。例如，可口可乐推出的传统格瓦斯是该公司在俄罗斯销售增长最快的软饮料。[72]

如图 6-2 所示，当全球整合和在许多国家中的国别化响应这两种压力都比较低时，可以采用在国内结构基础上增设国际事业部的方式来处理国际业务。不过，对某些行业来说，技术、社会或经济因素可能形成一种环境，在这种环境下，企业向全世界销售标准化的产品具有竞争优势的基础，因为相比针对不同的市场提供不同的产品，这种战略的成本更低。在这种情况下，全球产品结构是合适的。这种结构授予了产品经理在全球范围内管理其产品线的权力，并促进企业充分利用全球统一市场的优势。而在另一些情况下，企业则可通过国别响应，即针对业务所面向的各个国家的独特需要来做出反应，以此获得竞争的优势。对这些行业中的公司来说，全球地区事业部结构是合适的。采用这种组织结构的全球企业授权自己全球各地的分支机构根据所在地的实际情况来相应地调整自己的产品和服务。一个很好的例子是奥美环球广告公司（Ogilvy & Mather Worldwide），该公司把自己的业务划分为四个主要的地理区域，因为广告业需要根据各地不同的口味、偏好、文化价值和政府规章制度来调整所使用的广告策略和手段。[73]比如说在美国，儿童形象经常出现在产品广告中，但在法国，这样做是违法的。美国电视广告中常见的嘲弄对手产品的行为换到德国也是属于违法行为。[74]

在许多情况下，企业需要同时对全球的机会和地区的机会都做出反应。此时，可采用全球矩阵结构。也即产品线的某些部分可能需要全球范围的标准化生产，另一些部分则要根据各国当地的需要进行调整。在现实中，对于大多数企业来说，都存在着在全球一致性和本土响应性之间的张力问题，而且这种张力有不断变大的趋势。想一下第 1 章开篇案例中所提到的通用电气是如何做出改变以应对这种日益紧张的张力的。

应用案例 6-3

通用电气

通用电气前任首席执行官杰夫·伊梅尔特在离职前曾为《财富》杂志撰写过一篇文章,探讨全球化是如何从基于全球一体化的模式转变为"在全球范围内拥有本土化能力"的模式。伊梅尔特补充说:"优秀的全球领导者懂得欣赏人们在当地文化中的工作方式。他们……使其团队工作在其国家中富有意义。"

在过去的几十年里,通用电气一直在放弃其旨在实现效率最大化的全球战略,转而采取一种让公司在当地获得更大、更个性化的影响力的战略,即使这种战略会损害效率。该公司在印度新建的机车工厂就是一个例子,它是一项 2 亿美元投资的核心部分。在德里(Delhi)东南部 600 英里的偏远贫困村庄马海拉(Marhaura)建立工厂,"甚至许多印度公司都会三思而后行",通用电气印度公司首席执行官班马里·阿格拉瓦拉(Banmali Agrawala)这样表示。而项目经理尚卡尔·达尔(Shankar Dhar)说:"如果某件事需要耗费三个月的时间,在这里你得花费六个月。"为了赢得大型商业合同,通用电气不得不在当地扎根更深。马海拉工厂将会为印度铁路公司庞大的铁路网络建设提供机车,这是通用电气运输部门有史以来最大的交易之一。

通用电气在全球拥有 400 多家工厂。它还在波兰、墨西哥和卡塔尔等国建立了工程与研究中心,最近还在沙特阿拉伯开设了一个业务流程外包中心,雇用了 3 000 名当地妇女,并由一名妇女担任领导。该公司的目标已从进入外国以追求更低的劳动力或资源成本,转变为建立当地关系,以服务新市场。随着印度、中国和印度尼西亚等国经济实力的增长,这些地区希望跨国企业"在当地投资和建设,向当地工人传授新技能,并分享技术诀窍",而不仅仅是为了寻求更低的成本而来。[75]

其他公司也一直在努力加强与当地的联系。霍尼韦尔国际(Honeywell International)表示,它在亚洲设立制造工厂,是为了更好地把握新兴市场的"细微差别",并推出了一系列安全帽,以更好地适应亚洲员工的佩戴需求。[76]在全球经营业务的大多数企业利用各种各样的机制来协调全球一致性和本地响应性之间的张力问题。现在让我们对图 6-2 中列示的各种结构做详细讨论。

6.3.2　国际事业部

当企业开始开发国际市场机会时,它们通常先是设立一个出口部门,然后再扩展为**国际事业部**(international division)。国际事业部与企业内其他主要部门或事业部拥有同等的地位,如图 6-3 所示。国际事业部内设有自己的机构处理各国的业务(如许可证交易、合资企业等)。国际事业部负责将国内事业部生产的产品和服务销往国外，或者开办企业的附属机构。国际事业部的努力通常会把组织引向更为复杂的国际化经营。

虽然企业在国内业务方面通常会采用职能型结构，但这种结构在国际业务管理中的应用越来越少。[77]如果在全世界范围使用职能型结构，职能层级链就会延伸得过长。因此，产品型结构或地区型结构的形式得到了使用，因为它们能将组织分成小的经营单元。企业通常始于国际部，然后依据它们所采用的战略而采取产品或地区事业部结构或矩阵。例如，一项研究发现，在全球领先的企业中，48％采取事业部结构，而28％采取矩阵式结构。[78]

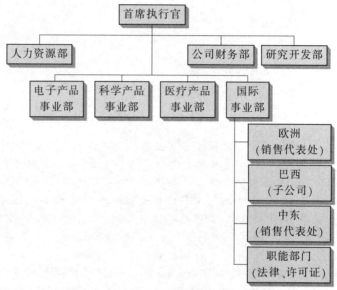

图 6-3　国内与国际事业部混设的结构

6.3.3　全球产品事业部结构

在**全球产品事业部结构**（global product structure）中，产品事业部负责特定产品领域的全球性经营。当公司高层想要实现全球性目标时，这种结构最为适用，因为它提供了一种非常简明的方式来有效地管理遍布全球的各种业务和产品。各事业部的负责人可以按照他们认为合适的方式来组织本部门的全球经营活动，并负责调动本部门员工的积极性来集中解决本部门面临的问题或机遇。[79]而且，全球产品事业部结构还能帮助跨国公司总部的高层们从全世界的范围来审视公司面临的竞争，从而使得整个企业能够更加快速地响应不断变化的国际环境。[80]

在全球产品事业部结构中，各事业部经理负责其供应全世界所有市场的产品生产和分销等各项职能的计划、组织和控制工作。我们从图 6-2 中可以看出，当企业有机会在全球范围内为所有的市场生产和销售标准化产品时，全球产品结构最为有效，因为它能带来生产、营销及广告宣传活动的标准化,并产生规模经济效益。

伊顿公司(Eaton)现在采用的是一种全球产品结构,如图 6-4 所示。在这一结构中,汽车配件群部、产业群部等负责世界范围产品的制造和销售。国际业务副总裁负责管理各地区的协调官。公司在日本、澳大利亚、南美洲和北欧各设有一名协调官。协调官负责找出实现所管辖地区内各产品线之间共享设施及改进生产发运工作的可行办法。这些协调官担任着像本书第3章中所描述的类似整合人员的职能。

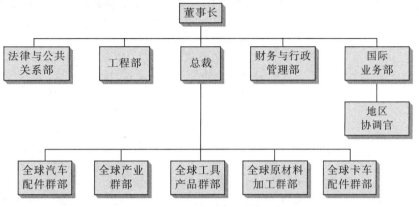

图 6-4 伊顿公司的部分全球产品结构

资料来源:Based on *New Directions in Multinational Corporate Organization*(New York: Business International Corp.,1981).

产品结构最适合于全球范围内的标准化生产和销售,但它也存在一些缺陷。通常情况下,产品事业部之间并不能很好地共事,很可能会在某些国家的经营中相互竞争,而不是共同合作。而且,产品经理们可能会忽视开发某些国家的市场。伊顿公司通过设立地区协调官的办法,使这些协调人员拥有明确的职责,从而为解决这类问题提供了一条有效的途径。海尔(Haier)采用的是典型的产品结构,公司将员工按照 10～30 人一组划分为2 000 个半自治小组,每个小组自负盈亏,负责关注一种特定产品或项目在多个国家内的运营情况。[81]

 ### 6.3.4 全球地区事业部结构

如图 6-2 所示,**全球地区事业部结构**(global geographic structure)非常适合那些想通过采用多国战略来强调地区或当地市场需求响应性的公司。该结构把全世界分为几个大的地理区域,每个区域直接向母公司的 CEO 报告。每个地理区域的负责人拥有对本地区内所有职能活动的完全控制权。比如说,世界上最大的品牌食品企业、总部设在瑞士的雀巢公司就大力强调熟悉当地市场的地区经理拥有自主权。雀巢不赞同那种所谓的单一全球市场的说法,也不认为单一采用某种特定的地区组织结构就能满足不同国家

不同市场的需求和应对当地的竞争。所以雀巢的地区经理们有权按照他们认为合适的方式来调整产品的口味、包装、分量等。实际上,雀巢旗下的8000 多个品牌中很多都只在一个国家进行了注册。[82]

采用全球地区事业部结构的公司大都拥有成熟的产品线和稳定的技术,因而能够在不同国家找到低成本生产的方法并能满足不同市场不同的营销和销售要求。然而,一些商业运营和组织设计中出现的新潮流扩大了这种组织结构的适用范围。[83] 比如说,服务型企业这几年的发展超过了制造型企业,服务行业的性质要求这些企业必须满足当地市场的需要。意大利联合信贷银行(UniCredit)总部位于米兰,在 17 个国家设有 8 500 家分行,下设三个主要事业部群:西欧商业银行部,中东欧商业银行部,以及为跨国企业客户提供服务的投资银行部。[84] 星巴克咖啡公司将其全球市场划分为三大区域:中国及亚太地区,包括日本、韩国、泰国、马来西亚、新加坡、印度尼西亚、菲律宾、澳大利亚和新西兰;美洲地区,包括美国、加拿大、墨西哥和拉丁美洲地区;EMEA 地区(欧洲、中东和非洲的简称),包括欧洲、英国、俄罗斯、中东地区和非洲。[85]

此外,为了迎接日益激烈的竞争,许多制造企业也开始强调定制产品以满足客户特定的需要,这客观要求制造企业必须强调本地或地区响应性。事实上,由于当今多变的商业环境和加剧的竞争挑战,所有的企业都不得不和顾客建立更为密切的关系,这也可能使得企业越来越从基于产品的组织结构转向基于地区市场的组织结构。例如印度的 Bupharm 公司,一个年轻的、成长中的医药公司,设置了地区事业部,包括亚太地区、拉丁美洲地区和欧洲地区等,这些地区事业部帮助公司更好地服务于 40 个国家的客户。[86]

企业在采用全球地区结构时,高层管理者们会面临由于各地区事业部自治而产生的一些问题。比如,因为每个事业部的行动只着眼于满足本地区的需要,像新产品研究开发这样的需要在全球范围内开展的活动就不易做出安排。国内开发出的新技术、新产品难以扩展到国际市场,因为每个事业部只开发自己区域所需要的产品。另外,要将海外开发成功的产品迅速引入国内市场,也是一件难事。还有,跨区域的部门经理和工作人员经常会出现重复配置的问题。由于地区部门需要满足各自区域的特定需求,因此保持对成本的控制将是一个重要的问题。下面的应用案例将会告诉我们高露洁公司(Colgate-Palmolive Company)的管理者们是如何克服与地区结构相关问题的。

应用案例 6-4

高露洁公司

在好几年的时间里,生产和销售个人护理、家居护理产品和宠物食品的高露洁公司一直采用的是如图 6-5 所示的全球地区事业部结构。高露洁有着从事国际化经营的长期历史和丰富经验。公司凭借其在北美、欧洲、拉丁美洲、远东和南太平洋地区的各个事业部保持着竞争优势。高露洁一半以上的总收入来自美国以外的市场。

　　采用全球地区事业部的组织结构符合高露洁强调个人自主权、企业家精神和本地响应能力的企业文化。每个地区事业部的主管直接向总部的首席运营官汇报,每个事业部都有自己的职能部门,比如人事、财务、生产和营销等。为了处理不同地区事业部之间的协调问题,高露洁设立了一个国际业务开发小组(international business development group),专门负责公司长期规划和全球范围内公司产品间的协调和交流。该小组由几个产品团队负责人领导,他们中的许多人都曾经是地区事业部负责人,具有丰富的经验和广博的知识。产品团队的领导人主要充当各地区事业部的协调人和顾问。虽然他们并没有直接的指挥权,但却有足够的能力和必要的公司支持能对各地区事业部产生很大的影响。引入国际业务开发小组的做法很快收到了积极的效果:高露洁在所有国家推出新产品的速度更快了,公司的营销也变得更有效和低成本了。

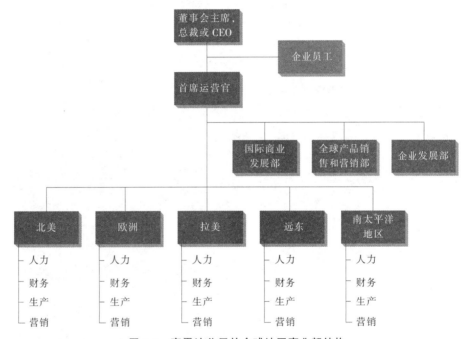

图 6-5　高露洁公司的全球地区事业部结构

资料来源:Based on Robert J.Kramer,*Organizing for Global Competitiveness*:
The Geographic Design(New York:The Conference Board,1993),30.

　　国际业务开发小组的成功实践促使高露洁高管层设立了一个新的协调职位和一个新的协调部门———一个是专门负责并购的企业发展副总裁,一个是协调全球所有地区事业部销售和市场营销的小组。由于在公司组织结构中设置了这样两个全球性的职位,高露洁实现了它的目标:保持聚焦每个地区的能力、实现全球统一协调和统一规划、以更快的速度推出新产品以及提高销售和市场营销效率。[87]

6.3.5　全球矩阵结构

　　我们已经讨论了运用产品事业部结构的伊顿公司如何找到协调全球事业部之间活动的方法，也介绍了高露洁公司如何运用全球地区事业部结构并找到协调不同地区事业部的方法。这两个企业都侧重强调某个单一的维度。回忆一下第 3 章，矩阵型结构提供了一种方式，使企业能够沿着两个维度同时取得纵向和横向的协调。跨国公司也可采用**全球矩阵结构**（global matrix structure），原理类似于第 3 章有关矩阵型结构的描述，只是这里沟通的地理距离长了一些，因而协调起来更为复杂。

　　当面临平衡产品标准化和本地化两方面利益的决策压力时，或者当共享资源的协调很重要时，矩阵结构是最有效的。正如图 6-2 所示，矩阵结构适用于全球本土化战略，也就是说，这种结构可以使跨国企业同时实现全球一致性和本地多样化及本地响应。[88]很多年以来，总部位于瑞士苏黎世（Zurich）的电力产品行业巨头 ABB 公司一直运用矩阵结构来协调公司分布于大约 100 个国家的 15 万名雇员，收到了非常好的效果。

应用案例 6-5

ABB 公司

　　ABB 公司已经赋予"世界范围的本地化"思想以新的含义。许多年来，ABB 公司采取与图 6-6 相似的全球矩阵结构，取得了全世界范围内的规模经济，并且在地方市场上保持了灵活性和响应能力。

　　公司的高层是首席执行官和一个由 10 名高层管理者组成的国际委员会，他们经常主持召开全球性会议。矩阵的纵轴是遍布全世界的业务领域，包括电力产品、电力系统、离散自动化和运转、低压产品和过程自动化等。每个业务领域的领导者负责处理全球范围内的该领域业务，分配出口的市场，设立成本与质量标准，并建立多国混合的团队解决问题。每一个事业部又被分成更小的业务单元，事业部经理对这些业务单元负责。

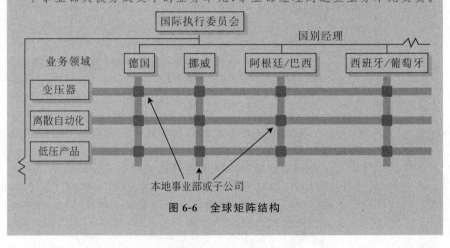

图 6-6　全球矩阵结构

矩阵的横轴是地区结构。ABB 在北欧、中欧、地中海地区、北美、南美、印度、中东地区和非洲、北亚和南亚设有 8 个区域经理。在区域经理的下面，设有国别经理，他们负责地方公司的运营。地方公司一般会同时经营几种业务。国别经理对本地的资产负债表、损益表和人事升迁等负责。

矩阵结构涵盖到了地方公司这一级。这些地方公司的总裁向两位老板报告工作，其中一位是通常不在该国地域内的业务领域领导人，另一位是所属国别的总裁，他所领导的各国公司是以地方组织作为子公司的。

ABB 的经营哲学是将权力授予到最低层。全球经理是乐于助人、富有耐心，并懂得多种语言的人。他们必须与团队一起工作，这些团队由不同国籍并持有不同文化价值观的成员组成。全球经理为遍布全世界的员工和子公司制定正确的战略并进行绩效评估。相比而言，地区经理则是地区的直线主管，负责几家设在该国内的子公司。他们必须与各业务领域的全球经理通力合作，促进全球范围效率的提高和新产品的开发。总的说来，地方公司的总裁有两个老板：一个是全球老板，即各业务领域的经理；另一个就是国别老板。地方公司的总裁学会了如何协调这两方面的要求。[89]

ABB 公司是一家成功的大型公司，通过全球矩阵结构取得了产品和地区组织的双重利益，然而，在过去几年里，ABB 公司面临着越来越复杂的竞争局面，这使公司领导者们将这种结构转变为跨国模式。我们将在本章的后面讨论这种模式。

在现实世界中，很多跨国公司，比如 ABB、高露洁、意大利联合信贷银行、雀巢和伊顿集团等，都将两种或两种以上的不同组织结构或者不同结构的元素融合在一起。在高度不稳定的环境中，企业采用混合组织结构更加常见。比如说联合信贷银行的组织结构就综合运用了职能事业部、地区事业部和产品事业部等多种不同结构，以使公司在不同国家多变的市场环境中能做到快速响应。通用磨坊是一家大型食品公司，旗下品牌包括脆谷乐（Cheerios）、安妮的优诺（Annie's Yoplait）、哈根达斯（Häagen Dazs）、自然谷（Nature Valley）、湾仔码头（Wanchai Ferry），最近在其职能部门和产品部门组合中增加了北美、欧洲和澳大利亚以及亚洲和拉丁美洲的地区事业部。公司董事长兼首席执行官肯·鲍威尔（Ken Powell）说，这是"公司真正迈出全球化经营的重要一步"。[90]

没有完美的结构，全球运营的大型跨国公司必须经常对自己的组织结构做出调整以应对在国际环境中开展业务带来的挑战。在本章接下来的部分，我们来看看有哪些协调机制可以用来应对组织在全球范围内运营时面临的挑战。

本节要点

- 组织会根据其战略目标设计相应的结构。
- 全球产品事业部结构支持全球战略，企业可以按照统一的标准在世界范围内生产销售产品或提供服务。如今，很少有企业能凭借单一的全球战略取得成功。

- 对于那些采用多国战略（本土化战略）的企业来说，全球地区事业部结构是最有效的，各国的分公司可以根据所在国的市场需求和特定文化设计出最符合当地需要的产品或服务。

- 在管理者们从全球战略转向了多国战略（本土化战略）后，肯德基（百胜餐饮集团）在中国的市场份额增加了 40%。

- 大多数公司正在逐渐放弃严格的全球战略。全球本土化是指在全球市场上，根据销售所在地或其文化定制一种产品或服务更有可能取得成功。

- 巨型的全球性企业可能使用混合型结构来同时响应本地市场和全球市场。

- 许多企业还把本章中提到的几种不同组织结构中的某些元素结合起来以满足不断变化的全球商业环境。

6.4 其他的全球协调机制

有许多著名企业在把自己在本国成功的思想、产品或服务转移到国际市场时遭到挫折的案例。正如我们在本章前面部分所讨论的，不断增加的复杂性和差异化程度、对协调的需要增加、转移知识和创新的难度增加等，为全球化组织设计带来了挑战。另外，管理者必须在实现全球范围内的效率和统一与实现本地适应和响应之间做出权衡。有很多方法可以帮助管理者应对全球化挑战，其中最常用的是创建全球团队、加强总部计划和控制职能以及设立协调人角色。

6.4.1 全球团队

实现全球协调以及知识和创新转移的最有效机制之一就是全球团队。此外，全球团队还可用来协调全球一致性（global uniformity）和本地响应性之间存在的张力。[91]例如，为了平衡本土需求和全球规模，在之前的案例中提到的通用电气公司，成立了一个名为全球增长组织（Global Growth Organization，GGO）的团队。前首席执行官杰夫·伊梅尔特任命了备受尊敬的约翰·赖斯（John Rice）担任该组织的领导。赖斯从全球各个业务部门和职能部门招募领导者，这些人拥有强大的关系网络，能够加强通用电气在全球不同市场业务之间的协作。正如赖斯所说："我们不断地追问自己，我们是否在正确的地点、正确的时间拥有正确的资源，并专注于正确的事情。"自GGO 成立以来，通用电气在美国以外的收入占公司全球总收入的比例从54%增长到了 61%。[92]

包括通用电气在内的许多公司也会使用较小的全球团队来加强协调。**全球团队**（global teams），又称为跨国团队，指的是由掌握多种技能的、不同国籍成员组成的、活动范围跨越多个国家的跨边界工作组。[93]一般来说，全球团队有两种类型：跨文化团队（intercultural teams），指其成员来自不同国家，并面对面开展工作的团队；虚拟全球团队（virtual global teams），指其成员分散在世界各地，彼此之间通过电子邮件或其他现代通信方式共同工作的团队。[94]德国喜力公司（Heineken）曾组建过一个名为欧洲生产特遣队（European Production Task Force）的全球团队，该团队由 13 名来自不同国家的成员组成。团队成员定期碰面并提出优化公司在欧洲各地的生产设施的建议。[95]德国钢铁制造商蒂森克虏伯公司（ThyssenKrupp）组建了全球虚拟团队，利用复杂的计算机网络和软件，将在三大洲工作的团队成员联系起来并进行协调，以运行一个虚拟的一体化钢铁业务。[96]

然而，建立有效的全球团队并非易事。文化和语言上的差异产生的不理解、愤恨以及不信任会很快影响团队的努力。下面可以参照一个由来自印度、以色列、加拿大、美国、新加坡、西班牙、布鲁塞尔、英国和澳大利亚等国的员工组成的虚拟团队所发生的故事。

起初，团队的员工还比较陌生时，很勉强地去问一些事情，害怕别人会把这种寻求帮助理解成为无能。当团队成员寻求帮助时，并不总是会出现援助之手。一个团队的成员坦言她需要仔细计算她要与他人分享多少信息。在她看来，为虚拟团队的队友付出额外的努力，需要付出很多时间和精力，而且无法保证能获得回报。[97]

正如上述例子所示，"我们与他们"这种心理定式的发展成为企业发展全球团队的阻碍。[98]难怪当《首席信息官》（CIO）这本杂志的管理顾问让一些全球首席信息官排列哪种挑战是他们所面对的最大挑战时，管理全球化虚拟团队被列为最有压力的挑战。[99]全球化妆品巨头——法国欧莱雅公司（L'Oréal）在构建全球团队方面是最有效的企业之一。欧莱雅通过构建全球团队有效提升了协调水平，促进了知识和创新的转移，缓解了全球一致性和本地响应性之间的紧张关系，并且转变了不同部门员工之间"我们与他们"的心态。

应用案例 6-6

欧 莱 雅

当产品开发需要隐性知识的时候，全球一致性和本地响应性之间存在的张力往往是最激烈的。隐性知识都比较精细、复杂且不易被编码和用文字记录。隐性知识埋藏在人们的大脑里，通常只有在行动和互动中才会显露出来，这意味着跨边界转移隐性知识时，往往无法得到正确的理解。化妆品公司欧莱雅在面对全球一致性和本地响应性之间存在的张力时，也和其他公司一样，因为个人护理需求在不同文化中各不相同。但是在管理者的精妙设计下，欧莱雅的全球化特征和本地化特征都很强。欧莱雅在全球 150 个地区雇用了近 8.6 万名员工。在 2018 年，超过 43％的销售收入来自美国和欧洲以外的新市场，大部分是发展中国家。

高层管理团队深受母国文化的影响，那么公司是怎样将其产品和其他文化相结合的呢？产品开发是欧莱雅一贯的竞争优势，为了保持这种优势，欧莱雅大力招聘和组建产品开发团队，并由具有多元文化背景的管理者领导。在一个由3～4人组成的团队中，通常至少有两名跨文化的成员，比如一个出生于黎巴嫩的西班牙裔美国籍经理可能会和一个出生于法国的爱尔兰裔柬埔寨籍经理或者和一个出生于印度的美国裔法国籍项目经理一起工作。在为期一年的工作进程中，产品开发团队成员之间相互分享自己的想法，同时向高管层汇报工作并征求意见。"他们的背景组合在一起就是一个大师研讨班，每次都会提出不止一种想法和创意"，一个主管说，"这种情形就好像是同时有法国人、美国人和中国人在一起思考问题，所有文化同时出现了"。

这种管理模式是如何促进知识转移和创新的呢？一个出生于法国的爱尔兰裔柬埔寨籍经理在从事皮肤护理产品工作时发现，在亚洲，大部分彩色面霜同时具有紧致肌肤的效果。而在欧洲，大部分面霜要么是彩色的，可做化妆品使用；要么是有紧致肌肤效果的，是一种护肤产品。这位经理利用他掌握的亚洲美容趋势方面的知识开发了一款针对法国市场的彩色面霜，并获得了巨大的成功。

随着公司在全球范围内的成长，一些具有跨文化背景的管理者谋求进入公司的高级管理层，一些证据表明这种想法是可行的。欧莱雅已经开始将有跨文化背景的管理者安排到品牌、区域和职能部门的中心位置，并鼓励将子公司的知识转移到母公司，同时将母公司的知识转移到子公司。[100]

问题引入部分的参考答案

2. 在一个全球化团队中工作，会遇到的困难和挑战是如何将自己的业务活动与全球其他不同的区域单元进行协调，以及如何与这些单元的同事共享思想和观念。

答案：同意。不同的语言、地理位置、文化价值观以及商业实践产生的问题导致国际化团队成员之间难以形成合力。只有团队全体成员有耐心和能力超越阻碍，开放性地包容和共享彼此的信息和思想，这个团队才能得到有效运转。同时，团队成员要对文化差异持包容态度，真诚与其他国家的团队成员合作和沟通，这样全球团队才会取得较好的绩效。

6.4.2　总部计划

更好地进行全球协调的第二种方法是全球性企业总部在计划、组织和控制方面发挥更加积极的作用，以确保分散在全球各地的各个部门能协调一致地朝一个共同的目标努力。一项调查发现，70％的全球性企业报告都提到，总部最重要的职能是"领导企业"（provide enterprise leadership）。[101]例如，松下建立了一个全球消费者营销小组（Global Consumer Marketing group），以推进公司的全球目标和本土目标。这个小组由总部指挥，由高层领导制定有关资源配置的决策，更长远地权衡全球化和本地化之间的目标差异。如果高层领导不制定相关决策，确保企业既能从长远角度培养全球思维，又能深刻理解不同国家的差异化本地需求，而只是扮演观察员的角色，企业的目标就很难实现。[102]

如果没有强有力的领导，那些高度自治的地区事业部可能会更像独立的公司那样开展业务，而不是作为全球性企业的一个有机组成部分协调行动。为了克服这些问题，企业高层一方面需要在某些方面授权（比如允许各地区事业部改进产品或服务以满足当地市场的特定要求）；另一方面又需要通过建立集中的管理和信息系统来加强控制，从而满足协调和整合的需求。[103]有效的计划、组织以及正式的规则和程序不仅可以确保各分支机构之间以及各分支机构与总部之间的联系，也可以促进各个物理距离遥远的业务单元之间的合作和协同以更合算地实现组织目标。为此，公司高层可以做出清晰的战略部署、指导遥远的分支机构的运行并协调处理不同业务单元之间的冲突。

6.4.3　扩展的协调角色

全球性企业也可以改进组织结构来获得更高程度的协调和协作。[104]设立特别的组织协调角色或职位就是一种有效的整合组织各部分以增强组织的整体竞争力的办法。比如说，在许多成功的全球性企业中，职能经理（functional manager）的角色就被扩展到包含以下职责：进行跨国协调、在全球范围内识别并传播组织的专业知识和资源。负责生产的经理必须密切关注企业在其他国家的生产活动并进行协调，以在整个企业范围内提升生产效率并推进企业在不同国家制造部门间共享先进技术和思想。比如说，福特的巴西工厂实施的一种可以用以提高效率的新生产方法可能也对福特在欧洲和北美的工厂有用。生产经理负责留意各地工厂使用的新技术并把这些知识推广到全企业。同样地，全球性企业的营销经理、人力资源经理，以及其他的职能经理不但要负责好自己所在部门的工作，而且还需要同其他国家的同类部门进行协调。

与职能经理负责协调不同国家间的同类部门不同，全球性企业的国别经理（country managers）的职责是协调同一国家内部不同职能部门之间的关系。国别经理需要协调公司在某一国家各种不同的职能活动，以解决遇到的问题、利用潜在的机会、满足当地市场需要或了解当地市场的发展趋势，并帮助公司在不同的国家获得更大的灵活性和更高的响应速度。比如说，像高露洁这样的全球性消费产品生产企业，它的委内瑞拉经理就需要协调高露洁在该国从生产到人力资源到营销等一切事务，以确保高露洁在委内瑞拉的所有活动能够适合当地的语言、文化以及政府和法律法规的要求。同样，高露洁的荷兰或加拿大经理的工作也是如此。国别经理还负责收集和整理他所负责国家中的各个业务单元创新的思想、潮流、产品或技术并把它们传播到企业的其他部门和分公司。一些企业设置了业务整合员（business integrators），协调区域之间的工作，这些区域可能包括几个不同的国家。业务整合员的职权包括组织不同的部门处理问题，跨团队、跨部门或跨国家地协调各项活动。

　　还有些全球性企业设立了正式的网络协调员（network coordinator）职位以协调与关键顾客利益相关的信息和行动。比如说，为了满足像特易购、沃尔玛、家乐福这样的大客户的要求，这些协调员可以组织和协调企业在不同国家和地区的不同事业部为制造部门提供知识和整合的解决方案，以帮助制造部门更好地生产出客户需要的产品。成功的全球性企业高层还鼓励和支持组织内部非正式的网络与关系以保持信息向各个方向流动。实际上，组织中大部分的信息交换不是通过正式的系统和结构传播的，而是通过非正式的渠道和关系进行的。通过支持这些非正式网络和给员工提供跨边界结识和联系的机会，全球性企业的管理层可以更好地增强组织内部的协调。[105]

6.4.4　协调的益处

　　如果没有良好的内部协调和协作机制，今天的全球性企业将很难保持竞争力。那些激励和支持企业内部协作的全球性企业通常在利用分散的资源上更占优势，并更有可能培养出成功运营和赢利的能力。[106] 总的来说，好的企业内部协作机制能带来如下好处：

节约成本

　　通过在企业各个事业部之间共享最佳生产运营方式等办法，良好的内部协作能给企业带来实实在在的、可测量的成本节约。比如说，英国石油公司美国事业部通过学习该公司在英国和荷兰加油站的最佳实践，成功地提高了库存周转率并减少了运营加油站所需的资金。

更优的决策

　　通过在不同的事业部之间共享信息和建议，各个事业部的管理层可以做出既有利于自己部门又有利于整个企业的决策。

更高的收益

　　通过在不同的事业部之间共享专有知识和产品信息，全球性企业可以获得更高的收益。再举一个英国石油公司的例子，该公司从世界各地抽调了75名员工前往中国去帮助当地一个团队建立一家乙酸工厂。结果，该项目提前竣工并早于项目预期开始赢利。

更多的创新

　　事业部之间共享思想和技术创新促进了更多新的思想、产品和服务的诞生。例如，麦当劳采用了一种叫作"框架下的自由"的方式，允许各地区和国家的管理者开发适合本土的产品和活动。麦当劳允诺为国际管理者提供足够多的沟通和共享信息的正式和非正式途径。5.5 盎司的"巨美味"(The Big Tasty)是德国一个试验厨房研制的一款三明治,之后在瑞典市场推出,但随着消息传开,这款三明治被巴西、意大利和葡萄牙等国的餐厅引入,并大受欢迎。[107]

本节要点

- 常见的用以解决全球性企业内部整合和知识传播的方式包括：全球团队、有效的总部计划和控制以及设立特殊的协调角色。
- 全球团队也是调节全球一致性和本地响应性之间张力的有效方式。
- 对于跨国公司而言,部门间协调和合作的好处包括节约成本、更好的决策、更高的收益和更多的创新。

 # 6.5　组织的跨国模式

　　由于传统组织方式已无法满足快速变化、日益复杂的环境需求,许多大型跨国公司开始转而采用跨国模式。这种模式以高度差异化的方式解决全球环境中日益增加的复杂性,为组织提供高水平的协调、学习以及组织内知识和创新的转移。**跨国模式***(transnational model)是目前最先进的全球性企业组织结构模式。它反映了全球性企业发展中遇到的一个难题：一方面,随着企业内部各种类型的业务单元的增加,组织结构变得极端复杂；另一方面,组织又迫切需要各种协调机制来整合组织中的各个部分。对于在许多国家拥有分支机构的大型全球性企业来说,跨国模式能帮助它们挖掘全球和本地优势,推动技术进步,带来更多创新以及更大程度的全球知识共享。跨国模式不是在某一个领域培养能力,比如全球效率、本地响应能力或全球学习能力,而是寻求同时实现这三个目标。跨国模式是一种复杂的结构,因为处理多重的、相互关联的复杂问题需要相应复杂的组织结构形式。

　　像飞利浦公司这样的跨国模式代表了复杂的全球性企业对组织结构的最新尝试。总部设在荷兰的飞利浦公司拥有遍布全球的成百上千个不同的经营单元,典型的类似组织还有像联合利华、松下或宝洁这样的全球性企业。[108]大型专业服务公司如毕马威(KPMG)、普华永道会计师事务所(Price-WaterhouseCoopers)等也采用了跨国结构。例如,普华永道在 151 个国家设有 757 个办事处,员工共 16 万余人。普华永道提供了高度多样化的知识服务,各地办事处在特定语言环境中针对特定客户提供定制化服务,所以地方办事处需要自主决策权。与此同时,普华永道也需要制定全球一致的操

---

　　* 指拥有多个中心,下属机构管理者为整个公司从事战略和创新活动,并通过公司文化和共享的愿景目标与价值观实现联合和协调的一种横向型组织。——译者注

作标准和控制系统。[109]

这些公司的经营单元之间相距非常遥远。无论协调的需要，还是激发子公司的参与及融合感，以及实现信息、知识、新技术与顾客的共享，这些都是巨大的挑战。例如，像飞利浦、联合利华、普华永道这样的全球性企业是如此之大，以致当协调全球范围的经营时，规模本身就成了一个问题。另外，一些子公司可能变得太大，使它们不再适合总部委任给它们的较狭窄的战略任务。作为一大型组织的构成部分，它们也需要有自主权，需要能对组织的其他部分施加影响。

问题引入部分的参考答案

3. 最先进的跨国公司已经建立了一套严密的控制体系，实现了总部对分布在各个国家的子公司的严格控制。

答案：不同意。作为大型企业中的一部分，个体业务单元要取得成功，需要一定的灵活性和自主权。跨国公司要实现全球范围内的统一，更多依靠的是共同的文化和价值观、共同的理想和目标，同时还要依靠和子公司之间的相互依存关系。管理者要走出自己熟悉的地区，在全球市场取得成功，需要建立子公司，这有时候意味着总部要放弃传统意义上的控制权。

跨国模式应对这些挑战的方式是，建立一个相互联系的综合网络，以实现整个组织的多维目标。[110] 与以前那些要么强调完全的事业部独立性要么强调总部对事业部的控制的结构模式不同，跨国模式内在的管理哲学是组织各部分应该建立在相互依赖（interdependence）的基础上。它绝不仅仅是用一张组织结构图能表示的，而是运转一种全球性学习系统所需要的思维、价值观念以及共享的愿望，是一种理想化的组织结构。下面对跨国模式几个特征的描述将有助于读者把这种模式与我们前面讨论过的几种组织模式（比如矩阵模式）区分开来。

1. 企业分散在世界各地的资产和资源形成高度专业化的业务单元，彼此之间通过相互依赖的关系网络连接起来。广泛分布的资源和能力有助于企业觉察环境的变化并做出响应，如世界不同地区的市场需求、技术发展或顾客偏好的变化等。为了管理这种日益增加的复杂性和差异性，管理者在不同的产品部门、职能部门或地理单元之间建立相互依赖的关系。比如说，通过建立跨部门的团队等协调机制，促使各个业务单元为了本部门和整个组织的利益共同奋斗。跨国模式中的各个业务单元并不能完全自给自足，它们需要与其他部门相互合作才能实现自己的目标。例如，在普华永道，客户管理系统将不同单位、不同服务线以及全球不同区域的人员联系了起来。为了应对国际市场充满竞争的环境，这样的相互依赖关系会促进企业中各单位共享信息和资源、共同解决问题并在实践上相互帮助。最终，材料、人力、产品、思想、资源和信息能够在一个整合的网络中各个分散的部分循环流动。而且，管理层能在有效地塑造、管理和加强这些跨职能、产品、事业部和国家的非正式信息网络方面发挥积极作用。

2. 灵活和不断变化的组织结构。跨国模式起作用的一个重要原则是灵活集权化（flexible centralization）。这意味着，组织可能将某些职能集中在某个国家,将某些职能集中在另一个国家,而将另外的职能分散在各个区域。组织的研发中心可能集中在荷兰,采购中心可能集中在瑞典,而财会职能则分散到不同国家的不同分支。中国香港的一个区域单元可能负责协调企业在全亚洲的事务,而其他国家事务的协调则可能由企业伦敦总部的某一个事业部负责。跨国模式要求管理层在设计组织结构的时候根据潜在收益灵活处理。一些职能、产品和地区可能从本质上更适合集权处理。而且,企业的协调和控制机制将随时变化以满足新的需求和应对新的竞争。随着企业在本土市场的日益壮大和管理的日益复杂,一些企业在不同国家建立多个总部,而且离重点市场越来越近。例如,艾迪德控股 BV 公司(Irdeto Holdings BV)就在荷兰的霍夫多普(Hoofddorp, the Netherlands)和中国北京都设有总部,而且其首席执行官还带着家人一起搬到了中国。IBM 在上海设立了一个市场成长总部,负责亚洲(不包括日本)、拉丁美洲、俄罗斯、东欧、中东和非洲的业务。日本的尼桑汽车公司将其豪华品牌汽车英菲尼迪(Infiniti)的总部设在了中国香港(Hong Kong)。[111]

　　3. 基层管理者是公司战略和创新的最先发起人,然后再推广到全公司。在传统组织结构中,基层管理者只担任本部门的战略角色。在跨国模式中,全球性企业遍布世界的各种中心和分支机构在响应当地市场的特殊需求的过程中,发展出各种实用的响应方式和创新的项目并把这些创新传播到公司其他地区的分支机构中,就这样,跨国模式中的战略和创新很大程度上是自下而上进行的。运用跨国模式的企业把世界范围内的每一个业务单元看成是一种独特能力和资源的来源,这种能力和资源将使全组织受益。此外,环境需求和机会因国家而异,将整个组织暴露在这种更广泛的环境刺激下可以激发更多的学习和创新。

　　4. 跨国模式中的全球性企业各部分的一致和协调主要通过企业文化、共享的愿景和价值观以及管理风格来达到,而不是通过正式的结构和系统来实现。一项来自合益集团(Hay Group)的研究发现,一家企业在全球范围内取得成功的特征之一是他们的全球业务单元和子公司能够围绕共同的战略愿景和价值观进行协调,而不是仅仅依靠正式的协调系统。[112]在一个员工来自不同的国家、不同的时区、不同的地理区域和不同的文化规范的全球性企业中,共享的愿景比正式的系统更能实现企业统一和协调的目标。公司高层负责帮助各个业务单元负责人建立共享愿景、价值观和信念,然后再由这些基层负责人把这些愿景和价值观传播到公司的每个分支机构。正是因为各级经理在整个协调系统中的重要作用,跨国公司对这些经理进行选拔和培训时特别强调灵活性和开放思维。而且,采用跨国模式的全球性企业中的员工常常在不同的工种、事业部和国家之间进行轮换,以获得更多的实际经验和加深对整个企业文化的了解。在跨国模式中达到既定的协调的目标是一个非常复杂的过程,这个过程绝不仅仅是在制定决策过程中实施简单的集权或分权,而是需要重塑和调整企业信念、文化和价值观,以便企业的每一个成员都能参与到信息共享和学习过程中来。

　　总的来说,跨国模式的上述特点有利于全球性企业在全球范围内的有效协调、组织学习和知识共享。从某种程度上讲,跨国模式的确是一种对组织结构的复杂和杂乱的概念化操作,但是,由于这种组织模式把整个世界市场当成一个整体看待,而不仅仅着眼于某一个特定的国家或地区,所以跨国模式对大型的全球性企业来说变得越来越有吸引力。跨国模式强调设立小型业务单元并赋予其自治权,这使得这些单元更具活力,同时也使得整个组织在响应当地市场的环境变化和利用竞争机会方面更具灵活性;跨国模式也强调企业各个组成部分之间的相互依赖关系,有助于提升企业的全球运营效率,促进组织学习。跨国企业的每个分支机构都能意识到相互之间要紧密联系,要让自己的行动与公司其他部分的行动相互配合,最终结合为一个有机的整体。

本节要点

● 全球化经营的企业需要广泛的协调,有些企业开始尝试采用组织的跨国模式。

● 跨国模式建立在相互依赖的基本观点之上。采用这种组织结构模式的企业高度分化,同时又能在企业各个地理距离遥远的部门之间有效协调,促进创新和知识传播。

● 从组织结构的复杂性和组织整合的角度来说,跨国模式代表了全球性企业组织设计的终极模式,每个部门都意识到企业其他部门的存在,彼此之间紧密联系成为一个整体,并相互补充和促进。

 关键概念

文化智商(cultural intelligence)

国内阶段(domestic stage)

规模经济(economies of scale)

范围经济(economies of scope)

生产要素(factors of production)

全球性企业(global companies)

全球地区结构(global geographic structure)

全球矩阵结构(global matrix structure)

全球产品结构(global product structure)

全球化阶段(global stage)

全球团队(global teams)

全球战略(globalization strategy)

国际事业部(international division)

国际化阶段(international stage)

合资企业(joint venture)

多国本土化（multidomestic）

多国本土化战略（multidomestic strategy）

多国化阶段（multinational stage）

逆向创新（reverse innovation）

标准化（standardization）

跨国模式（transnational model）

 讨论题

1. 请列举一些你认为在当今采用全球战略会成功的企业，并解释为什么你会选择这些企业。全球战略与多国战略有什么不同之处？

2. 全球一致性和本地响应性之间的张力正在变得越来越大，你觉得是为什么？

3. 很多美国企业通过和中国本土企业建立合资企业进入中国，而中国企业进入美国的主要方式是收购。有哪些因素可以解释这种不同？

4. 你认为一家跨国企业拥有不止一个总部是合理的吗？两个总部要对不同的事情负责，这样会有哪些优势呢？你认为有哪些缺陷？

5. 企业决定进行国际化扩张的主要原因是什么？举出新闻中报道过的一家最近刚建立海外分支机构的企业例子，你认为本章中提到的企业进行全球扩张的三种原因中哪一种最能用来解释该企业的国际化行为？请讨论。

6. 什么时候组织会考虑使用矩阵结构？全球矩阵结构与第 3 章中提到的国内矩阵结构有什么区别？

7. 请列举一些造成全球性企业环境复杂性的因素。组织如何应对这种复杂性？你认为这些因素也适用于像声田（Spotify）这样想要在国际上扩展音乐流媒体服务的公司吗？请讨论。

8. 墨西哥的传统价值观支持高权力距离和低不确定性规避。如果一家公司计划在该国开设分公司，并计划采用权力共享，民主自由，没有正式指导原则、规章和结构的全球团队的运作方式，请你来预测下这家公司在墨西哥未来的发展。

9. 你认为全球性企业有可能同时做到下面这些吗？达到全球效率和整合的目标，实现国别响应性、灵活性以及全球范围内的知识和创新的传播。为什么？

10. 请比较本章中提到的跨国模式和第 1 章中提到的有机式组织设计与机械式组织设计的各个要素。你认为跨国模式对巨型全球性企业会有用吗？为什么？

专题讨论

美 国 制 造？

美国广播公司(ABC)世界新闻频道播出了一档名为"美国制造"的特别节目。在开幕式节目中，记者大卫·缪尔(David Muir)和莎琳·阿方西(Sharyn Alfonsi)从得克萨斯州达拉斯的一个家庭家中拿走了所有外国制造的产品，当他们结束采访时，发现几乎什么都没有了。你家里有多少东西是美国制造的？在这项练习中，从你的家里挑选三种不同的消费品(比如衬衫、玩具、手机、鞋子、床单或枕套、咖啡机)。请按照下表列举的内容找出每样产品的以下信息。你可以访问制造商的网站、查找刊登有该产品广告的各种报纸和杂志，或利用产品标签提供的信息，你也可以打电话给制造商并同其员工进行交谈。

产品	产品的原材料来自哪个国家？	该产品是在哪里制造或者组装的？	该产品的营销和广告的目标国家是哪些？	该产品被销往哪些国家？
1				
2				
3				

根据你的分析，关于国际化的产品和组织你能得出什么结论？

教学案例

卤素分析公司[113]

在为一家位于西海岸的大型软件公司工作了差不多15年以后，39岁的亚历克斯·沙夫(Alex Schaaf)和他的未婚妻艾米莉·洛克伍德(Emily Rockwood)创办了自己的软件公司，为此他们俩兑现了所有的股票期权，取出了所有的积蓄并最大限度地透支了自己的信用卡。他们把新公司命名为卤素分析(Halogen Analytics)。亚历克斯和艾米莉开发出了一种用于客户关系管理(customer relationship management, CRM)的新型应用软件包，这种软件比市场上同类产品都要先进。卤素分析的软件包对呼叫中心(call center)特别有用，因为它可以高效地整合海量的客户数据并可以使客服人员在接听电话的同时就获得这些资料。而且，卤素分析的软件既可以单独使用,也可以同市场上其他主要的 CRM 软件兼容。总之,卤素分析软件可以极大地提高客户识别、确认、检索相关信息的速度,并用友好的界面提供给客服人员,这有利于呼叫中心或客服中心的服务人员提供迅速、友好和个性化的服务。

事实证明卤素分析软件投放市场的时机刚刚好。CRM 运动正在美国如火如荼地进行。卤素正巧利用了这种趋势充当了这个新兴市场的缝隙填补者角色(niche player)。沙夫和洛克伍德引进了两个以前的同事作为合伙人。公司很快就吸引了风险投资家(venture capitalist)的注意并成功地获得了风险投资。不到几年,卤素就雇用了 28 名员工,销售额也增长到了近400 万美元。

但是现在,公司正面临创建以来的第一个挑战。卤素的销售部经理萨曼塔·杰金斯(Samantha Jenkins)了解到一家位于伦敦的名为快数据(FastData)的软件公司正在对一种新的 CRM 软件包进行 β 测试(Beta testing)。该公司宣称它们的这种新型软件要比卤素分析的软件功能强大。而且,快数据在新闻发布会上大力宣扬自己的全球扩张计划。"如果我们只做美国市场而他们现在就进军全球市场的话,用不了几个月他们就会把我们挤出去。"萨曼塔担心地说,"我们也需要实施国际化战略来应对这样的竞争。"

通过一系列的小组会议、外出静思会(off-site retreats)和一对一交谈等方式,亚历克斯和艾米莉从他们的合伙人、雇员、顾问和朋友那里搜集到许多不同的意见和想法。现在到了做决定的时候了,卤素要不要国际化? 如果要的话,采用什么样的方式最有效? CRM 软件的海外市场正在日益增长,而且,像快数据这样的新对手也会很快打进美国市场并瓜分掉卤素的市场份额。很显然,萨曼塔·杰金斯并不是公司中唯一一个认为卤素不走国际化道路就会被对手吃掉的人。但是,也有的员工担心公司并没有做好国际化的准备。由于迅速的扩张,公司有限的财力物力都已经开始吃紧,一些顾问也警告说盲目的全球扩张可能带来灾难性的后果。国际化的反对派们同时指出,卤素在美国本土的根基也还不稳固,此时走国际化道路会进一步分散公司的能力和资源。而且,还有一些员工指出公司中没有任何人有经营国际化企业的经验,因而要想进入海外市场,公司将不得不雇用更多有国际化公司经营经验的员工。

尽管艾米莉倾向于认为卤素目前应该扎根美国打好基础,亚历克斯却开始相信进行某种程度的国际化是有必要的。但是如果公司最终真的决定要走国际化的道路,亚历克斯却不知道究竟该如何面对国际市场多变和复杂的环境。萨曼塔坚持认为公司应该先在国外设立小型办事机构并主要雇用当地员工。她宣称建立一个英国办事处和一个亚洲办事处将使公司获得未来打入世界市场所需要的信息和经验。但是,这样做的成本会很高,更不要说还要应对不同文化、语言、法律、政府政策和其他复杂的事务。另外一个选择是同小型欧洲或亚洲软件公司建立联盟关系或创办合资企业,通过把卤素的软件整合进这些公司的软件产品而使双方受益。至于设立国外分支和建立全球销售和流通渠道的费用则由双方分摊。这种方法成本相对较小,卤素也能从国外伙伴的专门知识中受益。但是,建立联盟关系或创办合资企业不但需要长时间的谈判,而且也意味着卤素需要放弃一些对合资公司的控制权。

卤素的另外一个合伙人提出了另一个成本更低的建议,那就是作为一种国际扩张手段,卤素把自己的软件通过许可证转让方式提供给国外合作伙伴。通过授权国外软件公司制造、营销和销售公司 CRM 软件,卤素可以创建自己的品牌并在顾客心中留下印象,同时又可以很好地控制成本。亚历克斯喜欢这种低成本的方法,但是却又怀疑许可证转让的方式能不能保证卤素充分的参与权和控制权,以成功地构建自己的国际形象。又是一天过去了,从早上开始讨论公司国际扩张的事情到现在,亚历克斯和艾米莉却仍然对究竟该做什么样的决策一筹莫展。

问题

1. 卤素分析公司要走向国际的原因是什么?
2. 有什么理由支持卤素继续专注于美国市场?
3. 在开设自己的办事机构、与外国合作伙伴合作、许可证转让这三种国际战略选择中,你会推荐哪一种? 试解释原因。

莱茵贝克工业公司

大卫·杰维尔(David Javier)正在阅读咨询公司为莱茵贝克工业公司(Rhinebeck Industries,RI)组织结构变革提交的报告。在阅读时,大卫怀疑这些顾问们的建议是弊大于利。大卫成为 RI 的总裁已经 18 个月了,他清楚地知道 RI 要想提高利润和增加自己的国际业务,首先要解决公司中广泛存在的组织和协调问题。

公司背景

RI 在 20 世纪 50 年代由罗伯特·莱茵(Robert Rhine)创建于加拿大的南安大略省。尽管罗伯特是一个工程师,但他却更像是一个企业家。罗伯特从做管材和工业用玻璃起家。随着生意的起步,他很快就进入到工业用密封剂、涂层和清洁剂的生产领域,甚至还制造消声器和货车零配件。RI 的大部分扩张发生在 60 年代,公司兼并了加拿大和美国许多小的制造企业。RI 的组织结构就像一个大的联合企业,公司旗下各式各样的分支机构散布在北美各地,这些工厂都直接向安大略的总部报告。每个工厂在当地都有自己的业务并被允许在能给 RI 带来利润的前提下独立运作。

70 年代到 80 年代,RI 当时的总裁克利福德·迈克尔斯(Clifford Michaels)采取有力措施把 RI 推向了国际化的道路。他的战略是在全世界范围内并购小企业。克利福德相信这些企业会形成一个有凝聚力的整体。而且,通过低成本制造和服务全球市场,这些企业会给 RI 带来协同力和利润。有时 RI 并购某个企业仅仅是因为价钱划算。最终,除了原来的主业外,RI 还涉足了许多不同的行业,比如消费类产品(纸制品和信封)、电子设备(配电板、灯泡和安全系统)。这些新并购进入的企业大多有自己的商标并为大型跨国公司如通用电气或康宁玻璃(Corning Glass)代工生产。

在 90 年代的时候,RI 的新总裁,公司创始人罗伯特·莱茵的孙子肖恩·莱茵(Sean Rhine)接手了公司的业务并开始采用业务集中的战略。肖恩把 RI 的业务按产品种类分为三个部门：工业产品部门、消费产品部门和电子产品部门。肖恩在上述三个业务部门领域内进行了更多的并购并剥离了许多不相关的产业。三个部门在北美、欧洲和亚洲都有各自的工厂、营销和流通渠道。工业产品部的产品包括管材、玻璃、工业用密封剂、涂层、清洁设备和货车配件等；电子产品部生产特种灯泡、配电板、电脑芯片以及代工生产电阻器和电容器等；消费产品部的产品包括餐盘和玻璃制品、纸制品和信封、铅笔和钢笔等。

组织结构

2010 年，大卫接替肖恩成为公司的新总裁。大卫非常关心 RI 是否需要一个新的组织结构。如图 6-7 所示，RI 目前的组织结构建立在北美、欧洲和亚洲三个主要的地理区域之上。每个区域的各种自治的业务单元向该区域的副总裁报告。当几个单元位于同一个国家时，其中一个单位的总裁也兼任该国各商业单元之间的协调人。但是绝大部分的协调工作还是由区域副总裁来完成的。各个业务单元非常独立，这赋予了各个单位的经理们很大的灵活性和动力。

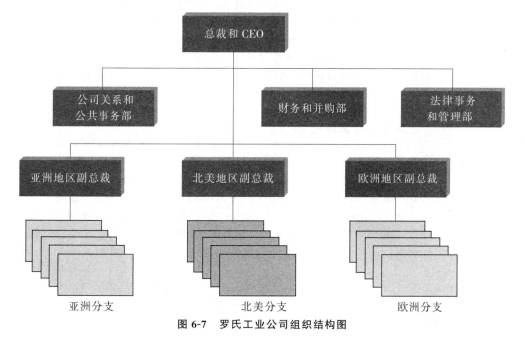

图 6-7　罗氏工业公司组织结构图

相对来说，安大略总部的职能部门规模比较小。三个中心部门：公司关系和公共事务部、财务和并购部以及法律事务和管理部负责公司全球范围的事务。其他的职能部门如人力资源管理部、新产品开发部、营销和制造部在每个分公司都单独设立，而且各个地区之间的这些职能部门之间的联系非常的少。每个分公司自行决定自己的研发和生产，并负责在所在国或地区销售自己的产品。

组织问题

大卫在 RI 发现的问题（这些问题在咨询公司的报告中也提到了）主要有三类：第一，各个子公司就像是独立的公司那样各自为政。它们有着自己的报告制度并只为本部门利益最大化而努力。各个分公司的这种过当的自治权使得 RI 合并全球各个分公司的财务报告越来越难，这样一来，RI 就无法获得统一的信息和报告系统带来的有效性。

第二，许多主要的战略决策的制定是为了最大化单个业务单元或单个国家或地区的利益。与那些 RI 全球性的项目相比，各地的项目和利润中心获得越来越多的时间和资源。比如说，RI 在新加坡的一个电子设备制造厂拒绝增加销往美国的芯片和电容器的生产，因为这家工厂觉得这样做会损害自己的利润。但是，对于 RI 来说，新加坡工厂获得的规模经济性会大大地弥补产品运往美国的运费，这样 RI 就可以关闭欧洲那些运营成本高昂的工厂从而提高整个公司的效率和利润率。

第三，RI 内部没有能实现技术、新的产品设计理念或其他创新思想的传播。比如说，公司在加拿大的一家灯泡制造厂的先进的节约成本的技术就没有能有效地传播到公司在亚洲和欧洲的同类型工厂。又比如，欧洲分公司开发的使房屋主人能够利用手机控制家里的安全系统的技术创新也被公司北美的分公司所忽视。咨询公司的报告强调 RI 没有能把创新成果传播到全公司。咨询公司指出，这些被忽视的创新本来可以用来极大地促进全世界各个子公司的制造和营销。"在 RI 中，没有人从整个公司的角度来看待产品和子公司问题，这使得 RI 无法利用各个分公司的生产改进和新产品创新。"该报告指出，改进 RI 在世界各地的子公司之间的协调每年将为公司节约 7% 的成本并能挖掘出约 10% 的市场潜力。

推荐的组织结构

咨询公司的报告中推荐 RI 可以采用两种方式来改进其组织结构。第一种是在总部设立一个新的国际部来协调公司在世界范围内的技术转移、产品制造和全球营销（如图 6-8 所示）。这个新设立的部门将在三个主要的产品事业部（工业产品部门、消费产品部门和电子产品部门）各安排一个产品主管（product director）。该主管将拥有在全世界范围内协调本产品事业部行动和创新的权力。每个产品主管同时将组建一个团队到各个工厂巡视并把某一地区的创新信息和产品改进的信息传播到公司的其他分厂。

第二种推荐的结构是如图 6-9 所示的全球产品结构。公司所有的分支机构中生产同一产品的部门都向同一个产品线业务经理汇报。该业务经理和他手下的员工则负责制定本产品部的商业战略并负责提高其产品部的制造效率并协调世界范围内的产品研发。

这样的全球产品结构对 RI 来说将是一个巨大的组织结构变动。大卫需要考虑许多问题：如果公司各地的分厂被迫同其他地区的分厂进行协调，这些分厂能不能继续保持它们在当地市场的竞争力和适应能力呢？新设立的商业经理职位能不能改变各个分公司经理的行为习惯，使他们采取更为全球化的行动呢？到底第一步是先设立产品主管协调员，还是直接就改为采用业务经理产品结构呢？大卫预感全球产品协调结构对公司会起作用，但是他仍然想预先考虑到改变公司结构可能会带来的问题以及如何实施这样的结构变革。

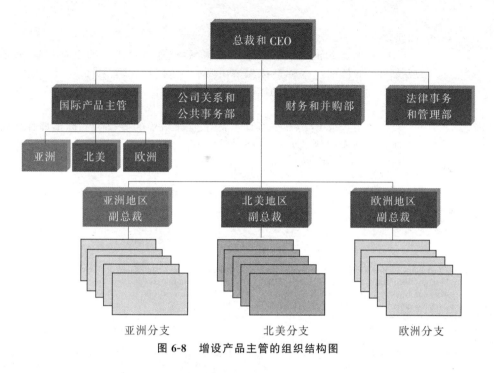

图 6-8　增设产品主管的组织结构图

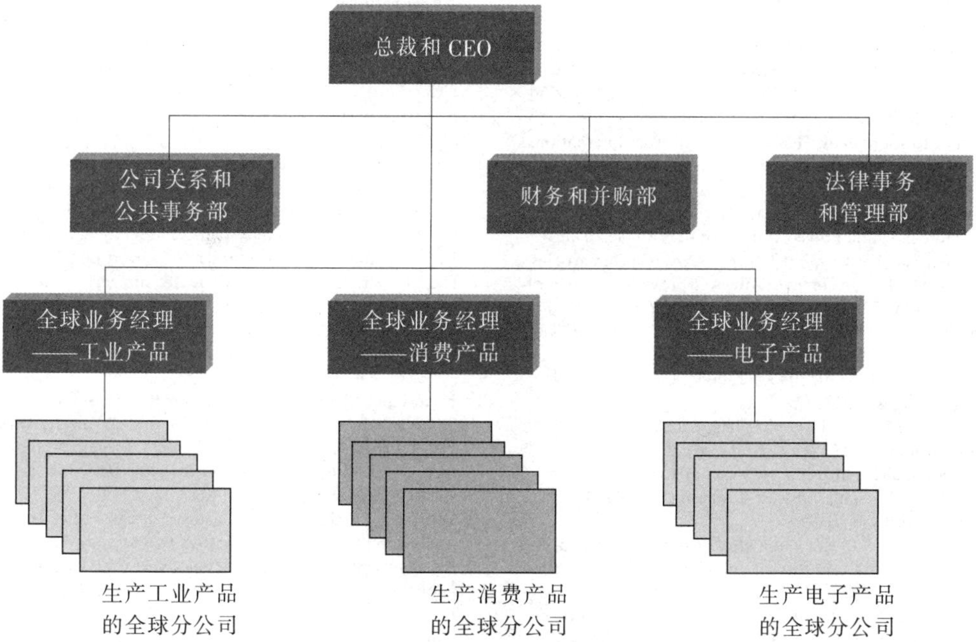

图 6-9　增设全球业务经理的组织结构图

问题

1. 三个组织问题——独立的报告系统、业务单元只顾自身利益、没有实现技术内部传播——你会优先解决哪一个问题？试解释。

2. 你认为总部新设的国际部在不同地理区域间进行协调有什么优点和缺点？

3. 你支持重组为一个全球产品事业部结构的提议吗？你预计在实施过程中会遇到哪些挑战？试解释。

 # 尾注

1　Brian Pearson, "German Lessons: What Walmart Could Have Learned from Lidl, and Vice Versa," *Forbes*, February 5, 2018, https://www.forbes.com/sites/bryanpearson/2018/02/05/german-lessons-what-walmart-could-have-learned-from-lidl-and-vice-versa/#17bd1e9138c7 (accessed April 22, 2019); and "Passport Revoked: When Brands Fail Internationally," *CBC Radio*, January 18, 2017, https://www.cbc.ca/radio/undertheinfluence/passport-revoked-when-brands-fail-internationally-1.3942237 (accessed April 22, 2019).

2　Reported in Pearson, "German Lessons."

3　Paul Sonne and Peter Evans, "The $1.6 Billion Grocery Flop: Tesco Poised to Quit U.S.," *The Wall Street Journal*, December 5, 2012, http://online.wsj.com/news/articles/SB10001424127887324640104578160514192695162 (accessed December 6, 2012); and Samantha Yoder, John K. Visich, and Elzotbek Rustambekov, "Lessons Learned from International Expansion Failures and Successes," *Business Horizons* 59 (2016), 233–243.

4　Julie Wernau and Yoko Kubota, "Amazon's E-Commerce Adventure in China Proved Too Much of a Jungle," *The Wall Street Journal*, April 18, 2019, https://www.wsj.com/articles/for-amazon-chinas-e-commerce-market-proved-too-much-of-a-jungle-11555576769 (accessed April 26, 2019).

5　Bob Tita, "Deere Enhances Focus on Russia," *The Wall Street Journal*, March 24, 2011, http://online.wsj.com/article/SB10001424052748704604704576220684003808072.html (accessed August 9, 2011).

6　Christopher Mims, "The Global Tech Backlash Is Just Beginning," *The Wall Street Journal*, October 26, 2018, https://www.wsj.com/articles/the-global-tech-backlash-is-just-beginning-1540476151 (accessed April 23, 2019).

7　Michael A. Hitt and Xiaoming He, "Firm Strategies in a Changing Global Competitive Landscape," *Business Horizons* 51 (2008), 363–369.

8　Daniel Shane, "China Will Overtake the US as the World's Biggest Retail Market," *CNN*, January 23, 2019, https://www.cnn.com/2019/01/23/business/china-retail-sales-us/index.html (accessed April 23, 2019).

9　Qamar Rizvi, "Going International: A Practical, Comprehensive Template for Establishing a Footprint in Foreign Markets," *Ivey Business Journal*, May–June 2010, http://www.iveybusinessjournal.com/topics/global-business/going–international-a-practical-comprehensive-template-for-establishing-a-footprint-in-foreign-markets (accessed August 9, 2011).

10　Michael A. Hitt and Xiaoming He, "Firm Strategies in a Changing Global Competitive Landscape," *Business Horizons* 51 (2008), 363–369.

11　D. Barboza, "China Passes Japan as Second-Largest Economy," *The New York Times*, August 14, 2010, http://www.nytimes.com/2010/08/16/business/global/16yuan.html (accessed August 12, 2011); and "Fortune Global 500: The List," *Fortune*, August 1, 2018, F1–F8.

12　Jenny Mero, "Power Shift," *Fortune*, July 21, 2008, 161; and "The Fortune Global 500," *Fortune*, http://money.cnn.com/magazines/fortune/global500/2013/ (accessed March 14, 2014).

13　This discussion is based heavily on Christopher A. Bartlett and Sumantra Ghoshal, *Transnational Management: Text, Cases, and Readings in Cross-Border Management*, 3rd ed. (Boston: Irwin McGraw-Hill, 2000), 94–96; and Anil K. Gupta and Vijay Govindarajan, "Converting Global Presence into Global Competitive Advantage," *Academy of Management Executive* 15, no. 2 (2001), 45–56.

14　Shruti Date Singh with Ganesh Nagarajan, "Small Is Beautiful," *Bloomberg Businessweek* (September 26–October 2, 2011), 33–34.

15　Brent Lang, "Global Box Office Hits Record $40.6 Billion in 2017; U.S. Attendance Lowest in 23 Years," *Variety*, April 4, 2018, https://variety.com/2018/digital/news/global-box-office-hits-record-40-6-billion-in-2017-u-s-attendance-lowest-in-23-years-1202742991/ (accessed April 23, 2019).

16　Lauren A. E. Schuker, "Plot Change: Foreign Forces Transform Hollywood Films," *The Wall Street Journal*, July 31, 2010, A1.

17　Brooks Barnes, "Paramount Hopes New 'Star Trek' Is a Global Crowd-Pleaser," *The New York Times*, May 3, 2013, B1.

18　Pamela Ambler, "Kevin Johnson Accelerates Starbucks Expansion Across Asia Amid Intensifying Competition," *Forbes*, March 13, 2019, https://www.forbes.com/sites/pamelaambler/2019/03/13/starbucks-accelerates-expansion-across-asia-amid-intensifying-competition/#416b53fb2221 (accessed April 23, 2019).

19 Eric Bellman, "Indian Firm Takes a Hollywood Cue, Using DreamWorks to Expand Empire," *The Wall Street Journal*, September 22, 2009, B1.

20 Doug DeVos, "How I Did It . . . Amway's President on Reinventing the Business to Succeed in China," *Harvard Business Review*, April 2013, 41–44; and "Rebirth of a Sales Firm: Direct Selling in China," *The Economist*, August 27, 2016, 49.

21 Jim Carlton, "Branching Out; New Zealanders Now Shear Trees Instead of Sheep," *The Wall Street Journal*, May 29, 2003, A1, A10.

22 Jack Nicas, "A Tiny Screw Shows Why iPhones Won't Be 'Assembled in U.S.A.'," *The New York Times*, January 28, 2019, https://www.nytimes.com/2019/01/28/technology/iphones-apple-china-made.html (accessed April 23, 2019); and Charles Duhigg and Keith Bradsher, "How U.S. Lost Out on iPhone Work," *The New York Times*, January 22, 2012, A1.

23 Dan Morse, "Cabinet Decisions; in North Carolina, Furniture Makers Try to Stay Alive," *The Wall Street Journal*, February 20, 2004, A1.

24 Keith H. Hammonds, "Smart, Determined, Ambitious, Cheap: The New Face of Global Competition," *Fast Company*, February 2003, 91–97; and W. Michael Cox and Richard Alm, "China and India: Two Paths to Economic Power," *Economic Letter*, Federal Reserve Bank of Dallas (August 2008), http://dallasfed.org/assets/documents/research/eclett/2008/el0808.pdf (accessed October 14, 2014).

25 Based on Nancy J. Adler, *International Dimensions of Organizational Behavior*, 4th ed. (Cincinnati, OH: South-Western, 2002); Theodore T. Herbert, "Strategy and Multinational Organizational Structure: An Interorganizational Relationships Perspective," *Academy of Management Review* 9 (1984), 259–271; and Laura K. Rickey, "International Expansion—U.S. Corporations: Strategy, Stages of Development, and Structure" (unpublished manuscript, Vanderbilt University, 1991).

26 Julia Boorstin, "Exporting Cleaner Air," segment of "Small and Global," *Fortune Small Business*, June 2004, 36–48; and Purafil website, http://www.purafil.com/company/facts.aspx (accessed August 8, 2011).

27 Emily Maltby, "Expanding Abroad? Avoid Cultural Gaffes," *The Wall Street Journal*, January 19, 2010.

28 Vikas Sehgal, Ganesh Panneer, and Ann Graham, "A Family-Owned Business Goes Global," *Strategy + Business* (September 13, 2010), http://www.strategy-business.com/article/00045?gko=aba49 (accessed August 9, 2011); and "About Us," Aditya Birla Group Website, https://www.adityabirla.com/about-us (accessed April 23, 2019).

29 Michael E. Porter, "Changing Patterns of International Competition," *California Management Review* 28 (Winter 1986), 9–40.

30 William J. Holstein, "The Stateless Corporation," *Business Week*, May 14, 1990, 98–115.

31 Nancy J. Adler, *International Dimensions of Organizational Behavior*, 4th ed. (Cincinnati, OH: South-Western, 2002), 8–9; and William Holstein, Stanley Reed, Jonathan Kapstein, Todd Vogel, and Joseph Weber, "The Stateless Corporation," *Business Week*, May 14, 1990, 98–105.

32 Deborah Ball, "Boss Talk: Nestlé Focuses on Long Term," *The Wall Street Journal*, November 2, 2009; Transnationale website, http://www.transnationale.org/companies/nestle.php (accessed March 17, 2010); Company-Analytics website, http://www.company-analytics.org/company/nestle.php

33 (accessed March 17, 2010); and Nestle website, http://www.nestle.com (accessed April 23, 2019).

33 This discussion is based on P. Christopher Earley and Elaine Mosakowski, "Cultural Intelligence," *Harvard Business Review* (October 2004), 139–146; Ilan Alon and James M. Higgins, "Global Leadership Success Through Emotional and Cultural Intelligence," *Business Horizons* 48 (2005), 501–512; P. C. Earley and Soon Ang, *Cultural Intelligence: Individual Action across Cultures* (Stanford, CA: Stanford Business Books, 2003); and David C. Thomas and Kerr Inkson, *Cultural Intelligence: People Skills for Global Business* (San Francisco: Berrett-Koehler, 2004).

34 Norm Scheiber and Keith Bradsher, "Culture Clash at a Chinese-Owned Plant in Ohio," *The New York Times*, June 11, 2017, BU1.

35 Karl Moore, "Great Global Managers," *Across the Board* (May–June 2003), 40–43.

36 Robert Salomon, "Why Uber Couldn't Crack China," *Fortune*, August 7, 2016, http://fortune.com/2016/08/07/uber-china-didi-chuxing/ (accessed April 12, 2019); and Karishma Vaswani, "China's Uber Has Plans to Take on the Rest of the World," *BBC News*, April 13, 2018, http://www.bbc.com/news/business-43735023 (accessed April 12, 2019).

37 Debra Sparks, "Partners," *Business Week*, Special Report: Corporate Finance, October 25, 1999, 106–112.

38 David Lei and John W. Slocum, Jr., "Global Strategic Alliances: Payoffs and Pitfalls," *Organizational Dynamics* 19, no. 3 (Winter 1991), 17–29.

39 Vanessa O'Connell, "Department Stores: Tough Sell Abroad," *The Wall Street Journal*, May 22, 2008, B1.

40 Amanda Cioletti, "Hershey's: Spreading Goodness," *License Global*, December 1, 2018, https://www.licenseglobal.com/corporate-brands/hersheys-spreading-goodness (accessed April 24, 2019).

41 Paul W. Beamish and Nathaniel C. Lupton, "Managing Joint Ventures," *Academy of Management Perspectives* 23, no. 2 (May 2009), 75–94; Stratford Sherman, "Are Strategic Alliances Working?" *Fortune*, September 21, 1992, 77–78; and David Lei, "Strategies for Global Competition," *Long-Range Planning* 22 (1989), 102–109.

42 Ben Dooley and Liz Alderman, "Nissan-Renault Bonds Tested Without Ghosn," *The New York Times*, April 16, 2019, B1.

43 Cyrus F. Freidheim, Jr., *The Trillion-Dollar Enterprise: How the Alliance Revolution Will Transform Global Business* (New York: Perseus Books, 1998).

44 Pete Engardio, "Emerging Giants," *Business Week*, July 31, 2006, 40–49.

45 Sarah Nassauer, Corinne Abrams, and Mayumi Negishi, "Walmart Agrees to Buy 77% Stake in Flipkart for $16 Billion," *The Wall Street Journal*, May 9, 2018, https://www.wsj.com/articles/walmart-agrees-to-buy-77-stake-in-flipkart-for-16-billion-1525864334 (accessed April 24, 2019); Vindu Goel, "Walmart Takes Control of India's Flipkart in E-Commerce Gamble," *The New York Times*, May 9, 2018, https://www.nytimes.com/2018/05/09/business/walmart-flipkart-india-amazon.html (accessed April 24, 2019); and "Amazon vs. Flipkart: The Race to Dominate Indian E-Commerce," November 8, 2018, *Elementum*, https://www.elementum.com/chain-reaction/amazon-vs-flipkart-the-race-to-dominate-indian-e-commerce (accessed April 24, 2019).

46 Laurie Burkitt, "USA Inc., a Division of China Corp.," *The Wall Street Journal*, May 31, 2013, B1; and Joel Backaler, "What the Shuanghui-Smithfield Acquisition Means for Chinese Overseas Investment," *Forbes*, November 5, 2013,

the-shuanghui-smithfield-acquisition-means-for-chinese-overseas-investment/ (accessed March 18, 2014).

47 Burkitt, "USA Inc., A Division of China Corp."

48 C. K. Prahalad and Hrishi Bhattacharyya, "Twenty Hubs and No HQ," *Strategy + Business* (February 26, 2008), http://www.strategy-business.com/article/08102?gko=8c379 (accessed July 25, 2009).

49 The discussion of these challenges is based on Bartlett and Ghoshal, *Transnational Management*.

50 Rahul Dhankani, "Amazon, to Win in Booming Rural India, Reinvents Itself," *The Wall Street Journal*, December 31, 2018, https://www.wsj.com/articles/amazon-to-win-in-booming-rural-india-reinvents-itself-11546196176 (accessed April 26, 2019).

51 Amol Sharma and Jessica E. Vascellaro, "Google and India Test the Limits of Liberty," *The Wall Street Journal*, January 4, 2010, A16.

52 Peter Koudal and Gary C. Coleman, "Coordinating Operations to Enhance Innovation in the Global Corporation," *Strategy & Leadership* 33, no. 4 (2005), 20–32; and Steven D. Eppinger and Anil R. Chitkara, "The New Practice of Global Product Development," *MIT Sloan Management Review* 47, no. 4 (Summer 2006), 22–30.

53 Yves Doz and Keeley Wilson, "Leading Ideas: Overcoming the Global Innovation Trade-Off," *Strategy + Business* 69 (Winter 2012), http://www.strategy-business.com/article/00145?pg=all (accessed March 18, 2014).

54 David W. Norton and B. Joseph Pine II, "Unique Experiences: Disruptive Innovations Offer Customers More 'Time Well Spent,'" *Strategy & Leadership* 37, no. 6 (2009), 4; and "The Power to Disrupt," *The Economist*, April 17, 2010, 16.

55 Jeffrey R. Immelt, Vijay Govindarajan, and Chris Trimble, "How GE Is Disrupting Itself," *Harvard Business Review*, October 2009, 3–11; C. K. Prahalad and Hrishi Bhattacharyya, "How to Be a Truly Global Company," *Strategy + Business* 64 (Autumn 2011), http://www.strategy-business.com/article/11308?pg=all (accessed March 19, 2014); Daniel McGinn, "Cheap, Cheap, Cheap," *Newsweek.com*, January 21, 2010, http://www.newsweek.com/2010/01/20/cheap-cheap-cheap.html (accessed September 3, 2010); and Reena Jana, "Inspiration from Emerging Economies," *BusinessWeek*, March 23 & 30, 2009, 38–41.

56 Jeffrey Immelt, quoted in Vijay Govindarajan and Chris Trimble, "Reverse Innovation: Is It in Your Strategic Plan?" *Leadership Excellence*, May 2012, 7.

57 P. Ingrassia, "Industry Is Shopping Abroad for Good Ideas to Apply to Products," *The Wall Street Journal*, April 29, 1985, A1.

58 John W. Miller, "Indiana Steel Mill Revived with Lessons from Abroad," *The Wall Street Journal*, May 21, 2012, A1.

59 Based on Gupta and Govindarajan, "Converting Global Presence into Global Competitive Advantage"; Yves Doz and Keeley Wilson, "Leading Ideas: Overcoming the Global Innovation Trade-Off," *Strategy + Business* 69 (Winter 2012), http://www.strategy-business.com/article/00145?pg=all (accessed March 18, 2014); Giancarlo Ghislanzoni, Risto Penttinen, and David Turnbull, "The Multilocal Challenge: Managing Cross-Border Functions," *The McKinsey Quarterly*, March 2008, http://www.mckinseyquarterly.com/The_multilocal_challenge_Managing_cross-border_functions_2116 (accessed August 11, 2011); and Bert Spector, Henry W. Lane, and Dennis Shaughnessy, "Developing Innovation Transfer Capacity in a Cross-National Firm," *The*

60 Kenichi Ohmae, "Managing in a Borderless World," *Harvard Business Review*, May–June 1989, 152–161.

61 Paloma Almodóvar Martínez and José Emilio Navas López, "Making Foreign Market Entry Decisions," *Global Business and Organizational Excellence*, January–February 2009, 52–59; and "About Meliá," Meliá Hotels International Website, https://www.meliahotelsinternational.com/en/our-company/about-us/about-melia (accessed April 24, 2019).

62 Conrad de Aenlle, "Famous Brands Can Bring Benefit, or a Backlash," *The New York Times*, October 19, 2003, Section 3, 7.

63 Cesare R. Mainardi, Martin Salva, and Muir Sanderson, "Label of Origin: Made on Earth," *Strategy + Business* 15 (Second Quarter 1999), 42–53; and Joann S. Lublin, "Place vs. Product: It's Tough to Choose a Management Model," *The Wall Street Journal*, June 27, 2001, A1, A4.

64 Mainardi, Salva, and Sanderson, "Label of Origin."

65 William Mellor, "Local Menu, Managers Are KFC's Secret in China," *The Washington Post*, February 12, 2011, http://www.washingtonpost.com/wp-dyn/content/article/2011/02/12/AR2011021202412.html (accessed February 13, 2011); and Julie Jargon and Laurie Burkitt, "KFC's Crisis in China Tests Ingenuity of Man Who Built Brand," *The Wall Street Journal*, January 12, 2014, http://online.wsj.com/news/articles/SB10001424052702303754404579312681624114274 (accessed March 19, 2014).

66 Shalini Ramachandran, "Netflix, Amazon Take Divergent Paths to Reach Indian Audience," *The Wall Street Journal*, November 1, 2016, https://www.wsj.com/articles/netflix-amazon-take-divergent-paths-to-reach-indian-audience-1477954726 (accessed April 25, 2019).

67 José Pla-Barber, "From Stopford and Wells's Model to Bartlett and Ghoshal's Typology: New Empirical Evidence," *Management International Review* 42, no. 2 (2002), 141–156.

68 Sumantra Ghoshal and Nitin Nohria, "Horses for Courses: Organizational Forms for Multinational Corporations," *Sloan Management Review* 34, no. 2 (Winter 1993), 23–35; and Roderick E. White and Thomas A. Poynter, "Organizing for Worldwide Advantage," *Business Quarterly*, Summer 1989, 84–89.

69 Based on Alice Crawford, Sarah A. Humphries, and Margaret M. Geddy, "McDonald's: A Case Study in Glocalization," *The Journal of Global Business Issues* 9, no. 1 (Spring–Summer 2015), 11–18; Michael R. Czinkota and Ilkka A. Ronkainen, "Achieving 'Glocal' Success," *Marketing News* (April 2014), 18–19; and Michael A. Hitt, R. Duane Ireland, and Robert E. Hoskisson, *Strategic Management: Competitiveness and Globalization* (St. Paul, MN: West, 1995), p. 238.

70 Anil K. Gupta and Vijay Govindarajan, "Converting Global Presence into Global Competitive Advantage," *Academy of Management Executive* 15, no. 2 (2001), 45–56; Gili S. Drori, Markus A. Höllerer, and Peter Walgenbach, eds., *Global Themes and Local Variations in Organization and Management: Perspectives on Glocalization* (New York: Routledge, 2014); and Czinkota and Ronkainen, "Achieving 'Glocal' Success."

71 Crawford, Humphries, and Geddy, "McDonald's: A Case Study in Glocalization."

72 Betsy McKay, "Coke Bets on Russia for Sales Even as Economy Falls Flat," *The Wall Street Journal*, January 28, 2009.

73 Robert J. Kramer, *Organizing for Global Competitiveness: The Country Subsidiary Design* (New York: The Conference Board, 1997), 12.

74 Laura B. Pincus and James A. Belohlav, "Legal Issues in Multinational Business: To Play the Game, You Have to Know the Rules," *Academy of Management Executive* 10, no. 3 (1996), 52–61.

75 Ted Mann and Brian Spegele, "GE, The Ultimate Global Player, Is Turning Local," *The Wall Street Journal*, June 29, 2017, https://www.wsj.com/articles/ge-the-ultimate-global-player-is-turning-local-1498748430 (accessed April 25, 2019); and Jeff Immelt, "After Brexit, Global Is Local," *Fortune*, August 1, 2016, 71–72.

76 Mann and Spegele, "GE, The Ultimate Global Player, Is Turning Local."

77 John D. Daniels, Robert A. Pitts, and Marietta J. Tretter, "Strategy and Structure of U.S. Multinationals: An Exploratory Study," *Academy of Management Journal* 27 (1984), 292–307.

78 Hay Group Study, reported in Mark A. Royal and Melvyn J. Stark, "Why Some Companies Excel at Conducting Business Globally," *Journal of Organizational Excellence*, Autumn 2006, 3–10.

79 Robert J. Kramer, *Organizing for Global Competitiveness: The Product Design* (New York: The Conference Board, 1994).

80 Robert J. Kramer, *Organizing for Global Competitiveness: The Business Unit Design* (New York: The Conference Board, 1995), 18–19.

81 John Jullens, "How Emerging Giants Can Take on the World," *Harvard Business Review*, December 2013, 121–125.

82 Carol Matlack, "Nestlé Is Starting to Slim Down at Last; But Can the World's No. 1 Food Colossus Fatten Up Its Profits As It Slashes Costs?" *BusinessWeek*, October 27, 2003, 56.

83 Robert J. Kramer, *Organizing for Global Competitiveness: The Geographic Design* (New York: The Conference Board, 1993).

84 Tina C. Ambos, Bodo B. Schlegelmilch, Björn Ambos, and Barbara Brenner, "Evolution of Organisational Structure and Capabilities in Internationalising Banks," *Long Range Planning* 42 (2009), 633–653; and "Organizational Structure," UniCredit website, https://www.unicreditgroup. eu/en/unicredit-at-a-glance/organizational-structure.html (accessed April 24, 2019).

85 Starbucks Corporation 2012 Annual Report, http://www. google.com/url?sa=t&rct=j&q=starbucks%20company%20 structure%20 2012&source=web&cd=7&ved=0CDUQF jAG&url=http%3A%2F%2Fphx.corporate-ir. net%2FExternal.File%3Fitem%3DUGFyZW50SUQ9NDkx NTE3fENoaWxkSUQ9NTI4OTE2fFR5cGU9MQ%3D%3D %26t%3D1&ei=zvYpU9GmLeWwygH3nYGACg&usg=AF QjCNE7nmyBSaYAZPruBGBP-Gn6u797Lw (accessed March 19, 2013).

86 Rakesh Sharma and Jyotsna Bhatnagar, "Talent Management—Competency Development: Key to Global Leadership," *Industrial and Commercial Training* 41, no. 3 (2009), 118–132.

87 Kramer, *Organizing for Global Competitiveness: The Geographic Design*, 29–31.

88 Jane X. J. Qiu and Lex Donaldson, "Stopford and Wells Were Right! MNC Matrix Structures *Do* Fit a 'High-High' Strategy," *Management International Review* 52 (2012),

671–689.

89 "Group Structure," ABB website, http://new.abb.com/about/ abb-in-brief/group-structure (accessed March 10, 2014); William Taylor, "The Logic of Global Business: An Interview with ABB's Percy Barnevik," *Harvard Business Review*, March–April 1991, 91–105; Carla Rappaport, "A Tough Swede Invades the U.S.," *Fortune*, January 29, 1992, 76–79; Raymond E. Miles and Charles C. Snow, "The New Network Firm: A Spherical Structure Built on a Human Investment Philosophy," *Organizational Dynamics* 23, no. 4 (Spring 1995), 5–18; and Manfred F. R. Kets de Vries, "Making a Giant Dance," *Across the Board*, October 1994, 27–32.

90 Ambos et al., "Evolution of Organisational Structure and Capabilities in Internationalising Banks"; "Organizational Structure Map," UniCredit website, http://www. -nicreditgroup.eu/ucg-static/downloads/-Organizational_ structure_map.pdf (accessed August 10, 2011); and "General Mills Announces New Organizational Structure to Maximize Global Scale," *General Mills Press Release*, December 5, 2016.

91 Hae-Jung Hong and Yves Doz, "L'Oréal Masters Multiculturalism," *Harvard Business Review*, June 2013, 114–199; and Prahalad and Bhattacharyya, "How to Be a Truly Global Company."

92 Ranjay Gulati, "GE's Global Growth Experiment: The Company Pushed Cross-Business Collaboration," *Harvard Business Review* 95, no. 5 (September–October 2017), 52–53.

93 Vijay Govindarajan and Anil K. Gupta, "Building an Effective Global Business Team," *MIT Sloan Management Review* 42, no. 4 (Summer 2001), 63–71.

94 Charlene Marmer Solomon, "Building Teams Across Borders," *Global Workforce*, November 1998), 12–17.

95 Charles C. Snow, Scott A. Snell, Sue Canney Davison, and Donald C. Hambrick, "Use Transnational Teams to Globalize Your Company," *Organizational Dynamics* 24, no. 4 (Spring 1996), 50–67.

96 Robert Guy Matthews, "Business Technology: Thyssen's High-Tech Relay—Steelmaker Uses Computer Networks to Coordinate Operations on Three Continents," *The Wall Street Journal*, December 14, 2010, B9.

97 Benson Rosen, Stacie Furst, and Richard Blackburn, "Overcoming Barriers to Knowledge Sharing in Virtual Teams," *Organizational Dynamics* 36, no. 3 (2007), 259–273.

98 Gupta and Govindarajan, "Converting Global Presence into Global Competitive Advantage"; and Nadine Heintz, "In Spanish, It's *Un Equipo*; in English, It's a Team; Either Way, It's Tough to Build," *Inc.*, April 2008, 41–42.

99 Richard Pastore, "Global Team Management: It's a Small World After All," *CIO*, January 23, 2008, http://www.cio .com/article/174750/Global_Team_Management_It_s_a _Small_World_After_All (accessed May 20, 2008).

100 Hong and Doz, "L'Oréal Masters Multiculturalism"; and "L'Oréal in Figures," *L'Oréal 2018 Annual Report*, https:// www.loreal-finance.com/en/annual-report-2018/key-figures-2-2/ (accessed April 24, 2019).

101 Robert J. Kramer, *Organizing for Global Competitiveness: The Corporate Headquarters Design* (New York: The Conference Board, 1999).

102 Toshiro Wakayama, Junjiro Shintaku, and Tomofumi Amano, "What Panasonic Learned in China," *Harvard Business Review*, December 2012, 109–113.

103 Ghislanzoni et al., "The Multilocal Challenge."

104 Based on Christopher A. Bartlett and Sumantra Ghoshal, *Managing Across Borders: The Transnational Solution*,

2nd ed. (Boston: Harvard Business School Press, 1998), Chapter 11, 231–249.

105 See Jay Galbraith, "Building Organizations Around the Global Customer," *Ivey Business Journal,* September–October 2001, 17–24, for a discussion of both formal and informal lateral networks in multinational companies.

106 This section and the BP examples are based on Morten T. Hansen and Nitin Nohria, "How to Build Collaborative Advantage," *MIT Sloan Management Review* 46, no. 1 (Fall 2004), 22ff.

107 Peter Gumbel, "Big Mac's Local Flavor," *Fortune*, May 5, 2008, 114–121.

108 Sumantra Ghoshal and Christopher Bartlett, "The Multinational Corporation as an Interorganizational Network," *Academy of Management Review* 15 (1990), 603–625.

109 Royston Greenwood, Samantha Fairclough, Tim Morris, and Mehdi Boussebaa, "The Organizational Design of Transnational Professional Service Firms," *Organizational Dynamics* 39, no. 2 (2010), 173–183.

110 The description of the transnational organization is based on Bartlett and Ghoshal, *Transnational Management* and *Managing Across Borders.*

111 Bettina Wassener, "Living in Asia Appeals to More Company Leaders," *The New York Times*, June 21, 2012, B3; Nirmalya Kumar and Phanish Puranam, "Have You Restructured for Global Success?" *Harvard Business Review*, October 2011, 123–128; and Dvorak, "Why Multiple Headquarters Multiply."

112 Royal and Stark, "Why Some Companies Excel at Conducting Business Globally."

113 Based on Timo O. A. Lehtinen, Mika V. Mäntylä, and Jari Vanhanen, "Development and Evaluation of a Lightweight Root Cause Analysis Method (ARCA Method): Field Studies at Four Software Companies," *Information and Software Technology* 53 (2011), 1045–1061; and Walter Kuemmerle, "Go Global—Or No?" *Harvard Business Review*, June 2001, 37–49.

关注社会影响的组织设计：双重目标组织、企业可持续性与伦理

问题引入

在阅读本章内容之前，请先看下面的问题并选择答案。

1. 积极解决社会问题同时在商业上取得成功的最好方式是成为共益企业。

同意_____ 不同意_____

2. 对于任何想要成功的企业而言，其最重要的利益相关者是其股东。

同意_____ 不同意_____

3. 一个组织落实伦理的最好办法是有强有力的伦理准则，并且让所有员工熟知这些指导准则。

同意_____ 不同意_____

什么样的公司不希望用户购买自己的产品呢？举一个不同寻常的例子，美国运动服饰品牌巴塔哥尼亚公司（Patagonia）在黑色星期五（Black Friday）刊登了一整版的广告，鼓励人们穿旧衣服、减少购买新衣服，这是公司"旧衣"活动的一部分。公司为顾客提供免费修补服装的服务，鼓励人们修补衣服，而不是购买新衣服，以此保护环境。结果，巴塔哥尼亚这家户外用品和服装公司在黑色星期五的销售额上升了42％，实现了它的使命宣言，即"运用商业来宣传和解决环境危机"。该公司将其税前利润的10％或销售额的1％两者中的较大金额捐赠给环保组织。在20世纪90年代初期，巴塔哥尼亚就开始向其他组织甚至其竞争对手免费分享环保制造技术和诀窍。

为何巴塔哥尼亚公司对保护环境如此在意呢？这与公司热衷于登山运动的创始人伊冯·乔伊纳德（Yvon Chouinard）有关。乔伊纳德的价值观与处世哲学深深地融入了巴塔哥尼亚的公司文化。从最初的利用自驾车后备厢来售卖登山装备谋生，到后来拓展为年销售额十几亿美元的生意，乔伊纳

德对自然环境的热爱总是超过他对商业的关注。他甚至用阿根廷南部的崎岖山区巴塔哥尼亚作为自己公司的名字。

为了保持对环境的持续关注,巴塔哥尼亚公司重新注册登记,进行了"共益企业认证"(certified benefit corporate)。共益企业(benefit corporation)有时也被称为"B型企业"(B corp),指的是那些旨在同时追求社会目标和商业利润的公司。共益企业可以合法地将部分商业利润用于实现其社会使命,而非全用于股东分红。[1]

当前,几乎所有企业都意识到了可持续性的问题,很多企业都设立了各类可持续性项目。企业更加致力于减少碳排放、开发环保新产品、践行循环利用以减少浪费。尽管其中大部分都不会像巴塔哥尼亚公司那样注册为共益企业,但是现在很多企业都开始更加积极地响应可持续发展的时代要求,而不再像过去那样一味追求利润目标。企业开始关注自身行为对员工、顾客、社区和环境造成的影响。矿泉水瓶和一次性餐具堆满垃圾填埋场,令人触目惊心的威胁海洋生物的图片,都促使人们开始了解塑料制品对环境的破坏。瓶装水公司正寻找替代包装方案,以回应公众对塑料污染的强烈抵制。许多写字楼、动物园、商店和其他公众场所已经停止售卖瓶装水。有些城市通过立法禁止使用塑料吸管和一次性餐具。星巴克重新设计其冷饮类产品的杯盖,以避免使用吸管。[2]

其他很多组织也对可持续发展问题作出了回应。在美国,从蒂芙尼(Tiffany)到沃尔玛等不同行业的企业都增设了可持续发展目标。如同蒂芙尼前任首席执行官弗雷德里克·库梅纳尔(Frederic Cumenal)指出的那样:"年轻一代越来越关注食品的产地,我想他们也会同样关心佩戴的钻石的来源。"蒂芙尼从25年前就开始致力于可持续发展。公司拒绝购买产自于充斥政治迫害和侵害人权国家的所谓"滴血钻石"(conflict diamonds)。蒂芙尼也是首先停止使用珊瑚制作珠宝的公司之一。[3]欧洲的联合利华和亚洲的暹罗水泥集团(Siam Cement Group)各自推动了数十项可持续发展的倡议,成为行业内的模范公司。事实上,许多历史悠久的商业公司都开始采用新的策略来实现可持续发展的目标。而且,越来越多的公司开始像巴塔哥尼亚公司那样把保护环境和赚取合理利润作为自身的双重目标。

 ## 本章目的

本章的目的在于探讨如何进行组织设计,使企业即使在面对最大化利润的财务压力时,其可持续发展目标也能成功。本章首先定义混合型组织,阐述几种帮助组织实现商业利润和社会利益双重目标的途径,并讨论使命偏移问题及在混合型组织中可能发生冲突的两种彼此对立的逻辑。之后,基于企业社会责任在传统组织中日益增长的重要性,探讨可持续发展和绿色运动、三重底线、自觉资本主义和利益相关者法等问题。这一部分还将介绍一些大企业是如何为世界上最贫穷的民众服务的,这一概念也被称为服务金字塔底端。后续部分探讨如何为可持续发展进行结构设计,探讨企业社会责任和财务绩效之间的关系，并讨论管理者如何设计和实施影响道德和社会责任行为的组织结构和系统。最后，简要讨论管理者在国际环境中面临的复杂道德问题。

7.1　双重目标的组织设计

　　社会企业通常是为了解决社会问题而成立的，但同时又要能够取得商业成功，以便为履行社会使命提供资金支持。**混合型组织**（hybrid organization）是指在一个组织中同时追求商业利润与社会使命。[4] 混合型组织试图既像企业组织一样在财务上自给自足，同时又将其利润用于在社会或环境问题上产生积极影响。同时追求两个重要但互斥的目标对组织设计者来说是一个严峻的挑战。相较而言，建立一个单纯的营利性企业或非营利性的公益组织要容易得多。双重目标组织的挑战在于，有时一个目标可能会压制甚至取代另一个目标，从而可能带来组织的失败。

　　虽然混合型社会企业的初衷是创造社会价值和商业利润的双重成果，但它们可能会面临**使命偏移**（mission drift）的风险，也就是说它们可能不太重视社会使命，而更重视创造收入和利润。当混合型社会企业更为关注为付费客户创造价值，而不愿为不付费的社会受益人（如接受教育的贫困儿童或长期失业的人）提供价值时，使命偏移就出现了。混合型社会企业使命偏移的风险很高，因为当管理者和员工需要依靠商业收益来维持企业的运营和他们的工作机会时，人们自然而然地会逐渐把对企业而言生死攸关的商业活动（而非企业社会公益活动）置于优先地位。混合型社会企业使命偏移的后果是很严重的，它会威胁到社会企业存在的根基。当一个混合型社会企业不再关注自身的社会使命时，它将无法实现提供解决社会或环境问题的社会价值目标。因此，混合型组织的管理者必须学会如何平衡组织的社会活动与商业活动，而这意味着组织需要在不忽视其社会目标的前提下创造出足够的收益。[5]

　　过去，商业组织与解决社会问题的非营利性慈善组织完全分离。非营利性组织通过筹款获得资源，企业为股东赚取利润。而近年来，许多非营利性组织都希望能够实现自我造血，而不是依赖外部捐赠来维系生存。同时，商业组织也感到有必要为社会做更多的事情。因此，组织面临着既要在财务上稳健运行，又要履行社会责任的双重压力。这就把营利公司和非营利性组织推向了一个混合地带，即创造社会价值和财务价值都是核心业务的组成部分。[6]

　　要把履行社会价值融入组织目标之中，可以通过两种方式创立这样的组织：一是在承认共益企业为法人的州直接注册；二是获得专门审计企业社会影响的非营利性组织 B Lab 的认证。当然，组织在追求财务利润和积极的社会贡献的双重目标时，并不一定非得具有某种特定的法人身份。正如之前提及的联合利华首席执行官所言："我不认为只有注册为共益企业才能像共益企业那样行事。"[6] 如果公司想朝着更为混合型的方向迈进，有多种途径可供选择，如双重目标、共享价值、自觉资本主义、社会企业家精神、共益企业和 B 型企业认证等。每种途径的具体定义见表 7-1。虽然每种途径各有不同，但其共同目标都是帮助公司在创造经济价值的同时带来积极的社会影响。

表 7-1　实现社会效益的组织途径	
路 径 名 称	描　　述
共益企业	一种合法的、以营利为目标的组织，其章程中除包括营利目标外，还包括积极履行社会责任或保护环境的条款
B 型企业	一种获得 B Lab 机构认证的组织，需要通过 80 项有关社会和环境保护履职情况和透明度的评估。通常存在于政府尚未准许设立共益企业的领域
L3C -低利润有限责任公司	美国少数几个州使用的一种法律架构，允许营利性企业投资社会责任领域
共享价值途径	一种提高企业竞争力的商业实践，同时能够对社区产生积极的经济和社会影响
金字塔底端投资	通过为贫困人口提供产品或服务来扩大业务的做法
自觉资本主义	关注地区性和全球性的社会和环境问题。能够意识到商业产品和服务对人和环境产生的影响
社会企业家精神	创立一种新型的营利性企业，目的在于解决某个特定的社会问题，同时赚取足够的利润来维持运营
社会企业	一类既能解决社会问题又能盈利的混合型企业

资料来源：Based on Solange Hai and Richard L. Daft，"When Missions Collide：Lessons from Hybrid Organizations for Sustaining a Strong Social Mission，"*Organization Dynamics* 45（2016），283-290.

7.1.1　面临的挑战

运动鞋品牌公司 AND1 自创立伊始就致力于兼顾服务人与环境及盈利的双重目标。慈善活动和企业的可持续发展是公司业务的绝对核心。AND1 为员工慷慨地提供了各类福利，包括产假、篮球场地以及瑜伽课。公司将利润的 5％（约 200 万美元）捐赠给了当地各类专注于城市教育和青年领导力发展的慈善机构。公司管理者们与海外供应商紧密合作，以确保产品的高质量和健康安全，以及公平合理的价款。在 21 世纪之初，AND1 的产品在篮球鞋类中排名第二。然而，随着鞋类零售行业的竞争加剧，公司面临裁员压力。最终，AND1 被另一家企业收购，但收购方并不认同 AND1 的社会价值目标，结果许多原有的社会和环境项目由于收购方转向完全专注于利润导向而被迫终止。[7]

AND1 的案例展示了企业的社会使命在一个营利性的商业环境中有多脆弱。企业的营利使命可以摧毁其社会使命。为什么同时追求社会使命和营利使命常常会引发公司内部的矛盾和冲突呢？企业双重使命的背后是员工的个人信念、价值观和偏好，这些也被称为逻辑。**逻辑**（Logics）意味着一个人的基本假设、价值观以及他（她）认为应该指导组织行为的各种信念。这些价值观和信念赋予了人们日常生活的意义。而且人们通常认为自己的逻辑是正确的，应该优先于他人的逻辑。深层的逻辑概念解释了在混合型组织中产生内在冲突的原因。人们的逻辑反映出他们希望在工作实践和组织目标中看到与自身相符的信念和价值观。在社会价值目标和利润目标的交锋下，这些逻辑通常会把员工分成两派，从而导致内部冲突。逻辑与工作满意度无关，并常常作为员工价值观的一部分被带入工作场所中。

在混合型组织中起作用的通常有以下两个主要逻辑：商业逻辑和社会福利逻辑。如图 7-1 所示，这两类逻辑通过截然不同的假设起作用。商业逻辑侧重出售产品和服务以获取经济收益或利润。从这个角度来看，其首要目标就是营利，而社会使命仅被作为获取利润的次要手段。组织治理是基于层级制度的，企业目标和有关运营的重大决策均需要服务于股东利益。在商业逻辑下，企业获得合法性的基础是掌握能够赢得竞争的技术专长和管理能力。商学院教授的课程就遵循了商业逻辑。商业逻辑在商界有很强的影响力。有一则案例能生动说明商业逻辑的力量。美国一家制药公司因产品的高定价而饱受批评，这家公司发言人在辩护时说："我们的职责要求我们对股东负责，并最大化我们所售产品的价值。"

另一方面，社会福利逻辑认为，企业销售产品和服务仅仅是一种响应社会需求的机制。因此产品、服务和利润本身不应该成为企业的主要目标，而应该是达至更高社会目标的一种手段。社会福利逻辑涉及组织内部利益相关者和外部利益相关者的相互包容和参与的问题。社会福利逻辑中的组织治理是民主性的。其合法性是通过对社会使命的贡献和承诺来获取的。全食公司（Whole Foods）的约翰·麦基（John Mackey）曾部分地解释了社会福利逻辑，他说："就像人们不能不吃饭，企业同样不能没有利润。但是绝大多数人都不是为了吃饭而活着，所以企业也不能仅仅为了赚钱而存在。"

商业利润逻辑		社会福利逻辑
1. 组织目标是通过产品和服务获取经济收益。 2. 社会使命是手段，而非目标。 3. 重视层级控制。 4. 股东决定企业目标和运营方式。 5. 合法性来自于技术专长和管理经验。		1. 组织目标是通过产品和服务来响应地方的社会需求。 2. 经济资源是手段而非目标。 3. 重视民主治理。 4. 地方利益相关者的高参与度和广泛代表性。 5. 合法性来自于对社会使命的贡献。

图 7-1　混合型组织中的两种对立逻辑

资料来源：Based on Solange Hai and Richard L. Daft，"When Missions Collide：Lessons from Hybrid Organizations for Sustaining a Strong Social Mission，"*Organization Dynamics* 45（2016），283-290.

在双重目标组织中,应对上述两种对立的逻辑并维系其平衡是一项重大挑战。商业逻辑和社会福利逻辑之间的冲突每天都可能会发生。不同逻辑的拥护者持有不同的假设和原则,且都认为自身的使命优于对方的使命,尽管事实上两者之间是相互依存的关系。最近的一项研究考察了约 2 000 名天然食品合作社会员和员工的价值观念,有两点发现:(1)理想主义价值观主要关注符合社会正义和道德的产品;(2)务实的价值观则更加侧重于产品需求和利润增长。基于价值观不同与防御性心理,上述群体中形成两个不同派系。一派支持利润至上,而另一派则支持以人为本。成员们发现彼此妥协是非常困难的,因为这意味着有损自己坚持的生活信念和价值观。由于两派各自的价值观已经根深蒂固,以至于彼此妥协几乎就等同于否定自己的人生目标和价值追求。[8]

7.1.2 实现商业和社会福利双重目标的组织设计

混合型组织在解决长期存在的社会问题方面发挥了真正的价值。例如,全球各类小额信贷机构向 9 100 万贫困人口提供了总额为 810 亿美元的小额贷款,帮助改善这些贫困人口的生活。致力于发展中国家小型生产商利益的各类公平贸易组织已经在世界范围内帮助实现了 50 多亿美元的年销售额,从而改善了 140 万小型生产商的经济状况。在法国,旨在帮助长期失业人口的混合型组织为 1.5 万名长期失业者提供了就业岗位。尽管追求社会效益是一项非常伟大的事业,但是组织内部的目标冲突和使命偏移使得混合型组织往往很难同时实现保持财务稳健和追求社会效益的双重目标。[9]

现有研究已提出各类组织结构和方式来解决当员工持有与组织目标截然相反的思维模式和价值观时出现的各类问题。这些方式包括把员工分配至不同的独立部门、规划员工招聘以及发挥领导者作用。

设立独立的部门

混合型社会组织为达成双重目标可以选择两种方式组织员工。第一种方式是,将所有员工分配到同一个部门,所有人一道积极地为达成社会效益和商业利润的双重目标而努力工作,这种组织员工的方式被称为整合型结构(integrated structure)。第二种方式是,根据工作流程和客户性质的不同,将员工分配到两个相互独立的部门。一般而言,当工作流程容易被划分为不同部分,且每个部分需要不同的价值观逻辑时,独立部门的组织结构就会更加高效。如果工作是由一系列为实现单一结果的任务构成,那么更适宜采用整合型结构以提高效率。下面两个案例反映了上述理念。[10]

某家法国公司的总体目标是重新培训和帮助长期失业人员重返职场。实现这一目标需要完成两类工作:首先,培训这些长期失业人员收集和维修旧家电,以便在二手商店再次销售;其次,为长期失业人员在寻找工作、培训面试和撰写简历方面提供个人支持。维修和二次销售旧家电过程中包括技术性活动,这些技术活动可以带来收入,从而产生经济效益。而提高失业者就业能力（面试培训和撰写简历等）的工作产生了社会价值，但同时又增加了成本，减少了利润。当该公司创始人试图把每个员工整合到同一个部门来同时从事上述两项工作时（即为长期失业人员提供技术培训和社会支持），却发现很难找到同时关注社会支持和技术并且两方面专长都兼具的管理人员和员工。员工往往基于过去的经验和个人价值观而更青睐两类工作中的某一类。于是该创始人转而在公司内部建立了两个独立部门，一个是在专业技术人员管理下的家电维修部门，另一个是在社工人员参与下的社会支持部门。根据员工内在逻辑和专业性的不同将之分配到相应的独立部门是一种有效的组织架构。因此，上述法国公司在长期实践过程中习得了将公司两大主要活动（利润和社会福利）分设为两个独立的部门是提高效率的关键。[11]

与上述法国公司不同，革命食品公司（Revolution Foods）发现把所有员工整合到同一个部门并不会影响工作效率。这家美国公司的创立意在为低收入的学生群体提供营养午餐。公司的首要目标是为资金不足的学生提供更好的食物选择。提供健康食物是该公司唯一的业务，这项业务在提高孩子的福利的同时，为公司带来了利润。在这种情况下，所有员工均被整合到同一个部门，由同一个管理者同时负责运营效率和改善孩子健康状况。兼顾生产和食物配送的员工也能让学生参与营养教育，推荐新的食物，并收集对食物口味的反馈。[12]

聘用具有平衡思维的员工

鉴于混合型组织是一种相对较新的组织形式，招聘到具有足够经验、能帮助组织维持平衡的员工就相对比较困难。最近的一项研究考察了玻利维亚一家名为 BancoSol 的小额信贷银行招聘信贷员的活动。小额信贷是一项银行服务业务，旨在为失业人员或者没有其他渠道可以获得贷款的低收入人员创立小型企业而提供贷款。当 BancoSol 为履行其社会福利使命而从当地招聘职员的时候，却发现找到具有平衡思维模式的员工非常困难。信贷员需要有能力评估潜在借贷者的还贷能力、决定贷款金额大小并收回贷款，所有这些都需要具备商业银行的逻辑思维模式。而另一方面，信贷员还需要与缺少服务的人群进行有效互动，定期走访社区，讲当地土著语言，这些活动需要具备社会福利逻辑。BancoSol 已经拥有了许多在履行社会使命方面经验丰富的社工、社会学家和宗教界人士。因此，该银行开始招聘具有金融和经济背景的员工，用以平衡其高度关注社会效益的现有团队。维持各个群组之间的平衡是一项重要挑战。商业逻辑和社会逻辑每一天都在互相冲突。持有不同逻辑的员工都会坚持自己的假设和原则。BancoSol 银行最终未能像其最初期望的那样在乡村社区中有效运作和发挥影响力，大部分原因是不同的职员在拜访村民客户时表达出的观点往往相互矛盾。[13]

玻利维亚的另一家名叫 Los Andes 的小额信贷银行则使用了一种不同的方式来招聘信贷员。不同于一般银行在招聘员工时看重社会或者银行从业经验，该银行认为没有工作经验或工作经验很少的员工更容易接受服务乡村客户的逻辑和思维方式。在招聘新员工时，Los Andes 更看中应聘者在实践中学习金融和社会技能的能力。该银行同时也投入大量资源用于员工的平衡思维培训项目。银行的管理层相信需要长远规划才能保证员工发展出组织所需的综合运用社会思维和商业银行思维的能力。管理层的这种长远思维帮助信贷员们获得了一种共享和平衡的身份认知,从而帮助银行成功地构建了与乡村客户的良好关系,并出色地完成了小额信贷任务。[14]

设定明确的目标和评价标准

正如本书第2章所描述的那样,明确定义的目标和清晰的评价标准是重要的组织设计工具。明确的目标能向员工传达什么是重要的,而评价标准能确定什么是有效的,以及什么是无效的。糟糕的目标设置和不充分或不合适的评价标准会让组织陷入混乱。此外,在财务绩效和社会影响之间获得合适的平衡可能很棘手。一般而言,组织的财务表现比较容易衡量。财务指标,如销售额、收入增长和资产回报率,都是易于获取和广泛接受的指标。而衡量组织的社会影响则更具挑战性,包括难以精确定义社会影响目标,难以获得相关的定量数据,因此通常需要更多的研究工作来设定社会影响目标,并评价其完成情况。[15]混合型组织的管理者往往必须不断探索才能找到设定社会影响目标和衡量完成度的有效方法。格莱珉-威立雅饮用水公司(Grameen Veolia Water)的案例展示了混合型组织的管理者在设定目标和衡量目标完成情况方面所面临的挑战。

应用案例 7-1

格莱珉-威立雅饮用水公司

格莱珉-威立雅饮用水公司成立的宗旨是为孟加拉国农村地区的贫困居民提供清洁廉价的饮用水。该公司还设立了第二个组织目标:通过销售瓶装水来维持公司的运营,而不是全部依靠政府的资助。这两个目标都很重要,因为以极低的价格将饮用水提供给贫困的农村家庭(社会目标)并不能提供足够的收入来维持公司的正常运营。因此,该公司开始向附近城市地区的学校和企业出售瓶装水(利润目标)。当公司开始从销售瓶装水业务里获得可观利润时,其社会使命和商业使命发生了冲突。一线管理者们感到一种强烈的诱惑,想要朝着盈利的目标前进。然而,高层管理者们始终坚持公司的社会使命,并将业务重点明确地放在实现社会目标上。这一做法提醒公司所有成员,尽管城市瓶装水销售有利可图,但获利的目的是补贴为贫困村民提供清洁廉价饮用水的项目。

公司管理者发现,明确而具体的目标和衡量标准有助于维系利润目标和社会目标之间的平衡。该公司努力建立了一套可作比较的利润目标和社会目标,以及相应的评价标准。通过咨询专家以及农村社区的客户,公司形成了四个关键性能指标(KPI):(1)公司资源利用中,用于投资农村地区饮用水服务的占比;(2)公司服务在农村地区的渗透率;(3)农村饮用水消耗的速率;(4)获得公司供水服务的村民人数。上述目标和评价标准明确有效,很好地帮助公司践行其社会价值和商业利润的双重目标。[16]

与志同道合的组织合作

我们在第5章的组织间关系研究中介绍过一个有趣的发现,组织倾向于与同类组织种群或价值链中的重要伙伴培养"制度类同性"。尽管混合型组织的数量正在增长，但许多追求双重使命的公司仍处于努力获取市场份额的发展阶段。因此很多混合型组织面临着微妙的压力，需要去模仿与自身有重要业务往来的企业制度和价值观。混合型组织的领导者需要清楚地关注各类共事对象，包括客户、供应商和员工。

本杰瑞公司（Ben & Jerry's）的案例很有借鉴意义。两位创始人坚决支持公司的环境价值观。在他们看来，每一次开发新业务，都是一次与客户和供应商开展紧密合作的机会。这些客户和供应商的价值观与本杰瑞的社会使命是一致的，或者会受到本杰瑞的影响。公司其中一位创始人说："我们知道我们永远不会获得百分之百的市场份额，所以不如与合作伙伴们建立基于共同价值观的牢固纽带。"本杰瑞实现共同价值观的做法之一是，敦促供应商在履行社会使命和环境协议方面更加透明。选择志同道合的供应商帮助本杰瑞坚持了其价值驱动的经营模式。

在本章开头的例子中，巴塔哥尼亚公司的管理者们也希望与志同道合的组织合作，该公司正试图利用其市场地位来影响其他组织，使这些组织对环境更加负责。有一段时期，穿着巴塔哥尼亚品牌的定制羊毛和羽绒背心，有时也被称为"能量背心"，在华尔街人士和金融从业人员中十分风靡。投资银行罗伯特贝尔德公司（Robert W. Baird & Company）的市场策略顾问迈克尔·安东内利（Michael Antonelli）曾说，"我即使是死的时候也会穿着这背心"，形容自己对该款服装的迷恋。然而，2019 年春，巴塔哥尼亚宣布今后仅与那些优先考虑保护地球环境的使命驱动型企业联合推出这款背心。这意味着任何想要订购这款时髦背心的公司都必须让巴塔哥尼亚相信他们正在通过某种方式保护地球环境。[17]

让员工始终铭记社会使命

如果领导者能让每个员工都牢牢铭记公司的社会使命，他们就能够将持有不同逻辑的员工之间的潜在冲突最小化。许多员工，尤其是年轻的员工，都在寻找一份他们觉得有意义的工作，而不仅仅是赚钱。Change.org 是一个为各类活动和事业提供请愿和签名工具的网站，该网站深知其员工想要获得一份有意义的工作，一个能帮助自己职业上获得成长的工作场所，以及向身边优秀之人学习的机会。Change.org 的管理层认为混合型组织能够为员工提供这些非金钱的激励。通过雇用富有同情心的员工，然后以"生活方式"投资的形式为员工提供各种激励，例如，让员工灵活支配自己的工作，免费提供健身房会员资格或演出门票之类的福利以平衡工作和生活，Change.org 成功地让员工认同了公司的社会使命。[18]

另一个案例是货柜商店（Container Store），该公司是一家专业销售储存空间和提供物品收纳解决方案的零售商。公司首席执行官基普·廷德尔（Kip Tindall）和其他管理层认为，与员工分享财富是"最好的赚钱方式"。廷德尔通过给员工高薪并尊重他们而获得了员工对公司社会价值观的认同。货柜商店将其业务模式称为"无权衡模式"。员工首先会接受培训，学习公司要求恪守的各项基本原则，这有助于拉近员工和公司的距离。廷德尔一直在思考如何使员工认同公司的社会使命，为此他把情人节更名为"关爱员工节"，在这一天货柜商店的管理者们会向员工赠送礼物来表达感激之情。"我享受为我自己和我身边的人赚钱，我并不是说这是赚钱的唯一方式。"廷德尔说："但我认为这是最好的赚钱方式，为员工创造价值的同时也为客户和供应商创造价值，这是一家公司创造价值的最好方式。"[19]

选择适合的法律架构

美国企业现在可以合法地注册为（或像巴塔哥尼亚公司那样变更为）B型企业，或与 B 型企业合并，以便能将企业的社会和环境使命置于与财务目标同等重要的地位。**B 型企业**（benefit corporation）是一种在其章程中规定积极的社会环境影响和利润创造目标，追求双重目标的营利性实体。B 型企业现在已经在美国至少 21 个州和华盛顿特区得到承认，其创立目的在于积极有效地影响社会和环境，以增进公益。比如，贝瑞特-科勒出版社（Berrett-Koehler Publishers）是第一家变更为 B 型企业的出版社，其管理层指出变更的目的在于"为公司长期践行的社会使命、实践和目标增加法律效力。"[20] B 型企业也可以选择将社会或环境目标置于对股东的利润目标之上，且不会因此招致股东的法律诉讼。要成为一家 B 型企业，公司需在其章程中明确说明将如何服务公众和社会。B 型企业也可以为公司未来的发展锁定法律架构的支持。如上文中提到的 AND1 鞋业公司的案例，如果该公司当初制定能得到法律承认的公司章程，来保护其非财务目标，那么其社会项目就能得以延续，而不是在合并后被迫中止。在美国的另外一些州也提供注册为 L3C 类低利润有限责任公司的选项，来帮助公司强调其社会目标和低利润特征。

为创意项目募资的众筹网站 Kickstarter 就重新注册为了 B 型企业。公司的几位联合创始人希望以此确保利润逻辑不会压倒公司的社会使命，从而可以在未来为创新创业项目持续融资。除了社会使命之外，该公司还将利润的 5％捐赠给各类艺术项目和平权事业。几位联合创始人还明确地反对出售公司或上市，以避免公司作出基于利润目标而非社会目标的决策。

社会企业必须不断尝试，以找到能够同时支持其社会目标和财务目标的适合的法律架构。在有些情况下，一家混合型企业甚至要将自身的营利业务和非营利业务分开注册为不同的法律实体，以实现双重目标。比如说，混合型企业鲁纳（Runa）销售瓜亚萨茶（Guayasa）饮料来获得商业利润，该公司的社会性目标是为厄瓜多尔农民提供支持。厄瓜多尔人很早就开始采摘亚马孙河流域的瓜亚萨树叶子，树叶含有咖啡因可以用来泡茶。但是，支持厄瓜多尔农民的发展项目既效率低下，又进一步导致森林滥砍滥伐。鲁纳的首席执行官因此设计出了相互独立的营利部分和非营利部分来履行社会使命。其中营利部分专注于构建有效的供应链来生产和销售瓜亚萨饮料，而非营利部分则通过与当地农民携手来关注社会经济研究和项目开发、重新造林和农业研究。营利部分赚取的利润被用于扶持非营利部分履行其社会使命。[21]

本节要点
- 混合型组织指那些在同一组织内部同时追求商业利润和社会使命的

组织。

- 逻辑包括假设、价值观和信念。人们持有不同的逻辑,并依据自己的逻辑来评判组织的行事方式。
- 商业逻辑将企业用以营利的产品和服务视为主要目标。
- 社会福利逻辑认为企业的产品、服务和利润本身并非目标,而是实现更高社会目标的一种手段。
- 商业逻辑与社会福利逻辑彼此对立,因此可能产生冲突。如何维系两者之间的平衡是混合型组织管理者需要面对的一项重要挑战。
- 当员工持有与组织目标截然相反的思维模式和价值观时会出现各种问题。管理者若想有效解决这些问题,可用的组织结构和途径包括将员工分配至不同的独立部门、规划员工招聘以及发挥领导者作用。
- 美国企业现在可以合法地注册为 B 型企业或与 B 型企业合并,以便能将企业社会和环境使命置于与财务目标同等重要的地位。B 型企业现在已经在全美至少 21 个州和华盛顿特区得到承认。

7.2　企业社会责任

以营利为目的的非 B 型企业也越来越关注社会责任。**企业社会责任**(corporate social responsibility,CSR)是指管理者努力确保做出的决策和采取的行动能增进所有利益相关者的福祉和利益,包括员工、客户、股东、社区和广泛意义上的社会。[22]在过去十年间,世界各地的企业对社会责任的关注度迅速提升。例如,斯里兰卡的家族服装企业马斯控股(MAS Holdings)就承诺,公司在为当地经济发展做出贡献的同时,也将致力于改善员工福利、改善员工家庭和社区的经济状况。在服装制造行业频繁爆出商业伦理、劳工关系及生产安全等方面丑闻的时代背景下,马斯控股坚信商业企业有能力对员工生活和社区发展产生积极影响。这家南亚最大的女性内衣生产商为其全部 28 家工厂的 4.5 万名员工提供上下班通勤服务、免费工作餐以及医疗保障。由于女性员工占比超过 90%,所以马斯控股将工厂建在乡村地区,以方便女性员工上下班,并能更好地兼顾家庭。[23]

企业社会责任曾经只被少数规模不大或非主流的企业重视,如巴塔哥尼亚、美体小铺(The Body Shop)等。但现在,企业社会责任已经逐步被主流企业所接受,并影响着当代企业的思想和行动。IBM 公司的企业全球志愿服务队(Corporate Service Corps)经常会派出志愿者团队,执行为期一个月的任务,比如帮助肯尼亚改进其邮政系统或为印度设计一个在线教育项目等。金宝汤公司(Campbell Soup)用自己的食品生产线帮助新泽西州卡姆登市(Camden)的一家食品银行将受捐赠所得的临期食物制作成罐装辣酱,最终共计筹到 10 万美元善款。[24]惠而浦(Whirlpool)为仁人家园(Habitat for Humanity)在北美建造的每一栋房子捐赠一台冰箱和一套炉灶。百事可乐承诺停止在学校销售高热量的含糖饮料。全球超过 1 000 家企业发布了企业社会责任报告，阐述企业对员工、环境和本地社区的承诺。[25]

企业可以从环境保护、社会责任、公司治理（environmental，social，and governance，ESG）几个维度来评估和测量自身的社会责任表现。投资人也可以依据 ESG 评分来做出投资决定。大部分部门和行业都有详细的 ESG 清单和记分卡。ESG 得分范围为 0～100，可从以下几个方面进行评分：

- 环境（如水资源的运用、能源管理等）
- 社会资本（如客户隐私保护、社区发展等）
- 人力资本（如多元化机会、工资水平和员工福利等）
- 商业创新（如产品社会价值、产品质量和产品安全性等）
- 领导力和企业治理（如商业伦理、高管薪酬等）

在依据 ESG 标准评估企业社会责任表现时，一个不常被谈及的方面是企业在财务业绩和 ESG 维度表现之间的权衡取舍。两者中一方的提高可能会以损失另一方为代价。例如，安装昂贵的太阳能发电设备可能对保护环境有好处，但这样做可能会改变企业的盈亏底线。这样的权衡取舍类似于混合型组织需要平衡其社会目标和财务目标。但是，与混合型组织不同，这些企业的章程规定了追求利润为其主要目标，因此企业管理层需要掌握如何分配那些原先直接用以获取利润的资源，以便能同时实现 ESG 目标。[26]除了 ESG 框架以外，还有很多帮助企业实施社会责任活动的方法和模型，包括绿色运动、三重底线、自觉资本主义及利益相关者分析等。

问题引入部分的参考答案

1. 积极解决社会问题同时在商业上取得成功的最好方式是成为共益企业。

答案：不同意。尽管注册成为共益企业可以帮助一家企业将社会或环境目标置于股东财务利润之上而不至于招致法律诉讼，但这种组织形式并不是在全美各州都能得到承认。企业可以用多种方式来对环境做出积极贡献，比如做出企业社会责任承诺、运用 ESG 维度评估企业绩效等。

7.2.1　绿色运动

当前许多企业都开始接受可持续性或可持续发展的概念。**可持续性**（sustainability）指的是在不损害社会服务或环境责任的前提下创造财富的能力。这意味着企业要在满足利益相关者当前和未来需求的同时，保护环境和服务社会，以确保子孙后代的需求也能得到满足。[27]持有可持续发展观念的管理者在制定每一项战略决策时均会综合考虑环境和社会因素，以期在对社会和环境负责任的前提下实现企业的财务目标。

当通用电气的前 CEO 杰夫·伊梅尔特在 2004 年第一次向集团的 35 位执行高管提出绿色商业倡议时，高管们投票将这一倡议否决了。但是伊梅尔特罕见地否决了高管们的决议，自此通用的"绿色创想"（Ecomagination）战略诞生了。目前，该战略是世界上最受认可的企业可持续发展项目之一。

"绿色创想"不但帮助通用消减了 30％的温室气体排放，同时也带来了许多创新产品，为通用增加了数十亿美元的年收入。[28]

在伊梅尔特提出"绿色创想"战略的 15 年间，由于社会态度的转变，以及受能够迅速曝光企业污染环境丑闻的互联网和社交媒体的影响，许多管理者，无论其组织规模大小，业务范围仅限当地还是大型跨国企业，都开始提倡环保。一项调查发现，90％的美国人认为存在很严重的环境问题，有82％的美国人认为企业应采取对环境友好的商业实践。[29]从 2009 年起，《新闻周刊》（*Newsweek*）开始对美国及全球最大的 500 家上市企业的环保表现进行打分和排序。这一做法也从侧面反映了公众对于企业环保行为的关注。2018 年《新闻周刊》选出的美国与全球环保企业前 6 名如下。该表单也体现出了持有绿色哲学理念企业的多样性特征。

美国前六名	全球前六名
思科系统	欧莱雅（法国）
艺康集团（Ecolab Inc）	森特里克能源公司（Centrica PLC,英国）
孩之宝（Hasbro Inc）	安桥公司（Enbridge,加拿大）
太平洋煤气电力公司（Pacific Gas & Electric）	西门子（德国）
希悦尔集团（Sealed Air Corp.）	思科系统（美国）

7.2.2　三重底线

许多持有可持续发展理念的管理者运用三重底线方法来衡量企业发展。**三重底线**（triple bottom line）指的是综合衡量一个组织的社会绩效、环境绩效和财务绩效，如图 7-2 所示。三重底线方法有时也被称为"3Ps"，即三个以 P 开头的英文字母：人（people）、地球（planet）、利润（profit）。[31]

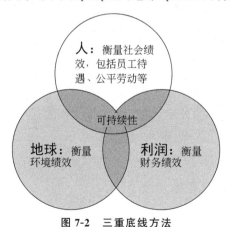

图 7-2　三重底线方法

三重底线中"人"的底线关注组织在公平劳动、多元化、供应商关系、员工待遇、社区贡献等方面是否肩负起了相应的社会责任。"地球"底线测量的是组织对环境可持续性的承诺。利润底线或财务底线，当然关注的就是组织的盈利状况。衡量的对象就是需要努力实现的目标。运用三重底线方法来衡量组织的各项绩效，以确保管理者关注社会和环境因素，而不会不顾社会和自然环境代价盲目追求利润目标。来看下面这个企业是如何通过给所有员工加一次薪来强调人本底线维度的。

应用案例 7-2

引力支付公司

引力支付公司（Gravity Payments）在追求三重底线中"人"的维度方面表现得不遗余力，甚至把所有员工的最低薪资提高至 7 万美元。几年前，引力支付的首席执行官丹·普莱斯（Dan Price）宣布，全体员工甚至包括最低级别的文员或助理，都将至少获得 7 万美元的平均年薪，这家总部位于西雅图的信用卡支付服务公司的 120 名员工都不敢相信自己的耳朵。普莱斯主动把自己 110 万美元的年薪进行了下调，以便公司能负担相应上涨的员工工资。

当在某次访谈中被问及为什么这么做时，普莱斯说："这样做的目的是，让我们那些为客户付出了心血劳动的员工能支付各种账单，过上正常的生活。"引力支付公司的员工表示，普莱斯帮助他们实现了这样的生活目标。员工们现在可以过上更加舒适、压力更小的生活，他们可以更好地投入工作。"我现在能够负担得起那些能让我安心的事情。"引力支付的一个单身母亲员工说，"这真的让我压力倍减，一身轻松"。

更快乐和更专注的员工帮助引力支付公司获得了快速成长。2018年，公司处理了总额为 100.2 亿美元的信用卡支付业务，比工资上涨前的 2014 年的 38 亿美元的业务额增长了一倍多。如今，引力支付公司的业务持续增长，公司利润也屡创新高。公司员工增长至近 200 人，其中一些新员工加入的目的是希望成为一家不仅仅关注利润的公司团队的一分子。在听说引力支付公司员工工资普遍上涨的事情之前，塔米·克罗尔（Tammi Kroll）在另一家公司工作，事业处于上升期，年薪达到百万美元。"我上学的全部目标是挣更多的钱"，出身普通工薪家庭的克罗尔说。但是，她逐渐认识到"钱不能使你快乐，也不会让你成为更好的自己"。克罗尔现在是引力支付的首席财务官，尽管担任引力支付公司这一职位意味着克罗尔每年要少挣近 80%，但她说自己很开心能加入一家把人的价值放在首位的公司。[32]

7.2.3 自觉资本主义

自觉资本主义（conscious capitalism）也叫共享价值模型，指的是组织的政策和实践既能推动本企业取得经济上的成功，又能提高企业所在社区的经济和社会条件。[33]比如印度联合利华公司（Hindustan Unilever）在印度一些地区采取"直接到家"的分销系统销售女性用卫生产品，并为人口总数少于 2 000 人的印度农村低收入家庭妇女提供小微贷款和职业培训，以帮助她们做小生意。通过为妇女提供技能培训和生意机会，该项目让当地社区大大受益，有些妇女的家庭收入翻了一番，而且通过为偏远地区妇女提供卫生产品，该项目也减少了农村疾病的传播。通过在难以到达的偏远地区扩展市场和构建品牌，公司也从中获益。该项目收入在印度联合利华公司全国总收入中的比重占到了 5％。[34]

自觉资本主义意味着企业不仅仅只是赚取利润，而是还有更高的目标。企业在关注股东的同时也应该关注员工、客户、供应商和社区；帮助人们成为最好的自己；培育信任和相互尊重的氛围。一些持有自觉资本主义理念的著名企业包括全食超市、好市多（Costco）、宾路宠物食品公司（Pedigree）、美敦力（Medtronic）和乔氏超市（Trader Joe's）等。本章的"新书评介"进一步阐述了自觉资本主义的理念。

约翰·麦基（John Mackey）和拉吉·西索迪亚（Raj Sisodia）

《自觉资本主义：解放商业的英雄气概 》（*Conscious Capitalism：Liberating the Heroic Spirit of Business*）

《自觉资本主义》一书的作者是全食食品公司（Whole Foods）创始人兼联席 CEO 约翰·麦基和营销学教授拉吉·西索迪亚。他们撰写本书的前提假设是，商业"从根本上讲是有益的和道德的"，因为它能使人们过上更有活力、更充实的生活。他们说，仅仅两百年，世界人口中生活极度贫困的人口比重已经从 85％降至 16％；但两位作者进一步向商业领导人提出挑战，希望他们能够睁开双眼、敞开心智，从利益相关者的角度看问题，这样才能够实现"自由企业资本主义式的求真、美好、善意和英雄主义"。

自觉资本主义的四条原则

为了实践自觉资本主义，企业管理者必须树立正确的信念。以下是自觉资本主义的四条基本原则：

1. 追求更高的目标。没有更高的目标，任何一个企业都无法实践自觉资本主义。目标能够使管理者不再狭隘地仅注重利润，而是将能量和关爱注入组织，促使员工及其他利益相关者全身心投入。

2. 意识到每一个利益相关者团体都是重要且相互依存的。作者把这个称作利益相关者一体化（stakeholder integration）。有自觉精神的企业会努力满足所有利益相关者的需求，这其中也包括寻求利益的投资者们，而未必一定要在"此消彼长"中做出权衡。两位作者认为，"我们可以共同创造未来，所以应当有自觉性、有合作精神、有责任感"。

3. 自觉商业需要自觉的领导者。自觉资本主义企业的领导者信奉"分权化、激发活力、创新和合作"。领导者有很强的动力帮助企业实现更高的目标,并使所有利益相关者之间达成利益一致。两位作者对如何成为一名更自觉的领导者提出了富有实践指导意义的建议。

4. 接受自觉商业价值观。自觉资本主义文化包含信任、负责、公平、关爱、透明、正直、体恤、忠诚、个人成长和平等主义。

善行需要付出

金钱是衡量价值的标准之一,但它绝不是唯一标准。麦基和西索迪亚认为,主导性的商业模式最终将是一种自觉资本主义式的,而不是利益追逐式的。他们说,有确凿的证据表明,从长远看,自觉资本主义式的企业将远远超越以传统方式运营的企业。

Conscious Capitalism:*Liberating the Heroic Spirit of Business*,by John Mackey and Raj Sisodia,is published by Harvard Business Review Press.

7.2.4 为利益相关者服务

另一种将企业绩效概念扩展至单一财务绩效之外的途径是,充分考虑到不同的人和组织对企业的需求不同。对客户而言,主要关注的是企业能否以合理价格按时交付高质量的产品和服务;而员工则更关注可观的薪酬水平、良好的工作环境和较高的工作满意度。在设定目标和努力提高效率的过程中,管理者应该平衡各类利益相关者的需要和利益。这种做法被称为**利益相关者法**(stakeholder approach),指的是识别组织的主要利益相关者及其对组织的诉求,以便更好地整合多样化的组织活动。**利益相关者**(stakeholder)指的是组织内外部那些与组织绩效利益攸关的任何群体。我们可以通过评估此类群体的满意度来反映组织的整体绩效和有效性。[35]

例如,与将政府办公室里懒惰的公务员视为效率低下的官僚主义者的刻板印象相反,位于纽约曼哈顿下城的哈德逊街政府护照办公室在谷歌、Yelp和其他在线评级网站上获得了超高的评价。哈德逊街护照办公室主任迈克尔·霍夫曼(Michael Hoffman)的目标是为民众提供所需的护照服务。尽管霍夫曼的工作需要遵循一些专业化和标准化的程序,但他在办理流程和雇员管理方面也拥有一定的灵活性。霍夫曼优化了办公室的等待区和接待区以使人员流动和护照办理得以顺畅地进行。他还为雇员提供指导和支持,并尽可能地为他们提供自主工作所需的资源和酌情处置权,而非事事等待上级的批准。[36]

图7-3说明了各类利益相关者及其对组织的需求。绝大多数组织受到类似的利益相关者群体的影响。投资者和股东、员工、客户以及供应商被视为是主要利益相关者,没有他们,企业将无法生存。投资者、股东和供应商的利益取决于管理效率,也就是利用资源获得利润的能力。员工期望较高的工作满意度、有竞争力的薪酬和有效的管理。客户关心商品和服务的质

量、安全性和实用性。当有任何主要利益相关者群体感到严重不满意时,企业的生存能力都会受到威胁。[37]

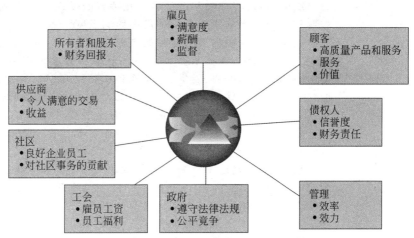

图 7-3　主要利益相关者群体及其对组织的期望

其他重要的利益相关者是政府和社区,近年来它们变得越来越重要。例如,企业必须在安全法律、环保法规、反托拉斯法规、反贿赂法规以及政府部门的其他法律法规规定的范围内运营。社区部分包括地方政府、自然环境以及为所在地居民提供的生活质量。对于许多企业而言,工会和人权组织也是非常重要的利益相关者。特殊利益集团可能包括贸易协会、政治行动委员会、专业协会和用户至上主义者。

问题引入部分的参考答案

2. 对于任何想要成功的企业而言,其最重要的利益相关者是其股东。

答案:不同意。尽管股东很重要,但是组织必须对各类利益相关者做出回应。投资者和股东、员工、客户以及供应商被认为是主要利益相关者,没有他们,组织将无法生存。但是,近年来,政府和社区等其他利益相关者也变得越来越重要。

各类利益相关者之间有时会发生利益冲突,组织经常发现很难同时满足所有利益相关者群体的需求。企业可能具有很高的客户满意度,但是组织可能在处理与债权人或供应商关系方面遇到困难。比如沃尔玛的例子。客户喜欢它的效率和低廉的价格,但沃尔玛对低成本的重视却会导致其与供应商之间的摩擦。此外,一些激进组织认为沃尔玛的经营策略是不道德的,因为它迫使供应商解雇工人、关闭美国工厂并将工作外包给低工资国家的制造商。一位供应商表示,服装在沃尔玛的售价非常便宜,以至于许多美国公司即使不支付工人工资也无法与之竞争。管理如此庞大的组织所面临的挑战还导致沃尔玛与员工和其他利益相关者群体的关系日趋紧张,过去沃尔玛面对的性别歧视诉讼以及员工对其低工资和低福利的抱怨证明了这

一点。[38]最近,沃尔玛提高了其员工工资标准并改善了工作条件。沃尔玛的例子让我们洞见了企业管理者同时满足多个利益相关者需求的难度。在所有组织中,管理者都必须评估利益相关者的需求并建立相应目标,以确保其主要利益相关者群体至少达到最小的满意度。

近年来一种被称为**利益相关者分析图**(stakeholder mapping)的技术引起了人们的兴趣,该技术提供了一套系统的方法来识别利益相关者的各类会随时间而变的期望、需求、重要性和相对权力。[39]利益相关者分析图可以帮助管理者确定或优先考虑特定事件或项目中的关键利益相关者。例如,当有报道称非洲莱索托(Lesotho)一家为盖普公司(Gap Inc.)和其他美国公司生产服装的分包商正在向当地垃圾填埋场倾倒有毒物质并将化学物质排入卡利登河时,盖普的管理者立即就采取了有效的行动。通过使用利益相关者分析图,盖普确定了主要利益相关者,并与劳工团体、人权组织、工会、非政府组织和其他团体精心建立了开放性的关系。在过去,管理者们常用的一般做法是否认责任并责怪分包商。然而,在莱索托事件中,盖普的最高领导层立即重申了公司对公平和安全条件的承诺,并公布了公司处理该分包商的措施。由于盖普与众多利益相关者群体建立了合作关系,因此该公司得到了劳工和人权组织的支持,这些组织赞扬了盖普管理层在应对危机中的承诺与行动。[40]

管理全球供应链给管理者们持续地提出了挑战。正如道德贸易倡议(Ethical Trading Initiative,ETI)的前主管丹·里斯(Dan Rees)所指出的那样:"在您的供应链中出现雇用童工的问题并不是犯罪。重要的是发现这样的问题之后如何处理。"[41]许多公司撤回其订单并停止与违反安全或道德标准的公司开展业务。有些企业最近采取的一种策略是与海外工厂紧密合作以改善工厂的生产条件,管理者们认为这对双方都有好处。[42]通过使用利益相关者分析图,并与关键利益相关者建立开放、信任的关系,盖普等公司试图确保管理者们在面对危机时能够迅速采取正确的行动,这样做有时甚至能将危机转变为机会。

7.2.5 为金字塔底端服务

将商业与社会责任相结合的另一种途径是为金字塔底端服务。**金字塔底端**(bottom of the pyramid,BOP)概念是指,大型跨国公司通过向世界上最贫穷的人口提供产品和服务来减轻贫困和其他社会弊病,并赚取可观的利润。金字塔底端一词是指按人均收入定义的,处于世界经济金字塔最底层的 40 多亿人口。[43]图 7-4 描述了世界经济金字塔。金字塔的顶端(第 1 层)由发达国家的中高收入人群组成。金字塔的中间(第 2 层和第 3 层)由发达国家的穷人和较不发达国家中处于上升期的中产阶级组成。第 4 层包含金字塔底部的 40 亿人口。这部分人的年收入不足 1 500 美元。其中还有超过 10 亿人的人均日收入不足 1 美元(约占世界人口的六分之一)。

总体而言,多数大型企业都没有为世界上最贫困的人群提供服务,因为产品和服务对穷人而言太过昂贵,难以负担,也不适合他们的需求;因此,在

人均年收入*	层次	人口（百万）
超过2万美元	1	75~100
1.5万~2万美元	2 & 3	1 500~1 750
不到1 500美元	4	4000

*注：以美元购买力平价为基础。

图 7-4　世界经济金字塔

资料来源：United Nations Development Reports，accessed at "Bottom of the Pyramid Report," Institute of Developing Economies Japan External Trade Organization, https://www.ide.go.jp/English/Data/Africa_file/Manualreport/bop03.html（accessed May 11，2019）.

许多国家，相对自己的收入而言，穷人为一些基本需求支付的费用要比富裕的人多得多。许多领先的企业正在改变这一现状，他们采用了面向全球最贫穷消费者的金字塔底端商业模式。比如下面要介绍的印度戈德瑞吉 & 博伊斯公司（Godrej & Boyce）就是这样一个例子。

应用案例 7-3

戈德瑞吉 & 博伊斯公司

据一项研究估计，印度三分之一的食物因保存不当而腐烂，最终被扔掉，但在 2007 年，冰箱在印度市场的渗透率仅为 18%。戈德瑞吉 & 博伊斯的管理者们认为现在该采取一些措施了。"作为一家已有 50 多年冰箱生产历史的公司，我们问自己，为什么冰箱的普及率仅为 18%，"公司开发副总裁 G.桑德雷曼（G. Sunderraman）这么说。第一个主要解释是，许多人不仅买不起冰箱，而且也不需要一台大冰箱。因为大冰箱会占用本来就紧张的居住空间，而且也会很费电。很多印度家庭需要的是"小冰凉"（chotuKool）这样的创新产品，这是戈德瑞吉 & 博伊斯在 2010 年推出的一款冰箱。"小冰凉"是一种微型冰箱，能装下五六瓶水和几磅左右的食物。这种冰箱采用便携式设计，并使用电池运行，售价仅为 3 250 卢比（69 美元），比市场上售价最低的冰箱还便宜大约 35%。为销售新产品，戈德瑞吉 & 博伊斯将农民培训为销售人员。每售出一台冰箱，村民可获得约 3 美元的佣金，这种做法降低了分销成本。戈德瑞吉 & 博伊斯的管理层也花费了大量时间用于了解消费者的需求，公司现在正在测试针对印度农村市场的其他低成本创新产品。[44]

其他公司也加入到服务金字塔底端的运动中来。例如，荷兰的 DSM 食品专业公司（DSM Food Specialties）提出了一个"世界营养产品"计划（NutritionProducts of the World），希望每年在非洲和中东地区为 3 100 万人提供服务。总部设在英国的超越投资公司（Leapfrog Investments）启动了一项总额为 1.35 亿美元的社会影响力投资基金，主要面向亚洲和非洲的新兴市场。该基金投资了 17 家公司，这些公司合计为超过 1.11 亿低收入人群提供金融和保健服务。美国医疗保健巨头强生公司(Johnson & Johnson)与一家非营利性组织合作,在印度创立了名为"移动朋友"(mobile friend)的免费手机服务,向孕妇和新妈妈发送儿童健康和育儿的相关语音信息。[45]宝洁公司研究人员正在访问中国、巴西、印度和其他发展中国家的家庭,以了解公司如何能为金字塔底端的消费者提供全新的产品和服务。但是,宝洁公司在向贫困人口提供服务方面已经远远落后于其他同行企业。例如,宝洁公司的竞争对手联合利华在一个多世纪前就将卫宝牌肥皂(Lifebuoy)引入了印度,以帮助印度民众应对细菌和疾病。[46]荷兰籍的保罗·波尔曼(Paul Polman)曾在宝洁公司工作多年,现任联合利华的首席执行官,他指出:"宝洁仍然以美国为中心,而新兴市场已经融入了联合利华的基因之中。"本章前面在关于自觉资本主义的内容中就提到过联合利华的例子,1990年其销售额中仅有20%来自于发展中国家,而现在这一比例大幅提升到了58%。[47]

金字塔底端运动的支持者认为,当利润动机与为人类做出贡献的愿望齐头并进时,跨国公司可以为进行积极持久的改变做出贡献。公司可以通过为穷人和弱势群体提供创新的服务和产品来获利,并同时解决诸多社会问题。

本节要点

- 企业社会责任(CSR)是指组织管理者有义务做出选择和采取行动来为所有利益相关者(例如员工、客户、股东、社区和整个社会)的福祉和利益做出贡献。
- 管理者可以从环境、社会和治理(ESG)三个维度对组织绩效进行评估。
- 越来越多的企业开始接受绿色、可持续性的理念,即指在不影响社会服务工作或对自然环境负责的前提下创造财富。
- 高度重视可持续性和企业社会责任的公司以三重底线(社会绩效、环境绩效和财务绩效)为标准衡量其成功与否。
- 利益相关者一词是指在组织内外部对组织绩效有某种投资或利益的任何团体或个人。不同的利益相关者对组织的利益诉求不同,因此企业对其进行社会响应的标准也不尽相同。
- 股东、员工、客户和供应商被认为是主要利益相关者,没有他们,组织将无法生存。
- 管理者有时使用利益相关者分析图来确定各种利益相关者的期望、需求、重要性和相对权力。
- 一些大公司采用了为金字塔底端服务的策略,即通过为世界上最贫穷的人口提供产品和服务来将商业利益与社会责任结合起来。
- 戈德瑞吉 & 博伊斯公司为印度农村市场开发了一种创新的、电池驱动的冰箱,称为"小冰凉"。

7.3　经营造益的结果

　　企业社会责任与组织财务绩效之间的关系受到了企业管理者和组织学研究者的关注，也引发了热烈的争论。[48]为了弄清楚这种关系已进行了数百项研究，以确定社会响应能力的增强是会提高还是降低公司的财务绩效。[49]具体的研究结论千差万别，但普遍发现，企业的社会责任行为与其财务绩效之间存在正相关关系。例如，一项研究发现，在对可持续性做出承诺的全球100强企业中，其销售增长、资产回报率、利润和业务现金流至少在某些经营领域得到了显著提高。[50]还有学者在研究"最佳企业公民"榜单中大型美国企业的财务业绩时发现，这些企业既享有出众的商誉，也取得了优异的财务业绩。[51]克莱蒙特大学研究生院的德鲁克研究所（Drucker Institute）研究发现，在过去一个月、一年、三年和五年四个时间段中，贡献了较高社会价值的企业的股票价值超过了同期标准普尔500指数下其他企业的股票价值。德鲁克研究所在评估企业股票价值时引入了企业效率指数（Corporate Effectiveness Index），其中社会贡献得分的权重是财务基本面得分权重的两倍。社会贡献因素包括客户满意度、员工敬业度和社会责任感。企业文化可能是导致更高股票价值的最重要因素，因为另一项研究表明，员工满意度更高的企业的绩效通常高于总体水平。[52]尽管这些研究结果并非最终结论，但的确表明了将资源用以实现社会责任目标不会损害企业绩效。[53]

　　企业也在努力评估那些创造了价值的非财务因素。例如，研究人员发现，人们更喜欢为具有高道德行为和社会责任感的公司工作；因此，这些组织可以吸引并留住高素质的员工。[54]莎拉·安东内特（Sarah Antonette）说她放弃其他两家公司而选择加入 PNC 金融服务公司（PNC Financial Services）的原因是，她更看重 PNC 充满活力的员工志愿服务计划。[55]户外品牌添柏岚（Timberland）的一位副总裁表示，她拒绝了其他公司更为优厚的薪酬而选择添柏岚，因为她更喜欢为一家具有社会责任感的公司工作。[56]一项针对 13～25 岁年轻人的调查发现，有 79％的被调查者表示愿为一家关注社会影响或社会贡献的公司工作。[57]此外，客户也开始关注企业的社会责任。沃克调查（Walker Research）的一项调查表明，在价格和质量相同的情况下，三分之二的客户表示自己会选择与具有道德和社会责任感的公司合作。[58]

本节要点

- 研究普遍发现，企业社会责任与财务绩效之间存在正相关关系。
- 德鲁克研究所研究发现，在过去一个月、一年、三年和五年四个时间段中，贡献了较高社会价值的企业的股票价值超过了同期标准普尔500 指数下其他企业的股票价值。
- 管理者们也需关注创造价值的非财务因素。具有更高程度社会责任感的公司可以吸引和留住更高素质的员工。

● 一项调查发现,三分之二的客户表示自己会选择与具有道德和社会责任感的公司合作。

7.4 执行可持续性计划的结构设计

可持续性项目或企业社会责任计划的成功实施在很大程度上取决于三个方面的因素:员工参与,外部利益相关者参与,构建包括评价指标和奖励制度在内的问责体系。

7.4.1 独立部门还是全员参与

研究证据表明,让所有员工共同参与到企业努力实现可持续发展的过程中比将可持续发展职责单独分配给某一部门取得的效果更好。正如联合利华首席营销官所言:"不要在不起眼的角落里单独设立一个小部门。要让企业可持续性发展成为所有国家、所有品牌、所有部门的主流目标。"在联合利华,研发和营销部门的员工共同努力,研发和推广服务于商业和社会的产品。其中一个例子是免洗肥皂的推广,这款肥皂通过阻止危险病菌传播来维护人体健康,并能帮助水资源短缺的地区节约水资源。正是由于所有员工在作决策时都考虑了可持续发展的因素,这一创新产品才能够得以成功推出。[59]

要成功实施可持续发展项目,组织领导人必须激励员工,并提供多种途径帮助员工将可持续发展的思维融入日常工作和生活中。英格索尔·兰德绿色团队(Ingersoll Rand's Green Teams)在这方面就是一个很好的例子。该团队是一个由全球员工组成的网络,组织内部成员和外部合作伙伴(如社区团体)一起工作。从北卡罗来纳州到中国,员工们就一些可持续发展的问题达成一致意见,例如用骑车代替开车,通过回收废弃物再利用来减少不必要的浪费等等。近一年来,该组织员工的倡议帮助节约了将近47亿热量的能源。[60]

通过让可持续发展成为每个员工工作的一部分,帮助员工真正接受可持续发展的思维,企业可以获得真正的回报。一项研究发现,在有强大可持续性发展计划的企业里,员工士气会提高55%,而员工忠诚度则会提高38%。按照环境标准开展生产的企业与没有采用可持续发展策略的企业相比,生产率提高了16%。另有研究表明,在承担社会责任中表现较好的组织可以将员工流失率降低25%~50%。[61]

在可持续发展战略制定和执行方面取得成功的企业也为自己的员工创造了可持续发展的条件。心理拥有感(psychological ownership)是指人们对某件有吸引力的事物或观点产生的所有感和联系感。对企业有主人翁感的员工会感到更高的工作满意度,会更积极地参与工作,为企业带来更高的生产力和利润。一个可持续发展计划会在未来给企业和社会带来福祉。通过设定"我们可以为世界带来改变"这样的感性目标会比理性目标更能激发员工追求更高目标的积极性。一位金融服务公司的员工在参加可持续发展研讨会时评论说："我们看到了我们是如何通过日常工作来改变大众生活的。"[62]

组织环境影响的最佳机会来自于那些与日常运作机制打交道的一线员工。他们往往最先认识到什么地方需要改进，并能够准确指出来。美国金佰利公司（Kimberly-Clark）的首席执行官解释了公司可持续发展战略的来源："一些关于如何实现我们目标的最佳想法来自我们工厂的员工。我们在意大利推出了一种低耗能纸产品，以帮助零售商节省货架空间，帮助母亲们节省储藏室的空间。我们巴西的团队喜欢这款产品的诸多优点，于是将之引入巴西市场，结果取得了巨大的成功。"[63]然而，通常情况下，最有可能影响企业可持续发展的员工并不知道通过怎样的方式来贡献自己的力量。当员工意识到自己在其中所能扮演的角色并被授权时，企业才能够实现其可持续发展的目标。例如，前面提到的英格索尔·兰德在爱尔兰的冷王公司（Thermo King）成为第一家实现了零垃圾填埋的企业，而工厂一线工人在推动该项目的过程中发挥了关键作用。他们确定了废弃物的来源，并提出了各种回收或再利用这些废弃物的方法。[64]

一些企业设立了独立的可持续发展部门来负责相关日常管理工作，但是整个公司的管理人员都需要参与到可持续项目的发起和管理中来。负责可持续发展的独立职能部门监测相关项目的进展情况，撰写报告并提交给管理层和员工。例如，针对一项特别重要的部门活动，可持续发展部门可以编写相关年度报告，让企业外部的利益相关者和公众了解企业在执行可持续发展计划方面的进展。

7.4.2 外部利益相关者的参与

传统的商业模式只为股东创造价值，而这一过程往往以牺牲其他利益相关者为代价。企业间的合作可能存在多重困难，例如利益竞争，缺乏共同的目标以及缺乏足够的信任等等，这导致许多企业间的合作努力付之东流。[65]相比之下，可持续发展的商业模式正在重新定义商业生态系统，即为所有利益相关者创造价值，包括员工、客户、股东、供应链伙伴、社区甚至整个地球。例如，没有一家企业能够单独解决重大的社会和环境问题，如果想要解决诸如森林砍伐、气候变化和稀缺资源枯竭等复杂的供应链问题，就需要整个行业通力合作。企业通过与政府、社会企业、非政府组织和全球跨国公司合作来实现自身目标和为他人服务。这些合作通常始于一小部分关键组织，它们克服自身利益以实现共同利益，建立并维护信任关系。[66]

必须进行有效的沟通，否则企业不能假定利益相关者能理解其活动和创新行为，以及这些行为会如何改善可持续发展绩效。许多公司会发布年度报告，详细说明他们正在推进的可持续发展项目，包括其目标及绩效评价标准。此外，可持续发展的价值很大程度上源于企业与关键利益相关者的持续对话。通过定期和高频率的沟通，具有可持续发展规划的企业能够更好地预测和应对经济、社会、环境和监管方面的变化。与利益相关者关系破裂可能导致冲突加剧,相互间的合作减少。例如,在黄金开采业中,利益相关者与企业的关系可能对土地许可、税收和监管环境等关键因素产生重大影响,从而在决定企业成败中发挥关键作用。

在企业与利益相关者的沟通中,倾听与交换意见同等重要。倾听是提高利益相关者参与度的关键要素。关键是建立对话机制,全面考虑各项绩效指标(包括可持续性绩效),处理难以决断的权衡和取舍,设计分享想法和创新的方案,并详细说明各种效益的产生机理。沟通也是获得反馈意见的关键,这些反馈包括企业应该怎样满足利益相关者的期望,以及应该做什么来改善合作关系。[67]例如,巴西个人护理产品企业自然公司(Natura)开发了一个名为 Natura Conecta 的虚拟社交网络,邀请公众参与关于公司责任、可持续发展和人们对公司期望的讨论。仅在第一年,就有 8 000 多人注册网站参与活动,为公司编制社会报告作出了贡献。[68]

7.4.3　目标设定、成效测评和奖励

可持续发展计划的实施不仅能让管理者和员工们心潮澎湃,也能促进他们思考。思考能够引导理性的决策,比如设定目标或指标,设计衡量成功与否的标准,以及为实现目标的员工提供奖励和激励。这三个基本步骤构成了大多数组织实施可持续发展策略的计划和控制环。

如果将可持续发展规划变成组织年度战略规划的一部分,而不是单独进行,那么可持续发展规划就会更有效。通过将可持续发展计划或企业社会责任整合进公司的年度战略规划,可以提高其在管理者心目中的重要性,并增加完成目标的可能性。为了管理计划实施进展,企业领导者需要为重要目标建立 KPI 指标并明确责任。如果没有可衡量的目标和问责机制,针对可持续发展的努力就有可能失败。

荷兰皇家壳牌公司是第一家将公司高管加薪与碳排放挂钩的能源公司。壳牌公司现在设定的碳排放目标比原来的目标更加具体,也更加短期。尽管原来的环保目标雄心勃勃,但由于周期过长(比如到 2050 年将二氧化碳排放量减半)且缺乏短期约束而受到投资者的批评。从 2020 年起,壳牌公司将每年设定三年或五年碳排放目标,并将目标完成情况与高管薪酬挂钩。壳牌的竞争对手英国石油公司和道达尔公司(Total)早就制定了减少二氧化碳排放的短期目标。[69]

必和必拓(BHP Biliton)是世界上最大的矿业公司之一,该公司深知环境管理不善可能带来的危险。必和必拓构建了全公司高管薪酬体系以保护其开发铝、铜、铁和煤炭等主要大宗商品的许可证。该公司为其 ESG 指标(环境、社会和治理)制定了平衡计分卡系统,其中包括死亡人数、环境事故、人权影响以及环境和职业健康等指标。目前,必和必拓 15% 的高管短期激励措施都与上述目标实现情况挂钩。必和必拓高层表示,将工资奖励与 ESG 业绩挂钩已经产生了非常积极的影响。例如,必和必拓的能源消耗在过去 6 年中下降了 16%,而员工受伤率则创十多年来的新低。[70]

2016 年,联合国通过了 17 项可持续发展计划,包括消除贫穷、保护地球

和确保所有人共享和平与繁荣。表 7-2 列举了这 17 个目标。其中第 8、9、10 和 12 项为经济目标；第 1～5、7、11 和 16 项为社会目标；第 6、13～15 项为环境目标。通过将组织的目标与上述联合国的可持续发展目标联系起来，企业管理者可以确保组织现有目标能有效解决可持续发展问题。例如，英格索尔·兰德公司目前的可持续发展目标与这 17 项中的 11 项目标保持一致，其中包括消除饥饿、两性平等、清洁饮用水、提供便携式和清洁能源、可持续发展的城市与社区、气候改善。该公司的全球绿色团队网络将这些目标牢记在心，并取得了长足的进步。比如通过从垃圾填埋场转移出 240 万磅垃圾，节约了 220 多万加仑的水。此外，英格索尔·兰德公司与可持续发展咨询公司思步（Thinkstep）合作，开发了一系列温室气体计算器，用以跟踪与产品有关的温室气体排放，包括电力产生的排放。跟踪环保指标以衡量本地和全球在环保方面取得的进步是很重要的一步。英格索尔·兰德的管理者们对帮助公司实现可持续发展目标的员工们给予了肯定和奖励。无论是通过全企业认可，还是基于团队的奖励计划，抑或是其他形式，肯定团队成员的奉献，对于保持人们的参与热情、继续推进可持续发展将会大有帮助。[71]

表 7-2　联合国可持续发展目标	
目　　标	**目 标 描 述**
1. 消除贫困	消除世界各地一切形式的贫困
2. 消除饥饿	消除饥饿，实现粮食安全，改善营养，促进农业可持续发展
3. 健康福祉	确保健康的生活方式，促进各年龄段人群的福祉
4. 优质教育	确保包容、公平的优质教育，促进全民享有终身学习机会
5. 性别平等	实现性别平等，为所有妇女、女童赋权
6. 清洁饮水和卫生设施	确保所有人都能获得和可持续地管理水和卫生设施
7. 能源可得与能源清洁	确保人人获得可负担、可靠和可持续的现代能源
8. 体面的工作和经济增长	促进持久、包容、可持续的经济增长，实现充分和生产性就业，确保人人有体面工作
9. 工业、创新和基础设施	建设有风险抵御能力的基础设施、促进包容的可持续工业，并推动创新
10. 社会平等	减少国家内部和国家之间的不平等
11. 永续城市和社区	建设包容、安全、有风险抵御能力和可持续的城市及人类居住区
12. 永续供求	确保可持续消费和生产模式
13. 气候行动	采取紧急行动应对气候变化及其影响
14. 水下生命	养护和可持续性利用海洋和海洋资源以促进可持续发展
15. 陆地生命	可持续地管理森林、防止沙漠化、遏制土地退化，防止生物多样性消失
16. 和平、正义和有力机构	促进社会公平、和谐与包容，建立有效机构
17. 目标伙伴关系	重振可持续发展全球伙伴关系

随着可持续发展的价值性不断提升,如果再仅凭随意或非正式的机制来执行计划,失败的风险将会很高。陶氏化学(Dow Chemical)让业务经理们将可持续发展目标和计划纳入年度规划。通过这种方式,公司每个业务单元都可以独立制定两种目标,并付诸行动努力实现,做到了可持续发展目标和业务目标的更好结合。通用电气每年对所有业务单元的环境绩效进行正式审查。工厂经理们提交最新的数据,通用电气据此评审,并督促经理们持续改进。[72]

环境管理指标应该是可查询和追踪的,这有助于改进决策。家具制造商赫尔曼·米勒公司(Herman Miller)的每个设计师都可以访问一个对各种材料的环境影响进行分类的数据库,从而帮助公司做出合理的决策。通过将改善环境的指标和业务指标(如成本节约或收入增长)结合起来,并对外报告,可以推动企业向更好的可持续发展进程转变。[73]

本节要点

- 为了成功实施可持续发展项目或履行企业的社会责任,管理者应该让所有员工参与进来,而不是将相关责任分配给一个单独的部门。
- 研究发现,在有效实行可持续发展项目的公司中,员工的士气和忠诚度分别会高出 55% 和 38%。
- 一线员工通常能对企业如何改善环境给出最好的建议。
- 可持续发展企业需要与所有利益相关者进行沟通,包括员工、客户、股东、供应链伙伴和社区。
- 倾听是与利益相关者沟通的关键环节。巴西的一家公司创建了一个虚拟的社交网络,邀请公众参与企业责任和对公司期望的讨论。
- 可持续发展计划应纳入企业的战略规划之中。如此,企业管理层就可为可持续发展设定明确的目标并分配责任。此外,测评结果实现情况以及奖励实现目标的员工也同样重要。

你适合哪种组织设计

你有可持续发展的思维吗?

这个练习将帮助你更好地理解个人行动对于可持续发展的作用,以及这些行动意味着什么。要评估你的可持续发展思维,请完成以下问题。

	基本符合	不太符合
1. 我有意识地尽可能减少垃圾制造,回收有用的废品。	_____	_____
2. 我努力节约用水(例如限制淋浴时间,刷牙时关掉水龙头,装满状态下机洗衣服)。	_____	_____
3. 我不喝瓶装水。	_____	_____
4. 我愿意在学校或工作场所参加可持续发展项目。	_____	_____
5. 我认为人类的集体行动正在加剧气候变化。	_____	_____
6. 我希望在我的社区看到更多保护环境的行动。	_____	_____

7. 在过去的五年里,我曾参与过可持续发展项目。　　_____　　_____

8. 我认为自己是一个环保主义者。　　_____　　_____

9. 我愿意改变我的生活方式,减少对环境的破坏。　　_____　　_____

10. 如果包装更环保,我会买更贵的产品。　　_____　　_____

解释:上面的每一个问题都与你的可持续发展思维的某些方面有关。更高的分数意味着你更有兴趣参与或支持可持续性行动来保护环境,也可能意味着你更关注于社会福利而不是商业利益。较低的分数意味着你对促进可持续环境的兴趣较低,也可能意味着你更倾向于追求商业利益。将你的得分与其他同学比较,并与他们讨论你们每个人关注社会福利和商业利益的程度。

7.5　坚守伦理价值观的组织设计

伦理资源中心(Ethics Resource Center)的一项调查显示,在接受调查的 6 400 名美国员工中有 41% 的人说他们在工作中发现了不当行为。这一比例听起来很高,但已经比 2011 年的 45% 和 2007 年的 55% 有所下降。但坏消息是,60% 的违反道德的行为是由拥有管理权的人造成的。此外,声称因举报道德不当行为而遭到报复的员工的比重与早先调查的结果大致相同。[74]这一问题不仅限于美国公司。最近几年,德国和日本等国的商业领军企业也接二连三地披露出丑闻。[75]大众汽车公司目前仍在努力从排放测试丑闻风波中恢复声誉。当时大众被发现在其柴油车辆上使用作弊软件来通过美国排放测试,事情败露后掀起轩然大波。总部位于日本的神户钢铁公司最近承认,该公司几十年来一直在偷工减料,在产品的质量和规格上存在造假行为。2018 年初,该公司首席执行官川崎弘雅(Hiroya Kawasaki)引咎辞职,神户钢铁成立了一个新的高层领导团队试图解决这一问题。[76]当前,企业高管层一直处于公众监督之下,程度前所未有,甚至小公司也发现需要更加重视伦理道德,以维护客户和社区对自己的信任。

7.5.1　影响个人伦理价值观的因素

所谓**伦理**(ethics),是指导个人和群体行为及进行是非判断的一套道德准则和价值观念的总和。伦理价值观为人们设定了判断行动或决策好坏的标准。[77]虽然特定的群体、组织或社会在很多方面都有关于道德行为的规定,但是每个人都有着自己独特的伦理价值观。[78]每个人都是由其所在的地区和所处的时代造就的。民族文化、宗教传统和历史背景等导致了社会伦理的发展以及社会价值观的形成。社会伦理观通常通过行为标准和那些构建有序社会的价值观来反映。一些道德以法律条文的形式确定下来,例如,酒后驾车、抢劫、谋杀等。

法律和那些没有被明文规定的社会伦理道德，塑造了当地的人文环境，例如，一个人在其所处的社区、家庭和工作场所中应该如何表现。人们被他们的家庭、社区、文化、社会、宗教团体和地理环境所同化，并受到身边人的伦理价值观的影响。每个人的道德态度都是其所处的历史、文化、社会和家庭背景共同影响的综合体。

了解个体的伦理价值观是很重要的，因为，伦理价值观会影响个人的行为，无论是他的行动决策，或是他对别人不当行为的评判，都是其内在价值观的表现。在组织中，一个人的伦理态度也会受到同级、下属、领导和企业文化的影响。企业文化通常对个体选择有深远影响，它可以支持和鼓励道德行为，也可以促使非道德和不负责任的行为的发生。

7.5.2　组织伦理

最近新闻中报道的许多丑闻都与违反法律法规的个人和企业有关。例如，脸谱网和谷歌因未能充分保护用户隐私而深陷国际诉讼。儿童宣传、健康和公共利益组织组成的联盟向联邦贸易委员会（Federal Trade Commission）投诉，称麦当劳的 HappyMeal.com 网站、赛百味的 SubwayKids.com 和其他一些网站的在线营销违反了保护儿童隐私的联邦法律。批评人士说，由于收集电子邮件地址并将营销材料直接发送给儿童是违法行为，因此上述公司和其他公司都采取了邀请网站用户玩游戏并与朋友分享游戏等策略，从而将用户的朋友也纳入了营销范围。[79]很多企业被指控在海外国家行贿，这也是违反美国法律的。[80]但是要谨记，道德决策的范畴要远超法律管辖的行为。[81]**法规**（rule of law）是一套成文的准则和规定，告知人们应如何行动，它普遍为社会民众所接受，并通过法院强制执行。[82]

例如，在最近一次影响较大的高考欺诈案中，联邦检察官对包括著名女演员费利西蒂·霍夫曼（Felicity Huffman）和洛里·洛夫林（Lori Loughlin,）在内的 50 人提出了指控，其中有的父母涉嫌贿赂考官以提高子女的考试成绩，或找人顶替孩子参加体育比赛，从而使他们的子女获得顶尖大学的录取资格。该骗局的主谋，顾问威廉·辛格（William Singer）对诈骗罪、洗钱罪、欺诈政府罪及其他指控供认不讳，对案件涉及的一些父母和其他涉案人员的审理也在进行中。[83]相比而言，入学丑闻的涉案人很容易被定罪，但是对于南卡罗来纳州查尔斯顿的军事核反应堆训练中心的海军教官的作弊指控就不那么容易定罪。经过调查后，海军官员释放了至少 34 名有过作弊行为的海军士官。尽管没有违反法律，但美国海军上将乔纳森·格林纳特（Jonathan Greenert）表示：“这违反了我们的核心价值观。我们整个海军的行为基础是诚信。”[84]

图 7-5 说明了道德标准与法律法规之间的关系。道德标准中的绝大多数可以用来规范未被法律所涵盖的那些行为，而法律也不一定能将道德标准所规范的行为全部包含在内。现行的法律一般能反映人们的道德判断，然而，并不是所有的道德判断都被写进法律中。例如，法律没有规定人们一定要援助溺水者，而人们一定要靠道路的右侧行驶也没有道德依据。但是

在抢劫或谋杀一类的行为中,法律和道德标准是重合的。很多人误以为,只要不触犯法律,其行为就是合乎道德的。但实际上,道德的要求往往比法律包含的要广泛得多。许多行为在法律中并没有明文的规定,但管理者必须对这些现象所形成的道德规范和价值观有一定的敏感性。

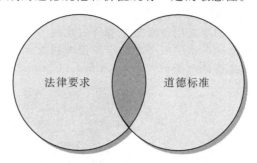

图 7-5　道德标准与法律法规间的关系

资料来源:LaRue Tone Hosmer, *The Ethics of Management*, 2nd ed. (Homewood, IL: Irwin, 1991)。

组织伦理(organizational ethics)是指导管理者决策和行为的一套原则,这些原则会让管理者从道德的角度判断自己所做的事情是正确的还是错误的。对组织伦理的需要可以从以下例子中得到体现:[85]

- 某公司管理层正在考虑提拔一名业绩突出的销售经理,该经理连续几年为公司创造 7 000 万美元的年销售额,并在巴西和俄罗斯等地开拓了对于公司增长至关重要的新国际市场。但是多年来,许多女雇员一直抱怨该销售经理对她们口头辱骂、讲侮辱性的笑话,如果有女雇员没有按照他的要求完成工作,他就会大发雷霆。
- 一家美容用品商店的经理被告知,如果她和她的销售员卖出一定数量的新款产品,就能得到可观的回扣。但是这种新款产品的价格是老款产品的两倍。这位经理就要求销售员将老款产品收起来,放回库房,并且告诉客户老款产品因为运输耽误而尚未到货。
- 一家在海外经营业务的北美制造商被所在国政府官员索要现金(贿赂),并被当地商业合作伙伴告知这样做符合当地的习惯,不过,若以北美的法律来评判,这是一种非法的行为。

正如上述案例所揭示的,遵循道德准则的过程就是决策的过程。管理者每天需要做出不同的抉择,包括对供应商和客户是诚实还是欺骗,对雇员是尊重还是漠视,是做一个对社会有益的公民还是有害的公民。这些问题处理起来非常棘手,而且很多涉及伦理困境。当某种情境里涉及对错抉择,面临价值观冲突时,**伦理困境**(ethical dilemma)就出现了。[86]在这种情况下往往无法清晰地界定对与错。例如,对于上面那家美容用品店的销售人员来说,他们的价值冲突就在于是对顾客诚实还是听从经理的吩咐。北美制造商可能在遵循东道国的惯例以开展业务与遵守美国的反行贿法律之间纠结。有时,任何一种选择或行为似乎都是不可取的。伦理困境并不容易解决,但是高层管理人员可以通过建立组织价值观的方式,为组织成员提供从道德角度做出最佳决策的指导方针。

7.5.3 正式结构与系统

领导者用于塑造伦理价值观的另一套工具是利用正式的结构与组织系统。这些系统对于影响组织伦理而言尤为有效。图 7-6 列出了管理者创建和支持伦理型组织（ethical organization）的一些方式。

伦理准则

伦理委员会

伦理热线

合规官

支持揭发行为

图 7-6 构建伦理型组织的结构和系统

组织结构

多数专家都认为有必要制订正式的伦理计划，以确保伦理文化的贯彻，特别是对于大型组织来说尤为重要。[87]这不仅意味着组织要花费一定的时间和精力来处理伦理问题，而且也要向每个人昭示着伦理问题的重要性。企业可以设置相关的职位或机构来承担管理伦理价值观的责任。这方面的一个组织措施是设立**伦理委员会**（ethics committee），是一个由跨职能管理人员组成的群体，承担组织的伦理监管责任。委员会制定处理有争议的伦理问题的规则，并承担训导违规者的责任。通过委派高层管理者到伦理委员会任职，组织也因此发出了伦理问题重要性的信号。

越来越多的组织设立伦理机构来管理和协调组织中出现的伦理问题。这些机构由一个位于公司高层的首席伦理官或者合规官来领导。**合规官**（compliance officer）是公司的高层管理人员，负责监督组织伦理的各个方面，包括建立和广泛传播道德标准、制订道德培训计划、监督道德问题的调查以及为管理者提供咨询意见等。为了确保这一职位发挥有效作用，合规官应该直接向公司董事会报告工作，而且不会受到被首席执行官解雇的威胁。[88]

伦理办公室有时充当咨询中心的角色，帮助员工解决两难的伦理困境。该部门的职能范围不仅在于帮助员工做出正确的决定，还在于对违规者进行惩戒。大多数的伦理机构都设有对揭发人进行身份保密的**伦理热线**（ethics hotlines），员工可以通过它获得指导，并举报有问题的行为。正因如此,有组织将伦理热线称为"指导热线",以强调它作为道德决策和察觉失误的指导工具作用。[89]伦理资源中心(Ethics Resource Center)总裁加里·爱德华兹(Gary Edwards)表示,他所提供咨询服务的组织中,65%～85%的热线电话都是咨询伦理问题的。[90]

披露机制

举报热线也是员工关注伦理行为的重要机制。组织进行的伦理监察是否有效在某种程度上取决于有没有敢于对违法、危险和不道德行为仗义执言的个体。**揭发**(whistle-blowing)就是员工自觉地站在组织的角度揭露组织内不合法、不道德、不合理的行为。[91]随着商界道德丑闻的增多,许多企业正在寻求保护揭发人的途径。除此之外,那些揭发非法或非伦理商业活动的人们也在寻求强有力的法律保护,并且呼声日渐强烈。[92]如果没有保护措施,揭发人会遭到报复,而被举报的企业则可能会继续其不道德或违法行为。多德-弗兰克(Dodd-Frank)金融监管改革法案中提出了一个新的揭发人奖励计划,旨在奖励揭发人,并防止发生在雷曼兄弟公司(Lehman Brothers)会计事业部前高级副总裁马修·李(Matthew Lee)身上的事再次发生。马修·李曾对雷曼兄弟将 500 亿美元高风险贷款资产暂时移出资产负债表来隐藏风险表示担忧,但在几周后他就被公司辞退。雷曼兄弟的前交易员劳伦斯·麦克唐纳(Lawrence McDonald)撰写了一本预测这家大型金融公司将倒闭的书,他说雷曼兄弟经常解雇或排挤揭发人,这使该公司某些成员的不道德行为得以继续。[93]与揭发人李遭到报复不同,有人通过举报揭发了另一家公司的数百万美元欺诈行为,该揭发人在 2012 年 8 月获得了 5 万美元的奖励,奖励额度是诈骗金额的百分之一。[94]

包括美国和日本在内的许多政府已经通过了保护揭发人的立法。不过,这些还不够。开明的管理者们需要努力营造一种鼓励员工指出问题的组织氛围和文化,以帮助管理者采取迅速行动来处理不道德或非法活动。组织需要认识到举报给公司带来的好处,它有助于阻止那些给公司带来毁灭性打击的事件,比如避免遭受类似 2008 年金融危机期间发生在安然(Enron)、贝尔斯登(Bear Stearns)、美国全国金融公司(Countrywide)、新闻集团(NewsCorporation)和雷曼兄弟(Lehman Brothers)等企业身上的灾难。

问题引入部分的参考答案

3. 一个组织落实伦理的最好办法是有强有力的伦理准则,并且让所有员工熟知这些指导准则。

答案:不同意。拥有强有力的伦理准则是构建伦理组织的一个重要组织部分,但是领导者的行动对于人们是否达到高伦理标准似乎更关键。如果领导者不真诚、不道德或者无情,并且在组织内营造了一种支持或者无视此类行为的文化,那么员工将不会把这些正式的伦理准则放在心上。

伦理准则

每家企业都需要一些易于理解的伦理准则，包括列举一些事例，并对预期的行为和可能的处罚进行解释。[95] **伦理准则**（code of ethics）是组织在道德和社会责任方面价值观的正式声明；它向员工阐明组织的立场以及对员工行为的期望。例如，洛克希德·马丁公司（Lockheed Martin）的伦理准则规定，公司坚持诚实、正直、尊重、信任、责任和公民意识的价值观，"旨在建立伦理行为的准则"。这些准则明确说明了符合价值观的行为的类型，并且鼓励员工运用公司现有的资源来做出伦理选择和决策。[96] 伦理准则可能涵盖很广泛的问题，包括公司指导性价值观的陈述，关于工作场所安全性、财产安全信息或是员工隐私等问题的指导原则，还有环境保护的责任、产品的质量安全和涉及利益相关者的其他问题。例如，瑞士联合银行（UBS AG）构建了一套强有力的道德规范来解决金融犯罪、竞争和机密性等问题，包括制裁员工违反道德规范的概述。为了响应政府对隐藏离岸账户的调查，该伦理准则明确禁止瑞银员工为有偷漏税嫌疑的客户提供服务。美国联邦税务局（Internal Revenue Service）曾向帮助揭露欺诈行为的一位前瑞银员工颁发了有史以来最大的举报奖金，金额为 1.04 亿美元。[97] 还有一项重要的改进，瑞银的新伦理准则还禁止管理者对检举不正当行为的员工实施报复。[98]

一般性的伦理准则通常被称为企业信条（corporate credos）。在"信条"方面，强生公司就是一个很好的例子。强生的企业信条有 36 种语言版本。在过去 60 多年间，强生的管理者们在信条指导下制定决策，履行公司对员工、客户、社区和股东的责任和承诺。另一个例子是谷歌的"行为准则"。下面的案例中摘录了谷歌"行为准则"的部分内容。

应用案例 7-4

谷　歌

谷歌是世界上最知名的公司之一。不论是对公司的技术优势，还是对伦理和社会责任的承诺，谷歌管理者们都极为重视。谷歌在其行为准则的开篇就写道："不作恶！我们谷歌人要将这条准则融入我们对用户的服务中去。但是，'不作恶'远不止于此。"

谷歌精心设计了一套行为准则，以确保将公司的信条融入商业实践中。行为准则分为七个部分，每个部分描述了特定的价值观、政策和公司期望。准则明确规定，如果员工举报违反道德规范或有不当行为的人，将会得到保护。以下是谷歌行为准则部分内容的摘录：

服务我们的用户

用户信赖我们，不仅是因为我们提供了出色的产品和服务，还因为我们在服务客户的时候以更高的标准要求自己。

互相尊重

我们努力为员工创造良好的工作环境，提供各种支持，使员工有机会发挥最大的潜力。每个谷歌人都应该尽其所能营造一种尊重他人的公司文化，不要出现任何形式的骚扰、恐吓、偏见和非法歧视。

保守秘密信息

我们在创新和文化方面引起了媒体的广泛关注,这一点值得肯定。但是,公司信息过早泄露给新闻界或竞争对手可能会损害我们的产品发布,消除我们的竞争优势,并在其他方面付出高昂的代价。

确保财务诚信和履行责任

确保财务诚信和履行财务责任是企业专业精神的核心方面……我们以公司名义支出的钱并不是我们自己的,而是属于公司,并且最终是属于股东的。

遵守法律

谷歌严格遵守各项法律法规,希望我们每个人都能遵守法律法规和相关禁令。

总结

谷歌渴望成为一家与众不同的公司。我们不可能阐明会遇到的每一种伦理情境。因此,我们需要依靠彼此的正确评判来帮助个人和公司坚持高标准的道德诚信。

要记住……别作恶,如果你发现了你认为是不正当的行为,请大声说出来![99]

有些企业制定了包括伦理准则在内的更广泛的价值观说明书,确定本公司奉行的伦理价值观及公司文化,以及有关公司责任、产品质量、员工待遇等方面的许多内容。价值观的正式声明可以作为组织的基本文件,明确组织在价值判断问题上的立场,阐明组织预期的伦理行为和选择。[100]

尽管书面的伦理准则十分重要,但最关键的是公司高管层必须通过他们的行动来支持这些准则,并将其落到实处,奖惩分明。否则,伦理准则就成了一纸空文。事实上,一项研究表明,那些对伦理准则有明文规定却不付诸实施的公司与那些根本没有准则的公司相比,被发现从事违法活动的概率几乎是一样的。[101]

本节要点

- 个人的伦理价值观受到历史、文化、社会和家庭背景等各方面的影响,是各种因素综合作用的结果。
- 伦理问题有时会因为伦理困境的存在而变得非常复杂。伦理困境是一种存在价值冲突且不能明确区分是非对错的情境。
- 组织管理者可以通过建立正式结构和系统支持和鼓励道德行为,比如伦理委员会、首席伦理官和合规官以及伦理热线等。
- 每个企业都应制定一套伦理准则,阐明企业的道德价值观及企业对员工行为的期望。
- 要建立一个伦理型组织,管理者必须支持员工揭发和举报组织中的违法、危险或不道德行为。

7.6 全球环境中的企业伦理

多元化文化和市场因素导致全球化的组织经营常常要面对艰难的伦理挑战。环境与组织的复杂性越高，带来伦理问题和误解的可能性就越大。[102]

例如，对于管理者来说，来自全球供应链的挑战源源不断。全球供应链分布广泛而且分散，以至于管理者常常很难知道他们在和一个什么样的企业做生意，更别说去了解各类形形色色的承包商和分包商了。比如说，亚马逊在德国的配送中心运营成本非常高，为此，他们经常通过第三方机构雇用从波兰、西班牙、罗马尼亚和其他欧洲国家来的移民为临时民工，以满足亚马逊的季节性人工需求。但是，在德国公共电视台播出了一部纪录片后，亚马逊德国中心陷入了道德泥潭。在纪录片中，亚马逊德国中心的工人说，亨汉森欧洲安全服务公司（Hensel European Security Services，HESS）的安保人员恐吓他们，说他们偷盗食物，并突然搜查了他们居住的生活区。纪录片显示，一些 HESS 安保人员穿着索尔·斯泰纳（Thor Steinar）的衣服，而索尔·斯泰纳是一个在德国新纳粹主义社区非常流行的时尚品牌。亚马逊立即停止了与 HESS 的合作。HESS 高管层否定了这些指控，并且表示：“我们和任何形式的政治激进主义都保持着明确的距离。”[103]

在全球范围内经营业务时需要注意的另一个问题是，不同国家的员工可能会有不同的态度和信仰，使组织难以在共同文化意识的基础上培养员工的群体意识和凝聚力。事实上，研究表明民族文化对员工的影响大于企业文化，民族文化的差异也造成了伦理态度上的巨大差异。[104]管理者很难将强有力的、符合伦理的企业文化移植到全球复杂的环境中，因为来自不同国家的员工在态度和信仰上各不相同。埃森哲（Accenture）是一家提供管理咨询、技术服务和外包服务的公司，在 48 个国家雇用了 14 万名员工。该公司在不同地区设置了名为“地区伦理领导”（Geographic Ethics leads）的联络人角色，以确保公司伦理准则的书写语言适合所在国，并能满足不同国家员工的需求。这些联络人在东道国举行的焦点小组会议上了解和收集员工的意见。虽然有共同的核心价值观，埃森哲公司还是为每个设有办事处的国家定制了各自的伦理准则。[105]

本节要点

- 在全球经营业务的组织，由于面对不同的文化和市场因素，因而会遇到更多棘手的伦理挑战。
- 供应链的全球化是管理者不断面临伦理挑战的原因之一。
- 因为来自不同国家的员工态度和信仰各不相同，管理者往往很难将强有力的、合乎伦理的企业文化移植到复杂的全球环境中去。

关键概念

共益企业（benefit corporation）

金字塔底端（bottom of the pyramid，BOP）

伦理准则（code of ethics）

合规官（compliance officer）

自觉资本主义（conscious capitalism）

企业社会责任（corporate social responsibility，CSR）

伦理困境（ethical dilemma）

伦理（ethics）

伦理委员会（ethics committee）

伦理热线（ethics hotline）

混合型组织（hybrid organization）

逻辑（logic）

使命偏移（mission drift）

组织伦理（organizational ethics）

法规（rule of law）

利益相关者（stakeholder）

利益相关者法（stakeholder approach）

利益相关者分析图（stakeholder mapping）

可持续性（sustainability）

三重底线（triple bottom line）

揭发（whistle-blowing）

讨论题

1. 什么是混合型组织？它与典型的非营利或营利组织有何不同？

2. 比较混合型组织成员可能持有的两种主要"逻辑"。

3. "使命偏移"如何损害社会型企业的绩效？

4. 你个人持有商业逻辑还是社会福利逻辑？为什么？

5. 为什么一个社会型企业能够通过选择与其他志同道合的组织合作来更好地维持一个远大的社会福利目标？

6. 如果一个混合型组织只注重获取利润而忽视社会责任，你认为会发生什么情况？反过来呢？请解释一下。

7. 采用三重底线法，管理者可以像衡量财务绩效一样准确地衡量社会和环境绩效,这种观点是否合理?

8. 一项调查发现,69%的 MBA 学生认为股东价值最大化是公司的首要责任。如何将这一理念融入一个混合型组织?

9. 有研究证据表明,当组织能提供机会帮助员工为环境可持续发展做出贡献时,员工会更加快乐。你觉得为什么会这样?

10. 解释自觉资本主义的概念。你认为采用共享价值模型的管理者和企业更有可能以对社会负责的方式行事吗?

 # 专题讨论

你的伦理成熟度是多少?

这个练习将帮助你更好地理解伦理成熟度(ethical maturity)的概念以及它对你意味着什么。问题中的情形可能还没有发生,但当你作为组织管理者时,就很有可能会面临考验伦理信念或正义感的情境。在回答下面的问题时,把自己想象成为一名学生或工作小组成员。看一看以下每句话在多大程度上描述了你与团队其他成员一起工作时的行为?

花几分钟时间回答下面的问题。

	大多数情况下正确	大多数情况下不正确
1. 我可以清楚地说明指导我行动的原则和价值观。	_____	_____
2. 我会很快承认我的错误并对其负责。	_____	_____
3. 当某人犯了严重的错误而影响到我时,我能很快"原谅并忘记"。	_____	_____
4. 决策遇到困难时,我会花时间想想我的原则和价值观。	_____	_____
5. 我在我的朋友和同事中有信守承诺的好名声。	_____	_____
6. 我是完全诚实的,别人可以相信我说的是真话。	_____	_____
7. 当有人要求我保密时,我都能做到。	_____	_____
8. 我要求他人在工作中遵守伦理准则。	_____	_____
9. 即使在不容易的情况下,我也坚持做公平和合乎伦理的事情。	_____	_____
10. 我的同事会说我的行为非常符合我的价值观。	_____	_____

得分计算:看看有几道题勾选了"大多数情况下正确",每题记为一分。然后按照下面步骤进行。

a. 每四人一组,分成几个小组。

b. 每一位组员报告自己勾选了几个"大多数情况下正确",并将他人得分与自己的得分进行对比。

　　c. 每个组员阐述一下影响自身伦理行为的决定因素,比如渴望成功或期望得到他人认可等。

　　d. 各小组选出全组答案一致的那些题目,然后向全班报告。之后教员可以引导全班对伦理规范及其在组织中的作用进行讨论。

　　解释:上述每题都与伦理成熟度的某些方面有关。伦理成熟意味着你具备伦理意识,能够认识到某一特定情境中所包含的伦理因素。此外,伦理成熟还意味着在决策困难的情况下,你不仅有判断是非的能力,而且有自觉作出伦理选择的能力。分析你对每道题的回答,以便更好地了解自觉的优势和弱点。想一想是什么影响了你的伦理行为和决策,比如渴望成功或获得他人认可。

教学案例

SOLO 眼镜:助百万人重获光明[106]

　　珍妮·阿玛兰尼(Jenny Amaranemi)是一位社会企业家,她决心创建一家名为 SOLO 眼镜的社会型企业。SOLO 用竹材手工制作太阳镜,每副太阳镜销售所得的一部分收入都捐赠给需要佩戴眼镜或接受视力手术的贫困人群。

　　上大学的时候,阿玛兰尼就想创办一家既能创造利润又能对人们产生积极影响的公司。她发现世界各地的人们都非常需要眼睛护理,于是决定进一步研究这个问题。阿玛兰尼自己视力差,她从自身出发参与研究,发现世界上近 80% 的失明是可以预防的,但大约 10 亿人无法获得眼科治疗,为此她感到十分难过,于是她设定了一个目标:帮助至少一百万人重见光明。

　　阿玛兰尼做了大量的研究,发现采用三重底线概念的公司有更高的财务表现水平。当前的美国消费者倾向于购买符合可持续发展理念的绿色产品,她看到了创建一家关注贫困人群眼部健康的三重底线公司的无限可能。

　　但是阿玛兰尼很快发现,创建一家公司的过程非常艰辛。她意识到,要实现帮助他人的目标,必须创建一家在全球竞争环境中能创造经济利润的企业,提供可持续的资金支持。因此她必须开发出一种有价值的产品,让消费者愿意购买,从而为她的帮扶项目提供资金来源。经过大量的研究,阿玛兰尼选择了开发独特的眼镜产品,其中包括竹木镜架。由于竹木材料难以应用到实际产品中,于是她找了一家制造公司来共同开发产品。在制造过程中,需要将两种不同的材料:竹子和再生塑料结合使用。在成功使用新型材料制作出镜架之后,阿玛兰尼订购了第一批共计 1 000 套产品。在卖出了大约 500 套之后,她发现产品存在相当大的质量问题。消费者抱怨墨镜在竹子与回收塑料相连的地方裂开了。阿玛兰尼对这个消息感到震惊和尴尬,因为这样的产品瑕疵可能会摧毁她所建立的品牌,阻碍她完成使命。她决定立即停止销售。

阿玛兰尼立即给所有客户发电子邮件，通知他们有关制造问题的情况。这是一个非常危险的决定，因为它会引起人们对产品缺陷的关注。然而，她觉得"这是正确的事情"。她向所有顾客保证可以进行退换货。几个星期以来，阿玛兰尼和她的员工几乎每天都在通过社交媒体向客户发送电子邮件和更新相关进展。此外，她利用销售收入为印度贫困人群的眼科手术提供了资金，SOLO公司在与客户沟通的时候也把资助眼科手术的进展情况向客户进行了说明。SOLO公司坚持信息透明度的做法产生了积极的影响。阿玛兰尼的诚信行为也开启了公司与客户之间的顺畅沟通。通过向客户提供即时的产品更换或退款，她强化了三重底线公司的原则。顾客可以选择等待六周后收到改进后的产品或立即得到退款。令人惊讶的是，在1 000个订单中，只有5个顾客要求退款。SOLO眼镜的顾客显然已经认同了公司的使命，即帮助那些不那么幸运的人。

危机过后，阿玛兰尼意识到SOLO眼镜应该继续与所在社区进行开放和诚实的交流。她的处事方式给SOLO品牌带来了正面的曝光。当印度第一批眼科手术成功完成的消息传到美国时，它引起了网络和传统新闻媒体的关注，随后媒体进行了多轮采访。通过吸引利益相关者的参与，SOLO公司向社会表明，生产高质量、环保的产品和帮助他人是可以同时实现的。公众对这家新公司的印象更多的是帮助他人，而不是曾经所出现的产品问题。

阿玛兰尼明白自己没有足够的专业知识来选择制造商。她利用自己的人脉找到具有相关专业知识和背景的专家。她听从专家们的建议，把更多的钱花在产品设计和制造上。更好的产品设计和更优的质量使SOLO眼镜的零售价翻了三倍。这是一个令人惊讶的涨幅，新的销售价格使阿玛兰尼能够选择顶级制造商来生产顶级质量的眼镜。如果成功，更高的销售价格将产生更多的收入和利润，从而也可以帮助到更多需要帮助的人。

阿玛兰尼成了宣传SOLO眼镜愿景的传道者，并开始影响很多其他人也成长为传道者。阿玛兰尼向所有与她交流的人，包括新闻媒体，不断重复自己的愿景。她的故事带有强烈的情感，引人入胜。阿玛兰尼说："我们正在创建一家公司，最终将使100多万人重见光明。"SOLO公司的愿景，加上阿玛兰尼对公司内部信息的公开化处理，为SOLO品牌吸引了众多的忠实客户。该公司吸引了十几名自愿工作10～12小时的实习生。这些实习生怀抱着帮助SOLO实现使命的理想而来。同时SOLO也建立了良好的口碑，这对公司非常重要。因为只有14％的人相信他们看到、读到或听到的东西，而90％的人则选择相信朋友和熟人的推荐。

SOLO眼镜的销量继续增长。公司在阿玛兰尼居住的公寓里办公，使用网络云工具开展营销活动，如利用社交媒体、Skype和在线社交会议室等，办公开支被控制在了最低范围。如今，SOLO眼镜已经在29个国家进行网上销售，并通过提供新眼镜或资助白内障手术改善了19个国家1万多人的视力。成千上万的人购买SOLO的产品，其中很多用户因为认同SOLO公司"我们可以一起改变生活"的理念，成为该公司的积极宣传者。

问题

1. 为什么在SOLO公司没有出现社会福利逻辑和商业逻辑之间的明

显冲突？

2. 你认为阿玛兰尼的哪些行为对于 SOLO 公司的初步成功至关重要？为什么？

3. 如果没有三重底线使命，你认为阿玛兰尼的初创公司会成功吗？解释一下。

菲德勒-飞利浦与威尔逊设计公司

詹妮尔·莫斯利（Janelle Mosley）坐在马松餐厅（Maisson's Restaurant）里，对她面前的主厨沙拉完全失去了兴趣。她坐在那里，一边小口抿着她的灰皮诺葡萄酒，一边好奇地看着她的竞争对手乔纳森·德雷珀（Jonathan Draper）坐在餐厅的另一边。乔纳森对周围人和事物都漠不关心，甚至把摆在面前的午餐也推到了一边。他一边乱翻手边的资料，一边用平板电脑打字，一边还对着手机说着什么。

他在想些什么呢？詹妮尔很好奇，但还是控制住了想要悄悄溜到乔纳森边上的座位，然后躲在盆栽植物后面偷偷听乔纳森电话的冲动。"这样做太像个间谍了。"詹妮尔这样想，然后忍不住咯咯笑出声来。

乔纳森和詹妮尔都即将在建筑设计行业的大咖公司开始渴望已久的实习。其中乔纳森将在业界第一的格蕾丝和克莱斯韦尔（Grace and Creswell，G&C）公司实习，而詹妮尔的实习公司则是业内排名第二的菲德勒-飞利浦与威尔逊公司（Fiedler，Philips & Wilson，FPW）。这两家公司目前正在竞争设计该市新交响乐演出中心的合同。乔纳森被许多人认为是大学建筑学院 20 年以来最聪明、最具创新精神的学生。但乔纳森有一些怪癖，比如他老是拖着脚走路，手里还拿着一大堆塞满了纸的文件夹，文件夹外贴满了写满字的小纸片。正因为如此，乔纳森总是一边走，纸一边从他手里的文件夹里掉出来。乔纳森的这一怪癖让人既好笑又觉得沮丧，并为他赢得了"丢三落四德雷珀"的绰号。尽管乔纳森爱丢东西，他的方案和设计却总是能令人眼前一亮。

詹妮尔在吧台买完单后，看着乔纳森抓起他的东西，匆匆走出了门。詹妮尔走出大楼时，看见乔纳森停在路边，一边手忙脚乱地抓着钥匙和一堆文件，一边把手机夹在脸颊和肩膀之间大喊着什么。

当乔纳森大吼着离开的时候，詹妮尔发现他掉了一份文件在路边。詹妮尔跑去拿起来。打开发现，这份文件就是乔纳森为 G&C 公司投标新交响乐演出中心精心编写的方案说明。

詹妮尔砰的一声合上文件。哦，上帝！看他都丢了些什么？

詹妮尔跑回办公室，把钥匙和捡到的文件扔到桌上，抓起电话，翻找到了 G&C 公司的电话号码。忽然，詹妮尔觉得这份文件很重要，就慌忙起身把它放到抽屉里。刚好这时 FPW 公司的高级合伙人克拉克·威尔逊（Clark Wilson）从詹妮尔办公室门口经过。

"这么慌慌张张的有事吗？"克拉克注意到了詹妮尔的慌乱。

詹妮尔一边打电话，一边朝抽屉方向点点头。"我刚刚从街边捡到了一份文件，是乔纳森·德雷珀掉的。我都不敢看它。正要打电话给他们公司。"

听到这里克拉克瞪着詹妮尔，大叫道："哦，上帝！快把电话挂了！"

詹妮尔挂断了电话，紧张地坐着，克拉克看着詹妮尔说："这太好了！是他们关于交响乐中心的设计方案吗？"詹妮尔点了点头。

克拉克接着问："他有没有看到你捡这份文件？"詹妮尔摇了摇头，说："我觉得没有看见。"

"不要给任何人打电话！"克拉克突然改变了语气，说："别那么担心。听着，孩子。"詹妮尔讨厌别人叫她孩子。克拉克继续说："任何人都可以捡起那份文件，只是这次碰巧是你！他甚至可能都没有意识到他弄丢了文件。"克拉克打开抽屉，拍了拍乔纳森掉的文件，说："嗯，我们现在能把项目拿到手了！你干得漂亮！"

詹妮尔勉强挤出了一丝笑容。

克拉克接着说："听着，我和菲德勒有个会议。我几个小时后回来。在这期间，我要你仔细看下他们的这个方案，今晚就一条条找出他设计上存在的漏洞。然后我们就可以想办法在这些方面超过G&C了。"克拉克从桌上探过身子，对詹妮尔说，"拿下这个项目对我们公司来说太重要了。"

为了振奋詹妮尔的信心，克拉克边说边用拳头敲着詹妮尔的办公桌。他朝门口走去时，又回头交代道："这个方案现在是你的了，孩子！你刚刚可能拯救了我们大家！"

克拉克走了。

詹妮尔呆坐了一会儿，想喘口气。"好吧，"她喃喃地说，她的手仍然紧紧抓住椅子的扶手，"好吧"。

詹妮尔站起来，急忙关上办公室的门。刚才那一幕使她不知为何，感到肮脏。

"好吧。就这样，坐下来，把你的工作干完，"詹妮尔大声说。但当她坐下来时，又感到良心不安。你越界了，詹妮尔想。她打开抽屉，盯着文件，克拉克的声音又在她的脑子里回荡："这个方案现在是你的了，孩子！你刚刚可能拯救了我们大家！"

詹妮尔伸手拿起文件，打开……然后又停了下来……

问题

1. 詹妮尔现在在想什么？如果你是她，你会怎么想？

2. 你认为詹妮尔应该怎么做？如果她找出文件里方案的缺陷并做记录，她是否越过了伦理底线？为什么？

3. 在这种情况下，克拉克·威尔逊和PFW建筑设计公司的伦理责任是什么？请解释。

尾注

1 Daniela Sirtori-Cortina, "From Climber To Billionaire: How Yvon Chouinard Built Patagonia into a Powerhouse His Own Way," *Forbes*, May 20, 2017, https://www.forbes.com/sites/danielasirtori/2017/03/20/from-climber-to-billionaire-how-yvon-chouinard-built-patagonia-into-a-powerhouse-his-own-way/#73f79d91275c (accessed April 29, 2019); Philip Haid, "How Patagonia Went from Turmoil to Wildly Successful by Making Counter-Intuitive Moves, *Financial Post*, May 5, 2014, https://business.financialpost.com/entrepreneur/how-patagonia-went-from-turmoil-to-wildly-successful-by-making-counter-intuitive-moves (accessed April 29, 2019); and Simon Parker, "To "B" or Not to B," *Impact* 21, no. 11 (November 2015), https://www.ivey.uwo.ca/research/research/faculty-impact/impact-archive/vol21no11-parker/ (accessed April 29, 2019).

2 Saabira Chaudhuri, "Plastic Water Bottles, Which Enabled a Drinks Boom, Now Threaten a Crisis," *The Wall Street Journal*, December 12, 2018; Hilary Brueck, "The Real Reason Why So Many Cities and Businesses are Banning Plastic Straws Has Nothing to Do with Straws at All," *Business Insider*, October 22 2018, https://www.businessinsider.com/plastic-straw-ban-why-are-there-so-many-2018-7 (accessed April 29, 2019); Micah Maidenberg, "Starbucks Unveils New Lids to Cut Out Straws," *The Wall Street Journal*, March 21, 2019.

3 Frederic Cumenal, "Tiffany's CEO on Creating a Sustainable Supply Chain," *Harvard Business Review* (March-April 2017), 41–46.

4 Diane Holt and David Littlewood, "Identifying, Mapping, and Monitoring the Impact of Hybrid Firms, *California Management Review* 57, no. 3 (Spring 2015), 107–125.

5 Alnoor Ebrahim, Julie Battilana, and Johanna Mair, "The Governance of Social Enterprises: Mission Drift and Accountability Challenges in Hybrid Organizations," *Research in Organizational Behavior* 34 (2014), 81–100.

6 Rick Wartzman, "To B or Not to B? That's the Question for Companies Who Seek to 'Balance Profit and Purpose,'" *Fast Company*, November 28, 2018, https://www.fastcompany.com/90273038/to-b-or-not-to-b-thats-the-question-for-companies-who-seek-to-balance-profit-and-purpose (accessed May 10, 2019).

7 Solange Hai and Richard L. Daft, "When Missions Collide: Lessons from Hybrid Organizations for Sustaining a Strong Social Mission," *Organization Dynamics* 45 (2016), 283–290.

8 B. E. Ashforth and P. H. Reingen, "Functions of Dysfunction: Managing the Dynamics of an Organizational Duality in a Natural Food Cooperative," *Administrative Science Quarterly* 59, no. 3 (2014), 474—516.

9 Filipe Santos, Anne-Claire Pache, and Christoph Birkeholz, "Making Hybrids Work: Aligning Business Models and Organizational Design for Social Enterprises," *California Management Review* 57, no. 3 (Spring 2015), 36–58.

10 This discussion and the examples are from Julie Battilana, Anne-Claire Pache, Metin Sengul, and Marissa Kimsey, "The Dual-Purpose Playbook," *Harvard Business Review* (March-April 2019), 125–133

11 J. Battilana et al., "The Dual-Purpose Playbook."

12 Ibid.

13 J. Battilana and S. Dorado, "Building Sustainable Hybrid Organizations: The Case of Commercial Microfinance Organizations," *Academy of Management Journal* 53, no. 6 (December 2010), 1419–1440.

14 Ibid.

15 J. Battilana et al., "The Dual-Purpose Playbook."

16 Ibid.

17 Akane Otani, "Patagonia Triggers a Market Panic over New Rules on Its Power Vests," *The Wall Street Journal*, April 8, 2019, https://www.wsj.com/articles/patagonia-triggers-a-market-panic-over-new-rules-on-its-power-vests-11554736920 (accessed May 10, 2019).

18 S. Hai and R. L. Daft, "When Missions Collide."

19 Based on Susan Berfield, "Will Investors Put the Lid on the Container Store's Generous Wages?" *Bloomberg Business Week* (February 19, 2015), http://www.bloomberg.com/news/articles/2015-02-19/container-store-conscious-capitalism-and-the-perils-of-going-public (accessed October 20, 2015).

20 Steve Piersanti, "Berrett-Koehler Pioneers Again to Become Benefit Corporation," Berrett-Koehler Publishers, https://www.bkconnection.com/blog/posts/berrett-koehler-pioneers-again-to-become-benefit-corporation (accessed May 10, 2019).

21 Nardia Haigh, Elena Dowin Kennedy, and John Walker, "Hybrid Organizations as Shape-Shifters: Altering Legal Structure for Strategic Gain," *California Management Review* 57, no. 3 (Spring 2015), 59–82.

22 N. Craig Smith, "Corporate Social Responsibility: Whether or How?" *California Management Review* 45, no. 4 (Summer 2003), 52–76; and Eugene W. Szwajkowski, "The Myths and Realities of Research on Organizational Misconduct," in James E. Post, ed., *Research in Corporate Social Performance and Policy*, vol. 9 (Greenwich, CT: JAI Press, 1986), 103–122.

23 D. Bright, K. Cameron, and A. Caza, "The Amplifying and Buffering Effects of Virtuousness in Downsized Organizations," *Journal of Business Ethics* 64 (2006), 249–269; as described in Mario Fernando and Shamika Almeida, "The Organizational Virtuousness of Strategic Corporate Social Responsibility: A Case Study of the Sri Lankan Family-Owned Enterprise MAS Holdings," *European Management Journal* 30 (2012), 564–576.

24 "Volunteerism as a Core Competency," *Bloomberg Business Week*, November 12–November 18, 2012, 53–54.

25 "Habitat for Humanity," Whirlpool Corporation website, http://www.whirlpoolcorp.com/responsibility/building_communities/habitat_for_humanity.aspx (accessed September 13, 2011); Bruce Horovitz, "Pepsi Is Dropping Out of Schools Worldwide by 2012," *USA Today*, March 16, 2011, http://www.usatoday.com/money/industries/food/2010-03-16-pepsicutsschoolsoda_N.htm (accessed September 13, 2011); Kate O'Sullivan, "Virtue Rewarded," *CFO*, October 2006, 46–52.

26 Robert G. Eccles and George Serafeim, "The Performance Frontier: Innovating for a Sustainable Strategy," *Harvard Business Review* 91, no. 5 (May 2013), 50–60.

27 This definition is based on David The and Brian Corbitt, "Building Sustainability Strategy in Business," *Journal of Business Strategy* 36, no. 6 (2015), 39–46; Marc J. Epstein

and Marie-Josée Roy, "Improving Sustainability Performance: Specifying, Implementing, and Measuring Key Principles," *Journal of General Management* 29, no. 1 (Autumn 2003), 15–31; World Commission on Economic Development, *Our Common Future* (Oxford, UK: Oxford University Press, 1987); and A. W. Savitz and K. Weber, *The Triple Bottom Line: How Today's Best-Run Companies Are Achieving Economic, Social, and Environmental Success* (San Francisco: Jossey-Bass, 2006).

28 Rich Kauffeld, Abhishek Malhotra, and Susan Higgins, "Green Is a Strategy," *Strategy + Business* (December 21, 2009); and "GE Imagination at Work," General Electric Web site, http://www.ge.com/about-us/ecomagination (accessed February 10, 2016).

29 Reported in Dung K. Nguyen and Stanley F. Slater, "Hitting the Sustainability Sweet Spot: Having It All," *Journal of Business Strategy* 31, no. 3 (2010), 5–11.

30 "Top Green Companies in the U.S., 2017," *Newsweek* https://www.newsweek.com/top-10-global-companies-green-rankings-2017-18 (accessed April 3, 2019).

31 This discussion is based on Nguyen and Slater, "Hitting the Sustainability Sweet Spot"; Savitz and Weber, *The Triple Bottom Line*; and "Triple Bottom Line," an article adapted from *The Economist Guide to Management Ideas and Gurus*, by Tim Hindle (London: Profile Books, 2008), *The Economist* (November 17, 2009), www.economist.com/node /14301663 (accessed July 5, 2012). The "people, planet, profit" phrase was first coined in 1994 by John Elkington, founder of a British consulting firm called SustainAbility.

32 Nicholas Kristof, "The $70,000-a-Year Minimum Wage," *The New York Times*, March 30, 2019, SR13; and Paul Davidson "Does a $70,000 Minimum Wage Work?" *USA Today*, May 26, 2016.

33 Definition is based on John Mackey and Raj Sisodia, *Conscious Capitalism: Liberating the Heroic Spirit of Business* (Boston: Harvard Business Review Press, 2013); and Michael E. Porter and Mark R. Kramer, "Creating Shared Value: How to Reinvent Capitalism—and Unleash a Wave of Innovation and Growth," *Harvard Business Review*, January–February 2011, 62–77.

34 Porter and Kramer, "Creating Shared Value."

35 T. Donaldson and L. E. Preston, "The Stakeholder Theory of the Corporation: Concepts, Evidence, and Implications," *Academy of Management Review* 20, (1995), 65–91; Anne S. Tusi, "A Multiple-Constituency Model of Effectiveness: An Empirical Examination at the Human Resource Subunit Level," *Administrative Science Quarterly* 35, (1990), 458–483; Charles Fombrun and Mark Shanley, "What's in a Name? Reputation Building and Corporate Strategy," *Academy of Management Journal* 33, (1990), 233–258; and Terry Connolly, Edward J. Conlon, and Stuart Jay Deutsch, "Organizational Effectiveness: A Multiple-Constituency Approach," *Academy of Management Review* 5, (1980), 211–217.

36 Ray Fisman and Tim Sullivan, "The Most Efficient Office in the World," *Slate*, July 31, 2013, http://www.slate.com/ articles/business/the_dismal_science/2013/07/renewing _ your_passport_visit_the_incredibly_efficient_new_york_city_ passport.html (accessed February 14, 2014).

37 Max B. E. Clarkson, "A Stakeholder Framework for Analyzing and Evaluating Corporate Social Performance," *Academy of Management Review* 20, no. 1 (1995), 92–117.

38 Charles Fishman, "The Wal-Mart You Don't Know—Why Low Prices Have a High Cost," *Fast Company*, December 2003, 68–80.

39 R. Mitchell, B. Agle, and D. J. Wood, "Toward a Theory of Stakeholder Identification and Salience: Defining the Principle of Who or What Really Counts," *Academy of Management Review* 22 (1997), 853–886; Virginie Vial, "Taking a Stakeholders' Approach to Corporate Social Responsibility," *Global Business and Organizational Excellence* (September–October 2011), 37–47; and Martijn Poel, Linda Kool, and Annelieke van der Giessen, "How to Decide on the Priorities and Coordination of Information Society Policy? Analytical Framework and Three Case Studies," *Info: The Journal of Policy, Regulation and Strategy for Telecommunications, Information, and Media* 12, no. 6 (2010), 21–39.

40 N. Craig Smith, Sean Ansett, and Lior Erez, "How Gap Inc. Engaged with Its Stakeholders," *MIT Sloan Management Review* 52, no. 4 (Summer 2011), 69–76.

41 Ibid.

42 Jens Hansegard, Tripti Lahiri, and Chritina Passariello, "Retailers' Dilemma: To Ax or Help Fix Bad Factories," *The Wall Street Journal*, May 28, 2011, http://online.wsj.com/ article/SB10001424127887323336104578501143973731324.html (accessed September 5, 2013).

43 This discussion is based on C. K. Prahalad, "The Fortune at the Bottom of the Pyramid," *Fast Company* (April 13, 2011), www.fastcompany.com/1746818 /fortune-at-the-bottom-of-the-pyramid-ck-prahalad (accessed June 30, 2012); C. K. Prahalad and S. L. Hart, "The Fortune at the Bottom of the Pyramid," *Strategy + Business* 26 (2002), 54–67; Jakki Mohr, Sanjit Sengupta, and Stanley F. Slater, "Serving Base-of-the-Pyramid Markets: Meeting Real Needs Through a Customized Approach," *Journal of Business Strategy* 33, no. 6 (2012), 4–14; Scott Johnson, "SC Johnson Builds Business at the Base of the Pyramid," *Global Business and Organizational Excellence* (September–October, 2007), 6–17; and Jakki J. Mohr, Sanjit Sengupta, and Stanley F. Slater "Serving Base-of-the-Pyramid Markets: Meeting Real Needs through a Customized Approach," *Journal of Business Strategy* 33, no. 6 (2012), 4–14.

44 Based on Bala Chakravarthy and Sophie Coughlan, "Emerging Market Strategy: Innovating Both Products and Delivery Systems," *Strategy & Leadership* 40, 1 (2012), 27–32; T. V. Mahalingam, "Godrej's Rediscovery of India: They Say They Touch More Consumers than Any Other Indian Company," *Business Today* (July 25, 2010), 58–64; and "Godrej Eyes Youth to Expand Portfolio," *Mail Today*, July 12, 2009.

45 These examples are from Erika Fry and Jonathan Chew, et al., "Change the World," *Fortune*, September 15, 2017, 74–88.

46 Rob Walker, "Cleaning Up," *New York Times Magazine* (June 10, 2007), 20.

47 Matthew Boyle, "Unilever: Taking on the World, One Stall at a Time," *Bloomberg Businessweek* (January 7–January 13, 2013), 18–20.

48 Homer H. Johnson, "Does It Pay to Be Good? Social Responsibility and Financial Performance," *Business Horizons*, November–December 2003, 34–40; Jennifer J. Griffin and John F. Mahon, "The Corporate Social Performance and Corporate Financial Performance Debate: Twenty-Five Years of Incomparable Research," *Business and Society* 36, no. 1 (March 1997), 5–31; Beckey Bright, "How More Companies Are Embracing Social Responsibility as Good Business," *The Wall Street Journal*, March 10, 2008, R3; Bernadette M. Ruf et al., "An Empirical Investigation of the Relationship Between Change in Corporate Social Performance and Financial Performance: A Stakeholder

Theory Perspective," *Journal of Business Ethics* 32, no. 2 (July 2001), 143ff; and Philip L. Cochran and Robert A. Wood, "Corporate Social Responsibility and Financial Performance," *Academy of Management Journal* 27 (1984), 42–56.

49 Heli Wang, Jaepil Choi, and Jiatao Li, "Too Little or Too Much? Untangling the Relationship Between Corporate Philanthropy and Firm Financial Performance," *Organization Science* 19, no. 1 (January–February 2008), 143–159; Philip L. Cochran, "The Evolution of Corporate Social Responsibility," *Business Horizons* 50 (2007), 449–454; Paul C. Godfrey, "The Relationship Between Corporate Philanthropy and Shareholder Wealth: A Risk Management Perspective," *Academy of Management Review* 30, no. 4 (2005), 777–798; Oliver Falck and Stephan Heblich, "Corporate Social Responsibility: Doing Well by Doing Good," Business Horizons 50 (2007), 247–254; J. A. Pearce II and J. P. Doh, "The High Impact of Collaborative Social Initiatives," *MIT Sloan Management Review*, Spring 2005, 31–39; Curtis C. Verschoor and Elizabeth A. Murphy, "The Financial Performance of Large U.S. Firms and Those with Global Prominence: How Do the Best Corporate Citizens Rate?" *Business and Society Review* 107, no. 3 (Fall 2002), 371–381; Johnson, "Does It Pay to Be Good?"; and Dale Kurschner, "5 Ways Ethical Business Creates Fatter Profits," *Business Ethics*, March–April 1996, 20–23.

50 Rashid Ameer and Radiah Othman, "Sustainability Practices and Corporate Financial Performance: A Study Based on the Top Global Corporations," *Journal of Business Ethics* 108, no. 1 (June 2012), 61–79.

51 Verschoor and Murphy, "The Financial Performance of Large U.S. Firms."

52 Studies reported in Laura Forman, "Happy Employees Yield Happy Investors," *The Wall Street Journal*, April 2, 2019, https://www.wsj.com/articles/happy-employees-yield-happy-investors-11554232774 (accessed April 30, 2019).

53 Richard McGill Murphy, "Why Doing Good Is Good For Business," *Fortune*, February 8, 2010, 90–95; Jean B. McGuire, Alison Sundgren, and Thomas Schneeweis, "Corporate Social Responsibility and Firm Financial Performance," *Academy of Management Journal* 31 (1988), 854–872; Falck and Heblich, "Corporate Social Responsibility: Doing Well by Doing Good"; and Geoffrey B. Sprinkle and Laureen A. Maines, "The Benefits and Costs of Corporate Social Responsibility," *Business Horizons* 53 (2010), 445–453.

54 Daniel W. Greening and Daniel B. Turban, "Corporate Social Performance as a Competitive Advantage in Attracting a Quality Workforce," *Business and Society* 39, no. 3 (September 2000), 254; and O'Sullivan, "Virtue Rewarded."

55 Sarah E. Needleman, "The Latest Office Perk: Getting Paid to Volunteer," *The Wall Street Journal*, April 29, 2008, D1.

56 Christopher Marquis, "Doing Well and Doing Good," *The New York Times*, July 13, 2003, Section 3, 2; and Joseph Pereira, "Career Journal: Doing Good and Doing Well at Timberland," *The Wall Street Journal*, September 9, 2003, B1.

57 Reported in Needleman, "The Latest Office Perk."

58 "The Socially Correct Corporate Business," in Leslie Holstrom and Simon Brady, "The Changing Face of Global Business," a special advertising section, *Fortune*, July 24, 2000, S1–S38.

59 CB Bhattacharya, "How to Make Sustainability Every Employee's Responsibility," *Harvard Business Review*, February 23, 2018, https://hbr.org/2018/02/how-to-make-sustainability-every-employees-responsibility (accessed April 30, 2019).

60 Michael W. Lamach, "3 Ways to Incorporate Sustainability into Everyday Work," *Harvard Business Review*, October 1, 2015, https://hbr.org/2015/10/3-ways-to-incorporate-sustainability-into-everyday-work (accessed April 30, 2019).

61 Tensie Whelan and Carly Fink, "The Comprehensive Business Case for Sustainability," *Harvard Business Review*, October 21, 2016, https://hbr.org/2016/10/the-comprehensive-business-case-for-sustainability (accessed April 30, 2019).

62 CB Bhattacharya, "How to Make Sustainability Every Employee's Responsibility."

63 Amy Gallo, "The CEO of Kimberly-Clark on Building a Sustainable Company," *Harvard Business Review*, March 6, 2014, https://hbr.org/2014/03/the-ceo-of-kimberly-clark-on-building-a-sustainable-company (accessed April 30, 2019).

64 Michael W. Lamach, "How Our Company Connected Our Strategy to Sustainability Goals," *Harvard Business Review*, October 27, 2017, https://hbr.org/2017/10/how-our-company-connected-our-strategy-to-sustainability-goals (accessed April 30, 2019).

65 Ram Nidumolu, Jib Ellison, John Whalen, and Erin Billman, "The Collaboration Imperative," *Harvard Business Review* (April, 2014), 76–84, 132.

66 Ibid.

67 Whelan and Fink, "The Comprehensive Business Case for Sustainability"; and Eccles and Serafeim, "The Performance Frontier."

68 Eccles and Serafeim, "The Performance Frontier."

69 Ivana Kottasová and Daniel Shane, "Shell Is First Energy Company to Link Executive Pay and Carbon Emissions," *CNN.com*, December 3, 2018, https://www.cnn.com/2018/12/03/business/shell-climate-change-executive-pay/index.html (accessed April 30, 2019).

70 Eccles and Serafeim, "The Performance Frontier."

71 Lamach, "How Our Company Connected Our Strategy to Sustainability Goals."

72 Daniel C. Esty, "Making Sustainability Part of Everyone's Job," *People & Strategy* 33, no. 1 (2010), 12–13.

73 Ibid.

74 Jena McGregor, "Ethical Misconduct, by the Numbers," *The Washington Post*, February 4, 2014, http://www.washingtonpost.com/blogs/on-leadership/wp/2014/02/04/ethical-misconduct-by-the-numbers/ (accessed May 8, 2014).

75 Mike Esterl, "Executive Decision: In Germany, Scandals Tarnish Business Elite," *The Wall Street Journal*, March 4, 2008, A1; and Martin Fackler, "The Salaryman Accuses," *The New York Times*, June 7, 2008, C1.

76 Ben DiPietro, "Crisis of the Week: Kobe Steel Owns Up to Half-Century of Deceit," *The Wall Street Journal*, March 19, 2018, https://blogs.wsj.com/riskandcompliance/2018/03/19/crisis-of-the-week-kobe-steels-owns-up-to-half-century-of-deceit/ (accessed May 3, 2019).

77 Gordon F. Shea, *Practical Ethics* (New York: American Management Association, 1988); Linda K. Treviño, "Ethical Decision Making in Organizations: A Person–Situation Interactionist Model," *Academy of Management Review* 11 (1986), 601–617; and Linda Klebe Treviño and Katherine A. Nelson, *Managing Business Ethics: Straight Talk about How to Do It Right*, 2nd ed. (New York: John Wiley & Sons Inc., 1999).

78 This discussion of the sources of individual ethics is based on Susan H. Taft and Judith White, "Ethics Education: Using Inductive Reasoning to Develop Individual, Group, Organizational, and Global Perspectives," *Journal of*

Management Education 31, no. 5 (October 2007), 614–646.

79 Natasha Singer, "Web Sites Accused of Collecting Data on Children," *The New York Times*, August 22, 2012, B1.

80 Samuel Rubenfeld, "Survey Finds 25% of People Paid Bribes in Last Year," *The Wall Street Journal*, July 9, 2013, http://blogs.wsj.com/riskandcompliance/2013/07/09/survey-finds-one-fourth-of-people-paid-bribes-in-last-year/ (accessed May 9, 2014); and James B. Stewart, "Bribery, But Nobody Was Charged," *The New York Times*, June 25, 2011, B1.

81 Dawn-Marie Driscoll, "Don't Confuse Legal and Ethical Standards," *Business Ethics*, July–August 1996, 44.

82 LaRue Tone Hosmer, *The Ethics of Management*, 2nd ed. (Homewood, IL: Irwin, 1991).

83 "College Admissions Scandal: Your Questions Answered," *The New York Times*, March 14, 2019, https://www.nytimes.com/2019/03/14/us/college-admissions-scandal-questions.html (accessed May 8, 2019).

84 Julian E. Barnes, "Navy Probes Allegation of Instructors' Cheating," *The Wall Street Journal*, February 4, 2014, http://online.wsj.com/news/articles/SB10001424052702304851104579363402001370472 (accessed May 9, 2014); and Robert Burns, "Navy Kicks Out 34 for Cheating at Nuclear Training Site," *Navy Times*, August 20, 2014, https://www.navytimes.com/education-transition/jobs/2014/08/20/navy-kicks-out-34-for-cheating-at-nuclear-training-site/ (accessed May 10, 2019).

85 Some of these incidents are from Hosmer, *The Ethics of Management*.

86 Linda K. Treviño and Katherine A. Nelson, *Managing Business Ethics: Straight Talk About How to Do It Right* (New York: John Wiley & Sons, Inc., 1995), 4.

87 Mark S. Schwartz, "Developing and Sustaining an Ethical Corporate Culture: The Core Elements," *Business Horizons* 56 (2013), 39–50.

88 Ibid.; and Gregory J. Millman and Ben DiPietro, "More Compliance Chiefs Get Direct Line to Boss," *The Wall Street Journal*, January 15, 2014, http://online.wsj.com/news/articles/SB10001424052702303330204579250723925965180 (accessed May 9, 2014).

89 Treviño and Nelson, *Managing Business Ethics*, 212.

90 Beverly Geber, "The Right and Wrong of Ethics Offices," *Training*, October 1995, 102–118.

91 Janet P. Near and Marcia P. Miceli, "Effective Whistle-Blowing," *Academy of Management Review* 20, no. 3 (1995), 679–708.

92 Jene G. James, "Whistle-Blowing: Its Moral Justification," in Peter Madsen and Jay M. Shafritz, eds., *Essentials of Business Ethics* (New York: Meridian Books, 1990), 160–190; and Janet P. Near, Terry Morehead Dworkin, and Marcia P.

Miceli, "Explaining the Whistle-Blowing Process: Suggestions from Power Theory and Justice Theory," *Organization Science* 4 (1993), 393–411.

93 Christine Seib and Alexandra Frean, "Lehman Whistleblower Lost Job Month After Speaking Out," *The Times*, March 17, 2010.

94 Christian Berthelsen, "Whistleblower to Get Big Payment in Bank of New York–Virginia Deal," *The Wall Street Journal*, November 9, 2012, C1.

95 Schwartz, "Developing and Sustaining an Ethical Corporate Culture."

96 "Setting the Standard," Lockheed Martin's website, http://www.lockheedmartin.com/exeth/html/code/code.html (accessed August 7, 2001).

97 Schwartz, "Developing and Sustaining an Ethical Corporate Culture."

98 Katharina Bart, "UBS Lays Out Employee Ethics Code," *The Wall Street Journal*, January 12, 2010, http://online.wsj.com/article/SB10001440527487045865045746539018650500 62.html?KEYWORDS=%22Ubs+lays+out+employee+ethics+code%22 (accessed January 15, 2010).

99 "Code of Conduct," Google Investor Relations, April 25, 2012, http://investor.google.com/corporate /code-of-conduct.html (accessed September 28, 2012).

100 Carl Anderson, "Values-Based Management," *Academy of Management Executive* 11, no. 4 (1997), 25–46.

101 Ronald E. Berenbeim, *Corporate Ethics Practices* (New York: The Conference Board, 1992).

102 Jerry G. Kreuze, Zahida Luqmani, and Mushtaq Luqmani, "Shades of Gray," *Internal Auditor*, April 2001, 48.

103 Vanessa Fuhrmans, "Amazon Acts on German Controversy; Online Retailer Cuts Ties with Security Firm After a Television Documentary on Working Conditions," *The Wall Street Journal*, February 19, 2013, B3.

104 S. C. Schneider, "National vs. Corporate Culture: Implications for Human Resource Management," *Human Resource Management*, Summer 1988, 239; and Terence Jackson, "Cultural Values and Management Ethics: A 10-Nation Study," *Human Relations* 54, no. 10 (2001), 1267–1302.

105 K. Matthew Gilley, Christopher J. Robertson, and Tim C. Mazur, "The Bottom-Line Benefits of Ethics Code Commitment," *Business Horizons* 53 (2010), 31–37.

106 Adapted from Bernhard Schroeder and Alex DeNoble, "How to Design a Triple Bottom Line Organization: A Start-Up Case Study," *Journal of Organization Design* 3, no. 2 (2014), 48-57. The SOLO tagline comes from the company's website, https://www.soloeyewear.com/ (accessed May 11, 2019).

第 IV 篇

内部设计要素

ORGANIZATION THEORY AND DESIGN

制造与服务技术的
组织设计

问题引入

在阅读本章内容之前,请先看下面的问题并选择答案。

1. 类似于航空母舰的高可靠性组织可以管理极端复杂的技术而不发生巨大灾难,其中一个重要原因是员工专注于成功而不是失败。

同意＿＿＿＿＿＿＿＿ 　　　　　　　　　　　　不同意＿＿＿＿＿＿＿＿

2. 企业提供良好服务的最佳方式是制定大量清晰的规则和程序,并确保每个员工能够遵循和执行。

同意＿＿＿＿＿＿＿＿ 　　　　　　　　　　　　不同意＿＿＿＿＿＿＿＿

3. 某种组织结构设计和管理对一家电视台的销售部门有效,但可能不适用于这家电视台的新闻部门。

同意＿＿＿＿＿＿＿＿ 　　　　　　　　　　　　不同意＿＿＿＿＿＿＿＿

　　飞机已经加满了油并准备飞行。飞行员和机组乘务员都已准备就绪。但是你仍然和其他乘客沮丧地滞留在候机楼里,其中有些乘客对"我们遇到了技术问题"这个经常性的理由感到非常恼怒。在机场候机楼,乘客对航空公司员工大发抱怨,不管是哪家航空公司,美国航空、捷蓝航空或是阿拉斯加航空,其乘客现在都被滞留在候机楼里。这么多的航空公司为何在同一时间遭遇技术问题?这是因为多家航空公司用来管理后端功能的软件系统出现了意外故障,这个系统具有接受机票预订、安排机组人员行程、跟踪机票预订情况和计算行李重量等等功能。在任何时候,旅行类技术公司的计算机系统诸如萨布尔(Sabre)和阿玛迪斯(Amadeus)都在跟踪数以亿计的数据。这些系统几乎涉及航空公司运行的所有重要部门,帮助航空公司实现平稳高效运行。但是,如果系统中的一个环节出现几分钟的故障,就会造成工作积压,需要数小时或数天才能完成恢复。"没有技术会在100％的时间内100％完美,"大气研究集团(Atmosphere Research Group)创始人亨利·哈特维尔德(Henry Harteveldt)这么说。哈特维尔德接着补充道,像萨布尔这样的公司一直致力于产品改进——他们知道"客户已经厌烦了被告知'我们遇到了技术问题'"。[1]

哈特维尔德的上述评论不仅适用于航空公司高管和萨布尔、阿玛迪斯及其他旅行类科技公司的高层,也适用于其他各类组织的管理者,无论这个组织是一家大型零售商店还是一家定制服装的小公司。今天,网络连接、自动化和人工智能等新技术正在深入组织的各个方面,每个公司都是一家技术公司。[2]在一项针对首席执行官的调查中,高管们预期科技将会是在未来几年影响组织的最重要的外力因素。[3]

本章探讨服务技术和制造技术。**技术**(technology)是指用以将组织的投入(原材料、信息、思想)转换为产出(产品和服务)的各种工作流程、技术、机器和方法。[4]技术是一个组织的生产过程,不仅包括机器设备,也包括工作程序。

本章的一个重要主题就是核心技术如何影响组织结构。理解了核心技术,我们才能更好地理解如何设计组织结构以获得高绩效。[5]一个组织的**核心技术**(core technology)就是那些直接关系到组织使命的工作程序,如高校中的教学、诊所里的医疗服务,又或是 AAM(美国车轴制造商)的制造生产。在 AAM 公司,核心技术起始于原材料(例如铁、铝和合金)。员工们处理原材料,使它们发生变化(切割、铸造和组装),进而将原材料转变为组织的产成品(机轴、传动轴、曲柄轴或传送设备等)。而对于 UPS 这样的服务型组织,核心技术包括生产设备(例如分类机、打包设备、卡车、飞机)和包裹输送,以及隔夜快递。此外,像 UPS 和 AAM 那样,计算机和新通信技术给制造业和服务业组织的工序带来了深刻变革。关于新通信技术在组织中的具体应用将在第 9 章中论述。

图 8-1 展示了一个制造车间的核心技术,阐明了核心技术是如何从原材

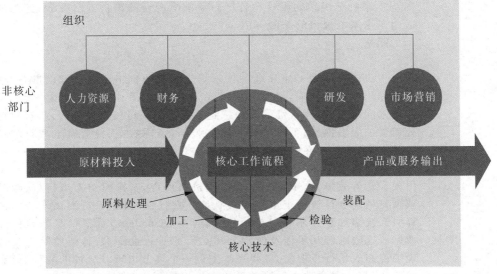

图 8-1　制造型企业的核心转换流程

料的输入,经过流程的转换(铣削、检查、组装),从而改变和增加原材料的价值,到产生最终的产品和服务,进而销售给市场上消费者的过程。在当今复杂化的大型组织中,要对其技术做出准确的界定确实有一定的困难。但我们可以通过考察输入组织中的原材料[6]、组织内工作活动的多样性[7]、生产过程的机械化程度[8]、业务流程中各项任务间的相互依赖程度[9] 以及所产出的新产品或新服务的数目等各个角度对一个组织的技术做出评价。[10]

一个组织由许多部门组成,其中每一个部门在组织中可能会采用不同的流程(技术)来提供产品或服务。**非核心技术**(noncore technology)是指一个部门的流程对组织非常重要,但并不直接关系到组织的主要使命。在图 8-1 中,非核心流程可以由人力资源部、财务部、研发部和营销部来进行。比如说,研发部将想法转变为新产品,而营销部将库存转变为收入,在此过程中两个部门各自使用不同的流程。人力资源部的产出就是让员工选择留在组织中工作,而财务部的产出则是提供组织财政状况的精确描述。

本章目的

在本章中,我们将探讨核心与非核心工作流程,以及它们之间的关系对组织结构设计的影响。在设计组织时,必须认识到组织工作流程的实质是为了使组织的效率和效果最大化。最佳组织设计取决于多种因素。图 8-2 展示了影响组织设计的力量来自于组织外部和内部。外部战略的需要,例如环境条件、战略方向和组织目标,会对组织设计产生各种压力,从而使它能够适应环境和完成组织目标。这些组织设计中的压力已经在前一章中讨论过了。然而,组织设计同样要考虑来自组织自下而上的生产产品和服务所需要的流程压力。操作技术和工作流程会影响到组织的结构设计,既关乎核心技术部门,也关乎非核心技术部门。因此,本章的主题可以归纳为:组织应该如何设计从而使其各个作业流程更协调、更便利?

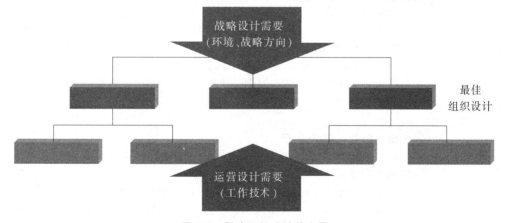

图 8-2　影响组织设计的力量

资料来源: Based on David A. Nadler and Michael L. Tushman, with Mark B. Nadler, *Competing by Design: The power of Organizational Architecture* (New York: Oxford University Press, 1997), 54.

    本章将从以下几个方面展开：首先，考察组织作为一个整体所使用的技术如何影响组织的结构及设计，具体包括制造技术和服务技术两部分。接着，我们将考察部门间技术的差异，以及技术如何影响组织内部单位的设计和管理。最后，我们要探讨部门间在资源和信息流方面的相依关系对组织结构的影响。

8.1   核心制造技术

    制造技术既包括传统制造过程，也包括当代技术的运用，例如智能工厂和大规模定制。

8.1.1   制造企业

    最早研究制造技术且最有影响力的学者是英国工业社会学家琼·伍德沃德（Joan Woodward）。伍德沃德对制造技术的关注始于她在南艾塞克斯郡开展的管理原理实地调研。当时（20 世纪 50 年代）占主导地位的管理思想都认为存在普遍适用的管理原则。这些原则是所有有效的组织都要采用的"唯一最佳"的处方。伍德沃德亲自对 100 家制造企业进行了调查，以了解它们是如何组织的。[11] 她带领研究小组走访了每一家企业，同管理人员进行交谈，研究企业的有关记录，还观察现场的制造活动。伍德沃德搜集的资料中包括了各类组织结构特征（如管理幅度、管理层次）、不同管理风格维度（书面沟通还是口头沟通、奖励方式的使用）以及制造过程的类型。同时她还收集了反映这些企业经营绩效的数据。

    伍德沃德采用了一个量表，并根据制造过程技术的复杂性程度对所调查的企业进行了分类。所谓**技术复杂性**（technical complexity），是指制造过程机械化的程度。技术复杂性高，意味着大多数工作是由机器来完成的；技术复杂性低，意味着工人在生产过程中起更大的作用。伍德沃德的技术复杂性量表最初分为十级，如图 8-3 所示。对这十个等级归类后，合并为三组基本的技术类型。

第 I 组：单件小批量生产

    这类企业倾向于按满足顾客特定需要的小批量订单进行加工和装配。顾客的要求就是标准。**单件小批量生产**（small-batch production）主要依靠操作工人，因此机械化程度不高。一个小批量生产的例子是爱马仕国际公司（Hermes international）的凯莉手包（Kelly Handbag），这一产品名称取自已故著名女演员格瑞斯·凯莉（Grace Kelly），每件这样的价值 7 000 美元的手包都由工匠手工缝制而成，并在完成时贴上品牌标签。[12] 亚马逊传统的配送中心是一种小批量运营服务。员工从货架上挑选出产品，然后按照订单一次一件地为顾客派送。

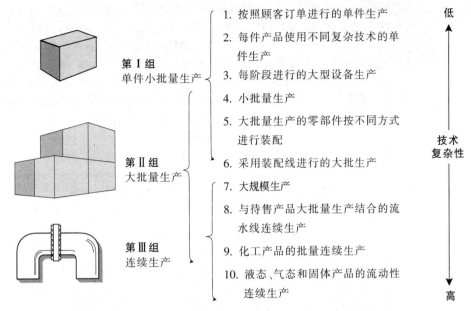

图 8-3 伍德沃德依据制造系统对英国 100 家制造企业的分类

资料来源：Adapted from Joan Woodward, *Management and Technology* (London：Her Majesty's Stationery Office，1958). Used with permission of HerBritannic Majesty's Stationery Office.

第 Ⅱ 组：大批量生产

大批量生产（large-batch production）是以标准化零配件的长期生产为特征的一种制造过程。产成品通常作为存货储备起来，接到订单后再从库房提货，因为顾客对产品并没有特别的要求。绝大多数装配流水线，如汽车装配线、活动板房装配线等，就属于这一生产类型。

第 Ⅲ 组：连续生产

连续生产（continuous process production）的整个流程都是机械化的。生产过程连续不断，周而复始，其机械化程度和标准化程度都比装配线生产高，自动化设备控制着连续的生产过程，产出结果属于明显可预见的。例如化工厂、炼油厂、液化气厂、核电厂等也都属于这一类。荷兰皇家壳牌石油在卡塔尔的珍珠气转油项目（Pearl GTL，gas-to-liquid）就是一个连续生产的例子。在新的处理系统中，天然气流经错综复杂的管道、储罐、气化装置、蒸馏器、反应堆和其他设备。高技能员工在中央控制室监控整个过程。该项目利用化学处理从物理上改变气体分子的成分，使其产生一种无色无味的燃料，这种燃料与柴油相似，但避免了柴油产生的污染物。[13]亚马逊的自动配送中心也可以视为一种连续生产。机器人将客户订单传给员工，然后其他机器人再将打好包的商品传送到装运出口。[14]

通过上述技术分类，伍德沃德的研究发现显得很有实践意义。表 8-1

列举了她的一些重要发现。例如,从单件生产到连续生产,随着技术复杂性的提高,管理层级的数目和管理人员占全体员工的比例都显著增加。这表明,技术越复杂,越需要加强管理。随着技术复杂性的提高,直接工人与间接工人的比例降低了。因为技术复杂性越高,就需要越多的间接工人来维修和保养复杂的机器设备。其他方面的特征,如管理幅度、规范化的程序以及集权程度等,在大批量生产情形下最高,在其他生产技术下相对较高,这是因为工作标准化程度不同。单件(小批量)生产和连续生产的技术需要熟练程度高的工人去操作机器,而且要以口头沟通方式处理可能出现的情况变化。大批量生产则是标准化的、常规化的,很少有意外情况出现,所以几乎不需要口头沟通,对员工技术水平的要求也相对较低。

表 8-1 技术复杂性与组织结构特征的关系			
结 构 特 征	技 术		
	单件生产	大批量生产	连续生产
管理层次数目	3	4	6
主管人员的管理幅度	23	48	15
直接/间接劳动比率	9:1	4:1	1:1
管理人员占全体员工的比率	低	中等	高
员工的技术水平	高	低	高
工作流程的规范化程度	低	多	低
集权程度	低	高	低
口头沟通的数量	多	少	多
书面沟通的数量	少	多	少
总体的结构形态	有机式	机械式	有机式

资料来源:Based on *Management and Technology* by Joan Woodward (London:Her Majesty's Stationery Office,1958).

总的说来,在单件生产和连续生产这两种技术下,管理系统和组织结构可以用第1章和第4章介绍的有机式组织特征来概括。也即具有较强的灵活性、适应性,程序化和标准化的程度低。而大批量生产则是一种机械的管理系统,工作是标准化的,程序是规范化的。伍德沃德对技术的这种研究为分析不同组织结构产生的原因提供了新视角。用伍德沃德自己的话说:"不同的技术,对个体和组织都提出了不同的要求,从而需要通过一个恰当的组织结构来适应不同的要求。"[15]

8.1.2   战略、技术和绩效

伍德沃德研究的另一部分内容是运用诸如盈利性、市场份额、股票价格以及企业声誉这些指标来衡量企业的成败。就像第2章指出的,效果的衡量是复杂而又不易得到精确结果的,但是,伍德沃德依据企业在上述战略目标方面取得的高于平均、等于平均以及低于平均这三个档次的绩效水平对各企业经营成功的程度进行了衡量。

伍德沃德将结构—技术关系与经营的成功程度做了对比分析。她发现,成功的企业通常是那些在结构和技术关系上保持良好对应关系的企业。如表 8-1 所示,成功的企业在许多组织特征项上的分值接近该技术类型所有样本企业的平均值。绩效在平均水平之下的企业,则其组织结构特征往往偏离其相应的技术类型的要求。另一个重要结论是:组织结构特征可以归结为有机式和机械式两类管理系统,这两类系统在第 1 章和第 4 章中介绍过。成功的单件生产和连续生产类型的组织采用有机式的结构,而成功的大批量生产类型的组织则采用机械式的结构。许多后续研究发现与伍德沃德的上述结论是一致的。[16]

伍德沃德的发现对当代企业的启示是:战略、结构、技术之间需要相互匹配,尤其是当企业面临充满变化的竞争环境时。[17]例如,床垫行业的变化使得美国床垫制造商丝涟(Sealy)公司采取一种更为有机的组织设计。随着睡眠指数公司(Sleep Number)和泰普尔公司(Tempur-Pedic)等竞争性品牌床垫越来越受欢迎,加之整个商品住宅市场放缓,丝涟的管理者们发现,其高级床垫品牌思登福斯特(Stearns & Foster)的销售收入大幅下滑。丝涟改变了设计床垫的方式,组建了跨职能团队,并与设计公司艾迪欧(IDEO)合作,一起设计出更精美的床和床垫,新产品的风格与之前的思登福斯特系列产品截然不同。丝涟让人们相信他们在用心生产高端产品。[18]该公司还应用了数字制造技术以增强在新环境中的竞争力。

无法采用合适的新技术来支持企业战略的实施,或者采用了新技术以后未能调整战略使战略与技术重新匹配,这两种情况都会导致企业绩效下降。当今日益加剧的全球化竞争使市场变得更加不稳定,产品生命周期在缩短,消费者更加成熟且掌握更多信息。因此能否灵活地适应新的市场环境变化就成为企业成功的战略性前提。[19]制造企业会通过启用新的技术来支持灵活性战略。然而,组织结构及管理过程还必须与新的战略和技术相匹配,因为高强度机械式的结构会阻碍组织保持应有的灵活性,从而影响企业组织充分发挥新技术的优势。[20]

8.1.3　智能工厂

当今大多数工厂使用各种新的制造技术,将先进的制造机器人、数控机床、射频识别(RFID)、无线技术以及计算机软件和人工智能(AI)用于产品设计、工程分析和机械的远程控制等。一项研究发现,当今美国制造商对信息处理设备(计算机等)的使用量是 20 年前的六倍还多。[21]这一增长反映了制造业面临的不确定性和严峻挑战日益增加,包括经营全球化、竞争加剧、产品复杂性的增加与更多商业伙伴进行协调的需要等。[22]完全自动化的工厂被称为智能工厂。[23]**智能工厂**(smart factory)是指利用计算机控制的机器来完成许多常规生产任务,同时工厂通过数字方式与其他工厂、供应商和客户在一个数字化供应链网络中彼此互联。[24]

智能工厂通常由以下几部分构成:
- 计算机辅助设计(CAD)。将计算机用于帮助进行新产品或新部件的绘图、设计和工艺安排。设计者在计算机上操作,可在屏幕上画出特定形状的图案,包括参数指标和各方面的细节。通过对初始设计进行尺寸大小的调整,可以形成上百种设计方案。[25]

- 计算机辅助制造(CAM)。计算机控制的机器在原料处理、粗加工、精加工及组装过程中的运用极大地提高了生产效率。计算机辅助制造还通过改变计算机内的控制指令或软件使一条生产线能快速地从一种产品的生产切换至任何其他种类产品的生产。这样,生产线就能迅速满足顾客对产品设计和产品组合的个性化要求。[26]

- 机器人(robots)。汽车制造商使用大型机器人在流水线上工作已经有不少年的历史了,但是更小巧、更简便易用的新一代机器人能够使中小型制造商也从中受益。这些新型机器人可以和人进行沟通和协作,在制造过程的每个阶段都可以为工人提供帮助,从交付零件到组装产品,到仓储,再到包装和运输,都可以有机器人的参与。[27]随着对象检测和传感技术的进步,以及新的成像技术和人机交互软件的发展,各种规模的制造商都可以使用这些机器人,因为它们可以“无笼”运行。它们能够感知“同事”的存在并作出反应,有内置的安全机制,能够在执行重复任务时作出常识性决策。[28]

- 3D 打印(3-D Printing)。我们知道,3D 打印也叫增材制造(additive manufacturing),该技术通过逐层叠加的方式构造物体。最初使用 3D 打印制作 CAD 文件的塑料模型,被称为快速原型制作。[29]在此后的二十年中,3D 打印技术已从原型制作发展到量产,以便工程师可以在计算机上建模对象并进行打印。打印材料由塑料、金属或复合材料制成,而不需要根据模具进行切割或者钻孔。3D 打印技术能够减少材料浪费,并且能够让制造商以更快的速度获得产品并交付给客户,还可以在诸如石油钻井平台这样的偏远地区现场打印所需零件。例如,美军海军舰船使用 3D 打印技术在甲板上就能制造出需要的零配件。[30]

在智能工厂里,可以在计算机上设计出一种新的产品,并在无须人工处理的情况下将样品制造出来。保时捷正在使用 3D 打印技术为多款经典车型提供已停产的零配件,而且“打印出来的零配件和原产的规格绝对一模一样。”[31]按这种模式建立的工厂能迅速而准确地从一种产品生产切换到另一种产品生产,速度和精度兼顾,避免了影响系统效率的文本准备或记录保存等。[32]另外,新软件可以协调参与设计的不同部门和不同组织的信息,虚拟设计甚至可以“建造”一个全新的工厂。

坐落于德国安贝格(Amberg)的西门子电子厂(Siemens Electronic Works)是智能工厂方面的一个很好的例子。西门子通过自动化控制装置(SIMATIC),将各种智能设备集成起来,协调产品的生产和分配。自动化系统可实现定制化的按单生产,工厂将来自 250 家供应商的 15 亿个组件组装制造成 950 种不同的产品,而这些只是该工厂每年 50 000 多种不同产品中的一小部分。这种自动化生产系统能够保持 99% 的良品率,每百万件产品的次品率仅为 0.0015% 左右。[33]汽车制造商也是受益于智能工厂的典型案例。本田公司在美国俄亥俄州东利伯蒂(East Liberty)的工厂实现了更大程度的柔性制造。本田被认为是北美最具制造柔性的汽车制造商,其工厂在仅仅五分钟内就能实现从生产思域(Civic)向生产 CRV 混型车(crossover)的切换,CRV 混型车比思域有更长的车身和更高的车顶。从一种型号的汽车装配切换到另一种型号的汽车装配仅需将不同的"机械手"安装在机器人身上来完成不同安装工作即可。日产公司(Nissan)田纳西州士麦那工厂的员工在两条生产线上生产六种不同型号的车辆,包括三款轿车和三款 SUV。复杂的高科技系统使生产能够平稳高效地进行,每条线每小时能生产 60 辆车。"无论哪一种型号的车身从流水线上下来,配套零部件就早已经准备就绪了。"日产尼桑的瑞恩 • 富尔克森(Ryan Fulkerson)解释道。在汽油价格波动变化和汽车款式不断改变的时代,这种能快速调整不同类型车辆的库存能力已成为本田和尼桑的核心战略优势。[34]

8.1.4　大规模定制

智能工厂已经为大规模定制铺平了道路。**大规模定制**(mass customization)就是用大规模生产技术来快速并经济有效地组装那些单独设计以满足消费者个性化需求的产品。大规模定制的目标是精准地在所需的时间为顾客提供所需的商品。[35]比如客户可以选购不同硬盘内存、不同芯片处理速度和不同软件包的戴尔笔记本电脑,或选购特征和功能皆能精准地符合自己要求的宝马汽车。大规模定制已应用于各种各样的产品制造,包括农业机械、热水器、服装、计算机、工业洗涤剂和助听器等。[36]比如在生产定制助听器时,工厂将从当地听力医师和治疗听力损失的专业人士那里收集到的客户数据(如客户的听力受损情况和耳朵各类测量数据)输入到定制的批量生产线中。当然,必须有足够的定制订单,才能保证装配线连续运行;否则,生产将更像小批量生产。隐适美公司(Invisalign)使用大规模定制方法来生产量身定制的牙齿矫正器;Tailored Fits 公司使用大规模定制来生产矫形运动鞋和滑雪靴。[37]奥什科什卡车公司(Oshkash)在整个行业的销售下滑期间仍保持蓬勃发展,其制胜法宝正是在于其生产的定制消防车、水泥车、垃圾车和军用卡车。消防员经常前往工厂观看他们定制的新车成型,有时甚至带着油漆色卡来定制车队车辆的颜色。[38]

智能工厂的最显著优点是:可以将不同型号、品种以及应顾客特殊要求的产品,很方便地融合在一条装配线上生产,使企业能够以大批量生产的成本为顾客提供一系列的定制产品。[39]印在零部件上的条形码会帮助机器做出瞬时的调整,如将一个大螺栓插入不同的地方,而不需要减慢装配生产线的运行速度。制造商可以不受限制地批量生产出种类繁多的产品,如图 8-4所示。伍德沃德研究过的传统制造系统所提供的选择是非常有限的,如图中的斜线所示。小批量生产可以满足高程度的产品灵活调整和定制要求,但是,由于定制产品所特有的"手工艺性",每次生产的批量必定很小。大批量生产可以进行批量规模很大的生产,但只能提供有限种类的产品,缺乏灵活性。连续生产流程只能大量地生产出单一的标准化产品。相比之下,智能工厂使企业走出了图中这条向右下方伸长的斜线,能同时提高生产的批量规模和产品的多样性(如图中上部的水平线所示)。就最理想的状态而言,智能工厂能实现大规模定制,使生产的每一件产品都符合顾客的特定要求。这种高水准的智能系统被称为计算机辅助工艺(computer-aided crafts-manship)。[40]

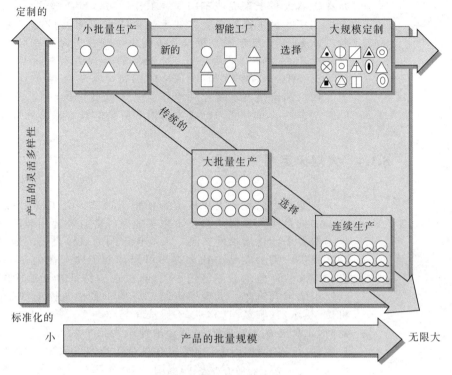

图 8-4　智能制造技术与传统技术的关系

资料来源：Based on Jack Meredith,"The Strategic Advantages of New Manufacturing Tech-nologies for Small Firms,"*Strategic Management Journal* 8(1987)：249-258；Paul Adler,"Manag-ing Flexible Automation,"*California Management Review* (Spring 1988),34-56；and Otis Port,"Custom-made Direct from the Plant,"*BusinessWeek*/21st Century Capitalism(November 18,1994),158-159.

8.1.5　对绩效与结构的影响

研究表明,在使用了计算机集成制造技术的工厂中,机器的利用率提高了,劳动生产率也获得改进,同时产品的缺陷率下降,而产品的多样性和顾客满意度大大提高。[41]许多美国制造企业正在应用数字系统及大规模定制技术再造它们的工厂。

有关智能工厂与组织特征间关系的研究正刚刚开始。表 8-2 显示了这种关系类型。与传统的大规模生产技术相比较,在使用智能工厂的企业中,管理幅度较窄、管理层级较少、任务具有可调整性、专业化分工程度低、组织是分权化的,而且整体上表现出有机式和自我调控的特征。员工需要具备参与团队工作的技能,为此需要接受范围较宽的培训(因而员工并不是高度专业化的),而且培训要经常进行(因而员工能不断更新技术)。专门技术倾向于是可认知的,因而员工能逐步地掌握专业知识,并且能将比较抽象的理论概念用于解决实际问题。在使用智能工厂技术的企业中,组织间关系上的特征表现为要能适应顾客千变万化的需求(因为新技术能很方便地解决这个问题),并与一些能提供高质量原材料的供应商建立密切的关系。[42]

表 8-2　 大规模生产与智能工厂的对比		
特 征 项	**大规模生产**	**智 能 工 厂**
结构　管理幅度	宽	窄
层级数	多	少
任务	常规、重复性的	适应、手艺性的
专业化程度	高	低
决策	集权化	分权化
总体结构	行政机构式的、机械的	自我调控的、有机的
人力资源　人际互动	独自工作	团队工作
培训	面窄、一次性的	面宽、经常性的
专长	体力方面、技术性能力	认知方面、社会性能力及解决问题的能力
组织间关系　顾客的需求	稳定	多变
供应商	量多、一次性交易关系	量少、紧密的关系

资料来源:Based on Patricia L. Nemetz and Louis W. Fry,"Flexible Manufacturing Organizations:Implications for Strategy Formulation and Organization Design,"*Academy of Management Review* 13 (1988),627-638;Paul S. Adler,"Managing Flexible Automation,"*California Management Review*(Spring 1988),34-56;and Jeremy Main,"Manufacturing the Right Way,"*Fortune*(May 21,1990)54-64.

当然,仅凭技术并不能使组织获得高度灵活性、保证产品质量以及提高生产率和顾客满意度。研究表明:组织结构和管理过程也必须进行重新设计,才能充分发挥新技术的优势。[43]只有当企业高层管理者致力于推行新的组织结构和过程,营造有利于员工授权、支持学习和知识创造的环境,智能工厂才可能促使企业变得更有竞争力。[44]

~~~~~~

本节要点

● 组织的核心技术是指那些能直接帮助组织实现使命的工作过程。非核心技术是指某个部门的工作过程对于组织非常重要,但是不直接与组织使命的实现相关联。

● 伍德沃德研究生产技术,根据生产技术复杂性将企业技术分为单件小批量生产、大批量生产、连续生产三大类。一般而言,小批量生产和连续生产过程的组织结构和管理过程具有有机式结构的特征,而大批量生产则具有典型的机械化特征。

● 伍德沃德研究发现,高效运行的组织内,技术和结构之间存在清晰的关联性。管理者可以运用同样的技术和结构维度来分析自己的组织。另外,技术和结构可以与组织的战略进行匹配,来实现变革需要,获得新的竞争优势。

● 智能工厂和大规模定制的应用正在对组织设计产生影响。在大部分的情况下,伴随着企业在生产现场和管理层级上应用有机设计,上述影响是积极的。新技术的应用简化了常规工作、赋予员工更多自主权、带来了更具挑战性的工作、鼓励团队合作并使组织更具灵活性和响应性。

8.2　在极端复杂的技术中生存

如今的工厂与伍德沃德在19世纪50年代研究的工业企业已有了很大的不同。特别是,计算机已经使所有类型的制造企业——从单件小批量生产、大批量生产到连续生产——都发生了变革。比如说,洛克威尔动力系统(Automation's Power Systems Division)位于北卡罗来纳州马里昂(Marion)的工厂由于有了计算机、无线技术和无线电频率识别系统(RFID),训练有素的员工能快速地一次性定制出客户所需的机组。有一次,马里昂工厂接到得克萨斯州一家客户定制一个工业空调备用轴承的订单,仅用15个小时,工厂就完成了轴承生产、打包、运输和送达等所有环节的工作。[45]就像本章开篇案例所提及的,技术也改变了服务行业。但是,日益增长的技术复杂性既有积极影响,也有消极影响。

8.2.1　技术的极端复杂性

如果你没有意识到我们正生活在一个日益复杂和相互联系的世界中,那么你大概过的是隐士一般的生活。只需要看看互联网和社交媒体,就很容易发现我们的个人生活、财务和工作等都在很大程度上变成了相互连接的全球巨大网络的一部分。技术的进步使得创建极端复杂的系统成为可能,这些系统带来了很多好处,但有时会超出人类安全有效地管理它们的能力范围。

许多行业的组织正在应对技术进步带来的极端复杂性。在大地震和海啸之后,由于无法安全管理复杂的核技术,导致日本福岛第一核电站发生了危险的辐射泄漏。在华尔街,骑士资本(Knight Capital)的一个软件更新错误导致了数十亿美元股票未经授权自动交易,开盘后仅半小时就给公司带来超过4.5亿美元的损失。曾几何时,骑士资本的高频交易算法使其在2012年初成为美国股票最大的交易商,但是当有缺陷的软件使骑士资本的安全屏障不堪重负时,复杂的技术造成了公司永远无法弥补的损失。[46]在医疗行业,技术的庞杂甚至更具有破坏性。高科技处方系统险些让一名16岁男孩丧命于世界上最好的一家医院,原因是系统为他开出了一次服用 38 粒药的处方,而不是医生每次服用一粒药的医嘱。[47]

在制造行业,波音公司生产的 737 Max 8 型飞机于 2018 年在印度尼西亚发生坠机事故,于 2019 年在埃塞俄比亚发生坠机事故,两次均导致机组人员和乘客全部罹难。调查结果认为飞机失事的原因是软件故障,而且飞行员没有接受过相关培训来应对此类故障。后续调查发现了一系列相互关联的问题,包括软件设计问题,机身使用了可能存在缺陷的传感器,以及波音为了和空客的 A320neo 型飞机竞争而让 737 Max 8 项目仓促上马等等。其中和 A320neo 的竞争导致 737 Max 8 为了追求燃油效率而将更大直径的引擎安装在标准 737 机身上,结果是引擎距离地面太近。还有一个原因是联邦航空局(Federal Aviation Administration)将过多的监察责任授权给了波音公司。此外,Max 8 飞机还提供大量的选配包,比如在传感器不一致时能示警飞行员的警告灯等,但安装这些选配包需要额外收费(因此印度尼西亚和埃塞俄比亚的航空公司都没有购买这些选配包)。[48]各方站在各自角度进行的决策发生了相互影响,最终导致了机毁人亡的巨大灾难。像邮轮公司这样的服务型企业有时也会遇到新技术带来的挑战。

应用案例 8-1

嘉年华邮轮公司

嘉年华邮轮集团(Carnival Cruise Lines)发生的一连串事故致使有些顾客发誓再也不乘坐嘉年华的轮船了。其中一次事故是,轮机舱着火让载有 4 200 名游客的嘉年华凯旋号(Carnival Triumph)动力系统丧失,被困在了墨西哥湾。原本为期四天的航行延长了一倍的时间,食物和水紧缺,船舱没有空调,乘客热得难受。媒体曝光了污水横流的卫生间,说那是"地狱般"的场景。嘉年华的管理者们正在重新评估建造更大船只的策略,邮轮过大,紧急事件发生时,情况就会非常复杂,致使问题无法得到有效处理。

歌诗达协和号(Costa Concordia)在意大利海岸搁浅并翻船,致 32 人死亡,更为清晰地证明了这种战略的风险,暴露了嘉年华在安全和紧急情况处理程序方面存在的缺陷。船长弗朗西斯科 • 斯凯蒂诺(Francesco Schettino)在此次事故中存在很多失误。据说在船员向他报告船舱进水致使发动机停止运转之后,他足足 45 分钟没有做出任何反应,加剧了这次危机。然而,此次事故的部分原因来自于船体过大,以及缺乏行业监管。今天最大的邮轮体积几乎是 1985 年时最大邮轮体积的 5 倍。[49]

邮轮业最近发生的一些事故促使安全专家和监管机构对该行业的企业施加了更多的责任压力,他们认为建造超大型船舶的策略充满了风险。史蒂文斯理工学院(Stevens Institute of Technology)工程学院院长迈克尔 • 布鲁诺(Michael Bruno)说:"鉴于当今船只的尺寸,任何一个故障都可能会立即演化为一个严重的问题。"[50]本章的"新书评介"从历史的角度透析了由

于没有理解和有效管理高度复杂的先进技术而带来的危害。

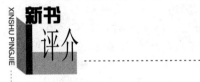

克里斯·克利尔菲尔德(Chris Clearfield)、安德拉什·蒂尔克斯
(András Tilcsik)

《崩溃:关于即将来临的失控时代的生存法则》(*Meltdown:Why Our Systems Fail and What We Can Do About It*)

当年仅17岁的凯撒·梅迪纳(Ceasar Medina)在其叔叔位于斯波坎地区的文身店里被抢劫犯枪杀时,可以想象其家人和朋友是多么伤心欲绝。但当得知梅迪纳的死亡源自一起计算机故障时,他的亲人朋友们无不感到愤怒。那个杀死梅迪纳的嫌犯当时本应该仍在监狱里服刑,他的刑期还没有结束。但是由于软件错误计算了囚犯的释放日期,该嫌犯成为华盛顿州惩教署(Washington State Department of Corrections)意外释放的数千名囚犯之一。这只是克里斯·克利尔菲尔德和安德拉什·蒂尔克斯在《崩溃:关于即将来临的失控时代的生存法则》一书中提及的众多与技术有关的灾难之一。

两位作者的主要观点之一是,先进的技术在创造机器的同时,限制了人们理解和安全操作机器的能力。用他们的话来说,他们看着"简单的人为错误如何在复杂的技术系统中失控式地螺旋上升。"

事态如何失控

克利尔菲尔德和蒂尔克斯断言我们"处于崩溃的黄金时代",越来越多的系统处于危险区域,因为我们的管理能力尚未赶上。作者提醒我们,技术进步从来都是一个挑战,例如历史上1979年的三英里岛核事故,它不是由地震或恐怖袭击等大规模外部事件造成的,而是由一系列小错误和故障所导致,包括管道问题、维修人员疏忽、阀门被卡在打开位置以及控制室中一系列令人困惑的指示器等。

一个复杂的系统就像一个复杂的网络,许多部分错综复杂地联结在一起,并且很容易相互影响。在传统的装配线上,人们可以直接观察正在发生的事情,但是在像核电厂这样的复杂技术中,人们必须综合压力指示器、水流等有限数据判断系统的整体运行状况。小错误很有可能不受控制地迅速扩大和传播。在一个复杂且紧密联系的系统中,"大规模故障不是源于外部冲击或者不负责任的害群之马,而是来自技术故障与普通人为错误的组合。"

应对之策是什么?

管理者们无法让时间倒流,也不可能放弃使用计算机以及其他复杂技术,因此克利尔菲尔德和蒂尔克斯提供了有关如何更有效地管理复杂且紧密联系的系统的指南。他们以登山公司为例,通过处理日常细节和诸如重大安全问题等枯燥的后勤问题,登山探险变得更加安全。其他组织也正在进行类似的学习：

- 诺和诺德（Novo Nordisk）成立了一个由约 20 人组成的部门，专门负责详细审查管理人员可能忽略或没有时间思考的小问题或挑战。该公司还任命了监督员（由公司最受尊敬的管理者担任），以确保问题不会滞留在公司层级结构的最底层。监督员与部门人员一起工作，确定可能被忽略的小问题。
- 美国国家航空航天局（NASA）的喷气推进实验室（JPL）开始组建风险审查委员会，该委员会由在 JPL、NASA 或专业公司工作的科学家和工程师组成。由于审核人与他们审核的项目没有任何关联，委员会成员的观点不会受到项目参与人员持有的固有假设的影响。JPL 还创建了一个由外部人员组成的工程技术机构。克利尔菲尔德和蒂尔克斯指出："在危险区域，这种怀疑的态度是必不可少的，因为任何个人知晓现状的能力是有限的，而且犯错的代价太高了。"

Meltdown：*Why Our Systems Fail and What We Can Do About It*，by Chris Clearfield and András Tilcsik，is published by Penguin Press.

8.2.2 高可靠性组织方式

探讨如何让具有高度复杂性和危险性的技术趋利避害的相关研究为如何管理当今组织面临的极端复杂性提供了一些思路。**高可靠性组织**（high reliability organization，HRO）是指那些已经开发出了能用以安全可靠地管理高度复杂且具有潜在危险的技术的组织。对高可靠性组织的最初研究始于美国的三个组织，尽管它们使用了可能具有危险性的技术，但它们似乎没有发生事故，这三个组织分别是美国海军的核航空母舰、美国空中交通管制系统和核电站。[51]研究人员发现，当潜在灾难的发生概率似乎很高时，这些组织制定了能够提供可靠性和安全度的流程和系统。

在高可靠性组织的运行模式下，重大的工业事故很少发生，但是一旦发生，将导致灾难性的后果。例如，美国联合碳化物公司（Union Carbide）在印度博帕尔的农药工厂发生爆炸，超过 1.5 万人死亡，另有 10 万人受伤；乌克兰的切尔诺贝利核电站发生爆炸，造成大约 4 000 人死亡。[52]最近的灾难包括：2005 年联邦政府应对卡特里娜飓风的拙劣表现，2010 年夏天 BP 石油公司的深水地平线号钻井平台爆炸以及随后在墨西哥湾发生的漏油事件，以及 2011 年日本海啸引发的福岛核辐射灾难。那么，组织如何在高度复杂的环境中长时期持续运转，而不会遇到类似的灾难甚至连规模更小的事故都不会发生呢？答案在于采用高可靠性的组织方式。

高可靠性组织的思维模式是"失败不在选项之中"。想象一下，美国航空航天局的探月火箭成功发射登陆月球可谓是一大奇迹，因为在发射登陆的整个期间可能存在 100 万起潜在的事故，然而这些事故最终都没有发生。而对于为什么没有发生严重事故，研究发现，在应对意外情况时，一些具体实践能够帮助组织感知、检测和重新配置整个流程,从而维持卓越表现。[53]

高可靠性组织致力于消除可能最终导致灾难的小错误。这种组织创造了一个环境,每个人都可以寻找并报告小问题或不安全的状况,以便在面临重大风险之前就把隐患解决掉。高可靠性组织能够识别隐患、避免灾难发生,并能从中汲取经验和教训。高可靠性组织具备图 8-5 中展示的五个特征。下面我们将对每个特征进行逐一讨论。[54]

专注于预防失败

高可靠性组织注重预防和消除灾难,而不是等灾难发生后再做出反应。寻找和纠正小错误是首要任务。成员接受组织安排的培训,对自己可能忽视的各类问题及其带来的失败风险强化思考。通过花费一定时间对事件进行复盘和检测,确定组织存在的弱点并投入资源解决存在的问题,高可靠性组织能够将每一次"险情"转化为避免事故的机会。组织不断教导成员,永远不要因为一个月或几年没有发生过事故而感到满足。组织的文化规则也一再提醒成员,要时刻警惕可能的安全隐患,哪怕是最小的信号。管理层在日常管理中鼓励员工质疑操作偏差,并对上报错误的员工进行奖励。

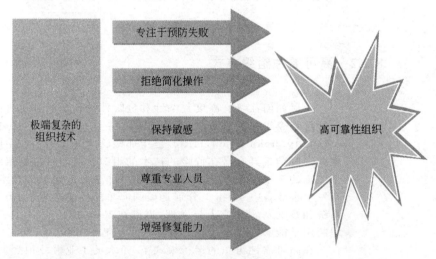

图 8-5　高可靠性组织的五个特征

资料来源：Adapted from Figure 1, State of Mindfulness, in Paul Chivers, "Why More Businesses Need to Emulate High Reliability Organizations," *Governance Directions* (February 2014), 16-20.

拒绝简化操作

人的头脑通常都会将观察简化,在极少数据的情况下就推断结论。简化增加了忽略未来出错的可能性,而且往往会因此付出代价。简化会使异常现象一直积累而缺乏更加深入的探索。能否识别不同隐患之间的细微差异也许就成了响应及时还是延迟的重要原因。高可靠性组织不会因为出现的是小故障或者小问题而不去做深入的调查分析。高可靠性组织中的员工能够意识到他们工作的复杂性,因而不会接受简化解决方案,即使对那些看似简单的故障或问题也是如此。高可靠性组织的员工深知整个系统可能会以前所未有的方式失败,并且自己无法预知将来可能会发生的所有失败。因此员工们不会对任何单一事故原因做出单一的假设或推断,因为他们知道任何一个失败都可能是由许多不同原因造成的。高可靠性组织的原则是:不要简化或概化问题。要鼓励怀疑、鼓励不同意见。

保持敏感

在高可靠性组织中,员工们认识到操作手册和政策会随着工作系统的复杂性程度变化而变化,因此他们会随时保持警觉,而不是循规蹈矩、按部就班地工作。态势感知(situational awareness)至关重要,因为威胁组织安全的早期预警通常表现为组织运营中的一些细微变化。高可靠性组织成员持有的敏感性降低了事故发生的可能性,并能加速隐患被发现的速度,因此能在事故发生之前就被及时识别和纠正。在高可靠性组织中,人们在监督、报告、安全程序、安全培训和汇报等所有运行环节中寻找可能存在的漏洞或含糊之处。敏感意识意味着能及早发现隐患。对高可靠性组织而言,至关重要的是操作时做到处处留意,而非机械重复。

尊重专业人员

当面临新的威胁时,高可靠性组织拥有一套应对机制,能找出具备解除威胁所需相关专业知识的个人或团队,并给他们赋予自主决策权。团队成员和组织管理层都要尊重在解决当前问题上最有发言权的专家。在例行操作中,员工通常需要遵守组织的层级体系。但是,觉察到关键风险的往往是一线员工,而一线员工在组织层级体系中又处于较低层次。在高可靠性组织中,当位于层级体系中低层的人员具备较强专业知识时,他们对威胁的解释和建议将优先于其他层级的人员。当组织运行节奏发生变化时,高可靠性组织会努力快速而准确地做出决策。为了应对复杂性,高可靠性组织还注重鼓励组织成员的多元化和观点多样性,下放决策权到第一线,并赋予最专业的人员临机决断的权力,无论该专业人员在组织中处于何种层级。

问题引入部分的参考答案

1. 类似于航空母舰的高可靠性组织可以管理极端复杂的技术而不发生巨大灾难,其中一个重要原因是员工专注于成功而不是失败。

答案:不同意。高可靠性组织的文化标准是要专注于预防失败。在高可靠性组织中,人们不断思考失败,并专注于寻找可能增加灾难风险的各类小疏忽。专注于预防失败可以帮助高可靠性组织的成员预防灾难,而不是在灾难发生后再做出反应。

增强修复能力

修复能力的价值在于既可以确保事情往正确方向发展,又可以防止出错。高可靠性组织成员对小问题保持持续警惕。当问题出现时,他们迅速做出局势评估、遏制错误继续，并随机应变地提出解决方案。即使遇到问题，高可靠性组织系统也可以保持继续运行。成员已经提前对紧急情况做了充分的准备和培训。高可靠性组织深知即使出现问题也必须保持系统正常运行的重要性。领导者鼓励灵活性，并提供有关如何应对突发事件的培训。另外，如果员工担心报告错误会引起怀疑或遭到否决，那么他们将不会报告不安全的情况。所以，高可靠性组织的管理者会鼓励和奖励一线员工报告错误和不安全状况的行为。员工必须相信管理层确实想了解什么地方出错了。高可靠性组织会对遇到的各类小问题和侥幸发现的大隐患做出积极回应，以找出系统中需要改进的地方。

许多医院和医疗机构都接受了高可靠性组织的概念。具有复杂技术的、需要应对潜在灾难性故障或想要获得近乎完美表现的所有组织都可以采用高可靠性组织模式。任何组织都可以吸收高可靠性组织的各项特性，以便在实现目标方面获得更高的信心，在出现错误后提高应变能力，从而增强组织的长期生存能力。

本节要点

- 计算机和数字技术为制造企业和服务企业带来了变革。
- 技术进步使得创建极端复杂的系统成为可能，这些极端复杂的系统可以为我们带来许多好处，但如何安全有效地操控这些系统也对人类能力提出了挑战。
- 高可靠性组织能够用安全可靠的方式来管理高度复杂且具有潜在危险的技术。
- 高可靠性组织的五个特征是：专注于预防失败、拒绝简化操作、保持敏感、尊重专业人员、增强修复能力。

8.3　核心服务技术

组织技术日新月异的另一大原因是服务型企业的增加。美国所有企业中超过一半是服务组织。据估计美国将近 90% 的劳动力从事服务业，例如餐馆、医院、酒店和度假村、航空公司、零售、金融服务和信息服务。[55]

8.3.1　服务企业

服务技术与制造技术不同，因此需要不同的组织设计。对传统制造企业有效的思想、假设和管理理念可能会对服务企业造成损害，因为服务技术需要不同的组织方式。[56]

定义

与制造企业通过产品的生产实现基本使命不同,服务型企业是通过服务(如教育、医疗、社交网络、交通、金融和住宿等)的产生和提供来实现其基本使命的。对服务型企业的研究,主要集中在其独特的服务技术方面。**服务技术**(service technology)与制造技术的特征对比如图 8-6 所示。

两者最明显的区别是,服务技术生产出的是一种无形的产出,比如说脸谱网提供的是社交网络,而不是有形的产品,如通用电气生产的冰箱。服务是抽象的,通常包含着知识和思想,而不是物质化的东西。因此,如果说制造商的产品可以库存一段时间后再销售,服务业则是以生产和消费同时进行为特征的。如医生或律师为客户提供服务,教师在教室里或通过互联网为学生授课,都属于这种情况。服务是一种无形的产品,它在顾客需要前不可能提前生产出来。它既不能储备、储存,也不能以成品形态存在。一项服务如果不是在生产的同时就得到消费,它就不存在。[57]这通常意味着服务型企业是劳动和知识密集型的,需要配备许多员工以满足顾客的需要。对比之下,制造企业趋向于是资金密集型的,主要依靠批量生产、连续生产和智能制造技术。[58]

服务业中顾客与员工间的直接互动强度通常非常高,而在制造企业的技术核心中员工和顾客间很少有直接的互动。直接互动使得人员因素(员工)在服务型企业中变得至关重要。绝大多数消费者都没有见过制造他们所购买的汽车的生产工人,他们直接接触的都是推销新车的销售人员,或者是度假的时候为他们提供租车服务的公司。从推销员那里得到的服务,就像医生、律师或美发师所提供的服务那样,会影响顾客对所得服务的感知及顾客满意度。服务的质量好坏是通过顾客的感知反映出来的,不能像产品质量那样可以得到直接的测量和对比。另外一个影响顾客对服务质量的感知和满意度的因素是快速响应的时间。一项服务必须在顾客想要并且需要的时候及时提供。比如,当你带朋友来餐厅就餐时,你会希望有空位子,而且希望能及时得到服务。如若服务员或经理建议你们明天或者等有了空位子和更多的服务员招待你们时再来,你一定会很不满意。

服务技术的最后一个也是最具决定性的特点是:服务地点的选择通常比制造业更加重要。正因为服务是无形的,所以服务点必须设在顾客想要得到服务的地方。服务点必须广泛分布,而且要靠近顾客所在的地方。例如,快餐业通常通过设立地方特许连锁店的方式广布服务网点。大多数即便只有中等规模的城镇,现在也会有两个或两个以上的麦当劳餐厅,而不是只开一家大规模的麦当劳餐厅,因为这样可以就近向顾客提供服务。

现实中很难找到 100％属于服务业或者 100％属于制造业的组织。有些服务型企业也兼营某些制造业的业务,制造企业中也可能兼营服务业务。许多制造企业对客户服务给予了极大的重视,为的是使自己区别于其他同类企业以便形成更强的竞争力。另外,制造企业中普遍设有诸如采购、人力资源、营销等建立在服务技术上的部门。从另一个角度看,对于加油站、股票经纪商、零售商店、快餐店而言,尽管供应实物产品是这些组织经营活动中的主要部分,但常常被归类为服务型企业。绝大多数组织是既生产实物产品,又提供服务的。如图 8-6 所示,很重要的一点是,所有的组织都处在制造业和服务业混合的某种状态下。本章的"你适合哪种组织设计"将会使你受到启发:你到底适合做一名服务企业的管理者还是制造企业的管理者。

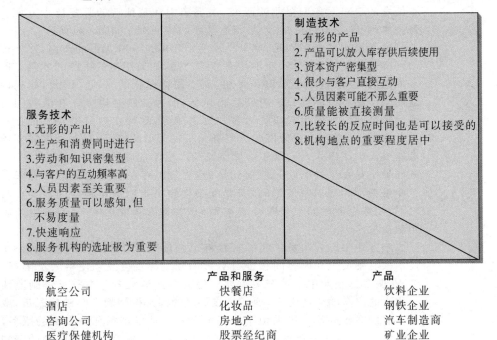

制造技术
1.有形的产品
2.产品可以放入库存供后续使用
3.资本资产密集型
4.很少与客户直接互动
5.人员因素可能不那么重要
6.质量能被直接测量
7.比较长的反应时间也是可以接受的
8.机构地点的重要程度居中

服务技术
1.无形的产出
2.生产和消费同时进行
3.劳动和知识密集型
4.与客户的互动频率高
5.人员因素至关重要
6.服务质量可以感知,但不易度量
7.快速响应
8.服务机构的选址极为重要

服务	产品和服务	产品
航空公司	快餐店	饮料企业
酒店	化妆品	钢铁企业
咨询公司	房地产	汽车制造商
医疗保健机构	股票经纪商	矿业企业
律师事务所	零售商店	食品加工厂

图 8-6　制造技术与服务技术的区别

资料来源:F. F. Reichheld and W. E. Sasser, Jr., "Zero Defections: Quality Comes to Services," *Harvard Business Review* 68 (September-October 1990), 105-111; and David E. Bowen, Caren Siehl, and Benjamin Schneider, "A Framework for Analyzing Customer Service Orientations in Manufacturing," *Academy of Management Review* 14 (1989), 75-95.

你适合哪种组织设计

制造企业 VS 服务企业

请你描述一下你自己的行为,对每一个问题,请你选择描述你行为的最佳答案。

1. 我上课或赴约时经常迟到:

A. 是

B. 否

2. 参加考试时,我更喜欢:

A. 主观题(讨论或作文)

B. 客观题(多项选择题)

3. 在做决策时,我更倾向于:

A. 跟着感觉走——选择自己觉得正确的选项

B. 仔细衡量每个选项

4. 在处理问题时,我更喜欢:

A. 先散步,仔细斟酌,然后讨论

B. 写下各种替代方案,衡量其利弊,然后挑选最佳方案

5. 我认为,将时间花费在做白日梦上:

A. 是一种有效的计划未来的手段

B. 浪费时间

6. 为了记住方向,我经常:

A. 视觉化信息

B. 做记录

7. 我工作的风格几乎是:

A. 几件事同时换着做

B. 集中于一件任务直到完成

8. 我的办公桌、工作区域或者盥洗区域总是:

A. 零乱的

B. 干净的和有秩序的

计分:数一下你选择的 A 选项个数和 B 选项个数。每个 A 选项代表你的左脑思维过程,B 选项是右脑思维过程。如果你的 A 选项个数或 B 选项个数为 6 或更多,说明你是一个拥有特定型思维风格的人,相反,如果你的 A 选项个数和 B 选项个数均小于 6,你很可能是一个平衡型思维风格的人。

解析:人类拥有两种思维过程——大脑右侧负责视觉和直觉,左侧负责语言和分析。你属于何种思维过程将决定你善于处理哪种类型的知识和信息——要么是技术性的报告、分析性信息以及定量数据(左脑),要么是与人交谈、主题式印象或是个人化的直觉(右脑)——这些知识和信息将作为有效的输入而进入你的思维和决策过程。在制造型企业里,需要运用左脑通过物理的、客观衡量的技术来处理数据,而在服务型企业里,需要运用右脑来解释不太明晰的情境并直接为人提供服务。左脑思维过程被概括为基于逻辑的思维,而右脑思维过程被概括为基于感性的思维。

资料来源:Adapted from Carolyn Hopper, *Practicing Management Skills* (Houghton Mifflin, 2003); and Jacquelyn Wonder and Priscilla Donovan, "Mind Openers," Self (March 1984)

定制服务的新趋势

服务型企业一直倾向于提供定制化的产品,即完全按每个顾客的所想及所需提供服务。比如,当你光顾一家美发厅时,美发师不会刻板地把你的发型剪得与前几位顾客的一模一样。美发师会根据你的要求为你剪发。潘多拉音乐(Pandora.com)的使命是"只播放你喜欢的音乐",该公司为注册用户提供自定义广播频道,播放一系列符合用户喜好的音乐。[59]

顾客对高质量服务的期望在不断提高。一些公司,比如诺德斯特龙

(Nordstrom)和美捷步(Zappos.com)为顾客提供免费送货和退货服务。亚马逊不仅追求最低的价格和最快的运送,还帮助外部零售商将他们的顾客服务提升至标准水平,并在必要时帮助这些零售商弥补服务上的缺陷。保险和金融服务业巨头 USAA 交叉培训其代理商和客服代表,以保证客户在遇到任何有关产品和服务的问题时,不论向哪一个部门(代理商或者客服代表)咨询都能得到答复,而不会遇到部门间相互推诿的情况。[60]位于纽约市布朗克斯区(Bronx)的蒙特斐奥医疗中心(Montefiore Medical Center)没有设置专门的内科、外科、心胸科和神经外科重症监护病房(ICUs)等科室,而是将这些科室都集合到一个中央重症监护室以提高效率,改善对病人的护理,这种结构是弗拉基米尔·凯文泰恩(Vladimir Kvetan)医生设计的。凯文泰恩担任该中心的主任,他一直在寻找办法,力图更有效地为病人提供更好的医疗服务。这意味着蒙特斐奥医疗中心将更少遇到其他大型医疗机构经历的重症监护瓶颈问题。[61]

人们对更优质服务的期待促使服务行业的企业不断向制造业学习,从食品服务到包裹配送皆是如此。[62]日本邮政(Japan Post)在面对运营亏损1.91亿美元的压力时,雇用了丰田的高桥利弘(Toshihiro Takahashi)来帮助公司运用丰田生产模式(Toyota Production System)收集、整理和配送邮件。高桥的团队总计提出了 370 项改进举措,并将日本邮政的单位工作用时降低了 20%。这些改进措施预计每年将帮日本邮政节约 3.5 亿美元左右的运营成本。[63]近年来,美国和其他国家的许多服务型企业也引入了制造业的经营理念。UPS 构建了一个更广泛、自动化程度更高的物流网络,每小时能处理超过 35 万件包裹。这个新的网络帮助 UPS 完成了每年从感恩节到圣诞节期间投递 8 亿份包裹的任务。[64]帕尼罗面包公司(Panera Bread Company)也运用了新的科技来改善顾客服务。

应用案例 8-2

帕尼罗面包公司

当帕尼罗面包公司的管理人员调查发现公司销售和利润不断下降时,他们意识到造成问题的原因不是食品的质量,而是顾客排队等候时间太长。此外,当食物做好送到顾客餐桌时,大约有 10% 的订单处理会出现错误。帕尼罗面包联合创始人兼首席执行官罗恩·沙希(Ron Shaich)表示,顾客常常不得不在人来人往的吧台前等上长达八分钟时间才能点单。

帕尼罗面包的管理层决定重新考虑服务模式,并用了 6 年时间完善他们的线上点单流程。如今,数字化点单已占公司销售额的四分之一以上。许多帕尼罗餐厅还增加了自助点餐台。客户排队等候的平均时间从八分钟缩短为一分钟。但是,转型并不完全顺利。在线点单增加了顾客数量,也产生更多顾客定制的订单,这意味着厨房员工和其他员工很难跟上进度。修改工作流程和简化厨房布局有助于解决这个问题。刚刚退休的帕尼罗面包首席执行官布莱恩·赫斯特（Blaine Hurst）说："实际上，我们所做的只是数百件这样的小事情。"顾客凯瑟琳·莱因哈特（Catherine Rinehart）对帕尼罗面包的种种改进表示赞赏。身为某公司营销执行官的莱因哈特说："这让我避免了漫长的等待……节约了我一半的午餐时间。"[65]

另一个很好的例子是西雅图儿童医院，该医院应用了制造企业的经验来提高效率和改善患者护理。医院的管理人员实施了一个名为"持续工作改进"（Continuous Performance Improvement，CPI）的计划。从病人到达停车场到他们付完所有费用，CPI 计划涉及了患者体验的各个方面。医院的管理者们将医院全体员工动员起来，共同研究药品、病人和信息的流动，并且要求员工们找出改善流程的方法，这种做法就像制造企业研究材料流动的方式一样。患者如果是非急诊，通常要等一个月才能做核磁检查。而现在，在更有效率的计划安排之下，患者等待的时间缩减到了一天到两天。另外，将特定类型的外科手术仪器标准化降低了库存成本，并降低仪器准备过程中的错误率。自实施以来，CPI 项目帮助患者节约了 3.7% 的治疗费用，总计达到了 2 300 万美元。该计划也使得医院可以在不扩建或增加床位的情况下多接待数千名患者。[66]

随着医疗保健成本的不断上涨，其他医疗机构也采取了持续改进的方法来削减成本，这种方法不需要以牺牲护理质量为代价。戴维·谢蒂（Devi Shetty）在印度有一家医院，该医院做一次"开心"手术的费用仅为美国的10%。谢蒂医生说："在医疗保健行业，不可能通过只做一件大事情来降低成本，我们必须做 1 000 件小事情。"[67]

8.3.2 服务业组织的结构设计

考虑服务技术特点对组织结构和控制系统设计的独特影响是很有必要的，它能使技术核心的员工更接近顾客。[68]服务企业与制造企业在客户服务方面的区别如表 8-3 所示。

表 8-3 服务业组织与制造业组织的形态和结构特征对比		
特　征　项	**服务业组织**	**制造业组织**
结　构 1. 专设的边界联系人员 2. 空间上分散化程度 3. 决策 4. 正规化程度	少 大 分权 较低	多 小 集权 较高
人力资源 1. 员工技术水平 2. 技能重点	较高 人际技能	较低 技术技能

客户服务对组织结构的影响可以通过边界角色的设立及组织结构的分

散化情况加以反映。[69]为了响应客户的需要，也为了使技术核心尽可能不受干扰，制造企业普遍设置了边界联系角色。但是，服务企业中较少设置边界角色，因为需要服务的顾客都必须直接与技术核心的员工（如医生、股票经纪人）接触才能得到服务。

服务企业处理的是信息和无形的产品，因而规模不需要很大。它通过分解为小单位，并在接近客户处布点，可以实现最大的经济性。证券经纪商、医生诊所、咨询公司以及银行等，都将服务网点分散到各个地区，设立了许多地方办事处。与之对比，制造企业倾向于将业务集中在原材料和劳动力供应充足的地点，通过大规模生产实现对昂贵机器设备的有效利用，并保持生产过程的连续进行，以此来实现规模经济。

服务技术也影响到用以指挥和控制组织运转的一些内部特性。一方面，对核心技术员工的技能水平整体要求更高：他们需要具备足够的专业知识和处理客户问题的能力，而不单单是执行机械式任务。也就是说服务企业的员工要兼具人际交往能力和技术能力。[70]由于员工的技能熟练程度高，而且组织结构相当分散化，服务企业中的决策通常是分权化的，规范化程度也较低。尽管一些服务组织，如许多快餐店，已经为客户服务设定了规则和程序，但服务组织的员工在工作上有更多的自由和判断。例如家得宝（Home Depot Inc.）的管理层已经意识到了员工管理对于服务企业成功有着至关重要的影响。

应用案例 8-3

家得宝公司

家得宝得以成长为世界上最大的家装零售商，很大程度上是得益于其员工的力量。它的门店雇用的许多员工以前都是水管工、木匠或拥有其他技能的销售员。家得宝的员工了解产品，他们能帮助 DIY 客户找到适当的建筑工具和材料，并演示如何使用这些工具。

然而，近年来为了削减成本，家得宝开始雇用更多兼职员工，并且制定了一些工资上限的政策，导致公司的工作对于有经验的员工丧失了部分吸引力。为了进一步减少成本，家得宝的管理者开始测算门店各个方面的生产力情况，例如卸载产品集装箱需要花费多长时间，或者每个员工每周卖出多少延长保修的产品。客户开始抱怨找不到任何人来帮助他们解决问题——甚至即使找到了，这些员工也不具备相应的知识和技能来给予自己更多的帮助。于是，一些客户开始转去别的商家，即使这样意味着他们将要去一些规模更小、价格更高但服务更好的商家。

家得宝的管理层一直在努力重回正轨。门店再次雇用更多的专职人员，推行新的培训计划，并通过各种方法确保员工具备足够的技术知识，以便为顾客提供帮助。[71]

家得宝的管理者们可以根据服务技术的本质来调整战略、结构和管理流程，使公司的家具零售更有效。服务型技术的结构和系统与传统制造业

技术大不相同。例如,将复杂的任务分解成一系列小的工作以及充分利用规模经济是传统制造业的基石,但是研究人员发现,将其运用于服务业组织常常无法得到相同的效果。[72] 一些服务型企业重新设计了工作,根据与客户接触的频率不同将工作分为高频接触和低频接触两种。其中低频接触工作需要更多规则和标准化;而高频接触的服务工作,例如在家得宝的现场销售服务工作,则需要赋予员工更多自主权,减少控制,以帮助这些员工更好地满足客户的需求。

问题引入部分的参考答案

2. 企业提供良好服务的最佳方式是制定大量清晰的规则和程序,并确保每个员工能够遵循和执行。

答案:不同意。提供服务的员工需要具备良好的人际技能,并拥有个人决策的自主权,以满足每个客户的特定需求。尽管许多服务型组织为员工服务客户制定了标准程序,但在集权化和正式化方面还是比较低的。因为过多的规则会抹杀员工个人决策的自主权和个人服务风格。

本节要点

- 服务技术与制造技术有着系统性的区别,因此在组织设计上需要运用不同的方法。
- 服务技术具有无形产出、生产消费同步以及员工与客户直接互动等特点,这意味着组织中人的因素(员工)变得非常重要。
- 绝大多数组织是产品和服务的结合体,在由制造业和服务业组成的连续统中处于某个特定位置。

8.4　非核心部门技术

本节分析不在核心技术范畴之内的部门技术。非核心部门通常有着和服务型企业相似的特征,目标是为组织的其他部门提供服务。例如,在本章的图 8-1 中,人力资源、会计、研发和市场营销这些部门都处于技术核心的外部。组织中的这些部门(以及其他非核心部门)都有其特定的生产过程及特定的技术。例如,汽车零配件制造商天纳克公司(Tenneco)设有工程、研究开发、人力资源、广告、质量控制、财务以及其他共计几十个职能部门。本节将分析部门级技术的性质以及部门技术与部门结构之间的关系。

部门级技术方面最具影响力的分析框架是由查尔斯·佩罗(Charles Perrow)构建的。[73] 佩罗提出的模型被广泛适用于各类技术研究,因此是研究部门活动的理想分析框架。

8.4.1　多样性

　　佩罗提出了考察与组织结构和过程有关的部门活动的两个维度。第一个维度是工作中例外事件的数量。它被称为任务的**多样性**（variety），反映转换过程中所发生的预料之外的新事件的频数。当雇员将组织输入资源转化为产出时，任务的多样性涉及每次操作流程是相同还是有所不同。[74]如果部门成员遇到大量未曾预料的情形，从而面临许多问题，这时就认为任务多样性程度是比较高的。如果很少有意外发生，或者日常工作任务是重复性的，这样的技术多样性程度就很低。部门级技术的多样性程度差异很大，最低多样性的例子包括装配线上不断重复的单一操作，最高多样性的例子包括医院急症室的医生处理一系列互不相关的问题。

 8.4.2　可分析性

　　考察技术的第二个维度是工作活动的**可分析性**（analyzability）。如果转换过程是可分析的，那么，其工作就可以分解为机械步骤，这样操作者也就可以遵循一个客观的、程序化的方式解决问题。问题的解决可能要采用诸如指令和政策手册这样的标准程序，也可能涉及教科书或工作手册中传授的技术知识。但另一方面，有一些工作是不可分析的。这意味着当问题出现时，很难找到正确的解决办法，即没有现成的方法或程序可以准确地告诉人们该怎么做。问题产生的原因和解决办法都是不清晰的，员工需要依靠积累的经验和直觉、判断来解决问题。问题的最终答案往往来自智慧和经验，而不是来自标准程序的运用。例如，菲利普斯·波罗斯（Philippos Poulos）是施坦威钢琴（Steinway & Sons）的调音师，他工作中所用的技术就是不可分析的。调音师要仔细检查钢琴的每一个键才能确定音色是否纯正。[75]这种质量检验工作需要多年的经验和实践才能完成。标准程序根本无法告诉人们应该如何完成这样的工作。

 8.4.3　分析框架

　　佩罗分析框架提出的考察技术的两个维度和各类部门活动的示例如图 8-7 所示。通过将任务多样性和可分析性两个维度结合起来，可以区分出四类主要类型的技术：常规技术、手工艺技术、工程技术和非常规技术。

部门级技术的分类

　　（1）常规技术

　　常规技术（routine technologies）的特点是任务的多样化程度低，并采用客观的、程序化的处理方式。其任务是规范化、标准化的。汽车装配线和银

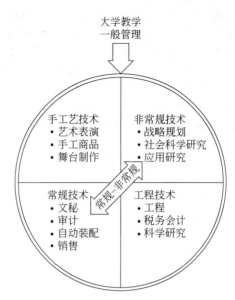

图 8-7 部门级技术分析框架

资料来源：Based on R. L. Daft and N. Macintosh, "A New Approach to the Design and Use of Management Information," *California Management Review* 20(August 1978)，82-92；R. L. Daft and N. Macintosh, "The Technology of User Departments and Information Design," *Information and Management I* (April 1978)，122-131；and R. L. Daft and N. Macintosh, "A Tentative Exploration into the Amount and Equivocality of Information Processing in Organizational Work Units," *Administrative Science Quarterly* 26(June 1981)，207-224.

行出纳员的工作就属于这一类。

（2）手工艺技术

手工艺技术（craft technologies）的特点是活动相当稳定，但转换过程是不可分析的，或者不易识别的。完成这类任务需要大量的训练和经验，因为工作人员需要凭借智慧、直觉和经验来对无形的因素做出反应。尽管机械技术的发展似乎已使组织中手工艺技术的数量减少了，但一定量的手工艺技术依然存在。比如，炼钢工程师仍然要依靠直觉和经验进行拌料；路易威登（Louis Vuitton）、扎拉（Zara）、H&M等时尚服装品牌的设计师需要将服装设计草图转换为可销售的时装；或者《权力的游戏》（Game of Thrones）和《我们这一天》（This Is Us）这样的电视节目的作家团队要将创意转化为故事情节。

（3）工程技术

工程技术（engineering technologies）通常是复杂的，因为所要完成的任务多样性程度很高。不过，其中的各种活动常常都能依据既有的范式、程序和方法来进行。工作人员通常只需要依靠已有的一整套知识体系去处理问题。工程技术和税务会计工作通常属于这一类。

（4）非常规技术

非常规技术（nonroutine technologies）中任务的多样化程度很高，而且转换过程是不可分析,或者不易识别的。面对非常规技术,有关人员需要投入大量的时间和精力对问题和活动进行分析,通常可以提出若干个优先级均等的解决方案。经验和技术知识是解决这类问题和完成工作所必需的。像基础研究、战略规划以及其他涉及新项目和突发问题的活动都涉及非常规技术类型。比如说,生物技术行业同样代表一种非常规技术。要想在细胞水平上理解新陈代谢,实现生理学的突破,组织需要借助科学家员工的经验、直觉以及所掌握的科学知识。[76]

常规性技术与非常规性技术

多样性和可分析性可以被合并成一个单一的技术维度。这个维度称作技术的常规性/非常规性。在部门技术中的多样性和可分析性通常是相关联的,即多样性程度高的技术往往是可分析性比较低的,而多样性程度低的技术通常有较高的可分析性。如图 8-7 所示,将可分析性和多样性程度结合在一起,就可以形成单个维度——常规性/非常规性。用这单个维度来评价部门技术是一种有效且便捷的办法。[77]

下列问题可以帮助你确定某项部门技术在图 8-7 所示的佩罗分析框架中的位置。[78]在回答问题时,员工可以在一个 1～7 的计量表上圈出相应的答案。

多样性:

1. 你的工作在多大程度上属于例行公事?

2. 你所在部门的绝大多数人员是否在大部分时间内都几乎以同种方式做同样的工作?

3. 你所在部门的员工是否在履行职责时都在做重复性的工作?

可分析性:

1. 你日常从事的绝大多数工作中,有多少工作已经有明确的工作方式和流程?

2. 在开展工作中你在多大程度上可以遵循既有的工作步骤?

3. 你在多大程度上可以依靠既定的程序和惯例去完成工作?

如果对以上问题的回答显示出在可分析性方面的得分高,而多样性方面的得分低,那么你所在的部门属于常规技术类型。如果得分恰好相反,则属非常规技术。低多样性和低可分析性的得分就代表手工艺技术,而高多样性和高可分析性的得分则表示所采用的是工程技术。就实际情况而言,绝大多数部门都可以归到图中对角线上的某一位置,即可以便捷地归纳为常规技术或非常规技术。

8.4.4　部门设计

一旦识别了部门技术的性质,与之相适应的结构也就可以确定了。一个部门所用的技术通常是与该部门的一系列结构特征相联系的,这些特征包括员工的熟练程度、正规化程度以及沟通方式等。一个部门的技术和它的结构特征之间确实存在某种特定类型的关系,而这种关系与部门绩效的高低也有关联。[79]本节将讨论部门技术与部门特征之间的主要关系。图 8-8 对这些关系进行了归纳。

部门的整体结构可以概括为有机式的或者机械式的。常规技术往往与机械式的结构和流程相关联，这样的部门有着正式的规则和刻板的管理程序。与非常规技术相联系的是有机式结构，部门管理更加灵活和富有流动性。来看看下面这家医院为病人提供餐饮服务的例子。

应用案例 8-4

纪念斯隆·凯特琳癌症中心

多年来，医院的餐饮服务部门一直在常规技术指导下运行。工作人员按照标准的菜单准备菜品，然后按照标准的食谱制作食物，所有活动都遵循标准化的规章制度和流程。然而最近几年，有些医院开始了一些不同寻常的尝试。

普尼娜·佩莱德（Pnina Peled）是纪念斯隆·凯特琳癌症中心（Memorial Sloan-Kettering Cancer Center）的主厨，她于近日首次尝试制作了柠檬口味的披萨。佩莱德一直在考虑为病人制作新口味的食物。一位十几岁的病人想吃披萨，但是却又只能吃柠檬味的披萨。因此佩莱德专门为这位病人制作了一个披萨，最后在上面涂上了一层柠檬味的阿尔弗雷多奶香酱。食品和营养服务中心的负责人维罗妮卡·迈克莱蒙特（Veronica McLymont）说："如今，在自身健康条件允许的情况下，癌症中心的病人可以点他们自己喜欢吃的食物。"这意味着医院浪费的食物会大大减少，但同时这也要求厨房工作人员接受更好的培训，丰富自己的经验，并且更加灵活地为病人提供个性化的餐饮服务。目前，纪念斯隆·凯特琳癌症中心、北卡罗来纳州罗利市的雷克斯健康中心（Rex Healthcare）、休斯敦的安德森癌症中心（MD Anderson Cancer Center）以及波士顿的布列根和妇女医院（Brigham and Women's Hospital）等各家医疗机构都在对其厨房员工进行重新培训，赋予这些员工使用非常规技术所需的更多灵活性。[80]

如图 8-8 所示，部门技术不同，其部门结构设计特征也不同，包括正规化、集权化、员工技术水平、管理幅度、沟通与协调等方面。

1. 正规化。对于采用常规技术的部门来说，其特征是正规化程度高，劳动被划分为细小的部分，并由正式的规则和程序来规范。对于非常规技术来说，部门结构的特征是低正规化、低标准化。如果部门技术多样化程度很高，比如研究部门，遵循某种正规程序的活动就会少得多。[81]

2. 分权化。常规技术中有关工作活动的绝大多数决策都集中于管理部门。[82]在工程技术类部门中，受过专业技术培训的员工通常享有中度的决策权，原因是技术知识对任务的完成起重要的作用。而在手工艺技术中，拥有长期实践经验的生产工人享有决策权，因为他们知道如何对问题做出反应。

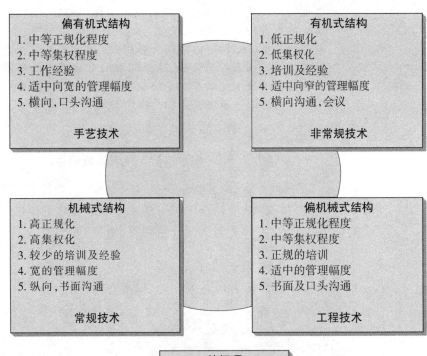

图 8-8　部门技术与结构及管理特征的关系

非常规技术条件下，员工的分权程度是最高的，其突出表现是许多决策都由员工做出。

3. 员工技术水平。常规技术部门中的员工通常并不需要接受很高的教育或具有丰富的经验，这与其重复性的工作活动相一致。在工作多样化程度高的部门中，工作人员技能水平更高，通常要在技术学校或大学里接受正规的培训。对于可分析性低的手工艺工作来说，员工的训练往往是通过工作经验获得的。而非常规技术类的活动，则既需要有正规的教育，也需要具备工作经验。[83]

4. 管理幅度。管理幅度指直接向一个管理者或监督人员报告工作的员工数量。这个结构特征通常受到部门技术的影响。越是复杂、非常规的任务，管理者要介入其中解决的问题就越多，管理幅度就越窄。尽管管理幅度还受到其他诸如员工技术水平等因素的影响，但是，复杂性程度高的任务中管理幅度通常应窄一些，因为对于这种任务，管理者与下属间往往需要保持频繁的接触。[84]

5. 沟通与协调。沟通的频率随着任务多样化程度提升而提高。[85]经常出现问题的部门中需要更多地共享信息,以便解决问题和确保工作活动的完成。一般来说,在非常规技术部门中,沟通的方向通常是横向的,而在常规技术的单位中,沟通的方向则多数是纵向的。[86]沟通的方式也随任务可分析性程度的不同而变化。[87]在任务可分析性程度高的情况下,统计的和书面方式的沟通(如备忘录、报告、规则和程序等)会得到更加频繁的使用。在任务的可分析性程度低的情况下,信息通常是通过面对面的方式沟通的,如打电话或召开小组会议等。

图 8-8 反映了两个重要观点:第一,部门之间确实各不相同,它们可以根据其工作流的技术加以分类。[88]第二,由于部门技术的不同,导致部门结构和管理过程也不同,管理者应该从满足其特定技术的要求出发设计不同的部门。当部门设计与技术明显不一致时,设计产生的问题就会变得很明显。研究表明,如果部门结构和沟通方式没有反映出技术的要求,这一部门就倾向于是低效的。[89]因为其员工不能按解决问题所需的频率进行沟通。

问题引入部分的参考答案

3. 某种组织结构设计和管理对一家电视台的销售部门有效,但可能不适用于这家电视台的新闻部门。

答案: 同意。相对于销售部门,新闻部门的技术是非常规技术类型,因为没有人知道一天里将会发生什么有新闻价值的事件,这些事件会在什么时间或什么地点发生,或者这些事件要用什么方式来报道。而销售任务,尤其是电话销售,需要反复不停地给客户做广告,这样的方式可以通过标准程序来进行,但收集和报道新闻事件却很难标准化。销售部门的技术类型是常规化的,其工作任务按部就班而且鲜有变化。

本节要点

- 查尔斯·佩罗开发了一个分析框架,用以解释适用于不同技术类型的部门设计。
- 通过分析部门技术的多样性和可分析性,管理者可以找到适合本部门特征的管理风格、结构和流程。
- 常规技术与机械式设计相关联,以正式的规章制度和严格的管理程序为特征。非常规技术与有机式设计相关联,其部门管理更具灵活性。
- 一个部门一旦采用不当的结构和管理系统,将会导致员工不满意度上升,工作效率和有效性则会降低。

8.5　部门间工作流的相依性

　　技术影响结构的另一个特征称作相依性。所谓**相依性**(interdependence),是指一个部门依赖其他部门提供完成任务所需的信息、资源或材料的程度。相依性低意味着这一部门可以不依赖其他部门而独自开展工作,不需要与其他部门接触、咨询或交换材料。相依性高则意味着部门之间必须持续不断地交换资源。

8.5.1　相依关系的类型

　　詹姆斯·汤普森(James Thompson)定义了影响组织结构的三种相依关系。[90]图8-9展示了这些相依关系,下面详细对其进行讨论。

并列式

　　并列式相依(pooled interdependence)是部门间相依关系的最低形态。在这种相依关系中,工作不在部门之间流动。每一部门都是组织的一个部分,都为组织的共同利益做贡献,但彼此的工作则是独立的。赛百味的不同门店或美国银行的各个分行都是并列式相依的例子。比如,赛百味芝加哥的分店并不需要同厄巴纳(Urbana)的分店打交道。并列式相依可能与第3章中定义过的事业部型结构(divisional structure)中的事业部间关系类似。各事业部或分支机构之间共享同一平台的财务资源,而每一事业部的成功都对整个组织的成功做出贡献。

　　汤普森认为,并列式相依存在于他称为中介型技术的企业中。**中介型技术**(mediating technology)所生产的产品或服务是作为连接外部环境中的客户的媒介。在提供这些产品或服务时,每个部门都可以彼此独立地工作。银行、经纪商行和房地产公司都是联结买家和卖家的中介机构,在其组织范围之内各个部门均独立地开展工作。

　　并列式相依条件下的管理工作相当简单。汤普森主张管理者应该利用规则和程序来使各部门的活动标准化。每个部门应当采用相同的工作程序和财务报表,这样,所有部门的成果都可以得到衡量,使它们成为并列式的关系。部门间的活动很少需要日常性的协调。

顺序式

　　当相互依赖表现出序列联结的方式,即一个部门的产出成为另一部门的投入时,这种相依关系就称为**顺序式相依**(sequential interdependence)。为了使后续部门能够顺利地工作,前面工序的部门必须正确地执行工作。这是比并列式相依程度更高的相依关系,因为部门之间相互交换资源,并且

相依关系 的类型	决策中对横向 沟通的需要程度	所需的协调 手段类型	部门组合的 优先序
并列式 （银行） 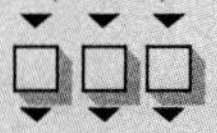 客户	低	标准化 规则 程序 事业部型结构	低
顺序式 （装配线）  客户	中等	计划 进度安排 反馈 任务小组	中等
交互式 （医院） 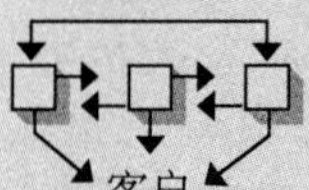 客户	高	相互调整，跨部 门会议，团队工作 横向型结构	高

图 8-9　汤普森对相依关系的分类及管理启示

依靠其他部门才能做好工作。顺序式相依对横向协调提出了更高的要求，通常会设置专职整合人员或任务小组等协调机制。

顺序式相依发生在汤普森所称的长链型技术中。所谓**长链型技术**（long-linked technology），是指"一个组织中连贯进行一系列生产步骤的集合，其中每一生产步骤都使用前一步骤的产品作为投入，同时其产出又成为下一个步骤的投入。"[91]顺序式相依的一个例子来自于造船工业。直到最近，船体设计人员一直使用纸和夹板制作模型和样件，然后进行组装。切割部门依赖于设计人员的精确测量，而组装部门则依赖于切割部门精确切割的组件。这种顺序式相依意味着测试和样件组合中的错误会导致在切割和组装流程中发生错误，从而会延迟流程和增加成本。海军建筑师菲利普·卡利（Filippo Cali）设计了一种复杂的软件程序，能够在设计和组装间架起一座桥梁。该软件通过将至关重要的设计流程输入到计算机中，从而消除设计与组装之间可能不一致带来的很多问题。[92]另一个顺序式相依的例子是一条汽车组装线，组装时必须依次准备好各个部件，例如，发动机、操纵装置和轮胎，从而保持生产持续进行。

与并列式相依相比，顺序式相依对管理的要求更高，因为需要对相连的工厂或部门进行协调。鉴于这种相依是物资的单向流动，周密的计划和进度安排是必需的。例如，B 部门需要预先知道 A 部门会给它提供什么，这样才能使两方都有效地执行计划。此外，为了处理预见不到的问题和例外事项，还必须加强两个工厂或部门间的日常沟通。

交互式

最高程度的相依关系是**交互式相依**（reciprocal interdependence）。当 A 部门的产出成为 B 部门的投入，而 B 部门的产出又反过来成为 A 部门的投入时，它们之间就存在交互式相依关系。这时，一个部门的产出会以交互作用的方式影响到所有的部门。

交互式相依通常存在于汤普森所称的**密集型技术**（intensive technologies）中。这是指以集结的方式为某一客户提供各种产品或服务。企业的新产品开发也属于这种相依情形。产品设计、工程技术、制造、营销之间需要高强度的配合，将各自的资源集结起来，才能开发出适合客户需要的产品。例如，卡拉威高尔夫公司（Callaway Golf）每年推出七八种新产品，确保公司成为行业内最具创新性的制造商之一，从而保持竞争优势。要具备这样的创新速度，需要设计团队、工程师、营销人员甚至律师之间的紧密协调。团队之间要保持沟通，并能够快速、安全地将计算机辅助设计软件（CAD）和计算机辅助制造软件（CAM）的设计分享给中国大陆、中国台湾、日本、韩国、墨西哥的生产合作商。流程中所涉及的所有人员通过协同软件在全天 24 小时中的任何时间都可以获取这些文件，以密切跟踪项目进程。在一个典型工作日中，会有 200 位不同的成员接触到这些文件，并与他人协同工作。[93]医院也是一个典型的例子，因为医院要为病人提供协调一致的服务。

交互式相依要求部门之间密切协作、协调配合。最近关于高管团队的研究证实了良好的沟通和密切的协调有助于高度交互式相依团队提高绩效。[94]在交互式相依这种模式下，组织的结构必须能够允许横向沟通和调整，这可以通过构建跨职能团队或横向结构来实现。周密全面的计划也是必须的，但计划并不可能预见或解决所有的问题，这就需要各部门的管理者共同参与到面对面的协调、团队工作以及决策制定中。基于这些原因，在交互式相依的组织中，管理者经常采用第 3 章所述的关系式协调（relational coordination），组织中的人们将共享信息和跨部门协调作为日常工作的一部分。协调和信息共享被构筑到组织结构之中。[95]第 3 章提到的西南航空公司就是这方面的典范。

应用案例 8-5

西南航空公司

对于所有的航空公司来说，飞机起飞是一个相当复杂的过程，在此过程中许多来自不同部门的员工需要在限定时间内协作完成一系列任务，并且这一过程会伴随着很多不确定的因素。图 8-10 显示了在飞机起飞过程中票务人员、飞行员、空乘、行李员、检票员、运营人员、机械师、机舱保洁员、机坪操作员、货物装卸管理人员、燃料管理员以及餐饮管理员等工作人员之间高度相互依存的关系。部门间的紧密协作是飞机能够按时起飞的关键。

正如我们在第 3 章中介绍的，西南航空公司飞机的周转时间在业内是

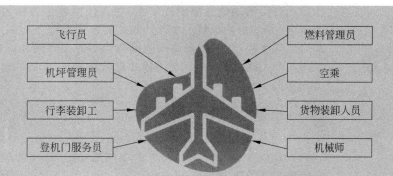

图 8-10　航班起飞过程中涉及的部门间相互依存关系

资料来源：Jody Hoffer Gittell，"Organizing Work to Support Relational Co-ordination," *International Journal of Human Resource Management* 11，no. 3 (June 2000)，517-539.

最短的，他们是如何做到的呢？答案就是西南航空公司改善了各部门之间的协作（如图 8-10 所示），因此在飞机准点起飞和乘客满意度两项指标上双双领先。西南航空公司的管理者们制定了一个名为"集体延误"(team delay)的政策，强调飞机延误是所有部门的集体责任。该政策鼓励不同部门之间密切协作以找出问题并加以改进，而不是在出现问题后相互推诿指责。对团队精神的重视能够让每个员工都将注意力集中在准时起飞、安排好行李托运、乘客安全和乘客满意度等共同目标上。员工们会积极主动地做好工作的衔接，而不是推脱责任以免受自身受到责罚。管理者们也和员工紧密协作，为员工提供培训机会并帮助员工完成好工作。

西南航空公司在选择员工时，最看重的不是工作技能，而是愿意协作的团队精神，员工培训与发展以及公司内流传的故事都强调团队合作和相互尊重。有一个故事说的是曾经有某飞行员到西南航空公司面试，但是由于该飞行员对接待他的一个基层行政助理态度粗鲁，最终西南航空没有录用他。如西南航空公司的一位现场经理指出的那样，公司的理念是"所有人成败与共"。[96]

通过支持团队工作、共享目标、相互尊重以及共担责任和义务，西南航空公司践行了关系式协调，促进了相互依存的部门之间的紧密协作。交互式相依是组织所面临的最为复杂的相互依存的情形，也是当前管理者组织结构设计中最大的挑战。

8.5.2　部门设置的优先序

如图 8-9 所示，既然交互式相依情形下的决策、沟通和协调问题最为突出，这种相依关系在组织结构设计中就应该得到优先考虑。组织中交互式相依的各类活动应该集中设置在一起,这样各个管理者之间才能更容易彼此接触、方便相互调整。交互式相依的各部门应当向同一位上级汇报工作,并且空间距离要近,以便最大限度节约协调的时间和耗费的精力。例如,在全体共治型团队结构中,围绕核心过程组建相互联结的一系列工作团队并形成横向型结构,可以实现支持交互式相依所需的紧密协调。协调不良将导致组织绩效低下。如果交互式相依的部门在地理位置上并不邻近,组织就应该增设一些协调机制,如部门间每日的例会,或者利用内部局域网,以促进相互的沟通。结构设计中需要第二优先考虑的是顺序式相依,最后是并列式相依。因为协调对组织成功至关重要,这样的组织设计策略能保持沟通渠道尽可能简短畅通。

8.5.3 结构性协调机制

如图 8-11 所示,绝大多数组织存在不同程度的相依性,结构设计必须能够适应这种需要。[97]在制造企业中,新产品开发包括了设计、工程、采购、制造及销售部门之间的并列式相依,这样的企业或许可以通过横向型结构或跨职能团队来处理信息和资源在部门间的交互流通。一旦产品开发出来,其生产过程就表现为顺序式相依,物品是在采购、库存、生产控制、制造和装配部门之间依次流向下一部门的。产品的实际订货和运送是并列式相依关

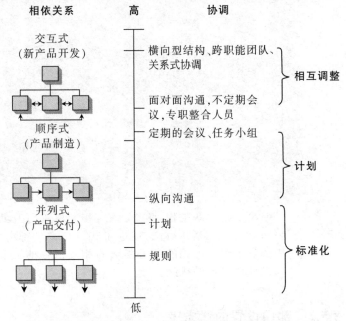

图 8-11 制造业企业适应不同任务相依性的主要协调手段

资料来源:Adapted from Andrew H. Van de Ven, Andre Delbecq, and Richard Koenig, "Determinants of Communication Modes within Organizations," *American Sociological Review* 41(1976),330.

系,各产品设有自己独立的仓库,而且客户可以就近订货。因而,除了缺货等特殊的情况外,仓库间并不需要加以协调。

一项对球队的研究说明了球类运动中三种不同程度的相依关系及其对球队其他特征的影响。这项研究考察了棒球队、橄榄球队和篮球队队员之间的相依关系。

应用案例 8-6

运 动 团 队

棒球、橄榄球、篮球这三种运动的主要区别在于队员之间的相依关系不同。棒球队中的相依关系低,橄榄球队居中,而篮球队象征着队员间最高程度的相互依赖。这三种球队中的相依关系及其他特征如表 8-4 所示。

表 8-4　相依性与球队其他特征之间的关系

	棒　球	橄榄球	篮　球
相依性	并列式	顺序式	交互式
队员在场上分布的 分散程度	高	中等	低
协调手段	比赛的规则	比赛方案及队员定位	相互调整,共担责任
管理者的关键任务	挑选队员,提高队 员的技能	事先准备,现场指挥	影响比赛动态过程

资料来源: Based on William Pasmore, Carol E. Francis, and Jeffrey Haldeman, "Sociotechnical Systems: A North American Reflection on the Empirical Studies of the 70s," *Human Relations* 35(1982),1179-1204.

皮特·罗斯(Pete Rose)指出:"棒球虽然是球队之间的竞赛,但 9 名队员如果各自取得了他们个人的得分,这个球队就是最杰出的。"对于棒球运动来说,队员之间的相依性很低,可以认定是并列式相依。每个队员独立行动,轮流击球,并且在各自的位置上防守。若有相互配合,也仅限于两三个队员之间的,比如在双杀的场合。球员在球场上分散开来,比赛的规则就是协调球员间活动的主要手段。每个球员独自地练习和提高各自的技能,如练习如何击球,如何站位等。管理者的任务是挑选出色的队员,因为如果每个队员表现出色,整个球队就能取胜。

橄榄球队中队员之间的相依关系要高些,它倾向于顺序式的。第一排队员要列阵抵挡对手的进攻,以便后排的队员能冲跑或传球。比赛从第 1 档到第 4 档进攻依序进行。队员地理位置上分布属中等分散,这便于队员间相互协调配合。队员间协调配合的主要目的是制定制胜的比赛策略及配合方案。每名队员都有特定的任务,但各人的任务必须与其他队员的任务相配合才有意义。因此,球队的管理者要设计出一套获胜的比赛方案。

篮球队中的相依关系基本属于交互式的。赛场上情况变化无常,队员之间的任务分工不像其他球类运动那么明确。每位队员既要防守,又要进攻。运球、投篮、得分,篮球在队员之间传来传去。篮球队员间以一种动态的方式相互配合,以便取得比赛胜利。篮球队管理的技能就包含了影响这一动态过程的能力,包括替换队员以及将球递到特定的区域。球员必须学会适应赛场上的各种变化,学会在出现特定事件时能配合队友的行动。

队员间的相依关系不同是解释这三种球类运动差异的主要变量。棒球赛是围绕各自独立的队员组织的,橄榄球赛是围绕顺序式相依的小组而组织的,篮球赛则要按交互式相依的队员间的自由流动来组织。[98]

本节要点

- 部门之间的相依性是指一个部门依赖其他部门提供完成任务所需的信息、资源或材料的程度。相依性的高低决定了部门之间需要的沟通协调的工作量。
- 三种相依关系分别是并列式、顺序式和交互式。
- 随着相依性的提高,组织进行沟通协调的需求也随之增加。为了确保组织效率,组织设计必须考虑合适强度的沟通和协调,以处理跨部门的相依关系。

 关键概念

可分析性(analyzability)
连续生产(continuous process production)
核心技术(core technology)
手工艺技术(craft technologies)
工程技术(engineering technologies)
密集型技术(intensive technologies)
相依性(interdependence)
联合最优化(joint optimization)
大批量生产(large-batch production)
长链型技术(long-linked technology)
大规模定制(mass customization)
中介型技术(mediating technology)
非核心技术(noncore technology)
非常规技术(nonroutine technologies)
并列式相依(pooled interdependence)
交互式相依(reciprocal interdependence)
常规技术(routine technologies)

顺序式相依（sequential interdependence）

服务技术（service technology）

单件小批量生产（small-batch production）

智能工厂（smart factories）

技术复杂性（technical complexity）

技术（technology）

多样性（variety）

 讨论题

1. 根据佩罗的技术分析框架，你所在的大学及学院采用的是什么样的技术？在做这一评价时，请考虑其多样性和可分析性特征。专门从事教学的部门与专门从事科研的部门是否处于不同的象限？

2. 在一个高可靠性组织中，其"拒绝简化操作"和"保持敏感"两个特征有什么区别？

3. 商学院不同系（如财务系、营销系等）之间的相互依存关系如何？应该构建什么样的协调机制来处理这种相互依存关系？

4. 为什么伍德沃德建议随着技术复杂性上升，管理人员的管理幅度应该变窄？你可以想到什么反例吗？

5. 智能工厂与其他的制造技术有什么区别？将工厂升级为智能工厂会对制造企业招聘和培训员工的方式造成什么样的影响？

6. 什么是服务技术？不同类型的服务技术是否要与不同的结构相匹配？请予以解释。

7. 为什么像本章中描述过的西雅图儿童医院这样的医疗机构需要强调关系式协调？

8. 一位执行官级别的企业管理者认为高层管理是一种工艺技术，因为很多工作都是无形的，诸如处理人事问题、解释环境的变化、应对非常规事件等。你同意这位高管的看法吗？什么样的组织结构或管理过程适合企业高层管理者呢？

9. 高可靠性组织的特征是否可以在非高可靠性组织中加以应用？请解释。

10. 新技术的发展在何种程度上使员工的工作简单化和常规化了？你能列举出一些例子吗？新技术是否也会使工作更加多样化和复杂化？试讨论。

专题讨论

小型企业工作流程技术[99]

本题要求你对一家当地洗衣店和家庭餐馆所使用的工作技术进行分析。你的老师将告诉你需要以个人还是小组方式完成本任务。

你必须在参观这两家企业后按照下列标准来推断两家企业是如何完成工作的。不要去"访问"任何一位员工，而要从观察者的角度去察看。参观时，尽可能地多做些记录。

	洗衣店	家庭餐馆
组织目标：速度、服务、氛围等等		
以伍德沃德模型区分的技术类型		
组织结构：机械式或有机式		
团队或个体：员工是在一起还是独自工作		
相依性：员工工作中如何相互依赖		
任务：常规的还是非常规的——工作的多样性如何？		

问题

1. 依据你的分析结果，两家企业目前各自所使用的技术是否是最合适的？

2. 依据你的分析结果，两家企业各自的结构及其他组织特征是否与其技术相匹配？

3. 如果你是帮助两家企业改进运营的某咨询小组的成员，你会提出什么建议呢？

教学案例

乙酸盐生产部门[100]

乙酸盐部门生产约二十种不同类型的黏性液态乙酸盐产品，企业的另一部门再使用生产出的乙酸盐来制造透明或涂有胶卷感光剂或氧化铁的两类薄膜产品。

技术升级前：该部门位于图 8-12 所示的四层老建筑中。工作流程如下：

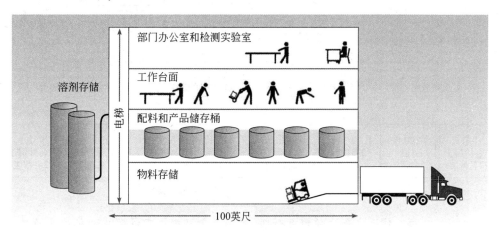

图 8-12　乙酸盐生产部门变革前的立视图

资料来源：Hampton, *Organizational Behavior Practice Management*, 4th Edition, Copyright 1982. pp. 751-755. Reprinted by permission of Pearson Education, Inc., Upper Saddle River, NJ.

1. 每天使用纸袋装 20 种粉料，每袋重 50 磅重。此外，每周用油罐车注满液体储罐。

2. 两三个帮工一起用起叉车将整袋粉料卸到存储区。

3. 轮班期间，帮工们需要多次用运货电梯将装好的袋装原料运到三楼，临时存放在墙壁边。

4. 混合分批生产是在小组长的指导下进行的，如同制作蛋糕。按照配方的说明，组长、拌料工和帮工们操作阀门，加入适当的溶剂，并手动倒入适当重量的混合好的固料。然后大型搅拌机将这一团状料进行混合，再根据配方加热。

5. 当这一批生产完成后，会被倒入成品存储罐中。

6. 完成每一批生产后，工人们将彻底清洁工作区的灰尘，倒空袋子，因为清洁度对成品质量至关重要。

为了完成这项工作，该部门的结构如图 8-13 所示。

帮工通常是 18 岁至 25 岁的年轻人，拌料工 25 岁至 40 岁，小组长和生产班长为 40 岁至 60 岁。生产班长是工资制，小组长、拌料工和帮工都是时薪制。

为了确保每年生产 2 000 万磅的乙酸盐，该部门每周 7 天，每天 24 小时不间断地运作。四名工作人员轮班：例如，值班长 A 和两个小组长及工人先上两周白班（上午 8 点至下午 4 点），然后上两周晚班（下午 4 点至午夜），然后两周夜班（午夜至上午 8 点）。轮班之间有两天休假。

在一次标准的轮班中，小组长和工人将完成两到三批货的生产。通常，一个班次开始一批，然后由下一次轮班的人员完成。晚班和夜班的工作量稍少一些，因为不需要搬运原料，但是这些班次的人员需要做更多的清洁打

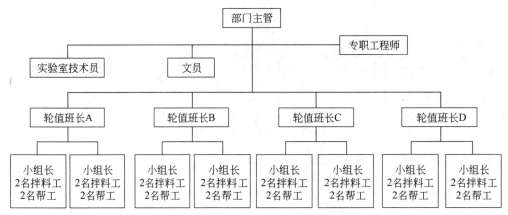

图 8-13　乙酸盐生产部门变革前的组织结构图

扫工作。在每次轮班开始时,值班长会根据生产过程中的批次生产情况、拌料情况、原料到货情况以及需要完成的清洁工作情况等给两个小组长下达工作指示。在整个班次中,值班长会定期用小玻璃瓶收集生产样品,然后将其放在实验室技术人员的测试台上待检。

管理部门和办公室人员(部门负责人、工程师、实验室技术员和部门文员)仅在白班工作,如果其他班次发生紧急情况,值班长会打电话通报。

总而言之,该部门是一个愉快的工作场所。工作间比较温暖,光线充足,安静且干净。当不用卸料或装货时,尤其是在晚班和夜班时,同事们之间会经常开开玩笑轻松一下。大家在工作区域放了一个飞镖靶,常会举行激烈的小比赛。

工厂的保龄球馆每天 24 小时开放,因此有的工作人员经常在下班后去打保龄球,即使是在凌晨 1 点下班也会去玩上一局。部门人员流失和缺勤率都很低。从整个企业来看,大多数员工整个职业生涯都在这家企业上班,甚至很多人一直都在一个部门工作。该企业规模大,采用家长式管理,员工薪资丰厚且福利待遇诱人,几乎所有员工都能得到一些奖金激励。但是后来变化发生了。

新生产系统:为了提高生产率,乙酸盐部门进行了完全的重新设计;技术从批次生产变为连续生产。基本建筑得以保留,但如图 8-14 所示进行了重大技术升级。升级后工作流程如下:

1. 大多数固料改用 500 磅容量的大型铝箱装货,卡车运货。

2. 一名操作员(以前称为帮工)一直在一楼值班,以便接收原料并将原料倒入半自动螺旋进料器中。

3. 首席操作员(以前称为小组长)通过位于四层部门办公室对面的控制仪表板来操作搅拌机。一旦将固料送入螺杆进料系统,搅拌实际上是自动进行的;带式自动程序会打开和关闭必要的阀,以添加溶剂、加热和搅拌等。首席操作员坐在仪表板前的桌子旁,监视整个过程,以确保生产在指定的温度和压力下操作。

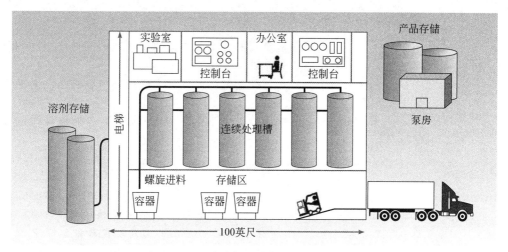

图 8-14 乙酸盐部门技术升级后的立视图

这项技术的变革使部门可以大大减少劳动力。图 8-15 展示了新的组织结构。技术升级后产生一个新的职位,即泵浦车操纵员,他在距离主楼约 300 英尺的一个小而独立的泵房中负责操作泵浦车和阀门,使成品在各个储罐之间移动。

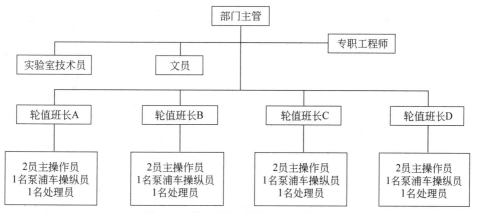

图 8-15 技术升级后的新组织结构图

在新系统下,车间年生产量预计可以提高到 2 500 万磅。所有在职雇员的工资预计可以增加 15%。未留在乙酸盐部门的员工可以被调到公司的其他部门,不会有人员被解雇。

然而不幸的是,在技术改造和培训完成以来的几个月中,实际产量远远低于计划产能。实际产量几乎与技改前相同。旷工现象明显增加,并且操作员的几次判断失误造成了比较大的经济损失。

问题

1. 乙酸盐部门从小批量生产技术变为连续生产技术，如何反映出表 8-1 中伍德沃德所建议的结构特征差异？

2. 你认为技术改造后乙酸盐部门的任务多样性和可分析性发生了什么变化？

3. 为什么新技术的采用没有带来实际产量的增长？你对提高产量有何建议？

制造业的数字化：转型中的技能[101]

五十岁的保罗·桑德伯格（Paul Sandberg）从他的数控车床（computer numerically controlled，CNC）边抬头望向位于车间二楼的计算机控制室。尽管早期测试效果不佳，新程序还是在今天早上开始在数控机床中投入了使用。桑德伯格现在正在等待 27 岁的计算机技术员乔纳斯·霍尔姆（Jonas Holm）下楼来帮自己解决问题。

桑德伯格是车工（现在被称为机床操作员）出身，从事零件制造已有几十年。他通过实践学会了熟练操作车床，凭感觉就能知道做出来的零件合不合规，他也习惯了在加工过程中进行手动调试以解决问题。但是这一切都在 15 年前发生了变化，当时公司引入了 3D CAD / CAM（计算机辅助制图和制造）以及 CNC 加工等新技术。

整个设计和制造过程都已经实现了全面升级。现在，机床操作员需要按照 3D 制造要求从装配的角度而不是从机械加工的角度来操作。然后，如霍尔姆这样的技术人员，会根据 3D 指令为 CNC 机床开发所需的计算机程序。测试结束后，技术人员会将 2 楼的计算机连接到 1 楼的 CNC 机床并完成程序安装。技术人员负责与操作员协作检查机器是否按预期运转。他们还为操作员提供了简明的纸质操作说明。总体而言，数字化生产看起来对技术人员的技能发展是有益的。

正如霍尔姆所指出的：

"数字化使我们的能力得到发展。这具有积极的影响，因为这就是公司所需要的：完成复杂的工作任务。"

另一方面，由于制造技术人员对机器进行预先编程，因此操作员不得不减少自主权和工作自由度。与其他资历较老的操作员一样，桑德伯格对新工作流程背后的 3D 绘图和 CNC 机床持怀疑态度。他认为：

"公司应该试着另外雇用一些具有这方面丰富经验的员工……（因为）……对那些跟我一样年龄或者年龄更大些的员工来说……这些新技术有点过于花哨了。"

首次引入 CNC 机床时，已经对操作员进行了机械编程的培训。现在，在 3D CAD / CAM 方面，技术人员负责编程和程序修改。霍尔姆的一位同事评论说：

"2013—2014 年间，我引进了许多新机床。我们开始对操作员进行全面培训。他们必须进行更多的学习，敢于进行更多的测试，并承担更大的责任。"

正如桑德伯格指出的那样，操作员的工作已经从一种手工艺转变成了简单地设置和控制 CNC 机床。有些经验丰富的操作员认为，车工感觉自己工作的"技能水平被降级了"；他们掌握的关于加工工艺的知识正在消亡。一方面，年长的员工感到，他们多年来努力工作学来的经验和知识已失去重要性，几乎变得毫不重要；另一方面，新入职的机器操作员可以通过工作培训更快速和轻松地上手。

现在，计算机程序控制了整个机床生产过程。桑德伯格表示：

"和同龄的其他车工一样，我经历了转型。我的职业从手动操作车床开始。通过动手，你对自己所做的工作会有更多的感觉。你离材料更近；你可以分辨什么产品是好的，什么是不好的。只按照预先设定的程序按按键盘来操作机床的年轻人不会有那种感觉。比我年龄大的人，他们能令人惊叹地完成手动操作。现在这种手艺正在消失，一种在这里消失的技艺。"

新技术的应用还有其他缺点，包括失去工作的自由发挥的成就感，以及潜在的无聊感：

"没有多少需要解决的问题。如有问题，我们打电话给维修人员就行。"

但这也减少了压力：

"能够避免问题发生是很好的。当你知道要赶生产进度时，压力是非常大的。现在面对机床如果让我尝试解决（问题），恐怕什么也不会。"

现在，桑德伯格的工作正变得更加多样化。随着公司业务的发展，操作员需要生产更多种类的零件，因此桑德伯格需要适应 CNC 机床工作。

桑德伯格的年轻同事霍尔姆在担任操作员七年之后，被提升为计算机技术员。但是，他是在引进新技术后开始自己的职业生涯的，因此，他从来没有自己手动加工过零件。因为他缺乏可以分享的共同的经验和知识，他总是很难找到与桑德伯格等年长的操作员的"共同语言"。尽管如此，数字技术对他而言仍然意味着光明的未来。他所使用的名为"飞翔零件"的数控机床能生产的组件种类越来越多，这意味着在把 3D 工程图转换为编程用的操作指令和给操作员的 2D 操作指南方面，他能获得更多的知识和经验。当然这对霍尔姆而言也意味着工作压力更大。

"有时，这可能会带来极大压力。我认为我所处的社会心理环境非常具有挑战性。"

问题

1. 在案例中，工作的"技能水平被降级了"意味着什么？你认为基于老技术的知识和技能对公司而言值得保留吗？请说明。

2. 你认为应该直接从学校雇用计算机技术人员，还是应该留住现有的操作员让他们从事新的工作？为什么？

3. 在从老的制造技术过渡到新的制造技术时，公司应该如何同员工一道更好地完成这种过渡？请讨论。

 尾注

1 Zach Wichter, "Air Software Stumbles. Delays Rise for Fliers," *The New York Times*, April 29, 2019, B7.

2 Christopher Mims, "Every Company Is Now a Tech Company," *The Wall Street Journal*, December 4, 2018, https://www.wsj.com/articles/every-company-is-now-a-tech-company-1543901207 (accessed May 7, 2019).

3 Saul Berman and Peter Korsten, "Embracing Connectedness: Insights from the IBM 2012 CEO Study," *Strategy & Leadership* 41, no. 2 (2013), 46–57.

4 Charles Perrow, "A Framework for the Comparative Analysis of Organizations," *American Sociological Review* 32 (1967), 194–208; and R. J. Schonberger, *World Class-Manufacturing: The Next Decade* (New York: The Free Press, 1996).

5 Wanda J. Orlikowski, "The Duality of Technology: Rethinking the Concept of Technology in Organizations," *Organization Science* 3 (1992), 398–427.

6 Linda Argote, "Input Uncertainty and Organizational Coordination in Hospital Emergency Units," *Administrative Science Quarterly* 27 (1982), 420–434; Charles Perrow, *Organizational Analysis: A Sociological Approach* (Belmont, CA: Wadsworth, 1970); and William Rushing, "Hardness of Material as Related to the Division of Labor in Manufacturing Industries," *Administrative Science Quarterly* 13 (1968), 229–245.

7 Lawrence B. Mohr, "Organizational Technology and Organization Structure," *Administrative Science Quarterly* 16 (1971), 444–459; and David Hickson, Derek Pugh, and Diana Pheysey, "Operations Technology and Organization Structure: An Empirical Reappraisal," *Administrative Science Quarterly* 14 (1969), 378–397.

8 Joan Woodward, *Industrial Organization: Theory and Practice* (London: Oxford University Press, 1965); and Joan Woodward, *Management and Technology* (London: Her Majesty's Stationery Office, 1958).

9 Hickson, Pugh, and Pheysey, "Operations Technology and Organization Structure"; and James D. Thompson, *Organizations in Action* (New York: McGraw-Hill, 1967).

10 Edward Harvey, "Technology and the Structure of Organizations," *American Sociological Review* 33 (1968), 241–259.

11 Based on Woodward, *Industrial Organization* and *Management and Technology*.

12 Christina Passariello, "Brand-New Bag: Louis Vuitton Tried Modern Methods on Factory Lines—For Craftsmen, Multitasking Replaces Specialization," *The Wall Street Journal*, October 9, 2006, A1.

13 Guy Chazan, "Clean-Fuels Refinery Rises in Desert," *The Wall Street Journal*, April 16, 2010, B8; and "Renewed Optimism for the Future of GTL, CTL, and BTL," *Oil and Gas News*, July 11, 2011.

14 John Letzing, "Amazon Adds That Robotic Touch," *The Wall Street Journal*, March 20, 2012, B1.

15 Woodward, *Industrial Organization*, vi.

16 William L. Zwerman, *New Perspectives on Organizational Theory* (Westport, CT: Greenwood, 1970); and Harvey, "Technology and the Structure of Organizations."

17 Dean M. Schroeder, Steven W. Congden, and C. Gopinath, "Linking Competitive Strategy and Manufacturing Process Technology," *Journal of Management Studies* 32, no. 2 (March 1995), 163–189.

18 Daniel Roberts, "Going to the Mattresses," *Fortune*, September 24, 2012, 28–29; and Jake Stiles, "Lean Initiatives Help Sealy Prepare for Market Rebound," *IndustryWeek*, May 6, 2009, http://www.industryweek.com/articles/lean_initiatives_help_sealy_-prepare_for_market_rebound_19073.aspx?ShowAll=1 (accessed August 17, 2011).

19 Fernando F. Suarez, Michael A. Cusumano, and Charles H. Fine, "An Empirical Study of Flexibility in Manufacturing," *Sloan Management Review* (Fall 1995), 25–32.

20 Raymond F. Zammuto and Edward J. O'Connor, "Gaining Advanced Manufacturing Technologies' Benefits: The Roles of Organization Design and Culture," *Academy of Management Review* 17, no. 4 (1992), 701–728; and Schroeder, Congden, and Gopinath, "Linking Competitive Strategy and Manufacturing Process Technology."

21 Heritage Foundation statistic, based on data from the U.S. Department of Labor, Bureau of Labor Statistics, "Multifactor Productivity, 1987–2007," and reported in James Sherk, "Technology Explains Drop in Manufacturing Jobs," *Backgrounder*, October 12, 2010, 1–8.

22 John Teresko, "Winning with Digital Manufacturing," *Industry Week*, July 2008, 45–47.

23 Travis Hessman, "The Dawn of the Smart Factory," *Industry Week*, February 2013, 14–19.

24 Based on Hessman, "The Dawn of the Smart Factory"; Jim Brown, "Leveraging the Digital Factory," *Industrial Management*, July–August 2009, 26–30; Teresko, "Winning with Digital Manufacturing"; Jack R. Meredith, "The Strategic Advantages of the Factory of the Future," *California Management Review* 29 (Spring 1987), 27–41; and Althea Jones and Terry Webb, "Introducing Computer Integrated Manufacturing," *Journal of General Management* 12 (Summer 1987), 60–74.

25 Paul S. Adler, "Managing Flexible Automation," *California Management Review* (Spring 1988), 34–56.

26 Bela Gold, "Computerization in Domestic and International Manufacturing," *California Management Review* (Winter 1989), 129–143.

27 Travis Hessman, "The New Age of Robotics," *Industry Week*, August 2013, 22–25.

28 Brown, "Leveraging the Digital Factory."

29 John M. Jordan, "Additive Manufacturing ("3D Printing") and the Future of Organizational Design: Some Early Notes from the Field," *Journal of Organization Design* 8, no. 5 (2019), https://doi.org/10.1186/s41469-019-0044-y.

30 Jordan, "Additive Manufacturing"; and Clint Boulton, "Barbies, Auto Parts Hot Off the Press," *The Wall Street Journal*, June 6, 2013, B1.

31 "Porsche Classic Supplies Classic Parts from a 3-D Printer," *Porsche News*, February 12, 2018, https://newsroom.porsche .com/fallback/en/company/porsche-classic-3d-printer-spare-parts-sls-printer-production-cars-innovative-14816.html (accessed May 7, 2019).

32 Graham Dudley and John Hassard, "Design Issues in the Development of Computer Integrated Manufacturing (CIM)," *Journal of General Management* 16 (1990), 43–53.

33 Hessman, "The Dawn of the Smart Factory."

34 Nick Carey, "Japanese Carmakers' Weapon of Choice in Trump Trade War: Flexible Factories," *Automotive News*, November 1, 2018, https://www.autonews.com/article/ 20181101/OEM01/181109993/japanese-carmakers-weapon-of-choice-in-trump-trade-war-flexible-factories (accessed May 7, 2019); and Kate Linebaugh, "Honda's Flexible Plants Provide Edge; Company Can Rejigger Vehicle Output to Match Consumer Demand Faster Than Its Rivals," *The Wall Street Journal*, September 23, 2008, B1.

35 B. Joseph Pine II, *Mass Customization: The New Frontier in Business Competition* (Boston: Harvard Business School Press, 1999); and Fabrizio Salvador, Pablo Martin De Holan, and Frank Piller, "Cracking the Code of Mass Customization," *Sloan Management Review* (Spring 2009), 71–78.

36 Barry Berman, "Should Your Firm Adopt a Mass Customization Strategy?" *Business Horizons* (July–August 2002), 51–60.

37 Jordan, "Additive Manufacturing."

38 Mark Tatge, "Red Bodies, Black Ink," *Forbes*, September 18, 2000, 114–115.

39 Zammuto and O'Connor, "Gaining Advanced Manufacturing Technologies' Benefits."

40 Joel D. Goldhar and David Lei, "Variety Is Free: Manufacturing in the Twenty-First Century," *Academy of Management Executive* 9, no. 4 (1995), 73–86.

41 Meredith, "The Strategic Advantages of the Factory of the Future."

42 Patricia L. Nemetz and Louis W. Fry, "Flexible Manufacturing Organizations: Implementations for Strategy Formulation and Organization Design," *Academy of Management Review* 13 (1988), 627–638; Paul S. Adler, "Managing Flexible Automation," *California Management Review* (Spring 1988), 34–56; Jeremy Main, "Manufacturing the Right Way," *Fortune*, May 21, 1990, 54–64; and Frank M. Hull and Paul D. Collins, "High-Technology Batch Production Systems: Woodward's Missing Type," *Academy of Management Journal* 30 (1987), 786–797.

43 Goldhar and Lei, "Variety Is Free: Manufacturing in the Twenty-First Century"; P. Robert Duimering, Frank Safayeni, and Lyn Purdy, "Integrated Manufacturing: Redesign the Organization before Implementing Flexible Technology," *Sloan Management Review* (Summer 1993), 47–56; and Zammuto and O'Connor, "Gaining Advanced Manufacturing Technologies' Benefits."

44 Goldhar and Lei, "Variety Is Free: Manufacturing in the Twenty-First Century."

45 John S. McClenahen, "Bearing Necessities," *Industry Week*, October 2004, 63–65.

46 Nathaniel Popper, "Knight Capital Says Trading Glitch Cost it $440 Million," *The New York Times*, August 2, 2012, https://dealbook.nytimes.com/2012/08/02/knight-capital-says-trading-mishap-cost-it-440-million (accessed May 13, 2019); Bishr Tabbaa, "The Rise and Fall of Knight Capital—Buy High, Sell Low. Rinse and Repeat." *Medium.*

com, August 5, 2018, https://medium.com/@bishr_tabbaa/ the-rise-and-fall-of-knight-capital-buy-high-sell-low-rinse-and-repeat-ae17fae780f6 (accessed May 13, 2019); and Chris Clearfield and András Tilcsik, *Meltdown: Why Our Systems Fail and What We Can Do About It* (New York: Penguin Press, 2018)

47 Clearfield and Tilcsik, *Meltdown.*

48 Matthew Yglesias, "The Emerging 737 Max Scandal, Explained," *Vox*, March 29, 2019, https://www.vox.com/ business-and-finance/2019/3/29/18281270/737-max-faa-scandal-explained (accessed May 20, 2019).

49 Dov Gardin, "Carnival Cruise Lines: What They Should Have Done," *Risk Management Monitor*, February 22, 2013, http:// www.riskmanagementmonitor.com/carnival-cruise-lines-what-they-should-have-done/ (accessed October 25, 2013); Lateef Mungin and Mark Morgenstein, "Carnival Cruise Line in More Troubled Waters," *CNN*, March 16, 2013, http:// www.cnn.com/2013/03/15/travel/carnival-problems (accessed October 25, 2013); and Jad Mouawad, "Too Big to Sail?" *The New York Times*, October 28, 2013, B1.

50 Quoted in Mouawad, "Too Big to Sail?"

51 K. H. Roberts and D. M. Rousseau, "Research in Nearly Failure Free, High Reliability Organizations: Having the Bubble," *IEEE Transactions on Engineering Management* 36, no. 2 (1989), 132–139.

52 K. H. Roberts, "Managing High Reliability Organizations," *California Management Review* 32, no. 4 (1990), 101–113.

53 Timothy J. Vogus and Claus Rerup, "Sweating the 'Small Stuff': High Reliability Organizing as a Foundation for Sustained Superior Performance," *Strategic Organization* 16, no. 2 (2018), 227–238.

54 The discussion of characteristics of high reliability organizations is based on Paul Chivers, "Why More Businesses Need to Emulate High Reliability Organizations," *Governance Directions* 66, no. 1 (February 2014), 16–20; Karl E. Weick and Kathleen M. Sutcliffe, *Managing the Unexpected: Resilient Performance in an Age of Uncertainty*, 3rd ed. (Jossey Bass, 2015); and The Joint Commission, "High Reliability: The Path to Zero Harm," *Healthcare Executive* (January–February 2016), 66–69.

55 Estimate reported in "Services Firms Expand at Slowest Pace in 17 Months," *MoneyNews.com*, August 3, 2011, http:// www.moneynews.com/Economy/ism-economy-Service-Sector/ 2011/ 08/03/id/405915 (accessed August 15, 2011).

56 Charles R. Greer, Robert F. Lusch, and Stephen L. Vargo, "A Service Perspective: Key Managerial Insights from Service-Dominant (S-D) Logic," *Organizational Dynamics* 45 (2016), 28–38.

57 Byron J. Finch and Richard L. Luebbe, *Operations Management: Competing in a Changing Environment* (Fort Worth, TX: The Dryden Press, 1995), 51.

58 This discussion is based on David E. Bowen, Caren Siehl, and Benjamin Schneider, "A Framework for Analyzing Customer Service Orientations in Manufacturing," *Academy of Management Review* 14 (1989), 79–95; Peter K. Mills and Newton Margulies, "Toward a Core Typology of Service Organizations," *Academy of Management Review* 5 (1980), 255–265; and Peter K. Mills and Dennis J. Moberg, "Perspectives on the Technology of Service Operations," *Academy of Management Review* 7 (1982), 467–478.

59 "Pandora Announces Listener Milestone," Pandora Press Release (July 12, 2011), http://blog.pandora.com/archives/ press/ 2011/07/pandora_announc_1.html (accessed August 17, 2011).

60 Jena McGregor, "When Service Means Survival," *BusinessWeek*, March 2, 2009, 26–30; and Heather Green, "How Amazon Aims to Keep You Clicking," *BusinessWeek*, March 2, 2009, 37–40.

61 Melinda Beck, "Critical (Re)thinking: How ICUs Are Getting a Much-Needed Makeover," *The Wall Street Journal*, March 28, 2011, http://online.wsj.com/article/SB100014240527487 04132204576190632996146752.html (accessed October 5, 2012).

62 Jeffrey K. Liker and James M. Morgan, "The Toyota Way in Services: The Case of Lean Product Development," *Academy of Management Perspectives* (May 2006), 5–20.

63 Paul Migliorato, "Toyota Retools Japan," *Business 2.0*, August 2004, 39–41.

64 Paul Ziobro, "UPS's Christmas Wish: A Delivery Surge It Can Handle," *The Wall Street Journal*, November 26, 2018, https://www.wsj.com/articles/upss-christmas-wish-a-delivery-surge-it-can-handle-1543233601 (accessed May 14, 2019).

65 Julie Jargon, "Panera Says It Can't Handle Crush," *The Wall Street Journal*, October 23, 2013, http://online.wsj.com/news/articles/SB1000142405270230361530457915345 0909661702 (accessed March 28, 2014); and Julie Jargon, "How Panera Solved Its 'Mosh Pit' Problem," *The Wall Street Journal*, June 2, 2017, https://www.wsj.com/articles/how-panera-solved-its-mosh-pit-problem- 1496395801 (accessed May 14, 2019).

66 Julie Weed, "Factory Efficiency Comes to the Hospital," *The New York Times*, July 9, 2010.

67 Geeta Anand, "The Henry Ford of Heart Surgery," *The Wall Street Journal*, November 25, 2009, A16.

68 Richard B. Chase and David A. Tansik, "The Customer Contact Model for Organization Design," *Management Science* 29 (1983), 1037–1050.

69 Ibid.

70 David E. Bowen and Edward E. Lawler III, "The Empowerment of Service Workers: What, Why, How, and When," *Sloan Management Review* (Spring 1992), 31–39; Gregory B. Northcraft and Richard B. Chase, "Managing Service Demand at the Point of Delivery," *Academy of Management Review* 10 (1985), 66–75; and Roger W. Schmenner, "How Can Service Businesses Survive and Prosper?" *Sloan Management Review* 27 (Spring 1986), 21–32.

71 Ann Zimmerman, "Home Depot Tries to Make Nice to Customers," *The Wall Street Journal*, February 20, 2007, D1.

72 Richard Metters and Vincente Vargas, "Organizing Work in Service Firms," *Business Horizons*, July–August 2000, 23–32.

73 Perrow, "A Framework for the Comparative Analysis of Organizations" and *Organizational Analysis*.

74 Brian T. Pentland, "Sequential Variety in Work Processes," *Organization Science* 14, no. 5 (September–October 2003), 528–540.

75 Jim Morrison, "Grand Tour. Making Music: The Craft of the Steinway Piano," *Spirit*, February 1997, 42–49, 100.

76 Stuart F. Brown, "Biotech Gets Productive," *Fortune*, special section, "Industrial Management and Technology," January 20, 2003, 170[A]–170[H].

77 Nelson P. Repenning, Don Kiefer, and James Repenning, "A New Approach to Designing Work," *MIT Sloan Management Review* (Winter 2018), 28–38.

78 Michael Withey, Richard L. Daft, and William C. Cooper, "Measures of Perrow's Work Unit Technology: An Empirical Assessment and a New Scale," *Academy of Management Journal* 25 (1983), 45–63.

79 Christopher Gresov, "Exploring Fit and Misfit with Multiple Contingencies," *Administrative Science Quarterly* 34 (1989), 431–453; and Dale L. Goodhue and Ronald L. Thompson, "Task-Technology Fit and Individual Performance," *MIS Quarterly*, June 1995, 213–236.

80 Dawn Fallik, "New Hospital Cuisine: Dishes Made to Order," *The Wall Street Journal*, February 21, 2012, http://online.wsj .com/news/articles/SB100014240529702046426045772133 90021632180 (accessed February 24, 2012).

81 Gresov, "Exploring Fit and Misfit with Multiple Contingencies"; Charles A. Glisson, "Dependence of Technological Routinization on Structural Variables in Human Service Organizations," *Administrative Science Quarterly* 23 (1978), 383–395; and Jerald Hage and Michael Aiken, "Routine Technology, Social Structure and Organizational Goals," *Administrative Science Quarterly* 14 (1969), 368–379.

82 Gresov, "Exploring Fit and Misfit with Multiple Contingencies"; A. J. Grimes and S. M. Kline, "The Technological Imperative: The Relative Impact of Task Unit, Modal Technology, and Hierarchy on Structure," *Academy of Management Journal* 16 (1973), 583–597; Lawrence G. Hrebiniak, "Job Technologies, Supervision and Work Group Structure," *Administrative Science Quarterly* 19 (1974), 395–410; and Jeffrey Pfeffer, *Organizational Design* (Arlington Heights, IL: AHM, 1978), chapter 1.

83 Patrick E. Connor, *Organizations: Theory and Design* (Chicago: Science Research Associates, 1980); and Richard L. Daft and Norman B. Macintosh, "A Tentative Exploration into Amount and Equivocality of Information Processing in Organizational Work Units," *Administrative Science Quarterly* 26 (1981), 207–224.

84 Paul D. Collins and Frank Hull, "Technology and Span of Control: Woodward Revisited," *Journal of Management Studies* 23 (1986), 143–164; Gerald D. Bell, "The Influence of Technological Components of Work upon Management Control," *Academy of Management Journal* 8 (1965), 127–132; and Peter M. Blau and Richard A. Schoenherr, *The Structure of Organizations* (New York: Basic Books, 1971).

85 W. Alan Randolph, "Matching Technology and the Design of Organization Units," *California Management Review* 22–23 (1980–81), 39–48; Daft and Macintosh, "A Tentative Exploration into Amount and Equivocality of Information Processing"; and Michael L. Tushman, "Work Characteristics and Subunit Communication Structure: A Contingency Analysis," *Administrative Science Quarterly* 24 (1979), 82–98.

86 Andrew H. Van de Ven and Diane L. Ferry, *Measuring and Assessing Organizations* (New York: Wiley, 1980); and Randolph, "Matching Technology and the Design of Organization Units."

87 Richard L. Daft and Robert H. Lengel, "Information Richness: A New Approach to Managerial Behavior and Organization Design," in Barry Staw and Larry L. Cummings, eds., *Research in Organizational Behavior*, 6 (Greenwich, CT: JAI Press, 1984), 191–233; Richard L. Daft and Norman B. Macintosh, "A New Approach into Design and Use of Management Information," *California Management Review* 21 (1978), 82–92; Daft and Macintosh, "A Tentative Exploration into Amount and Equivocality of Information Processing"; W. Alan Randolph, "Organizational Technology and the Media and Purpose Dimensions of Organizational Communication," *Journal of Business Research* 6 (1978), 237–259; Linda Argote, "Input Uncertainty and

Organizational Coordination in Hospital Emergency Units," *Administrative Science Quarterly* 27 (1982), 420–434; and Andrew H. Van de Ven and Andre Delbecq, "A Task Contingent Model of Work Unit Structure," *Administrative Science Quarterly* 19 (1974), 183–197.

88 Peggy Leatt and Rodney Schneck, "Criteria for Grouping Nursing Subunits in Hospitals," *Academy of Management Journal* 27 (1984), 150–165; and Robert T. Keller, "Technology-Information Processing," *Academy of Management Journal* 37, no. 1 (1994), 167–179.

89 Gresov, "Exploring Fit and Misfit with Multiple Contingencies;" Michael L. Tushman, "Technological Communication in R&D Laboratories: The Impact of Project Work Characteristics," *Academy of Management Journal* 21 (1978), 624–645; and Robert T. Keller, "Technology-Information Processing Fit and the Performance of R&D Project Groups: A Test of Contingency Theory," *Academy of Management Journal* 37, no. 1 (1994), 167–179.

90 James Thompson, *Organizations in Action* (New York: McGraw-Hill, 1967).

91 Ibid., 40.

92 Gene Bylinsky, "Shipmaking Gets Modern," *Fortune*, special section, "Industrial Management and Technology," January 20, 2003, 170[K]–170[L].

93 Brad Kenney, "Callaway Improves Long Game with Collaborative Tech," *Industry Week*, June 2008, 72.

94 Murray R. Barrick, Bret H. Bradley, Amy L. Kristof-Brown, and Amy E. Colbert, "The Moderating Role of Top Management Team Interdependence: Implications for Real Teams and Working Groups," *Academy of Management Journal* 50, no. 3 (2007), 544–557.

95 Jody Hoffer Gittell, "Organizing Work to Support Relational Coordination," *The International Journal of Human Resource Management* 11, no. 3 (June 2000), 517–539.

96 Jody Hoffer Gittell, "Paradox of Coordination and Control," *California Management Review* 42, no. 3 (Spring 2000), 101–117.

97 This discussion is based on Christopher Gresov, "Effects of Dependence and Tasks on Unit Design and Efficiency," *Organization Studies* 11 (1990), 503–529; Andrew H. Van de Ven, Andre Delbecq, and Richard Koenig, "Determinants of Coordination Modes within Organizations," *American Sociological Review* 41 (1976), 322–338; Argote, "Input Uncertainty and Organizational Coordination in Hospital Emergency Units"; Jack K. Ito and Richard B. Peterson, "Effects of Task Difficulty and Interdependence on Information Processing Systems," *Academy of Management Journal* 29 (1986), 139–149; and Joseph L. C. Cheng, "Interdependence and Coordination in Organizations: A Role-System Analysis," *Academy of Management Journal* 26 (1983), 156–162.

98 Robert W. Keidel, "Team Sports Models as a Generic Organizational Framework," *Human Relations* 40 (1987), 591–612; Robert W. Keidel, "Baseball, Football, and Basketball: Models for Business," *Organizational Dynamics* (Winter 1984), 5–18; and Nancy Katz, "Sports Teams as a Model for Workplace Teams: Lessons and Liabilities," *Academy of Management Executive* 15, no. 3 (2001), 56–67.

99 Adapted loosely by Dorothy Marcic from "Hamburger Technology," in Douglas T. Hall et al., *Experiences in Management and Organizational Behavior*, 2nd ed. (New York: Wiley, 1982), 244–247, as well as "Behavior, Technology, and Work Design" in A. B. Shani and James B. Lau, *Behavior in Organizations* (Chicago: Irwin, 1996), M16–23 to M16–26.

100 Richard L. Daft and Mark P. Sharfman, *Organization Theory: Cases and Applications*, 3rd ed. (St. Paul, MN: West Publishing, 1990), 119-122, from "Redesigning the Acetate Department," by David R. Hampton, Charles E. Summer, and Ross A. Webber, *Organizational Behavior and the Practice of Management* (Glenview, IL: Scott Foresman and Company, 1982), 751–755. Used with permission.

101 Niela Kleinsmith, Bas Koene, and Roland Ahlstrand, "Digitalization in the Manufacturing Sector: Skills in Transition," March 2018, Quality of Jobs and Innovation Generated Employment Outcomes (QuInnE.eu). The Case Centre, https://www.thecasecentre.org/educators/products/view?id=162163, as published by RSM Case Development Centre, March 2018, Reference no. 419-0052-8. Used with permission.

数字化组织的设计与大数据分析

问题引入

在阅读本章内容之前,请先看下面的问题并选择答案①。

1. 平台型组织是一种新的组织形式,但其基本假设与传统工业组织相同。

同意_____   不同意_____

2. 大数据分析通过使用精准收集的样本数据获得良好的决策结果。

同意_____   不同意_____

3. 与组织中的人做决策相比,人工智能决策更为客观且中立。

同意_____   不同意_____

谷歌工程师在科学杂志《自然》上发表了一篇文章,解释了为什么谷歌能够预测出美国冬季流感会传播到哪些区域,甚至是哪些别的国家。就在这篇文章发表几周之后,H1N1 流感病毒的消息占据了新闻头条,这让人们颇为震惊。谷歌每天都会接收到 30 多亿条搜索查询,系统对这些查询结果进行了保存。工程师们筛选出了 5 000 万条最常见的搜索术语,并与疾病控制中心统计的 2003 年至 2008 年之间的季节性流感传播数据进行了比较,从而寻找特定搜索查询频率和流感传播之间的相关性。经过数据处理,谷歌得到了 4.5 亿个不同的匹配模型用以检验这些搜索术语,并将这些预测结果和真实的流感病例进行对比。谷歌团队得到了值得欣慰的结论:软件处理结果发现有 45 条搜索术语在谷歌预测和官方数据之间建立了很强的相关性。一般而言,《自然》杂志上的计算机科学方面的论文不会引起计算机学科以外的学者的太多关注。但谷歌这篇论文却在健康卫生部门引起了轰动。当一种新的病毒出现并以很快的速度蔓延时,卫生官员的最大希望

---

① 原文中,第 2 题和第 3 题顺序对调,但与文中顺序不符,故译文进行了调整。——译者注

就是减缓疾病传播速度,但是要想做到这一点就需要知道病毒的传播轨迹。虽然疾病预防控制中心能够从医生、公共卫生诊所和医院那里获得信息,但这些信息至少滞后了两周。疾病迅速蔓延,两周的时间就可能传播得到处都是。谷歌建立在"大数据"基础上的模型可以近乎实时地获知流感的传播区域,不需要等到事情发生一周甚至两周以后才知道真实情况。[1]

大数据是信息技术领域最新的发展。大数据正在重塑企业以及整个商业。亚马逊收集了大量的客户数据,包括他们买了哪些书,他们还关注哪些内容,他们是如何浏览网站的,以及他们在多大程度上受到促销和评论的影响。亚马逊通过数据运算对客户可能感兴趣的读物进行预测并据此为客户推送建议。网飞公司(Netflix)使用大数据分析来预测用户希望观看的节目类型,并且针对用户是响应还是忽视推送建议进行预测的结果一次比一次好。[2]

如今,信息技术的发展催生了一种新的组织形式,被称为平台型组织(platform-based organization),包括脸谱网、爱彼迎和优步(Uber)在内的这些数字化企业都是这种组织形式。此外,在传统大企业内部,大数据分析也为企业带来了新的商机。大公司可以创建自己的数字平台,将重点项目的员工联结起来。这些新的信息技术形式将各行各业数字化,帮助企业快速响应客户在速度、便利性、质量和价值方面日益增长的需求,从而在日益激烈的全球竞争环境中保持优势。大数据技术可以帮助企业提高决策能力,加强企业内部控制,提高效率,加强企业与合作伙伴及顾客间的协调能力和控制能力。一些研究组织的学者指出,新兴的大数据技术正在逐步替代组织活动中起协调和控制作用的某些传统层级结构。[3]

 ## 本章目的

信息是组织的血脉。管理者至少要将其80%的时间花在主动交换信息上。他们需要这些信息从而将企业整合为一个整体。本书第3章中描述的纵向和横向信息联系渠道,设计目的就是为管理者提供有用的信息,以便帮助他们进行决策、协调、评价和控制。现在,设施设备,甚至产品和服务均不能作为企业成功的标志,取而代之的是管理者所拥有的信息以及如何利用这些信息。最成功的企业都是最有效地应用数字技术的企业。

近年来,企业搜集和利用信息的方式已经发生了巨大的变化。本章主要考察信息技术的演进过程,即从大型计算机到数字化组织的演进。本章首先探讨了组织世界中的数字信息大爆炸,然后分析了平台型组织的新形式,接着探讨了大数据分析和人工智能在当今组织中的应用。本章与新兴信息技术相关的其他内容包括:对组织内部知识管理进行了讨论;探讨了组织如何通过使用内部网络分析来提升战略价值。现在的数字化创新是在原有技术应用基础上不断进步的自然结果。数字化创新催生出了大量新的商业机会,加速了商业数字化的发展,加强了组织内外部联系,帮助组织取得了战略成功。本章最后一节对数字创新如何影响组织设计进行概述。

9.1 数字时代的信息爆炸

传统的信息媒介与人息息相关。比如，电话、电视和广播媒体都离不开人的参与。在计算机的早期发展阶段，最基本的交流仍然是计算机和人之间的交流。随着数字媒体的出现，这种情况发生了变化。**数字媒体**（digital media）是指信息或数据可以由机器创建和使用，从而在数字电子设备上生成、修改和发布。整个过程无需人的参与。

图 9-1 展示了数字技术的演进过程。一开始，大型计算机系统被应用于组织运营过程中。最早的这些应用是基于机器室效率（machine room efficiency）的概念——就是说，将计算机技术应用到当前的组织运营过程中可以大大地提高组织效率。这类系统被广泛称作**业务处理系统**（transaction processing systems，TPS）。它使组织中日常的常规业务活动得到自动化处理。这类系统能从销售、采购、存货变动等交易活动中收集数据，并将其储存在数据库中。例如，企业连锁租车公司（Enterprise Rent-A-Car）使用一套电子化系统就能够追踪公司一个小时内发生的所有 140 万笔业务。该系统可以为一线员工提供有关汽车以及相关的最新信息，这样他们就能够为顾客提供差异化的服务。[4]

大型计算机也让后来出现的数据仓库、内部商业智能软件提升了数据应用价值。**数据仓库**（data warehousing）是指使用大型数据库来储存公司所有数据，并允许使用者直接访问数据、创建报告并获得"假如出现什么情况，应该怎么解决"这类问题的答案。**内部商业智能**（internal business intelligence）是指对企业数据进行高科技的精确分析，以帮助企业做出更准确的战略决策。[5] 商业智能，有时也被称作数据挖掘（data mining），既指从整个企业的多个数据库中搜索和分析数据，有时也挖掘来自企业外部的数据，并且这种趋势越来越明显，以识别具有潜在重要意义的模式与关系。零售商是商业智能软件的最大用户群体之一。比如专门销售年轻女士服装的 Wet Seal，还有服装设计生产公司艾利·塔哈瑞（Elie Tahari），这些企业的管理者都需要快速掌握服装需求的变动趋势，所以他们会持续地挖掘服装销售数据。Wet Seal 创建了一个叫作 Outfitter 的网站，允许服装消费者将他们的全套服装放到网站上，通过对 30 万套用户服装搭配的数据挖掘，成功地让 Wet Seal 提前引领了时尚上衣搭配休闲裤和牛仔裤的时尚潮流。[6]

小型计算机是大型机的小巧且低价的版本，供没有大型中央主机的组织使用。它们是业务处理系统的较小版本。个人电脑的发展让每个人都可以拥有一台电脑，在电脑上我们可以与其他人联系，完成自己的工作，还可以连接到更大的数据库。相比于小型计算机，个人电脑是一个更加去中心化的过程，人们通过电脑连接到一起，并通过知识管理系统共享信息，以及进行网络分析。本章稍后将介绍知识管理和网络分析。

有线互联网的诞生是信息时代的重大突破。员工们瞬间即可获得来自

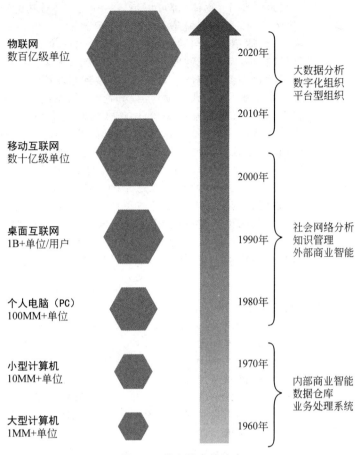

图 9-1　数字技术的演变

全世界的网络信息。[7] 移动互联网促成了大数据分析的出现。**大数据分析**（big data analytics）是目前最新的商业技术之一，指运用新型传感技术和程序来探索、收集和分析那些传统应用程序无法处理的庞大且复杂的数据，以发现数据背后隐藏的模型和关联性。[8] 沃尔玛每小时从客户交易信息中收集2.5pb 的数据（1pb 约等于 100 万 G，或者相当于 2 000 万个装满数据文件的档案柜），然后利用这些数据制定更好的决策。[9] 脸谱网会将你上传到个人网页上的资料收集起来，同时追踪观察你在网上的行为，然后通过这些数据搜索并识别出你可能的"朋友"，再推荐给你，然后发送定向广告。本章大部分的内容就聚焦信息技术在这两个高级阶段的发展应用。

　　信息爆炸时代的又一产物是物联网。物联网（internet of things）一词是英国技术先驱凯文·阿什顿（Kevin Ashton）于 1999 年提出的。以前，互联网必须要有人来提供信息，但现在物品本身便可生成和接收数据。如今上十亿台设备都可以连接起来并互相交流，包括笔记本电脑、个人台式电脑以及智能手机，产生了数以万亿计的数据点。将设备连接到自动分析系统后，无须人工干预也可收集、分析信息，并创建响应文件。

现在每个"物体"都可以植入一个芯片,与其他设备进行数据通信,这个"物体"可以是一把梳子、一个家用恒温器、一件衬衫或连衣裙、一个烤面包机、一个冰箱、一个狗狗项圈或者一个婴儿体温计。在商业领域,它也可以是像喷气发动机或铁路机车一样的庞大物体。通过植入芯片,曾经看起来呆板的物品变得智能了,还可以连接到互联网实现双向通信。例如,在智能家居系统里,无钥匙门锁在启动时会向您发送一条短信,当房间里有动作或者声响时,灯会打开或关闭,空调或者暖气会根据个人喜好以及您所在的位置打开或关闭,冰箱、咖啡机也同样如此。[10]随着先进的人工智能分析技术的应用,这些数据可能会帮助企业更好地观察用户和设备。人工智能还可以通过各种各样的方式来控制设备。例如,装有传感器的衣服可以检测到老人或病人跌倒的时刻,装有药物的小罐子可以"注意"到病人是否按医嘱用药,必要时会发送电子邮件或短信提醒。

物联网也促使平台型组织进入了一个新阶段,即演化为数字化组织。平台型组织在很大程度上依赖于将生产者和消费者连接起来的数字技术,因此无需很多人工、建筑场地或其他基础设施。

本节要点

- 20世纪60年代,得益于大型计算机,组织能够使用业务处理系统、数据仓库和内部商业智能。
- 个人电脑和互联网的进一步发展为知识管理、社交网络分析以及外部商业智能提供了支撑。
- 互联网和移动设备促进了基于数字化平台型组织的发展。
- 物联网实现了数百亿级的数据收集,越来越多的组织开始使用大数据分析。

9.2　从管道到平台:一种新型组织形式

传统的组织是一种管道型组织(pipe),已经存在了相当长的时间。管道型组织是成功的商业企业主要采用的组织形式。这种组织按照线性顺序开展作业,在管道的一端获取资源,在管道内部制造产品,然后在另一端将产品出售给顾客。管道代表着组织生产产品或者服务的过程是连续的。过去人们消费的每一种产品基本上都是管道型组织提供的。所有的生产制造都在一个管道模型上运行。比如播放各种节目内容的电视和广播属于"管道"。教育系统也是一个"管道",因为老师通过学校这个"管道"向外传授知识。在互联网出现之前,大多数服务行业也都是以管道模式运行的。[11]

如果没有互联网和移动数字设备,基于平台的商业模式就不可能存在,因为平台无法制造产品并将其推向消费者。**平台型组织**(platform-based organizations)将用户连接起来,让用户创造有价值的需求,同时消费有价值的产品。与工业时代的组织形式相比,这是一个巨大的转变。在一个平台型组织中,生产者和消费者通过数字技术(计算机、手机等)连接到一起。例如,优图比或爱彼迎将成千上万的个体供应者(拍视频者、出租房间或公寓的个人)与消费者(观众、游客)联系起来。平台型组织提供软件和中央处理计算机,将其他人连接到它创建的生态系统中(第 5 章)。用户在平台上既可以创建也可以消费任何产品或服务。[12]平台型组织的所有者可以通过收取交易费用或者让用户观看广告来获得收入。

如图 9-2 所示,平台是一种通过促进两个或多个息息相关的群体(通常是消费者和生产者)之间的交流(联系)来创造价值的商业模式。在脸谱网这样的大型平台组织中,应用程序开发员等其他群体也可能参与其中。为了鼓励群体间的交流,平台型组织创建大型的网络,将用户和资源整合其中,用户可以按需获取这些资源。平台型组织也创建社区,用户可以通过他们的数字媒体设备直接与其他社区成员交流互动。脸谱网、优步和阿里巴巴等成功的数字平台不像传统组织那样通过供应链创建和控制库存,而是通过大幅降低生产者和消费者之间的交流成本来促进联结。[13]

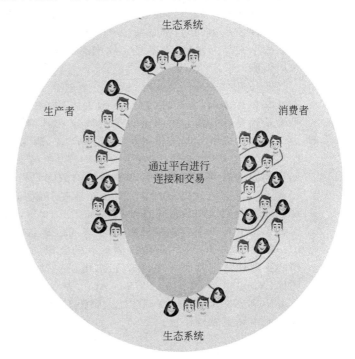

图 9-2　平台型数字化组织的生态系统

资料来源: Based on Alex Moazed, "Platform Business Model—Definition: What Is It? Explanation," Applicoinc.com, Platform Innovation Blog, May 1, 2016, https://www.applicoinc.com/blog/what-is-a-platform-business-model/ (accessed May 20, 2019).

平台型组织具有完整的结构,而不仅仅是一项技术、一个网站抑或是一个软件。这种组织通过将生产者和消费者联结在一起来创造价值。相比于通过供应链和操作流程来生产和销售有形产品的传统企业而言,平台型组织可谓是一个巨大的变化,特别是在思想上的转变:一家企业能够调动或联结的资源比公司本身拥有的资源更重要。

9.2.1 平台型组织的两种类型

大多数平台型组织可分为两种类型。一种是**交换平台**(exchange platforms),可以实现成员间一对一的互动。另一种是**创客平台**(maker platforms),可以实现成员间一对多的互动,即一个人联结成千上万人。像来福车这样的网约车平台就是一个一对一互动(交换平台)的例子。一位乘客(消费者)预定一位司机(生产者)。在行驶过程中,司机不能在平台上同时再接另一单生意。消费者和生产者进行单一交易。而如果是在创客平台上,创作者提供的产品可以同时被大量消费者使用,比如优图比上的视频。Twitch 上的直播也是如此,很多用户可以观看其他用户玩游戏。创客们希望自己创作出来的产品能够尽可能地被更多人消费。这两种类型的组织在基本原理上是相同的,都是在生产者和消费者之间提供了一种数字联结,业务以数字交易为基础,而不是实体产品的交易,不需要借助一定的设备和建筑提供服务。[14]

亚马逊(Amazon)刚开始就是一个创客平台,向用户销售书籍。它的生态系统相对较小,主要将消费者(购书者)与书籍供货商联系起来。随着亚马逊开始允许其他非书籍供应类的商家在其网站上销售商品,它又同时成为一个交换平台。网站上的商家是生产者,购买者是消费者。对于那些在亚马逊上销售商品的小型自营商家而言,亚马逊不为他们提供任何产品。亚马逊提供的是连接生产者和消费者的数字平台和软件。

迄今为止最成功的两个平台型企业是谷歌和脸谱网。世界经济最发达地区的平台型组织数量正在快速增加。2016 年,福布斯最具价值品牌排行榜前 5 名中有 4 家企业是平台型组织,前 20 名中有 11 家企业是平台型组织。截至 2017 年,美国市值排名前五的公司均为平台型组织。以下这些上榜的企业你肯定有所耳闻:亚马逊、电子港湾(eBay)、Zillow、Instagram、优图比(YouTube)、Twitch、WhatsApp、Waze、来福车、品趣志(Pinterest)、Square 和 Kickstarter。阿里巴巴、腾讯和百度等平台型企业也在中国及亚洲其他市场上表现出色。[15]

9.2.2 平台型组织的基本假设

传统组织的基本假设不太适用于平台型组织这种新形式,这两种组织的基本假设都与资产、层级结构和控制有关。[16]

管道型组织假设 1:传统工业组织的第一个假设是通过扩大资产规模(场地、生产设备、行政职能和支撑结构)来创造竞争力。传统的管道型企业通过兼并和收购获得规模和影响力,进而获得市场份额、定价权和全球性覆盖。

　　平台型组织假设 1：资本资产可以掌握在平台的生产者和消费者手中。平台可以做到资产最小化，而不是增加资产。消费者可以在自己的电脑或智能手机上浏览新闻，不再需要看报纸。酒店公司（管道型组织）需要建造可供客人居住的大楼，且拥有其所有权，而爱彼迎平台上的楼房属于分布广泛的业主，他们在平台上向消费者出租公寓或房屋。来福车和优步没有自己的汽车，也不需雇用从事网约车业务的司机。司机自己提供运输工具（汽车），自己享有运输工具的所有权，他们是平台上有独立身份的业务承接者，不是平台公司的员工。

　　管道型组织假设 2：组织进行结构设计，建立层级制度，用以处理信息的流动（第 3 章），如英国军队、麦当劳、罗马天主教会或西南航空公司，重要信息都会向组织的中心和高层移动，以供决策。

　　平台型组织假设 2：数字时代的信息传播极为迅速且广泛。例如，人们在推特上看到了美国东海岸弗吉尼亚州南部发生地震的消息。急救人员、社区和其他利益相关者看到这则消息的速度比商业组织提供信息的速度要快。在传递信息方面，社交媒体和新的数字技术也比传统的形式更好。拥有层级结构的正式组织无法光速处理信息。

　　管道型组织假设 3：传统组织的管理者们需要积累经验，并展现出他们具有为公司制定重大决策的能力，才能得到职位晋升。

　　平台型组织假设 3：在许多领域，嵌入在平台软件中的用于决策的算法系统比人工决策更一致、更公正、更快速。**算法**（algorithm）是建立在平台软件中的一组系统性的规则，可以在许多领域实现预期的结果。例如，谷歌通过算法对其网站每天无数的搜索结果进行排序，与人工排序相比，算法排序能做得更好更快。如果算法可以更快更好地做出大多数决策，为什么还要通过缓慢的人工命令来决策呢？

　　与新型平台组织相比，传统组织可能显得笨拙缓慢。新型组织使用的资产更少，比层级组织的沟通更快，且许多决策都更快、更客观。然而，对于核心业务的某些方面，即使是平台型组织也需要层级结构。重要的一点是，平台型组织中的层级建设应该侧重关注文化构建而不是信息处理。[17] 数字平台无法塑造文化，因为文化是人的活动。如果没有领导和层级指导，平台组织的文化可能会出错。可以看一下优步的例子。优步符合平台型组织的假设。资本投资不大，因为司机是业务承接者而不是优步的员工，他们自己买车。与市值相近的传统公司相比，优步拥有的员工和实物资产要少得多。优步作为一个组织，所需要的成本非常少，因为不需要人力调度，不需要面试官招聘司机，不需要大型营销部门做推广，也不需要大型人力资源部门像管理员工一样来管理司机。该软件应用程序使交易过程简单明了，司机和乘客使用起来毫不费力。平台将使用者的数字设备连接在一起，生产者和消费者之间可以实现即时通信。

应用案例 9-1

优　步

　　优步是家喻户晓的平台型企业，其运营方式不同于传统的组织形式。

用户间的互动以及用户与公司的互动完全是数字化的。如果要在优步上约车,您需要下载应用程序并创建一个账户。打开应用程序时,您的位置会被GPS探测到。该应用程序还在地图上显示附近的司机。当您同意预估的行程价格时,便可联系到优步司机,他可以在几秒钟内接受您的请求。当司机收到乘客之前使用优步的体验数据时,也可以选择接受或拒绝。优步使用双向评级系统来清除表现不好的乘客和司机,被清除的人无法再使用优步。当网约车开始驶向您时,您可以用手机实时追踪。司机在内置的GPS里有您的目的地。到达目的地后,车费将通过应用程序自动支付。

优步实现了快速的发展,并制定了占领网约车市场的宏大目标,但也经历了成长的烦恼。在缺少管理层关注的情况下,优步的企业文化不受控制地自由发展。2017年,优步两名曾经的雇员在博客上发布长文,非常详细地讲述了她们多次遭受性骚扰的经历,以及人事主管的不作为。此外,由于优步忽视了对网约车平台的监管,许多城市作出了抵制行为。比如,伦敦暂停了优步平台一段时间,直到平台改进成良好的企业公民。优步的联合创始人兼首席执行官特拉维斯·卡兰尼克(Travis Kalanick)被拍摄到斥责一名优步司机,这名司机抱怨优步支付的费用太低。这段视频一度在网上疯传。[18]

优步出了什么问题?显然是高管们并未将注意力放到创建并加强一种积极的企业文化和价值观上。优步逐渐显现出"高科技兄弟"(tech-bro)式的企业文化,让内部员工以及许多司机和乘客都大失所望。优步早期不惜一切代价追求市场份额的做法也给公司带来了麻烦。一些用户抵制优步,并号召其他人也这么做。优步用软件算法来管理、指导、评估司机和乘客。算法几乎用在优步的方方面面,包括司机的签约、保留、评级、定价上涨、驾驶调度和广告等。[19]用算法来运营公司让优步的企业文化不受管控。组织的层级结构能更好地影响企业文化和价值观。平台型组织的高层领导应当更多地处理企业文化事宜,而不是处理信息。在斥责司机被曝光之后,优步免去了卡兰尼克的首席执行官职位,并聘任达拉·科斯罗萨西(Dara Khos-rowshahi)担任首席执行官,以提升优步的企业文化、价值观以及声誉。算法并不能塑造企业文化,不能激发员工的忠诚度。现任首席执行官以及其他高层领导都在努力为优步创造一种健康的企业文化。[20]

问题引入部分的参考答案

1. 平台型组织是一种新的组织形式,但其基本假设与传统工业组织相同。

答案: 不同意。传统组织的基本假设不再适用于基于数字平台的新型组织。与传统公司相比,基于数字平台的公司使用更少的资产,信息传播更快更广泛,对层级结构的需求更少。

9.2.3　平台型组织的设计建议

平台型组织仍然是一种相对较新的事物。关于平台对组织设计的影响，相关研究还比较少。对于平台型企业并没有硬性规定，但是基于目前对这种新型组织的了解，人们也提出了许多建议。为了有效地设计一个平台型组织，领导者应该创建积极的企业文化，投资人才型员工，发展员工的软技能。

培养建设性文化

企业的首席执行官和其他高管层要向员工描绘公司文化和数字技术方面的愿景。平台组织中的技术/数字思维不应压倒或优先于企业文化。在一项调查中发现，进行了有效数字化转型的公司往往拥有重视敏锐度、勇于承担风险、采用分布式领导、善于协作以及实行数据驱动型决策的企业文化。[21]这些企业文化并不是偶然形成的。领导者必须主动建立一种预期的文化规范和价值观。专注于技术的员工会安然地看着企业文化不受控制地自由发展，但在这种情况下，企业的核心价值观就变得无法预测了。一位变革管理顾问指出，文化是数字化转型过程中最重要的部分。与其让技术驱动文化，不如让文化驱动技术。领导者应该首先制定文化规范，然后着手建设新的技术平台和基础设施。

优步是一个疏忽企业文化的现实案例。优步的创始人兼 CEO 和其他高层管理人员只重视增长，而不去建立积极的文化价值观，企业文化在这个过程中变得毫无建设性，如前所述。幸运的是，该公司新任 CEO 和高层管理团队正在改变原有的不惜一切代价只为增长的价值观，同时致力于创造更具合作性的企业文化，恢复优步在业界的声誉。[22]

投资数字化人才

对于许多公司来说，招聘到具有数字化技能和思维方式的人才是一项挑战，因为数字化人才非常匮乏。在劳动力短缺期间，留住现有人才和寻找新人才同样重要。允许员工试验或犯错的企业会更有吸引力。当一家企业向数字化组织转型的时候，技术能力不强的员工通常更愿意留在公司接受技能培训，而不是离开公司寻找别的工作。但是麻省理工学院斯隆管理学院的一项研究发现，在处于数字化转型初期的企业中，超过一半的员工计划在未来三年内离开公司。高级管理层也是如此，其背后的主要原因是他们缺少数字化发展的机会。其实对处于数字化转型成熟期的组织而言，他们为员工提供资源和机会进行数字化技能和思维培训的可能性是其他同行企业的五倍。[23]麦肯锡（McKinsey）的一份报告指出，很多人才可以在公司内部培养，不需要总是从外部招聘技术专家。即使只有基础的数字化技能，可能也要好过其他深厚的专业知识。[24]

聪明的平台型企业要学会留住人才。如果员工和高管觉得自己没有机会发展数字化技能，他们会非常倾向于跳槽。如果副总裁级别的高管没有看到足够的数字化发展机遇,他们想要在一年内离职的可能性是那些准备迎接数字化挑战的高管的 15 倍。在成功的数字化企业中,花在人才管理上的精力远远超过花在传统培训上的精力。这些企业有着令人信服的文化规范,在获得数字技能和经验的同时实现员工职业发展的雄心壮志,因此员工会更愿意留在公司。[25]

提升软技能,加强团队建设

在数字世界中,技术工具的变化如此之快,以至于技术和技能只能有一时的用武之地。数字化转型准备做得最充分的企业往往把重点放在培养员工的软技能上。研究发现,在一份关于 21 世纪组织最需要的技能清单上,沟通和建立人际网络等软技能与技术技能同等重要。在一项开放式调查中,38％的受访者表示,在数字化工作环境中,最关键的技能不是技术诀窍,而是以变革为导向的思维方式,包括灵活性、适应性和好奇心。尽管沃尔玛并非一家平台型组织,但它在培养员工的数字技能的同时,也鼓励他们跨界合作。沃尔玛会有意识地组织一些活动,在同事之间制造"碰撞",而这些同事以前可能没有合作过。来自不同地区、有着不同背景的员工一起解决共同的问题,这便是沃尔玛的取胜之道。[26]

打破功能性竖井结构,加强不同职能部门间的协作,是数字型组织取得成功的关键。超过 70％的数字化成熟企业正在使用跨职能团队来组织工作,并让开展数字化业务成为团队的优先任务。因为数字化跨职能团队需要协同合作才能发挥作用,因此软技能的掌握成为跨职能团队的驱动力。平台型组织中每个环节都息息相关,因此有效的协作可以提高组织的效率。跨职能团队可以提供极佳客户体验,还鼓励员工以不同的方式进行更广泛的思考。加入跨职能团队能让员工走出自己业务部门的小圈子,学会从全局的角度思考和看待问题。跨职能工作非常重要,以至于一些公司正使用特殊的面试方法来确保新员工具备完成工作所必需的软技能和跨职能团队能力。[27]

人们希望在这样的组织文化中工作:组织鼓励员工不断学习、成长并获得新的数字化工作经验。一些组织会鼓励员工在工作之外参与数字平台和数字社区。他们可以与其他组织的专家分享想法,学习新技能。一些企业没有要求员工对自己的工作保密,而是鼓励他们积极参与 GitHub 等平台的活动,在这些平台上,他们可以与他人协作开发尖端技术工具。这一策略有助于吸引和留住那些希望了解最新技术的员工,员工同时也能从这些合作项目中提升社交技能。那些不注重发展员工才能的组织会面临员工和高管跳槽到竞争对手那里的窘境,因为竞争对手注重培养员工的技能。[28]

本节要点

- 传统的"管道型"组织将原材料转化为产品或服务以提供给消费者。
- "平台型"组织是一种新的组织方式,它以数字化方式联结生产者和消费者,而不是自己生产销售产品或服务。
- 平台型组织有两种类型。一种是交换平台,生产者与消费者进行一对一的互动(比如优步)。另一种是创客平台,生产者与消费者是一对数千的互动（比如优图比）。

- 平台型组织的基本假设不同于管道型组织，因为平台型组织使用的资产更少、信息流动更快、层级结构也更少。
- 平台型组织可能会失去对企业文化的控制，因此，领导者必须培养一种建设性组织文化。
- 平台型组织必须投资数字化人才，培养员工的软技能，加强团队建设，创建一种激励员工工作的组织文化。

 ## 9.3 大数据分析

信息技术中最热门的一个术语就是大数据。**大数据**（big data）是指超越了常规边界和常规信息技术处理能力的大规模数据集。理解大数据需要一种非传统的方法，它要求管理者摒弃旧的思维方式，采用全新的方法。图 9-3 展示了大数据与常规数据的不同。

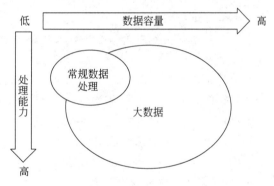

图 9-3 大数据之大

资料来源：Based on Steve Duplessie, "Big Data：A Better Definition," Enterprise Strategy Group blog, January 6, 2012, http：//www. esg-global. com/blogs/big-data-a-better-definition/（accessed December 20，2014）.

大数据的数据规模超出了传统软件工具在可接受的时间范围内对数据进行管理和处理的能力。如前所述，大数据分析是指处理这些大规模的数据集，并从中发现隐藏在数据背后的模式、关系以及其他有用信息，为制定更好的决策提供依据。由于数据集的规模非常巨大，大数据分析一般无法通过现有的分析工具完成，因此出现了一系列新的大数据技术。

在数字媒体时代，企业及客户对大数据的期望越来越高。大数据能够让客户心甘情愿地付费，这种付费价值使大数据成为一个绝佳的商机。人们把传感器连接到以前从未测量过的物体上。从个人角度来看，请想象一下当你佩戴 Fitbit 智能手环时会发生的情况。该设备的传感器从你的运动中收集数据,包括爬楼梯的层数、走或跑的距离、消耗或燃烧的卡路里、睡眠模式和总步数。大多数用户之前并不知道还可以收集这些数据,直到他们佩戴上了装有传感器的 Fitbit 智能手环。Fitbit 用户可以查看有关他们运动习惯的数据,这些数据会同步到用户的智能手机或电脑上。用户可以在 Fitbit 界面查看自己的进展。此外,这些健康数据可以汇总,用户的健康习惯可以与他人共享,例如提交给健康专家或上传到健康分析软件。利用这些汇总的数据,医生可以更全面地了解患者的整体健康状况和习惯。[29]

在工业界,"工业物联网"正生成数量庞大到难以想象的有用数据。西门子公司的风能业务便是一个很好的例子。

应用案例 9-2

西门子歌美飒

西门子歌美飒(Siemens Gamesa)是可再生能源行业的领导者,拥有该领域最大的历史数据库,收集了来自全球一万多个风力机的数据,并且数据每天都在增长。每台风力机的内部都有数百个传感器,每天连续向歌美飒位于丹麦的最先进的诊断中心传输超过 200GB 的数据。该诊断中心拥有先进的分析技术和全天不间断的人工监控,通过分析原始数据产生有价值的报告。

西门子歌美飒用数据分析技术和经验丰富的员工来"观察"风力机内部发生的情况,并了解其原因。西门子员工通过分析这些数据能防止风力机的意外故障。总计约 130 位分析专家负责监测各类数据,如能够显示潜在损坏的振动诊断数据、风向、天气、维修报告数据、类似型号风力机性能数据等等。通过数据监测和分析,专家们可以提前确定对风力机进行维修的时间(月数、周数、天数)和方式。这种基于数据的预测能力减少了风力机计划外维护和停机的时间,单台风力机的运转盈利时间能延长数周,风力机的涡轮寿命也能延长数月。[30]

9.3.1 使用大数据的要求

图 9-4 展示了大数据的五个要素,下面分别对这五个要素进行讨论。

容量

大数据非常之大,大得让人难以理解。每天新创建的数据多得数不清,如果非要用个数字表示,就粗略地估计为数亿亿亿个字节还要多。根据 IBM 对世界数据的估算,目前累计的数据中大约有 90% 都是最近这两年创建的。[31] 到 2020 年,数据量将超过 40ZB。1ZB 比地球上所有海滩上的沙粒都还要多 50%,这个数量简直是天文数字。数据非常容易被收集,我们每个人每天都在无意识地创建数据。很多汽车一直在孜孜不倦地记录着数据。

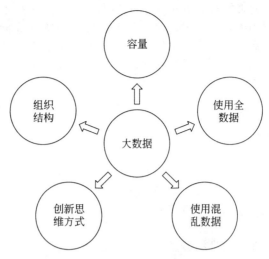

图 9-4　大数据的作用要素

资源来源：Based on Figure 1.1 Cracking the Big Data Nut，in David Loshin，*Big Data Analytics：From Strategic Planning to Enterprise Integration with Tools*，*Techniques*，*NoSQL*，*and Graph*（Morton Kaufmann，2009），3.

我们的物理位置也会生成数据。如果你打开手机的谷歌地图，它会立即知道你的位置。甚至人与人之间的互动和联系都会形成数据。大数据专业书籍著作者维克托·迈尔-舍恩伯格（Viktor Mayer-Schonberger）和肯尼思·库克耶（Kenneth Cukier）将这种现象称为"万事万物数据化"（datafication of everything）。[32]

如果将当今所有可获得的数据打印装订成书，这些书籍能够覆盖整个美国表面 52 层。将这些数据储存到只读光盘上，然后将这些光盘叠放在一起，这个长度能够连接到月球上 5 次。[33]我们淹没在了庞大的数据里，如何对待这些数据对我们来说是一个挑战。例如，戴尔发在它的官方网站上，有超过 $7×10^{24}$ 种可能的配置方案。为了创建一个"最优化配置"方案选择系统，戴尔的分析团队从所有可能的配置方案筛选出最常用的选择类型，将 $7×10^{24}$ 种配置方案减少到几百万种配置方案，甚至在这个基础上再减少到更少的选择类型，并将其作为预配置方案放到库存中。这些举措都是为了帮助戴尔和顾客节约时间和金钱。[34]"当今时代，记录数据和储存数据的成本都很低，"信息技术解决方案提供商 Emcien 公司首席执行官拉迪卡·萨布拉马尼安（Radhika Subramanian）说，"现在数据遍地都是，每个人都有数据，就像灰尘一样常见"。[35]

使用全数据

使用大数据，个人和企业可以做到以往在小规模数据下做不到的事情。企业现在能够获取和储存所有的经营数据，而不再像以前那样只能使用样本数据。从全部数据中，企业可以发现一些有意思的相关性。例如，一家公司发现喜欢买小垫子放在椅子腿下面保护木地板的人，通常具有更好的信用记录。一项针对汽车使用情况的数据分析发现，橙色汽车的缺陷率是其他颜色汽车缺陷率的一半。[36] 这能说明什么呢？管理者们应该树立大数据思维，接纳数据间存在的一切可能的相关性，即使在短时间内无法看到这些相关性产生的原因或者可能带来的后果。有一些相关性被证明是非常有价值的。在《大数据预测》（*Predictive Analytics*）一书中，作者埃里克·西格尔（Eric Siegel）谈到了企业如何使用大数据量化一个特定顾客拖欠贷款的可能性，如何提升有线电视的服务水平，以及个人如何利用大数据找一份新工作。借助更完善的数据分析结果，美国公民银行（Citizens Bank）能够将由于支票诈骗而造成的损失降低20%。联邦快递能够预测客户转向竞争对手企业的可能性，预测准确率可达65%～90%，这些结果可以提醒公司采取更有效的激励措施以留住客户。[37]

使用混乱的数据

随着数据集的规模越来越大，错误也越来越多。对于一个小型杂货店来说，每天晚上都可以在收银机旁把最后一分钱数清楚。但对于一个国家来说，每天统计一遍全国的国内生产总值是不现实的。在大数据的世界里，必须放弃数据的严格精确度，只需要确定一个大致的方向。大数据通常是很混乱的，数据质量不同，来源也不同。但是相对于抽样调查，大数据仍然可以保持一个较低的误差，因此管理者可以容忍这些不准确性的存在。亚马逊曾做过一项测试，看看是编辑人员向顾客推荐的图书销售量多，还是计算机系统根据数据分析结果向顾客推荐的图书销售量多。毫无疑问，计算机数据分析赢了这场比赛。各个网站都在致力于收集混乱又庞大的客户数据。很多公司，如亚马逊、网飞公司、电子和谐（eHarmony）、领英（LinkedIn）和脸谱网等，根据收集到的全部数据分析隐含的相关性，向用户推荐书籍、产品、朋友、约会或者兴趣小组，他们甚至不需要知道为什么用户对这些内容感兴趣，就可以做出有效的推荐。[38]

创新思维方式

使用大数据需要创新思维方式。这可能需要我们听从于数据的指挥。亚马逊公司的格雷格·林登（Greg Linden）说，"编辑团队输给了数据分析，这让我很伤心。但是数据不会说谎，（不相信数据的）成本非常高"。[39] 人们最早对大数据思维的接触可以追溯到2011年的一部电影——《点球成金》（Moneyball）。布拉德·皮特（Brad Pitt）饰演的比利·比恩（Billy Beane）是奥克兰田径棒球队（Oakland Athletics basketball team）的传奇总经理，他在2002年用最小的预算组建了一个美国职业棒球大联盟的夺金团队。比恩很少依赖于观察者的直觉做决策，因为这会使他拒绝一个"看起来不像能够参加大联盟比赛"的球员，他所做的决策很大程度上依据的是数据和统计分析。如果分析结果表明一个没有被任何球队看好的运动员有可能是头号选手，比恩就会去把他召集到自己的球队中。这部电影主要反映的是数据分析专家和首席球探以及球队经理之间的冲突，很多管理者一时间无法从一贯凭直觉和经验做决策的习惯中走出来。从那时起，其他大多数运动团队也开始借助管理科学技术，通过分析各种类型的数据做决策。本章的"新书评介"部分讲述了休斯敦太空人队结合数据分析和老式的球探方法来组建一支获胜的团队。前美国职业棒球大联盟副主席史蒂夫·格林伯格（Steve Greenberg）说："或许还有人在拿着秒表看时间或仅凭预感，但技术已经改变了游戏规则。"[40]

大数据思维与传统的以历史数据和管理经验做决策的思维格格不入，这种冲突正在世界各地的企业管理者之间发生着。这可能也是许多大数据支持者开始自建新公司的原因之一，如谷歌创始人拉里·佩奇（Larry Page）和谢尔盖·布林（Sergey Brin）、亚马逊创始人杰夫·贝佐斯（Jeff Bezos）、电子港湾创始人皮埃尔·奥米迪亚（Pierre Omidyar）以及航班预测网（Flight-Caster.com）创始人布拉德福德·克罗斯（Bradford Cross）。克罗斯和他的一些朋友分析了在过去 10 年时间里航班延迟和天气情况，将过去和现在的天气数据进行匹配，来预测美国的某趟航班可能会发生延迟的概率。但是当一家更大的企业——准飞公司（FlyOnTime）开始行动，也做同样的事情时，航班预测公司失去了它的先行者优势。克罗斯把他的公司卖给了勇跃公司（Next Jump），这是一家使用大数据技术管理公司折扣项目的企业。[41]

问题引入部分的参考答案

2. 大数据分析通过使用精准收集的样本数据获得良好的决策结果。

答案：不同意。大数据分析使用的是全数据，而不仅仅是传统数据分析中的样本数据。全数据分析得到的发现对于整体情况而言更精确。这与传统的小样本数据收集有很大不同。

本·瑞特（Ben Reiter）

《太空人棒球队：全新制胜之道》*（*Astroball: The New Way to Win It All*）

2014 年，休斯敦太空人队被认为是上半个世纪最差的棒球队之一。三年后，他们却成为世界大赛冠军。《体育画报》（*Sports Illustrated*）特约撰稿人本·瑞特在 2014 年 6 月 30 号的《体育画报》封面故事中预测了这一不太可能会发生的胜利。他随后出版的《太空人棒球队：全新致胜之道》一书引人入胜地讲述了太空人队如何让"球探"和"书呆子"合作，共同创造出棒球史上最伟大的逆袭传奇。

球探还是数据？两者都要！

在畅销书及其电影《点球成金》大卖之后，奥克兰田径棒球队总经理

---

* 已出版的中文书籍将此书翻译为《第二波魔球革命》，本书未予沿用。——译者注

比利·比恩（Billy Beane）有效利用复杂的统计分析方法选择球员的故事广为流传。其他球队也开始雇用"穿着 polo 衫和卡其裤的呆子"（统计分析员），让他们与曾经一言九鼎的球探一起工作。一边是使用老方法的传统球探，另一边是"书呆子"一样的数据分析员，矛盾很快爆发。双方都对对方怨声载道，在发掘球员的问题上总是意见相左。太空人队总经理杰夫·卢诺（Jeff Luhnow）认为"成功不单单只靠人或机器，而需要人与机器的结合"，因而竭力促成球探和数据分析员之间的合作。

- 让球探做好本职工作！卢诺敦促球探们继续根据自己的直觉和经验，对正式球员和预备球员做出主观的判断。然后，他鼓励球探收集独有的数据，并与分析员分享自己的数据和见解。

- 但是也要使用数据！卢诺在数据分析这块的主要合作伙伴是西格·梅杰戴尔（Sig Mejdal），梅杰戴尔曾是 21 点（Blackjack）发牌员，也是美国宇航局（NASA）科学家。他后来成了太空人队科学决策的负责人。他工作中最棘手的部分就是让数据分析员听球探的话。

- 基于"Stout"做出决策。球队开发了一款专用软件，可以分析球员或潜在球员的所有可用数据，包括球探报告，据此计算出一个名为"Stout"的数字评级，评级依据一半靠数据，一半靠球探。"Stout"是一个内部标准，它决定了球队对球员的选择，就像 21 点中的玩家一样：打还是不打，保留还是交易，上场还是替补。

球探与分析员的合作

书中讲述了许多关于选择球员的有趣故事，比如游击手卡洛斯·科雷亚出人意料地被选上，对他的选择是基于球探的报告而不是无聊的数据计算；而右外野手乔治·施普林格（George Springer）是被统计分析拯救出来的；以及三垒手亚历克斯·布雷格曼（Alex Bregman）凭借球探评价和数据分析的双重结合，成为"球队经理们的最佳人选"。瑞特还讲述了一个有趣的事情，就是这支球队是如何产生化学反应进而赢得巨大成功的。《太空人棒球队：全新制胜之道》这本书详细介绍了太空人队所做出的关键决策、遇到的意外事件、犯下的失误以及命运之神的眷顾，这些都促使他们从最差的球队变成世界冠军。

资料来源：*Astroball：The New Way to Win It All*，by Ben Reiter, is published by Crown Archetype.

 ### 9.3.2　大数据与组织结构

与大数据相关的一个重要问题是，如何组织与大数据相关的活动。大数据分析活动应该是集中的还是分散的？数据分析专家应该被集中到一个部门，还是分散到各个单位或职能部门中去？他们要向现有的哪些单位或职能部门汇报工作？由于在组织内部还有其他很多活动，所以这些问题没有最好的答案。图 9-5 是四种运行大数据分析活动可选择的结构类型。不同的结构类型能否发挥最佳作用,取决于组织规模和组织类型。

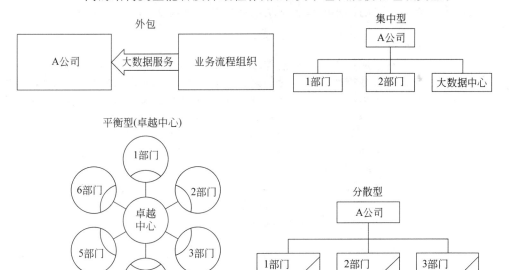

图 9-5　组织大数据分析可选择的结构类型

外包

第一种选择是将数据分析业务外包出去。这是一种很常见的选择,因为很多企业不具备足够的知识资源和经验去组建一个专门的数据分析团队。此外,寻找大数据专家和分析师并不容易。因为大数据分析目前非常热门,所以经验丰富的分析师在人才市场上很抢手。这使得很多企业选择了外包,将数据业务委托给专业的组织。许多业务流程组织(Business Process Organizations,BPOs)提供呼叫中心服务、计算机编程服务、法律研究服务、会计服务以及其他服务,最近这些企业又推出了数据分析服务。比如,印度的很多业务流程服务公司就拥有由高技术人才组成的数据分析团队。

外包模式的优势之一是增加了企业的灵活性,因为这种模式把企业的固定成本变成了可变成本。在企业内部建立一个部门需要花费较高的成本。对于那些没有能力将数据分析职能内部化的企业来说,外包是一种以较低成本快速获取所需资源的良好途径。从外部市场寻找数据分析人才或者购买分析技术是比较困难的,外包可能是很多企业完成数据分析目标以超越竞争对手的唯一途径。外包受托组织通常还可以为企业提供必要的资源,并对企业员工进行培训。[42]

另一种外包形式是**数据中介**(data intermediaries),数据中介把多个组织的数据收集起来,并将数据综合在一起进行分析。[43]例如,西门子歌美飒在丹麦的数据中心可以为其他公司监控风力机,并就预期的维护和维修提供反馈。维萨公司(Visa)和万事达公司(Master Card)对 210 个国家的持卡人的数十亿笔交易数据进行了分析,以预测消费趋势和商业趋势,并把这些数据卖给其他人。万事达顾问中心发现,在下午 4 点左右去加油的人,很可能会在之后的一小时内去杂货店或者餐厅消费 35 美元到 50 美元。[44]

集中型

对于那些想在组织内部设立数据分析部门的企业来说,最需要解决的问题是将分析职能集中化还是分散化。图 9-5 所展示的第一种内部化分析部门就是集中型。集中型是把公司所有的大数据分析职能安排到一个单独的部门。[45]这种模式的优点是,可以将数据分析师集中在一起,确保更方便获取必须要的数据,培养必要的技能,从而更有效地使用各种统计方法、数据挖掘技术和预测模型。管理者必须确定数据分析部门向哪个部门汇报工作,是面向财务部门,还是面向市场营销部门,或是面向直接向首席执行官汇报工作的首席数据官(chief data officer,CDO)。集中型模式存在的一个问题是,如果数据分析中心向某一个职能部门汇报工作,比如说财务部门,那么财务部门之外的其他职能部门可能就会被忽略,或者他们的问题得不到解决。[46]宝洁公司自 1992 年起就建立了自己的分析团队,所以在大数据分析方面也领先于大多数公司。在宝洁公司,首席信息官(CIO)也承担着首席数据官(CDO)的职能,与公司的业务单元一起合作,引入新的分析方法,加之公司具有长时期的数据分析经验,目前这些新方法的应用效果良好。因特尔公司让首席信息官和首席营销官充分合作,以保证公司在大数据分析方面走在市场前列。IBM 设置了企业转型主管(enterprise transformation head)一职,向首席执行官汇报工作,相当于首席数据官的职能。[47]

平衡型

另一种将数据分析职能内部化的方式是采用平衡型设计或者混合型设计。将少量的数据分析专家安排到公司的"卓越中心",由首席数据官领导,然后把其余的数据分析人员安排到各个职能部门或业务单元中。[48]卓越中心发挥着协调作用,负责评估公司的需求,对公司项目进行优先级排序,以及其他一些职能。这种模式是一种中心辐射型设计。专家小组在卓越中心发挥协调作用,为各个职能部门和业务单元解答问题,提供数据分析方面的支持和帮助。这种设计模式考虑了不同部门在数据分析方面的不同重点,如市场营销部门重视促销,而运营部门重视库存。当然,卓越中心更强调要建立一支公司层面的分析专家团队,以协调整个企业的数据分析战略。卓越中心的分析专家可能会被指派到某一个部门或者某一个特定的项目中,为该部门或者项目中的分析人员提供帮助和支持。[49]摩根士丹利(Morgan Stanley)最近成立了一个"卓越中心",负责管理公司日益增加的复杂数据。

应用案例 9-3

摩根士丹利

与大多数金融机构一样,摩根士丹利多年来积累了大量数据,目前每月都有超过 1 PB(约 100 万 GB)的数据进入其银行系统。

为了处理数据洪流并从中获取价值,摩根士丹利最近建立了数据卓越中心(Data Center of Excellence),由大约 30 名数据结构、硬件设施和管理方面的数据专家组成。这些专家作为数据顾问为组织内不同的业务和技术部门提供咨询,帮助制定与数据质量和数据安全相关的最佳方案。例如,该团队正在与人工智能团队密切合作,以确保商业房地产贷款分析或欺诈检测等领域的算法能够使用准确、最新以及完整的数据。该团队还开发了一个应用程序,让交易员无需人工深入分析便可评估贷款风险。另一个系统分析可以检测到可能含有欺诈行为的交易。摩根士丹利国际首席信息官兼数据卓越中心负责人凯瑟琳·韦特穆尔(Katherine Wetmur)说:"在过去,我们无法及时分析这些数据并得到有价值的分析结果。"韦特穆尔和摩根士丹利的其他领导人认为,卓越中心可以帮助公司更有效地管理和使用数据,将其变为战略资产。[50]

另一个引入卓越中心理念的大型组织是通用电气。2009 年,通用电气推出了"工业互联网"(Industrial Internet)的大数据计划。到 2011 年 5 月,通用电气已经在发电厂、喷气发动机、公用事业公司、石油钻井平台和医疗系统中嵌入了成千上万个传感器。通过将数十万个精密传感器相互连接,通用电气凭借大数据分析能力获得了战略优势。然而,在 2011 年之前,该公司的数字技术工作是分散的。公司各个业务部门雇用了成千上万名专业的数字技术人员,但没有一个总指挥来指导这些部门的技术选择和费用支出。每个业务部门根据当地情况制定决策,各自使用不同的技术。通用电气一个高管小组发现,整个企业共有 136 种数据产品,但只有 17 种产品盈利。通用电气管理层决定将数据专家聚到一个全球卓越中心,为所有业务部门提供服务。[51]

分散型

这种模式是把数据分析职能完全分散到各部门,每个部门或者业务单元都有自己的分析专家。这种完全分散化的模式能够确保每个部门或者业务单元都有自己的分析专家,分析工作能够较好地契合本部门的需求。只是,这种模式不利于数据分析专家跨部门地分享创新性解决方案,而且可能会造成组织层面的问题,或者错失机遇。西门子公司创建了一个西门子数字化项目(Siemens Digitalization Program),推动其在物理与数字的结合方面处于世界领先地位。西门子的做法与通用电气相反,因为西门子的战略是基于业务部门的具体产品。西门子管理层担心,如果公司采取集权式结构,业务部门将失去对客户的影响力。于是西门子鼓励各业务部门构建自己的数字化分析团队,而不是推行自上而下的指挥。然而,公司领导层也明白,每个业务部门都有一个小型的数据分析团队,但是每个团队是否具备专业知识来获取必要的数据和应用适合的分析模型,都是不确定的。[52]

凯撒娱乐也面临西门子存在的问题,但他们选择了从分散型结构向集中型结构转变,以提高大数据分析的效率和有效性。凯撒集团在全球四个大洲都有度假村，拥有 7 万多名员工。数据分析不仅用于了解消费者，让消费者在赌场和酒店有更好的体验，还用于改善从餐饮服务到人力资源等各个领域的业务。有一段时间，每个凯撒酒店都有自己的分析团队，由三四名成员组成，但高管们认为，若要充分发挥大数据分析的作用，需要更大程度的集中。集中后的数据分析为凯撒所有业务提供了统一的视角，并为整个组织提供了一种通用的语言。集中化的团队为每一项业务提供支持，并通过外部的伙伴关系促进组织在不同领域的创新。[53]

本节要点

- 大数据分析是早期商业智能应用的直接产物。大数据分析使用一定的技术对大规模的数据集进行搜索和研究，以揭示数据间隐藏的潜在模式、相关性以及其他有用信息，帮助组织制定更好的决策。
- 大数据的要素包括数据量庞大、使用全数据而非样本数据、使用杂乱的数据、创新思维方式。
- 一些企业建立自己的大数据团队存在困难，就将大数据业务外包给业务流程组织或数据中介。然而，随着越来越多的人掌握了数据分析技术，很多组织正在建立自己的大数据分析部门。
- 在建立大数据分析部门时，企业可以采用集中型结构，也可以采用分散型结构把分析师分派到各个部门，还可以建立卓越中心。

9.4　人工智能

　　智能工厂、平台型组织和大数据背后的力量大都来自**人工智能**（artificial intelligence，AI）。以计算机为存在基础的人工智能具有与人类相同甚至比人类更好的决策能力，正被迅速应用于组织的核心制造技术中。图 9-6 展示了当今组织使用的人工智能和其他新技术。人工智能已逐渐渗透到组织管理的各个方面。例如，新软件的开发让日常办公实现了自动化，如会计核算、账单确认、款项支付和客户服务等。人工智能程序可以扫描文档，检查客户记录是否准确，将数据输入电子表格，进行付款操作。人工智能还可以检查报销账单是否存在欺诈，因为计算机可以使用人工智能检查账单中可疑的注销项目，比如午餐时喝的葡萄酒或打高尔夫球支付的费用，所以人工审计报销账单的做法可能会成为历史。人工智能的办公应用才刚刚开始，并且人工智能将会继续学习。目前，大多数办公应用程序主要用来代替人工完成一些琐碎且常规的工作，从而将员工从单调重复的工作中解放出来。[54]

　　人工智能在人力资源招聘方面取得了更大的进步。例如，IBM 正在使用一个名为"华生候选人助手"（Watson Candidate Assistant）的人工智能平台，可以从应聘者简历所列的工作经历中推断出这名应聘者具备的技能。

比如,如果应聘者在简历里列出从事过一年的广告宣传工作,便能推断出这项工作涉及数字营销技能。然后,平台会根据所确定的技能为应聘者提供多个工作机会。应聘者有机会申请一些从未从事过也未想到过的工作。华生助手从 IBM 每年收到的 300 万份求职申请中连续学习。平台储存了IBM 在 170 个国家的各类职位,了解每个职位所需的技能,并将岗位要求和求职者的数据一一比对。IBM 的另一个人工智能招聘工具华生招聘(Watson Recruitment)能够在不考虑年龄或性别等细节的前提下将求职人员的简历进行优先级排序。[55]

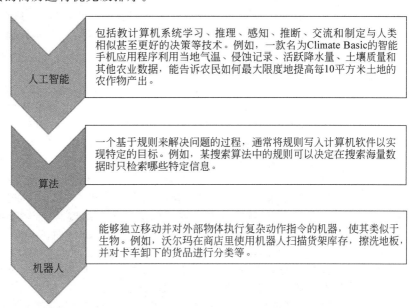

图 9-6　组织中使用的新型信息技术

资料来源:Based on Jackie Snow, "An A. I. Glossary," *The New York Times*, October 18, 2018, F3; John McCormick, "Test Your Knowledge of Artificial Intelligence," *The Wall Street Journal*, April 1, 2019, https://www.wsj.com/articles/test-your-knowledge-of-artificial-intelligence-11554136673; and Anand Rao, "A Strategist's Guide to Artificial Intelligence," Strategy + Business, May 10, 2017, https://www.strategy-business.com/article/A-Strategists-Guide-to-Artificial-Intelligence? gko=d2e2b.

联合利华(Unilever)也在使用人工智能招聘员工,用算法取代个人简历。对于求职者来说,前三轮面试和评估包括填写求职申请、玩一套网络游戏、视频回答问题,都没有联合利华招聘人员的参与。只有在算法推荐的情况下,应聘者才会有机会见到招聘经理。人工智能软件和算法完成了大部分的招聘工作。高盛(Goldman Sachs)和沃尔玛的 Jet.com 正在测试类似的数字招聘工具。

联合利华在脸谱网和其他目标网站上投放广告。申请人只需点击几下就可以申请。联合利华利用算法扫描申请简历,以确定合适的申请者,这个过程会刷掉一半左右的申请者。然后,剩余的申请者玩一组 12 个简短的网络小游戏,借此来评估申请者的注意力和短时记忆等技能。至此,60% 至

80％的申请者会被淘汰。人工智能还能评估申请者回答问题的速度、面部表情和词汇。最后一步是与人力资源经理面谈。联合利华表示，使用人工智能可以让招聘更快、更准确，因为进入最后一轮招聘的申请者中，80％应聘成功，80％的人最终接受了联合利华提供的职位。[56]

9.4.1　人工智能的决策客观吗？

多伦多大学的三名研究人员创建了一个系统，可以分析数千张照片，并经过自我学习可以识别日常物品，比如鲜花、卡片和狗狗等。因为这个系统非常有效，谷歌收购了这家小型初创公司。这个系统引发了一场技术革命。忽然之间，机器能以一种人类的方式"看见"东西了，这在以前是不可能发生的。这项技术加速了无人驾驶汽车和其他机器人技术的进步，这几类技术都需要机器以更像人类的方式看见物体。这个系统还提高了人脸识别的准确性，改进后的人脸识别技术可用于脸谱网等社交网络或执法机构。[57]

人工智能只专注于事实，所以似乎可以克服管理者偏见。然而，人工智能也可以有其自身的偏见，比如偏爱那些类似于之前求职者的候选人。研究人员很快就注意到，人工智能软件对女性和有色人种的面部识别的准确性更低。来自微软、谷歌、几所顶尖大学和其他组织的著名人工智能研究人员联名上书，呼吁亚马逊停止向执法机构出售其面部识别技术，因为这款软件对女性和有色人种存在"偏见"。一篇研究面部识别软件的学术论文指出，亚马逊面部识别软件将女性误认为男性的概率为 19％，将肤色较深的女性误认为男性的概率为 31％。在另一个例子中，某大公司开发的一个求职者筛选程序会自动刷掉大多数女性的简历。还有家公司开发了面部识别算法，将许多黑人女性误认为是男性。2018 年的一项研究提供了关于这种偏见的更多证据，该研究考察了执法机构用于寻找犯罪嫌疑人或失踪儿童的三种面部识别工具。对 1270 组样本的分析结果表明，这些程序将深色皮肤女性误认为是男性的概率高达 35％，而针对白色皮肤男性的错误率只有 0.8％。[58]

这种偏见可能是因为测试产品的开发人员使用的数据往往不具有代表性，即缺乏少数族裔或女性的数据。例如，某广泛使用的数据集中的数据，74％以上为男性，且 83％以上为白人。当工程师用自身在该数据集上测试算法时，因为数据集中的对象与工程师们类似，所以测试结果往往是准确的。此外，尽管各公司已经加大了招聘女性和少数族裔的力度，但编写人工智能程序的计算机和软件的专业人士仍然主要是白人和男性。如果开发人员没有刻意考虑种族和性别差异，那么一些微妙的无意识偏见可能从一开始就成了人工智能算法的一部分。[59]

若要解决偏见问题，开发者们需要在团队中增加有色人种和女性成员。团队多样性的价值在微软的例子中得到了很好的体现。微软招募具有不同创意和艺术想法的员工来协助编写与人类互动的程序。团队成员包括一位剧作家、一位漫画家、一位词曲作者、一位散文家、一位小说家和一位哲学专业的学生。团队成员背景多样化且拥有各自的专业技能，因此团队能够运用适当的语言编写程序,并预测更加多样化的用户反应。[60]

问题引入部分的参考答案

3. 与组织中的人工决策相比,人工智能决策较为客观且中立。

答案:不同意。人工智能似乎可以克服传统管理者偏见,但人工智能在制定决策时也会存在其他偏见。测试软件的开发人员使用的数据集往往不具有代表性,缺乏少数族裔或女性的数据。如果开发人员没有刻意考虑到种族和性别差异,那么一些微妙的无意识偏见可能从一开始就成了人工智能算法的一部分。

9.4.2　助推管理对你有用吗?

想象一下,你正坐着和你的管理"导师"一起喝早咖啡。作为一名管理者,你在重新审视新工作的目标,想知道自己是否在有效利用时间。"导师"会在你的智能手机上给你提供 5 到 10 分钟的视频指导,你可以在工作日的闲暇之余观看这些视频。

在上面的情形中,你的导师其实是一个培训管理者的网络机器人,由IBM 的华生人工智能进行驱动。你的这位"导师"叫阿曼达(Amanda)。"导师"给你布置的一个小任务是让你向员工提问更多问题,而不是"告诉"员工该做什么。任务要求可能是:看看你是否可以一整天只通过提问来管理团队。把它想象成你正在玩一个秘密游戏。如果你不能把自己的想法说出来,那么如何通过提问达到相同的效果呢? 如果有人问你的意见,你可以反问他"你怎么看?"如果有人想让你为他做决定,你可以问他"如果你是我,你会怎么做?"[61]当一位管理者给"导师"发短信说怀疑自己是否有能力评估同事的表现时,机器人"导师"会根据这位管理者高度负责的特质来责备她对自己太苛刻了。在另一个例子中,阿曼达"导师"建议管理者多问问题,从而帮助他和组员进行更有成效的头脑风暴。许多管理者喜欢在工作中接受培训,或者在他们需要的时候才接受培训,而不是在正式的课堂上接受培训。在富达投资(Fidelity Investments),类似的人工智能指导软件可以帮助管理者和员工更轻松地给出和接受反馈。如果人工智能软件发现团队内部出现了问题,比如员工觉得管理者的决策过程过于隐秘,人工智能就可能会发短信给这位管理者,让他更清楚地向员工解释自己的决策。同时,员工可能会收到一些信息,希望他能对管理者恢复信任,因为这位管理者其实本意是好的,而且确实很忙。[62]

上述人工智能指导程序使用了**助推管理**(nudge management)的概念。助推管理应用了行为科学的理论,对期望的行为进行较为温和的提醒或轻推。例如当我们想做成一件事时,助推管理就是通过设置提醒来敦促我们完成目标。[63]助推管理可以改善我们在健康、财富、幸福和目标成就等方面的决策。助推管理的提出是基于经济学家理查德•泰勒(Richard Thaler)获得诺贝尔奖的一项研究,该研究表明人们是根据难易程度而不是利益大小来做出决定的。适时的助推可以促使一个人做出更好的决定。例如,通过助推,员工可能会意识到自己的分心和无意识的行为,比如不断查看电子邮件、浏览网页、使用社交媒体等。软件可以检测到这些问题,然后可能会更改设置,比如关闭电子邮件中的来件提醒,或者每小时只允许访问一次电子邮箱。[64]

谷歌试图通过助推管理让员工更加幸福。例如,谷歌的助推系统会指导员工成为他们想成为的人。一位管理者说,当他在做决定前被要求征求团队成员的意见时,这小小的提醒会让他立即去征求意见。助推系统还可能提醒管理者与其他员工进行一对一的面谈,来讨论员工职业发展目标。[65]

9.4.3　算法:你可能的新老板

人工智能可以解决世界上一些大难题,例如减少车祸死亡人数和帮助医生诊断疾病。数据和算法表现得非常客观和中立,甚至是人类的友善帮手。人工智能算法为我们提供方便的外卖服务和个性化的电影推荐,并决定我们在脸谱网上能看到哪些新闻。此外,人工智能在完成人类日常工作方面潜力巨大,这样一来,人类就能够以更有责任心、更具满足感的状态从事更多非常规的工作。

但是,故事还有另一面。当员工从事的工作是常规且能够量化的,人工智能就可以对员工进行非常精准细致的控制。**算法控制**(algorithmic control)是指使用软件算法来设定目标、衡量绩效、提供反馈和决定员工的奖励。表面上看,每个员工都无法逃避算法控制。美国 UPS 快递通过一个手持设备和每辆运货卡车上的 200 多个传感器来监督货车司机的工作,从安全带使用到倒车速度,再到停车时间,传感器都可以追踪。当司机停下来扫描包裹送货时,系统会记录时间、地点以及客户签收包裹的时间。这些信息大部分都会实时地发送给主管。[66]优步和其他网约车平台使用算法来监视司机所做的一切。算法统计的个人数据非常全面,包括行程接受率、取消率、登录时常、加速平稳性、行程完成率以及乘客的评价等。系统还会选定一些统计数据发给司机表示鼓励,比如"您的表现超过了 90% 的合作伙伴!"此外,如果司机在 5 星级评价系统中低于 4.6 星,他们可能会无法接单。[67]一些公司让员工佩戴工牌。这些工牌会追踪员工在办公室的活动,记录他们谈话的对象以及交谈的时长。美国管理协会(American Management Association)的一项调查发现,43% 的雇主监控员工的电子邮件,45% 的雇主监控员工的按键操作,还有 66% 的雇主监控员工使用互联网的情况。[68]

最糟糕的情况是,人工智能无需人工干预就能评价和解雇员工。美国科技新闻及媒体网络 The Verge 获得的文件显示,亚马逊利用计算机系统自动跟踪并解雇数百名未达到生产力配额的运营中心员工。这是否在警示大家,未来人工智能可能会是你的老板?报告表明,亚马逊的系统能追踪每个员工的生产率,并自动生成有关质量或生产率的警告书以及解聘书,而无需主管介入。目前尚不清楚亚马逊是否仍在使用这一系统。亚马逊的一位发言人说,在确保员工得到帮助和指导前,公司绝不会解雇任何一名员工,并强调亚马逊的目标是为员工提供长期的职业发展。一位匿名员工写了一篇文章并刊登在了英国《卫报》（*The Guardian*）上，文中指出，亚马逊在工作日对员工工作的监控精确到了秒。员工们说，当他们被自动系统里的数字跟踪器和指示器全面评估时，觉得自己被当成了机器人对待。[69]

为什么组织要用算法对员工进行如此严格的控制？原因是通过减少员工变化和防止懈怠可以让组织获得财务上的回报。在有些情况下，UPS 可以让司机在运输过程中多停 10 站。不符合优步标准的司机会被系统识别出来并被停用。新的算法控制系统的产出结果也非常显著。在大型批发商联合食品杂货公司（United Grocers）针对仓库员工实施了电子任务分配系统之后，工资支出削减了 25％，而销售额提高了 36％。一项针对连锁餐饮店的研究发现，电子监控减少了员工盗窃的情况，还增加了每小时的营业额。[70]

9.4.4　人工智能对组织设计的影响

人工智能在组织中的应用越来越广泛，组织设计相应地也要做出两方面调整：（1）设置一个新的高管层职位，管理人工智能；（2）将权力下放给从事非常规工作的员工。

增加一名首席人工智能官

在组织层级中需要为高级人工智能专家设置一个新职位，这样有助于组织更有效地部署技术。一些公司设置了首席人工智能官（CAIO）这一新职位，以推动人工智能技术向高阶水平发展。多伦多道明银行集团（Toronto Dominion Bank Group）等设有人工智能主管职位的公司表示，人工智能主管协调组织的各个部门，并发现可以用人工智能改善业务的新领域。首席人工智能官可以制定人工智能战略、协调各类项目、招聘那些非常难招到的数据分析师和其他人工智能专家。一些具有前瞻性思维的企业希望在讨论未来发展时能有一位人工智能高管在场。正如一位首席人工智能官所说的，"每个人都期望人工智能成为我们这一代最具变革性的技术。这将彻底改变我们的运营方式。我的作用便是进行干扰管理。"[71]

多伦多道明银行人工智能战略的一个重要应用是开发了按揭贷款业务的预测模型。该模型可以分析信贷局数据、账户和交易数据、人口统计数据以及其他来源的数据，从而可以找到那些有可能考虑买房的银行客户。一旦确定了潜在的按揭贷款客户，银行代表将主动联系，讨论贷款事宜。该模型可以很早地预测到客户何时买房。主动向潜在客户出击要比坐在银行等客户上门申请贷款有效得多。[72]

下放自主权

就组织层级而言，人工智能将接管许多常规任务，因此剩余的大量非常规工作很可能由监管宽松的授权小组来完成，这些小组拥有解决任何问题所需的综合技能。例如，在一个汽车工厂里，机器人已经可以完成大部分由人完成的日常体力劳动。在不久的将来，机器人可能可以完成所有的日常体力劳动。人类的主要工作是设计新的车辆和生产工艺，修理机器，以及处理日常操作中出现的其他非常规问题。从事非常规工作的员工不需要像传统工厂员工那样受到监管。与咨询公司和研究机构的员工一样，从事非常规任务的员工通常比他们的领导更清楚自己要做的工作以及完成方式。管理这类员工最好的方式是让他们自由工作。请填写下面的"你适合哪种组织设计"，看看你的工作习惯是否适合被授权和自主管理。从事非常规工作的员工更适合类似于全体共治型团队的组织方式，而不是传统的层级制组织方式。[73]

你适合哪种组织设计

你适合被授权和自主管理吗？

随着机器接管更多的日常工作，数字化组织将剩余的非常规工作授权给员工来完成，你是否有制订计划和设定目标之类的工作习惯？请根据自己的工作或者学习情况，回答以下问题。选择"基本符合"或"不太符合"。

	基本符合	不太符合
1. 我在工作和生活的多个领域设定明确具体的目标。	_____	_____
2. 我有一个明确的人生目标。	_____	_____
3. 我更喜欢大概的目标而不是具体目标。	_____	_____
4. 没有具体的截止日期，我会工作得更好。	_____	_____
5. 我每天或每周都会抽时间制订计划。	_____	_____
6. 我清楚达成各项目标的评价标准。	_____	_____
7. 设定更具挑战性的目标会让我工作得更好。	_____	_____
8. 我会帮助他人明确目标。	_____	_____
9. 为特定目标奋斗的生活比漫无目的的生活更有趣。	_____	_____

评分：除了第3题和第4题外，如果选择了"基本符合"，则每题给自己加一分。第3题和第4题如果你选择了"不太符合"，则每题给自己加一分。如果得分是4分及以下，你不太可能会去设定目标。得分为6分及以上表明你会非常积极地设定目标，并且你会更适合在分权式的数字型组织里工作。

解释：数字化组织生活的一个重要部分是为自己和他人设定目标、评估结果和回顾进展。上述问题主要考察你在生活和工作中多大程度上用设定目标来进行自我管理。研究表明，在关键领域设定明确、具体和富有挑战性的目标将产生更好的绩效。不是每个人都能在分权式的组织中茁壮成长，但是作为一个组织的员工或管理人员，设定目标、评估结果以及让自己或他人承担责任会增强你对组织的影响力。设定目标是一种可以后天习得的技能。

本节要点

- 人工智能包括教计算机系统学习、推理、感知、推断、交流和制定与人类相似甚至更好的决策。
- 人工智能对组织的管理流程产生很大影响，包括制作电子表格、检查客户记录和员工报销单，以及付款。
- 人工智能在人力资源招聘方面取得了更大的进展。IBM 和联合利华等公司在其招聘面试前几轮中都使用算法。
- 人工智能可能并没有想象的那么客观公正。管理者应该警惕人工智能对少数群体的偏见。
- 人工智能可以通过助推管理指导管理者和其他员工。
- 算法控制系统可以评估员工日常工作的方方面面，似乎为员工分担了很多工作，但又让员工失去了自主权。

9.5　组织中的其他数字化应用

组织还利用其他各种各样的数字信息技术来加强员工之间的协调、合作和知识共享，提高工作效率和效果，增加战略价值。社会网络分析和知识管理是组织数字化的重要内容。

9.5.1　社会网络分析

社会网络分析（social network analysis，SNA）是一种很有应用价值的技术，它可以帮助管理者了解组织中的非正式关系和网络结构。通过社会网络分析，管理者可以知道哪些人能对其他人产生影响，哪些人手里掌握着信息，哪些人拥有创新性的知识和技术，哪些人具备领导者潜力。社会网络分析是科学工作者开发的一种社会学理论，用来图解人与人之间的关系，这种关系不同于正式层级结构中人们之间的关系。一家大型石油公司通过社会网络分析，发现了与层级制度下的正式结构存在显著差异的社会网络，同时揭示了组织内部信息的真正流向。

> **应用案例 9-4**
>
> **勘探和生产事业部**
>
> 深海钻探行业竞争激烈，利润丰厚。高管们知道，如果每个平台都能像公司最好的平台一样又快又省钱地进行钻探，他们就能节约很多成本。问题是各个平台之间是否存在分享知识和最佳实践的通道。社会网络分

析的第一步是绘制勘探和生产事业部（Exploration and Production Division，E&PD）前20名高管间的互动图，结果让人大吃一惊。

社会网络分析结果显示，在非正式信息流中，生产部门和钻井部门之间没有任何沟通交流，只有一名高级副总裁通过信息交换将生产部门和勘探部门联系起来。换言之，实际的信息交换不足以满足协调的需要。调查还发现，这位高级副总裁在信息交换中的影响相对较小。通过与管理者的访谈和进一步的调查，我们了解到勘探和生产事业部其实可以更有效地管理信息流和知识共享。[74]

如上述案例所示，非正式信息流的结构可能与组织正式的层级制结构非常不同。社会网络分析包括人们向谁寻求帮助、建议、信息和支持，他们是否同属一个工作组。员工的大部分工作是在这些网络中完成的。[75]"每一个组织中都存在一个秘密的结构，这个秘密结构推动着组织的成败。你没办法在组织结构图中看到这种结构的存在，也没办法在电子表格上的资金流动里看到它的存在。但是在这个非正式的结构中，坐在第三个隔间靠近电梯口的助理比坐在角落的华丽办公室里穿着西装的管理者还要重要。"企业人类学家凯伦·斯蒂芬森（Karen Stephenson）说。[76]

人们在社会网络中扮演着不同的角色。组织中有三种明显可见的角色，或者叫三种关系模式，分别是：中心人物（hubs）、跨界者（brokers）、边缘人士（peripheral players）。中心人物是处于信息网络中心位置的人。这些人掌握着众人需要的知识和信息。中心人物能够比其他员工产生更大的影响。他们可能掌握着技术专长和组织记忆，以及一些能够帮助别人获取所需信息的关系。组织中的中心人物是大家都会去找的人。他们即使不知道答案，也知道去哪里寻找答案。组织中长期从事销售工作的人员可能是中心人物，因为他们不但和其他销售人员建立了联系，还和客户、管理人员以及其他部门的人建立了联系，他们拥有多年的知识积累，知道组织是如何运作的。边缘人士掌握的关系数量最少，位于网络的边界地带。虽然他们是边缘人士，但仍然很重要，因为他们可能掌握着独有的专业技术或者是有价值的外部联系。这些人不是网络结构中日常所需的组成部分，但可能在专门的项目中或者在危机时刻发挥重要作用。跨界者的作用尤为重要，他们联系着不同边界内的人，与不同的子群保持着联系。[77]跨界者联系着不同的专业知识资源，而且能够在组织内部整合出一个更大的关系网络。例如，一家著名的投资银行从竞争对手手中挖走了一个重要客户，而这多亏了银行经理大卫·霍金斯（David Hawkins），他在这场竞争中扮演着重要的跨界者角色。多年来，这家客户一直和竞争对手保持着合作关系。然而，霍金斯在银行内部与各个产品和服务部门都有联系，但是竞争对手的经理却没有做到这一点。霍金斯在银行内部扮演着联系人的角色，他把这家客户介绍给银行不同业务部门的主管，然后各个部门联合在一起为客户提供更有针对性的定制化的金融解决方案，满足了客户的独特需求。[78]

图9-7展示了组织中的三种角色，从中可以看出，跨界者能够将不同的网络联系起来形成更大的网络。正确认识并利用这些非正式网络能够帮助

企业获得竞争优势。如果知道了谁在提升其他人的绩效、谁在与他人合作、谁掌握着更多私人关系，就可以将这些作为管理工具，借此促进企业的发展、创新和成长。[79] IBM 多年来一直利用社会网络分析法分析隐藏在员工之间的关系网络。公司和社会网络分析专家合作，通过询问员工一些问题就能发现公司内部存在的非正式关系网络。这些问题非常简单，比如下列这些：

　　"你要尽快做出决定的时候一般跟谁商量？"

　　"平时你和谁一起出去玩？"

　　"你一般向谁寻求建议？"

　　"你想到好创意的时候一般会告诉谁？"

　　"你一般向谁请教职业方面的建议？"[80]

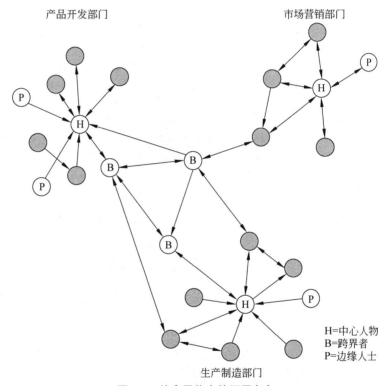

图 9-7　社会网络中的不同角色

　　社会网络分析可以通过员工调查的方式实现，也可以通过追踪员工之间的电子邮件往来信息的方式实现。下面列举了一些能够通过复杂网络追踪系统获得答案的问题：

- 在公司的社会网络里，谁和谁共事？
- 谁是非正式的领导者，谁有领导潜力？
- 组织内的知识和信息是如何流动的？
- 谁被过分重视，谁又被忽略了？
- 公司的专业人士有哪些，他们掌握的专业知识能否在退休之前被公司储备起来或者传给公司下一代？[81]

社会网络分析可以揭示工作场所中隐藏的关系网络。社会网络中各种关系的清晰界定主要依据数据、事实和统计结果，而不是依靠谣言和捕风捉影的揣测。这些数据可以用来引导和促进组织的变革。例如，包装食品业巨头玛氏公司（Mars）在做完社会网络分析之后发现，新泽西州休闲食品部门的员工和洛杉矶食品部门的员工之间没有太多的交往和联系。这导致两个部门做了很多重复工作，也不利于员工之间隐性知识的分享。现在，玛氏公司构建了两岸员工交流联系通道，以促进两部门员工之间取得和保持联系，而且考核员工绩效时也开始把员工参与的非正式社交活动考虑进来。[82]

若要改变网络关系模式有时需要较强的干预。一家全球咨询公司发现公司内部基于技术技能和非技术技能分成了两个子群体。而客户需要的是公司将"软"战略和"硬"技术知识灵活地结合在一起，共同为其提供服务。经调查发现，之所以会出现分裂为两个子群体的现象，是因为公司员工会因为共同的工作活动和专业兴趣而聚集在一起，参加同一个会议，在同一时间一起工作，进而形成了一个小群体。为了改变这种情况，公司管理层要求每个子群体都要学习对方是如何为客户提供服务的。管理层把两个子群体组织在一起，共同讨论公司面临的情况，最终改变了两个子群体之间的相处模式。这些举措促进了公司内部的知识共享和子群体之间的协作，增强了公司的竞争优势，提升了市场份额和顾客满意度。[83]基于社会网络分析的系统化的管理者干预能够帮助企业构建健康的非正式关系模式，取代失调的非正式关系模式。[84]

9.5.2 知识管理

社会网络分析的一个重要应用是改进组织的知识管理。**知识管理**（knowledge management）是指对企业的智力资本进行系统性的识别、管理及利用，以培养持续学习和知识共享的企业文化。[85]企业的**智力资本**（intellectual capital）是其拥有的信息、经验、见解、关系、流程、创新、发现等的总和。

当人们有途径分享信息和想法并因此获得回报时，知识管理便得到了支持。公司信息共享的一种常见形式是**内联网**（intranet），这是一种公司自有的全企业范围的信息系统，它采用国际互联网和万维网的通信协定和网页标准，但只有公司内部人员才可以登录。使用者要查阅文件或收集信息，只要利用普通的网页浏览器进入网站并点击链接即可。内联网改进组织内部的沟通，并使隐藏的信息得以显露。内联网使员工们及时了解组织的运行情况，快速而便捷地获得他们所需的信息，并且相互交流思想，在一些项目上协同工作。

企业需要将编码知识或者潜在的、隐性的知识在组织间进行转移和传递。[86]**编码知识**（codified knowledge）是指正式的、系统性的知识，它可以被计算、编纂，还可以以文件、规范和说明书的方式在组织内传递。相对而言，隐性知识往往难以用言语表达。**隐性知识**（tacit knowledge）包括如何解读谈判代表的面部表情以及如何从与客户的长期合作中学习经验等。隐性知识建立在个人的经验、实践、直觉和判断的基础上,包括专业知识和专业技能、个人见解和经验,以及难以通过沟通传递给他人的创新性解决方案。组织中有 80％的知识属于不易获取和转换的隐性知识。[87] 现在,每天约有 1 万名在婴儿潮时期出生的人达到退休年龄,为此,一些大型传统公司正在寻找办法,防止这些员工退休离开公司后带来"部落知识"(tribal knowledge)的流失。[88]

应用案例 9-5

贝宜系统有限公司

贝宜系统公司(BAE System)的一位经理最近自我降级了。因为该经理即将退休,他现在担任起了一位年轻经理的助理。这位年轻经理从美国海军退伍加入公司,接手老经理曾经承担的工作。一段时间以来,两人定期见面,讨论各种项目并且交流想法,分享心得。他们一起完成了一项投标工作,投标内容是关于为海军处理一艘两栖舰艇的维护和修理工作。老经理管理这份合同已经 11 年了,但这次续约后,他把项目移交给了这位年轻经理,并把自己降职为助理。

这都是贝宜系统这家跨国国防和航空航天公司所制订的计划,旨在防止失去数千名退休员工脑海中的隐性知识。当贝宜系统得知一名拥有非常扎实的组织知识的员工计划退休时,公司会组建一个知识转移团队,团队成员来自不同年龄段,并且工作领域和要退休的老员工相同。贝宜的高级研习经理安德鲁·穆拉斯(Andrew Muras)说,在老员工和年轻员工之间建立联系是获取隐性知识和转移领导力至千禧一代的有效方法。29 岁的德勤(Deloitte)顾问维克拉姆·拉文德(Vikram Ravinder)也同意这一观点,他曾与一位即将退休的导师共事。"千禧一代带来了数据和分析",拉文德说,"但是当数据不够的时候,可以依赖那些婴儿潮出生的老员工们积累的经验"。[89]

其他企业在遇到员工退休或离开时,也在努力寻找防止隐性知识流失的方法。组织也通过创新知识管理实践来鼓励持续的知识共享。图 9-8 概括了知识管理的两种方法。[90]第一种方法着重解决编码知识的收集和共享问题,这在相当程度上是通过使用复杂的信息技术系统实现的。编码知识包括:知识产权,如专利和许可证;工作方法,如政策规定和程序;有关顾客、市场、供应商、竞争对手的具体信息;竞争情况的报告;标杆管理数据;等等。第二种方法着重于开发利用个人的专业技能和知识,即隐性知识,通过面对面的沟通或互动的媒介将有关的人员联结起来。这里隐性知识包括了职业工作的诀窍、个人的见识和创造力、个人的经验和直觉等。使用这种知识管理方法时,管理者要集中开发将个人联系起来的网络,以便共享隐性知识。组织可以使用信息技术系统来促进人与人之间的沟通,分享彼此的经验、见解和想法。一些企业还使用了**专家定位系统**(expert-locator system),在数据库中储存专家信息,对专家进行分类,以便组织迅速找到具备相应知识的专家。[91]

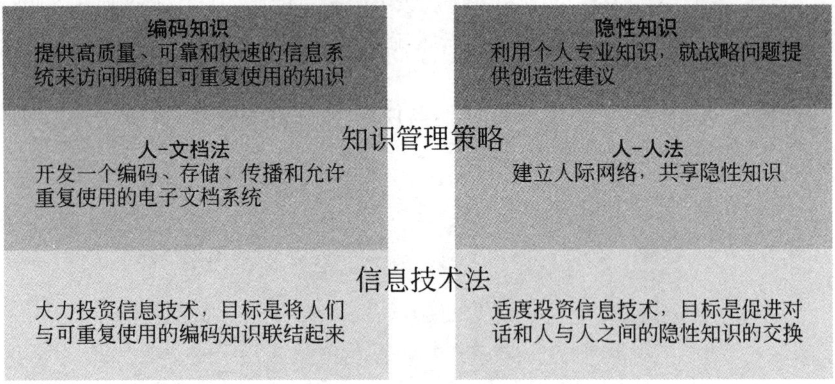

图 9-8　知识管理的两种方法

资料来源:Based on Morten T. Hansen, Nitin Nohria, and Thomas Tierney, "What's Your Strategy for Managing Knowledge?" *Harvard Business Review*, March-April 1999, 106-116.

　　鼓励和促进隐性知识的共享并不容易。尽管企业已经在软件和其他知识管理技术上投入了大量资金,但有迹象表明,知识共享还是没有达到管理者的目标。例如,哈里斯公司(Harris)的一项民意调查显示,60%的受访员工认为他们所在组织的许多工作经常是重复的,因为人们没有关注彼此的工作,54%的人认为他们的公司由于协作和信息共享不足而错失了创新机遇,51%的人认为由于员工的知识没有得到有效利用导致管理者们经常做出差劲的决策。[92]例如,通过交谈和持续的互动,销售人员就能够知道客户企业的高管想从产品或服务中获得什么。通过获取这种隐性知识,销售人员就能够为客户开发更好的解决方案,完善公司的营销信息,增加公司收入。然而大多数组织缺乏用以挖掘这些隐性知识的内部信息共享网络。销售人员自然将工作重点放在与客户和潜在客户建立关系网络上,而不是和公司内部的人建立网络。[93]管理人员应该熟悉并管理企业内部的信息网络,以便能够更好地分享隐性知识。

本节要点

- 组织数字化的两个重要应用是社会网络分析和知识管理。
- 管理者可以利用社会网络分析来加强员工间的协调与合作。社会网络分析有助于管理者找到组织内非正式信息交流的枢纽角色,以及将跨组织的人和群体联结在一起的非正式领导者。
- 管理者也利用内联网和其他数字信息技术系统来促进编码知识和隐性知识的共享。

9.6　数字技术对组织设计的影响

　　许多管理者和组织理论专家花费了半个多世纪的时间来研究技术与组织设计及功能之间的关系。正如我们在第 8 章中提到的，IBM 的首席执行官研究报告显示，在高管所预测的未来几年将显著影响组织的外部力量中，技术位居最前列。[94] 近年来，数字化信息技术的进步对每个行业的组织都有着深远的影响。[95] 具体表现为组织小型化、结构分权化、内外部合作化以及建立起新型的网络组织结构。

　　（1）组织小型化

　　一些互联网企业，比如我们前面讨论过的平台型组织形式，几乎完全在网络空间里运行，而没有像办公楼、办公室和桌椅等作为传统正规组织标识的东西。一个或几个人待在家里或租用一个办公地点就可维持网站的正常运行。即使是在传统型商业活动中，数字化信息技术也能够让组织以较少的人力完成较多的工作。消费者可以在网上购买保险、衣服、工具和设备，甚至还可以网上购车，而无须与代理商或销售人员交谈。另外，数字化信息技术系统能够自动处理一些行政事务，减少了对文员的需求。密歇根州交通局（The Michigan Department of Transportation，MDOT）过去需要一个连队的人员来检查承包商的工作。大型的工程通常需要至少 20 名巡视员每天到现场督促工程进度。现在，MDOT 向每个工程地点最多派送一名技术人员。工作人员将数据输入到便携式电脑中，通过道路建造管理软件传送到总部的数据库中。该系统会自动生成费用估算，并且还能处理一些原来由人工处理的行政事务。[96] 得益于信息技术，当今的企业也可以将许多职能外包出去，从而使用更少的内部资源。

　　（2）组织结构分权化

　　虽然组织是否会利用信息技术实现信息和决策的分权，或者用来加强集权化的组织结构，会因管理哲学和企业文化的不同而不同，[97] 但是，今天绝大多数的组织都选择利用信息技术实现组织的分权。在数字化信息技术的帮助下，以前只有总部高层管理者才能获取的信息，如今即使远隔千里，也能够便捷地在组织内进行共享。[98]IBM 首席执行官研究报告中提到，技术已经成为开放、协作和弱化层级结构的推动性力量。[99] 当需要快速做出重要决定时，不同业务部门或办事处的管理者们能够有针对性地获取信息，省去等待总部指示的时间。社交商业技术实现了网上会面、网上协调和合作，促进了分布式、自治型员工群体之间的沟通和决策，例如在虚拟团队中。

　　（3）横向协调和合作的改善

　　也许数字化信息技术的一个最大影响表现在，它具有改善组织内协调、交流与合作的巨大潜能。内部互联网、外部互联网和其他形式的网络能将分散在世界各地的办公室、工厂或商店里的人们联结起来。对于很多年轻的员工来说，仍然使用传统工具的公司看起来太落伍了。一位阿根廷银行高管在参加 IBM 首席执行官研究会时说："我们是电子邮件的一代，而年轻人是社交网络的一代。"IBM 很好地利用了虚拟团队这种形式，团队成员可以通过社交网络进行交流和合作。一个由美国、德国和英国的成员组成的团队使用协作软件作为虚拟会议室，在短短几天的时间内便解决了客户遇到的技术难题。[100] 西门子公司建立了一个全球内部网络，全球 45 万名员工可以通过它进行知识共享和项目合作。[101] MITRE 是一家提供研发咨询和服务的机构，其客户主要是国防部（Department of Defense）和联邦航空管理局（Federal Aviation Administration）等政府机构，该公司利用社会网络来解决员工任期、工作地点以及限制组织信息共享和合作的职能隶属关系等障碍和问题。[102]

（4）网络结构得以强化

如前面第 3 章所述，在虚拟网络组织结构中，若没有先进的数字化信息技术，组织间无法实现高水平协作。在商务世界中，虚拟网络组织有时也被称为模块化结构（modular structures）或虚拟组织（virtual organizations）。外包已经成为一个大趋势，这主要归功于信息技术可以将不同企业连接在一起，形成一个由数字技术引导的无缝信息流。例如，中国香港的利丰集团公司（Li&Feng）是全球最大的服装提供商之一，阿贝克隆比 & 费奇（Abercrombie & Fitch）、盖尔斯（Guess）、安·泰勒（Ann Taylor）和迪士尼（Disney）都是它的客户，但利丰没有自己的工厂、机器甚至布料。利丰集团对信息管理进行细化，依靠一个由 37 个国家的 7500 名合作伙伴组成的电子联系网络为其提供原材料和生产服装。利丰通过信息技术和世界各地的合作伙伴保持联系，并迅速将产品从工厂运送至零售商和服装店。它还允许零售商跟踪订单，甚至在他们将产品运送到客户手中前一分钟，都可以随时修改或增补订单。[103] 在虚拟网络结构中，大多数业务活动被外包出去，因此不同的外包公司可以帮助组织执行各自擅长的功能。电子化沟通的速度和便利使得虚拟网络结构成为各公司均可实施的可行方案，这不仅使组织降低了成本，并且扩大了业务活动范围，巩固了市场地位。

本节要点

- 信息技术的发展对组织设计产生了重大影响。数字技术对组织设计的一些具体影响包括更小的组织规模、分权式的组织结构以及改善了的内外部协调。
- 数字技术还促进了虚拟网络组织结构的广泛应用，企业可以将大部分职能外包给不同的公司。

关键概念

人工智能（artificial intelligence）
算法（algorithm）

算法控制（algorithmic control）

大数据（big data）

大数据分析（big data analytics）

编码知识（codified knowledge）

数据中介（data intermediaries）

数据仓库（data warehousing）

数字媒体（digital media）

交换平台（exchange platforms）

专家定位系统（expert-locator system）

智力资本（intellectual capital）

内部商业智能（internal business intelligence）

内联网（intranet）

知识管理（knowledge management）

创客平台（maker platforms）

助推管理（nudge management）

平台型组织（platform-based organization）

社会网络分析（social network analysis）

隐性知识（tacit knowledge）

业务处理系统（transaction processing systems）

 # 讨论题

1. 物联网是如何带来信息爆炸的？

2. 传统的管道型组织和数字化平台型组织的基本假设有何不同？

3. 人工智能在制定决策时会在哪些方面存在偏见？请解释。

4. 亚马逊属于交换平台组织还是创客平台组织？请解释。

5. 为了创建一个跨职能团队，医院管理者如何利用社交网络分析来加强护士、医生、技术人员和其他员工之间的沟通与协作？

6. 一些大型保险公司如好事达保险（Allstate）、前进保险公司（Progressive Insurance）或州立农业保险公司（State Farm）会如何使用社交媒体工具（如微博或社交网络）？你认为这些工具更适用于服务企业还是制造企业？请讨论。

7. 说一说当你做研究或撰写学期论文的时候用到的编码知识。你是否会使用隐性知识来完成这些学术工作？请讨论。

8. 为什么相对处于稳定期的公司而言，知识管理对于一个想要不断学习和改变的公司来说尤为重要？

9. 凯撒娱乐将其大数据分析功能进行集权化，以提高效率。有些竞争因素可能导致公司从大数据功能集权化转变为将大数据功能分散到各个部门的分权化，你能想到这方面的例子吗？

10. 为什么数字技术的应用通常会带来更大程度的分权化？它是否也会带来更大程度的集权化？请解释。

 **专题讨论**

制造业与大数据：组织一个项目[104]

大数据时代已经到来。几年前讨论超级计算设备才会用到 TB 和 PB 这样的数据单位，如今已经变得很常见。企业已经意识到他们所创造的数据蕴含的巨大价值，也希望利用这些价值。作为工厂系统、设备和传感器的制造者，制造业企业理所应当地希望在利用大数据方面先人一步。

然而，大数据技术的快速发展，加上围绕这些技术的炒作，导致了一些制造企业在应用大数据时遇到了"分析瘫痪"（analytics paralytics）。如何应用大数据技术？从哪儿开始？下面的练习会给出答案。

第一步：假设一个制造工厂需要实施大数据分析，按照你认为最有效的顺序，对下面的八个步骤进行排序。第一步为数字"1"，最后一步为数字"8"。把你选择的序列号填到"你的顺序"下面。

	你的顺序	团队顺序	专家顺序
确定所需数据的来源	_____	_____	_____
信任新数据	_____	_____	_____
指派运营经理为项目负责人	_____	_____	_____
确定内部数据与流程专家	_____	_____	_____
准备采取矫正措施	_____	_____	_____
选定一个需要解决的具体挑战	_____	_____	_____
确定需要进行的分析工作	_____	_____	_____
部署并祈祷工作顺利完成	_____	_____	_____

第二步：分成三到四人的小组，从小组的角度进行排序，在第二列（团队顺序）按照团队讨论的顺序填入相应数字。

第三步：将课程指导老师的排序意见填到第三栏（专家顺序）。指导老师还会告诉你每个步骤背后的基本原理。

第四步：计算你的个人得分和专家得分之间的绝对差（没有负号）。把绝对差加起来，得出你的总分。然后对团队得分也做同样的处理。看看哪个分数比较低？分数越低越好。团队的集思广益是否带来了更低的分数？讨论团队内部的多样性是如何影响团队得分的。

教学案例

赫米塔奇自动扶梯公司[105]

赫米塔奇自动扶梯公司（Hermitage Escalator）是一家大型国际制造商的独立事业部，主要销售和维护电梯和自动扶梯。1954 年，一位住在田纳西州赫米塔奇的企业家创办了该公司，当时人们对新型"魔法楼梯"的需求开始暴涨。1989 年，赫米塔奇被一家想要提供全系列电梯设备的公司收购。但赫米塔奇依然作为一个独立自主的部门继续运行，并得以保留其品牌名称。

赫米塔奇每年销售超过 2 000 部自动扶梯。销售的主要使用场合包括百货公司、购物中心、机场、交通站、会议中心、酒店、竞技场、体育场馆、办公楼和政府大楼。在一些特殊的使用场合，赫米塔奇的自动扶梯可能需要将乘梯者向上运送至相当于几层楼的高处或沿着走廊水平运送数百英尺远（如机场大厅）。

自动扶梯是怎么运行的？

以最简单的形式进行说明，自动扶梯就像一条传送带，有一对长链条。链条分别位于扶梯两侧，环绕在两侧端首的齿轮上。电机转动顶部的传动齿轮，从而拉起和转动链条，类似于自行车上的链条结构。常见的自动扶梯使用 100 马力的电机来旋转齿轮。电机和链条系统安装在两层楼之间的金属结构内。

链条环移动会经历一系列的步骤。链条移动时，台阶保持水平。在自动扶梯的顶部和底部，台阶上的纵向齿槽彼此啮合，形成一个平台。这使得乘客更容易上下扶梯。

自动扶梯的每一个台阶都有两组轮子，它们在两条不同的轨道上滚动。靠近每个台阶顶部的一组轮子与旋转链条相连，因此由驱动齿轮从扶梯顶部拉动。台阶底部的另一组轮子只是沿着轨道滑动。轨道是为了使每一个台阶始终保持水平。在自动扶梯的顶部和底部，轨道呈水平位置，从而使台阶展平。每个台阶表面布满纵向齿槽，以便在台阶展平过程中能与前后两个台阶啮合在一起。

除转动主链环外，自动扶梯中的电机还能移动扶手。扶手只是一条绕着一连串轮子进行循环的橡胶输送带。该输送带是精确配置的，以便与台阶的移动速度完全相同，让乘用者感到平稳。

自动扶梯因其承载率高而比电梯在短距离运送乘用者方面具有优势。自动扶梯运行速度从每分钟 90 英尺到 180 英尺不等。一部每分钟运行 145 英尺的自动扶梯一小时可以运送超过 1 万人，这远胜于一部标准电梯每小时可以运送的人数。

维护的需求

尽管自动扶梯的概念很简单，但与所有机械一样，自动扶梯包含的许多部件可能随时发生故障。自动扶梯的安全机制包括入口防护罩、操作面板、安全开关和步进开关。顶部和底部操作装置包括控制面板、驱动装置、主齿轮、驱动链、链轮和安全开关。层间架构包括主轨道、拖尾轨道、移动扶手驱动装置、链轮、移动扶手驱动链和入口防护罩。其他元素包括移动扶手，其内部面板，甲板和裙板。台阶部分包括踏面、踢面、台阶分界线、驱动辊和台阶链。

自动扶梯的维护对顾客满意度很重要，因为没有人喜欢爬坏了的自动扶梯。机器的维护也是一件很严肃很重要的事情。曾经发生过一些很恐怖的事故：有人掉进了发生故障的扶梯里，主要因为当人们踏上扶梯的时候，扶梯就会自动开启。此外，还发生过自动扶梯倒塌，人们直接从扶梯上摔到楼底的事故。扶梯还曾经着过火，比如1987年伦敦地铁站的一部自动扶梯发生了爆炸，导致售票处起火，造成31人死亡，原因是扶梯内部传动装置和底盘系统积聚的大量细小纸屑和棉绒引发了火灾。

工业物联网（The ioT）

美国每年大约安装28 000部新的自动扶梯和电梯。随着制造业与数字经济的不断融合，特别是新兴的大数据采集系统和分析的应用，赫米塔奇和所有制造业公司一样，正面临一场工业革命，俗称工业4.0或工业物联网。大家都在讨论如何利用大数据分析来创造一种新的盈利商业模式。最好的方法是认识到公司遇到的瓶颈和其他问题，确定需要什么样的实时数据来解决问题，然后采用适当的传感器、无线连接和分析技术，来收集、传输和分析这些数据。赫米塔奇还必须制定应对问题的解决方案，例如如何向决策者提供数据，或使数据可视化，甚至创造一套能自动制订故障处理方案的决策算法。

赫米塔奇的担忧

赫米塔奇的维护主管马代尔·安德森（Mardell Anderson）对将自动扶梯数字化以成为工业物联网的一部分有很多自己的担忧。安德森说："第一次或每一次修一部自动扶梯，都对维护客户关系和降低人工成本至关重要。我真的非常希望我们能在问题发生之前解决它。预测和预防，而不是等问题发生后作出反应，才是这个行业的发展方向。出于必要，我们正朝着预防性和预测性维护的方向发展。如果能安装传感器和物联网组件，我们就能派遣合适的人员在合适的时间解决问题。或者更好的办法是，从根本上防止问题的发生。"

维修工人只要有合格的维修技术就可以维护低级的自动扶梯设备。有能力的维修工人每小时挣50美元，加上加班费，一年能挣10万美元以上。物联网技术应用在新款自动扶梯上具有成本效益，但在老款自动扶梯上进行改装却需要付出高昂成本。安德森说："更换自动扶梯需要几年时间"，"与此同时，我们正在了解自动扶梯系统中的薄弱环节，以及在哪些地方最适合安装传感器。如果设备能告诉我们该派遣哪位维修工以及什么时候派遣，那就太好了，但离安装维修基地的完成还需要几年的时间。离我们的自动扶梯以一种有意义的方式与我们交流可能还需要 10 年的时间。"

安德森希望在 10 年的过渡期内，自动扶梯维护方法能有所创新。"有没有可能找到另一种方法来实现预测性维护？我们有很多维修和召回的历史数据可用作大的数据分析，我们甚至可以给自动扶梯装上传感器，然后连接到物联网。例如，我们召回的产品中有很大一部分都与电机和链条故障有关，这一点是很重要的。我希望在向大数据分析迈进的过程中，能够更好地利用现有的数据。"

"一个真正优秀的机修师只需通过打电话问问题，就可以找出自动扶梯的故障所在。"安德森说，"故障类型没有几百万种。每部自动扶梯的故障类型都是有限的，只要解决这有限的问题便可以让它们恢复正常运作。这种知识需要成为我们预测性维护系统的一部分。"

安德森继续说道："我们的挑战是在自动扶梯内部选择合适的安装位置并安装传感器和相机，然后选择正确的衡量指标，以实现我们想要的故障预测能力。如果没有明确的规则，就算硬件安装到位、质量良好、衡量指标正确并将其连接到云端，也无法实现我们的目标。维修规则不是从一本手册中衍生出来的，而是从数百名维修师傅几十年来积累的经验和专业知识中衍生出来的。作为远程监控程序的一部分，我们已有的数据收集和远程监控规则将帮助我们编写第一代预防性维修规则，这个规则将有助于安排合适的维修技术人员去解决问题。"

"现在，我们正将这些知识提升到一个新的层次来进行预测分析。我们希望最有才华的技术人员将掌握的知识传授给下一代，从而引领我们进入未来的服务模式。由于传感器技术提供的物联网数据似乎是无限的，我们将利用新的数据来改写接到维修求助电话后维修人员派遣方式和人选的规则。"

"预测性维护分析实际操作起来并不容易。例如，随着新数据的出现，我们可能会看到'假阳性'，这意味着在没有错误的情况下机器也会显示错误。考虑到安全和满意度，技术人员如何鉴别出这种假警报？假警报有可能会增加成本，而不是降低成本。然后是操作设备的自然可变性问题。如何设置参数来区分我们所说的'噪音'和真正需要采取行动的问题？此外，一旦确定必须采取行动，该采取什么行动？某项维护活动是否可以与其他维护项目捆绑在一起，然后等下一次定期维护服务的时候再一并处理？"

"当转向预测模型时，很容易抬高成本。如果把每一个感应器显示故障的东西都拿出来，然后自动派一个技术人员去检查，每一次都得花钱却没有任何好处。那样花的人力物力都太多了。如果存在可能导致停机的安全问题或故障，就立即派遣技术人员。但是，如果聪明点的话，有一些检测到的问题可以等到下一次常规维护的时候一并解决。"

"所以，我的想法是，当我们为扶梯维修和维护制定新规则时，应该从分析历史上的产品召回和故障修复数据开始，因为这是我们可以影响成本和结果的地方。现有的数据可以极大地帮助我们，因为我们肯定知道每次召回或维修的设备类型。"

在赫米塔奇,所有新安装的自动扶梯都将安装物联网传感器包。一个大的问题是,如何利用物联网来增加收入,减少而不增加成本,同时提供更好的客户服务。赫米塔奇应该如何充分发挥物联网的优势,为客户和自身提供更多价值呢?

问题

1. 在即将到来的物联网大数据洪流中,赫米塔奇应该如何将经验丰富的维修人员的技术知识进行编码和管理,从而编写出产品维修维护的新规则? 请解释。

2. 在维护自动扶梯方面,大数据分析实际上是如何抬高成本而不是降低成本的?

3. 分析过往维修记录和数据有什么具体的价值? 你认为哪些具体数据会有价值? 为什么?

尾注

1 Based on Viktor Mayer-Schönberger and Kenneth Cukier, *Big Data: A Revolution That Will Transform How We Live, Work, and Think* (Boston: Houghton Mifflin Harcourt, 2013), 1–2.

2 Andrew McAfee and Erik Brynjolfsson, "Big Data: The Management Revolution," *Harvard Business Review*, October 2012, 61–68.

3 Raymond F. Zammuto, Terri L. Griffith, Ann Majchrzak, Deborah J. Dougherty, and Samer Faraj, "Information Technology and the Changing Fabric of Organization," *Organization Science* 18, no. 5 (September–October 2007), 749–762.

4 Erik Berkman, "How to Stay Ahead of the Curve," *CIO*, February 1, 2002, 72–80; and Heather Harreld, "Pick-Up Artists," *CIO*, November 1, 2000, 148–154.

5 "Business Intelligence," special advertising section, *Business 2.0*, February 2003, S1–S4; Alice Dragoon, "Business Intelligence Gets Smart," *CIO*, September 15, 2003, 84–91; and Steve Lohr, "A Data Explosion Remakes Retailing," *The New York Times*, January 3, 2010, BU3.

6 Lohr, "A Data Explosion Remakes Retailing."

7 Jacques Bughin, Michael Chui, and James Manyika, "Capturing Business Value with Social Technologies," *McKinsey Quarterly*, November 2012, http://www.mckinsey.com/insights/high_tech_telecoms_internet/capturing_business_value_with_social_technologies (accessed September 27, 2013); and Roland Deiser and Sylvain Newton, "Six Social-Media Skills Every Leader Needs," *McKinsey Quarterly*, Issue 1, February 2013, http://www.mckinsey.com/insights/high_tech_telecoms_internet/six_social-media_skills_every_leader_needs (accessed August 21, 2013).

8 Darrell K. Rigby, *Management Tools 2013: An Executive's Guide* (Boston, MA: Bain & Company, 2013), http://www.bain.com/Images/MANAGEMENT_TOOLS_2013_An

_Executives_guide.pdf (accessed August 27, 2013); Margaret Rouse, "Big Data Analytics," *TechTarget.com*, January 10, 2012, http://searchbusinessanalytics.techtarget.com/definition/big-data-analytics (accessed August 27, 2013); and David Kiron, Renee Boucher Ferguson, and Pamela Kirk Prentice, "From Value to Vision: Reimagining the Possible with Data Analytics," *MIT Sloan Management Review Special Report*, March 5, 2013, http://sloanreview.mit.edu/reports/analytics-innovation/ (accessed August 27, 2013).

9 McAfee and Brynjolfsson, "Big Data: The Management Revolution."

10 Sangeet Paul Choudary, "Why Business Models Fail: Pipes vs. Platforms," *Wired*, https://www.wired.com/insights/2013/10/why-business-models-fail-pipes-vs-platforms/ (accessed May 20, 2019).

11 Ibid.

12 Choudary, "Why Business Models Fail"; and Alex Moazed, "Platform Business Model—Definition; What Is It? Explanation," Applicoinc.com, Platform Innovation Blog, May 1, 2016, https://www.applicoinc.com/blog/what-is-a-platform-business-model/ (accessed May 20, 2019).

13 Moazed, "Platform Business Model—Definition."

14 Alex Moazed, "Platform Types: Explained and Defined," Applicoinc.com, Platform Innovation Blog, October 20, 2017, https://www.applicoinc.com/blog/what-makes-uber-different-from-android-how-to-make-sense-of-platform-businesses/ (accessed May 20, 2019).

15 Moazed, "Platform Business Model—Definition."

16 This discussion is based on John M. Jordan, "Challenges to Large-Scale Digital Organizations: The Case of Uber," *Journal of Organization Design* 6, no. 11 (October 2017), https://jorgdesign.springeropen.com/articles/10.1186/s41469-017-0021-2 (accessed May 20, 2019).

17 J. Jordan, "Challenges to Large-Scale Digital Organizations."

18 Gigi Teo and Sia Siew Kien, "The Quest for Legitimacy in Digital Disruption: The Case of Uber (A)," Asia Case.com, Nanyang Business School, Nanyang Technological University, HBSP: NTU111, May 22, 2017; and Jordan, "Challenges to Large-Scale Digital Organizations: The Case of Uber."

19 Jordan, "Challenges to Large-Scale Digital Organizations."

20 Ibid.

21 This discussion is based on Alex Moore, "Digitizing the Organization," *TD Magazine*, June 2017, https://www .td.org/magazines/td-magazine/digitizing-the-organization https://www.td.org/magazines/td-magazine/digitizing-the-organization (accessed May 21, 2019).

22 Adam Satariano, "Uber Regains Its License to Operate in London, a Win for Its New CEO," *The New York Times*, June 26, 2018.

23 Moore, "Digitizing the Organization."

24 Reported in Julian Villanueva and Luis Ferrandiz, "3 Steps to Market-Drip Digital Transformation," *IESE Insight Review* 32 (First Quarter, 2017), 15–22.

25 Gerald C. Kane, Doug Palmer, Anh Nguyen Phillips, David Kiron, and Natasha Buckley, "Achieving Digital Maturity," *MIT Sloan Management Review Research Report*, in collaboration with Deloitte University Press, Summer 2017, 2–16.

26 Kane et al., "Achieving Digital Maturity"; and Villanueva and Ferrandiz, "3 Steps to Market-Drip Digital Transformation."

27 Kane et al., "Achieving Digital Maturity."

28 Ibid.

29 Bernard Marr, "Fitbit: Big Data in the Health and Fitness Arena," Bernard Marr & Company, https://www. bernardmarr.com/default.asp?contentID=714 (accessed May 21, 2019).

30 "The Power of Big Data," Siemens Gamesa Website, https:// www.siemensgamesa.com/explore/innovations/digitalization (accessed May 21, 2019).

31 Travis Hessman, "Putting Big Data to Work," *Industry Week*, April 2013, 14–18.

32 Alden M. Hayashi, "Thriving in a Big Data World," *MIT Sloan Management Review*, Winter 2014, 35–39; and Mayer-Schönberger and Cukier, *Big Data*.

33 Mayer-Schönberger and Cukier, *Big Data*.

34 Hessman, "Putting Big Data to Work."

35 Quoted in Hessman, "Putting Big Data to Work."

36 Reported in Hayashi, "Thriving in a Big Data World"; and Mayer-Schönberger and Cukier, *Big Data*.

37 Reported in Hayashi, "Thriving in a Big Data World."

38 Mayer-Schönberger and Cukier, *Big Data*, 51–52.

39 Quoted in Mayer-Schönberger and Cukier, *Big Data*, 52.

40 Matthew Futterman, "Friday Journal—Baseball After Moneyball," *The Wall Street Journal*, September 23, 2011, D1.

41 Mayer-Schönberger and Cukier, *Big Data*, 129–130.

42 This discussion is based on David Fogarty and Peter C. Bell, "Should You Outsource Analytics?" *MIT Sloan Management Review*, Winter 2014, 41–45.

43 Mayer-Schönberger and Cukier, *Big Data*, 134–135.

44 Mayer-Schönberger and Cukier, *Big Data*, 127.

45 This discussion is based on Robert L. Grossman and Kevin P. Siegel, "Organization Models for Big Data and Analytics," *Journal of Organization Design* 3, no. 1 (2014), 20–25; and Jay R. Galbraith, "Organization Design Challenges Resulting from Big Data," *Journal of Organization Design* 3, no. 1 (2014), 2–13.

46 Thomas H. Davenport, "Five Ways to Organize Your Data Scientists," *The Wall Street Journal*, August 22, 2013, http://

blogs.wsj.com/cio/2013/08/22/five-ways-to-organize-your-data-scientists/ (accessed April 25, 2014).

47 Galbraith, "Organization Design Challenges Resulting from Big Data."

48 Davenport, "Five Ways to Organize Your Data Scientists"; and Grossman and Siegel, "Organization Models for Big Data and Analytics."

49 Based on Brad Brown, David Court, and Paul Wilmott, "Mobilizing Your C-Suite for Big-Data Analytics," *McKinsey Quarterly*, November 2013, 14–21.

50 Sara Castellanos, "Morgan Stanley Center of Excellence Readies Bank for AI's Data Demands," *The Wall Street Journal*, April 22, 2019, https://www.wsj.com/articles/ morgan-stanley-center-of-excellence-readies-bank-for-ais-data-demands-11555923601 (accessed May 22, 2019).

51 Stewart Black and Anne-Marie Carrick, "Digitization of an Industrial Giant: GE Takes on the Industrial Analytics," Insead, copyright 2017, Case Center Reference No. 317-0237-1.

52 David J. Collis and Tonia Junker, "Digitalization at Siemens," Harvard Business School, case 9-717-428, August 22, 2018. Copyright 2017, 2018 by the President and Fellows of Harvard College; Davenport, "Five Ways to Organize Your Data Scientists"; and Grossman and Siegel, "Organization Models for Big Data and Analytics."

53 Ruben Sigala, interviewed by Renee Boucher Ferguson, "A Process of Continuous Innovation: Centralizing Analytics at Caesars," *MIT Sloan Management Review*, Fall 2013, 1–6.

54 Steve Lohr, " 'The Beginning of a Wave': A. I. Tiptoes Into the Workplace," *The New York Times*, August 5, 2018, B1; and Angus Loten, "AI Tool Helps Companies Detect Expense Account Fraud," *The Wall Street Journal*, February 26, 2019, https://www.wsj.com/articles/ai-tool-helps-companies-detect-expense-account-fraud-11551175200 (accessed May 21, 2019).

55 Sara Castellanos, "HR Departments Turn to AI-Enabled Recruiting in Race for Talent," *The Wall Street Journal*, March 14, 2019, https://www.wsj.com/articles/ hr-departments-turn-to-ai-enabled-recruiting-in-race-for-talent-11552600459. (accessed May 21, 2019).

56 Kelsey Gee, "In Unilever's Radical Hiring Experiment, Resumes Are Out, Algorithms Are In," *The Wall Street Journal*, June 26, 2017, https://www.wsj.com/articles/ in-unilevers-radical-hiring-experiment-resumes-are-out-algorithms-are-in-1498478400 (accessed May 21, 2019).

57 Cade Metz, "Seeking Ground Rules for A.I.," *The New York Times*, March 1, 2019, https://www.nytimes.com/2019/03/01/ business/ethical-ai-recommendations.html (accessed May 21, 2019).

58 Cade Metz and Natasha Singer, "A.I. Experts Question Amazon's Facial-Recognition Technology," *The New York Times*, April 3, 2019, B3; Sue Shellenbarger, "A Crucial Step for Averting AI Disasters," *The Wall Street Journal*, February 13, 2019, https:// www.wsj.com/articles/a-crucial-step-for-avoiding-ai-disasters-11550069865; and Ted Greenwald, "How AI Is Transforming the Workplace," *The Wall Street Journal*, March 10, 2017, https://www.wsj.com/articles/how-ai-is-transforming-the-workplace-1489371060 (accessed May 28, 2019).

59 Ibid.

60 Sue Shellenbarger, "A Crucial Step for Averting AI Disasters," *The Wall Street Journal*, February 13, 2019, https://www.wsj.com/

articles/a-crucial-step-for-avoiding-ai-disasters-11550069865.

61 Sue Shellenbarger, "The Robots That Manage the Managers," *The Wall Street Journal*, April 15, 2019, https://www.wsj.com/articles/the-robots-that-manage-the-managers-11555336904.

62 Ibid.

63 The definition and discussion of nudge management is based on Philip Ebert and Wolfgang Freibichler, "Nudge Management: Applying Behavioural Science to Increase Knowledge Worker Productivity," *Journal of Organization Design* 6, no. 4 (2017), https://jorgdesign.springeropen.com/articles/10.1186/s41469-017-0014-1 (accessed May 22, 2019).

64 Ebert and Freibichler, "Nudge Management."

65 Daisuke Wakabayashi, "Firm Led by Google Veterans Uses A.I. To 'Nudge' Workers Toward Happiness," *The New York Times*, December 31, 2018, B1.

66 Esther Kaplan, "The Spy Who Fired Me," *Harper's Magazine*, March 2015, 31–40.

67 Alex Rosenblatt, "When Your Boss Is an Algorithm," *The New York Times*, October 12, 2018, SR2.

68 Kaplan, "The Spy Who Fired Me."

69 Victor Tangermann, "Amazon Used An AI to Automatically Fire Low-Productivity Workers," April 26, 2019, *Futurism.com*, https://futurism.com/amazon-ai-fire-workers (accessed May 22, 2019).

70 Kaplan, "The Spy Who Fired Me"; Kelsey Gee, "The Not-So-Creepy Reason More Bosses Are Tracking Employees," *The Wall Street Journal*, March 21, 2017, https://www.wsj.com/articles/the-not-so-creepy-reason-more-bosses-are-tracking-employees-1490101200 (accessed May 28, 2019); and Alex Rosenblat, "When Your Boss Is an Algorithm," *The New York Times*, October 12, 2018, https://www.nytimes.com/2018/10/12/opinion/sunday/uber-driver-life.html (accessed May 28, 2019).

71 John McCormick, "Chief Artificial Intelligence Officers Enter the C-Suite," *The Wall Street Journal*, February 5, 2019, https://www.wsj.com/articles/chief-artificial-intelligence-officers-enter-the-c-suite-11548756000 (accessed May 22, 2019).

72 Ibid.

73 Thomas W. Malone, "What AI Will Do to Corporate Hierarchies," *The Wall Street Journal*, April 1, 2019, https://www.wsj.com/articles/what-ai-will-do-to-corporate-hierarchies-11554158120; and John M. Jordan, "Additive Manufacturing ("3D Printing") and the Future of Organizational Design: Some Early Notes from the Field," *Journal of Organization Design* 8, no. 5 (2019), https://doi.org/10.1186/s41469-019-0044-y (accessed May 22, 2019).

74 Based on the social network analysis case of a petroleum organization conducted by Rob Cross, Andrew Parker, Laurence Prusak, and Stephen P. Borgatti and described in R. Cross et al., "Knowing What We Know: Supporting Knowledge Creation and Sharing in Social Networks," *Organizational Dynamics* 30, no. 2 (2001), 100–120; and in Starling David Hunter III, "Combining Theoretical Perspectives on the Organizational Structure-Performance Relationship," *Journal of Organization Design* 4, no. 2 (2015), 24–37.

75 Phyllis Korkki, "The Leaders Who Aren't Always Followed," *The New York Times*, April 13, 2014, BU3.

76 Karen Stephenson, quoted in Ethan Watters, "The Organization Woman," *Business 2.0*, April 2006, 106–110.

77 Korkki, "The Leaders Who Aren't Always Followed."

78 This example is from Rob Cross and Robert J. Thomas, "How Top Talent Uses Networks and Where Rising Stars

Get Trapped," *Organizational Dynamics* 37, no. 2 (2008), 165–180.

79 Jennifer Reingold and Jia Lynn Yang, "The Hidden Workplace: There's the Organization Chart—and Then There's the Way Things Really Work," *Fortune*, July 23, 2007, 98–106.

80 Ethan Watters, "The Organization Woman."

81 Susannah Patton, "Who Knows Whom and Who Knows What?" *CIO Magazine*, June 15, 2005, 51–56.

82 Ibid.

83 Rob Cross, Stephen P. Borgatti, and Andrew Parker, "Making Invisible Work Visible: Using Social Network Analysis to Support Strategic Collaboration," *California Management Review* 44, no. 2 (Winter 2002), 25–46.

84 Lowell L. Bryan, Eric Matson, and Leigh M. Weiss, "Harnessing the Power of Informal Employee Networks," *McKinsey Quarterly*, November 2007, http://www.mckinsey.com/insights/organization/harnessing_the_power_of_informal_employee_networks (accessed April 23, 2014).

85 Based on Andrew Mayo, "Memory Bankers," *People Management*, January 22, 1998, 34–38; William Miller, "Building the Ultimate Resource," *Management Review*, January 1999, 42–45; and Todd Datz, "How to Speak Geek," *CIO Enterprise*, Section 2, April 15, 1999, 46–52.

86 This discussion is based in part on Gustavo Guzman and Luiz F. Trivelato, "Transferring Codified Knowledge: Socio-Technical Versus Top-Down Approaches," *The Learning Organization* 15, no. 3 (2008), 251–276; Ikujiro Nonaka and Hirotaka Takeuchi, *The Knowledge-Creating Company: How Japanese Companies Create the Dynamics of Innovation* (New York: Oxford University Press, 1995), 8–9; Robert M. Grant, "Toward a Knowledge-Based Theory of the Firm," *Strategic Management Journal* 17 (Winter 1996), 109–122; and Martin Schulz, "The Uncertain Relevance of Newness: Organizational Learning and Knowledge Flows," *Academy of Management Journal* 44, no. 4 (2001), 661–681.

87 The description of tacit knowledge is based on Matt Palmquist, "(Tacit) Knowledge Is Power," *Strategy + Business*, April 9, 2014, http://www.strategy-business.com/blog/Tacit-Knowledge-Is-Power (accessed April 22, 2014); and C. Jackson Grayson, Jr., and Carla S. O'Dell, "Mining Your Hidden Resources," *Across the Board*, April 1998, 23–28.

88 The quote is from Dorothy Leonard, Harvard Business School, quoted in Jeff Green, "As Boomers Retire, Companies Prepare Millennials for Leadership Roles," *Bloomberg Businessweek*, January 25–January 31, 2016, https://www.bloomberg.com/news/articles/2016-01-21/as-boomers-retire-companies-prepare-millennials-for-leadership-roles (accessed May 24, 2019).

89 Jeff Green, "As Boomers Retire, Companies Prepare Millennials for Leadership Roles," *Bloomberg Businessweek*, January 25–January 31, 2016, https://www.bloomberg.com/news/articles/2016-01-21/as-boomers-retire-companies-prepare-millennials-for-leadership-roles (accessed May 24, 2019).

90 Based on Morten T. Hansen, Nitin Nohria, and Thomas Tierney, "What's Your Strategy for Managing Knowledge?" *Harvard Business Review*, March–April 1999, 106–116.

91 Dorit Nevo, Izak Benbasat, and Yair Wand, "Knowledge Management; Who Knows What?" *The Wall Street Journal*, October 26, 2009.

92 David Gilmore, "How to Fix Knowledge Management," *Harvard Business Review*, October 2003, 16–17.

93 Palmquist, "(Tacit) Knowledge Is Power."

94 Saul Berman and Peter Korsten, "Embracing Connectedness:

Insights from the IBM 2012 CEO Study," *Strategy & Leadership* 41, no. 2 (2013), 46–57.

95 Zammuto et al., "Information Technology and the Changing Fabric of Organization."

96 Stephanie Overby, "Paving over Paperwork," *CIO*, February 1, 2002, 82–86.

97 Siobhan O'Mahony and Stephen R. Barley, "Do Digital Telecommunications Affect Work and Organization? The State of Our Knowledge," *Research in Organizational Behavior* 21 (1999), 125–161.

98 Michela Arnaboldi and Jean-Francois Coget, "Social Media and Business: We've Been Asking the Wrong Question," *Organizational Dynamics* 45 (2016), 47–54.

99 Berman and Korsten, "Embracing Connectedness."

100 "Big and No Longer Blue," *The Economist*, January 21–27, 2006, http://www.economist.com/node/5380442 (accessed October 18, 2011).

101 "Mandate 2003: Be Agile and Efficient," *Microsoft Executive Circle*, Spring 2003, 46–48.

102 Salvatore Parise, Bala Iyer, Donna Cuomo, and Bill Donaldson, "MITRE Corporation: Using Social Technologies to Get Connected," *Ivey Business Journal*, January–February 2011, http://www.iveybusinessjournal .com/topics/strategy/mitre-corporation-using-social-technologies-to-get-connected (accessed August 25, 2011).

103 Joanne Lee-Young and Megan Barnett, "Furiously Fast Fashions," *The Industry Standard*, June 11, 2001, 72–79.

104 Adapted from, "7 Steps for Launching a Successful Manufacturing Big Data Project," Sight Machine, available at https://info.sightmachine.com/ lp-wp-sm-7-steps-launching-manufacturing-big-data-project?utm_source=Google&utm_medium=cpc&utm_ campaign=utm_term=big_data_analytics&gclid=Cj0KCQjwl a7nBRDxARIsADll0kDtLp68cQbo4G6-Ge1ISoMkSuWoaZ fJ7Vp9nJbLWhlj5erfHhaJw3EaAsLWEALw_wcB (accessed May 29, 2019).

105 Based on Tom Harris, "How Escalators Work," Howstuffworks.com, https://science.howstuffworks.com/ transport/engines-equipment/escalator1.htm (accessed May 27, 2019); Rebecca Goldberg and Elliot Weiss, "Schindler Elevator Corporation," Case UVA-OM-1593, July 30, 2018. Copyright 2018 by the University of Virginia Darden School Foundation, Charlottesville, VA; Ryan Bradley, "FYI: Why Are Escalators So Dangerous?" *Popular Science*, September 17, 2013, https://www.popsci.com/science/article/2011-04/ fyi-why-are-escalators-so-dangerous (accessed May 27, 2019); and Klaus Meyer and Alexandra Han, "Bossard AG: Enabling Industry 4.0 Logistics, Worldwide," Case 9B17M149, Ivey Publishing, September 29, 2017. Copyright 2017 Ivey Publishing, Ivey Business School, Western University, London, Ontario, Canada.

组织规模、生命周期及组织衰退

问题引入

在阅读本章内容之前,请先看下面的问题并选择答案。

1. 在公司的成长中,创建者亲自干预管理控制是明智的。

同意_____ 不同意_____

2. 管理者应当把共享价值观、信任和对组织使命的承诺作为控制员工行为的主要手段。

同意_____ 不同意_____

3. 如果一个组织开始进入衰退状态,重新恢复生机几乎是不可能的。

同意_____ 不同意_____

"西南航空公司目前正处在一个比以往任何时候都好的发展阶段上",公司董事会主席兼首席执行官加里·凯利(Gary Kelly)说。但是仔细来看,西南航空公司已经开始显现出了衰老的迹象。其实凯利也承认,不但整个航空业发生了变化,而且西南航空公司在航空业中的地位也发生了变化。西南航空公司的成长已经停滞了。长期以来以低价格为核心竞争力的卖点也没有那么明显了,西南航空公司的机票相对其他航空公司来说也没有那么便宜了。美国其他航空公司一直在提供吸引商务旅客的项目和服务。超级折扣店已将西南航空的票价降到极低水平。西南航空公司不仅要应对导致数千次航班取消的恶劣天气,还要努力应对与机械师工会发生纠纷导致的维修中断。此外,西南航空公司的机队拥有的波音 737 Max 飞机数量比其他任何航空公司都多。这些波音 737 Max 在经历了两次致命的事故后于2019 年 3 月停飞。在 2019 年第一季度,由于波音 737 Max 停飞、天气干扰和机械师工会的纠纷,西南航空取消了 9 000 多次航班。西南航空公司的很多员工非常期待能够回到联合创始人赫伯·凯莱赫(Herb Kelleher)在位时的样子,凯莱赫曾任公司的首席执行官兼执行主席。凯莱赫以他古怪的穿衣风格而著称,喜欢喝野火鸡波本威士忌,喜欢骑哈雷摩托。"自从凯莱赫离开以后,这里更像是一个公司,而不像是一个家庭,"工会代表兰迪·巴恩斯(Randy Barnes)说。[1]

像西南航空这样的组织,随着规模逐渐发展壮大,业务逐渐多元化,就需要更加多元化的系统和程序来指导和控制组织。而且,较复杂的系统和程序会给组织带来无效率和刚性、反应时间变慢等问题,也就是说,公司很难在短时间内适应并满足客户或顾客的需求。

与大多数组织相比,西南航空公司已经享受了较长时期的"青春",保持着创新性、适应能力以及创业者的心态,但是每个组织,从本土餐馆和自主经营的实体店到国际化大公司、非营利性组织,还有法律实施机构,都会面临组织规模、官僚层级和控制问题。在 20 世纪,大型组织变得很普遍,同时,组织的行政体制开始成为组织理论研究的一个重要课题。[2]大部分大型组织都存在行政化的特征,它可以是很有效的。这些组织为我们提供大量产品和服务,完成令人惊叹的事情——探索火星,可到达世界任何一个地方的包裹快递,在美国安排和协调一天中数千架次的飞机起落——这些都是那些组织有效运行的证明。另外,行政化机构也会因许多缺陷而受到指责,如低效、缺乏灵活性以及繁文缛节的程序化工作使组织远离它的雇员和服务的顾客。

本章目的

这一章我们要探讨组织的规模问题,分析规模与结构及控制的关系。组织规模是影响组织设计和运行的一个情境变量,其重要性与前几章讨论的技术、环境、目标等情境变量相似。本章第一部分中,我们先要考察规模大小的各自好处。然后,我们要介绍组织生命周期的概念,并探讨每一阶段的结构特征。接下来,我们要探讨历史上对行政式机构作为大型组织控制的一种手段的需要,并将行政控制与其他的控制手段相比较。最后,本章将探寻组织衰退的原因并讨论组织衰退经历的阶段。学完本章后,读者应该能领会行政式机构的本质以及它的优点和缺点。在读完本章之后,读者应该认识到在什么样的情况下采用行政式控制手段能使一个组织更加有效,在什么样的情况下选用其他的控制办法会更有效。

10.1　组织规模:是否越大越好

组织规模大还是小的问题源于对组织成长的认识。许多组织都感到存在一种压力,需要不断地成长壮大。

10.1.1　成长的压力

你梦想开家小公司吗？许多人都梦想过，美国经济的"血液"就是创业型公司。的确，实际上每位创业者梦想自己的公司赶快发展壮大，甚至成为《财富》500 强。[3] 成立于 1994 年的亚马逊，最初只是一家拥有 150 名员工的小公司，主要业务是在互联网上销售图书。2018 年，亚马逊在美国规模最大企业中排名第 8。现在，亚马逊拥有 647 500 多名员工，在世界各地的市场上提供 30 多亿种产品，是全球云计算的领导者，并正在建立自己的航空货运队。目前，在线销售商品只是亚马逊整体业务的一小部分。亚马逊的销售额和营业收入已保持多年的持续增长。[4]

在过去的几十年里，行业整合、全球扩张和多元化推动企业的规模越来越大。尽管新成立的小公司层出不穷，但苹果（Apple）、丰田（Toyota）、摩根大通（JPMorgan Chase）和沃尔玛（Walmart）等巨头仍在继续壮大。2018 年，苹果的市值超过 1 万亿美元，意味着一些超级大公司已经开始主导美国经济。1975 年，109 家公司的利润占到了美国所有上市公司利润的一半。2018 年，仅 30 家公司的利润就达到了这样的比例。[5]

从零售、航空到媒体，所有行业的组织都在努力成长，投资于新技术，控制分销渠道，进入更多市场，以获得在全球范围内竞争所需的规模和资源。[6] 企业在成长过程中会面临许多其他的压力，然而实践证明，企业必须通过成长才能维持健康发展。停止成长就是失败的开始。稳步不前就无法持续不断地满足顾客需求，而且竞争者也会瓜分你的市场。沃尔玛的管理者们即使在投资回报率（ROI）下降的情况下也依旧热衷于企业扩张，他们坚信"停止成长就是失败和破产的开始"，首席财务官汤姆·斯科沃（Tom Schoewe）也指出："我可以接受投资回报率稍微降低情况下企业快速的成长。"[7]

较大规模的企业可以承担更多风险，这些风险足以摧毁那些小型企业，同时，规模对于一些行业的健康发展非常重要。例如，在美国的医疗行业中经常出现并购热潮，因为医院、医疗组织和保险机构都在努力地控制医疗成本，以应对新的挑战。美国最大的连锁药店 CVS 健康集团（CVS Health）与美国最大的健康保险公司之一安泰公司（Aetna）的合并就是例证之一。[8] 丹麦商业巨头 Møeller-Maersk 最近把运输物流业务和石油相关业务分拆成两个独立的事业部，使每个事业部都具有更大的灵活性，进而能够通过继续并购来扩大规模。马士基集团（Maersk）首席执行长施索仁（Søren Skou）表示，希望公司能够"在机会来临的时候用最大火力做大事情"。[9] 规模对于像可口可乐、宝洁这样的营销密集型企业来说，更是其保持经济上健康发展的关键。正是大规模使这些企业在市场中获得了竞争力，从而提高其销售收入。[10] 通过一系列的收购和兼并，比利时酿酒公司英特布鲁（Interbrew，现为AnheuserBusch InBev，百威英博）成为世界上最大的啤酒生产商和分销商，在行业中具有巨大的影响力。此外，成长中的组织也是有活力的、激发人的工作场所，这使得组织能够吸引和保持高素质的员工。当雇员的数量不断扩大时，企业可以为员工提供更多的挑战和发展机会。

10.1.2　规模的两难选择

　　组织感到成长的压力，但是，压力究竟多大，规模要扩大到什么程度？多大规模的组织能在全球化市场竞争中有最好的表现？关于规模大小问题的争论可概括为图 10-1。

图 10-1　大型组织与小型组织的区别

资料来源：Based on John A. Byrne，"Is Your Company Too Big？"*Business Week*（March 27，1989），84-94.

大规模

　　富足的资源和规模经济是许多参与全球化竞争的组织必备的条件。只有大型组织才有能力建立起贯通加拿大西部和整个美国的石油管道系统——基石输油管线项目（Keystone Pipeline），也只有像通用电气这样的大公司才能够花费 200 万美元建造超效率的由 8 000 个不同零件组成的风力涡轮机。[11]只有强生公司（Johnson & Johnson）这样的大企业才有实力投下数百万美元的资金开发出像双光镜片隐形眼镜和皮下节育器这样的新产品。最近一项针对 99 个发展中国家的研究发现，大企业的生产力显著地高于小企业。由于规模经济和范围经济的存在，规模和生产力之间的相关性在美国也表现得非常显著。[12]美国页岩气产业的繁荣是由依欧格资源公司

（EOG Resources）和大陆资源公司（Continental Resources）等规模小而灵活的企业开创的，但规模经济和范围经济给后来的雪佛龙（Chevron）和埃克森美孚（Exxon Mobil）等能源巨头带来了优势。ADI 公司（ADI Analytics）首席执行官乌黛·图永嘉（Uday Turanga）表示，较大的规模有助于降低企业成本，更快地畅通渠道，签订更合理的劳工协议和其他合同。雪佛龙北美勘探和生产部总裁杰夫·谢利巴格（Jeff Shellebarger）也有相同的观点。谢利巴格说："企业一旦进入发展阶段，就需要扩大规模，这样才能在现有的边际收益上取得成功。"2018 年第三季度，雪佛龙在二叠纪盆地的石油和天然气产量飙升至每天 30 多万桶，比前一年增加了 80%。相比之下，一家规模较小的公司要花费四年时间才能将产量从 1 万桶提高到 10 万桶。[13]

大公司也能更好地抵御灾害和灾难。小公司会因为灾难而倒闭，但大公司能够在此期间向其所服务的地区提供更多社会支持。[14]2011 年，日本发生地震、海啸和核泄漏等一系列灾难，大部分收入来自日本的美国家庭人寿保险公司（Aflac）给客户 6 个月的宽限期来支付保费。此外，该公司还捐赠了数百万美元用以救灾。[15]大型组织也能在灾难发生后更快地恢复业务，在一切都充满不确定性的困难时期给员工和社区带来安全感。

大企业往往是以一种标准化，甚至常常是机械化的方式运作，并且呈现出高度的复杂性。复杂性能使组织拥有大量的职能专家，他们能完成复杂的任务，生产出复杂的产品。而且，大型组织一旦成为稳定运行的机构，能在市场上持续地存在多年。管理者会乐意加入这样的企业并预期自己获得像 20 世纪五六十年代的"组织者"那样的职业生涯。这样的组织可以为员工提供稳定的就业以及提薪和晋升等机会。

小规模

一种对立的观点认为小的就是美好的，因为在全球经济中取得成功的关键是能在瞬息万变的市场中保持灵活性和应变能力。小型组织在需要快速应对顾客需求及环境和市场条件时能显示出巨大的优势。[16]另外，小型组织通常会获得更大的员工承诺，因为人们更容易感到自己是组织的一部分。员工通常从事多样化的任务，而不是单一、专门的工作。对许多人来说，在小公司工作比在大公司工作更让人开心和满足。在哪里做管理者会比较幸福呢？做完本章的"你适合哪种组织设计"你就会得到答案。

〰〰〰〰〰〰〰〰〰〰〰〰〰〰〰〰〰〰〰〰〰〰〰〰〰〰〰〰〰〰〰〰〰〰

你适合哪种组织设计

你适合在哪种规模的组织里工作？

怎样测量你的工作爱好适合多大规模的企业呢？回答下面有关"喜欢"和"不喜欢"的问题。标出每个问题对你是"基本符合"还是"不太符合"。

	基本符合	不太符合
1. 我注重组织的稳定和发展空间。	_____	_____
2. 规定是用来被打破的。	_____	_____
3. 工作经验是工资和晋升的重要决定因素。	_____	_____
4. 我比较喜欢挑战不同类的工作，讨厌单调		

的工作。

5. 入职前,我需要确认公司的盈利能力和
　福利政策。

6. 我喜欢在一个共同承担管理责任的团队
　中工作,不喜欢在一个只有一个经理的
　部门中工作。

7. 我喜欢在有名的大企业工作。

8. 我宁可在一家年薪 9 万美元的小企业里
　做副总裁,也不去一家年薪 10 万美元的
　大企业里做中层管理者。

计分:奇数题号的问题选择"基本符合"加 1 分,偶数题号的问题选择
"不太符合"加 1 分。

解析:大型组织和小型组织的工作存在很大区别。大型组织信誉好、
效益好、稳定、规章制度齐全、工作界定清楚、管理机构层次清晰。小型组织
可能苦于生存,有激情,工作种类多,有风险,得分担责任。得分大于或等于
6 分的适合于大型组织,得分小于或等于 3 分的适合于小型、结构简单的
组织。

资料来源:From Hellriegel/Jackson/Slocum. Managing, IIE. Copyright 2008 South-Western, a
part of Cengage Learning, Inc. Reproduced by permissim, http: //www.cengage. com/permissions.

近些年来,许多大企业通过兼并或者并购使组织规模变得更加庞大。
然而,研究表明,这些兼并形成的组织很少达到其期望的业绩水平。麦肯锡
公司(McKinsey & Company)、合益集团(Hay Group)和其他咨询公司的研
究显示,企业合并后绩效降低 20%。也有些评估显示,90% 的公司合并后没
有按照预期发展。很多学者和分析人士认为,只是不断地使企业规模变大
并不能提升组织绩效。[17] 美国第二大建筑商普尔特集团(Pulte Group)于
2009 年收购了一家中介公司。由于整合两家公司的压力,加上房地产市场
的疲软,此次收购对普尔特的盈利能力造成了较大破坏。自收购开始到
2011 年年中,除了有一个季度盈利之外,普尔特已经损失了数百万美元。[18]

尽管许多公司的规模在不断增大,但是美国以及世界上其他大部分发
达国家的经济活力却取决于小型和中型的公司。根据美国小型企业管理局
(Small Business Administration)的统计,小企业的数量占到了美国全部企
业数量的 99%。美国的 3 020 万个小型企业雇用了将近 5 900 万名员工。
根据可获得的最新数据,2015 年小型企业创造了 190 万个新工作岗位。[19] 在
出口企业中,小型公司占了很大比例。大部分出口商都是小企业。互联网
和数字技术的发展使得小公司更容易与大公司相竞争。服务业的迅速发展
降低了组织的平均规模,因为绝大多数服务型企业都力争在小规模经营中
更好地为顾客服务。

小型组织实行的是一种扁平化的结构和机动、灵活的管理风格,因而有
助于激发创新精神和创造力。当今领先的生化药品几乎都是小企业开发出
来的,如抵抗艾滋病病毒的药品反吞噬型滤过性病菌(anti retroviral)是由
基莱德科技公司(Gilead Sciences)开发研制的,而不是像辉瑞公司(Pfizer)

那样的大型制药公司开发的。[20]除此之外,员工在小企业经营中的个人高度参与感也极大地激发了他们的工作积极性和对企业的全身心投入,这些企业的员工已认同了公司的使命。基于对原始社会、宗教派系、军事组织和一些企业的研究,人类学家罗宾·顿巴(Robin Dunbar)建议,150人是任何一个组织达成目标的最佳规模。超过这个规模,企业的效率就会降低,因为过多的规定、程序和官僚主义会使业务运作速度变慢,也会降低群体的道德水平、热情程度和忠诚度。[21]

大企业与小企业的混合体

小企业独有的优势使之获得成功并成长壮大,从而成为大型的组织,这是一个悖论。小企业可能成为其自身成功的牺牲品,因为伴随着企业的成长壮大,它可能会转向注重纵向层级的机械式结构,这样就孕育出了许多的"组织者"而不是创业者。大型公司注重的是"不求创新,只求最好。"[22]大企业受现有产品和技术的束缚,缺乏对未来改革的追求。

解决这一问题的途径之一是通用电气公司已退休的董事长兼首席执行官杰克·韦尔奇(Jack Welch)提出的"大企业与小企业的混合体"结构,也就是将大型公司所拥有的资源和渠道与小企业特有的简单性和灵活性相结合。这些企业通过整合组织结构和流程,使自己在保持适应能力的同时又有效率。它们所使用的是双管齐下的策略(ambidextrous approach),通过整合结构和流程,使组织既能够拥有小企业的创造能力,又拥有大企业的创新系统。比如说,灵活、宽松的组织结构和较高程度的授权能够鼓励员工的创新想法和创新行为。但是在这样的情况下,组织很难实施变革,员工可能会因为习惯了自主行事而不遵从变革规定。通过双管齐下的策略,管理者在组织中的某些部门内部鼓励灵活性和自主行事,以激励员工提出创新想法,但是在整个组织内要进行更严格的、集中的、标准化的管理以实现组织创新。[23]例如,位于伦敦的万盛软件公司(Misys,现在是Finastra公司的一部分)的首席执行官迈克·罗瑞(Mike Lawrie)组建了一个单独的部门设计开源解决方案(Open Source Solutions),旨在为卫生保健行业研发潜在的破坏性技术。罗瑞希望有创造力的人有时间和资源去开发新软件,使所开发的系统软件能够实现数据在医院、医生、保险公司和其他卫生保健系统之间的无缝交换。在创新想法被提出之后,常规型组织更有利于创新想法的实施,这种组织非常重视规范和精确度。[24]事业部型结构,如第3章所述,是大型组织成为大公司与小企业混合体的另一种方法。通过将大公司重组为若干小型公司,像强生(Johnson & Johnson)这样的大型组织就获得了小企业的思维模式和经营优势。强生实际上是由分布于57个国家的250家独立经营企业所组成的群体。[25]迈克尔·戴尔(Michael Dell)正在试图通过给部门授予自主权,让公司像初创企业一样充满活力,使公司重获辉煌。

应用案例 10-1

戴 尔 公 司

戴尔曾经是全球顶尖的个人电脑制造商。但是多年来,戴尔的个人电脑业务一直在下滑。戴尔正在从个人电脑制造商转型为解决方案提供商，创始人迈克尔·戴尔也正在试图让公司回归创业时的状态。

戴尔正在进军新的业务领域，比如网络安全和数据中心的设计与管理，并给这些新的业务部门授予了更多的自主运作权。负责数据中心部门运营工作的福瑞斯特·诺罗德（Forrest Norrod）说，他已获得授权，可以忽略公司办公室给予的"帮助"。迈克尔·戴尔说他希望这些部门更具创造性，少一些官僚主义，所以他采取了不干涉的方法。诺罗德的部门位于戴尔的帕默南园区内（Parmer South），距离戴尔总部 8 英里。当员工找不到测量服务器机架的尺子时，他们有时候会用美元纸币作尺子。一位员工在他的车库里设计了一个特殊的无线电底架，使用胶带连接上电源。这看起来不像运行大型计算机的方式，但是诺罗德和迈克尔·戴尔认为这是一个好的开始，这使戴尔更像一个成长快速、运行灵活的初创企业。这可能是戴尔打败大型技术竞争对手的最好机会。[26]

其他公司也在寻找既保持大企业风范又保持小企业心态的方法。例如，零售巨头劳氏公司（Lowe's）在广告、采购和资金筹措等方面利用了其规模优势，但对于乡镇小型商店，它会给商店经理一些服务顾客的自主权。为了避免高管被隔离于实际情况之外，共同基金经理班卡多（Vanguard）要求每个人——即使是首席执行官——每个月都要花费一些时间与顾客直接交谈。[27] 成长中的小型公司也可以使用这些方法帮助他们的组织保持灵活性和顾客的关注度，从而促进组织成长。

本节要点

- 组织要经历许多成长的压力，在一些行业中大规模对组织的经济健康至关重要。
- 规模能够为组织带来规模经济，为组织员工提供更加多样的机会，让组织敢于投资有风险的大项目。然而，大型组织很难适应环境的快速变化。
- 大型组织往往以标准化，甚至机械化的方式运作，并呈现出高度的复杂性。
- 小型组织通常设计成扁平化的组织结构，采用机动、灵活的管理风格。
- 小型组织可以对环境变化做出更快的反应，更适合鼓励创新和创业。
- 大型企业或成长型企业的管理者们努力设计更好的机制，以使他们的组织更加灵活和反应迅速。

10.2　组织生命周期

生命周期的概念为探讨组织的成长和变化提供了一条有益思路。所谓组织的**生命周期**（life cycle），就是指一个组织的诞生、成长直至最后消亡的过程。[28]随着组织向生命周期下一阶段的演进，其结构、领导风格及管理系统都会演变为一种相对可预见的模式。生命周期的各阶段是顺序演进的，它遵循的是一种规律性的进程。

10.2.1　生命周期演进的阶段

关于组织生命周期的研究表明，在组织发展中表现出四个阶段的不同特征。[29]这些阶段以及各阶段面临的问题如图 10-2 所示。

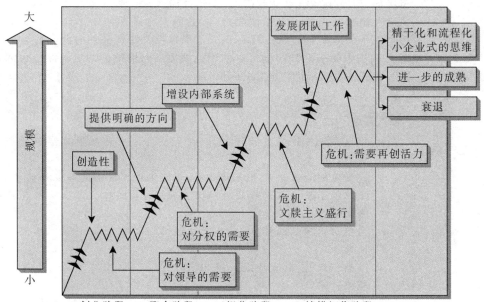

图 10-2　组织的生命周期

资料来源：Adapted from Robert E.Quinn and Kim Cameron，"Organizational Life Cycles and Shifting Criteria of Effectiveness：Some Preliminary Evidence"，*Management Science* 29（1983），33-51；and Larry E.Greiner，"Evolution and Revolution as Organizations Grow"，*Harvard Business Review* 50（July-August 1972），37-46.

定义

成长并不是件容易的事。组织每次进入生命周期的一个新的阶段，就等同于进入了一场全新的球赛。组织面临的是一套全新的规则，它规范着组织如何在内部运行以及如何与外界的环境相联系。[30]

1. 创业阶段

组织诞生之初的经营重点是创造出一种产品或服务，并力求在市场竞争中生存下来。组织的创建者被称为企业家，他们将全部的精力投入到生产和营销的技术性活动中。组织是非正规的，不具有行政式机构的特征。组织中的工作时间往往很长，且依靠创业者的亲自监督来实施控制。在创造性地推出某种新的产品或服务中，组织获得了成长。例如，丹尼斯·克劳利（Dennis Crowley）和纳文·赛尔瓦杜莱（Naveen Selvadurai）在纽约东村的克劳利家的餐桌上创建了第一个版本的四方（Foursquare），这是一种移动网络服务，用户可以与朋友分享他们的位置，标记他们想去的地点信息，也可以分享技巧和经验。2009 年，他们在得克萨斯州的奥斯汀市推出了这项服务，几年之内，活跃用户就超过了 4 500 万。克劳利在公司早期担任首席执行官。[31]四方公司的成立让人想起了苹果公司（最初的苹果电脑公司），也是一家曾经处于**创业阶段**（entrepreneurial stage）的企业。1976 年，史蒂夫·乔布斯（Steve Jobs）和斯蒂芬·沃兹尼亚克（Stephen Wozniak）在沃兹尼亚克父母家的车库里创建了苹果公司。

创业阶段的危机：对领导的需要。组织开始成长后，日益增多的员工会带来许多问题。富有创造力的、精于技术的创业者面临着强化管理的问题，然而，他们可能更倾向于将精力投入到产品的生产和销售中，或者开发新的产品和服务。当危机出现时，创业者要么调整组织的结构以适应成长的需要，要么引入能更胜任管理工作的得力职业管理者。例如，尽管丹尼斯·克劳利在四方公司扮演着积极的角色，但在花了几年时间打造了一支稳定的管理团队后，他于 2016 年辞去了首席执行官一职。克劳利说："我有足够的自我认识，知道自己擅长很多事情，比如创造产品，但（管理）不在其中。"[32]1998 年，安德鲁·梅森（Andrew Mason）和几个朋友创建了团购网站——高朋网（Groupon），企业实现了惊人的成长，但创始人安德鲁·梅森好像并没有兴趣管理一家大公司，他在 2013 年初离开了高朋。一位分析人士说，"我认为梅森是一个很有远见又富有创意的人。随着高朋的不断成长，这家公司给人留下了深刻的印象，这一点是无可辩驳的。然而，在有些时候，它像一个长得过快的孩子一样……还没有做好像成年人一样做决策的准备"。[33]

2. 聚合阶段

如果领导危机得以解决，组织有了强有力的领导者，这时组织就开始提出明确的经营目标及方向。组织设置了职能部门，建立了职权层级链，并给各层次、部门分配明确的任务，从而有了初步的劳动分工。在**聚合阶段**（collectivity stage），员工们对组织使命一致认同，竭力协助组织取得成功。他们感到自己是集体的一分子，组织中的沟通和控制大多是非正式的，尽管此时开始出现了一些正规的制度。苹果计算机公司在其从 1978 年到 1981 年这段迅速成长的时间里就处于聚合阶段。随着拳头产品的形成，员工们积极投身于公司的业务活动中，并与 2 000 多个经销商签订了合约。

聚合阶段的危机：对分权的需要。如果新的管理层成功地进行了领导，低层级的员工们逐渐会发现他们受制于自上而下的强有力的控制。下层管理人员开始在自己的工作领域中获得一种自信，从而要求有更多的自主权。而凭借强有力的领导和愿景来激励从而取得成功的高层管理者可能不愿放弃其职责，这样就产生了自主危机。高层管理者希望确保组织的各个部分都协调运作并齐心协力。这时，组织需要找到一些方法能协调和控制各部门的活动，而又不需要高层管理者进行直接监督。例如，当钻石国际湿纸巾公司(Diamond Wipes International)由于部门间沟通不畅而发生代价高昂的错误时，台湾企业家严筱意(Eve Yen)聘请了一位总经理让他负责协调各部门间的工作。[34]

问题引入部分的参考答案

1. 在公司的成长中，创建者亲自干预管理控制是明智的。

答案：不同意。创业者通常都热衷于亲自参与生产和销售新产品或服务。但是公司逐渐发展壮大后，创业者应该扮演管理员工、制定工作流程和规章制度的角色，如果角色转变存在问题，他们就会长时间停留在手把手的管理控制中。多数情况下，成功的创业者会聘请经验丰富的管理者经营公司，协助组织过渡到下一个阶段。

~~~~~~

3. 正规化阶段

正规化阶段(formalization stage)涉及规则、程序和控制系统的建立和使用。沟通不再很频繁，而且更加正规化，更多地服从职权层级制度。组织中增加了工程人员、人力资源专家及其他职员。高层管理当局转而关心诸如战略和计划这样的问题，而把公司的日常经营管理问题交给中层管理人员。组织可能会设立产品群部或其他的分权单位，以增进协调。以利润为基础的激励制度得到采用，这样可以确保管理者朝着最有利于整个企业的方向努力工作。优步目前正处于早期的正规化阶段。正如前面章节所述，优步联合创始人特拉维斯·卡兰尼克(Travis Kalanick)因丑闻在经历了数月的负面媒体报道后被迫离职。公司被指控存在性别歧视和性骚扰，董事会对优步的企业文化进行了调查，目前正与新任首席执行官达拉·科斯罗萨希(Dara Khosrowshahi)共同努力，通过制定正式的规则和程序指导公司发展，并确保运行中的监管措施切实有效。[35]如果行之有效，新的协调和控制系统会促进组织进一步成长，因为它在高层管理与现场单位之间建立了联系机制。像电子港湾(eBay)和亚马逊这样的互联网公司正处于正规化阶段的末期，管理者们正在设计新的系统处理公司运营中不断增加的复杂性。

正规化阶段的危机：文牍主义盛行。在组织发展的这一时点上，制度和规划的广泛使用可能开始困扰着中层管理人员。组织似乎过于行政机构化了。中层管理者可能会对参谋人员的介入表现出极大不满。创新可能受到束缚。组织看起来过大、过于复杂了，以至于难以通过正规的计划来加以管理。

4. 精耕细作阶段

克服文牍主义危机的办法是通过培育一种新的意识促进协作和团队工作。在整个组织中,管理者要开发员工面对和解决问题及协同工作的能力。行政式机构可能已经达到了极限。社会控制和自我约束机制的引入可以减少对过多的正规控制的需要。管理者会学着在行政式机构中工作而不再增加行政式机构的特征。正规的制度可能得到简化,取而代之的是管理者团队和任务小组。为了实现协作,公司内部常常会组建一些跨职能部门或跨事业部的团队。组织也可能会分解成若干事业部,以保持小企业经营的特色。苹果计算机公司当前正处于其生命周期的**精耕细作阶段**(elaboration stage)。同样的情形还见于丰田、第 1 章开篇案例中的通用电气、卡特彼勒公司(Caterpillar)以及本章开篇案例中的西南航空公司。

精耕细作阶段的危机:需要再创活力。当组织成熟后,可能会步入暂时衰退的时期。[36]可能每 10～20 年就需要对组织进行一次重建,使之获得新的活力。这时的组织可能不再适应其环境,或者变得行动迟缓,过于行政化,因而必须经历一个重塑和创新的过程。在这一阶段,通常需要更换高层管理者。如在苹果计算机公司,为了使企业获得新生和活力,在 1985 年至 1997 年之间几次更换高层领导者。史蒂夫·乔布斯在 1997 年年中回到他大约 25 年前创办的公司来主持经营。乔布斯快速地重组了公司,放弃了低效的业务并将苹果公司的重点重新放在针对消费者市场的产品改革上。更重要的是,乔布斯通过开发 iPod 音乐系统和 iPhone 将公司的发展引入了一个全新的方向,从而使创业精神再次回到苹果公司。苹果的销售量和利润开始上升,取得了长期的成功。[37]1998 年,在乔布斯重新担任苹果首席执行官后不久,蒂姆·库克(Tim Cook)受聘进入苹果公司。乔布斯负责愿景领导,库克负责日常运营。2011 年,在乔布斯辞职又去世后,蒂姆·库克接任苹果首席执行官。[38]苹果公司依然很成功,但是它也面临着许多成熟组织都会存在的难题。像图 10-2 中最后阶段所显示的那样,所有的成熟组织必须经历再创活力的变革,否则它就会衰退。

小结

据统计,在创业头一年取得成功的企业,有 84% 在 5 年时间内就失败了,其中的根本原因就在于这些企业没有实现从创业阶段向下一阶段的转型。[39]组织越是进入到生命周期的后几个阶段,实现转型就越困难。没能成功地解决与生命周期阶段演进相关的转型问题的组织,它们的成长将要受到极大的限制,甚至要惨遭失败。对于科技企业和平台型组织来说,生命周期变得越来越短。为了保持竞争力,脸谱网、网飞公司和谷歌等企业在生命周期各个阶段的发展速度都快于传统产业组织。在组织内部,生命周期危机是真实存在的。来看看爱彼迎在其发展的正规化阶段是如何应对生命周期危机的。

应用案例 10-2

爱 彼 迎

布莱恩·切斯基(Brian Chesky)和乔·杰比亚(Joe Gebbia)在旧金山

合租了一套公寓，当他们无力支付全部租金时，决定把空余的阁楼短租出去，用于接待参加当地一个设计会议的人。这个决定最终促成了爱彼迎（Airbnb）的诞生。2008年，切斯基、杰比亚和他们以前的室友内森·布莱查齐克（Nathan Blecharczyk）共同创建了爱彼迎（最初的名字是 AirBedandBreakfast.com）。爱彼迎很快成为一个家喻户晓的名字，在不到10年的时间里，其价值飙升至300亿美元。全世界200万"房东"在爱彼迎上签约出租他们的闲置房间或空房子。许多房东和房客都喜欢那种"睡沙发"的随意感，客人和主人一起看电视，一起吃饭，共用家庭浴室和浴室里的洗发水。

然而，现在的爱彼迎正在经历成长的烦恼。随着这种新型服务形式不断扩张，越来越多的人开始期待它能提供像传统酒店一样的服务。为了给房客提供更好的住宿体验，爱彼迎开始鼓励房主在网站上使用新的技术工具，为旅行者提供即时预订服务，并鼓励房主采用爱彼迎关于取消预订和入住时间的政策，这些行为让房主们看起来很像酒店的前台工作人员。爱彼迎首席执行官切斯基在公司设立了一个全球酒店和战略主管的职位，并聘请幸福生活酒店（Joie de Vivre Hotels）创始人来担任此职，制定关于清洁、沟通、安全以及其他问题的标准。如果房主可以提供吹风机、无线网络等酒店标准服务，创造"商务友好型"居住环境，将会获得爱彼迎授予的徽章。

软件工程师马克·舍尔（Mark Scheel）在爱彼迎上出租了他的滑雪公寓。他喜欢爱彼迎做出的改变。谢尔说："这些改变增加了更多的刚性要求，但也带来了更好的住宿体验，这让住客更快乐，也为我带来了更多业务。"当然还有一些人，比如从2008年便开始出租空房的吉尔·毕晓普（Jill Bishop），对于爱彼迎希望出租房像希尔顿（Hilton）或凯悦酒店（Hyatt）一样的想法，并不是太满意。她说："我不太能感受到爱彼迎让生活变得多丰富，我更多感到的是麻烦。"切斯基和其他管理者会继续增加有助于公司成长的规则、程序和控制系统。[40]

 10.2.2　生命周期各阶段的组织特征

随着组织在生命周期四个阶段中的演进，其结构、控制系统、创新、目标等方面也相应发生了变化。表10-1概括了每一阶段相关的组织特征。

创业阶段的组织特征

新创办的组织往往是规模小、非行政机构化的，而且由一个人全权指挥。这位最高领导人决定了组织的结构和控制方法。整个组织的精力投入到求生存以及单一产品或服务的生产中。

表 10-1　生命周期四个阶段的组织特征

特征项	I 创业阶段 非行政机构化	II 聚合阶段 前行政机构化	III 正规化阶段 行政式机构	IV 精耕细作阶段 强行政式机构
结构	非正规的,一人全权指挥	基本非正规的,有一些程序	正规化的程序,劳动分工,增设职能专家	行政式机构内的团队工作,小企业式的思维
产品或服务	单一的产品或服务	以一主导产品为主,也开发一些其他产品或服务	形成一个系列的产品或服务	多个产品或服务系列
奖酬和控制系统	人治的,家长式的	人治的,但强调对组织成功所做的贡献	非人格化的,通过规范化的制度	广泛、多方面的,与产品或部门的情形相适应
创新力量	作为所有者兼管理者的个人	管理者和一般员工	独立的创新小组	制度化的研究开发部门
目标	生存	成长	内部的稳定和市场扩张	声望,完善的组织
高层管理风格	个人主义的、创业	超凡魅力的、方向指引	控制之下的授权	团队式、抨击行政式机构

资料来源:Adapted from Larry E. Greiner, "Evolution and Revolution as Organizations Grow," *Harvard Business Review* 50 (July-August 1972), 37-46; G. L. Lippitt and W. H. Schmidt, "Crises in a Developing Organization," *Harvard Business Review* 45 (November-December 1967), 102-112; B. R. Scott, "The Industrial State: Old Myths and New Realities," *Harvard Business Review* 51 (March-April 1973), 133-148; and Robert E. Quinn and Kim Cameron, "Organizational Life Cycles and Shifting Criteria of Effectiveness," *Management Science* 29 (1983), 33-51.

聚合阶段的组织特征

在这一阶段,组织进入了青年期。成长非常迅速,员工情绪激昂,对组织的使命高度认同。尽管制定出一些程序,但结构仍然基本上是非正规的。强权的具有超凡魅力的领导人指定了组织发展的方向和目标。这时期组织的主要目标是寻求持续的成长。

正规化阶段的组织特征

在这一时期,组织步入中年期,开始出现行政式机构特征。组织增设了参谋辅助人员,制定了大量的正规化程序,实施了高度的劳动分工,并建立了明确的层级制。创新多是通过独立设置的研究开发部门取得。组织的主要目标是保持内部的稳定和实现市场扩张。高层管理人员在向下授权的同时建立了正规的控制系统。

精耕细作阶段的组织特征

步入成熟期的组织规模很大,而且呈行政式机构特征,设有大量的控制系统、规则和程序。组织的管理者会试图在行政式机构内发展某种团队工作思想,以防止进一步的行政机构化。高层管理者关注的是建立一个完善的组织。组织的地位和声望十分重要。创新通过研究开发部的活动得到制度化。管理当局可能对行政式机构进行一些改革,使之精简和流程化。

小结

呈成长状态的组织会从生命周期的一个阶段演进到另一阶段。每一个阶段都有其特定的结构、控制系统、目标及创新方式。生命周期现象是一个极为有用的概念,它能促进人们正确地理解组织面临的问题,并帮助管理者采取积极有效的措施应对所面临的问题,从而使组织顺利地发展到生命周期的下一阶段。

本节要点

- 组织在成长和成熟过程中都必须经历不同的生命周期阶段。发展阶段不同,组织结构、内部系统和管理重点也不同。组织在发展壮大的过程中会遇到很多危机和变革。
- 管理者一项重要的职责就是引领组织顺利通过发展的创业阶段、聚合阶段、正规化阶段和精耕细作阶段。
- 对于科技公司和平台型组织来说,组织生命周期越来越短。爱彼迎的管理者们目前正在应对正规化发展阶段面临的挑战,通过创建新的程序和控制系统为公司顾客提供更可靠的体验。

 # 10.3　组织规模、行政式机构和控制

组织在向生命周期后期阶段的演进中,伴随着规模的扩大和组织的日益复杂化,从而往往会表现出行政式机构特征。对行政式机构的系统研究始于社会学家马克斯·韦伯(Max Weber),他通过对欧洲政府部门的研究概括出了框架性的管理基本特征。他认为,这些特征能使大型组织更为合理,也更有效率。[41]韦伯旨在探求一个组织应该如何设计,才能使之在整个社会中起积极的作用。

 ## 10.3.1　什么是行政式机构

尽管韦伯也感觉到**行政式机构**(bureaucracy)是对人类基本自由的一种

威胁，但他更认识到，这是所有可能的组织方式中最有效率的一种。他预言行政式机构与其他组织形式相比会取得最终胜利，因为这种组织形式无论对企业还是政府机构来说都能使其更有效率地运行。韦伯识别了这种组织的具体特征，如图 10-3 所示。这些特征是在成功的行政式机构的组织中都能找到的。

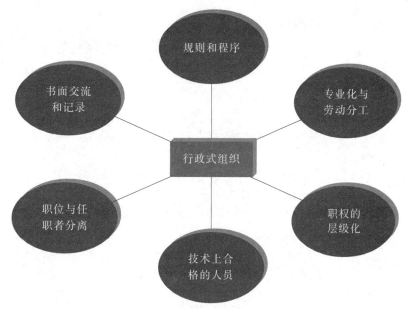

图 10-3 韦伯的行政式组织的特征

规则和标准程序使组织能够按照可预见的、常规的方式开展活动。专业化的责任意味着每位员工都有一个明确的任务。职权层级链提供了监督和控制的有力手段。技术能力取代那些使工作绩效受到极大影响的友谊、家庭关系和个人喜好等而成为是否雇用某个人的依据。职位与职位担任者的分离意味着个人并不生来就拥有或理所当然地可以占有该职位，这种人与职位的分离促进了效率的提高。书面文字记录为组织提供了一种记忆能力，并确保了工作的持续稳定性。

虽然被推到极端的行政式机构特性受到了当今社会的广泛批评，然而韦伯所倡导的理性控制思想在当时那个时代具有重要的意义，并成了一种新型的组织模式。与基于个人偏好、社会地位、家庭血亲及受贿等不公平的关系而构建的传统的组织形式相比较，行政式机构具有许多优点。例如，在中国，传统的任人唯亲现象依旧很普遍。但是，中国越来越多的受过良好教育的人们开始极力反对这种将最好的职位给自己的孩子和其他亲戚的现象。[42] 而发生在伊利诺伊州州长罗德·布拉戈耶维奇（Rod Blagojevich）身上的事实证明了：美国也存在腐败。他被指控滥用职权，如出售总统贝拉克·奥巴马（Barack Obama）空出的参议院议席。[43] 与这些例子相比，韦伯所描述的逻辑化和理性的组织形式使得工作能够公平、高效地按照既定的规则进行。

　　一项针对一家组织四十多年发展情况的实证研究显示,韦伯的行政模型依然是有效的和具有持续性的;如图 10-3 中所示,专业化、正规化和标准化之间存在着正相关的关系。在图 10-3 中列出的行政式组织的特征对许多大型组织都有积极的影响。[44]我们来看一下在美国和加拿大最高效的大型组织之一,联合包裹服务公司(UPS)。

应用案例 10-3

联合包裹服务公司

　　联合包裹服务公司(United Parcel Service,UPS),是世界最大的包裹快递公司,每日包裹递送量将近 1 600 万个,是一家在供应链、物流和信息服务方面的全球性领跑企业,这家企业的业务遍及全球 200 多个国家和地区。同时,UPS 因其棕色的卡车和员工制服而闻名,也被称为"棕色巨人"。

　　UPS 是如何走向成功的?采用行政组织模式来提高效率功不可没。UPS 内部制定了许多严格的规章制度。就驾驶员如何递送一个包裹来说,UPS 有一套包含 340 个步骤的规定,比如,怎样装货、怎样系保险带(用左手)、怎样行走以及怎样拿钥匙等,其精确程度让人吃惊。公司设计了一套软件程序,能够为每辆卡车设计最佳路线。在美国这样的右向行驶道路上,UPS 的车辆路线尽可能避免左向转弯,车流阻碍的减少每年可为公司节省 1 000 万加仑燃油。同时,UPS 对员工着装也作出了严格规定:每天要穿整洁的棕色制服,要穿擦得锃亮的黑色或棕色鞋子,鞋底不能打滑,除领口第一颗扣子之外的衬衫扣子必须扣严,头发长度不能超过领口,不能留胡子,送货时不能露出文身,等等。在每次轮到上岗开车之前,司机都被要求进行一次"Z"形检查,即在车的两侧和前后进行字母 Z 形状的检查。此外,公司对驾驶员、搬运工、职员及经理都有针对性的安全制度说明。UPS 要求每位员工在当天工作结束时把自己的办公桌整理干净,以便第二天能在一个整洁清新的环境中开始工作。另外,UPS 为经理们配备了公司的制度手册,希望他们能按规章制度对公司进行正规化的管理,从而使公司的制度能够渗透并体现在每个员工每天的工作中。

　　尽管有如此多严格的规章制度和多样化的政策,员工对 UPS 的满意度仍非常高。这主要得益于 UPS 倡导的一种平等公正的文化,能够为员工提供公平的待遇和丰厚的薪水。在 UPS,所有人打招呼都直呼其名。公司制度中明确规定:"管理者不应用自己的职位称呼来显示其拥有的权力。"在人员聘用和提升方面,要摒弃领导者的个人偏好,高水平的业务能力才是关键。公司的高层管理者都是从基层做起的,比如,现任董事长兼首席执行官大卫·阿布尼(David Abney)在读大学期间就以兼职的形式做过 UPS 的包裹装载工。UPS 对平等、公平和内部晋升等意识的强调，唤起并激发了公司内部各层员工的忠诚感和责任心。[45]

联合包裹服务公司的发展说明了行政组织的特征是如何随规模增大而强化的。联合包裹服务公司强大的工作能力和良好的信誉，使它得以统治小型包裹快递市场。在它扩张并转入一个全球化、知识化的物流业务时，联合包裹服务的管理者可能需要找到一个有效的方法来减少"行政式"行为。新的技术和新的服务需要企业更为重视员工，而员工需要更加灵活和更多的自主权以更好地完成服务。现在，让我们来看些更加具体的规模影响组织结构和控制的途径。

10.3.2　规模和结构性控制

在组织理论研究领域中，组织规模一直被认为是影响结构设计和控制方法的一个重要因素。那么随着组织规模的扩大，组织是否应变得更加行政机构化呢？在多大规模的组织中，按照行政式机构特征来设计组织会最为合适？已经有 100 多项的研究试图回答上述问题。[46]这些研究中的绝大多数都表明，在行政式结构的几个特征项中，包括正规化程度、集权化程度及人员比率方面，大型组织与小型组织有着显著的区别。

正规化与集权化

按照第 1 章的定义，**正规化**（formalization）是指规定员工权利和义务的规则、程序和书面文件，如政策手册和工作描述。[47]有充分的证据说明大型组织是更为正规化的，就像 UPS 一样。原因是，大型组织要依赖规则、程序和文书工作来使其众多的员工及部门的行为标准化并处于受控的状态。相比之下，小型组织中的高层管理者可以通过个人督察来实施控制。[48]例如，星巴克（Starbucks）为了在全球进行标准化管理和运营控制，制定了详细的操作规范、政策和工作流程。然而，当地小城镇里的一家咖啡屋就不需要这样。

集权化（centralization）是指有权做出决策的人或部门所处的层级。在集权化的组织中，决策趋向于由组织的高层制定。而在分权化的组织中，类似的决策则由较低的层次来制定。

分权化是组织设计中的一个悖论。理论上，在纯粹的行政式机构中，所有的决策都是由高层管理者制定，这些人对组织拥有完全的控制权。然而，随着组织变得越来越大，员工和部门的数量越来越多，这样就不可能将所有的决策都提交最高层，否则，高层管理者将不堪重负。有关组织规模的研究表明，规模越大的组织，其分权程度越高。[49]与此相反，在小型的新创建的公司中，创业者或最高管理者通常介入每一项决策中，不论这项决策是大是小。

人员比率

行政式机构的另一个特征表现在行政管理人员、办事员、专业支持人员等所占的**人员比率**(personnel ratios)。研究中最常涉及的是行政管理人员的比率。[50]目前的研究已经清楚地揭示出两种关系。第一是在大型组织中，高层行政管理人员相对于全体员工的比率实际上是比较低的。[51]这意味着随着规模的扩大，组织可获得行政管理工作的规模经济。第二是办事员及专业支持人员比率与组织规模的关系。[52]这两类人员比例倾向于随着组织规模的扩大而提高。对大型大专院校的研究发现，在过去十年间，包括办事员和专业支持人员在内的管理人员的增长速度是教师增长速度的 8 到 10 倍。根据美国教育部(U.S. Department of Education)的统计数据，2001 年至2011 年间，高等教育机构雇用的行政管理人员的数量增长速度比教师数量增长速度高出 50%，这些行政管理人员主要负责人事、项目和规则等方面的工作。[53]办事员比率的升高是因为，组织规模扩大后需要更多的沟通和日常工作汇报。专业支持人员比率的增大则是因为大型、复杂的组织对专业技能有更大的需要。

图 10-4 列示了小型组织和大型组织中行政管理人员和专业支持人员比率的对比。随着组织规模的扩大，行政管理人员比率下降，而各类专业支持人员比率则上升。[54]对一线员工的影响是，他们在全部员工中的比例随着组织规模的扩大而下降。总之，虽然在大型组织中高管层占员工总数的比

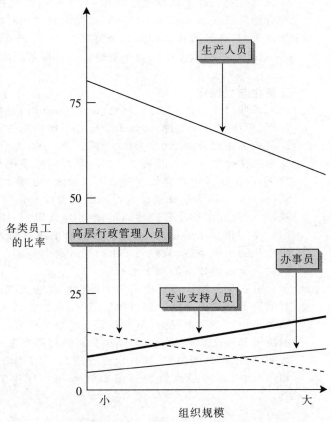

图 10-4 行政管理及支持活动人员比率对比

例并不高,但高管层所用开销占比却很大,这个观点得到了支持。对当今的大型组织来说,能否将行政管理人员、办事员及专业支持人员的管理费支出控制在一个较低的水平上,仍然是一个非常严峻的挑战。

本节要点

- 随着组织在生命周期中不断成长,变得更大、更复杂,它们通常会出现行政式机构的特征,例如规则、劳动分工、书面记录、职权层级和非个性化程序。
- 行政式机构是一种理性的组织形式,它能够使企业有效地使用资源。
- 大型组织比小型组织更加正规化,更加依靠规则、程序和文书工作来实现标准化和控制。
- 随着组织规模的扩大,人员比率往往会发生变化,办事员和专业支持人员的比重一般会提高,而一线员工和高层管理人员的比例则会降低。

10.4　时代变迁中的行政式机构

韦伯关于行政式机构能够成功的预言经过验证是正确的。行政式机构具有许多优点,在适应工业时代的多种需要方面表现得相当出色。[55] 通过建立职权层级链和具体的规则、程序,行政式机构提供了对庞大的员工队伍加以有序安排并防止权力滥用的一种有效方式。本章的新书评介介绍了一家初创的科技公司,该公司的领导者去除了组织的"行政机构特征",但在员工的敦促下,又不得不恢复其中一些行政机构元素。行政式机构提供了一种系统而合理的方法去组织和管理非常复杂的任务,这些任务因其复杂性,是少数人所不能理解和处理的。这样,行政式机构的组织方式就大大提高了大型组织的工作效率和效果。行政式机构以不受个人情感影响的职务关系为基础,而不是像前工业时代的组织那样徇私和重用亲属。

凯瑟琳·J.图尔科(Catherine J. Turco)

对话型公司:社交媒体时代对行政式机构的再思考(*The Conversational Firm*:*Rethinking Bureaucracy in the Age of Social Media*)

两位精通技术的千禧一代①年轻人共同创建了一家社交媒体营销公

---

① 千禧一代:出生于 20 世纪八九十年代的人。——译者注

司。他们期望将社交媒体融入公司管理,以扩展成员间的沟通和对话,构建"彻底开放"的组织结构——公司领导人与组织中的其他人分享一切,从项目规划到敏感信息,比如详细的财务报表和预测、公司的股权结构和员工的休假申请,都进行公开分享,并邀请大家也分享自己掌握的信息、持有的想法和观点。麻省理工学院斯隆管理学院(MIT Sloan School of Management)教授凯瑟琳·图尔科(Catherine Turco)历时 10 个月研究这家公司。她在专著《对话型公司:社交媒体时代对行政式机构的再思考》中将这家名为 TechCo 的公司称为"对话型公司"。

"可以发声"的力量

图尔科在研究中逐渐意识到,员工们真正需要的是发言权——不管他们的要求是否得到满足,他们的想法是否得以实现,他们都希望自己能够发声,能够被征求意见。由于公司创始人兼领导人"极为抵制行政式企业的沟通结构,同时又保留了行政式企业的权力结构",TechCo 在管理中就形成了一种混合型结构,并且这种结构还在继续演变着。在决策权方面,TechCo 采用了相当传统的等级制度,但每个人都有发言权。在沟通方面,公司在虚拟网络和实体空间两个方面共同促进员工间的对话。TechCo 构建了多种沟通渠道,包括内部 wiki、聊天论坛、大型公开会议,以及一些夜间活动,以此鼓励人们畅所欲言。公司还在持续不断地采用新技术来促进组织内的交流和对话。此外,公司将工作场所设置成大型开放式办公空间,大约 600 名 TechCo 员工每季度进行一次轮岗。领导们和员工一起办公,而不是关起门来享受独立空间。员工们表示,这一点极为重要,因为这表明领导者们真正做到了开放式的沟通和分享。同时,建立对话型公司还需要领导者表现出他们对员工想法和意见的重视。

员工们需要行政式机构的元素吗?

图尔科书中最有趣的部分是关于领导者如何向员工妥协,以及如何增加一些行政式机构的元素。图尔科在书中写道:"员工不会只去配合(领导的决定),相反,他们会通过公司现有的各种公开场合大声而清晰地表达他们的反对意见。"例如,员工会说:"我们需要一张组织结构图,需要一个人力资源部。"虽然 TechCo 创始人和领导者们并不想创建正式的组织结构图,但员工们不断强调他们需要结构图,需要借助它清晰地了解谁负责什么,谁向谁报告,领导们最终还是照此去做了。同样地,领导们一直拒绝设立人力资源部门,持续了好几年,但最终还是同意了员工的要求。员工们还表示,公司在绩效评估、休假政策、内部工作变动以及其他人力资源事宜上缺乏标准,这让他们非常不悦。

结论

图尔科总结认为,TechCo 的管理方式反映了一种减少官僚主义的独特做法,这提醒我们"重新审视组织沟通,以此对传统的行政式公司进行反思"。

The Conversational Firm: Rethinking Bureaucracy in the Age of Social Media, by Catherine J. Turco, is published by Columbia University Press.

然而,世界是迅速变化的,工业化时代机械性的行政式机构在面临新的挑战需要做出迅速反应时无法发挥应有的作用了。例如，梵蒂冈的官僚机构——罗马天主教会（Catholic Church）因无力响应和更好地服务于民众而受到指责。方济各（Pope Francis）是最近一位也是唯一一位花费数十年精力——目前为止一直失败——但仍努力改革梵蒂冈的教宗。前任罗马天主教修道会总会长说，"不是人在改变结构，而是结构在改变人"。各部门之间的沟通速度就像蜗牛爬行一样。[56]

商业组织也面临着同样的问题。加里·哈默尔（Gary Hamel）和米歇尔·扎尼尼（Michele Zanini）调查了 7 000 名员工，研究官僚主义如何影响他们的工作。调查发现，随着公司规模扩大，制定决策所需天数也明显增加。在员工人数在 100 人至 1 000 人的组织中，做出一项非预算支出决定所需的平均天数约为 15 天。在员工人数为 5 000 人及以上的组织中，所需时间增加到 20 天。[57]微软公司的一些员工反映，即使是例行公事也要花上数周时间才能得到批准。一名员工由于文字工作过于繁重而辞职了。这名员工诉苦道："最小的一件事都能引出像噩梦一样的上千份电子邮件。"[58]微软管理者正在寻求精简工作流程的办法，使员工更有效率地工作，维持微软的竞争力。许多公司和微软一样都反对公司越来越规范化和专业管理人员比例上升。

过多的官僚主义导致美国许多大型的政府组织工作的无效率。一项研究发现，大多数政府机构的顶层部门和基层部门之间平均存在 18 个管理层级，比如在农业部长和森林管理员之间，或者在内政部长和石油钻塔检查员之间。[59]一些机构配置了过多的文员，职位名称混乱，员工根本就不知道谁在做什么。理查德·卡瓦纳夫（Richard Cavanagh）曾是总统吉米·卡特（Jimmy Carter）的助理，他说自己最喜欢的联邦职位称号是"总务管理局行政管理科副科长的行政助理"。[60]一些批评家指责 2001 年的恐怖袭击、哥伦比亚航天飞机的失事、阿布格莱布（Abu Ghraib）监狱的虐囚事件、2010 年墨西哥湾漏油事件以及 2012 年被桑迪（Sandy）飓风袭击后的慢速反应都与政府的行政式机构在情报、沟通以及行使责任中的失败有关。理查德·A.鲍斯纳（Richard A. Posner）是联邦上诉法庭的法官，他曾写过一本关于情报改革的书，他认为："在行政式机构中每增加一层人员，信息在命令链中的传递速度就会慢一些。……信息也会变得越来越弱，因为在每一层都会遗失一些细节。"[61]许多商业组织都太需要缩减形式化和行政化机构了。例如，狭义地定义工作描述，这样动辄就会限制组织的创造性、灵活性和快速反应，但在今天的知识型组织中，创造性、灵活性和快速反应是非常需要的。

10.4.1　临时组织系统

在快速变化的环境中，组织该如何克服行政化带来的问题呢？下面是在组织机构方面的一些正在实行的具有创新性的解决方案。一个结构化概念是启用临时系统或结构以应对危机情况。公安局、消防队和其他危机管理机构常常使用这种办法维持效率，控制机构效益，还可以防止反应迟钝情况的发生。[62]一些其他类型的组织正在采用这种方法，帮助组织对新的机会、不可预见的竞争威胁或组织危机做出快速反应。

　　基本想法是组织能够在两种不同的结构之间平稳地变换。一种是高效的、高度正规化的层级结构,用于稳定时期;另一种是能够做出快速反应的、更加灵活和松散的结构,用于应对不可预见的环境状况。层级化的结构可以通过它的规定、程序和命令链来帮助组织维持控制并确保那些经过多年发展和检验、能够克服已知困难的规定得到遵守。在极度不确定的时期,最有效的结构则要求组织放松命令线,并使人们在一份任务纲领的指导下进行跨部门和跨层级的工作,从而预测、避免和解决那些无法预知的困难。这种方式在实际中的应用从"世界最富有效率的组织"——救世军(Salvation Army)上可以体现出来。

应用案例 10-4

救 世 军

　　救世军(Salvation Army)为那些无家可归的人以及经济极度贫困的人提供日常救助。另外,无论何时,只要大的灾难发生,不管是龙卷风、洪水、飓风、飞机空难或者是恐怖袭击,救世军都会立即冲到现场,并和其他相关的机构一起展开救助。在危机度过,最危急的时刻已经过去之后,救世军还会在经济上帮助人们恢复生计并重建家园,为难民提供食物、衣服、房屋等以满足他们的物质需求。不仅如此,救世军还会在精神上帮助受难的人们,帮他们重建对未来生活的信心和希望。救世军的管理者意识到面临紧急事件需要高度的灵活性,同时,为了保证其长期存在以履行他们每天都有的责任,救世军又需要一个高度的可控性和责任心。就像一个前国家领导人所指出的一样,"我们必须两者兼备,我们不能够在灵活性且不计后果和富有责任心这两者之间只选择一个……我们必须在同一个时间作为不同类型的组织存在"。

　　在危机刚刚发生时,救世军立即组织成一个有自己的命令结构的临时应急组织。人们必须知道由谁负责不让情况变得更加无序和混乱。例如,2019 年,当救世军应对席卷美国中西部的洪水和龙卷风时,手册上必须明确规定谁负责媒体发言,谁负责按货物清单供应物品,谁负责和其他机构联络,等等。这种模式使得应急组织有足够的应对能力并持续存在。在危机过后的重建和恢复时期,监管者通常只是给出大体上的原则,让人们为找到最合适的解决方案而即兴发挥。监管者没有太多时间为那些家庭和社区的重建制订出每一个计划和决定。

　　因此,救世军事实上让人们工作在各种类型的组织结构中,有传统的纵向命令结构、横向团队,以及和其他组织一起协作的网状组织。用这种灵活的方式运作常常能够使得救世军完成惊人的任务。一年里,救世军救助了美国被灾难困住的 230 万人,另外,有更多的人在日常的救助活动中得到了帮助。救世军还被公认为是一个能使有限的资金转化为最大化效用的模范，这使得捐助者愿意向其提供捐赠，因为，他们相信，这个组织是有责任心的，同时在面对人们不同需求的时候，这个组织又富有灵活性和创新精神。[63]

 10.4.2　减少行政化的其他方法

许多组织正大量采用一些不同于以往的、不那么激烈的方式来减少行政化，且经常是通过顶层领导驱动。现在，许多大型组织都在削减层级，压缩总部职员，同时授予低层人员更大的决策自主权，而不是给他们施以诸多的规章条例控制。高层领导的承诺对于减少官僚主义，让组织变得更加灵活和具有响应能力至关重要。[64]请看如下几个案例：

- 如本书第 1 章开头所述，当杰克·韦尔奇最初受聘于通用电气公司担任工程师时，他非常不习惯公司的官僚作风，以至于在上任仅 6 个月后就递交了辞呈。当他后来成为通用电气首席执行官时，整顿了公司的官僚作风，削减了管理层级，扩大了管理者的管理幅度，向下授权，给下级更多自主权。韦尔奇采取了各种各样的办法，包括实施了一项名为"群策群力"（Work-Out）的团队实践活动，目的是创建一种上下级之间直接对话的企业文化，人们可以通过开诚布公的沟通来完成工作，而不是通过正式会议和官僚文书。韦尔奇在通用电气的整个职业生涯中一直在与官僚主义做斗争。

- 2001 年，谷歌公司联合创始人拉里·佩奇（Larry Page）辞去谷歌首席执行官一职。10 年后，佩奇重返公司，力图消除谷歌发展过程中出现的官僚主义。他带领公司进行了彻底重组，如本书第 3 章所述，谷歌和其他业务被拆分为母公司 Alphabet 旗下的独立小公司。重组后，每家公司被赋予更大的自治权、灵活性和自主性。佩奇还采用各种机制加快决策速度，让公司重新找到初创企业的感觉。作为 Alphabet 现任首席执行官，佩奇的一些做法被大家所熟知，他经常穿梭于公共办公室区域，问大家各种各样的问题，了解他们是如何工作的。佩奇表现得"像普通员工一样"，而不是高高在上的上司，这一点深受员工喜爱。员工们认为，佩奇对他们的想法和工作都非常感兴趣。史蒂文·列维（Steven Levy）写过一本关于谷歌的书，他说，"越是有人说大公司不能像小公司一样，[拉里·佩奇]越要坚定地想办法做到这一点"。[65]

- 在总部位于伦敦的制药公司葛兰素史克（GlaxoSmithKline PLC），公司高管层授予一线科学家们权力，可以为正在开发的药物排列优先序以及分配资源，经理层或研究委员会没有这些权力。由谁来决定资助哪些药物研究项目的权力发生了转变，这种转变给这家大公司带来了一种类似于小型生物技术公司的创业精神。[66]

对行政式机构的摒弃还源自员工职业化程度的提高。**职业化程度**（professionalism）是员工接受正规训练程度和工作经历方面的衡量指标。

在谷歌、苏黎世金融服务集团(Zurich Financial Services)、葛兰素史克(GlaxoSmithKline PLC)等企业中,从事律师、科研或医师工作的员工大都需要有本科、MBA 或其他专业学位。在以互联网为基础的公司中,其员工几乎都具有良好的教育背景。职业研究结果表明,正规化并非是现代组织必需的,因为职业训练使员工形成了一种高度标准化的行为,可以取代行政式机构的规范作用。[67]企业为从前台到车间的所有员工提供持续培训,以推动个人和组织的持续学习,从而增强了这种趋势。加强培训可以替代行政式机构的规则和程序,这些规则和程序会限制员工解决问题的创造力,这种替代性的培训提高了员工个人和组织的能力。

现在已萌生出一种完全由职业人员组成的所谓职业合伙制组织。[68]这些组织已经出现在医疗诊所、律师事务所和咨询公司等行业中。关于职业合伙制研究的一般发现是,其分支机构都具有很大的自主性,它们得到授权能做出必要的决策,与传统的企业和政府组织通常依靠自上而下的指挥不同,这些组织中的人员是围绕着共同的目标方向开展工作的。这样,不断增强的职业化,伴之以环境的迅速变化,就导致北美企业的行政式机构特征趋于弱化。

本节要点

- 在许多大型企业和政府组织中,行政化正受到挑战。很多组织都在努力尝试分权,设计扁平化的组织结构,减少规则和书面程序,保持创业型小公司的思维模式。这些组织宁愿舍弃规模经济,也希望组织能够保持较强的反应能力和适应能力。

- 一项研究发现,在员工人数在 100 人至 1 000 人的组织中,做出一项非预算支出决定所需的平均天数约为 15 天。在员工人数为 5 000 人及以上的组织中,所需时间增加到 20 天。

- 许多公司正在进行组织切分,以获得小公司的优势。另一种克服行政化的方法是运用临时性系统,当组织处于稳定时期时,可以采用高度正规化的层级结构,以确保高效率;当组织需要应对不可预见的环境状况时,可以采用更加灵活、松散的组织结构,以提高反应速度;两者之间可以实现平稳过渡。

- 对行政化的摒弃还源自员工职业化程度的提高。这种提高源于员工接受正规培训和不断积累工作经历。研究结果表明,正规化并非是现代组织必需的,因为职业训练使员工形成了一种高度标准化的行为,可以取代行政式机构的规范作用。

10.5 行政控制和其他控制形式

尽管许多组织正设法减弱行政式机构特征,减少制约员工的规则程序,但不论什么组织都需要设立某种控制系统,以指导和调节整个组织的运作。

在当今的组织中,员工可能拥有更大的自主权,但保持控制仍然是管理当局的一项主要职责。

高层和中层管理者为实施对组织的控制,有三种基本的控制方法可供选择。这些方法是从威廉·大内(William Ouchi)所提出的组织控制框架中归纳出来的。威廉·大内教授是任教于加州大学洛杉矶分校的日裔美籍学者。他提出组织可以采用三种控制方法——行政控制、市场控制和团体控制。[69] 不同的控制方法需要使用不同类型的信息。不过,三种控制方法可能同时在一个组织中得到运用。实施各种控制方法所需具备的条件见表 10-2。

表 10-2　组织控制的三种策略	
类　别	要求的条件
行政控制	规则、标准、职权层级链、合法的权力
市场控制	价格、竞争、交换关系
团体控制	传统、共享的价值观与信念、信任

资料来源:Based on William G.Ouchi,"A Conceptual Framework for the Design of Organizational Control Mechanisms",*Management Science* 25(1979),833-848.

10.5.1　行政控制

行政控制(bureaucratic control)是利用规则、政策、职权层级链、书面文件、标准化及其他行政式机构手段来使员工的行为得到规范并据以评价工作表现的一种控制方法。行政控制所依赖的实际上就是韦伯所确定的行政式机构特征。行政式机构制定规则程序的主要目的就是使员工的行为得到规范和控制。

前已介绍,随着组织向生命周期各阶段的演进及组织规模的扩大,它们会变得越来越趋于正规化、标准化。一个大型的组织中会有数以千计的工作行为和信息交换行为,这些行为发生在组织的纵、横各个方向。规则、政策等就在试错过程中逐渐得到明确订立,用以规范组织中的各种行为。现实中几乎每个组织都实施某种程度的行政控制。规章条例和指令中包含了规范一系列行为的信息。例如,表 10-3 列举了一家豪华游艇俱乐部的管理者们通过规则进行控制的各种行为。

表 10-3　一家游艇俱乐部的规则
东北港游艇俱乐部员工守则
⊕ 员工在工作期间须保持形象整洁和着装得当
⊕ 夏季制服为绿色短裤,黑色或棕色腰带,白色衬衫塞进式穿法,船鞋。俱乐部内禁止穿已被磨损的服装
⊕ 员工需在换班之时或换班之前到达工作场地
⊕ 员工在俱乐部期间任何时候都不允许抽烟或饮酒

续表

东北港游艇俱乐部员工守则
⊕ 员工应与俱乐部会员之间保持距离，并且不允许接受会员的任何社会邀请
⊕ 员工在非工作时间不允许在俱乐部逗留
⊕ 员工不允许使用俱乐部的电话接打个人电话
⊕ 指导人员必须自己配备手册和播音设备
⊕ 维护人员必须自己配备和使用自己的工具

为了实施有效的行政控制，管理者必须拥有足够的职权以保持对组织的控制力。韦伯认为，授予管理者合理合法的权力，即职权，要比采用其他类型的控制手段（如给以赏识或酬劳等）都更适合作为组织决策和行动的基础。在更大的社会中，韦伯确定了三种类型的权威，用于解释大型组织的创建和控制。[70]

法理型权威（rational-legal authority）是基于员工承认规则的合法性，并认为担任一定职位的人有权发布命令。法理型权威是大多数政府组织建立和实施控制的基础，也是世界上各种组织中最常见的控制基础。**传统型权威**（traditional authority）是基于人们对传统的信仰，并认为依据传统行使权力的人和行为具有合法性。传统型权威是君主制、教会及拉丁美洲和波斯湾地区许多组织的控制基础。**魅力型权威**（charismatic authority）建立在具有示范性的人格特征上，或对个人英雄主义的推崇，以及由这些人物所界定的秩序。革命时期的一些军事组织就经常建立在领导者的超凡魅力上。由超凡人物领导的北美的一些组织就属于此类，如特斯拉汽车公司（Tesla Motors）和太空探索技术公司（SpaceX）背后的企业家埃隆·马斯克（Elon Musk），以及媒体企业家奥普拉·温弗瑞（Oprah Winfrey），她创办了一档成功的电视节目和一本杂志，现在是媒体高管和电视制片人。

当今的组织中也存在多种权威，包括基于悠久传统的传统型权威，和基于领导者特质的魅力型权威。但是，法理型权威是组织控制内部工作活动和决策制定过程中应用最为广泛的一种权力，在大型组织中尤其如此。行政控制可以非常有效。如果将安全性放在第一位，规则和标准化尤为重要。"规章制度的存在，以及那些执行规章制度的官僚……可以通过抑制各种不利活动而预防组织走向灾难。"[71]例如，纽威尔集团（Newell Rubbermaid）在生产和检测汽车座椅和婴儿推车的过程中严格遵守标准化流程。再来看一下企业在钻探马塞卢斯页岩（Marcellus Shale）的过程中需要考虑的环境安全问题。马塞卢斯页岩是一个庞大的地下岩层，天然气储量丰富，众多资源公司在此钻探。

应用案例 10-5

伊斯特资源公司与荷兰皇家壳牌公司

伊斯特资源公司（East Resources Inc.）于 2008 年开始在马塞卢斯页

岩钻井，是最早开始此项钻井业务的公司之一。然而该公司因泄漏问题和其他环境违法问题屡次被监管部门传讯。之后，荷兰皇家壳牌公司收购了伊斯特资源公司，并将壳牌的行政式控制体系引入公司内部。

接管伊斯特资源公司之后，壳牌采取的第一项举措是关闭钻井机，重新培训所有工人。自接管以来，伊斯特资源公司的平均钻井违章率保持在了四分之一以下，并且在整个马塞卢斯岩的钻井水平都保持了这一标准。随着拥有标准化程序的大公司不断收购小公司，钻探企业的环境和安全记录也在不断刷新。为了避免失误的发生，大公司开发出了更加严谨的方法。他们知道，即使是一个小错误也会使他们在各个领域的商业活动能力受损。多数企业都从英国石油公司遭遇的问题中吸取了教训，那就是安全比说"对不起"更重要。而规模较小的企业更有可能采用更加冒险的程序。检查记录显示，诸如壳牌、埃克森（Exxon）和雪佛龙（Chevron）之类的大公司，平均每钻 100 个马塞卢斯井，有 38 个违章；中等规模的公司平均每钻 100 个井，受到 69 次传讯；而那些规模最小的公司平均每 100 个井，受到 139 次传讯。[72]

当然，很多企业也发现，规则太多会妨碍客户服务。例如，一致性对任何公司来说都很重要，它提供了预测结果的规则和程序。一致性推动了星巴克的成长和成功，促使星巴克从 1987 年的 6 家咖啡店快速成长为一家在全球拥有上千家店面的大公司。然而，僵硬、盲目地应用规则很快就造成了问题。一个软件企业家兼杂志撰稿人讲述了一个故事：星巴克的一个点单员和一个想在柜台前面取三明治的顾客发生了争吵，"我们不允许在这里取餐！"员工对着既震惊又尴尬的顾客这样喊道。[73]管理者们一直在寻找规则和灵活性之间的最佳结合方式，以满足客户服务目标。

10.5.2　市场控制

当价格竞争被引入组织活动的成果及效率评价中时，组织就使用了**市场控制**（market control）方法。市场控制的思想源自经济学。[74]以货币表现的价格是一种有效的控制工具，因为管理者可以借此比较价格和利润，从而评价他们企业的效率。几乎所有的高层管理者都引入价格机制来评估他们公司的绩效状况。公司的销售收入和成本会在损益表中反映出来，这样就可与公司以前年度的业绩或其他公司的业绩进行比较。

应用市场控制的方法要求组织的产出必须能够清晰地界定并可确定其价格水平，同时还要求存在着竞争。没有竞争，价格就不会准确地反映组织内部的效率。现在，甚至一些政府部门和传统的非营利性组织也转向采用市场控制方法。例如，美国联邦航空管理局（Federal Aviation Administration）就对其工资发放计算机系统进行了公开招标，农业部击败 IBM 和其他两家私营企业而中标。[75]印第安纳波利斯市（Indianapolis）政府要求其所有的部门都同私人公司展开竞标。当市交通局在修理道路的一项合同竞标中输给了一家私人公司后,该市的公务员工会提出一项动议,要求市交通局精减大部分中层管理人员,并重组工会工作,以便节约开支。结果,18位管理人员被免职,这样降低了 25％的成本,从而使该部门有能力在竞标中获胜。[76]

市场控制一度主要用于整个组织的控制,但现在越来越多地也在产品事业部或独立部门中得到应用。正如第 3 章所介绍的,每个事业部都可以支配生产产品所需的资源投入。这样,就能根据损益额将之与其他的事业部相对比。ABB 公司是一家跨国的电力系统承包商和电子设备制造商,它下设三类不同的利润中心,每一个利润中心单位都按其自身的净收益目标来运营,并且相互之间以及与外部的顾客之间都以买卖的方式发生关系。[77]也是在第 3 章中讲述的,网络组织也很好地体现了市场控制的方法。为中心组织提供所需功能和服务的不同公司会在价格上进行竞争。中心组织则通常会与性价比最高的公司签订合同。

10.5.3　团体控制

团体控制(clan control)是通过诸如组织文化、共享价值观、承诺、传统、信念等社会化力量来控制员工的行为。使用团体控制方法的组织需要拥有共享的价值观,员工之间有高度的相互信任。[78]当组织面临较高的模糊性和不确定性时,团体控制法就具有重要的作用。高不确定性意味着组织不能为所提供的服务订出价格,而且因为情况迅速变化使得组织难以制定出能规范每一项行为的规章条例。而在团体控制下,组织可能会聘用或接纳那些认同组织目标的人,如宗教组织或聚焦于社会性使命的组织都是如此。新的员工可能要经历较长时间的社会化过程才能被组织中的同事所接受。要遵守集体规范需要承受较大的压力,这些集体规范对员工的一系列行为有指导作用。管理者主要扮演导师、楷模以及价值观启蒙者的角色。[79]

问题引入部分的参考答案

2.管理者应当把共享价值观、信任和对组织使命的承诺作为控制员工行为的主要手段。

答案:同意或不同意皆可。因为像团体控制这种依赖于文化、信任、承诺以及共享价值观和传统的方法,的确能够在一些具有高不确定性和动荡环境的组织或部门中起到特别的作用,但是其他形式的控制,如行政控制和市场控制,则是在其他合适的环境中才适用和有效。

传统的控制系统是建立在刻板的规则和严密的监控基础上的。在高度不确定性和快速变化的环境下,这种控制员工行为的方法已不再有效。[80]另外,随着计算机网络和互联网的广泛使用,信息会在整个组织中平等扩散,这样就促使许多企业更少地依赖行政控制,转而更多地依靠共享价值观来指导员工为整个企业的利益而各尽其责。[81]

一个相似的概念是自我控制。所不同的是,团体控制要求个人被社会化为群体中的一员,而自我控制则源于个人自身的价值观、目标和准则。使用自我控制法的组织要努力导入一种变化,即要使员工个人的内在价值观和工作偏好等与组织的价值观和目标保持一致。[82]在实施自我控制法的组织中,员工通常可设定自己的工作目标并监控自己的业绩。不过,这样的组织需要有强有力的领导者,他能明确地划定员工依靠自身知识行使自主权的范围。

团体控制及自我控制也可以应用于组织内部的一些部门中,如战略计划部门。适用的条件是,这类部门面临的不确定性程度高,业绩难以清晰地衡量。使用这些非正式的控制手段的部门领导人千万不能认为没有了行政控制用的书面规章条例就意味着不存在控制。团体控制虽然无形但却可能相当有力。一项研究表明,与行政式机构的层级控制相比,团体控制法对员工行为的控制不但更为有力,也更加全面。[83]正如一些"无领导"企业的管理者所意识到的那样(如本书第 1 章介绍的企业),一旦团体控制发生作用,组织也就可以不再需要行政控制了。来看看团队控制和自我控制是如何在维尔福公司发挥作用的。

应用案例 10-6

维尔福公司和 FAVI

加布·纽维尔(Gabe Newell)和麦克·哈灵顿(Mike Harrington)是维尔福公司(Valve Corporation)的联合创始人。他们希望创建一个能够让员工拥有最大程度灵活性的组织,促使员工开发出创新性十足的电子游戏。就像维尔福的一名员工在博客中描述的那样,"维尔福的目标是吸引那些具有原始创新能力的人,给他们充分的自由去从事创意工作,并让他们愿意一直留在公司。"

在维尔福,员工自由选择要开发的项目。在项目团队中,没有指定的经理或队长,团队"领导"是通过项目内部非正式的共识选择出来的。团队成员一起工作,共同决定会面频次,决定如何测试产品以及实现目标的最佳方式。如果存在无法在团队内部解决的分歧,"那么就让他们的同事指出来,然后让他们回到正轨。"维尔福采用了同行评审的绩效评价系统,员工互相评价,并给对方的表现进行排名,表现最好的员工将获得丰厚的奖金和加薪。

维尔福是一家小型科技公司,自我控制和团体控制都发挥了良好的作用。这些控制方式也适用于其他类型的组织。FAVI 是一家正从传统的科层控制向去领导化模式转型的法国企业,拥有 600 名员工,主要设计和生产汽车零部件。当首席执行官简-弗朗索瓦·佐布里斯特(Jean-François Zobrist)接管 FAVI 的时候,他取消了传统的层级制度。转型后的 FAVI 没有人事部门,没有中层管理,没有时间限制,也没有员工手册。"我告诉他们,'明天你再来公司上班的时候,你不是为我工作,也不是为哪个老板工作,你是为你的顾客工作。不是我给你发工资,而是你的顾客。'"FAVI 在 10 年的时间内都没有延误过顾客订单。[84]

使团体控制发挥有效作用的关键之一是建立强有力的团体价值观,并用来指导员工的行为。很多组织的管理者都在变革其控制方式。组织更加重视工作中的合作,结构设计也趋向于无领导化,很多企业开始采用分权的方式进行团体控制,而不再是以前的行政控制以及与之相关的层级划分。层级控制和分权控制将在第 11 章中详细讨论。

本节要点

● 所有的组织,无论规模大小,都需要建立控制系统。管理者可在三种控制方法中进行选择,即行政控制、市场控制和团体控制。

● 行政控制依靠的是标准的规则和管理者的法理型权威。

● 当生产的产品或服务能予以定价并且存在竞争时,可以使用市场控制方法。

● 团体控制和自我控制,适用于不确定性程度高及组织活动过程快速变化的情形。它们依赖承诺、传统、共享价值观等实施控制。

● 管理者可以将几种控制方法结合起来使用,以更好地满足组织控制的需要。总体而言,当今的组织正在从层级控制向分权控制转变。

10.6 组织的衰退

在本章的前面部分,我们讨论组织的生命周期时指出,组织将经历诞生、成长直至最后消亡的过程。在本部分,我们将探讨组织衰退的原因和经历的阶段。规模可能成为阻碍组织发展的绊脚石。通用汽车(General Motors)即将"不堪重负",不得不申请破产保护,并开始压力重重下的重组。公司不仅仅需要支付巨额的工资和医疗保险,而且笨重的行政机构也使公司很难密切关注顾客需求。区域经理们说,他们有关产品改进或者广告方式的想法和意见从未送达到决策层,或者是决策层充耳不闻。[85]每个组织都会经历一段业务暂时下降的时期。而且,以现实情况来看,某些公司继续发展壮大是不可行的。

在我们周围,可以看到一些组织已经停止了成长,同时还有很多正在衰退。雷曼兄弟(Lehman Brothers)、贝尔斯登(Bear Stearns)等大型金融服务公司破产的部分原因就是无节制的发展和控制失效。花旗集团(Citigroup)、巴克莱(Barclays)、瑞士信贷集团(Credit Suisse Group)和德意志银行(Deutsche Bank)等全球金融公司在经历数十年的全球扩张后,近年来一直在收缩规模。花旗集团将退出至少 20 个国家的零售金融业务。英国银行业和金融服务业巨头汇丰控股有限公司（HSBC Holdings PLC）自 2011年以来已经在全球范围内撤出了至少 83 项业务。[86] 联合技术公司（United Technologies）原是一家产业集团，最近决定拆分为三家较小的公司，以便每家公司都能专注于自己的核心业务。拆分后的公司将包括制造电梯和自动扶梯的奥的斯公司（Otis）、制造加热和冷却设备的开利公司（Carrier）以及专注于航空航天业务的联合技术公司（United Technologies）。集团公司董事长兼首席执行官格雷戈里·海耶斯（Gregory Hayes）谈到这一决定时说："我的观点是，专注终将通向成功。"[87]

10.6.1　定义及原因

组织衰退（organizational decline）通常是指在一定时期内组织资源的实际量或绝对量不断减少的情况。[88] 组织的衰退通常与环境的衰落相关联，表现为要么是经营规模减小（如客户需求减少或城市税源减少），要么是经营类别减少（如客户需求改变）。总的来讲，有三个因素被认为能引起组织衰退。

（1）组织萎缩。当组织继续成长并变得低效和过度行政化后，萎缩就开始了。组织适应环境的能力开始退化。通常来讲，萎缩会产生于一个较长时期的成功发展之后。因为组织在取得成功后，总是将功劳归结于过去工作中所采取的行动或是结构，于是不再根据环境变化调整自身，从而导致适应力衰退，走向萎缩。[89] 一个典型的例子是黑莓手机（BlackBerry），它曾开创了智能手机的革命性时代，但却未能在市场竞争和变化中做好准备。组织萎缩的警示性信号包括：过多的管理和人员支持，繁杂的行政程序，缺乏有效的沟通和协调，不适用的组织结构。[90]

（2）脆弱性。脆弱性反映了在特定环境中，组织所制定的促进自身繁荣的战略是无效的。这通常会发生在那些还没有完全成熟的小型组织身上。因为，它们易受顾客喜好以及大型团体经济状况的影响。有一些组织很脆弱，是因为它们没能针对环境做出正确的战略。脆弱的组织通常需要重新界定它们的外部环境从而进入新的产业或市场。

（3）环境恶化或竞争加剧。环境恶化是指能够支持组织发展的可用能量或资源的减少。当环境中只有较少的能力来支持组织时，组织要么选择减小规模，要么转入新的领域。[91] 例如，在经济困难时期，美国红十字会（American Red Cross）、救世军（Salvation Army）和其他非营利性组织的管理者们经常筹集不到足够的资金来支付活动费用。[92] 新的竞争和产业的快速变革也是一个问题。1960 年，拉斯·所罗门（Russ Solomon）在他父亲开在萨克拉门托的药店后院创办了托尔唱片公司（Tower Records）。到了 20 世纪七八十年代，托尔唱片公司配备了试听室，各种各样的唱片库存丰富，工作人员知识渊博，成了音乐爱好者的圣地，并逐渐成长为一家大型国际音乐零售商。但随着 21 世纪初数字音乐的到来，公司开始变得岌岌可危。托尔唱片公司为获得迅猛增长而背负了高额债务，这直接导致其走向衰退。2013 年，托尔唱片公司申请破产清算。[93]

以上所述的三种因素在伊士曼柯达公司（Eastman Kodak）的衰退中都有体现，而柯达公司曾经一度成为美国摄影行业的象征。

应用案例 10-7

伊士曼柯达公司

伊士曼柯达公司成立于 1880 年，为胶卷行业的诞生做出了不可磨灭的贡献，几十年间一直占据着胶卷行业的领导地位，是美国最有名的企业之一。在其鼎盛时期，柯达公司在全球拥有 145 000 多名员工。但是由于种种原因，柯达一直走下坡路，最终走向破产的边缘。柯达公司于 2012 年 1 月申请破产保护，此后只能生存于曾经辉煌形象的背影之下。到 2018 年，柯达的员工规模缩减至不足 6 000 人。

柯达综合实力不断下滑的最主要原因在于：竞争和产业的变化。当然，数码摄影发展太快而导致胶卷业萎缩，以及柯达脆弱的产业链，也是柯达最终走向破产的两个原因。柯达曾研发了首台数码相机，并且投入了数百万美元资金用于研发数码技术。但是经理们却因担心影响公司非常赚钱的胶卷业务而患得患失，举棋不定，没有把数码相机的业务继续做下去。富士（Fujifilm）是柯达在传统胶卷市场上的竞争对手，通过削减价格和低成本战略与柯达进行过几年激烈的竞争。在柯达高层没有正视数码技术发展的时候，富士敏锐地捕捉到了市场气息，快速转向了数码产品领域。

柯达后来试图挽回自己江河日下的情形，但却已经错失良机，管理者们发现他们早已与数码世界脱轨，找不到正确的竞争战略了。2003 年，柯达停止投资传统的胶卷业务，放弃了一些长期客户。对柯达来说，现在才考虑进入数码世界并与富士等数码公司相抗衡已经太晚了。于是，柯达决定赌一把，寄希望于喷墨式打印机，但最终依然没有什么成效。2004 年至今，柯达只有一年实现了盈利。尽管柯达已于 2013 年走出了破产，并在一些领域取得了一定成绩，如环保照片印刷业务，但整体收入仍处于下降之中。[94]

当组织同时面临三种衰退诱因时，如柯达遇到的，想生存下来就极为困难。在有些情况下，唯一的选择就是有序地停业。在下一节中，我们讨论组织的衰退阶段和管理者经常犯的一些会导致组织解散的错误。

10.6.2 衰退阶段模型

衰退阶段模型的提出建立在对组织衰退的相关研究资料的广泛阅读之上，如图 10-5 所示。模型认为，组织在衰退时，如果没有经过恰当的管理，那么，会依次经历 5 个阶段，最后走向解体。[95]

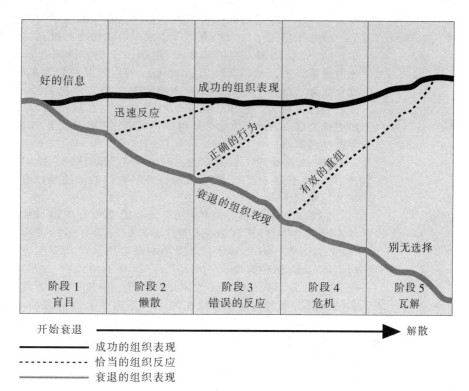

图 10-5　组织衰退的阶段和不断扩大的绩效差距

资料来源：William Weitzel and Ellen Jonsson，"Decline in Organizations：A Literature Integration and Extension"，*Administrative Science Quarterly* 34（March 1989），99-109. Reprinted by permission of SAGE Publications.

（1）**盲目阶段**。衰退的第一个阶段是组织内部和外部发生变化，危及组织的长期生存并要求组织紧张起来。这时，组织可能会有过多的人员，烦琐的程序，以及缺乏与顾客协调。当组织出现问题时，领导者经常会忽视衰退的信号，也不知道应当采取哪些措施来找到发现问题、在问题发生时能及时提示的方法。敏锐的执行者会参考及时的信息，把组织重新带回最好的状态中去。

（2）**懒散阶段**。衰退的第二个阶段被称为懒散阶段。在此阶段，尽管组织已经看到运行衰退的信号，但否认其发生。领导者们试图说服员工"一切运行良好"。在某些情况下，管理者们会使用"创造性会计"（creative accounting）来让这段时间的企业运营看起来很好。解决的方法是领导者们承认组织在衰退，并迅速采取行动以使组织重新适应环境。领导者的行为可以包括制定新的问题解决方案，增加参与决策的人数，鼓励人们说出不满，以了解到底错在哪里。

（3）**错误反应阶段**。在第三阶段，组织面临严峻的形势，差的业绩表现无法被忽视。此时，如果不能调整衰退曲线的走向，那么组织将走向消亡。领导者迫于恶劣的现状，开始考虑采取重大变革。其行为包括缩减开支，如裁员。领导应当通过阐明价值观和提供信息来减少员工的不确定性。在这一阶段的任何一个重大错误都将会减少组织转变的机会。

（4）**危机阶段**。在第四阶段，组织由于仍然没能有效地处理好衰退问题而面临恐慌。他们会经历诸如混乱、努力想要回到原来的状态、急剧变化以及愤怒这样几个过程。管理者最好避免进入危机阶段，其唯一的解决方法就是进行重大的重组。组织的社会结构正在被侵蚀，采取大幅度的行为如更换高层管理者，以及变革组织的结构、战略及文化等都是必要的，裁员可能是最严重的。

（5）**瓦解阶段**。衰退在这一阶段是不可逆转的。组织失去了市场和信誉，失去了最好的员工，资金耗竭。唯一有效的措施是以有序的方式解散公司并尽量减少员工分离的忧伤。

如果一个组织想要避免瓦解，就要恰当地管理组织衰退。领导者有责任发现衰退信号，承认衰退，实行必要的行为并扭转乾坤。例如，3B 家居（Bed Bath & Beyond）是一家成功的家居用品连锁零售企业，拥有 1500 家门店，门店商品种类多样。在经历了 27 年的增长后，公司突然在 2018 年亏损 1.37 亿美元。一个主要原因是其节俭、保守的管理方式阻碍了对在线技术的投资。今天的顾客可以在网上浏览成千上万的商品，不需要再去一家挂满促销条幅的、拥挤的商店。目前，3B 家居正处于衰退的第二阶段，因为管理者们开始意识到需要采取纠正措施。如果管理者们能够提出新的愿景，并有效实施，他们仍有机会拯救公司。[96]

问题引入部分的参考答案

3. 如果一个组织开始进入衰退状态，恢复如前是几乎不可能的。

答案：不同意。由于资源减少或环境变化等因素，任何组织都可能经历一段衰退期。管理者的责任是认识到企业正步入衰退期，并有效应对，防止衰退持续到不可挽回的地步。在衰退的早期阶段，管理者有相当的时间纠正问题，扭转衰退趋势。

本节要点

- 许多组织已经停止成长，有些组织正在衰退。组织经历的衰退阶段包括：盲目阶段、懒散阶段、错误反应阶段、危机阶段、瓦解阶段。
- 管理者有责任发现衰退的信号，采取必要的行动，并扭转局面。

关键概念

行政式机构（bureaucracy）
行政控制（bureaucratic control）

集权（centralization）

魅力型权威（charismatic authority）

团体控制（clan control）

聚合阶段（collectivity stage）

精耕细作阶段（elaboration stage）

创业阶段（entrepreneurial stage）

正规化（formalization）

正规化阶段（formalization stage）

生命周期（life cycle）

市场控制（market control）

组织衰退（organizational decline）

人员比率（personnel ratios）

职业化程度（professionalism）

法理型权威（rational-legal authority）

传统型权威（traditional authority）

 # 讨论题

1. 为什么规模大的组织拥有大量的文员和行政助手？为什么他们比规模小的组织更加正规化？

2. 应用生命周期的概念分析一个你所熟悉的组织，如一所大学或一家地方企业。该组织目前处于生命周期的哪个阶段？它怎样处理或度过其生命周期中的危机？

3. 为什么组织在成长过程中会面临许多压力？

4. 说一说韦伯所界定的 3 种权力基础。在同一组织内是否可能同时运用这 3 种权力？

5. 阅读《财富》（Fortune）、《商业周刊》（Business Week）、《快公司》（Fast Company）等商业杂志上近期的报道，找出两家试图改变官僚主义的公司。讨论这些公司所应用的技术。

6. 威廉·大内在论及组织控制的类型时比喻说："市场控制像鳟鱼，团体控制像鲑鱼，它们都非常漂亮但属于明显不同的种群，每一种都需在特定的条件下才能存活。相比较而言，行政控制法犹如鲇鱼——笨拙、丑陋，但可在广泛的环境条件下生存，从而成为占主导地位的种群。"试讨论大内这段话的寓意。

7. 政府组织的行政式机构特征通常要强过营利性组织。这其中的原因是否与政府组织所采用的控制方法有关？请解释。

8. 救世军（Salvation Army）如何成为"当时与众不同的组织"？救世军的方法适用于时代华纳等大型影视公司或者迪士尼等寻求减少官僚主义的公司吗？

9. 近几年，雷曼兄弟（Lehman Brothers）、美林证券公司（Merrill Lynch）等许多大型金融机构都经历了严重的衰退或者破产。本章所讲的引起组织衰退的三种原因中，哪一个最能解释这些现象？

10. 你认为"不成长"（No Growth）的管理哲学是否应该在商学院被讲授？讨论一下。

专题讨论

教室里的控制

回想一下你在学校最喜欢的一门课和最不喜欢的一门课。在这些课程中，你的老师是怎么控制你和其他同学的？针对这两门课程，请将下面这些问题的答案写下来。

有哪些规则、标准或者合法权力是用来影响学生行为的，以及如何影响的？

最喜欢的课程：

最不喜欢的课程：

有哪些竞争和可量化的结果是用来影响学生行为的，以及如何影响的？

最喜欢的课程：

最不喜欢的课程：

有什么样的共同价值观、规范、期望和自我控制是用来影响学生行为的，以及如何影响的？

最喜欢的课程：

最不喜欢的课程：

问题

1. 控制方式的不同是如何影响你对课程的喜欢程度的？

2. 控制数量的多少是如何影响你对课程的喜欢程度的？

3. 班级规模是如何影响老师的控制类型和控制程度的？

教学案例

雅虎：上班了！

高科技的发展在各行各业均有体现，特别是在移动通信技术上的发展尤为显著,沟通的便利性随处可见,通过远距离沟通、远程工作就能达到与切实到场相同的效果;人们可以通过减少上下班次数来减轻对环境产生的影响;还可以提高工作地点的灵活性从而减少对时间的浪费。

弹性工作制是一种有效的解决方案,灵活的工作时间对于求职者来说很有吸引力,特别是在科技型企业中。此前的员工们一直坚持着一些模范性的做法,他们以为这些能为未来的员工所用。然而,随着科技发展,一切都改变了,有些事情也戛然而止。

"上班了"这句话可能是你妈妈说的,可能是你的教练说的,也可能是你的老师说的。然而,对于雅虎的员工来说,这句话是你的老板、新上任的执行总裁玛丽莎·梅耶尔(Marissa Mayer)说的。《企业家》杂志(Entrepreneur)将梅耶尔的这一做法称为"最愚蠢的举动",这也激发了一场关于工作地点是该固定还是灵活的争论。

雅虎由斯坦福毕业生杨致远(Jerry Yang)和大卫·费罗(David Filo)于1994 年创建,创建不久便迅速引起了公众的关注,掀起了一场互联网泡沫狂潮,创造了股市上历史新高和历史最低价格。此后,微软意图收购雅虎,但是雅虎拒绝了,并在 2012 年进行了有史以来最大规模的裁员,2 000 名员工丢了工作。在 2009 年到 2014 年这五年的时间内,雅虎前后经历了 6 名首席执行官,他们不断地改变着公司的发展方向,公司前途摇摆不定。

2013 年 5 月,曾在谷歌工作过的玛丽莎·梅耶尔开始担任雅虎的首席执行官,并且一上任就掀起了一股裁员风暴,时刻提醒着员工好好工作,还宣布雅虎的在家工作制度已被取消。从此以后,曾经空荡荡的停车场、办公室以及小隔间开始挤满了员工。

梅耶尔的做法让大部分原本激情高涨的员工变得士气低落,公司内外都对这一政策表示了不满和批判,他们认为这种做法是对灵活性概念的扭曲和远程员工生产力的否定。

梅耶尔取消在家工作制度的目的是防止 200 名左右的员工滥用在家工作无人看管的特权来做一些自己的事。一些人指出,如果一个科技型企业都不允许员工远距离工作,其他行业会怎么看我们?这难道不是要搬起石头砸自己的脚吗?

一些支持者认为这一政策有利于加强公司的控制,特别是对于雅虎这样一个经常发生方向性变革的企业来说,控制更为重要。为了改变士气低落的现状,为了增加员工之间面对面的沟通和协作,以追赶竞争对手的创新脚步,雅虎公司需要这么做。《纽约时报》(The New York Times)引用过一位雅虎前任高管所说的话,"在科技时代,说你在雅虎工作是一件让人感觉十分可惜的事情",然而实际情况比这还要糟糕。

梅耶尔的复兴策略要求员工全身心投入,也就是要求员工都在办公室工作。一些批评人士认为这种做法是搬起石头砸自己的脚,雅虎公司回复称:"在家工作并没有在行业内得到广泛共识,而且现在最关键的问题是,什么样的做法对雅虎来说是最合适的。"

在梅耶尔看来,以前的工作习惯是一种文化上的自我封闭。空荡荡的办公大楼里,只有首席执行官办公室的门半开着,项目运行效率低下,有的甚至被遗忘在角落里。但是与此同时,脸谱网(Facebook)和其他的一些竞争对手早已遥遥领先，在雅虎还止步不前的时候推出了很多创新观念，吸引了很多广告客户，占领了大部分的社交媒体市场。

梅耶尔担任首席执行官后，收购了在线相册管理公司 Flickr，并对其进行改造。Flickr 与其竞争对手相比看似失去了在相片分享领域的领导地位，为此，雅虎雇用了新员工，对 Flickr 网站的整体设计进行了更新。《企业家》杂志将梅耶尔的这一做法称为"最聪明的举动"。除此之外，梅耶尔将员工的黑莓手机换成了应用安卓系统的手机和苹果手机，公司每个月为员工的手机使用花费买单。现在公司整体实现了现场办公而不是在家工作，也在努力营造一个合作的工作氛围。除此之外，公司在咖啡厅休息室为员工提供免费的食物。同时，在每个星期五继续推行为期一天的以"问题/解答/计划"为主题的会议，高层管理人员和所有员工都会参加。

雅虎必须弥补以前浪费的时间，同时快速赶上同行的发展速度。竞争对手是不会原地不动等你的，还会有一些准备进入这个行业的企业埋伏在你看不见的地方准备随时进入。一些批评人士认为，梅耶尔的这种做法是把员工当作小孩子来对待，就好像是她为自己的孩子开办了一个托儿所，这对其他企业造成了压力，使得它们也开始对在家办公持观望态度——不仅在雅虎公司内部，在全国范围，很多企业都在重新审视远程工作文化的未来。

问题

1. 玛丽莎·梅耶尔为什么会采取一种更集权、更行政化的方式让所有员工到公司办公室办公？谈谈你的看法。

2. 为什么很多员工要抵制这种从居家办公到办公室办公的转变？谈谈你的看法。

3. 让员工在办公室工作而不是在家工作，你认为这种改变的影响有哪些？

贝克乐食品公司[97]

贝克乐食品公司（Bachmeyer Foods）是一家拥有 5 000 多名员工和年销售收入超过 9 亿美元（2017 年）的大型销售公司。公司购进小食品和饮品，然后批发给遍布美国和加拿大的零售店。小食品有玉米片、土豆片、奶酪卷、玉米薄饼和花生。公司将美国和加拿大分成 22 个地区，每个地区拥有一个中心仓库和一定数量的销售人员，设有财务部和采购部。公司既经营全国性品牌的商品也经营地方性品牌的商品，还销售一些自有品牌商品。这个行业的竞争非常激烈。在饮品的需求量降低的情况下，宝洁公司和福雷特雷（Frito-Lay）公司又通过开发新的小食品和低碳水化合物产品而挤占了像贝克乐食品公司这样规模不及它们的企业的市场份额。

公司总部鼓励各地区事业部实行自主经营，因为各地消费者对食品的口味有不同的要求。比如，美国东北地区的消费者对加拿大威士忌和美国威士忌的需求较大，而西部则偏爱酒精含量低的酒，如伏特加酒、杜松子酒和甘蔗酿成的甜酒。西南地区的小吃因受墨西哥口味的影响而多数是海味的。早在 2003 年，公司就开始应用财务报告制度来比较各地方公司的销售额、成本和利润。每个地区事业部是一个利润中心，而事业部利润水平差异之大让公司总部的管理层惊叹不已。到 2006 年,差异大到让公司感到有必要实施一些标准化的管理了。管理者认为高利润地区的事业部有时销售质量差的商品,甚至是二流的商品,这种做法有损公司的形象。另外,许多地区为了保住市场份额面临着非常残酷的价格竞争。英格尔零食(Eagle Snacks)率先进行了降价,在此推动下,菲多利(Frito-Lay)、博登(Borden)、纳贝斯克(Nabisco)、宝洁(Pringles)和卡夫食品(Kraft Foods)等全国性分销商纷纷通过降价和推出新产品来保持或增加市场份额。零食分销商之间的竞争越来越激烈而艰难,很多都在竞争中倒闭了。

随着这些问题的进一步发展,贝克乐食品公司总裁乔·库阿利(Joe Qualley)决定设立一个职位负责监督定价和采购业务。他聘用了在一家竞争对手的财务部工作的克莱尔·克雷蒙斯(Claire Clemmons)。克雷蒙斯的新头衔是定价和采购部主任,她受财务副总裁彼得·华盛顿(Peter Washington)领导。华盛顿给克雷蒙斯很大的自主权,鼓励她按实际的需要建立规则和程序。华盛顿还鼓励她去收集各地区事业部的信息资料。22 个区域的负责人通过公司备忘通知收到了她的任命消息。备忘通知副本被张贴在各仓库的告示栏上。公司的报纸也刊登了这则消息。

上任三周后,克雷蒙斯认识到有两个重要问题需要她去解决。就长远看,公司应该更好地利用信息技术。她认为信息技术能为公司总部的决策提供更多的帮助。过去各区域的高层管理可以通过内联网与总部保持联系,而这不包括较低层次的员工和销售人员。而且只有少数高级管理人员定期使用信息系统。

就目前来看,克雷蒙斯认为各自为政的定价和采购策略是要解决的问题,需要实现跨地区的标准化。她认为,这个问题必须尽快得到解决。首先,她要求凡是超过 3% 的价格变动各地区事业部的财务经理都要向她汇报,各地区事业部凡是金额超过 5 000 美元的新采购合同都要由她批准(这样几乎各地区事业部 60% 的采购由总部调配,其余 40% 的采购和分销在区域内解决)。克雷蒙斯知道,唯一能使各地区事业部实行标准化运营的方法是提前将所有价格变化和采购计划的变化汇报给总部。她与华盛顿就这个想法交换了意见。华盛顿表示同意,于是他们起草了正式的计划书,交给了总裁和董事长,并得到了他们的一致认同。这个变化属于政策和程序上的转变,当时正值假日销售旺季,所以克雷蒙斯想立即实施新的政策。她决定给各地区事业部的财务主管和采购经理先发电子邮件,再发传真布置这项新政策。而且公司将在四个月之内把这项改革举措放到所有的政策和程序手册中。

克雷蒙斯将写好的草稿交给华盛顿,征求他的意见。华盛顿说,草稿的内容很好,但恐怕只有这些还不够。因为各地区事业部经营着上百种商品,而且已经习惯了分权式的决策模式。华盛顿建议克雷蒙斯应该亲临各地区事业部,与地区事业部的经理们探讨采购和定价政策。克雷蒙斯不同意,她说:出差会花很多经费、时间。她要在总部做的事情就很多了,再去各地区事业部是不可能的事情。华盛顿还建议克雷蒙斯等 3 个月,待公司年会开过之后,再实施新的政策,因为在公司年会上她可以见到各地区事业部的经理。可克雷蒙斯说,那样时间太长,到那时再实施新政策已经错过了本年度的销售旺季。她认为现在就需要实施新政策。第二天电子邮件和传真就发了出去。

接下来的几天，总部收到了来自地区事业部的电子邮件，经理们说他们同意并乐意配合这项工作。

8周之后，克雷蒙斯却没收到各地区事业部关于价格和采购方面变化的通知。其他几位考察过地区事业部仓库的经理告诉她，地区事业部与往常一样繁忙。似乎地区事业部的经理们还在按以往的程序开展业务。她给一位地区事业部的经理打电话，对方竟不知道她是谁，也从来没听说过有定价和采购部主任这样一个官职。他还说："即使没有总部的新政策，要实现利润就已经够让我们烦心的了。"

克雷蒙斯因为她自己的职位及她建议实施的新政策没产生任何影响而苦恼不已。她不知道是因为各事业部的经理不服从管理，还是自己应该使用其他的沟通策略。

问题

1. 克雷蒙斯在贝克乐食品公司使用了什么控制手段？对于控制各地区事业部的员工，她有什么假设？

2. 为什么克雷蒙斯试图改变程序的沟通没有得到什么回应？

3. 关于改变采购程序的沟通，你会给克雷蒙斯提什么建议？

尾注

1 Jack Nicas and Susan Carey, "Southwest Airlines, Once a Brassy Upstart, Is Showing Its Age," *The Wall Street Journal Online*, April 1, 2014, http://online.wsj.com/news/articles/SB10001424 052702303949704579459643375588678 (accessed April 14, 2014); and Chris Isidore, "Southwest Airlines Says Boeing's 737 Max Groundings are Hurting Sales," *CNN*, March 27, 2019, https://www.cnn.com/2019/03/27/investing/southwest-airlines-growth/index.html (accessed March 27, 2019).

2 James Q. Wilson, *Bureaucracy* (New York: Basic Books, 1989); and Charles Perrow, *Complex Organizations: A Critical Essay* (Glenview, IL: Scott, Foresman, 1979), 4.

3 Tom Peters, "Rethinking Scale," *California Management Review* (Fall 1992), 7–29.

4 Christopher Mims, "Amazon's Size Is Becoming a Problem—for Amazon," *The Wall Street Journal*, May 11, 2019, https://www.wsj.com/articles/amazons-size-is-becoming-a-problemfor-amazon-11557547211 (accessed May 28, 2019).

5 Research and statistics reported in Matt Phillips, "Apple's $1 Trillion Milestone Reflects Rise of Powerful Megacompanies," *The New York Times*, August 2, 2018, https://www.nytimes.com/2018/08/02/business/apple-trillion.html (accessed May 28, 2019).

6 Donald V. Potter, "Scale Matters," *Across the Board*, July–August 2000, 36–39.

7 Kris Hudson, "Wal-Mart Sticks with Fast Pace of Expansion Despite Toll on Sales," *The Wall Street Journal*, April 13, 2006, A1.

8 Jeff Lagasse, "Healthcare Mergers and Acquisitions Had Record Year in 2018, Up 14.4 Percent," *Healthcare Finance*, January 28, 2019, https://www.healthcarefinancenews.com/news/healthcare-mergers-and-acquisitions-had-record-year-2018-144-percent (accessed May 28, 2019); and Shelby Livingston, "CVS Health and Aetna Close $70 Billion Merger," *Modern Healthcare*, November 28, 2018, https://www.modernhealthcare.com/article/20181128/NEWS/181129943/cvs-health-and-aetna-close-70-billion-merger (accessed May 28, 2019).

9 Costas Paris and Dominic Chopping, "Shipping Giant Maersk to Split Into Two Divisions," *The Wall Street Journal*, September 22, 2016, https://www.wsj.com/articles/maersk-to-split-into-two-units-1474529401 (accessed May 28, 2019).

10 James B. Treece, "Sometimes, You Still Gotta Have Size," *Businessweek*, October 22, 1993, 200–201.

11 Nelson D. Schwartz, "Is G.E. Too Big for Its Own Good?" *The New York Times*, July 22, 2007, Section 3, 1.

12 James Surowiecki, "Big Is Beautiful," *The New Yorker*, October 31, 2011, 38.

13 Bradley Olson and Rebecca Elliott, "Oil Giants Start to Dominate U.S. Shale Boom," *The Wall Street Journal*, November 15, 2018, https://www.wsj.com/articles/oil-giants-start-to-dominate-u-s-shale-boom-1542286801 (accessed May 28, 2019).

14 Scott Thurm, "For Big Companies, Life Is Good," *The Wall Street Journal*, April 9, 2012, B1.

15 Ken Belson, "After the Disasters in Japan, a Stoic Response from Aflac," *The New York Times*, April 16, 2011, B4.

16 Frits K. Pil and Matthias Holweg, "Exploring Scale: The Advantages of Thinking Small," *MIT Sloan Management Review*, Winter 2003, 33–39; and David Sadtler, "The Problem with Size," *Management Today*, November 2007, 52–55.

17 See Keith H. Hammonds, "Size Is Not a Strategy," *Fast Company*, September 2002, 78–86; David Henry, "Mergers: Why Most Big Deals Don't Pay Off," *Businessweek*, October 14, 2002, 60–70; and Tom Brown, "How Big Is Too Big?" *Across the Board*, July–August 1999, 15–20, for a discussion.

18 Chip Jarnagan and John W. Slocum, Jr., "Creating Corporate Cultures Through Mythopoetic Leadership," *Organizational Dynamics* 36, no. 3 (2007), 288–302; and Robbie Whelan and Dawn Wotapka, "Corporate News: Home Builder Pulte to Lay Off Executives," *The Wall Street Journal*, May 13, 2011, B2.

19 "2018 Small Business Profile," U.S. Small Business Administration Office of Advocacy, https://www.sba.gov/sites/default/files/advocacy/2018-Small-Business-Profiles-US.pdf (accessed May 28, 2019); and Ahmad El-Najjar, "Small Business in the US by the Numbers," *TownSquared Resources*, May 14, 2017, https://townsquared.com/ts/resources/small-business-united-states-numbers/ (accessed May 28, 2019).

20 "The Hot 100," *Fortune*, September 5, 2005, 75–80.

21 Reported in Sadtler, "The Problem with Size."

22 Gary Hamel, quoted in Hammonds, "Size Is Not a Strategy."

23 For more information on the ambidextrous approach, see Charles A. O'Reilly III and Michael L. Tushman, "Organizational Ambidexterity in Action: How Managers Explore and Exploit," *California Management Review* 53, no. 4 (Summer 2011), 5–22; and S. Raisch et al., "Organizational Ambidexterity: Balancing Exploitation and Exploration for Sustained Performance," *Organization Science* 20, no. 4 (July–August 2009), 685–695.

24 Michael L. Tushman, Wendy K. Smith, and Andy Binns, "The Ambidextrous CEO," *Harvard Business Review*, June 2011, 74–80.

25 Erica Fry, "Can Big Still Be Beautiful?" *Fortune*, August 1, 2016, 81–84; and "Our Company," Johnson & Johnson website, http://www.jnj.com/connect/about-jnj/ (accessed August 31, 2011).

26 Anne VanderMey, "Dell Gets in Touch with Its Inner Entrepreneur," *Fortune*, December 12, 2011, 58.

27 Reported in Jerry Useem, "The Big…Get Bigger," *Fortune*, April 30, 2007, 81–84.

28 John R. Kimberly, Robert H. Miles, and associates, *The Organizational Life Cycle* (San Francisco: Jossey-Bass, 1980); Ichak Adices, "Organizational Passages—Diagnosing and Treating Lifecycle Problems of Organizations," *Organizational Dynamics*, Summer 1979, 3–25; Danny Miller and Peter H. Friesen, "A Longitudinal Study of the Corporate Life Cycle," *Management Science* 30 (October 1984), 1161–1183; and Neil C. Churchill and Virginia L. Lewis, "The Five Stages of Small Business Growth," *Harvard Business Review* 61 (May–June 1983), 30–50.

29 Larry E. Greiner, "Evolution and Revolution as Organizations Grow," *Harvard Business Review* 50 (July–August 1972), 37–46; and Robert E. Quinn and Kim Cameron, "Organizational Life Cycles and Shifting Criteria of Effectiveness: Some Preliminary Evidence," *Management Science* 29 (1983), 33–51; and Matthew A. Josefy, Joseph S.

Harrison, David G. Sirmon, and Christina Carnes, "Living and Dying: Synthesizing the Literature on Firm Survival across Stages of Development," *Academy of Management Annals*, 11, no. 2 (2017), 770–799.

30 George Land and Beth Jarman, "Moving Beyond Breakpoint," in Michael Ray and Alan Rinzler, eds., *The New Paradigm* (New York: Jeremy P. Tarcher/Perigee Books, 1993), 250–266; and Michael L. Tushman, William H. Newman, and Elaine Romanelli, "Convergence and Upheaval: Managing the Unsteady Pace of Organizational Evolution," *California Management Review* 29 (1987), 1–16.

31 Sam Gustin, "The Next Tech Titan? 10 Hottest Technology Start-Ups of 2010," DailyFinance.com, August 12, 2010, http://www.dailyfinance.com/2010/08/12/the-next-tech-tian-10-hottest-technology-start-ups-of-2010/ (accessed September 1, 2011); and "About Foursquare," https://foursquare.com/about (accessed April 16, 2014).

32 Dennis Crowley, as told to Polina Marinova, "Learning Not to Lead," *Fortune*, August 1, 2017, 38.

33 Claire Cain Miller, "Yes, Silicon Valley, Sometimes You Need More Bureaucracy," *The New York Times*, May 1, 2014, B3; and David Streitfeld, "Groupon Dismisses Chief After a Dismal Quarter," *The New York Times*, February 28, 2013, http://www.nytimes.com/2013/03/01/technology/groupon-dismisses-its-chief-andrew-mason.html?_r=0 (accessed April 17, 2014).

34 Eve Yen, "Delegate Smart," *Fortune Small Business*, April 2009, 33–34.

35 Sheelah Kolhatkar, "At Uber, a New CEO Shifts Gears," *The New Yorker*, April 9, 2018, https://www.newyorker.com/magazine/2018/04/09/at-uber-a-new-ceo-shifts-gears (accessed May 30, 2019).

36 David A. Whetten, "Sources, Responses, and Effects of Organizational Decline," in Kimberly, Miles, and Associates, *The Organizational Life Cycle*, 342–374.

37 Matt Phillips, "Apple's $1 Trillion Milestone Reflects Rise of Powerful Megacompanies," *The New York Times*, August 2, 2018, https://www.nytimes.com/2018/08/02/business/apple-trillion.html (accessed May 28, 2019); Peter Burrows, "Opening Remarks: The Essence of Apple," *Bloomberg Businessweek*, January 24–January 30, 2011, 6–8; Brent Schlender, "How Big Can Apple Get?" *Fortune* (February 21, 2005), 67–76; and Josh Quittner with Rebecca Winters, "Apple's New Core—Exclusive: How Steve Jobs Made a Sleek Machine That Could Be the Home-Digital Hub of the Future," *Time*, January 14, 2002, 46.

38 Nick Wingfield, "Apple's No. 2 Has Low Profile, High Impact," *The Wall Street Journal*, October 16, 2006, B1, B9; and Garrett Sloane, "Apple Gets Cored; End of an Era as Legend Steve Jobs Resigns," *The New York Post*, August 25, 2011, 27.

39 Land and Jarman, "Moving Beyond Breakpoint."

40 Katie Benner, "Airbnb Tries to Behave More Like a Hotel," *The New York Times*, June 18, 2017, BU1; Burt Helm, "Airbnb: Company of the Year," *Inc.* (December 2014–January 2015), 64–70, 130; and Morgan Brown, "Airbnb: The Growth Story You Didn't Know," GrowthHackers.com https://growthhackers.com/growth-studies/airbnb (accessed February 19, 2016).

41 Max Weber, *The Theory of Social and Economic Organizations*, translated by A. M. Henderson and T. Parsons (New York: Free Press, 1947).

42 Barry Kramer, "Chinese Officials Still Give Preference to Kin, Despite Peking Policies," *The Wall Street Journal*, October 29,

1985, 1, 21.

43 John Chase, "Delay Requested for Indictment; 3 More Months Sought in Case Against Governor," *The Chicago Tribune*, January 1, 2009, 4.

44 Eric J. Walton, "The Persistence of Bureaucracy: A Meta-Analysis of Weber's Model of Bureaucratic Control," *Organization Studies* 26, no. 4 (2005), 569–600.

45 Nadira A. Hira, "The Making of a UPS Driver," *Fortune*, November 12, 2007, 118–129; Devin Leonard, "UPS's Holiday Shipping Master: They Call Him Mr. Peak," *Bloomberg Businessweek*, December 19, 2013, http://www.businessweek.com/articles/2013-12-18/upss-holiday-shipping-master-scott-abell-they-call-him-mr-dot-peak#p4 (accessed April 17, 2014); "Logistics: Squeezing More Green Out of Brown," *Bloomberg Businessweek*, September 20–September 26, 2010, 43; Kelly Barron, "Logistics in Brown," *Forbes*, January 10, 2000, 78–83; Scott Kirsner, "Venture Vèritè: United Parcel Service," *Wired*, September 1999, 83–96; Kathy Goode, Betty Hahn, and Cindy Seibert, *United Parcel Service: The Brown Giant* (unpublished manuscript, Texas A&M University, 1981); and Jacopo Prisco, "Why UPS Trucks (Almost) Never Turn Left," *CNN*, February 16, 2017, https://www.cnn.com/2017/02/16/world/ups-trucks-no-left-turns/index.html (accessed May 30, 2019)).

46 See Allen C. Bluedorn, "Pilgrim's Progress: Trends and Convergence in Research on Organizational Size and Environment," *Journal of Management Studies* 19 (Summer 1993), 163–191; John R. Kimberly, "Organizational Size and the Structuralist Perspective: A Review, Critique, and Proposal," *Administrative Science Quarterly* (1976), 571–597; and Richard L. Daft and Selwyn W. Becker, "Managerial, Institutional, and Technical Influences on Administration: A Longitudinal Analysis," *Social Forces* 59 (1980), 392–413.

47 James P. Walsh and Robert D. Dewar, "Formalization and the Organizational Life Cycle," *Journal of Management Studies* 24 (May 1987), 215–231.

48 Nancy M. Carter and Thomas L. Keon, "Specialization as a Multidimensional Construct," *Journal of Management Studies* 26 (1989), 11–28; Cheng-Kuang Hsu, Robert M. March, and Hiroshi Mannari, "An Examination of the Determinants of Organizational Structure," *American Journal of Sociology* 88 (1983), 975–996; Guy Geeraerts, "The Effect of Ownership on the Organization Structure in Small Firms," *Administrative Science Quarterly* 29 (1984), 232–237; Bernard Reimann, "On the Dimensions of Bureaucratic Structure: An Empirical Reappraisal," *Administrative Science Quarterly* 18 (1973), 462–476; Richard H. Hall, "The Concept of Bureaucracy: An Empirical Assessment," *American Journal of Sociology* 69 (1963), 32–40; and William A. Rushing, "Organizational Rules and Surveillance: A Proposition in Comparative Organizational Analysis," *Administrative Science Quarterly* 10 (1966), 423–443.

49 Jerald Hage and Michael Aiken, "Relationship of Centralization to Other Structural Properties," *Administrative Science Quarterly* 12 (1967), 72–91.

50 Peter Brimelow, "How Do You Cure Injelitance?" *Forbes*, August 7, 1989, 42–44; Jeffrey D. Ford and John W. Slocum, Jr., "Size, Technology, Environment and the Structure of Organizations," *Academy of Management Review* 2 (1977), 561–575; and John D. Kasarda, "The Structural Implications of Social System Size: A Three-Level Analysis," *American Sociological Review* 39 (1974), 19–28.

51 Graham Astley, "Organizational Size and Bureaucratic Structure," *Organization Studies* 6 (1985), 201–228;

Spyros K. Lioukas and Demitris A. Xerokostas, "Size and Administrative Intensity in Organizational Divisions," *Management Science* 28 (1982), 854–868; Peter M. Blau, "Interdependence and Hierarchy in Organizations," *Social Science Research* 1 (1972), 1–24; Peter M. Blau and R. A. Schoenherr, *The Structure of Organizations* (New York: Basic Books, 1971); A. Hawley, W. Boland, and M. Boland, "Population Size and Administration in Institutions of Higher Education," *American Sociological Review* 30 (1965), 252–255; Richard L. Daft, "System Influence on Organization Decision-Making: The Case of Resource Allocation," *Academy of Management Journal* 21 (1978), 6–22; and B. P. Indik, "The Relationship Between Organization Size and the Supervisory Ratio," *Administrative Science Quarterly* 9 (1964), 301–312.

52 T. F. James, "The Administrative Component in Complex Organizations," *Sociological Quarterly* 13 (1972), 533–539; Daft, "System Influence on Organization Decision-Making: The Case of Resource Allocation"; E. A. Holdaway and E. A. Blowers, "Administrative Ratios and Organization Size: A Longitudinal Examination," *American Sociological Review* 36 (1971), 278–286; and John Child, "Parkinson's Progress: Accounting for the Number of Specialists in Organizations," *Administrative Science Quarterly* 18 (1973), 328–348.

53 John Hechinger, "The Troubling Dean-to-Professor Ratio," *Bloomberg Businessweek*, November 26–December 2, 2012, 40–42; and Douglas Belkin and Scott Thurm, "Deans List: Hiring Spree Fattens College Bureaucracy—And Tuition," *The Wall Street Journal*, December 29, 2012, A1.

54 Richard L. Daft and Selwyn Becker, "School District Size and the Development of Personnel Resources," *Alberta Journal of Educational Research* 24 (1978), 173–187.

55 Based on Gifford and Elizabeth Pinchot, *The End of Bureaucracy and the Rise of the Intelligent Organization* (San Francisco: Berrett-Koehler Publishers, 1993), 21–29.

56 Rachel Donadio and Jim Yardley, "Vatican's Bureaucracy Tests Even the Infallible," *The New York Times*, March 19, 2013, A1.

57 Gary Hamel and Michele Zanini, research reported in "Organizations: The Costs of Bureaucracy," *Harvard Business Review*, November-December 2017, 30.

58 Victoria Murphy, "Microsoft's Midlife Crisis," *Forbes*, October 3, 2005, 88.

59 Study by Paul C. Light, reported in Paul C. Light, "The Easy Way Washington Could Save $1 Trillion; How an Independent Agency Could Squeeze $1 Trillion in Savings from the Bureaucracy," *The Wall Street Journal*, July 7, 2011, http://online.wsj.com/article/SB10001424052702304760604576428262419935394.html (accessed September 6, 2011).

60 Jack Rosenthal, "Entitled: A Chief for Every Occasion, and Even a Chief Chief," *New York Times Magazine*, August 26, 2001, 16.

61 Scott Shane, "The Beast That Feeds on Boxes: Bureaucracy," *The New York Times*, April 10, 2005, Section 4, 3.

62 Gregory A. Bigley and Karlene H. Roberts, "The Incident Command System: High-Reliability Organizing for Complex and Volatile Task Environments," *Academy of Management Journal* 44, no. 6 (2001), 1281–1299.

63 Robert A. Watson and Ben Brown, *The Most Effective Organization in the U.S.: Leadership Secrets of the Salvation Army* (New York: Crown Business, 2001), 159–181.

64 Julian Birkinshaw and Suzanne Heywood, "Putting Organizational Complexity in Its Place," *McKinsey Quarterly*,

Issue 3 (2010), 122–127.

65 Shana Lebowitz, "Google's Larry Page Uses an Unusual Management Trick to Inspire His Employees" *Business Insider*, January 26, 2016; Amir Efrati, "At Google, Page Aims to Clear Red Tape," *The Wall Street Journal*, March 26, 2011, B1; and Jessica Guynn, "New CEO Stirs Up Google Ranks; Larry Page Promotes Seven Execs to Run the Company's Most Important Divisions," *Los Angeles Times*, April 9, 2011, B1.

66 Jeanne Whalen, "Bureaucracy Buster? Glaxo Lets Scientists Choose Its New Drugs," *The Wall Street Journal*, March 27, 2006, B1.

67 Philip M. Padsakoff, Larry J. Claire, and William D. Todor, "Effects of Organizational Formalization on Alienation among Professionals and Nonprofessionals," *Academy of Management Journal* 29 (1986), 820–831.

68 Royston Greenwood, C. R. Hinings, and John Brown, "'P2-Form' Strategic Management: Corporate Practices in Professional Partnerships," *Academy of Management Journal* 33 (1990), 725–755; and Royston Greenwood and C. R. Hinings, "Understanding Strategic Change: The Contribution of Archetypes," *Academy of Management Journal* 36 (1993), 1052–1081.

69 William G. Ouchi, "Markets, Bureaucracies, and Clans," *Administrative Science Quarterly* 25 (1980), 129–141; idem, "A Conceptual Framework for the Design of Organizational Control Mechanisms," *Management Science* 25 (1979), 833–848; and Jay B. Barney, "An Interview with William Ouchi," *Academy of Management Executive* 18, no. 4 (November 2004), 108–116.

70 Weber, *The Theory of Social and Economic Organizations*, 328–340.

71 Raymond Fisman and Tim Sullivan, "The Unsung Beauty of Bureaucracy," *The Wall Street Journal*, March 15, 2013, http://online.wsj.com/news/articles/SB100014241278873240 77704578360243017096714 (accessed April 17, 2014).

72 Daniel Gilbert and Russell Gold, "As Big Drillers Move In, Safety Goes Up," *The Wall Street Journal*, April 2, 2013, A1.

73 Joel Spolsky, "Good System, Bad System; Starbucks' Meticulous Policy Manual Shows Employees How to Optimize Profits. Too Bad It Undercuts Basic Customer Service," *Inc.* (August 2008), 67.

74 Oliver A. Claireon, *Markets and Hierarchies: Analyses and Antitrust Implications* (New York: Free Press, 1975).

75 David Wessel and John Harwood, "Capitalism Is Giddy with Triumph: Is It Possible to Overdo It?" *The Wall Street Journal*, May 14, 1998, A1, A10.

76 Anita Micossi, "Creating Internal Markets," *Enterprise*, April 1994, 43–44.

77 Raymond E. Miles, Henry J. Coleman, Jr., and W. E. Douglas Creed, "Keys to Success in Corporate Redesign," *California Management Review* 37, no. 3 (Spring 1995), 128–145.

78 Ouchi, "Markets, Bureaucracies, and Clans."

79 Jeffrey Kerr and John W. Slocum, Jr., "Managing Corporate Culture Through Reward Systems," *Academy of Management Executive* 19, no. 4 (2005), 130–138.

80 Richard Leifer and Peter K. Mills, "An Information Processing Approach for Deciding upon Control Strategies and Reducing Control Loss in Emerging Organizations," *Journal of Management* 22, no. 1 (1996), 113–137.

81 Stratford Sherman, "The New Computer Revolution," *Fortune*, June 14, 1993, 56–80.

82 Leifer and Mills, "An Information Processing Approach for Deciding upon Control Strategies"; and Laurie J. Kirsch, "The Management of Complex Tasks in Organizations: Controlling the Systems Development Process," *Organization Science* 7, no. 1 (January–February 1996), 1–21.

83 James R. Barker, "Tightening the Iron Cage: Concertive Control in Self-Managing Teams," *Administrative Science Quarterly* 38 (1993), 408–437.

84 Phanish Puranam and Døjbak Håkonsson, "Valve's Way," *Journal of Organization Design* 4, no. 2 (2015), 2–4; Jacob Morgan, "The 5 Types of Organizational Structures: Part 3, Flat Organizations, *Forbes*, July 13, 2015, https://www.forbes.com/sites/jacobmorgan/2015/07/13/the-5-types-of-organizational-structures-part-3-flat-organizations/#34f9a5c76caa (accessed March 23, 2019); Matthew Shaer, "The Boss Stops Here," *New York Magazine*, June 24–July 1, 2013, 26–34; and Matthew E. May, "Mastering the Art of Bosslessness," *Fast Company*, September 26, 2012, http://www.fastcompany.com/3001574/mastering-art-bosslessness (accessed August 20, 2013).

85 Lee Hawkins Jr., "Lost in Transmission—Behind GM's Slide: Bosses Misjudged New Urban Tastes; Local Dealers, Managers Tried Alerting Staid Bureaucracy," *The Wall Street Journal*, March 8, 2006, A1.

86 Justin Baer and Max Colchester, "When Bigger Isn't Better: Banks Retreat from Global Ambitions," *The Wall Street Journal*, May 30, 2016, https://www.wsj.com/articles/when-bigger-isnt-better-banks-retreat-from-global-ambitions-1464628433 (accessed May 30, 2019).

87 Dana Mattioli and Thomas Gryta, "United Technologies to Split Into Three Companies, Each with a Sharper Focus" *The Wall Street Journal*, November 26, 2018, https://www.nytimes.com/2018/11/26/business/united-technologies-split.html (accessed May 30, 2019).

88 Kim S. Cameron, Myung Kim, and David A. Whetten, "Organizational Effects of Decline and Turbulence," *Administrative Science Quarterly* 32 (1987), 222–240.

89 Danny Miller, "What Happens after Success: The Perils of Excellence," *Journal of Management Studies* 31, no. 3 (May 1994), 325–358.

90 Leonard Greenhalgh, "Organizational Decline," in Samuel B. Bacharach, ed., *Research in the Sociology of Organizations* 2 (Greenwich, CT: JAI Press, 1983), 231–276; and Peter Lorange and Robert T. Nelson, "How to Recognize—and Avoid—Organizational Decline," *Sloan Management Review* (Spring 1987), 41–48.

91 Kim S. Cameron and Raymond Zammuto, "Matching Managerial Strategies to Conditions of Decline," *Human Resources Management* 22 (1983), 359–375; and Leonard Greenhalgh, Anne T. Lawrence, and Robert I. Sutton, "Determinants of Workforce Reduction Strategies in Organizations," *Academy of Management Review* 13 (1988), 241–254.

92 Stephanie Strom, "Short on Fund-Raising, Red Cross Will Cut Jobs," *The New York Times*, January 16, 2008, A15.

93 Scott D. Hayward and Timothy A. Walker, "All Things Must Pass: The Rise and Fall of Tower Records," *Management Teaching Review* 1, no. 4 (2016), 271–277.

94 Dana Mattioli, Joann S. Lublin, and Ellen Byron, "Kodak Struggles to Find Its Moment," *The Wall Street Journal* August 11, 2011; Michael J. De La Merced, "Eastman Kodak Files for Bankruptcy," *The New York Times*, January 19, 2012, http://dealbook.nytimes.com/2012/01/19/eastman-kodak-files-for-bankruptcy/?_php=true&_type=blogs&_r=0 (accessed January 19, 2012); and Mike Spector, Dana Mattioli, and Katy Stech, "Kodak Files for

Bankruptcy Protection," *The Wall Street Journal*, January 19, 2012, http://online.wsj.com/news/articles/SB30001424052970204555904577169920031456052 (accessed January 19, 2012).

95 William Weitzel and Ellen Jonsson, "Reversing the Downward Spiral: Lessons from W. T. Grant and Sears Roebuck," *Academy of Management Executive* 5 (1991), 7–21; and William Weitzel and Ellen Jonsson, "Decline in Organizations: A Literature Integration and Extension," *Administrative Science Quarterly* 34 (1989), 91–109.

96 Suzanne Kapner, "Amazon Didn't Cripple Bed, Bath & Beyond. Its Own Leaders Did," *The Wall Street Journal*, June 2, 2019, https://www.wsj.com/articles/amazon-didnt-cripple-bed-bath-beyond-its-own-leaders-did-11559467800 (accessed June 3, 2019).

97 This case was inspired by "Frito-Lay May Find Itself in a Competition Crunch," *Businessweek*, July 19, 1982, 186; Jim Bohman, "Mike-Sells Works to Remain on Snack Map," *Dayton Daily News*, February 27, 2005, D1; "Dashman Company" in Paul R. Lawrence and John A. Seiler, *Organizational Behavior and Administration: Cases, Concepts, and Research Findings* (Homewood, IL: Irwin and Dorsey, 1965), 16–17; and Laurie M. Grossman, "Price Wars Bring Flavor to Once Quiet Snack Market," *The Wall Street Journal*, May 23, 1991, B1, B3.

第 V 篇

动态过程管理

ORGANIZATION THEORY AND DESIGN

组织文化与控制

问题引入

在阅读本章内容之前,请先看下面的问题并选择答案。①

1. 高管们要在战略和结构上投入比企业文化更多的精力。

同意＿＿＿＿＿＿　　　　　　　　　　　　不同意＿＿＿＿＿＿

2. 对于一个高层管理者来说,应该更重视文化价值观,而不是绩效指标,才可能获得更好的绩效。

同意＿＿＿＿＿＿　　　　　　　　　　　　不同意＿＿＿＿＿＿

3. 对于一个部门管理者而言,只要员工高质量地完成工作,就不必追究他们是如何或者何时完成任务的。

同意＿＿＿＿＿＿　　　　　　　　　　　　不同意＿＿＿＿＿＿

　　亚马逊已经成长为一个巨型跨国公司,拥有 40 多家子公司,旗下品牌包括美捷步(Zappos)、Twitch 和全食超市(Whole Foods Market)。亚马逊的与众不同之处在于,它保留了创始人杰夫·贝佐斯(Jeff Bezos)以及其他早期领导者所创造和传承的创业文化中的诸多元素。一些在亚马逊工作过的人,或者是一些自称为"逃离者"的人,将亚马逊的内部环境称为"角斗士文化",因为员工之间的竞争几乎无处不在。亚马逊在收购全食超市之后,一些故事开始流传——亚马逊员工因工作变动而崩溃大哭。举一个例子,全食超市开始使用记分卡考核员工遵守新的库存控制系统的情况,记分情况是重要的惩罚依据,表现不佳的员工甚至会被解雇。亚马逊会持续考核和审查与工作绩效相关的方方面面,利用严格的规则、极具挑战性的目标以及监督制度严密控制员工的行为。此外,公司鼓励员工通过各种内部系统汇报同事的情况。一些已经离开亚马逊的人表示,他们不会考虑重回那里工作。当然，也有一些人喜欢这种对抗性文化的节奏和挑战，他们认为只有在亚马逊才能有效地工作。[1]

亚马逊是一家非常成功的企业。员工和管理者非常享受他们的工作，他们喜欢在公司做事的方式。但同时也有一些员工和管理人员认为，亚马逊的文化价值观和所做的事情损害了员工的利益和企业的长远成功。每个组织，就像亚马逊一样，有一套价值观约束着员工们的行为方式，并指引组织每天如何开展业务。一个组织的领导者最重要的工作就是灌输和支持公司发展所需要的价值观。日本乐天公司（Rakuten）联合创始人兼首席执行官三木谷浩史（Hiroshi Mikitani）曾说："很多领导者把文化看作一场愉快的意外，认为文化由个性驱动，而又自然发展。这其实是错误的。文化是成功的重要基石。"

强势的文化会对组织产生极强的影响力，这种影响力可能是积极的也可能是消极的。谷歌以其独特的企业文化而闻名。公司视员工如珍宝，为员工提供优厚的福利，努力营造悠闲、有趣的工作环境。正如联合创始人拉里·佩奇（Larry Page）所说，"让员工感受到他们是公司的一部分，公司对他们来说就像家一样，让公司成为一个大家庭，这很重要。当我们以这种方式对待员工时，我们公司的生产率也会更高。"谷歌之所以能够聘用到最优秀、最聪明的人，是因为人们想在那里工作。[2]反之，消极的组织文化，也能够像积极文化为组织带来强大的力量那样，给公司带来巨大的破坏。20多名女性指控哥伦比亚广播公司（简称CBS）董事长兼首席执行官莱斯利·穆恩维斯（Leslie Moonves）性行为不端。过去的数十年来，穆恩维斯一直是好莱坞最著名的娱乐公司高管之一。此事件之后，CBS的企业文化遭受到了严重攻击。到2018年底，穆恩维斯和另外两名高管都离开了公司。《每日野兽》（The Daily Beast）刊发了一篇详细的文章，称音乐行业出版物《公告牌》（Billboard）存在性骚扰和管理层干预编辑决策的情况。在内部调查后，《公告牌》首席执行官约翰·阿马托（John Amato）离开了公司。尽管如此，在职员工和已经离开的员工都表示，阿马托灌输的企业文化根深蒂固，很多事情已成为常态，包括性骚扰、不当评论、高管欺凌、管理层干预编辑决策。为此，《公告牌》的管理者们开始努力建设一种更加注重伦理的组织文化。[3]

一个关于组织的规范和文化对于员工如何在一起工作以及他们如何处理与其他员工和顾客关系的影响力的概念被称为"社会资本"。**社会资本**（social capital）涉及人们之间的相互作用以及他们对于同一问题是否能够达成共识。例如，在一个有着丰富的社会资本的组织中，员工之间的相互关系是建立在相互信任、理解和分享他人想法与价值观的基础上的，这样，能够使他们互相合作和协调自己的行为以达成组织的目标。[4]每一个组织所拥有社会资本的多少是不同的。可以把社会资本看成"商誉"（goodwill）。在一个组织中，当它无论是内部员工之间的关系，还是与客户、供应商或者合作者的关系，都是建立在诚信、信任和尊重的基础上时，那么就存在着一种"商誉"，人们愿意合作并实现共同的利益。高水平的社会资本能够减少社会交往和交流中的摩擦，促进组织功能的发挥。人们的关系建立在激烈的竞争、个人的利益以及尔虞我诈之上，则会给公司带来毁灭性的破坏。

本章目的

　　本章主要探讨企业文化与价值观,以及与此相关的组织控制。第一部分介绍组织文化的实质、起源和作用,以及人们如何通过观察组织中的典礼、仪式、典故和神话、象征物、组织结构、权力关系和控制体系来确定和解释其文化。接着,我们将讨论文化如何用来强化组织在特定环境中成功经营所需实施的战略和结构,并探讨管理者如何创建高绩效的企业文化。最后,本章将阐述关注文化的控制系统,探讨层级控制和分权控制之间的差异。我们将介绍反馈控制模型中的关键步骤,探讨一种全面控制系统——平衡计分卡,并讨论行为控制和结果控制之间的差异。

11.1　组织文化

　　组织文化研究热潮的兴起提出了一系列问题。我们能否识别出一个组织的文化? 文化能否与战略保持一致? 怎样管理和改变文化? 解答这些问题最好的起始点是定义文化,并解释如何识别一个组织的文化。

11.1.1　什么是文化?

　　文化(culture)是一个组织所有成员所共享的并且作为标准传承给新成员的一系列价值观、信念、看法和思维方式的总和。[5] 它不被诉诸文字,但却是人们能感觉到的组织的重要部分。文化代表了非正式的组织,而像前面章节中讲到的结构、规模和战略等代表正式的组织。每个组织的工作都包括两个方面:正式的结构和系统;非正式的价值观、标准和企业文化。[6] 每个人都受到文化的影响,但这种影响往往不为人所知觉。只有当组织试图推行一些与组织基本行为规范和价值观相悖的新战略或方案时,文化的力量才会被人们真切地感受到。

　　组织文化存在于两个层面。如图 11-1 所示,冰山露出水面的部分是人们可以看到的表征性的东西和可观察到的行为,如人们衣着和行动的方式,组织成员共享的仪式、典故和象征物等。文化中可见的这些因素可能反映存在于组织成员思想深处的价值观。这些深藏于水下的因素包括价值取向、假设、信念、思维方式等,这些才是文化最根本的内涵。[7] 例如,回想一下前一章的新书评介,TechCo 的领导们没有单独的办公室,而是和大家一起坐在开放的大办公室里,以鼓励信息共享。另一个例子是德国团智公司(TeamBank),高层管理者要求大家称呼对方时使用非正式的"你"(德语 Du),而不是工作场所惯用的正式的"您"(德语 Sie)。这些都是可观察的符号。该公司倡导的价值观是开放、合作、平等主义和团队精神。[8]构成文化的各方面要素可能会以多种不同的方式展现出来，但它们通常会通过组织成员的社会互动过程逐渐演变成一套具有特定方式的行为。[9]这样所形成的行为的特定方式可用来解释这一组织的文化。

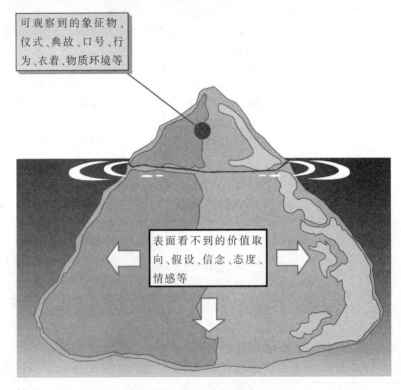

图 11-1　组织文化的分层

 ## 11.1.2　文化的形成与作用

　　文化使组织成员对组织有了一种认同感，并会激发成员对超越于他们自身的信念和价值观的承诺意识。[10]虽然最终成为组织文化一部分的某些思想可能产生于组织中的某一成员，但一般说来，组织文化源于组织的创始人或早期的领导者，是他们把某些特定的理念和价值观清晰地表达出来并作为愿景、经营哲学或战略加以贯彻。

　　当这些理念和价值观使组织获得成功后，它们就会得到制度化，这样，反映组织创始人或领导者的愿景目标和战略的组织文化便随之出现了。例如，正如开篇案例中所描述的，亚马逊的文化反映了创始人杰夫·贝佐斯的价值观。贝佐斯是一个在争议和挑战中奋发图强的企业家，他认为，在决策中有不同意见时，领导者应该为有争议的决策和意见负责，坚持自己，即使这样做可能会让人感觉不舒服。领导者必须有勇气坚持自己的信念，必须顽强而执着,不要只是为了一团和气而做出妥协。但是一旦做出某项决定,领导者就要全身心地去践行。贝佐斯植入亚马逊的其他文化包括节俭、顾客至上、创新以及行动力。当一名员工在一次早间全体会议上问他,公司打算何时采取行动以更好地平衡员工的工作和生活,贝佐斯直言不讳地告诉她,亚马逊可能不适合她。贝佐斯说:"我们待在这里的目的是把事情做好,这是最重要的,这是亚马逊的基因。"[11]

文化可在组织中发挥两个关键的作用:(1)使组织成员知道该如何彼此相处,实现组织内部的整合;(2)帮助组织适应外部环境。所谓**内部整合**(internal integration),是指组织成员会发展出一种集体认同感并明了该如何有效地一同工作。正是文化引导了组织成员的日常工作关系,决定组织中人们相互沟通的方式以及什么样的行为是可接受和不可接受的,组织中的权力和地位是什么样的格局。所谓**外部适应**(external adaptation),是指组织如何达成目标及如何处理与外部人的关系。文化不仅能指导组织成员的日常活动以实现既定的目标,还能促进组织对顾客的需要或竞争对手的行为做出快速的反应。来看看谷歌的文化是如何加强内部整合,并帮助公司适应外部环境的。

应用案例 11-1

谷 歌 公 司

为什么谷歌公司能够连续六年蝉联《财富》杂志最佳工作场所排行榜榜首?该公司以其有趣的福利而闻名,如免费食物、午睡舱和乒乓球桌。正是这种文化让谷歌成为一个很棒的工作场所,但这些因素只是谷歌文化的一小部分。谷歌前任人力关系高级副总裁说:"如果你把这些东西都拿走……谷歌还是谷歌,还是拥有同样的创造力和创新动力。"

谷歌员工的真正动力来自于公司的非正式座右铭——"不作恶",以及公司的正式使命——"组织全球信息,使其随手可得,随处可用"。谷歌创始人在公司成立之初的几年内就创建了一份清晰的核心价值清单,包括:

- 关注用户,其他一切都会随之而来。
- 最好把一件事做得非常非常好。
- 不穿西装也可以很严肃。
- 仅仅优秀还不够。

一份清晰的价值观清单帮助谷歌雇用了符合公司文化的员工,并强化了公司所期望的行为和态度,比如灵活性、协作性、乐趣和信任。公司鼓励员工在自己喜欢的时间以自己喜欢的方式工作,如果愿意,员工可以带宠物去上班。员工之间可以相互学习。谷歌非常重视合作,鼓励员工们在"谷歌人教谷歌人"(Googler to Googler)项目中相互指导和学习。指导和学习内容包括商业技能(如公开演讲)和户外活动(如跆拳道或驯狗)。管理者们在每周问答会中与员工们开诚布公地交流,以此建立和强化信任。在谷歌，失败不会受到惩罚，而是被视为一种学习和成长的方式。谷歌能够不断创新，因为员工可以自由地尝试和失败，从自己和他人的错误中学习。[12]

组织文化还能够指导员工在没有书面价值观和信念的条件之下做出决策。[13]这样，文化的所有功能都会渐渐地促使公司内外部形成积极的或是消极的社会关系，并建立起组织的社会资本。

11.1.3　解释/塑造组织文化

要识别和解释文化的内涵，要求人们对表征性的东西进行观察并做出合理的推论。表征性的东西可以被领导者用来塑造文化，也可以被研究者用来解释文化。然而，对外人来说这些东西很难被准确解读。比如，同是颁奖仪式，在不同的企业中可能会有不同的用意。要推论出一个组织真正有什么样的文化，需要进行探索性的研究，或许还需要作为内部人在这个组织中体验一段时间。图 11-2 展示了一些典型的可观察到的文化要素。[14]同时，管理者可以利用或改变这些要素来塑造和影响文化。这些要素包括典礼和仪式、典故和神话、象征物、组织结构、权力关系和控制体系。[15]

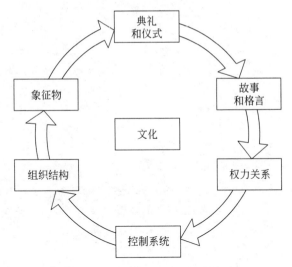

图 11-2　可观察到的重要文化要素

资料来源：Based on Gerry Johnson，"Managing Strategic Change—Strategy, Culture, and Action,"*Long Range Planning* 25, no. 1 (1992), 28-36, and Gerry Johnson，"Rethinking Incrementalism,"*Strategic Management Journal* 9, no. 1 (1988), 75-91.

仪式和典礼
文化的一个重要表现是**仪式和典礼**（rites and ceremonies）。它们是组织精心策划的有计划的活动,通常以能给参加者带来某种利益的方式举行,并被视为组织中一件不平常的事件。管理者举行典礼和仪式的目的,是通过这些典型的事例说明组织所看重的东西。这类特别安排的事件能强化组织特定的价值观,在组织成员间建立一条纽带,使大家共享某种重要的理念。在这些典礼和仪式上会表彰那些象征着组织重要信念或表现出组织所希望的行为的英雄人物,庆祝他们所取得的成绩。[16]

有一种仪式是入职仪式(rite of passage),其用于促进员工向新的社会角色转换。教会、联谊会和兄弟会、企业和军队等组织通过仪式召集接纳新成员,交流重要的价值观。另外一种典礼是整合仪式(rite of integration),它会使员工形成共同的联结纽带和良好的情感,增进员工对组织的承诺意识。请仔细思考下面的例子。

- 位于马萨诸塞州萨默维尔市(Somerville,Massachusetts)的搬家公司温柔巨人(Gentle Giant),其入职仪式是"体育场跑步"。公司创始人兼首席执行官拉里·奥图尔(Larry O'Toole)决定将新员工入职仪式设在哈佛大学体育场,是想强调公司职员要努力工作、挑战自我、勇往直前、坚持到底,而不是在事情变得困难的时候就止步不前。跑步仪式结束后,奥图尔为职员提供丰盛的早餐,并做职业发展演讲。"只有你完成了跑步仪式,你才是温柔巨人的员工。"职员凯尔·格林(Kyle Green)说。[17]
- 方济各(Pope Francis)领导着一个一直饱受丑闻争议的组织,他试图通过各种仪式来拯救世界各地的天主教,以重获公众关注,重振天主教廷。例如,将谦逊和包容的价值观符号化,在耶稣升天节(Holy Thursday)当天为少年拘留所里的囚徒洗脚,而不是像以前的教宗在位时那样为牧师洗脚,他改变了这一传统仪式。据称新仪式还包括首次起用了两名女性和两名穆斯林为教廷工作。这可以看作是一种整合仪式。[18]

故事和格言

故事(stories)是基于真实事件的流传,这些真实事件经常在员工之间交流分享,并会告诉新来的员工,让他们进一步了解组织。有许多典故是关于本组织中的**英雄人物**(heroes)的,他们是体现或弘扬组织规范和价值观的模范或典型人物。还有一些典故是**传说**(legends),因为这些故事虽然是组织历史上曾经发生的真实事件,但其中可能被加入一些虚构的细节。[19]这些故事传承了组织的基本价值观,有助于员工们对组织文化形成共同的理解。**格言**(saying)可能是座右铭或者颂词,用来描述组织的关键文化价值观,例如沃尔玛的"省钱省心好生活",以及谷歌的"不作恶"。运用故事和格言来塑造组织文化的例子如:

- 在布林克资本公司(Brinker Capital),管理者想塑造一种勇于承担责任的文化,但首席执行官诺里·比曼(Noreen Beaman)知道,人们有时会犯错误。在她职业生涯的早期,就曾犯过一个很大的错误。解决这个问题的关键是不让大家再犯同样的错误。公司的格言之一是"发现它,解决它,预防它"。拉什化妆品公司(Lush Cosmetics)使用的格言是"我们有权犯错误"。另一家公司的格言是"设定目标,保持记录,赢得胜利",强调的是竞争、冒险和求胜的价值观。[20]

- 有时候,格言可能出自于一个故事,比如乐高公司(LEGO)的"只有最好才是足够好"。故事要追溯到公司还生产木制玩具的时候,公司创始人奥利·柯克(Ole Kirk)的儿子戈弗雷(Godtfred)吹嘘说,一般人装运玩具鸭子需要三层包装,而我只需要两层就可以了,我为公司省了钱。奥利对此感到非常恼怒,他命令戈弗雷回到火车站,检查货物装运情况,并让他在那儿彻夜悔过。戈弗雷从 12 岁开始就在公司工作,后来成了公司的首席执行官。他把父亲的座右铭刻在木制牌匾上,时刻铭记,世代流传。现在,在丹麦比隆市(Billund)的乐高公司总部的餐厅门口,悬挂着一幅照片,照片所展示的就是这幅刻有座右铭的木制牌匾。[21]

象征物

　　另一个有助于解释文化的是**象征物**(symbols)。它用一些形象的事物来反映或表达某种思想。典礼、仪式、故事、格言等从某种意义上说都是象征物,它们象征着组织中深层次的价值理念。另一类的象征物是组织中以物质形态存在的具体的标识性东西。这个以物质形态存在的标识,因为集中关注一项特定的主题而显示出强有力的感染力,这方面的例子如:

- 在亚马逊总部的会议室里,会议桌是由六张门桌(door-desks)拼在一起组成的。节俭是亚马逊的核心价值观之一,创始人杰夫·贝佐斯表示,门式办公桌"象征着要把钱花在对顾客重要的东西上,而不是花在不重要的东西上"。贝佐斯的第一张办公桌是一张门板。据报道,他现在使用的仍然是门式办公桌。亚马逊的大多数员工也使用门式办公桌。公司设立了"门桌奖",对那些能够以更低的成本为顾客提供服务的雇员给予奖励。[22]

- 迈克·凯悦(Mike Hyatt)在接任托马斯·纳尔逊出版社(Thomas Nelson Publishers)首席执行官后,就致力于将层级明显的企业文化转变为更加平等的文化,举措之一就是换掉董事会的会议桌。董事会会议室很少使用,里面有一张长方形桌子,最重要的人坐在桌子的头部,座次表明了层级关系的差异。凯悦上任后,用一个大圆桌取代了那张长方形会议桌。圆形会议桌象征着平等主义,是公司倡导的新文化。凯悦还把董事会会议室改成了经常用于员工会议的会议室。每次在会议室开会,凯悦都会坐在不同的位置,以表示其他员工与他是平等的。[23]

组织结构

　　一个组织如何被设计是对其文化的深刻反映。它是稳定的机械式结构还是灵活的有机式结构? 这些概念在第 1 章和第 4 章均有涉及。是高的还是扁平的结构? 这些概念第 3 章有所涉及。如何将人员和部门合理安排成一体,以及员工拥有多大灵活度和自主权,阐释了一个公司所强调的文化价值观。这里有一些小例子:

● 诺德斯特龙公司（Nordstrom）的结构反映了这家百货连锁商店对授权和支持底层员工的重视。诺德斯特龙以其卓越的客户服务而闻名。如图 11-3 所示，它的组织图象征着管理者的任务是支持那些为顾客提供服务的员工，而不是作为高高在上的管理者监控着他们。[24]

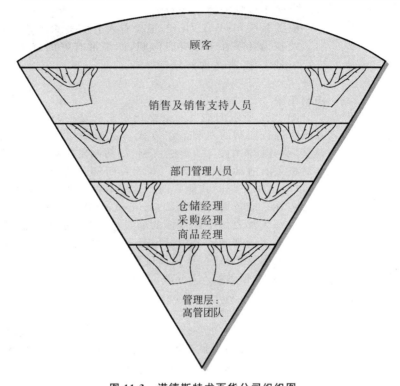

图 11-3　诺德斯特龙百货公司组织图
资料来源：Used with permission of Nordstrom，Inc.

● 克莱斯勒（Chrysler）破产重组后为实现迅速恢复而精减了数级管理层，已故前任首席执行官塞尔吉奥·马尔乔内（Sergio Marchionne）打造了更加扁平化的组织结构，使高管更能接近汽车生产和销售。马尔乔内还选择了一个技术中心的 4 楼作为自己的办公室，而不是安排在顶楼的行政套房，以此强调高管接近工程师和主管日常决策的重要性。[25]

权力关系

理解权力关系意味着要清楚谁在施加影响、实施操纵或有能力这样做。哪些人和部门掌握着一个组织的权力？有的公司财务人员相当有权力，但有的公司工程师和设计师拥有较多的权力。另外一个要考虑的方面是正式或非正式的权力关系，如人们是否拥有权力主要是基于他们所处层级结构中的位置，或是其他方面因素，如专长或人格魅力。思考如下例子：

● 位于佐治亚州亚特兰大的一家投资公司，高层管理者有一个集办公室、休息室和餐厅于一体的专用区域。进入该区域的门上有一个电子锁,只有高层管理者才能进入。中层管理者因为拥有主管的头衔,所以能够在一个独立的餐厅就餐。一线的监管人员和其他员工共用一个普通餐厅。就餐设施和头衔的差别就说明在这家垂直层级的组织中谁拥有更多的权力。

- 戈尔公司(W.L.Gore)很少有人有职务头衔,也没有上司。职员拥有权力并不在于他身居何职,如果谁有好的点子并且能够召集到人为他工作,那么他就是领导者。[26]

控制系统

图 11-2 所示的最后一个文化要素就是控制系统,它是组织对人员和业务操作进行控制的内部工作方式。这包括如何对信息进行管理,质量控制体系,财务控制的方法,奖励机制,如何制定决策,以及是否从行为或结果方面对员工的活动进行控制。本章后面部分将详细探讨行为控制和结果控制,以及组织控制的其他方面。这里有两个控制体系如何反映文化的例子:

- 在百威英博啤酒集团(Anheuser-Busch, InBev),分销中心的经理们每天都要做销售目标的动员会,鼓励销售员们外出拜访客户并销售更多的啤酒。公司采用基于激励的报酬体系,并且将最大限度降低成本、增加销量作为高度竞争企业文化的关键要素。[27]
- 由于"伦敦鲸"(London Whale)投资失败以及其他一些问题,摩根大通(J.P. Morgan Chase)数十亿美元流失,目前正面临着严峻的监管问题和法律问题。对此,首席执行官杰米·戴蒙(Jamie Dimon)说,"修正控制问题是我们当前的第一任务"。戴蒙改革了工作汇报体系,摩根的高级合规官不需要向法律总顾问汇报工作,而可以直接向银行首席运营官汇报。除了给予合规官和风险管控经理更多的独立决策权外,戴蒙还增加了数千名员工负责规章和法律方面的事务。戴蒙说,这些改革措施表明,摩根正在像关注利润一样关注控制问题。[28]

前已述及,文化存在于两个层面,一个是深层次的价值取向和理念,另一个是人们可以看到的表征性的东西和可观察到的行为。上面介绍的典礼和仪式、故事和格言、象征物、组织结构、权力关系和控制体系都是表征性的东西,它们反映组织深层次的价值观。这些表征性的器物和行为可以帮助解释组织文化,管理者也可以通过这些可见的或可观察的表征性器物及行为来塑造组织的价值观,强化组织的文化。因此,图 11-2 所示的对文化表征性要素的总结可以作为解释文化的机理和行为的指南帮助经理人员在需要的时候改变或强化文化价值观。[29]

本节要点

- 文化价值观决定了组织的社会资本,正确的价值观有助于组织成功。
- 文化是一个组织所有成员所共享的一系列价值观、信念、看法和思维方式的总和。
- 组织文化有两个最根本、最重要的作用:一是整合组织成员,使大家知道该如何彼此相处；二是促进组织更好地适应外部环境。

● 组织文化可以通过观察其典礼和仪式、典故和英雄人物、象征物、组织结构、控制系统和权力关系等来解释和塑造。领导者同样可以通过这些要素来影响文化。

11.2　文化与组织设计

　　管理者希望企业文化能够加强战略和结构设计，使组织在竞争环境中有效运营。具体来说，如果外部环境要求组织具有灵活性和应变能力，比如环境对推特、脸谱网、品趣志（Pinterest）、网飞公司（Netflix）等互联网公司的要求，那么文化就应该能鼓励组织的适应性。在组织的文化、战略、结构及环境之间保持正确的关系，有助于提高组织的绩效。[30]

　　文化可以从多个维度进行评估，例如，人员之间及部门之间的合作和孤立程度，控制的重要性以及控制集中在哪里，还有组织的时间导向是短期还是长期。[31]这里，我们集中看两个特殊维度：（1）竞争环境要求灵活性或稳定性的程度；（2）战略焦点是集中在组织的内部还是外部。依据这两个不同的特征维度可将文化分为四种类型：适应型文化、成就型文化、团体型文化以及行政机构型文化，如图 11-4 所示。[32]无论哪一类型文化，只要它与外部环境的要求和组织的战略重点相匹配，都可能是成功的、有效的文化。

问题引入部分的参考答案

　　1. 高管们要在战略和结构上投入比企业文化更多的精力。

　　答：不同意。聪明的高管们明白要想组织取得成功，正确的文化能够支持和帮助战略和结构更好地适应外部环境。有人曾经说过："文化把战略当作午餐。"高管们能够把所有的时间和资源投入到战略上，不过如果与文化价值观不一致，组织战略将无法得以实施。

11.2.1　适应型文化

　　适应型文化（adaptability culture）是以战略焦点集中于外部环境为特征的，这类文化中的组织是通过提高灵活性和变革来满足顾客的需要。其组织文化倡导那些能支持组织提高探察和解释环境的能力并将环境中的信号转化成相应要采取的反应行动的行为规范和信念。然而，这种文化类型的企业并不只是对环境变化做出快速的反应，而是积极地创造变化。因此，它看重和奖励革新、创造和冒风险行为。

　　很多互联网公司会培养适应型文化，比如我们在此前的应用案例中提

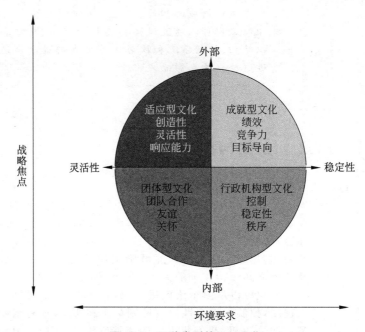

图 11-4　四种类型的组织文化

资料来源：Based on Daniel R. Denison and Aneil K. Mishra, "Toward a Theory of Organizational Culture and Effectiveness," *Organization Science* 6, no. 2（March April 1995），204-223；R. E. Quinn, Beyond Rational Management: Mastering the Paradoxes and Competing Demands of High Performance（San Francisco: Jossey-Bass, 1988）；and Mohamed Hafar, Wafi Al-Karaghouli, and Ahmad Ghoneim, "An Empirical Investigation of the Influence of Organizational Culture on Individual Readiness for Change in Syrian Manufacturing Organizations," *Journal of Organizational Change Management* 27, no. 1（2014），5-22.

到的谷歌，其他像行销、电子和化妆品行业的公司也会培养这种文化，因为他们需要快速反应来满足顾客的需求。

11.2.2　成就型文化

对那些关注满足外部环境中特定顾客的需要但无须做出快速反应和调适的组织来说，成就型文化更为合适。**成就型文化**（achievement culture）的特征是：强调对组织的宗旨和目的要有清晰的认识，例如销售增长、盈利能力或市场份额，通过完成这些目标来实现组织宗旨。具体地讲，每名员工都对一个特定领域的绩效负责，同时组织也允诺对取得了预期成果的员工给予一定的奖赏。管理者设定组织预期的未来状态，并告知员工，以此来引导员工的行为。因为所面临的环境是稳定的，管理者可以将组织愿景转化成可衡量的目标，并根据这些目标实现的情况评价员工的绩效水平。在一些情况下，成就型文化代表了强势竞争和利润导向的行为。我们在开篇案例中提及的亚马逊,其使命和文化就强调竞争力、自信心以及提升销售额和市场份额。中国的科技企业华为公司(Huawei)就展示了一种积极进取的成就型文化。

　　另一个例子是百威英博啤酒集团,在本章前面部分有所提及,也属于成就型文化。管理者们让销售员们时刻关注销售量和利润达成,那些能够完成销售目标的销售员能够获得丰厚的奖赏。奖金和晋升主要是基于销售员们的表现,并不是论资排辈,那些高管们从不吝啬于给销售业绩出色的员工一些特殊的待遇。[34]

11.2.3　团体型文化

　　团体型文化(clan culture)主要关注组织成员的介入和参与,及对外部环境迅速变化的要求做出反应。这种文化类似于第 10 章所讲的团体控制模式。与其他种类的文化相比,这种文化更强调满足员工的需要是取得高绩效的关键。介入和参与会使人产生责任感和主人翁意识,因而会使员工对组织做出更大的承诺和贡献。

　　在一个团体型文化中,一个很重要的价值观就是照顾好员工,确保他们拥有所需的资源以提高他们的满意度和生产率。在《劳动力》杂志(Workforce)评出的"2019 年最擅长人事管理的 100 家公司"中,西南航空公司(Southwest Airlines)位列榜单第一,该公司就展示了一种团体型文化。"从一开始,我们就真正地把员工放在第一位……"公司副总裁兼首席人力资源官朱莉·韦伯(Julie Weber)说,"我们的信念是,快乐的员工会带来快乐的客户,而这最终会为股东带来快乐"。[35] 软件企业赛富时公司(Salesforce.com)创始人马克·贝尼奥夫(Marc Benioff)采取的管理举措也具有团体型文化的元素。贝尼奥夫说:"我希望打造这样一家企业,大家每天都喜欢来这里工作,他们待在这里的时候感觉良好。在这里,公司不会从员工身上索取什么,而是会给予他们。"新员工到赛富时工作的第一天上午,公司要带他们参观办公室,并把他们介绍给同事。"下午,我们会把新员工带出公司,让他们去提供一些服务。"贝尼奥夫说,"他们会去收容所,或者医院,或者公立学校。这是我们文化中非常核心的一部分。"[36]

11.2.4　行政机构型文化

　　采取**行政机构型文化**(bureaucratic culture)的组织更多关注组织内部,它适应外部稳定的环境,强调组织内行为的一致性。这种组织文化更注重业务经营的方式方法。它使用仪式、象征物、反映英雄人物事迹的故事等来促进员工的合作,发扬组织的传统,以及促使人们遵守既定的政策、惯例,以此作为实现目标的手段。在这种组织中,个人的参与在某种意义上说是比较低的,取而代之的是对组织成员行为一致性、循规蹈矩和合作等的强调。这种组织是依靠高度的整合能力和效率取得成功的。

现在,由于对灵活性的需求增强,大多数的管理者开始逐渐远离行政机构文化。但是赛仕软件公司(SAS Institute)和太平洋边缘软件公司(Pacific Edge Software,现在是 Serena 软件公司的一部分)已经成功地实施了行政机构文化中的一些要素,保证所有项目都及时完成并在预算之内,并确保员工的生活更为稳定健康。例如,强调秩序和纪律控制的文化就意味着,在赛仕公司每周的规定工作时间是 35 小时。虽然有时周到意味着缓慢,但是太平洋边缘软件公司和赛仕软件公司已经成功地跟上了外部环境要求的步伐。[37]

有的人喜欢行政机构型文化的循规蹈矩和可预测性,还有的人会因为太多规则限制而感觉到压抑,他们比较偏向其他类型的组织文化。完成问卷"你适合哪种组织设计",看看你适合哪种类型的文化——适应型、成就型、团体型还是行政结构型,并且能在工作中取得成功。

你适合哪种组织设计

企业文化偏好

一个经理或员工和企业文化的契合程度决定了个人的成功和满意度。为清楚地了解你所偏好的文化类型,请根据自己的偏好对下面 1 到 8 项陈述进行排序(1＝最偏爱;8＝最不偏爱)。

1. 组织是很私人化的,就像一个大家庭。
2. 组织是动态和变化的,在那里人人都要冒险。
3. 组织是成就导向的,以竞争和任务达成为主。
4. 组织是稳定和结构化的,有着清晰和固定的程序。
5. 组织的管理风格以团队合作和参与为主。
6. 组织的管理风格以创新和勇于冒险为主。
7. 组织的管理风格以高绩效要求和达成为主。
8. 组织的管理风格以安全和可预测为主。

计分:计算你每种文化类型偏好的得分,把每组两个问题的得分加到一起,如下所示:

团队型文化——为问题 1,5;
适应型文化——为问题 2,6;
成就型文化——为问题 3,7;
行政机构型文化——为问题 4,8;

解析:每个问题都对应图 11-4 中四种文化类型中的一种。分数较低说明那种企业文化比较符合你的个人偏好。分数较高说明文化不符合你的期望,你需要改变来适应文化。回顾文中关于四种文化类型的讨论。看看你的文化偏好分数对于你而言是否准确? 你能想到哪些企业比较符合你的文化偏好吗?

资料来源:Adapted from Kim S. Cameron and Robert E. Quinn, *Diagnosing and Changing Organizational Culture*(Reading, Massachusetts:Addison-Wesley, 1999).

11.3 文化强度及组织中的亚文化

所谓**文化强度**(culture strength)是指组织成员就持有某种价值观的重要性所达到的认识上的一致程度。如果某种价值观在组织中获得广泛的共识,则该组织的文化就是有凝聚力的强文化。如果存在很低的共识,则该组织的文化就属于弱文化。[38]强文化能够反映清晰的价值观和社会规范,也就是说,人们知道自己被期望做什么。还有就是组织文化中的人,他们的差异性很小,而且他们不能容忍过于背离规范的人或行为。因为人们喜欢现在的文化,而且想要一直保持现在的行为方式,所以他们对变革的抗拒意识很强。[39]

强文化通常与各种仪式、象征物、故事和格言的频繁使用有关,如前所述,管理者会匹配结构和程序来协同文化价值观。这些可见的文化因素会增强员工对组织价值观和战略的承诺。然而,在一个组织内部,文化也并不总是统一的。即使是在具有强文化的组织内,特别是在大型企业内,也可能存在几类不同的亚文化。**亚文化**(subcultures)是在一个组织中的团队、部门或其他单元内共享的价值观,是对其成员共同面对的问题、目标及经验的反映。那些在地理上远离企业主体业务活动区域的下属单位、分支机构和办事处等可能会拥有各具特色的亚文化。

比如,尽管一个组织占主导地位的文化可能是成就型文化,然而各部门却可能会出现诸如适应型文化、团体型文化或行政机构型文化。在一个大型企业中,制造部门在其特定环境中成功的关键可能取决于秩序、效率及对规则的服从,而科研部门则可能要强调授权于员工、灵活性及以顾客为中心。这种文化差异与第 4 章讨论的分化概念类似。根据保罗·劳伦斯(Paul Lawrence)和杰伊·洛奇(Jay Lorsch)的研究,[40]制造部门、销售部门和科研部门的员工在考虑问题的时间视角、人际关系和正规化程度方面有着不同的价值观,这种差异是为了适应各部门最有效地开展各自独特的工作的需要。皮特尼·鲍斯公司(Pitney Bowes)是一家制造邮资计量器、复印机及其他办公设备的大型全球科技公司,其下属的信用公司就形成了一种更鼓励创新和冒险的独具特色的亚文化。

应用案例 11-2

皮特尼·鲍斯信用公司

皮特尼·鲍斯公司是一家制造邮资计量器和其他办公设备的企业。其经营环境一直处于一种有序、可预见的状态,这使该公司取得了长久的成功。皮特尼·鲍斯公司的总部设在康涅狄格州的谢尔顿。其办公大楼内的白墙和色泽柔和的地毯等装饰反映了该公司所具有的稳定环境和井然有序的文化氛围。不过,当你步入这幢大楼第三层时,你会以为自己已置身于另一家公司。其实，这是皮特尼·鲍斯公司下属的一家子公司——皮特尼·鲍斯信用公司（Pitney Bowes Credit Corporation，简称PBCC）的办公场所。它看起来更像一个颇有特色的室内公园，有圆形石头图案的地毯、仿汽灯式的灯具，还有一座通常在市中心广场才见得着的大钟。此外，还有一个法式咖啡厅，一个20世纪50年代风格的餐厅，以及一个"放松你的大脑"的活动室。在这个活动室里，员工们可以坐在舒适的小型电脑间里进行网上冲浪或者观看电视教育节目。充满温馨气氛的门厅和方便的走廊，使人愿意在这里随意交谈，彼此交流信息，共享一些在其他场合不愿说出的思想和看法。

皮特尼·鲍斯信用公司的业务从前一直是与母公司一道给予客户资金方面的支持。公司首席执行官兼总裁与公司的其他管理人员一道，对本公司的业务做了重新定义，即要成为服务的创造者，而不仅仅是服务的提供者。这样，现在的皮特尼·鲍斯信用公司就不仅提供现有产品销售和租赁的贷款，还开发出了许多顾客愿意购买的新的服务项目。例如，经过缜密策划而推出的名为购买能力的信用服务项目，就是为各类企业提供邮资费用信贷的。此项服务推出仅9个月就获得了可观的利润，目前已拥有400 000个客户。随着业务的重新定义，皮特尼·鲍斯信用公司相应地形成了一种亚文化——强调团队工作、敢冒风险以及创造性。"我们需要一种能体现本公司文化的充满乐趣的办公场所，"首席执行官说："去掉那些空间上的直线，会使直线式的思考更少些。我们是一家金融服务公司，富有见地的思想是我们最大的优势。"皮特尼·鲍斯信用公司的新模式目前已经产生了效果。在最近的一年中，这家只有600名员工，占皮特尼·鲍斯公司全部员工人数不到2%的子公司，已经创造了占母公司净利润36%的业绩。[41]

亚文化通常是由占主要地位的组织文化中的基本价值观加上该单位成员所持有的独特价值观而构成的。一个组织内拥有几种不同的亚文化，这时常可能导致部门间的冲突，尤其是在组织没有形成整体范围内很强的企业文化时更是如此。当一种亚文化变得过强以至超过整个组织的文化时，组织的绩效就要受到影响。本书第14章将详细探讨这种冲突。尤其在并购中，文化冲突表现更为凸显。合益集团（Hay Group）和麦肯锡（McKinsey & Company）等咨询公司的研究表明，在被收购的企业中，约有20%企业在收购后出现业绩下滑。一些专家估计，90%的并购都达不到预期。[42]出现这种情况的原因之一是不同的企业文化之间难以整合。例如，在脸谱网收购广受欢迎的即时通讯服务商WhatsApp后，就在文化观念上产生了分歧。WhatsApp的领导人和员工都非常重视保护用户隐私，而脸谱网却广泛收集用户活动数据，这与WhatsApp的文化产生了冲突。WhatsApp创始人最终离开了公司。脸谱网能否做到与WhatsApp文化的有效融合仍有待观察。[43]本章的新书评介将进一步探讨文化冲突的问题。

米歇尔·盖尔芬德（Michele Gelfand）

《规则的形成与破坏：文化或紧或松的连接力如何形塑我们的世界》（*Rule Makers*，*Rule Breakers*：*How Tight and Loose Cultures Wire Our World*）。

　　心理学家米歇尔·盖尔芬德（Michele Gelfand）认为，最终驱动人类行为的是文化（理想、信仰和文化符号），而不是金钱、环境和机遇等更有形的、物质的东西。在《规则的形成与破坏：文化或紧或松的连接力如何形塑我们的世界》一书中，盖尔芬德关注到了文化中一直被忽视的一个方面——只要个体聚集到一起形成社会，就会出现规范和规则，以及社会倡导做的和不倡导做的。社会规范是将群体凝聚在一起的黏合剂，人们在社会规范中合作、适应和生存，但这些规范也可能成为许多冲突的根源。

　　盖尔芬德对 30 多个国家约 7 000 人进行了研究，据此开发了一套衡量文化严格-宽松度的分类系统。规则的严格程度决定了一种文化在紧密-松散的连续统一体中所处的位置。盖尔芬德说："严格的文化有很强的社会规范性，对异常行为几乎没有容忍度，而宽松文化的社会规范性较弱，对异常行为比较宽容。"盖尔芬德注意到，当人们感觉受到威胁时，往往会形成严格的文化，而且威胁感越强，规则和规范就越严格。反之亦然。这些规范的紧密-松散程度，以及规则制定者与规则破坏者之间的互动，都影响着国家发展，影响着社会阶层、家庭及其朋友圈，甚至影响着个人的幸福。这些规范还会影响企业组织的发展，特别是在合并和收购其他企业的情况下这种影响更重要。

存在文化冲突时会发生什么

　　以下是一些企业合并后发生文化冲突的例子：

　　两种文化能融洽相处吗？ 当合并的两家企业存在紧密和松散两种文化时，在融合中很可能会发生冲突。盖尔芬德及其同事们研究了 1980 年至 2013 年间的 6 000 多起并购交易，发现一半以上的并购交易损害了股东价值。"事实上，"盖尔芬德写道，"当两家企业存在明显的文化不匹配时，收购方在宣布合并后的五天内亏损均值达到 3 000 万美元。"

　　天作之合要上离婚法庭。盖尔芬德在书中提到了 1988 年德国戴姆勒公司（Daimler）和美国克莱斯勒公司（Chrysler）的合并。戴姆勒极为重视严格的社会规范，强调精确、一致和自上而下的管理，而克莱斯勒的文化则较为宽松，拥有"更放松、自由、平等的商业文化"。两家企业的社会规范存在如此大的差异，导致一度被称为天作之合的联姻却出现主要高管离职、投资者损失惨重的局面。2007 年，戴姆勒将克莱斯勒出售给了私人股本公司赛伯乐资本（Cerberus Capital），亏损了数十亿美元。

宽松还是严格——哪个是对的？

　　盖尔芬德说，答案是金发姑娘原则（goldilocks principle）——介于太热和太冷、太紧和太松之间，不热不冷、不松不紧正好合适。为了达到合理均衡以获得生存和繁荣，公司应该在文化上兼容并蓄，加入文化连续统另一端的元素。文化较严格的公司应该朝着"灵活的严格"方向努力，而文化较宽松的公司应该朝着"有组织的宽松"方向努力。企业间合并时，管理者从始至终都要考虑文化兼容性，培养凝聚力和多样性并存的文化，但盖尔芬德还指出，"在文化方面即使想做很小的改变，也是不容易的"。

　　Rule Makers，*Rule Breakers*：*How Tight and Loose Cultures Wire Our World*，by Michele Gelfand，is published by Scribner.

本节要点

- 当组织对价值观的重要性形成共识，组织文化就会变得强大且具有凝聚力。
- 即使在具有强大文化的组织中，也可能会出现几种亚文化，特别是在大型组织中。
- 在合并或收购后，高层管理者最艰难的工作之一是整合不同的企业文化。

11.4　文化与绩效

　　管理者最重要的任务之一是塑造组织文化以实现组织的战略目标，因为文化对绩效有重要影响。在约翰·科特（John Kotter）和詹姆斯·赫斯克特（James Heskett）所著的《企业文化与绩效》（*Corporate Culture and Performance*）一书中，作者提供的证据表明，有意识地培养文化价值观的企业与没有这种意识的类似企业相比，绩效表现更佳。其他研究也证实了企业文化与较高的财务绩效之间呈正相关。[44] 鼓励响应和变革的强有力文化能够提升组织绩效。文化为员工注入活力和动力，用共同的目标和更高的使命追求将员工团结起来。文化能够塑造和指导员工行为，使个人行动与组织战略选择保持一致。正确的文化价值观可以提高组织绩效。

　　成功的企业既关注文化价值观又关注绩效，对管理者的评价和奖励也从这两方面同时考察。图 11-5 从管理者对文化价值观的关注和对业务绩效的关注两个维度出发，展示了四种不同的组织结果。[45] 例如，C 象限的管理者既很少关注文化价值观，也很少关注业务绩效，这样的公司不太可能长期生存下去。D 象限的管理者高度关注文化创建，培养具有凝聚力的文化，但没有把组织价值观与战略目标所期望的业务绩效相关联。

　　当组织没有把文化价值观与业务绩效相关联时，文化价值观不太可能在组织困难时期发挥积极有益的作用。例如，20 世纪 90 年代，乐高集团（LEGO Group）的企业文化差点毁掉了这家玩具制造企业。当时，随着儿

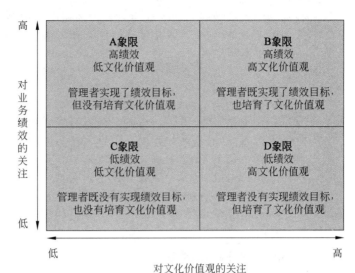

图 11-5　文化与绩效的结合

童玩具从传统玩具转向电子游戏,乐高销售额大幅下降。这时,乐高展现的是图 11-5 中 D 象限的特征。激励乐高发展的是想象力和创造力,而不是经营业绩。管理者们的态度是,"我们正在为孩子们做一些伟大的事情——不要用财务目标来打扰我们"。2004 年,乔丹·维格·纳斯托普(Jørgen Vig Knudstorp)成为乐高首席执行官后,颠覆了公司原有的企业文化。他带给员工一个新口号:"我到这来是为公司赚钱的。"这一转变产生了深远的影响,现在乐高已经成为玩具行业最成功的企业之一。[46]

　　象限 A 表示管理者主要关注业务绩效这种底线性的标准,很少关注组织的文化价值观。这种方法在短期内或许是可以盈利的,但这种成功很难长期维持下去,因为将组织凝聚在一起的"黏合剂"——共享的文化价值观——是缺失的,或者已经消失了。事实上,一个只以业绩为动力的领导者可能会创造一种有害的文化。正如我们在前几章中讨论过的,打车服务公司优步(Uber)的前任首席执行官特拉维斯·卡兰尼克(Travis Kalanick)将这家企业打造成了世界上最有价值的初创公司之一,但他对快速增长的关注和对积极文化价值观的忽视损害了优步的声誉,阻碍了公司的持续成长。卡兰尼克被迫离职。董事会开始与新的管理者合作,彻底改革公司文化。主管阿里安娜·赫芬顿(Arianna Huffington)说:"创建一种伟大的文化将是未来成功的关键。今后,优步不允许有聪明的混蛋,除非你完全尊重他人,否则对任何行为都是零容忍。"[47]

　　最后,B 象限的管理者同时将文化建设和坚实的业务绩效作为组织成功的驱动力,对文化和绩效都给予高度重视。这些组织的管理者将文化价值观与公司的日常运营紧密结合——人员招聘、绩效管理、预算管理、晋升和奖励标准等等。这里可以看一下通用电气在杰克·韦尔奇领导下采取的问责制和绩效管理办法。韦尔奇让通用电气成为全球最成功、最受尊敬的企业之一。他创建了一种奖励风险的文化,在这种文化中,责任和可量化的目标是个人成功和公司盈利的关键。[48]通用电气按照传统做法已经取得了骄人的财务业绩,但管理者主要通过控制和震慑来激励员工,而且只依赖公司内一个小圈子里的员工。但韦尔奇感兴趣的不仅仅是财务绩效——他还希望管理者们除了"关注数字"之外,还能展示以下文化价值观:[49]

- 拥抱卓越,摒弃官僚主义。
- 以开放的心态面对任何思想。
- 以质量求生存,以成本和速度求竞争优势。

韦尔奇深知,企业要在这个瞬息万变的世界取得成功,管理者需要同时关注文化价值观和业务绩效。B象限的组织具有一种**高绩效文化**(high-performance culture),这种文化的特点包括:(1)基于坚实的组织使命或目标;(2)体现共享的适应性价值观,能够指导组织决策和商业实践;(3)员工是组织追求业绩指标和构建组织文化基石的重要参与者和享有者。[50]

问题引入部分的参考答案

2. 对于一个高层管理者来说,应该更重视文化价值观,而不是绩效指标,才可能获得更好的绩效。

答案:不同意。关注积极的文化价值观是很重要的,但是为了组织的成功,管理者也必须高度关注绩效指标。实现高绩效需要同时重视价值观和坚实的业务绩效。

本节要点

- 有证据表明,有意识地培养文化价值观的企业与没有这种意识的企业相比,绩效表现更佳。
- 管理者应同时关注文化价值观和业务绩效,创建高绩效文化。
- 正确的文化价值观能够让积极的员工与企业使命和目标保持一致,从而实现稳固的业务绩效。

11.5 关注文化的控制系统

在本章的前面,我们将控制系统描述为反映组织文化规范和价值观的一个元素。不同企业文化的管理者控制人员和运营的方式也不相同。例如,正如之前所述,像赛富时这样的公司主要体现的是团体型文化,而百威英博主要体现的是成就型文化,两者处理控制权问题的方式便有所不同。管理者都希望既能够掌控全局,又可以控制各个部门、团队和个体。一些控制战略适合在组织高层中运用,因为高层关心整个组织或者组织的某些重要部分。组织的基层和运营层也存在控制问题,但基层部门经理和主管更多的还是关注团队和员工个人的工作表现。

11.5.1　变化中的控制理念

很多组织的控制方式都在发生着变化。随着员工参与和赋权理念的愈加流行，很多公司开始采用分权控制的方式，而不是过去的层级控制。层级控制和分权控制代表着企业文化中两种不同的理念。大多数组织都是在某些方面表现为层级控制，在另一些方面表现为分权控制，但是管理者通常会在两者之间有所偏重，这取决于组织文化以及管理者对于控制的认识。

层级控制（hierarchical control）是指通过大量的规则、政策、职权体系、成文章程、奖励系统以及其他正式机制来监控和影响员工的行为。[51]相反，分权控制依靠的是文化价值观、传统、共同的信念、信任，并使这些和组织目标相一致。管理们相信，即使没有大量的规则和严密的监督，员工们也是值得信任的，并且他们愿意高效工作以获得良好的表现。

表 11-1 对层级控制和分权控制的使用进行了对比。层级方法指的是为控制员工行为而使用明确的规则、政策和程序。这种控制依赖于集中化的权威、正式的层级结构以及严密的个人监督。质量控制的责任落在质量控制检查员和主管身上，而不是员工身上。工作描述较为具体，各项任务明确清晰。管理者为员工设定最小可接受的绩效标准，如果达到了标准，员工会得到外在奖励，如工资、福利，还可能往上一级晋升。员工很少参与控制过程，任何形式的参与都在正式的机制和程序里做出了规定，如申诉程序。在层级控制下，组织文化有些僵硬，管理者没有把文化视作管理员工和组织的有效工具。技术通常被用来控制工作流程和进度，或者用来监督员工，如监测统计员工打电话的时间长度或者员工坐在电脑前敲了多少下电脑键盘。

表 11-1　层级控制和分权控制		
	层级控制	**分权控制**
基本假设	人是不自律的，不值得信任。需要对他们进行严密的监视和控制。	当人们完全投身于组织工作时，他们才能做到最好。
行为	使用详细的规则和程序以及正式的控制系统。	使用少量的规则；依靠共同的价值观、集体意识和自我控制、选择和社会化。
	利用自上而下的权威、正式的等级制度、职位权力、监督、质量控制检查。	依靠灵活的权威、扁平化的结构和专家权力；每个人都可以对质量进行监控。
	依赖于任务相关的工作描述。	依赖于以结果为基础的工作说明，强调目标的实现。
	强调外在奖励（工资、福利、地位）。	强调外在的和内在的奖励（有意义的工作，成长的机会）
	组织文化僵硬，将以不信任为前提的文化规范作为控制的手段。	适应型组织文化；文化被视作统一个体和团队行为以达成组织目标的工具。

续表

	层级控制	分权控制
结果	员工遵循指令,只做要求他们做的工作。 员工对工作感到冷漠。 员工缺勤率和流动率较高。	员工积极主动,勇于承担责任。 员工积极参与,投身于他们的工作。 员工流动率很低。

资料来源:Based on Naresh Khatri et al.,"Medical Errors and Quality of Care:From Control to Commitment," *California Management Review* 48, no. 3 (Spring, 2006),118;Richard E. Walton,"From Control to Commitment in the Workplace," *Harvard Business Review*,March-April 1985,76-84;and Don Hellriegel, Susan E. Jackson, and John W. Slocum, Jr., *Management*,8th ed. (Cincinnati, OH:South-Western, 1999),663.

层级控制方法在很多日本企业中表现得尤为明显。日本文化一向喜欢规则,规则能把混乱的事情变得有条不紊。例如,在 2011 年毁灭性的地震和海啸之后,日本高效率地为在灾难中失去家园的家庭组建了疏散中心。自治委员会管理着这些临时避难所,并且制定了详细的居民日常职责。各项具体任务分配到指定居民手中,包括对垃圾进行分类、清扫洗浴室、清洗淡水存储槽等。这种层级控制方法能够有效管理临时疏散中心,帮助幸存者找回日常生活的状态和责任感,这对减轻这场自然灾难对人们造成的长期的心理和生理压力有着极大的作用。[52] **分权控制**(decentralized control)建立在与层级控制几乎完全相反的假设和价值观上。规则和程序仅在必要情况下使用。管理者通过共同的目标和价值观来控制员工。组织非常重视员工的选拔和社会化,以确保员工具备为实现组织目标所需的价值观。没有哪个组织可以 100％地控制员工,自律和自我控制才是保证人们完成工作标准的关键。员工授权、有效的社会化以及培训有助于形成内部标准,而这些内部标准又有助于培养员工的自我控制能力。尼克·萨瑞罗(Nick Sarillo)在伊利诺伊州拥有两家披萨酒吧店。他将自己的管理风格称之为"信任和追踪",意思是为人们提供他们所需的工具和信息,告诉他们需要达成的结果,然后让他们用自己的方式完成目标。同时,在此过程中萨瑞罗保持着对结果的追踪,以保证公司运行在正确的轨道上。[53]

在分权控制下,权力更加分散,并建立在知识和经验基础之上,知识和经验与正式职位同等重要。组织结构是扁平化和横向化的,职权设计灵活,员工采取团队工作的方式共同解决问题,共同作出改进。每个人都持续地参与质量控制。工作说明通常是基于结果的,更多地强调实现特定结果,而不是执行特定任务。管理者不但要使用外在奖励,如工资,还要使用内在奖励,如有意义的工作、成长和学习的机会。技术成为授权员工的渠道和工具,具体包括为员工提供必要的信息,以帮助他们制定有效的决策、共同工作以及共同解决问题。人们因为团队和组织的成功以及个人表现而获得奖励,员工权益受到重视。员工参与的范围比较广泛,包括目标设定、确定绩效标准、质量监控、设计控制系统等。

在分权控制下,组织是适应型文化,管理者认识到了组织文化在统一个人目标、团队目标和组织目标方面的重要性,组织文化可以帮助管理者实现更好的整体控制。在理想的情况下,分权控制能够使员工将各自擅长的专业领域汇集在一起,可以达到比员工各自工作更好的效果。金宝汤公司(Campbell Soup)向员工征集提升工厂效率的方法建议,并以此为途径实施分权控制。在北卡罗来纳州的迈克斯通(Maxton)工厂里,工人们每天早晨和管理者一起寻找为公司省钱的办法。员工是公司分权文化的一部分,管理者和员工共享公司的目标,共同寻找提升效率的方法。每天一次的员工经理碰头会就是为了"让每个人都参与",一位有 28 年工龄的老员工"大约翰"(Big John)这么说,"我们只需要告诉别人我们的问题,不需要别人告诉我们应该做什么"。[54]

11.5.2　反馈控制模型

有效的控制系统指的是通过反馈来确定组织的绩效是否能够满足组织所设定的标准从而有助于组织完成既定目标。管理者建立组织控制系统有四个重要的步骤,如图 11-6 中**反馈控制模型**(feedback control model)所示。

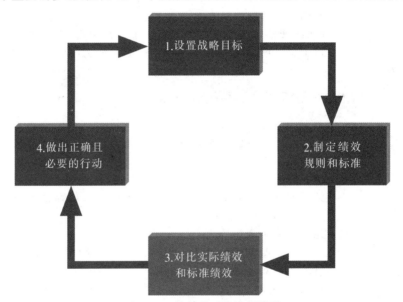

图 11-6　简化的反馈控制模型

一个控制循环过程包括:为组织整体或者组织内各个部门设置战略目标,制定绩效规则和标准,将实际绩效和标准绩效进行对比,最后,有必要的话,纠正或者做出相应的改革措施。例如,好时公司(Hershey Company)发言人杰夫·贝克曼(Jeff Beckman)说,公司的目标是让好时之吻(Hershey's Kisses)"看起来和吃起来一样棒"。但是来自客户的反馈意见让好时意识到公司存在偏离标准的情况。面包师用好时的糖果装饰节日饼干的时候发现,每一袋中的每一块巧克力都没有尖儿,这让他们非常不满。一位顾客在一篇博客文章中写道:"他们的饼干烤得不错,但上面的好时巧克力没有我习惯和期待的尖头,我到现在还生气。"对此,贝克曼说,好时的管理人员正在认真对待这一事件,他们正在研究问题出在哪里,以及如何确保所有好时之吻巧克力都呈现应有的样子。[55] 通过反馈控制过程,管理者可以在工作活动、绩效标准或者是组织目标方面做出必要的调整,以实现组织成功的目标。

"评估什么""怎样评估"是管理者们非常关心的问题。在斯普林特公司(Sprint Corporation),新任 CEO 发现公司的状况岌岌可危,因为主管们没有测评应该测评的事情。比如,客户服务部门的主管关注的是成本控制,而不是解决客户问题。长此以来,斯普林特的客户服务声誉开始下降,公司正在流失客户,也未能完成财务目标。在新的 CEO 上任之后,他让主管们不要再担心处理客户问题花了多少时间,而要关注客户的问题是否得到了有效解决。不久以后,公司将注意力转向了顾客满意度评价,新客户的数量开始增加。[56] 其他众多企业管理者采用的绩效评估和控制方式也和斯普林特一样,不只是通过财务报表,而是运用不同的评估方式。许多成功企业,包括谷歌、英特尔和盖茨基金会,都采用了一种叫作 OKRs(目标和关键结果)的评估系统。在这个系统中,组织确定要实现的目标,并确定一系列结果用于对标和监测组织达到目标的程度。[57] 这个系统适用于所有重要的业务领域。同时,管理者可以应用这个系统跟踪很多指标,比如顾客满意度、产品销量、员工忠诚度和流失率、经营绩效、创新能力、企业社会责任和财务报表等。

11.5.3 组织层次:平衡计分卡

近期出现的控制系统创新是将内部财务评价方法与关于市场和顾客以及雇员的统计报告整合在一起。所谓 **平衡计分卡**(balanced scorecard,BSC),就是将传统的财务评价和经营评价结合起来,并从与企业经营成功关键因素相关联的方面建立绩效评价的一种综合管理控制系统。[58] 如图 11-7 所示,它包含四个主要的评价方面:财务绩效、顾客服务、内部业务流程及组织学习和成长能力。[59]

在这四个评价领域,管理者要确定组织要努力实现的关键绩效指标(KPIs)。财务指标(financial perspective)集中反映组织活动对改善短期和长期财务绩效的贡献,具体包括净收益、投资回报率等传统的绩效指标。顾客服务指标(customer service indicators)则衡量诸如顾客如何看待这个组织以及顾客保持率、顾客满意度等。业务流程指标(business process indicators)集中反映内部生产及业务工作的绩效统计状况,如订单履约率、单位订货成本等。最后一个角度是考察组织学习和成长(potential for learning and growth),它侧重评价组织为了未来的发展而对人力资本及其他资源管理的状况,具体衡量指标包括员工队伍稳定状况、业务流程改进程度以及新产品开发水平等。如图 11-7 所示,平衡计分卡法通过将四方面的短期行动相互联系起来,并与总体任务、战略和目标相对接,从而对各个角度的绩效衡量指标进行一体化设计,使它们相互配合和加强。管理者可以使用平衡计分卡法来设定目标、分配资源、编制预算及确定奖酬方案。

虽然这些要素听起来最为适用于基于有形产品的企业组织,但其实平

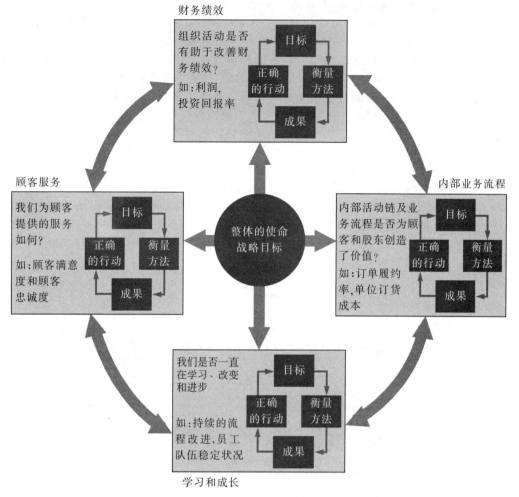

图 11-7　平衡计分卡的主要方面

资料来源：Based on Robert S.Kaplan and David P. Norton，"Using the Balanced Scorecard as a Strategic Management System"，*Harvard Business Review*（January-February 1996），75-85；Chee W.Chow，Kamal M.Haddad，and James E.Williamson，"Applying the Balanced Scorecard to Small Companies"，*Management Accounting* 79，no.2（August 1997），21-27；and Cathy Lazere，"All Together Now"，*CFO*（February 1998），28-36.

衡计分卡也可以应用于营利性和非营利性的服务型组织。例如，一家大型技术服务提供商将其关键业绩指标（KPIs）识别为股本回报率（财务指标）、在过去一年内实施的创意数量（学习和成长指标）、准确性和响应能力（内部流程指标）以及顾客忠诚和顾客维持（顾客服务指标）。[60]平衡计分卡法已成为许多组织管理系统的核心，这些组织包括希尔顿酒店公司（Hilton Hotels Corp）、好事达公司（Allstate）、英国航空公司（British Airways）以及信诺保险公司（Cigna Insurance）等。英国航空公司将平衡计分卡的用法和前面图 11-6 所示的反馈控制模型结合在一起。平衡计分卡可以作为月度管理会议的一项议程，在这里，管理可能评估本月绩效表现，讨论应该采取哪些必要的正确行动,并且为每个平衡计分卡项目制订新的目标。[61]

近几年,平衡计分卡已经开始应用到企业系统中,帮助管理者从因果关系的角度分析这四个相互联系的板块的绩效情况。最终分析结果中的整体效率数字用来度量四个板块的协调程度,为了实现这个目标,员工个人、团队以及部门需要团结一致、共同努力,才能取得高绩效。[62]

因果控制技术就是战略地图。**战略地图**(strategy map)是一种可视化的方式,可以将驱动组织成功的关键因素提炼出来,并展现每个结果具体是怎样被联系在一起的。[63]战略地图是管理者了解不同绩效度量指标间因果关系的一个强有力的工具。图 11-8 中给出的简单式的战略地图给我们展示了一个公司长期成功的四个核心板块:重视学习和成长的文化、内部经营过程、顾客服务、财务绩效,也展示了每个板块呈现的不同结果是怎样直接与另一个板块的绩效联系起来的。企业内部的学习和成长是企业内部经营的基础,高效的内部经营有助于企业提供高质量的顾客服务,获得较高的顾客满意度,最终可以使企业达到预定的财务目标,帮助每个利益相关者实现价值最大化。

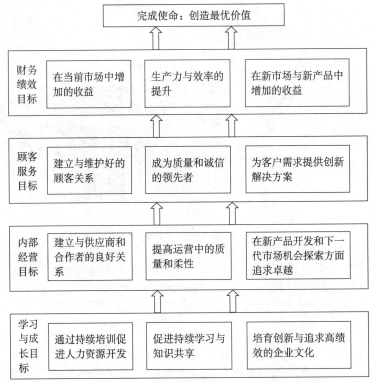

图 11-8　战略地图在绩效管理中的应用

资料来源:Based on Robert S.Kaplan and David p.Norton,"Mastering the Management System," *Harvard Business Review*(January 2008),63-77;and R.S.Kaplan and D.P.Norton,"Having Trouble with Your Strategy? Then Map It," *Harvard Business Review* (September-October 2000),167-176.

从图 11-8 所示的战略地图中可以看出，组织的学习和成长目标包括员工培训与发展、持续性学习和知识共享、培育创新文化。这些目标的实现有助于组织建立有效的内部业务流程，改善组织和供应商、合作伙伴间的关系，提高运营的质量和柔性，并在开发创新产品和服务上更胜一筹。内部运营目标达成后又能反过来强化组织和顾客之间的关系，使组织成为同行业产品品质和可靠性的"领先者"，提供创新性的解决方案来满足顾客的新需求。在这个战略地图的最上层，这些低层次目标的实现有助于增加现存市场的收入，有助于通过提高生产力和效率削减成本，有助于在新的细分市场出售新产品和服务。

当然，在组织现实的发展中，组织的战略地图通常更复杂，会显示出组织的具体目标、需达到的结果以及与特殊业务相关的衡量指标。不管怎样，图 11-8 能够教会管理者如何使用战略地图制订目标、追踪各种衡量指标、评估绩效和根据需要进行变革。

11.5.4　部门层次：行为与结果控制

中高层管理者主要利用平衡计分卡、战略地图这些技术工具，基层管理者更多关注的是部门员工的绩效问题，组织要想达成总体目标，部门级别的目标和标准就必须得到实现。

主管一级使用最多的是奖励制度。有两种不同的方法可以用来评估和控制团队或者个人绩效，也可以用来分配奖励。一种方法就是关注员工的工作过程，另一种就是关注员工的工作结果。[64] **行为控制**（behavior control）就是管理者直接观测并监督员工的工作是否符合流程以及设置的任务。这些流程和任务包括：员工是否按时上岗？员工在工作时是专注于工作还是花时间与同事处理关系？员工的着装是否得体？员工是否按照已确定的方法和操作规范来完成工作？管理者通过行为控制对员工的行为进行严密管理和控制，关注员工完成工作的方法，依照具体的标准，如对员工的仪表、守时性、技能和活动表现进行相应的评估和奖励。几年前，小辣椒（Chipotle）发生了一系列与其墨西哥连锁餐厅有关的疾病事件，管理者们为此加强了行为控制。公司新任食品安全执行董事安装了厨房计时器，每 30 分钟提醒一次正在准备食物的员工停下手头工作，然后去洗手。[65]

数字技术增加了管理者使用行为控制的更多可能性。例如，艾克瑞德病虫害解决方案公司（Accurid Pest Solutions）的老板丹尼斯·格雷（Dennis Gray）怀疑，他的一些员工在工作期间将大部分的时间用在个人事务上。他在公司发放给员工个人的专用智能手机上安装了全球定位系统跟踪软件（GPS），发现一名员工每周会多次访问同一个地址。这名员工承认他没有工作，而是去见朋友了。一项调查发现，在将员工派到外面工作、靠电话维持联络的企业当中，有 37％的企业已经开始通过员工的手持终端或驾驶的车辆对他们进行实时跟踪。[66] 许多公司的管理者会监督员工的电子邮件和其他的网络活动。许多餐馆和零售店都在使用防盗监控软件。[67]

第二种控制方法是不再过多关注员工做什么，而是关心员工最后完成的结果。**结果控制**（outcome control）就是管理者对工作结果进行检查和奖励，而不追究结果是如何取得的。利用结果管理之后，管理者就不会再以传统的思想监督员工，员工只要能够取得预期的结果就行，至于工作过程、地点、时间上都可以自主安排。管理者与其监测员工工作多长时间，倒不如关注员工完成多少工作量。

百思买公司（Best Buy）实施的"结果至上的工作环境"项目（Results-Only Work Environment，ROWE）将结果控制演绎到了极致。当百思买公司（Best Buy）管理者觉察到总部员工流失率上升后，就开始寻找能够逆转这种趋势的方法。曾经，百思买公司的企业文化就是提倡长时间工作，强迫性的工作程序，管理者就像班长一样，但现在他们意识到这种文化已经过时了。一种新的制度允许员工只需完成工作任务，而不约束工作的时间和地点。该公司选择一个士气低落的部门作为实验区，方案实施效果很好，很快其他部门也都开始使用这套方案。效果如何呢？2005 年至 2007 年，部门员工流失率降低了近 90%，生产力提高 41%。虽然近几年的经营业绩下滑使得百思买中断了 ROWE 项目，但是，它仍是将结果控制演绎到极致的典型代表。副总裁约翰·汤普森（John Thompson）曾经对 ROWE 持怀疑态度，但如今看到效果后，他对此项目深信不疑。"这么多年来，我都想错了，"汤普森说："以前我总是关心人是否在工作，其实我应该关注的是他们做了什么。"[68]

在结果控制中，数字技术不是用来监管和控制员工个人行为的，而是用来评估绩效结果的。例如，百思买公司的网络预订部经理使用信息技术来测量他的团队每小时处理多少订单，可能他的团队成员中一个在办公楼下工作，一个在家工作，一个下午就要飞离城市，一个在 400 英里外的度假小屋里工作。[69]良好的绩效指标对于结果控制系统的有效运行起到关键性作用。

然而，结果控制并不是在所有情境下都适用，在一些情境下，行为控制更加合适和有效。但是总体上来讲，成功企业的管理者都正在从密切监督和控制员工行为向赋予员工更多自主权转变。在大多数企业中，管理者会综合应用这两种控制方法。

问题引入部分的参考答案

3. 对于一个部门管理者而言，只要员工高质量地完成工作，就不必追究他们是如何或者何时完成任务的。

答案：同意。结果控制对于很多组织的部门控制来说是卓有成效的。员工讨厌像小孩子一样被约束。众多管理者也发现，不是苛刻地限制员工的正当行为，而是更多地关注工作结果，才能够创造出更高的工作绩效。

本节要点

- 许多组织正在从层级控制向分权控制转变。分权控制依靠的是共同的价值观，而不是严格的规则和严密的监控。

- 有效的控制系统都涉及反馈。反馈控制模型包括制订战略目标,建立绩效指标和标准,将实际绩效与标准进行对标,并在需要时采取纠正措施。
- 在组织层次的控制方面,平衡计分卡是一项创新,能够为管理者提供一种平衡地看待组织的视角,这就是从传统的财务衡量指标和所关注的市场、客户和员工的统计报告相整合的视角来看待。高层管理者可以利用战略地图分析影响成功的关键因素之间的因果关系。
- 部门级别的管理者可以使用行为控制和结果控制,行为控制注重监督员工活动,而结果控制是对结果进行评估和奖励。
- 许多管理者将两者相结合,偏重于结果控制,因为结果控制能够获得更好的绩效和激励效果。

关键概念

成就型文化(achievement culture)

适应型文化(adaptability culture)

平衡计分卡(balanced scorecard)

行为控制(behavior control)

行政机构型文化(bureaucratic culture)

团体型文化(clan culture)

文化(culture)

文化力度(culture strength)

分权控制(decentralized control)

外部适应(external adaptation)

反馈控制模型(feedback control model)

英雄人物(heroes)

层级控制(hierarchical control)

高绩效文化(high-performance culture)

内部整合(internal integration)

传奇(legends)

结果控制(outcome control)

典礼和仪式(rites and ceremonies)

谚语(sayings)

社会资本(social capital)

典故(stories)

战略地图(strategy map)

亚文化(subcultures)

象征物(symbol)

讨论题

1. 你认为相比有多年工作经验的内行而言，一个外行通过分析象征物、仪式、着装和其他可观察的方面，有多少可能领悟组织深层次的价值观？请给一个具体的数值（例如 10％，70％），并说明你的理由。

2. 在《财富》杂志上榜的有很多值得我们钦佩的公司，同时也是盈利最多的公司。有的人说这说明高社会资本能够转化为盈利能力。还有的人则认为高盈利是公司拥有好的文化，并且受人钦佩的原因。对这两个截然相反的解释，谈谈你的理解。

3. 描述一下反馈控制模型的四个要素。哪一个要素更类似于结果控制？哪个更类似于行为控制？

4. 在本章图 11-4 所示的四种文化中，你喜欢在哪种文化的组织中工作？为什么？

5. 商学院的象征物和社会工作学院的象征物有何不同？如果你有机会进入这两种学院，仔细观察并记录你看到的任何差异。

6. 你认为亚文化太强大对一个组织来说是好事吗？为什么？

7. 你认为领导者的言论和行动对组织伦理价值观有多大影响？解释你的答案。

8. 你更喜欢在何种文化的组织中工作？严格文化还是宽松文化（如在新书评介中所说）？解释为什么。

9. 本章图 11-8 的战略地图中，为什么学习和成长目标在底部？讨论一下。

10. 层级控制理念和分权控制理念主要有哪些差异？对于管理者来说，哪种控制理念更容易实施？讨论一下。

专题讨论

平衡计分卡练习

1. 说明：每位同学单独阅读某商业公司的目标和举措（如下表）。在平衡计分卡列表中检查每一个目标/举措项。如果你认为这个目标/举措属于平衡计分卡中某两类指标考察的内容，为你的第一选择和第二选择写下数字 1 和 2。

2. 将同学分成每组 3～4 人的小组，组内成员之间比较各自的选择，然后对选择结果进行探讨并形成一致意见。

3. 在每个小组中，讨论并选择 5 个最重要的对建立积极企业文化有帮助的目标/举措项目。

	财务	顾客	业务流程	学习与增长
员工资本回报率（ROCE）				
2020 年 12 月建成员工休闲场地				
每 8 个月开发一次新产品				
2019 年 7 月对团队领导进行培训				
2019 年 12 月获得 98% 的顾客满意度				
每月顾客投诉数量				
销售的每单位成本降低 10%				
顾客保留度提高 15%				
员工满意度提高 20%				
2020 年前在递送速度方面引领市场				
2020 年达到最低行业成本				
利润率比去年上升 12%				
预算精确				
到 2020 年 12 月开发 3 种新产品				
培训的比例能够完成				
准备晋升的管理者数量				
完成后续的计划				
兼职员工百分比				
每月销售增长 1%				
员工抱怨次数				
员工参与度				
员工离店数量				
政策实施的时间间隔				
货物按时运送率				
年度总收入				
效用消费成本				
员工索赔				
税息折旧及摊销前利润（EBITDA）				

教学案例

中西部控制公司[70]

柯蒂斯·辛普森(Curtis Simpson)坐在办公室凝视着窗外,他在想今天下午见到汤姆·劳伦斯(Tom Lawrence)要说些什么呢? 很显然,一年多前,辛普森聘请汤姆·劳伦斯担任中西部控制公司(Midwest Controls, Inc)总裁时,汤姆已做好了迎接挑战的准备,但这家公司似乎正处于分崩离析之中。柯蒂斯·辛普森是辛普森工业总公司(Simpson Industries)的董事长兼首席执行官,几年前收购了中西部控制公司,他需要了解中西部控制公司的情况,并与劳伦斯交换意见。

中西部控制公司是一家生产机械密封、阀门、泵等流量控制产品的中型企业。在辛普森并购中西部控制公司之前,这家公司一直由吉姆·卡彭特(Jim Carpenter)全权管理。卡彭特在中西部控制公司做了近30年的首席执行官,他非常受员工的爱戴。他总是像对家庭成员那样对待他的员工:他能说出多数员工的名字;当员工生病时,他到员工家中去看望;他每天都要花宝贵的时间和员工聊天。公司每年为全体员工组织一次晚会,每年还搞几次野餐和其他的一些活动,而卡彭特经常参加这些活动。因为他认为,参加这些活动就像拜访顾客、与供应商谈判那么重要。他认为善待员工非常重要,因为公司善待员工,员工就会忠诚于公司。就是在公司经营状况欠佳时,他也不解雇员工,而是给他们找其他的工作去做,比如清扫停车场。他认为如果失去那些无法替代的技术员工,公司将会遭受无法承受的损失。他说:"如果你善待员工,员工就会主动把工作做好,而不需你任何的督促。"

卡彭特从不为各部门设定业绩目标和标准,他相信他的经理们会按他们所认为的最佳方式去运营自己的部门。他为各部门的经理和各工作小组的组长设置一年若干次的关于沟通和人际关系方面的培训项目。卡彭特的做法在中西部控制公司历史上的多数时期被证明是非常有效的。员工对卡彭特和公司都非常忠诚,有很多案例证明员工们的表现比工作职责所要求的更出色。例如,公司为一艘美国海军军舰生产两个供水的水泵,却在军舰离开港口的前夜发生故障,当天正值星期六。两名工作人员通宵工作,制作新的密封件,并在军舰离开港口之前将这些密封件交付安装。中西部控制公司大多数经理和员工都在这个公司供职多年,该公司也自称是本行业内员工流动率最低的公司。

然而,最近几年,行业中出现的一些变化使中西部控制公司的竞争力开始下降。行业内与中西部控制公司存在竞争关系的四家企业被合并成两家更能适应顾客需要的大企业,这也是导致中西部控制公司被辛普森公司并购的因素之一。并购之后,中西部控制公司的销售额和利润仍然持续下滑,而成本却一直上升。另外,辛普森公司的高层管理人员也对中西部控制公司的低效率十分担忧。尽管他们曾十分欢迎卡彭特在并购转型期继续留任原职，然而，在不到一年的时间，他们又礼貌地让他提前退休了。一些高层管理人员认为卡彭特为了保持友好的工作氛围而容忍了差强人意的业绩和低效率。有人提出："在当今世界我们不能那么做。我们应该选出一个能实施变革、快速改变公司状况的人，否则这个公司将面临倒闭。"就是在这种情况下，汤姆·劳伦斯被董事会任命为中西部控制公司的总裁并委以重任，以降低成本、提高效率、增加利润。

劳伦斯年轻、精力充沛、办事敏捷，人们对他的评价不断提高。他很快在公司内实行变革。首先他停止了公司组织的社交活动，以降低成本，甚至不允许搞生日庆典这种公司惯例活动，这曾经是公司的必有活动。他取消了沟通和人际关系的培训项目，理由是浪费时间和资金。他对管理人员说："我们的任务不是设法让人们对我们有好感，谁不愿意在这儿工作，就辞掉他，找人替他就行。"他经常将那些对公司变化有意见的员工称为"爱抱怨的人"。

劳伦斯为公司副总经理和部门经理设立了严格的工作业绩考核标准，而且也要求他们同样为自己的下属制定严格的业绩考核标准。他每周都要和所有部门经理见面，检查各部门的业绩，并讨论各部门存在的问题。全体员工都接受定期的工作业绩检查。任何一位员工的表现没有达到规定的标准，都会受到警告，如果两周之内没有改进，他将被解雇。过去，决定管理人员和销售代理工资水平的唯一依据是他们的资历，而劳伦斯修改了工资核定方案，对那些实现了目标劳动生产率、销售额和利润的人进行奖励。实现了期望目标的工作人员会得到非常丰厚的奖赏，包括高额奖金和额外补贴，如乘坐公司轿车、飞机头等舱去参加业务会议，而那些没有实现目标的人员则会受到当众批评以警示旁人，若他们没有及时改进，劳伦斯会毫不犹豫地解雇他们。

在劳伦斯作为中西部控制公司总裁的第一年年末，公司的生产成本降低了近20％，总产出提高了10％，销售额也提高了近10％。但是，三位资历较深、在公司颇受尊敬的管理人员离开了公司，又加盟竞争对手的公司，工人的流动率也惊人地增长。在劳动力供应紧缺的市场环境下，可以替代的劳动力并不容易找到。辛普森委派一位咨询员去做调查，得出的结论更让人不安。调查表明：公司员工的士气很低，工人对管理者充满敌对情绪和恐惧感，认为管理者关注的只有利润和定额，而丝毫不关心工人的需要和情感；他们还表示，那些使公司成为理想工作场所，能让人感觉到像同学般、朋友般人际关系的氛围，已荡然无存，取而代之的是激烈的内部竞争和人们之间的互不信任。

令辛普森欣喜的是，劳伦斯已使中西部控制公司的利润和生产率提高到总公司预期的水平；但他也担心员工们低落的士气以及较高的人员流失率将会对公司造成严重损害。劳伦斯认为，公司的许多员工都是"爱抱怨的人"，这种观点正确吗？那些不愿意为适应当今复杂环境而进行变革的员工，是否是被卡彭特迁就惯了的人？最后，辛普森在想，是否在卡彭特营造的充满了同事情意和合作精神的氛围中能创造出环境所需求的竞争精神呢？

问题

1. 您认为在图 11-4 展示的四种文化类型中，哪一种最能描述卡彭特领导下的中西部控制公司的企业文化？劳伦斯领导下的企业文化是哪一种？哪一种企业文化更适合中西部控制公司？

2. 在汤姆·劳伦斯建立的企业文化中，是否有可能恢复高昂的士气，将员工流失率控制在一个较低的水平？劳伦斯应该怎么做呢？

3. 你会把劳伦斯放在图 11-5 中的哪个象限？如果你是柯蒂斯·辛普森，在即将开始的会面中，你会对汤姆·劳伦斯说什么？

纳 斯 卡

纳斯卡（美国全国赛车联合会，NASCAR）的车迷们在希望所有赛车手都灵活、敏捷、有智谋的同时，也希望他们既能按照要求把车停在车库里，又能在车道上按规则行驶。忠实的粉丝们似乎非常了解他们喜欢的赛车手，可以毫不费力地勾勒出自己与最喜欢的赛车手一起在引擎盖下喝啤酒或花上一整个下午的时间一起修理赛车的画面。在纳斯卡疯狂而又快节奏的世界里，赛车手和竞争车手可能会互相开玩笑，一起结伴玩耍；也可能会发生口角和争执，甚至拳脚相加。毫无例外地，他们一定会穿印有"火球"（Fire-ball）或"威吓者"（The Intimidator）等字样的衣服。

对！没错！这就是赛车手！赛车运动最早可以追溯到禁酒令时期（Prohibition），非法酿酒商驾驶着改装后加大马力的车越过阿帕拉契亚山脉（Appalachia），尽管在运输酒的过程中要冒着生命和违法的风险，但是他们在智慧和速度方面都远超联邦调查员（Feds）和负责取缔非法酿酒业者的财政部税务官员（Revenuers）。随着这些酿酒商声望的不断提升，他们越来越希望能正面竞争以博取炫耀的资本。最终，非正式的赛车雏形得以形成。

随着赛车比赛的流行度越来越高，1947 年 12 月，车手比尔·弗朗斯（Bill France）将众多驾驶者召集到代托纳（Daytona）举行会议。他们将各地的赛车道进行了标准化修改，统一了形式和规则。此次会议诞生了一个新的管理机构——美国全国赛车联合会（NASCAR）。两个月后，车手们在首次纳斯卡赛车会上聚集。

几十年过去了，美国全国赛车联合会依然保持其家族式企业的性质，第三代接班人布莱恩·弗朗斯（Brian France）于 2014 年出任首席执行官。纳斯卡的总部仍然设在代托纳，但是分公司已经遍布全国，甚至在墨西哥和加拿大都有他们的分支机构。传统的不羁的赛车模式逐渐演变成了规范化的赛车模式。如今，赛车已经成为美国第二大观赏性项目，电视赛事进入 150 个国家，并拥有一支面向世界 500 强企业的招商团队。

然而，大多数的赛车手如今仍然集中在北卡罗来纳州夏洛特（Charlotte）附近的山脉一带。他们喜欢在这里展开激烈的争夺赛。赛车手和粉丝仍然热衷于传统的赛车以及传统的赛道，热衷于传统的不羁的赛车理念。他们认为打破规则以赢得比赛优势是合情合理的。

纳斯卡的车迷非常喜欢赛车手们的不羁形象。一位体育专栏作家曾经提醒说："如果纳斯卡不羁的血液完全流干，那么赛车将会如一面白旗般没有特色，它的流行力也会转瞬即逝。"

从一开始到最近，人们似乎很少会担心纳斯卡赛车手不羁形象会逐渐消失，但是争议如史诗般漫长而艰难。1983 年，里查德·佩蒂（Richard Petty）在夏洛特的比赛中取得胜利，虽然发动机气缸的尺寸超出了规定的范围，仍被视为有效。同时，令粉丝们极为振奋的是，非常受欢迎的赛车手朱尼尔·约翰逊（Junior Johnson）延续了他父亲狂热的赛车模式，使用重新改装的加大马力的赛车。这虽然不符合规定，但只要有可能朱尼尔·约翰逊便在比赛时使用这样的赛车。也正是这个原因，他经常与赛车联合会发生冲突，然而传统的改装赛车主义者却极为振奋。

2001 年和 2013 年在赛车界发生了两件最大的丑闻。2001 年，戴尔·伊恩哈德（Dale Earnhardt Sr.）死于代托纳 500 的赛车比赛中，18 支车队因违规而接受处罚或罚款。2013 年，里士满（Richmond）又有 6 支车队受到处罚或罚款。联合会对这次违规采取了拉网式搜捕。搜捕过程中，迈克尔·沃尔特普（Michael Waltrip）不仅被处以纳斯卡赛车史上最多金额的罚款（30 万美元），还被扣除历次锦标赛中获得的 100 积分。2007 年，沃尔特普因使用被球迷和媒体称为"火箭燃料"的产品而被罚款。多年以后，赛车手及其工作人员都非常生气，虽然他们道歉认错了，但却对争议十分不屑。他们继续寻找能够赢得比赛的方法，即使这些方法不被认可。

除了赛车手之间的竞争，还有纳斯卡公司、媒体和赞助商站在另一端施加各种力量，他们担心的是赛车手的形象问题以及相关行为是否得当，关注的焦点是规则、罚款和处罚措施。纳斯卡比赛规则手册不断有新的规则添加进来，同时现有的规则也在不断修改。所有赛车都要接受赛前检查，获胜的车辆还要进行拆卸检查，以确保车辆没有不良改装或其他形式的作弊。目前，对于赛车手、工作人员和比赛用车总共有 6 个处罚级别，从 P-1（轻微违法）一直到 P-6（停赛）。

关系到赛车手生命安全的问题也进入到这场激烈的文化竞争中。赛车手宣称，赛车联合会更加关心的是如何打击违规行为，而不是赛车手的安全问题。在赛车手看来，联合会专注于随心所欲地分配和撤回赛车，专注于严格执行赛车手（工作人员）与竞争对手的交流禁令，同时也专注于对那些拒绝与媒体交谈的赛车手施行罚分措施。许多车队指出，联合会多次对譬如安全法规等比较重要的问题视而不见。

格林·罗伯茨（Glen Roberts）死于火灾之后才有了防火服，亚当·佩蒂（Adam Petty）牺牲后才有了油门安全开关，2000 年至 2001 年间发生数起死亡事件后才制定了有关赛车手发生碰撞期间所用加速力的规定。戴尔·伊恩哈德（Dale Earnhardt）牺牲后，联合会才决定将赛车手的座位重新向中间调整，并安装了头颈部支撑装置（Head & Neck Support Device）。

与此同时，体坛官员和赞助商似乎对任何有利于赛车手在赛车方面的微小改进都小心翼翼。传统的改装赛车主义者认为，所有改进都是符合职业道德的，是赛车文化内涵的一部分。赛车手们和工作人员发现，很多细微的改进都有可能为他们带来胜利。

2014 年，时任首席执行官布莱恩·弗朗斯（Brian France）和纳斯卡突然决定打破传统的赛车模式。这虽然对于观众来说激动人心，但是却将赛车手置于险境。相应的，联合会还为此制定了新的规则，将"每次一辆车，争分夺秒"改为"所有赛车可同时出现在赛道上"。2019年,单车驾驶模式被重新启用,小组会议被取代。

在新任首席执行官的带领下,赛车运动逐步进入新的纪元。人们会重新关注纳斯卡组织、车队以及赞助商如何妥善解决道德和价值观等问题,营造统一的文化。

问题

1. 你会如何描述纳斯卡车队的文化？这些文化价值是如何体现的？
2. 请描述一下纳斯卡的文化战争。你有什么证据？
3. 纳斯卡的组织部门、车队和赞助商是如何通过在差异中相互协作来创造统一文化的？你认为统一的文化对所有团队意味着什么？

尾注

1 Brad Stone, *The Everything Store: Jeff Bezos and the Age of Amazon* (New York: Little, Brown and Company 2013), 327–328; and Michele Gelfand, Sarah Gordon, Chengguang Li, Virginia Choi, and Piotr Prokopowicz, "One Reason Mergers Fail: The Two Cultures Aren't Compatible," *Harvard Business Review*, https://hbr.org/2018/10/one-reason-mergers-fail-the-two-cultures-arent-compatible (accessed June 3, 2019).

2 Mary Blackiston, "What Every Company Can Learn from Google's Company Culture," *Success Agency*, January 19, 2017, https://www.successagency.com/growth/2017/01/19/google-company-culture/ (accessed June 3, 2019).

3 John Koblin "The Year of Reckoning at CBS: Sexual Harassment Allegations and Attempts to Cover Them Up," *The New York Times*, December 17, 2018, https://www.nytimes.com/2018/12/14/business/media/cbs-sexual-harassment-timeline.html (accessed June 3, 2019); and Ben Sisario, "After Top Executive Leaves, Billboard Confronts Its Internal Culture," *The New York Times*, July 31, 2018, https://www.nytimes.com/2018/07/31/business/media/billboard-john-amato.html (accessed June 3, 2019).

4 Mark C. Bolino, William H. Turnley, and James M. Bloodgood, "Citizenship Behavior and the Creation of Social Capital in Organizations," *Academy of Management Review* 27, no. 4 (2002), 505–522; and Don Cohen and Laurence Prusak, In *Good Company: How Social Capital Makes Organizations Work* (Boston: Harvard Business School Press, 2001), 3–4.

5 W. Jack Duncan, "Organizational Culture: 'Getting a Fix' on an Elusive Concept," *Academy of Management Executive* 3 (1989), 229–236; Linda Smircich, "Concepts of Culture and Organizational Analysis," *Administrative Science Quarterly* 28 (1983), 339–358; and Andrew D. Brown and Ken Starkey, "The Effect of Organizational Culture on Communication and Information," *Journal of Management Studies* 31, no. 6 (November 1994), 807–828.

6 See Jon Katzenbach and Zia Khan, "Leading Outside the Lines," *Strategy + Business*, April 26, 2010, http://www.strategy-business.com/article/10204?gko=788c9 (accessed September 9, 2010) for the idea of the formal versus the informal organization.

7 Edgar H. Schein, "Organizational Culture," *American Psychologist* 45, February 1990, 109–119.

8 Christoph H. Loch, Fabian J. Sting, Arnd Huchzermeier, and Christiane Decker, "Finding the Profit in Fairness," *Harvard Business Review*, September 2012, 111–115.

9 Harrison M. Trice and Janice M. Beyer, "Studying Organizational Cultures Through Rites and Ceremonials," *Academy of Management Review* 9 (1984), 653–669; Janice M. Beyer and Harrison M. Trice, "How an Organization's Rites Reveal Its Culture," *Organizational Dynamics* 15 (Spring 1987), 5–24; Steven P. Feldman, "Management in Context: An Essay on the Relevance of Culture to the Understanding of Organizational Change," *Journal of Management Studies* 23 (1986), 589–607; and Mary Jo Hatch, "The Dynamics of Organizational Culture," *Academy of Management Review* 18 (1993), 657–693.

10 This discussion is based on Edgar H. Schein, *Organizational Culture and Leadership*, 2nd ed. (Homewood, IL: Richard D. Irwin, 1992); and John P. Kotter and James L. Heskett, *Corporate Culture and Performance* (New York: Free Press, 1992).

11 Stone, *The Everything Store*, 328 and 88–90.

12 Ross Brooks, "Workplace Spotlight: What Google Gets Right About Company Culture," *Peakon*, June 28, 2018, https://peakon.com/us/blog/workplace-culture/google-company-culture/ (accessed June 5, 2019).

13 Larry Mallak, "Understanding and Changing Your Organization's Culture," *Industrial Management* (March–April 2001), 18–24.

14 Based on Gerry Johnson, "Managing Strategic Change—Strategy, Culture, and Action," *Long Range Planning* 25, no. 1 (1992), 28–36.

15 For an expanded list of various elements that can be

used to assess or interpret corporate culture, see "10 Key Cultural Elements," sidebar in Micah R. Kee, "Corporate Culture Makes a Fiscal Difference," *Industrial Management* (November–December 2003), 16–20.

16 Gazi Islam and Michael J. Zyphur, "Rituals in Organizations: A Review and Expansion of Current Theory," *Group & Organization Management* 34, no. 1 (2009), 114–139; Trice and Beyer, "Studying Organizational Cultures Through Rites and Ceremonials"; and Terrence E. Deal and Allan A. Kennedy, "Culture: A New Look Through Old Lenses," *Journal of Applied Behavioral Science* 19 (1983), 498–505.

17 Leigh Buchanan, "Managing: Welcome Aboard. Now, Run!" *Inc.*, March 2010, 95–96.

18 Susan Cramm, "Leadership Gone Viral," *Strategy + Business*, January 17, 2014, http://www.strategy-business.com/blog /Leadership-Gone-Viral (accessed May 6, 2014); and Claudio Lavanga, "Pope Washes Feet of Young Detainees in Holy Thursday Ritual," NBCNews.com, March 28, 2013, http:// worldnews.nbcnews.com/_news/2013/03/28/17502522-pope -washes-feet-of-young-detainees-in-holy-thursday-ritual?lite (accessed May 6, 2014).

19 Trice and Beyer, "Studying Organizational Cultures Through Rites and Ceremonials."

20 Adam Bryant, "Noreen Beaman of Brinker Capital, on Accountability" (Corner Office column), *The New York Times*, January 25, 2014, http://www.nytimes. com/2014/01/26/business/noreen-beaman-of-brinker-capital -on-accountability.html?_r=0 (accessed May 6, 2014); Lucas Conley, "Rinse and Repeat," *Fast Company*, July 2005, 76–77; and Robert Bruce Shaw and Mark Ronald, "Changing Culture—Patience Is Not a Virtue," *Leader to Leader*, Fall 2012, 50–55.

21 David C. Robertson with Bill Breen, *Brick by Brick: How LEGO Rewrote the Rules of Innovation and Conquered the Global Toy Industry* (New York: Crown Business, 2013), 17.

22 Stone, *The Everything Store*, 300 and 174; and Ali Montag, "Jeff Bezos's First Desk at Amazon Was a Door with Four-by-Fours for Legs. Here's Why It Still Is Today," *CNBC*, January 23, 2018, https://www.cnbc.com/2018/01/23/jeff-bezos-first -desk-at-amazon-was-made-of-a-wooden-door.html (accessed June 4, 2019).

23 This example is based on the author's personal experience with Thomas Nelson Publishers.

24 "FYI: Organization Chart of the Month," *Inc.*, April 1991, 14.

25 Neal E. Boudette, "Fiat CEO Sets New Tone at Chrysler," *The Wall Street Journal Online*, June 19, 2009, http:// online.wsj.com/article/SB124537403628329989.html?utm _source=feedburner&utm_medium=feed&utm_campaign =Feed%3A+wsj%2Fxml%2Frss%2F3_7011+%28WSJ .com%3A+What%27s+News+US%29#mod=rss_whats _news_us (accessed September 12, 2011).

26 Gary Hamel with Bill Breen, *The Future of Management* (Boston: Harvard Business School Press, 2007).

27 Matt Moffett, "At InBev, a Gung-Ho Culture Rules; American Icon Anheuser, A Potential Target, Faces Prospect of Big Changes," *The Wall Street Journal*, May 28, 2008, B1; and Matt Moffett, "InBev's Chief Built Competitive Culture," The Wall Street Journal, June 13, 2008, B6.

28 Monica Langley and Dan Fitzpatrick, "Embattled J.P. Morgan Bulks Up Overnight," *The Wall Street Journal*, September 12, 2013, http://online.wsj.com/news/articles/SB1000142412788 7324755104579071304170686532 (accessed May 7, 2014).

29 Johnson, "Managing Strategic Change—Strategy, Culture, and Action."

30 Jennifer A. Chatman and Sandra Eunyoung Cha, "Leading by Leveraging Culture," *California Management Review* 45, no. 4 (Summer 2003), 20–34; and Abby Ghobadian and Nicholas O'Regan, "The Link Between Culture, Strategy, and Performance in Manufacturing SMEs," *Journal of General Management* 28, no. 1 (Autumn 2002), 16–34.

31 James R. Detert, Roger G. Schroeder, and John J. Mauriel, "A Framework for Linking Culture and Improvement Initiatives in Organizations," *Academy of Management Review* 25, no. 4 (2000), 850–863.

32 Based on Daniel R. Denison, *Corporate Culture and Organizational Effectiveness* (New York: Wiley, 1990), 11–15; Daniel R. Denison and Aneil K. Mishra, "Toward a Theory of Organizational Culture and Effectiveness," *Organization Science* 6, no. 2 (March–April 1995), 204–223; Robert Hooijberg and Frank Petrock, "On Cultural Change: Using the Competing Values Framework to Help Leaders Execute a Transformational Strategy," *Human Resource Management* 32 (1993), 29–50; and Robert E. Quinn, *Beyond Rational Management: Mastering the Paradoxes and Competing Demands of High Performance* (San Francisco: Jossey-Bass, 1988).

33 Raymond Zhong, "Huawei's 'Wolf Culture' Helped It Grow, and Got It Into Trouble," *The New York Times*, December 18, 2018, https://www.nytimes.com/2018/12/18/technology /huawei-workers-iran-sanctions.html (accessed June 5, 2019).

34 Moffett, "InBev's Chief Built Competitive Culture."

35 Bethany Tomasian, "Flying to the Top; Southwest Ascends the *Workforce* 100," *Workforce*, May–June 2019, 28–31, 48.

36 David Gelles, "Marc Benioff of Salesforce: 'Are We Not All Connected?'" *The New York Times*, June 15, 2018, https:// www.nytimes.com/2018/06/15/business/marc-benioff -salesforce-corner-office.html (accessed June 5, 2019).

37 Gerald D. Klein, "Creating Cultures That Lead to Success: Lincoln Electric, Southwest Airlines, and SAS Institute," *Organizational Dynamics* 41 (2012), 32–43; and Rekha Balu, "Pacific Edge Projects Itself," *Fast Company*, October 2000, 371–381.

38 Bernard Arogyaswamy and Charles M. Byles, "Organizational Culture: Internal and External Fits," *Journal of Management* 13 (1987), 647–659.

39 Based on Table 1, Tightness-Looseness of Cultures, in Michael Harvey et al., "Corralling the 'Horses' to Staff the Global Organization of 21st Century," *Organizational Dynamics* 39, no. 3 (2010), 258–268.

40 Paul R. Lawrence and Jay W. Lorsch, *Organization and Environment* (Homewood, IL: Irwin, 1969).

41 Scott Kirsner, "Designed for Innovation," *Fast Company*, November 1998, 54, 56.

42 Reported in Chip Jarnagan and John W. Slocum, Jr., "Creating Corporate Cultures through Mythopoetic Leadership," *Organizational Dynamics* 36, no. 3 (2007), 288–302.

43 Kirsten Grind and Deepa Seetharaman, "Behind the Messy, Expensive Split Between Facebook and WhatsApp's Founders," *The Wall Street Journal*, June 5, 2018, https:// www.wsj.com/articles/behind-the-messy-expensive-split -between-facebook-and-whatsapps-founders-1528208641 (accessed June 5, 2019).

44 John P. Kotter and James L. Heskett, *Corporate Culture and Performance* (New York: The Free Press, 1992); Charles A. O'Reilly III, David F. Caldwell, Jennifer A. Chatman, and Bernadette Doerr, "The Promise and Problems of Organizational Culture: CEO Personality, Culture, and Firm Performance," *Group and Organization Management* 39,

no. 6 (2014), 595–625; and Eric Flamholtz and Rangapriya Kannan Narasimhan, "Differential Impact of Cultural Elements on Financial Performance," *European Management Journal* 23, no. 1 (2005), 50–64. Also see James M. Kouzes and Barry Z. Posner, *The Leadership Challenge: How to Keep Getting Extraordinary Things Done in Organizations,* 3rd ed. (San Francisco: Jossey-Bass, 2002).

45 This section is based on Jeff Rosenthal and Mary Ann Masarech, "High-Performance Cultures: How Values Can Drive Business Results," *Journal of Organizational Excellence* (Spring 2003), 3–18.

46 Nelson D. Schwartz, "One Brick at a Time," *Fortune* (June 12, 2006), 45–46; and Nelson D. Schwartz, "Lego's Rebuilds Legacy," *International Herald Tribune* (September 5, 2009).

47 Greg Bensinger, "Embattled Uber Promises Changes in Corporate Culture," *The Wall Street Journal*, March 22, 2017.

48 This example is based on Dave Ulrich, Steve Kerr, and Ron Ashkenas, *The GE Work-Out* (New York: McGraw-Hill, 2002), 238–230.

49 From Ulrich, Kerr, and Ashkenas, "GE Values," in *The GE Work-Out*, Figure 11-2.

50 Rosenthal and Masarech, "High-Performance Cultures."

51 William G. Ouchi, "Markets, Bureaucracies, and Clans," *Administrative Science Quarterly* 25 (1980), 129–141; and B. R. Baligia and Alfred M. Jaeger, "Multinational Corporations: Control Systems and Delegation Issues," *Journal of International Business Studies* (Fall 1984), 25–40.

52 Daisuke Wakabayashi and Toko Sekiguchi, "Disaster in Japan: Evacuees Set Rules to Create Sense of Normalcy," *The Wall Street Journal*, http://online.wsj.com/article/SB100014 2405274870378400457622038299111112672.html (accessed October 3, 2012).

53 Ian Mount, "A Pizzeria Owner Learns the Value of Watching the Books," *The New York Times*, October 25, 2012, B8.

54 Craig Torres and Anthony Feld, "Campbell's Quest for Productivity," *Bloomberg Business Week*, November 29–December 5, 2010, 15–16.

55 Cristina Caron, "Tempest Sealed in Tinfoil: Anger Over Broken Kisses," *The New York Times*, December 22, 2018, A27.

56 Shayndi Raice, "Sprint Tackles Subscriber Losses; Carrier Stems Defections as Customer-Service Gains Take Root," *The Wall Street Journal Online*, December 17, 2010, http://online.wsj.com/article/SB10001424052748704073804576023572789952028.html (accessed December 17, 2010).

57 For a current description of how companies use OKRs, see John Doerr, *Measure What Matters: How Google, Bono, and the Gates Foundation Rock the World with OKRs* (New York: Portfolio/Penguin, 2018).

58 Robert Kaplan and David Norton, "The Balanced Scorecard: Measures That Drive Performance," *Harvard Business Review*, January–February 1992, 71–79; "On Balance," a CFO Interview with Robert Kaplan and David Norton, *CFO*, February 2001, 73–78; Chee W. Chow, Kamal M. Haddad, and James E. Williamson, "Applying the Balanced Scorecard to Small Companies," *Management Accounting* 79, no. 2 (August 1997), 21–27; and Meena Chavan, "The Balanced Scorecard: A New Challenge," *Journal of Management Development* 28, no. 5 (2009), 393–406.

59 Based on Kaplan and Norton, "The Balanced Scorecard"; Chow, Haddad, and Williamson, "Applying the Balanced Scorecard"; and C. A. Latshaw and Y. Choi, "The Balanced Scorecard and the Accountant as a Valued Strategic Partner," *Review of Business* 23, no. 1 (2002), 27–29.

60 Rajesh Tyagi and Praveen Gupta, "Gauging Performance in the Service Industry," *Journal of Business Strategy* 34, no. 3 (2013), 4–15.

61 Nils–Göran Olve, Carl-Johan Petri, Jan Roy, and Sofie Roy, "Twelve Years Later: Understanding and Realizing the Value of Balanced Scorecards," *Ivey Business Journal*, May–June 2004, 1–7.

62 Geary A. Rummler and Kimberly Morrill, "The Results Chain," *TD*, February 2005, 27–35; Chavan, "The Balanced Scorecard: A New Challenge"; and John C. Crotts, Duncan R. Dickson, and Robert C. Ford, "Aligning Organizational Processes with Mission: The Case of Service Excellence," *Academy of Management Executive* 19, no. 3 (August 2005), 54–68.

63 This discussion is based on Robert S. Kaplan and David P. Norton, "Mastering the Management System," *Harvard Business Review*, January 2008, 63–77; and Robert S. Kaplan and David P. Norton, "Having Trouble with Your Strategy? Then Map It," *Harvard Business Review*, September–October 2000, 167–176.

64 This discussion of behavior versus outcome control is based in part on Erin Anderson and Vincent Onyemah, "How Right Should the Customer Be?" *Harvard Business Review*, July–August 2006, 59–67; and Bruno S. Frey, Fabian Homberg, and Margit Osterloh, "Organizational Control Systems and Pay-for-Performance in the Public Service," *Organization Studies* 34, no. 7 (2013), 949–972.

65 Stephanie Strom "Every Day's a Safety Drill as Chipotle Woos Customers Back," *The New York Times*, September 21, 2016, https://www.nytimes.com/2016/09/22/business/every-days-a-safety-drill-as-chipotle-woos-customers-back.html (accessed June 6, 2019).

66 Spencer E. Ante and Lauren Weber, "Memo to Workers: The Boss Is Watching; Tracking Technology Shakes Up the Workplace," *The Wall Street Journal*, October 22, 2013, http://online.wsj.com/news/articles/SB100014240527023036724045791514404889191138 (accessed April 22, 2014).

67 Pui-Wing Tam, Erin White, Nick Wingfield, and Kris Maher, "Snooping E-Mail by Software Is Now a Workplace Norm," *The Wall Street Journal*, March 9, 2005, B1; and Ante and Weber, "Memo to Workers."

68 Bill Ward, "Power to the People: Thanks to a Revolutionary Program Called ROWE, Best Buy Employees Can Lead Lives—Professional and Personal—On Their Own Terms," *Star Tribune*, June 1, 2008, E1; Michelle Conlin, "Smashing the Clock," *BusinessWeek*, December 11, 2006, 60ff; and Jyoti Thottam, "Reworking Work," *Time*, July 25, 2005, 50–55.

69 Conlin, "Smashing the Clock."

70 Based on Gary Yukl, "Consolidated Products," in *Leadership in Organizations*, 4th ed. (Englewood Cliffs, NJ: Prentice-Hall, 1998), 66–67; John M. Champion and John H. James, "Implementing Strategic Change," in *Critical Incidents in Management: Decision and Policy Issues*, 6th ed. (Homewood, IL: Irwin, 1989), 138–140; and William C. Symonds, "Where Paternalism Equals Good Business," *BusinessWeek*, July 20, 1998, 16E4, 16E6.

第**12**章

Organization Theory and Design

创新与变革

问题引入

在阅读本章内容之前,请先看下面的问题并选择答案。

1. 打造一个创新型公司最主要的做法是要求员工提供新想法。

同意＿＿＿＿＿＿ 　　　　　　　　　不同意＿＿＿＿＿＿

2. 打造在市场上能够取得成功的产品的最好方法是咨询顾客的需求。

同意＿＿＿＿＿＿ 　　　　　　　　　不同意＿＿＿＿＿＿

3. 改变一个公司的文化可能是管理者承担的最困难的工作之一。

同意＿＿＿＿＿＿ 　　　　　　　　　不同意＿＿＿＿＿＿

你喜欢黄瓜味的雪碧吗?在俄罗斯你就可以买到这样的雪碧。你想在可口可乐里加一点儿咖啡吗?那么你可能想要一瓶产自可口可乐澳大利亚公司的新饮料。可口可乐公司在最近一年推出了大约 500 种新饮料,包括在印度推出了一种大块芒果汁,在巴西推出了一种乳清奶昔,在中国推出了一种芝麻核桃味饮料,同时还有各种各样受欢迎的苏打饮料,包括雪碧和可乐。可口可乐印度子公司推出了一款叫作 Maaza Chunky 的饮料,力图让饮用者体验从新鲜杧果中吮吸果肉的感觉。可口可乐驻印度高管谢纳兹·吉尔(Shehnaz Gill)表示:"我们现在的使命是开发更符合本地需求的产品和业务。"可口可乐在印度本地开发的其他新口味饮料还包括孜然苏打水(味道辛辣)和番石榴饮料。可口可乐首席执行官詹姆斯·昆西(James Quincey)正在推动全球各地的子公司开发本土饮料,即使有些效果不是太好,但是也要迅速地推向市场。昆西说:"我们不会对每个创意都寄予厚望,直到它被证明有一定的吸引力。"在印度,此前,一种新产品要花上一年的时间才能上市。现在,一种新饮料经过大约四个月的时间就可以从创意变成商店货架上的商品。[1]

企业及管理者都在寻找任何可能的创新优势。迅速向市场推出新产品和新服务是企业跟上外部环境变化的关键。新发现、新发明和新方法快速取代了传统的做事方式。科技的巨大飞跃改变了人们的生活方式。现在，许多人通过发短信、发推特进行交流，在网上与"好友"交流的频率超过了面对面交流的频率。很多当代大学生的父母在成长过程中没有使用过 iPad、社交媒体、全球定位系统和流媒体视频，甚至没有接触过互联网，而这一切都发生了快速变化。许多父母无法想象他们的孩子可以通过网络和世界各地的人进行即时交流，或一起打电子游戏，可以随身携带他们最喜欢的音乐，可以把一整本书下载到一个记事本大小的设备上。高科技产业几乎每一毫微秒都在发生变化，因此苹果、谷歌、网飞、脸谱网和推特等公司都在不断创新，以跟上潮流。但如今，所有行业的企业都面临着更大的创新压力。西南航空公司公司执行副总裁鲍勃·乔丹(Bob Jordan)说："我们必须创新才能生存。"这是全世界管理者的共同想法。[2]

本章目的

　　本章将探讨组织如何变革以及管理者如何指导创新和变革过程。我们先看看创新有多难，并讨论一下破坏性变革面临的挑战。之后，将介绍组织中常见的四种变革——技术变革、产品变革、组织结构变革和人员变革，并说明管理者如何成功地管理变革。接下来还要讨论什么样的结构和管理方法有利于促进各种创新。有关影响变革方案制订和实施的管理技巧，也将在本章得到具体说明。本章的最后介绍管理者可以成功实施变革和创新的方法和技巧。

12.1　变革的战略角色

　　如果说从前面各章介绍的内容中可以得出一个主题或教训的话，那就是组织必须快速行动，以便跟上周围所发生的变化。大型组织必须设法能像灵活的小组织那样行动。制造业企业需要使用新的柔性制造技术，服务型企业也需要新的信息技术。当今的组织必须以开放的心态投身到持续创新中去，不仅为了发展，更为了能在破坏性变革不断以及竞争日趋激烈的世界中生存下去。

12.1.1　创新或被颠覆

　　强大的环境力量驱动着组织的变革需求。[3]技术进步、市场变化、政府监管的增加、电子商务和移动商务、社会态度演变、全球经济动荡、社交媒体和信息革命以及阿拉伯国家和金砖四国(巴西、俄罗斯、印度和中国)力量的日益强大等因素增加了全球化经济的不确定性。经济全球化影响到了每一家企业，不论规模大小。企业不仅面临着更大的威胁，也有了更多的发展机遇。

企业可以通过三种类型的变革响应环境的变迁。[4] 间断性变革（episodic change）是许多管理者长期习惯的改变方式。这种变革偶然地发生在相对稳定的时期，管理者可以通过这种变革应对技术、产品或结构改革的需求。然而，当今大多数组织正在由于不断加速的环境变化而经历着持续性变革（continuous change）。这种变革经常发生，组织的稳定时期更少更短。管理者们将改变视作一种持续的组织程序，通过研发开发出新的产品或服务流程，以满足变化中的需求。在当今许多行业中，环境变得更加动荡，使得管理者们不得不采用破坏性变革和创新（disruptive change and innovation）。

如图 12-1 所示，**破坏性创新**（disruptive innovation）是指从小范围和小规模开始，到最后全面取代现有产品或服务技术。引领破坏性创新的企业可能会取得巨大的成功，而被破坏性创新影响的企业可能会就此停业。老牌企业通常会忽略最初的微小创新，因为它们想继续推行它们已经建立的商业模式。以大部分学生的年龄来说，大家可能都不知道当年日本汽车初次进入美国时，美国汽车制造商是如何嘲讽的，但是当日本汽车开始侵蚀美国汽车市场份额时，通用和福特的管理者们再也笑不起来了。同样，传统媒

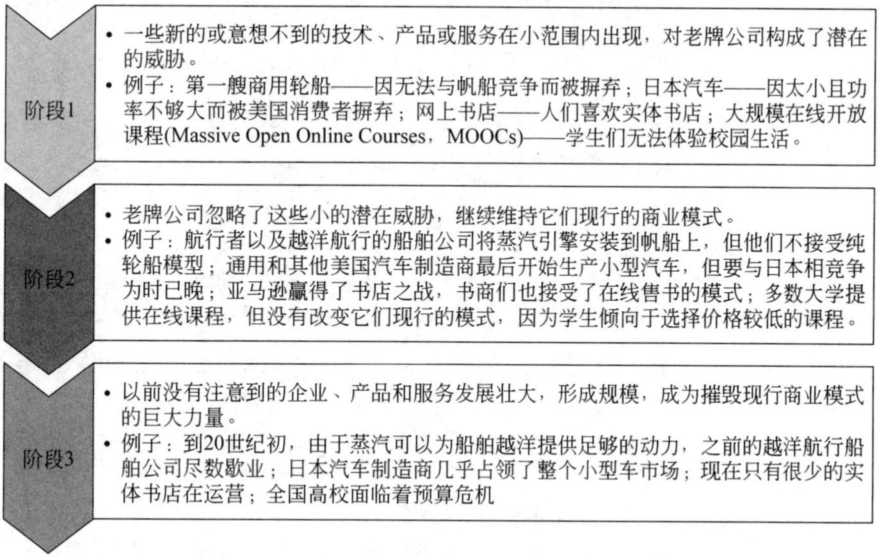

阶段1	• 一些新的或意想不到的技术、产品或服务在小范围内出现，对老牌公司构成了潜在的威胁。 • 例子：第一艘商用轮船——因无法与帆船竞争而被摒弃；日本汽车——因太小且功率不够大而被美国消费者摒弃；网上书店——人们喜欢实体书店；大规模在线开放课程(Massive Open Online Courses，MOOCs)——学生们无法体验校园生活。
阶段2	• 老牌公司忽略了这些小的潜在威胁，继续维持它们现行的商业模式。 • 例子：航行者以及越洋航行的船舶公司将蒸汽引擎安装到船舶上，但他们不接受纯轮船模型；通用和其他美国汽车制造商最后开始生产小型汽车，但要与日本相竞争为时已晚；亚马逊赢得了书店之战，书商们也接受了在线售书的模式；多数大学提供在线课程，但没有改变它们现行的模式，因为学生倾向于选择价格较低的课程。
阶段3	• 以前没有注意到的企业、产品和服务发展壮大，形成规模，成为摧毁现行商业模式的巨大力量。 • 例子：到20世纪初，由于蒸汽可以为船舶越洋提供足够的动力，之前的越洋航行船舶公司尽数歇业；日本汽车制造商几乎占领了整个小型车市场；现在只有很少的实体书店在运营；全国高校面临着预算危机

图 12-1　破坏性创新的阶段

资料来源：Based on Clayton M. Christensen and Michael B. Horn, "Innovation Imperative: Change Everything," *The New York Times*, November 1, 2013, http://www.nytimes.com/2013/11/03/education/edlife/online-education-as-an-agent-of-transformation.html? _r＝0 (accessed May 15, 2014); and Melissa A. Korn, "Coursera Defends MOOCs as Road to Learning," *The Wall Street Journal*, May 15, 2013, B5.

体企业也面临着流媒体服务商带来的冲击,比如网飞公司(Netflix)这样的服务商。

应用案例 12-1

网 飞 公 司

"网飞公司是头号公敌",福克斯 21 电视工作室(Fox 21 Television Studios)的负责人伯特·索尔克(Bert Salke)这么说。与公司早期相比,网飞现在的变化太大了! 1997 年,软件工程师里德·哈斯廷斯(Reed Hastings)和马克·鲁道夫(Marc Rudolph)创立了网飞公司,主营业务是通过互联网租赁 DVD,并在 2007 年转向流媒体视频业务。2000 年,网飞公司经营亏损,哈斯廷斯提出以 5 000 万美元的价格将公司出售给视频租赁巨头百视达(Blockbuster),但百视达拒绝了这项提议。几年后,百视达陷入了困境。到 2019 年,百视达倒闭了,而网飞在蓬勃发展。

你可能会以为大型媒体公司已经注意到网飞的快速发展了,但是当网飞在 2013 年开始进入原创节目领域,推出《纸牌屋》(House of Cards)和《女子监狱》(Orange is the New Black)时,传统媒体公司的高管们对此嗤之以鼻。电视网络和电影制片厂认为网飞主要是用来延长其原创节目生命的一种方式。通过将节目授权给网飞,这些传统媒体公司可以从昂贵的节目中获取更多利润。

2018 年,网飞公司出品的影片《罗马》(Roma)获得了包括最佳外语片在内的三项奥斯卡奖。之后,网飞公司面临的形势发生了决定性的转变,获得了观众爆发式的青睐。截至 2018 年底,网飞公司推出了约 1 000 部原创电视节目和电影,公司提供的流媒体服务拥有 1.3 亿多用户。网飞公司一直在从 21 世纪福克斯(21st Century Fox)和 NBC 环球电视(NBC Universal Television)等公司招聘高管,吸引顶尖的制作人和演绎人才。一名选角导演表示:"获取优秀人才的竞争极为激烈而疯狂。"福克斯罗斯柴尔德律师事务所(Fox Rothschild LLP)的一名娱乐业律师说:"你无法和那些资金投入多、管理成本低、负担包袱少的企业相竞争。"[5]

由于技术的快速变化,许多行业的企业都遭遇了破坏性创新。例如,数码相机的出现几乎让整个胶卷行业全军覆没,而智能手机的出现正在威胁着卡片式数码相机的生存。

创新,特别是破坏性创新,并非易事。微软曾被视为技术领袖,却也在与脸谱网、苹果、亚马逊以及谷歌等企业在电子书籍、在线音乐、搜索引擎以及社交网络等方面的竞争中遇到了麻烦。此外,微软在移动计算机这一新兴领域内的竞争力也尚显不足。[6]首席执行官萨蒂亚·纳德拉(Satya Nadella)正在悄悄改变微软,让它从错误中吸取教训,但随着新技术的出现,颠覆总是令人担忧的。[7]企业成功的一个关键要素就是热衷于创造变革。

当今成功的企业,比如阿里巴巴集团(Alibaba Group)、达美乐、派乐腾(Peloton)、苹果、环球音乐集团和塔吉特,都在铆足精神进行变革。每年,《快公司》(*Fast Company*)都会发布全球最具创新性企业 50 强名单。以下是2019 年排在前 10 名的全球最具创新性的企业名单:[8]

1. 美团点评(Meituan Dianping)
2. 网约车和送餐平台公司 Grab
3. 美国职业篮球联赛(NBA)
4. 华特迪士尼公司
5. 电商公司 Stitch Fix
6. 快餐连锁店 Sweetgreen
7. 食物保鲜技术公司 Apeel Sciences
8. 移动支付公司 Square
9. 植物饮料品牌公司 Oatly
10. 游戏直播服务公司 Twitch

12.1.2 创新的类型

管理者可以采用四种类型的创新使组织获得战略优势。如图 12-2 所示,这四类创新是技术创新、产品和服务创新、战略和结构创新以及文化创新。不同类型的创新之间是相互依存的,也即一种变革实施后常常会要求实行另一些变革。[9]新产品的开发可能会要求生产技术上进行相应的变革,或者,组织结构方面的变革可能会对员工提出某种新技能的要求。例如,当谢南多厄人寿保险公司(Shenandoah Life Insurance Company)刚开始应用新的计算机技术处理索赔的时候,很多员工还无法完全应用这种新技术,直到他们被分配到能够熟练应用技术的团队里(5~7 人一组),情况才得以好转。组织结构变革是技术变革的自然结果。组织是一个相互依存的系统,对组织某一部分的变革通常会影响到组织的其他部分。

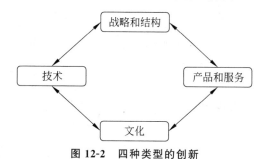

图 12-2 四种类型的创新

技术创新(technology innovations)指的是生产流程方面的变革,其中包括了促进组织形成特有竞争力的有关知识和技能基础。技术创新的目的是提高生产效率,或者生产出更多的产品。具体内容涉及产品或服务生产中的各方面技术,包括工作方法、设备和作业流程等。例如,时尚快消产品零售商扎拉(Zara)在数千家扎拉实体店安装了自助提货系统,以加快顾客提货的速度。顾客可以在网上下单,然后到商店的自助机上扫描或输入代码,机器人便会快速搜索相应的包裹,并送到投递箱。这项新技术改善了客户服务,也吸引了更多的顾客光顾商店,这让他们在取货之余可能会购买其他的商品。[10]

产品和服务创新(product and service innovations)指一个组织在产品或服务产出方面的变革。新产品可以指对现有产品的少许改进,也可以是全新的产品线。[11]本章的开篇案例就介绍了可口可乐公司如何引入新产品线,又同时保持与其现有产品的适应性。生产新产品、提供新服务的目的是为了增加市场份额,或者开发新市场、新顾客。

战略和结构创新(strategy and structure innovations)涉及组织的管理领域,包括组织监督和管理的各个方面,具体如组织结构、战略管理、政策、奖酬、劳资关系、协调方式、管理信息与控制系统、会计与预算系统等。产品和技术变革常是自下而上的。与之相比,战略、组织结构和系统的变革通常是自上而下的,即是由高层管理发起变革。例如,苹果公司的高管们最近转向了新行业的战略扩张,包括信用卡业务(Apple Card)、视频流业务(Apple TV+)和在线游戏业务(Apple Arcade)。[12]自上而下进行结构创新的例子来自 ICU 医疗公司,ICU 医疗公司的创立者兼总裁乔智·洛佩兹(George Lopez)博士决定组建一些自我指导型的团队。尽管有的经理和员工开始会反对他的想法,但这项变革从长远来看也是成功的。[13]

文化创新(culture innovations)是指员工的价值观、态度、期望、信念、能力和行为的变革。文化变革涉及员工思维方式的变革。这里发生改变的是人的思想观念,而不是技术、结构或产品。华盛顿特区警察局(Washington, D. C. Metropolitan Police Department)局长凯茜·拉尼尔(Cathy Lanier)正在改变组织的文化——像重视打击犯罪一样重视防止犯罪。"我们对待犯罪的态度已经发生了改变,从以前的殴打他们,与他们交手搏斗,用手铐把他们铐起来,变为如今的'我们应该如何阻止此类事件发生'。"拉尼尔的助理警察局长如是说道。在拉尼尔担任局长期间,华盛顿特区的暴力犯罪下降了 23%。[14]

文化变革是尤为困难的,因为人们很难轻易改变自己的态度和信念。文化在之前的章节已进行了充分的讨论,我们将会在本章的后面部分更为具体地讨论文化变革。

本节要点

- 管理者喜欢以一种可预见的、常规的方式来组织日常活动。然而,变化——而不是稳定——已成为当今全球化环境的自然规律。因此,组织需要在稳定中导入变革,一方面取得高效率,另一方面也要促进创新。
- 当今的环境催生了三种类型的变革——间断性变革、持续性变革和破坏性变革。
- 破坏性创新是指从小范围和小规模开始,到最后全面取代现有产品或服务技术。

● 四种类型的创新——技术、产品和服务、战略与结构以及文化——可以使组织全面增强竞争力。

12.2   成功变革的要素

　　不论何种类型或范围的变革,都包含几个可以识别的创新阶段。这些阶段通常按一定的顺序出现,尽管其中可能有些重叠。[15]有关创新的研究文献一般是将**组织变革**(organizational change)定义为组织采用了一种新的构想或行为;[16]而**组织创新**(organizational innovation)则被定义为组织采用了一种相对于其所处的行业、市场和一般环境来讲崭新的构想或行为。[17]第一家推出某种新产品的企业被认为是创新者,而仿制这种产品的企业则被认为只不过实施了变革。不过,从管理变革的角度来讲,创新和变革这两个词可以混同使用,因为不论一项变革与其他组织相比是早还是晚,它在组织内所进行的**变革过程**(change process)通常都可以明确识别。一般而言,创新要经过一系列的步骤或要素而渗透到组织中去。首先是组织成员意识到可能发生的创新,接着评估其适用性,然后再评价和选择实现这种创新的具体构想。[18]成功变革所要求的要素可概括为图 12-3。为成功地推行一项变革,管理者必须确保组织具备所有的要素。如果缺少了其中某个要素,变革过程就会以失败告终。

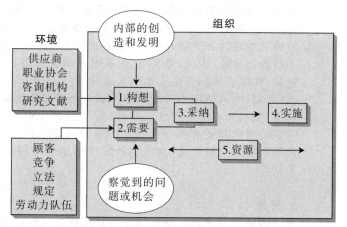

图 12-3   成功变革的要素及其序列关系

1. 构想

　　变化是一种思想的外在表现。没有哪个企业可以保持竞争力,除非不断产生新的构想,变革不过是构想的外在表现和延伸。[19]构想,指的是一种新的事物或新的做事方式。它可以是一项新的产品或服务,一种新的管理思想，或是联结组织内工作单元的一项新的流程。构想可源于组织内部，也可来自组织的外部。内部创造力是组织变革中的一个具有戏剧色彩的要素。**创造力**（creativity）是对新奇构想的概括，这些构想或者能满足察觉到的需求，或者能回应出现的机会。在馆长芭芭拉·雅塔（Barbara Jatta）的领导下，梵蒂冈博物馆的专家们不断试验新方法，以保护价值连城的文物，比如西斯廷教堂（Sistine Chapel）内珍藏的米开朗琪罗（Michelangelo）的著名壁画，再比如拉斐尔（Raphael）、乔托（Giotto）等人的艺术品。专家们想出了一种新方法，使用精油而不是有毒的化学合成物质来保护雕塑和石制作品，以防止它们受到生物降解的影响。有一种叫"苔藓克星"（Moss Buster）的产品通常用于清洁网球场，梵蒂冈的科学家们正在研究它是否适用于梵蒂冈花园（Vatican Gardens）石雕的清洁和维护。[20] 有一些技巧可以激发内部创造力，包括增加组织的多样性，确保员工有大量的机会去接触与自己不同的人，给员工实验的时间和自由，支持他们冒险和学习。[21] 美国制药企业礼来公司（Eli Lilly & Co）会举行"失败聚会"（failure parties），以纪念那些虽然最终结果失败但却杰出而有效率的科研工作。公司鼓励科研人员冒风险，并为失败的药物寻找替代用途。比如，治疗骨质疏松症的药物易维特（Evista）就是一种失败的避孕药，治疗注意缺陷/多动障碍症（ADHD）的盐酸托莫西汀（Strattera）正是一种失败的抗抑郁药，而轰动一时的壮阳药伟哥（Viagra）最初竟是开发用来治疗心痛病的。[22]

2. 变革的需要

构想通常不会得到重视，除非组织中的人们察觉到变革的需要。通常在管理者发现组织的实际绩效与期望绩效之间出现了差距时，他们才会认识到变革的需要。管理者要设法营造一种紧迫感，使其他人领会这种变革的需要。有时候，危机会造成一种不容置疑的紧迫感。实体零售商正在与影响其生存的对手展开竞争，包括亚马逊，以及一大批以社交媒体为发展动力的新创品牌，为此，他们正在考虑采取各种办法，吸引顾客进入实体店。例如，在俄亥俄州哥伦布市的艾迪鲍尔门店（Eddie Bauer）里，顾客可以进入EB 冰室，测试商店销售的户外装备在华氏 13 度温度下的性能。[23] 在多数情况下，危机并不明显存在。这样，管理者必须识别出变革的需要，并将此种认识传播给其他人。[24] 一项关于工业企业创新的研究表明，那些鼓励密切关注消费者和市场环境、支持创新活动的组织能得到更多的构想和更富有创新性。[25]

3. 采纳

当管理者或者其他决策制定者选择继续推进变革，就做出采纳的决定。要使构想得到采纳，主要的管理者和员工必须达成支持变革的一致意见。如果是一项重大的组织变革，这一决策的生效甚至可能需要董事会签署通过一份正式的合法文件。对于较小的变革来说，只需一位中层管理者或更低层级管理人员批准采纳新创想的决议即可。

4. 实施

当组织成员将新的构想、技术或做事方法付诸实际应用时，组织变革进入实施阶段。实施开始时,所需的材料和设备等必须到位,员工也需要得到训练。实施是变革中的一个重要步骤,没有实施,前面的工作都变得毫无意义。实施变革通常也是变革过程中最困难的环节,但只有当人们切实采用了某一构想时,变革才成为现实。

5. 资源

要实现变革,需要人投入精力和行动。变革不会自动地发生。无论是提出还是实施某个新构想,都需要一定的时间和资源投入。必须得有人花费精力去发掘变革的需要并提出满足这一需要的构想。需要有人提出变革的建议,并要有人投入时间和精力实施这一建议。绝大多数创新项目都会超出正常的预算配额,需要提供额外的资金。另外,如第 3 章介绍的,有些企业成立了任务小组,集中资源推行某项变革。还有些企业设立种子基金(seed fund)或风险基金(venture fund),给予提出有前景构想的员工以资金的支持。在礼来公司,"蓝天基金"(blue sky fund)就是用来支持研究人员从事那些似乎不会即时产生商业效益的项目的。[26]

图 12-3 中有一要点特别应该引起重视。我们将变革的需要和新的构想同时列为变革过程的起始环节。两者中的任何一个都可能率先引发变革过程。比如,许多企业采用了计算机技术,因为该项技术似乎有望提高效率。与此相对照,当代对人类免疫缺陷病毒(HIV)疫苗的研究,则是缘于一种强烈的需要。不管需要和构想哪个先出现,对于实现一项变革而言,图 12-3 所示的每一个步骤都是必须完成的。

本节要点

- 组织变革是指组织采用了一种新的构想或行为。
- 成功变革所需的五个要素包括构想、变革的需要、采纳、实施和资源。
- 为了完成变革,管理者必须确保每个必要的因素都到位。
- 每个企业都需要新构想。管理者可以通过多种方式激发创造力,包括增加组织多样性,确保员工有机会接触与自己不同的人,给员工实验的时间和自由,支持他们冒险和学习。

12.3　技术创新

在当今的商界,任何一家不能持续地开发、获取和适应新技术的企业,很可能在几年时间内就会倒闭。管理者可以创造条件来鼓励技术变革。不过,如果企业要推行技术变革,它又会面临一种矛盾的境况,因为产生新构想所要求的条件往往并不是在常规生产中实施新构想所需的最佳条件。创新型组织具有灵活性强、授权于员工以及没有刻板的工作规定等特征。[27]正如本书前面讨论过的,一个有机的、机动灵活的组织通常是与变革相关联的,这种组织被认为是适应动荡多变环境的最理想的组织模式。完成问卷"你适合哪种组织设计",看看你是否有创新的特质。

你适合哪种组织设计

你的创新性如何?

根据你现在的生活情况,对下面题项选择"基本符合"或"不太符合"。

	基本符合	不太符合
1. 我经常试图寻找做事情的新方法。	————	————
2. 我认为我是个创新的人,并且有很多原创性的思考和行为。	————	————
3. 我不太相信一些新奇的小玩意,除非我身边有人在用它。	————	————
4. 在学习或工作当中,我经常对别人的新想法持怀疑态度。	————	————
5. 我经常会先于其他人去购买一些刚出的食品、设备或其他创新产品。	————	————
6. 我喜欢花时间去尝试新东西。	————	————
7. 我的行为会影响到别人去尝试一些新东西。	————	————
8. 在我的同伴当中,我经常会第一个提出新想法或思路。	————	————

计分:计算你的个人创新得分,需要将题项1、2、5、6、7、8上选择"基本符合"的分数与题项3、4上选择"不太符合"的分数相加。

解析:个人创新性反映了对创新需要的意识,以及对创新实践的尝试。创新性被认为是一个人相比同龄人更早接受创新事物的程度。创新性对创新公司、创新部门、创业团队或是创业企业的人来说都有积极的推进作用。如果你的得分是6~8分,说明你是一个积极创新的人并且喜欢第一个接受创新。如果你的得分是4~5分,说明相比同龄人,你的创新性处于中等偏上水平。如果你的得分是0~3分,说明你可能比较偏向保守,不会对新奇的想法和事物感兴趣。作为一个管理者,较高的分数意味着你将会重视创新和变革。

资料来源:Based on H.Thomas Hurt, Katherine Joseph, and Chester D.Cook, "Scales for the Measurement of Innovativeness," *Human Communication Research* 4, no.1 (1977), 58-65; and John E.Ettlie and Robert D.O'Keefe, "Innovative Attitudes, Values and Intention in Organiztions," *Journal of Management Studies* 19, no.2 (1982), 163-182.

有机式组织所特有的灵活性使员工能自由地提出和采用新的构想。有机式组织鼓励自下而上的创新过程。正是因为有了提出新构想并进行试验的自由,源于中下层员工的创意才会层出不穷。与此相反,机械式结构由于强调规则条例而抑制了创新,不过,对有效地生产常规产品来说,它通常是最好的结构形式。管理者所面临的挑战就是要在组织内同时创造出有机式和机械式两种条件,以便同时取得创新和效率。为了实现技术变革这两方面的目标,许多组织采用了兼顾创新与效率的两栖组织策略。

12.3.1 两栖组织法

最近的研究在创新激发和创新应用的关系上探索出了一种将有机式结构与机械式结构结合起来的方法。有机式结构的特征,如分权和员工自主,对于激发创新是有益的,但对于创新的应用来说,它却给组织带来了困难,因为在这样的结构下,员工可能不遵从管理层的指挥。由于分权和结构松散的缘故,员工可能对组织中产生的创新构想视而不见。

组织应该如何解决这个两难问题呢?一个策略就是**两栖组织法**(ambidextrous approach)——将适于激发创新和应用创新的两类组织结构及管理过程结合到一个组织中。[28] 两栖性已经成为组织研究中一个热点主题。[29] 另一种考虑两栖组织法的方式是关注两类组织设计要素:一类对探索(exploring)新构想十分重要;一类对充分开发(exploiting)现有能力最为合适。[30] 探索意味着鼓励创造力和开发新构想,充分利用意味着实施这些构想以生产常规产品。因此可以把组织设计成:当需要探索新构想时按有机方式运行,当需要充分利用这些构想时按机械方式运行。图 12-4 说明了组织是如何做到将一个部门按有机方式构建以探索和开发新构想,而将另一个部门按机械方式构建以符合应用创新的日常工作。研究表明那些应用两栖组织法(从既有利于探索创新又有利于利用创新两方面来设计)的组织在开发创新型产品和服务方面明显更为成功。[31]

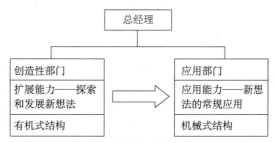

图 12-4 技术创新中的部门工作分工

举个例子,一项针对创办已久、在创新突破方面颇为成功的日本企业(如本田和佳能)的研究发现:这些组织应用的正是两栖组织法。[32] 为了激发与某项新技术有关的构想,公司选派那些由不拘泥于固有行为方式的年轻职员所组成的团队去从事相应的项目。团队由一位受人尊敬的长者领导和负责,同时可以进行任何激发新构想和开发新产品所需要的工作,哪怕这意味着要打破那些对大公司实施新构想而言十分重要的规则。

博斯公司(Booz & Company)在最近的一项研究中强调了创新过程中的两个阶段:创意产生(idea generation)和创意转化(idea conversion),它们对应着探索和开发。创意产生是指为产品和服务提出新想法;创意转化是指将这些想法转化成产品开发流程。有趣的是,在博斯的研究中,有 46% 的企业认为自己在两个阶段都做得比较差，只有 25％的企业认为自己在两个阶段都做得比较好。[33]

12.3.2　自下而上法

创新公司认识到，许多有用的想法常常来自那些从事日常工作、服务客户、与竞争对手相竞争以及寻找最佳方式完成工作的人们。因此，支持创新的企业会实施多种机制、系统和流程，以鼓励自下而上地传递创意想法，并确保高管能听到这些想法并做出反应。[34]例如，谷歌有一条 70/20/10 指导规则，即员工将 70％的时间花在管理者分配的任务上，将 20％的时间花在与主要项目有关的新构想上，将 10％的时间花在自己想要实现的想法上。谷歌员工经常同时涉足数百个小型实验，每时每刻身处其中。[35]很多成功的创新都始于小型的实验，而不是规模可观的宏伟蓝图。博雷戈太阳能公司（Borrego Solar Systems）首席执行官阿伦·霍尔（Aaron Hall）在公司内部网上举办"创新挑战"竞赛，鼓励工程师们讲出如何改善业务的想法。员工投票选出他们最喜欢的想法，获胜者将可以得到现金奖励。很快，一个关于使用软件促进销售和工程团队合作的想法就得以实现。[36]

其他公司也使用这种方法。这种方法有时被称为"创新社区"。在直觉公司（Intuit），管理者们举办了一个 D4D 论坛（Design for Delight forums），1 000 多名员工参加了这个论坛。论坛结束后，设计团队要说出一件他们能做的有别于其他团队的事情。两个刚到直觉公司几个月的员工提出了为D4D 论坛讨论提供在线社交网络的想法。在提议被接纳的第一年，通过网络产生了 32 个创意想法，而且这些想法已经被带进了市场。[37]日本制药企业卫材公司（Eisai Company）已经举办了 400 多次创新社区论坛，探讨卫生保健的相关问题。在药物市场上，老年痴呆症患者很方便服用的一种胶状物质药物的生产技术，就出自这一论坛提出的想法。[38]

与创新想法一样重要的是将想法付诸行动。"没有什么比当员工发现他们的想法不知去向更糟糕、更影响士气的了"，创业学教授拉里·班尼特（Larry Bennett）说。在博雷戈太阳能公司（Borrego Solar Systems），首席执行官把每一个他想实施的想法分配给执行发起人，员工可以在内部网跟踪想法的实施情况。[39]

12.3.3　促进技术变革的具体方法

为维持两栖组织的顺利运行以及鼓励自下而上的新构想，许多企业开发出了一系列具体方法，包括采用可变换结构，单设创造性部门，设立创业团队，开展公司创业以及建立合作团队。

可变换结构

可变换结构（switching structure）是指组织一旦需要有一种有机式结

构来激发员工提出新构想,便建立这样一个结构。[40]下面是一些组织使用可变换结构法来创建两栖组织的一些示例。

- Alphabet(谷歌的母公司)采用多种机制实现两栖性。Alphabet 旗下企业的员工可以将 10％ 的时间花在自己选择的创意上,其中许多创意最终转化为成功的企业。Alphabet 还成立了一个独立的 X 开发部(X Development),以探索"登月计划"的想法。[41]

- 在快速贷款公司(Quicken Loans),员工每周有四个小时的"子弹时间"(bullet time),他们可以利用这段时间探索日常工作之外的新想法和技能。如果一名员工提出了一个可以整合到业务中的新想法,就会由更机械化、更规范的组织去落实。要将新想法付诸行动,精确且能够常规化非常重要。一名员工利用自己的"子弹时间"学习了开发应用程序的技能,并帮助公司的在线贷款平台火箭房贷(Rocket Mortgage)开发了一款基于 alexa 的应用程序。[42]

- 坐落于加利福尼亚州弗里蒙特市的新联合汽车制造公司(NUMMI),是一家由丰田汽车和通用汽车合资建成的公司,运营于 1984 年至 2010 年,该公司创建了一个以有机方式运作的跨职能、独立的机构,称作导航者团队(Pilot Team),为新款轿车和卡车设计生产流程。当这种款式的车投产之后,团队成员便返回车间的正常工作岗位。[43]

上述这些企业都创造性地找到了两栖组织法,既为开发新构想建立了有机式条件,同时又保持了实施和应用这些构想所需的机械式条件。

创造性部门

在许多大型组织中,创新工作是由单独设立的**创造性部门**(creative department)来承担的。[44]像研究开发、工程、设计、系统分析等部门负责提出一些创新构想,供其他部门采纳使用。这些启动变革的创新部门是按有机方式组织的,为的是促进新构想、新技术的产生。而应用这些创新的部门则倾向于采取机械式结构形式,这样更适合高效率生产的要求。

举一个创造性部门的例子。在劳氏创新实验室(Lowe's Innovation Lab),研究人员与谷歌和微软等外部组织合作,共同进行技术创新,以改善劳氏零售店的运营和客户服务。例如,实验室开发了一款自我引导机器人 LoweBots,可以帮助员工检查库存,也可以引导客户找到他们想要的产品。其他的一些创新,包括一款能够赋予员工超强力量举起重物的机器人套装,还有一款为顾客打造的全息虚拟现实工具 Holoroom How-To,都正在劳氏的门店中进行测试。日本大冢制药公司(Otsuka Pharmaceutical Company)总裁 Tatsuo Higuchi 表示,他们公司的研究实验室"非常重视古怪的人",以培养公司员工勇于尝试新事物、寻找意外惊喜的创新精神。[45]然而,在制药部门,惯例和精准是非常重要的,因此制药公司倾向于雇用那些适于遵循规则和标准程序的更为常规的员工。

另一类创造性部门是"**构想孵化器**"(idea incubator),这是一种利于组织内新构想开发的日益流行的方式。构想孵化器提供了这样一个安全的港湾:在那儿组织中所有员工的构想都能被开发出来,不受任何来自公司行政或政策的干扰。[46] 像波音公司（Boeing）、奥多比系统公司（Adobe Systems）、雅虎（Yahoo!）、齐夫·戴维斯（Ziff Davis）出版公司和联合包裹服务公司（UPS）这类多元化的公司，正在使用"构想孵化器"来支持创造性构想的开发。

创业团队

创业团队（venture teams）是赋予组织内的创新活动更大自主性的一种组织方法。创业团队常常拥有独立的场所和设备，以使其摆脱组织中各种规章条例的束缚。创业团队就像是大企业中的一个小企业。诸多组织都运用创业团队的方式将富于创造力的人员从大公司的行政式机构中解放出来。[47] 菲利普·霍诺维奇（Phillip Honovich）大学毕业后本计划去年轻的小公司工作，但他发现在大公司的创业团队中也能感受到同样的自由和兴奋。他工作的万事达公司有 50 年历史，员工约有 1 万名，并被划分成了数十个创业团队。霍诺维奇帮助公司开发了一个销售平台（ShopThis），让人们可以直接从数字杂志页面购买产品。他说："这感觉就像一家初创公司。"其他大企业如通用电气、可口可乐和亿滋国际（Mondelez）等在近年来也成立了内部创业团队，以鼓励创新。[48]

有一种创业团队叫作"**专案工作小组**"（skunkwork）。[49] 这种团队具有独立、小型、非正式、高度自主且通常保密的特点，通常聚焦于为企业提供突破性的构想。"斯昆科沃克"最初是由洛克希德·马丁（Lockheed Martin）在五十多年前创立的，至今仍在运行中。这种团队的实质就是赋予才华横溢的人员以时间和自由去发挥创造力。X 开发部（X Development）是谷歌于 2010 年成立的半秘密研究实验室，现在是谷歌母公司 Alphabet 的一个部门。这个实验室始于谷歌对自动驾驶汽车的开发，现在它的工作地点还是一个秘密。工程师们在那里研究一些"上天揽月"之类的项目，如 X 网站所述，"研发突破性的创新技术，以解决世界上最难以解决的问题"。实验室研发的项目包括：气球网络计划（Project Loon），探索如何用气球将互联网传输到偏远地区；风筝发电项目（Makani），专注于利用风筝开发可再生电力。谷歌这个专案工作小组非常保密，在《纽约时报》报道它之前，几乎没有人知道，甚至谷歌的很多员工都不知道它的存在。[50]

创业团队思想的一种变异形式是设立**创业基金**（new-venture fund），它为员工开发新的构想、产品或业务提供资金来源。荷兰皇家壳牌公司（Royal Dutch Shell）将 10% 的研发预算投放到改变游戏规则的项目上，为雄心勃勃且激进的或者长期的创新项目提供种子资金，虽然这些项目可能会迷失在较大的产品开发系统中。泰森食品（Tyson Foods）最近设立了一个新的风险投资基金去支持一些项目，比如开发植物性肉类替代品，再比如开发有助于减少食品腐败的食品包装。[51]

公司创业

公司创业就是要在公司内培育一种创新的精神、理念，并采用合适的组织结构，以促生更多的创新成果。公司创业包括创造性部门和创业团队的使用，更包括了要尽力释放组织中所有员工的创造力这样的内涵。长期成功的公司将创新看作一种日常思维方式,是一个持续的过程,而不是一次性的。[52]本章的新书评介讲述了皮克斯在保持员工创造性思维方面的一些经验。

埃德·卡特穆尔(Ed Catmull)

《创新公司：皮克斯的启示》(*Creativity Inc.: Overcoming the Unseen Forces That Stand in the Way of True Inspiration*)

皮克斯动画工作室(Pixar Animation Studio)已经出品了几部比较成功的、脍炙人口的动画电影,其商业运营模式也取得了惊人的成功。此外,皮克斯的领导正在重新振兴迪士尼动画工作室(Disney Animation Studios)。2006 年迪士尼收购皮克斯时,迪士尼动画工作室已经奄奄一息,到了山穷水尽的境地。皮克斯的经营管理哲学对于迪士尼动画工作室来说非常激进：让富有创意的人拥有创意控制权,经济成功就会随之而来！埃德·卡特穆尔是皮克斯动画工作室的总裁,也是其联合创始人之一。他之所以写《创新公司：皮克斯的启示》一书,一方面是为了讲述皮克斯工作室连续出品 14 部脍炙人口的动画片的过程；另一方面是为了告诉各个企业应该怎样重燃员工的创作激情。

皮克斯动画工作室的魔力源泉

埃德·卡特穆尔在《创新公司：皮克斯的启示》一书中列举了众多可用于管理和激发员工创造力的技巧,这些技巧均来源于他在皮克斯工作室的工作经历。

(1) 拥抱新事物。乔治·卢卡斯(George Lucas)刚开始雇用卡特穆尔时,主要让他负责将特效图片插入实景镜头,而当时卢卡斯影业(Lucas Film)的电影剪辑师们坚持不使用电脑。这一情况直到约翰·拉塞特(John Lasseter)进入公司后才得以好转,他用他的激情影响着公司员工思维模式的转变。为了规避重新设计的风险,工作室的团队小组在每部动画制作之前都会做相关领域的考察和研究。以皮克斯动画工作室出品的《美食总动员》(Ratatouille)为例。《美食总动员》讲述的是一只原本注定在垃圾堆中度过平淡一生的小老鼠梦想成为站在世界之巅的美味大厨的故事。为了这部动画,皮克斯的工作人员专程前往巴黎,品尝巴黎的美食,参观巴黎的厨房,主动与当地的厨师交流,甚至还实地考察了巴黎的下水道系统。

(2) 鼓励员工坦诚交流。卡特穆尔在书中写道："人们能自由地交流自己的想法、观点和评论意见是公司文化具有创造性的一个重要标志。"而皮克斯动画工作室保证员工坦诚交流的主要机制来自于一个智囊团。该智囊团由一群有创造力的人员组成,他们每隔几个月就聚到一起相互交流自己的观点,知无不言,而且智囊团的所有人都是平等的,负责人也没有必要必须采纳其中的某条建议。智囊团存在的真正意义在于,将这一群睿智而又富有创造力的人聚在一起,让他们畅所欲言,针对各种问题出谋划策!卡特穆尔写道:"坦诚的交流对我们的创作过程至关重要。这是为什么呢?因为我们的动画在开始制作阶段会全面参考大家提出的各种想法和意见。"与此同时,皮克斯工作室勇于进行各种各样荒诞的尝试,例如"会说话的玩具""能做饭的老鼠"等,但这些都不是一蹴而就的,是大家相互交流、坦诚相待的结果。

(3)给所有人发言权。皮克斯工作室非常注重保护有创造力的员工,并且给予他们充分的自主权。然而,在《玩具总动员》(Toy Story)出品后,卡特穆尔了解到,制片人在制作《玩具总动员》的过程中非常不愉快,因此不想再签约制作下一部作品。这无疑会严重影响到公司将来的发展。卡特穆尔发现,这其中的原因是:制片人觉得自己没有受到应有的尊重,艺术家们似乎把他们当作二等公民来对待。出人意料的是,在动画制作期间,皮克斯工作室的工作人员都未利用公司的开放政策来抱怨或者发牢骚。卡特穆尔把大家聚到一起,告诉大家不要畏惧所谓的尴尬和可能遭受的谴责,畅所欲言,发表自己的看法。卡特穆尔在书中写道:"人们相互交流观点和看法,然后再让管理人员从中做出选择,这比费尽力气确保以正确的顺序通过正确的途径完成每一件事要更加有效。"

领导者的作用是什么?

卡特穆尔认为,领导者可能会错失很多东西。部分原因是领导们平时的工作非常忙碌;同时也是因为任何人都有盲点,包括领导者在内,并且这个盲点会随着权力的增大和声望的提高而愈加显著。卡特穆尔认为,领导们虽然不能完全避免盲点,但是他们能意识到自己也有盲点,并且能时刻意识到自己有许多不了解的事情。在《创新公司:皮克斯的启示》一书中,他写道:"有一个更好的办法就是,我们每个人都树立一种意识——面对复杂的环境,任何人都不可能面面俱到,我们要做的是将不同的观点整合到一起。"

Creativity Inc., by Ed Catmull, is published by Random House.

公司创业最重要的结果之一是促使**创新带头人**(idea champions)发挥作用。创新带头人有多种不同的称谓,诸如倡议者、内部企业家、变革推动人,等等。创新带头人花费时间和精力促成创新的实现。他们力争克服对变革的各种阻力,使其他的人信服新构想的价值。[53]正如第9章所描述的,一些企业正在使用社会网分析的结果去识别哪些人能够影响同事,以及能够有助于新创意的实施。例如,企业健康服务提供商双健公司(HealthFitness Corporation)为了建立一个新技术平台已经投资了3 000万美元。客户对此期望很高,但是有些员工并不接受这个项目。管理者们找出了30个左右对其他人有较高影响力的员工,额外给他们更多的机会了解项目内容和作用。这些人开始支持新项目,并向其他人传递了正向评价。此后,项目的实施工作顺利了许多。[54]

得克萨斯仪器公司(Texas Instruments)在实践中发现的一个令人振奋的事实,更明确揭示了创新带头人的重要性。得克萨斯仪器公司在评估已完成的 50 个成功或失败的技术项目时发现,所有失败的项目都有一个共同的特征,那就是缺乏一个自愿的带头人。没有人对这个新构想充满激情,并充分相信它的价值,从而冲破重重障碍,全力推动这个构想为人们所接受并最终变成创新成果。这个发现在得克萨斯仪器公司中引起了高度重视。这家公司现在在审批新技术项目时考虑的首要标准,就是看该项目是否有一个踊跃的带头人。[55]同样,在斯坦福国际咨询研究所(SRI International),管理者们经常引用一句格言:没有创新就没有产品,没有产品就无法成功(no champion,no product,no exception)。[56]研究证实,成功的新想法通常是那些支持的人全心全意相信的想法以及那些值得去下决心说服别人的想法。此外,大量研究都发现创新带头人是新产品成功的一个重要因素。[57]

成功的企业会以提供自由和给富有创造力的项目组成员宽松的工作时间等方式来激励创新带头人。许多高度创新的企业会允许员工在未获批准的情况下开发新技术。这种情况有时被称为越轨创新(bootlegging),未经授权的研究往往会带来巨大的红利。例如,创新领军企业 3M 公司平均每周推出 20 种新产品,其中一些产品就是由员工擅自研发的。[58]

问题引入部分的参考答案

1. 打造一个创新型公司最主要的做法是要求员工提供新想法。

答案:不同意。新的想法对于创新至关重要,但是管理者不能只是简单地命令员工提出新想法。管理者要创造新想法提出和实施的条件,要知道保持创新和激发创新同样重要。

本节要点

- 技术创新是大多数组织都关注的问题。两栖组织设计能够既鼓励员工进行创造性探索,又能有效开发新的构想。这种设计能够确保组织拥有源源不断的新构想,并将其付诸实践。
- 其他方面的措施包括单独设置负责提出新技术构想的部门,建立创业团队或构想孵化器,采用一系列的机制、体系和流程鼓励自下而上的思想传递,并且确保高管能够听到并做出反应,鼓励创新带头人。

12.4 新产品和新服务

诚然刚才讨论的想法对于产品、服务及技术的变革十分重要,但也需要考虑其他要素。从许多方面来讲,新产品、新服务是创新的一个特例,因为使用这些创新成果的是组织外部的顾客。由于新产品、新服务是着眼于将来在市场上销售而设计的,因此,该项创新是否适用、是否能成功,就面临着很大的不确定性。艾肯制造公司(Elkay Manufacturing)就抓住了机会,根据对客户需求的观察改进了现有产品。

应用案例 12-2

艾肯制造公司

你在学校的时候可能就已经知道艾肯制造公司了吧！现在,你的教室外可能就有这样的喷泉饮水机。几年前,艾肯制造公司的管理者们注意到:人们会努力将瓶子倾斜到适合的角度,尽量在使瓶子灌满水的同时,不让水洒到身上。在这个过程中,人们常常会反复左右轻轻摇摆手中的瓶子。管理者们将其形象地称为"空中舞步"。

艾肯制造公司决定重新设计喷泉,在原来的基础上增加一个用以灌水的地方。如今,人们饮用的水有一半来自自来水,这其中就包括可饮用的喷泉水。艾肯制造公司的管理者们希望,用瓶子接水的人可以在不接触饮水机的情况下完成接水过程,尽量减少细菌感染的可能性。同时他们认为,装满容量为 16 盎司的瓶子至少需要 10 秒钟。起初一名工程师认为 10 秒钟是不可能的。但是,一名由汽车零部件公司跳槽至艾肯制造公司的工程师想出了一个办法,从而加速了灌水速度。最终,他们设计出一台机器,在室温条件下,将 16 盎司的瓶子装满只需要 5 秒钟左右的时间;如果通过制冷管道,花费的时间会多出几秒钟。然而,在瓶子容量相同的情况下,传统的喷泉装置至少花费 20 秒钟的时间。

一名管理人员说,他曾认为在 EZH2O(喷泉装置的首个模型)上添加数字计时器的做法有些愚蠢,但后来却正是这个数字计时器使得 EZH2O 像病毒一样流行开来。大学生喜欢在喷泉装置附近统计有多少塑料瓶不必扔进垃圾填埋场,可以重新利用;有些学生在此进行校内比赛,看谁重复使用的瓶子最多;而且,位于宾夕法尼亚州艾伦镇(Allentown)的穆伦堡学院(Muhlenberg College)如今已经安装了 49 台新型 EZH2O 接水站点,同时他们也为大一新生准备了不锈钢水瓶。学院声称,瓶装水的销量目前已经下降了九成。据学生统计,EZH2O 喷泉装置大约帮助节约了 140 万个塑料瓶。[59]

其他一些公司也推出了可以装满水瓶的新型饮水机。艾肯公司表示,他们的新型喷泉装置已经安装在数百所学院和大学,以及至少 15 个机场,包括芝加哥的奥黑尔机场(O'Hare)和纽约的拉瓜迪亚机场(LaGuardia)。

12.4.1 新产品的成功率

有不少研究对新产品开发和销售中存在的巨大的不确定性进行了考察。[60]只要看看以下几个失败的例子,我们就不难明白这种不确定性对组织意味着什么。微软花了两年时间和数亿美元开发了一条新型智能手机生产线，分别叫作 Kin One 和 Kin Two，但是这两款手机投放市场不到两个月就被撤回，因为一直没人买。就连谷歌以及其母公司 Alphabet 在新产品开发方面也并不顺利。Alphabet 花了数年时间开发了一款可定制的、零部件可互换的智能手机，但却在 2016 年底放弃了这个项目，因为事实证明这款产品很难超越原型机。谷歌之前还开发了一款黑色球形状的流视频和流音乐播放器——奈克瑟斯 Q（Nexus Q），但不断延迟面市，最终未能正式发售。顾客认为该款产品价格太高，谷歌决定已经预定该产品的顾客可以免费获得一台，但不再生产上市。美国有线电视新闻网（CNN）将其列入了 2012 年十大"技术失败"产品名单。[61]让我们想一下，微软推出的音乐播放器 Zune 能够和 iPod 竞争吗？如果你认为不能，那么很好，其他任何人都不会认为能。[62]

　　其他行业企业生产的产品也遭遇了同样的命运。可口可乐投资5 000 万美元用于 C2 可乐的广告宣传活动。C2 是可口可乐的一款新产品，热量和碳水化合物含量仅有常规可乐的一半，但是（据说）口感和常规可乐几乎一样，目标消费群体是 20～40 岁的男性消费者。但是新产品的吸引点并不那么明显，最后以失败告终。宝洁公司推出了一款名为"香氛机器"（Scentstories）的新产品，外形看起来像一个 CD 播放器，每 30 分钟向空气中喷射一次空气清香剂。消费者对这款产品及其市场营销信息感到很迷惑，他们以为这款"机器"既包含音乐又包含气味。[63]麦当劳为了满足"成人口味"推出了豪华汉堡，并且投资了数百万美元的研发费用和 1 亿美元的广告活动费用，却以失败告终。[64]开发和生产失败的产品对所有的企业来说都是业务的一部分。玩具公司每年推出上千种新产品，但大多都以失败告终。美国的食品公司每年要在超市里推出将近 5 000 种新产品，但是新成品的失败率占到了 70%～80%。[65]企业之所以愿意承担这样的风险，是因为产品创新是企业适应市场和技术以及竞争环境的变化而必须采取的最重要的经营方式之一。[66]

　　虽然测算新产品的成功率比较棘手，但美国产品开发管理协会（Product Development and Management Association，PDMA）一项对多个行业新产品商业化成功率的调查似乎有些眉目。[67]美国产品开发管理协会的调查结果源于 400 多个协会会员，他们当中的大部分在不同行业的产品开发部门工作。调查出的成功率如图 12-5 所示，研发实验室承接的所有项目在测试阶段的平均通过率为 28%，通过了测试意味着所有的技术问题都得到了解决，并且准备投入生产。不到 1/4 的产品创新想法（24%）有机会走向商业化市场，仅仅只有 14% 的产品获得最终的成功。[68]

12.4.2　新产品成功的原因

　　研究要回答的另一问题是：为什么有些新产品比另一些成功？麻省理工学院（Massachusetts Institute of Technology，MIT）最近的一项研究表明，将研发和制造地点安排在相近的位置，有助于企业提升创新能力以及创新成功率。通用电气（General Electric）坐落于纽约北部的大型定制生产制

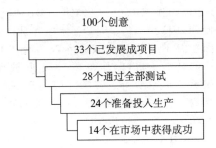

图 12-5　新产品成功率

资料来源：Based on M. Adams and the Product Development and Management Association，"Comparative Performance Assessment Study 2004，"available for purchase at http：//www. pdma. org（search on CPAS）. Resultsreported in Jeff Cope，"Lessons Learned—Commercialization Success Rates：A Brief Review，" *RTI Tech Ventures newsletter*，4，no.4（December 2007）.

造工厂与研究园区相邻近，其目的是将新电池技术的设计、原型设计、制造、测试和生产整合在一起。[69] 其他的研究表明，创新的成功与技术部门和市场部门间的协作关系有关。成功的新产品和新服务不仅在技术上是合理的，而且也要适应顾客的需求。[70] 一项名为"萨菲项目"（Project SAPPHO）的研究考查了 17 对新产品创新成败的案例，每对案例中都有一个新产品成功而另一个新产品失败的情形。研究的结论如下：

1. 新产品创新成功的企业对顾客需要有更好的理解，对市场营销更为关注。

2. 新产品创新成功的企业能更有效地利用外部的技术，听取外部的建议，即便更多的工作是在企业内部完成的。

3. 成功创新的企业中，高层管理中有资深的拥有很大职权的人作为支持者。

总之，成功创新的企业中有一个独特的创新模式：能适应顾客的需要进行创新，有效地利用外部的技术，并拥有有影响力的高层管理者支持该创新项目。这些方面综合起来显示出，有效的产品创新活动是与跨部门的横向协调紧密关联的。

12.4.3　横向协调模式

为了实现新产品创新的成功，组织设计需要包含三方面要素：部门专业化、边界跨越和横向协调。这些要素既与第 3 章中介绍的横向协调方式相似，比如团队、任务小组、项目经理等，也与第 4 章中讨论过的分化与整合思想相似。图 12-6 展示了**横向协调模式**（horizontal coordination model）的这些要素。

专业化

新产品开发中的关键部门是研究开发、市场营销和生产部门。专业化

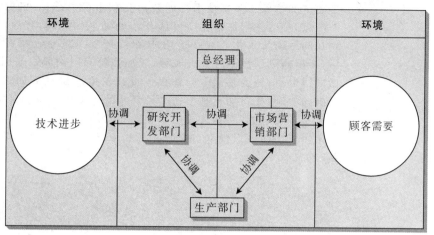

图 12-6 新产品创新中的横向协调模式

分工意味着这三个部门中的员工在完成各自的任务中都是有很高技能的专业人才。因而,三个部门之间存在着分化,它们各自拥有与其专业职能相适应的工作技能、目标及态度。

边界跨越

这一方面指的是参与新产品开发的每个部门都要与企业外部环境中的相应要素保持密切的联系。研究开发人员要与专业机构及其他单位研发部门的同行保持联系,了解最近的科技发展动态。市场营销人员要密切关注顾客的需要,倾听顾客意见,分析竞争对手的产品,研究分销商的建议。一项研究比较了具有良好产品开发记录的公司和具有较差记录的公司,表现最好的公司在整个产品开发过程中与顾客保持着密切联系,这些公司对顾客想要的和需要的进行了仔细研究。[71]金佰利克拉克公司(Kimberly-Clark)的市场研究人员通过到顾客家中进行深入调查,发现顾客对刚刚学步的小孩儿用的纸尿裤具有强烈的需求,由此开发出了好奇纸尿裤(Huggies Pull-Ups),取得了令人震惊的成功。在竞争厂家生产出同类的产品时,金佰利克拉克公司好奇纸尿裤的年销售额已经达到了 4 亿美元。[72]宝洁公司的产品开发团队实行的是"交易学习实验",他们生产少量新产品,并在网上、商场或游乐园销售,从而通过让消费者"用钱包投票"的方式来测度消费者对产品的兴趣程度。[73]

横向协调

横向协调是指技术、营销和生产人员要共享他们的思想和信息。研究开发人员要告知营销部门新技术发展方面的信息,使之了解该项技术是否对顾客适用。市场营销人员也要向研究开发部门提供顾客的不满意见和有关信息,供其在新产品设计中使用。研究开发和市场营销部门的人员还要与生产人员密切协作,因为所开发的新产品必须要与生产能力相适应,这样才能避免成本失控。总之,推出一项新产品的决策最终将是这三大部门联合决定的结果。信息技术管理公司艾默生(Avocent)的管理人员重新设计了产品开发过程,保证在项目从开始到结束的期间,程序员、测试人员和客户在同一团队工作。在一连串质量和安全问题导致数百万辆汽车被召回后,丰田修订了汽车开发的流程,以加强跨部门沟通。通用汽车公司可能会做同样的事,因为其安全问题也一直在发生。[74] 运用诸如跨职能团队等方式的横向协调,能增加有利于新产品开发的信息的数量和种类,使产品设计既满足了消费者的需要,又规避了制造和营销中的问题。[75] 康宁公司(Corning)采用一种横向联系模型(horizontal linkage model)为手机行业开发了一款新产品。

应用案例 12-3

康 宁 公 司

如果你曾有一个塑料屏的手机,你可能会知道塑料非常容易被刮损甚至摔坏。康宁特殊材料部的一个小团队从中看到了机会。他们开始寻找一种方法,尝试用一种超级强韧而又柔软的玻璃制作手机屏幕。公司曾在 20 世纪 60 年代试图将其作为汽车挡风玻璃销售,但未成功。仅为了解客户兴趣而进行的实验性生产,就需要花费高达 30 万美元的成本。管理者们决定承受这个风险,因为他们觉得这个创意非常好。

一旦测试完成且对潜在顾客态度测试的收效良好,管理者就不得不快速行动了。康宁在令人惊叹的短时间内实现了从理念到商业的成功转化。原因之一便是公司拥有正确的文化和合适的系统。康宁各部门都知道,公司的高层管理者希望大家在新产品开发上保持合作,管理者们会对合作给予支持和奖励。康宁的创新并不仅仅依靠某个单打独斗的发明者或小团队,而是整个组织中的跨学科小组。因此,研发、生产、销售部门的员工就开发新型玻璃产品快速达成了一致意见,这款产品最终被命名为大猩猩玻璃(Gorilla Glass)。

康宁公司持续改进产品,于 2018 年推出了第六代大猩猩玻璃。负责大猩猩玻璃早期版本的约翰·莫罗(John Mauro)说:"每次我们所做的产品,都是当时条件下我们所能做到的最好的,然后我们还必须不断超越自己。"到 2018 年,全球消费者使用的 60 多亿部电子设备上采用的都是康宁公司大猩猩玻璃,包括每一部 iPhone 手机和安卓旗舰手机。[76]

通过采用横向联系模型实施新产品开发,康宁在将创意成功转化为市场产品方面一直非常高效。著名的创新失败例子——新可乐(New Coke)、微软的 Zune 音乐播放器和美国造币厂的苏珊·安东尼银元(Susan B. Anthony Dollar),都违背了横向联系模式。员工没有考虑顾客需求和市场,或者内部部门间缺乏协调。研究证实,有效的边界跨越和成功的产品开发之间存在密切联系,边界跨越保证了组织能够接触到市场力量,也保证了部门间的协调。[77]

12.4.4　开放式创新与外包

很多成功的公司在产品和服务开发过程中都有顾客、战略合作伙伴、供应商和其他外部人员的参与。当今一个比较热门的趋势就是"开放式创新"。[78]

过去,很多企业都是在封闭的环境里产生构想,然后开发、制造、市场化和分销,这是一种封闭式创新方法。现在,具有前瞻性的公司都在尝试开放式创新方法。所谓**开放式创新**(open innovation),是指将从寻找新产品构想到产品商业化的过程扩展到组织边界甚至是产业边界之外。[79]例如,宝洁公司(Procter & Gamble)曾经有一个成功的零食品牌——品客薯片(Pringles)。宝洁希望推出新版本的品客,在薯片上印上简短的问答、小知识和小笑话。为此,宝洁通过网络向全球的个人和组织发出了邀请。通过网络,宝洁找到了意大利博洛尼亚一家小面包店的老板,他开发了一种喷墨工艺,可以在蛋糕和饼干上打印可食用的图像。宝洁迅速将这一工艺流程应用到品客薯片生产上,帮助品客在北美的业务实现了两位数的增长。[80]游戏开发商罗威欧公司通过向其他组织或个人发放许可的方式将"愤怒的小鸟"这款游戏应用进一步商业化,推出了相关的书籍、电影和玩具。[81]与别的企业、客户以及其他外部人合作能够使企业获益良多,包括缩短产品投向市场的时间,降低产品开发成本,提高质量,以及更好地适应客户需求。合作也可以促进更强有力的内部跨部门协调。与外部群体的合作要求来自公司不同领域的人员参与,这又需要企业建立强有力的内部协调和知识共享机制。[82]

一项研究发现,在整体研发投资方面,开放创新能力较强的企业获得回报的效率是能力较弱企业的七倍。[83]消费品巨头宝洁公司可能是最著名的开放式创新的支持者。公司一些最畅销的产品,包括速易洁清扫器、玉兰油新生唤肤系列和清洁先生魔术橡皮擦,都是全部或部分地在公司外部开发出来的。宝洁公司从外部获得的创新产品占所有产品的 50% 还要多。[84]

互联网帮助宝洁、礼来制药、IBM、通用电气等公司利用了来自世界各地的创意,成千上万的人为创新出力。这种开放式创新称为众包。通过向在线志愿者征集意见、让大家提供服务或者信息实现开放式创新的方式称为**众包**(crowdsourcing),这种方式面向的是线上的参与者或志愿者,而不是传统的员工。[85]众包最直接的实现方式就是通过竞赛向群众寻求帮助。[86]位于伊利诺伊州卡迈市(Carmi)的伊莱斯特/美国海环公司(Elastec/American Marine)获得了 100 万美元的奖金,因为它开发了一套新的石油回收系统,可以以每分钟 4600 加仑的速度从海洋表面回收石油,这一速度超过了行业标准的 4 倍。[87]加拿大矿业企业黄金公司(Goldcorp)董事长兼首席执行官鲍伯·麦克尤恩(Rob McEwen)发起了黄金挑战(Goldcorp Challenge),他把之前严格保密的红湖(Red Lake)地形数据放到了网上,并且向公众提供 575 000 美元的悬赏奖金,只要有人能够从中发现矿藏资源丰富的位置,就可以获得奖金。来自 50 个国家的 1 400 多名技术专家提供了各种方案,其中有两个澳大利亚的团队共同合作找到了金矿储藏最丰富的位置,使得红湖被公认为世界上金矿储量最丰富的地区之一。[88]在过去的几年中,人们对互联网上的各种竞赛报以了巨大的兴趣,这为企业将外部力量整合为新产品开发的内部输入提供了机会。[89]

问题引入部分的参考答案

2.产品在市场上能够取得成功的最好方法是咨询顾客的需求。

答案：对或不对取决于组织。将顾客纳入产品开发过程对于组织至关重要,但是,许多产品根据顾客需要来设计并没有获得成功。此外,像苹果公司那样高度创新的企业,认为过多依靠顾客会对开发具有突破性的产品有限制作用。

12.4.5 对速度的需要

在瞬息万变的全球市场中,新产品和新服务的快速研发可以成为企业的一项战略武器。[90]一般来说,新产品开发速度越快,产品开发成本就越低,也就越有可能取得成功,因为企业可以更快速地在市场中获得有利位置,更快速地适应环境的变化,更快速地响应顾客需求变动。[91]

美泰(Mattel)、孩之宝(Hasbro)等大型玩具公司都在努力削减产品开发和生产的时间,以便与那些能够快速响应变化趋势的小公司相竞争。玩具制造商 Zing 公司的销售副总裁乔什·洛泽尔(Josh Loerzel)说,这种趋势"转瞬即逝"。孩之宝成立了一个名为快攻(Quick Strike)的小团队,将社交媒体中呈现的变化趋势快速转化为新产品。其中一项成果是,该团队只花了 11 周时间就开发出了一款名为"大声说出来"(Speak Out)的游戏。这款游戏的灵感来自一段在线视频,在视频中,人们试图戴着护齿牙套读出短语。[92]在时尚零售行业,罗德与泰勒百货(Lord & Taylor)调整了供应链关系,以便以更快的速度将热销商品摆进门店。一款由艾萨克·米兹拉希(Isaac Mizrahi)设计的上衣在上架几天后便销售一空,但在 6 周内又恢复了库存,而过去恢复库存需要 9 个月的时间。其他诸如彭尼(J.C. Penney)和盖普(Gap)之类的公司也在试图效仿印地纺集团(Inditex SA)旗下扎拉(Zara)的快时尚路线。扎拉每周有两次新款进店,而且一件新产品从西班牙的设计工作室到曼哈顿的销售货架,只需要不到一个月的时间。[93]

本节要点

- 新产品和新服务的产生通常需要多个部门的合作,因此企业多采用横向协调模式推进新产品的创新。
- 横向协调模式包括三个组成部分：部门专业化、边界跨越和横向协调。
- 最新的一种趋势是开放式创新,即在新产品的设想和开发过程中客户、供应商和其他外部人士直接参与其中。

- 在开放式创新的实现形式中,众包呈现日益增长之势。
- 在当今环境下,新产品和新服务的快速发展可以成为一种战略武器,特别是对于趋势变化较为迅速的行业企业而言更是如此,比如玩具和时尚行业。

12.5 战略和结构变革

前面的讨论集中在生产流程和产品的创新上。这些是从组织的技术方面讨论的。实际上,生产流程和产品创新所需的专业知识蕴藏在技术核心和专业员工群体,如研究开发和工程部门。因此,这一部分要转而考察组织的战略和结构变革。

所有的组织都需要不时地对其战略、结构和行政程序做出调整和变革。过去,环境是相对稳定的,因而绝大多数组织只进行一些渐进式的微小变革,以解决眼前的问题或利用新机会。然而,在过去的几十年里,全世界的企业都面临着适应新的竞争环境的问题,为此需要在战略、结构和管理过程方面进行激进式的变革。[94]

现在有许多企业正在进行削减管理层次、下放决策权的变革,并出现了向更为横向型的结构转变的强劲势头。大约 15 年前,玩具制造商乐高(LEGO)还是一家层级制组织,"把大权集中在金字塔的顶端",高层制定所有的决策。但对于乐高来说,那段时间其实是一个关乎公司生死存亡的重要时期,一些高层领导意识到必须改变组织,采取新的结构形式。他们颠覆了自上而下的组织结构,把权力从金字塔顶端下放到各个团队,并向团队提出一个他们想要的结果,然后团队几乎可以全权设定自己的目标,制定有关创新的决策。当《忍者:旋风术大师》于 2011 年 1 月被投向市场的时候,它刷新了乐高公司的财务纪录,有力地证明了分权化模式的成功。[95]乐高的分权化策略也助其成功推出了几部广受好评的电影,如《乐高大电影》(The Lego Movie)、《乐高蝙蝠侠大电影》(The Lego Batman Movie)和《亿万积木大赛》(The Billion Brick Race)。

组织内部正朝着更加分权化和扁平的结构转变,由一线工人组成的团队得到授权可以自主地做出决策、解决问题。一些企业正在彻底脱离传统组织形式,开始转向虚拟网络型的战略和结构。在这种情况下,许多企业纷纷进行结构重组和战略转变来发展电子商务。推行这些变革是组织高层管理者的责任。一般来说,战略和结构变革的整个过程是与技术或产品创新的过程截然不同的。

12.5.1 双核心模式

组织变革的**双核心模式**(dual-core approach)将管理创新和技术创新结

合在一起进行比较。**管理创新**（management innovation）是指组织对新的且有助于达成组织更远目标的管理实践、流程、战略或技术的应用。[96]这种创新与组织自身设计和结构有关，包括结构重组、精简机构、建立团队、控制系统和信息系统以及变更部门划分方式等。例如，第 11 章所述的平衡计分卡，第 6 章所述的为全球扩张而建立合资企业，第 3 章所述的转变为虚拟网络组织结构，都是管理创新。

有关研究表明，管理变革具有两个特点：一个是管理变革的发生频率低于技术变革；另一个是管理变革和技术变革应对的是不同环境要素的需要，因而变革的过程并不相同。[97]组织变革的双核心模式确定了管理变革所适用的独特的变革过程。[98]组织——包括学校、医院、市政机构、福利院、政府部门以及各色的工商企业等——都可以以两个核心来概括其形态，即技术核心（technical core）和管理核心（management core）。每个核心中都有各具特色的员工、任务和环境区域。组织中的创新可发端于任何一个核心。

在组织的层级体系中，管理核心位于技术核心之上。管理核心的职责包括组织自身的架构、控制和协调，它关注的环境要素主要是政府机构、金融资源、经济形势、人力资源以及竞争对手等。技术核心则是负责将原材料转化为组织的产品或服务，它关注顾客、技术等环境要素。[99]

双核心模式的一个要点是：许多组织，尤其是非营利性组织和政府组织，必须经常推行管理变革，并且与那些依靠频繁的技术和产品变革来获得竞争优势的组织相比，其构建方式需要有所不同。

12.5.2　实施管理变革的组织设计

有关管理和技术变革比较研究的结果表明，机械式组织结构适合于频繁进行管理变革（具体包括目标、战略、结构、控制系统以及人力资源的变革）的组织。[100]成功地实施了许多管理变革的组织，与那些实施了许多技术变革的组织相比，前一种组织通常拥有更高的管理人员比率，组织的规模也较大，集权化和正规化程度都更高。[101]其原因是，根据政府、金融和法律等环境要素的变化而进行的管理变革常常需要采取自上而下的方式。如果组织采用的是有机式结构，基层员工拥有很大的自由和自主权，就可能抵制自上而下的变革。

同管理变革、技术变革相关联的创新模式如图 12-7 所示。有机式结构会促进生产工艺和新产品创新等的技术变革，因为这种结构允许基层和中层的员工自下而上提出各种新构想。与之对比，经常实施管理变革的组织则倾向于采用自上而下的变革过程和机械式结构。例如，六西格玛管理、平衡计分卡的使用、决策制定的分权化、精简机构或重组等变革都是通过自上而下的方式得以实施。

对行政部门制度改革的研究发现，在以有机式技术为核心的组织中实施管理创新是极为困难的。在分权的机构中，专业人员可能会抵制行政部门制度改革。相反，具有高度正规化和集权化特征因而被认为更为行政化的组织机构，却更容易推行管理变革。[102]

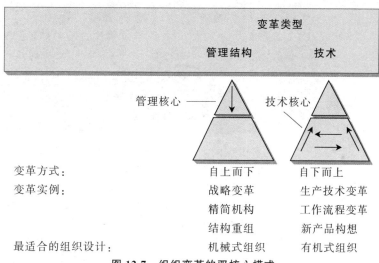

图 12-7　组织变革的双核心模式

那些通常采用自下而上方式进行技术创新的工商组织，如果突然陷入危机中，需要进行重组，这时该怎么办呢？或者一个具有技术创新性的高科技企业，为适应生产技术和外部环境的变化，必须经常进行重组，这样的企业又该怎么办呢？许多技术创新型企业会突然被迫进行结构重组、裁减员工、改变薪酬制度、解散团队或组建一个新的事业部。[103]对此问题的答案是：采用自上而下的变革过程。战略与结构变革的职权掌握在高层管理中，他们应该适应环境要求而提出并实施新的战略和结构。例如，石油和天然气技术行业面临的问题日益复杂，为了更好应对复杂性问题，跨国技术公司美信达（FMC Technologies，现为 TechnipFMC）水下作业事业部（FMC Subsea）的高层领导于 2011 年至 2016 年实施了两项主要的结构变革，以加强全球各单元之间的横向协调。战略变革的例子来自 J. Crew，这家服装企业的新任首席执行官降低了产品售价，开始提供加大码的女装，尺码扩大至 24 号，并开始推出更多的手工产品和复古设计。[104]对于诸如此类的结构变革和战略变革，变革过程也需要员工的参与，但高层管理者负有指导整个变革过程的责任。制药公司葛兰素史克（GlaxoSmithKline）的高层管理就实施了自上而下的变革，以改善药物发现。

应用案例 12-4

葛兰素史克公司

诸如辉瑞、阿斯利康（AstraZeneca）以及葛兰素史克之类的制药公司在过去 10 年左右的时间都是通过并购推动企业发展壮大的。不断扩大的规模增强了企业在销售和营销方面的实力，但是日益增长的官僚主义却制约了企业的研发工作。

葛兰素史克首席执行官决定尝试一种实验性的方法，使研发科学家们像初创公司那样思考和行动。他将研发部门拆分成 20～60 人不等的小组,这些小组被称为研发绩效单元(Discovery Performance Units, DPUs)。每个小组都有来自不同学科的科学家,他们一起工作,并利用其综合的专业知识发现治疗诸如癌症、自身免疫性疾病等特定类型疾病的新药。以前,化学家大卫·威尔逊(David Wilson)曾说他可以永远都不见生物学家。而现在,大卫·威尔逊认为不同学科的融合有助于更快的决策和富有成效的头脑风暴。[105]

葛兰素史克的大多数研究人员都对研发绩效单元的创建表示欢迎。新型研发模式的实施给人们带来了创业动力,员工可以把精力集中在最有前途的研究领域上。如果研发部门不执行研发尖端药品的任务,高层管理可能要通过解雇员工和外包更多的研发工作,来实施更加困难的自上而下的变革。

自上而下的重组和精简对员工而言是痛苦的,所以高层管理者应该迅速采取权威的行动,使员工尽可能地感觉有人情味一些。[106]企业转型往往包含痛苦的变革,一项针对成功转型的企业的研究发现经理人员都采用快速、集中的方法。如果高层经理在很长的一段时间内推行类似机构精简这样的艰难变革,员工士气将会受挫,变革也往往会失败。[107]

高层管理者还应该记住,自上而下的变革意味着构想发端于高层,而实施是下行的。不过这并不是说基层员工就不能激发或者参与变革。

本节要点

- 双核心模式将管理创新与技术创新相结合。管理变革的发生频率低于技术变革。管理变革和技术变革是为应对不同环境要素的需要,因而变革经历的内部过程并不相同。
- 就战略变革和结构变革来说,必须置于高层管理者的领导之下,由他们负责结构重组、机构精简,以及改变政策、目标和控制系统。
- 机械式的组织结构更适合进行频繁的管理变革,而有机的组织结构则更有利于推进频繁的技术变革。

12.6　文化变革

组织是由人与人际关系所构成的。战略、结构、技术和产品的变革不会自动发生,这些领域的任何变革都同时涉及人的变革。员工必须学会使用新的技术,进行新产品的营销,或者学会如何在跨学科团队中有效地工作,比如葛兰素史克。有时,培养员工一种新的思维方式需要集中进行深层次的企业文化价值观和行为规范的变革。企业文化的变革会使组织中的工作方式发生根本的改变,并常常会导致员工的忠诚度和授权方面产生重大变革,同时使企业与顾客间的关系更为密切。[108]

　　然而,文化变革似乎并非易事,因为它挑战着人们的核心价值观以及长期积累形成的思考和行为方式。企业间的并购就是对文化变革为何如此困难的最好解释。回想一下第 11 章开篇案例中提到的亚马逊并购全食超市的例子,全食超市正受困于被亚马逊并购后的文化变革。再看另一个例子,瑞穗金融集团(Mizuho Financial Group)由第一劝业银行(Dai-Ichi)、富士银行(Fuji Bank)和日本兴业银行(Industrial Bank of Japan)三家公司合并而成。瑞穗金融集团领导者说,不同企业之间的文化差异成为阻碍集团整合运营的最大因素。自 2011 年 3 月 11 日的日本地震之后,瑞穗银行经历了长期的计算机系统崩溃,瑞穗的结构、文化和管理系统受到了密切关注。银行高管层一直在努力创建统一的企业文化,提升整合速度,以防止类似问题的出现。在一个叫玻璃门的网站上(Glassdoor.com),瑞穗员工对公司工作环境和文化的评价褒贬不一,一些人称赞公司具有平衡工作和生活的积极文化,而另一些评论似乎表明公司的文化融合进展缓慢。[109] 美世咨询(Mercer)的并购咨询业务高级合伙人查克·莫瑞特(Chuck Moritt)说,尽管文化问题有时会成就或者阻碍企业间的成功合并,但是很多管理者并没有考虑到文化也应该成为并购计划的一部分。[110]

12.6.1　文化变革的动力

　　近期的很多趋势使得诸多公司有了文化变革的需要。例如,在向横向型组织转变的过程中,如第 3 章中所讨论的全体共治型团队结构,需要更加关注授权于员工、合作、信息共享和满足顾客需求等,这就意味着管理者和员工需要转换思维。相互信任、承担风险和容忍失误,这是横向型组织的核心价值观。

　　另外一个推动文化变革的动力是当今员工的多元化。多元化是当今组织生活的一个客观事实,许多组织都在实行新的招聘方法、指导方法、营销方法和多样性训练,颁布了反对性别歧视、种族歧视的严苛政策,实施了适应更加多元劳动力的津贴计划。很多公司都对其员工和管理人员进行了培训,以帮助他们认识到"无意识的偏见",比如辉瑞(Pfizer)、英国宇航公司(BAE)、陶氏化学(Dow Chemical)和谷歌等。无意识的偏见是指,对某些团体和个人的隐性偏爱,其存在会影响人们在招聘、绩效考评和晋升等方面的评价和决策。陶氏化学对其管理人员进行"无意识的偏见"培训之后,较高层级的管理岗位中女性管理者的数量增加了,公司高管认为培训在实现管理人员多样化的过程中发挥了重要作用。[111] 然而,如果组织中蕴含的文化没有改变,所有其他支持多元化的努力都将归于失败。

　　最后,随着企业越来越强调组织学习和适应,这就对新的文化价值观提出迫切需求。回忆一下在第 1 章我们介绍过,灵活、有机的组织更支持学习和培养适应能力,结构比较分权化,被授权的团队直接与客户一起工作。关于如何执行任务的规则和程序很少,对任务的分配和控制都由员工自行决定,而不是主管,知识也掌握在员工手里。信息被广泛分享,员工、顾客、供应商和合作伙伴在决定组织战略方向时都会发挥作用。当管理者要向更加有机的组织结构转型的时候,就必须有新的价值观、新的态度、新的思考方式和共同工作的方式。

塔可钟(Taco Bell)的高管们创建了一种更具适应性的学习文化,使塔可钟快餐连锁店成为餐饮行业的顶级创新者之一。

应用案例 12-5

塔 可 钟

快餐连锁店塔可钟的文化转型可以追溯到 2012 年公司推出的一款多力多滋玉米薄卷饼(Doritos Locos Taco,DLT)。DLT 首先进入了家得宝(Home Depot)。员工们必须购买喷漆枪,将多力多滋调味料喷到玉米卷外壳上。但在开发出产品原型之后,顾客的口味测试令人失望。塔可钟和菲多利的工作团队花了数月时间研究正确的配方和技术,以确保脆皮不会破裂,且仍然香脆可口。经历两年多夜以继日的工作以及尝试了40 多种配方之后,塔可钟开始在全国推广 DLT。一经推出就非常受欢迎,仅在第一周就卖出了数百万包。

自此以后,塔可钟注重创新的文化继续向前发展。小辣椒(Chipotle)前首席执行官布莱恩·尼科尔(Brian Niccol)被聘为塔可钟的新任首席执行官。他鼓励从任何地方涌现出来的各种疯狂想法。"从创新的角度而言,我希望我们能拥有一个善于创意的人",塔可钟的首席创新官说,"但事实并非如此。创新的策略是让不同的人聚在一起,边吃东西,边交谈。"这些人包括塔可钟的员工、客户和主要的供应商,他们作为一个团队在一起工作,尝试并检验各种想法,从而生产出像炸玉米片(Nacho Fries)、Quesalupa、鸡肉饼(Naked Chicken Chalupa)或 Cap'n Crunch Delights 这样的产品。

创新并不局限在产品上。运营的每个环节和部分都需要不断的革新。塔可钟通过高度关注社交媒体改变了与客户的沟通方式。在一年一度的"朋友节"上,塔可钟邀请网红们品尝一份特别的菜单,并将活动信息发布到 Instagram 等平台上。塔可钟正在尝试新的餐厅配置方式,包括引入开放式厨房的概念,让顾客可以看到他们吃的食物是怎么做成的,以及用触摸屏点餐,让人们可以近乎无限地组合定制自己的菜单。

塔可钟近年来的许多文化变革都是由尼科尔推动的。现在,他已经离开塔可钟,试图重振小辣椒,这就需要新的高管接替他来保持塔可钟的文化繁荣。[112]

〰〰〰〰〰〰〰〰〰〰〰〰〰〰〰〰〰〰〰〰〰〰〰〰〰〰〰〰〰〰〰〰〰〰〰

问题引入部分的参考答案

3.改变一个公司的文化可能是管理者承担的最困难的工作之一。

答案:同意。员工和文化变革似乎比组织其他方面的变革更加困难。

管理者经常会低估文化变革的难度,并且因为没有认识到文化变革需要较长期有意识的规划和持之以恒而导致变革失败。

12.6.2 对文化变革的干预

管理者可以使用各种方法和技巧来变革公司文化,我们在第 11 章已经讨论过一些。一种能够迅速推动文化变革的方法是**组织发展**(organization development,OD),它关注组织中的人和社交方面,认为这些方面是提高组织适应能力和解决问题的一种途径。组织发展强调一系列的价值观,包括员工发展、公平、开放、避免高压政治,以及允许员工在合理的组织约束下按照自己认为合适的方式完成工作的自主权。[113]20 世纪 70 年代,"组织发展"逐步成为一个独立的领域,它将行为科学应用于组织范围内的变革过程中,这种变革是有计划的,目标是提高组织的有效性。今天,这一概念已被扩大到研究个人和群体如何在复杂和动荡的环境中改变自己,以培养一种适应型文化。组织发展不是为了解决特定问题而按部就班的步骤,而是一个在组织的人性和社交系统中进行根本性变革,包括组织文化变革的过程。[114]

组织发展运用行为科学的知识和技巧来创造学习的环境,具体是通过增加信任、公开面对问题、员工授权与参与、知识和信息的分享、设计有意义的工作、小组间的协调合作及充分发掘员工潜能。

组织发展方面的变革措施包括了对组织中特定群体和每位员工的培训。为使组织发展取得成功,组织的资深管理者们必须明白组织发展的需要,积极支持这项变革。许多组织通过组织发展提高员工技能,其方法有以下几种。

大规模群体介入法

早期的组织发展活动绝大多数只涉及较小规模的群体,并侧重采用渐进式变革方式。然而,近些年组织发展法已被越来越多地应用到大规模群体的变革中,且这种变革倾向于与组织为适应所处的复杂多变环境而进行的激进式的根本性变革匹配起来。[115]**大规模群体介入法**(large group intervention)有时被称为"全系统到场"(whole system in the room),[116]是将组织内各部门的员工——通常还包括来自组织外部的关键利益相关者——召集在办公场所外的某个地方,一起讨论组织面临的问题和机会,并拟订变革的计划。大规模群体介入法下的与会者可达 50～500 人,会议可能要持续数天。例如,国际家具零售商宜家公司(IKEA)就通过大规模群体介入法来重新构思公司的运营。通过几天长达 18 个小时的会议,52 个切身利益者一起为产品设计、生产和分销新建了一套体系,其中就包括减少行政层级和组织分权等。[117]所有涉及公司信息、资源和利益的部门都要共同参与新建和执行这套新体系。

在办公场所外举行这样的会议可减少各种干扰,避免注意力的分散,使参与者集中精力思考做事的新方式。如在第 1 章开篇案例中提到的通用电气公司,就通过实施"群策群力"(Work Out)推进问题解决,加强学习和共同进步。通用电气举行大范围场外会议,使员工有机会参与跨职能、跨层级、跨组织边界的交谈。来自组织不同部门的计时工人和领薪员工,与管理者、顾客和供应商聚集一堂,讨论和解决某个问题。[118]这个过程迫使大家快速分析构想、形成解决方案和开发实施方案。随着时间推移,通用电气"群策群力"项目已创造了一种能使思想迅速转变为行动与积极商业结果的文化。[119]

团队建设法

团队建设法(team building)提出了团队工作的思想,即一起工作的人完全可以像一个团队那样协同工作。使用团队建设法就是将一组人集合到一起,以团队的方式讨论冲突、目标、决策过程、沟通、创造性以及领导等问题,并且制订出解决问题和改进结果的计划。团队建设法也被许多企业用来培训任务小组、委员会及新产品开发小组等工作团队。这些措施强化了沟通和协作,增强了组织群体和团队的内聚力。

组际活动法

来自不同部门的代表聚集在一个不属于任何一方的地方,把问题和冲突摆到桌面上,剖析问题出现的原因,并制订计划以改进相互间的沟通和协调。这种组织发展方法已经被用于解决劳资冲突、总部与分支机构的冲突、部门之间的冲突以及购并后的整合问题等。[120]一个专门为其他公司保管档案记录的保管公司发现,组际会议是一种建设以团队精神为基础、以客户为焦点的文化的关键方法。来自不同部门的员工每两周开一次长会,提出问题,介绍成功经验,谈论他们在公司里观察到的事。这种会议有助于员工理解其他部门所面临的问题,也有助于体会大家如何互相信赖以顺利完成工作。[121]

联合健康集团(United Health Group)是美国最大的健康保险公司,是医疗行业最强大的企业之一。这家大型企业通过组织发展介入的方式在内部建立了一种更亲切、更具协作性的环境。

应用案例 12-6

联合健康集团

联合健康集团董事会执行主席、前任首席执行官斯蒂芬·赫尔姆斯利(Stephen Helmsley)说:"联合健康集团确实太以自我为中心,而且有些咄咄逼人。"同时,他还表示,当初刚担任联合健康集团首席执行官的时候,公司内部氛围十分严峻——员工们大都智商很高,但情商却不怎么高。为活跃内部气氛,使员工更加有亲和力、相互之间能更好地协作,赫尔姆斯利派出8 000名人员参加了为期3天的敏感性项目训练。敏感性项目训练能够帮助人们更多地认识自己以及自己对他人的影响。赫尔姆斯利说:"虽然我们需要改革的事实并不值得骄傲,但是我们要把改革当作一种令人骄傲的事情去做!"

> 有意思的是，赫尔姆斯利之前曾是一名会计，善于处理各类数据。虽然赫尔姆斯利最初不是因为人际能力而进入公司的，但却以出色的人际交往能力而使公司受益。医疗健康是人类事业中最敏感的工作领域之一，如今，联合健康集团的工作人员对自己扮演的角色充满了敬重感。"努力呈现正面积极的心态"是联合健康集团全体员工的工作准则之一。集团每年都会在明尼苏达州的总部举行球戏锦标赛，这是目前最为重要的团队建设项目之一。该锦标赛于 2010 年正式开幕，每年冬天举行一次。参加锦标赛的 90 个团队代表公司所涉足的不同领域。[122]

赫尔姆斯利进行文化变革的目的之一是使联合健康集团摆脱"利益驱动的贪婪巨人的形象"。领导医疗革命是一项艰难的、永无止境的挑战，特别是"在数据分析和情感之间找到合适的平衡点"，他说。[123]

本节要点

- 文化变革一般属于高层管理者的职责范围。
- 最近的一些趋势可能会要求组织进行大规模文化变革，这些趋势包括：组织方式更加分权，或向横向组织模式转变，组织多样性不断增加，组织对学习和适应能力的需要增加。所有这些变化都要求员工和管理者在态度和工作方式上做出相应转变。
- 组织发展（OD）是推动文化变革的一种方式。组织发展关注组织中的人性和社交方面，运用行为科学知识引导人们在态度和关系上发生变化。
- 实施组织发展的方法包括大规模群体介入法、团队建设法和组际活动法。

12.7　实施变革的策略

管理者和员工可以想出创造性的方法来改进组织的技术，思考关于新产品和新服务的构想，探索改革战略和结构的新方法或者培养适应性的文化价值观，但是除非这些构想都能付诸行动，否则构想对组织毫无价值可言。实施是变革过程中至关重要的一部分，也是最困难的一部分，因为变革无论是对管理者还是对员工来说往往都是引起分裂和令人不安的。变革是复杂的、动态的、麻烦的，而实施要求强有力的、坚持不懈的领导。在最后一个部分，我们简要地探讨一下变革的领导角色、抵制变革的一些原因，以及管理者们用来克服抵制阻力、成功实施变革的技巧。

12.7.1 对变革的领导

一项调查发现，在成功的创新公司中，80％的高层领导者都会经常强调创新的价值观和重要性。领导者思考创新，用行动来证明创新的重要性，并且会确认员工是否投入时间和精力在创新的工作上。[124]

高层管理者的领导风格为组织在持续适应和创新上的有效性奠定了基调。有一种领导风格叫变革型领导（transformational leadership），特别适用于推动组织变革。具有变革型领导风格的高层领导能够直接或间接地增强组织创新力，直接的影响是通过构建一种势不可当的愿景，间接的影响是通过营造一种支持探索、试验、冒险和思想交流的环境。[125]

只有当管理者和员工愿意为实现组织的新目标而付出时间和精力，组织的变革才可能成功。同时，员工也需要具备一定的应对技能去忍受可能出现的压力和艰辛。变革曲线（curve of change）能够帮助管理者指导员工成功应对变革中的困难。如图 12-8 所示，变革曲线是人们在重大变革中所经历的心理过程。

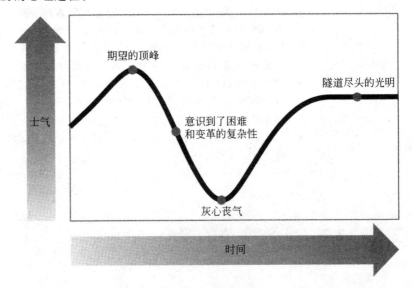

图 12-8　变革曲线

资料来源：Based on "Gartner Hype Cycle: Interpreting Technology Hype," Gatner Research，http://www. gartner. com/technology/research/methodologies/hype-cycle. jsp (accessed May 20，2011)；"The Change Equation ahnd Curve," 21st Century Leader，http://www.21stcenturyleader.co.uk/change_equation(accessed May 20,2011)；David M. Schneider and Charles Goldwaswser, "Be a Model Leader of Change," *Management Review* (March 1998)，41-45；and Daryl R. Conner, *Managing at the Speed of Change* (New York：Villard Books,1992).

例如，一位管理者发现她的部门需要变革工作流程，她抱着变革能够顺利实施而且能够达到积极效果的期望发起了变革。但是随着时间的推移，她发现员工很难改变他们的态度和行为。变革要求员工用新方法完成工作，员工可能会问为什么，这会让主管感到不知所措和沮丧，而且如果变革变成现实，每个人可能都会感到不同程度的失望。由于人们可能会抵触新的流程和工作方式，部门绩效可能会因此而显著下降。优秀的变革管理者能够从这种沮丧和绝望当中走出来，而不会让这种心态破坏改革的努力。在有效的变革领导下，变革会坚持下来，并最终帮助组织或部门获得更好的绩效。宝洁公司的管理者们为一项针对用户的工作流程改革准备了一个"60 天免疫反应"系统。在这一系统下，当每个人都开始看到变革的积极结果的时候，组织花费 60 天时间就可以克服变革阻力，修正新流程中的错误，到达变革隧道的尽头，看到胜利之光。[126]管理者要提出一个明确的、充分沟通的愿景目标，并且该愿景要能体现接受新构想、新方法、新风格的灵活性和开放性，就能为变革导向的组织顺利运行奠定良好基础，同时也使员工能更好地应对变革可能带来的混乱和紧张情绪。

12.7.2　变革实施的技巧

虽然，描绘愿景并设定变革基调的工作由最高领导层负责，但实际上，整个组织的管理人员和一般员工都会介入变革过程。因此，需要一些技巧来帮助组织成功地实施变革。[127]

1. 树立变革的紧迫感。一旦管理者识别出变革的真实需要，就需要通过树立变革紧迫感来消融抵制。组织危机通常能有助于解冻，并使员工愿意投入所需的时间、精力去采用新技术或新程序。然而在很多情况下，明显的危机并不存在，但是优秀的管理者能够让其他人察觉到变革的需要。

2. 建立一个引导变革的联盟。管理者需要在组织中建立一个联盟，联盟中的成员拥有足够的领导变革过程的权力和影响力。为了成功实施变革，必须存在对变革的需要和可能性的共识。高层管理者的支持对于任何重大变革而言都是至关重要的，缺乏高层支持往往是变革失败最常见的原因之一。[128]此外，这个联盟应该包括贯穿组织的基层管理者和中层管理者。对于小型变革而言，相关部门中有影响力的管理者的支持也是十分重要的。

3. 规划变革的愿景和实现愿景的战略。那些带领企业经历重大转型并获得成功的领导者们都有一个共同点：集中精力规划并明确表达一个势不可当的愿景和实现它的战略，这个愿景和战略将引导变革过程。哪怕只是一个小型变革，未来会更好的愿景以及实现该愿景的战略都是非常重要的变革动力。

4. 找到适合变革需要的构想。寻找一个合适的构想，通常要启用搜寻程序，即要与其他管理者讨论，组建变革任务小组调查问题，向供应商征询意见，或请组织内有创造性的员工提出解决办法。这也是鼓励员工参与的一个好机会，因为他们需要有思考的自由，以便探讨新的办法。[129]

5. 创建变革团队。本章一直强调实现变革需要资源和人力。单独设立的创造性部门、创业团队、特别团队或临时性的任务小组，这些都是将精力集中于提出和实施变革的方式。独立的部门才会有充分的自由去开发真正符合需要的新技术。设立任务小组,以确保变革实施的完成。该任务小组可负责沟通、吸收使用者参与变革、培训及其他变革所需的活动。

6. 培育创新带头人。创新带头人是变革过程中最有效的武器之一。最合格的创新带头人是自觉自愿地全身心投入实现某个新构想的志愿者。创新的技术带头人负责确保所有技术活动都是正确、完善的。另外还需要起支持、促进作用的管理带头人,他们负责说服人们实施变革。

12.7.3　克服变革阻力的技巧

许多好的构想没有得到使用,往往是因为管理者未能预见到来自顾客、一般员工或其他管理者的阻力,或者未做好应对阻力的准备。无论一项创新的有利结果表现得多么吸引人,实施中难免会与组织中的某些利益团体发生冲突,或者对某些利益同盟产生威胁。为了提高实施成功的可能性,管理当局必须正视这些冲突、威胁和员工所感知的潜在利益损失。以下策略可供管理者用来克服变革的阻力问题。

1. 高层支持。高层管理者给予明确的支持会让人们意识到变革的重要性。例如,一项新业务获得成功的重要原因之一是得到了高层管理者的大力支持,因为高层支持为新项目赋予了合法性。[130] 当变革涉及多个部门的时候,或者资源要在各个部门进行分配的时候,高层管理者的支持尤为重要。没有高管层的支持,变革可能会因部门之间的争吵或下级管理者各自发号施令而陷入困境。

2. 参与和介入。及早、广泛的参与,应该成为变革实施过程的有机部分。参与会让介入者产生一种自己能控制变革活动的意识,这样他们会对变革产生更好的理解,并全身心投入到成功实施变革中。最近有项研究考察了两家公司采纳和实施技术系统的变革过程,发现以参与的方式引入新技术的那家公司,变革实施过程要顺利得多。[131] 达美乐萨公司(Domino's)总部管理者为了提升管理准确度,提高效率,增加利润,采用了一种新的销售点系统(point-of-sale,POS),但是一些特许经营业主对此表示抗议。特许经营商没有参与新系统的设计和配置过程,而且他们中的很多人希望继续使用比较熟悉的旧系统。托尼·欧塞尼(Tony Osani)在亚拉巴马州(Alabama)亨茨维尔地区(Huntsville)拥有 16 家达美乐餐馆,他说道:“这让我们很多人难以接受。”[132] 前面介绍的团队建设法和大规模群体介入法,是吸收员工参与变革过程的可行的有效方法。

3. 与用户的需要和目的保持一致。克服阻力的最佳策略是保证变革满足有关方面的真正需要。研究开发部门的员工常常会提出一些宏伟的构想,但它要解决的问题可能根本就不存在。之所以会出现这种情况,是因为构想的提出者未能确实征询新构想使用者的意见。对变革的抵制常令管理者感到沮丧,但适度的阻力对组织是有益的。抵制会给那些毫无意义的变革以及纯粹为变革而变革的做法设置必要的阻碍。克服变革阻力的过程通常要求该项变革确实能对使用者有益。当大卫·祖盖里(David Zugheri)想在第一休斯敦抵押所（First Houston Mortage）推行无纸化办公系统时，他对雇员们强调，这套系统可以电子化存储客户记录，这就意味着不管你在家照顾病重的孩子或者外出度假，你都可以随时跟踪重要客户。祖盖里说："我可以从他们的肢体语言中看到他们对这套新系统的态度转变。"[133]

4. 沟通和培训。沟通促使使用者了解变革的必要性和变革所可能带来的结果，从而可以阻止不实的传闻和误解及不满的发生。一项有关变革的研究发现，最常被提及的变革失败的原因是，员工只能从组织外部获悉该项变革的情况。高层管理者只注意与公众和股东的沟通，忽视了与自己所领导员工的沟通。实际上，员工不仅是与变革关系最为密切的，也是受变革影响最大的人。[134]开诚布公的沟通通常会给管理层提供一个机会，使他们有可能向员工说明和解释组织将采取哪些措施保证变革不会给员工们带来不利的后果。培训也是必需的，它可帮助员工们理解和掌握自己在变革过程中所起的作用。

5. 提供心理安全的环境。心理安全是指员工感到一种不会被组织中其他人阻碍或拒绝的自信。对于被要求进行的变革，员工既需要感到安全又要觉得自己有能力去做。[135]变革要求员工自愿去冒险、去做些与众不同的事，但是如果想到自己会因错误或失败而尴尬，很多人就会恐于尝试新事物。因此管理者要通过在组织中营造一种信任和相互尊重的气氛，以提供心理安全。圣卢克（St.Luke）是位于伦敦的一家广告公司，它的创始人之一安迪·洛（Andy Law）这样说："不担心别人嘲笑有助于冒真正的风险。"[136]

学习有效地管理变革，包括了解员工抵制变革的原因和探寻克服变革阻力的方法，这点至关重要，特别是自上而下的变革。没能正确认识和克服阻力是导致管理者应用新策略失败的主要原因，尽管这种新策略能够帮助公司获取竞争力。[137]聪明的管理者会谨慎地、持续地处理变革过程，有计划地落实，并且对应对阻力做好充分的准备。

本节要点

- 变革的实施是一个困难的过程。因此，需要有强有力的领导者指导员工克服变革所产生的动荡和不确定性，使整个组织达到对变革的高度认同与投入。
- 了解变革曲线能够帮助领导者克服变革过程中的沮丧和束手无策。
- 管理者可以通过做好应对阻力的充分准备，来提高变革成功的可能性。
- 促进变革成功实施的一些技巧包括：树立变革紧迫感；创建引导变革的强有力的合作；规划实现变革的愿景和战略；培养变革团队和创新带头人。
- 要克服变革阻力，管理者可以使用的技巧包括：获得高层管理的支持；将使用者吸收到变革过程中来；使变革与使用者的需要和目的相一致；提供心理安全。

关键概念

两栖组织法（ambidextrous approach）

变革过程（change process）

创造性部门（creative departments）

创造力（creativity）

众包（crowdsourcing）

文化创新（culture innovations）

破坏性创新（disruptive innovation）

双核模式（dual-core approach）

横向协调模式（horizontal coordination model）

创新带头人（idea champion）

构想孵化器（idea incubator）

大规模群体介入（large group intervention）

管理创新（management innovation）

创业基金（new-venture fund）

开放式创新（open innovation）

组织发展（organization development）

组织变革（organizational change）

组织创新（organizational innovation）

产品和服务创新（product and service innovations）

专案工作小组（skunkworks）

战略和结构创新（strategy and structure innovations）

可变换结构（switching structures）

团队建设（team building）

技术创新（technology innovations）

创业团队（venture teams）

讨论题

1. 你认为众包为什么会在近些年越来越流行？企业采取众包模式的弊端有哪些？何种情况下企业需要采取更加谨慎的方式对待开放式创新？

2. 请说明双核模式。通常而言，管理变革与技术变革之间有什么不同？试加以讨论。

3. 如何理解管理者既要组织探索式创新，也要组织利用式创新？

4. 你认为工厂里的工人会更加抵制下面哪种变革：生产方法变革、组织架构变革和文化变革？为什么？管理者应该采取什么方法来克服变革的阻力。

5. "变革比其他组织工作更需要协调，无论什么时候你做出一项变革，你会发现组织中许多相关联的其他部分也需要变革。"这种说法正确吗？讨论并说明原因。

6. 一个著名的组织理论家说："组织变革的压力源自环境，保持稳定的压力来自于组织内部。"你同意这种说法吗？请讨论。

7. 在成功变革所需的 5 个要素中，如图 12-3 所示，你认为管理者最有可能忽视哪一个要素？请讨论。

8. 与其他变革类型相比，组织发展所隐含的深层次价值观有何不同？为什么组织发展所隐含的深层次价值观对于企业向适应型文化转型更有用？详见第 11 章（图 11-5）。

9. 一个药品公司研发经理说公司只有 5％的新产品能取得市场成功。她还说行业平均成功率是 10％，她想知道如何才能提高成功率。如果你是一个咨询专家，你会给她组织结构设计方面什么样的建议，以帮助该公司提高市场成功率？

10. 请回顾图 12-8 列示的变革曲线以及本章末讨论的克服变革阻碍的五种技巧。试问，每一个技巧分别最适用于变革曲线的哪一个点？

 专题讨论

组织的创新氛围[138]

为考察组织对创新鼓励程度的差异，你需要给两个组织打分。你可以选择你所工作过的某个单位或者你读过的大学，作为其中一个组织；另一个组织可以选你的家庭成员、朋友或其他熟人所工作的单位。你将对被选中的这个人进行访谈，然后回答下表中的问题。你可以把自己所在组织的答案放在 A 栏，把访谈对象所在组织的答案放在 B 栏，把你认为理想的组织的答案放在 C 栏。打分使用 5 级刻度表：1 代表完全不同意；5 代表完全同意。

创新衡量表			
衡量项目	A 栏 你的组织	B 栏 他人的组织	C 栏 理想的组织
1. 这里鼓励创新★			
2. 允许员工以不同的方法解决同一个问题★			
3. 我学着探求创造性构想＃			

续表

创新衡量表			
衡量项目	A栏 你的组织	B栏 他人的组织	C栏 理想的组织
4. 组织对取得创新成果的员工给予公开的认可和奖励#			
5. 我们的组织是灵活的,并一贯对变革持开放态度★			
以下项目按相反的打分法,即:1=完全同意;5=完全不同意			
6. 这里员工的主要工作是遵从上级的指示★			
7. 在这里工作下去的最好方式是像其他人一样思考和行动★			
8. 这里更关注维持现状而不是变革★			
9. 不捣乱的人会得到更多奖励#			
10. 有许多很好的新构想,但我们没有足够的人或钱去实施这些构想#			

说明:标示★的项目表示组织的创新氛围;标示#的项目表示资源支持情况。

问题

分成每组 3～4 人的小组,讨论下列问题:

1. 这两个组织的创新氛围有什么不同?

2. 在拥有支持创新氛围和不拥有支持创新氛围的组织中,生产率可能会有什么差别?

3. 你更愿意在哪种组织中工作?为什么?

 教学案例

范比乐思制鞋公司[139]

范比乐思制鞋公司(Fabulous Footwear)生产系列低档女鞋,每双售价在 27.99～29.99 美元。10 年前,每双鞋的利润平均在 30～50 美分。但据总裁和主计长的说法,10 年来劳动力和原材料成本一直在上涨,到今天平均每双鞋的利润只有 25～30 美分。

公司两家工厂每天的总产量是 12 500 双。这两家工厂位于芝加哥方圆 60 英里的范围内:一家在森特维尔(Centerville),每天生产 4 500 双鞋;

另一家在米德维尔(Meadowvale)，每天生产 8 000 双鞋。公司总部位于森特维尔工厂附近的一栋大楼内。

想给出公司生产线上准确的品种数目是比较困难的。鞋的款式变化可能比包括服装在内的其他任何产品都快。之所以这样，主要因为迅速改变生产流程是可能的；此外，为了赶在竞争者的前头，每家公司也都逐步加快了款式变化的速度。目前，包括大大小小的款式变化，范比乐思制鞋公司每年向顾客提供 100～120 种不同的产品。

图 12-9 是公司的一部分组织结构图，主要是本案例涉及的部门。

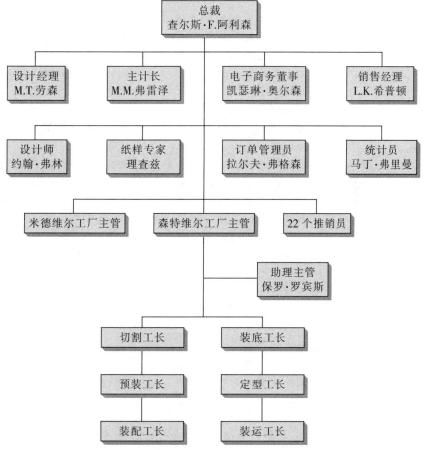

图 12-9　范比乐思制鞋公司的部分组织图

行业竞争结构

一些规模很大的综合性制鞋企业，如国际公司(International)和布朗公司(Brown)，也有女鞋生产线，而且其价格低于范比乐思，主要因为大公司都执行一项政策，即大批量生产市场需求量比较稳定的鞋，如平底浅口无带鞋和平底便鞋。它们并不像那些小的竞争对手那样快频率地改变款式，也不用总是变革生产流程和销售展示设置，因此可以保持很低的成本。

范比乐思总裁查尔斯·F.阿利森(Charles F.Allison)认为,一个独立的小公司要获得竞争力,唯一的办法就是频繁地改变款式,利用小公司的灵活性来设计吸引顾客的产品。这样,就可以为顾客创造需求,并将价格定得足够高,以赚取利润。顺便提一句,阿利森对款式设计似乎有一定的艺术天赋,在过去的几年中,曾经多次做出成功的判断,批准生产了一些销量很大的款式。

谈到范比乐思与大型竞争对手的区别,阿利森说:

> 你知道,在布朗和国际公司,一种款式要生产成千上万双,放入工厂仓库。它们的顾客是些大的批发商和零售商,只需对它们的产品大类有个简单的了解,就可以下订单。它们不需要像我们这样经常改变款式。有时我希望我们也能这样,以便形成一个更稳定更有秩序的生产系统,而且也可以减少公司员工之间的摩擦。使销售员工总能知道他们卖的是什么,生产员工知道公司对他们的期望是什么。也使工厂员工不至于经常在某个早晨惊讶地发现,有人正在他们的生产线上瞎捣鼓;设计人员也不至于经常惊讶地听到工厂的人告诉他们:"我们无法按你们的要求生产出这个新款式。"

为了使范比乐思与大公司相比更具有竞争力,阿利森最近创建了一个电子商务部门。尽管他的主要兴趣在于通过互联网进行市场营销,但阿利森同时也希望通过给人们提供一个更方便的沟通途径,来减少一些内部摩擦。他投资了先进的新信息技术,聘请顾问建立公司内部网,并为中高层管理人员提供几天的培训。凯瑟琳·奥尔森(Katherine Olsen)以电子商务董事的身份进入董事会,主要负责网上营销和销售的协调。就任之初,奥尔森曾经有一个构想,在一天之内向顾客提供可供选择的设计款式。然而,她却有些惊讶地发现,大部分员工即使在内部沟通与协调时,也拒绝使用内部网。此外,有关新款式的决策过程仍然沿用20世纪80年代的处理办法。

主要款式的变革

对是否要将某一个款式投入生产进行决策时,需要几个不同的人提供信息。以下是范比乐思的典型做法,它将有助于我们根据组织结构图来理解款式决策的流程(见图12-9)。

有关鞋的形状、鞋跟大小、使用平底还是高跟底以及附件(findings,专业术语,指附在鞋上的装饰件,它本身并不是鞋的组成部分——鞋弓、鞋带等)的大部分设计构思,由设计经理M.T.劳森(M.T.Lawson)和设计师约翰·弗林(John Flynn)提出。他们的构思主要来自阅读时尚和行业杂志或模仿一流设计师的作品。为了获得最新款式的图片和样品,劳森与出版商以及纽约、罗马和巴黎大商店的朋友保持着联系。尽管偶尔也使用电子邮件,但劳森还是更愿意用电话进行联系,用隔夜邮件邮递设计草图和样品。之后,他与弗林讨论不同的构思,设计出新的款式。

劳森确定了一个设计款式后,把草图拿给阿利森过目,由阿利森决定用还是不用。如果决定用,阿利森再把草图转给销售经理希普顿(Shipton),由他决定选择什么样的尺码。希普顿接到草图后,直接交给销售部的统计员马丁·弗里曼（Martin Freeman），他掌握着客户对颜色和尺码需求的信息。

为了收集这些信息，弗里曼每年走访推销员两次，向他们询问哪些颜色和尺码的鞋最畅销。他还保留着按颜色和尺码分类的发货记录，这是根据两个工厂装运工长上报的数据汇总得出的。

确定了颜色和尺码之后，弗里曼给阿利森报送一个表格，列出各种颜色和尺码需要生产的数量。如果阿利森同意，将其交给劳森；劳森再交给纸样专家珍娜·理查兹（Jenna Richards）；理查兹做出纸样和纸质、皮质样鞋，交回给劳森；劳森做出批准或不批准的决定，并将批准的样鞋提交阿利森；如果阿利森也批准了，通知劳森；劳森再把样鞋交给森特维尔工厂的助理主管保罗·罗宾斯（Paul Robbins）。只有森特维尔工厂生产小批量的新型或试制女鞋，工厂的管理人员称之为"试生产"。

接下来，罗宾斯拿着样鞋，与工厂 6 个生产车间——从切割到定型——的工长逐个进行讨论。各车间工长与生产工人依次在机器上操作，生产出几千双的批量样鞋。这批样品鞋做好后，定型工长将其送交装运工长（由于试制新款式十分重要，阿利森要求工长必须亲自将试制阶段的样品鞋移交给下一道工序的工长），后者将其作为库存放入仓库，同时送给阿利森和劳森每人一双。如果阿利森和劳森批准了最终产品，阿利森就指示装运工长给全国各地的 22 个推销员邮寄样品鞋。奥尔森也会接到新鞋的样品、图片和设计草图，把它们放在公司的网页上，测试顾客对新鞋的兴趣。

公司要求推销员尽快（在一周内）使至少 10 个顾客接触到样品。按照惯例，已定型产品的订单通常送到希普顿办公室的一个职员拉尔夫·弗格森（Ralph Ferguson）那里，由他记录并送交工厂主管照单生产。但对于新产品的第一批订单，推销员们凭经验感觉马丁·弗里曼对试销成功有着更大的兴趣，因此，他们纷纷把新品订单用隔夜邮件送给马丁·弗里曼，他再用厂内邮件送给工厂主管。然后，马丁·弗里曼还得把这些订单的复印件送一份给拉尔夫·弗格森，以便他对公司接受的所有订单进行记录、统计。

推销员接到样品鞋 3 周后，阿利森要求拉尔夫·弗格森给他报送一份新品的订单统计表。据此决定推销员和公司网页是否开始大力促销这一新品，工厂是否开始大批量生产；或者告诉他们虽然订单上的鞋要生产，但这一新品将被暂时搁置一段时间。

按照阿利森的说法，如上概括的流程：

……基本运转良好。从劳森确定了设计款式，到通知森特维尔工厂进行试生产，平均时间为两周至一个月。当然，如果我们能加快这一进程，公司在与大公司的竞争中，地位将更安全，并能争得更多的份额。在涉及设计、试制阶段的员工中，似乎总是有着无休止的争吵。这是可以预料得到的，尤其当你必须快速行事时，没有多少时间停下来关注社交礼仪。我从来不认为正式的组织结构图对公司有什么好处，我们这里已经有了一套习惯做法，并且运转良好。

设计经理劳森说：在他的部门里，所有工作都可在最短的时间内完成，弗林和理查兹也都是技能熟练的好员工。他提到弗林去年曾经两次找他：

> ……询问他在公司里的前途问题。他33岁,有三个孩子。我知道他急着想挣钱,向他保证在目前65 000美元的基础上,几年内将不断给他加薪。事实上,自6年前我们从一家纤维公司中把他挖过来之后,他已经学到了不少关于款式设计的东西。

约翰·弗林指出：

> 其实我已经开始对这个工作感到不满了。所有的制鞋公司都在仿造别人的款式,这在业内已是公认的做法。但我发现自己找到了设计的真正感觉,曾经几次建议,公司应该全部生产自己的原创款式。我们可以使范比乐思成为款式潮流的领导者,还可以增加销量。当我向劳森提出此事时,他说原创款式太费时,我们所要做的就是研究行业杂志,维持那些为我们提供专家设计成果的合约;他还说,我们的款式经受住了市场的考验。

"X计划与Y计划"

弗林还说他和马丁·弗里曼经常探讨款式问题。他们感到：

> 阿利森的确是一位出色的总裁,如果没有他,公司肯定会亏损。然而,我们几次见到,因为他对款式的错误判断而使公司遭受大笔损失——在过去的18个月,次数不是太多,大概有6次或7次。当然,作为公司总裁,他也特别忙。他得操心每一件事情,从向银行融资到与工会谈判。结果有时一连几天甚至两个星期,他都没时间批复款式设计。在这个行业中,这样的延误代价很大。此外,过于忙碌也使他有些急躁。有时在批复我们提交的款式设计、理查兹做的样鞋,甚至装运工长送来的成品鞋时,看上去有些仓促,尤其是在还有其他许多事情要做的时候。我常常担心他犯两类错误,一是草率批准我们所做的设计,这样报批就只是在浪费时间;二是以自己的仓促判断否决我们花费了许多时间和专业技能做出的设计。我们认为他确实有较好的判断力,但他自己却多次说,希望有更多时间,能集中精力来批复款式、样鞋和试制好的成品鞋。

弗林进一步解释说(这一点也被弗里曼所证实),他们两人做出了两个计划,称作"X计划"和"Y计划"。一开始,弗林没有模仿任何现有款式,而是设计了一个原创款式。弗里曼则对颜色和尺码进行了特别研究,推荐了与过去所有的顾客购买记录都不尽相符的一个颜色系列,他和弗林都认为这将对顾客产生特别的吸引力。劳森和阿利森对这个款式与颜色都接受了,投产之后,成为年度三大畅销款式之一。但劳森和阿利森并不知道这款产品是按不同于以往的方式设计出来的。

在"X计划"获得成功的次年,与此类似的"Y计划"投产,但上市3周后,销量就陷入了停滞。

劳森和罗宾斯之间的问题

设计经理梅尔·劳森(Mel Lawson)和森特维尔工厂助理主管保罗·

罗宾斯之间常常发生分歧（1 年大约 10～12 次）。罗宾斯说：

> 设计人员不明白批量生产一种鞋意味着什么，也不明白我们必须要对生产进行的变革。他们无中生有，用很短的时间凭空想出一个款式。他们没有认识到，为了生产这些款式，我们必须对许多机器进行调整，而且他们想出的一些款式，要求对某些机器进行调整的时间可能比其他机器要长，这样在生产线上就形成了一个瓶颈。比方说，如果他们改变了鞋弓或鞋带的位置，就有可能使工作都堆积在了缝纫机上，在那里进行这些细微复杂的操作，而同时后面机器上的员工却可能闲着。这些都耗费了工厂的钱。还有，有时他们的样鞋送晚了，我和工长不得不加班，否则试生产就不能及时进行。这样，新款鞋的生产还没有开始，而旧款鞋的生产又停止了，造成了工厂生产能力的闲置。劳森对生产、销售以及公司的整体运作了解不多。我认为他所做的一切不过是把样鞋拿来工厂这里而已，有点像一个小邮差。为什么他这么难以相处？他的工资又不比我高，我在厂里的职位跟他一样重要。

劳森反过来也说与罗宾斯很难相处：

> 很多时候罗宾斯完全不可理喻。每个月我给他送 5～6 次样鞋，小的款式改动也有 6～8 次。每次我都告诉他，在完成这些款式设计时有些难题，但他只懂得加工厂的事情，告诉他这些没有任何好处。刚进入公司时，我们相处得没问题，但现在他越来越难以相处了。

其他方面存在的问题

销售部的职员拉尔夫·弗格森（Ralph Ferguson），负责接收推销员的订单，汇总后安排生产计划，并转交给两个工厂主管。他抱怨推销员越过他直接把试销鞋的订单交给弗里曼。弗格森坚持他的职位说明书（公司仅有的两个书面职位说明书之一）赋予了他这个职责，即接收公司所有的订单，保留、统计货物装运记录。

另一方面，推销员和弗里曼却都说，在他们开始直接传送试销鞋的订单之前（也就是弗格森仍然接收试销鞋的订单之前），1 年至少有 8～10 次，这些订单在弗格森的办公桌上要延误 1～3 天。他们说弗格森就是对新款鞋不感兴趣，所以推销员们才开始把新鞋订单送给弗里曼。弗格森承认有时的确存在短暂的延误，但这些延误都有充分的理由：

> 他们（推销员和弗里曼）过于热衷于新的款式、颜色和尺码，而不明白对全部订单（包括旧款式和新款式）进行系统处理的重要性。这必须要准确。当然，我也对新款式的订单优先处理，但有时现有款式的订单来得很多，都堆积起来了；有时还要做许多计划，给森特维尔和米德维尔分配生产计划，我得决定先做哪一样，是处理这些事情，还是处理新鞋订单。希普顿才是我的上司，而不是推销员或弗里曼。我坚持认为新鞋订单应该报给我。

推进新技术

凯瑟琳·奥尔森相信许多问题可通过更好地运用技术来得到解决。她与查尔斯·阿利森探讨过几次，需要更好地利用他所安装的那套昂贵的、复杂的计算机信息系统。尽管阿利森一直赞同她的想法，但迄今为止还没有什么实际行动来帮助解决这个问题。奥尔森认为新技术可以大幅改善公司内部的协调状况：

> 每个人都需要同时利用相同的数据进行工作。当劳森和弗林一提出新的设计，应该马上在公司的内部网上公布，这样所有的人就都知道了。每个人也都需要接触销售和订单信息、生产计划和装运期限，如果每个人——从阿利森到生产工厂的员工——都能了解公司整个运作过程的最新情况，所有的混乱和争吵都将不复存在。但这儿所有的人都不愿放弃自己的控制权——他们都有自己的小天地，不愿与其他任何人分享信息。比如，在拿到已完成的样鞋和图片之前，有时我甚至不知道正在搞一个新款式。似乎没有人意识到，互联网最大的一个优势就是帮助公司走在款式变化的前面。我知道弗林对款式设计有很好的感觉，并且我们还没有充分利用他的能力。我掌握着充分的信息，也有一些构想，可以帮助公司跟上款式变化的潮流，从众多的竞争对手中脱颖而出。可现在我不知道，用这种迟钝的、行动缓慢的方式推出一些已经落伍的款式，我们的竞争力还能维持多久。

问题

1. 你会如何描述范比乐思的组织结构？解释一下。

2. 这种结构在哪些方面适合或不适合鞋子款式的频繁变化？你有什么建议？

3. 如果你是范比乐思首席执行官，你如何让员工使用公司内可用的新信息技术？

兰佩利公司[140]

吉姆·马尔斯科夫斯基（Jim Maleskowski）还清楚地记得两星期之前的那个电话，就像他刚刚放下话筒："我刚读了你的分析报告，我想让你现在就去墨西哥！"当时，他的上司、公司的首席执行官杰克·里彭（Jack Ripon）的声音突然在耳边响起："你知道，我们不能继续使用奥克诺莫（Oconomo）的那个工厂了，成本实在太高。所以你去一趟那儿，算算如果我们迁走，搬迁成本是多少。一周内回来向我报告。"

吉姆身为兰佩利公司威斯康星特种产品分部（Wisconsin Specialty Products Division of Lampery, Inc.）主任，他很清楚在一个有第3代工会组织的美国制造厂中与那些身价不菲的员工打交道，绝对是一种挑战。尽管做那个分析报告时已经预感到了上司会有什么样的反应，但那个电话还是让他感到心惊肉跳。在兰佩利公司的奥克诺莫工厂中，有520名员工。他们以此为生，如果工厂被关闭，大部分人将很难在这个人口为9900人的小镇上找到另外一份工作。

与奥克诺莫工厂每小时16美元的平均工资相比，支付给墨西哥工人的工资平均只有每小时1.60美元。这些墨西哥工人居住在一个没有排水设施的小镇子上,工业污染导致的有毒排放物严重到了令人难以置信的程度。雇用墨西哥工人会给兰佩利公司每年节约近 1 500 万美元,但会增加一部分培训、运输和其他方面的成本。

在与墨西哥的政府代表以及小镇上其他公司的经理人员进行了两天的商谈之后,吉姆获得了充分的信息,足以得出一整套关于生产和装运成本的比较数据。在返回的路上,他开始考虑报告的提纲。他十分清楚,除非出现奇迹,否则对那些即将由他做出评价的员工来说,等待他们的将是雪片般的解雇通知书。

奥克诺莫工厂从 1921 年起就开始运转了,为遭受身体损害和处于其他疾病状况中的人制作专用服装。吉姆过去经常与厂里的员工交谈,员工们总爱讲述自己父辈或祖辈的故事,他们曾经也在这个工厂里工作。奥克诺莫工厂是兰佩利公司最后一个仍然在城镇进行生产的工厂。

但如果撇开友谊不谈,竞争者已经在价格上超过了兰佩利,而且在产品质量上也即将超过它。吉姆与工厂经理都曾试图说服工会接受低工资,然而工会领导人拒绝了。事实上,有一次当吉姆与工厂经理讨论准备实施一种小组生产方式时,当地工会领导人几乎难以抑制自己的怒气,因为这种工作组织将要求员工进行跨职能培训,使他们能至少从事三种不同的工作。但深入探究一下这种愤怒,吉姆能够觉察到隐藏在工会代表强硬外表下的恐惧,他也觉察到了他们的脆弱,但却无法突破保护这种脆弱的条件反射式的愤怒。

一周过去了,吉姆把报告提交给了上司。尽管他没有特意提到这一点,但很明显,即使把钱存入银行,也比投入到目前奥克诺莫工厂中的回报要高。

第二天,吉姆将要与首席执行官讨论这个报告。他不想承担解散这个工厂的责任,他个人认为,只要有一线降低成本的机会,解散工厂就是一个错误的举动。"但里彭是正确的,"吉姆对自己说,"成本实在太高了,工会又不愿合作,而公司即使只是想继续生存下去,也必须使自己的投资获得更好的回报。解散工厂听起来是正确的,但感觉又是错误的。我该怎么办呢?"

问题

1. 兰佩利公司应该继续搬迁到墨西哥,还是再做一次尝试,在奥克诺莫工厂解决当前的问题? 选择并解释理由。

2. 如果吉姆决定扭转工厂的局面以保住奥克诺莫工厂,他应该如何着手实施改变? 他可以采取什么措施?

3. 你认为工会领导人为什么如此强烈地抵制变革? 吉姆应该如何应对工会领导人对变革的抵制?

尾注

1 Eric Bellman and Jennifer Maloney, "Coca-Cola Launched 500 Drinks Last Year. Most Taste Nothing Like Coke," *The Wall Street Journal*, August 23, 2018, https://www.wsj.com /articles/coca-cola-launched-500-drinks-last-year-most-taste -nothing-like-coke-1535025601 (accessed June 10, 2019).

2 Quoted in Anne Fisher, "America's Most Admired Companies," *Fortune*, March 17, 2008, 65–67.

3 Based on John P. Kotter, *The New Rules: How to Succeed in Today's Post-Corporate World* (New York: The Free Press, 1995); Steve Lohr, "How Crisis Shapes the Corporate Model," *The New York Times*, March 29, 2009, BU4; David K. Carr, Kelvin J. Hard, and William J. Trahant, *Managing the Change Process: A Field Book for Change Agents, Consultants, Team Leaders, and Reengineering Managers* (New York: McGraw-Hill, 1996).

4 This discussion of three types of change is based in part on Joseph McCann, "Organizational Effectiveness: Changing Concepts for Changing Environments," *Human Resource Planning* 27, no. 1 (2004), 42–50.

5 "A Brief History of Netflix," *CNN*, July 21, 2014 https:// www.cnn.com/2014/07/21/showbiz/gallery/netflix-history /index.html (accessed June 10, 2019); William L. Hosch, "Netflix," April 24, 2019, Encyclopædia Britannica, April 24, 2019, https://www.britannica.com/topic/Netflix-Inc (accessed June 10, 2019); and Joe Flint and Shalini Ramachandran, "Netflix: The Monster That's Eating Hollywood," The Wall Street Journal, March 24, 2017, https://www.wsj.com/articles /netflix-the-monster-thats-eating-hollywood-1490370059 (accessed June 10, 2019).

6 Kurt Eichenwald, "Microsoft's Lost Decade," *Vanity Fair*, August 2012, 108–135; and Don Clark, "Microsoft, Intel Brave a Mobile World," *The Wall Street Journal*, April 15, 2013, B2.

7 Nick Wingfield, "Microsoft, Long Seen as a Villain, Tries on Role as Moral Leader," *The New York Times*, May 7, 2018, B3.

8 "The World's 50 Most Innovative Companies, 2019," *Fast Company*, https://www.fastcompany.com/most-innovative -companies/2019 (accessed June 10, 2019).

9 Joseph E. McCann, "Design Principles for an Innovating Company," *Academy of Management Executive* 5, no. 2 (May 1991), 76–93; and Kenneth B. Kahn, "Understanding Innovation," *Business Horizons* 61 (2018), 453–460.

10 Jeannette Neumann, "Zara Turns to Robots as In-Store Pickups Surge," *The Wall Street Journal*, March 5, 2018, https://www.wsj.com/articles/zara-turns-to-robots-as-in-store -pickups-surge-1520254800 (accessed June 10, 2019).

11 Kahn, "Understanding Innovation."

12 Tripp Mickle and Joe Flint, "Apple Pushes Beyond iPhone with Launch of TV, Finance, Gaming, News Services," *The Wall Street Journal*, March 25, 2019.

13 Erin White, "How a Company Made Everyone a Team Player," *The Wall Street Journal*, August 13, 2007, B1, B7.

14 Judy Oppenheimer, "A Top Cop Who Gets It," *More*, June 2009, 86–91, 144; and Ahiza Garcia, "NFL Picks Washington D.C. Police Chief to Head Security," *CNN*, August

16, 2016, https://money.cnn.com/2016/08/16/news/nfl-cathy -lanier-dc-police-chief/index.html (accessed June 10, 2019).

15 Richard A. Wolfe, "Organizational Innovation: Review, Critique and Suggested Research Directions," *Journal of Management Studies* 31, no. 3 (May 1994), 405–431.

16 John L. Pierce and Andre L. Delbecq, "Organization Structure, Individual Attitudes and Innovation," *Academy of Management Review* 2 (1977), 27–37; and Michael Aiken and Jerald Hage, "The Organic Organization and Innovation," *Sociology* 5 (1971), 63–82.

17 Richard L. Daft, "Bureaucratic Versus Non-bureaucratic Structure in the Process of Innovation and Change," in Samuel B. Bacharach, ed., *Perspectives in Organizational Sociology: Theory and Research* (Greenwich, CT: JAI Press, 1982), 129–166.

18 Alan D. Meyer and James B. Goes, "Organizational Assimilation of Innovations: A Multilevel Contextual Analysis," *Academy of Management Journal* 31 (1988), 897–923.

19 Richard W. Woodman, John E. Sawyer, and Ricky W. Griffin, "Toward a Theory of Organizational Creativity," *Academy of Management Review* 18 (1993), 293–321.

20 Francis X. Rocca, "An Innovator at the Vatican," *The Wall Street Journal*, January 31, 2017, https://www.wsj.com /articles/an-innovator-at-the-vatican-1485886295 (accessed June 12, 2019).

21 Robert I. Sutton, "Weird Ideas That Spark Innovation," *MIT Sloan Management Review* (Winter 2002), 83–87; Robert Barker, "The Art of Brainstorming," *Business Week*, August 26, 2002, 168–169; Gary A. Steiner, ed., *The Creative Organization* (Chicago: University of Chicago Press, 1965), 16–18; and James Brian Quinn, "Managing Innovation: Controlled Chaos," *Harvard Business Review*, May–June 1985, 73–84.

22 Thomas M. Burton, "Flop Factor: By Learning from Failures, Lilly Keeps Drug Pipeline Full," *The Wall Street Journal*, April 21, 2004, A1, A12.

23 David Gelles, "An Alternate Universe of Shopping, in Ohio," *The New York Times*, October 14, 2017, https://www. nytimes.com/2017/10/14/business/an-alternate-universe-of -shopping-in-ohio.html (accessed June 12, 2019).

24 John P. Kotter, *Leading Change* (Boston: Harvard Business School Press, 1996), 20–25; and John P. Kotter, "Leading Change," *Harvard Business Review*, March–April 1995, 59–67.

25 G. Tomas M. Hult, Robert F. Hurley, and Gary A. Knight, "Innovativeness: Its Antecedents and Impact on Business Performance," *Industrial Marketing Management* 33 (2004), 429–438.

26 Burton, "Flop Factor."

27 D. Bruce Merrifield, "Intrapreneurial Corporate Renewal," *Journal of Business Venturing* 8 (September 1993), 383–389; Linsu Kim, "Organizational Innovation and Structure," *Journal of Business Research* 8 (1980), 225–245; and Tom Burns and G. M. Stalker, *The Management of Innovation* (London: Tavistock Publications, 1961).

28 Robert B. Duncan, "The Ambidextrous Organization: Designing

Dual Structures for Innovation," in Ralph H. Killman, Louis R. Pondy and Dennis Slevin, eds., *The Management of Organization* 1 (New York: North-Holland, 1976), 167–188; Michael L. Tushman and Charles A. O'Reilly III, "Building Ambidextrous Organizations: Forming Your Own 'Skunk Works,'" *Health Forum Journal* 42, no. 2 (March–April 1999), 20–23; and J. C. Spender and Eric H. Kessler, "Managing the Uncertainties of Innovation: Extending Thompson (1967)," *Human Relations* 48, no. 1 (1995), 35–56.

29 Yan Chen, "Dynamic Ambidexterity: How Innovators Manage Exploration and Exploitation," *Business Horizons* 60 (2017), 385–394; Julian Birkinshaw and Kamini Gupta, "Clarifying the Distinctive Contribution of Ambidexterity to the Field of Organization Studies," *The Academy of Management Perspectives* 27, no. 4 (2013), 287–298; Constantine Andriopoulos and Marianne W. Lewis, "Managing Innovation Paradoxes: Ambidexterity Lessons from Leading Product Design Companies," *Long Range Planning* 43 (2010), 104–122; Charles A. O'Reilly III and Michael L. Tushman, "The Ambidextrous Organization," *Harvard Business Review*, April 2004, 74–81; Sebastian Raisch and Julian Birkinshaw, "Organizational Ambidexterity: Antecedents, Outcomes, and Moderators," *Journal of Management* 34, no 3 (June 2008), 375–409.

30 Chen, "Dynamic Ambidexterity: How Innovators Manage Exploration and Exploitation"; J. G. March, "Exploration and Exploitation in Organizational Learning," *Organization Science* 2 (1991), 71–87; and R. Duane Ireland and Justin W. Webb, "Crossing the Great Divide of Strategic Entrepreneurship: Transitioning Between Exploration and Exploitation," *Business Horizons* 52 (2009), 469–479. For a review of the research on exploration and exploitation, see Anil K. Gupta, Ken G. Smith and Christina E. Shalley, "The Interplay Between Exploration and Exploitation," *Academy of Management Journal* 49, no. 4 (2006), 693–706.

31 Michael H. Lubatkin, Zeki Simsek, Yan Ling, and John F. Veiga, "Ambidexterity and Performance in Small- to Medium-Sized Firms: The Pivotal Role of Top Management Team Behavioral Integration," *Journal of Management* 32, no. 5 (October 2006), 646–672; and O'Reilly and Tushman, "The Ambidextrous Organization."

32 Tushman and O'Reilly, "Building Ambidextrous Organizations."

33 Barry Jaruzelski, John Loehr, and Richard Holman, "Making Ideas Work," *Strategy + Business* (Winter 2012), 2–14.

34 J. C. Spender and Bruce Strong, "Who Has Innovative Ideas? Employees," *The Wall Street Journal*, August 23, 2010, R5; and Rachel Emma Silverman, "How to Be Like Apple," *The Wall Street Journal*, August 29, 2011, http://online.wsj.com /article/SB10001424053111904009304576532842667854706.html (accessed September 16, 2011).

35 Michele Gelfand, *Rule Makers, Rule Breakers: How Tight and Loose Cultures Wire Our World* (New York: Scribner, 2018); Erik Brynjolfsson and Michael Schrage, "The New, Faster Face of Innovation; Thanks to Technology, Change Has Never Been So Easy or So Cheap," *The Wall Street Journal*, August 17, 2009; and Vindu Goel, "Why Google Pulls the Plug," *The New York Times*, February 15, 2009.

36 Darren Dahl, "Technology: Pipe Up, People! Rounding Up Staff Ideas," *Inc.*, February 2010, 80–81.

37 Roger L. Martin, "The Innovation Catalysts," *Harvard Business Review*, June 2011, 82–87.

38 Spender and Strong, "Who Has Innovative Ideas?"

39 Dahl, "Technology: Pipe Up, People!"

40 Edward F. McDonough III and Richard Leifer, "Using Simultaneous Structures to Cope with Uncertainty," *Academy of Management Journal* 26 (1983), 727–735.

41 Chen, "Dynamic Ambidexterity."

42 Janaki Chadha, "Why Innovation Is a Team Sport," *The Wall Street Journal*, August 9, 2018, https://www.wsj.com/articles /why-innovation-is-a-team-sport-1533732288 (accessed June 12, 2019); and Michael L. Tushman, Wendy K. Smith, and Andy Binns, "The Ambidextrous CEO," *Harvard Business Review*, June 2011, 74–80.

43 Paul S. Adler, Barbara Goldoftas, and David I. Levine, "Ergonomics, Employee Involvement, and the Toyota Production System: A Case Study of NUMMI's 1993 Model Introduction," *Industrial and Labor Relations Review* 50, no. 3 (April 1997), 416–437.

44 Judith R. Blau and William McKinley, "Ideas, Complexity, and Innovation," *Administrative Science Quarterly* 24 (1979), 200–219.

45 Phil Wahba, "Lowe's Goes High on Innovation," *Fortune*, July 1, 2017, 29–30; and Peter Landers, "Back to Basics; With Dry Pipelines, Big Drug Makers Stock Up in Japan," *The Wall Street Journal*, November 24, 2003, A1, A7.

46 Sherri Eng, "Hatching Schemes," *The Industry Standard*, November 27–December 4, 2000, 174–175.

47 Donald F. Kuratko, Jeffrey G. Covin, and Robert P. Garrett, "Corporate Venturing: Insights from Actual Performance," *Business Horizons* 52 (2009), 459–467.

48 Jennifer Alsever, "Startups . . . Inside Giant Companies," *Fortune*, May 1, 2015, 33–36.

49 Christopher Hoenig, "Skunk Works Secrets," *CIO*, July 1, 2000, 74–76.

50 Claire Cain Miller and Nick Bilton, "Google's Lab of Wildest Dreams," *The New York Times*, November 13, 2011, www.nytimes.com/2011/11/14/technology/ at-google-x-a-top-secret-lab-dreaming-up-the-future. html?pagewanted=all (accessed November 14, 2011); and X Development Website, https://x.company/ (accessed June 13, 2019).

51 James I. Cash, Jr., Michael J. Earl, and Robert Morison, "Teaming Up to Crack Innovation and Enterprise Integration," *Harvard Business Review*, November 2008, 90–100; and Jacob Bunge, "Tyson Launches Venture-Capital Fund," *The Wall Street Journal*, December 5, 2016, https://www.wsj.com/articles/tyson-launches-venture-capital-fund-1480939204 (accessed June 13, 2019).

52 Jana Deprez, Hannes Leroy, and Martin Euwema, "Three Chronological Steps Toward Encouraging Intrapreneurship: Lessons from the Wehkamp Case," *Business Horizons* 61 (2018), 135–145.

53 Jane M. Howell and Christopher A. Higgins, "Champions of Technology Innovation," *Administrative Science Quarterly* 35 (1990), 317–341; and Jane M. Howell and Christopher A. Higgins, "Champions of Change: Identifying, Understanding, and Supporting Champions of Technology Innovations," *Organizational Dynamics* (Summer 1990), 40–55.

54 Rachel Feintzeig, "Office 'Influencers' Are in High Demand," *The Wall Street Journal*, February 12, 2014, http://online.wsj .com/news/articles/SB100014240527023038745045793753136802908116 (accessed May 20, 2014).

55 Thomas J. Peters and Robert H. Waterman, Jr., *In Search of Excellence* (New York: Harper & Row, 1982).

56 Curtis R. Carlson and William W. Wilmot, *Innovation: The Five Disciplines for Creating What Customers Want* (New York: Crown Business, 2006).

57 Robert I. Sutton, "The Weird Rules of Creativity," *Harvard Business Review*, September 2001, 94–103; and Julian Birkinshaw and Michael Mol, "How Management Innovation Happens," *MIT Sloan Management Review* (Summer 2006), 81–88. See Lionel Roure, "Product Champion Characteristics in France and Germany," *Human Relations* 54, no. 5 (2001), 663–682, for a review of the literature related to product champions.

58 Andrew Winston, "3M's Sustainability Innovation Machine," *Harvard Business Review*, May 15, 2012; and Peter Lewis, "Texas Instruments' Lunatic Fringe," *Fortune*, September 4, 2006, 120–128.

59 James R. Hagerty, "With Bottle-Fillers in Mind, the Water Fountain Evolves," *The Wall Street Journal*, March 24, 2013, B1.

60 Joan Schneider and Julie Hall, "Why Most Product Launches Fail," *Harvard Business Review*, April 2011, 21–23; G. A. Stevens and J. Burley, "3,000 Raw Ideas = 1 Commercial Success!" *Research Technology Management* 40, no. 3 (May–June 1997), 16–27; Robert P. Morgan, Carlos Kruytbosch, and Nirmala Kannankutty, "Patenting and Invention Activity of U.S. Scientists and Engineers in the Academic Sector: Comparisons with Industry," *Journal of Technology Transfer* 26 (2001), 173–183; Edwin Mansfield, John Rapoport, Jerome Schnee, Samuel Wagner, and Michael Hamburger, *Research and Innovation in Modern Corporations* (New York: Norton, 1971); Christopher Power with Kathleen Kerwin, Ronald Grover, Keith Alexander, and Robert D. Hof, "Flops," *Business Week*, August 16, 1993, 76–82; and Modesto A. Maidique and Billie Jo Zirger, "A Study of Success and Failure in Product Innovation: The Case of the U.S. Electronics Industry," *IEEE Transactions in Engineering Management* 31 (November 1984), 192–203.

61 Daisuke Wakabayashi, "Alphabet Ends Effort to Create Modular Smartphone," *The New York Times*, September 2, 2016; Claire Cain Miller, "Back to the Drawing Board for Nexus Q," *The New York Times*, August 9, 2012, B1; and Doug Gross, "The Top 10 Tech Fails of 2012," CNN Tech Website, December 28, 2012, http://www.cnn.com/2012/12/28/tech/web/tech-fails-2012/index.html?hpt=hp_bn5 (accessed May 20, 2014).

62 Holman W. Jenkins, Jr., "The Microsoft Solution," *The Wall Street Journal Europe*, July 29, 2010, 13.

63 Schneider and Hall, "Why Most Product Launches Fail."

64 Andrew Bordeaux, "10 Famous Product Failures and the Advertisements That Did Not Sell Them," *Growthink.com*, December 17, 2007, http://www.growthink.com/content/10-famous-product-failures-and-advertisements-did-not-sell-them (accessed September 16, 2011); and Jane McGrath, "Five Failed McDonald's Menu Items," HowStuffWorks.com, http://money.howstuffworks.com/5-failed-mcdonalds-menu-items3.htm (accessed September 16, 2011).

65 Linton, Matysiak & Wilkes Inc. study results reported in "Market Study Results Released: New Product Introduction Success, Failure Rates Analyzed," *Frozen Food Digest*, July 1, 1997.

66 Deborah Dougherty and Cynthia Hardy, "Sustained Product Innovation in Large, Mature Organizations: Overcoming Innovation-to-Organization Problems," *Academy of Management Journal* 39, no. 5 (1996), 1120–1153.

67 Marjorie Adams and the Product Development and Management Association, "Comparative Performance Assessment Study 2004," available for purchase at http://www.pdma.org. Results reported in Jeff Cope, "Lessons Learned—Commercialization Success Rates: A Brief Review," *RTI Tech Ventures* newsletter 4, no. 4 (December 2007).

68 Ibid.

69 Annie Lowrey, "Ideas on an Assembly Line," *The New York Times*, December 14, 2012, B1.

70 Shona L. Brown and Kathleen M. Eisenhardt, "Product Development: Past Research, Present Findings, and Future Directions," *Academy of Management Review* 20, no. 2 (1995), 343–378; F. Axel Johne and Patricia A. Snelson, "Success Factors in Product Innovation: A Selective Review of the Literature," *Journal of Product Innovation Management* 5 (1988), 114–128; Antonio Bailetti and Paul F. Litva, "Integrating Customer Requirements into Product Designs," *Journal of Product Innovation Management* 12 (1995), 3–15; Jay W. Lorsch and Paul R. Lawrence, "Organizing for Product Innovation," *Harvard Business Review*, January–February 1965, 109–122; and Science Policy Research Unit, University of Sussex, *Success and Failure in Industrial Innovation* (London: Centre for the Study of Industrial Innovation, 1972).

71 Study reported in Mike Gordon, Chris Musso, Eric Rebentisch, and Nisheeth Gupta, "Business Insight (A Special Report): Innovation—The Path to Developing Successful New Products," *The Wall Street Journal*, November 30, 2009, R5.

72 Dorothy Leonard and Jeffrey F. Rayport, "Spark Innovation Through Empathic Design," *Harvard Business Review*, November–December 1997, 102–113.

73 Bruce Brown and Scott D. Anthony, "How P&G Tripled Its Innovation Success Rate," *Harvard Business Review*, June 2011, 64–72.

74 Janet Rae-Dupree, "Even the Giants Can Learn to Think Small," *The New York Times*, August 3, 2008, BU4; and Mike Ramsey and Norihiko Shirouzu, "Toyota Is Changing How It Develops Cars," *The Wall Street Journal*, July 5, 2010, http://www.in.com/news/business/fullstory-toyota-is-changing-how-it-develops-cars-14559691-in-1.html (accessed September 16, 2011).

75 Brown and Eisenhardt, "Product Development"; and Dan Dimancescu and Kemp Dwenger, "Smoothing the Product Development Path," *Management Review*, January 1996, 36–41.

76 William J. Holstein, "Five Gates to Innovation," *Strategy + Business*, March 1, 2010, www.strategy-business.com/article/00021?gko=0bd39 (accessed September 16, 2011); "Corning: For Becoming the 800-Pound Gorilla of the Touch Screen Business," segment of "The World's 50 Most Innovative Companies," *Fast Company*, March 2013, 86–156; and Brian Barrett, "Your Next Smartphone's Display Will Be Much Tougher to Crack," *Wired*, July 19, 2018, https://www.wired.com/story/gorilla-glass-6-built-for-the-future/ (accessed June 13, 2019).

77 Kenneth B. Kahn, "Market Orientation, Interdepartmental Integration, and Product Development Performance," *The Journal of Product Innovation Management* 18 (2001), 314–323; and Ali E. Akgün, Gary S. Lynn, and John C. Byrne, "Taking the Guesswork Out of New Product Development: How Successful High-Tech Companies Get That Way," *Journal of Business Strategy* 25, no. 4 (2004), 41–46.

78 The discussion of open innovation is based on Henry Chesbrough, *Open Innovation* (Boston, MA: Harvard Business School Press, 2003); Henry Chesbrough, "The Era of Open Innovation," *MIT Sloan Management Review* (Spring 2003), 35–41; Julian Birkinshaw and Susan A. Hill, "Corporate Venturing Units: Vehicles for Strategic Success in the New Europe," *Organizational Dynamics* 34, no. 3 (2005), 247–257; Amy Muller and Liisa Välikangas, "Extending the Boundary of Corporate Innovation," *Strategy & Leadership* 30, no. 3 (2002), 4–9; and Navi Radjou, "Networked Innovation Drives Profits," *Industrial Management*, January–February 2005, 14–21.

79 Chesbrough, *Open Innovation*; and Marcel Bogers, Henry

Chesbrough, and Carlos Moedas, "Open Innovation: Research, Practices, and Policies," *California Management Review* 60, no. 2 (2018), 5–16.

80 The Pringles example is discussed in Nitin Pangarkar, "The Formula for Successful Innovation at SAS: Integrating Internal and External Knowledge," *Global Business and Organizational Excellence* 37, no. 2 (2018), 24–31.

81 Amy Muller, Nate Hutchins, and Miguel Cardoso Pinto, "Applying Open Innovation Where Your Company Needs It Most," *Strategy & Leadership* 40, no. 2 (2012), 35–42.

82 Martin W. Wallin and Georg von Krogh, "Organizing for Open Innovation: Focus on the Integration of Knowledge," *Organizational Dynamics* 39, no. 2 (2010), 145–154; Bettina von Stamm, "Collaboration with Other Firms and Customers: Innovation's Secret Weapon," *Strategy & Leadership* 32, no. 3 (2004), 16–20; and Bas Hillebrand and Wim G. Biemans, "Links Between Internal and External Cooperation in Product Development: An Exploratory Study," *The Journal of Product Innovation Management* 21 (2004), 110–122.

83 Booz & Company research reported in Barry Jaruzelski and Richard Holman, "Casting a Wide Net: Building the Capabilities for Open Innovation," *Ivey Business Journal* March–April 2011, http://www.iveybusinessjournal.com /topics/innovation/casting-a-wide-net—building-the-capabilities -for-open-innovation (accessed September 19, 2011).

84 Alan G. Lafley and Ram Charan, *The Game Changer: How You Can Drive Revenue and Profit Growth with Innovation* (New York: Crown Business, 2008); Larry Huston and Nabil Sakkab, "Connect and Develop; Inside Procter & Gamble's New Model for Innovation," *Harvard Business Review,* March 2006, 58–66; and G. Gil Cloyd, "P&G's Secret: Innovating Innovation," *Industry Week,* December 2004, 26–34.

85 David Lerman and Liz Smith, "Wanted: Big Ideas from Small Fry," *Bloomberg BusinessWeek,* August 30–September 5, 2010, 49–51; Steve Lohr, "The Crowd Is Wise (When It's Focused)," *The New York Times,* July 19, 2009, BU4; and S. Lohr, "The Corporate Lab As Ringmaster," *The New York Times,* August 16, 2009, BU3.

86 Kevin J. Boudreau and Karim R. Lakhani, "Using the Crowd as an Innovation Partner," *Harvard Business Review,* April 2013, 61–67; Andy Meek "May the Best Business Win; Innovation Contests Can Spur New Products—and Boost Worker Morale," *Inc.,* February 2012, 86–87.

87 Meek "May the Best Business Win."

88 Olivier Leclerc and Mihnea Moldoveanu, "Five Routes to More Innovative Problem Solving," *McKinsey Quarterly,* April 2013, http://www.mckinsey.com/insights/strategy/five_routes_to _more_innovative_problem_solving (accessed May 14, 2013).

89 Sabrina Adamczyk, Angelika C. Bullinger, and Kathrin M. Möslein, "Innovation Contests: A Review, Classification and Outlook," *Creativity and Innovation Management* 21, no. 4 (2012), 335–355.

90 John A. Pearce II, "Speed Merchants," *Organizational Dynamics* 30, no. 3 (2002), 191–205; Kathleen M. Eisenhardt and Behnam N. Tabrizi, "Accelerating Adaptive Processes: Product Innovation in the Global Computer Industry," *Administrative Science Quarterly* 40 (1995), 84–110; Dougherty and Hardy, "Sustained Product Innovation in Large, Mature Organizations"; and Karne Bronikowski, "Speeding New Products to Market," *Journal of Business Strategy,* September–October 1990, 34–37; and Jill Jusko, "A Team Effort," *Industry Week,* January 2007, 42, 45.

91 Pinar Cankurtaran, Fred Langerak, and Abbie Griffin, "Consequences of New Product Development Speed: A Meta-

Analysis," *Journal of Product Innovation Management* 30, no. 3 (2013), 465–486.

92 Paul Ziobro, "In Cutting Time to Market, Toy Companies Try on Fast Fashion," *The Wall Street Journal,* February 18, 2018, https://www.wsj.com/articles/in-cutting-time-to-market-toy -companies-try-on-fast-fashion-1518958800 (accessed June 13, 2019).

93 Suzanne Kapner, "Fast-Fashion Tricks Are on Display at Department-Store Chains," *The Wall Street Journal,* September 29, 2016, https://www.wsj.com/articles /fast-fashion-tricks-are-on-display-at-department-store -chains-1475155688 (accessed June 13, 2019); Patricia Kowsmann, "Fast Fashion: How a Zara Coat Went from Design to Fifth Avenue in 25 Days," *The Wall Street Journal,* December 6, 2016, https://www.wsj.com/articles/fast-fashion -how-a-zara-coat-went-from-design-to-fifth-avenue-in-25 -days-1481020203 (accessed June 13, 2019); and Susan Berfield and Manuel Baigorri, "Zara's Fast Fashion Edge," *Bloomberg BusinessWeek,* November 13, 2013, http://www .businessweek.com/articles/2013-11-14/2014-outlook-zaras -fashion-supply-chain-edge (accessed May 20, 2014).

94 Raymond E. Miles, Henry J. Coleman, Jr., and W. E. Douglas Creed, "Keys to Success in Corporate Redesign," *California Management Review* 37, no. 3 (Spring 1995), 128–145.

95 David C. Robertson with Bill Breen, *Brick by Brick: How LEGO Rewrote the Rules of Innovation and Conquered the Global Toy Industry* (New York: Crown Business, 2013), 265–266.

96 Julian Birkinshaw, Gary Hamel, and Michael J. Mol, "Management Innovation," *Academy of Management Review* 33, no. 4 (2008), 825–845.

97 Fariborz Damanpour and William M. Evan, "Organizational Innovation and Performance: The Problem of 'Organizational Lag,'" *Administrative Science Quarterly* 29 (1984), 392– 409; David J. Teece, "The Diffusion of an Administrative Innovation," *Management Science* 26 (1980), 464–470; John R. Kimberly and Michael J. Evaniski, "Organizational Innovation: The Influence of Individual, Organizational and Contextual Factors on Hospital Adoption of Technological and Administrative Innovation," *Academy of Management Journal* 24 (1981), 689–713; Michael K. Moch and Edward V. Morse, "Size, Centralization, and Organizational Adoption of Innovations," *American Sociological Review* 42 (1977), 716–725; and Mary L. Fennell, "Synergy, Influence, and Information in the Adoption of Administrative Innovation," *Academy of Management Journal* 27 (1984), 113–129.

98 Richard L. Daft, "A Dual-Core Model of Organizational Inno- vation," *Academy of Management Journal* 21 (1978), 193–210.

99 Daft, "Bureaucratic Versus Nonbureaucratic Structure"; and Robert W. Zmud, "Diffusion of Modern Software Practices: Influence of Centralization and Formalization," *Manage- ment Science* 28 (1982), 1421–1431.

100 Daft, "A Dual-Core Model of Organizational Innovation"; and Zmud, "Diffusion of Modern Software Practices."

101 Fariborz Damanpour, "The Adoption of Technological, Administrative, and Ancillary Innovations: Impact of Organizational Factors," *Journal of Management* 13 (1987), 675–688.

102 Gregory H. Gaertner, Karen N. Gaertner, and David M. Akinnusi, "Environment, Strategy, and the Implementation of Administrative Change: The Case of Civil Service Reform," *Academy of Management Journal* 27 (1984), 525–543.

103 Claudia Bird Schoonhoven and Mariann Jelinek, "Dynamic Tension in Innovative, High Technology Firms: Managing Rapid Technology Change Through Organization Structure,"

in Mary Ann Von Glinow and Susan Albers Mohrman, eds., *Managing Complexity in High Technology Organizations* (New York: Oxford University Press, 1990), 90–118.

104 Nicolay Worren, "The Matrix as a Transitory Form: The Evolution of FMC Technologies 2001-2016," *Journal of Organization Design* 6, no. 13 (2017) https://doi.org/10.1186/s41469-017-0023-0 (accessed June 14, 2019); and Khadeeja Safdar, "New J. Crew CEO's Strategy: Lower Prices, More Sizes," *The Wall Street Journal*, August 27, 2018, https://www.wsj.com/articles/new-j-crew-ceos-strategy-lower-prices-more-sizes-1535374801 (accessed June 14, 2019).

105 Jeanne Whalen, "Glaxo Tries Biotech Model to Spur Drug Innovations," *The Wall Street Journal*, July 1, 2010, A1.

106 David Ulm and James K. Hickel, "What Happens After Restructuring?" *Journal of Business Strategy*, July–August 1990, 37–41; and John L. Sprague, "Restructuring and Corporate Renewal: A Manager's Guide," *Management Review*, March 1989, 34–36.

107 Stan Pace, "Rip the Band-Aid Off Quickly," *Strategy & Leadership* 30, no. 1 (2002), 4–9.

108 Benson L. Porter and Warrington S. Parker, Jr., "Culture Change," *Human Resource Management* 31 (Spring–Summer 1992), 45–67.

109 Atsuko Fukase, "New CEO, New Mizuho Culture," *The Asian Wall Street Journal*, June 23, 2011, 22; and Glassdoor, https://www.glassdoor.com/Reviews/Mizuho-Financial-Group-Reviews-E42320.htm (accessed June 14, 2019).

110 Reported in "Mergers Don't Consider Cultures," *ISHN*, September 2011, 14.

111 Joann S. Lublin, "Bringing Hidden Biases into the Light," *The Wall Street Journal Online*, January 9, 2014, http://online.wsj.com/news/articles/SB10001424052702303754404579308562690896896 (accessed May 30, 2014).

112 Austin Carr, "The Hard Sell at Taco Bell," *Fast Company*, July–August 2013, 36–38; Jonathan Ringin, "Taco Bell: For Combining Corn, Beans, Meat, and Cheese into Genius," *Fast Company*, March 2016, 46–49, 116; and Nancy Luna, "Nacho Fries Become Bestselling Taco Bell Product Launch in Chain History," *Nation's Restaurant News*, March 13, 2018, https://www.nrn.com/food-trends/nacho-fries-become-bestselling-taco-bell-product-launch-chain-history (accessed June 14, 2019).

113 W. Warner Burke, "The New Agenda for Organization Development," in Wendell L. French, Cecil H. Bell, Jr., and Robert A. Zawacki, *Organization Development and Transformation: Managing Effective Change* (Burr Ridge, IL: Irwin McGraw-Hill, 2000), 523–535.

114 W. Warner Burke, *Organization Development: A Process of Learning and Changing*, 2nd ed. (Reading, MA: Addison-Wesley, 1994); and Wendell L. French and Cecil H. Bell, Jr., "A History of Organization Development," in French, Bell, and Zawacki, *Organization Development and Transformation*, 20–42.

115 French and Bell, "A History of Organization Development."

116 The information on large group intervention is based on Kathleen D. Dannemiller and Robert W. Jacobs, "Changing the Way Organizations Change: A Revolution of Common Sense," *The Journal of Applied Behavioral Science* 28, no. 4 (December 1992), 480–498; Barbara B. Bunker and Billie T. Alban, "Conclusion: What Makes Large Group Interventions Effective?" *The Journal of Applied Behavioral Science* 28, no. 4 (December 1992), 570–591; and Marvin R. Weisbord, "Inventing the Future: Search Strategies for Whole System Improvements," in French, Bell, and

Zawacki, *Organization Development and Transformation*, 242–250.

117 Marvin Weisbord and Sandra Janoff, "Faster, Shorter, Cheaper May Be Simple; It's Never Easy," *The Journal of Applied Behavioral Science* 41, no. 1 (March 2005), 70–82.

118 Ray Gagnon, " 'GE Workout': Physical Fitness for Your Organization," *The Huffington Post*, January 23, 2014; and Bunker and Alban, "Conclusion: What Makes Large Group Interventions Effective?"

119 Dave Ulrich, Steve Kerr, and Ron Ashkenas, with Debbie Burke and Patrice Murphy, *The GE Work Out: How to Implement GE's Revolutionary Method for Busting Bureaucracy and Attacking Organizational Problems—Fast!* (New York: McGraw-Hill, 2002).

120 Paul F. Buller, "For Successful Strategic Change: Blend OD Practices with Strategic Management," *Organizational Dynamics* (Winter 1988), 42–55.

121 Norm Brodsky, "Everybody Sells," (Street Smarts column), *Inc.*, June 2004, 53–54.

122 Shawn Tully, "Can UnitedHealth Really Fix the System?" *Fortune*, May 29, 2013, 187–194.

123 Ibid.

124 Pierre Loewe and Jennifer Dominiquini, "Overcome the Barriers to Effective Innovation," *Strategy & Leadership* 34, no. 1 (2006), 24–31.

125 Bernard M. Bass, "Theory of Transformational Leadership Redux," *Leadership Quarterly* 6, no. 4 (1995), 463–478; and Dong I. Jung, Chee Chow, and Anne Wu, "The Role of Transformational Leadership in Enhancing Organizational Innovation: Hypotheses and Some Preliminary Findings," *The Leadership Quarterly* 14 (2003), 525–544.

126 Todd Datz, "No Small Change," *CIO*, February 15, 2004, 66–72.

127 These techniques are based on John P. Kotter's eight-stage model of planned organizational change, Kotter, *Leading Change*, 20–25.

128 Everett M. Rogers and Floyd Shoemaker, *Communication of Innovations: A Cross Cultural Approach*, 2nd ed. (New York: Free Press, 1971); and Stratford P. Sherman, "Eight Big Masters of Innovation," *Fortune*, October 15, 1984, 66–84.

129 Richard L. Daft and Selwyn W. Becker, *Innovation in Organizations* (New York: Elsevier, 1978); and John P. Kotter and Leonard A. Schlesinger, "Choosing Strategies for Change," *Harvard Business Review* 57 (1979), 106–114.

130 Donald F. Kuratko, Jeffrey G. Covin, and Robert P. Garrett, "Corporate Venturing: Insights from Actual Performance," *Business Horizons* 52 (2009), 459–467.

131 Philip H. Mirvis, Amy L. Sales, and Edward J. Hackett, "The Implementation and Adoption of New Technology in Organizations: The Impact on Work, People, and Culture," *Human Resource Management* 30 (Spring 1991), 113–139; Arthur E. Wallach, "System Changes Begin in the Training Department," *Personnel Journal* 58 (1979), 846–848, 872; and Paul R. Lawrence, "How to Deal with Resistance to Change," *Harvard Business Review* 47 (January–February 1969), 4–12, 166–176.

132 Julie Jargon, "Business Technology: Domino's IT Staff Delivers Slick Site, Ordering System," *The Wall Street Journal*, November 24, 2009, B5.

133 Darren Dahl, "Trust Me: You're Gonna Love This; Getting Employees to Embrace New Technology," *Inc.*, November 2008, 41.

134 Peter Richardson and D. Keith Denton, "Communicating

Change," *Human Resource Management* 35, no. 2 (Summer 1996), 203–216.

135 Edgar H. Schein and Warren Bennis, *Personal and Organizational Change via Group Methods* (New York: Wiley, 1965); and Amy Edmondson, "Psychological Safety and Learning Behavior in Work Teams," *Administrative Science Quarterly* 44 (1999), 350–383.

136 Diane L. Coutu, "Creating the Most Frightening Company on Earth; An Interview with Andy Law of St. Luke's," *Harvard Business Review*, September–October 2000, 143–150.

137 Lawrence G. Hrebiniak, "Obstacles to Effective Strategy Implementation," *Organizational Dynamics* 35, no. 1 (2006), 12–31.

138 Adapted by Dorothy Marcic from Susanne G. Scott and Reginald A. Bruce, "Determinants of Innovative Behavior: A Path Model of Individual Innovation in the Workplace," *Academy of Management Journal* 37, no. 3 (1994), 580–607.

139 Written by Charles E. Summer. Copyright 1978.

140 Doug Wallace, "What Would You Do?" *Business Ethics*, March/April 1996, 52–53. Reprinted with permission from *Business Ethics*, PO Box 8439, Minneapolis, MN 55408; phone: 612-879-0695.

第13章

Organization Theory and Design

决 策 过 程

问题引入

在阅读本章内容之前,请先看下面的问题并选择答案。

1. 管理者在制定决策时应尽可能采用最为客观、理性的决策过程。

同意_____   不同意_____

2. 当管理者知道解决组织问题的最好方案并且有相应的权力时,最好的办法就是直接做决定并付诸实施,不需要让其他管理人员参与到决策制定过程中。

同意_____   不同意_____

3. 差劲的决策制定有助于管理者和组织的学习和成长。

同意_____   不同意_____

　　不管在什么样的层级体系,什么样的行业,或者什么样的组织规模和组织类型中,每位管理者每天都从事的一项活动是什么? 决策。管理者也经常被称为决策者,每一个组织的成长、成功或者失败都是管理者做出选择的结果。然而,很多决策是充满风险和不确定性的,并不能保证成功。罗恩·约翰逊(Ron Johnson)曾是苹果零售店的后台策划,他此前在塔吉特任职,非常成功。约翰逊自信地认为他有必胜的方法能够把连锁百货公司彭尼(J.C. Penney)从悬崖边上拉回来,拯救它于危难之间。他决定将彭尼重新装修成更高档的商店,并将目标顾客锁定为青年消费者,但这一决策失误了。在他担任首席执行官满一年之后,彭尼亏损了 10 亿美元。仅任职 16个月之后,约翰逊就被解雇了。[1] 再来看看通用汽车公司名誉受损的事情。对通用汽车质量及安全问题的调查结果表明,如果管理者当初谨慎决策,就有可能挽救伤亡者的生命。通用汽车的高层管理承认,在他们召回 260 万辆可能会引起撞车和人员伤亡的问题汽车之前,确实有一些管理人员在十多年前就对通用汽车的点火开关故障问题有所了解。[2] 事后来看,召回问题车辆的决定看起来似乎是显而易见的,但当时的情况并不那么明确。决策经常是在持续改变的因素、不明确的信息和冲突的观点之间做出的,即便是最成功公司中最好的管理者有时候也难免犯下愚蠢的错误。

现实中也有许多管理者做出了成功的决策。苹果公司连续 12 年登上了《财富》杂志世界最受尊敬的公司名单的榜首,但是这家公司在 20 世纪 90 年代中期差点倒闭。如果董事会没有决定请回联合创始人史蒂夫·乔布斯(Steve Jobs)担任公司首席执行官(他此前曾被自己创建的苹果公司解雇),今天苹果公司可能已经不存在了。1996 年,苹果公司销售收入 98 亿美元,利润亏损 8.16 亿美元。然而,多亏了乔布斯和其他高层管理者做出的决策(乔布斯从 1997 年起一直到 2011 年去世,都在领导苹果),今天的苹果一直在高歌猛进。在大约 20 年的时间里,苹果从濒临破产,到 2018 年底市值超过 1 万亿美元(当时的估值)。将乔布斯请回苹果,可以称之为有史以来最伟大的商业决策。苹果的管理者们继续做出良好的决策,引领公司在诸多领域领先同行,包括人员管理、创新、产品和服务质量。[3] 也有一些成功的例子来自与苹果完全不同的行业。达美航空(Delta Airlines)领导团队的决策帮助公司实现了航空业创纪录的盈利。2019 年年初,达美航空在第 29 届美国航空业年度质量评级(Airline Quality Rating,AQR)中名列前茅,该评级主要考察准点率、行李处理不当和客户投诉等因素,据此对美国最大的 9 家航空公司进行排名。在美国四家最大的航空公司中,达美航空是唯一一家没有使用波音 737 Max 飞机的航空公司。波音 737 Max 飞机曾发生过两起致命事故,之后被停飞,导致联合航空、美国航空和西南航空不得不取消数千趟航班。而达美航空却继续飞行,大赚了一笔。[4]

本章目的

在任何时候,任何组织都可能要为数百项决策进行问题识别、方案拟订及实施工作。在这些决策过程中,管理者及整个组织有时会不知所措。[5] 本章的目的是通过分析这些过程,了解组织在实际中是怎样做出决策的。决策可视为是组织大脑和神经系统运行的结果,也就是第 9 章和第 11 章所介绍的信息技术和控制系统的最终应用。

首先,本章给出了决策的定义,以及不同决策类型的定义。紧接着下一部分描绘了理想决策模型,并考察了个人管理者是如何做出决策的,包括直觉的作用以及认知偏差如何影响决策。其次,本章探讨了组织决策制定的几个模型,每个模型对不同的组织情境都是适用的,并将决策模型放入单独的框架中来描述何时和如何使用各种决策方法。最后,本章讨论了关于决策制定的几个特别主题,例如高速环境(high-velocity environment),从决策失误中学习。

13.1　决策的类型

组织决策(organizational decision making)通常可定义为识别和解决问题的过程。这一过程包括两个主要阶段。一是**问题识别**(problem identification)阶段,即对外部环境和组织状态进行监测,获得有关信息,以判明组织的绩效是否令人满意,并诊断出不足的原因所在。二是**问题解决**(problem solution)阶段,即考察备选的行动方案,从中选择一个方案并加以实施。

组织决策问题的复杂性程度各不相同。根据这种复杂性程度的差异,可以将决策区分为程序性和非程序性两种。[6] 所谓**程序性决策**(programmed decisions)是指重复出现、结构明确的,可开发出程序来解决问题的决策。这类决策的结构性良好,因为通常它有很清晰的绩效衡量标准,对其当前的绩效状况可以获得充分的信息,而且备选方案也容易确定,同时对所选定的决策方案能否成功也有相对较高的确定。这种决策有既定的决策规则可循,比如何时更新办公室的复印机,何时报销管理人员的差旅费,或某个求职者是否有胜任流水线工作的资格,等等。许多企业根据经验性的规则进行程序性决策。例如,大饭店中为宴席选配服务员的规则是,每 30 位客人配备 1 名负责餐桌招待的服务员,另外每 40 位客人加配 1 名机动服务员。[7] 今天,这些例行的、程序化的决策通常由人工智能(AI)处理,如第 9 章所述。例如,荷兰皇家壳牌公司(Royal Dutch Shell)已经开始在一些业务领域中使用人工智能算法分配员工,让具有不同专业和技能的员工参与不同的项目。人工智能算法能够更有效地安排工作,将管理者的时间解放出来,用在更复杂的非程序性决策上。[8]

非程序性决策(nonprogrammed decisions)是指新出现的、结构不明确的,不存在解决问题的既定程序的决策。当组织遇到前所未有的问题,而且不知如何应对时,就面临着非程序性决策情形。没有明确的决策标准,备选方案也模糊不清,所采用的决策方案是否能解决问题也不确定。一般来说,对于非程序性决策问题很难制订出几个备选的方案,通常只是根据所面临的问题量身定做一个解决方案。许多非程序性决策涉及战略规划,不确定性很大,决策较为复杂。

像大多数企业的管理者一样,快餐连锁店麦当劳的管理者们面临着程序性决策和非程序性决策。当高管们要制定在美国开设新餐厅的决策时,他们可以分析选址地的人口统计资料、交通模式、房地产的价格和可获得性,以及该地区的竞争对手。将这些数据与餐厅收入和成本模型相结合,管理者们可以为新餐厅选址做出合理的选择。这是一种程序性决策。然而,第一次在欠发达国家开设新店却并非易事。管理者们对当地市场的了解和掌握的信息非常之少。在新的市场中,麦当劳的产品可以说是全新的,它将面临完全陌生的竞争对手,要和不熟悉的供应商打交道,招聘和培训也需要从头开始。这是真正的非程序性决策，甚至可能成为魔鬼决策（"Wicked" decision）。如果管理者们在进入哪个市场以及如何进入市场等问题上产生分歧，决策将会很难进行。[9]

人们常常将特别复杂的非程序性决策称为"魔鬼决策"，因为单是界定问题本身就会成为一项艰巨的任务。看一下来自推特（Twitter）的例子。

应用案例 13-1

推　　特

"请耐心听我说"，一名团队成员说，"这是非常复杂的"。推特首席执行官杰克·多尔西（Jack Dorsey）组建了一个由 18 名成员组成的团队，召开政策会议，讨论如何向用户提供更安全的社交媒体服务。讨论最热烈的话题是如何过滤掉"非人性化的言论"，即使它没有违反推特的规则。推特在言论发布方面设有明确的规定，禁止直接的暴力威胁和某些形式的仇恨言论，但没有禁止欺骗或虚假信息的相关规定。

在会议召开前几天，推特管理层和员工们一直在热烈讨论如何调整和解释公司的政策，包括哪些内容可以发布，哪些内容不能发布。推特由于允许极右阴谋网站"信息战"（Infowars）及其创建者亚历克斯·琼斯（Alex Jones）发布帖子，而一直受到用户和媒体的严厉批评。比如，他们的一条帖子认为桑迪胡克（Sandy Hook）小学枪击案是一场骗局。脸谱网、苹果和优图比撤下了来自信息战网站和琼斯的视频和播客，但推特因为这些内容没有违反自己的规定，就决定继续保留。

政策讨论会持续了一个多小时，大家都绞尽脑汁地想给"非人性化言论"下个定义。多尔西问，是否可能从技术层面寻找解决方案，但团队成员对此并没有统一意见。大家决定起草一份关于非人性化演讲的政策和规则，并将其公开，供公众评论和辩论。处理社交媒体上的言论自由问题颇具有挑战性。美国外交关系委员会（Council of Foreign Relations）数字政策高级研究员卡伦·科恩布鲁（Karen Kornbluh）指出了推特在决策中存在的糟糕问题，她说，"在这些决策背后，没有正当程序、没有讲求透明度、没有判例法，对于这些非常复杂的法律和社会问题，也没有掌握相关的专业知识。"[10]

推特关于其网站禁止发布哪些内容的争论就属于魔鬼决策问题。"魔鬼决策"通常与下列情形相关：管理者对此项决策的目标和备选方案存有冲突的看法，环境变化迅速，决策要素间的关联很不清晰。在处理"魔鬼决策"时，管理者可能会找到一个解决办法，但这事后会被证明他们开始时就错误地界定了问题。[11]组织学学者罗素·艾可夫（Russell Ackoff）曾经说："管理者要解决的不是简单、孤立的问题，他们要解决的是混乱的问题。"[12]艾可夫解释说，问题非常胡乱且相互联系，不同问题之间高度相关，且持续变化。换言之，混乱的问题就是魔鬼决策问题。在极端不确定的情况下，甚至一个好的选择也会导致一个坏的结果。[13]

  由于经营环境的复杂性和动荡多变,当今的管理者及组织就面临着越来越多的非程序性决策和魔鬼决策。如图 13-1 所示,当今环境的快速变化、复杂性和不确定性对组织的决策者提出了新的要求。首先,在环境不够稳定的时候制定决策的速度要够快。单个管理者无法掌握制定所有重要决策的信息,这意味着良好的决策取决于合作和信息共享。决策制定所依据的硬数据越少,结果的不确定性就越强。许多决策需要在试验和错误中不断修正。例如,为了简化和美化凌乱的商店并增加高附加值产品的销售,沃尔玛的管理者们去掉了将近 10% 的商品,这一决定影响了销售额。沃尔玛在十年来第一次遭遇了市场份额下滑。沃尔玛最近宣布了一项名为"回来了"的活动,约 8500 件商品回归货架,同时还使用了新的口号——"天天平价,件件如此"(Low prices. Every day. On everything)。[14]

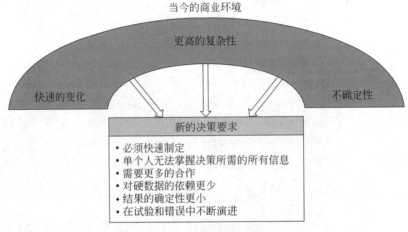

图 13-1 当今环境中的决策

资料来源:John P. Kotter, *Leading Change*(Boston,MA:Harverd Business School Press,1996),p.56.

本节要点

- 管理者们每天都要制定决策。决策制定过程包括问题识别阶段和问题解决阶段。

- 决策的复杂性各不相同。程序性决策是指重复出现、结构明确的,可开发出程序来解决问题的决策。非程序性决策是指新出现的、结构不明确的,不存在解决问题的既定程序的决策。

- 极其复杂的非程序性决策有时被称为魔鬼决策。魔鬼决策经常伴随着管理冲突,包括决策目标和可行选择,快速变化的环境,以及决策要素之间的不明关联。

13.2 个体决策

管理者的个体决策有两种方式。一种是**理性方法**(rational approach)，提出理想路径，告诉管理者应该如何做出决策。另一种是**有限理性观**(bounded rationality perspective)，描述决策实际是怎样在严格的时间和资源条件限制下做出的。理性决策是管理者努力要达到但很少能做到的理想的状态。

13.2.1 理性方法

个体决策中的理性方法强调，首先要对问题进行系统分析，然后按照合乎逻辑的步骤进行方案选择及实施。例如，18 世纪政治家和外交官本杰明·富兰克林(Benjamin Franklin)在遇到困难问题的时候，会把一张纸分成两列，左右分别标记为"正"(Pro)和"反"(Con)，并在每一列上写出各种支持或者不支持的原因。然后富兰克林用几天的时间衡量每一种"正""反"意见的价值，不断减少两列标记下的选项，直到达到一个最佳的决策平衡点。[15]查尔斯·达尔文(Charles Darwin)试图用同样的方法来决定他是否应该结婚。在"不结婚"一栏中，他写到了单身的好处，比如"想去哪儿就去哪儿的自由"。在"结婚"一栏，他写了"孩子(如果上帝允许的话)"和"音乐的愉悦，与女士聊天的开心"。[16]也许达尔文认为，通过使用这种理性的方法，他就"不太容易草率行事"，这一点正如富兰克林所做。[17]对于管理者来说也是一样，之所以提出用理性方法来指导个体决策，是因为观察者发现许多管理者在组织决策中缺乏系统分析，而且有武断行为。

尽管理性决策模式只是一种"理想"状态，如图 13-1 所示，在环境充满不确定性、复杂性和快速变化的现实世界中，理性决策不可能完全做到。不过，理性决策模型可以帮助管理者更清晰、更理性地思考决策问题。只要有可能，管理者应该尽量采用体系化的程序进行决策。要是管理者对理性决策过程有深刻的认识和把握，他们就能做出更有效的决策，即便是在缺乏明确信息的情况下。最近出版的一本关于决策的著作就剖析了美国海军陆战队(U.S. Marines)的例子。美国海军陆战队享有迅速果断地处理复杂问题的美誉。高强度的训练，使海军陆战队的官兵能迅速完成一系列的常规思维活动，并能迅速准确地分析形势，采取行动。[18]

依据这种理性方法，决策过程可分解为 8 个步骤，如图 13-2 所示，下面探讨的百货商店经理琳达·科斯洛(Linda Koslow)的例子正好说明了这 8 个步骤。[19]科斯洛是马歇尔·菲尔德公司(Marshall Field's)设在伊利诺伊州的奥克布鲁克商店的总经理。[20]

1. 监测决策环境。在理性决策的第 1 个步骤，管理者要监控内外环境，

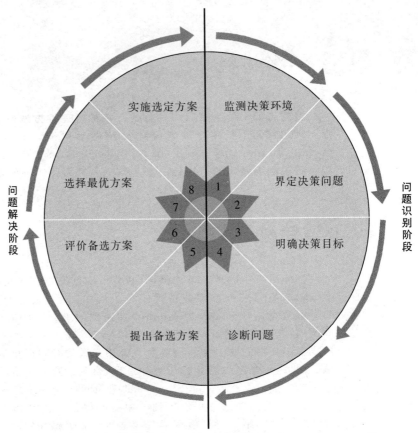

图 13-2　理性方法下的决策步骤

获得能显示实际与计划或可接受的行为之间的偏差的信息。监测的途径包括与同事们交谈,阅读财务报表、绩效评估报告及有关行业指数、竞争对手行动等资料或情报等。例如,在为期 5 周的圣诞节销售旺季里,琳达·科斯洛时刻关注着商场周围的竞争对手,看他们是否进行折价销售。同时她也浏览自己商店近几日的销售记录,了解各种商品销售的升降情况。

2. 界定决策问题。对于出现的偏差,管理者要界定偏差问题实质性的具体环节,如是在什么地方、什么时间出现了偏差,谁是责任者,谁是受牵连者,当前的组织活动受到何种影响,等等。对琳达·科斯洛来说,这意味着要确定商店盈利低是因为总销售额比预期的少,还是因为某类商品的销售状况没有预期的好。

3. 明确决策目标。管理者要确定各项决策应该达到什么样的绩效目标。

4. 诊断问题。在这个步骤中,管理者要透过表面分析问题发生的根源。为帮助诊断,可能需要收集进一步的资料。把握问题产生的原因将有助于找到合适的应对策略。对马歇尔·菲尔德公司的科斯洛来说,销售减缓的原因可能是竞争对手降价销售,或者是马歇尔·菲尔德公司没有把热销商品摆在显眼的位置上。

　　5. 提出备选方案。管理者在确定行动计划前,必须对能够实现预期目标的各种备选方案都有全面、清晰的认识。学者保罗·纳特(Paul Nutt)对决策进行了广泛的研究,从他的研究中可以发现,制定多个备选方案对于做出成功的决策而言十分重要。[21]只选择一种方案是很容易的,但往往是无效的。管理者可以从别人那里寻求好的主意及建议。科斯洛增加利润的备选方案可能包括购入新商品、大减价,或者减少雇员数。

　　6. 评价备选方案。这一步骤可能涉及运用统计方法或基于个人经验评估各备选方案成功的可能性。管理者对每一备选方案的优缺点和实现预期目标的可能性都要进行评价。

　　7. 选择最优方案。管理者要根据自己对问题、目标和备选方案的分析,选择一个有最大成功希望的方案。对马歇尔·菲尔德公司的科斯洛来说,她可能会选择减少雇员数,而不是加大广告宣传或减价销售,作为其实现商店盈利目标的抉择。

　　8. 实施选定方案。最后一个步骤是管理者运用其管理、行政和说服等手段以及进行指导、指挥,确保决策得以贯彻执行,这一过程有时被称为决策执行。决策执行被认为是决策过程的核心,因为不管选择的方案如何优秀,没有成功执行的决策都被认为是失败的决策。[22]管理者必须动员公司的人力和其他资源来将决策转化为行动。执行可能是决策过程最困难的步骤。一旦决定付诸实施,监测活动(步骤1)又重新开始。对于很多管理者来说,决策循环就是一个连续不断的过程,她每天要在监测环境中发现新的问题和机会并做出决策。

　　如图 13-2 所示,这一决策程序中的前 4 个步骤属于问题识别阶段,后 4 个步骤则属于问题解决阶段。这 8 个步骤通常会在每个管理者的决策过程中出现,只是每一个步骤可能并不是完全独立的。管理者凭借自己的经验能准确地知道在特定情形下该做些什么,所以,有可能会有一个或几个步骤被省略。应用案例 13-2 展示了理性方法是如何在人事问题决策中得到应用的。

应用案例 13-2

韦拉克鲁斯咨询公司

　　1. 监测决策环境。星期一上午,韦拉克鲁斯咨询公司(Veracruz Consulting)应收账款主管乔·马丁内斯(Joe Martinez)又没来上班。

　　2. 界定决策问题。这已经是马丁内斯连续四次在星期一旷工了。公司政策禁止无故旷工,马丁内斯因为最近两次的严重旷工行为,已经受到了警告。解雇的最后通牒也准备好了,但如果他保证改正的话,可能暂不给他这个通牒。

　　3. 明确决策目标。马丁内斯应该按规定上班,并达到他力所能及的款项回收水平。解决这一问题的时限是两周。

　　4. 诊断问题。经过与马丁内斯同事的慎重讨论,并从马丁内斯本人那里收集的信息来看,他存在酗酒问题。显然,他是利用星期一从周末的狂饮中缓过劲来。与公司其他知情人的交谈证实了这一点,马丁内斯是一个积重难返的酒徒。

5. 提出备选方案。(1)解雇马丁内斯。(2)发出解雇的最后通牒,不加任何说明。(3)发出最后通牒,并谴责马丁内斯过度饮酒,让他意识到你完全知道他的酗酒问题。(4)与马丁内斯交谈,看他是否愿意提及自己的酗酒问题。如果他承认自己有酗酒问题,就推迟发出最后通牒,并建议他参加公司新近推出的员工援助活动,这项活动旨在帮助员工克服个人问题,包括酗酒。(5)与马丁内斯交谈,看他是否愿意提及自己的酗酒问题。如果他不承认自己有酗酒问题,告诉他下一次再旷工,他将失去这份工作。

6. 评价备选方案。培训一名接替者的成本在每个方案中都是相同的。方案1忽略了对成本费用和其他绩效标准的考虑。方案2和方案3不符合公司的政策,该项政策规定应当适时地对员工提出劝告。方案4考虑了马丁内斯和公司双方的利益。如果马丁内斯愿意寻求帮助,公司将获得一名优秀的员工。方案5主要是考虑了公司方的利益。最后通牒在某种程度上可促使马丁内斯承认自己的酗酒问题。如果他承认并改正了,就可免于被解雇,但旷工将不再得到容忍。

7. 选择最优方案。马丁内斯不承认自己有酗酒问题,所以选择方案5。

8. 实施选定方案。把情况记录下来,并发出最后通牒。[23]

在上述案例中,向乔·马丁内斯发出最后通牒是一个程序性决策。公司对所期待的良好行为有明确的标准,关于马丁内斯旷工次数及原因方面的信息也很容易得到,可接受的备选方案及其抉择程序很清楚。这种情形最适合采用理性决策法,因为这时决策者有足够的时间进行深思熟虑的、有条不紊的决策。另外,一旦做出了决策,韦拉克鲁斯咨询公司也有现成的机制用以实施这项决策。

当管理者所面临的决策是非程序性的,不仅所要决策的问题结构不明,而且有许多这样的决策堆积在一起,这时,个体决策者仍应尝试遵循理性方法所提倡的决策步骤,不过往往要以个人直觉和经验对其中的步骤做些简化处理。这就产生了与理性方法所主张程序的偏离。这种偏离可以用有限理性观进行解释。

13.2.2　有限理性观

理性方法的主张是,管理者应该尽量采用体系化的程序来做出好的决策。确实,当管理者处理一些明确的问题时,他们经常使用理性程序来做出决策。[24]然而,有关管理决策的研究表明,管理者常常无法遵循这种理想的决策程序。在当今充满竞争的环境中,必须快速做出决策。时间压力、组织内外众多对决策产生影响的因素,以及许多决策问题不易确定性质,使系统分析几乎是不可能的。管理者只有相对有限的时间和智力,因而不可能对每个决策问题、目标和备选方案都进行评估。许多问题的高度复杂性限制了对理性的追求。管理者能处理的信息或知识以及他们的理性程度都是有限的。

我们不应该总是使用有限理性的方法,但这种方法对于某些决策来说是非常有用的。有限理性(bounded rationality)这一术语是由组织学家赫伯特·西蒙(Herbert Simon)提出的。西蒙认为,完美的解决方案可能存在一个问题,由于人们的理性是有限的,因此无法做到所有必要的认知步骤去寻找到最优答案。[25]想要更好地理解有限理性方法,可以思考一下大多数人在大学毕业后是如何选择工作的。这项看上去非常简单的决策能够迅速变得异常复杂,以至于要使用有限理性的方法。毕业生在拿到两三个录用通知的时候就会想在其中选一个,这时他们继续找工作的行动也会迅速减少。但其实,适合面试者的公司可能有成百家,假如毕业生是在完全理性的情况下做决策,他们就应该考虑所有的备选方案,两三份录用通知显然是远远不够的。

限制与权衡

如图 13-3 所示,大型组织的决策不仅十分复杂、不易充分了解,而且还有其他许多限制条件约束了决策者。对许多决策而言,由于组织的环境是模糊不清的,因而需要社会性支持,对所发生事情的共识、接受和认同。其他限制组织决策过程的因素包括企业文化、伦理价值观(如第 7 章和第 11 章所述),还有组织结构和设计,如图 13-3 所示。例如,英国石油公司的企业文化影响了管理者的决策,进而导致了灾难性的墨西哥湾深水地平线钻井平台爆炸和石油泄漏。冒着风险走捷径在英国石油公司的文化中根深蒂固。例如,英国石油公司在打造钻探历史上最深的油井之一的时候,管理者决定只使用一根钢护筒,而不是广为推荐的两根及以上。为确保油井在打得更深的时候不偏转方向,最好使用 21 根扶正器,而英国石油公司的管理者决定只用 6 根。他们也不去检查井底水泥是否坚固,而是仅依赖于防喷器作为保障。大多数石油公司通常将防喷器作为附加的保障措施,但英国石油公司很冒进,冒险文化无法促使管理者采取更为谨慎和耗时的方法。[26]

限制也存在于个人层面。个体决策中的个人局限,诸如决策风格、工作压力、对声誉的渴求、对危险的感知等,可能限制他们对备选方案的搜寻和接受。所有这些因素限制了可能带来理想决策的完全理性模型发挥应有的作用。[27]据称,盖普公司(Gap Inc.)首席执行官阿特·佩克(Art Peck)采用的是一种分析型决策风格,比起创造性的决策,他更喜欢数据和分析。他将更多权力交给运营高管,而不是创意高管。一些人认为,佩克的这种做法削弱了盖普公司适应时尚零售行业变化的能力,但佩克表示:"现在有了科学和艺术,它们可以结合在一起。"[28]一些管理者制定的许多决策都是为了让上级管理者满意,因为上级拥有更多权力、受人尊敬,下级管理者都在朝着上级

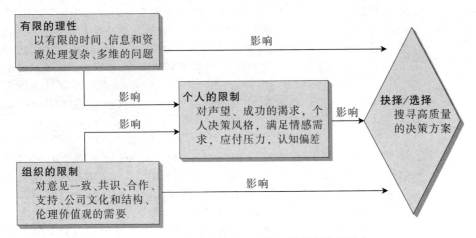

图 13-3　非程序性决策过程中的限制因素及其影响

资料来源：Adapted from Irving L. Janis，*Crucial Decisions*（New York：Free Press，1989）；and A. L. George，*Presidential Decision Making in Foreign Policy*：*The Effective Use of Information and Advice*（Boulder，Colo.：Westview Press，1980）.

管理者的方向努力。[29]其他一些管理者的决策风格缺乏灵活适应性，决策制定受到很多限制。

此外，管理者们在做决策时会以自己的判断作为约束条件，因而会产生一些偏差。后面的部分将详细讨论认知偏差。

直觉的作用

有限理性观常常与直觉决策过程相联系。在**直觉决策**（intuitive decision making）中，决策者依靠经验和判断做出决策，而不是按顺序进行合乎逻辑的、明显的推理分析。[30]很多研究人员发现，有效的管理者在时间压力下使用理性分析和直觉分析相结合的方法可以做出复杂的决策。[31]请完成下面的"你适合哪种组织设计"，看一看你在决策制定过程中是如何使用理性和直觉的。

你适合哪种组织设计

制定重要的决策

你是如何制定重要决策的？想要弄清楚这个问题，想想上次你是如何做出重要的职业生涯决定的，或者你是如何做出购买和投资的决定的。下面的词语多大程度描述了你最终做出决策的过程？请选择能最好地描述你是如何做出最终决策的五个单词。

1．逻辑＿＿＿＿＿

2．内在认识＿＿＿＿＿

3．数据＿＿＿＿＿

4．体验＿＿＿＿＿

　　5. 事实＿＿＿＿

　　6. 直觉＿＿＿＿

　　7. 概念＿＿＿＿

　　8. 预感＿＿＿＿

　　9. 理智＿＿＿＿

　　10. 感受＿＿＿＿

　　计分：选择奇数项的加一分，选择偶数项的减一分，最高可能的分数是＋5 分，最低可能的分数是－5 分。

　　解析：奇数选项适用于线性决策模型，偶数选项适用于非线性决策模型。线性指的是应用逻辑理性来制定决策，类似于图 13-2 所示的决策过程，非线性指的是应用基本直觉来制定决策，就像在上文中描述的一样。假如你的得分在－3 和－5 分之间，直觉和满意模型是你进行重要决策时的主要方法。假如你的得分在＋3 和＋5 分之间，那么文中描述的理性模型是你进行重要决策时的主要方法。商学院经常讲授理性方法，但许多管理者经常借助基于经验的直觉，特别是对于高层管理者来说，因为他们只有很少的可以用于评估的明确数据。

　　资料来源：Adapted from Charles M. Vance，Kevin S. Groves，Yongsun Paik，and Herb Kindler "Understanding and Measuring Linear-Nonlinear Thinking Style for Enhanced Management Education and Professional Practice"，*Academy of management Learning & Education*，6，no.2(2007)，167-185.

～～～～～～～～～～～～～～～～～～～～～～～～～～～～～～～～～～～～～

　　直觉可被定义为"不需要经过大脑有意识的推理就能够理解事物的一种能力。"[32]直觉通常沉淀于潜意识之中，它是通过多年实践和亲身经验而积累下来的。因此，直觉决策并不是武断的，也不是非理性的。如果管理者发挥其基于长期处理组织中各类问题的直觉判断能力，那么，他就能更为迅速地认识和理解问题，并凭着一种直觉或预感察觉什么样的方案能解决问题，从而加快决策的速度。[33]越来越多心理学、组织科学及其他学科领域内的研究证明了直觉在有效决策中的价值。[34]

　　如果有人在某个领域积累了丰富的经验和知识，通常很快就能够毫不费力地做出正确的决定，因为他识别出了一种熟悉的信息模式，这种信息模式会被大部分人无意识地忽略和遗忘。这种能力可以从伊拉克士兵身上看到，他们通过认知模式预防和反击路边的炸弹袭击。高科技设备用于检测简易爆炸装置，但仅仅是一种补充，它们不具有替代人脑感知危险的能力和行为。当不对劲的事情将要发生的时候，有经验的伊拉克士兵能够感觉到。这可能是一块石头，昨天还没有，今天却出现了，也可能是一块看起来太过对称的混凝土，还可能是过于奇怪的行为模式，或者只是对空气压力的异常感觉。[35]同样，在商业领域，管理者不断感知和处理他们可能不会有意识地注意到的信息，他们的知识和经验帮助他们做出可能具有不确定性和模糊性的决策。

　　管理者借助先前的经验和判断将各种无形的因素纳入其决策中的问题识别和解决阶段。[36]一项关于管理者如何发现决策问题的研究显示，在调查的 33 项决策问题中，有 30 项是模糊的、不明确的。[37]从非正式渠道获得的一些零星的、不相关的信息在管理者的头脑中会逐渐形成关系。这位管理者虽然无法"证明"问题的存在,但他的直觉让他感觉到某一领域需要特别注意。对复杂的问题以简单化的方式加以认识,这常会导致决策的失败。[38]所以管理者应学会听从直觉,而不是简单地接受事实,这样的做法是无可厚非的。

直觉方法也可用于问题解决阶段。管理者进行决策时,常常并不十分清楚会给公司的利润或其他绩效指标带来什么影响。[39]正如我们在图 13-3 中看到的,许多无形的因素,比如其他管理者是否支持决策者,对失败的担心,以及社会的态度,都影响着最佳方案的选择。这些因素无法以条理化的方式进行量化分析,只有依靠直觉来引导方案的选择。管理者所做出的决策更可能是基于他们的感觉,而不是以确切的数据来证明这样做是正确的。

<hr>

问题引入部分的参考答案

1. 管理者在制定决策时应尽可能采用最为客观、理性的决策过程。

答案:不同意。在决策过程中争取完全理性是理想而不现实的。许多复杂的决策并不能一步步按照理性分析来进行。同样对决策制定者来说也存在着很多限制。在制定非程序性决策时,管理者经常试着遵循理性决策的步骤,但他们同时不得不依赖于经验和直觉。

<hr>

本章的"新书评介"栏目就探讨了管理者应该如何利用直觉增加制定成功决策的机会。需要记住:有限理性观和直觉决策法主要用于非程序性决策中。非程序性决策所具有的鲜见、模糊和复杂等特性使得决策者无法获取确切的数据,也没有合乎逻辑的程序可循。关于决策行为的研究发现,管理者简直无法运用理性方法解决非程序性战略决策问题。例如,是否将具有争议的处方药投入市场,是否投资一项复杂的新项目,或者一个城市是否有必要安装企业资源计划系统(ERP)并使之得到合理使用。[40]对于这些决策,管理者的时间和资源条件有限,并且有些因素根本无法予以测量和分析。试图量化这些信息可能会导致决策错误,因为强行量化的结果会使决策标准过于简化。直觉还能平衡和补充理性分析,从而帮助组织领导者做出更好的决策。决策制定中一种新的趋势是**准理性**(quasirationality)方法,是指将感性的直觉和理性的分析结合起来。[41]在许多情况下,要做出一个好的决策,只靠直觉或者只靠分析都不够充分,所以管理者们就把二者结合起来。

马尔科姆·格莱德威尔(Malcolm Gladwell)
《眨眼之间:不假思索的思考力量》(*Blink:The Power of Thinking without Thinking*)

　　与谨慎小心地做决定相比，迅速决定的效果同样好，甚至更好，但是它们也可能有严重的缺陷或是危险的错误。这就是马尔科姆·格莱德威尔所著的《眨眼之间：不假思索的思考力量》一书的前提。格莱德威尔探究了我们的"适应性无意识"是如何在瞬间做出复杂而重要的决策的，以及我们应该如何通过训练使所做的决策成为好的决策。

让你的直觉变敏锐

　　格莱德威尔认为：尽管我们以为决策是仔细分析和理性思考的结果，事实上大部分的决策是在半秒钟内发生在潜意识中的。这一过程，即他所称的"快速认知"，既可能是惊人的洞察力，也可能是严重的错误。以下给出一些提高快速认知能力的建议。

- 请记住：更多不代表更好。格莱德威尔指出：给人们过多的数据和信息会限制人们做出好决策的能力。他引用的一项研究表明：急诊室里诊断心脏病最棒的医生从病人那儿收集的信息比其他医生都少。重要的是搜寻最有意义的信息而不是让信息超载。

- 练习"切片"（thin slicing）。格莱德威尔所说的"切片"过程亦即利用"适应性无意识"的力量，使自己在最短的时间内依据最少的信息做出明智的决策。"切片"意味着聚焦于少量的有关数据和信息，让你的直觉为你服务。他以美国国防部所指挥的一次战争为例：由商贸人士组成的敌方团队，竟然战胜了拥有空前数量的信息和情报，对可想象的每个突发情况都做了彻底、理性、严格分析的美国军队，因为商贸人士已经习惯基于有限的信息做决策，在一小时内就做出成千上万个即时决策。管理者可以练习这种无意识决策，直至它成为一种本能。

- 了解你的极限。不是每个决策都能依靠直觉来制定的。当你在某领域内有了一定程度的知识和经验后，就可以更多地信任你的直觉了。格莱德威尔同时提醒人们警惕那些会影响优质决策的偏见。"眨眼之间"暗示我们要学会从第一印象中分类整理信息，弄清楚哪些是重要的，哪些是潜意识的偏见，比如刻板印象或情绪包袱。

将直接应用到工作中

　　眨眼之间充满了生动有趣的奇闻轶事，比如消防员能让紧急时刻减速，并营造出可进行即时决策的环境。格莱德威尔断定：更好地理解瞬间决策的过程将有助于人们在生活的各个领域中都做出更好的决策，也能帮助人们预估和避免误差。

　　Blink：The Power of Thinking without Thinking，by Malcolm Gladwell，is published by Little，Brown.

~~~~~~~~~~~~~~~~~~~~~~~~~~~~~

本节要点

- 理性方法描述了一种管理者在制定决策时应该采用的理想方式。理性方法的步骤包括监测决策环境、界定问题、明确决策目标、诊断问题、提出备选方案、评价备选方案、选择最优方案，以及实施选定方案。

- 大多数的组织决策不是以合乎逻辑的理性方式制定的。绝大多数的决策并不始于对问题的仔细分析，接着进行备选方案的系统分析，最后选定和实施解决方案。相反，组织决策过程的特征表现为冲突、结盟、试错以及快速做出决策和鼓励错误中学习等。
- 管理者也是在许多限制理性的制约条件下进行决策的，因此，他们在制定决策的过程中运用理性分析，同时也使用满意原则和直觉。

13.3 认知偏差

一位企业客户不小心向一家全球金融服务公司的两个办事处提交了相同的业务申请。每个办事处的员工使用和遵守的是同一份业务指南，所以他们应该给出相似的结果。但事实并非如此。尽管他们使用相同的数据，遵循同样的指导方针，但返回的报价却大不相同。企业客户的管理者们对收到两份截然不同的报价感到非常恼火，促使他们把业务交给了这家金融服务公司的竞争对手。[42]决策是由人做出的，人的因素会强烈地影响对问题的界定和解决方式。

一个人如何看待和解决某个问题受到许多因素的影响。认知偏差是管理者应该注意的一个重要因素。每个人都有偏见，但我们大多数人很难发现自己的偏见。在阅读本章的其余内容之前，回答图 13-4 中的问题，看看你是否被偏见影响了决定。

13.3.1 可能影响决策的认知偏差

认知偏差（cognitive biases）是人类在决策过程中常犯的错误，并且容易导致错误的选择。[43]对以下这几种偏差的警觉可以帮助个体做出更好的决策。[44]

（1）受最初印象影响。在考虑做决策时，我们常常会给第一次接收到的信息较多的权重。这现象被称为锚定效应（anchoring effect）。最初的这些印象、统计数据或者估计将会作为一个锚对我们后续的想法和判断产生影响。这个锚可以很简单，可以是同事的随意评论，可以是在网站上看到的一个统计数据。过去发生的事情及其显示出的趋势也可以作为锚。比如，在商业组织中，管理者常常通过前一年的销售统计估计下一年的销售状况。过于倚重过去发生的事情，会导致预测失灵和决策失误。

（2）只看到你想看到的。人们往往会只寻找那些支持他们现有直觉或观点的信息，而忽略那些与之矛盾的信息。这种偏差会影响到管理者对信息的搜索和解读。人们倾向于重视那些支持他们现有观点的信息，而轻视那些与他们现有观点有冲突的信息。

在阅读本章其余部分的内容之前,先回答下面的问题:

1. 将一张纸对折,再对折,再对折……。这样对折 100 次后,折起来的纸有多厚?

写上你最乐观的猜测:_____。

你认为有 90％ 正确率的厚度范围是从 _____ 到 _____。

2. 一个有烟瘾的人凌晨 2 点的时候醒了,却没有烟可以抽。这时商店没有开门。他在废纸篓和烟灰缸里搜寻烟头,五个烟头就能卷一支新烟。他找到了 25 个烟头,足够让他每小时抽一根烟。对他而言,烟的供给能维持多长时间?_____小时。

3. 下面哪个图形与其他图形的差异最大?

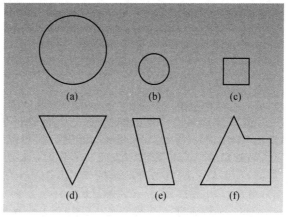

4. 作为公司的所有者和首席执行官,你决定投资 1 亿美元建造一种敌方雷达无法检测到的无人机。在项目完成到 90％ 的时候,一家竞争公司已经开始营销这种雷达无法检测到的无人机。此外,他们的无人驾驶飞机更快、更小、更便宜,同时也比你的公司现在正在开发的无人机更复杂。现在的问题是:你还要投资最后 10％ 的资金来完成你的无人驾驶飞机项目吗? 请选择其中一个答案。

_____不再投资:没有理由再继续投资这个项目了。

_____继续投资:既然已经投资了 9 000 万,我们不如继续投资,把这个项目做完。

5. 请快速估计下列算式的结果(5 秒),不要精确地计算。

$8 \times 7 \times 6 \times 5 \times 4 \times 3 \times 2 \times 1 = $ _____

6. 字母"f"在下列句子中出现了几次?

These finished files have been developed after years of scientific investigation of administrative phenomena, combined with the fruit of long experience on the part of the two investigators who have come forward with them for our meeting today.

字母"f"出现了_____次。

7. 罗伯特是一个嫉妒心强、固执、吹毛求疵、爱冲动、勤奋、聪明的人。一般来讲,你认为罗伯特的情绪化程度怎么样? (请圈一个数字)

一点都不情绪化　1　2　3　4　5　6　7　8　9　极端情绪化

8. 在下面的两个选择之间,你会选择哪个?

_____选择 A:有 50％ 的机会获得 1 000 美元

_____选择 B:确定获得 500 美元

在下面的两个选择之间,你会选择哪个?

_____选择 C:有 50％ 的可能性失去 1 000 美元

_____选择 D:肯定亏损 500 美元

在你做出每一个选择之后,你会发现你的答案与个人认知偏差之间的潜在关系。

图 13-4　是否有偏差在影响你的决策

资料来源:问题 1 和问题 4～问题 8 来自:Scott Plous, *The Psychology of Judgment and Decision Making*(Philadelphia:Temple University Press,1993);问题 2 改编自:Eugene Raudsepp with George P. Hough, Jr, *Creative Growth Games*(New York:Perigee Books,1977);问题 3 来自:the Creativity in Action Newsletter as reported in Arthur B. VanGundy, *Idea Power:Techniques & Resources to Unleash the Creativity in Your Organization*(New York:Amacon,1992).

（3）受情绪影响。如果你曾经在生气、心烦意乱或者很高兴的时候做过决定，你可能已经知道了受情绪影响的危险。在最近一项对伦敦投资银行交易员的研究中发现，有效管控自己的情绪是高绩效交易员的特质之一。低绩效的交易员在情绪管理和调节方面的表现要差一些。[45]另一项发现表明，当医生对病人有喜欢或不喜欢的情绪时，他们就不大容易做出更有效的决策。如果他们喜欢某个病人，他们就不大可能开出一个要经历痛苦治疗过程的处方，而如果他们讨厌某个病人，他们就会责备这个病人，并且提供较少的治疗。[46]为了防止医护人员在对病人的治疗过程中受自己情绪影响，合作医疗系统（Partners Health Care System）的医生们使用了建立在大量数据基础之上的临床决策支持系统，系统能够告诉医生哪些是可行的，哪些是不可行的。[47]只有当组织管理者尽可能地把情绪剔除出决策过程时，他们才有可能做出更好的决定。

（4）过于自信。大部分人在预测不确定结果时都会高估自己的能力。一家快餐连锁店的经理很确信地认为，较低的员工流动率是获得顾客满意及快餐店利润的关键，所以他决定为了保持员工快乐而投资一些项目。但是，当管理者们分析数据时发现，一些员工流动率较高的快餐店，其利润也较高，反而是一些员工流动率较低的快餐店在垂死挣扎。[48]在制定风险决策时，过度自信具有尤其高的危险性。

（5）执着愚守。一种常见的认知偏差是**执着愚守**①（escalating commitment）。研究表明，尽管有充分的证据表明某一方案已无成效，但组织依然继续在这上面投入时间和金钱。[49]很多时候管理者只是简单地期望能够弥补回损失。例如，日本福岛第一核电站在地震中受损后，东京电力公司（Tokyo Electric Power Company）的管理人员延迟使用海水来冷却受损的核反应堆，因为他们想要保护他们的投资，而用海水可能会使核反应堆永久瘫痪。[50]另外一种解释是认为前后一致和坚持不懈在当代成了一种普遍看重的行为准则。相比于不断改变行动方针的管理者来说，前后一致的管理者更容易被认为是优秀的领导者，所以尽管有证据证明一项决策是错误的，管理者仍然很难放弃这项决策。

（6）害怕失败或失去。通常情况下，人们对失败的厌恶程度超过对成功的期待程度，这被称为"损失厌恶"（loss aversion）。正因为如此，在做决策时对失败的恐惧比对成功的期待更强烈。[51]一个人丢失一张20美元钞票所感受到的痛苦通常要比捡到一张钞票所感受到的快乐强烈得多。由心理学家丹尼尔·卡内曼（Daniel Kahneman）和阿莫斯·特维斯基（Amos Tversky）开发的**前景理论**（prospect theory）认为，损失的威胁比等价值的可能回报对决策的影响更大。[52]因此，很多管理者在分析问题时常常会思考他们将失去什么，而不是他们将获得什么。当面对具体的决策时，他们高估了潜在的损失而低估了潜在的收益。另外，研究表明，因决策造成损失的遗憾感比不作为而损失的遗憾感更加强烈。这样，管理者就会避免那些可能会获得好机会但同时也可能会出现消极结果的行为。这种趋势可能造成一种过度谨慎决策的模式，导致组织出现慢性退步的问题。[53]前景理论同时也能

---

① 亦译为"承诺升级"。——译者注

够解释前面提到的执着愚守现象。管理者不愿意失去，所以只得在失败的决策后继续投入更多的资金。

（7）受群体思维影响。组织决策很多是由群体制定的，群体附和也会导致决策偏差。几乎在所有群体中都存在着微妙的一致性压力，特别是当组织中成员相互欣赏的时候，群体会避免一切可能导致不和谐的因素。**群体盲思**（groupthink）指的是组织成员常常抑制不一致的观点。[54]当人们陷进群体盲思的时候，对群体和谐的愿望就会超过对决策质量的关心。群体成员强调对团体一致性的维护而不会挑起对问题和备选方案的实际争论。人们审查各自的观点，并且不愿意批评别人的观点。

13.3.2 克服认知偏差

管理者应该如何避免认知偏差？我们提出一些建议帮助管理者在制定决策时更现实和客观。其中两个最有效的方法是应用基于证据的管理模型和鼓励意见分歧和多样化。

基于证据的管理

基于证据的管理（evidence-based management）是指依据可获得的事实和证据做出更多明智的决策。[55]这种方法意识到了个体偏差的存在，故而严格寻找并检验证据。管理者基于证据进行决策时是经过认真观察和深刻思考的，而不是在可以找到客观数据时仍粗略地依赖假设、过去的经验、经验规则或直觉进行决策。例如，道恩·紫儿（Dawn Zier）被聘为营养系统公司（Nutrisystem）的首席执行官，以帮助其扭转乾坤。在问别人问题时，她觉得，"他们回答得有点快，甚至都没有思考。"通过紫儿的深入挖掘，她发现，"事实通常不是被呈现出来的事实。"她在组织内发起了文化变革，提倡建立一种关注确凿证据的文化，而不是"幻想或希望某件事情发生"。公司现在的座右铭是"只要事实"。在这里，"事实"这个词不但要有证据，而且要传导关注、责任、以客户为中心、团队和成功的价值观。[56]

麦肯锡公司的一项全球调查发现，经理将深思熟虑的分析纳入决策时会得到更好的结果。通过研究 2 000 多位公司高管如何做一项特定决策，麦肯锡得出结论：详细分析、风险评估、金融模型等技术以及对类似情况的比较能够帮助企业得到更好的财务和运营成果。[57]然而，最近一项对 39 名高管所做决策的研究发现，他们所做的大部分决策都是基于很有限的证据来源。管理者可以通过使用更多的证据来源提升决策的有效性。[58]循证管理模型对克服损失规避和执着愚守问题发挥着特别作用。要应用循证管理模型，管理者需要使用扩展的数据和事实来预测决策。尽管许多管理者面临的问题是不确定的，一些事实和数据也很难搜集，但经常搜集证据的习惯能够帮助管理者避免依赖于错误的假设。这样，决策制定者也能够对决策进行事后解析，看看哪些对决策是有效的，哪些是无效的，如何能够制定出更好的决策。优秀的决策者对于他们不知道的事情有着正确合理的理解。他们经常自我质疑，并鼓励其他人对自己的知识和假设进行质疑。这样就养成了一种询问、观察和实验的习惯。

鼓励分歧和多样化

防止认知偏差影响决策的一个重要方法是创造一个有组织的环境,人们可以自由地发言,可以不同意他人的观点,敢于挑战既定想法和决策。[59]对于管理决策而言,在复杂环境中,分歧和多样化方法是非常有用的决策制定法,因为这种方法释放了决策制定过程中的各种想法和观点,从而避免了个体偏差和群体盲思的限制。[60]鼓励分歧的方法就是确保决策群体中的人员是多样化的,这些多样化包括群体人员的年龄、性别、专业分工、层级和商业经验。社会心理学家针对评审团讨论和评估刑事案件证据做了一系列模拟试验,实验发现种族多样化的陪审团能够考虑更多解释性证据,更准确地记住案件细节,进行更严格的讨论和审议。[61]一些群体甚至在决策时安排一些唱反调的人,称为"**魔鬼辩护人**"(devil's advocate),这些人对群体的假设和主张提出异议。[62]这些唱反调的人强迫群体重新思考他们解决问题的方法以避免群体形成不成熟的决定。可以看一下美国士兵参与军事行动的例子。错误的决策可以是致命的。在利文沃斯堡大学(Fort Leavenworth's University)的外国军事和文化研究所,美国陆军开始训练一群士兵,试图将他们训练为魔鬼代言人。"红队"的队员(已经从训练基地毕业的人)被分派到各个旅,去质疑现行假设,确保决策之前已经充分考虑了各种可行观点。项目主管格雷格·方特诺特(Greg Fontenot)说,这样做的目的是为了避免"陷入群体盲思"。[63]

另一种方法叫作仪式分歧(ritual dissent),在一个很大的群体会议上让几个并行团队解决同一个问题。每一个团队都指定一个发言人向另一个团队陈述他们的发现和观点,另一个团队此时要求保持安静。陈述结束后,陈述者要求转到一边,接受另一个团队毫不留情的抨击,而这时候陈述者要求保持安静。每一个队的陈述者轮流陈述,然后每个团队都轮流抨击,这样到会议最后,每一个观点都被仔细分析和讨论了。[64]无论使用哪种方法,优秀的管理者在制定复杂决策时都能够找到方法,获得多样化的意见和观点。

本节要点

- 被认知偏差影响决策可能会对组织产生严重的负面影响。
- 我们要防范的一些最常见的偏差,主要包括:受最初印象影响、过度自信、受情绪影响、只看到自己想看到的东西、执着愚守、群体盲思和损失规避。
- 管理者可以通过基于证据的管理,以及在决策过程中鼓励多样性和不同意见来避免或克服认知偏差。

13.4 组织决策

组织虽然是由使用理性方法和直觉方法进行决策的个体管理者组成的,但组织层次的决策通常并不是由单个管理者做出的。许多组织决策涉及多个管理者。问题的识别和解决都涉及许多部门和各种立场观点的人,甚至还包括了组织外的其他机构。因而,组织决策远远超出了个体管理者的范畴。

组织决策过程受到许多因素的影响,其中尤其重要的是组织自身的内部结构以及外部环境稳定或变化的程度。[65]有关组织决策的研究已经识别了4 种组织决策的过程,即管理科学学派、卡内基模型、渐进决策过程模型以及垃圾桶模型。

13.4.1 管理科学学派

管理科学学派(management science approach)所主张的组织决策方法类似于个体决策者所采用的理性方法。管理科学形成于第二次世界大战期间。[66]当时,数学和统计方法被用于解决紧急的、大规模的军事问题,这些问题超出了个体决策者的能力范围。

数学家、物理学家和运筹学专家将系统分析法用于研究火炮弹道、反潜艇策略以及如齐投(同时投下多枚炸弹)这样的轰炸策略。假设有一艘战舰要击沉几英里外的敌舰。要计算出这艘战舰火炮的瞄准方位必须考虑距离、风速、炮弹规格、双方战舰的航行速度与航向、开炮战舰的前后左右摇晃程度以及地球表面的曲度等。依靠试错和直觉进行这样的计算不但难以获得精确的结果,而且耗时过长,用这种方法可能永远无法取得炮击的成功。

在这种情形下,管理科学应运而生。借助这种方法,分析人员可以确定与战舰火炮瞄准相关的变量,并建立数学模型。距离、风速、战舰前后左右摇晃程度、炮弹规格等都可以进行测算并代入模型中求解,答案很快就能得出。战舰上的火炮就可以开火了。像战舰前后左右摇晃程度这类的变量可通过仪器迅速测出,直接输入到瞄准模型方程式中。目前,各类瞄准过程已经可以完全排除人为因素的扰断。雷达捕捉目标的整个过程就是通过自动计算完成的。

管理科学在解决许多军事问题上取得了惊人的成绩。这一决策方法扩散到了企业和商学院中,使其得到了进一步的研究和发展。使用运筹学方法的部门运用数学模型量化有关的变量,并对各备选方案及其能解决问题的概率进行定量的描述。这些部门使用的工具包括线性规划、贝叶斯统计方法、计划评审技术以及计算机模拟等。

当问题是可分解的而且变量可以确认和度量时,管理科学是组织决策的一个有效工具。数学模型能够包含上千甚至更多的变量，并确定每个变量与最终的结果变量相关联的特定方式。管理科学方法已被广泛应用到解决诸如确定教堂的理想位置，测量某新产品系列中第一个产品试销的结果，以及石油的钻探、电信服务设施布局的彻底变更等，并取得了显著的效果。[67] 其他可用管理科学方法解决的问题还包括民航员工、救护人员、话务员和公路收费员的配置等。[68] 如本章前面所述，荷兰皇家壳牌公司应用人工智能进行项目成员的分配。

随着计算机技术和软件的日益复杂，管理科学可以更准确、快速地解决那些有很多显变量而人工无法充分处理的问题。例如，1980 年，阿拉斯加航空公司（Alaska Airlines）总部附近的圣海伦斯火山（Mount St. Helens）爆发，导致公司瘫痪数日，一个由航空专家和气象专家组成的团队开发了计算机模型用以预测火山灰的轨迹，推动了航班的正常运行。自那以来，该公司一直使用管理科学技术制定飞行决策。[69] 再举一个例子，校车路线设计通常采用一种直观高效的方法，先去最近的停靠点，然后再去下一个最近的停靠点，以此类推，直到所有的学生都被接上车。波士顿公立学校举行了一场比赛，给一个提高校车系统运行效率的项目颁发了一个奖。之后，美国麻省理工学院的研究人员创造性地提出了一种算法，可以优化校车路线。借此，校车线路减少了 75 条。学校方面指出，如此一来可以节约开支 500 万美元，二氧化碳排放量每天减少 20 000 磅，校车路线总里程每年减少 100 万英里。[70]

其他类型的组织管理者也利用技术制定更多的决策。在佛罗里达州奥兰多市（Orlando）的迪士尼世界（Walt Disney World），管理者们使用复杂的计算机系统来分析数据和制定决策，以减少旅客的等待时间，最大化产能，优化人力资源效率，增加销售纪念品的机会。[71] 甚至医生的办公室都在使用管理科学来使得医生们的行为更加有效，例如通过他们诊所的病人数量、放弃预约的病人比率和其他因素来预测预约的需求。[72]

正如我们在第 9 章所讨论过的，管理科学方法存在的一个问题是量化数据的内涵不够丰富，不能反映隐含的内容。而许多问题恰恰存在于隐含的、非正式的线索之中，必须更多地依赖管理者个性化的感觉才能发现它们。[73] 如果一些重要的影响因素不能被量化，模型中无法包含，那么再复杂的数量分析也是没有用的。一些因素，如竞争对手的反应、消费者的"口味"（taste）、产品的"热度"（warmth）等，都属于定性的范畴。在这些情形中，管理科学方法只能对管理者的决策活动起一个辅助的作用。可以将量化分析结果交给管理者，结合他们自己的观点、判断、直觉进行讨论和解释。最终的决策既包括定性分析，也包括定量计算。

13.4.2 卡内基模型

组织决策的**卡内基模型**（Carnegie model）是建立在理查德·西尔特（Richard Cyert）、詹姆斯·马奇（James March）和赫伯特·西蒙（Herbert Simon）的研究成果基础上的。[74] 由于他们三人都就职于卡内基梅隆大学

(Carnegie Mellon University)，该模型因此而得名。他们的研究不仅促进了有关个体决策的有限理性观的产生，而且对组织决策也提供了许多新见解。

在此之前，经济学领域的研究都是假定工商企业是作为一个统一体进行决策的，似乎所有的相关信息都汇集到最高决策者那里，供其做出选择。卡内基小组的研究表明，组织层次的决策涉及许多管理者，最终的选择取决于这些管理者所组成的联盟。这里，**联盟**(coalition)是指由对组织目标和问题优先序达成了一致意见的若干管理者结成的同盟。[75] 例如，宝洁公司(Procter & Gamble)的高层管理者共同决定提高公司一些大品牌的价格，如帮宝适(Pampers)尿布和邦蒂(Bounty)纸巾。[76] 根据决策问题的不同，联盟管理者可能包括一线部门主管、职能专家，甚至外部团体，如有影响力的顾客、银行、工会代表。

组织决策过程中对管理者联盟的需要有两方面原因。一是组织的总目标常常是比较模糊的，各部门的经营目标也往往不一致。在目标模糊和不一致的情况下，管理者会对问题的优先序产生歧义。他们必须就这些问题进行类似于讨价还价的协商，达成优先解决这些问题的联盟。例如，凯鹏华盈公司(Kleiner Perkins)的合伙人兰迪·科米萨(Randy Komisar)建议，当一个公司要决定投资哪些新机遇或解决哪些问题时，可以使用一种叫作"利弊平衡表"(the balance sheet)的技术。跨部门管理人员围坐在一张桌子旁，每个人在纸上列出某个特定机会的好的方面和不好的方面。这类似于本杰明·富兰克林用于理性决策的"正""反"列表。不过，在这种情况下，管理者与他人分享自己的思想和观点，然后寻找利益共同点。"人们只关注支持他们的人，其他人会被忽视，这时候就会产生摩擦，这种技术可以有效地减少这种摩擦。"科米萨说。[77]

对联盟的需要还有第二个原因，那就是虽然个体管理者在意图上会力争实现理性，但实际上面临人的认知能力有限及其他限制(这点在前面已经讨论过)，管理者没有足够的时间、资源和智力对问题的方方面面加以识别，并收集和处理与决策有关的全部信息。这种局限导致了结盟行为的出现，即管理者之间会相互交谈，交流看法，由此了解更多的信息，减少模糊性。拥有相关信息或对决策结果有相关利益关系的人会得到咨询。建立联盟会使所做出的决策获得利益伙伴群体的支持。《纽约时报》(The New York Times)的管理者为了在网站上开启付费订阅计划，构建了一个管理者联盟。

应用案例 13-3

纽 约 时 报

要求读者有偿阅读《纽约时报》的网络版内容，并不是一个容易做出的决定。事实上，公司主管和资深编辑花费了大约一年的时间讨论这个问题，他们分析了各种可能性，并最终达成一致，决定实施这一新的订阅计划。

公司董事长亚瑟·苏兹贝格(Arthur Sulzberger)和其他一些高层管理者提出了有偿在线订阅的模式，但是遭到了其他高层管理者和编辑的坚决反对。反对者们花费多年时间将《纽约时报》的网站打造成世界一流的新闻网站，他们认为付费的订阅模式将会影响在线报刊平台的读者，并且这一做法与数字化时代格格不入。广告运营部门的管理者担心这一行为将会影响数字化广告的收益。其他人坚持认为公司需要通过有偿在线订阅的方式获得收益，或者进一步裁员。

正式与非正式的争论仍在持续。最终，管理者们形成了提供分层订阅服务的共识，也就是说网站允许读者每月免费阅读一定数量的文章，之后便要求读者在不同价格水平的三种订阅模式中做出选择。对于通过脸谱网、推特等社交网络或者谷歌等搜索引擎阅读到的文章，公司不计入每月限制的免费阅读量。这种做法不仅可以减轻数字型管理者的一些担忧，而且可以得到他们的共同支持。[78]

开启付费订阅的决定帮助《纽约时报》提高了收入。[79]通过成功地在组织内部建立联盟来支持这一决定，管理者们提高了成功的机会。与《纽约时报》在建立联盟方面获得成功不同，Univision Communications（美国最大的西班牙语媒体公司）的高层领导和董事会成员几乎在决定公司未来发展方向的各个方面都冲突不断。在一次董事会会议上，公司董事长和首席执行官吵得不可开交，楼下的员工都能听到他们在楼上的声音。争论到最后，首席执行官对董事会成员咆哮道，"我受不了……，我不干了！我不干了！"和大多数媒体公司一样，这家美国最大的西班牙语广播公司也面临着严峻的挑战。在纷争不断的情况下，高管们很难通过建立联盟使公司朝着积极的方向发展。[80]

结盟对组织决策行为的解释具有几个方面的寓意。首先，决策是以使问题解决满意化而不是最优化为标准做出的。**满意化**（satisficing）意味着组织会接纳令人满意的而不是最优化的绩效水平，这样就使组织能够同时达成多元目标。在进行决策时，管理者联盟将会接受一个能让所有结盟成员都感到满意的解决方案，就像在《纽约时报》案例中的情况一样。

其次，管理者关注的是迫在眉睫的问题和立竿见影的解决方案。他们所进行的是西尔特和马奇所称的问题搜寻性质的工作。[81]所谓**问题搜寻**（problemistic search）是指管理者就近寻找能使问题得到迅速解决的方案。虽然《纽约时报》的管理者们研究了各种其他公司采用的方法，他们没有考虑将这些方法应用于在线订阅模式的可能途径。在情形不明朗又隐含着各种冲突的情况下，管理者并不期望能找到一个完美的解决方案。这个观点是与管理科学学派的主张相反的，管理科学学派假定通过分析可以找到每一个合理的备选方案。卡内基模型则认为，搜寻行为足以使管理者找到一个满意的解决方案，并且，管理者通常会采纳首次出现的那个满意方案。

最后，讨论和协商在问题识别阶段极其重要。除非联盟成员认识到存在某个问题，否则就不会采取行动。然而，联盟中的关键管理者对于决策的顺利实施也很重要。例如，国家应急领导力项目（National Preparedness Leadership Initiative）的研究主任埃里克·麦克纳尔蒂（Eric McNulty）说，他们观察了一名执法人员在一项备受关注的刑事案件调查中做出重要决定的过程。这名执法人员有权自行作出决策,但他仍然努力争取与参与此次案件调查的其他机构领导者达成一致。通过建立联盟的方式,这位执法人员既避免了可能出现的盲点和偏差,又确保了最终决策的顺利进行。[82]当高层管理者意识到问题或者想做出重大决定的时候,他们需要与其他管理者达成协议,为决策制定提供支持。[83]

图 13-5 概括了卡内基模型所描述的决策过程。卡内基模型指出,管理者通过结盟达成一致意见,这是组织决策的一个重要部分。结盟尤其在最高管理层中经常出现。讨论和协商要耗用时间,所以搜寻过程通常不会太复杂,只要能找到满意的而非最优的解决方案即告结束。如果所面临的是程序性的问题,也就是明确的、以前出现过的问题,此时,组织就会依赖先前的程序和惯例做出决策。有了规则、程序,就没有必要形成新的联盟,也没有必要进行讨价还价式的协商。然而,非程序性决策则需要在讨价还价的协商中化解冲突。

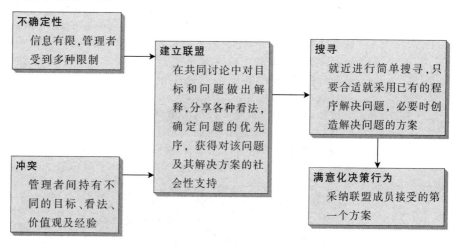

图 13-5　卡内基模型下的决策过程

问题引入部分的参考答案

2.当管理者知道解决组织问题的最好方案并且有相应的权力时,最好的办法就是直接做决定并付诸实施,不需要让其他管理人员参与到决策制定过程中。

回答:不同意。组织决策很少是由单个管理者做出的。制定组织决策是一个结合多种观点的社会过程。管理者之间经常讨论问题的优先级,并彼此交换意见和观点,达成一致意见。如果管理者之间不能达成共识,重要的问题就有可能得不到解决,一项好的决策就有可能因为管理者的不相信和不能有效执行而最终成为失败的决策。

13.4.3　渐进决策模型

　　加拿大蒙特利尔市麦吉尔大学（McGill University）的亨利·明茨伯格（Henry Mintzberg）和他的合作者从另一个角度研究了组织决策。他们选出了组织所做的25个决策实例，然后对与其相关的事项进行了自始至终的跟踪研究。[84]他们在研究中考察了决策过程的每一个步骤，在此基础上提出了称为渐进决策过程模型的决策方法。与卡内基模型不同，**渐进决策模型**（incremental decision model）较少强调组织中的政治性和社会性因素，而较多地考察决策过程中从发现问题到解决问题的一连串活动的结构性顺序。[85]

　　明茨伯格研究中的样本决策实例包括：区域性航空公司选购喷气式飞机的决策，新建一个夜总会的决策，在港口新建一个集装箱码头的决策，为除臭剂产品找到一个新市场的决策，医院里应用有争议的新式疗法的决策，解聘一位著名播音员的决策等。[86]这些决策的影响范围和重要程度，从完成该项决策所需的时间长短上可以反映出来。其中大多数决策要花一年以上的时间，甚至有1/3的决策要花上两年多的时间。这些决策的绝大多数都是非程序性决策，需要特定的解决方案。

　　这项研究的一个发现是，大部分的组织决策通常都是由一系列较小的决策组合在一起而形成大的决策。也就是说，许多组织决策并非一蹴而就，而是一个渐进的过程。然而，管理者也使用渐进决策模型来做单个的重大决策。来看一下洛杉矶公羊队（Los Angeles Rams）的高层领导们是如何决定聘请美国职业橄榄球大联盟（NFL）历史上最年轻的主教练的。

应用案例 13-4

洛杉矶公羊队

　　洛杉矶公羊队（Los Angeles Rams）将聘请一位新的教练，不论是更好还是更差，这一决定都将改变球队的未来。不管怎样，公羊队老板斯坦·克伦克（Stan Kroenke）和主管们都认为球队需要注入新的活力。

　　克伦克和球队首席运营官凯文·德莫夫（Kevin Demoff）、总经理莱斯·斯尼德（Les Snead）等团队负责人首先考察了教练行业整体环境，以尽可能多地甄别出合适的候选人。最后，他们列出了一张约30人的名单。名单上有一个名字叫肖恩·麦克维。斯尼德认为，球队高管团队成员都很喜欢这个人，但又觉得他历练不足。球队其他领导也对聘请一位30岁的球员担任主教练感到担忧。麦克维比球队的防守协调员年轻38岁。"我们在寻找新鲜的东西，"克伦克说。"从某种层面而言，我觉得这是年轻人的游戏。或许就是如此。"

　　领导们开始调查研究包括麦克维在内的顶尖候选人。他们对麦克维知道得越多，就越对他感兴趣。接下来，领导们对招聘主教练的决策进行了广泛研究，试图寻找一种有效的流程用来找到合适的人选。研究的结果

是没有这样一种流程。但领导团队发现,事实证明,一些非常年轻的教练是有史以来最成功的,而还有一些是最不成功的。为了确定麦克维是最成功的那一类,还是最不成功的那一类,球队领导们开始与所有相关人谈论麦克维——球员、球队主管,甚至体育广播员。

球队对麦克维的面试过程持续了八天。麦克维见到了公羊队的明星后卫亚伦·唐纳德和其他球员,还见到了球队的培训人员和运营人员。高管们与麦克维共进了四次晚餐,其中一次还带上了各自的妻子,以判断他在不同情境下的性格。在最后的晚餐面试中,领导们邀请了名人堂的跑锋马歇尔·福尔克(Marshall Faulk)加入其中。"马歇尔是一个很难对付的观众,"德莫夫说。"如果能赢得他的芳心,那就证明了肖恩的才华。"

事实证明,雇用肖恩·麦克维的决策是明智的。两年后,麦克维带领公羊队打进了超级碗,他是参加超级碗比赛的最年轻的主教练,比对方的四分卫汤姆·布雷迪(Tom Brady)年轻 8 岁。[87]

雇用肖恩·麦克维担任洛杉矶公羊队主教练的决定展示了一系列较小的、连续的决策,以及在做出重大决策时经历的耗时过程。

在做出某项重大决定时,组织要经过几个决策点,并可能在过程中遇到障碍。明茨伯格将这些障碍称为决策扰断(decision interrupts)。出现了决策扰断,意味着组织就不得不返回到前一决策步骤,重新开始新的试探。这种决策循环是组织通过探索而判断出哪个备选方案可行的一种途径。最终的解决方案可能与最初的预期大不一样。

明茨伯格和他的合作者所发现的决策过程模型如图 13-6 所示。决策过程中可能发生的每一个步骤可分为三个主要的决策阶段:识别阶段、开发阶段和抉择阶段。

识别阶段

识别阶段始于对问题的认知(recognition)。认知是指一个或多个管理者意识到组织存在某个问题,需要做出决策、采取行动。认知通常是由问题或机会引发的。当外部环境要素发生变化,或组织绩效被认为低于预期水平时,问题就出现了。在解聘电台播音员的决策实例中,听众、其他播音员或广告商会对该播音员提出批评意见。这些片段性的信息经过管理者的分析后会形成一种趋势,以显示出现了问题需要解决。在洛杉矶公羊队的案例中,管理者们对球队的比赛成绩越来越不满,并逐渐意识到问题出在那时的主教练身上。

识别阶段的第二个步骤是诊断(diagnosis)。在这一步,为了确切界定问题,需要收集进一步的信息。诊断既可以是系统的调查分析,也可以是非正式的,这取决于问题影响的严重程度。对于影响严重的问题,必须马上做出反应,因而容不得花时间进行详细的调查。至于不太严重的问题,则通常要进行较为系统的调查。

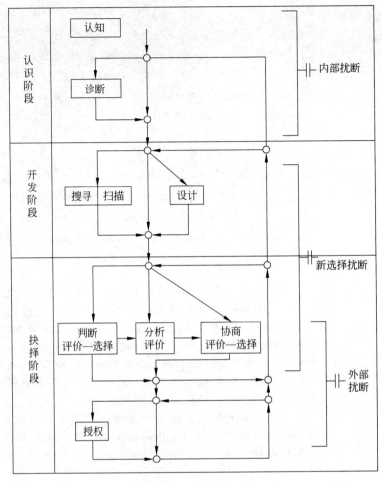

图 13-6　渐进决策模型

资料来源：Based on Henry Mintzberg, Duru Raisinghani, and André Théorêt, "Structure of Unstructured Decision Processes", *Administrative Science Quarterly* vol. 21(June 1976), 246-275. SAGE Publications.

开发阶段

为了解决识别阶段所界定的问题，需要提出一个解决方案，这就是开发阶段的任务。问题解决方案的开发有两种方式。第一种方式是搜寻（search），即在组织现有的解决方案集中寻找该问题的解决方案。例如，在解聘著名播音员的实例中，管理者可以参照电台上一次是怎么解聘不称职的播音员的。在搜寻现有的解决方案时，组织成员可以通过自己的回忆、与其他管理者交谈以及查询组织处理这类问题的规范做法而得到答案。在公羊队的案例中，管理层列出了一份 30 名可能胜任主教练一职的名单。

开发方案的第二种方式是设计（design），即专门提出一个特定的解决方案。采用这种方式的场合是：所出现的问题是以前没出现过的，因而无先前的经验可供参照。明茨伯格发现,在这种情况下,关键的决策者对理想的解决方案只有一个模糊的概念。他们通过试错的过程才逐步形成一个特定的解决方案。因此,方案的开发过程是由一组探索活动构成的渐进过程,是在一步一步的探索中逐步形成解决问题的方案。

抉择阶段

抉择阶段就是选定解决问题的方案。抉择并不总是在多个备选方案中选定一个方案。在需要专门设计特定解决方案的场合,抉择更多的是指对某个探索出的似乎可行的方案进行评价。

评价和抉择可以有三种方式。如果最终的选择是由单个决策者完成,并且是基于个人的经验做出选择的,则是使用了判断(judgment)的抉择方式。如果对多个备选方案进行系统的分析和评价,如运用了管理科学方法,这时就是采用分析(analysis)的抉择方式。不过,明茨伯格发现大多数的决策并不是以这种对备选方案进行系统分析和评估的方式进行的。当抉择涉及多个决策者时,由于决策结果对每一方的利益都有不同的影响,并由此产生了冲突,此时是以协商(bargaining)的方式做出抉择。这就像卡内基模型所描述的那样,要通过讨论和协商的过程,直至形成一个联盟,取得一致意见。

如果一项决策被组织正式接受,则紧接着进入授权(authorization)阶段。决策会沿着组织层级链而传递到负责执行的层次。授权的过程通常是一种常规行为,因为发现问题及提出问题解决方案的低层管理者会拥有相应的专长和知识来执行决策。当然,也有一些决策会因为低层管理者无法预料执行的后果而遭到拒绝。

动态性因素

注意图 13-6 的右边显示进程线又回到了决策过程一开始的地方。这些线代表决策过程中发生的回路或循环。组织决策并不完全是一个以认知开始,以授权结束的顺序进行的过程,时常会出现一些小问题使决策进程需要返回到前面的阶段。这就是决策扰断。比如,如果一个专门设计的解决方案没让大家满意,组织可能不得不返回到决策的起点,重新考虑该问题是否真的需要花力气解决。时间、组织中的权术活动、管理者间的意见不一致、没法找到一个可行的解决方案、管理者的更替或者一个新的备选方案突然出现,这些事件都可能导致反馈回路的出现。例如,加拿大有家规模不大的航空公司决定要购买喷气式飞机,董事会也批准了这一决策。但没过多久,新的首席执行官上任了,他取消了该项购买计划。这样,决策又重新回到了问题识别阶段。新任首席执行官同意对该问题的诊断结论,但坚持探寻其他解决办法。正在此时,有家国外的航空公司宣布破产,它有两架用过的飞机以低价待售。这就出现了一个预料之外的备选决策方案。这位新任首席执行官以他个人的判断决定购买这两架飞机。[88]

由于大多数决策需要经历相当长的时间,而环境又处在不断变化中,因此,决策是一个动态的过程。在问题得到解决之前,可能会需要多次决策循环。

本节要点

- 虽然管理者个人也做决策，但组织决策往往不是由单个人做出的。制定组织决策的方法包括管理科学方法、卡内基模型和渐进决策模型。

- 只有在极少数情况下，管理者自己分析问题并寻找解决方案。许多问题是不清晰的，所以广泛讨论和建立联盟的情况也就经常发生。

- 当对问题存有不同看法时，则会出现大量的冲突和联盟行为。必须首先确立优先序，说明哪些目标更重要，哪些问题宜先行解决。如果管理者试图解决一个问题，但其他人并不认同，那他将失去实施该解决方案所必需的支持。因此，在决策过程的问题识别阶段，应该投入时间、采取行动建立起联盟。

- 一旦设定了目标和优先序，就可以尝试那些为实现目标而制定的备选方案。通常情况下，解决方案包含一系列的渐进决策，这些渐进决策逐步形成一个完整的解决方案。管理者做出的个人决策往往只是一个更大决策过程中的一小部分。企业通过一系列的小决策过程来解决重大问题。管理者个人可以启动一个决策程序，但同时应该知道这个程序属于哪项重大决策过程中的一部分。

13.5　组织决策和变革

本章开头我们已经探讨了迅速变化的经营环境怎样给决策者带来了更大的不确定性。组织无论在问题识别阶段还是问题解决阶段，都面临极大的不确定性。在这种情形下，有两种决策方法可帮助这类组织的管理者应对决策中的不确定性和复杂性。一种方法是将卡内基模型与渐进决策过程模型结合起来运用。另一种独特的方法叫作垃圾桶模型。

13.5.1　卡内基模型与渐进决策模型的结合

卡内基模型中描述的建立联盟的方法在问题识别阶段尤其有用。当要解决的问题比较模糊，或者管理者对该问题严重性的认识存在分歧时，就需要进行讨论、协商而达成联盟。渐进决策模型强调形成解决方案的步骤。当管理者对问题形成一致意见后，渐进决策过程就是尝试各种解决方案，看哪种解决方案能够奏效。当问题方案不清晰的时候，一种试误方案就可能被设计出来。

卡内基模型和渐进决策模型在决策过程各阶段的应用如图 13-7 所示。这两个模型相互之间并不矛盾。这两个模型描述了在问题识别不确定或者问题解决方案不确定的情况下,组织制定决策时可采用的不同方法。在决策过程的两部分都同时处于高度不确定的情况下,组织就陷入了一种极其困难的境况,这种情况下的决策过程就可能是卡内基模型和渐进决策模型的结合,而这种结合将逐步发展成垃圾桶决策模型中描述的情况。

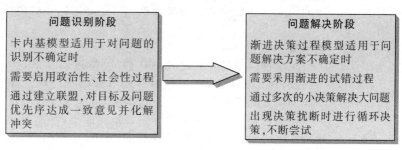

问题识别阶段

卡内基模型适用于对问题的识别不确定时

需要启用政治性、社会性过程

通过建立联盟,对目标及问题优先序达成一致意见并化解冲突

问题解决阶段

渐进决策过程模型适用于问题解决方案不确定时

需要采用渐进的试错过程

通过多次的小决策解决大问题

出现决策扰断时进行循环决策,不断尝试

图 13-7   问题识别与问题解决均不确定情况下的决策过程

13.5.2   垃圾桶模型

垃圾桶模型(garbage can model)是对组织决策过程的一种最新也最有趣的描述。该模型与前面所介绍的各种决策模型并不能进行直接的比较,因为垃圾桶模型探讨的是组织中多项决策的整体模式,而卡内基模型和渐进决策模型所关注的则是单项决策是如何做出的。垃圾桶模型有助于我们站在整个组织的立场上考察遍布组织的、管理者频繁做出的决策问题。在任何时候,组织内的管理者们都在考虑着各种各样的决策和行动,比如招聘新员工,开发一种新产品,或投资一家合资公司。通常情况下,管理者先评估各项备选方案,然后上级主管给出他们的意见和建议,最后做出决定。[89]然而,有时候决策过程要复杂得多。

有组织的混乱

有些组织面临极高的不确定性,垃圾桶模型就是用来解释这类组织的决策模式的。该模型的提出者是迈克尔·科恩(Michael Cohen)、詹姆斯·马奇(James March)和约翰·奥尔森(Johan Olsen)。他们将这种高度不确定性的情形称为**有组织的混乱**(organized anarchy),也即一种极其有机的组织。[90]处于这种状态的组织,没有正规的纵向职权层级链和官僚的决策规则。这种组织状态是由以下三个原因造成的。

1. 偏好不确定。目标、问题、备选方案和解决办法都是不明确的。决策过程的每一阶段都充满模糊性。

2. 技术路线不明确、难理解。组织中各方面的因果关系很难识别,而且不存在决策可参照的详尽的数据库。

3. 人员变动频繁。组织内各职位上的任职者频繁变更。而且,员工都很忙,分配到一个问题或一项决策上的时间实际非常有限。对任何一项决策而言,参与者是不固定而且有限的。

有组织的混乱形象描绘了那种变化迅速、职权层级不明显、行政式机构特征弱的组织。尽管当前的平台型组织以及处于行业快速变化中的组织会在许多时候都面临这种状态,但不会有哪个组织会时时处于这种极端有机的组织情形中。许多组织只是偶尔发现它们需要在一种不确定的、充满疑问的情形下进行决策。垃圾桶模型对于理解这一类决策的过程很有帮助。

活动流

垃圾桶模型的独到之处是认为,决策过程并不是人们所认识的那样始于问题、终于解决方案,不是由一连串步骤所构成。事实上,在识别问题和解决问题之间可能并无关联。现实中,可能在没有确定存在问题之前,就有一个构想被提出来作为解决方案。也可能是,存在着某一问题,但没有提出解决方案。决策是组织中独立发生的活动契合的结果。以下是与组织决策相关的四种活动流要素。

1. 问题。问题指的是组织当前活动和绩效中令人不满意的方面。它反映了当前状态与预期状态之间的差距。察觉到问题后,就会引起关注。但这与解决方案和抉择并无关联。一个问题不一定会导致某个解决方案被提出来。采纳了某一解决方案,也不见得就解决了问题。

2. 潜在的解决方案。解决方案是人们提出来供采纳的构想。这些构想形成了组织的方案流。构想可能是由新员工带入组织中的,也可以是现有员工创造性地提出来的。决策参与者可能仅仅是受到某些构想的吸引而设法将其推为合理的选择,而不管要解决的问题是什么。被一个构想所吸引的人员,可能会反过来寻找一个问题使这个构想派上用场,并以此证明该构想的合理性。一句话,解决方案可能独立于问题之外而被提出。

3. 参与者。决策的参与者是进出这个组织的员工,他们被聘用、调整职位或被解聘,因而是变动不定的。这些参与者有着各式各样的构想,对问题的感知以及经验、价值观、培训背景等也各不相同。一个管理者对某个问题和解决方案的看法会与另一个管理者大相径庭。

4. 抉择点。抉择点是指组织通常做出一项决策的时点。签订合约、聘用新人、宣布开发出某种新产品等,这些都蕴含着方案被选用的机会,即抉择点。此外,参与者、解决方案和所存在问题恰好匹配时,也会出现这种抉择点。比如,一个碰巧想到了某个好主意的管理者,可能会突然发现有个问题正好适合采用这个构想。这种情况下,这位管理者也为组织提供了一个抉择点。许多决策常常是源于问题和解决方案之间的匹配。

认识了上述四种活动流要素,不难推断出,组织决策的总体模式表现为某种随机性。问题、解决方案、参与者和抉择点这些要素都在组织中流动着。从某种意义上讲,组织就像一个巨大的垃圾桶,这些活动流要素在组织这个垃圾桶中不断混合着,如图 13-8 所示。当问题、解决方案和参与者恰好在某一抉择点上结合时,一项决策就在这时做出了,问题也由此得到解决。但是,如果解决方案与问题不匹配,则该问题就无法得到解决。

因此,如果把组织视为一个整体,并且考虑其高不确定性情形,我们就会发现:有时出现了问题,但没法解决;有时,解决方案提出来了,但并不管用。组织决策可能是以无序的方式进行的,决策并不是合乎逻辑的循序渐

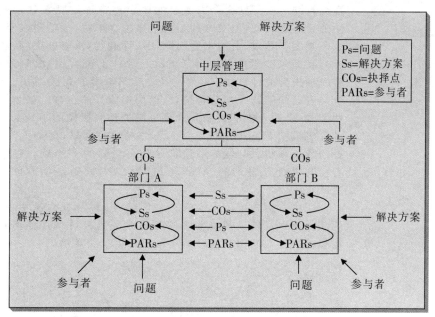

图 13-8　垃圾桶决策模型中独立的活动流示意图

进过程的结果。各种事件的模糊不清和复杂特性会使得决策、问题和解决方案各自流动，互不相关。只有当这些要素契合到一起时，一些问题才能得到解决，但依然存在许多没有解决的问题。[91]

推论

　　以下是垃圾桶模型关于组织决策的四条具体推论：

　　1. 解决方案可能在问题并不存在时提出。一位员工可能信服了某个构想，然后试图说服组织中的其他人也接受这一构想。20 世纪 70 年代计算机在许多组织的应用就是一个例子。使用计算机是一个令人兴奋的解决方案。计算机制造厂商和组织内的系统分析专家都倡导使用计算机。在最初的应用中计算机并没有解决什么问题。事实上，有些因使用计算机而产生的问题可能比它解决的问题还多。

　　2. 做出了决策却没有解决问题。比如，创设一个新部门这样的决策本来是为了解决某一问题的，但在高度不确定的情况下，这样的决策可能是错误的。还有，许多决策是随意做出的。人们辞职的决定、组织削减预算的决定以及颁布一项新的政策，都可能确实是针对问题做出的，但也未必一定能解决问题。

　　3. 问题可能持续存在，并未得到解决。组织成员可能对一些问题熟视无睹，没有把它们作为问题设法解决。或者，组织成员虽然知道应该如何解决问题，但技术路线并不明确。加拿大有一所大学因为未经合法程序擅自中断了一位终身教授的任职，结果遭到了美洲大学教授联合会的资格审查处分。这一审查令人懊恼，学校管理当局想要扭转局面。15 年后，那个被终止了终身职位的教授已经去世，然而，审查仍未得出结论。原因是这所大学没有同意按照联合会新成员的要求重审该解聘案件。毫无疑问,这所大学是想解决问题,但校方并不确定该怎么解决,他们也没足够的资源来解决这一问题。结果,资格审查问题就这样搁置,没有解决的办法。

4. 只有少数问题得到了解决。总体上说,这种决策过程是有效的。在垃圾桶模型的计算机模拟中,重大问题常常能得到解决。解决方案确实需要与合适的问题及参与者结合,以便形成好的抉择。最近,研究人员做了一些实验,看看人类能否做到计算机模拟预测所做的事情。他们发现,人类和计算机模拟在某些方面产生了几乎相同的结果,比如人类和计算机做出选择的数量和解决问题的数量都是几乎相同的。[92] 当然,做出了抉择并不意味着会解决所有碰到的问题,不过,组织毕竟还是朝着问题减少的方向迈进了。

应用案例介绍了大众汽车公司(Volkswagen),从中我们可以看到独立的活动流以及垃圾桶模型所描述的混乱决策过程是如何起作用的。问题,构想,机会,人们似乎通过随意组织产生了决策结果。

应用案例 13-5

大众汽车公司

西弗吉尼亚大学的研究生(参与者)测试了一辆大众捷达汽车的排气,发现其柴油车存在一些可疑之处(问题)。学生们和他们的教授写了一份报告揭露此事:捷达柴油汽车的氮氧化物排放量超标15至35倍(问题)。大众汽车的安全主管(参与者)查阅了这项研究,并用一份一页纸的报告对西弗吉尼亚州大学的这一发现做出了回应。然而,同样的捷达汽车在实验室内却通过了排放测试。安全主管得出这样一个结论(机会选择),给出一个说得通的解释是几乎不可能的。

大众汽车的管理者们(参与者)对此考虑了多种可能的选择(机会选择):(a)拒绝承认这一问题;(b)更新引擎软件;(c)承认问题的存在,并召回已在美国销售出去的柴油车。

加州空气资源委员会(CARB)的阿尔贝托·阿亚拉(Alberto Ayala)(参与者)决定开启更强有力的调查(机会选择)。CARB的工程师(参与者)将对捷达汽车进行测试,并与大众的工程师(参与者)见面,交换意见。而这种回合反反复复拖延下去,并没有得到什么解决方案。大众抱怨CARB的测试是错误的。在随后的一次会议上,大众代表(与会者)建议召回柴油车,以更新发动机软件(机会选择,解决方案)。然而,这却演变成了大众汽车的拖延策略(问题)。大众在28万辆汽车上更新了引擎软件,汽车污染与以前相比得以减少(解决方案),但这些车辆上的非法软件代码并没有被删除(选择,大众的解决方案)。

CARB检测发现,车辆召回和软件更新并没有解决大众汽车的污染超标问题(问题)。CARB坚持要求大众披露管理排放控制系统的软件代码（选择）。大众的一个委员会（参与者）讨论了当前面临的危机，并决定（选择）创建一个任务小组，以更积极的立场面对这个问题（选择）。随后，大众又提供了一大堆技术信息，用以证明他们可以提供更好的解决方案（解决方案），但在 CARB 的工程师们看来这完全是一派胡言。唯一的结论是（决定）大众公司使用了某种非法软件来妨碍正常的排放测试。

　　CARB 给大众带来了巨大的压力，大众高管层意识到他们已经找不到其他借口了（机会选择）。在接下来的会议上，大众汽车公司代表（参与者）向 CARB 承认，大众汽车安装了一个减重装置（选择）。2015 年 9 月 3 日，大众正式向监管机构承认（选择），在美国销售的 50 万辆柴油车有两个校准，一个用于排放测试，一个用于正常道路运行。西弗吉尼亚大学研究生进行的这项研究最终使大众汽车损耗了 220 多亿美元的罚款和诉讼费。[93]

　　大众汽车的案例展示了垃圾桶模型中的决策过程和变化，以及这个过程中人员、问题、潜在的解决方案和抉择点在组织内部的随机流动。很多问题不是按照简单、有逻辑、循序渐进的程序解决的。大众的一些问题看似已经解决了，或者至少减少了，但其实仍然存在。即使针对这些问题已经提出了解决方案，做出了决策选择，却仍未解决。有些事件是偶然发生的，比如西弗吉尼亚大学的排放测试。大众的管理者们尝试了各种解决排放问题的方法，其中一些可能会有效。其他一些方法则持续了一年或数年还未奏效。新的决策会被制定，随着持有各种想法的人来来去去，以及外部力量的继续改变，各种机会将被接受或拒绝。

本节要点

- 为了应对极度的不确定性和复杂性，管理者们将卡内基模型和渐进决策模型结合起来使用，还可能使用一种被称为垃圾桶模型的独特方法。
- 垃圾桶模型描述了高度有机式组织中的决策过程，这种决策过程看起来似乎是随机的。
- 许多组织有时会发现自己所处的决策环境是不清晰的，甚至是有问题的，而垃圾桶模型对于理解这种类型的决策模式正好非常有用。
- 决策、问题、构想和人员在组织中不断流动，以各种不同的方式发生组合。在这个流动和随机组合的过程中，组织逐步地学习。有些问题可能永远得不到解决，但多数问题还是能得到满意的解决，从而使组织会朝着可持续和高绩效的方向前进。

13.6 权变决策框架

本章已讲述了组织决策的几种方法,包括管理科学、卡内基模型、渐进决策过程模型和垃圾桶模型。本章还讨论了个体管理者所采用的理性的和直觉的决策方法。每一种决策方法都是对实际决策过程相对准确的描述,但各种方法之间互不相同。例如,管理科学所反映的决策的假设和程序,就与垃圾桶模型所反映的不同。

之所以存在多种不同的决策方法,是因为它们适用于不同的组织情境。采用哪一种方法取决于特定的组织情境。归纳起来,有两个组织特征决定了决策方法的选用:一是对问题的共识程度;二是用以解决问题的技术知识。[94] 分析组织在这两个维度上表现出来的特征,可以推断出应该采用哪一种方法进行决策。

13.6.1 对问题的共识程度

对问题的共识程度(problem consensus)反映管理者之间在组织所面临的问题或机会以及所追求的目标和结果方面认识的一致程度。这一变量的变化范围包括从完全一致到完全不一致的各种状态。如果管理者之间的认识一致,则不确定性就较低,这意味着组织的问题和目标以及绩效标准等都是明确的。反之,管理者之间的意见不一,则意味着组织的方向和期望的绩效处于争议中,从而产生了高度不确定性的情形。一个关于问题不确定性的例子发生于罗克福德卫生系统(Rockford Health System)。人力资源经理想实施一项新的自助福利制度,允许员工自己管理他们的薪酬福利等项目,以此鼓励员工参与更多战略性活动。然而,财务经理认为获得软件许可证的成本太高了,会伤害到公司的利益底线。其他部门的经理们也不同意使用新系统,因为他们担心昂贵的新型人力资源系统会导致他们自己部门的项目无法获得批准。[95]

如果组织像第 4 章描述的那样是高度分化的,那么,对问题的共识程度就较低。回想前面的介绍可知,不确定的环境会导致组织内各部门间在目标和态度等方面的差异,因为各部门都专注于各自特定的环境要素。这种差异导致认识上的分歧和冲突,因此管理者在决策过程中就必须特别努力地建立联盟。例如,由于未及时识别出"哥伦比亚"号航天飞机上的问题,从而没能避免 2003 年 2 月发生的灾难,美国国家航空航天局(NASA)一直遭到批评指责。有一部分灾难成因是安全部门的管理者和计划部门的管理者在认识上高度分化、相互冲突,具体说来就是准时发射优先于安全考虑。在航天飞机发射后的几秒钟内,一块泡沫材料碎片撞击了飞机左翼。事发后,工程师们三次要求获取更好的照片来评估撞击所造成的损坏,但都遭到拒绝。此后的调查已指明，这处由碎片造成的物理损坏可能就是爆炸的主要物理原因。构建一个能够听取不同意见和建立联盟的机制，可以改进 NASA 以及其他组织在处理复杂问题时的决策质量。[96]

对问题的共识在决策过程的问题识别阶段尤其重要。如果问题是明确的、高度认同的，那么，有关绩效的标准和期望也会是明确的。如果对问题的看法有分歧，那么问题的识别就很难进行。这时，管理当局必须集中精力，设法使大家在组织目标和优先序方面达成一致意见。

13.6.2　与解决方案相关的技术知识

这里，**技术知识**（technical knowledge）是指管理者对如何解决问题和实现组织目标的理解和意见，及其一致性程度。对于问题解决方案及因果关系的判断，这个变量的最大值是完全同意和确定，最小值是完全不同意和不确定。例如，胡椒博士／七喜公司（Dr. Pepper／Seven-Up Inc.）就曾面临低技术知识的情况。尽管管理者对所要解决的问题有一致的意见，都想使七喜汽水的市场份额从 6％提升到 7％，但是实现这一市场份额目标的手段却不清楚或者意见不一。有一小部分管理者主张在超市里进行打折销售，另一些人则认为应该在饭店和快餐连锁店增设汽水售货机，还有一小部分人坚持认为最好的办法是加大电台和电视广告宣传。管理者们不清楚到底怎样做才能增加市场份额。最终，加大广告宣传的意见占了上风，但实际的效果并不理想。这一决策的失败，反映了管理者对如何解决这一问题的技术知识的欠缺。

如果对实现目标的手段有清晰的认识，就可以找出合适的备选方案并进行相对确定的权衡比较。反之，如果对手段的认识模糊，潜在的解决方案就是不清晰、不确定的。此时，直觉、判断和试错就成为决策的基本方案。

13.6.3　权变框架

图 13-9 对**权变决策框架**（contingency decision-making framework）做了概括性描述。这一框架将问题的共识程度和有关解决方案的技术知识两个维度结合在一起，形成了四个象限。每个象限代表一种特定的组织情境及其适用的决策方法。

象限 1

图 13-9 所示的象限 1 中宜采用理性决策方法，因为此时对问题的认识一致，并且因果关系相当明确，因而不确定性程度低，可以用科学计算的方法进行决策。可以确定多个备选方案，并通过分析和计算选定最佳的解决方案。本章前面已经对个体及组织决策的理性模型做了描述，这种方法在问题及其解决的办法都很明确时较为适用。

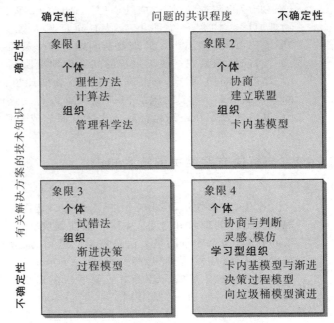

图 13-9　决策模型选用的一种权变框架

象限 2

在象限 2 中,问题和优先序的不确定性高,因而需要通过协商、妥协等达成一致意见。为解决一个问题,组织可能要将针对其他问题的行动推后。优先考虑哪一问题的优先序往往要通过讨论、争辩甚至建立联盟才能确立。

处于这种情形下的管理者应当在决策过程中采用广泛参与的方法,以便达成一致意见。让各种观点摆到桌面上进行讨论,直到达成妥协。否则,组织就不可能以一个整体来行动。卡内基模型适用于对组织所面临的问题存在意见分歧的决策情形。当组织内部的不同群体之间存在不一致的看法,或者组织与外部利益相关者(如政府调控部门、供应商、工会等)之间存在冲突时,讨价还价和协商谈判就是必需的。讨价还价策略对决策过程的问题识别阶段尤其适用。一旦协商谈判完成,组织将获得对其中一种行动方案的支持。

象限 3

在象限 3 的情形下,问题和绩效标准是明确的,但备选的解决方案模糊、不确定。解决某个问题的技术路线不确定,难以把握。个体管理者在面临这种情形时可以以直觉作为决策指南,依靠经验和判断进行决策。在这种情形下,因为备选方案难以识别和通过计算来权衡,因此理性的分析方法难以奏效。同时,硬数据和准确的信息也很难获得。

在这种情形下,组织可运用渐进决策过程模型进行试错性的探索。一旦识别出某个问题,通过一系列的渐进步骤可以使组织逐渐探寻出解决方案。在这个过程中如果出现新的问题,组织可返回到决策循环的前些步骤,重新开始。最终,组织会在几个月或几年后获得足够的经验,使问题得到满意的解决,组织也会积累丰富的经验。

在象限 3 的情形下,资深管理人员对问题有共同的认识,但就是不知道该如何解决该问题,这种情况经常发生在商业组织中。此时,如果采用渐进决策方法,管理者将最终获得有关解决方案的技术知识,从而解决问题,完成预期目标。

象限 4

象限 4 的特征是,问题和解决方案都具有高度的不确定性,因而决策的难度很大。在这种高不确定性情形下,个体管理者可以运用象限 2 和象限 3 中所示的方法。管理者会努力建立联盟以达成目标和优先序方面的共识,同时运用判断和试错法解决问题。此外,灵感与模仿也是比较适用的方法。通过**灵感**(inspiration)获得的革新性、创造性解决方案与逻辑推理不同。灵感有时就像一闪而过的顿悟,不过与直觉相似,它要基于对问题的深刻认识和理解,而这些问题已经在潜意识中深思熟虑过了。[97] **模仿**(imitation)则是指采纳其他地方实施过的决策,希望这种解决方案在自己面临的情形中也能够奏效。

举一个某高校会计系的例子进行说明。教师们对他们的处境感到不满意,但又决定不了下一步的发展方向。一些教师希望更多地以科研为中心,而另一些教师则认为,应该面向企业,侧重于实践应用。对目标的意见分歧因为各方都不确定实现所主张目标的最佳途径而更加激化。最终,系主任的灵感促成了问题的解决。具体解决方案是,利用大型会计师事务所捐赠的资金成立了一个会计研究中心。捐款用来资助那些对基础研究感兴趣的教师们的科研活动,同时也为其他教师提供与企业联系所需的经费。这一解决办法形成了一个共同目标,并使全系教师团结起来,朝着这个共同目标努力。

如果整个组织在问题和解决方案两方面都面临高度的不确定性,会出现垃圾桶模型所描述的那些活动流要素。此时,管理者可能先是尝试使用象限 2 和象限 3 中所示的决策方法,不过,以问题识别为起点、以问题解决为终点的逻辑过程是不可能出现的。潜在的解决方案可能先于问题产生,这种情况出现的频率几乎与问题先于解决方案出现的概率相等。在这种情形下,管理者应该鼓励对问题进行广泛的讨论,发动大家踊跃提出方案构想,以促使组织有更大的可能性形成抉择。通过试错过程,组织最终会使一些问题得到解决。

研究发现,对权变决策框架诊断后再制定的决策更可能成功。然而,研究也指出,将近 60％ 的战略管理决策没有遵循这个框架,导致在有误导或信息缺失的情况下,有效决策的可能性被降低。[98] 管理者可以使用图 13-9 所示的权变框架来提高做出成功组织决策的可能性。

~~~~~~

本节要点

- 不同的决策方法适用于不同的情境。有两个组织特征决定了决策方法的选用,一个是对问题的共识程度,另一个是用以解决问题的技术知识。

- 对问题的共识在决策过程的问题识别阶段尤其重要。如果对问题的看法有分歧，那么问题的识别就很难进行。这时，管理者们必须集中精力，设法使大家在组织目标和优先序方面达成一致意见。

- 技术知识是指对如何界定和解决问题以实现组织目标的理解及意见一致的程度。

- 管理者可以遵循权变决策框架的规则，通过使用正确的决策方法，增加制定成功决策的可能性。

13.7　几种特殊的决策情形

当今的世界是高度竞争的世界，全球竞争和快速变革无所不在，传统的理性分析模型已经不太适用于决策。在今天这个越来越难以预测的环境中，管理者要比以往更多、更快地制定高风险的决策。例如，针对高科技企业 CEO 的调查发现，他们想努力使用某些类型的理性决策方法，但行业的不确定性和变革往往导致这些方法失败。管理者进行决策时实际使用的方法是通过与其他管理者、下属、环境因素以及组织事件进行复杂的相互作用。[99] 今天的决策者要特别关注如何适应高度动荡的环境，以及从决策失误中学习。

13.7.1　高度动荡的环境

在一些行业中，竞争和技术变化的速度非常之快，以至于根本无法获得市场数据，或者获得数据时已经过时，战略窗口可能在几个月内就迅速打开又关闭，而失误的决策可能会导致企业失败。最近的研究考察了成功的企业如何在**高度动荡的环境**（high velocity environment）中进行决策。这项研究有助于理解组织为什么要放弃理性决策方法，以及组织是否有时间去按步骤地实施决策。[100]

在高度动荡的环境中做出的决策，有成功的，也有失败的。对这两者进行比较研究后，可以得出以下指导原则：

- 成功的决策者对信息进行实时跟踪，对本企业所处的行业进行深入、敏锐的了解。企业通常每周要举行 2～3 次重要会议，关键性的决策人物全部参加。决策者追踪分析各方面的统计资料，以便及时把握企业经营的脉搏。与此对比，那些不成功的企业所关注的多是所谓的未来计划和前瞻性信息，对企业正在发生的事情关注甚少。

- 在一项重大决策进行期间，成功的企业会立即着手提出多个备选方案，并且在最终敲定决策方案之前可能已经同时开始实施了。而决策缓慢的企业每次都只制订一个方案，并且是在第一个方案失败以后才转向下一个方案。

- 高效、成功的决策者向所有的人征询建议，并特别倚重一两个经验丰富、值得信赖的同事，将他们视为高参。而决策缓慢的企业往往不能在优秀人员中建立起互信和共识。
- 快速反应的企业会吸收每一个人参加决策，并尽力在众多人之间达成共识；但如果无法达成共识，高层管理者会做出抉择，使企业尽快采取行动。等待所有的人全都达成共识，这会造成决策的耽搁，而不见得能确保决策的质量。反应迟缓的企业不惜耽搁决策进程，只为了取得一致的认识。
- 迅速、成功的抉择需要与企业其他方面的决策以及整体战略方向相吻合。而那些不太成功的抉择行为往往只是孤立地考虑这项决策，很少考虑与其他决策间的关联。这样做出的决策无异于空中楼阁。[101]

当反应速度非常重要时，迟缓的决策同错误的决策一样是无效的。管理者需要学会如何迅速做出决策。为了提高在高度动荡的条件下做出好决策的可能性，一些组织通过一种叫作"**点对位**"（point-counterpoint）的方法激励结构性冲突，这样就把决策者分成了两组，接着给他们安排不同的甚至经常是竞争性的职责。[102] 两组分别提出方案，然后交换方案、进行观点上的辩论，直至双方达成共同的理解和建议。由于考虑了各种观点，各组一般都能做出更好的决策。在面临复杂性和不确定性的情况下，决策中有发言权的人越多，决策质量越好。

群体决策不一定总能达成共识，但是寻求共识的过程让每一个人都有机会去考虑别人的提议和去陈述自己的观点，也让高层管理者有了更全面的了解。一般而言，参与者都会支持最终的决定。然而，当需要快速决策时，高层管理者往往会乐意去做这种决策。

13.7.2　决策失误与学习

组织决策会出现许多失误，特别是在高度不确定的情境中做出决策时，失误会更多。因为这时管理者基本上无法确定或预测哪个备选方案将能解决问题。但组织还必须做出决策，并承担风险，因此决策通常表现为试错的过程。如果一个方案失败了，组织会从中学到一些东西，然后尝试另一个更适合的方案。每一次失败都提供了新的信息和经验教训。试错法的核心思想是，管理者要大胆地推进决策过程，不要过多顾虑可能的失误。"行动中的无序比无行动的有序要好一些。"[103]

在一些组织中，管理者培育了勇于尝试、促进创造性决策的氛围。如果一个构想失败了，就要尝试另一个。失败是成功之母。比如 3M 公司的技术人员根据一种失败的产品——一种不太黏的胶水——开发了便利贴。大多数创新公司的管理者会认为，假如他们所有的新产品都成功了，他们一定是做错什么了，他们可能没有冒着风险去开发新市场。换句话说，他们坚持认为，当失败能教会企业一些新东西时，才能为企业以后的成功奠定基础。

可口可乐公司新任首席执行官詹姆斯·昆西(James Quincey)正在推动公司摒弃谨慎的文化,迎接更多风险,即使这可能导致失败。1985 年,可口可乐决定重新调整配方,却以灾难性的失败而告终,这一失误被外界戏称为"新可乐综合征"(The New Coke Syndrome)。尽管如此,昆西认为:"如果我们不犯错,那就说明我们不够努力。""我们必须尝试一些新东西。当然并不是所有的方法都有效。当我们遭遇失败时,我们需要的不是沮丧。我们需要的是学习,继续前进,然后重新创造。"[104]

只有通过犯错误,管理者和组织才能经历**决策学习**(decision learning)的过程,从中获得足够的经验和知识,使将来的决策更有效。一些公司甚至给失败以奖励,因为这些失败导致了更多的学习。葛瑞广告公司(Grey Advertising)每年颁发一次"英勇失败奖",以奖励那些"让成功都自惭形秽的光荣失败"。[105]财捷公司(Intuit)从失败中获得的成功之一是,公司的一支团队发起了一项目标指向年轻纳税人的市场营销活动。通过 RockYourRefund.com 网站,财捷公司能够提供百思买公司和其他公司的打折服务,并且可以将退税直接储存到事先付费的 Visa 卡上,这种 Visa 卡是由嘻哈明星兼企业家拉塞尔·西蒙斯(Russell Simmons)发行的。这项运动以失败告终,因为财捷公司通过网站获得的收益非常少。经过对项目失败原因的分析,这支团队获得了一些经验,比如年轻人会规避那些看上去像是广告的网站,这些经验使得他们在将来的项目中避免犯同样的错误。财捷公司的主席斯科特·库克(Scott Cook)说:"在失败中什么都没有学到才算真正的失败。"[106]

按照这一章所说的决策制定过程,我们可以预想,那些一直保持学习的态度对待解决方案的企业,最终一定会制定出成功的决策。他们可能会犯错,但在不断试错的过程中将最终解决那些不确定性问题。

问题引入部分的参考答案

3. 差劲的决策制定有助于管理者和组织的学习和成长。

答案:同意。管理者当然不愿意员工故意做出差劲的决定,但是聪明的管理者会鼓励员工承担一定风险,并进行一些可能会失败的尝试。在失败中学习是组织成长和进步的关键。另外,尽管管理者努力想要做出优秀的决策,但他们明白有时候必须基于有限的信息迅速做出决策,这时候试错对组织的学习和成长来说将成为一种重要的方法。

本节要点

● 许多组织生存在高速变化的环境中,需要做出快速决策。这意味着组织要密切关注运营情况和环境变化。

● 另外,在不确定性的环境中,组织难免会犯决策的错误。应该鼓励探索、试验中的失误,因为试错能促进组织的学习。

关键概念

有限理性观（bounded rationality perspective）

卡内基模型（Carnegie model）

联盟（coalition）

认识偏差（cognitive biases）

权变决策框架（contingency decision-making framework）

决策学习（decision learning）

魔鬼辩护人（devil's advocate）

执着愚守（escalating commitment）

基于证据的管理（evidence-based management）

垃圾桶模型（garbage can model）

群体盲思（groupthink）

高度动荡的环境（high-velocity environment）

模仿（imitation）

渐进决策过程模型（incremental decision model）

灵感（inspiration）

直觉决策（intuitive decision making）

管理科学学派（management science approach）

非程序性决策（nonprogrammed decisions）

组织决策（organizational decision making）

有组织的混乱（organized anarchy）

点对位（point-counterpoint）

对问题的共识程度（problem consensus）

问题识别（problem identification）

问题解决（problem solution）

问题搜寻（problematic search）

程序性决策（programmed decision）

前景理论（prospect theory）

准理性（quasirationality）

理性方法（rational approach）

满意化（satisfiying）

技术知识（technical knowledge）

本章图 13-4 的参考答案

1. 答案大得让人难以置信：大约是从地球到太阳距离的 $8×10^{14}$ 倍。你的思想被锚定(anchored)在薄薄的一张纸上，导致你大大低估了一张纸对折 100 次后的厚度。最初的心理被锚定在低点或高点都会导致你频繁制定错误的解决方案。你对自己的答案有多肯定？这是一个过度自信(overconfidence)的例子，也是管理者犯错的主要原因。这个例子也说明了有限理性的存在，因为你的大脑无法处理真正充满复杂性的问题。

2. 答案是 6 个小时。这 25 个烟蒂可以做成 5 根香烟，可以吸 5 个小时。这五根香烟的烟头可以再做成一根香烟，因而可以再多抽 1 个小时。如果你不仔细关注问题和可能的解决方案，你可能会忽略重要的信息。

3. 每个图形在某个方面都是独特的。图(a)的面积最大，图(b)的面积最小，图(c)是唯一的正方形，图(d)是唯一一个由三条边组成的图形，图(e)最狭窄且不平衡，图(f)最不对称且由五条边组成。你找到一个正确答案后就停下来了吗？这就会阻止你找到最终的正确答案。

4. 如果你选择了"是"，你会想继续为之前的决策不断投资，即使它正在走向失败，这就叫执着愚守(或称为承诺升级)。这是许多管理者都会犯的错误，因为他们对之前的决策倾注了感情，即使这个决策如同题目中尚未完成的无人机项目一样已经毫无希望。

5. 学生们给出的答案中位数是 2250。如果算式的数字顺序是相反的，也就是从 $1×2$ 开始，然后以此类推，估算答案中位数是 512。正确答案是 40320。信息呈现的顺序会影响一个人的决策，而快速行动中得出的答案往往与正确答案相去甚远。

6. 正确答案是 11。很多人的答案是 7。以英语为母语的人对单词 of 的发音是"v"，因此 f 音在他们的脑海里是不会出现的。管理者的条件反射会使他们对有助于解决问题的重要信息视而不见。

7. 在我们评判一个人的时候，前面的信息会比后面的信息发挥更重要的作用，这种现象叫作首因效应(primacy effect)。如果把形容罗伯特的这些词的顺序反过来，把聪明和勤奋放在前面，你可能会对他产生更好的印象。对罗伯特情绪化程度的判断，或多或少地都会受到这些形容词的排序的影响。

8. 虽然每项选择在期望值上都是相等的，但是大部分人还是会倾向于选择 B 和 C。相对于享受胜利的喜悦来说，人们更加厌恶损失，因此大约有 80% 的人会选择数额较小但比较确定的收入(B)，70% 的人敢于承担较大的风险，以期避免承受确定的损失(C)。当管理者制定的解决方案涉及财务收益和亏损时，各个方案之间可能是不对应的。

讨论题

1. 当面对若干合理的备选方案时,你一般会如何做决策? 你认为管理者一般会如何做决策? 你和管理者的决策过程有哪些相似点?

2. 一位职业经济学家曾在课堂上说:"个体决策者应该处理所有相关的信息,选择经济上最合理的决策方案。"你同意这种说法吗? 为什么?

3. 假如管理者在制定复杂和非程序性决策的过程中频繁使用经验和直觉,他们如何应用基于事实和数据的实证管理模型?

4. 卡内基模型强调了决策过程中对政治性联盟的需要。试问在什么情况下建立联盟? 为什么?

5. 明茨伯格提出的渐进决策过程模型包括哪三个主要阶段? 为什么组织可能会在该模型的一个或多个阶段之间进行决策循环?

6. 一位组织理论家曾这样告诫她的学生们:"组织从来不是一次做出一项大决策的。它们往往做些小决策,累积起来后最终成为一项大的决策。"请分析这句话所蕴含的道理。

7. 假设要在菲律宾建立一个新的废物处理厂,现在面临建筑选址问题,你如何做决策? 对于这个复杂的决策,你将从哪儿开始? 采取哪些步骤? 请解释本章中哪个决策模型最好地描述了你的方法。

8. 在动荡多变的环境下,管理者为什么要更加应该关注当前,而不是未来? 多变环境下工作的管理者更有可能依赖于理性还是直觉做出正确的决策? 试加以讨论。

9. 你能举出一个规避损失的意愿胜过获得收益的例子吗? 可以参考你在人际交往、学校或者工作中的经历思考这个问题。你是否曾经一直坚持一个想法或项目,甚至为了避免失败而执着愚守? 试加以讨论。

10. 为什么组织中通常能接受决策失误,而在培训管理者的大学课堂里和测试中却要对决策失误进行惩罚?

 专题讨论

决 策 风 格

根据你在学校或工作中真正解决过的一个难题,回答下列每一项陈述对你来说是对,部分对,还是错。

	对	部分对	错
1. 我努力从整体上看待问题,看看它是如何影响其他人或其他部门的。	_____	_____	_____

2. 解决问题时，我首先从不同的领域整合信息。　　 _____　 _____　 _____

3. 我喜欢解决复杂的问题而不是简单的问题。　　 _____　 _____　 _____

4. 针对持不同看法的人，我会系统地与他们交谈。　　 _____　 _____　 _____

5. 我努力将解决方案与整体战略或计划联系起来。　　 _____　 _____　 _____

6. 为了找到解决方案的关键点，我分析了问题产生的根本原因。　　 _____　 _____　 _____

7. 我的方法是一次只关注问题的一个部分。　　 _____　 _____　 _____

8. 我花时间从各个角度考虑了面临的形势。　　 _____　 _____　 _____

9. 我研究了组织的不同部分是如何在相互作用中影响问题的。　　 _____　 _____　 _____

得分与解释：

对于除第 6 题之外的其他题目，选择"对"得 3 分，选择"部分对"得 2 分，选择"错"得 1 分；对于第 6 题，选择"对"得 1 分，选择"部分对"得 2 分，选择"错"得 3 分。

计算总分数：_____

决策过程中的系统思维是指决策者用整体的而不是简化的视角来看待问题和收集信息。在系统思维上得分较高意味着更加关注大局以及各部分如何配合。而系统思维得分较低意味着属于分析型思维，即将整个问题分解成不同的特定部分。分析型思考者专注于问题的特定部分，并可能探究其根本原因，而系统型思考者则努力理解为什么这些部分能够整合到一个更大的问题中，以及是如何相互作用的。分析型思考者擅长解决技术问题，而系统型思考者更擅长解决影响组织多个部分的问题。

问题

每 3～4 名同学组成一个小组，对比各自的得分，然后回答下列问题。

1. 根据对自己的认识以及对其他人的了解，小组成员在做决策时这些分数是否有直观的意义？

2. 你的思维方式是否与你的职业或兴趣有关，比如战略管理（系统型思维），或是会计与财务（分析型思维）？

3. 与班上其他同学分享你们小组的分数和得分解释，了解不同小组的分数和思维模式。

教学案例

政府中的技术服务部(Government DTS)[107]

看着他的下属,总部管理调查小组负责人阿尔·皮彻(Al Pitcher)离去的背影,哈蒙·戴维森(Harmon Davidson)感到十分沮丧。他们的会谈不是很顺利。戴维森向皮彻转达了总部员工对他调查方法的不满。但皮彻的反应则是坚决否认,并带着毫不掩饰的蔑视。

戴维森是总部管理办公室的主任。他也认为对调查的批评,部分原因是总部员工讨厌外来者干预他们已经习惯了的工作方法。尤其是连续不断的机构重组,更加剧了这种厌恶情绪。但戴维森认为不能忽视的是,对调查的批评,也有一部分是由自身的原因引起的。"是不是从一开始,我就忽视了皮彻身上的危险信号呢?"戴维森问自己,"或者,我只是给了自己不了解的人一个公平的机会,布置了一项本身就会引起争议的工作?"

在此之前,戴维森就职于技术服务部(Department of Technical Services)。那一年年初,在最新一轮的机构精简中,技术服务部的编制被大大压缩。而办公室原来的主任,沃尔顿·德拉蒙德(Walton Drummond)又出人意料地提前退休了。这样,在时隔5年之后,戴维森再次回到了总部管理办公室(Headquarters Management Office)。

在新的岗位上,戴维森需要立即着手去办的事情中,有一件就是负责对总部的管理结构和流程,进行为期6个月的调查工作。技术服务部的部长许诺,这次对白宫的机构所进行的调查,将是下一阶段机构改革的前奏。德拉蒙德已经选好了调查小组的5位成员:两名富有经验的管理分析专家,一名很有前途的职员,一名实习生,还有一名就是小组负责人皮彻。皮彻刚从财务部(Treasury Department)调过来,在那里他参与过类似的调查。由于德拉蒙德在退休后就出发去了亚洲,参加一项漫长的登山探险活动,因此,他也没有向戴维森解释过调查计划,以及他对皮彻的了解。

戴维森对皮彻的精力和干劲印象深刻。他可以连续工作很长时间,写大量的东西——如果在不得已的情况下,并且熟悉最新的组织理论。然而,他也有一些令人担心的性格特点。对技术服务部的历史和组织文化似乎不感兴趣,并认定那些高级管理人员头脑简单,不关心现代管理方法,因而用一种居高临下、简单武断的态度对待他们。

在正式调查之前,戴维森和皮彻与各部门的首脑们进行了一系列简短的信息交流,这件事似乎进行得很顺利。在工作的宗旨方面,皮彻服从上级的意见,而只是在工作日程和程序上提出了自己的意见。皮彻在自己负责的那一部分的结尾处,非常友好地指出:"如果发现了改进的机会,我们将尽量给你们提出建议。"

但调查刚刚进行了一个星期,戴维森就接到第一个反映情况的电话。电话是负责公共事务的助理部长伊琳·德芙(Erin Dove)打来的,她的声音不像平时那样听起来令人愉快,她说:"你的那帮人总是指手画脚,告诉我们如何变革组织和工作方法,搞得我们所有的管理人员都心烦意乱。我想你们的调查只是为了发现问题,但皮彻这个家伙好像想在一夜之间彻底改造技术服务部。他以为他是谁呀?"

当戴维森向皮彻问及与公共事务部门的冲突时,皮彻表示迷惑不解,他只是与公共事务部门的管理人员就怎么样才能有助于"加快信息反馈"的问题简要地交换了一些看法,怎么就变成了令人如此不安的结论。他再次向戴维森保证:"我只是对他们说:'我们将告诉你们如何去改正'。"

"听着,阿尔,"戴维森和蔼地告诫皮彻,"他们都是非常老练的管理人员,不习惯让别人告诉他们必须改正什么。这个机构近年来势头一直不错,提出变革很难引起大的反响。我们得收集、分析信息,为变革寻找一个令人信服的理由,否则,我们只会浪费时间。以后在我们俩没有讨论之前,不要向他们反馈意见。"

但两周之后,一个值得珍视的老同事,技术发展部门的主任菲尔·坎斯科(Phil Canseco)又踏进了戴维森的门槛,而且看上去很不高兴,就像伊琳·德芙在电话里听上去很不高兴一样。"哈蒙老弟,我想你应该管一管你这个调查小组了,"他说,"那天,有几个管理人员本来安排了要进行调查谈话的,但由于有一个修订的预算案,要在 24 小时之内提交筹款小组委员会(Appropriations Subcommittee),谈话不得不推迟。我的副手说,皮彻对推迟谈话十分不高兴,抱怨我们不明白当前工作的优先次序。他是生活在现实世界吗?"

听了坎斯科的评论,戴维森坐不住了。他开始给几个人打电话,想证实一下。这几个人都是戴维森比较尊重的、与他职位相当的同事,他们也都接触过调查小组。尽管这几个人都有不同程度的不情愿,但都一致批评调查小组的负责人,有时还包括小组成员。批评他们态度生硬,不考虑现行结构和流程存在的合理性。

于是,戴维森与皮彻进行了一次关于调查的总结、回顾,戴维森事先还想好了各种策略。但皮彻根本没有心思进行自我反省和重新考虑,他认为自己正在引领一场由白宫授意的管理改革运动。这场改革的入手点是一个炙手可热的机构,而这个机构从来不怎么考虑效率问题。他提醒戴维森,即使他让步,那些经理人员也应该在这一点上得到一些现实的教训。在皮彻看来,为了按时完成调查,只能坚持严格的日程安排。除此之外,别无选择,因为那些管理人员不愿意与他合作。在他们眼中,他是一个外来者,他所推行的那些东西也不受欢迎。皮彻还认为,戴维森的作用应该是坚持立场,顶住来自那些妄自尊大者无谓的、试图诋毁调查行动的批评。

在戴维森的心中,对这次调查计划以及他的部门完成这一计划的能力,生出了许多疑问。他们是不是承担得太多,而承受力又太小?调查小组的成员是不是选对了?管理人员,甚至小组本身对这次调查是不是准备不足?

但目前最紧迫的问题是,阿尔·皮彻能否在这些问题上帮助他?

问题

1. 皮彻在与其他部门合作时使用了什么类型的决策过程模型?在当前

这种情况下，他应该使用什么类型的决策过程模型？解释一下。

2. 在这种情况下，戴维森应该如何运用卡内基模型制定关于皮彻的决策？解释一下。

3. 皮彻在与其他部门合作时所使用的决策过程是否反映了他存在个人限制（图 13-3）？存在认知偏差吗？解释一下。

杜波伊斯法式餐厅

雨果！雨果！

艾丽莎·梅森（Alissa Mason）驾驶汽车冒雨穿行在山路上。她把广播的音量调得很高以保持头脑清醒，但雨刷平稳的节奏使她重新想起雨果的问题。十年前，艾丽莎梦想开一家法式餐厅。这个梦想伴随着杜波伊斯法式餐厅的开业而变为现实。直到现在，每当回想起当初小城镇的农场主和居民们喜欢故意将杜波瓦赫（Doob-WAH）的音发成说唱男孩（Doo-boys）的时候，艾丽莎都忍不住发笑。这个曾经让人十分郁闷的问题，如今却成了在小镇经营企业时一个讨人喜欢的亮点。

艾丽莎的父亲是一位农场主。2000 年，他向艾丽莎提供了游历法国的机会作为毕业礼物。游历到最后，她还在巴黎的一所烹饪学校学习了一段时间。此后，艾丽莎怀揣梦想回到家乡，在决心继续攻读工商管理硕士的同时，坚定了向餐饮方向发展的道路。事实证明，她的选择是正确的。

艾丽莎在家乡小镇开了一家杜波伊斯法式餐厅，食物美味，深受顾客欢迎，逐渐声名远扬，引来多方媒体的关注。一方面，杜波伊斯法式餐厅有强大的本地顾客群；另一方面，餐厅位于通往几条著名山脉（开发了山地度假村）的州际公路上，是众多游客、滑雪爱好者和登山爱好者最喜欢的中途休息地。几年之内，艾丽莎的事业取得了极大的成功，许多人建议她在山地度假区附近再开一家餐厅。受到鼓舞的艾丽莎决定开始考虑扩张的问题。她面临的问题是：在两家餐厅位置相距将近一个小时车程的情况下，如何同时管理好两家餐厅，并且保证食物的质量和服务水平。

雨果·玛珊德（Hugo Marchand）似乎是艾丽莎最合适的人选。雨果是一个帅气迷人的法国人，出身于名厨世家，是家族四个兄弟中最小的一个。雨果意识到自己不会继承家族的餐厅，决心移居美国远离相对强势的父亲和兄弟，树立自己作为厨师的声望。

雨果是一名经验丰富而又才华横溢的厨师，他不仅能自如地管理公司的员工，也能为顾客留下欢快而富有魅力的印象。艾丽莎确信雨果就是管理新餐厅的最佳人选。现在回想起来，艾丽莎意识到，自己对企业扩张的热情以及对法国人不切实际爱幻想的印象导致她做出了错误的判断。

新开张的餐厅不久便迅速获得了经济上的巨大成功，远远超过了小镇的餐厅。但是到第二年年底，问题出现了。艾丽莎把越来越多的时间花在了位于度假胜地的这家餐厅，相应地，花费在第一家餐厅上的时间就变少了。在度假村的这家餐厅里，顾客拥挤，他们纷纷表示："我们非常喜欢雨果！能有雨果这样的厨师，真是太幸运了！"为了尝到雨果的手艺，顾客耐心地排着队。然而，由于餐厅的配送问题，导致顾客不得不频繁地更改他们点过的食物，这些食物都是菜单中比较受欢迎的选项。餐厅中多次出现账单和发票错误,雨果的工作态度也变得越来越松懈,导致各种冲突不断出现。艾丽莎明白雨果对公司的价值,多次相信雨果愿意认真工作的承诺。但是同样的问题却反复出现,最终导致两家餐厅的员工都越来越不满意。

最近,艾丽莎听到传言,据说雨果正在寻找机会开设自己的法式餐厅。艾丽莎还不确定自己是否想留住雨果,但是又不希望这位备受欢迎的厨师离开,因为这必定会带走一部分客源。最根本的一点原因是,顾客需要雨果。雨果如果要自己创业,他凭借自己的才能和声望一定能获得资金支持,这一点艾丽莎非常确信。她意识到在雨果采取进一步行动之前自己必须先采取行动。

艾丽莎忧心忡忡地开着车,她感觉自己的压力正越来越大。雨果的任何举动都影响到她生活的方方面面,是时候与雨果好好讨论一番了。几天以来,她一直在权衡各种选择。

现状

艾丽莎是赏识雨果的,并且希望避免将来的各种冲突,因为不搞对立是她一贯的管理风格。她认为应该赶在雨果做出决定之前和他坐下来讨论出一个更加可行的计划,解决度假区餐厅在管理方面的细节问题。艾丽莎突然想到,她可以雇用一名助理帮助雨果处理饭店的事务。但是,助理必须是全职员工,这意味着她的餐厅要增加一名全职人员,目前艾丽莎还不太确定这是不是正确的选择。

处罚还是开除雨果

对雨果施行了一定的惩罚措施后,艾丽莎觉得处罚没有效果。如果开除雨果,无疑会使如此优秀的厨师成为自己的竞争对手,让自己处于不利境地。但如果雨果一直保持现在的状态,即使再有声望、再受欢迎,也不能保证他能制订强劲的商业计划并获得可靠的经济支持,也未必能维持餐厅的竞争力。以前也有类似的情形,优秀的厨师不一定能经营好一家餐厅。

专注于第二家杜波伊斯餐厅

艾丽莎在想,如果把全部精力都集中在度假胜地的餐厅,情况是不是会更好一点。虽然她喜欢最初的那家餐厅,但是度假村这家餐厅拥有更具才华的厨师和更多的顾客。如果只经营这家餐厅,那么她就能有精力进行更多管理,分担一些雨果不适合做的工作,还能改善吉多的工作习惯。

让雨果成为合伙人

让雨果成为合作人或许能留住吉多,增加雨果对公司的忠诚度和自豪感,同时也能提醒雨果以商业合伙人的身份建立自己的声望。但如果艾丽莎真的给予雨果小部分股权的话,就会削弱自己对雨果的管控力。雨果在日常经营中的作用越大,越不容易管理。

决策时间

艾丽莎把车停进车库的时候,雨也停了。此时雨果刚好从门口出来,正向她挥手。艾丽莎没有明确地回应雨果,而是与雨果一同走进了他的办公室。

问题

1. 艾丽莎最初面临的问题是如何管理两家相隔一小时路程的餐厅,并保持高质量的服务。目前的问题是雨果的管理风格。你认为这两个问题是程序化的还是非程序化的？解释一下。

2. 艾丽莎雇用雨果的决策属于什么类型的决策（例如使用理性方法的决策，靠直觉的决策，满意化的决策，非程序性决策，有限理性的决策，卡内基模型下的决策，等等）？艾丽莎应该使用什么类型的决策过程？为什么？

3. 第二年年底，问题出现了。顾客很喜欢雨果，但餐厅运营中存在送货问题和拖欠账单的情况，雨果的态度也越来越松懈，而且他可能会自己另开一家有竞争性的餐厅。如果你是顾问，你会建议艾丽莎怎么做？为什么？

尾注

1 Jennifer Reingold, "How to Fail in Business While Really, Really Trying," *Fortune*, April 7, 2014, 80–90.

2 "GM Faulty Ignition Crashes Now 47," *CNN*, May 25, 2014, http://money.cnn.com/2014/05/24/autos/gm-faulty-ignition-crashes/(accessed May 27, 2014); and Jeff Bennett, "GM Now Says It Detected Ignition Switch Problem Back in 2001," March 12, 2014, http://online.wsj.com/news/articles/SB10001424052702303403604579585891316612268?mod=Business_newsreel_1 (accessed May 27, 2014).

3 Andrew Orr, "For 12 Years Apple Most Admired Company," *The Mac Observer*, January 22, 2019, https://www.macobserver.com/news/apple-most-admired-12-years/ (accessed June 19, 2019); Matt Phillips, "Apple Hits $1 Trillion Threshold. At What Cost?" *The New York Times*, August 2, 2018, A1; Adam Lashinsky, "Apple Brings Back Steve Jobs," *Fortune*, October 8, 2012, 178–184 (adapted from *The Greatest Business Decisions of All Time* by Verne Harnish and the editors of *Fortune*); Betsy Morris, "What Makes Apple Golden?" *Fortune*, March 17, 2008, 68–74; "World's Most Admired Companies for 2019," *Fortune*, http://fortune.com/worlds-most-admired-companies/ (accessed June 19, 2019).

4 Julia Thompson, "These Are the Nation's Largest U. S. Airlines, Ranked from Worst to Best by New Study," *USA Today*, April 8, 2019, https://www.usatoday.com/story/travel/flights/2019/04/08/delta-top-airline-frontier-worst-new-study/3395557002/ (accessed June 20, 2019); and Chris Matyszczyk, "Delta Air Lines Just Gave an Astonishing Explanation For Why People Pay More to Fly Delta. It Took Just 1 Chart," *Inc.*, September 9, 2018, https://www.inc.com/chris-matyszczyk/delta-air-lines-just-explained-why-people-pay-more-to-fly-delta-it-took-just-1-chart.html (accessed June 20, 2019).

5 Charles Lindblom, "The Science of 'Muddling Through,'" *Public Administration Review* 29 (1954), 79–88.

6 Herbert A. Simon, *The New Science of Management Decision* (Englewood Cliffs, NJ: Prentice-Hall, 1960), 1–8.

7 Paul J. H. Schoemaker and J. Edward Russo, "A Pyramid of Decision Approaches," *California Management Review*, Fall 1993, 9–31.

8 Sam Schechner, "Meet Your New Boss: An Algorithm," *The Wall Street Journal*, December 10, 2017, https://www.wsj.com/articles/meet-your-new-boss-an-algorithm-1512910800 (accessed June 17, 2019).

9 Hugh Courtney, Dan Lovallo, and Carmini Clarke, "Deciding How to Decide," *Harvard Business Review*, November 2013, 62–70.

10 Cecilia Kang and Kate Conger, "Inside Twitter's Struggle Over What Gets Banned," *The New York Times*, August 10, 2018, https://www.nytimes.com/2018/08/10/technology/twitter-free-speech-infowars.html (accessed June 17, 2019).

11 Michael Pacanowsky, "Team Tools for Wicked Problems," *Organizational Dynamics* 23, no. 3 (Winter 1995), 36–51.

12 Russell L. Ackoff, quoted in Ian I. Mitroff, Can M. Alpaslan, and Richard O. Mason, "The Messy Business of Management," *MIT Sloan Management Review, Fall* 2012, 96.

13 The idea of a good choice potentially producing a bad outcome under uncertain conditions is attributed to Robert Rubin, reported in David Leonhardt, "This Fed Chief May Yet Get a Honeymoon," *The New York Times, August* 23, 2006, C1.

14 Ylan Q. Mui, "Wal-Mart to Reinstate Dropped Products, Emphasize Price," *The Washington Post*, April 11, 2011, http://www.washingtonpost.com/business/economy/wal-mart-to-reinstate-products-emphasize-price/2011/04/11/AFrwLWMD_story.html (accessed September 26, 2011).

15 As described in a letter Franklin wrote in 1772, quoted in J. Edward Russo and Paul J. H. Shoemaker, *Decision Traps: Ten Barriers to Brilliant Decision-Making and How to Overcome Them* (New York: Fireside/Simon & Schuster, 1989)

16 Darwin's journal entry is quoted in Steven Johnson, "How to Make a Big Decision," *The New York Times*, September 1, 2018, https://www.nytimes.com/2018/09/01/opinion/sunday/how-make-big-decision.html (accessed June 17, 2019)

17 Benjamin Franklin quote from Russo and Shoemaker, *Decision Traps*.

18 Karen Dillon, "The Perfect Decision" (an interview with John S. Hammond and Ralph L. Keeney), *Inc.*, October 1998, 74–78; and John S. Hammond and Ralph L. Keeney, *Smart Choices: A Practical Guide to Making Better Decisions* (Boston: Harvard Business School Press, 1998).

19 Earnest R. Archer, "How to Make a Business Decision: An Analysis of Theory and Practice," *Management Review* 69 (February 1980), 54–61; Boris Blai, "Eight Steps to Successful Problem Solving," *Supervisory Management*, January 1986, 7–9; and Thomas S. Bateman, "Leading with Competence:

Problem-Solving by Leaders and Followers," *Leader to Leader*, Summer 2010, 38–44.

20 Francine Schwadel, "Christmas Sales' Lack of Momentum Tests Store Manager's Mettle," *The Wall Street Journal*, December 16, 1987, 1.

21 Paul Nutt's research is discussed in Johnson, "How to Make a Big Decision."

22 Noel M. Tichy and Warren G. Bennis, "Making Judgment Calls: The Ultimate Act of Leadership," *Harvard Business Review*, October 2007, 94–102.

23 Adapted from Archer, "How to Make a Business Decision," 59–61.

24 James W. Dean, Jr., and Mark P. Sharfman, "Procedural Rationality in the Strategic Decision-Making Process," *Journal of Management Studies* 30 (1993), 587–610.

25 Jörn S. Basel and Rolf Brühl, "Rationality and Dual Process Models of Reasoning in Managerial Cognition and Decision Making," *European Management Journal* 31 (2013), 745–754.

26 Joe Nocera, "BP Ignored the Omens of Disaster," *The New York Times*, June 19, 2010, B1.

27 Irving L. Janis, *Crucial Decisions: Leadership in Policymaking and Crisis Management* (New York: The Free Press, 1989); and Paul C. Nutt, "Flexible Decision Styles and the Choices of Top Executives," *Journal of Management Studies* 30 (1993), 695–721.

28 Khadeeja Safdar, "As Gap Struggles, Its Analytical CEO Prizes Data Over Design," *The Wall Street Journal*, November 27, 2016, 2011.

29 Art Kleiner, "Core Group Therapy," *Strategy + Business*, Issue 27 (Second Quarter, 2002), 26–31.

30 Herbert A. Simon, "Making Management Decisions: The Role of Intuition and Emotion," *Academy of Management Executive* 1 (February 1987), 57–64; and Daniel J. Eisenberg, "How Senior Managers Think," *Harvard Business Review* 62, November–December 1984, 80–90.

31 Jaana Woiceshyn, "Lessons from 'Good Minds': How CEOs Use Intuition, Analysis, and Guiding Principles to Make Strategic Decisions," *Long Range Planning* 42 (2009), 298–319; and Ann Hensman and Eugene Sadler-Smith, "Intuitive Decision Making in Banking and Finance," *European Management Journal* 29 (2011), 51–66.

32 Elizabeth Bernstein, "Does Your Gut Always Steer You Right?" *The Wall Street Journal*, October 9, 2017, https://www.wsj.com/articles/does-your-gut-always-steer-you-right-1507562769 (accessed June 17, 2019).

33 Eduardo Salas, Michael A. Rosen, and Deborah DiazGranados, "Expertise-Based Decision Making in Organizations," *Journal of Management* 36, no. 4 (July 2010), 941–973; Kurt Matzler, Franz Bailom, and Todd A. Mooradian, "Intuitive Decision Making," *MIT Sloan Management Review* 49, no. 1 (Fall 2007), 13–15; Stefan Wally and J. Robert Baum, "Personal and Structural Determinants of the Pace of Strategic Decision Making," *Academy of Management Journal* 37, no. 4 (1994), 932–956; and Orlando Behling and Norman L. Eckel, "Making Sense Out of Intuition," *Academy of Management Executive* 5, no. 1 (1991), 46–54.

34 For a recent overview of the research on expertise-based intuition, see Salas et al., "Expertise-Based Decision Making in Organizations." Also see Eric Dane and Michael G. Pratt, "Exploring Intuition and Its Role in Managerial Decision Making," *Academy of Management Review* 32, no. 1 (2007), 33–54; Gary Klein, *Intuition at Work: Why Developing Your Gut Instincts Will Make You Better at What You Do* (New

York: Doubleday, 2002); Milorad M. Novicevic, Thomas J. Hench, and Daniel A. Wren, "'Playing By Ear . . . In an Incessant Din of Reasons': Chester Barnard and the History of Intuition in Management Thought," *Management Decision* 40, no. 10 (2002), 992–1002; Alden M. Hayashi, "When to Trust Your Gut," *Harvard Business Review*, February 2001, 59–65; Brian R. Reinwald, "Tactical Intuition," *Military Review* 80, no. 5 (September–October 2000), 78–88; Thomas A. Stewart, "How to Think with Your Gut," *Business 2.0*, November 2002, http://www.business2.com/articles (accessed November 7, 2002); Henry Mintzberg and Frances Westley, "Decision Making: It's Not What You Think," *MIT Sloan Management Review*, Spring 2001, 89–93; and Carlin Flora, "Gut Almighty," *Psychology Today*, May–June 2007, 68–75.

35 Benedict Carey, "Hunches Prove to Be Valuable Assets in Battle," *The New York Times*, July 28, 2009, A1.

36 Thomas F. Issack, "Intuition: An Ignored Dimension of Management," *Academy of Management Review* 3 (1978), 917–922.

37 Marjorie A. Lyles, "Defining Strategic Problems: Subjective Criteria of Executives," *Organizational Studies* 8 (1987), 263–280; and Marjorie A. Lyles and Ian I. Mitroff, "Organizational Problem Formulation: An Empirical Study," *Administrative Science Quarterly* 25 (1980), 102–119.

38 Marjorie A. Lyles and Howard Thomas, "Strategic Problem Formulation: Biases and Assumptions Embedded in Alternative Decision-Making Models," *Journal of Management Studies* 25 (1988), 131–145.

39 Ross Stagner, "Corporate Decision-Making: An Empirical Study," *Journal of Applied Psychology* 53 (1969), 1–13.

40 W. A. Agor, "The Logic of Intuition: How Top Executives Make Important Decisions," *Organizational Dynamics* 14, no. 3 (1986), 5–18; and Paul C. Nutt, "Types of Organizational Decision Processes," *Administrative Science Quarterly* 29 (1984), 414–450.

41 Mandeep K. Dhami and Mary E. Thomson, "On the Relevance of Cognitive Continuum Theory and Quasirationality for Understanding Management Judgment and Decision Making," *European Management Journal* 30 (2012), 316–326.

42 Daniel Kahneman, Andrew M. Rosenfield, Linnea Gandhi, and Tom Blaser, "Noise," *Harvard Business Review* (October 2016), 38–41.

43 For discussions of various cognitive biases, see Daniel Kahneman, Dan Lovallo, and Olivier Sibony, "Before You Make That Big Decision . . .," *Harvard Business Review*, June 2011, 50–60; John S. Hammond, Ralph L. Keeney, and Howard Raiffa, *Smart Choices: A Practical Guide to Making Better Decisions* (Boston: Harvard Business School Press, 1999); Max H. Bazerman and Dolly Chugh, "Decisions Without Blinders," *Harvard Business Review*, January 2006, 88–97; J. S. Hammond, R. L. Keeney, and H. Raiffa, "The Hidden Traps in Decision Making," *Harvard Business Review*, September–October 1998, 47–58; Oren Harari, "The Thomas Lawson Syndrome," *Management Review*, February 1994, 58–61; and Max H. Bazerman, *Judgment in Managerial Decision Making*, 5th ed. (New York: John Wiley & Sons, 2002).

44 The discussion of the first four biases in this section is based on Hammond et al., *Smart Choices*; Bazerman and Chugh, "Decisions Without Blinders"; Hammond et al., "The Hidden Traps in Decision Making"; Harari, "The Thomas Lawson Syndrome"; Dan Ariely, "Q&A: Why Good CIOs Make Bad Decisions," *CIO*, May 1, 2003, 83–87; Leigh Buchanan,

"How to Take Risks in a Time of Anxiety," *Inc.*, May 2003, 76–81; and Bazerman, *Judgment in Managerial Decision Making*.

45 Mark Fenton-O'Creevy et al., "Thinking, Feeling, and Deciding: The Influence of Emotions on the Decision Making and Performance of Traders," *Journal of Organizational Behavior* 32 (2011), 1044–1061.

46 Example from Jerome Groopman, *How Doctors Think* (New York: Houghton Mifflin, 2007).

47 Example from Thomas H. Davenport and Brook Manville, "From the Judgment of Leadership to the Leadership of Judgment: The Fallacy of Heroic Decision Making," *Leader to Leader*, Fall 2012, 26–31.

48 David Larcker and Brian Tayan study, reported in Michael J. Mauboussin, "The True Measures of Success," *Harvard Business Review*, October 2012, 46–56.

49 Freek Vermeulen and Niro Sivanathan, "Stop Doubling Down on Your Failing Strategy," *Harvard Business Review*, November–December 2017, 110–117; Helga Drummond, "Too Little Too Late: A Case Study of Escalation in Decision Making," *Organization Studies* 15, no. 4 (1994), 591–607; Joel Brockner, "The Escalation of Commitment to a Failing Course of Action: Toward Theoretical Progress," *Academy of Management Review* 17 (1992), 39–61; Barry M. Staw and Jerry Ross, "Knowing When to Pull the Plug," *Harvard Business Review* 65, March–April 1987, 68–74; and Barry M. Staw, "The Escalation of Commitment to a Course of Action," *Academy of Management Review* 6 (1981), 577–587.

50 Norihiko Shirouzu, Phred Dvorak, Yuka Hayashi, and Andrew Morse, "Bid to 'Protect Assets' Slowed Reactor Fight," *The Wall Street Journal,* March 19, 2011, A1.

51 Alastair Dryburgh, "Everything You Know About Business Is Right; Is Failure More Powerful Than Success?" *Management Today*, February 1, 2013, 16.

52 Daniel Kahneman and Amos Tversky, "Prospect Theory: An Analysis of Decision Under Risk," *Econometrica* 47 (1979), 263–292.

53 Kahneman et al., "Before You Make That Big Decision . . . ."

54 Irving L. Janis, *Groupthink: Psychological Studies of Policy Decisions and Fiascoes*, 2nd ed. (Boston: Houghton Mifflin, 1982).

55 This section is based on Jeffrey Pfeffer and Robert I. Sutton, "Evidence-Based Management," *Harvard Business Review*, January 2006, 62–74; Rosemary Stewart, *Evidence-Based Management: A Practical Guide for Health Professionals* (Oxford: Radcliffe Publishing, 2002); and Joshua Klayman, Richard P. Larrick, and Chip Heath, "Organizational Repairs," *Across the Board*, February 2000, 26–31.

56 Adam Bryant, "When Your Company Is Adrift, Raise Your Sails" (interview with Dawn Zier), *The New York Times,* January 31, 2014, B2.

57 "How Companies Make Good Decisions: McKinsey Global Survey Results," *The McKinsey Quarterly*, January 2009, http://www.mckinseyquarterly.com/How_companies_make _good_decisions_McKinsey_Global_Survey_Results_2282 (accessed February 3, 2009).

58 Jan Francis-Smythe, Laurie Robinson, and Catharine Ross, "The Role of Evidence in General Managers' Decision-Making," *Journal of General Management* 38, no. 4 (Summer 2013), 3–21.

59 Vermeulen and Sivanathan, "Stop Doubling Down on Your Failing Strategy."

60 Michael A. Roberto, "Making Difficult Decisions in Turbulent Times," *Ivey Business Journal*, May–June 2003,

1–7; Kathleen M. Eisenhardt, "Strategy as Strategic Decision Making," *Sloan Management Review*, Spring 1999, 65–72; and Garvin and Roberto, "What You Don't Know About Making Decisions."

61 Study by Samuel Sommers, discussed in Steven Johnson, "How to Make a Big Decision," *The New York Times*, September 1, 2018, https://www.nytimes.com/2018/09/01 /opinion/sunday/how-make-big-decision.html (accessed June 20, 2019).

62 David M. Schweiger and William R. Sandberg, "The Utilization of Individual Capabilities in Group Approaches to Strategic Decision Making," *Strategic Management Journal* 10 (1989), 31–43; and "The Devil's Advocate," *Small Business Report*, December 1987, 38–41.

63 Anna Mulrine, "To Battle Groupthink, the Army Trains a Skeptics Corps," *U.S. News & World Report,* May 26–June 2, 2008, 30–32.

64 "Tools for Managing in a Complex Context," sidebar in David J. Snowden and Mary E. Boone, "A Leader's Framework for Decision Making," *Harvard Business Review*, November 2007, 69–76.

65 Nandini Rajagopalan, Abdul M. A. Rasheed, and Deepak K. Datta, "Strategic Decision Processes: Critical Review and Future Directions," *Journal of Management* 19 (1993), 349–384; Paul J. H. Schoemaker, "Strategic Decisions in Organizations: Rational and Behavioral Views," *Journal of Management Studies* 30 (1993), 107–129; Charles J. McMillan, "Qualitative Models of Organizational Decision Making," *Journal of Management Studies* 5 (1980), 22–39; and Paul C. Nutt, "Models for Decision Making in Organizations and Some Contextual Variables Which Stimulate Optimal Use," *Academy of Management Review* 1 (1976), 84–98.

66 Hugh J. Miser, "Operations Analysis in the Army Air Forces in World War II: Some Reminiscences," *Interfaces* 23 (September–October 1993), 47–49; and Harold J. Leavitt, William R. Dill, and Henry B. Eyring, *The Organizational World* (New York: Harcourt Brace Jovanovich, 1973), chap. 6.

67 Stephen J. Huxley, "Finding the Right Spot for a Church Camp in Spain," *Interfaces* 12 (October 1982), 108–114; and James E. Hodder and Henry E. Riggs, "Pitfalls in Evaluating Risky Projects," *Harvard Business Review*, January–February 1985, 128–135.

68 Edward Baker and Michael Fisher, "Computational Results for Very Large Air Crew Scheduling Problems," *Omega* 9 (1981), 613–618; and Jean Aubin, "Scheduling Ambulances," *Interfaces* 22 (March–April, 1992), 1–10.

69 Scott McCartney, "The Middle Seat: How One Airline Skirts the Ash Cloud," *The Wall Street Journal,* April 22, 2010, D1.

70 Jo Craven McGinty, "How Do You Fix a School-Bus Problem? Call MIT," *The Wall Street Journal*, August 11, 2017, https://www.wsj.com/articles/how-do-you-fix-a-school -bus-problem-call-mit-1502456400 (accessed June 19, 2019).

71 Stephen Baker, "Math Will Rock Your World," *BusinessWeek*, January 23, 2006, 54–60; Julie Schlosser, "Markdown Lowdown," *Fortune*, January 12, 2004, 40; and Brooks Barnes, "Disney Technology Tackles a Theme Park Headache: Lines," *The New York Times*, December 28, 2010, B1.

72 Baker, "Math Will Rock Your World"; and Laura Landro, "The Informed Patient: Cutting Waits at the Doctor's Office—New Programs Reorganize Practices to Be More Efficient," *The Wall Street Journal*, April 19, 2006, D1.

73 Richard L. Daft and John C. Wiginton, "Language and Organization," *Academy of Management Review* (1979),

179–191.

74 Based on Richard M. Cyert and James G. March, *A Behavioral Theory of the Firm* (Englewood Cliffs, NJ: Prentice-Hall, 1963); and James G. March and Herbert A. Simon, *Organizations* (New York: Wiley, 1958).

75 William B. Stevenson, Joan L. Pearce, and Lyman W. Porter, "The Concept of 'Coalition' in Organization Theory and Research," *Academy of Management Review* 10 (1985), 256–268.

76 Sharon Terlep, "Procter & Gamble, in a Strategy Shift, Moves to Raise Prices," *The Wall Street Journal*, July 31, 2018.

77 Anne Mulcahy, Randy Komisar, and Martin Sorrell, "How We Do It: Three Executives Reflect on Strategic Decision Making," *McKinsey Quarterly*, March, 2010, 46–57.

78 Jeremy W. Peters, "The Times's Online Pay Model Was Years in the Making," *The New York Times*, March 20, 2011, http://www.nytimes.com/2011/03/21/business/media/21times .html?pagewanted=all (accessed September 27, 2011); and J. W. Peters, "New York Times is Set to Begin Charging for Web Access; Chairman Concedes Plan is Risky but Says It's an 'Investment in Our Future,' " *International Herald Tribune*, March 18, 2011, 15.

79 Jeremy W. Peters, "Optimism for Digital Plan; but Times Co. Posts Loss," *The New York Times*, July 22, 2011, B3.

80 Shalini Ramachandran and Benjamin Mullin, " 'I Quit, I Quit!' Boardroom Turmoil Aggravates Univision's Problems," *The Wall Street Journal*, July 26, 2018, https://www.wsj.com /articles/i-quit-i-quit-management-turmoil-aggravates -univisions-challenges-1532619314 (accessed June 20, 2019).

81 Cyert and March, *A Behavioral Theory of the Firm*, 120–222.

82 Eric J. McNulty, "To Be or Not to Be," *Strategy + Business*, April 4, 2016, https://www.strategy-business.com/blog/To-Be -or-Not-to-Be?gko=f713c (accessed June 20, 2019).

83 Lawrence G. Hrebiniak, "Top-Management Agreement and Organizational Performance," *Human Relations* 35 (1982), 1139–1158; and Richard P. Nielsen, "Toward a Method for Building Consensus During Strategic Planning," *Sloan Management Review*, Summer 1981, 29–40.

84 Based on Henry Mintzberg, Duru Raisinghani, and André Théorêt, "The Structure of 'Unstructured' Decision Processes," *Administrative Science Quarterly* 21 (1976), 246–275.

85 Lawrence T. Pinfield, "A Field Evaluation of Perspectives on Organizational Decision Making," *Administrative Science Quarterly* 31 (1986), 365–388.

86 Mintzberg et al., "The Structure of 'Unstructured' Decision Processes."

87 Andrew Beaton, "Inside the Rams' Historic Decision to Hire a 30-Year-Old Head Coach," *The Wall Street Journal*, January 28, 2019, https://www.wsj.com/articles/inside-the -rams-historic-decision-to-hire-sean-mcvay-super -bowl-11548687520 (accessed June 20, 2010).

88 Mintzberg et al., "The Structure of 'Unstructured' Decision Processes," 270.

89 Michael Christensen and Thorbjörn Knudsen, "How Decisions Can Be Organized—and Why It Matters," *Journal of Organization Design* 2, no. 3 (2013), 41–50.

90 Michael D. Cohen, James G. March, and Johan P. Olsen, "A Garbage Can Model of Organizational Choice," *Administrative Science Quarterly* 17, March 1972, 1–25; Michael D. Cohen and James G. March, *Leadership and Ambiguity: The American College President* (New York:

McGraw-Hill, 1974); and Alessandro Lomi and J. Richard Harrison, eds. *Research in the Sociology of Organizations, vol. 36: The Garbage Can Model of Organizational Choice: Looking Forward at Forty* (Bingley, UK: Emerald Books, 2012).

91 Michael Masuch and Perry LaPotin, "Beyond Garbage Cans: An AI Model of Organizational Choice," *Administrative Science Quarterly* 34 (1989), 38–67.

92 See John F. Padgett, "Book Review Essay: Recycling Garbage Can Theory," *Administrative Science Quarterly* 58, no. 3 (2013), 472–482, for an overview of garbage can theory and various empirical studies and computer simulations. This is a review of Lomi and Harrison, eds. *Research in the Sociology of Organizations, vol. 36: The Garbage Can Model.*

93 Jack Ewing, "Inside VW's Campaign of Trickery," *The New York Times*, May 7, 2017, BU1; and William Boston, "Volkswagen Ex-CEO Faces Fresh Fraud Charges Over Emissions Scandal," *The Wall Street Journal*, April 15, 2019, https://www.wsj.com/articles/volkswagen-ex-ceo-faces-fresh -fraud-charges-over-emissions-scandal-11555336463 (accessed June 21, 2019).

94 Adapted from James D. Thompson, *Organizations in Action* (New York: McGraw-Hill, 1967), chap. 10; McMillan, "Qualitative Models of Organizational Decision Making," 25; and Clayton M. Christensen, Matt Marx, and Howard H. Stevenson, "The Tools of Cooperation and Change," *Harvard Business Review*, October 2006, 73–80.

95 Ben Worthen, "Cost Cutting Versus Innovation: Reconcilable Difference," *CIO*, October 1, 2004, 89–94.

96 Beth Dickey, "NASA's Next Step," *Government Executive*, April 15, 2004, 34–42; and Jena McGregor, "Gospels of Failure," *Fast Company*, February 2005, 61–67.

97 Mintzberg and Westley, "Decision Making: It's Not What You Think."

98 Paul C. Nutt, "Selecting Decision Rules for Crucial Choices: An Investigation of the Thompson Framework," *The Journal of Applied Behavioral Science* 38, no. 1 (March 2002), 99–131; and Paul C. Nutt, "Making Strategic Choices," *Journal of Management Studies* 39, no. 1 (January 2002), 67–95.

99 George T. Doran and Jack Gunn, "Decision Making in High -Tech Firms: Perspectives of Three Executives," *Business Horizons*, November–December 2002, 7–16.

100 L. J. Bourgeois III and Kathleen M. Eisenhardt, "Strategic Decision Processes in High Velocity Environments: Four Cases in the Microcomputer Industry," *Management Science* 34 (1988), 816–835.

101 Kathleen M. Eisenhardt, "Speed and Strategic Choice: How Managers Accelerate Decision Making," *California Management Review*, Spring 1990, 39–54.

102 David A. Garvin and Michael A. Roberto, "What You Don't Know About Making Decisions," *Harvard Business Review*, September 2001, 108–116.

103 Karl Weick, *The Social Psychology of Organizing*, 2nd ed. (Reading, MA: Addison-Wesley, 1979), 243.

104 Jennifer Maloney, "Coke's New CEO James Quincey to Staff: Make Mistakes," *The Wall Street Journal*, May 9, 2017, https://www.wsj.com/articles/cokes-new-ceo-james -quincey-to-staff-make-mistakes-1494356502 (accessed June 20, 2019); and Paul R. La Monica, "Coca-Cola's New CEO: 'We've Got to Experiment'," *CNN*, February 10, 2018, https://money.cnn.com/2018/02/05/investing/coca-cola -ceo-james-quincey-boss-files/index.html (accessed June 20,

2019).

105 Sue Shellenbarger, "Better Ideas Through Failure," *The Wall Street Journal,* September 27, 2011, D1; and "Culture of Creativity," Grey Advertising Website, http://grey.com/us/culture (accessed May 19, 2014).

106 Jena McGregor, "How Failure Breeds Success," *Business Week,* July 10, 2006, 42–52.

107 This case was prepared by David Hornestay and appeared in *Government Executive*, 30, no. 8 (August 1998), 45–46, as part of a series of case studies examining workplace dilemmas confronting Federal managers. Reprinted by permission of *Government Executive.*

冲突、权力和权术

问题引入

在阅读本章内容之前,请先看下面的问题并选择答案。

1. 一定数量的冲突对组织来说是有益的。

同意_____ 不同意_____

2. 流水线上的工人处于公司底层,他们对公司发生的事情只有很小的影响。

同意_____ 不同意_____

3. 当管理者使用权术的时候经常会导致公司的冲突与不和谐,并可能扰乱组织的正常功能。

同意_____ 不同意_____

2013年夏,宏盟集团(Omnicom Group Inc.)和阳狮集团(Publicis Groupe SA)的高管们在巴黎隆重宣布两家公司合并,以创建全球最大的广告公司。然而,正如在第4章应用案例中所提到的,在一年之内,合并交易宣告取消。这中间发生了什么? 合并未能完成可能是多种原因共同导致的结果,但职位和权力上的冲突是其中的主要原因。首先,两家公司未能在谁是法定收购方这一问题上达成一致,故而无法提交合并需要的相关文件。其次,两家公司都希望自己的高管担任新公司的高层职位。两家公司的合并交易约定是"对等合并",宏盟集团的约翰·雷恩(John Wren)和阳狮集团的莫里斯·利维(Maurice Lévy)在合并之初的前30个月里共同出任新公司的联席首席执行官。但两个人都有很强的个性,从一开始就发生了冲突。对合并细节的沟通变得越来越复杂。行业内一家主要竞争对手公司的首席执行官马丁·索瑞尔(Martin Sorrell)在谈到宏盟集团和阳狮集团的冲突时说"一个人在说汉语,另一个人在说日语",形容两家公司在商定合并事宜时存在的信息传递冲突。这场究竟由谁执掌新公司的战争持续了近一年,直到 2014 年 5 月雷恩和利维发表联合声明，宣布交易结束。匹维托研究集团（Pivotal Research Group）分析师布莱恩·维塞尔（Brian Wieser）说：“令人难以置信的是，这次合并之所以失败，是因为双方在角色和职权上存在分歧。”[1]

当然，不仅仅是因为角色和职权。真正的利害问题是新公司的控制权，双方都想获得最高权力。这并不是第一起由于领导人之间的冲突而导致项目失败的案例。RIM 公司（Research in Motion）曾经拥有世界上最热门的手机——黑莓（Blackberry），但管理层对公司未来发展方向争论了多年，使得公司难以通过重塑来适应行业变化。RIM 公司，后更名为黑莓有限公司（BlackBerry Limited），已不再生产智能手机，而是专注于软件开发。该公司将黑莓手机品牌授权给了手机制造商 TCL，TCL 一直努力让这个标志性手机品牌回归市场，并于 2018 年年底推出了两款新手机。[2]

就像 RIM 公司以及宏盟和阳狮之间的合并案一样，冲突是组织内部人员相互交往时很自然的结果，因为不同的人有不同的观点和价值观，追求不同的目标，对组织内的信息和资源有不同的获得途径。个人和群体往往使用权力和权术的手段来处理彼此的不同点，并以此手段来管理不可避免的冲突。[3] 过多的冲突可能对组织造成伤害。然而，冲突同样也可以成为一种积极的力量，这种力量能够挑战现状、鼓励新的想法和方法，并能为组织带来需要的改变。[4] 例如，一项为期 6 年的研究发现，一个能够预测团队绩效的关键因素是成员参与健康辩论和讨论的能力。高绩效团队相信分歧和冲突是必不可少的，因为这能为团队带来更好的解决方案。研究发现，与那些成员为了避免冲突而纷纷随大流的团队相比，那些对想法进行讨论的团队能提出更多创意，与前者相比创意数量多出 25％。[5] 冲突源于人类不同利益的正常互动，其影响并不一定是负面的。组织内的个人和群体希望通过组织追求不同的利益和目标。管理者可以有效地运用权力和权术来管理冲突，从而使员工最大化产出，提高工作满意度和团队认同，达成组织重要目标并实现高水平的组织绩效。

 本章目的

本章将讨论冲突的性质以及运用权力和权术策略来管理和减少个体和群体间的冲突。冲突的概念在前面几章中已经出现过。如第 3 章中我们在探讨横向联系时谈到了任务小组和团队如何促进跨职能部门的合作。第 4 章介绍的组织分化的概念，意味着不同的部门不仅有着不同的目标，而且拥有不同的看法和价值观。第 5 章涉及组织内部的冲突和权力之间的关系。第 11 章讨论子文化的存在，以及第 13 章提出通过建立联盟来解决部门间的争执等命题。

本章第一部分考察群体间冲突的性质，哪些组织特征容易导致冲突，如何运用组织的权术模式与理性模式来管理利益冲突，哪些策略可以用来减少冲突，促进协作。第二部分研究个体和组织的权力，管理者和其他员工的纵向和横向权力来源，以及如何使用权力来达成组织的目标，同时审视授权基层员工的趋势。第三部分着重考察权术活动,也即运用权力和职权来取得希望的结果。我们也将讨论管理者如何增加权力,提升运用权力的政治技能,以及一些增进人员与部门之间合作的方法。

14.1　组织内的群体间冲突

　　群体间冲突的发生需要具备三个基本要素:群体的识别;可观察到的群体差异;利益矛盾。第一,员工必须把自己看作一个可识别的群体或部门的一部分。[6]第二,必须存在某种形式的、可观察到的群体差异。如群体的办公地点可能在不同的楼层,成员可能曾经就读于不同的学校,或者在不同的部门工作。认定自己是某群体的一分子并观察到本群体与其他群体的差异,这是产生冲突必不可少的条件。[7]

　　冲突的第三个构成要素是利益矛盾。这意味着,如果一个群体实现了其目标,另一个群体将无法实现其目标;换句话说,它目标的实现受到了阻碍。矛盾并非一定是你死我活的,其程度只需达到足以引发群体间的冲突即可。当一个群体试图超越其他群体而达到预想的状态时,群体间冲突就会发生。来看一看,当费尔法克斯传媒(Fairfax Media)的高管们在澳大利亚的《悉尼先驱晨报》(Sydney Morning Herald)设立了两个新闻编辑室——一个负责数字媒体,一个负责印刷的报纸——之后,发生了什么? 两个编辑室很快就产生了冲突。数字媒体编辑室的线上内容工作人员将更多报道放在名人新闻、耸人听闻的犯罪故事、辛辣八卦等方面,而印刷报纸编辑室的传统新闻工作人员则坚持关注国内经济、全球政治等严肃话题。[8]我们把**群体间冲突**(intergroup conflict)定义为:群体成员认同某一群体,并且发现其他群体可能阻碍其群体达到目标或期望,这种情况下所发生的组织群体间的行为。[9]冲突意味着群体间的直接碰撞,相互之间存在根本性的对立。冲突与竞争类似,但程度更为激烈。**竞争**(competition)意味着群体之间为追求某项共同的奖赏而产生争夺,而冲突则意味着对实现目标的直接阻碍。

　　组织中群体间的冲突可以发生在横向方面,如跨部门冲突,也可以发生在纵向方面,如组织不同层级间的冲突。[10]回顾本书第 7 章对混合型组织中商业逻辑和社会福利逻辑之间潜在冲突的讨论。管理者面临的挑战是如何将人们团结在一个共同的目标上,如何对商业逻辑的部门及人员(即以销售产品和服务为目标从而获得利润)与社会福利逻辑的部门及人员(即以帮助公司客户为目标从而创造社会福利)之间的冲突进行管理。在传统产业的组织中,一家制造型企业的生产部门可能会因新推行的质量工作程序降低了生产效率而与质量控制部门发生争执。研发经理经常与财务经理发生冲突,因为财务经理为了控制成本会减少对新研发项目的资金支持。团队成员可能对完成任务和实现目标的最佳方法持有异议。一个组织中不同的部门或业务单元之间也可能发生冲突。

纵向冲突可能发生在老板和员工之间,关于完成新工作的方法,关于工作安排,或者关于公司行为。例如,谷歌和 Wayfair 的白领员工纷纷罢工,抗议公司的行为,员工们认为公司的行为并没有反映他们的伦理价值观。大约 8 000 名亚马逊员工因担心气候变化而签署了一份组织协议,要求亚马逊对企业的行为负责,减少排放。[11]

另一种典型的冲突存在于工会和管理层之间,或者是特许经营店业主和总部之间。例如,麦当劳、塔可钟(Taco Bell)、汉堡王(Burger King)和肯德基由于越来越多地在其特许连锁店附近设立公司自有的店铺,两者之间直接竞争,导致特许店业主们与总部发生了冲突。[12]

冲突也发生在不同的事业部或组织内不同的业务单元,正如我们在前几章提到的脸谱网和 WhatsApp 之间存在的冲突。在脸谱网收购 WhatsApp 之后,WhatsApp 创始人与脸谱网高管们在数据隐私和商业应用等问题上陷入了持续的争论。冲突似乎不可调和,以至于 WhatsApp 创始人最终离开了公司。[13]在跨国公司中,由于国际业务的复杂性,地区经理和事业部经理之间、不同的事业部之间,或者事业部与总部之间经常发生摩擦,就像在第 6 章所阐述的一样。相同的问题发生在截然不同的组织之间,就像我们在第 5 章中简单讨论的一样,组织之间的合作涉及很多公司,冲突和权力变更也就不可避免了。

14.1.1　冲突的根源

某些特定的组织特征会引发冲突。**群体间冲突的根源**(sources of intergroup conflict)包括目标的不相容、组织的分化、任务的相依以及资源的有限。组织关系中的这些特征当然是由环境、规模、技术、战略和目标等权变因素以及组织结构共同决定的。前面几章中我们已讨论过这些组织特征,它们会影响到组织在何种程度上使用理性行为模式或者权术行为模式来实现其目标。

问题引入部分的参考答案

1. 一定数量的冲突对组织是有好处的。

答案:同意。冲突在所有人类关系中,包括在组织中,都是不可避免的,并且经常是一件好事。一定程度的冲突是有益的,它提供了多样化思考的可能,并常常导致改变。假如完全没有冲突,也就可能没有成长和发展。

目标不相容

每个部门的目标反映了组织成员想要达成的具体结果。一个部门的目标实现经常会影响到另一个部门的目标实现,这就导致了冲突。例如,大学警卫的目标是保卫校园。为此,他们会在晚上和周末锁上所有的教学和办公楼,并且不把钥匙交给任何人。然而,无法进入办公楼加班使科学家的研究进度受到影响,无法实现科研目标。但如果允许科学家在任何时候都可以随便进出而忽视安全问题,那么警卫部门的目标就无法实现。可见,目标的不相容会导致部门之间发生冲突。

在商业组织中,信息技术部门和业务部门的管理者之间经常会因为目标不相容而发生冲突。业务部门的管理者常常希望购置一些新设备或新系统,却不知道为何他们的请求总是遭到首席信息官(CIO)的拒绝。而首席信息官的职责是,确保任何对整体信息系统和流程的更改都不能危及公司的安全。[14] 营销部门与制造部门间要比其他部门之间更容易发生冲突,因为这两个部门的目标常常很不一致。表 14-1 给出了营销部门与制造部门间目标冲突的典型表现。营销部门力求增加产品线的宽度以满足消费者多样化的需要。产品线宽则意味着各品种的生产时间短,因而将增加制造部门的成本。[15] 目标冲突的其他领域还包括产品质量、成本控制和新产品开发等。目标不相容可能是组织内部冲突的最主要原因。[16]

表 14-1　营销—制造部门间的潜在目标冲突		
目标冲突	**营销部门**	**制造部门**
	活动目标是顾客满意	活动目标是生产效率
冲突领域	**典型观点**	**典型观点**
1. 产品线广度	"我们的客户需求多样。"	"产品线太宽了,我们的运营尽是短期而不经济的。"
2. 新产品推出	"新产品是我们的生命线。"	"不必要的设计更新会付出高昂的代价。"
3. 生产进度	"我们需要更快的反应。我们给客户的交货时间太长了。"	"我们的承诺要符合实际,不能像风一样变来变去。"
4. 物资调运	"为什么我们的库存里从来没有合适的商品?"	"我们无法做到保持大量的库存。"
5. 质量	"为什么我们不能以更低的成本生产适当质量的产品?"	"我们为什么总要提供那些过于昂贵而对客户没有多少效用的产品?"

资料来源：Based on Benson S.Shapiro,"Can Marketing and Manufacturing Coexist?" *Harvard Business Review* 55 (September-October 1977)：104-114；and Victoria L. Crittenden, Lorraine R. Gardiner,and Antonie Stam,"Reducing Conflict between Marketing and Manufacturing", *Industrial Marketing Management* 22 (1993)：299-309.

组织分化

按照第 4 章的定义,组织分化是指"不同职能部门的管理者在认知和情感导向上的差异"。职能的专业化要求人们具有特定的教育、技能、态度和时间视角。例如,人们可能由于其能力和天资适合于做销售工作而进入销售部门。在成为销售部门的成员之后,他们又会受到该部门规范和价值观的影响。

组织中的各部门或事业部通常在价值观、态度和行为准则方面存在不同差异,这种文化上的差异会导致冲突。[17] 就让我们看一则有关销售经理与研发工程师在新产品开发上的冲突:

销售经理的性格开朗,并且注意与研发工程师保持一种热情而友善的关系。研发工程师看起来很孤僻，不愿意谈论自己不感兴趣的问题，所以销售经理常常感觉受到了冷遇。他也对该工程师能非常自由地选择自己所做的事而感到恼火。而且，这位工程师经常约会迟到，以销售人员的观点来看，这样根本无法做成生意。另一方面，从工程师的角度来说，销售人员催促他对需要一段时间调研才能解决的技术问题立刻做出回答也令他感到不快。所有这些不愉快，都是这两类人员在工作和思维方式上存在较大差异的具体体现。[18]

任务相依

任务相依性是指一个单位需要依赖另一单位提供材料、资源或者信息。如第 8 章所述，并列式相依意味着相互间的联系很少，顺序式相依意味着一个部门的产出送入下一个部门，交互式相依则指部门间相互交换材料和信息。[19]

一般地说，随着相依程度的提高，冲突的可能性增加。[20]在并列式相依的情况下，各单位间很少相互作用，因此冲突很少。顺序式相依和交互式相依则要求有关的人员需要花时间进行协调和交换信息。他们必须频繁接触，在沟通的过程中彼此间目标或态度的差别便显露出来了。如果相互间没有就如何协调达成协议，那么冲突就会发生。相依程度越高，意味着一个部门通常需要对其他部门施加压力，以要求后者做出更快的反应，因为该部门的工作要等待其他部门完成后才能进行下去。[21]

资源有限

冲突的另一个主要根源是，群体之间会为了其成员认为稀缺的资源而展开竞争。[22]组织的资金、设备设施和人力资源都是有限的，这些需要在各部门间分配。为了实现自己的目标，各部门都想增加自己的资源投入。这导致各部门处于一种冲突的状态。各部门的管理者会想出一些策略，如虚报本部门的预算要求，或者搞一些幕后活动，以获得所需要的资源。

资源还象征着在组织中的权力和影响力。换言之，获得资源的能力可提高该部门的地位和声望。各部门一般都认为，它们对增加资源投入有合法的要求。但是，实现这一要求就导致了冲突。因资源有限性而导致的冲突也常常存在于政府、非营利组织及会员型组织之中。可以看看美国的工会，因为会员和会费等问题而相互争斗，其程度甚至超过了工会与企业管理层之间的斗争。因资源缩减和目标不一致，美国步枪协会（National Rifle Association，NRA）也上演了一场冲突。

应用案例 14-1

美国步枪协会

韦恩·拉皮埃尔仍然是美国步枪协会的首席执行官，但他现在的位置并不牢固。自 1991 年以来，拉皮埃尔一直担任美国步枪协会的首席执行官。但现在，他与协会主席奥利弗·诺斯（Oliver North）产生了冲突。诺斯领导的一个组织一直在试图罢免拉皮埃尔的首席执行官职位。两人的冲突包含在一系列复杂的事件之中,包括捐款减少、首席执行官支出超标、法律分歧、受资助的枪支控制运动不断爆发,以及美国步枪协会作为非营利性组织存在财务不当行为。诺斯就任主席后不久,就要求拉皮埃尔辞职,两人展开了激烈的内部控制权之争。

　　最终,诺斯没有得到迫使拉皮埃尔辞职的足够支持,他宣布不再寻求连任协会主席。美国步枪协会的二号人物、首席游说官克里斯·考克斯(Chris Cox)也因为被指控参与驱逐协会最高领导人的行动而于 2019 年 6 月辞职。不过,这场动荡还没有结束。由于被指控存在财务不当行为和其他不当行为,美国步枪协会正在失去越来越多的支持。除了纽约州总检察长利蒂夏·詹姆斯(Letitia James)对协会的调查外,至少还有三个国会委员会也在调查该组织。[23]

14.1.2　理性模式与权术模式[①]

　　图 14-1 列示了群体间冲突的各种根源。目标不相容、组织分化、任务相依以及对有限资源的竞争的程度,决定着在一个组织中是选择理性行为方式还是权术行为方式来达成目标。

冲突低时,运用理性模式	特征项	冲突高时,运用权术模式
参与者间意见一致	目标	组织内部意见不一致,目标多元化
集中	权力与控制	分散联盟体和利益群体的成员不断变化
有序的、合乎逻辑的、理性的	决策过程	无序的过程,决策是各种利益讨价还价和相互作用的结果
以效率为准则	规则与规范	市场力量的自发作用,冲突是合法的,也是期望的
广泛的、条理化的、准确的	信息	模糊的,信息得到策略性地使用和截流

群体间潜在冲突的根源
- 目标不相容
- 组织分化
- 任务相依
- 资源稀缺

图 14-1　冲突的根源与理性模式和权术模式的选用

　　如果目标趋于一致,分化程度低,部门之间以并列式相依为特征,而且资源几乎是充裕的,那么,管理者就会运用组织的**理性模式**(rational model),如图 14-1 所示。就像前面第 12 章中介绍的决策的理性方法一样,组织的理性行为方式只是一种"理想状态",在现实世界中无法完全实现,尽

①　"权术"一词的原文为"political"或"politics",指策略性地运用权力来影响他人的行为或活动过程。它亦可译为"权谋活动""政治活动"等。考虑到本书的介绍侧重于组织背景,"政治"一词的含义过于宽泛,因此,这里权且译为"权术"。但需要指出,这里使用的"权术"一词只是中性意义上的学术用语,并无中文中常见的贬义含义。——译者注

管管理者都试图在任何可能的情况下尽量使用理性模式。在理性的组织中,行为不是随意的或偶发的。组织有明确的目标,并且以合乎逻辑的方式做出选择。在需要决策时,首先要确立目标、制订备选方案,然后选出成功可能性最大的方案。理性模式的特征还有权力和控制的集中化,范围广泛的信息系统,以效率为导向,等等。[24]

另一种相反的描述组织活动过程的观点是**权术模式**(political model),亦如图 14-1 所示。当组织分化程度较高时,组织中各群体拥有不同的利益、目标和价值观,争执和冲突频频发生,所以要运用权力和影响力来达成决策。各群体都参与到为确立目标和做出决策的各方面的辩论中,信息是模糊而不完整的。权术模式描述了组织在大部分时间内的运营方式。尽管管理者力图使用理性方法,但权术模式在组织内部更具优势,因为每个部门都有自己想要实现的不同利益和想要达到的不同目标。单纯的理性模式在很多情况下并不奏效。

通常情况下,理性的过程和权术的过程都常见于实际的组织中。对绝大多数的组织来说,单纯的理性模式,或者单纯的权术模式,都不能完全反映事情的全貌。每一种模式都可能在某一时期有其适用性。管理者可能会力求运用理性的模式,但他们也会发现,在他们实现组织目标时还需要运用一些权术。权术模式意味着管理者要学会获取、开发并使用权力来实现目标。

在普瑞米欧食品公司(Premio Foods),总裁马克·桑克(Marc Cinque)和副总裁查理安·南吉(Charlean Gmunder)试图采用理性模式解决冲突,但却发现权术模式更为适用。南吉建议实施一个计算机系统,以革新过时的预测和订单方法,这需要每个部门都做出改变。她向桑克提出了一组事实和统计数据,说明新系统将帮助公司每年增加 50 万美元的现金流,同时通过减少材料浪费每年可以节约 15 万美元。尽管"这些数字说明的事实很明显",但是桑克还在犹豫,主要是因为许多高层管理者对此表示强烈反对。经过考虑,桑克最终决定使用新系统,这使冲突加剧。南吉无法从一些高管那里得到她需要的信息,还有一些主管在参加会议的时候姗姗来迟,或者干脆不参加。南吉未能建立一个联盟来支持新系统的运行。为了扭转新系统无法正常运行的局面,桑克将各部门主管集合起来成立了一个小组,讨论他们关注的问题以及新系统应该如何运行。[25]

大多数组织至少面临着部门之间或者与其他组织之间中等程度的冲突。当冲突变得过于激烈的时候,管理者们无法实现合作,就会给组织带来许多问题。图 14-2 列举了管理者之间由于缺少合作而导致的十大问题。[26]

14.1.3　增进合作的策略

优秀的管理者会努力减少冲突,防止冲突影响组织绩效和目标实现。有效的冲突管理会对团队和组织绩效产生直接的积极影响。[27]因此,管理者应该有意识地利用各种策略化解冲突,通过刺激部门间的协调与合作,促进组织目标的实现。**增进合作的策略**(tactics for enhancing collaboration)包

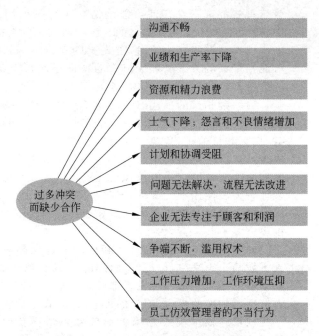

图 14-2　组织冲突带来的十大问题

资料来源：Based on survey results reported in Clinton O. Longenecker and Mitchell Neubert，"Barriers and Gateways to Management Cooperation and Teamwork，" *Business Horizons*，November-December 2000，37-44.

括以下几点。

1. 创建整合手段

如第 3 章所述，跨越部门界限的团队、任务小组和项目经理可以作为整合的手段。让冲突部门的代表加入联合解决问题的团队中，这是增进合作的一个有效方式，因为代表们会在团队工作中学会理解其他人的观点。[28]有时也可委任一名专职整合人员，通过与对方部门的成员会谈和交换信息而取得两部门的协作与合作。整合人员必须了解各部门的问题，并且必须能够将双方引向一个相互都能接受的解决方案。[29]

团队和任务小组将来自于不同部门的人员整合在一起，从而减少了部门间的冲突，增进了合作。整合手段还可能用于增进劳资双方的合作。**劳资团队**（labor-management team）的设计是为了增进员工的参与，并为解决劳资问题提供一种合作模式。这种团队正被越来越多的企业所采用，比如固特异公司（Goodyear）、福特汽车公司和美国铝业（Alcoa）等。在肯塔基州（Kentucky）卡尔维特市（Calvert City）国际特种产品公司（International Specialty Products Corporation）的工厂，工会和管理层之间的合作关系提高了公司的产品质量，降低了成本，提高了公司的盈利能力。工厂的领导团队由两个经理和两个工会成员组成，每对管理代表和工会代表共同负责工厂的七个操作区。[30]虽然工会仍就工资之类的传统问题继续进行着抗争，但这些整合机制正创造出一种新的合作关系。就在几年前,许多管理者都不认为有这种合作的可能。

2. 对抗和谈判

当冲突各方直接交锋并力图解决他们间的差异时,就出现了**对抗**(confrontation)。**谈判**(negotiation)则是通常在对抗中产生的讨价还价行为,它使冲突各方能有条理地达成一个解决方案。谈判是调解冲突的一种重要方式,广泛应用于商业伙伴关系、合资企业以及其他联盟形式,特别是涉及企业的跨国合作时更为常用。例如,本书第 6 章介绍了雷诺、日产和三菱的高管如何进行谈判,并重新致力于"三赢"模式的运营。对抗和谈判是由各个事业部、部门或组织指定代表共同聚集在一起,解决一项较为严重的争端。[31]对抗和谈判存在着一些风险。没有人能保证讨论主题一直聚焦在冲突上,或者情绪不会失控。然而,如果成员能够在面对面讨论的基础上解决冲突,他们彼此都会发现对方值得尊重的地方,将来的协作也会变得更容易。通过直接谈判,可能会带来双方相对持久的态度转变。

当管理者采用"双赢"战略时,对抗会取得圆满的结果。"双赢"意味着两个部门都采取一种积极的态度,并努力以双方都受益的方式来解决冲突。[32]如果谈判恶化到非赢即输的境地(各方都想打垮对方),则对抗策略就是无效的。高层管理者应该促使各方的成员向互惠互利的结果努力。谈判的双赢战略和输赢战略的区别如表 14-2 所示。采用双赢战略,也就是把问题看作双方互动的结果,并公开地交换意见,避免使用威胁的手段,这样,在解决争端的同时能够使双方的态度发生变化。

表 14-2　谈 判 战 略

输赢战略	双赢战略
1. 把问题看作非赢即输的	1. 把冲突看作双方的问题
2. 追求本方的利益	2. 追求互利的结果
3. 迫使对方屈从	3. 找到满足双方要求的创造性的解决方案
4. 以欺诈、含糊和误导的方式交流各方的需要、目标与建议	4. 用公开、诚实和准确的方式交流各方的需要、目标与建议
5. 使用威胁手段(迫使对方妥协)	5. 避免使用威胁手段(减弱对方的防备心态)
6. 表明强硬的立场和态度(僵硬的处事方式)	6. 将灵活处事的态度告诉对方

资料来源: Adapted from David W. Johnson and Frank P. Johnson, *Joining Together: Group Theory and Group Skills* (Englewood Cliffs, N.J.: Prentice-Hall, 1975), 182-183.

用于解决劳资争议的一种谈判方式被称作**集体谈判**(collective bargaining)。这一谈判过程通常是通过工会来完成的,其结果旨在明确规定各方在以后两三年内的责任。

3. 安排组际协商

在发生激烈而持久的冲突,而各部门的成员又多疑且不愿合作的情况下,管理者可以请第三方人员出面协调两部门的关系。[33]这一过程有时被称为工作现场调解。这是缓和冲突的一种强行干预手段，它将冲突各方召集在一起，并且允许各方表达其"真实"的看法。这种方法是由罗伯特·布莱克（Robert Blake）、简·穆顿（Jane Mouton）和理查德·沃尔顿（Richard Walton）等心理学家提出的。[34]

让有关部门的成员参加一个为期数日的研讨会，使这些成员暂时摆脱日常的工作事务。这种方法与第 12 章创新与变革中讨论的组织发展（OD）方法类似。冲突的团队被分开，邀请每一组来讨论并列出他们对自己以及另一组的看法。团队的代表们公开交流这些看法，然后团队一起再来讨论结果。组际协商对每个参与者有很高的要求，如果能妥善处理，这种方式就能帮助各部门的员工更好地理解对方部门，从而带来后续几年内工作态度和关系的改善。

4. 实施人员轮换

轮换意味着一个人从一个部门被暂时性或永久性地调换到另一部门去工作。这样做的好处是可以使被轮换的人员融入另一部门的价值观、态度、问题及目标中。而且，被轮换的人员还能向新的同事解释他原工作部门的问题和目标，从而促进观点和信息的坦诚、精确的交流。利用人员轮换来减少冲突，见效比较缓慢，但是它能十分有效地改变导致部门间冲突的背后的态度和观念。[35]几年前，风险投资公司安德森·霍洛维茨基金（Andreessen Horowitz）的联合创始人本·霍洛维茨（Ben Horowitz）使用一种叫作怪诞星期五（Freaky Friday）的管理技术，解决了销售工程部门和客户支持部门之间的冲突和难题。

应用案例 14-2

"怪诞星期五"管理技术

当客户服务团队和销售工程团队互相开战之后，本·霍洛维茨不知道该做什么了，两个团队都由一流员工组成，并由杰出的管理者领导。销售工程团队抱怨客户服务团队不改正问题，反应不及时，并且无法提供让顾客满意的服务。顾客服务团队指责销售工程团队不听取建议，把自己的每一个问题都排在最先解决的位置，加大了客户服务团队的工作难度。两个团队难以和睦相处，但是为了公司的正常运转，他们必须和谐且持续地一起工作。

霍洛维茨恰巧看了一部叫作《怪诞星期五》（Freaky Friday）的电影，然后想到了一个主意。在电影里，妈妈和妹妹都认为对方无法理解和欣赏自己，这让她们非常沮丧，她们希望可以互换位置。因为这是发生在电影里，所以她们奇迹般地做到了。通过剩下的电影情节，霍洛维茨知道，"通过互相进入对方的身体，两位人物角色开始理解对方面临的问题"。他想知道，在销售工程经理和客户服务经理之间能否也发生这样的事情。第二天，他告诉两位经理，他们需要互换位置。就像《怪诞星期五》中的角色一样，他们可以保持自己的思想，但将拥有新的身体。

　　　　两位经理的反应就像杰米·李·柯蒂斯(Jamie Lee Curtis)和莲莎·露夏恩(Lindsay Lohan)在电影中的惊恐尖叫一样。但是在位置互换一周之后,两位经理发现了导致两个部门发生冲突的核心问题。更重要的是,他们快速实施了一些简单的解决方案,这些方案解决了长期存在的争议,并让两个部门的人和谐地工作在一起。霍洛维茨说,这两个部门"从那天起一直到我们把公司出售,都在以最佳的状态共同工作,超过了其他任何部门——一切都要感谢《怪诞星期五》,它或许是有史以来最深刻的管理培训电影"。[36]

5. 创设共同的目标

　　　　另一个处理冲突的策略是,企业高层管理者提出一个要求各部门精诚合作才能实现的共同使命和最高目标。[37]就像第 11 章讨论的,拥有浓厚的适应型文化的组织,其员工共享着他们公司的共同愿景。这样的组织更可能拥有一支团结、合作的员工队伍。最近的研究表明,当来自不同部门的员工认识到他们的目标是紧密地联系在一起的时候,他们会公开地分享资源、交流信息。[38]为取得效果,企业的最高目标必须是激奋人心的,同时能保证员工们投入力气为实现这些目标而共同工作。激励制度也应当重新设计,以鼓励各部门追求企业的最高目标而不是本部门的分目标。

本节要点

- 冲突、权力和权术是组织活动的自然结果。冲突的根源包括目标不相容、组织分化、任务相依和资源有限。

- 目标、背景和任务的差异对组织取得卓越的成绩是必不可少的,但是,这些差异也使群体陷入冲突中。管理者可以运用权力、权术来管理和解决冲突。

- 组织的理性模式认为,组织有着特定的目标,任何问题都可以以合乎逻辑的方式予以解决。组织的权术模式则代表了另一种观点,认为组织的目标并不是特定的,或者说不是一致同意的。各部门及其管理者有着不同的利益和价值观,这使他们陷入冲突,决策就只能在权力和权术影响的基础上做出。讨价还价、谈判、劝说、联盟活动等决定了最终的结果。

- 虽然冲突和权术行为在组织中很常见,而且可以用来实现利益目标,但是管理者们仍需要尽力增进合作,避免部门之间的冲突过于激烈。增进合作的主要策略包括整合手段、对抗和谈判、安排组际协商、实施人员轮换、创设共同的使命和目标。

623

14.2　权力与组织

在组织中,权力是一种无形的力量。它看不见,但是却可以感觉到。权力通常被界定为一种潜在能力,即一个人(或部门)影响另一个人(或部门)去执行命令[39],或者让人们做他们本不想做的事情。[40]其他一些定义强调权力拥有者想要达成某种目标或结果的能力。[41]期望目标的实现是这个定义的基础:**权力**(power)是组织中一个人或部门通过影响其他人来达成自己期望结果的能力。组织中的权力拥有者可以通过影响别人来达到自己想要的结果和目标。例如,拥有权力的管理者经常能为自己的部门争取更多预算和更有利的产品计划,以及对组织日程的更多控制。[42]

权力只能存在于两个及以上的人际关系之中,它可以从横向和纵向两个方面发挥影响。权力来源于一种交换关系,在这种关系中一个岗位或部门可以为其他部门提供稀缺或有价值的资源。当一个人依赖于另一个人时,就会产生权力关系,在这种关系中,拥有资源的人拥有更多的权力。[43]权力掌控者能够让人们服从他们提出的要求。

关于依靠资源来增加权力的一个例子来自迪士尼公司。该公司要求,对于那些依赖迪士尼电影资源的影院,如果想放映热门电影《星球大战:最后的绝地武士》(Star Wars:The Last Jedi),需要满足一些条件:影院必须至少放映四周《星球大战:最后的绝地武士》;在放映电影之前,顾客们只能购买与《星球大战》相关的茶点;在电影放映期间,任何人不准离开影院,其他屏幕上只能播放一些没有实际意义的内容。[44]

14.2.1　个人权力与组织权力

在一般文献中,权力通常被描述为一种个人的特征,主要研究一个人是如何影响或支配其他人的。[45]根据大多数学者的研究,权力主要包括五种类型,[46]这些权力又可以分为硬权力和软权力。

个人硬权力

硬权力主要来源于一个人的权威地位,包括法定权力、奖赏权力和强制权力。法定权力指的是组织赋予拥有某一正式管理职位的管理者的职权。一个人一旦成为主管,大多数员工都明白他们有义务在工作活动方面听从这个人的指示。下属认为这种权力的来源是法定的,这是他们服从管理的原因所在。奖赏权力则是来源于对他人施与奖酬的能力,这些奖酬包括提升、加薪以及拍一下后背等。管理者可以利用奖励来影响下属的行为。强制权力是指给予惩罚或建议给予惩罚的权力,这是与奖赏权相反的权力。当管理者有权解雇员工,或对其进行降职,可以批评他们,或拒绝加薪时,他就拥有强制权力。如果员工的表现没有达到预期,管理者有权力训斥他,拒绝给他加薪,减少他晋升的机会,在他的档案里放入一封表示否定的信件。

个人软权力

管理者也会使用软权力,包括专家权力和模范权力。软权力更多的是基于个人特征和人际关系,而不是权威地位。专家权力来源于个人对所要完成的任务拥有高超的技能或知识。如果一个人是真正的专家,其他人会因为其拥有丰富的知识素养而赞同他/她的建议。模范权力源自个人的品格,这些特征使其获得了他人的认同、尊重和钦佩,使其他人希望成为像他/她一样的人。当管理者对待员工的方式获得员工的认可和钦佩时,管理者所产生的影响是基于模范权力的。越来越多的企业采用团队工作的方式,员工不太能够接受基于权威的管理,随着这种形势的发展,专家权力和模范权力等软权力正变得越来越重要。[47]

组织权力

组织中的个体可能会使用任何一种权力资源。不过,组织权力通常是结构特征作用的结果。[48]组织是一个大型、复杂的系统,容纳着成百上千甚至成千上万的人。这类系统中有一种正规的层级链,表明某些任务比另一些任务更为重要,而不论执行任务的人是谁。另外,某些职位可以获取更多的资源,或者对组织的贡献更为重要。例如,首席执行官的行政助理拥有极大的权力,因为他们能够直接接触到高层管理,掌握其他人无法掌握的信息,而且能够决定谁有机会跟老板交谈。泰科玛公司(Techmer PM LLC)首席执行官约翰·曼努克(John Mannuck)说,他需要依靠行政助理尼科尔·布兰尼克(Nicole Brannick)告诉他,谁必须尽快和他会谈,以及谁可以稍微等一等。[49]

 ### 14.2.2   权力与职权

组织中各方面的人员都可以运用权力来达到希望的目标。例如,当探索频道(Discovery Channel)想将其品牌扩展到有线电视节目外时,汤姆·希克斯(Tom Hicks)开始大力鼓动要将重点放在新兴的互联网方面。尽管公司的首席执行官更倾向于开发互动式电视,但是,希克斯组织了一项大规模活动,最终说服了首席执行官将关注点转向网络出版业。这表明,希克斯在该组织中拥有很大的权力。最终,希克斯被任命负责探索频道的线上运营。[50]

正式职权概念与权力有关,但其涵盖范围要比权力窄。**职权**(authority)也是实现预期结果的一种力量,但它仅仅是由正规的层级链和报告关系规定的。识别职权的三个特性包括:

1. 职权存在于组织职位中。人们拥有某种职权是因为他们处于这一职位上,而不是因为他拥有的个人特质或资源。

2. 职权根植于下属的接受。下属是因为他们认为居于该职位的人拥有运用职权的合法权利才依从这个领导人的。[51]在大多数的北美公司中,雇员都认为雇主们有权力告诉他们什么时间上班,完成什么任务以及什么时间可以回家。

　　3.职权是顺着纵向层级链向下流动的。[52]职权存在于正式的命令链中,因此,高层的职位就比低层的职位拥有更大的正式职权。

　　在等级制度中,正式职权通过自上而下的方式得以行使。另一方面,组织权力可以自上而下、自下而上以及在水平方向上行使。此外,管理者拥有正式职权,但他们真正拥有的权力未必很多。在哈佛商学院(Harvard Business)讲授企业战略管理课程的凯文·沙尔(Kevin Sharer)说,现在当他回想起自己在美国世界通信公司(MIC,简称世通)担任营销执行副总裁的三年时光时,才明白为什么那三年如此令人沮丧。沙尔有很多不错的改革创意,但是他未能在新同事间建立信任。虽然他的职位不可小视,但他的想法和建议还是被人们忽略了。后来沙尔加入安进公司(Amgen Inc.),担任了12年的董事长兼首席执行官,在那里他学会了如何有效地使用硬权力和软权力。[53]下面一部分我们将考察整个组织中员工的权力来源,包括纵向来源和横向来源。

14.2.3　权力的纵向来源

　　纵向层级链上的所有员工都拥有某种权力。虽然按通常的组织结构,大量的权力都分配给了高层管理者,但是整个组织中的员工通常都能获得与其正式职位并不对等的权力,并向上施加某种影响。纵向权力有四方面来源:正式的职位;资源;对信息的控制;网络中心性。[54]

正式的职位

　　高层职位会自然拥有相当的权力、责任及特权。组织中的员工承认高层管理者拥有制订目标、做出决策和指挥活动的合法权力,这就是前面所定义的法定权力。在使用正式职位权力方面,一个很好的例子来自21世纪福克斯(21st Century Fox)。鲁珀特·默多克(Rupert Murdoch)让儿子拉克兰(Lachlan)和詹姆斯(James)负责运营这家公司。兄弟俩迅速利用自己的正式权力进行了改革,包括解雇了一些电影高管,整顿了国外电视业务,并用民主党人士取代了父亲聘请的共和党游说型高管。[55]

　　对中层管理者和基层参与者授予多大的权力应当通过组织结构设计来确定。将权力分配给中层管理人员和职能人员非常重要,因为权力能激发员工的生产率。当工作任务非常规时,让员工参加自我管理团队或解决问题的任务小组,将会激发员工的灵活性和创造性,并且鼓励他们用好自己的自主权。允许人们制定自己的决策,这增加了他们的权力。

　　当一个职位需要经常与高层管理者接触时,其权力也得到增强。接近有权力的人物,发展同他们的关系,这为增加影响力提供了强有力的基础。[56]例如,NBC环球(NBCUniversal)总裁行政助理蒂安洁尔·加拉尔萨(D'Andra Galarza)说,大家对她都很殷勤,而且总是想尽办法从她那儿获得信息。"大家知道我什么都知道，"她说，"如果我是副总裁的行政助理，情况就不会是这样。"[57]

职位可以被设计得拥有更大的权力，这一逻辑的假定是：组织的权力并不是有限的，并不是只能在高层领导与基层人员之间定量分配。组织中的权力总量可以增加，主要办法就是合理设计各层级的任务和互动关系，以便使每个人都能有更大的影响力。如果权力的分配过度地集中于高层，那么该组织将是低效的。[58]

资源

组织要分配大量的资源，用于建造大厦、发放薪金、购置设备和供应品等。每一年度，组织都要通过预算的形式分配资源。这些资源是由高层管理者往下分配的。高层管理者通常拥有股份，这种身份给予了他们分配企业资源的权力。然而，在当今的许多组织中，组织各方面的员工都享有一定的所有权，这也就增强了他们的权力。

在大多数情况下，高层管理者控制着资源，因此他们能决定资源的分配。资源可以用作奖惩，这是权力的重要来源。资源分配也创造了一种依赖关系。下层的参与者依靠高层管理者提供资金和物质资源，以完成工作任务。高层管理者可以运用加薪、聘用、晋升及提供物质设施等形式的资源来换取下属顺从，以实现他们所希望的结果。

对信息的控制

对信息的控制也成为权力的一种来源。当今组织中的管理者认识到，信息是一种重要的资源，通过控制收集什么信息、如何解释信息和如何分享信息，他们可以影响决策的制定。[59]在当今的许多企业中，信息是公开的，被广泛地分享，这增强了组织中一般员工的权力。

然而，高层管理者通常比其他的员工能获得更多的信息。这些信息可以在必要时发布出来，以影响其他人的决定。例如，克拉克公司（Clark）高级信息技术经理通过控制向董事会提供的信息而影响了公司的决策。她清除了各业务单元现有的计算机系统，并将所有软件转移至新的平台。她知道这是确保成本一致的唯一办法，但是这会给业务经理们带来一些短期性的问题，因而可能会引起他们的反对。[60]董事会拥有正式的职权，由其决定是否采纳统一信息技术系统的计划，以及从哪家公司购买新系统。董事会要求管理智囊团找出 6 家有资格接受这批订单的公司。凯特·肯尼（Kate Kenny）是管理智囊团的负责人，她不同意其他管理人员的意见。这些管理人员不得不越过肯尼，如图 14-3 所示，直接向董事会表达自己的观点。肯尼则通过控制向董事会提供的信息左右了董事会的想法，从而使董事会最终选择了她所中意的系统。

中层管理者和低层的员工也可以获取某种信息，以此增强其权力。作为高层管理者的秘书，常常能控制其他人想要的信息，这样也就能影响这些人。即便是高管层本身，也要依赖组织中的人员提供有关问题或机会的信息。中层管理者或低层的员工就可以通过控制提供给高层管理者的信息来影响其决策的结果。

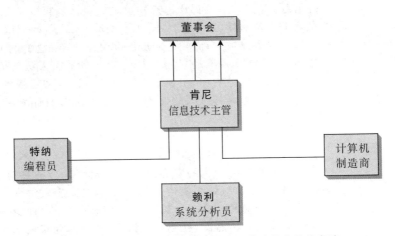

图 14-3　克拉克公司购置信息技术系统决策中的信息流

资料来源：Andrew M. Pettigrew，*The Politics of Organizational Decision-Making*（London：Tavistock，1973），235，reproduced by permission of Taylor & Francis.

网络中心性

网络中心性（network centrality）是指处于组织的中心位置，从而有渠道掌握对企业成败至关重要的信息和人员。当管理者和低级别员工把自己放在沟通网络的中心，与整个公司的人建立联系时，他们会更有效率，更有影响力。例如，如图 14-4 所示，拉达（Radha）拥有一个健全发展的交流网络，通过这个交流网络可以与很多市场、制造和工程部门的人分享信息和相互援助。将拉达的网络和杰斯明（Jasmine）与凯瑞尔（Kirill）的对比，你认为谁有可能在组织中获得更多的资源和发挥更大的影响力？B.J.香农（B. J. Shannon）就是网络中心性的一个真实例子。香农曾是 TINYPulse（一家员

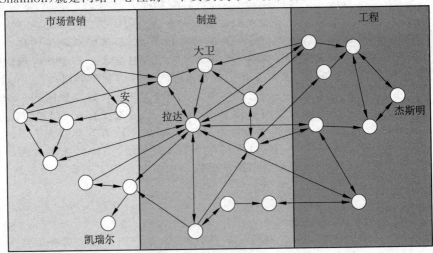

图 14-4　网络中心示意图

工参与型公司）的客户关系主管，最近入职了一家更大的公司，并担任高级管理职务。香农在 TINYpuls 任职时的老板说，香农与公司里的每个人都建立了积极的关系，对他们表现出兴趣，帮助他们发展技能，实现目标。香农特别重视赞扬同事的出色工作，在公司的内部信息系统中，他每周至少发送 5 次"祝贺"信息。[61]

所有层级的员工都可以使用网络中心性的思想来实现目标和获得更大成功。人们可以增加知识变得博学，或者成为某一领域的专家，以此提高自己的网络中心性。人们可以主动承担困难的任务，学习特殊的知识，成为高层管理者必需的人物，这种方法也能够提高自己的网络中心性。有一些人具有很强的首创精神，或者工作经常超过预期，或者经常主动承担大家都讨厌但是非常重要的工作，或者表现得非常乐于学习和公司及行业有关的知识，这些人往往具有较大影响力。来看下面的一个案例。

应用案例 14-3

Crossbow 集团的杰·鲍尔

杰·鲍尔（Jay Bower）是营销服务公司 Crossbow 集团（Crossbow Group）的现任总裁，他多年前在一家零售公司做初级市场分析师时就学会了如何获得权力和影响力。

在刚进入上一家公司后不久，鲍尔就听说公司的首席执行官想要一份数据分析资料，是关于一个意外获得客户青睐的折扣项目。而当时公司信息技术部门在超负荷工作，没有人有时间来做这件事。鲍尔就让公司的首席信息官教给他一些基本的分析技巧，然后他开始自己做数据分析。他花了很长时间在这项工作上，同时还要完成正常的职位内工作。最后，他把这项数据分析工作的成果归功于他的部门主管和首席信息官。尽管如此，他还是得到了回报。鲍尔在公司工作的三年半时间内获得三次晋升。[62]

现在，鲍尔建议 Crossbow 的新员工也要学会寻找机会，获得权力和影响力。他的建议是："去做那些没人知道怎么做或者没人想做的事情，全身心投入，尽一切可能去解决问题。"

问题引入部分的参考答案

2. 流水线上的工人处于公司底层，他们对公司发生的事情只有很小的影响。

答案：不同意。尽管组装线的工人通常只有很小的正式权力和职权，但是所有员工都应该有途径获得一定的权力。个人可以通过建立关系或者获得信息来增加他（她）在组织中的权力。此外，当员工联合起来的时候，他们能够拥有更多权力。除非员工合作完成他们所应该做的工作，否则管理者完成不了任何事情。

人员

高层领导者经常把一群忠诚的主管人员置于身边来提高自己的权力。[63] 忠诚的管理人员及时向领导汇报消息，向他们报告可能违抗命令和捣乱的行为。当高层管理者拥有一支完全支持自己决策和行动的管理团队时，就可以利用这种中心位置来建立联盟，获得强有力的权力。

许多高层管理者都试图打造忠诚的骨干队伍，建立支持性的管理层，帮助自己实现组织目标。聪明的管理者还懂得积极搭建桥梁，以赢过潜在对手。已辞去哈佛商学院副教授一职的哈拉斯博彩公司（Harrah's，即现在的凯撒娱乐，Caesars Entertainment）首席运营官加里·拉夫曼（Gary Loveman）是一个很好的例子。哈拉斯公司的一些高管，包括首席财务官，不满公司对拉夫曼的任命，而且可能会破坏公司对他的任命计划。拉夫曼清楚，首席财务官掌握的信息、知识以及他的支持对任命计划的完成非常关键，所以他先和首席财务官建立良好关系。他经常去首席财务官的办公室找他谈话，让他了解他在做什么以及为什么这么做，并且让他参与重要的会议和决策。建立积极的人际关系帮助拉夫曼实现了自己的目标，最终他于2003 年被任命为哈拉斯的首席执行官，此后继续担任凯撒娱乐的首席执行官直到 2015 年。[64]

下层对上层也会产生权力。当低层员工与他们的上司建立了积极的关系和联结时，他们也会拥有更大的权力。通过保持忠诚以及获得上司的支持，员工有时候可以获得自己想要的地位，施加更大的影响。

14.2.4　授权给员工

在具有前瞻性的组织中，高层管理者希望基层员工能够拥有更多权力，以便更有效地完成工作。管理者有意下放和分散权力，促使员工达成目标。**授权**（empowerment）即权力分担，将组织权力和职权授予下属员工。[65] 增加员工权力能够提升员工士气，增强员工完成任务的动力，并且能够防止个人间的不当竞争。管理学专家罗莎贝丝·莫斯-坎特（Rosabeth Moss-Kanter）说，"当人们感到没有权力时，可能就会走旁门小道。他们想极力抓住这个世界中他们能控制的那一小部分东西，在这个过程中他们会产生统治意识，对事情进行过度控制。"[66] 授权可以使员工有权力选择采用任何一种方式完成任务，在此过程中可以充分发挥他们的创造力，这样员工的工作效率就得到了提高。[67]

授权给员工涉及三种要素——信息、知识和权力，这些要素能够确保员工用更加自由的行动完成他们的工作。[68]

1. 员工能够获得有关公司绩效的信息。在员工被完全授权的公司，所有员工都有权力获得公司财务和运营的信息。

2. 员工具备完成公司目标所需要的知识和经验。公司通过培训计划及其他发展手段来帮助员工获得所需要的知识和技能，以便员工能够实现组织绩效。

3. 员工拥有权力来制定重大决定。被授权的员工拥有直接影响工作程序和组织绩效的职权,例如,通过质量小组或者自我指导的工作团队。

当今许多组织都在执行授权计划,但对员工授权的程度不同。在一些公司,授权意味着鼓励员工提出更多想法,而管理者仍然保留做出最后决定的权力;而在另一些公司,授权意味着员工可以充分发挥创造力和想象力,拥有近乎完全的自由和权力去制定决策。[69] 授权的程度可以从几乎没有自由裁量权的情况,如在传统装配线上工作的一线工人,提升到全面授权,如员工可以参与制定组织战略。有一些例子能够说明组织如何实施最大化的授权。例如,在戈尔公司(W. L. Gore & Associates),在选择泰瑞·凯利(Terri Kelly)担任公司首席执行官的过程中,每个人都发挥了作用。在门洛创新(Menlo Innovations),每个人都能对职位竞聘者投赞成票或反对票。门洛创新公司首席执行官里奇·谢里丹(Rich Sheridan)表示,他过去曾否决过一些人事选择,但他坚持使用员工投票的方式。“因为团队选择了这个人,他们就不会让这个人失败,”谢里丹说。[70] 其他充分授权的例子还有第 1 章介绍的番茄加工企业晨星公司(Morning Star),以及第 3 章介绍的美捷步公司(Zappos)的“全体共治”型组织(holacracy)。

14.2.5　权力的横向来源

横向权力涉及部门间的关系。所有的副总裁通常都处于组织图上的同一层次,但这是否意味着其主管的每一部门都有同样大小的权力呢？答案是否定的。横向权力不是由正式的层级链或组织图规定的。每个部门对组织的成功都有其独特的贡献。有些部门拥有较大的发言权,能实现预期的目标,另一些部门却不是这样。查尔斯·佩罗(Charles Perrow)曾对几家工业企业的管理者做了一项调查。[71] 他直截了当地问他们,在企业的生产、销售、研究开发、财务这四大部门中,“哪一个部门最有权力?”

在大多数企业中,销售部门的权力最大。在少数企业中,生产部门的权力也相当大。平均而言,销售部门和生产部门的权力比研究开发部门和人力资源管理部门的权力大一些,当然这中间有一定的偏差。横向权力的差异清晰地存在于这些组织当中。图 14-5 展示了技术型企业中不同部门之间存在的权力差异。在另一项研究中,研究人员调查了英国 14 个组织中的 55 个高层决策,研究发现:相对于研发、人力资源管理和采购来说,生产、金融和市场营销对战略决策的影响力更大。[72] 权力会随情况变化在不同部门之间转移。当今时代,由于组织的数字化,技术部门的权力正在增大,正如第 9 章介绍到的。伦理与合规办公室可能会有更大的权力,因为这些部门有助于减少最高领导人在伦理丑闻和渎职行为方面面临的不确定性。

横向的权力相对不易测量,因为组织图上并没有显示出权力的差别。然而,如图 14-5 所示,目前已经有了对权力差异的一些初步的解释。战略权变因素是用来分析相对权力大小的一个理论概念。[73]

战略权变因素

　　战略权变因素(strategic contingencies)指的是组织内外对实现组织目

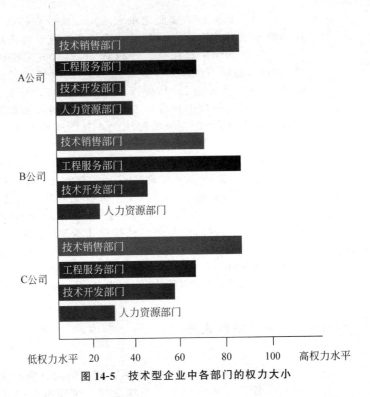

图 14-5 技术型企业中各部门的权力大小

标有重大影响的事件和活动。与组织战略权变因素相关联的部门,倾向于拥有更大的权力。如果一个部门能在解决组织的问题或危机中发挥战略性的作用,那么这个部门的活动就是重要的。例如,当组织面临诉讼或违规的严峻威胁时,负责应对这一威胁的法律部门就会获得很大的权力,从而影响组织的决策。如果产品创新是关键的战略问题,则研究开发部门的权力就将提高。

　　运用战略权变法来分析权力,这种思想与第4章和第5章中介绍的资源依赖模式相似。回想一下,组织都试图减少对外部环境的依赖。有关权力的战略权变思想认为,对处理关键资源问题和环境依赖性负有最大责任的部门,必将成为最有权力的部门。当今的组织都在努力适应数字化商业的新时代,首席信息官(CIO)和信息技术部门由此获得了巨大的权力。数字技术成为许多组织的战略和商业模式的核心,高管们需要依赖首席信息官来降低不确定性,帮助企业充分利用新技术工具的力量。强生公司(Johnson & Johnson)每年在信息技术领域的投资超过20亿美元。强生公司前任首席信息官斯图尔特·麦格根(Stuart McGuigan)说,他每天会通过短信、电子邮件和电话与公司董事长接触六到七次,两人还经常见面。零售企业塔吉特(Target)的首席执行官布莱恩·康奈尔(Brian Cornell)说:"今天我对技术的看法与5年前或10年前非常不同。技术不再只具备后台功能。"康奈尔和塔吉特首席信息官迈克·麦克纳马拉(Mike McNamara)之间的互动是"一贯的",因为信息技术贯穿于从门店改造到顾客忠诚的方方面面。[74]

权力来源

杰弗里·普费弗（Jeffrey Pfeffer）和杰拉尔德·萨兰西克（Gerald Salancik）以及其他一些人，在开展战略权变理论研究中取得了很大成果。[75] 他们的研究表明，有权力的部门可能具有图 14-6 中所示的一个或几个特征。[76] 在一些组织中，这五种**权力来源**（power source）会有些重合，但其中每个方面都提供了评价横向权力来源的一种有用方法。

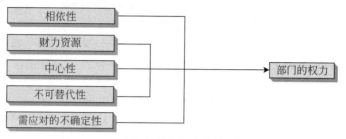

图 14-6 影响部门横向权力的战略权变因素

1. 相依性

部门间的**相依性**（dependency）是决定相对权力大小的一个关键因素。权力来自于拥有某种别人需要的东西。戏剧舞台工作者联盟的例子很好地说明了相依性是如何增加权力的。

> **应用案例 14-4**
>
> ### 国际戏剧舞台工作者联盟
>
> 近年来，美国的工会势力明显走弱，但是国际戏剧舞台工作者联盟（International Alliance of Theatrical Stage Employees）依旧保持着强大的影响力，甚至表现出了逐渐增强的趋势。例如，在 2600 名活跃成员中，有很多是纽约市著名剧院的幕后天才，包括卡内基音乐厅（Carnegie Hall）、大都会歌剧院（Metropolitan Opera）、林肯中心（Lincoln Center）和纽约城市芭蕾舞团（New York City Ballet）。在有些演出中，舞台工作人员比主演的收入还高。
>
> 国际戏剧舞台工作者联盟之所以如此兴盛，首要原因是他们拥有专业的、难以替代的技能。优秀的舞台工作者非常难得，是他们在火箭女郎（Rockettes）的"无线电城圣诞奇观"（Radio City Christmas Spectacular）背后创造了令人惊叹的旋转舞台效果，是他们为乔治·巴兰钦（George Balanchine）的《胡桃夹子》（the Nutcracker）升起了 45 英尺高的圣诞树，是他们负责为大都会歌剧院的歌剧《蝙蝠》（Die Fledermaus）制作盛大奢侈的旋转舞厅。将这些令人眼花缭乱的舞台效果带入生活需要天赋、经验，需要他们努力的工作。不像很多其他工作，这些由高技能人员担负的

工作难以进行简单的外包。费尔菲尔德大学（Fairfield University）戏剧学教授玛莎·罗莫娜卡（Martha LoMonaco）说："他们的工作极其复杂，科技含量很高，也非常危险。"

　　如果这些舞台工作人员离开了，表演将无法继续。他们组装和拆解复杂的装置，处理灯光和音响设备，并管理特效。即使罢工的威胁可能足以为他们赢得有利的合同条款，但是在国际戏剧舞台工作者联盟 127 年的历史里，只有几次罢工。同剧院所有者和管理者一样，舞台工作者们也知道，有演出的时候他们才有工作。[77]

　　同样性质的相依性和权力也存在于其他组织当中。当部门 A 依赖于部门 B 时，部门 B 的权力就比部门 A 大。[78] 正如前面提到的，相依性是首席信息官增加权力的一个来源，因为几乎组织的每个部门都依赖信息技术。材料、信息和资金是按一个方向在部门间流动的，例如在任务顺序式相依的情况下即是如此（参见第 8 章）。在这种情况下，相对于提供资源的部门来说，接受资源的部门就处于低权力的位置。相依关系的数目和强度是权力的重要影响因素。例如，如果有七八个部门同时求助于工程部门，工程部门就处于一个权力较强的位置上。相反，如果一个部门对其他很多部门存有依赖，那么它就处于一个权力较弱的位置上。同理，在组织中权力比较小的部门可以通过增强其他部门对它的依赖来获得权力。如果一个工厂要想使机器正常运行，必须依赖维修工人的专业知识，这样维修部门就处于一个强有力的权力位置，因为它能控制一个战略权变因素。

2. 财力资源

　　在组织中，对资源的控制是权力的重要来源。金钱能够转换成其他部门所需的各种资源。金钱产生了依赖性，从而提供财源的部门就拥有其他部门所需要的东西。因此，为组织直接创造收入的部门就拥有较大的权力。图 14-5 所示的技术型企业调查的结果表明，在所调查的绝大多数企业中，技术销售是最有权力的部门。销售部门之所以更有权，是因为销售人员找到了顾客并将产品销售出去，从而解决了组织中的一个重要问题。销售部门保证了现金不断流入组织。提供财源的能力，也解释了为什么在其他类型的组织中，比如说大学，某些部门会更有权力。

　　一所州立大学的预算分配不是一个简单的过程。对财力资源的需要可以根据各系培养的本科生、研究生人数和教职员工人数来决定。在大多数大学中，科研项目拨款和师生队伍的质量构成重要的经费来源。能取得高额科研项目拨款的系就拥有较大的权力，因为科研拨款中包括了一笔可观的付给学校的管理费，这些管理费可用于承担学校教职员工和设施费用的相当大的部分。各系培养的研究生规模和在全国的声望，也增大了其权力。这些虽然是非财力资源，但有助于提高学校的声誉和影响力。大学里的院系如何使用它们的权力呢？一般来说，权力使这些院系可以从学校中获得更多的经费。有明显权力的院系可以得到诸如研究生奖学金、校内科研资助以及暑期教职员工薪金等各种学校资源，其数额远远超过按其学生和教职员工规模所需要的水平。[79]

上述例子表明，在那些能带来或提供对组织有价值资源的部门中，权力会自然地形成和增大。权力又帮助了这些部门从组织中获取更多的稀缺资源的配额。"从获得资源中产生的权力被用来获取更多的资源，而这反过来又成为产生更大权力的工具。这样，富者更富了。"[80]

3. 中心性

中心性（centrality）反映一个部门在组织主要活动开展过程中所起的作用。[81]该部门的工作对组织最终产出的影响程度是一个衡量尺度。例如，生产部门处于相对比较中心的地位，因而（在假定其他关键权变因素不变的情况下），生产部门就通常要比职能部门拥有更大的权力。中心性之所以与权力密切相关，是因为它反映了该部门对组织所做出的贡献。一家投资银行的财务部门通常比证券研究部门的权力大。当财务部门只有记录收支情况的有限任务时，它在该组织中既不负责获取关键的资源，也不负责产品的生产，权力水平就会趋于变低。然而今天由于对成本控制的需求增加，财务部门在组织中的权力增大了。

4. 不可替代性

权力也取决于**不可替代性**（nonsubstitutability），这是指一个部门的职能不能由其他已有的部门代替，例如前面提到的戏剧舞台工作者。如果一个组织没有其他备用的技能和信息资源，那么，拥有这种资源的部门就有较大的权力。当管理当局决定利用外部咨询顾问时，即是这样的情况。咨询顾问可用作企业职能人员的替代力量，以此减弱职能部门的权力。

一项关于计算机部门中的编程人员的研究可用来说明替代性对权力的影响。[82]当计算机刚面市时，编程工作是一个稀缺且专业的职业。人们必须具备很高的素质，才能成为该行业的职业工作者。编程人员控制着组织中计算机的使用，因为只有他们才拥有编制计算机程序的知识。但经过大约10年后，计算机编程成为一项相当普通的活动。编程人员可以很容易地被替代，这样，编程部门的权力就急剧下降了。替代性同样影响了组织的权力。唱片公司曾经对音乐艺术家拥有巨大的权力，因为唱片公司对艺术家的音乐录制及在消费者面前拥有近乎完全的控制权。然而现在，不论是新乐队，还是老乐队，都可以直接在互联网上发行专辑，无需传统唱片公司的参与。

5. 需应对的不确定性

环境要素可能迅速变化，并且这种变化是复杂而又难以预见的。在环境不确定的情况下，管理者在考虑采取何种合适的行动方案时，可利用的信息就很少。因而，应对环境不确定性的部门就会有较大的权力。[83]不过，不确定性本身并不提供任何权力，但某部门为其他部门降低了这种不确定性，就可以增加权力。当市场研究人员准确地预测出新产品需求的变动时，他们就会因为降低了这一重要的不确定因素而赢得权力和威望。预测只是应对不确定性的一种方法。在不可预见的事件发生时采取迅速而恰当的行动，也能减少不确定性。

各部门用以处理重要不确定性的方法有三种：（1）事先获得有关的信息；（2）预防；（3）吸纳。[84] 事先获得信息意味着一个部门可通过预测事件的发生而降低组织的不确定性。通过预见和阻止不良事件的发生，从而起到预防的效果，这样也可以增加该部门的权力。当一个事件发生之后，某部门采取措施降低该事件的消极影响，被称为吸纳。随着组织面临的法规和监管方面的挑战越来越多，企业内部法律部门的权力也越来越大。罗盛咨询公司（Russell Reynolds Associates）猎头顾问辛西娅·陶（Cynthia Dow）说："有时候，企业总法律顾问的薪水比一个业务单位的总裁的薪水还要高。"[85]位于弗吉尼亚州罗阿诺克市（Roanoke）的卡里赖恩健康系统公司（Carilion Health System）的法律部门经常处于高权力的位置，因为医院及其他健康医疗中心要处理复杂的法律规制事件。几年前，公司法律部门成功击退了美国司法部的反垄断控诉，并在与另外一家医院的合并谈判中发挥了至关重要的作用，这家医院是罗阿诺克地区除卡里赖恩之外的唯一一家医院。卡里赖恩公司的法律部门不仅需要忙于规制事件，还要尽力从那些声称无力支付高额医疗费的病人那里收回费用。仅在最近的一个财政年度，卡里赖恩起诉了近 10 000 名病人，冻结了 5 000 多人的工资，并对近 4 000 所房屋申请了质押权。法律部门对减少公司收入的不确定性发挥了至关重要的作用。[86]

当战略权变因素改变时，组织中的横向权变关系也会发生变化。尽管卡里赖恩公司的法律部门可能继续处在高权力的位置，但由于该医院需要提高自身声誉，回应日益强烈的批评声，这就可能有助于公共关系部门得到更多权力。公共关系部门可以通过向公众展示事件的有利方面，消除反对者的质疑。能够帮助组织处理新的战略权变因素的部门将获得更多权力。

本节要点

- 硬权力包括法定权力、奖赏权力和强制权力。软权力包括专家权力和模范权力。组织内的个人可以使用这些权力资源。不过，组织中的权力通常是结构特征作用的结果。

- 权力的纵向来源包括正式的职位、资源、对信息的控制和网络中心性。一般来说，处于组织层级顶端的管理者比处于较低层级的管理者拥有更大的权力。

- 许多高层管理者认为，增加中层管理人员和基层员工的权力能够帮助组织获得更多竞争力。授权已经成为一个流行趋势。授权给员工意味着给予他们三个关键要素：信息和资源，必要的知识和技能，以及做出实质性决策的权力。

- 对横向权力过程的研究表明，存在某些因素导致某些部门比其他部门拥有更大权力。权力的差异可以用战略权变的概念来理解。负责处理重要的资源问题和被依赖的部门往往拥有更大的权力。相依性、财力资源、不可替代性以及处理不确定性的能力决定了部门的权力。

14.3　组织中的权术过程

同权力一样，权术也是无形的和难以测量的。它隐藏在人们视线的后面，很难以一种系统化的方式进行观察。近期有两项调研揭示了管理者对权术行为的如下反应：[87]

1. 大多数管理者对权术持否定的态度。他们认为，权术活动与其说会对一个组织起帮助的作用，倒不如说，它经常影响组织实现其目标。

2. 管理者们相信权术行为在所有组织中都实际存在。

3. 大多数管理者认为，权术行为在组织的上层要比在底层更为常见。

4. 管理者相信在某些决策场合，如结构变革决策中，会出现权术行为，但在另一些决策场合，如处理员工的牢骚，则不会出现权术行为。

基于这些调查，权术似乎更可能发生在组织的高层，并与某些特定问题的决策相关。而且，管理者并不赞成权术行为。本章的后面部分就来全面地探讨什么是权术行为，何时应当运用权术行为，哪些类型的问题和决策与权术关联最紧，以及哪些权术策略可能是有效的。

14.3.1　定义

按照前面的定义，权力是为达到期望结果可用的力量或潜在可用的力量。权术（politics）就是指运用权力来影响决策，以取得所期望的结果。在权力和影响力施用过程中产生了两种不同的权术定义：一是作为一种自利的行为；二是作为一种自然的组织决策过程。第一种定义强调权术的自利性，它涉及一些不为组织所准允的活动。[88]

按照这一观点，权术包括为谋取个人私利而进行的欺骗和其他不诚实的做法，这种权术活动会导致工作环境中的冲突与不和谐。关于权术的这种阴暗面观点，是一般人所广泛持有的。最近的研究表明，在企业工作中感受到这种权术活动的员工，通常与焦虑感和工作不满意感有关。研究还支持了这样一种观点，权术的不恰当使用会导致员工士气低落、组织绩效差和决策不良。[89]这种权术观解释了本节开头提及的调研中管理者不赞成权术行为的原因。

虽然权术可能得到消极、自利的运用，但对权术行为的恰当使用也能服务于组织的目标。[90]权术的第二种观点就是把权术看作解决组织各利益群体间分歧的一种自然的组织活动过程。[91]权术是用以解决意见分歧和冲突的谈判过程。依照这一观点，权术就与第 13 章决策中介绍的通过联盟进行决策的过程相类似。

从组织理论的观点看，权术被认为是上述的第二种定义，一种正常的决策制定过程。权术不过是指在解决冲突和不确定性中运用权力的活动。权术是中性的,未必对组织有害。**组织权术**(organizational politics)的正规定义是指,在存在不确定性或选择争议的情况下,为取得所希望的结果而获取、开发和运用权力及其他资源的活动。[92]

权术行为可能是一种积极的力量,也可能是一种消极的力量。权术就是运用权力来做成某些事情,这些事情可以是坏事,也可以是好事。不确定性和冲突是自发的、不可避免的,权术就是达成一致意见所采取的手段。权术包括使参与者达成一致意见并做出决策的各种非正式讨论,没有这些讨论,可能出现各方意见难以统一或问题难以解决的局面。

问题引入部分的参考答案

3.当管理者使用权术的时候经常会导致公司的冲突与不和谐,并可能扰乱组织的正常功能。

答案:不同意。权术是解决组织内部差异和完成组织任务的自然过程。尽管权术可能导致负面影响和自私目的,但它仍然是管理者完成事务的基本途径。权术活动同样是管理者工作的一部分,但管理者应该注意用这种权术技能来为组织的利益服务,而不是为自己谋取利益。

14.3.2　何时启用权术行为

在不确定性程度较高以及对目标或问题的优先顺序存有争议的情况下,权术是达成一致意见的一种机制。回顾一下图14-1所示的理性模式与权术模式。权术模式是与目标冲突、联盟体和利益群体的变化、模糊的信息以及不确定性等相关的。由此可见,权术活动最常见于第13章中所描述的管理者面临非程序性决策的时候。而且,权术活动也与决策的卡内基模型有关。因为组织高层的管理者通常要比底层的管理者处理更多的非程序性决策问题,因此会出现更多的权术活动。另外,有些问题潜存着内在的不一致性。例如,资源是各部门生存和取得绩效的关键因素,所以,资源分配通常成为一个权术过程。以"理性的"方式分配资源并不能使参与者都满意。在大多数组织中,**权术活动领域**(domain of political activity),即权术通常能发挥作用的场合有三种:结构变革、管理层继任和资源分配。

结构重组触及权力和职权关系的心脏。像第3章中讨论的那些重组,使职责和任务关系发生了改变,就从战略权变因素变更方面影响了背后的权力根基。由于这些原因,重大的组织重组常会引起权术活动爆发。[93]

管理者们会积极地参与到利益争夺和谈判中,以保住他们已有的职位和权力基础。并购也常会引起巨大的权术活动。来看一看日本日产公司(Nissan)的高管们在与法国汽车制造商雷诺公司(Renault)的深化整合过程中因担忧失去独立权而采取的权术行为。

应用案例 14-5

日产和雷诺

雷诺-日产（Renault Nissan）的前任总裁卡洛斯·戈恩曾是汽车行业的领军人物，但如今却身陷囹圄。他获此结局的部分原因是，日产的一些高管想要破坏日产和雷诺（法国政府持有其 15% 的股份）的全面合并计划。1999 年，日产公司陷入困境，雷诺和日产签署了一项救助协议，两家公司首次结成合作伙伴关系。根据协议，雷诺拥有日产 43.4% 的股份，而日产仅持有雷诺 15% 的无表决权股份。戈恩因成功扭转日产的衰退局势而成为英雄。十多年间，他同时担任日产和雷诺的首席执行官，并一直支持两家公司实行自治。然而，根据一份雷诺刊物的披露，当戈恩续签任职合同时，即继续担任雷诺公司的董事长兼首席执行官，他表示同意适度减薪，并承诺"采取决定性措施，使联盟不可逆转"。一段时间以来，法国政府一直在敦促雷诺和日产的全面合并。而戈恩需要政府的支持，以维护他的领导地位。

当法国政府宣布希望两家公司合并时，戈恩开始推动这一进程，两名日产高管随即在幕后采取了行动。高管们希望确保日产这个著名的日本公司不会失去自主权。他们对戈恩展开了调查，发现了他在财务不当行为方面的证据，并将其移交给日本检方。戈恩最终被关进了监狱，他在雷诺和日产的职务也被免去，合并谈判又回到了起点，而这正是日产高管所期望的结果。

戈恩否认有任何不当行为，并称日产高管在"玩一场肮脏的游戏"，因为下一步的合作将威胁到他们的饭碗，所以在他背后捅刀子。然而，日产强调，戈恩是自食其果。一位发言人表示："除了刑事问题，日产的内部调查还发现了大量证据，证明戈恩存在明显的不道德行为。"[94]

虽然这是一个较为极端的例子，但也说明了围绕合并、收购或重大结构重组问题经常发生的权术活动。组织的变化，如招聘新的高管、晋升和调动也有重要的权术活动价值，特别是在组织的高层，存在的不确定性很高，所以管理者之间的信任、合作和沟通网络就很重要。[95] 聘用决策会产生不确定性、争论和异议。管理者可以借助聘用、晋升等措施，将自己的人安插在重要的职位上，以此增强其联盟和合作网络。

权术活动的第三个领域是资源分配。资源配置决策涵盖实现组织绩效所需要的各种资源，包括工资、经营预算、员工、办公设施、机器设备等。资源如此重要，以致在资源分配优先序方面经常存在不同的意见，从而需要通过权术过程解决这一两难问题。

〰〰〰〰〰〰〰〰〰〰〰〰〰〰〰〰〰〰〰〰〰〰〰〰〰〰〰〰〰〰〰〰〰〰〰〰〰

本节要点

- 在组织中，权术是指当对选择存在不确定性或分歧时，通过获取、开发和运用权力以及其他资源来影响他人的活动。

- 许多人对权术行为持怀疑态度，担心它会被用于个人目的，而非组织目的。然而，为了实现一个部门或组织的合法目标，经常需要运用权术。权术行为可以是一种积极的力量，也可以是一种消极的力量，管理者应该注意适当地使用权术。
- 权术通常能发挥作用的三个领域是结构变革、管理人员替换和资源分配，因为这些问题存在高度的不确定性。

14.4 运用软权力和权术

本章讨论的一个主题是，组织中的权力在很大程度上不是个人层面的现象。权力与各部门所掌握的资源、各部门在组织中所起的作用以及各部门要应对的环境因素等相关。不仅是个性和风格，更是职位和职责，决定了一个管理者对组织结果的影响力。

权力是通过个体的权术行为而得到运用的。同时考察结构要素和个体行为两个方面对全面了解组织内权力的运用情况是很重要的。[96]虽然权力的取得与组织形式和组织过程等大背景有关，但对于权力的权术性运用则包含着个体层次的行为和技能。要了解更多关于你自身的政治技能，请完成下面的"你适合哪种组织设计"。拥有权术技能的管理者能够更有效地影响他人，从而能够达到他们想要的目的，为了组织，也为了个人前程。[97]这些管理者已经锻炼出了观察和理解组织中互动和影响模式的良好能力。他们善于和广泛社会网络中的人们建立关系，并且能够针对不同的人群和环境采取不同的方法。讲求权术效用的管理者认识到影响力与人际关系有关。[98]

你适合哪种组织设计

权 术 技 能

你在组织内部影响别人的能力怎么样？要了解你的权术技能，回答下面的问题。请回答每个项目对你来讲是基本符合的还是不太符合。

	基本符合	不太符合
1. 我能够容易且有效地同别人交流。	_____	_____
2. 我在工作之余花费很多时间来同我工作领域之外的人建立联系。	_____	_____
3. 出于本能，我知道该说什么样的话以及做什么样的事去影响他人。	_____	_____
4. 我擅长利用我工作领域之外的人际关系来完成我的工作。	_____	_____

5. 在同别人进行交流的过程中，我说话、做事绝
   对真诚。   _____ _____

6. 接触新人对我来说并不困难。   _____ _____

7. 我能使陌生人在我身边感到舒适和放松。   _____ _____

8. 我善于觉察到别人的幕后动机。   _____ _____

计分：给标记基本符合的选项加一分。

解析：拥有一些基本的权术技能有助于管理者获得更广泛的支持和影响。权术技能能够帮助管理者建立个人和组织关系，从而提高管理团队的成果。6 分或 6 分以上说明你拥有较高的权术技能，这是你事业的一个良好开端，尤其是在讲求权术的组织中。假如你只得了 3 分或 3 分以下，你可能需要在你的职业生涯中花费更多精力来建立同僚关系，培植支持力量。假如你不想这么做，那么你应该加入根据理性程序制定决策并采取行动的组织，而不是依靠联盟支持来决策和行动的组织。

资料来源：Adapted from Gerald R. Ferris, Darren C. Treadway, Robert W. Kolodinsky, Wayne A. Hochwarter, Charles J. Kacmer, Ceasar Douglas, and Dwight D. Frink, "Development and Validation of the Political Skill Inventory," *Journal of Management* 31(February 2005),126-152.

管理者能够提升权术能力，并且根据自身的地位和具体情况来使用各种各样的影响技巧。一些策略依赖于使用硬权力，如本章前面内容所述，这是一种很大程度上源于个人职权地位的权力。这种权力可以被主管用来通过奖惩影响下属，管理者可以发号施令，并要求下属服从。这种权力也可以让一个刚愎自用的首席执行官不顾别人的想法强行通过他/她自己的决定。然而，有效的管理者经常使用软权力，这是一种基于角色特征和关系构建的权力。[99]通用电气公司（General Electric）首席执行官杰弗里·伊梅尔特（Jeffrey Immelt）认为，如果自己每年使用正式职权的次数超过七八次，他就是失败的。其余的时间，伊梅尔特使用柔和的手段说服和影响他人，解决冲突的想法和观点。[100]

即使美国军方也意识到了建立关系而不是使用蛮力的重要性。美国陆军在其稳定作战参考手册中公开讨论了软权力的价值。[101]北约前任最高指挥官韦斯利·克拉克（Wesley Clark）领导了针对塞尔维亚总统斯洛博丹·米洛舍维奇（Slobodan Milosevic）的行动，他认为，不论是企业管理者还是国家领导人，建立一个利益共同体应该是第一选择，而不是使用威胁、恐吓等手段和粗鲁的力量。[102]一项对 49 名谈判专家历时 9 年的研究揭示了软权力的有效性。研究人员发现，效率最高的谈判者比效率较低的谈判者多花 400％的时间来寻找利益共同点，而不是试图强迫对方接受自己的提议。[103]

下面部分就简要概述管理者用以增强个人或部门权力基础的各种策略，以及他们可以用来实现预期结果的权术策略。表 14-3 对这些策略做了归纳。这些策略的使用大多依赖于软权力，而不是硬权力。

表 14-3　组织中的权力与权术策略	
增强权力基础的策略	**运用权力的权术性策略**
1. 进入高不确定性领域	1. 建立联盟、扩大网络
2. 形成相依关系	2. 在关键职位上安排忠诚的人
3. 提供稀缺的资源	3. 控制决策前提
4. 适应战略权变因素	4. 加强合法性和专长性
	5. 表明直接的要求
	6. 设立一个较高的目标

14.4.1　增强权力的策略

下面是四种用以**增强权力的策略**（tactics for increasing power）。

1. 进入高不确定性领域

个人或者部门之所以能够获得权力，原因之一是他们能够识别关键的不确定性，并采取措施消除这些不确定性。[104] 不确定性可能产生于生产线的故障、对新产品质量的要求，以及不能预测到市场对新产品或服务的需要。一旦识别出不确定性所在，部门管理者就应该采取应对的行动。因其性质所致，不确定的问题不是立刻得到解决的。试错就成为一个必要的过程，而这正是你的部门可以得到好处的地方。你的部门会在试错过程中积累起其他部门难以复制的经验和专长。

2. 形成相依关系

相依性是权力的另一来源。[105] 如果组织要依赖某一部门提供信息、材料、知识或技能，那么这一部门就拥有影响其他部门的权力。一个有趣的例子来自埃文·斯坦加特公司（Evan Steingart）。配送部门的一个基层库存货运员必须在所有需要装运的货物上签字。销售人员要取货需要有库存货运员的签名。那些经常有订单需要取货的销售人员就学着去讨好库存货运员。而那些比较傲慢的销售人员发现，对库存货运员态度不好会使自己处于不利地位，因为库存货运员有一长串的事情要做，很久才能轮到给他们发货。销售人员没有办法，只能等待。[106] 另一个同样有效的策略是在可能的情况下获取必要的信息或技能，减少对其他部门的依赖，这样你的部门就不会处于从属地位。例如，销售经理可以申请获得签字权，以消除销售人员对库存职员和配送部门的依赖。

3. 提供稀缺的资源

资源在任何时候都是组织生存所必需的。那些以资金、信息或设施等形式积累了资源并提供给组织使用的部门，必然拥有权力。正如前面案例中介绍的，大学中最有权力的部门往往是那些能从外界获得科研基金，以此支持学校管理费的院系。同样，工业企业中的销售部门也是有权的部门，因为它们带来了财源。

4. 适应战略权变因素

战略权变理论认为,外部环境和组织内部中有某些因素对组织的成功起着举足轻重的作用。某一重大的事件,某项不可替代的工作,与组织中其他许多工作有互依关系的某项核心任务,这些都可能成为战略权变因素。对组织及其外部环境变化的分析将会揭示出哪些是战略权变因素。只要有新的或未能妥善应对的战略权变因素存在,就会有某些部门进入这些重要领域,从而使其重要性和权力增强。

总而言之,组织中权力的不均衡分配并不是无缘由的。权力是组织中可理解和预测的组织活动过程的结果。诸如减少不确定性、增加相依性、获得资源以及应对战略权变因素等方面的能力,都可以提升一个部门的权力。一旦形成了权力,下一个问题就是运用这种权力获得有益的结果。

 ## 14.4.2　权力运用中的权术性策略

组织中权力的运用需要技能和意愿。有许多决策是通过权术过程做出的,理性的决策过程并不适用,因为不确定性太高或者争议太多。**权力运用中的权术性策略**(political tactics for using power)有以下几种,可以用来影响决策结果。

1. 建立联盟、扩大网络

有效的管理者能够在组织中发展积极的关系,他们花很多时间同别人交谈,了解他们的想法,并建立互利的联盟。[107]大多数重要的决策是在正式会议之外制定的。针对某一问题,管理者以一对一的方式进行讨论并达成协议。有效的管理者是那些能够三三两两碰头解决关键问题的人。[108]他们建立跨越纵向部门、职能部门甚至整个组织边界的网络关系。一项研究发现,建立社交网络的能力会让员工对管理者的管理效率产生正面积极的看法,同时对管理者影响绩效的能力也有正面积极的看法。[109]扩大网络的方法有两个:(1)向外延伸,设法与更多的管理者接触;(2)吸收持异议者。与别的管理者建立联系意味着建立基于爱好、信任和尊重的人际关系。可靠性,与别人合作而不是利用别人,都是建立网络和联盟的重要组成部分。[110]第二种方法,就是将持异议者吸收到网络内。例如,有一所大学的学术委员会原来是以职称和教龄作为成员的资格条件,后来吸收了持异议者。有几位对聘用和提职过程有意见的教授被任命为委员会的新委员。一旦参与行政管理的过程,便能站在学校管理的角度看待问题,了解到管理者并不是想象的那样。这种吸收的方法有效地将持有异议的人纳入管理网络之中。[111]

2. 在关键职位上安排忠诚的人

另一个权术策略是把信任和忠诚的人安置在组织或部门的关键岗位上。例如,即使在辞去优步公司首席执行官一职后,特拉维斯·卡兰尼克

（Travis Kalanick）仍然行使了作为董事会成员的投票权，让更多的人加入董事会，他认为这些人将帮助他重新获得对公司的控制权。[112] 高层管理者和部门领导通过聘用、调动和晋升的过程建立新的联系，把那些支持本部门的人安置在关键职位上，这有利于实现本部门的目标。[113] 高层领导者经常采用这种策略，就像我们前面讨论的一样。来看一下方济各（Pope Francis）在梵蒂冈（Vatican）经历的事情。

应用案例 14-6

梵 蒂 冈

　　继任教宗之位还不到一年，方济各就已经通过改变天主教会的人事结构重塑了教会的运行方式。方济各将自己的人安排到有权力的位置上，帮助他实现目标：创建一个更具包容性、更有意义的教会，开创自己的新纪元。

　　雷蒙德·布尔克（Raymond L. Burke）是梵蒂冈级别最高的美国人之一，对美国新主教选举具有巨大影响力。莫罗·皮亚琴察（Mauro Piacenza）掌管着权力部门——圣职部（Congregation for the Clergy）。这两位都属于保守派，不利于方济各的改革，因此其官员要么被降级，要么被削弱了权力。方济各不断提拔任用那些和他在教会转型上有共识的温和派领导者，以取代前任教宗任用的因循守旧者。另一位保守派权力要员——圭多·波佐（Guido Pozzo）曾被前任教宗本笃十六世（Benedict）提拔到主教长的位置，并负责管理教会慈善事务，也已经被方济各降回到了以前的位置上。

　　相似的改革在其他领域继续上演。本笃十六世在退位前不久，批准了负责监督梵蒂冈银行的五人委员会继续留任下一个五年任期。而方济各已经用自己挑选的人取代了五人委员会中的四个人。他还任命了一个单独的特别委员会负责检查银行活动，加强控制和监督。梵蒂冈金融事务专家兼记者卡洛·马罗尼（Carlo Marroni）说："这是罗马新任教宗改革财政管理制度的一个强烈信号。"[114]

　　像其他高层领导人一样，方济各通过招聘、晋升以及人员调配将那些忠诚和值得信任的人放在可以帮助他实现组织使命和目标的位置上。

3. 坚持互利原则①

　　许多研究表明多数人感到有义务回馈别人的帮助。[115] 这种互惠原则是影响组织关系的关键因素。企业主管为同事提供帮助的时候，同事知道必须在未来做出回报。"当有人对我们表示感谢之后，我们即刻会从对方身上感受到极强的说服力。"影响力研究领域的著名社会学家罗伯特·查尔迪尼

---

①　该项与表 14-3 中的表述不一致，原书如此。——译者注

（Robert Cialdini）这么说。查尔迪尼说，管理者可以利用这一点提醒别人，比如告诉他们"当然，这是合作伙伴之间相互为对方所做的"，让他们知道这是一种互惠关系。[116]互惠的"潜规则"是像诺斯罗普·格鲁曼公司（Northrup Grumman）、卡夫食品（Kraft Foods）和辉瑞这样的企业为众议院和参议院的慈善机构捐款的重要原因。领导们试图以此讨好议员，因为议员们的决定会对他们公司的业务发展产生重要影响。[117]与其他权术策略相比，管理者有时会为了私人目的而使用互惠原则，这会对组织及其利益相关者产生不利影响。例如，调查人员怀疑是否存在一种"共谋文化"，主管核工业的官员、核工业企业的管理者、政客、监管机构等之间的紧密联系和互惠关系可能是造成日本福岛第一核电站发生灾难的重要原因。[118]

对日本核工业的调查反映了互惠互利在影响关系方面所发挥的重要作用。一些研究人员认为，交易——换取一些你需要的有价值的东西——是其他所有战术的基础。例如，理性的劝说能发挥作用是因为你让另一个人看到顺应这一计划会从中受益，同时，理性的劝说也会使你因为得到对方的喜欢和关注而取得成功。[119]本章的"新书评介"深入探讨了互惠原则和其他一些基本影响原则。

罗伯特·B.西奥迪尼（Robert B.Cialdini）

《影响力：你为什么会说"是"?》[①]（*Influence：Science and Practice*）

管理者使用多种多样的权术策略来影响其他人，并取得了预期结果。在《影响力：你为什么会说"是"?》这本书中，罗伯特·B.西奥迪尼验证了导致人们热衷于各种策略的社会和心理压力。通过几年的研究，亚利桑那州立大学的心理学教授西奥迪尼指出了人类一些基本的影响原则，"这些原则适用于各种情形、各类从业者、各种论题和各种前景"。

影响原则

掌握一些基本的劝说方法可以帮助管理者预测和影响人们的行为，这些劝说工具在与同事、员工、消费者、合作伙伴甚至是朋友的交往过程中都是非常有用的。下面是一些关于如何成功实施影响力策略的心理学原则。

● 互惠。互惠原则指的是人们对于接受的东西会产生一种回馈心理。例如，当管理者给其他人提供了帮助，受助者往往产生一种将做出回报的责任意识。聪明的管理者经常寻找帮助别人的方法，不管是帮助同事完成一项令人不愉快的工作，还是对下属员工的个人问题给予同情和关心。

① 本书中文版由中国社会科学出版社 2001 年 12 月出版，张力慧译。——译者注

- 喜爱。人们常常跟他们喜欢的人说"是"。特百惠公司(Tupperware Corp.)很早认识到熟悉的面孔和志趣相投有助于产品的销售。特百惠家庭派对允许消费者从熟悉的朋友而不是陌生的销售员那里购买产品。各个公司的销售人员经常利用此原则来寻找他们和消费者之间的共同兴趣,通过这种方法来与消费者建立友好的关系。总体来讲,那些友善的、能够大方表扬对方、善于合作并能经常考虑其他人感受的管理者具有更强大的影响力。

- 可信的权力。合法权力是影响力的来源。然而,研究者发现成功使用权力的关键是拥有渊博的知识,可靠、可信。那些精于专业知识、诚实坦率、值得信任的管理者往往比那些依赖于正式职权的管理者更具有影响力。

- 社会确认。在给定的环境中,人们经常根据别人在做什么来决定自己应该做什么,也就是人们通过检验其他人的行为来确认正确的选择。例如,在资金募集活动中,当居民看到一份已经给当地慈善机构捐过款的邻居的名单时,捐款的频率会马上戏剧性地增加。通过示范,或者暗示,表明其他人已经遵照了要求,管理者能够获得更多合作机会。

社会影响的进程

因为管理者的活动就是影响其他人,所以学会真诚地游说是一项至关重要的管理技能。西奥迪尼的书阐述了人们如何以及为什么会改变态度和行为方式,这能够帮助管理者理解游说背后的基本心理原则。管理者需要以诚实且符合伦理的方式使用这些原则,这有助于他们提高管理效率,增加组织成功的机会。

Influence: *Science and Practice* (4th edition),by Robert B.Cialdini,is published by Allyn & Bacon.

4. 加强合法性和专长性

管理者可以在他们拥有被认可的合法性和专长的领域实施最强有力的影响。这种策略对年轻一代的管理者和员工非常有效。当今的年轻员工对权力的定义多是基于一个人的知识和技能,而不是职权。事实上,很多人不喜欢领导过多地使用权术手段,而且希望领导通过自己的知识和信誉影响他人。[120] 如果管理者在本部门的工作范畴之内提出要求,即使这些要求符合本部门既得利益,其他部门也会遵守。该部门的成员还可以让外界的咨询顾问或组织内的其他专家支持他们的主张。[121]

5. 表明直接的要求

管理者如果不提出要求,他的部门就很少能得到好处。与此相关的例子来自 Drugstore.com 网站,杰西卡·莫里森(Jessica Morrison)就直接向公司要求获得新的职位和提高薪酬。莫里森在 PayScale.com 网站研究了薪资标准,并向她的老板提供了这些,还包括其他一些确凿信息。基于调查的直接要求使莫里森获得了晋升机会。[122] 只有在清晰地表明你的目标和要求,使组织能就此做出反应时,你的权术活动才会是有效的。管理者应当积极地讨价还价,并应该具有说服力。武断的建议也有被接受的可能,尤其在其他管理者没有更好的替代方案的情况下更是如此。此外,相对于其他模棱两可、意义含糊不清的方案而言,如果你的建议清晰明确,就常常会得到满意的处理。有效的权术行为要求有充分的强制力,并愿意冒风险,为达到所期望的结果至少做些尝试。

6. 设立较高的目标

　　回想一下本章前面部分关于共同使命和最高目标在跨部门合作中的重要性的讨论。最高目标是一个更高的目标,能够让对立的双方走到一起,为一个共同的预期结果而努力。在洪水或龙卷风等危机中,即使是非常不喜欢彼此的人也经常会一起工作,努力拯救生命,恢复家园。当人们为自己的工作设定了更高的目标时,他们就更愿意把与其他人的分歧放在一边。管理者可以利用最高目标的概念,提出一个激励人心的愿景或使命,进而来实现期望的结果。以北京国家游泳中心(Beijing National Aquatics Center,常被称为"水立方")为例,它是为 2008 年夏季奥运会修建的,将在 2022 年冬季奥运会期间举办冰壶比赛。有两家建筑公司参与水立方的设计,一家是中国的,一家是澳大利亚的,这两家建筑公司在设计上提出了两个完全不同的方案。这导致两家建筑公司之间关系紧张。但两家公司更大的愿景是设计出壮观的建筑,让全世界都钦佩,激励他们一起工作,而不是继续守着自己的想法与对方争执不休。最终,双方想出了一个让大家都感到无比兴奋的全新概念。[123]

　　管理者能够利用对这些策略的理解来维护在组织内的影响力,并使工作得到顺利的完成。如果管理者忽视了软权力和权术技能,他们可能会发现在不知道为什么的情况下就失败了。其中的一个例子就是世界银行前行长保罗·沃尔福威茨(Paul Wolfowitz),他在没有建立必需的关系来维护影响力的情况下就想行使权力。

应用案例 14-7

世 界 银 行

　　国防部前副部长保罗·沃尔福威茨(Paul Wolfowitz)在竞选国防部长以及布什政府的国家安全顾问失败后,正好抓到机会跳到了世界银行(World Bank)当了新任行长。但沃尔福威茨没有在世界银行发展关系和建立联盟,这在一开始就注定了他在世界银行的命运。

　　当沃尔福威茨前来上任的时候,世界银行的大多领导者都已经在他们的职位上任职很多年了,就像一位董事会成员说的一样,他们已经习惯了"促进相互之间的利益,相互迎合"。沃尔福威茨在这个时候进入了世界银行,并且在没有考虑其他人的利益、想法和目标的情况下就试图宣称他自己的想法、目标和正式权力。他常常在关键问题上独断专行,拒绝考虑其他人的观点,这导致他很快就疏远了世界银行的很多领导团队和董事会。沃尔福威茨经常要么自己直接发布指令,要么通过他精心挑选的管理者对高级银行官员发布指令,但从未尝试劝导其他人接受他的思维方式。一些高层官员由于同这位新任主席的争论而最终辞职。

最终,董事会要求沃尔福威茨辞职。他的一位前同事说道:"保罗没能理解,世界银行行长的这个职位并不具有与生俱来的权力,银行行长只有同银行的其他领导者形成同盟才有可能成功,沃尔福威茨并没有同他们形成联盟,而是疏远了他们。"[124]

沃尔福威茨需要动用的是权术方法而不是一味把他自己的议事日程强加于人,当他意识到这一点的时候已经太晚了。即使管理者拥有很大的权力,对权力的使用也不应该太明显。[125]假如管理者在会议上依仗权力而郑重其事地说:"本部门拥有比你们任何一个部门都大的权力,所以,你们都得按我的意思去做。"那么,他的权力就会失效。权力无声使用才会发挥最大的功效。要求人们注意你的权力,你便失去了权力。无权者才会大声嚷嚷其权力,有权者不会这么做。人们心中都明白谁有权力。哪个部门最有权力往往有一种不言而喻的共识。明确地显露自己有权力不但没有必要,反而可能损害你部门的利益。

同时,在使用上述任何一种策略时,请记住前面的陈述,即大多数人认为自利的权术行为是对组织有害而不是有利的。如果管理者被人认为是在滥用权力或者在追逐自身的利益而不是有利于组织的目标,那他们就将失去人们的尊敬。另一方面,管理者必须对其工作相关的权术面有所认识。光有理性的技术能力还不够。发展和使用权术技能是成为一名优秀管理者的重要组成部分。

本节要点

- 管理者需要运用权术来施展软权力和硬权力。如果管理者忽视了软权力和权术技能,他们可能会发现在不知道为什么的情况下就失败了。
- 增加权力的权术性策略包括:进入高不确定性领域;形成相依关系;提供稀缺的资源;适应战略权变因素。
- 运用权力的权术性策略包括:建立联盟、扩大网络;在关键职位上安排忠诚的人;控制决策前提;加强合法性和专长性;表明直接的要求;设立一个较高的目标。管理者可以使用这些策略达到预期的目标结果。

 # 关键概念

职权(authority)
中心地位(centrality)

集体谈判（collective bargaining）

竞争（competition）

对抗（confrontation）

相依性（dependency）

权术活动领域（domains of political activity）

授权（empowerment）

群体间冲突（intergroup conflict）

劳资团队（labor-management teams）

谈判（negotiation）

网络中心性（network centrality）

不可替代性（nonsubstitutability）

组织权术（organizational politics）

权术模式（political model）

权力运用中的权术性策略（political tactics for using power）

权力（power）

权力来源（power sources）

理性模式（rational model）

群体间冲突的根源（sources of intergroup conflict）

战略权变因素（strategic contingencies）

增进合作的策略（tactics for enhancing collaboration）

增强权力的策略（tactics for increasing power）

 讨论题

1. 举例说明工作任务、个人背景和培训方面的差异如何导致群体间的冲突。任务相依性又如何导致群体间的冲突？

2. 星巴克（Starbucks）和巴诺书店（Barnes & Noble）达成了合作，在每家巴诺书店都开设星巴克。什么样的组织管理和环境因素能够决定哪个组织在合作过程中拥有更多权力？

3. 快速变革的组织中最可能采用何种方式来制定决策，是组织的理性模式还是权术模式？试讨论。

4. 权力与职权的区别是什么？一个拥有正式职权的人是否可能并没有真正的权力？试讨论。

5. 讨论可以通过哪些方式来让保险公司的一个部门通过预先获得的信息，以及通过预防或吸纳的方式帮助组织应对大型医院系统不断增加的权力。

6. 某州立大学（X 大学）90％的资金来自于州政府。由于学费较低，在校生数量已超额，申请入学的学生数量也已超额，该校正试图通过一些规定来限制新生入学。在一所私立的大学（Y 大学）中，其收入的 90％来自学生交纳的学费,它很少招到足够的学生以保持收支平衡。这所大学的招生办公室正在积极地招募下一学年的学生。利用战略权变的概念,分析一下哪所大学中的学生拥有更大的权力？这对于教师和行政管理人员来说意味着什么？试讨论。

7. 美林证券的一位财务分析师尝试了几个月想要暴露对次级抵押贷款投资的风险,但他没能力使其他人注意到他的主张。你如何评估这名员工的权力？他应该采取什么样的措施来提高自己的权力,并使其他人注意到公司即将发生的问题？

8. 某重点大学工程学院在过去三年时间里得到的政府科研经费是其他院系所得总数的三倍。工程学院拥有丰厚的资金,而且有许多全职研究教授。然而,在校内科研经费分配中,工程学院反而得到了最大的份额,尽管它已有相当多的外部科研资金。为什么会发生这样的事情？

9. 一些研究者认为暗含着互惠原则(同别人交换有价值的东西来获得你想要的东西)的交换概念是所有影响力的基础。你同意吗？试讨论之。在多大程度上你感到有责任回报你曾得到过的帮助？

 专题讨论

你如何处理冲突?

回想一下你与你的团队成员、朋友或同事之间发生意见分歧的情况,然后判断下面描述的各种行为对你来说是否属实。答案没有对与错之分,请如实回答。

	基本属实	基本不实
1. 我觉得因为分歧而争论是没有必要的。	_____	_____
2. 当有人想讨论某一争议性问题时,我会有意避开他/她。	_____	_____
3. 我宁可对自己的观点保持沉默,也不愿引起争论。	_____	_____
4. 我经常有意识地避免让自己陷入引起争论的境地。	_____	_____
5. 我会尽力让自己的观点胜出。	_____	_____
6. 在争议中,我会强力地坚持自己的观点。	_____	_____
7. 当我试图让其他人接受我的观点时,我会提高我的嗓门。	_____	_____
8. 我立场鲜明地表达自己的观点。	_____	_____
9. 当其他人做出让步时,我也会有所让步。	_____	_____
10. 为了达成一致意见我会做出妥协。	_____	_____
11. 为了达成一致解决方案我会采取一些折中手段。	_____	_____

12. 为了得到别人的认同，我会放弃自己的一些
　　观点。
13. 我不想伤害别人的感情。
14. 如果和我争论的人提出了一个好方案，我会
　　立马表示赞同。
15. 我会通过最小化冲突的方式缓和争论和
　　分歧。
16. 我会体谅其他人的情绪。
17. 我会提出一个充分考虑了其他人观点的解
　　决方案。
18. 我将争议中提出的各种观点合为一个新的
　　解决方案。
19. 我会把其他人的意见考虑进去，然后提出
　　一个大家都可以接受的方案。
20. 我使用相同的标准来评价自己和别人的
　　观点。

计分与解释

这 20 个问题测量出了五种冲突处理策略，即回避型、控制型、协商型、包容型和合作型。这五种不同的类型反映了个人面对冲突时的固执或合作程度。你在某一种策略上的得分越高，你在处理冲突时越有可能采取这种方式。反之，你在某一策略上的得分越低，就可能越不常用这种方式。

控制型风格（走我的路）体现了一种较高程度的自信和坚持，这种风格的人一定要按自己的方式做事，以满足自己的利益为主。统计一下第 5 题至第 8 题中选择基本属实的有几个，就是你的得分：_____。

包容型风格（走你的路）体现了一种较高程度的协作意愿，这种风格的人愿意在冲突中让步，把帮助别人看作是最重要的。统计一下第 13 题至第 16 题中选择基本属实的有几个，就是你的得分：_____。

回避型风格（不走冲突之路）既不表现出坚持，也不表现出协作，而是在可能产生冲突的时候通过回避或沉默的方式避免冲突的发生。统计一下第 1 题至第 4 题中选择基本属实的有几个，就是你的得分：_____。

协商型风格（路中相遇）既表现出一定程度的坚持，也表现出一定程度的协作，双方相互做出让步，而后在中间某点达成一致。统计一下第 9 题至第 12 题中选择基本属实的有几个，就是你的得分：_____。

合作型风格（走我们的路）既表现出了较高程度的坚持，同时也表现出了较高程度的协作。双方达成统一目标，并共同完成。统计一下第 17 题至第 20 题中选择基本属实的有几个，就是你的得分：_____。

问题

1. 每 3～4 名学生分为一组。你发现哪种策略最容易使用？哪一种最难使用？

2. 如果冲突的一方是你的朋友、你的家庭成员，或者你的同事，你的答案会有什么不同？

3. 每名同学都分享自己处理冲突的感受，并指出自己有哪些可以改进的地方。

 教学案例

田纳西州东部新闻[126]

《每日论坛报》（Daily Tribune）是面向田纳西州东部 6 个县区发行的唯一的一份日报。虽然该报社的职员并不多，而且主要面向小城镇和农村地区提供服务，但是，《每日论坛报》在田纳西出版协会和其他组织的多项新闻报道和摄影报道评比中获得过奖励。

里克·阿诺德（Rick Arnold）大约在 15 年前成为该报的新闻版主编。他在《每日论坛报》度过了整个职业生涯。《每日论坛报》由于对问题和事件的完整、均衡的报道而受到了认可，他对此感到无比自豪。这份报纸能够吸引这么多聪明的、有才华的、年轻的写作者和摄影作者，主要应该归功于里克的全身心投入以及他对新闻工作人员的支持。在他刚开始工作的那些年里，新闻室就是一个充满生气的、令人兴奋的工作场所——记者们在快节奏的工作及偶尔抢先诺克斯维尔一主要日报社的新闻报道中成长了起来。

但是，《每日论坛报》已经时过境迁。在过去大约 5 年时间，广告部门无论在人员还是经费预算方面都持续增加，而新闻部门则开始萎缩。在本月的经理会上，出版商约翰·弗里曼（John Freeman）提醒大家说："是广告部替我们付账。如今，做广告的商家如果不喜欢我们为他们所做的事情，它会转而采用直接邮寄、有线电视甚至互联网等宣传方式。"

里克经常会因一些新闻报道谴责了主要的广告商家而与广告部门发生冲撞，但在过去几年中这种冲突明显增多。现在，弗里曼正在鼓励部门间进行更广泛的由他取名的"横向合作"，他要求新闻部和广告部的经理们，在涉及本报主要广告商家的故事或论题报道时，相互征求对方的意见。这场运动部分是由于广告商家们不断增加的抱怨引发的，他们对一些他们认为不公平的报道很有意见。弗里曼在会上说："我们是报道新闻的。我知道有时我们不得不刊发一些某些人不喜欢的报道，但我们也得找出对广告商家更友好的方法。如果大家一同工作，我们也能够开发出这样的战略，一方面能刊登出好的新闻报道，另一方面又有利于吸引更多的广告商家。"

里克离开会场时怒气冲冲。在回走廊尽头新闻室的路上，他让所有的人都听见了他对新提出的"对广告商家友好"说法的轻蔑话语，这些人中包括了广告部经理弗雪德·托马斯（Fred Thomas）。里克手下的执行主编莉萨·劳伦斯（Lisa Lawrence）平静地表示支持他，但同时指出，广告商家也是读者，报纸必须听从所有相关团体的呼声。"如果我们不细心地处理这件事，弗里曼和托马斯会到这儿来，教训我们什么能写、什么不能写。"劳伦斯在里克刚到这家报社时就开始与他一起工作。纵使两个人之间有冲突，但他们关系的主流是相互尊重和信任的。"我们还是小心些，"她再次强调说：

"读那些关于广告商家的报道时要再仔细一些，确保我们能够为所刊印的一切辩护，这样，一切都会顺利的。我知道，广告部与新闻部界限的模糊会让你生气，但托马斯是一个理智的人。我们只需要让他不越轨。"

那天下午晚些时候，里克收到了他手下的一位新闻记者工作了十几天写出的一则报道。东田纳西医疗公司（East Tennessee Healthcorp，ETH）经营着整个地区的一系列医疗卫生诊所。由于财务状况的不断恶化，它正准备关闭三家乡村诊所。记者伊丽莎白·弗雷利（Elisabeth Fraley）就居住在其中一个社区。在关闭诊所的消息将于今天下午宣布之前，她从邻居那里得到了这条消息。她的邻居是东田纳西医疗公司的一名会计。弗雷利写了一则令人信服的人权报道。报道中指出，诊所的关闭将使两个县的居民基本上无法获得健康护理；与此同时，一些大城市里根本不需要的诊所却仍在开放着。她认真地与诊所先前的病人和 ETH 公司的员工进行了访谈，其中包括一家诊所的主管和公司办公室的两位高层管理者。她还细致地记录了所有的资料来源。依照上午会议的精神，里克知道他应当让莉萨·劳伦斯审阅这一报道，因为东田纳西医疗公司是论坛报最大的广告商家之一。但劳伦斯已经下班了。而他自己不宜亲去征询广告部的意见——那是该由劳伦斯处理的权术问题。而如果他等待劳伦斯审核，这一报道就赶不上周日版了。他唯一的选择是写一则简短的通讯，只报道诊所关闭的消息而略去人权方面的内容。但里克相信，诺克斯维尔和附近其他城市的几大报社虽然都会在其周日的报纸上做相关的报道，可没有哪家会有足够的时间完成一篇像弗雷利所提供的如此全面而生动有趣的报道。里克用钢笔迅速地勾画，做了一些细微的编辑上的修改，然后将这份报道送去排版印刷。

第二天，当里克来上班时，立刻被叫到了出版商的办公室。他知道，星期天弗里曼还来上班准是个坏消息。在一顿训斥和责骂之后，里克得知数十万份的周日报纸已被销毁，印出了一份新编辑的版本。广告部经理在周日一大早给弗里曼家里打了电话，告诉他有关东田纳西医疗公司的新闻报道。他说，在同一天的报纸上，正好有为这家公司做的整版的宣传报道，颂扬该公司向东田纳西东部的小城镇和乡村社区提供医疗服务。

"这则报道是准确的。我猜想你会愿意抓住机会抢到各大报纸的前面，"里克开始说话，但弗里曼立即以他喜欢的方式打断了他的争辩。"你可以只报道基本事实嘛，不要暗示这家公司不关心这一地区的居民。下一次再发生类似的事情，你会发现你自己和你的记者们要站到失业者的队伍中！"

里克以前也听过这样的话，但这一次他不知怎么就近乎相信这会是真的。"报纸的主要目的是提供新闻，现在的世道怎么了？"里克默默地念叨。"如今看来，我们都必须按照广告部指挥的节奏跳舞了。"

问题

1. 为什么里克·阿诺德的新闻部门正在失去对《每日论坛报》的影响力？

2. 里克应该如何以一种更讲求协作的方式处理东田纳西医疗公司的新闻？

3. 里克有什么权力来源或权术策略可以使用来增加他作为新闻编辑的影响力？解释一下。

伯灵顿工厂

伯顿·李(Burton Lee)被调到一家大型制造企业的伯灵顿分部去当工厂经理，这家分部的绩效很差，但是伯顿认为他可以通过改善这家工厂的业绩从而获得晋升。

伯顿也意识到自己在公司里被认为是一个智者，他认为这部分是因为自己在本科辅修了哲学。MBA毕业已经15年了，但是伯顿一直对于阅读经典著作保有很高的激情，比如荷马(Homer)、塔西佗(Tacitus)、柏拉图(Plato)、希罗多德(Herodotus)和西塞罗(Cicero)等的作品，并且他一般只看希腊和拉丁原著。就像托马斯·杰斐逊(Thomas Jefferson)一样，他也随身携带着一本袖珍的希腊语法宝典。他的同事们也逐渐习惯了他的口头禅："如果从逻辑角度来看待这个问题的话呢……"或者"这显然应该是……"

显然，伯顿认为伯灵顿分部必须要做一些改变。这个分部的名声非常糟糕，被认为是公司的短板，机器长时间停工，产品积压，并且产品的质量也经常遭到抱怨，这些对员工情绪产生了负面影响。在一个不景气的经济环境中，也经常有谣言说伯灵顿工厂可能会被关闭。

"我经济学的背景告诉我总会有一个符合逻辑的方法去解决这些问题。制造业往往深陷于过往，总是照着以前的方法行事。在制造业中，上级的命令总是胜过一切，即使在压倒性的证据面前，他们也不愿意做出任何改变。因为他们深陷于这种心智模式，他们不愿意去探索新的思路使自己领先于制造业的前沿，或者描绘出一个更宏大的蓝图。我相信在思想上、技术上、流程简化上的创新以及对于员工的授权等对于伯灵顿工厂的成功是十分重要的。

坦率地说，当我接手伯灵顿工厂的时候，这里一片混乱，到处都充斥着废纸，并且我们还在使用那些传统的流水线。当我和生产线主管交谈的时候，我感觉他们仍旧被亨利·福特所引导。我们确实应该抛开过去，去寻找一种新的模式与新的文化。我们必须要减少存货，加快产品的流转并且提高产品的质量。当然，这些仅仅依靠我的力量是不可能办到的，这些只能通过工厂的工人才能完成。但是要达成这些目标，工人们需要有工具，就像丘吉尔在'二战'中告诉罗斯福：'给我们工具，我们就能完成任务。'当然这也是我想在伯灵顿工厂创造的一种文化。

我在工厂中不断观察，和所有人交谈，还去调查其他行业在做什么。我知道我们必须将个人工作整合到一起，建立一个完整但并不复杂的协作系统，并且鼓励工人们向着统一明确的目标努力工作，以提高我们的整体效率。但是问题是我们怎么去做？

如果从逻辑角度来看待这个问题的话呢，当你敢于跳出自己的舒服区去探寻其他行业的所作所为，你就会发现这里有大量你可以效仿的楷模，也可以发现这里有很多有用的技术与软件资源可以供我们使用。我设法说服了高层管理人员，让他们投资一个软件的试点项目，使我们能够创建一个虚拟工厂来审视我们操作流程的各个方面,比如工厂布局、物流、机械运作等。最初,我的现场管理团队还真的做到了这些工作。有了这种软件,我们可以模拟出各种问题,并且做一些'如果……那应该怎样……'的类似情境分析。当时我的想法是创建精益制造集群,将这些实践作为标杆,而后在整个公司推行。

在操作流程上,我们将流水线分解成了一个一个自我管理的小团队,这样做是为了授权给工人,鼓励他们做出实时决策。员工们看似热情高涨,希望对日常工作有更多控制权。当然,这对于管理者们却存在一定的利益冲突,因此他们也是对这个改变第一个发起反对的,他们担心自己失去现有的权威,担心公司里面最后连'资历'也会变得没有用处,正如一个老资格的管理者所说的:'一个才进公司 10 个月的新人乔·布朗就可以开始做决策了。'当然,这些举措也遭到了一些一线工人的反抗。你也许会认为从车轮齿轮转变成一个动态的、自我管理的团队这样的机会应该对于每个人都很有吸引力。其实不然。我猜想有些人是害怕自己做决定吧,感觉自己需要持续的指导。跟一些工人提及自我管理团队,他们的反应就像是被'车灯惊吓的小鹿'一样。

上述这些举措毫无疑问将给我们工厂的业绩带来较大的改善。但是要想这整个流程良好运转,我们还需要工人们的良好合作以及管理人员的鼎力支持。当我们已经开始取得一些进步,并且产品的产量和质量也有所提高的时候,上级管理人员却让我们来了个急刹车。做出改变是需要资源和时间的。但是其他工厂的管理人员却开始抱怨了,认为伯灵顿工厂得到了优待,并且含沙射影地指责我们的软件开发和自我管理团队,认为他们成天只知道坐在一起'玩游戏',在会议上握握手。公司也一再延迟发放给我们用于购买设备和员工培训的资金,而这些设备和培训却是能帮助我们把这个落后的工厂转变成一个 21 世纪的生产部门。

我承认我对于组织里面这么多人没有认识到我们这些做法的合理性感到震惊和失望,我认为这种合理性是任何用眼用脑的人都应该看出来的,但是他们却没有看到,甚至还不支持我们所做出的努力。我想着那就用事实说话吧,我把能够支持我们在伯灵顿工厂举措的合理性的数据都给他们看了,但是当我们需要开明的领导时,他们对此却没有反应。现在我也疑惑了,下一步我们应该何去何从?本来应该属于我的一个巨大成功被他们硬生生剥夺了。并且我也得到了一个非正式的答复,说我不适合作为下一任获得提升的候选代表。"

问题

1. 伯顿在改进工厂的提议中使用的是理性模式的行为方式还是权术模式的行为方式?解释一下。

2. 本案例中,发生冲突的根本原因是什么?

3. 你认为工人们会如何看待伯顿的提议?为了获得工人的合作,伯顿可能会做出哪些事情或改变?解释一下。

尾注

1 David Gelles, "At Odds, Omnicom and Publicis End Merger," Dealbook column, *The New York Times*, May 8, 2014, http://dealbook.nytimes.com/2014/05/08/ad-agency-giants-said-to-call-off-35-billion-merger/?_php=true&_type=blogs&_r=0 (accessed June 5, 2014); and Suzanne Vranica and Ruth Bender, "Clashes over Power Threaten $35 Billion Ad Agency Merger," *The Wall Street Journal Online*, April 25, 2014, http://online.wsj.com/news/articles/SB10001424052702304788404579524030560224554 (accessed June 5, 2014).

2 Phred Dvorak, Suzanne Vranica, and Spencer E. Ante, "BlackBerry Maker's Issue: Gadgets for Work or Play?" *The Wall Street Journal Online*, September 30, 2011, http://online.wsj.com/article/SB10001424052970204422404576597061591715344.html (accessed September 30, 2011); and Roger Cheng, "BlackBerry Phones Are Still Surprisingly, Amazingly, Still a Thing," *CNET*, January 9, 2018, https://www.cnet.com/news/blackberry-phones-are-surprisingly-amazingly-still-a-thing/ (accessed June 25, 2019).

3 Lee G. Bolman and Terrence E. Deal, *Reframing Organizations: Artistry, Choice, and Leadership* (San Francisco: Jossey-Bass, 1991).

4 Paul M. Terry, "Conflict Management," *The Journal of Leadership Studies* 3, no. 2 (1996), 3–21; Kathleen M. Eisenhardt, Jean L. Kahwajy, and L. J. Bourgeois III, "How Management Teams Can Have a Good Fight," *Harvard Business Review*, July–August 1997, 77–85; and Patrick Lencioni, "How to Foster Good Conflict," *The Wall Street Journal Online*, November 13, 2008, http://online.wsj.com/article/SB122661642852326187.html (accessed November 18, 2008).

5 Berkeley research discussed in Scott Mautz, "A 6-Year Study Reveals the Surprising Key to Team Performance (and 9 Ways to Enable It)," *Inc.*, October 11, 2017, https://www.inc.com/scott-mautz/a-6-year-study-reveals-surprising-key-to-team-performance-9-ways-to-enable-it.html (accessed June 26, 2019).

6 Clayton T. Alderfer and Ken K. Smith, "Studying Intergroup Relations Imbedded in Organizations," *Administrative Science Quarterly* 27 (1982), 35–65.

7 Muzafer Sherif, "Experiments in Group Conflict," *Scientific American* 195 (1956), 54–58; and Edgar H. Schein, *Organizational Psychology*, 3rd ed. (Englewood Cliffs, NJ: Prentice-Hall, 1980).

8 Keith Bradsher and Michelle Innis, "Sydney Morning Herald Faces Uncertain Print Future in Australia," *The New York Times*, August 17, 2016, https://www.nytimes.com/2016/08/18/business/international/australia-media-fairfax-smh.html (accessed June 26, 2019).

9 M. Afzalur Rahim, "A Strategy for Managing Conflict in Complex Organizations," *Human Relations* 38 (1985), 81–89; Kenneth Thomas, "Conflict and Conflict Management," in Marvin D. Dunnette, ed., *Handbook of Industrial and Organizational Psychology* (Chicago: Rand McNally, 1976); and Stuart M. Schmidt and Thomas

A. Kochan, "Conflict: Toward Conceptual Clarity," *Administrative Science Quarterly* 13 (1972), 359–370.

10 L. David Brown, "Managing Conflict Among Groups," in David A. Kolb, Irwin M. Rubin, and James M. McIntyre, eds., *Organizational Psychology: A Book of Readings* (Englewood Cliffs, NJ: Prentice-Hall, 1979), 377–389; and Robert W. Ruekert and Orville C. Walker, Jr., "Interactions Between Marketing and R&D Departments in Implementing Different Business Strategies," *Strategic Management Journal* 8 (1987), 233–248.

11 Nathan Borney, "Employees Speak Up at Wayfair, Google. Have Millennials Killed Being Afraid of the Boss?" *USA Today*, June 28, 2019, https://www.usatoday.com/story/money/2019/06/28/wayfair-protests-corporate-social-activism/1584138001/ (accessed June 29, 2019).

12 Amy Barrett, "Indigestion at Taco Bell," *BusinessWeek*, December 14, 1994, 66–67; and Greg Burns, "Fast-Food Fight," *BusinessWeek*, June 2, 1997, 34–36.

13 Kirsten Grind and Deepa Seetharaman, "Behind the Messy, Expensive Split Between Facebook and WhatsApp's Founders," *The Wall Street Journal*, June 5, 2018, https://www.wsj.com/articles/behind-the-messy-expensive-split-between-facebook-and-whatsapps-founders-1528208641 (accessed June 25, 2019).

14 George Westerman, "IT Is from Venus, Non-IT Is from Mars," *The Wall Street Journal*, April 2, 2012, R2.

15 Victoria L. Crittenden, Lorraine R. Gardiner, and Antonie Stam, "Reducing Conflict Between Marketing and Manufacturing," *Industrial Marketing Management* 22 (1993), 299–309; and Benson S. Shapiro, "Can Marketing and Manufacturing Coexist?" *Harvard Business Review* 55, September–October 1977, 104–114.

16 Thomas A. Kochan, George P. Huber, and L. L. Cummings, "Determinants of Intraorganizational Conflict in Collective Bargaining in the Public Sector," *Administrative Science Quarterly* 20 (1975), 10–23.

17 Eric H. Neilsen, "Understanding and Managing Intergroup Conflict," in Jay W. Lorsch and Paul R. Lawrence, eds., *Managing Group and Intergroup Relations* (Homewood, IL: Irwin and Dorsey, 1972), 329–343; and Richard E. Walton and John M. Dutton, "The Management of Interdepartmental Conflict: A Model and Review," *Administrative Science Quarterly* 14 (1969), 73–84.

18 Jay W. Lorsch, "Introduction to the Structural Design of Organizations," in Gene W. Dalton, Paul R. Lawrence, and Jay W. Lorsch, eds., *Organization Structure and Design* (Homewood, IL: Irwin and Dorsey, 1970), 5.

19 James D. Thompson, *Organizations in Action* (New York: McGraw-Hill, 1967), 54–56.

20 Walton and Dutton, "The Management of Interdepartmental Conflict."

21 Joseph McCann and Jay R. Galbraith, "Interdepartmental Relations," in Paul C. Nystrom and William H. Starbuck, eds., *Handbook of Organizational Design*, vol. 2 (New York: Oxford University Press, 1981), 60–84.

22 Roderick M. Cramer, "Intergroup Relations and Organizational Dilemmas: The Role of Categorization Processes," in L. L. Cummings and Barry M. Staw, eds., *Research in Organizational Behavior*, vol. 13 (New York: JAI Press, 1991), 191–228; Neilsen, "Understanding and Managing Intergroup Conflict"; and Louis R. Pondy, "Organizational Conflict: Concepts and Models," *Administrative Science Quarterly* 12 (1968), 296–320.

23 Danny Hakim, "N.R.A. President to Step Down, As a Leadership Crisis Deepens," *The New York Times*, April 27, 2019, A23; and Sasha Ingber and Tim Mak, "Turmoil at the NRA: TV Channel Ends, Lobbyist Resigns, A New Hill Probe Begins," *NPR*, June 26, 2019, https://www.npr .org/2019/06/26/736255639/turmoil-at-the-nra-tv-channel -ends-lobbyist-resigns-a-new-hill-probe-begins (accessed June 27, 2019).

24 Jeffrey Pfeffer, *Power in Organizations* (Marshfield, MA: Pitman, 1981).

25 Amy Barrett, "Marc Cinque Hired a Corporate Pro to Upgrade His Sausage Company. Will the Move Pay Off?" *Inc.*, December 2010–January 2011, 74–77.

26 Clinton O. Longenecker and Mitchell Neubert, "Barriers and Gateways to Management Cooperation and Teamwork," *Business Horizons*, November–December 2000, 37–44.

27 Amanuel G. Tekleab, Narda R. Quigley, and Paul E. Tesluk, "A Longitudinal Study of Team Conflict, Conflict Management, Cohesion, and Team Effectiveness," *Group and Organization Management* 34, no. 2, April 2009, 170–205.

28 Robert R. Blake and Jane S. Mouton, "Overcoming Group Warfare," *Harvard Business Review*, November–December 1984, 98–108.

29 Blake and Mouton, "Overcoming Group Warfare"; and Paul R. Lawrence and Jay W. Lorsch, "New Management Job: The Integrator," *Harvard Business Review* 45, November–December 1967, 142–151.

30 Jill Jusko, "Nature vs Nurture," *Industry Week*, July 2003, 40–46.

31 Klaus Heine and Maximilian Kerk, "Conflict Resolution in Meta-Organizations: The Peculiar Role of Arbitration," *Journal of Organization Design* 6, no. 3 (2017), https://link .springer.com/article/10.1186/s41469-017-0013-2 (accessed June 26, 2019); and Ben Dooley and Liz Alderman, "Nissan-Renault Bonds Tested Without Ghosn," *The New York Times*, April 16, 2019, B1.

32 Robert R. Blake, Herbert A. Shepard, and Jane S. Mouton, *Managing Intergroup Conflict in Industry* (Houston: Gulf Publishing, 1964); and Doug Stewart, "Expand the Pie Before You Divvy It Up," *Smithsonian*, November 1997, 78–90.

33 Patrick S. Nugent, "Managing Conflict: Third-Party Interventions for Managers," *Academy of Management Executive* 16, no. 1 (2002), 139–155.

34 Blake and Mouton, "Overcoming Group Warfare"; Schein, *Organizational Psychology*; Blake, Shepard, and Mouton, "Managing Intergroup Conflict in Industry"; and Richard E. Walton, *Interpersonal Peacemaking: Confrontation and Third-Party Consultations* (Reading, MA: Addison-Wesley, 1969).

35 Neilsen, "Understanding and Managing Intergroup Conflict"; and McCann and Galbraith, "Interdepartmental Relations."

36 Ben Horowitz, "The *Freaky Friday* Management Technique," Ben's Blog, Andreessen Horowitz Website, January 19, 2012, http://www.bhorowitz.com/the_freaky_friday_management _technique (accessed June 5, 2014). This story is also told

in Horowitz, *The Hard Thing About Hard Things: Building a Business When There Are No Easy Answers* (New York: HarperBusiness, 2014).

37 Neilsen, "Understanding and Managing Intergroup Conflict"; and McCann and Galbraith, "Interdepartmental Relations."

38 Dean Tjosvold, Valerie Dann, and Choy Wong, "Managing Conflict Between Departments to Serve Customers," *Human Relations* 45 (1992), 1035–1054.

39 Robert A. Dahl, "The Concept of Power," *Behavioral Science* 2 (1957), 201–215.

40 W. Graham Astley and Paramijit S. Sachdeva, "Structural Sources of Intraorganizational Power: A Theoretical Synthesis," *Academy of Management Review* 9 (1984), 104–113; and Abraham Kaplan, "Power in Perspective," in Robert L. Kahn and Elise Boulding, eds., *Power and Conflict in Organizations* (London: Tavistock, 1964), 11–32.

41 Gerald R. Salancik and Jeffrey Pfeffer, "The Bases and Use of Power in Organizational Decision-Making: The Case of the University," *Administrative Science Quarterly* 19 (1974), 453–473.

42 Rosabeth Moss Kanter, "Power Failure in Management Circuits," *Harvard Business Review*, July–August 1979, 65–75.

43 Richard M. Emerson, "Power-Dependence Relations," *American Sociological Review* 27 (1962), 31–41.

44 Joe Queenan, "If the Disney Empire Really, Really Strikes Back with 'Jedi'," *The Wall Street Journal*, November 9, 2017.

45 Examples are Robert Greene and Joost Elffers, *The 48 Laws of Power* (New York: Viking, 1999); and Jeffrey J. Fox, *How to Become CEO* (New York: Hyperion, 1999).

46 John R. P. French, Jr., and Bertram Raven, "The Bases of Social Power," in Dorwin Cartwright and Alvin F. Zander, eds., *Group Dynamics* (Evanston, IL: Row Peterson, 1960), 607–623.

47 Jay A. Conger, "The Necessary Art of Persuasion," *Harvard Business Review*, (May–June 1998), 84–95.

48 Ran Lachman, "Power from What? A Reexamination of Its Relationships with Structural Conditions," *Administrative Science Quarterly* 34 (1989), 231–251; and Daniel J. Brass, "Being in the Right Place: A Structural Analysis of Individual Influence in an Organization," *Administrative Science Quarterly* 29 (1984), 518–539.

49 Rachel Feintzeig, "The Most Powerful Person in the Office: Executive Assistant Jobs May Be Thankless, but They Also Offer Big Impact," *The Wall Street Journal*, October 29, 2013, http://online.wsj.com/news/articles/SB100014240527023044 70504579164142663425498 (accessed June 6, 2014).

50 Michael Warshaw, "The Good Guy's Guide to Office Politics," *Fast Company*, April–May 1998, 157–178.

51 A. J. Grimes, "Authority, Power, Influence, and Social Control: A Theoretical Synthesis," *Academy of Management Review* 3 (1978), 724–735.

52 Astley and Sachdeva, "Structural Sources of Intraorganizational Power."

53 Jean-Louis Barsoux and Cyril Bouquet, "How to Overcome a Power Deficit," *MIT Sloan Management Review*, Summer 2013, 45–53.

54 Jeffrey Pfeffer, *Managing with Power: Politics and Influence in Organizations* (Boston: Harvard Business School Press, 1992).

55 Brooks Barnes and Emily Steel, "Murdoch Brothers' Challenge: What Happens Next at Fox News?" *The New York Times*, July 17, 2016, https://www.nytimes

.com/2016/07/18/business/media/murdoch-brothers
-challenge-what-happens-next-at-fox-news.html
(accessed June 26, 2019).

56 Richard S. Blackburn, "Lower Participant Power: Toward a Conceptual Integration," *Academy of Management Review* 6 (1981), 127–131.

57 Feintzeig, "The Most Powerful Person in the Office."

58 Kanter, "Power Failure in Management Circuits," 70.

59 Erik W. Larson and Jonathan B. King, "The Systemic Distortion of Information: An Ongoing Challenge to Management," *Organizational Dynamics* 24, no. 3 (Winter 1996), 49–61; and Thomas H. Davenport, Robert G. Eccles, and Laurence Prusak, "Information Politics," *Sloan Management Review*, Fall 1992, 53–65.

60 Based on Perry Buffett, "Using Influence to Get Things Done," *Strategy + Business*, Spring 2011, http://www.strategy-business.com/article/11104?pg=all (accessed June 9, 2014); and Andrew M. Pettigrew, *The Politics of Organizational Decision-Making* (London: Tavistock, 1973).

61 Sue Shellenbarger, "How to Gain Power at Work When You Have None," *The Wall Street Journal*, March 6, 2018, https://www.wsj.com/articles/how-to-gain-power-at-work-when-you-have-none-1520353800 (accessed June 26, 2019).

62 Shellenbarger, "How to Gain Power at Work When You Have None."

63 Astley and Sachdeva, "Structural Sources of Intraorganizational Power"; and Noel M. Tichy and Charles Fombrun, "Network Analysis in Organizational Settings," *Human Relations* 32 (1979), 923–965.

64 Jeffrey Pfeffer, "Power Play," *Harvard Business Review*, July–August 2010, 84–92.

65 Edwin P. Hollander and Lynn R. Offermann, "Power and Leadership in Organizations," *American Psychologist* 45, February 1990, 179–189.

66 Quoted in D. Keith Denton, "Enhancing Power," *Industrial Management*, July–August 2011, 12–17.

67 Jay A. Conger and Rabindra N. Kanungo, "The Empowerment Process: Integrating Theory and Practice," *Academy of Management Review* 13 (1988), 471–482.

68 David E. Bowen and Edward E. Lawler III, "The Empowerment of Service Workers: What, Why, How, and When," *Sloan Management Review*, Spring 1992, 31–39; and Ray W. Coye and James A. Belohav, "An Exploratory Analysis of Employee Participation," *Group and Organization Management* 20, no. 1 (March 1995), 4–17.

69 Robert C. Ford and Myron D. Fottler, "Empowerment: A Matter of Degree," *Academy of Management Executive* 9, no. 3 (1995), 21–31.

70 Rachel Emma Silverman, "Workplace Democracy Catches On," *The Wall Street Journal*, March 27, 2016, https://www.wsj.com/articles/workplace-democracy-catches-on-1459117910 (accessed June 26, 2019).

71 Charles Perrow, "Departmental Power and Perspective in Industrial Firms," in Mayer N. Zald, ed., *Power in Organizations* (Nashville, TN: Vanderbilt University Press, 1970), 59–89.

72 Susan Miller, David Hickson, and David Wilson, "From Strategy to Action: Involvement and Influence in Top Level Decisions," *Long Range Planning* 41 (2008), 606–628.

73 David J. Hickson, Christopher R. Hinings, Charles A. Lee, Rodney E. Schneck, and Johannes M. Pennings, "A Strategic Contingencies Theory of Intraorganizational Power," *Administrative Science Quarterly* 16 (1971), 216–229; and Gerald R. Salancik and Jeffrey Pfeffer, "Who Gets Power—

and How They Hold onto It: A Strategic-Contingency Model of Power," *Organizational Dynamics*, Winter 1977, 3–21.

74 Kim S. Nash, "CIOs Get New Stature in Digital Economy," *The Wall Street Journal*, July 10, 2016, https://www.wsj.com/articles/cios-get-new-stature-in-digital-economy-1468143003 (accessed June 27, 2019).

75 Pfeffer, *Managing with Power*; Salancik and Pfeffer, "Who Gets Power"; Christopher R. Hinings, David J. Hickson, Johannes M. Pennings, and Rodney E. Schneck, "Structural Conditions of Intraorganizational Power," *Administrative Science Quarterly* 19 (1974), 22–44.

76 Also see Carol Stoak Saunders, "The Strategic Contingencies Theory of Power: Multiple Perspectives," *Journal of Management Studies* 27 (1990), 1–18; Warren Boeker, "The Development and Institutionalization of Sub-Unit Power in Organizations," *Administrative Science Quarterly* 34 (1989), 388–510; and Irit Cohen and Ran Lachman, "The Generality of the Strategic Contingencies Approach to Sub-Unit Power," *Organizational Studies* 9 (1988), 371–391.

77 Lorne Manly and Michael Cooper, "Hey Stars, Be Nice to the Stagehands. You Might Need a Loan," *The New York Times*, December 27, 2013, http://www.nytimes.com/2013/12/28/arts/hey-stars-be-nice-to-the-stagehands-you-might-need-a-loan.html?_r=0 (accessed June 5, 2014).

78 Emerson, "Power-Dependence Relations."

79 Jeffrey Pfeffer and Gerald Salancik, "Organizational Decision-Making as a Political Process: The Case of a University Budget," *Administrative Science Quarterly* (1974), 135–151.

80 Salancik and Pfeffer, "Bases and Use of Power in Organizational Decision-Making," 470.

81 Hickson et al., "A Strategic Contingencies Theory."

82 Pettigrew, *The Politics of Organizational Decision-Making*.

83 Hickson et al., "A Strategic Contingencies Theory."

84 Ibid.

85 Jennifer Smith, "Lawyers' In-House Roles Grow with New Regulation," *The Wall Street Journal*, November 5, 2012, http://online.wsj.com/news/articles/SB100014240529702047554045780991000235663338 (accessed June 6, 2014).

86 John Carreyrou, "Nonprofit Hospitals Flex Pricing Power—In Roanoke, Va., Carilion's Fees Exceed Those of Competitors," *The Wall Street Journal*, August 28, 2008, A1.

87 Jeffrey Gantz and Victor V. Murray, "Experience of Workplace Politics," *Academy of Management Journal* 23 (1980), 237–251; and Dan L. Madison, Robert W. Allen, Lyman W. Porter, Patricia A. Renwick, and Bronston T. Mayes, "Organizational Politics: An Exploration of Managers' Perceptions," *Human Relations* 33 (1980), 79–100.

88 Gerald R. Ferris and K. Michele Kacmar, "Perceptions of Organizational Politics," *Journal of Management* 18 (1992), 93–116; Parmod Kumar and Rehana Ghadially, "Organizational Politics and Its Effects on Members of Organizations," *Human Relations* 42 (1989), 305–314; Donald J. Vredenburgh and John G. Maurer, "A Process Framework of Organizational Politics," *Human Relations* 37 (1984), 47–66; and Gerald R. Ferris, Dwight D. Frink, Maria Carmen Galang, Jing Zhou, Michele Kacmar, and Jack L. Howard, "Perceptions of Organizational Politics: Prediction, Stress-Related Implications, and Outcomes," *Human Relations* 49, no. 2 (1996), 233–266.

89 Ferris et al., "Perceptions of Organizational Politics: Prediction, Stress-Related Implications, and Outcomes"; John J. Voyer, "Coercive Organizational Politics and Organizational Outcomes: An Interpretive Study,"

Organization Science 5, no. 1, February 1994, 72–85; and James W. Dean, Jr. and Mark P. Sharfman, "Does Decision Process Matter? A Study of Strategic Decision-Making Effectiveness," *Academy of Management Journal 39*, no. 2 (1996), 368–396.

90 Jeffrey Pfeffer, *Managing with Power: Politics and Influence in Organizations* (Boston: Harvard Business School Press, 1992); and Pfeffer, "Power Play."

91 Amos Drory and Tsilia Romm, "The Definition of Organizational Politics: A Review," *Human Relations 43* (1990), 1133–1154; Vredenburgh and Maurer, "A Process Framework of Organizational Politics"; and Lafe Low, "It's Politics, As Usual," *CIO*, April 1, 2004, 87–90.

92 Pfeffer, *Power in Organizations*, 70.

93 Madison et al., "Organizational Politics"; and Jay R. Galbraith, *Organizational Design* (Reading, MA: Addison-Wesley, 1977).

94 Nick Kostov and Sean McLain, "Why Carlos Ghosn Fell: Plotters at Nissan Feared a French Takeover," *The Wall Street Journal*, March 28, 2019, https://www.wsj.com /articles/nissans-plot-against-ghosn-was-driven-by-fear-of-french -takeover-11553784232 (accessed June 28, 2019); and Sean McLain, "Carlos Ghosn Assails Nissan Executives for Playing a 'Dirty Game'," *The Wall Street Journal*, April 9, 2019, https: //www.wsj.com/articles/carlos-ghosn-says-nissan-executives -played-a-dirty-game-11554795423 (accessed June 28, 2019).

95 Gantz and Murray, "Experience of Workplace Politics"; and Pfeffer, *Power in Organizations*.

96 Daniel J. Brass and Marlene E. Burkhardt, "Potential Power and Power Use: An Investigation of Structure and Behavior," *Academy of Management Journal 38* (1993), 441–470.

97 Pfeffer, "Power Play."

98 Robyn L. Brouer et al., "Leader Political Skill, Relationship Quality, and Leadership Effectiveness: A Two-Study Model Test and Constructive Replication," *Journal of Leadership and Organizational Studies 20*, no. 2 (2013), 185–198; Gerald R. Ferris et al., "Political Skill in Organizations," *Journal of Management*, June 2007, 290–320; "Questioning Authority; Mario Moussa Wants You to Win Your Next Argument" (Mario Moussa interviewed by Vadim Liberman), *The Conference Board Review* (November– December 2007), 25–26; and Samuel B. Bacharach, "Politically Proactive," *Fast Company*, May 2005, 93.

99 Joseph S. Nye, Jr., *Bound to Lead: The Changing Nature of American Power* (New York: Basic Books, 1990); and Diane Coutu, "Smart Power: A Conversation with Leadership Expert Joseph S. Nye, Jr.," *Harvard Business Review*, November 2008, 55–59.

100 Reported in Liberman, "Questioning Authority; Mario Moussa Wants You to Win Your Next Argument."

101 Anna Mulrine, "Harnessing the Brute Force of Soft Power," *US News & World Report*, December 1–December 8, 2008, 47.

102 Wesley Clark, "The Potency of Persuasion," *Fortune*, November 12, 2007, 48.

103 Study reported in Robert Cialdini, "The Language of Persuasion," *Harvard Management Update*, September 2004, 10–11.

104 Hickson et al., "A Strategic Contingencies Theory."

105 Pfeffer, *Power in Organizations*.

106 Jared Sandberg, "How Office Tyrants in Critical Positions Get Others to Grovel," *The Wall Street Journal*, August 21, 2007, B1.

107 Ferris et al., "Political Skill in Organizations"; and Pfeffer, *Power in Organizations*.

108 V. Dallas Merrell, *Huddling: The Informal Way to Management Success* (New York: AMACON, 1979).

109 Ceasar Douglas and Anthony P. Ammeter, "An Examination of Leader Political Skill and Its Effect on Ratings of Leader Effectiveness," *The Leadership Quarterly 15* (2004), 537–550.

110 Vredenburgh and Maurer, "A Process Framework of Organizational Politics."

111 Pfeffer, *Power in Organizations*.

112 Katie Benner and Mike Isaac, "In Power Move at Uber, Travis Kalanick Appoints 2 to Board," *The New York Times*, September 29, 2017.

113 Pfeffer, *Power in Organizations*.

114 Jason Horowitz and Jim Yardley, "Pope with the Humble Touch Is Firm in Reshaping the Vatican," *The New York Times*, January 14, 2014, A1; and Jim Yardley and Gaia Pianigiani, "Pope Names Cardinals to Oversee Troubled Vatican Bank," *The New York Times*, January 16, 2014, A7.

115 Robert B. Cialdini, *Influence: Science and Practice*, 4th ed. (Boston: Allyn & Bacon, 2001); R. B. Cialdini, "Harnessing the Science of Persuasion," *Harvard Business Review*, October 2001, 72–79; Allan R. Cohen and David L. Bradford, "The Influence Model: Using Reciprocity and Exchange to Get What You Need," *Journal of Organizational Excellence*, Winter 2005, 57–80; and Jared Sandberg, "People Can't Resist Doing a Big Favor—Or Asking for One" (Cubicle Culture column), *The Wall Street Journal*, December 18, 2007, B1.

116 "The Uses (and Abuses) of Influence" (an interview with Robert Cialdini), *Harvard Business Review*, July–August 2013, 76–81.

117 Raymond Hernandez and David W. Chen, "Keeping Lawmakers Happy Through Gifts to Pet Charities," *The New York Times*, October 19, 2008, A1.

118 Norimitsu Onishi and Ken Belson, "Culture of Complicity Tied to Stricken Nuclear Plant," *The New York Times*, April 27, 2011, A1.

119 Cohen and Bradford, "The Influence Model."

120 Marilyn Moats Kennedy, "The Death of Office Politics," *The Conference Board Review*, September–October 2008, 18–23.

121 Pfeffer, Power in Organizations.

122 Damon Darlin, "Using the Web to Get the Boss to Pay More," *The New York Times*, March 3, 2007, C1.

123 Amy C. Edmondson, "Teamwork on the Fly," *Harvard Business Review* (April 2012), 72–80.

124 Steven R. Weisman, "How Battles at Bank Ended 'Second Chance' at a Career," *The New York Times*, May 18, 2007, A14.

125 Kanter, "Power Failure in Management Circuits"; and Pfeffer, *Power in Organizations*.

126 This case was inspired by G. Pascal Zachary, "Many Journalists See a Growing Reluctance to Criticize Advertisers," *The Wall Street Journal*, February 6, 1992, A1, A9; and G. Bruce Knecht, "Retail Chains Emerge as Advance Arbiters of Magazine Content," *The Wall Street Journal*, October 22, 1997, A1, A13.

译 后 记
（第13版）

　　一年又一年，达夫特教授的《组织理论与设计》迎来了它的第13个版本。这样看来，时间是有形的，它就留存在一版又一版不断更新的理论、概念、案例和图表之中。未曾想到我们会和这本书结下如此深的缘分。我们，首先是王凤彬老师，她是这本译著的发起者和推动者；然后是张秀萍老师和刘松博老师，他们和王凤彬老师一起将原版著作翻译成稿，成为后来历次更新的基础版本；我从第10版开始参与其中，这是第四次负责组织新版翻译工作；当然还有清华大学出版社的梁云慈编辑，她是一版又一版新译著接续问世的组织者和协调者。

　　第13版《组织理论与设计》与此前版本相比最大的变化是，在章节内容方面进行了重大调整和更新。全书章节从此前的13章增加为14章。其中，第7章是新增章节，对既关注商业利润又关注社会福利的双重目标组织进行了概念界定、理论阐述和组织设计。此外，本版对第9章（前一版的第8章）进行了较大篇幅的修改，介绍了新兴的平台型组织，以及传统行业企业进行数字化变革的相关理论与实践。在每一章的内部结构上，本版也进行了一些调整，在每一节结尾增加了"本节要点"，用以回顾重要的理论和概念。除了新增章节和大幅修改的内容之外，本版也增加了很多新概念、新理念和新案例。从本书的序言之中，可以概览到这些变化。

　　这些调整和更新充分体现了达夫特教授对组织领域新发展的密切关注和深入研究。企业作为营利性组织，追求商业利润是其第一目标，但越来越多的企业开始致力于推动社会福利的整体提升，双重目标组织呈兴起之势。同时，商业组织与新技术继续融合，平台型企业发展如雨后春笋。大数据和人工智能被广泛应用于从员工管理到决策制定的各个方面。这些变化被达夫特教授融入新版本之中，使《组织理论与设计》成为一部反映商业领域最新发展的常青之作。

　　在本版的翻译工作上，此次形成了团队式翻译的阵容。本版第 1 章至第 6 章，由中央民族大学张秀萍老师团队负责。其中，刘常兰负责第 1 章和第 2 章，刘林梅负责第 3 章和第 4 章，王东琪负责第 5 章和第 6 章，张秀萍老师做最后审校。第 7 章至第 9 章由维克森林大学（Wake Forest University）朱超威老师团队负责。其中，徐瑾和张婷参与了第 7 章的翻译，任晶晶和刘莉莉参与了第 8 章的翻译，石萌萌完成了第 9 章的翻译工作，朱超威老师负责三章其余部分的翻译和全文审校。第 10 章至第 14 章由我负责翻译和审校。在汇总各队翻译文稿的基础上，我对全书译稿进行了校对。王凤彬老师对本书新概念和新理论的译法进行了审校和修改，对全书内容进行了整体把关。

　　本书是多人共同参与的成果，新鲜力量的加入让这版译著更具朝气与活力，后浪们正走在接续奋斗的翻译之路上。由于各位参与者的经验有限，书中难免出现疏漏和表达不妥之处，敬请各位读者批评指正。

石云鸣

2021 年 11 月 9 日

教师服务

感谢您选用清华大学出版社的教材！为了更好地服务教学，我们为授课教师提供本书的教学辅助资源，以及本学科重点教材信息。请您扫码获取。

≫ 教辅获取

请授课教师填写背面"教辅材料申请表"获取教辅资源。

≫ 样书赠送

企业管理类重点教材，教师扫码获取样书

 清华大学出版社

E-mail: tupfuwu@163.com
电话：010-83470332 / 83470142
地址：北京市海淀区双清路学研大厦 B 座 509

网址：http://www.tup.com.cn/
传真：8610-83470107
邮编：100084

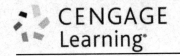

Supplements Request Form (教辅材料申请表)

Lecturer's Details（教师信息）			
Name: (姓名)		Title: (职务)	
Department: (系科)		School/University: (学院/大学)	
Official E-mail: (学校邮箱)		Lecturer's Address / Post Code: (教师通讯地址/邮编)	
Tel: (电话)			
Mobile: (手机)			

Adoption Details（教材信息）　原版□　　翻译版□　　影印版 □

Title: (英文书名) Edition: (版次) Author: (作者)	
Local Publisher: (中国出版社)	

Enrolment: (学生人数)		Semester: (学期起止日期时间)	

Contact Person & Phone/E-Mail/Subject: (系科/学院教学负责人电话/邮件/研究方向) （我公司要求在此处标明系科/学院教学负责人电话/传真及电话和传真号码并在此加盖公章.）   教材购买由 我□　我作为委员会的一部份□　其他人□[姓名：　　　　　] 决定。

Please fax or post the complete form to

（请将此表格传真至）：

CENGAGE LEARNING BEIJING **ATTN : Higher Education Division** **TEL: (86) 10-83435000** **FAX : (86) 10 82862089** **EMAIL:** asia.infochina@cengage.com **www. cengageasia.com** **ADD:** 北京市海淀区科学院南路 2 号 融科资讯中心 C 座南楼 707 室　100190

You can also scan the QR code,
您也可以扫描二维码，
Apply for teaching materials online through our public account
通过我们的公众号线上申请教辅资料

Note: Thomson Learning has changed its name to CENGAGE Learning

VERIFICATION FORM / CENGAGE LEARNING